Geschichte der Stadt
Schwäbisch Gmünd

# Geschichte der Stadt Schwäbisch Gmünd

Herausgegeben vom
Stadtarchiv Schwäbisch Gmünd

Mit Beiträgen von
Hermann Ehmer, Klaus Graf, Klaus Jürgen Herrmann,
Hasso Kaiser, Ernst Lämmle, Ursula Laurentzsch,
Hugo Micheli, Hartmut Müller, Hans Ulrich Nuber,
Kurt Seidel und Peter Spranger

Konrad Theiss Verlag Stuttgart

Redaktion: Klaus Jürgen Herrmann

CIP-Kurztitelaufnahme der Deutschen Bibliothek

*Geschichte der Stadt Schwäbisch Gmünd* / hrsg.
vom Stadtarchiv Schwäbisch Gmünd. Mit Beitr.
von Hermann Ehmer . . . [Red.: Klaus Jürgen
Herrmann]. − Stuttgart : Theiss, 1984.
  ISBN 3-8062-0399-7

NE: Ehmer, Hermann [Mitverf.]; Stadtarchiv
⟨Schwäbisch Gmünd⟩

Schutzumschlag Michael Kasack
unter Verwendung eines Fotos
aus dem Städtischen Museum Schwäbisch Gmünd

Gesamtherstellung: Grafische Betriebe
Süddeutscher Zeitungsdienst, Aalen
Printed in Germany
ISBN 3-8062-0399-7

# Geleitwort

Die Rückschau auf über zwölf Jahrhunderte der Geschichte unserer Stadt in diesem Jahr war Anlaß, die Stadtgeschichte neu zu erarbeiten: Die letzte Gesamtschau der Schwäbisch Gmünder Geschichte war bereits im vorigen Jahrhundert erschienen. Seitdem ist vieles hinzugekommen, und manches hat sich verändert. Dem trägt nun die vorliegende neue Stadtgeschichte Rechnung.

Sie ist eine Gemeinschaftsarbeit von elf Autoren, die Schwäbisch Gmünd besonders verbunden sind und kompetent ihr Fachgebiet oder aber einen abgegrenzten Zeitraum dargestellt haben. Ihnen gebührt Dank für diese anschauliche Darstellung der Geschichte unserer Stadt.

Die Darstellung mußte mit dem Jahr 1972 abschließen. Sie umfaßt also nicht mehr die Eingemeindungen, die unsere Stadt in den folgenden siebziger Jahren flächen- und bevölkerungsmäßig erheblich vergrößert haben.

Besonders wichtig erscheint mir für unser Jahrhundert die wirtschaftliche Umstrukturierung von einer sehr ausgeprägten Monostruktur der Silberindustrie — und der damit in einem Zusammenhang stehenden Arbeitslosigkeit in den zwanziger und dreißiger Jahren — zu einer vielgestaltigen Industriestruktur, wie wir sie jetzt als eine solide wirtschaftliche Grundlage unserer Stadt haben. Insbesondere wird neben anderen Veränderungen in diesem Jahrhundert auch das Wachstum von Schwäbisch Gmünd in den verschiedensten Bereichen, nicht zuletzt auch durch den Zuzug der Heimatvertriebenen nach dem Krieg, behandelt.

Ich bin sicher, daß die Schwäbisch Gmünder Stadtgeschichte des Jahres 1984 Zugang zu vielen Familien in dieser Stadt und weit darüber hinaus finden und uns allen die reiche Tradition und die Entwicklung bis hin zur Gegenwart unserer Stadt erneut anschaulich vor Augen führen wird.

Dr. Norbert Schoch
Oberbürgermeister

# Vorwort

Eine Geschichte der Reichsstadt Schwäbisch Gmünd, der württembergischen Oberamtsstadt ab 1803 und der Kreisstadt bis 1972 gehört schon lange zu den Desiderata der Reichs- und Landesgeschichtsforschung, zumal die zu diesem Themenkreis erschienenen Aufsätze oft in wenig zugänglichen Zeitschriften publiziert wurden.

Ein Team von Autoren, das sich schon seit Jahren mit Themen der Gmünder Geschichte beschäftigt, hat unter Federführung des Stadtarchivs die Aufgabe übernommen, die Stadtchronik aufgrund des heutigen Forschungsstandes zu formulieren.

Wie alles Menschliche Stückwerk und Fragment bleiben wird oder muß, so auch der vorliegende Band: Jede Epoche wird ihre Geschichte neu erfahren und interpretieren wollen.

Dank für die Herausgabe der hier vorliegenden Stadtgeschichte gilt in erster Linie Herrn Oberbürgermeister Dr. Norbert Schoch und dem Gemeinderat für die Bereitstellung der benötigten Mittel und meinen Mitarbeitern Frau Brigitte Mangold, Herrn Hugo Micheli und Herrn Michael Schwarz für ihre tätige Mitarbeit.

Schwäbisch Gmünd im August 1984                    Dr. Klaus Jürgen Herrmann

# Die Autoren

Dr. Hermann Ehmer, Archivoberrat, Staatsarchiv Wertheim

Klaus Graf, M. A., Schwäbisch Gmünd

Dr. Klaus Jürgen Herrmann, Archivoberrat,
Stadtarchiv Schwäbisch Gmünd

Hasso Kaiser, Dipl.-Kaufmann, Schwäbisch Gmünd

Professor Dr. Ernst Lämmle,
ehemals Pädagogische Hochschule Schwäbisch Gmünd

Ursula Laurentzsch, Realschullehrerin, Aalen

Hugo Micheli, Betriebswirt, Stadtarchiv Schwäbisch Gmünd

Dr. Hartmut Müller, Studiendirektor i. R., Schwäbisch Gmünd

Professor Dr. Hans Ulrich Nuber, Seminar für Alte Geschichte
der Universität Freiburg, Abt. für provinzialrömische Archäologie

Dr. rer. pol. Kurt Seidel, Schwäbisch Gmünd

Dr. Peter Spranger, Oberstudiendirektor, Schwäbisch Gmünd

# Inhalt

# Vor- und Frühgeschichte im Raum Schwäbisch Gmünd

*von Hasso Kaiser*

Die Keuper- und Liashöhen um Schwäbisch Gmünd wurden von den steinzeitlichen Jägern und Sammlern immer wieder aufgesucht und besiedelt. Die frühen Ackerbauern bevorzugten dagegen die fruchtbaren Lößböden im unteren Remstal, am mittleren Neckar und im Ries. Ein vorgeschichtlicher Weg durch das Remstal verband wahrscheinlich diese Siedlungskammern, so daß unsere Landschaft immer vermittelnd wirkte. Einzelfunde aus dem Stadtgebiet und aus der Umgebung belegen dies. Oft sind es nur winzige und unscheinbare Hinterlassenschaften, die, mit wissenschaftlichen Methoden untersucht und in den richtigen Zusammenhang gestellt, einen guten Überblick über unsere Heimatgeschichte ergeben.

## Altsteinzeit (Paläolithikum) bis 8000 v. Chr.

Aus Südwestdeutschland stammen wichtige Bodenfunde, die auf die Anwesenheit des frühen Menschen hinweisen wie der Unterkiefer von Mauer bei Heidelberg (Homo pithecanthropus erectus) und der Schädelfund von Steinheim an der Murr (Homo steinheimensis). Beide Frühmenschentypen lebten in klimagünstigen Zwischeneiszeiten; der eine vor ca. 500 000, der andere vor 250 000 Jahren. Die starken Klimaschwankungen im Pleistozän – des vorletzten geologischen Zeitabschnitts der Erdgeschichte – konfrontierten unsere Vorgänger mit vier Eiszeiten und mit drei wärmeren Zwischeneiszeiten. Obwohl unser Gebiet nie mit Eis bedeckt war, dürften sich die frühen Menschen fast ausschließlich während der wärmeren Phasen in unserer Gegend aufgehalten und sich während der Kaltzeiten in den eisfreien Südwesten Frankreichs zurückgezogen haben. Dies würde auch die auffallende Funddichte von Steingeräten aus fast allen Epochen der Altsteinzeit in diesem Gebiet erklären. Der Altmensch von Heidelberg war Jäger und Sammler, gebrauchte vermutlich das Feuer und stellte Werkzeuge aus Feuerstein her, beispielsweise Faustkeile. Dies sind formschöne und praktische Universalgeräte, die ihm bei seinen Tätigkeiten gute Dienste leisteten wie Erlegen und Zerteilen von Beutetieren, Herstellen von Holz- und Knochengeräten, Ausgraben von Wurzeln und Knollen oder Anlegen von Gru-

## Zeittafel

| Zeit v. Chr. | Epoche | Kulturstufen, Menschenrassen | Ausgewählte Fundstellen im Altkreis Schwäbisch Gmünd |
|---|---|---|---|
| 500 000 | Ältere Altsteinzeit (Altpaläolithikum) | Frühmensch von Mauer (Heidelberg) | |
| 250 000 | | Altmensch von Steinheim | |
| 100 000 | Mittlere Altsteinzeit (Mittelpaläolithikum) | Neandertaler (Micoquien und Moustérien) | Faustkeil von Brainkofen |
| 30 000 | Jüngere Altsteinzeit (Jungpaläolithikum) | Homo sapiens sapiens: Aurignacien, Magdalénien, Epipaläolithikum | Unterbettringen (Schaber), Rosenstein, Brainkofen (Feuersteinwerkzeuge) |
| 8 000 | Mittelsteinzeit (Mesolithikum) | Tardenoisien | Siedlungen bei Kapf, Alfdorf, Bargau, Bettringen, Brainkofen, Weiler i.d.B., Täferrot, Brend, Schwäbisch Gmünd u.a. |
| 4 500 | Ältere Jungsteinzeit (ält. Neolithikum) | Bandkeramik | Einzelfunde im Stadtgebiet, Unter- und Oberbettringen, Bargau, Täferrot, Brainkofen, Buch, Alfdorf, Mutlangen, Spraitbach, Lorch |
| 3 500 | Mittlere Jungsteinzeit (mittl. Neolithikum) | Rössener Kultur | Siedlungsplatz bei Schönhardt und Streufunde an verschiedenen Stellen |
| 2 700 | Späte Jungsteinzeit (Endneolithikum) | Michelsberger Kultur, Schnurkeramik und Glockenbecherkultur | Einzelfunde wie oben |
| 2 000 | Kupfer-, Bronzezeit | | Stadtgebiet Schwäbisch Gmünd, Hohenstaufen, Rosenstein, Böbingen |
| 1 200 | Späte Bronzezeit | Urnenfelderkultur | Rosenstein, Hohenstaufen, Alfdorf, Waldhausen |
| 750 | Ältere Eisenzeit | Hallstatt | Heubach, Mögglingen, Rosenstein, Mittelberg, Hochberg, Falkenberg, Lauterburg, Alfdorf |
| 450 | Jüngere Eisenzeit | Latène | Ruppertshofen, Brainkofen, Lorch, Alfdorf, Böbingen, Hohenstaufen, Bargau, Leinzell (Körpergrab) |

ben. Die Herstelltechnik der Faustkeile blieb über Jahrzehntausende unverändert und wurde von Generation zu Generation weitergegeben. Dies setzte Intelligenz und eine einfache Sprache voraus.

Aus diesen Frühmenschentypen entwickelte sich der Neandertaler. Sein Schädelvolumen war größer als bei heutigen Rassen. Er war 155 bis 165 cm groß und kräftig. Die Sorgfalt, mit der er seine Angehörigen bestattete und mit Beigaben bedachte, weist darauf hin, daß er schon bestimmte religiöse Vorstellungen über den Tod hinaus hatte.[1] Seine Umwelt entsprach während der Würmeiszeit etwa der nordasiatischen Steppentundra mit Flechten, Moosen, kriechenden Bäumen und niederen Sträuchern. Seine Jagdtiere waren Mammut, Wollnashorn, Höhlenbär, Moschusochse, Steinbock und Rentier, daneben jagdbares Klein- und Federwild wie Schneehase, Schneehuhn und Wildente.

Durch den Fund eines Faustkeils aus der sogenannten Micoque-Stufe vor etwa 90 000 Jahren durch W. Raschke auf der Flur »Birkichäcker" zwischen Brainkofen und Leinzell ist belegt, daß der Neandertaler hier gelebt oder von Zeit zu Zeit unsere Landschaft durchstreift hat. Die meisten der seltenen Funde stammen aus Höhlen und Felsdächern, wo die Artefakte anders als auf Freilandfundstellen relativ ungestört die Jahrtausende überdauerten und zusammen mit den sonstigen Begleitfunden wie Holzkohle aus Lagerfeuern, Nahrungsresten und Pollen eine ungefähre zeitliche Einordnung ermöglichen und Hinweise auf Umwelt und Lebensbedingungen ergeben. Der längere Aufenthalt in Höhlen war aber eher die Ausnahme als die Regel, denn das wandernde Jagdwild erforderte vom Menschen große Beweglichkeit.

Fast unvermittelt erschien vor ca. 35 000 Jahren der direkte Vorgänger des heutigen Menschen (Homo sapiens) und verdrängte den Neandertaler. In der südwestfranzösischen Landschaft des Périgord, in Les Eyzies/Cro-Magnon, die über Jahrzehntausende vom Neandertaler bevölkert war, wurden im Jahre 1868 erste Reste von ihm geborgen. Er unterscheidet sich deutlich vom Neandertaler, dagegen kaum vom heutigen Menschen. Er war 165 bis 170 cm groß. Schon bald entwickelten sich verschiedene Rassen — auch in Europa.[2] Dieser moderne Mensch ist vermutlich aus dem östlichen Mittelmeergebiet her eingewandert und hinterließ uns die ersten Kunstgegenstände; nicht nur die berühmten Höhlenmalereien aus Frankreich und Spanien, sondern auch Kleinplastiken aus der nächsten und näheren Umgebung. Die wohl schönsten und ältesten Kunstwerke der Menschheit stammen aus der Vogelherdhöhle bei Stetten ob Lontal. Die Elfenbeinskulpturen stellen Wildpferd, Großkatzen, Mammut, Fellnashorn und Wildrind dar, haben eine starke künstlerische Ausdruckskraft und zeugen vom handwerklichen Geschick ihrer Hersteller. Aus der Kleinen Scheuer vom Rosenstein kommt eine 3,8 cm große Gagat-Schnitzerei, die zunächst als die Darstellung eines Mammuts, als der Hinterleib einer Hornisse oder

als Nachbildung einer Kaurischnecke gedeutet wurde. Wie die Abbildung[3] aber sehr anschaulich zeigt, handelt es sich mit großer Wahrscheinlichkeit um das Abbild der Larve der Rentier-Dasselfliege. Dieser bis zu 3 cm lange Parasit findet sich in großer Zahl auf der Fleischseite des Rentierfells und wird auch heute noch von den Inland-Eskimos im nördlichen Alaska als eiweißspendende Delikatesse geschätzt.[4]
Freilandfunde sind auch aus unserer Gegend selten und die Zuordnung von Einzel-stücken ist problematisch. Dank charakteristischer Typenmerkmale kann eine Rük-kenspitze von der bereits erwähnten Fundstelle bei Brainkofen aus mattglänzendem, hellgrauem Jaspis den späteiszeitlichen Rentierjägern der sogenannten Magdalénien-Stufe (Rentierjäger, ca. 15 000 bis 12 000 v. Chr.) zugeschrieben werden, und ein Schaber von der Markung Kirchäcker in Unterbettringen könnte der Kulturstufe des Aurignacien (Mammutjäger, ca. 30 000 v. Chr.) angehören.

### Mittelsteinzeit (Mesolithikum) um 8000 bis 4500 v. Chr.

Das Ende der Eiszeit vor etwa 10 000 Jahren veränderte die Lebensbedingungen der frühen Menschen in dramatischer Weise. Untersuchungen von Holzkohleresten aus steinzeitlichen Lagerfeuern und Pollenanalysen ergaben, daß mit milder werdendem Klima die eiszeitliche Steppenvegetation verschwand und lichten Kiefernwäldern Platz machte. Danach, im 7. und 6. vorchristlichen Jahrtausend, kam es bei warmem und trockenem Klima zur Massenausbreitung des Haselstrauches, dem ein dichter Eichenmischwald, bestehend aus Eichen, Ulmen und Linden, folgte.
Mit dem Wandel der Vegetation ging eine Veränderung der Fauna einher. Die Groß-tiere, Lebensgrundlage des altsteinzeitlichen Menschen, verschwanden. Mammut, Wollnashorn und Höhlenbär wanderten ab oder starben aus. Der Steinbock zog sich in die Bergwelt der Alpen zurück und die Rentierherden wanderten nach Norden, dem zurückweichenden Eise folgend. Man darf annehmen, daß ein Teil der altstein-zeitlichen Bewohner den Rentierherden gefolgt ist. Es spricht vieles dafür, daß neue Menschengruppen nach Südwestdeutschland eingewandert sind und als Ausdruck einer anderen Lebensweise eine neue Technik zur Herstellung von Werkzeugen und Waffen mitbrachten, wie sie schon Jahrtausende vorher in Nordafrika bekannt war.[5] Größe, Art, Herstellungsmethode der Geräte sowie verwendetes Feuerstein-Mate-rial unterscheiden sich teilweise stark von den Hinterlassenschaften der Großwildjä-ger der vergangenen Magdalénienzeit.
In der vom Haselstrauch gekennzeichneten Landschaft und im späteren Eichen-mischwald wurden nun Hirsch, Reh, Wildschwein, Hase und Auerochs als Stand-wild heimisch. Der Fischfang gewann an Bedeutung. Vor allem aber nahm der Anteil

der pflanzlichen Nahrung wie Nüsse, Beeren, Wurzeln, Pilze zu. Spanische Fels-
zeichnungen belegen, daß wilder Honig eine willkommene Abwechslung auf dem
mittelsteinzeitlichen Speisezettel bot, und Zahnabdrücke in Klümpchen von Birkenpech, die in den Ufersiedlungen des Federsees gefunden wurden, zeigen, daß Kau-
gummi nicht eine Erfindung unserer Zeit ist.

Typisch für das Mesolithikum sind kleine, oft winzige Steinwerkzeuge, die deshalb
auch Mikrolithen (griechisch = kleine Steine) genannt werden. Im Vergleich zu den
technisch perfekten Formen der Steinwerkzeuge der vorhergehenden Altsteinzeit
könnte man zunächst an einen Rückschritt in der Herstelltechnik denken. Das
Gegenteil ist jedoch der Fall. Die mit Birkenpech in Holz-, Horn- oder Knochen-
schäfte eingesetzten Mikrolithen ergaben sehr wirksame Waffen und Werkzeuge,
z. B. Harpunen oder Messer. Ein glücklicher Fund aus Schwenningen macht dies
deutlich. Dort wurden Skelettreste eines Wildrindes geborgen, in dessen Becken-
knochen noch eine Mikrolith-Spitze steckte, die für den Tod des Tieres verantwortlich war. Verheilte Schußverletzungen an mehreren Knochenfunden sprechen gegen
die Vermutung, daß die mikrolithischen Pfeilspitzen vergiftet gewesen sein könnten.
Die Veränderung der Mikrolithformen im Laufe der Jahrtausende hat Wolfgang
Taute dazu ermutigt, eine zeitliche Untergliederung vorzunehmen, was ihm in den
sechziger und siebziger Jahren nach der Freilegung und Auswertung von steinzeitlichen Kulturschichten in Höhlen und Felsschutzdächern auf der Schwäbischen Alb
auch gelungen ist. Aufgrund dieser »Leitformen« lassen sich die Mischinventare der
Oberflächen-Fundstellen im Altkreis Schwäbisch Gmünd zeitlich einigermaßen ein-
ordnen. Viele Fundstücke aus unserem Raum weisen eine für das süddeutsche Mesolithikum typische lachsrote Färbung auf. Aufgrund von Versuchen geht man heute
davon aus, daß das ursprünglich meist weiße Feuersteinmaterial absichtlich in einem
Sandbad getempert wurde, um so die Bearbeitungseigenschaften zu verbessern.[6] Auf
unseren Fundstellen sind manchmal bis zu 60 Prozent des Rohsteinmaterials getempert.[7]

Die Anzahl der Fundstellen im Altkreis Schwäbisch Gmünd ist auffallend hoch. Nur
noch am Oberrhein, in der Ortenau, am Bodensee und um den Federsee finden sich
ähnliche Konzentrationen. Offenbar waren diese Regionen wegen ihres Wild- und
Fischreichtums bei den mesolithischen Bewohnern besonders beliebt. Die Fundstellen liegen meist auf Anhöhen, die einen weiten Blick ins Land gewähren, in der Nähe
von Gewässern. Leichte sandige Böden, die Regenwasser schnell versickern ließen
und die das Ausheben von Gruben erleichterten, wurden bevorzugt.

Die Größe der Fundplätze und die Anzahl der Fundstücke ist sehr unterschiedlich.
In den meisten Fällen handelt es sich um Rastplätze, die nur für kurze Zeit benützt
worden sind, z. B. auf dem Gelände des ehemaligen römischen Kastells Schirenhof.

Es gibt aber auch Siedlungsstellen, die über Jahrtausende hinweg bis in die Jungsteinzeit hinein immer wieder aufgesucht worden sind, z. B. südlich von Bargau, nördlich
von Weiler i. d. B., um Kapf, bei Täferrot und bei Brainkofen – um nur einige zu
nennen. Die von Joachim Hahn im Jahre 1977 durchgeführten Grabungen in Brainkofen und Unterbettringen-Kirchäcker ergaben keine Hinweise, wie die mesolithischen Menschen wohnten. In Anlehnung an überregionale Befunde darf aber unterstellt werden, daß leicht zu transportierende Zelte und einfach zu erstellende Reisig-
oder Binsenhütten benützt wurden.

Vermutlich lebten die mesolithischen Menschen in kleinen Gruppen und Familienverbänden zusammen an einer Stelle, bis der Bestand des Standwildes stark dezimiert
und die anderen Nahrungsquellen verarmt waren. Dann zogen sie weiter und kehrten, wie die Befunde zeigen, eines Tages meist wieder zurück. Die Auswertung von
Nahrungsresten wie etwa Art, Anzahl und Alter der Jagdtiere und Fische, das Vorhandensein von Vogeleiern und Pflanzenresten wie Haselnußschalen, Samen und
Beeren zusammen mit den verschiedenen Werkzeugtypen erbrachten den Nachweis,
daß Sommer- und Winterlager benutzt wurden.

Der Vergleich mit der Lebensweise subarktischer Indianer in Nordamerika sowie die
Hochrechnung der Wilddichte führen zu der Annahme, daß im Bereich der Oberen
Donau und in Oberschwaben maximal 800 bis 900 Menschen gleichzeitig gelebt
haben. Im Sommer vereinigten sich mehrere Familien zu Fischfang und Pflanzensammeln in Gruppen von 50 bis 100 Personen. Im Herbst verkleinerten sich die
Gruppen wegen der verringerten Beweglichkeit auf 15 bis 30 Individuen und jagten
in verschiedenen Gebieten.[8] Übertragen auf unser Arbeitsgebiet bedeutet dies, daß
höchstens 50 Menschen gleichzeitig unsere Region bewohnten.

Mit dem Aufkommen von Ackerbau und Viehzucht durch neu zugewanderte Völker
geht die Zeit der mittelsteinzeitlichen Jäger, Fischer und Sammler zu Ende, die Kimmig als die Reste der mitteleuropäischen Urbevölkerung ansieht.[9] Da sich die jungsteinzeitlichen Einwanderer zunächst den fruchtbaren Siedlungskammern zuwandten, bestand wahrscheinlich die nomadisierende Lebensweise der mesolithischen
Menschen in unserer Region noch fort.

Bei einem zwischen Buchengehren-Sägemühle und Voggenberg gelegenen Fundplatz, der inzwischen einer Sandgrube weichen mußte, dürfte es sich um einen Rastplatz von mittelsteinzeitlichen Jägernomaden handeln, die aber schon Kontakte mit
jungsteinzeitlichen Bevölkerungsgruppen hatten. Die dort geborgenen Silexgeräte
unterscheiden sich durch ihre Größe, durch sehr sorgfältige Retuschen sowie durch
die Verwendung von nicht ortsnahem Feuersteinmaterial deutlich von anderen mittelsteinzeitlichen Funden. Zu erwähnen sind: eine große schmale Klinge (8 cm),
Schaber und Rundschaber, ein »Halbmöndchen«, Bohrer, Stichel und Kratzer.

1. Wildpferd-Skulptur aus Elfenbein von der Vogelherdhöhle, Aurignacien

2. Feuersteingeräte von
Buchengehren-Sägemühle
(Sammlung Kaiser)

3. Artefakte der
Jungsteinzeit aus Täferrot.
Pfeilspitzen, Klingen,
Schaber (Sammlung
Kaiser)

Ob eine Neolithisierung, d. h. ein Aufgehen der Mesolithiker in der Jungsteinzeit-
kultur friedlich oder zwangsweise erfolgte, muß vorläufig offenbleiben, bis geklärt
ist, ob das Auffinden von jungsteinzeitlichen Artefakten, insbesondere von Pfeilspitzen, auf den mesolithischen Siedlungsplätzen als Ausdruck friedlichen Tauschhan-
dels, als Reste gewaltsamer Auseinandersetzungen oder schlicht als Zufälle zu deuten
ist.

### *Jungsteinzeit (Neolithikum) um 4500 bis 2000 v. Chr.*

Als Mitteleuropa noch der mittelsteinzeitlichen Kulturstufe verhaftet war, entwik-
kelten sich im Vorderen Orient bis zum achten vorchristlichen Jahrtausend die
ersten Bauernkulturen. Die Menschen haben sich vom reinen Wildbeutertum gelöst
und gelernt, Nutzpflanzen anzubauen und Haustiere zu züchten. Seßhaftigkeit war
Voraussetzung hierfür, und der Besitz von Vieh und pflanzlichen Vorräten mußte
geschützt werden. So entstanden die ersten befestigten Ansiedlungen. Die Seßhaftigkeit wiederum führte dazu, daß die handwerklichen und künstlerischen Fähigkeiten
von einzelnen sich zu Traditionen und zu Zeitstilen ganzer Gruppen entwickeln
konnten. Formen und Verzierungen der Tongefäße sind die markanten Kennzeichen
der verschiedenen neolithischen Gruppen.
In mehreren Wellen erreichten die jungsteinzeitlichen Gruppen Südwestdeutschland. Die ersten Einwanderer kamen um 4500 v. Chr. donauaufwärts und werden
wegen den bandförmigen Dekors ihrer Tongefäße »Bandkeramiker« genannt. Sie
brachten domestizierte Rinder, Ziegen, Schafe und Schweine mit, bauten auf gerode-
ten Flächen Getreide wie Einkorn und Emmer, die Hülsenfrüchte Erbse und Linse
sowie Ölpflanzen wie Lein und Mohn an. Sie haben die Bearbeitung von Steinmate-
rial vervollkommnet und stellten geschliffene Äxte, Beile und Hämmer her, die teilweise durchbohrt und poliert waren. Steinbeile dieser Art waren zerbrechlicher, aber
sonst den späteren Metallwerkzeugen kaum unterlegen.
Die bandkeramischen Bauern bauten große Pfostenhäuser. Siedlungen sind aus unserem Raum nicht nachgewiesen, und ihre Existenz ist auch nicht wahrscheinlich, da
die Böden für den damaligen Ackerbau wenig geeignet waren. Aber es gibt zahlreiche Einzelfunde, die die Anwesenheit bandkeramischer Menschen bezeugen. Aus
dem Stadtgebiet ist der Fund einer 14 cm langen Feuersteinklinge bekannt. In der
Weststadt auf Grundstück »Dangelmaier« wurde ein durchbohrtes Steinbeil gefunden. Von Unterbettringen-Kirchäcker stammen ein spitznackiges Steinbeil, eine
Pfeilspitze mit Dorn und verschiedene Werkzeuge. Solche wurden auch nördlich
davon – auf Flur Gügling – bekannt. Auf den beiden mittelsteinzeitlichen Sied-

lungsplätzen südlich von Bargau wurden zahlreiche jungsteinzeitliche Werkzeuge, Pfeilspitzen und Keramikscherben – allerdings noch nicht datierbar – gefunden. Jungsteinzeitliche Hinterlassenschaften sind auch von Spraitbach (Steinbeil), Buch (Steinbeil, verschollen), Mutlangen (Pfeilspitzen und Werkzeuge), Alfdorf (Pfeilspitzen, Werkzeuge und Klingen mit Sichelglanz), Täferrot (Pfeilspitzen und Werkzeuge), Hellershof (spitznackiges Beil aus Hornblendschiefer) und von Iggingen-Brainkofen (Werkzeuge, mehrere Beile – auch mit Bohrlöchern –, Pfeilspitzen und Keramik) gemeldet.

Die mittlere Jungsteinzeit (etwa 3500 bis 2700 v. Chr.) wird nach einem Fundort bei Merseburg »Rössener Kultur« benannt. Aufgrund eines winzigen Tongefäß-Scherbens kann der neolithische Fundplatz zwischen Schönhardt und Iggingen dieser Epoche zugewiesen werden. Zahlreiche Pfeilspitzen und Schaber ließen zunächst ein reines Jagdlager vermuten. Das Bruchstück eines Schuhleistenkeils – der als »Pflug« diente – und vor allem von fünf Feuersteinklingen mit »Sichelglanz« belegen, daß diese Stelle über längere Zeit bewohnt war und damit eine echte Bauernsiedlung darstellt, denn »Sichelglanz« bedeutet, daß die Feuersteinklingen zum Schneiden von Getreide oder von kieselhaltigen Gräsern benutzt wurden, denn nur diese Pflanzen ergeben diesen typischen Hochglanz.[10] Bemerkenswert ist auch der Fund eines durchbohrten Amuletts an dieser Stelle, das ein flaches Steinbeil darstellt. Östlich dieses Fundplatzes auf Flur »Pfaffenhäule« wurde ein sehr schöner Feuersteindolch mit Sichelglanz entdeckt.

Die späte Phase der Jungsteinzeit (2700 bis 1800 v. Chr.) wird in Südwestdeutschland von der Kultur der »Michelsberger Leute« geprägt. Aus dieser Epoche sind große Befestigungsanlagen bekannt, mit denen die Ortschaften umgeben waren. Möglicherweise befand sich auf dem »Waldenbühl« bei Donzdorf eine Siedlung dieser Epoche. Es wurden dort zahlreiche Gefäßscherben und Geräte dieser Kulturgruppe gefunden.[11] Typisch für die Michelsberger Kultur sind die sogenannten Tulpenbecher und Gefäße mit geschlickter Außenfläche sowie Steinbeile mit einem Zwischenfutter aus Geweih.

Am Ende der Jungsteinzeit treten dann verschiedene Gruppen – oft mit nur regionaler Bedeutung – in Erscheinung: die Schnurkeramiker, die aus den kaukasischen Steppen kamen, das gezähmte Pferd mitbrachten und bereits das Kupfer kannten. Aus dem Südwesten, wahrscheinlich von der Iberischen Halbinsel, erreichten die ethnisch nicht zuzuordnenden Glockenbecher-Leute unseren Raum.

Die Gegend um Schwäbisch Gmünd war nur ausnahmsweise und nie intensiv von jungsteinzeitlichen Ackerbauern besiedelt. Da nach zehn bis fünfzehn Jahren die Ertragskraft der Felder erschöpft war, mußte auf nahe, vorher durch Brandrodung vorbereitete Gebiete ausgewichen werden. Demgemäß müßten sich in unserem

Arbeitsgebiet mehrere Siedlungsplätze befinden. Die zahlreichen Streufunde von Steinbeilen, Pfeilspitzen, Werkzeugen und teilweise auch von Keramik bedürfen deshalb einer anderen Erklärung. Wenn die neolithischen Menschen aber nicht als Bauern in unserer Landschaft waren, dann sicher als Jäger und Sammler. Dann verhielten sie sich ähnlich wie die Mittelsteinzeitjäger und wählten die Plätze für ihre Jagdlager nach den gleichen Kriterien aus wie diese, d. h. sie belegten zwangsläufig dieselben Stellen.

*Bronzezeit (2000 bis 1200 v. Chr.)*

Wiederum waren es Impulse aus Vorderasien, die ein neues Zeitalter begründeten. Wahrscheinlich in Anatolien und im Iran — wo Kupfer natürlich vorkommt — hat die Metallverarbeitung ihre Anfänge genommen. Über Griechenland und den Balkan drang diese Kenntnis donauaufwärts in den südwestdeutschen Raum. In der sogenannten Kupferzeit (2000 bis 1800 v. Chr.) wurde Kupfer in reiner Form zur Herstellung von Schmuck und Waffen verwendet. Für Arbeitsgeräte war es zu weich und wahrscheinlich auch zu wertvoll, so daß noch über lange Zeit Steinwerkzeuge in Gebrauch waren.

Das Legieren von Kupfer mit Zinn, ebenfalls eine Erfindung aus dem Vorderen Orient, ergab Bronze, einen wesentlich härteren Metallwerkstoff. Sie löste nach und nach den Feuerstein, den »Stahl der Steinzeit«, ab und verhalf dem Metall endgültig zum Durchbruch.

Am Anfang der Frühbronzezeit wurden fertige Metallgegenstände gegen einheimische Waren getauscht. Später wurden neben Fertigerzeugnissen auch die metallischen Rohstoffe gehandelt, die nun von einheimischen Handwerkern selbst verarbeitet wurden, die ihre eigenen Geschmacksempfindungen und Vorstellungen verwirklichen konnten. Das Beherrschen der Gußtechnik schuf die Grundlage für eine regelrechte Serienproduktion und begünstigte den Tauschhandel. Die von Ort zu Ort reisenden Metallhändler brachten neue Ideen und nahmen Anregungen mit. Da schriftliche Quellen fehlen, sind wir ausschließlich auf archäologische Befunde angewiesen, und hier fällt uns besonders der Wechsel der Bestattungssitten auf. Neben der gelegentlichen Brandbestattung wurden die Toten jahrtausendelang in seitlicher Hockerlage meist mit Blick nach Osten bestattet. Am Ende der Mittelbronzezeit (1600 bis 1300 v. Chr.) setzte sich die Sitte durch, die Toten unter Grabhügeln zu beerdigen. Diese Bestattungsform dürfte auf den Einfluß ägäischer Hochkulturen der Bronzezeit zurückzuführen sein.[12]

Im westlichen Stadtgebiet auf Flur »Schinderwasen« wurde in 1,5 m Tiefe im Jahre

1927 eine 5,2 cm lange bronzene Pfeilspitze mit langer Tülle gefunden. Aus der weiteren Umgebung sind bronzezeitliche Grabhügel vom Härtsfeld und von Röhlingen bekannt. Aus der Rosensteinhöhle »Haus« stammen frühbronzezeitliche Keramikbruchstücke. In Flur »Fränklin« bei Böbingen wurde beim Pflügen ein bronzezeitlicher Dolch mit zwei Nietlöchern gefunden. Vom gleichen Fundplatz ist auch eine stark beschädigte Tüllenlanze bekannt. Wahrscheinlich stammen die Funde aus einem vom Pflug zerstörten Grab.

*Urnenfelderzeit (1200 bis 750 v. Chr.)*

Etwa ab 1200 v. Chr. wird die Körperbestattung unter Grabhügeln nach und nach abgelöst. Die aus der pannonischen Ebene zwischen Karpaten, Ostalpen und den nördlichen Gebirgen des Balkans stammende Sitte, die Toten auf Scheiterhaufen zu verbrennen und den Leichenbrand in Urnen auf größeren Friedhöfen zu bestatten, setzte sich durch. Daher die Bezeichnung »Urnenfelderzeit«.

Auch auf anderen Gebieten traten tiefgreifende Veränderungen ein. Die starke Zunahme der Bevölkerung, insbesondere in den fruchtbaren Siedlungsgebieten, die verstärkte Anlage von befestigten Höhensiedlungen und die Umwehrung von Siedlungen sowie die Häufung von Versteckfunden lassen den Schluß aufkommen, daß diese Neuerungen nicht gewaltlos Eingang gefunden haben. Allerdings geht die Forschung heute nicht mehr von massiven Einwanderungen aus.[13] Die von der Donautiefebene ausgehende »Seevölkerbewegung« führte offenbar nur in Griechenland und im östlichen Mittelmeergebiet zu folgenschweren Umwälzungen. Aber auch Mitteleuropa erlebte einen starken gesellschaftlichen Strukturwandel. Die ethnische Grundsubstanz der Bevölkerung aber blieb erhalten, und am Ende dieser Epoche zeichneten sich echte historische Gruppierungen ab, die sich bis heute weiterentwickelten: Germanen im Norden, Illyrer im Osten, Italiker im Süden, Kelten im Westen.[14]

Bronze blieb der dominierende Werkstoff, und ihre handwerkliche Verarbeitung erlebte in der spätbronzezeitlichen Urnenfelderzeit einen Höhepunkt. Immer neue Formen und neue Dekors, immer kompliziertere Verarbeitungstechniken ergaben kostbare Fertigprodukte. Beispielhaft erwähnt sei hier die Wachsausschmelztechnik, wie sie auch heute noch in ähnlicher Weise für die industrielle Herstellung von Schmuck angewendet wird.

Neben Schmuck und Gebrauchsgegenständen wurde vor allen Dingen das Waffenhandwerk von den verbesserten Handwerkstechniken beeinflußt. Das bis dahin gebräuchliche Kampfbeil wurde durch das kunstvoll gearbeitete Hiebschwert ersetzt. Die urnenfelderzeitlichen Krieger schützten sich mit Panzer, Beinschienen, Schild und Bronzehelm, der häufig mit Hörnern geschmückt war, um dem Gegner Furcht einzuflößen.

Die Urnenfelder-Leute bevorzugten, wie vorher schon die Bandkeramiker und nach ihnen die frühen und späten Kelten, die Landschaften mit den fruchtbarsten Böden; den mittleren Neckar, das Nördlinger Ries sowie die Gegend südwestlich von Ulm. Aus diesen Siedlungskammern folgten sie den Flußläufen und legten dort Siedlungen an. Solche sind bekannt von Brenz, Tauber, Kocher und Enz. Auch Seeufer waren bevorzugte Siedlungsplätze. Die als »Wasserburg Buchau« am Federsee gelegene Moorsiedlung, die um 1100 v. Chr. entstand, umfaßte etwa 50 einräumige Hütten, die meistens im Blockhausstil oder mit Lehm verkleideten Flechtwerken errichtet wurden. Das Dorf war mit einer Palisade aus Einzelpfählen umgeben. Diese und auch andere Siedlungen der Urnenfelderkultur wurden länger als bei früheren Bevölkerungen bewohnt. Nach 200 Jahren, etwa um 900 v. Chr., hatte die Wasserburg Buchau sich verändert und bestand nur noch aus neun, allerdings größeren, hufeisenförmigen Blockhäusern, die wiederum um einen Dorfplatz gruppiert und von einer Palisade umgeben waren.[15]

Siedlungen sind auf dem Härtsfeld nachgewiesen, und Fundpunkte sind aus der Ellwanger Gegend sowie vom Oberlauf des Kochers[16] gemeldet. Bodenfunde sind selten. Lediglich aus Waldhausen wurde eine inzwischen verschollene Nadel bekannt. Aus der Höhle »Haus« im Rosensteinmassiv stammen Keramikbruchstücke, ebenso aus der Dreieingangshöhle. Wandscherbenfragmente eines Tongefäßes wurden am Südostrand des Hohenstaufen entdeckt, und bei einer Grabung im Bereich der damaligen hohenstaufischen Kaiserburg wurde im Jahre 1936 eine bronzene Lanzenspitze gefunden neben Tonscherben der Hallstatt-, Latène- und Römerzeit. Von Aalen kommt ein Lappenbeil und von Göppingen ein Griffplattenschwert, und aus einer Kiesgrube aus Oberurbach ist eine schlanke Lanzenspitze mit Holzresten in der Tülle bekannt.

## Hallstattzeit (750 bis 450 v. Chr.)

Bis um 750 v. Chr. hat das von den Urnenfelder-Leuten gelegentlich schon verarbeitete Eisen die Bronze verdrängt. Damit begann die Eisenzeit, deren erste Phase als »Hallstattzeit« bezeichnet wird nach einem Fundort in Oberösterreich. Die Urkelten haben sich auf der Grundlage der Urnenfelderkultur entwickelt, in der die Bronzezeitkultur aufgegangen war.[17]

Eisen war einfacher zu beschaffen als Kupfer und Zinn. Im Bereich der Schwäbischen Alb und des Albvorlandes gibt es reiche Vorkommen — Wasseralfingen, Königsbronn. Nicht mehr ausschließlich der Besitz des metallischen Rohstoffes, sondern mehr die Verfügungsgewalt über qualifizierte Handwerker, die es verarbeiten konnten und die Kenntnis geeigneter Handelsverbindungen waren die Basis für Macht und Einfluß. So kam es zu einer Veränderung der Gesellschaftsstruktur — abhängige Handwerker und Bauern gehörten zum Gefolge eines adeligen Führers und genossen dessen Schutz. Aus dem südwestdeutschen Raum sind mehrere »Herrensitze« bekannt, die schon aufgrund der strategisch günstigen Lage der Befestigungen als solche erkannt werden können, so die Heuneburg an der Oberen Donau und der Hohenasperg bei Ludwigsburg.

Während der Hallstattzeit wurde wieder die Bestattung unter Grabhügeln üblich, zunächst waren es Brandgräber mit Urnen, später dann Körpergräber. Den Toten wurden Gegenstände mitgegeben, die ihnen im Jenseits nützlich sein sollten wie Nahrung und Getränke in Ton- und Bronzegefäßen, Schmuck und Gewandfibeln, Waffen und Gebrauchsgegenstände. Die Anzahl der Grabhügel spiegelt die Zunahme der Bevölkerungsdichte dieser Epoche wider. In Baden-Württemberg sind mehrere tausend Grabhügel bekannt. Aber viele sind unerkannt dem Pflug zum Opfer gefallen oder wurden mutwillig von unkundiger Hand zerstört. Auf der in der Hallstattzeit dichtbesiedelten Ostalb liegt eine größere Zahl von Grabhügeln, und auch im Altkreis Schwäbisch Gmünd gibt es noch mehrere von ihnen, so in Flur »Heckle«, 2 km nordöstlich von Heubach. Eine große Grabgruppe mit etwa 40 Hügeln liegt 2 km nordwestlich von Mögglingen. Sie wird vom rätischen Limes durchzogen. Einen Grabhügel haben die Römer durch den Einbau eines Kalkofens zerstört. Andere wurden im vorigen Jahrhundert teilweise angegraben. Etwa 25 Grabhügel sind noch im Wald »Fuchsloch«, südöstlich von Lauterburg zu sehen. Grabhügel finden sich auch einen Kilometer westlich vom Äußeren Kitzinghof und auf dem Falkenberg. Zwei dieser vier Hügel wurden im Jahre 1921 von Paret und Keller untersucht.[18] Ein Hügel war noch 1,1 m hoch und hatte einen Durchmesser von 9 m. Er war mit großen Steinbrocken überdeckt. Im Brandschutt fanden sich vereinzelte schwarze Scherben und Tierknochen, wohl Reste der dem Toten zugedachten Wegzehrung. Der andere Grabhügel war nur noch 0,7 m hoch, hatte einen Durchmesser von 5 m und war von einem Steinkranz umgeben. Auf dem gewachsenen Boden wurden Asche und Holzkohle, aber keine Totenbeigaben festgestellt. Hügelgräber sind auch südwestlich des Inneren Kitzinghofes und auf dem Heidenburren zu finden. Verebnete Hügel werden auf Flur »Kotäcker« bei Alfdorf und bei der Koloman-Linde in Wetzgau vermutet.

Während die gewöhnlichen Grabhügel meist nur bescheidene Gegenstände aufweisen, enthalten die sogenannten »Fürstengräber« der Oberschicht eine verschwende-

rische Fülle von Beigaben, wenn sie nicht schon in vorgeschichtlicher Zeit ausgeplündert worden sind.

Der Rosenstein, der benachbarte Mittelberg und der Hochberg trugen während der
Hallstattzeit große befestigte Höhensiedlungen, die vermutlich in die ältere Eisenzeit
des 8. bis 6. Jahrhunderts v. Chr. zurückreichen und in späteren Epochen, wahrscheinlich auch während des Mittelalters, immer wieder ausgebaut und benutzt worden sind.

## *Latènezeit (450 v. Chr. bis zur Römerzeit)*

Brandschichten in den Fürstensitzen, Aufgabe von befestigten Höhensiedlungen,
Nichtbelegung der großen Fürstengrabhügel und andere Indizien deuten auf gewaltsame Auseinandersetzungen um 450 v. Chr. hin, die die hallstättischen Adelsge-
schlechter stürzten und zu einer wirtschaftlichen, sozialen und politischen Umwäl-
zung führten. Gleichzeitig rücken die frühen Bewohner Südwestdeutschlands endgültig ins Licht der Geschichte. Die antiken Geschichtsschreiber Hekataios von
Milet und Herodot von Halikarnass nennen sie »Keltoi« — Kelten, und Strabon
bezeichnet später das Quellgebiet der Donau als ihre eigentliche Heimat.[19]

In dieser Zeit reifte ein neuer Kunststil heran und gibt dieser Epoche in Mitteleuropa
ihren Namen nach dem Fundort La Tène am Neuenburger See (Schweiz). Griechische, etruskische, phönizische und skytho-iranische Kultureinflüsse wurden nicht
einfach übernommen und kopiert, sondern führten basierend auf den geometrischen
Ausdrucksformen der Hallstattkultur zu einem Kunststil, dessen abstrakte und stili-
sierte Ausdrucksform geradezu modern anmutet.

Auf dem Höhepunkt der keltischen Zivilisation wurden in den letzten vorchristlichen Jahrhunderten große Stadtsiedlungen für jeweils mehrere tausend Menschen,
sogenannte »Oppida«, angelegt und stark befestigt. Das uns am nächsten gelegene
Oppidum befand sich auf der Albhochfläche bei Grabenstetten zwischen Urach und
Kirchheim/Teck und ein anderes wahrscheinlich auf dem Ipf. Diese stark bevölkerten Oppida waren Zentren von Handel und Handwerk. Hier wurden nach antiken
Vorbildern Münzen geprägt — wegen ihrer schüsselartigen Form auch »Regenbogenschüsselchen« genannt. Eine dieser Münzen mit dem Hinweis auf »Schwäbisch
Gmünd« als Fundort ist vor Jahrzehnten im Münzhandel aufgetaucht[20]. Im Götzen-
loch, einer kleinen Stubensandsteinhöhle zwischen Ruppertshofen und Vellbach soll
vor langer Zeit ebenfalls ein goldenes Regenbogenschüsselchen gefunden worden
sein.

Auch die Oberamtsbeschreibung von 1870 (S. 394) erwähnt den Fund von je einem

goldenen Regenbogenschüsselchen von den Bettringer Markungen »Gügling« und
»Lindenhof«.

In der näheren und weiteren Umgebung der Oppida stoßen wir oft auf sogenannte
Viereckschanzen − große Anlagen mit Erdwall und Graben. Im Inneren nachgewie-
sene Opferschächte und Tempelchen weisen sie als spätkeltische Heiligtümer aus.
Bei der auf dem Gügling vorübergehend unter Denkmalschutz gestellten Schanze
dürfte es sich aufgrund der geringen Ausmaße wahrscheinlich um eine mittelalterliche Anlage handeln; der Volksmund spricht ja auch von einem benachbarten Flu-
stück als »Schwedenschanze«.

Auf der bekannten steinzeitlichen Fundstelle zwischen Brainkofen und Leinzell fanden sich auch die Reste einer spätkeltischen Siedlung. Unter den zahlreichen Scherben befinden sich solche mit Graphitzusatz und Kammstrichverzierung. Spinnwirtel
geben den Hinweis, daß an dieser Stelle gewebt wurde. In Lorch ist ein Grab gefunden worden; ebenso am westlichen Dorfrand von Leinzell im Neubaugebiet »Au«.
Dieses Körpergrab enthielt ein Eisenschwert mit Scheide. Auf der Burg Hornberg
bei Neckarzimmern werden zwei hohle Bronzeringe der frühen Latènezeit mit der
Fundortangabe »Alfdorf« aufbewahrt. In Böbingen, südöstlich des römischen
Kastells, wurde eine spätlatènezeitliche Fibel aus Bronze gefunden.

Aus antiken Schriftquellen ist bekannt, daß die in Südwestdeutschland lebenden
Helvetier um 58 v. Chr. nach Südwesten abgewandert sind. Kurz vor dem Beginn
der Zeitrechnung kam es dann noch einmal zu einem Rückgang der Bevölkerungsdichte, was sich in der Aufgabe von Siedlungen ausdrückt. Nach und nach sind Germanen nachgerückt − insbesondere Sweben −, die seit dem Jahr 72 v. Chr. unter
Führung des Ariovist am Oberrhein standen.[21] Da aber Funde aus germanischer Zeit
fast völlig fehlen, dürften die römischen Eroberer eine vorwiegend keltische Restbe-
völkerung angetroffen haben. Teilweise müssen Kelten in größerer Anzahl ansässig
gewesen sein, als die Römer und später die Alamannen ins Land eindrangen. Daraus
erklärt sich, daß die Neuankömmlinge Namen und Bezeichnungen von Gewässern
und Bergen von den keltischen Bewohnern übernahmen und fortführten (Rems,
Lein, Wieslauf, Alb, Ipf). In einem unbesiedelten, aufgegebenen Land wäre dies
nicht möglich gewesen.[22]

# Schwäbisch Gmünd in frühgeschichtlicher Zeit

*von Hans Ulrich Nuber*

Das Gebiet der Stadt Schwäbisch Gmünd gehörte einst, wenngleich zeitlich befristet und am Rande der antiken Kulturwelt gelegen, zum Imperium Romanum, dem Römischen Reich. In der vergleichsweise kurzen Zeit von 100 Jahren, in der das nördliche Albvorland römischer Verwaltung unterstand, erreichte der Zustrom mittelmeerischer Zivilisation, welche die Geschichte des Abendlandes bis auf unsere Tage geprägt hat, die Höhe des Remstales. Obgleich fast die gesamten, einst zahllosen Schriftdokumente der Antike zu geographischen Gegebenheiten, Ortsnamen oder Bevölkerungsverhältnissen verloren sind, gibt es noch Beweise für diese Zugehörigkeit. Sie haben sich sichtbar im Gelände, überwiegend jedoch im Erdboden erhalten und belegen vor allem die Anwesenheit römischer Soldaten in der Grenzzone des Reiches gegen Germanien.

Schwäbisch Gmünd besitzt nicht nur einen erheblichen Anteil am größten archäologischen Bodendenkmal Deutschlands, dem sogenannten äußeren römischen Limes, der auf über 500 km Länge, gesäumt von Türmen und Truppenlagern, vom Rhein zur Donau zieht. Auf Gmünder Territorium, im Rotenbachtal, liegt zudem ein sehr wichtiger, ja einzigartiger Punkt: die Nahtstelle zwischen den römischen Provinzen Obergermanien und Raetien. Während das Gebiet um Lorch zu Germania Superior zählte, lag auf dem Schirenhof das westlichste Kohortenkastell des raetischen Limes, ein Umstand, der nicht ohne Auswirkung auf die Entwicklung unseres Raumes in römischer Zeit blieb.

## Erforschung der römischen Überreste

Die markanten Spuren, die Rom im nördlichen Albvorland hinterlassen hat, müssen zu allen Zeiten die Aufmerksamkeit der Remstalbewohner erregt haben. Zogen alamannische Siedler noch unmittelbaren Nutzen aus der Weiterverwendung der Remstalstraße oder der Bebauung kultivierten Siedlungslandes, so schöpften nachfolgende Generationen nur noch Gewinn durch Ausbeutung römischer Ruinen, ja hatten bei Neulandgewinnung die störenden Mauern aus ihren Äckern zu entfernen. Im Lauf der Zeit war das Bewußtsein um die Entstehung der Bauwerke verlorengegangen. Die frühesten schriftlichen Nachrichten über Bodendenkmäler stammen aus dem 17. Jahrhundert und zeigen deutlich die Unkenntnis um deren römische Abkunft: Die kilometerlange raetische Limesmauer konnte nur als Werk des Teufels erklärt werden (»Teufelsmauer«), auf dem Schirenhof vermutete man ein »Heidenschloß« (Heiden = Vorchristen), das man dem Hunnenkönig zuschrieb (»Etzelburg«). Erst gegen Ende des 18. bzw. Beginn des 19. Jahrhunderts setzte die wissenschaftliche Ausdeutung und Erforschung ein.

Der Öhringer Archivar Christian E. Hanßelmann zeigt in seinem berühmten Werk »Beweiß wie weit der Römer Macht . . .« (1768), das die Limesforschung in Baden-Württemberg einleitete, daß er von der Lage der Remstalkastelle und dem Verlauf des Limes noch keine gültigen Vorstellungen besaß. Andreas Buchner, Geschichtsprofessor aus Regensburg, der 1820 das Remstal bereiste, zuvor aber durch örtliche Forscher Kenntnisse erhalten hatte, legte schriftlich den römischen Ursprung der Ruinen im Remstal fest. Ein Kastell auf dem Schirenhof vermutete 1847 der Hofdomänenrat Karl F. Gok. Durch Grabungen wurden die Kastelle Schirenhof und Böbingen 1886 unter dem württembergischen Generalstabschef Eduard von Kallée nachgewiesen, von dessen Hand sich eine Skizze vom Schirenhof erhalten hat (Abb. 4). Das Kastell Lorch fand Major Heinrich Steimle 1893 unter dem mittelalterlichen Ortskern; vergeblich hatte man bis dahin auf dem Klosterberg danach gesucht. Steimle, von der 1892 gegründeten Reichslimeskommission als Bearbeiter des Limesabschnittes im Remstal eingesetzt, gebührt das Verdienst, mit seinen archäologischen Feldarbeiten und Veröffentlichungen die Grundlage für die wissenschaftliche Erforschung der römischen Militäranlagen des Gmünder Gebietes geschaffen zu haben.

Auch die Fortführung seiner Arbeiten durch Oskar Paret, der 1935 den Limesverlauf untersuchte, vermag nicht darüber hinwegzutäuschen, daß die schwierigen Jahre nach dem Ersten Weltkrieg und die folgende NS-Zeit der römischen Landesarchäologie abträglich waren: 1936–1939 wurde das gesamte Vorderlager des Kastells Böbingen abgegraben, ohne daß ein einziges Fundstück bekannt, geschweige denn Beobachtungen festgehalten wurden.

Die größten Verluste brachten jedoch die fünfziger und sechziger Jahre. Mit der ausgreifenden Bautätigkeit der Gemeinden wurden immer umfangreichere, bisher außerhalb gelegene Flächen beansprucht. War in Lorch neben der römischen Siedlung ein Gräberfeld betroffen, so wurde am Schirenhof das gesamte Lagerdorf im Vorfeld des Kastells überbaut, Vergleichbares gilt für Böbingen. Entscheidende Veränderungen bewirkte das Denkmalschutzgesetz des Landes, das am 1. 1. 1972 in Kraft trat. Es erlaubte den Behörden, in anderem Umfang als bisher vor endgültiger

Zerstörung auszugraben bzw. durch Ausweis von Grabungsschutzgebieten die Reste im Boden für die Zukunft zu sichern.

Nach über 80 Jahren fanden 1972/73 wieder Ausgrabungen auf dem Schirenhof statt (Kastellbad und -umwehrung), 1976/77 folgte die Aufdeckung des ersten Brandgräberfeldes am äußeren Limes Württembergs. In Böbingen mußte 1973 das restliche Lagerareal großflächig untersucht werden; 1975 wurde ein ausgedehnter Gebäudekomplex im Lagerdorf, 1981 ein Kultbau erforscht. Hinzu kamen zahlreiche Fundbergungen, die es erlauben, trotz der Verluste ein deutlicheres Bild vom ersten historischen Abschnitt unserer Vergangenheit zu zeichnen.

## *Historische Überlieferung*

Seit dem ersten vorchristlichen Jahrhundert beginnen mit dem Erscheinen der Römer an Rhein und Donau auch die jenseits dieser Flüsse gelegenen Gebiete aus dem historischen Dunkel zu treten. Die spärlichen Nachrichten über die vorrömischen Bevölkerungsverhältnisse zeigen deutlich, daß die Albregion einst keltisch besiedelt war. Als Rom jedoch begann, diesen Raum stärker in seine Interessensphäre einzubeziehen, können sich allenfalls unbedeutende Reste keltischer Bevölkerung hier aufgehalten haben, im Gegensatz zu den germanisch besiedelten Gebieten nördlich des Mains. – Waren die Rheinübergänge Caesars (55 v. Chr. und 53 v. Chr.) noch Episoden geblieben, ebenso wie seine Versuche, die Alpenvölker zu unterwerfen, änderte sich dies schlagartig, als Augustus (27 v.–14. n. Chr.) dazu überging, den Schutz Galliens vor germanischen Überfällen durch die militärische Eroberung jener Landstriche zu erreichen, aus denen die Angreifer kamen. Der erfolgreiche Alpenfeldzug (15 v. Chr.) schaffte die Voraussetzungen für die kürzere und schnellere Verbindung Norditaliens mit dem Rheinland. In diesem Jahr stießen die Römer bis zum Bodensee vor; der kaiserliche Prinz und Feldherr Tiberius erreichte die Donauquellen. Seit 13 v. Chr. folgten dann von Mogontiacum (Mainz) und Vetera (bei Xanten) aus die Angriffe gegen das rechtsrheinische Germanien. Als man glaubte, das Unternehmen erfolgreich abschließen zu können und die Angelegenheit im Sinne römischer Machtpolitik geregelt zu haben, stellte die berühmte Varusniederlage im saltus Teutoburginiensis (9 n. Chr.) die ganzen Bemühungen wieder in Frage. In der Folgezeit setzte sich die Erkenntnis durch, daß die notwendigen Anstrengungen, um Germanien zu erobern und zu halten, in keinem Verhältnis zum militärischen Aufwand und wirtschaftlichen Nutzen standen. Der Rhein und kurze Zeit später auch die Donau (unter Claudius 41–54 n. Chr.) wurden zu militärisch besetzten Grenzräumen des Reiches.

Dieser Zustand hielt, von gelegentlichen Einfällen und Rachefeldzügen abgesehen, bis 68 n. Chr., als infolge von Thronstreitigkeiten nach Neros Tod die Verhältnisse in Germanien völlig durcheinandergerieten. Inwieweit es Konsequenzen aus Geschehnissen dieser Jahre waren oder Vorstellungen des Kaisers Vespasian (69–79 n. Chr.), der die Verhältnisse am Rhein und besonders die weitere Umgebung Straßburgs persönlich kannte – er war dort bis 43 n. Chr. Legionslegat gewesen –, eine Rolle spielten, wissen wir nicht, da hierfür keine literarischen Quellen erhalten sind: Rom jedenfalls besetzte nun schrittweise das Land östlich des Rheins und nördlich der Donau. Netzartig überspannten neuerbaute Straßen mit Stützpunkten die jüngst gewonnenen Gebiete, die teils kaiserliches Privateigentum wurden, teils unter Militärverwaltung gerieten. Unter Domitian (81–96 n. Chr.) verlief die Grenze der Besiedlung am Neckar, im Süden auf der Höhe der Schwäbischen Alb (Heidenheim – Urspring – Donnstetten). Zu einem unbekannten Zeitpunkt in der ersten Hälfte des 2. Jahrhunderts (in den zwanziger Jahren unter Hadrian [117–138 n. Chr.]?) wurde eine abkürzende Straße zwischen Cannstatt und Heidenheim durch das Filstal gebaut, überwacht von einem Truppenlager bei Eislingen-Salach.

Eine letztmalige Vorverlegung der militärischen Überwachungseinrichtungen vollzog sich in Obergermanien und Raetien um 150 n. Chr., in der Regierungszeit des Antoninus Pius (138–161 n. Chr.). Die Ost-West-Verbindung führte nun durch das Remstal, wo an der Straße zwischen Cannstatt und Aalen die Kastelle Lorch, Schirenhof und Böbingen errichtet wurden. Bei Lorch zog der obergermanische Limes von Norden aus Richtung Welzheim heran. Dieser sogenannte äußere Limes bestand ungefähr 100 Jahre, bis infolge der Germaneneinfälle das gesamte Gebiet um 260 n. Chr. geräumt und die militärischen Einrichtungen wieder auf Rhein und Donau zurückgenommen werden mußten, wo sie bis zur Auflösung der römischen Reichsverwaltung im 5. Jahrhundert blieben.

*Römische Straßen* (vgl. Textabb. S. 30/31)

Nicht zu Unrecht hat man die römischen Straßen die Adern des Imperiums genannt, ihre Bedeutung kann kaum überschätzt werden. Als unabdingbare Voraussetzung für Grenzorganisation, Verwaltung und Wirtschaft durchzogen sie einst in abgestufter Bedeutung von der Fernstraße *(via militaris)* bis hin zur Lokalverbindung *(via vicinalis)* und Feldweg *(iter)* den Gmünder Raum. Obgleich bisher erst wenig gesicherte Spuren römischer Verkehrswege vorliegen – kein antikes Straßenverzeichnis erwähnt sie, kein römischer Meilenstein gibt Kunde von ihrer Bedeutung –, sind sie doch in weit größerem Umfang vorhanden gewesen, als gemeinhin angenommen.

Die wichtigste Verkehrsader war die Remstalstraße, die von Schorndorf und Lorch (3) kommend am Nordhang des Remstales entlangzog, teils unter der heutigen B 29 gelegen. Wenig östlich des Kastells Freimühle (8) querte sie die Rems über eine ehemals vorhandene Brücke. Vom Schirenhof (9) ab führte die Straße am Südhang des Remstales über Böbingen (18) nach Aalen. Die Münzfunde vom Zeiselberg (12) oder Buchhölzle (14) und neuerdings Siedlungsfunde aus Zimmern (16) dürften mit diesem Straßenstück in Verbindung zu bringen sein.

Von dieser, durch römisches Militär erbauten und überwachten Ost-West-Verbindung führten rückwärtige Stichstraßen nach Süden, welche die Kastelle Lorch (3), Schirenhof (9) und Böbingen (18) mit der Filstal- bzw. Heidenheimroute und damit dem Donautal Richtung Provinzhauptstadt Augsburg verbanden. Während die Strecke Lorch (3) über Wäschenbeuren (4) schon früh als römische Wegführung eingestuft wurde, beginnt sich die Verbindung Schirenhof (9) – Straßdorf – Waldstetten (10) über den Furtlepaß (11) erst neuerdings klarer abzuzeichnen. Eine Straße Böbingen (18) – Heubach weiter nach Bartholomä vermutete schon Steimle; sie dürfte in Analogie zu den Nachbarkastellen tatsächlich existiert haben. Daneben müssen heute abseits erscheinende Fundpunkte wie Bargau (17) an das Gesamtwegenetz angeschlossen gewesen sein.

## *Römische Militäranlagen – Limes* (vgl. Textabb. S. 30/31)

Die eindrucksvollsten Überreste, die sich auf 33 km Länge im Gmünder Raum erstrecken, sind Bestandteile jener Überwachungseinrichtung, die mit dem Begriff Limes umschrieben wird. Die Römer brachten ihr Limeskonzept nicht fertig nach Germanien. Es durchlief Entwicklungsstufen, bestimmte Abfolgen sind in unserem Bereich nachzuvollziehen. Ursprünglich hatten Besatzungen auf Holztürmen, die durch optische und akustische Signale in Verbindung standen, abgeholzte Waldschneisen zu überwachen, um überraschende Einfälle oder unbemerktes Einsickern gegnerischer Einheiten zu verhindern (1. Jh. n. Chr.). Seit etwa 120 n. Chr. wurden an Stellen ohne natürliche Sperren (Flüsse) durchgehende Annäherungshindernisse (Holzzäune) hinzugefügt. In einer letzten Ausbauphase (Ende 2./Anfang 3. Jh.) boten Obergermanien und Raetien ein unterschiedliches Bild: Für ersteres waren die Holzpalisaden, Graben und Wall charakteristisch, den raetischen Limes kennzeichnete die ca. 3 m hohe Steinmauer. Beide Anlagen säumten in Abständen von 500 m bis 600 m errichtete Steintürme.

Über 50 gemauerte Limestürme standen einst auf der Gmünder Gemarkung; die Hälfte davon ist im Gelände nachgewiesen. Sie maßen 4 bis 5 m im Geviert, der Ein-

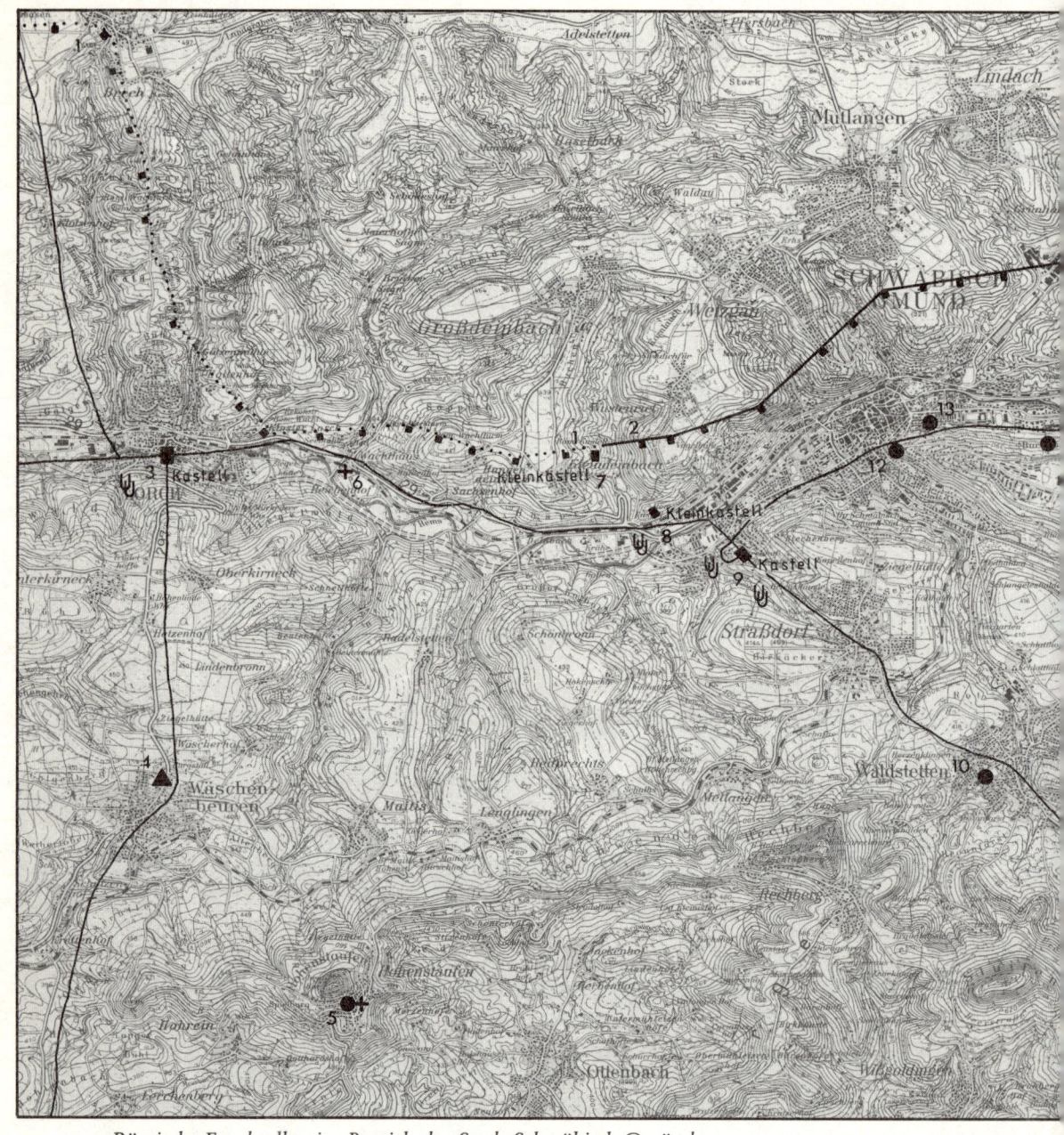

Römische Fundstellen im Bereich der Stadt Schwäbisch Gmünd.

| | | |
|---|---|---|
| 1 Obergermanischer Limes | 6 Lorch-Wachthaus | 11 Reiterleskapelle |
| 2 Raetische Limesmauer | 7 Kleindeinbach | 12 GD-Zeiselberg |
| 3 Lorch | 8 GD-Freimühle | 13 GD-Charlottenstraße |
| 4 Wäschenbeuren | 9 GD-Schirenhof | 14 GD-Buchhölzle |
| 5 Hohenstaufen | 10 Waldstetten | 15 GD-Hintere Orthalde |

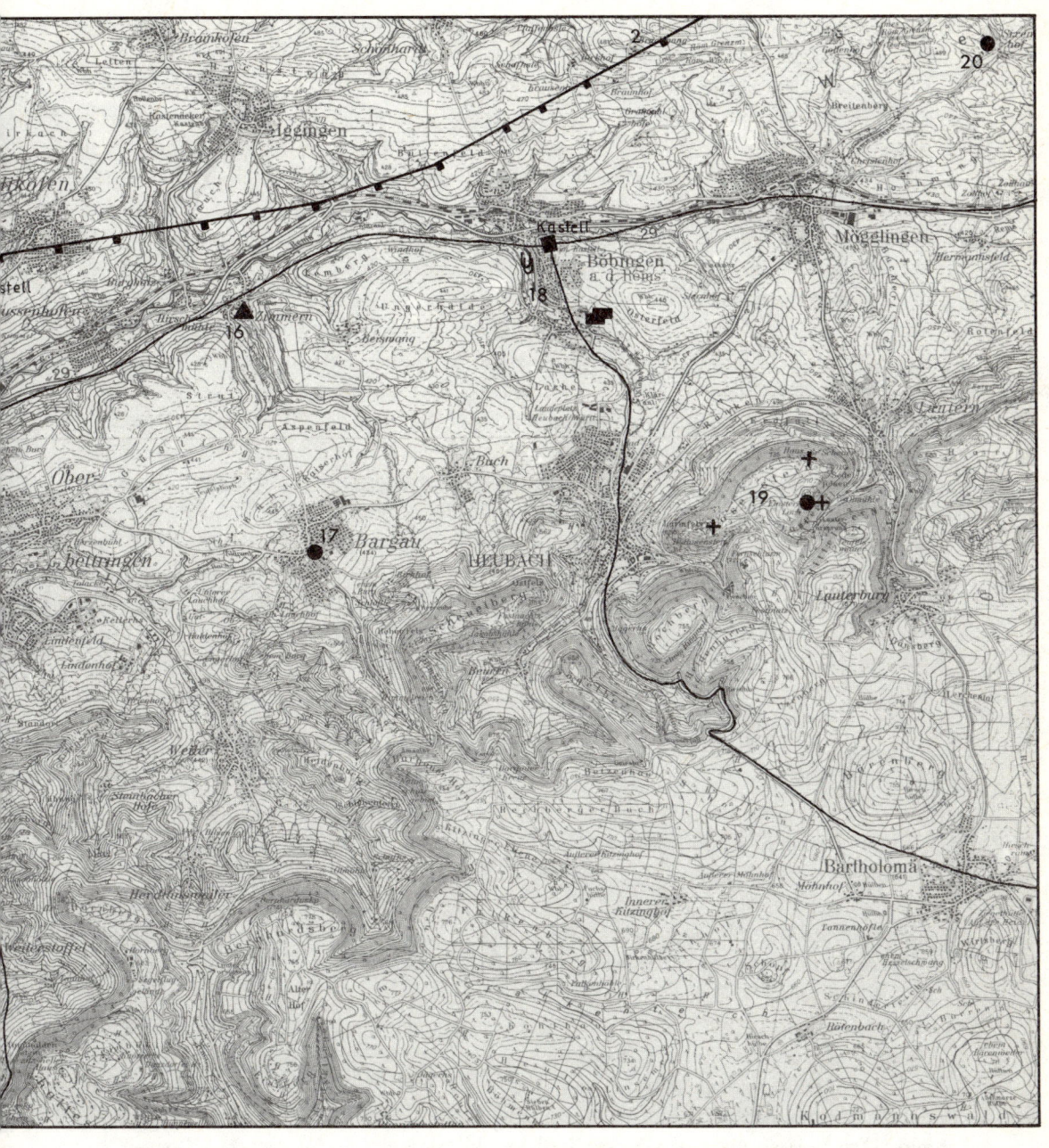

16 Zimmern
17 Bargau
18 Böbingen
19 Rosenstein
20 Sixenhof

■ ▪ Kastell, Türme

▲ Siedlung

U Brandgräber

▦ Reihengräber

● Münzfund

✛ Einzelfund

gang war nur über eine Leiter zu erreichen. Die Türme waren jeweils von 4 bis 6 Mann besetzt. Größere Soldatengruppen beherbergten Unterkünfte, wie sie in Lorch (Textabb. S. 34) und in der Orthalde (Textabb. S. 30/31, 15) entdeckt worden sind. Dabei handelte es sich um fast quadratische Steinbauten von 10,5 m (Lorch) bzw. 15 m Seitenlänge (Orthalde), ziegelgedeckt, deren Inneneinteilung man nicht kennt. – Ein für das südliche Obergermanien typisches Kleinkastell erhob sich auf einem terrassenartigen Absatz über dem steil abfallenden Rotenbachtal, 500 m südöstlich von Kleindeinbach (Textabb. S. 30/31, 7). Es bildet ein Mauerquadrat mit abgerundeten Ecken, 25 m lang, mit Eingang nach Süden. Von neueren Grabungen bei Welzheim und Murrhardt wissen wir, daß ein hölzerner Wehrgang die Mauerkrone umzog. Den Innenraum füllte eine U-förmig angelegte Unterkunft mit gepflastertem Hof. Die Besatzung dürfte 20 Mann umfaßt haben.

Ein Centurienkastell (für etwa 60 Mann) lag 750 m vom Limes entfernt, am Talausgang des Rotenbaches, oberhalb der Freimühle (Textabb. S. 30/31, 8). Hier umzog ein Spitzgraben die fast quadratische Anlage (53 m×55 m). An die 1,2 m dicke Steinmauer war von innen der Wehrgang aus Erde angeschüttet. Inmitten der Schmalseiten erhoben sich Tortürme, verbunden durch einen geschotterten Hauptweg. Beidseitig davon lagen zwei langgestreckte Unterkünfte aus Holzfachwerk, wie Grabungen in dem vergleichbaren Kastell Haselburg (Odenwald) gezeigt haben. Die unbekannte Kastellbesatzung besaß ein eigenes Bad wenig unterhalb am Hang, Lagerdorf und Gräberfeld schlossen sich an. Dies alles deutet auf eine gewisse Selbständigkeit.

Am obergermanischen Limesabschnitt, nördlich von Lorch, hatte schon Steimle Reste von Holzpalisaden sowie Graben und Wall festgestellt; diese Spuren fehlen bislang östlich des Klosters. Der Limesverlauf auf der nördlichen Hangkante des Remstales wird jedoch in wesentlichen Zügen durch die Steinturmfundamente gesichert.

Ein sehr bedeutsamer, jetzt wieder sichtbar gestalteter Befund tritt uns im Rotenbachtal entgegen. Grabungen des Landesdenkmalamtes haben die Beschreibungen Steimles bestätigt, wonach hier die raetische Mauer, 25 m hoch über der Talsohle, ihren Abschluß besaß (Abb. 5). Die aus örtlich anstehendem Gestein errichtete, 1,2 m breite Mauer beginnt etwa 90 m westlich des Baches, um dann den Bachgrund querend auf der gegenüberliegenden Talseite hochzuziehen, wo sie wegen der Abschüssigkeit des Geländes mit rückwärtigen Stützen versehen wurde. Von da an ist der Mauerzug, wenngleich heute lückenhaft, auf dem nördlichen Talhang der Rems durch die Gmünder Gemarkung zu verfolgen.

Im Bett des Rotenbaches fanden sich, eng gestellt, die verkeilten Reste von halbierten Eichenstämmen, 0,5 m im Durchmesser. Naturwissenschaftliche Untersuchungen (Dendrochronologie) zeigten, daß die Stämme alle im Winter 163/164 n. Chr.

4. Der Schirenhof, von General E. v. Kallée (1886)

5. (oben) Das Ende der raetischen Mauer im Rotenbachtal

6. (links) Schirenhof. Grabdenkmal mit Totenmahlszene

7. (unten) Schirenhof. Fragment einer Geniusstatuette mit Basisinschrift. Ergänzungsvorschlag: [IN H(onorem) D(omus) D(ivinae) GENIO TABVLARII] [AVR(elius ?) F] IDELIS LIB[RAR(ius) COH(ortis primae)] RAET [ORVM]

*8. Schirenhof. Brunnennymphe aus dem Kastellbad*

Bronzestatuetten.
9. Jupiter aus Schwäbisch Gmünd
10. Tropaion aus Lorch
11. Mars aus Böbingen

12. Böbingen. Kastellvicus.
Kopf einer weiblichen Gottheit

gefällt worden sind. Ein nur wenig späteres Datum (165 n. Chr.) erbrachten Palisaden im 30 km entfernten Schwabsberg. Diesen Limesausbau könnten weitere Baumhälften bestätigen, die sich im feuchten Grund des Schießtales erhalten haben.

Diese Palisade war aber nicht die früheste Sperre am raetischen Limes. Früher schon im Bayerischen, jetzt auch in Dalkingen ist bei Plangrabungen eine in Abständen gesetzte Pfostenreihe festgestellt worden, die zeitlich vor der durchgehenden Palisade einzuordnen ist. Die 1,8 m bis 2,1 m breiten Zwischenräume sind in Form eines Flechtwerkzaunes zu ergänzen. Der Zaun wurde von quadratischen Holztürmen aus überwacht. Der westlichste bisher im Gelände festgestellte Turm stand bei Brackwang, 2,5 km östlich von Kastell Böbingen. Belege für diese früheste, nur durch Grabungen erkennbare Limesphase stehen am westlichen Endabschnitt noch aus. Den aufeinanderfolgenden Limesperioden: Holzzaun (um 150 n. Chr.), Holzpalisade (164/165 n. Chr.), Mauer (Ende 2./Anfang 3. Jahrhundert) läßt sich die Geschichte der Remstalkastelle gegenüberstellen.

## Kastell Lorch (Textabb. S. 34)

Das Kastell Lorch erstreckt sich im Bereich der mittelalterlichen Stadtkirche und ist daher seit langem überbaut. Das Lager bildet ein verschobenes Rechteck von fast 2,5 ha Fläche. Mindestens ein Graben umzog den 1,3 m breiten Mauerring. Nur die Lage des Westtores (1) mit doppelter Durchfahrt (teilweise heute sichtbar) sowie ein Zwischen- und Eckturm an der Nordseite sind festgestellt. Bisher gibt es keine eindeutigen Hinweise auf die Besatzungstruppe; aufgrund von Indizien könnte die Cohors XXX voluntariorum c(ivium) R(omanorum) in Frage kommen. Lagerdorf und Gräberfelder sind zu lokalisieren, Aufbau und Umfang aber weitgehend unbekannt. Das Lager bestand von der Mitte des 2. bis ins 3. Jahrhundert.

## Kastell Schirenhof (Textabb. S. 35)

Die weitreichendsten Kenntnisse über das Aussehen eines Kastellortes vermitteln die Anlagen am Schirenhof. Das Truppenlager, etwas kleiner als Lorch (2 ha), war zur Rems orientiert. Drei Seiten besaßen Doppeltore; über dem rechten (3) war einst eine Inschrift aus vergoldeten Bronzebuchstaben (für Kaiser Caracalla 211—217 n. Chr.) angebracht. Die einfache Durchfahrt auf der Rückseite flankierten halbrunde Türme (2), eine Besonderheit, die nur noch einmal am raetischen Limes vorkommt (Weißenburg). Das Lager schützten drei Spitzgräben (4) von insgesamt 15 m

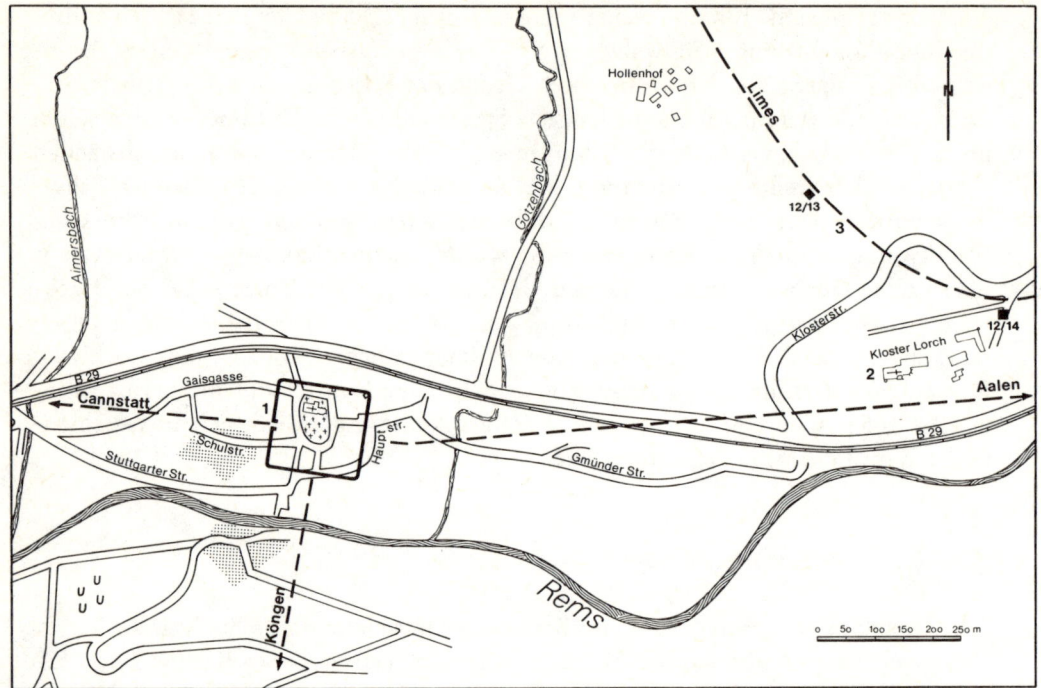

*Kastell Lorch und Umgebung. 1 Nordturm des Westtores, 2 Inschriftrest an der Kloster-*
*kirche, 3 Limes.*

Breite. Von den Innenbauten ist nur die rückwärtige Raumzeile der Stabsgebäude (1)
ergraben worden. Aufgrund zahlreicher Ziegelstempel und eines Inschriftenfrag-
mentes (Abb. 7) wissen wir, daß hier die Cohors I F(lavia?) Raetorum stationiert
war. 120 m westlich des Kastells lag das mit Hilfe einer Gmünder Bürgerinitiative
sichtbar erhaltene Kastellbad (Textabb. S. 36). Die Grabungen von 1893 und
1972/73 haben die wesentlichen Bauperioden und Einrichtungen dieser im Remstal
einzig erhaltenen Anlage erkennen lassen. Der 48×25 m große Bau war im vorderen
Abschnitt in Holzfachwerk, im feuergefährdeten Teil als Steintrakt errichtet worden. Von Norden her betrat man die Gemeinschaftsräume A *(basilica)*. An den Auskleideraum B 1–2 *(apodyterium)* schlossen sich der Kaltbaderaum *(frigidarium)*

*Kastell Schirenhof mit Teilen des Lagerdorfes. 1 Stabsgebäude, 2 rückwärtiges Lagertor,*   ▷
*3 rechtes Lagertor, 4 Südwestumwehrung, 5, 11, 17 Straßenstück, 6, 8, 15, 19 Steingebäude,*
*7 Kastellbad, 9 Kommandantenwohnung (?), 10, 12, 14, 18 Flächen römischer Besiedlung,*
*13 Grabfund, 16 Bachbett zu römischer Zeit.*

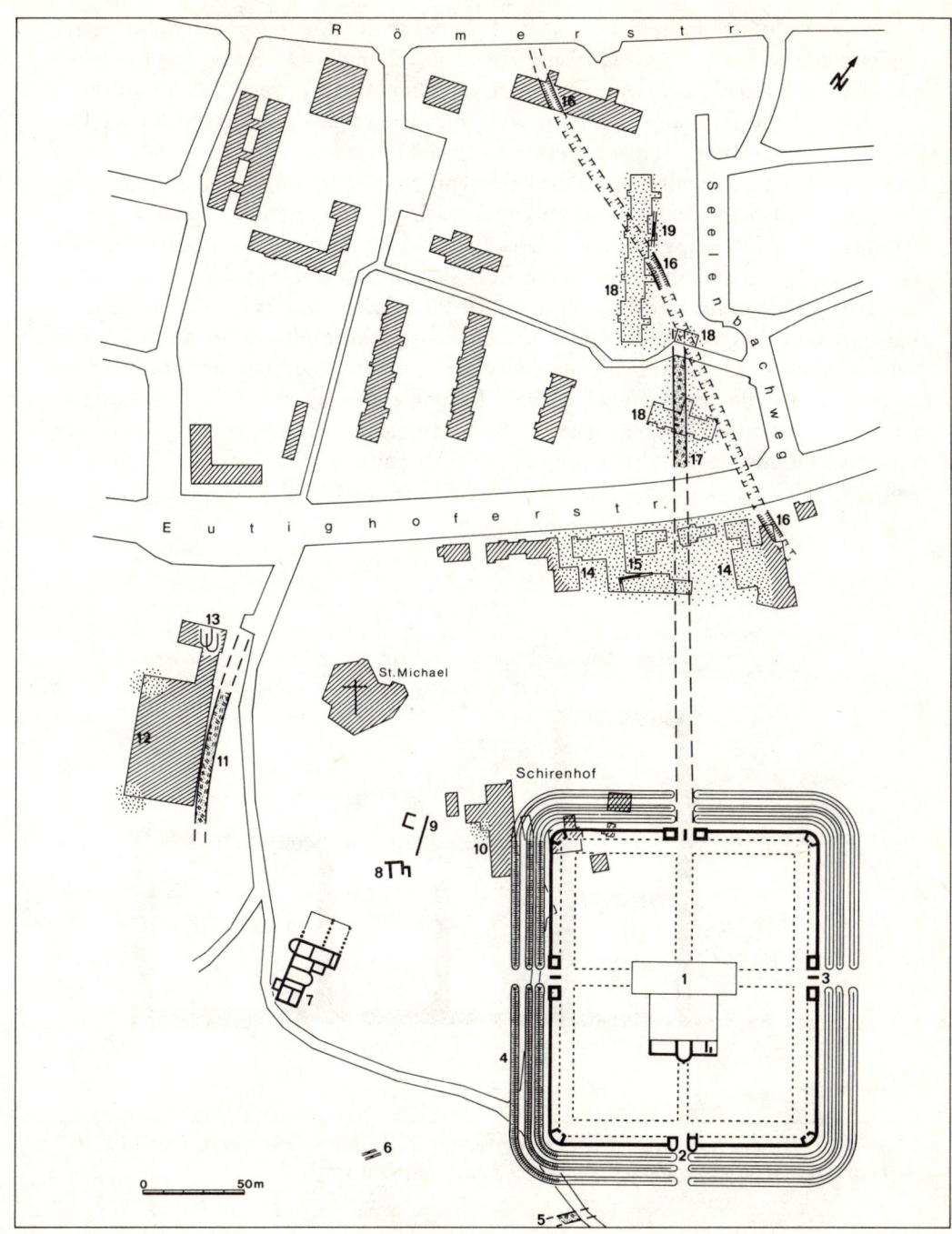

B 3—4 an. Es folgte ein heizbarer Raum C 2, der in der Anfangsphase Schwitzgele-genheiten *(laconicum, sudatorium)* enthalten haben könnte. Die Raumflucht D 1/D 2 umfaßte das Laubad *(tepidarium)*, gefolgt von dem Warmwasserbad E *(caldarium)*. Im Süden lag die Heizstelle *(praefurnium)* mit den Warmwasserkesseln *(vasa)*. Die Frischwasserzuleitung erfolgte aus einer hangaufwärts gelegenen Sammelstelle; einen heute unbekannten Ausfluß zierte die Brunnennymphe (Abb. 8). Die Abwässer folg-ten dem natürlichen Gefälle, dienten zuvor noch zur Spülung der Latrine.

Die Bau- und Nutzungsgeschichte dieses Bades, das zahlreiche Kleinfunde geliefert hat, spiegelt zugleich die Geschichte des Kastellplatzes selbst. Um 150 n. Chr. errichtet, wurde es bis in die dreißiger Jahre des 3. Jahrhunderts laufend ausgebaut, renoviert und vergrößert. In seiner letzten Phase schrumpfte es wieder auf einen Kern zusammen, der zwar noch alle Badegänge umfaßte, aber in seiner notdürftigen Beschränktheit die schwierige Lage der Kastellbesatzung zwischen 233 und 260 n. Chr. dokumentiert. Die jüngste im Bad gefundene, bisher späteste Münze der römischen Remstalorte überhaupt ist ein Antoninian des Kaisers Philippus I. (244—249 n. Chr.). Wie lange der Kastellort Schirenhof danach noch besetzt war, ist ungewiß.

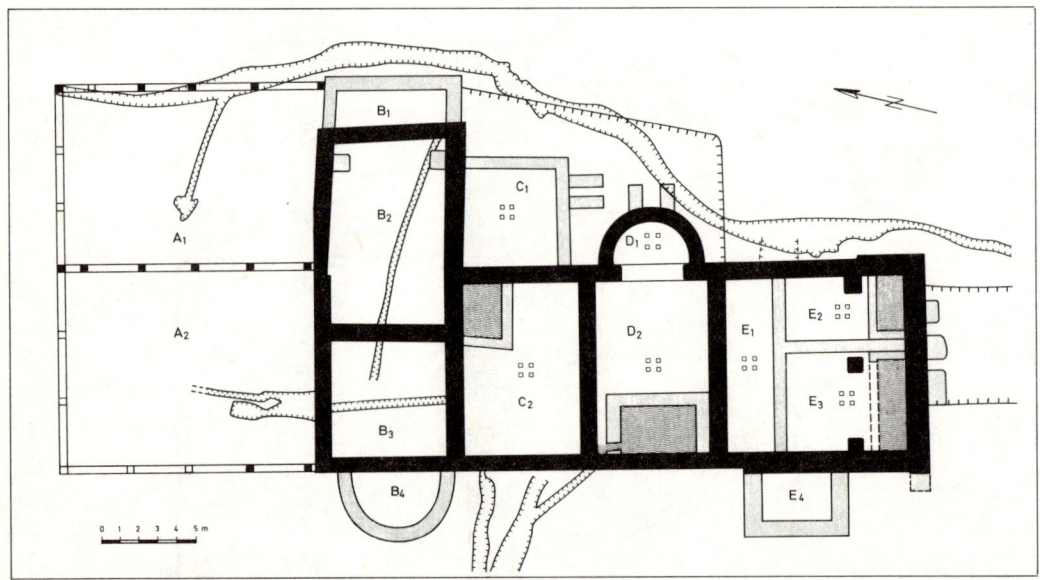

*Schirenhof. Plan des Kastellbades. Die konservierten Teile sind schwarz ausgefüllt. A 1, A 2 Aufenthaltsraum, B 2 Auskleideraum, C, D Laubäder, E Warmbad.*

Vom Lagerdorf, welches sich um das Kastell herum ausgebreitet hatte und bis zur Rems erstreckte, haben sich zwar zahlreiche Bauspuren, die meisten aber ohne Zusammenhang gefunden. Ein schon wegen seiner ausgezeichneten Lage bedeutsamer Baukomplex stand oberhalb der Michaelskirche (Textabb. S. 35).

Wesentliche Aussagen zu den Menschen, die einst hier gelebt haben, sind von den Untersuchungen des Gräberfeldes zu erwarten, das 1977 südöstlich des Kastells etwa zur Hälfte aufgedeckt wurde. Mit über 300 Brandgräbern zählt es zu den größten in Baden-Württemberg ergrabenen Nekropolen. Neben vielfältigen Beobachtungen zum Grabbrauch, der Ausgestaltung der Grabanlagen und Denkmäler (Abb. 6), erweitern die zahlreichen Beigaben die Kenntnisse der römischen Bestattungssitten unseres Landes beträchtlich und sichern dem Schirenhof eine Schlüsselstellung.

## *Kastell Böbingen* (Textabb. S. 38)

Die lückenhaften Vorstellungen von den Kastellen Lorch und Schirenhof ergänzen die Grabungen von 1892 und 1973 in Böbingen, einer Anlage, die große Ähnlichkeit zum Schirenhof zeigt. Das Lager, von drei in den Fels geschlagenen Spitzgräben geschützt, bildete ein Rechteck von 135×148 m. Die teilweise heute wieder sichtbar gestaltete Kastellumwehrung besteht aus einer 1,2 m dicken Mauer mit gerundeten Ecken, die von zwei seitlichen Doppeltoren (4, 5) durchbrochen wird. Auch das nach Norden, gegen die Rems und Limes gerichtete Haupttor (6) dürfte dergestalt zu ergänzen sein, rückwärts gab es nur eine Durchfahrt. Die Umwehrung überragten vier Eck- (2) und zwei Zwischentürme (3); der Anbau (11) wurde als Geschützstellung gegen die Talseite gedeutet. Den Mittelpunkt des Lagers nahmen die Stabsgebäude *(principia)* ein (7). Auf eine quergelagerte, große Halle folgte ein Innenhof mit seitlichen Raumfluchten. Rückwärtig schlossen den Komplex weitere, z. T. heizbare Archive, Büros und Versammlungsräume ab. Der Raum mit dem halbrunden Abschluß war das Lagerheiligtum *(aedes)*, in dem u. a. die Feldzeichen und die Kasse bewahrt wurden. Ein weiteres Gebäude (8) gibt sich als Vorratsspeicher *(horreum)* zu erkennen. Die Reste von Bau (9) — Baderäume — sind als Teil der Kommandantenwohnung *(praetorium)*, Bau (10) als Truppenunterkunft anzusprechen. Die restliche Lagerfläche muß man sich eng mit weiteren derartigen Bauten besetzt vorstellen, deren Spuren aufgrund ihrer leichteren Bauweise nicht auf uns gekommen sind.

Bisher liegen keine eindeutigen Zeugnisse für den Namen der hier stationierten Truppe vor. Gestempelte Ziegel erwiesen sich als Lieferung vom Schirenhof, ein Militärdiplom (Privilegiendokument für Bürgerrecht u. a.) ist leider zu fragmenta-

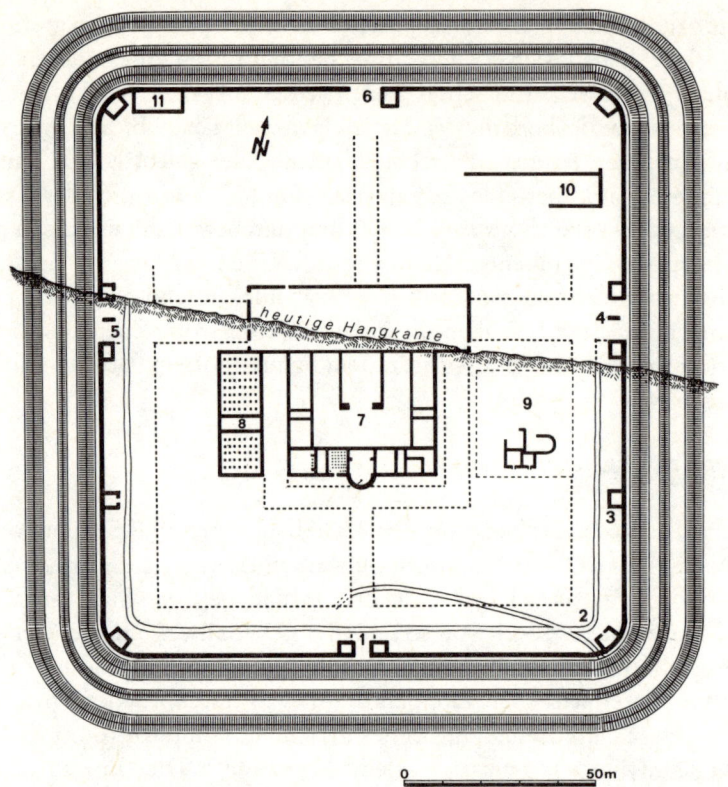

*Plan des Kastells Böbingen. 1 Südtor, 2 Eckturm, 3 Zwischenturm, 4 Osttor, 5 Westtor,*
*6 Nordtor, 7 Stabsgebäude, 8 Magazin, 9 Kommandantenwohnung, 10 Baracke?,*
*11 Gebäude unbekannter Bestimmung.*

risch erhalten, um mehr als die Vermutung zuzulassen, daß die Cohors VI Lusitano-
rum in Böbingen gelegen hat.

Im Bereich des Lagerdorfes erregen einige interessante Bauwerke Aufmerksamkeit.
Das Kastellbad wurde neuerdings am Remstalrand lokalisiert. 80 m östlich des
Kastells, an der Fernstraße, erstreckte sich ein bisher nicht eindeutig zuweisbarer
Gebäudekomplex (Herberge?). Nach Süden ist ein Hallenbau mit rechteckiger
Nische erwähnenswert, aus dessen Umgebung der Kopf einer Göttin stammt
(Abb. 12). – Vereinzelte Brandgräber wurden offenbar bei Bauarbeiten westlich des
Kastells am Osthang des Schlierbaches gefunden; das Hauptgräberfeld ist noch nicht
bekannt.

*Ländliche Besiedlung* (vgl. Textabb. S. 30/31)

Das Bild, das von den römischen Militärstützpunkten des Remstales gezeichnet werden kann, steht in auffallendem Gegensatz zur gleichzeitigen ländlichen Besiedlung des Gebietes zwischen Rems und Albtrauf. Schon aus Gründen der Nahrungsmittelversorgung für die Truppen wurde die Umgebung der Standlager agrarisch genutzt – hier wissen wir jedoch so gut wie nichts darüber. Während vereinzelte Zeugnisse aus dem Remstal, wie der Fund eines römischen Wurfspeeres *(pilum)* am Wachthaus bei Lorch (6), die Bronzefigur des Jupiter bei St. Katharina (Abb. 9), die Münzfunde am Zeiselberg (12) oder die Siedlungsreste bei Zimmern (16) auch mit der Remstalstraße in Verbindung gestanden haben können, liegt bei solchen Fundorten wie Wäschenbeuren (4), Hohenstaufen (5), besonders aber Waldstetten (10) und Bargau (17) der Verdacht nahe, daß es sich um Anzeichen für römische Gutshöfe *(villae rusticae)* handeln könnte. Leider wurde bislang in keinem Fall diesen Fragen nachgegangen. Vielleicht gelingt es jetzt mit Hilfe der Luftbildarchäologie, diese Lücken wenigstens teilweise noch zu schließen.

*Provinzgrenze im Rotenbachtal*

In der älteren Forschung war das Kastell Lorch wegen seiner Lage im Remstal in Verbindung mit den Kastellen Schirenhof und Böbingen zur Provinz Raetien gerechnet worden. Erst später erkannte man, daß die Lager von Aalen bis Welzheim ihre Vorläufer in den Kastellen von Heidenheim bis Cannstatt besaßen, Lorch demzufolge Köngen ersetzte, dessen Zugehörigkeit zu Obergermanien nie strittig war.
Offen blieb die Frage des Grenzverlaufs zwischen beiden Provinzen. Die Mehrzahl der Forscher sah beim Kloster Lorch, wo der Limes seinen Nord-Süd-Verlauf in eine West-Ost-Richtung änderte, auch die Provinzgrenze und damit den Endpunkt des Lorcher Truppenkommandos. Indessen sprechen mehr Indizien für die Grenze im Rotenbachtal. Nicht nur, weil die Römer eine Vorliebe für Flußgrenzen besaßen – vergleichbar ist die Situation zwischen Ober- und Niedergermanien am Vinxtbach –, das Ende der raetischen Mauer bildet ein gewichtiges Indiz. Auch der Umstand, daß die Mauer noch 90 m über den Bach hinüberreichte, spricht nicht dagegen, da es militärische Vorsicht gebietet, die Nahtstelle zweier Sperrsysteme nicht auf die Talsohle zu legen, sondern auf den gegenseitigen Hang und die Überwachung einer Passage unter ein Kommando zu stellen. Ob der große Altar, der hier gefunden wurde, tatsächlich den Grenzgöttinnen *(fines)* geweiht oder aus einem anderen Grund aufgestellt war, läßt sich wegen der fehlenden Inschrift nicht mehr nachvollziehen.

Es gibt noch weitere Auffälligkeiten. Da ist auf kleinem Raum die ungewöhnliche Häufung von Kastellen (Kleineinbach, Freimühle, Schirenhof), die nach Keramikfunden wohl alle drei gleichzeitig entstanden sind. Während Kastell Kleineinbach als äußerster Vorposten (Obergermaniens?) am Limes und Kastell Schirenhof als westlichste Truppenbasis Raetiens interpretiert werden können, kommt dem Kastell Freimühle eine eigenständige Position als Straßenkastell zu, eine Rolle, in der sich dieser Kastelltyp auch andernorts beobachten läßt. Unterstrichen wird diese Aufgabe dadurch, daß hier die Limespassage des Rotenbachtales auf die Remstalstraße trifft und diese unterhalb der Freimühle ihre Führung grundlegend ändert, indem sie die Rems überschreitend vom nördlichen zum südlichen Talhang wechselt.

Aber auch die Lage der Auxiliarkastelle zueinander fällt auf. Zwischen Aalen und dem Schirenhof beträgt der Abstand jeweils um 12 km (Luftlinie), der Schirenhof und Lorch liegen aber nur 6,5 km auseinander, eine ungewöhnlich kurze Strecke, die einer Erklärung bedarf.

Bezieht man schließlich die zeitlich vorausgehende Gesamtsituation in die Betrachtung mit ein, so ist seit der Entdeckung des Kastells Eislingen-Salach, das im allgemeinen zu Raetien gerechnet wird, möglicherweise das Vorgängerlager des Schirenhofs gefunden. Auch dieses Kastell muß nahe, wenn nicht unmittelbar an der Grenze zur Nachbarprovinz gelegen haben.

### Limesfall und Völkerwanderung

Mit dem schriftlich überlieferten Einfall des Jahres 233 n. Chr., als Germanen Rhein und Donau überschritten, um in bisher ungekanntem Ausmaß zu plündern, während Kaiser Severus Alexander (222–235 n. Chr.) mit Unterstützung westlicher Truppenteile im Osten des Reiches gegen die Parther kämpfte, wird erstmals jene verhängnisvolle Wechselwirkung deutlich, welche die römische Armee in der Folgezeit über ihre Kräfte beanspruchte. Hatte bis dahin die Drohung römischer Vergeltungsschläge Beutelüsterne außerhalb der römischen Siedlungsgebiete mehr oder weniger in Schach gehalten, so waren nunmehr im Osten und Westen des Reiches unnachgiebige Gegner erwachsen: Krieg gegen Eindringlinge in einem Reichsteil bedingte die militärische Unterstützung aus dem anderen, und die damit verbundene Truppenverminderung verlockte dann zu Übergriffen.

Zwar konnten die ersten Einfälle, die offenbar auch Spuren im Remstal hinterlassen haben, wieder zurückgewiesen und vergolten werden. Die Anstürme gestalteten sich jedoch immer bedrohlicher, folgten immer rascher aufeinander, was die römische Staatsverwaltung schließlich zwang, unter Kaiser Gallienus (253–268 n. Chr.) um

260 n. Chr. die Limesgebiete Obergermaniens östlich des Rheins und Raetiens nördlich der Donau aufzugeben, sie gegen Verpflichtungen germanischen Siedlern zu
überlassen und die Truppenlager wieder auf Rhein und Donau zurückzunehmen.
Nur ein Bruchteil der Germaneneinfälle ist schriftlich überliefert; häufig sprechen
Brand- und Zerstörungsspuren, vergrabenes Gut vom Hausrat bis zum Münzschatz
ihre eigene Sprache. Ein solcher Versteckfund (Eisengeräte zusammen mit der Mars-
statuette, Abb. 11) stammt aus Böbingen.

Wegen der mangelhaften Quellenlage sind weder die Vorgänge im einzelnen, noch
der spätere Status der aufgegebenen Landstriche bekannt. Zumindest für die Frühzeit (3./4. Jahrhundert) ist davon auszugehen, daß Rom mit den Königen alamanni-
scher Teilstämme vertragliche Vereinbarungen abschloß, die sie gewissermaßen im
Auftrag des Reiches zu Schutzfunktionen gegen weitere, aus Nordosten herandrän-
gende Germanen verpflichtete. — 496 verloren die Alamannen den Nordteil ihres bis
an den Main reichenden Gebietes, 536 geriet auch der südliche Teil und damit das
Gmünder Gebiet unter fränkische Oberhoheit.

Die archäologischen Zeugnisse für die germanische Besiedlung sind aus dem Gmünder Raum nicht gerade zahlreich, aber bemerkenswert. Vom Kastell Schirenhof gibt
es eine Handvoll germanischer Keramik und einen großen sternförmigen Glaswirtel
des 4. Jahrhunderts; im Kastell Böbingen fand sich ein germanischer Beinkamm.
Auch die spätrömische Münze des Licinius I (308—324 n. Chr.) aus der Charlotten-
straße (Textabb. S. 30/31, 13) gehört in diesen Rahmen. Eine besondere Rolle hat
der Rosenstein bei Heubach gespielt: Von dort stammen eine Reihe spätrömischer
Funde (Riemenzunge, Rädchensigillata, Eisenwerkzeuge) zusammen mit germanischen Erzeugnissen (Keramik, Beinkamm). Ob der Rosenstein mit seinen Höhlen
nur als Zufluchtsort diente oder, wie neuerdings angenommen, als alamannische
Höhenburg, mithin Sitz eines Teilfürsten, ist vorerst noch offen.

Merowingische Funde aus Reihengräbern des 7. und 8. Jahrhunderts kamen 1877/78
bei Oberböbingen ans Tageslicht, darunter prächtige Waffenausstattungen und
Goldschmuck. Während man für den Siedlungsraum um Böbingen und Heubach
eine dichte Siedlungsabfolge verzeichnen kann, trifft dies für Gmünd-Schirenhof
nicht zu. Hingegen erhob sich der alte Ortskern von Lorch — dessen Name zu Recht
oder Unrecht aus antiken Wurzeln hergeleitet wurde — unmittelbar über der römischen Ruinenstätte. Die nachrömischen Schicksale dieser Ortschaft, bislang im Dunkel der Überlieferung, verdienen aber in Verbindung mit der frühen kirchlichen
Bedeutung ganz besondere Aufmerksamkeit, wenn wir im Remstal nach dem Übergang von der Antike zum Mittelalter suchen.[1]

# Die Zelle Gamundias

*von Peter Spranger*

## Die urkundliche Überlieferung

Undurchdringliches Dunkel liegt über den Anfängen von Schwäbisch Gmünd.[1] Da und dort ein Irrlicht, verlockend besonders, wenn jemand Ausschau hält nach entlegenen Gründungsdaten. Da ist ein Autor des 15. Jahrhunderts, ein wilder Fabulierer, er nennt sich Thomas Lirer von Rankweil. Lirer (1485/86) kennt einen anderswo unbekannten Herrn Amelang von der Fils, wohnhaft in Gmünd, angeblich einen Zeitgenossen der römischen Kaiserin Helena, der Mutter Konstantins des Großen.[2] Mehr als hundert Jahre später (1595) schließt der Tübinger Polyhistor Martinus Crusius, scharfsinnig bemüht, auf einen schon zu Christi Zeiten bestehenden Flecken Gmünd bei Schloß Lindach.[3] Größere Aufmerksamkeit verdient eine Nachricht des elsässischen Humanisten Beatus Rhenanus (1531).[4] Crusius hat sie — wie alles irgendwie Erreichbare — in seine Annales Suevici aufgenommen.[5] In ihrer ältesten deutschen Übersetzung lautet die Stelle wie folgt:

*Um das Jahr Christi 604 waren Eßlingen, Gemünd, Herbertingen, und andere Schwäbische Ort noch sehr gering, wie wir aus folgenden Worten deß Beati Rhenani schliessen können: Carl der Grosse, sagte er, gab Volrado, Abbten deß Closters St. Dionysii, (welches ohnweit Pariß liegt) einen Freyheits-Brieff und Erlaubnuß einige Clösterlein auffzurichten, und unter andern auch in dem Hertzogthum Alemannien eine Mönchs-Wohnung, welche Haubertingen heisset, mit denen zugehörigen Sachen und eignen Leuten, und noch eine andere Wohnung, mit Nahmen Ezzilingen und Adalungen, auch Camundiam, ein. Es war aber dieser Volradus vorzeiten des Grossen Carls Prediger (oder Beicht-Vatter) gewesen, stammte von vornehmem Geschlecht her, und hatte solche Clösterlein von seinen eigenen Mitteln in Alemannien, d.i. in Schwaben auffgebauet.[6]*

Da der geschichtliche Sachverhalt jedoch schwerer zu fassen ist als es die anachronistisch getönte Erzählung vermuten läßt — verwirrend schon das falsch übersetzte Datum (604 statt 804) — und sich infolgedessen manche Mißverständnisse ergeben haben, stellt sich als wichtigste Frage: Aus welchen Quellen hat Beatus Rhenanus sein Wissen geschöpft? Zunächst aber: Wer war jener Abt, von dem der Chronist so wichtige Dinge berichtet?

Als um die Mitte des 8. Jahrhunderts die Franken vom Herzogtum Schwaben Besitz ergriffen und sich im folgenden bemühten, das Land in das organisatorische und gesellschaftliche System ihrer Herrschaft einzugliedern, haben nicht nur weltliche Große im Auftrag der Karolinger an entscheidender Stelle mitgewirkt. Auch geistliche Herren wurden zu wichtigen Aufgaben herangezogen. Der Bedeutendste von ihnen war Abt Fulrad von St. Denis, eben jene Persönlichkeit, die bei den Chronisten als Volradus in Erscheinung tritt.[7]

Es gehört wohl zu den vielen Zufällen unserer geschichtlichen Überlieferung, daß unter den Lebensbeschreibungen bekannter Persönlichkeiten der Karolingerzeit keine dem Abt Fulrad gilt. Und doch war Fulrad — Leiter der Hofkapelle, d. h. Kanzler der Karolinger und seit 750 Abt des mächtigen Reichsklosters St. Denis bei Paris — einer der einflußreichsten Männer am Hof Pippins und Karls des Großen. Papst Hadrian I. nennt ihn den ersten Geistlichen des Frankenreiches.[8] Dies schließt nicht aus, daß er in erster Linie »Praktiker war, für den es kaum theologische Probleme gab«.[9] Er war in entscheidender Weise beteiligt an Ereignissen, die den Gang der Geschichte jener Zeit geprägt haben: vor allem an der Erhebung Pippins zum König und an seinem Bündnis mit dem Papst.

Grundlage dieser Laufbahn war ein umfassender Landbesitz, den Fulrad dank seinem ausgesprochenen Instinkt für Erhalten und Mehren zielbewußt zu vergrößern verstand. Der einzige sichere Ausgangspunkt, um den Umfang seiner weitverstreuten Güter festzustellen, ist sein Testament zugunsten von Kloster St. Denis aus dem Jahr 777. Der Text ist erhalten in vier Fassungen; drei davon (A, B, C) sind echt.[10] Auf dieser Grundlage konnte Josef Fleckenstein den Territorialbesitz des Abtes ermitteln und als Ergebnis einer sorgfältigen Bestandsaufnahme feststellen, daß Fulrads Erbgüter in der Gegend um Mosel und Saar gelegen haben; die zahlreichen Einzelbesitzungen im Elsaß, in der Ortenau und im Breisgau gehen auf Schenkungen oder Erwerbungen, auf Tausch und Kauf zurück.[11] Fulrads planmäßiges Vorgehen wurde von den Karolingern unterstützt, denn seine Erwerbungen machten es möglich, den fränkischen Einfluß, wo immer erforderlich und erwünscht, verstärkt zur Geltung zu bringen.

Im zweiten Teil des Testaments ist von den Zellengründungen des Abtes die Rede. Dabei handelte es sich um klösterliche Niederlassungen kleineren Umfangs, um Außenstationen des Mutterklosters, die in seinem Auftrag verwaltet wurden. Dem religiösen Verständnis und Empfinden der Zeit entsprechend, waren die kleinen Klosterzellen zugleich auch Stätten der Heiligenverehrung. Oftmals galt die Verehrung römischen Märtyrerreliquien, Kostbarkeiten, die Fulrad bei seinen ausgedehnten diplomatischen Missionen in Italien erworben hatte, um sie neben den Reliquien reichsfränkischer Heiliger zur Ausstattung seiner zahlreichen kirchlichen Neugründungen zu verwenden. In unmittelbarer Nähe der heiligen Märtyrer bestattet zu sein, war frommes Ziel der um ihr Seelenheil besorgten Herren und ihrer adeligen Sippen. Daß diese Auszeichnung nur wenigen zuteil werden konnte, erhöhte ihren Wert.[12] Als Stätten des Gebets und der tätigen Nächstenliebe haben die weithin verstreuten Mönchszellen sicherlich dazu beigetragen, das Christentum und damit zugleich auch den fränkischen Einfluß in den neuerworbenen Gebieten zu festigen und zu verbreiten.

Fulrad nennt zunächst einige linksrheinische Klöster, um dann, in weitem Bogen ausholend, mit Herbrechtingen an der Brenz die Reihe seiner Zellengründungen in Alamannien zu beginnen. Man hat dieses unerwartete Ausgreifen nach dem Osten in Richtung auf Bayern im Anschluß an Josef Fleckenstein[13] oftmals vor allem im Zusammenhang mit hochpolitischen Zielsetzungen Karls des Großen gesehen: Die Gründung von Herbrechtingen (774/75) falle zeitlich zusammen mit dem Sturz des Langobardenkönigs Desiderius; dadurch habe Bayerns Herzog Tassilo, Desiderius' Schwiegersohn, eine wichtige Stütze seiner Sonderpolitik verloren. Gegründet worden sei somit die Zelle in Herbrechtingen »als ein vorgeschobener Posten Saint-Denis' und zugleich als ein fränkischer Posten, den der König mit Fiskalgut ausstattete, weil er für ihn das Tor nach Bayern offen halten sollte«.[14] Ähnliches gelte für die etwa gleichzeitig erfolgte Anlage von Kloster Ellwangen.[15] Ob bei den Kloster- und Zellengründungen Fulrads hier wie auch sonst dem strategischen Moment so entscheidende Bedeutung zukommt, bleibt eine offene Frage. Hört man auf die Quellen selbst, so waren sehr konkret verstandene religiös-kultische Impulse noch gewichtiger. Daß beide Motivreihen einander überlagerten und ergänzten, kann als ein wesentliches Merkmal gerade der Karolingerzeit gelten.

Das Testament nennt im Anschluß an Herbrechtingen nur noch zwei Zellen in Alamannien: Adalungszell (wohl Hoppetenzell bei Stockach, in der Nähe des Überlinger Sees)[16] und Esslingen, von dem es etwas ausführlicher heißt: »eine sechste Zelle, wo der hl. Vitalis ruht, am Neckar, die mir Hafti übergeben hat.« Davon später.[17] Anders verhält es sich mit *Gamundias*. Trotz vieler Abweichungen entsprechen sich die drei echten Fassungen des Testaments darin, daß die Aufzählung von Fulrads Einzelbesitz jeweils mit den alamannischen Gründungen und hier wiederum mit der Zelle Esslingen abschließt. Von einem schwäbischen Gamundias ist im Testament selbst nirgends die Rede. Daß auch Gamundias als Gründung Fulrads gilt, ist auf eine spätere Urkunde zurückzuführen.[18] Sie ist datiert vom 16. September 782 und nennt als Ausfertigungsort das zwischen Köln und Aachen gelegene Düren. Zum Inhalt: Eingehend und im feierlichen Faltenwurf der Urkundensprache wird berich-

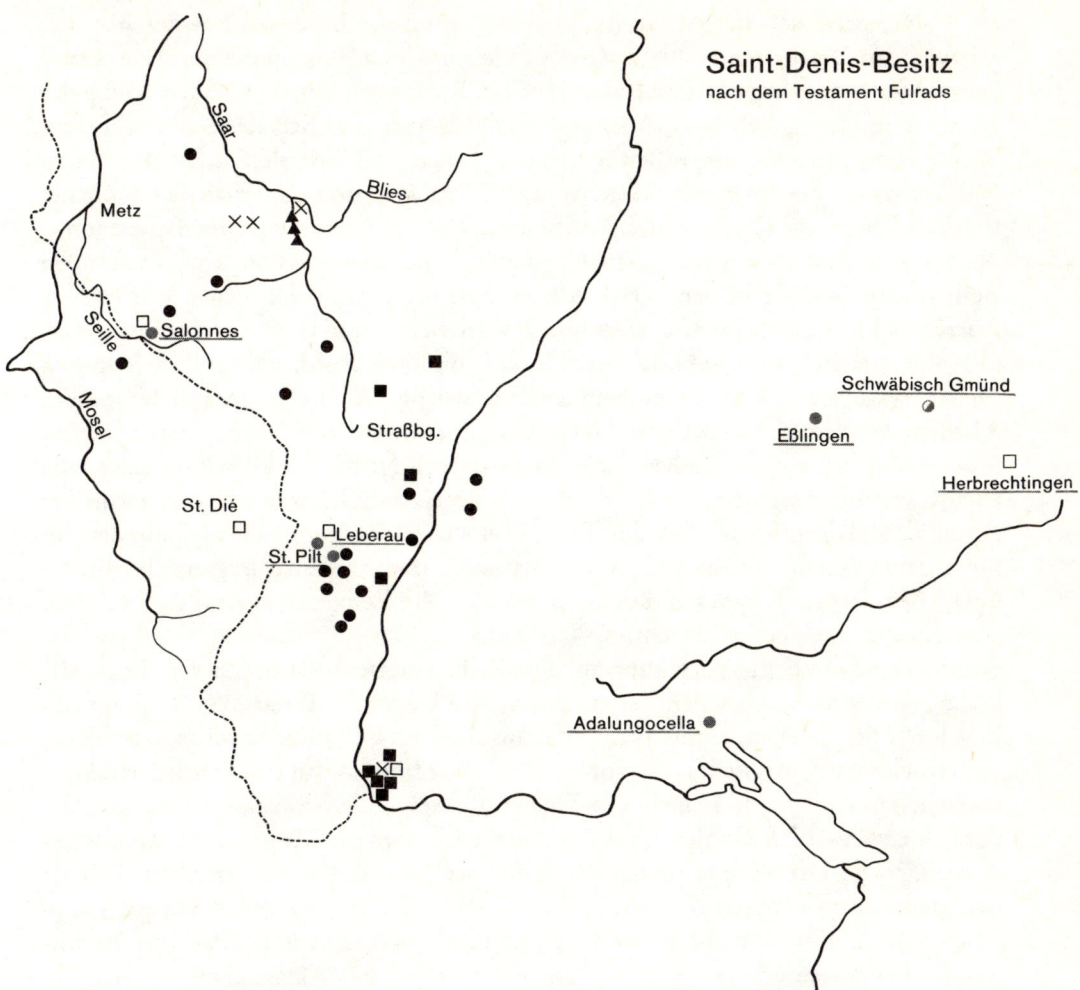

Saint-Denis-Besitz
nach dem Testament Fulrads

Herkunft des Fulradbesitzes:
□ Königsschenkung
Schenkungen und Erwerbungen von
seiten des Adels:
▲ Theudericus + Haribertus
✗ Ermelindis
■ Ruthard
● Wido
◐ Schwäbisch Gmünd
Zellengründungen und -erwerbungen
Fulrads unterstrichen

tet, Fulrad habe sich an den Herrscher gewandt mit der Bitte, seine — des Abtes —
letztwilligen Verfügungen zugunsten des Klosters St. Denis nun auch kraft könig-
licher Autorität urkundlich zu bestätigen. Er, Karl, »von Gottes Gnaden König der
Franken und Langobarden und Schutzherr der Römer, der Erlauchte«, habe diesem
Wunsch entsprochen »im festen Vertrauen darauf, daß wir den Lohn des Herrn
dafür erhalten werden« und die genannten Güter »für den Unterhalt der Mönche,
für die Lichter der Kirche und die Aufnahme von Fremden und Armen« bestimmt.
Namentlich genannt werden im einzelnen jedoch nicht alle ererbten und erworbenen
Besitzungen, wie sie in den verschiedenen Fassungen des Testaments in breitester
Ausführlichkeit erscheinen; dessen Inhalt wird vielmehr als bekannt vorausgesetzt.
Genannt werden nunmehr fast ausschließlich die dort erwähnten Zellen. Von den
Niederlassungen in Alamannien heißt es dann wörtlich: ». . . ferner im Herzogtum
Alamannien die Zelle, welche Herbrechtingen heißt, mit allen dazugehörigen
Gütern und Leuten, eine andere Zelle, Esslingen mit Namen und Adalungszell sowie
auch Gamundias mit allem, was von Rechts wegen sichtlich und anerkanntermaßen
zu diesen Zellen gehört«.[19] In der Tat: die einzige Bezeugung eines Gamundias im
Herzogtum Alamannien aus der Karolingerzeit! Man wird sich fragen, ob man sie
übergehen darf nach dem handfesten Grundsatz: ein Zeuge, kein Zeuge! — oder ob
sie vielleicht doch einige Beachtung verdient.
Schon lange konnte die Forschung auf eine Reihe von Beobachtungen verweisen, die
keine Zweifel daran bestehen lassen, daß unsere Urkunde (DKar 238) nicht aus der
Zeit Karls des Großen, somit auch nicht aus der Zeit Fulrads stammt, sondern eine
spätere Fälschung darstellt, eine von vielen.[20] Im Hinblick auf den Schriftcharakter,
aber auch in Anbetracht mancher sachlicher und sprachlich-stilistischer Indizien hat
man sie etwa in die Mitte des 9. Jahrhunderts datiert, in die Regierungszeit Karls des
Kahlen.[21] Die Urkunde ist urschriftlich in zwei Ausfertigungen erhalten.[22] Beide
befinden sich in den Archives de France in Paris. Beide sind von derselben Hand
geschrieben und weisen nur geringfügige Abweichungen auf. In beiden Ausfertigungen erscheint Gamundias als letzte Zelle des Herzogtums Alamannien.
Nun wurde früher und wird gelegentlich noch heute die Meinung vertreten, das hier
— in DKar 238 — genannte Gamundias sei gleichbedeutend mit dem in den Fassungen A und C des Fulradtestaments erwähnten *Gamundiis*, dem lothringischen Sarre-
guemines (Saargemünd).[23] Liegt in der Fälschung eine Verwechslung vor? Hat es
womöglich kein Gamundias im Herzogtum Alamannien gegeben? Gegen eine solche
Vermutung spricht sicher die Tatsache, daß die in DKar 238 genannten Zellen —
sachlich stets richtig — ihren jeweiligen landschaftlichen Gauen zugeordnet sind:
Lièpvre (Leberau) dem Elsaßgau, Salonnes dem Seillegau, Herbrechtingen, Esslingen, Adalungszell und schließlich auch Gamundias dem Herzogtum Alamannien.

Sollte allein bei der Zelle Gamundias ein Irrtum vorgelegen haben, eben jene vermeintliche Verwechslung mit dem lothringischen Saargemünd? Dabei ist Saargemünd in Fulrads Testament von 777 gar nicht als Zelle ausgewiesen, sondern wird im Zusammenhang mit anderen benachbarten Eigenbesitzungen des Abtes genannt. Schließt man deshalb eine Verwechslung als wenig wahrscheinlich aus,[24] so ist dem Wortlaut der Urkunde entsprechend zu folgern, daß eine alamannische Zelle Gamundias tatsächlich existiert hat.

Wann wurde diese Zelle gegründet? Die äußerst spärlichen Indizien erlauben allenfalls Vermutungen. Denkbar wäre ihre Existenz bereits vor Abfassung des Testaments von 777 unter der Voraussetzung, daß hier ähnliche Verhältnisse vorlagen wie in Esslingen. Dort hatte ein Mann aus alamannischem Adel namens Hafti eine *cella* gegründet, die er später an Abt Fulrad übergab.[25] Ähnliches hat sich in Adalungszell ereignet. Auch hier war nicht Fulrad der Gründer, sondern ein Mann namens Adalung.[26] Geht man davon aus, Gamundias sei durch Privatschenkung in Fulrads Hand gekommen, so hätte — wie in Esslingen — irgendein adeliger Herr aus der Umgebung die Zelle gegründet. Nimmt man an, Gamundias sei — wie das Gut Herbrechtingen — unmittelbar durch den König an den Abt gelangt,[27] so hätte Fulrad möglicherweise selbst die Gründung veranlaßt. Unter solchen Voraussetzungen wäre es denkbar, daß die Gründung bzw. die Übergabe der Zelle an den Abt erst im Anschluß an die späteren Fassungen des Testaments (B und C) erfolgte, vielleicht erst kurz vor seinem Tod.[28] Dieses Datum steht fest: Am 16. Juli 784 ist Abt Fulrad von St. Denis gestorben.[29]

Geht man davon aus, Gamundias sei nach Fulrads Tod zusammen mit den anderen weitverstreuten Besitzungen des Abtes an das Kloster St. Denis übergegangen, so bleibt zu folgern, daß die spätere Aufführung der *cella* in dem gefälschten Diplom nicht als Versuch zu werten ist, unbegründete neue Rechte auf eine entlegene Dependance geltend zu machen — dazu bot um die Mitte des 9. Jahrhunderts die angespannte Lage des von den Normannen wiederholt geplünderten Mutterklosters wenig Anlaß —, vielmehr ging es zunächst darum, bereits bestehende Rechtsverhältnisse durch die nachträgliche Berufung auf Karl den Großen und seine unumstrittene Autorität abzusichern. Genauer noch: Von entscheidender Bedeutung für die Abfassung von DKar 238 waren, worauf zuletzt Klaus Graf mit neuen Argumenten verwiesen hat,[30] anhaltende Streitigkeiten zwischen den Äbten und Mönchen von St. Denis über Zuteilung und Nutzung des einstigen Fulradbesitzes. Bei dem Versuch, ihre hinreichend begründeten Ansprüche auf die alamannischen Zellen dem Abt gegenüber zu vertreten, waren die Mönche im ganzen gesehen erfolgreich, wo sie sich auf das Testament selbst berufen konnten. Nicht so im Fall von Gamundias. Diesem Mangel versuchten sie, nach den Gepflogenheiten der Zeit abzuhelfen:

durch das Beweismittel einer gefälschten Urkunde. Der Zweck mochte auch hier das Mittel rechtfertigen. Was die Existenz einer alamannischen Klosterzelle Gamundias betrifft, so wird sie durch die Fälschung als solche nicht in Frage gestellt. Im Gegenteil: Fälschungen dieser Art hatten nur dann einen Sinn, wenn ihnen reale Gegebenheiten entsprachen.

Was sich nicht allein von der Urkunde her beantworten läßt, ist die Frage: Wo ist das alamannische Gamundias zu suchen? Etwa im Bereich der heutigen Stadt Schwäbisch Gmünd? Kann hier die ortsgeschichtliche Forschung weiterhelfen?

### Die Gmünder Fulradzelle

Wer das »wahre« Alter einer Stadt erforschen will, wird für das frühe Mittelalter keine Gründungsurkunden oder beschriftete Grundsteine erwarten. Daß eine Siedlung erst Jahrhunderte nach ihrer Entstehung in schriftlichen Zeugnissen erwähnt wird, kann als Regelfall gelten. Wo schriftliche Zeugnisse fehlen, helfen oft nur siedlungsgeschichtliche Beobachtungen allgemeiner Art. Was die Anfänge von Schwäbisch Gmünd betrifft, so lassen für den weiteren Umkreis der heutigen Stadt vor allem die Ortsnamen auf -ingen[31] (Böbingen, Mögglingen, Essingen) im oberen Remstal darauf schließen, daß nicht nur die fruchtbaren Hochflächen der Umgebung, sondern auch das Flußtal selbst bereits im Zug der alamannischen Landnahme besiedelt wurde. Über das alamannische Altsiedelland legte sich im 7./8. Jahrhundert ein noch engmaschigeres Netz, eine weitere Schicht von Dörfern. Man rechnet sie zum »älteren Ausbau« der Merowinger- oder Karolingerzeit, die -hofen-Orte[32] in der nächsten Umgebung von Schwäbisch Gmünd: im Westen Sachsenhofen (später geschrumpft zum Sachsenhof), das abgegangene Utinkofen (später Eutighofen bei der Freimühle), im Osten Hussenhofen, im Nordosten Herlikofen (Airlighofen) und Brainkofen. Auf eine unverhältnismäßig große Siedlungslücke in der Talaue der Rems auf heutigem Gmünder Gebiet zu schließen, besteht kein hinreichender Grund.[33] Vielmehr wurden neuerdings wieder gewichtige Argumente genannt für die Existenz eines frühmittelalterlichen Herrenhofs im Mittelpunkt der heutigen Stadt. Zu denken ist an einen Fronhof im Besitz eines adeligen Herrn, des Patronatsherrn vielleicht einer benachbarten Eigenkirche.[34] Wohl möglich, daß sich im Umkreis des Herrenhofs eine kleine Siedlung entwickelt hat. Möglich ist auch, daß in seiner unmittelbaren Nähe, nicht irgendwo in Waldeinsamkeit,[35] eine kleine Mönchszelle oder Klerikergemeinschaft entstanden ist, die es sich zur Aufgabe machte, Reliquien zu betreuen, die der Hofherr erhalten hatte. Eine kleine Zelle — etwa das Gamundias der karolingischen Urkunde? Die Kontinuität des Ortsnamens

13. *Karolingische Urkunde datiert vom 16. September 782, erste Fassung*
14. *Karolingische Urkunde datiert vom 16. September 782, zweite Fassung*

*15. Karolingische Urkunde (vergrößerter Ausschnitt); Zeile 5 rechts: Similiter et Gamundias*

16. Lorcher Urkunde von 1162
17. Lorcher Urkunde (Ausschnitt); in der zweiten Zeile von unten: Hii omnes Gimundin
erant Cives

18. Die Gmünder Innenstadt

19. Johanniskirche von Osten

20. Johanniskirche

21. Madonna an der
Südwestecke der Johanniskirche

22. Johann Georg Heberle. Die Gmünder Ringsage. 1670

23. Johanniskirche. Westportal des südlichen Seitenschiffs

24. *Johanniskirche. Hauptportal der Westfassade*

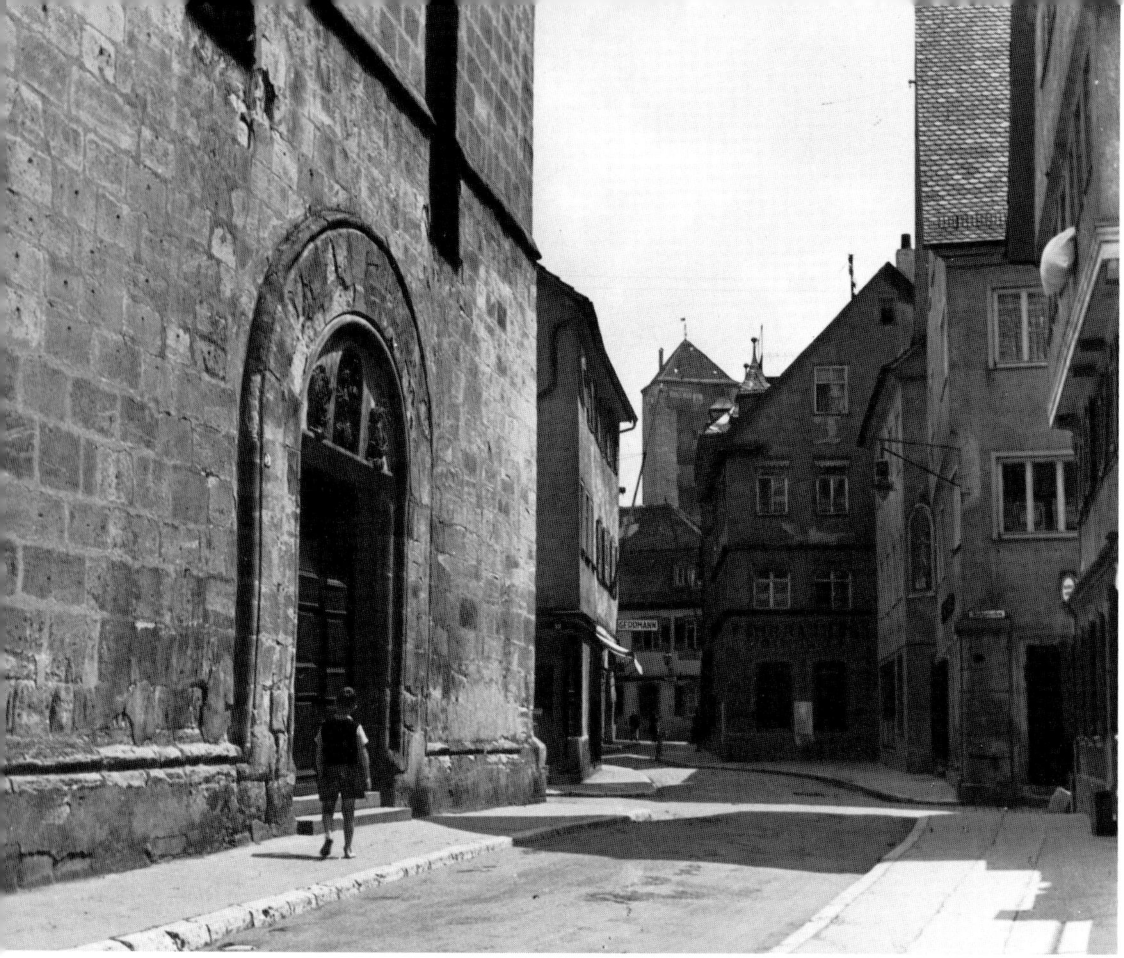

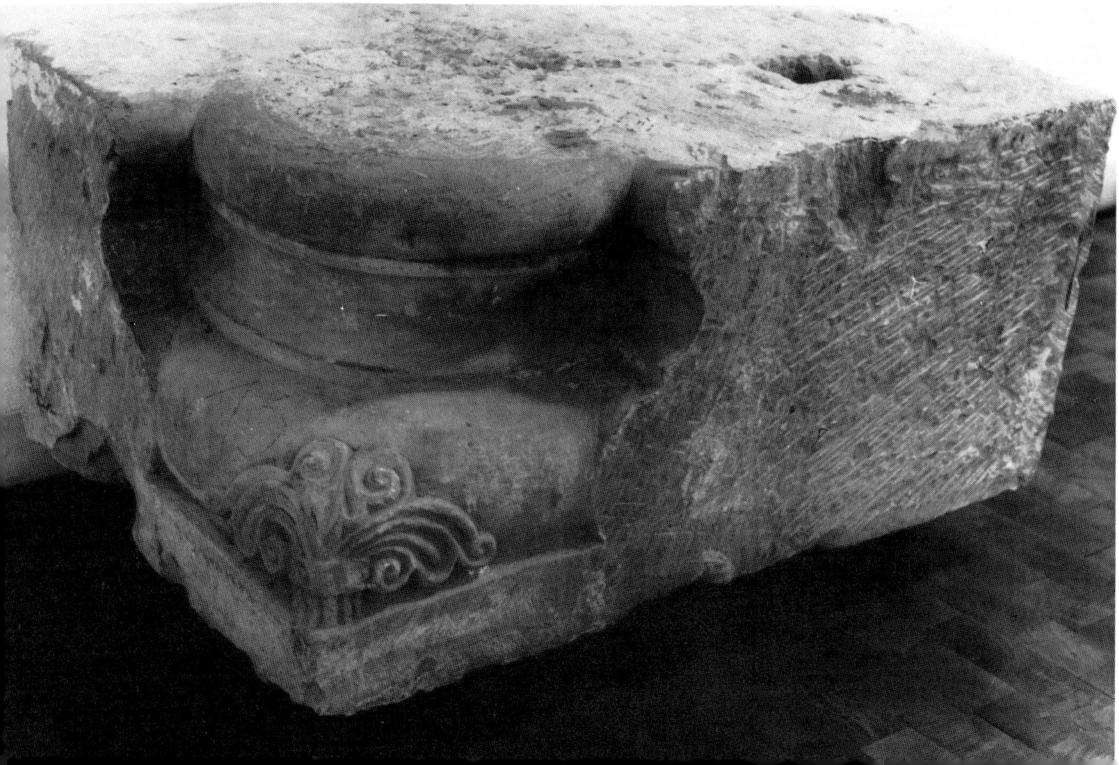

27. Glockenturm am Münsterplatz

25. Franziskanerkirche. Westfassade
26. Heilig-Kreuz-Münster. Basis eines Eckpfeilers im nördlichen Turmerdgeschoß
des romanischen Vorgängerbaus

28. Grät. Buckelmauerwerk mit romanischem Torbogen

29. Das Imhof-Gebäude Rinderbacher-gasse Nr. 1. Nordostecke

30. Fuggerei (Münstergasse).
Südostansicht

31. Rückseite eines Spiegels.
Westdeutsch, 1. Hälfte des
13. Jahrhunderts, gefunden in
der Altstadt von Gmünd bei
Grabungen im Jahre 1940

32. Ruine Rechberg und Hohenstaufen

ist nicht zu übersehen. Gamundias-Gmünd deutet auf ein Mündungsgebiet.[36] Auf das Mündungsgebiet von Rems, Waldstetter Bach (Josefsbach), Schießtalbach, Mutlanger Bach, Wetzgauer Bach? Nicht unbedingt. Deshalb die Frage: An welches andere, vielleicht noch markantere Mündungsgebiet ist gegebenenfalls zu denken? Eine Örtlichkeit in Alamannien müßte es sein — *in ducatu Alamanniae*, so setzt es die Urkunde voraus —, am ehesten wohl ein schwäbisches »Gmünd« oder »Gemünd«,[37] sicher kein »Volratsweiler« im Keuperwaldgebiet der Frickenhofer Höhen,[38] allenfalls ein Ort an einer Flußmündung endend auf -zell, möglichst in Verbindung mit einem Schutzheiligen, dessen Patrozinium unmittelbar auf St. Denis verwiese, ein Ort, dessen Entwicklung es nahelegte, auch von der Funktion einer Klosterzelle her auf eindeutige Kontinuität zu schließen. Sind solche Voraussetzungen irgendwo gegeben? Solange diese Frage verneint wird, bleibt festzuhalten, daß keine Stadt und kein Dorf im ehemaligen alamannischen Raum mit größerer Wahrscheinlichkeit als das *Gamundias* der karolingischen Urkunde anzusprechen ist als eben der Mündungsort Schwäbisch Gmünd im Remstal. Damit aber stellt sich ein neues Problem: die Lokalisierung der Gmünder Fulradzelle.

Gerne hat man sich auf der beschwerlichen Wanderung durch die dunklen Jahrhunderte der Gmünder Frühgeschichte einem weithin bekannten Sachkenner — Karl Weller[39] — anvertraut: Gmünd, so glaubte man, habe wohl schon in karolingischer Zeit Marktrechte erhalten, sicherlich durch Vermittlung des Klosters St. Denis, dessen bedeutender Markt unmittelbar vor der Kathedrale zu den größten Märkten des mittelalterlichen Frankreichs gehörte. Man hat in diesem Zusammenhang auch auf Esslingen und seinen dem Kloster St. Denis gehörenden Markt verwiesen. Dabei war nicht zu übersehen, daß die Urkunden wie auch die geschichtlichen Überreste Esslingens eine sehr viel deutlichere Sprache sprechen.[40] Der Esslinger Markt ist schon für die karolingische Zeit urkundlich nachgewiesen (866), der älteste urkundlich belegte Markt im deutschen Südwesten. Während dort jedoch in der Stadtkirche St. Dionysius schon vom Namen her die Verbindung mit dem französischen St. Denis sichtbar wird und während unter ihren Fliesen Reste der noch älteren Vitaliskirche freigelegt werden konnten — eine Anlage von überraschender Größe —, außerdem umfassende archäologische Ausgrabungen eine Kontinuität von Siedlungsschichten bis zurück in vorgeschichtliche Zeiten erwiesen haben, kann sich die Stadtgeschichte Gmünds auf keine nur entfernt vergleichbaren Beweismittel stützen. Bis zum heutigen Tag läßt sich die Lage einer auch in Schwäbisch Gmünd vermuteten Fulradzelle nicht mit Sicherheit ermitteln. Hatte man sie früher — vielleicht mit sicherem Instinkt — an der Stelle der heutigen Johanniskirche gesucht,[41] gelegentlich auch — willkürlich genug — im Bereich von St. Franziskus,[42] neuerdings auch neben der Salvatorkirche am Nepperberg,[43] so sprachen eine Zeitlang gewichtige Gründe dafür, die *cella*, den Esslinger Verhältnissen folgend, im Inneren des Heiligkreuzmünsters zu lokalisieren.[44] Doch haben Grabungen, die dort 1964/65 anläßlich der Verlegung von Heizungsschächten mit großen Erwartungen durchgeführt wurden, keinen Beweis für die Richtigkeit dieser These erbracht.

So lag es nahe, sich einer anderen Überlieferung zu erinnern: Nicht in St. Johann, St. Franziskus oder auch im Münster sei die einstige Fulradzelle zu suchen, sondern an der Stelle der 1803 abgebrochenen St.-Veit-Kapelle auf dem Johannisplatz.[45] Man konnte darauf verweisen, daß dieses angeblich älteste kirchliche Bauwerk Gmünds unter dem Kirchenraum zwei stark gemauerte Grüfte besaß, die sich noch außerhalb der Kapelle gegen Norden hin weiterzogen.[46] Bemerkenswert auch der Umstand, daß der Kirchenheilige St. Veit (Vitus) nunmehr deutlicher, so schien es, auf den fränkischen Abt verwies: Hatte doch Fulrad selbst, auch als Reliquienverehrer und -sammler stets auf Besitz bedacht, unter vielen anderen kostbaren Gebeinen auch solche des hl. Vitus für St. Denis erworben (756).[47] Man weiß, daß sie von dort 80 Jahre später feierlich übertragen wurden – nach Corvey an der Weser, nicht nach Gmünd an der Rems.[48] Übrigens befinden wir uns, was das Patrozinium betrifft, auf keineswegs gesichertem Boden, denn im Unterschied zu Herbrechtingen, Adalungs- zell und Esslingen, deren Patrone (Veranus, Georg, Vitalis) aus dem Testament des Abtes bekannt sind – Fulrad selbst hatte dort wohl die Reliquien vermittelt[49] –, erfahren wir aus schriftlichen Quellen nicht das geringste über den damaligen Schutzheiligen der Zelle Gamundias, nichts – auch sonst – von Vitus-Reliquien im frühmittelalterlichen Gmünd, früher als anderswo in Württemberg.[50] Im Gegenteil: Urkundliche Hinweise auf die Gmünder St.-Veit-Kapelle und damit indirekt auf Veitreliquien begegnen erst seit 1387, als die Verehrung des Heiligen weithin in Europa einen neuen Höhepunkt erreicht hatte.[51] Mit ihren Seelenmessen, Grüften und Gebeinen, mit ihrer Lage – unmittelbar angrenzend an den Friedhof nördlich und westlich der Johanniskirche – macht St. Veit eher eine Verbindung zum Toten- kult späterer Jahrhunderte wahrscheinlich als zu Fulrads früher Vitus-Verehrung.[52] Angesichts so vieler unbeantworteter Fragen wären gesicherte archäologische Indi- zien um so wichtiger. Sie wurden bisher nicht erbracht; erste eilige Grabungen auf dem Johannisplatz an der Stelle von St. Veit im Herbst 1972 mußten alsbald abge- brochen werden.[53] Was noch immer bleibt, sind alte Augenzeugenberichte mit leichthin vorgetragenen Deutungsversuchen. So die Ausführungen von Pfarrer Joseph Alois Rink von 1802: »Man wird sich erinnern, daß ich es für das Kloster Kirchlein des Abts Volrad ansehe, womit die Bauart ganz übereinstimmt; denn sie ist nach allen Theilen von einem weit höheren Alterthume als die daneben stehende Johannis Kirche. Man muß dieses Klösterlein nicht mit unseren Klöstern vergleichen; es konnte nichts anderes als ein Haus für ein paar, oder höchstens drey Mön-

che seyn, und für diese, und die wenigen Villen umher war das Kirchlein groß
genug, so klein es ist. Auch die Gruft unter selbem stimmt für ein Kloster Kirchlein,
womit immer zugleich die Ruhestätte der Mönche verbunden war.«[54] Nicht unwich-
tig ist vielleicht auch eine noch so bescheidene Zeichnung des Gmünder Chronisten
Dominikus Debler (1756–1836).[55] Sie zeigt eine gotische Anlage mit Spitzbogenfen-
stern in zweierlei Maßen. Man hat deshalb auf einen größeren Umbau in gotischer
Zeit geschlossen.[56] Der karolingische Ursprung des Vorgängerbaus ist damit noch
keineswegs erwiesen. Zusammenfassend bleibt festzuhalten, daß auch die Gmünder
St.-Veit-Tradition vorläufig keinen Beweis erbringt für die Lage der vermuteten Fulradzelle.

Diese für die Erforschung der ältesten Ortsgeschichte wenig ermutigenden Ergebnisse aller seitherigen topographischen Untersuchungen und Mutmaßungen finden nun
allerdings – und sei es auch nur vom Negativen her – eine aufschlußreiche Bestätigung durch die schriftliche Überlieferung. Sie betrifft zwei Diplome aus dem 9. Jahrhundert, in denen sich das Kloster St. Denis den von Abt Fulrad geschenkten Besitz
bestätigen läßt: eine auf den Namen Karls des Kahlen ausgestellte Urkunde von
865/66[57] und ein Immunitätsprivileg Ludwigs des Deutschen von 866.[58] In beiden
erscheinen die schwäbischen Fulradzellen Esslingen, Herbrechtingen und Adalungszell. Gamundias fehlt hier wie dort. Dieser Umstand verdient Beachtung, zumal sich
eindeutige Abhängigkeiten aufzeigen lassen zwischen der »Gamundias-Urkunde«
(DKar 238) und dem ein paar Jahre später auf den Namen Karls des Kahlen ausge-
stellten Diplom.[59] Warum nunmehr also Verzicht auf Gamundias? Wurde die Zelle
vergessen? Durfte man sie vergessen? Hat sie womöglich gar nicht mehr bestanden?
Damit ist wohl nicht zu rechnen nach der erst kurz zuvor erfolgten schriftlichen
Erwähnung. Sucht man nach einer besser begründeten Antwort, so wird man ausgehen müssen von den allgemeinen Auflösungstendenzen der späten Karolingerzeit:
Der Vertrag von Verdun (843) hatte zu einer ersten Dreiteilung des fränkischen
Großreiches geführt. Auszugehen ist auch von den anhaltenden Streitigkeiten zwischen den Äbten und Mönchen von St. Denis über Verteilung und Nutzung des einstigen Fulradbesitzes. Vielleicht hatten die Mönche erkannt, daß sie Ansprüche auf
die entlegenen Stationen im Osten ihrem Abt und dem König gegenüber nur begründen konnten unter Berufung auf den Wortlaut des echten Fulradtestaments. Dort
war Gamundias nicht genannt. So begnügten sie sich – nach dem einmaligen vergeb-
lichen Versuch von DKar 238 – mit den echttestamentarisch zu belegenden Ansprüchen auf Esslingen, Herbrechtingen und Adalungzell. Die kleine Außenstelle
Gamundias mochte dem Abt verbleiben. Der aber oder einer seiner Nachfolger hat
es nicht verhindert, daß die Dependance – wann, wissen wir nicht – in andere Hände überging und damit dem Mutterkloster auf immer entfremdet wurde.

Unbeantwortet bleiben viele Fragen, im Grunde genommen alle Fragen, was das
Leben in der kleinen Zelle, was ihre Reliquien, was Namen, Herkunft, Zahl und
Unterhalt der Mönche, was deren Schutzherrn, was die Besitz- und Abgabenverhält-
nisse im einzelnen betrifft. Festzuhalten bleibt jedoch, daß sich die Zelle Gamundias
— die Richtigkeit der Identifizierung mit Schwäbisch Gmünd vorausgesetzt — trotz
ihrer nicht ungünstigen Verkehrslage an der Remstalstraße[60] weniger günstig entwik-
kelt hat als die älteren Gründungen Herbrechtingen und Esslingen. Starke, nachweisbar anhaltende Impulse jedenfalls hat die kleine Station durch St. Denis nicht
erfahren.

Alles weitere ist Vermutung: etwa die Ansicht, der Umfang der schon bald mit einer
Schutzmauer umgebenen Zelle habe dem jetzigen Münsterplatz entsprochen.[61] Oder
hat sich etwa an einer anderen benachbarten Stelle im Zentrum der heutigen Stadt,
im Bereich von Prediger und Johanniskirche, eine erste Ansiedlung entwickelt, auch
ein Markt, dem die Niederlassung fränkisch-alamannischer Mönche zugute kam?[62]
Aufschluß in solchen Fragen könnten, wenn nicht Zufallsfunde zu Hilfe kommen,
allenfalls gründliche stadtarchäologische Untersuchungen erbringen, die ganz von
wissenschaftlichen Zielsetzungen bestimmt wären und weder Zeitaufwand noch
Kosten zu scheuen hätten. Solange solche Voraussetzungen nicht erfüllt sind, wird
man gut daran tun, zu unterscheiden zwischen Vermutungen und Tatsachen, wenn
es gilt, die Frage zu beantworten, ob und inwieweit eine kleine Mönchszelle aus den
Tagen Karls des Großen die Ur- und Keimzelle der Stadt Schwäbisch Gmünd gewesen ist.

# Schwäbisch Gmünd bis zum Untergang der Staufer

*von Peter Spranger und Klaus Graf*

## Das Zeugnis der Tradition

Gründungssagen, schon von alters her dichterisch verwoben in die Frühgeschichte von Städten, »um ihre Anfänge erhabener zu machen«,[1] ranken sich auch um den Ursprung von Schwäbisch Gmünd. Am bekanntesten geworden ist die Sage von dem verlorenen Ehering der Herzogin Agnes, die den »Morgenglanz des Wunderbaren«[2] über die Anfänge der Stadt breitet: Es war auf einer Jagd, die den ersten Stauferherzog Friedrich und seine Gemahlin Agnes, Kaiser Heinrichs IV. Tochter, in die *wildnus* des sumpfigen Remstals führte — oder waren es bereits die *lustige(n) Wälder und fischreiche(n) Thäler* im Norden der neu erbauten Stammburg droben auf dem Hohenstaufen?[3] —, als die hohe Frau ihren Ehering verlor. Man suchte, vergebens. Sollte sich das Kleinod wiederfinden, so gelobte der Herzog, dann werde man an der Fundstelle eine Kirche erbauen, anderswo liest man von einer ganzen Stadt. Das Unerwartet-Erwartete geschah: Im Geweih eines erlegten Hirsches fand sich der Ring. Der Staufer hielt sein Versprechen und erbaute — sei es die Gmünder Johanniskirche oder die Stadt Schwäbisch Gmünd oder beides zugleich.[4]
Auch in der Folgezeit, so das Zeugnis der Chroniken, erfuhr die junge Gründung herrscherlich-staufische Zuwendung in Fülle. Die Stadt war eine Stiftung der Herzöge von Schwaben — dies ist der Kern der schon im Spätmittelalter faßbaren Stadtgründungstradition.[5] Bereits im 14. Jahrhundert erscheint Gmünd in einem Ritterroman als »Residenz« der schwäbischen Herzöge. Herzöge von Schwaben aber waren die Staufer. Als sich im Gefolge des Humanismus das historische Interesse vermehrt der heimatlichen Geschichte und damit zugleich auch den Staufern zuwandte, fielen neue glänzende Lichter auf die Anfänge der Stadt. Der Gmünder Ratsherr Paul Goldstainer, Verfasser der ältesten erhaltenen Gmünder Chronik (um 1550), wußte von »Ursprung und Anfang« der Stadt zu berichten: gegründet — spätere Chroniken schreiben: ummauert — worden sei sie im Jahr 1110. Damals regierte der Stauferherzog Friedrich II., der seinem 1105 gestorbenen Vater im Amt nachgefolgt war. Sein Bruder, König Konrad III., habe 1140 das Gmünder Augustinerkloster gegründet. Die Stadt, zunächst Kaisersgereut, dann Tiergarten geheißen, wurde schließlich

*Gamundia* genannt, was der Chronist — wie schon die Gmünder Überlieferung des ausgehenden 15. Jahrhunderts — ableitet von *Gaudia mundi, freud der welt,* aufgrund der am »Turniergraben« abgehaltenen staufischen Turniere und Ritterspiele. In einer bayerischen Chronik des 15. Jahrhunderts liest man von einem Hoftag, den Kaiser Friedrich I. 1180 in Gmünd abgehalten habe, als es um die Absetzung Herzog Heinrichs des Löwen ging. Einer anderen Überlieferung zufolge haben 1164 die Gebeine der Heiligen Drei Könige auf ihrem Weg von Mailand nach Köln für eine Nacht in der Gmünder Grät geruht.[6] Auch das ausgedehnte Jagdrevier der Freien Pirsch und das Stadtwappen, das weiße Einhorn im roten Feld, wollte man den Staufern verdanken. Als Zeugnisse für späteres reichsstädtisches Selbstbewußtsein und Selbstverständnis, das getragen war vor allem von der städtischen Oberschicht, behalten diese Überlieferungen ihren Wert, als Quellen für die Erforschung der Stauferzeit selbst sind sie kaum zu gebrauchen. Stauferzeit — goldene Zeit, aber gerade die leuchtkräftigsten Farben in dem nostalgisch getönten Bild vom staufischen Lustort Gaudia mundi stammen sicher nicht aus der Werkstatt der Klio.

Und die historische Forschung? Gewiß hat das Stauferjahr 1977 mit seinen vielfachen Aktivitäten für die wissenschaftliche Beschäftigung mit der Geschichte des engeren »Stauferlandes« Impulse gebracht — auch für die Erforschung der Frühgeschichte der Stauferstadt Schwäbisch Gmünd.[7] Nach wie vor jedoch gelten hier die Fragen: Wann ist die Stadt gegründet worden? Wer hat sie gegründet? Wie hat man sich den Gründungsvorgang zu denken? Welche Absichten verfolgte der Gründer? Welchen Umfang besaß die neugegründete Stadt? Hinzu kommt die vielschichtige Frage nach der Stadt als Lebensraum, nach ihren Bewohnern; gehört doch der Übergang von der ländlichen zur städtischen Siedlungsweise zu den folgenschwersten Veränderungen in den Lebensformen einer Kultur. Der Zugang zu solchen im Detail oft schwer zu fassenden Problemen ist nicht möglich ohne Auseinandersetzung mit den einschlägigen Quellen.

## Die Lorcher Urkunde

Wie bei den meisten Städten, so fehlt auch für Schwäbisch Gmünd ein »Gründungsbrief« im eigentlichen Sinn des Wortes, aus dem hervorginge, wie und wann die Stadt entstanden ist. Deshalb sind wir auch hier auf Urkunden angewiesen, die zufällig einen Hinweis enthalten, der es erlaubt, auf die Existenz eines städtischen Gemeinwesens zu schließen. Für Gmünd liegt ein solches Dokument vor in einer im 15. Jahrhundert entstandenen Abschrift einer Urkunde oder vielmehr einer erzählenden Traditionsnotiz des Abtes Kraft von Lorch aus dem Jahr 1162.[8] Da das

Dokument für die Geschichte der Stadt von größter Bedeutung ist, gewissermaßen die Gründungsurkunde ersetzt, soll auf den Inhalt kurz eingegangen werden.

Es handelt sich um eine Schenkung zugunsten des Klosters Lorch. Rudolf und Kuno von Utinkofen – es handelt sich um das später abgegangene Eutighofen westlich von Gmünd – hatten abhängige Eigenleute geerbt, die Söhne und Töchter eines unfreien Mannes namens Razin. Nach anfänglichem Streit über den gemeinsamen Besitz hatten die Brüder das Erbe geteilt und jeder auf den Anteil des anderen verzichtet. Da sie als Angehörige des Ministerialenstandes jedoch nicht frei über ihr Erbe verfügen konnten, übergab Kuno – von Rudolfs Erbschaft ist nicht mehr die Rede – die ihm zugefallenen beiden Razin-Töchter seinem Herrn, dem Herzog Friedrich von Schwaben. Der sollte sie in die Zinspflichtigkeit des Klosters überführen, was eine Abschwächung und insofern Erleichterung ihrer seitherigen Unfreiheit bedeutete. Unter Hinzuziehung zweier adeliger Mittelsmänner veranlaßte der Herzog die Übergabe. Über die ganze Angelegenheit ließ der Lorcher Abt bald darauf eine in Urkundenformeln gekleidete Gedächtnisnotiz niederschreiben. Als Zeugen der Schenkung werden genannt für das Kloster Lorch der ganze Konvent der Mönche, für die beiden Brüder von Utinkofen 15 namentlich aufgeführte Laien. Und dann der entscheidende Satz diese Laienzeugen betreffend: *Hii omnes Gimundin erant cives, huic rei testimonium perhibentes* – »diese waren alle Bürger von Gmünd und haben hierfür Zeugnis abgelegt«. Dazu als Datum: »Geschehen im Jahr der Menschwerdung 1162 . . . unter der Regierung Friedrichs, des getreuen römischen Kaisers.« – An der Echtheit des Wortlauts ist nicht zu zweifeln. Wir werden der Lorcher Traditionsnotiz in späterem Zusammenhang wiederholt begegnen, vor allem im Hinblick auf die genannten 15 Gmünder Bürger.

Festzuhalten bleibt zunächst: Da der urkundlich gebrauchte Begriff *civis* im 12. Jahrhundert in Süddeutschland in der Regel »Stadtbürger« bedeutet,[9] muß es bereits vor 1162 zu entscheidenden Vorgängen gekommen sein, denen Gmünd Stadtqualität verdankte. Stadtqualität nach welchen Kriterien? Nach dem äußeren Erscheinungsbild der Stadt, nach ihrer Struktur, ihrer Funktion? Stadtqualität im topographischen, im baulichen, im rechtlichen Sinn? Zunächst jedoch: Wann ist die Stadtgründung erfolgt? Unmittelbar vor 1162 oder schon einige Zeit zuvor? Läßt sich hier vielleicht Aufschluß gewinnen im Zusammenhang mit jenem Herzog Friedrich, von dem die Lorcher Urkunde berichtet? Jener Herzog Friedrich von Schwaben – warum wurde gerade er in dieser Angelegenheit bemüht? Welche Beziehungen hatte er zu Lorch und zu Gmünd? War er womöglich der Gründer der Stadt?

# DIE STAUFER

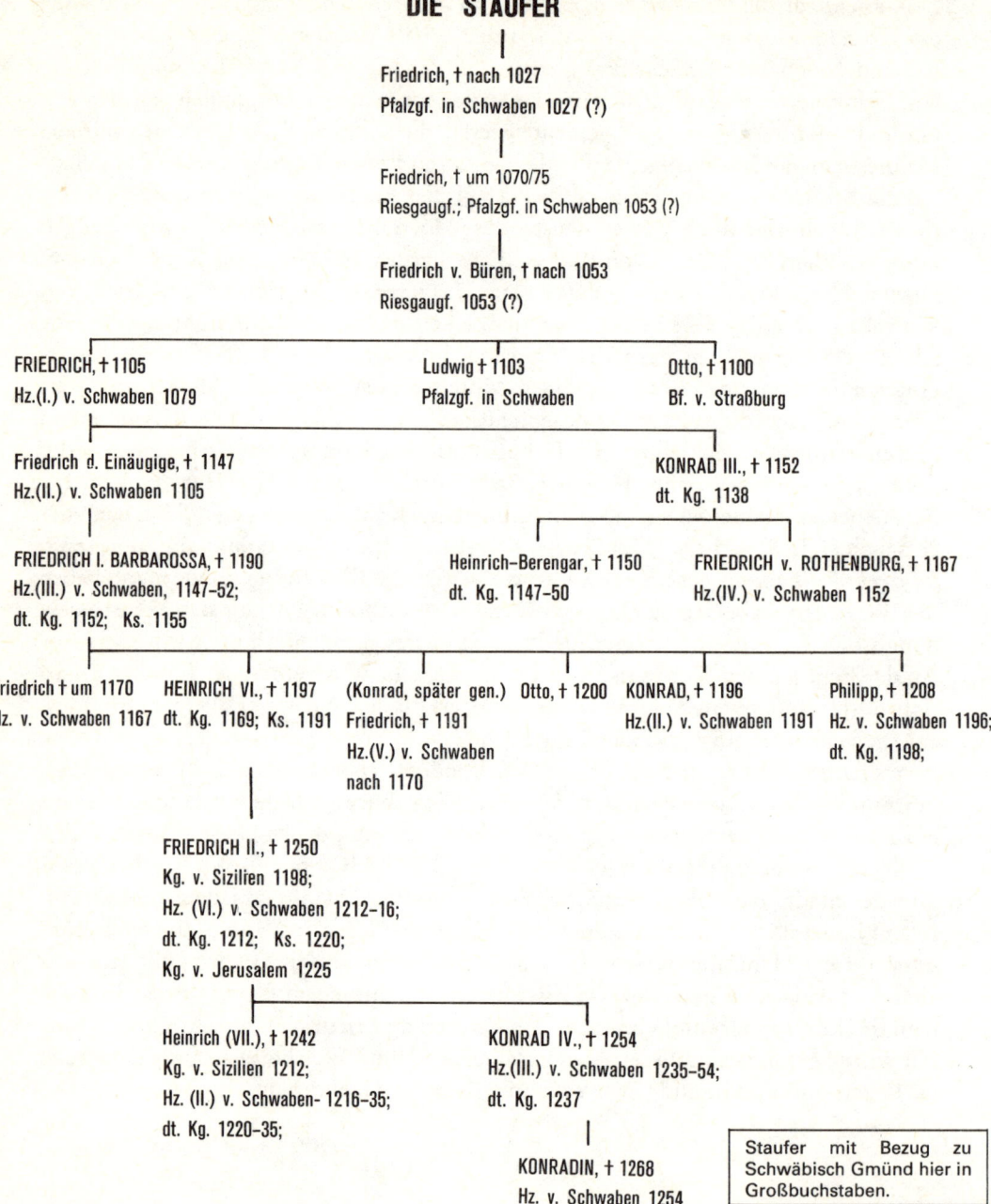

Friedrich, † nach 1027
Pfalzgf. in Schwaben 1027 (?)

Friedrich, † um 1070/75
Riesgaugf.; Pfalzgf. in Schwaben 1053 (?)

Friedrich v. Büren, † nach 1053
Riesgaugf. 1053 (?)

FRIEDRICH, † 1105                    Ludwig † 1103                    Otto, † 1100
Hz.(I.) v. Schwaben 1079             Pfalzgf. in Schwaben             Bf. v. Straßburg

Friedrich d. Einäugige, † 1147                                KONRAD III., † 1152
Hz.(II.) v. Schwaben 1105                                     dt. Kg. 1138

FRIEDRICH I. BARBAROSSA, † 1190          Heinrich–Berengar, † 1150      FRIEDRICH v. ROTHENBURG, † 1167
Hz.(III.) v. Schwaben, 1147–52;          dt. Kg. 1147–50               Hz.(IV.) v. Schwaben 1152
dt. Kg. 1152;  Ks. 1155

Friedrich † um 1170   HEINRICH VI., † 1197   (Konrad, später gen.) Otto, † 1200   KONRAD, † 1196        Philipp, † 1208
Hz. v. Schwaben 1167  dt. Kg. 1169; Ks. 1191 Friedrich, † 1191                    Hz.(II.) v. Schwaben 1191  Hz. v. Schwaben 1196;
                                            Hz.(V.) v. Schwaben                                              dt. Kg. 1198;
                                            nach 1170

FRIEDRICH II., † 1250
Kg. v. Sizilien 1198;
Hz. (VI.) v. Schwaben 1212–16;
dt. Kg. 1212;  Ks. 1220;
Kg. v. Jerusalem 1225

Heinrich (VII.), † 1242              KONRAD IV., † 1254
Kg. v. Sizilien 1212;               Hz.(III.) v. Schwaben 1235–54;
Hz. (II.) v. Schwaben- 1216–35;     dt. Kg. 1237
dt. Kg. 1220–35;

KONRADIN, † 1268          | Staufer mit Bezug zu
Hz. v. Schwaben 1254      | Schwäbisch Gmünd hier in
                          | Großbuchstaben.

## *Wer hat die Stadt Gmünd gegründet?*

Auszugehen ist hier von den neuesten Forschungen von Hans-Martin Maurer.[10] Sie führen mitten hinein in die Verästelungen der staufischen Familien- und Territorialgeschichte. Aus seinen Beobachtungen hat Maurer Schlüsse gezogen, die für die Geschichte Gmünds wichtig genug sind, um im einzelnen festgehalten zu werden:

1. Der in der Lorcher Urkunde von 1162 genannte Herzog Friedrich IV. von Schwaben und Rothenburg (geb. 1144/45) war der jüngere Vetter Kaiser Friedrich Barbarossas, ein Sohn König Konrads III., Erbe des Hausguts der jüngeren staufischen Linie (s. u.). Auch als Vogt von Kloster Lorch ist er 1166 urkundlich bezeugt – von daher seine entscheidende Rolle bei der erwähnten Schenkung des Kuno von Utinkofen.

2. Auffallend ist, daß schon 1150 sein älterer inzwischen verstorbener Bruder das Gebiet um Bopfingen östlich von Gmünd in Briefen als staufisches Hausgut (*terra nostra*) bezeichnet. Auffallend auch, daß unter den Ministerialen König Konrads III. Männer aus dem Gmünder Raum (Tibert von Lindach, Konrad von Waldhausen) sehr einflußreiche Stellungen am Hof innehatten.[11]

3. Herzog Friedrich IV. begleitete 1167 den Kaiser auf seinem vierten Italienzug. Mit etwa 23 Jahren wurde er dort ein Opfer der Malaria. Mit ihm starb die jüngere staufische Linie aus. Sein Erbe fiel Kaiser Friedrich Barbarossa aus der älteren Linie zu. Der übertrug die Güter später an einen seiner Söhne (Konrad von Rothenburg). Es war geplant, diesen mit der spanischen Prinzessin Berengaria von Kastilien zu vermählen. In dem Ehevertrag von 1188 werden Besitzungen genannt, die der Bräutigam als Morgengabe in die Ehe einbringen sollte. Dieser Besitz wird ausdrücklich als staufisches Familieneigentum (*allodium*) bezeichnet. Genannt ist hier die Stadt (*burgus/burgum*) Gmünd neben den weiter östlich gelegenen Städten Bopfingen, Dinkelsbühl, Weißenburg, Aufkirchen und einer ganzen Reihe von Burgen (*castra*). »Was durch die Urkunde von 1162 und die Briefe von 1150 erkennbar wurde, wird im Ehevertrag von 1188 flächenhaft deutlich: das Hausgut der jüngeren, der ›Konradinischen‹ Linie.«[12]

4. Diese innerstaufische Grenzziehung war Teil einer Vereinbarung, die die beiden Söhne der Herzogin Agnes nach dem Tod ihres Vaters (1105) getroffen hatten. Während die Stammburg Hohenstaufen und das Hauskloster Lorch zunächst der älteren Linie (Herzog Friedrich II. »dem Einäugigen«) zugedacht waren – auch gemeinsame Besitzverhältnisse sind jedenfalls für Lorch als geistliches Zentrum für beide Linien nicht auszuschließen –, gehörte das Gebiet von Gmünd dem jüngeren Sohn Konrad. Die Süd- und Westgrenze der Gmünder Freien Pirsch erinnert auffällig an die einstige Gütertrennung.

5. Wenn somit Gmünd in der ersten Hälfte des 12. Jahrhunderts zum Besitz der jüngeren staufischen Linie zählte, dann scheidet für Gmünd Konrads älterer Bruder, Herzog Friedrich II. »der Einäugige«, aber auch sein Vater, Herzog Friedrich I., als Stadtgründer aus. Dynastische Städtegründungen lassen sich in Südwestdeutschland frühestens seit 1120 (Freiburg i. Br.) nachweisen; schon deshalb sind die in den Gmünder Chroniken genannten Gründungsdaten 1110 oder − im Anschluß an Martin Crusius − 1090 unhaltbar.[13]

6. König Konrads III. Sohn Herzog Friedrich IV. von Schwaben und Rothenburg − er war auch Schutzherr von Kloster Lorch und hat aufgrund der Lorcher Urkunde für das Jahr 1162 zugleich als Stadtherr von Gmünd zu gelten − kommt im Hinblick auf die Langfristigkeit der notwendigen Planungen als Stadtgründer für Gmünd nicht in Frage: 1162 war Friedrich IV. erst 17 oder 18 Jahre alt.

7. Eher in Betracht kommt Friedrich Barbarossa (ab 1152), und zwar als Vormund seines damals noch unmündigen Vetters. Barbarossas Aktivitäten (bis 1162) galten jedoch mehr der Reichspolitik und dem Ausbau seines Hausguts in anderen Landschaften. Besondere Anzeichen für eine intensive Territorialpolitik im Gebiet seines jugendlichen Vetters liegen nicht vor. »Dennoch: Es ist nicht auszuschließen, daß Gmünd Friedrich Barbarossa die entscheidende Förderung und Privilegierung verdankt − was dann bald nach seiner Königserhebung (1152) in Vertretung seines Vetters geschehen sein müßte.«[14]

8. Näher liegt es jedoch, an König Konrad III. als Stadtgründer zu denken. Er gebot jahrzehntelang über das Remstal oberhalb von Lorch. »Unter ihm hatte diese Gegend eine wichtigere Bedeutung, und er war hier wahrscheinlich aktiver tätig als sein Nachfolger im Königsamt . . . Hier sei jedenfalls die These vertreten, daß König Konrad III. als eigentlicher Begründer der Stadt zu gelten habe − in dem Sinne, daß er oder seine Beauftragten die wesentlichen siedlungsmäßigen und rechtlichen Voraussetzungen schufen oder förderten, die Gmünds städtischen Charakter nach mittelalterlicher Auffassung begründeten.«[15]

9. »Dieses Ergebnis schließt nicht aus, daß auch andere staufische Dynasten am Werden Gmünds Anteil hatten. Die von P. Spranger erschlossene Mehrphasigkeit, die Annahme, daß die Stadtentstehung einer längeren Entwicklung mit mehreren Anstößen und Stadien bedurfte, wird hier nicht in Frage gestellt.«[16]

Soweit Maurer. Die Folgerichtigkeit der hier − notwendigerweise verkürzt − wiedergegebenen Gedankenführung überzeugt. Maurer hat noch weitere Gründe genannt, die das Mosaik von Konrad III. als Gründer der Stadt Gmünd vervollständigen. Wir werden sie später kennenlernen.

## *Voraussetzungen der Gründung — Gmünd im »Stauferland«*

Daß das obere Remstal, das Gebiet um Gmünd, schon vor Konrad III. zum »Stauferland« im engeren Sinn gehört hat, ist eigentlich nie bezweifelt worden. Begründete Zweifel bestanden jedoch schon lange gegenüber manchen Thesen über die Herkunft der Staufer selbst. Auch hier haben Forschungen der letzten Jahre größere Klarheit gebracht. Als gesicherte Tatsache kann nunmehr gelten, daß die Staufer-Vorfahren mit den Riesgaugrafen des 11. Jahrhunderts zusammenhängen und daß diese schon lange vor jener aufsehenerregenden Verbindung mit Agnes, der Tochter Kaiser Heinrichs IV. (1079), zu den vornehmsten Familien in Schwaben gehört haben;[17] letzteres hat schon Bischof Otto von Freising bezeugt, ein naher Verwandter des Stauferhauses und wohlbewandert in seiner Familiengeschichte.[18] Unhaltbar geworden ist demnach die früher vor allem in der landesgeschichtlichen Forschung gerne vertretene Auffassung vom strebsamen Dorfadeligen und Aufsteiger aus Büren (Wäschenbeuren). Statt dessen stellt sich jetzt die Frage: Wann ist das spätere »Stauferland« mit den drei »Kaiserbergen« Staufen, Rechberg und Stuifen und den Ortschaften Lorch, Waldhausen, Göppingen und Gmünd in den Besitz der Staufer-Vorfahren gelangt?[19] Im Anschluß an die jüngsten Forschungen wird man davon ausgehen, daß einer der staufischen Vorfahren, etwa der Riesgaugraf Friedrich, der Großvater Herzog Friedrichs I., das Gebiet zwischen Filstal, Remstal und Welzheimer Wald in den ersten Jahrzehnten des 11. Jahrhunderts erworben hat, in wessen Besitznachfolge läßt sich trotz mancher Vermutungen der letzten Jahre nicht mit Sicherheit bestimmen.[20] Ebensowenig erfahren wir die Gründe, weshalb jene Herren den Schwerpunkt ihrer Herrschaft in den südwestlichen Teil ihres nunmehr vergrößerten Gebiets verlagert haben. Waren hier günstigere Voraussetzungen gegeben für eine ausgedehntere Flächenherrschaft als im Ries mit seinen immer komplizierter gewordenen Besitzverhältnissen?[21]
Der erste Herrschaftssitz der Staufer-Vorfahren im Gebiet um Fils und Rems war Lorch — spätestens seit der Mitte des 11. Jahrhunderts. Hier hatten sie auf dem heutigen Klosterberg eine Burg errichtet, hatten auch die alte Pfarrkirche im Tal in ein Kollegiatstift umgewandelt und dieses zur Grablege ihres Geschlechtes bestimmt.[22] Um das Jahr 1100 — damals wohnten sie längst auf dem Hohenstaufen — gründeten sie ein Benediktinerkloster unter Einbeziehung und Umwandlung der seitherigen Burganlage.[23] Man wird darin ein Zeichen neuen Selbstverständnisses sehen müssen.[24] Mitgewirkt an der Entscheidung hat sicher das Bestreben, den Hausklöstern der rivalisierenden Welfen und Zähringer, Weingarten und St. Peter im Schwarzwald, ein eigenes Hauskloster an die Seite zu stellen, wie es sich für den Herzog von Schwaben ziemte. Man weiß, wie sehr gerade König Konrad III. sich mit der Grün-

dung seiner Eltern verbunden fühlte: Er ließ die unten im Stift bestatteten Ahnen auf den Klosterberg überführen und wollte auch selbst dort bestattet sein.[25]

Etwa zwei Wegstunden südlich von Lorch entfernt erhebt sich der Hohenstaufen. Auf dem Gipfel des Bergkegels hatte schon Konrads III. Vater Friedrich um 1070 seine Burg errichtet. Nach Berg und Burg hat er sich nunmehr genannt, wodurch er zum eigentlichen »Staufer« wurde. Der kühne Entschluß — auch hier war Rivalität im Spiel — hatte weitreichende Folgen. Der neue Herzogsitz wurde zum »Vorort« für das Umland, zum Zentrum des »Stauferlands«, zum Regierungs- und Verwaltungsmittelpunkt, gleichsam zum Symbol für ein neues Verständnis mittelalterlich-aristokratischer Herrschaft.[26]

Sichtbare Zeugen der Stauferzeit — die Stammburg auf dem Hohenstaufen wurde 1525 zerstört — sind bis heute eine Reihe von Trabantenburgen.[27] Schon im 12. Jahrhundert nachweisbar ist die Burg Waldhausen auf dem heutigen Elisabethenberg. Ihr folgten später die Festen Hohenrechberg, Ramsberg, Staufeneck, Filseck, Rechberghausen und das Wäscherschloß, um nur den engeren Radius um den Hohenstaufen zu umschreiben. Sicherlich war auch bei diesen Gründungen Geltungsbedürfnis beteiligt, dieses Mal von seiten der Ministerialen und ihrer Familien, jenes Dienstmannenadels, den die Staufer hier wie anderswo mit wichtigen Aufgaben betrauten, auch für die Zeit ihrer Abwesenheit. Daß es die Mannen bald auch in Lebensart und Wohnweise den Herren gleichtun wollten und wie diese ihre Burgen bauten, lag in der Natur der Dinge. Sache der Staufer war es, solche Initiativen in ein politisches Gesamtkonzept einzubringen. »Für sie waren diese abhängigen Festen Stützpunkte der herrschaftlichen Erfassung des Landes, Instrumente des Ausbaus ihrer Hausmacht und der Sicherung des Königstums. Freilich nur so lange, als sie die Zügel fest in der Hand hatten.«[28]

Auch die beiden nahegelegenen Klostergründungen Lorch und Adelberg gehören in dieses Konzept. Bereits bei der Gründung von Lorch hatte sich Herzog Friedrich I. die Schutzherrschaft über das Kloster vorbehalten, die Vogtei als erbliches Recht, das immer bei der älteren Linie der Familie verbleiben sollte — konservativ-eigenkirchliche Bestrebungen mitten in der Zeit des Investiturstreits.[29] Etwa acht Jahrzehnte später wurde unter seinem Enkel Friedrich Barbarossa im Westen der Stammburg das Prämonstratenserkloster Adelberg gegründet.[30] Auch hier ließ der Kaiser nach langen Verhandlungen die Vogtei für den jeweiligen Herrn von Staufen 1181 vertraglich absichern. Auf diese Weise war es jederzeit möglich, die Vorgänge im Kloster von der Burg aus unter Kontrolle zu halten.

Über die Verhältnisse auf dem Land und in den Dörfern zur Zeit der Staufer ist wenig bekannt; in der Regel handelt es sich um Rückschlüsse aus späterer Zeit. Doch hat Hans-Martin Maurer[31] am Sonderfall der Gemeinde Hohenstaufen gezeigt, daß deren später bezeugte zahlreiche Vorzugsrechte bereits in staufische Zeit zurückreichen: Verleihung von Privilegien, ein stets bewährtes Mittel konsequent betriebener Territorialpolitik.

In diesem Zusammenhang seien zwei weniger bekannte, aus den spätmittelalterlichen Rechtsverhältnissen des Gmünder Raumes jedoch schon für die Zeit der Staufer zu erschließende Einrichtungen genannt: die Freie Pirsch und die Waibelhube. Bei der Freien Pirsch handelt es sich um den ausgedehnten Jagdbezirk der Stadt Schwäbisch Gmünd nördlich und südlich der Rems zwischen Lorch und Aalen.[32] Westlich davon befand sich der noch größere Schorndorfer Forst. Seine späteren Besitzer, die Grafen von Württemberg, haben im 15. Jahrhundert auch Ansprüche auf die Freie Pirsch erhoben. Trotzdem verblieb diese bei der Reichsstadt Gmünd; nur das Geleitrecht auch im Gebiet der Pirsch kam an Württemberg. Was den Besitzanspruch auf das Jagdgebiet betrifft, so konnte sich Gmünd wohl mit besserem Erfolg auf altes Recht berufen. Deutlich wird dieses Vorgehen in einem Privileg Kaiser Sigmunds, der der Stadt 1434 bestätigte, *wie ain gemeine Pirße genant Muntat umb die Stat Gemunde sey der sie auch bisher alwegen als lang dieselb Stat gestanden ist, tzu Pirßen gebrucht und genossen haben . . .*[33] Nicht mehr feststellen läßt sich im einzelnen, weder wie die spätere Reichsstadt noch wie die Grafen von Württemberg in den Besitz der genannten Jagdgebiete gelangt sind, ob durch staufische Privilegien, ob durch Nachfolge de facto, ob durch Usurpation. Daß im Umkreis des Remstals mit seiner Häufung von Königsgut und staufischem Hausgut auch das herrschaftliche Jagdrecht, der Wildbann, in staufischer Hand gelegen hat, ist mit Sicherheit anzunehmen.

Bei der Waibelhube handelt es sich um Freibauern mit eigener Gerichtsbarkeit.[34] Der Waibel, ihr erster und wichtigster Schöffe, hatte gleichzeitig als Fronbote zu den Gerichtsverhandlungen einzuladen, diese vorzubereiten und für die Vollstreckung des Urteils Sorge zu tragen. Seinen Hof nannte man die Waibelhube und übertrug diesen Namen auf den gesamten Gerichtsbezirk: Im Lehensbuch Graf Eberhards des Greiners von Wirtemberg aus dem 14. Jahrhundert heißt sie *die Waibelhûbe ob Gemûnde und die Waibelhûbe, die vf dem walde ob Lorche gelegen ist.*[35] Sie umfaßte im wesentlichen Freibauern in den Gehöften und Weilern des Welzheimer Waldes und Freibauern in den Dörfern um Gmünd auf den Höhen und im Tal. Über die Herkunft der Einrichtung ist bis jetzt keine Sicherheit zu gewinnen. Folgt man Karl Weller, so handelt es sich um staufische »Rodungsfreie«, um Bauern, die den ausgedehnten Wäldern in der Umgebung von Gmünd Siedlungsland abgewannen und dafür von den staufischen Landesherren die Freiheit erhielten; die Staufer hätten sich auf diese Weise zuverlässige Untertanen gewonnen.[36] Neuerdings ist an Wellers »Rodungsfreien-Theorie« begründete Kritik geübt worden, verständlicherweise, da

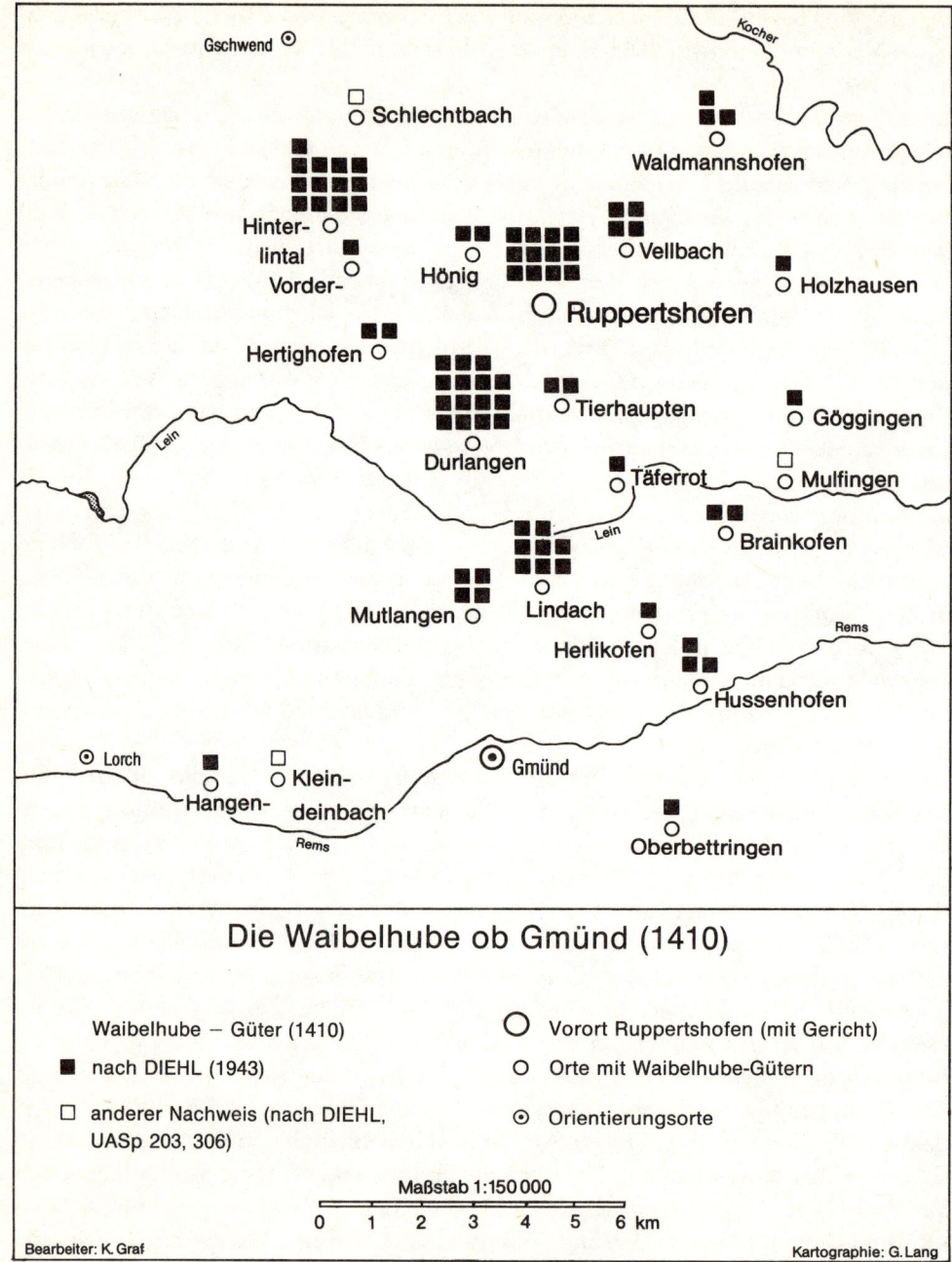

## Die Waibelhube ob Gmünd (1410)

Waibelhube – Güter (1410)

■ nach DIEHL (1943)

□ anderer Nachweis (nach DIEHL,
UASp 203, 306)

◯ Vorort Ruppertshofen (mit Gericht)

○ Orte mit Waibelhube-Gütern

⊙ Orientierungsorte

Maßstab 1:150 000

0　1　2　3　4　5　6　km

Bearbeiter: K. Graf　　　　　　　　　　　　　　　　　　　　　Kartographie: G. Lang sich die Quellen selbst über Einzelheiten ausschweigen. Daß die Staufer in den Freibauern – ebenso wie in den Burgen, Städten, Klöstern und abhängigen Bauern – wichtige Bestandteile ihres »Stauferlandes« gesehen und die entscheidenden Weichen gestellt haben in Richtung auf Verdinglichung und Verherrschaftlichung der alten Gerichtsgenossenschaft, dafür sprechen allerdings gute Gründe.[37]

Dem Heiratsvertrag von 1188 zufolge (vgl. S. 57) gehörte das dort aufgeführte *burgum Gemunde cum pertinenciis*, d. h. die Stadt Gmünd mit ihren auswärtigen Besitzungen zum staufischen Eigenbesitz (Allod).[38] Mochten anderswo die Unterschiede zwischen vorstaufischem Reichsgut und staufischem Eigenbesitz im Lauf der Zeit verwischen – beides wurde in der Praxis oft als zusammengehörige Masse genutzt –, so bleibt für Gmünd festzuhalten, was auch für das benachbarte Lorch und für den Hohenstaufen gilt: Gmünd und sein Umland gehörte – abgesehen von den noch älteren Besitzungen im Ries – zum ältesten staufischen Hausgut, Gmünd und sein Umland waren »staufisch«, noch ehe seine Besitzer Herzöge, Könige und Kaiser geworden sind.[39]

Zu nennen sind noch die Städte; auch sie gehören in dieses »raumplanerische« Konzept.[40] Oft kann man bei den Städtegründungen der Staufer wie auch bei den Gründungen anderer Dynasten beobachten, wie sich in der Nähe einer festen Burg ein Markt entwickelte, der dann die Keimzelle bildete für eine spätere Stadt. Manche dieser Siedlungen – wir beschränken uns auf Schwaben – liegen in unmittelbarer Nähe der Burg, so Giengen a. d. Brenz, Ravensburg, Lauffen am Neckar, Weinsberg, Tübingen, Herrenberg. Größer ist die Entfernung zur Burg zwischen Bopfingen und der Feste Flochberg, zwischen Reutlingen und der Achalm. Auch beim Hohenstaufen fehlt eine Stadtanlage in unmittelbarer Nähe der Burg. Das Dorf Hohenstaufen am Fuß des Bergkegels war nur ein bescheidener Burgweiler, eine kleine Marktsiedlung von Handwerkern und Gewerbetreibenden, für deren dauernden Aufenthalt die Burg selbst keinen genügenden Raum bot.[41] Ein größerer Markt oder gar eine entwicklungsfähige Stadt konnte an dieser beengten und abschüssigen Stelle schon deshalb nicht leicht entstehen, weil der Hauptverkehr damals wie heute abseits des Berges entlang den alten Verkehrswegen des Fils- und Remstals seinen Verlauf genommen hat, ohne daß je ein ernsthafter Versuch unternommen wurde, diese natürlichen Gegebenheiten zu ändern. Daß man später keine Stadt unmittelbar zu Füßen des Berges anlegen konnte, war gewissermaßen der Preis für den kühnen Entschluß, gerade auf dieser abseits des Fernverkehrs gelegenen, das Land im Umkreis weithin beherrschenden Höhe eine Burg zu erbauen. Doch blieb die Möglichkeit, eine für den Verkehr sehr günstig gelegene Ansiedlung im Filstal zu fördern, auch mit Befestigungswerken zu umgeben und ihre Einwohner im Ernstfall zur Verteidigung dieser künstlich geschaffenen Großburg heranzuziehen. Sie bot der

Höhenburg zusätzliche Sicherheit und erhielt von ihr Schutz und Rückendeckung in Zeiten der Gefahr.

So entstand südwestlich der Stammburg auf der Flußterrassenlandschaft der Fils die Stadt Göppingen. Hier in Göppingen (apud Geppingen) ist für das Jahr 1154 ein Aufenthalt Friedrich Barbarossas mit großem Gefolge urkundlich bezeugt. Dies läßt bereits auf eine städtische Siedlung schließen.[42] Und auf der anderen Seite des Hohenstaufens? Hier gab es schon lange östlich von Lorch im Mündungsgebiet von Waldstetter Bach und Rems eine kleine Ansiedlung, die ähnlich günstige Voraussetzungen bot für die Entwicklung einer Stadt. Konnte auch sie trotz ihrer etwas größeren Entfernung zum Hohenstaufen in jenes räumliche Gesamtkonzept einbezogen werden?

### Markt und Großburg – die Motive der Gründer

»Hauptberuf der Stadt ist es, Mittelpunkt ihrer ländlichen Umgebung ... zu sein«, so der Geograph Robert Gradmann.[43] Der stadtgeographische Begriff der »Zentralität«, verstanden als relativer »Bedeutungsüberschuß« eines Ortes gegenüber seinem Umland, hat in den letzten Jahren zunehmend auch in der historischen Forschung Anwendung gefunden.[44] Wichtigste zentrale Funktion besaß im Hochmittelalter der Markt, der regelmäßige Warenaustausch zwischen Zentralort und Umland. Er vor allem hat schließlich die Stadtwerdung begünstigt.[45] Er lehnte sich – in der Regel schon im Frühmittelalter – an einen herrschaftlichen Mittelpunkt an, an einen Ort, der zugleich auch andere zentrale Aufgaben erfüllte, etwa als Mittelpunkt des Gerichtswesens und der kirchlichen Organisation. Zweiter Faktor der Markt- und Stadtentwicklung war der Fernhandel, wobei die Kaufleute ihre Stützpunkte mit Vorliebe an Orten mit günstiger Straßenlage wählten.

Sicherlich ist es problematisch, in Ermangelung zeitgenössischer Quellen aus späteren Hinweisen Rückschlüsse auf stauferzeitliche Verhältnisse zu ziehen. Und doch ergeben verstreute Hinweise aus späterer Zeit unübersehbare Indizien, die beweisen, daß schon bei der Stadtgründung Gmünds wirtschaftliche Überlegungen eine bedeutende Rolle gespielt haben.

1. Gmünd als Knotenpunkt von Verbindungswegen der umliegenden Siedlungen besitzt – darauf hat bereits Albert Deibele verwiesen[46] – eine gewisse »natürliche« Zentralität. Dies hängt vor allem mit seiner Lage als »Mündungsort« zusammen. Schon der Ortsname »Gmünd« läßt auf eine Sonderstellung unter den umliegenden -hofen-Orten schließen.[47] Die Annahme liegt nahe, daß sich hier schon früh ein herrschaftlicher Mittelpunkt befunden hat, ein Zentrum, in dessen Friedensbezirk

sich wöchentliches Marktleben entwickeln konnte. Daß die Quellen erst spät den mittwochs und samstags abgehaltenen städtischen Wochenmarkt erwähnen, besagt nichts über dessen wirkliches Alter.[48]

2. Rückschlüsse auf den – herrschaftlich bestimmten – Einzugsbereich eines Marktes erlaubt die Verbreitung des Marktmaßes. Der große Bereich des Gmünder Maltermaßes für Getreide, feststellbar an einzelnen spätmittelalterlichen Belegen, an Aufzeichnungen des 16. und noch des frühen 19. Jahrhunderts, beweist, daß Gmünd schon früh der wirtschaftliche Vorort des oberen Remstals und angrenzender Gebiete gewesen sein muß.[49]

3. Ein Eintrag im Lagerbuch der bayerischen Pflege Heidenheim von 1463 über das wohl bereits in staufische Zeit zurückreichende Marktrecht von Gerstetten, dem Hauptort der Heidenheimer Alb, beweist die vorbildhafte Wirkung des Gmünder Marktrechts: *Zuwissen das Gerstetten Margktrecht hat in aller der massen als die von Gmund die Reychstatt und wer sich zeucht [zieht] gen Gerstetten der ist und haisset der Herschafft Burger und hat Burgerrecht als die von Gmund.*[50]

4. Daß Gmünd schon früh als herrschaftlicher Vorort eines größeren Gebietes zu gelten hat, ist vielleicht aus zwei Angaben zu erschließen, die den juristischen Instanzenzug (»Rechtszug«) betreffen: Die Albuch-Dörfer Steinheim und Gussenstadt holten ihr Urteil im Appellationsfall aus Gmünd.[51]

5. Hervorzuheben ist vor allem die Lage Gmünds an der Remstalstraße von Cannstatt nach Nördlingen und Augsburg.[52] Die Bedeutung dieser Strecke war im Mittelalter größer als später, als die Remstalstraße zurücktrat hinter die Filstalstraße über Göppingen, Geislingen und Ulm. Regensburger Kaufleute reisten im 14. Jahrhundert nach Westen über Aalen und Gmünd; Augsburger Kaufleute führten Wein und trieben Vieh in Richtung Aalen und weiter nach Westen.[53] Die Bedeutung Gmünds als Knotenpunkt von Handelsstraßen reicht wohl schon in staufische Zeit zurück: Jörg Gails Routenhandbuch von 1563 nennt Gmünd als Etappenstation der Augsburger Straße nach Heilbronn über Heidenheim und den Albuch sowie als Etappenstation der Nürnberger Straße über Dinkelsbühl und Ellwangen nach Cannstatt, Pforzheim und Straßburg.[54] Daß sich ein so verkehrsbegünstigter Ort schon früh als Rastplatz eignete, als Rastplatz mit Herbergen, Fuhrleuten und Handwerkern, in besonderem Maße auch als Warenumschlagplatz und als Wohnsitz von Kaufleuten, ist sicher.

6. Gegen Ende der Reichsstadtzeit gab es vier Jahrmärkte in Gmünd – leider fehlen Angaben über deren Besuch durch auswärtige Kaufleute: den Ursulamarkt (21. Oktober), einen Kirchweihmarkt, 1430 von Kaiser Sigmund verliehen; den Luciamarkt (13. Dezember), verliehen 1548 bzw. 1566. Ohne kaiserliche Privilegierung und daher wohl bereits in die Anfangszeit der Stadt zurückreichend wurde abgehal-

ten der Johannismarkt am Fest des Schutzpatrons der Johanniskirche (24. Juni), schließlich ein traditioneller Viehmarkt im Frühjahr.[55]

Aufschlußreicher noch als diese Art von Indizienkette zur wirtschaftlichen Seite der Gmünder Stadtgründung sind Quellenbelege aus der Stauferzeit selbst. Den Beweis, daß die Staufer auch in Deutschland wie in Ober- und Mittelitalien die Städte mit ihren Zöllen, Steuern und Abgaben als ergiebige Einnahmequellen erschlossen haben, liefert die sogenannte Reichssteuerliste von 1241.[56] Die hohe Summe von 160 Mark, welche Gmünd dieser Aufzeichnung zufolge an die königliche Kammer zu bezahlen hatte, wird nur von den Steuerbeiträgen ganz weniger Städte übertroffen: von Frankfurt a. M., Gelnhausen, Basel, Hagenau, Schwäbisch Hall und Wetzlar, den finanzkräftigsten Stützpunkten staufischer Macht. Gmünd erscheint auf einer Ebene mit dem bedeutend größeren Colmar. Geringere Abgaben zu leisten hatten Biberach, Bopfingen, Dinkelsbühl, Giengen, Ravensburg, Rothenburg, Ulm, auch sie wichtige Zentren staufischer Herrschaft, manche – wie Ulm (80 Mark) – ungleich bedeutender als Gmünd. Die naheliegende Vermutung, daß die Einkünfte aus dem umfangreichen staufischen Hausgut in der Nähe der Stammburg der städtischen Steuer hinzugezählt wurden, läßt sich allerdings nicht beweisen.[57]

Auf die hohe Steuerleistung der Stadt verweist auch eine von Kaiser Friedrich II. in Capua ausgestellte Urkunde von 1243. Friedrich benötigte 3200 Mark Silber Kölner Gewichts für den Erwerb der Grafschaft Allgäu. Für die zweite Rate der Kaufsumme in Höhe von 500 Mark (117 kg) bestimmte der Kaiser, sie solle durch einen seiner Dienstmannen vom Ertrag einer in Esslingen und Gmünd erstmals auferlegten (Sonder-)Steuer entrichtet werden, die eigentlich für die Hofhaltung bestimmt war.[58]

Mehr noch als die in der Liste von 1241 erwähnte Stadtsteuer ist die dort ebenfalls verzeichnete Judensteuer ein Beweis für wirtschaftliche Aktivität, ein unmittelbarer Gradmesser für die vor allem von Juden betriebenen Geldgeschäfte. Nach den Angaben der Steuerliste hatte Gmünd 12 Mark zu entrichten, mehr als Hall, Ulm, Donauwörth, Bopfingen, Überlingen und Lindau, aber erheblich weniger als Straßburg, Worms, Basel, Esslingen, Konstanz und Hagenau.[59] Dieser früheste Quellenbeleg zur Geschichte der Juden in Gmünd beweist, daß schon in staufischer Zeit mit einer allerdings nicht streng ghettoartig abgesonderten jüdischen Gemeinde von durchschnittlicher Größe zu rechnen ist.[60] Ihre Bedeutung für den Stadtherrn lag in der besonderen Schutzsteuer, die die Juden an die königliche Kammer zu entrichten hatten.

Inwieweit beim Ausbau Gmünds zu einer befestigten Stadt auch territorialpolitisch-strategische Erwägungen eine Rolle gespielt haben, läßt sich aus schriftlichen Quellen nicht ablesen. Dies gilt auch für die Vermutung Hans-Martin Maurers zu den Gründungsmotiven Konrads III.: »Unter Konrad III., und nur unter ihm, war das

Gebiet um Ries und Rems mehrfach auch militärisch bedroht, denn es befand sich in Grenzlage gegenüber den schärfsten Rivalen und Gegnern in Süddeutschland: den Welfen. Sowohl in den Thronkämpfen zwischen Konrad und König Lothar wie in den Auseinandersetzungen Welfs VI. mit den Staufern war das Gebiet zwischen Hohenstaufen und dem Ries ein Hauptangriffsziel der feindlichen Partei . . . Es gab allen Grund, diesen verkehrswichtigen Raum mit Burgen und Städten und durch die Aktivierung von Ministerialen zu sichern.«[61] Offen bleibt auch die Frage, ob darüber hinaus beim Ausbau Gmünds konkurrierende Bestrebungen innerhalb des staufischen Hauses eine Rolle gespielt haben, etwa der Wunsch nach einem befestigten, entwicklungsfähigen Zentralort, kleiner zunächst als das von seiner Lage am Neckar besonders begünstigte Esslingen im Gebiet des älteren Bruders, vergleichbar jedoch dem benachbarten Göppingen auf der anderen Seite des Hohenstaufens.

Auch wenn sich die Frage nicht entscheiden läßt, ob der militärisch-strategische oder der verkehrstopographisch-wirtschaftliche Aspekt für die Gründer letztlich den Ausschlag gab: Charakteristisch für Gmünd und für die meisten anderen Stadtgründungen des 12. Jahrhunderts ist, daß sie Wirtschaftsplatz (Markt), herrschaftlicher Zentralort und Großburg zugleich gewesen sind.

## Zur Topographie der Stauferstadt

Wer sich eingehender mit den örtlichen Gegebenheiten der Stauferstadt Schwäbisch Gmünd beschäftigt, erkennt bald genug, daß fast auf Schritt und Tritt noch immer die wichtigste Voraussetzung für jede wissenschaftlich gesicherte Aussage fehlt: eine hinreichende Zahl von systematischen stadtarchäologischen Einzeluntersuchungen und eine sorgfältige Erforschung der älteren Bausubstanz. Aussagen ohne dieses Fundament bleiben Spekulation, allenfalls Denkmodell. Immerhin, einige Schritte in die genannte Richtung wurden in den letzten Jahren getan. Sie ermutigen zu dem Versuch einer erneuten Bestandsaufnahme, zu einer Skizze mehr als zu einem ausgeführten Bild. Halten wir die wesentlichen Umrisse fest:

1. Den Höhenlagen der Innenstadt, dem leichten Anstieg des Geländes zufolge, bot sich vor allem der Bereich um Münster, Prediger und Johanniskirche für eine erste Besiedelung an.[62] Ungünstiger, weil durch Überschwemmungen gefährdeter, war der Baugrund im Bereich des Marktplatzes, vor allem in seinem unteren, etwas tiefer gelegenen Teil. Hier – über den Markt – verlief ursprünglich die Tierach, ein Zweig des Waldstetter Baches. Von Süden kommend, erreichte sie das spätere Stadtgebiet am heutigen Sebaldplatz, floß von dort in nördliche Richtung – die Sebaldstraße entlang bis zur Klösterlestraße –, dann im Bogen nach Osten in Richtung Korn-

hausstraße, nahm von da ihren Lauf über den Marktplatz und mündete hinter dem Waisenhausbogen in die Rems. Auch die Rems verlief anders als heute. Sie erreichte das spätere Stadtgebiet nördlich des heutigen Schmiedturms und floß, dem Verlauf der Hinteren Schmiedgasse und Kappelgasse folgend, zunächst bis zur erwähnten Einmündung der Tierach im Bereich der Ledergasse. Etwa bei der jetzigen Bahnhofbrücke erreichte sie ihr heutiges Bett.

2. Gewichtige Argumente legten es nahe, bereits für die vorstaufische Zeit an der Stelle des heutigen Predigers auf die Existenz eines »Herrenhofes« zu schließen[63]: Zunächst der Hinweis auf analoge Erscheinungen wohl bei den meisten südwestdeutschen Städtegründungen des 12. und 13. Jahrhunderts, wo sich im Anschluß an den Sitz des Grund- und Gerichtsherrn Handwerker- und Kaufleutesiedlungen entwickelten. Hinzu kommt für Gmünd im besonderen die zuerst in der Chronik von Bürgermeister Paul Goldstainer (um 1550) greifbare Nachricht, das Predigerkloster sei *aus ainem freyhoff gebawen und gestifftet worden*.[64] Dann der Hinweis auf den ursprünglichen Verlauf der aus Richtung Waldstetten oder Straßdorf führenden Nord-Süd-Verbindung im Zug von Waldstetter Gasse, Wildeck und Münstergasse in Richtung auf die Pfarrkirche. Da diese Straßenführung jedoch im Sonnengäßle nördlich des Münsters eine auffallend geradlinige Fortsetzung findet, unmittelbar auf den Prediger zu, lag es nahe, diese Direktverbindung von Süden und Norden in eine Zeit zurückzuverlegen, als sie noch nicht durch den großen Baukörper der Pfarrkirche auf dem Münsterplatz und durch den inneren Mauerring der Stauferzeit unterbrochen wurde.[65] Dies war der Fall vor Errichtung dieser Bauten im 12. Jahrhundert. Hierzu Klaus Graf: »Die von Süden kommende Straße hätte also zuerst auf den Herrenhof zugeführt, und erst nach Anlage des Marktes und der Stadt wäre die Verbindung zum Marktplatz in den Vordergrund getreten. Diese Hypothese klingt jedoch schlüssiger als sie ist und bedarf auf jeden Fall noch einer sehr kritischen Überprüfung. Sicher im räumlichen Verbund mit dem vermuteten Herrenhof im Bereich des Predigers ist die 1225 erstmals erwähnte Johanniskirche mit ihrem Friedhof und der darin befindlichen rätselhaften Veitskapelle mit zwei Grüften zu sehen. Wenn nun bei der Reromanisierung der Johanniskirche (1869–1880) als Vorgängerbau eine 17 m lange, einschiffige Kirche unbekannter Zeitstellung mit Grundmauern ›aus gewaltigen Quadern‹ nachgewiesen werden konnte, vor deren westlicher Grundmauer sich ›ein gemauerter Brunnenkranz‹ (eine Taufanlage?) vorfand, so läßt sich dieser Bau gut als frühmittelalterliche Eigenkirche des Herrenhofs deuten, eine Vermutung, die auch die recht eigenartige Stellung der Johanniskirche, etwa das eigene Begräbnisrecht, zum Teil erklären könnte.«[66]

Die schwierige Frage, inwieweit man Schlüsse ziehen darf von der späteren Parzellierung des Johannisplatz-Bereichs auf eine ehemalige Sondernutzung stadtherrlichen

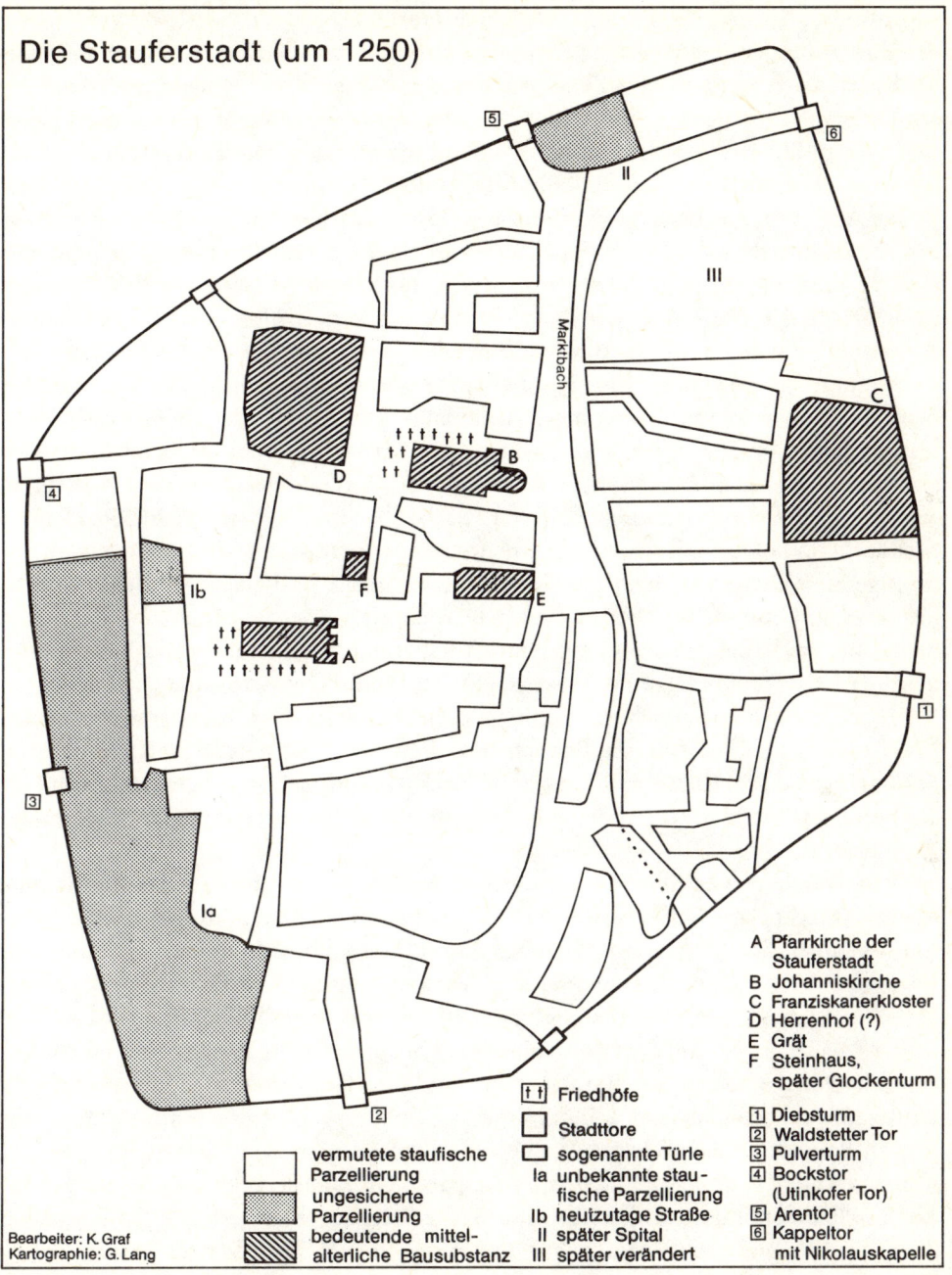

Die Stauferstadt (um 1250)

Marktbach

A Pfarrkirche der
   Stauferstadt
B Johanniskirche
C Franziskanerkloster
D Herrenhof (?)
E Grät
F Steinhaus,
   später Glockenturm

⊡ Diebsturm
⊡ Waldstetter Tor
⊡ Pulverturm
⊡ Bockstor
   (Utinkofer Tor)
⊡ Arentor
⊡ Kappeltor
   mit Nikolauskapelle

†† Friedhöfe
▭ Stadttore
▢ sogenannte Türle

Ia unbekannte stau-
   fische Parzellierung
Ib heutzutage Straße
II später Spital
III später verändert

▭ vermutete staufische
   Parzellierung
▨ ungesicherte
   Parzellierung
▧ bedeutende mittel-
   alterliche Bausubstanz

Bearbeiter: K. Graf
Kartographie: G. Lang

Eigentums, Rückschlüsse also auf einen Herrenhof, oder Schlüsse von später erwähnten Mauerzügen auf eine ehemalige Befestigung des einstigen Herrenhof-Bereichs, läßt sich nicht abschließend beantworten.[67] Ebensowenig kann man den vielschichtigen Begriff »Herrenhof« für Gmünd anhand von eindeutigen Indizien näher bestimmen. Handelte es sich um einen befestigten Herrschaftssitz mit »Pfalz«-Funktion, um den Mittelpunkt einer frühmittelalterlichen Villikation mit zentralörtlicher Bedeutung, d. h. um einen großen Hof mit Besitzeinheiten, die von abhängigen Bauern bewirtschaftet wurden, um einen Fronhof also? Ob sich von diesem Fronhof aus eine Verbindung ergibt zu jener Mönchszelle aus karolingischer Zeit? Entscheidend ist letztlich der Umstand, daß sich die Entwicklung Gmünds von einer frühen Ansiedlung zur Stadt am ehesten von diesem Mittelpunkt her erschließen läßt.

3. Als unhaltbar erwiesen hat sich die These von der ältesten Stadtmauer um den heutigen Münsterplatz. Gegen diese Auffassung spricht vor allem der unverhältnismäßig kleine Umfang der vermeintlichen Stadt Barbarossas (ca. 1,2 ha bei Seitenlängen von ca. 120 und 100 Meter für Wohngelände, Kirche, Friedhof, alles in allem).[68] Wichtig in diesem Zusammenhang war die Beobachtung − darauf haben Helmut Mende[69] und zuletzt mit neuen Argumenten Theodor Zanek[70] verwiesen −, daß der massige Steinkörper des heutigen Glockenturms nicht als Bestandteil dieser angeblich ältesten Gmünder Stadtmauer zu deuten ist, daß es sich vielmehr um das Steinhaus einer stadtadeligen Familie gehandelt haben muß, um einen befestigten Sitz in deutlich bevorzugter Lage im Mittelpunkt der Stadt. Die Annahme einer früheren Ringmauer um den Bereich des Münsters wurde durch die Grabungen der letzten Jahre nicht bestätigt: Die im Bereich des südlichen Münsterplatzes aufgedeckten Mauerfundamente deuten nicht auf eine durchgehende Befestigungsanlage, sondern auf befestigte Steinhäuser, auf eine Reihe von stattlichen Adelssitzen in bevorzugter Wohngegend.[71]

4. Ausgezeichnet vor allen anderen Profanbauten der Stauferzeit war die heutige »Grät« (Marktplatz 7).[72] Darauf verweist nicht nur ihre zentrale Lage am Markt, sondern auch die Größe der Anlage mit ihrer repräsentativen Umfassungsmauer aus Buckelquadern. Angesichts der späteren Verwendung des Gebäudes als erstes bürgerliches Rathaus und zu vielen anderen offiziellen Zwecken bis hin in unsere Tage liegt es nahe, schon in dem romanischen Vorgängerbau den Sitz des staufischen Schultheißen zu sehen. Die Grät hat im Lauf der Jahrhunderte viele tiefgreifende Umbauten erfahren. Sicher könnte eine systematische Untersuchung der komplizierten Baugeschichte wichtige Aufschlüsse zur Stadtgeschichte liefern. Einzugehen wäre auch auf die wenig beachteten, rätselhaften Grabungsergebnisse von 1919 unter den Fundamenten der staufischen Grätmauer,[73] einzugehen auch auf die Frage, ob das Gebäude, wie man vermutet hat, ursprünglich auch nach Westen orientiert war

auf einen früheren Marktplatz hin zwischen Grät, Hofstatt und Glockenturm.[74] Größere Sicherheit besteht im Hinblick auf den zeitlichen Ansatz des staufischen Mauerwerks. In Anbetracht des vermauerten Rundbogentors und der Verwendung von Zangenlöchern bei der Bearbeitung der Steine ist die Mauer im Buhlsgäßle frühestens in das beginnende 13. Jahrhundert zu datieren.[75] Das heißt: An der staufischen »Stadtburg« wurde etwa gleichzeitig gebaut wie an der benachbarten Johanniskirche. Schultheißensitz und Kirche, weltlicher und geistlicher Bereich — zwei aufeinander bezogene Größen, wenigstens zu einer Zeit, als die Macht der Staufer in ihrem einstigen Kernland noch ungebrochen war.

5. Ob der später teilweise überbaute staufische Markt etwa doppelt so lang war wie der heutige Marktplatz, ob er sich, wie vermutet wurde, über etwa 450 Meter hin vom nördlichen Stadttor beim heutigen Waisenhausbogen bis zu der heutigen Drogerie Konrad Baum (Kapuzinergasse 2) erstreckte,[76] läßt sich nicht mit Sicherheit nachweisen; dagegen spricht, daß der im Spätmittelalter nachweisbare Marktfriedensbezirk im wesentlichen nur den heutigen Marktplatz umfaßte.[77] Festzuhalten ist jedoch, daß die Ausrichtung des Marktes von Süden nach Norden nur durch eine bewußte Entscheidung erfolgen konnte, eine Entscheidung zugunsten der Tierach (vgl. S. 67 f.), entgegen einer an sich ebenso möglichen Ausrichtung von Westen nach Osten im Anschluß an die alte Remstalstraße. Sicher lag ein wesentlicher Grund für diesen Entschluß in der Bedeutung des fließenden Wassers auch im Zusammenhang mit Problemen der Entwässerung; sie erfolgte damals wohl ausschließlich oberirdisch. Ein anderer Grund mag darin bestanden haben, daß die bereits vorgegebenen Baukomplexe im Bereich von Johanniskirche, Prediger und Münster den Durchbruch von weiteren Straßenzügen als Querrippen erschwerten. Bezeichnend dann, daß an der zuvor unbebauten Ostseite des neuangelegten Straßenmarktes die rippenförmigen Abzweigungen viel deutlicher gezogen sind als im Westen, wo man mit dem älteren Baubestand eines vorstädtischen Siedlungskerns zu rechnen hatte: wohl ein Beweis dafür, daß das zur vermeintlich charakteristischen Struktur vieler Stauferstädte gehörende »Rippensystem« hier wie auch sonst den jeweiligen örtlichen Gegebenheiten angepaßt wurde; wohl aber auch ein Hinweis auf das höhere Alter der Gmünder Anlage im Vergleich zu manchen vielleicht konsequenter durchgeführten Strukturplänen späterer Stauferstädte.[78]

6. Auffallend große Parzellen und eine auffallend locker gefügte Bebauungsweise in der Innenstadt ließen darauf schließen, daß sich im heutigen Stadtkern eine größere Zahl von Adelshäusern befunden hat, teilweise solche mit eigener Schutzmauer, eine größere Zahl, als noch vor einigen Jahren vermutet.[79] Nur von ihnen sind Spuren erhalten geblieben, nicht von den in Holzbauweise errichteten bescheidenen Behausungen der kleinen Leute. Als ein Adelshaus, geeignet von jeher für besonders reprä-

sentative Zwecke, hat – abgesehen vom Glockenturm beim Münster – die heutige
Fuggerei zu gelten. Aufgedeckt und vermessen wurden außerdem Gebäudefunda-
mente und Mauerreste u. a. im Bereich von Münsterplatz, Brandstatt, Wildeck,
innerer Sebaldstraße und Bocksgasse. Auch mancher Stadt- und Klosterhof, der erst
im Spätmittelalter urkundlich belegt ist, geht wohl auf einen Adelshof aus staufischer
Zeit zurück: im Bereich der Rinderbachergasse sicher das turmartige Gebäude des
Imhofs (hinter der heutigen Pfauenapotheke)[80] und der wohl ebenso von Mauern
umschlossene Leinecker Hof (zwischen »Bienenkorb« und Rinderbachergasse);
sicher, um nur einige Beispiele zu nennen, der Vorgängerbau des heutigen Schwör-
hauses (Königsbronner Hof, später Schmalzgrube) bei St. Franziskus; auch eine Reihe von Steinhäusern am Marktplatz und andere mehr.[81]

7. Zum Schluß ein Blick auf das mandelförmige Oval der staufischen Stadtmauer.[82]
Sie verlief, unterbrochen von fünf Tortürmen und zwei weiteren Bogeneinlässen,
vom Kappelturm an der Kappelgasse (beim Filialgebäude der heutigen Kreissparkasse), zunächst nach Süden entlang dem Kalten Markt, über die Rinderbachergasse
hinweg in großem Bogen nach Südwesten zur Paradiesstraße, dann über das Gelände
von St. Loreto wieder nach Norden entlang Turniergraben, Badmauer, Türlensteg,
Waisenhausgasse, Spital zurück zum Kappelturm. Damit ergibt sich eine ummauerte
Fläche von etwa 16 ha, d. h. die räumliche Ausdehnung Gmünds fällt nicht aus dem
Rahmen anderer Stauferstädte. Die an mehreren Stellen der Innenstadt noch sichtbare staufische Mauer zeigt geflächte, unregelmäßig verlegte, unregelmäßig große Qua-
der, jedoch ohne Buckel und ohne ausgeprägten Randschlag, vermischt mit Bruch-
steinen. »Sie unterscheidet sich damit deutlich von den mit großer Genauigkeit und
Strenge bearbeiteten Buckelquadermauern der späteren staufischen Zeit, wie sie in
Esslingen, Schorndorf und Heidenheim stellenweise noch erhalten oder wieder freigelegt sind, erinnert aber an die Umfassungsmauer der Burg Hohenstaufen, die
ebenfalls in frühere staufische Zeit zurückgeht.«[83] Ob die innere Stadtmauer
Gmünds etwa bereits auf Konrad III. oder – im Zusammenhang mit weiteren Baumaßnahmen – auf einen seiner Nachfolger verweist, muß vorläufig offenbleiben,
ebenso die Frage, inwieweit, vielleicht auch nur stellenweise, mit einem Palisaden-
zaun als Vorgängerumwehrung zu rechnen ist.[84] Später – das genaue Datum ist
unbekannt – erfolgte dann auch eine Umleitung von Rems und Waldstetter Bach,
die von nun an streckenweise die Stadtmauer begleiteten und damit zu einem
Bestandteil der Befestigungsanlagen wurden. Diese großzügige Flußregulierung,
verbunden mit einer Regulierung der Tierach im Zentrum der Stadt – als vorbeugen-
de Maßnahme gegen stets vorhandene Überschwemmungsgefahr – und zugleich
verbunden mit der Anlage mehrerer Mühlkanäle,[85] schuf eine wesentliche Voraussetzung für Umfang und Sicherheit des künftigen Siedlungsraumes.

Noch eine andere siedlungsgeographische Entwicklung ist hier zu nennen: Das anhaltende Wachstum der immer attraktiver werdenden Stadt erfolgte nicht zum wenigsten auf Kosten der nächstgelegenen Dörfer Eutighofen, Rinderbach und Bragenhofen, die schließlich ganz verödeten.[86] Dieser Konzentrations- bzw. Wüstungsvorgang hat sicher nicht stattgefunden ohne Einwirkung des Stadtherrn, dem es darum gehen mußte, Siedler für seine Neugründung zu gewinnen. Die Markungen von Eutighofen im Westen und Rinderbach im Osten, die als Zehntbezirke erhalten blieben, wurden der Stadtmarkung einverleibt.

## Stadt und Stadtherr

Schwäbisch Gmünd − Lustort staufischer Ritter, Lieblingsort der Staufer selbst, Stätte geschichtsträchtiger Reichstage, Hauptstadt der Herzöge von Schwaben, eine *stadt im flor und ansehen wegen der fürstlichen schwäbischen hoffhaltung*[87] −, was sagen andere Quellen zu solchen Vorstellungen, die in den Chroniken der späteren Reichsstadt ihren farbigen Niederschlag gefunden haben?
Was fürstliche Hofhaltung und staufische Besuche betrifft, so stehen, wie zu erwarten, nur wenige urkundliche Hinweise zur Verfügung. Sicher bezeugt sind Besuche von Kaisern und Königen im Zusammenhang mit Rechtshandlungen, die beurkundet wurden *apud Gamundiam* oder *Gamundie*. So war es der Fall anläßlich eines Aufenthalts von Kaiser Heinrich VI. am 20. Juni 1192,[88] dann wieder fast fünf Jahrzehnte später von König Konrad IV. im Juni 1240[89] und bald darauf nochmals am Ostermontag (9. April) 1246,[90] schließlich von Konradin nach Weihnachten (28. Dezember) 1266.[91] Dagegen ist für die früheren Staufer von den Urkunden her kein Aufenthalt in der Stadt mit letzter Sicherheit nachzuweisen. Zu erwähnen ist allerdings ein Diplom Friedrich Barbarossas, ausgestellt nach dem vierten verlustreichen Italienzug am 29. September 1168, dem Festtag des hl. Michael, der 1168 auf einen Sonntag fiel. Die Urkunde trägt die ungewöhnliche Ortsangabe *apud Mundam*.[92] Vielleicht ist auch diese Namensform − ohne Präfix − als identisch mit Gamundia auf Schwäbisch Gmünd zu beziehen. Schwäbisch Gmünd war dem Kaiser erst kurz zuvor im Erbgang zugefallen (vgl. S. 57); möglicherweise hat er in diesem Zusammenhang die Stadt besucht. Jedenfalls wurde in »Munda« eine Entscheidung zugunsten von Kloster Ellwangen und über die Rechte des Herzogs von Schwaben beurkundet. Dieser Umstand vor allem läßt eher an das Ellwangen nahegelegene Schwäbisch Gmünd denken als etwa an Gemünden am Main oder gar an Hannoversch-Münden an der Werra.
Zu rechnen ist ferner mit Herrscherbesuchen in Gmünd, die weder durch Urkunden

noch irgendwie sonst in schriftlicher Form bezeugt sind. Es hat sie trotzdem gegeben, vor allem im Zusammenhang mit Herrscherbesuchen etwa in Ulm oder in
Augsburg oder anläßlich eines Aufenthalts im benachbarten Lorch und auf dem
Hohenstaufen. Hinzu kamen Besuche aus den weitverzweigten staufischen Seitenli-
nien. Anzunehmen ist auch — schon in Anbetracht der Nähe der Stammburg —, daß
sich vor allem die ersten staufischen Herzöge immer wieder in Gmünd aufgehalten
haben, als es darum ging, die kleine Ansiedlung im Remstal zur Stadt auszubauen
und in diesem Zusammenhang wichtige Entscheidungen zu treffen waren.

Man kann wohl annehmen, daß der Entschluß, den ältesten Kern der Gmünder Siedlung auszubauen und in erweiterter Form zur Stadt zu erheben, auf eine persönliche
Entscheidung des Stadtherrn zurückgeht. Nichtsdestoweniger gilt auch hier, was
neuerdings ein guter Kenner baugeschichtlicher Probleme für die Stadt des Mittelalters im allgemeinen und für die Staufer- und Zähringerstädte im besonderen festgestellt hat: »Daher muß es unentschieden bleiben, ob sich die fürstlichen Gründer von
Städten — über deren rechtliche und wirtschaftliche Privilegierung hinaus — tatsächlich auch mit den Einzelheiten von deren technischer Ausgestaltung abgegeben
haben sollten. Es ist wohl auch eine anachronistische Vorstellung, Männer wie Herzog Konrad III. von Zähringen, König Konrad III. oder Friedrich Barbarossa über
Planzeichnungen von Freiburg, Hagenau oder Gelnhausen gebeugt zu sehen, wenn
sie auch einige grundsätzliche Richtlinien gegeben haben mögen.«[93]

Daß die späteren Staufer, z. B. die Söhne Kaiser Friedrichs II., jemals den Hohenstaufen besucht haben, läßt sich nicht nachweisen; ob Konradin, der letzte Staufer in
Deutschland, noch über die Burg seiner Vorfahren verfügen konnte, ist ungewiß.[94]
Lieber hielten sie sich, wie seit jeher gerne etwa an Feiertagen, in den bewährten
Königspfalzen auf, auch in den aufstrebenden Städten, die auf diese Weise immer
mehr »Pfalz«-Funktion und »Pfalz«-Charakter erhielten.[95] Man wird die Annehm-
lichkeiten des Stadtlebens während der Stauferzeit gewiß nicht überschätzen. Was
für die Stadt — etwa auch für Gmünd — sprach, war der Umstand, daß sie bessere
Möglichkeiten für Quartierbeschaffung und Versorgung eines großen Gefolges bot
als die beengte Höhenburg. Hinzu kam die Erkenntnis, daß man hier, zumal bei den
Gründungen auf staufischem Hausgut, über die treuesten Anhänger, die zuverlässig-
sten Söldner und die willigsten Steuerzahler verfügte. Unentbehrlich wurde dieser
Rückhalt im Hinblick auf den sich zunehmend verschärfenden Konflikt mit den
Päpsten.

1239 hatte Papst Gregor IX. über Kaiser Friedrich II. den Bann verhängt. Für
Gmünd als Stadt im staufischen Kerngebiet war die Parteinahme zugunsten des Stau-
fers vorgezeichnet. Weil die Stadt dem Kaiser Truppen und wohl auch Hilfsgelder
nach Italien gesandt hatte, ließ Gregor durch seinen Beauftragten Albert von

Behaim, Erzdiakon von Passau, im folgenden Jahr auch über Gmünd zusammen mit zahlreichen anderen süddeutschen Städten das Interdikt verhängen.[96] Wie die Kirchenstrafe bei Klerus und Laien aufgenommen wurde, wissen wir nicht. Bekannt ist jedoch, daß der päpstliche Beauftragte in Deutschland weithin auf entschiedene Ablehnung stieß und bald darauf nach Böhmen fliehen mußte.[97] Als sich dann einige Jahre später der thüringische Landgraf Heinrich Raspe der päpstlichen Partei als Gegenkönig zur Verfügung stellte, trat ihm Konrad IV. am 5. August 1246 bei Frankfurt am Main entgegen, wurde aber geschlagen, weil in der entscheidenden Phase der Schlacht die schwäbischen Grafen von Wirtemberg und Grüningen, durch hohe Bestechungsgelder gewonnen, mit ihren Truppen und Verbündeten die Fronten wechselten.[98] Als sich in den folgenden Jahren immer deutlicher abzeichnete, daß der Stern der Staufer im Sinken begriffen war, fanden diese bis zuletzt in ihren Städten den verläßlichsten Rückhalt.

Auf die Frage nach dem Stadtrecht geben die Quellen der Stauferzeit für Gmünd keine Antwort. Mit einer förmlichen Verleihung durch den staufischen Stadtherrn ist wohl nicht zu rechnen. Eher handelte es sich um Gewohnheitsrecht, das sich unter Königsschutz entwickelte. Auch im Hinblick auf die persönliche Rechtsstellung der Stadtbevölkerung sind nur Vermutungen möglich. Galt in Schwäbisch Gmünd schon von Anfang an der Grundsatz »Stadtluft macht frei«, d. h. wurde ein Unfreier frei, falls ihn sein Herr nicht nach einer bestimmten Frist zurückforderte, meist nach der Frist von einem Jahr und einem Tag? Offen bleiben auch alle Fragen nach dem Recht der möglicherweise in der Stadt ansässigen Ministerialen und nach dem Anteil der Zinsleute (Zensualen) auswärtiger Kirchen und Klöster.[99] Nochmals sei an die Urkunde von 1162 erinnert (s. oben S. 54), in der es um die Freilassung von Hörigen in die Zensualität geht. Erst die Herauslösung aus dem hofrechtlichen Verband ermöglichte selbständiges Wirtschaften, die unentbehrliche Grundlage späterer Bürgerfreiheiten.

Wie wurde Gmünd in staufischer Zeit verwaltet? Hier geben die lokalen Quellen einen bescheidenen Einblick. Die Erwähnung eines *Cunradus scultetus* als Zeuge bei einem Gütertausch von 1189[100] ist besonders deshalb zu beachten, weil in Gmünd – vielleicht einem Zufall der Überlieferung zufolge – früher als in den anderen Stauferstädten Schwabens der Schultheiß in Erscheinung tritt, der vom Stadtherrn oder auch dem zuständigen Vogt belehnte herrschaftliche Beamte. Ihm unterstand – anderweitigen Gegebenheiten nach zu schließen – das örtliche Gericht und die örtliche Verwaltung; er beaufsichtigte den staufischen Güterbesitz, den Eingang der Steuern und wahrte die Rechte des staufischen Dienstherrn.[101] Seine Herkunft aus dem Stand der Ministerialen kann auch für Gmünd als sicher gelten: Ein 1236 als Zeuge aufgeführter Schultheiß Konrad von Gmünd ist ausdrücklich als Reichsministeriale bezeichnet.[102] Sein Amtssitz war wohl die heutige Grät, das spätere erste bürgerliche Rathaus (vgl. S. 70 f.). Er führte das Siegel der Stadt, ob bereits ein Siegel mit dem Einhorn als Wappentier, ist nicht sicher.[103] Daß den Gmünder Schultheißen auch administrative Aufgaben außerhalb der Stadt zukamen, zeigt ein Mandat Friedrichs II. vom Jahr 1220, in dem er die Schultheißen von Esslingen und Gmünd mit dem Schutz des Klosters Adelberg betraute.[104]

Mit einem institutionalisierten Stadtrat als Vertreter der Bürgerschaft dem Stadtherrn gegenüber ist für die staufische Zeit in Gmünd noch nicht zu rechnen, jedoch mit einem »Richter«-Kollegium, einem Stadtgericht und »Rat« zugleich, dem der Schultheiß vorstand.[105] Erste Spuren einer bürgerlichen Selbstverwaltung ergeben sich erst in nachstaufischer Zeit. Offensichtlich vermochte sich die Stadt erst dann und nur allmählich von den herrschaftlich geprägten Verfassungsnormen zu lösen, die die Zeit ihrer Gründung kennzeichnen.

### Kirche und Religiosität

Das erste nachweisbare Gotteshaus in Gmünd war der einschiffige kleinere Vorgängerbau der Johanniskirche. Wenn irgendwo, so wären gerade hier von systematischen baugeschichtlichen Untersuchungen auf archäologischer Grundlage Aufschlüsse zu erwarten. Was anläßlich der Restaurierungsarbeiten von 1869 bis 1880 festgehalten wurde, ist wenig genug: »Von Wichtigkeit ist, daß man bei Tieferlegung des Fußbodens der Johanniskirche auf die Grundmauern einer noch viel älteren Kirche stieß, jedenfalls das Älteste, was bis jetzt in Gmünd zum Vorschein gekommen ist. Man fand nämlich zwischen den vierten und fünften Freipfeilern der jetzigen Kirche die 6 Fuß dicke westliche Grundmauer der urältesten Kirche und 100 Fuß davon östlich, im Chor der jetzigen Kirche, die Grundmauer ihrer halbrunden Abside.«[106] Für eine zuverlässige Datierung genügen solche Hinweise nicht. Vielleicht darf man – mit gebotener Zurückhaltung – in jenem frühmittelalterlichen Vorgängerbau von etwa 30 Meter Länge und 11 Meter Breite die Eigenkirche des benachbarten Herrenhofs (s. S. 68 ff.) und zugleich den kirchlichen Mittelpunkt der ältesten Gmünder Siedlung vermuten. Dies würde am ehesten erklären, weshalb die Johanniskirche bis zum Ende der Reichsstadtzeit ihren eigenen Friedhof besessen hat, in unmittelbarer Nähe eines zweiten Friedhofs auf dem heutigen Münsterplatz.

Was den romanischen Vorgängerbau des heutigen Münsters, die Pfarrkirche der Stauferstadt, betrifft, so haben wiederholte Grabungen – zuletzt 1973 – deutlichere Ergebnisse gebracht. Fest steht nunmehr – so H. Kissling –, daß es sich um eine dreischiffige Pfeilerbasilika handelte mit apsidial schließenden Seitenschiffen, vorge-

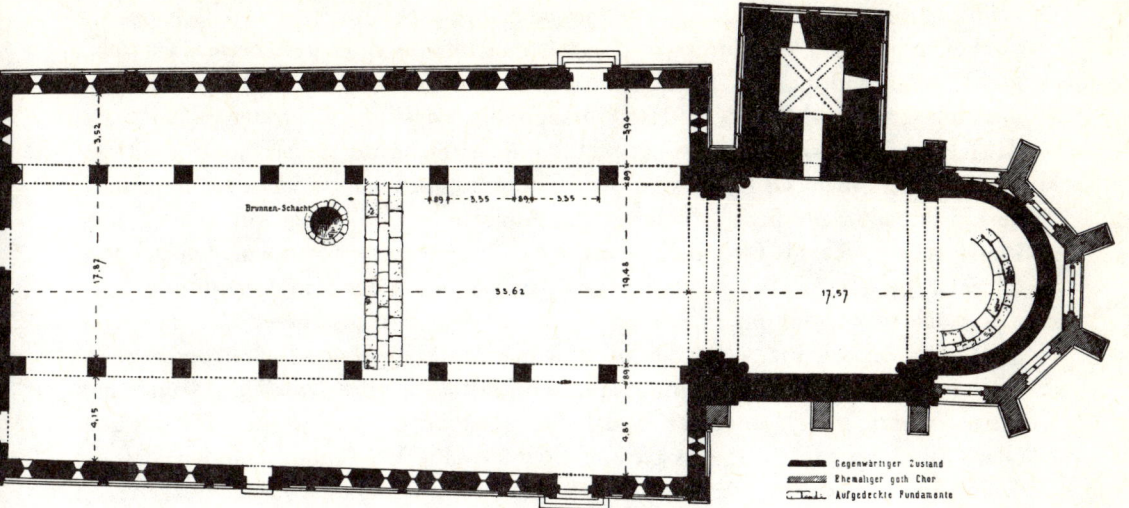

*Grundriß der Johanniskirche mit Vorgängerbau.*

zogenem Chorquadrum und geradem Chorschluß.[107] Nahe lag der Verweis auf Einflüsse der Hirsauer Bauschule, wie sie ähnlich bei Kloster Lorch begegnen und von
dort aus leicht nach Gmünd vermittelt werden konnten. Vielleicht schon um die
Mitte des 12. Jahrhunderts vollendet, wurde der Bau in der Spätromanik durch zwei
Türme erweitert, denen die Seitenapsiden zum Opfer fielen.[108]
Geweiht war diese Kirche nicht der Muttergottes, der Patronin von Lorch, sondern
dem Heiligen Kreuz; Maria als Kirchenpatronin begegnet in Gmünd erst seit 1329
im Zusammenhang mit dem großen gotischen Neubau der Parler.[109] Nicht zu übersehen ist jedoch, daß auch das Gmünder Heiligkreuz-Patrozinium auf das benachbarte Kloster Lorch verweist. Ein ausführliches Reliquienverzeichnis aus dem 15.
Jahrhundert erwähnt für das Lorcher Kloster gleich an erster Stelle: »Vom Heiligen
Kreuz ein großes Stück.«[110] Manche Gründe sprechen dafür, daß König Konrad III.
den großen Kreuzpartikel zusammen mit anderen Reliquien, die er als Kreuzfahrer
(1147/49) im Heiligen Land erworben hatte, dem von ihm besonders geförderten
Hauskloster übergab.[111] Nimmt man an, der König habe auch dafür Sorge getragen,
daß die Pfarrkirche seiner aufstrebenden Stadt einen Teil der Reliquien erhielt, so
wäre dies ein zusätzliches Argument für Konrad III. als Stadtgründer Gmünds. In
jedem Fall läßt auch das Heiligkreuz-Patrozinium der Gmünder Pfarrkirche auf enge
Beziehungen zwischen Gmünd und Lorch schließen.

Damit ergibt sich die Frage nach den im einzelnen nur schwer zu durchschauenden kirchenrechtlichen Verhältnissen. Auszugehen ist von einer gesicherten Tatsache: Das Lorcher Kloster hat 1297 das Patronatsrecht über die Gmünder Pfarrkirche und über die »Johanniskapelle« an das Domkapitel in Augsburg abgetreten.[112] Seit wann das Kloster im Besitz des Patronatsrechts war, ist nicht mit Sicherheit zu ermitteln. Doch fehlt es nicht an Hinweisen, daß Gmünd ursprünglich nicht dem Benediktinerkloster auf dem Berg, sondern dem Augustiner-Chorherrenstift an der alten Pfarrkirche im Tal als Pfründe zugeordnet war; das Lorcher Stift war, wie erwähnt (S. 59 f.), bereits im 11. Jahrhundert von den Vorfahren der Staufer gegründet worden, noch vor Errichtung ihrer Stammburg auf dem Hohenstaufen. Man darf wohl annehmen, daß die Pfarrechte der Siedlung und Markung Gmünd schon der Vorgängerin der Johanniskirche, der mutmaßlichen Eigenkirche des damaligen Grund- und Gerichtsherrn, zugestanden haben; daß deren Einkünfte bei der Errichtung des Lorcher Chorherrenstifts zur Ausstattung einer Pfründe Verwendung fanden; daß die Gmünder Pfarrechte später dann bei der Gründung der Stadt von der Vorgängerin der Johanniskirche auf die neuerbaute Pfarrkirche, die Vorgängerin des heutigen Münsters, übertragen wurden. Damals, vielleicht auch erst im 13. Jahrhundert, kam das Patronatsrecht über die mit der Gmünder Pfarrei verbundene Pfründe an das Kloster auf dem Berg, das im Lauf der Zeit auch die anderen Pfründen des älteren Chorherrenstifts in seinen Besitz gebracht hat.[113]

Das künstlerisch bedeutendste Bauwerk Gmünds aus staufischer Zeit, zugleich auch ein Zeuge des wirtschaftlichen Aufschwungs der Stauferstadt, ist die Johanniskirche. Sie wurde von etwa 1210/20 (Langhaus) bis 1240/50 (Turmobergeschoß) von einem Bautrupp errichtet, der auch in Brenz und Faurndau tätig war.[114] Die dreischiffige Pfeilerbasilika, zweifellos eine der bedeutendsten spätromanischen Bauten Schwabens, galt G. Dehio als ein »Hauptbeispiel des wurzelechten schwäbischen Spätromanismus, der von der aus Frankreich kommenden, den deutschen Westen schon in Gärung versetzenden neuen Stilbewegung [der Gotik] nichts weiß. Das Bezeichnende ist, daß Grundriß und innerer Aufbau ganz einfach und im Verhältnis zur Entstehungszeit altertümlich erscheinen, während über das Äußere ein reicher plastischer Schmuck ausgebreitet ist . . . Vor allem bemerkenswert die überströmende Zierlust von volkstümlichem Gepräge. Figürliches aus Menschen-, Tier- und Fabelwelt überwiegt gegenüber den Pflanzenmotiven. Nicht bloß an den durch die Architekturform angewiesenen Orten, in den Bogenfüllungen der Friese, an den Konsolen, in den Türbogenfeldern findet es seinen Platz, auch auf den Fensterbänken kauern kleine Ungeheuer . . .«[115] Was die Vorstellung eines »wurzelechten schwäbischen Spätromanismus« betrifft, so haben gründliche Untersuchungen von R. Hussendörfer gezeigt, daß der in Brenz, Faurndau und Schwäbisch Gmünd tätige Bautrupp neben

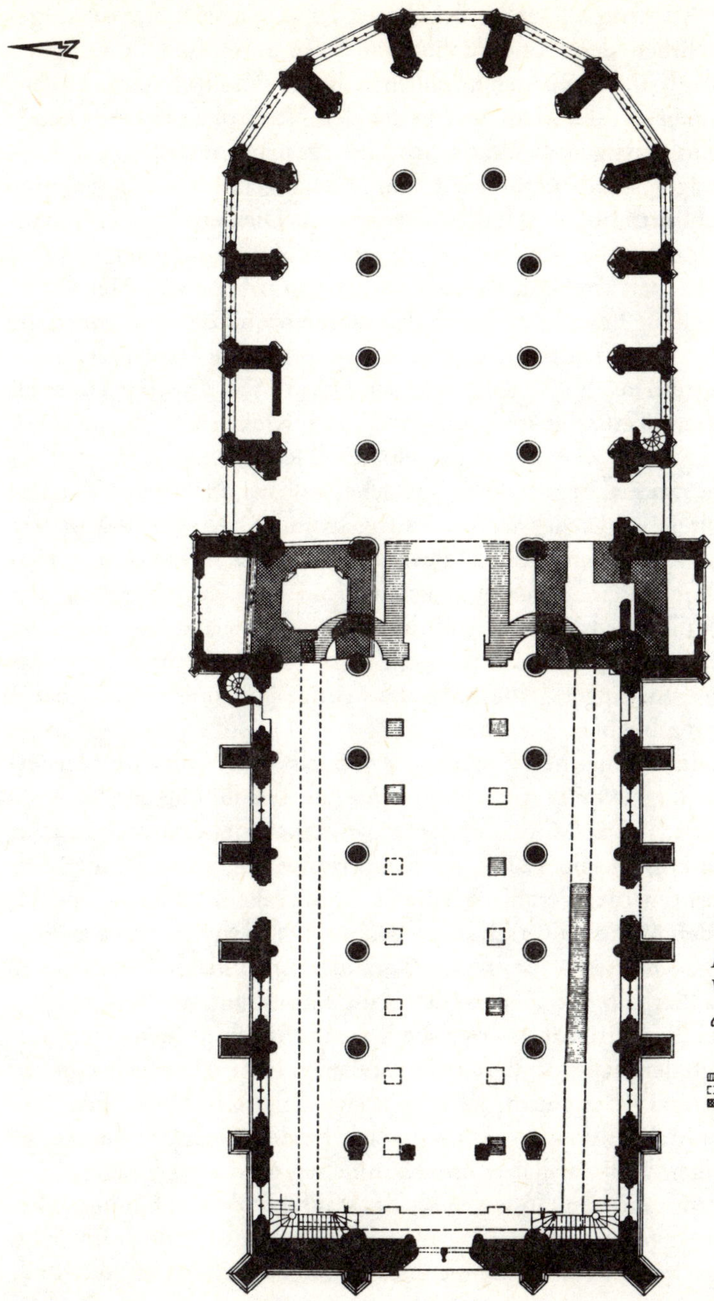

Romanischer
Vorgängerbau
des Münsters.

durch Ausgrabungen nachgewiesen
rekonstruiert
späterer Bauabschnitt

regional-schwäbischen Elementen auch sächsische und fränkische Einflüsse aufgenommen hat.[116] Hinsichtlich des ikonographischen Programms besteht Einigkeit darüber, daß die Portalplastiken mit der kirchlichen Bußsymbolik zusammenhängen.[117] Zu einem Wahrzeichen der Stadt wurde der den Marktplatz beherrschende Glockenturm mit seinem massigen quadratischen Untergeschoß und den steil nach oben verlaufenden Schrägen, die den Übergang zum achteckigen, fenstergegliederten Obergeschoß mit seinem urtümlichen Jagdfries vermitteln. Die dem heiligen Johannes dem Täufer geweihte Kirche war »auf Weite und Höhe hin angelegt«[118] und übertraf die benachbarte Pfarrkirche in der lichten Höhe um knapp 10 Meter. Für den Historiker ergibt sich die Frage: Wer hat in den Jahren nach 1200 jahrzehntelang Maurer und Steinmetzen dafür entlohnt, daß sie ein so aufwendig geplantes, überreich geschmücktes Gotteshaus in die Höhe wachsen ließen? Viel überzeugender als das Argument, ein edler Wettstreit zwischen Stift und Kloster Lorch habe zur Erbauung von zwei so großen Kirchen in unmittelbarer Nachbarschaft geführt,[119] ist sicher die letztlich nicht rational begründbare Tatsache, daß sich Herrscher, Adelige und Bürger des Mittelalters in gleicher Weise aufs engste mit der Kirche als Mittlerin und Garantin des Heils verbunden wußten. Für die Errichtung eines Gotteshauses war kein Einsatz zu hoch, keine Anstrengung zu groß. Das Begräbnisrecht der Johanniskirche bezeugt die eigenständige Tradition der privilegierten Kapelle. Geht man zu weit, wenn man annimmt, das staufische Haus als Rechtsnachfolger des Eigenkirchenherrn der Vorgängerkirche habe die heutige Johanniskirche erbaut? Die Frage muß wohl offenbleiben.

In einem Predigtwerk des rheinischen Zisterziensermönchs Caesarius von Heisterbach findet sich die erst jüngst von K. Graf entdeckte erste Erwähnung der Kirche in einer schriftlichen Quelle.[120] Der Mönch berichtet von einer merkwürdigen nächtlichen Himmelserscheinung im Jahr 1225, die einen Priester und sechs Schüler zum Eintritt in den Zisterzienserorden veranlaßt haben soll. Sie sahen, so Caesarius, wie ein gewaltiger Drache den Mond zu verschlingen drohte. Dabei fielen zwei brennende Kerzen vom Himmel, die zunächst in der Gmünder Johanniskirche, später in einer anderen Kirche außerhalb der Mauern der Stadt aufbewahrt wurden.

Die Erwähnung von Schülern *(scolares)* verweist auf die im Anschluß an die Pfarrkirche bestehende Schule in der Stadt, die bereits 1189 bezeugt ist.[121] Damals zeugte aus Gmünd *Reinbolt scolasticus,*[122] was man sicher mit »Schulmeister« übersetzen darf. Die den Schülern vermittelte Bildung orientierte sich an den Gepflogenheiten der Kloster- und Domschulen und war daher im wesentlichen geistlich geprägt.

Wenig ist bekannt über die anderen Gotteshäuser des stauferzeitlichen Gmünd. Dies gilt sowohl für den Vorgängerbau der späteren Veitskapelle auf dem Friedhof von St. Johannis – davon war bereits im Zusammenhang mit der Fulradzelle die Rede

(S. 50 f.) –, als auch für die von Caesarius erwähnte Kirche außerhalb der Mauern. Vielleicht ist hier an den »Näberstein«, den späteren St. Salvator, zu denken.[123] Die geheimnisvollen, von Natur und Menschenhand geschaffenen Höhlen im Stubensandstein des Nepperbergs, von einem gelehrten Autor des 17. Jahrhunderts auf die ersten Christen im Land zurückgeführt,[124] haben wohl schon in romanischer Zeit als Kultort gedient. W. Klein[125] hat mit guten Gründen festgestellt, daß die Plastiken der unteren Kapelle – z. T. Überarbeitungen des 17. Jahrhunderts – auf ältere, wahrscheinlich romanische Vorbilder verweisen. Alle weiteren Fragen, etwa nach dem Patrozinium dieser rätselhaften Kultstätte, müssen für die Stauferzeit offenbleiben.[126]

Die Kirche des 12. und des 13. Jahrhunderts wurde tief erschüttert von religiösen Bewegungen, die in neuartigen Gemeinschaften außerhalb hierarchischer Traditionen durch Armut und Wanderpredigt die Kirche Christi und der Apostel zu erneuern suchten.[127] Während man im 12. Jahrhundert den neu entstehenden Gruppen einigermaßen hilflos gegenüberstand und sie häufig vorschnell zu Ketzern erklärte, bahnte sich am Anfang des 13. Jahrhunderts ein entscheidender Wandel an: Durch die Bettelorden, eine neuartige Form kirchlicher Gemeinschaftsbildung, wurden die ausufernden religiösen Strömungen der Zeit in kirchlich gebilligte Bahnen gelenkt. Die neuen Orden nahmen ihren Wohnsitz nicht wie die alten Mönchsorden auf Bergen oder in einsamen Tälern, sondern zumeist in den Städten. Auch die um Franz von Assisi sich scharende Gemeinschaft, die zum Franziskanerorden anwachsen sollte, ist aus der Armutsbewegung des Hochmittelalters hervorgegangen. Die rasche Ausbreitung des Ordens auch in Südwestdeutschland seit den zwanziger Jahren des 13. Jahrhunderts führte die Brüder bald auch nach Schwäbisch Gmünd, wo sie sich im Osten der Stadt nicht weit von der Stadtmauer entfernt niederließen.[128] Nach Ausweis der romanischen Bauformen der Westfassade ihrer Klosterkirche muß dies schon in der ersten Jahrhunderthälfte geschehen sein.[129] Dabei ist zu berücksichtigen, daß mit dem Bau der steinernen Kirche meist erst geraume Zeit nach der Niederlassung der Brüder in einer Stadt begonnen wurde. Am Ende des Spätmittelalters entstand im Gmünder Franziskanerkloster eine ausgeprägte Haustradition im Anschluß an das Gedenken an den angeblichen Gründer der Niederlassung und Gefährten des hl. Franz, einen heiligmäßigen Bruder David.[130] In der Gmünder Niederlassung wollte man nun einen der ersten Konvente des Ordens in Deutschland sehen, eine Art »Strahlzentrum« der Ordensausbreitung. Diese legendäre Darstellung, die mit den Quellen des 13. Jahrhunderts nicht zu vereinbaren ist und eher den Ranganspruch des Gmünder Konvents absichern sollte, wurde sogar von den Ordensniederlassungen in Ulm, Nördlingen, Luzern und Regensburg übernommen.

Charakteristisch für den religiösen Aufschwung des Hochmittelalters ist auch die

starke Beteiligung der Frauen. Die religiöse Frauenbewegung des 13. Jahrhunderts
führte zur Neugründung zahlreicher Frauenorden, auch zur Gründung von Frauen-
gemeinschaften, die ohne eigentliche Ordensregel als »Beginen« in klosterähnlichen
Konventen lebten. Diese bedeutende Zeiterscheinung hat auch in Gmünd ihre Spuren hinterlassen. Das außerhalb der Mauern der Stadt gelegene Frauenkloster Got-
teszell wurde der von G. M. Kolb gründlich durchleuchteten Tradition zufolge am
Vortag von Mariä Verkündigung 1240 gegründet.[131] Erstmals urkundlich erwähnt ist
Gotteszell 1246, als Papst Innozenz IV. Priorin und Konvent des Marienklosters 40
Tage Ablaß zur Unterstützung ihres Neubaus gewährte.[132] Hervorgegangen aus
einer Gemeinschaft frommer Frauen, die nach der Augustinusregel lebten, wurde
Gotteszell im selben Jahr 1246 dem Dominikanerorden unterstellt.[133] Als Stifter des
Gmünder Klosters gibt eine Überlieferung des 15. Jahrhunderts zwei Witwen an, im
16. Jahrhundert nennt Paul Goldstainers Chronik die Schauppen (Schaupp,
Schopp), ein begütertes, bereits 1239 bezeugtes Stadtgeschlecht.[134] Nicht zu übersehen ist jedoch, daß auch das staufische Ministerialengeschlecht der Herren von
Rechberg zu den ersten urkundlich überlieferten Wohltätern des Klosters zählte, daß
dieses Adelshaus später aufs engste mit Gotteszell verbunden war, dort auch seine
traditionelle Grablege besaß und daß auch andernorts kleinere Niederlassungen
frommer Frauen erst durch hochgestellte Gönner die Möglichkeit erhielten, ein Kloster zu werden.[135] Wahrscheinlich waren die Herren von Rechberg bereits an der
ersten Ausstattung des Klosters mit Gütern beteiligt. Wenige Jahre später (1246) sah
sich Papst Innozenz IV. veranlaßt, einen Schutzbrief für die Gmünder Nonnen auszustellen.[136] Er bestätigte ihre Besitzungen und Rechte und bedachte sie mit weiteren
Privilegien, u. a. mit dem Recht, ihre Priorin frei zu wählen. Auch in den folgenden
Jahren pflegten die frommen Frauen ihre guten Kontakte nach Rom. Sie erreichten,
daß der Papst 1251 dem hohen Klerus der Erzdiözese Mainz gebot, Gotteszell gegen
willkürliche und gewalttätige Eingriffe zu schützen und über die Übeltäter die
schwersten Kirchenstrafen zu verhängen.[137] Hier wie auch sonst haben es die Gmünder Nonnen verstanden, ihre Interessen zu wahren. Der früheste urkundlich
genannte Güterkauf (um 1250) – aus dem Besitz eines Gmünder Bürgers in Hussenhofen[138] – und die früheste urkundlich genannte Stiftung (1259) – der große und
kleine Zehnt in Mulfingen bei Leinzell, gestiftet durch die Ministerialen Ulrich von
Plochingen und die Brüder Konrad und Ulrich von Rechberg[139] – reichen noch in
staufische Zeit zurück. Schon damals wurde eine Entwicklung eingeleitet, die Gotteszell im Lauf der Zeit zum reichsten der Gmünder Klöster gemacht hat.
Noch eine weitere im religiös-karitativen Bereich verwurzelte Einrichtung sei hier
genannt, die, dem Nachweis von A. Fischer zufolge, schon in die Stauferzeit
zurückreicht: das Aussätzigenspital St. Katharina im Westen der Stadtmarkung.[140]

Seine Fürsorge galt den Leprakranken, die – der hohen Ansteckungsgefahr wegen – von den Stadtbewohnern fernzuhalten waren. Urkundlich erwähnt ist das Gmünder Leprosenhaus erst 1326.[141] Doch beweist vor allem ein kleines romanisches Rundbogenfenster an der Nordseite der Kapelle,[142] daß der Bau schon in die erste Hälfte des 13. Jahrhunderts zurückreicht. Im Gefolge der Kreuzzüge und des sich ausweitenden Verkehrs, aber auch im Zusammenhang mit größeren Ansammlungen von Menschen in den neugegründeten Städten hatte die Lepra im 12. und 13. Jahrhundert ihren Höhepunkt in Europa erreicht; sie hat wohl auch vor den Mauern und Toren Gmünds nicht haltgemacht. Wer die Gründung des Gmünder Aussätzigenhauses veranlaßt und zunächst gefördert hat, ist im einzelnen nicht bekannt. Ebensowenig läßt sich mit Sicherheit sagen, ob die Betreuung der Kranken schon in staufischer Zeit im Rahmen einer Gemeinschaft von Pflegern und »syechen ussetzeln« erfolgte, den späteren Spital-Bruderschaften entsprechend. Vielleicht haben sich – wie in anderen Städten – auch in Gmünd zunächst besonders die Franziskanermönche der Kranken angenommen,[143] getreu dem Vorbild ihres Ordensgründers, dem die Begegnung mit Aussätzigen zum Markstein auf dem Weg seiner Berufung geworden war.

## Die Bürgerschaft

Man darf von den lokalen Quellen her nur sehr begrenzte sozialgeschichtliche Einblicke in das Gmünd der Stauferzeit erwarten und schon gar nicht Einblicke in die mittleren und unteren Schichten der Stadtbevölkerung. Einzig für die Oberschicht sind gewisse Aussagen möglich. Aber auch hier ist zunächst mit einem ähnlichen Dilemma zu rechnen wie bei der Frage nach den Motiven der Gründer. Dem Gegensatz oder vielmehr dem Zusammenspiel von »Großburg« und »Markt« entspricht nunmehr das auch andernorts zu beobachtende Gegenüber von ritterlich-wehrhafter Führungsschicht aus Ministerialen einerseits und von eher kaufmännisch geprägter Oberschicht andererseits. Die Quellen geben so gut wie keine Anhaltspunkte, um dieses Problem zu lösen. Man kann nur vermuten, daß auch in Gmünd ein Sowohl-Als-auch der Wirklichkeit näher kommt als ein Entweder-Oder. Haben doch Untersuchungen für andere Städte ergeben, daß schon im Hochmittelalter eine Annäherung und Vermischung beider Bevölkerungsgruppen stattgefunden hat: Ritterliche Ministerialen des Stadtherrn tätigten Handelsgeschäfte, reiche Kaufleute glichen ihre Lebensgewohnheiten ritterlich-höfischen Gepflogenheiten an.[144] Was solche Untersuchungen zusätzlich erschwert, ist die Eigenart des Quellenmaterials, das meist nur die eine Seite beleuchtet, wirtschaftliche Phänomene dagegen weitgehend ausspart.

Hinzu kommt, daß Rückschlüsse von späteren sozialgeschichtlichen Verhältnissen allzu leicht in die Irre führen: Der erst aus Quellen des 14. Jahrhunderts ersichtliche Vermischungsvorgang könnte erst nach dem Untergang des Stauferhauses eingesetzt haben. Grundsätzlich unzulässig sind daher Rückschlüsse von dem ständischen Charakter des späteren Gmünder Patriziats, das sich um den — erst unter Rudolf von Habsburg entstandenen — Rat gruppierte und sich durch die Bezeichnung »burger« von den zünftisch organisierten Handwerkern abhob. Rückschlüsse von hier auf die Geschlechter der Stauferzeit könnten nur verzerrte Perspektiven ergeben.

Daß die führenden Gmünder Geschlechter sich eher an adeligen Werten ausrichteten, bezeugen die stadtarchäologisch nachweisbaren Steinhäuser und Wohntürme aus staufischer Zeit. Erinnert sei nur an den mutmaßlichen Wohnsitz des späteren Patriziergeschlechts der »Turn«, den heutigen Glockenturm beim Münster.[145] Auf das wehrhafte Element verweist auch der Name »Vener«; »Vener«, daher Fähnrich, bezeichnet den Führer des berittenen städtischen Aufgebots.[146] Seit 1239 begegnet der Name bei einem der vornehmsten Gmünder Geschlechter. In diesen Zusammenhang gehört wohl auch der heutige Gmünder Straßenname Turniergraben — als *turnaygraben* 1368 erstmals urkundlich belegt[147] — für den Bereich westlich des ehemaligen Stadtgrabens vor dem inneren staufischen Mauerring. Es wäre nicht gerechtfertigt, aus solchen Hinweisen auf adlig-ritterliches Selbstverständnis der stauferzeitlichen Oberschicht zugleich auf deren Abstinenz von Großhandel und Geldgeschäften zu schließen.[148] Als ein vereinzeltes Zeugnis für den gehobenen Lebensstil dieser Schicht kann ein aus Westdeutschland oder Frankreich importierter kostbarer kleiner Spiegel gelten, der vor einigen Jahrzehnten bei Grabungen in der Altstadt zutage gefördert wurde, inzwischen aber leider verschollen ist.[149]

Mit Recht hat Axel Hans Nuber genealogische Zusammenhänge festgestellt zwischen den 1162 nur mit Vornamen genannten Bürgern und den späteren Stadtgeschlechtern.[150] Vor allem der überaus seltene Name »During« rechtfertigt den Brückenschlag von der Zeugenliste von 1162 zu den Zeugenlisten des späteren 13. Jahrhunderts, wo bereits Beinamen bzw. Familiennamen begegnen.[151] Freilich sollte man sich davor hüten, derartige Zusammenhänge zu pressen. Zu berücksichtigen ist stets, daß Namen auch mütterlicherseits vermittelt wurden. Keinesfalls aber ist aus der Kontinuität der Namen auf eine stets gleichartige Zusammensetzung der Gmünder Oberschicht zu schließen von der Zeit der Stadtgründung bis hin zur Zeit der entstehenden Ratsverfassung.

Hans-Martin Maurer hat vermutet, die 1162 genannten 15 Gmünder »Bürger«, die in so auffallend stattlicher Zahl das Rechtsgeschäft der benachbarten staufischen Ministerialen von Utinkofen bezeugen, seien mindestens zum Teil ebenfalls staufische Dienstleute gewesen, denen in der Stadt bestimmte Aufgaben und damit zugleich ständige Wohnsitze zugewiesen waren.[152] Ein Beweis für diese Vermutung ist von den Quellen her kaum zu erbringen. Jedenfalls wird man berücksichtigen, daß der Begriff »ministerialis« in den Gmünder Urkunden nie bei einem in der Stadt selbst ansässigen Dienstmann begegnet, ebensowenig übrigens der Begriff »miles« (Ritter) — mit einer bezeichnenden Ausnahme: Nur der Gmünder Schultheiß, der Beamte des Stadtherrn, ist 1236 als Reichsministeriale aufgeführt.[153] Der schon früher als Ministeriale bezeichnete Walter von Rinderbach, der 1191 Kaiser Heinrich VI. nach Italien begleitete und in Siena eine Kaiserurkunde bezeugte,[154] hat damals sicherlich noch außerhalb der Stadt auf seiner Burg Rinderbach gewohnt. Berechtigt ist sicher der Hinweis, der Name Walter, der in der Zeugenliste von 1162 schon an zweiter Stelle steht und den 1239 ein Gmünder Schultheiß trug, lasse auf verwandtschaftliche Beziehungen zur städtischen Oberschicht schließen.[155]

Auch über die Beziehungen der Gmünder Oberschicht zum Landadel, den außerhalb der Stadt auf Burgen sitzenden Ministerialen, schweigen die Quellen. Wenn 1275 — somit erst in nachstaufischer Zeit — ein vornehmer, durch den Titel »Herr« (dominus) deutlich hervorgehobener Konrad von Böhmenkirch und sein Sohn Friedrich, sicher Angehörige des dortigen Ortsadels, ausdrücklich »Gmünder Bürger« genannt werden,[156] so heißt dies nicht ohne weiteres, Adelige hätten schon unter den Staufern ihren festen Wohnsitz in der Stadt gehabt. Selbst wenn man den Dominus-Titel Konrads als Umschreibung des Ritter-Prädikats versteht, ist nicht auszuschließen, daß sich der adelige Herr auch am Wirtschaftsleben der Stadt beteiligt hat. Zum Ortsadel von Mögglingen gehörte wohl der in derselben Zeugenliste von 1275 ebenfalls als »Gmünder Bürger« aufgeführte Konrad Mekkilinger, der schon 1270 als »Mechlingerus« zeugt.[157]

Faßt man die angeführten Beobachtungen zusammen, so wird deutlich, daß der spärliche Quellenbestand jede eindeutige Aussage über den Charakter der Gmünder Oberschicht für die Stauferzeit verbietet. Analog zu den Verhältnissen in anderen Städten darf man jedoch vermuten, daß das seit etwa 1284 um den städtischen Rat gruppierte Patriziat verschiedenartige Wurzeln hat; der Anteil von Familien ministerialischer Herkunft mag in Schwäbisch Gmünd überwogen haben. Bedeutsam für das Selbstverständnis der Gmünder Geschlechter war sicher auch später noch deren genealogische Verwurzelung mit den seit 1162 bezeugten *cives* der Stauferstadt.

Wer nur die wenigen einschlägigen Quellen befragen kann, darf nicht erwarten, schon für die Stauferzeit ein anschauliches Bild zu gewinnen von dem Erwerbsleben der neugegründeten Stadt, von den immer vielfältiger werdenden Tätigkeiten und Berufen im Zusammenhang mit zunehmender Arbeitsteilung, wachsendem Wohlstand, steigenden Bedürfnissen und deutlicher sich abzeichnenden sozialen Gegensätzen. Als später ein nüchtern gewordener, fast nur noch kaufmännisch kalkulierender Lebenszuschnitt den bürgerlichen Alltag bestimmte, hat die gelegentliche Rückschau auf tatsächliches und vermeintliches ritterliches Treiben von ehedem dazu beigetragen, die Stadtgründung Gmünds als *dapffern treffenlichen anfang*[158] zu verstehen, als »das geträumte Glück einer schöneren Vergangenheit« (J. Huizinga).[159] Es fällt nicht leicht, aus der Distanz von Jahrhunderten Wunschbild und Wirklichkeit im einzelnen zu unterscheiden.

Was sich mit Sicherheit über die Anfänge der Stadt Schwäbisch Gmünd aussagen läßt, sei abschließend kurz zusammengefaßt: Der dem Hohenstaufen im Norden nächstgelegenen Stadt war eine wichtige Aufgabe zugedacht als Stütze staufischer Macht im staufischen Kernland, nicht zuletzt auch als Marktort, als wirtschaftlicher Mittelpunkt und somit als Geldquelle. Festgehalten sei auch, daß Schwäbisch Gmünd als eine der ältesten Stadtgründungen der Staufer zu gelten hat, als die am frühesten urkundlich bezeugte Stadtgründung auf staufischem Hausgut in Schwaben.

# Gmünd im Spätmittelalter

*von Klaus Graf*

## A  *König, Adel und Städte*

Graben, Mauer und Türme, eine wehrhaft-martialische Fassade, schieden die Stadt vom Land, und noch heute wird das Bild, das man sich von einer mittelalterlichen Stadt macht, nicht zuletzt von den eindrucksvollen Befestigungsbauten bestimmt. Die Stadt als von ihrem Umland isolierter Organismus – diese lange Zeit auch von der Forschung kultivierte Vorstellung läßt jedoch die vielfältige Einbindung der Stadt in politische, gesellschaftliche, wirtschaftliche, religiöse und kulturelle Gesamtsysteme allzuleicht übersehen.[1] Die Gefahr einer einseitigen Betrachtungsweise droht insbesondere, wenn man Stadtgeschichte auf den einen Aspekt der »Entwicklung des Bürgertums« verkürzt. Erst die Gemengelage von bäuerlichen, »bürgerlichen« und adligen Lebensformen, wobei das sogenannte bürgerliche Element eigentlich in die unterschiedlichen Verhaltensmuster der Kaufleute und Handwerker aufgespalten werden müßte, schuf die konkrete Wirklichkeit städtischen Lebens im Spätmittelalter.

An der Betonung der zukunftweisenden Rolle des Bürgertums ist immerhin so viel zutreffend, daß die Städte die ökonomischen Mittelpunkte und Schaltstellen des Spätmittelalters darstellten. Zwischen Stadt und Umland vermittelte der städtische Markt. Die bürgerliche Führungsschicht der Großhändler und Kaufleute – sei es vor oder nach Einführung der »Zunftverfassung« – organisierte den überregionalen Warenverkehr und versorgte den Adel mit Krediten und Fernhandelsgütern. Die Außenpolitik der Reichsstädte orientierte sich daher im wesentlichen an den Wirtschaftsinteressen der Kaufleute.

Das Selbstbewußtsein der reichsstädtischen Oberschichten, die um ihre wirtschaftliche Macht wußten, artikulierte sich in Schwaben spätestens seit dem Anfang des 14. Jahrhunderts in einer korporativen Politik, die ihren Höhepunkt im Zusammenschluß des Schwäbischen Städtebundes 1376 bis 1388 erlebte. Der König, die Fürsten und der Adel sahen sich je nach Interessenlage als Bündnispartner oder Gegenspieler der mehr oder weniger geschlossenen Front der Städte gegenüber. Einerseits ging es den Städten um ihre Reichszugehörigkeit und innere Autonomie, andererseits um die Sicherheit des durch Fehden und »Raubritter« gefährdeten Handelsverkehrs. »Sicherung des Erreichten, Erwerb neuer Privilegien, Förderung von Handel und Gewerbe« waren, wie Harro Blezinger feststellte, »Hauptinhalt städtischer Politik«.[2] Im 15. Jahrhundert verfestigten sich die wechselnden Machtkonstellationen zuungunsten der Städte, die sich gegen die große Koalition von König, Fürsten und Adel nicht mehr durchsetzen konnten. Als »epochales« Ereignis kann der Städtekrieg von 1449/50 gelten, in dem die zunehmende Verschlechterung des Verhältnisses der Städte zum Adel einen Höhepunkt erreichte.

Im Bewußtsein des Adels blieben die Städte jedoch auch weiterhin adlige Mittelpunkte, zentrale Orte einer aristokratischen Geographie. Diese bislang zu wenig beachtete Funktion der spätmittelalterlichen Stadt hat ihre Wurzeln im Ursprung der Städte als hochmittelalterlichen Herrschaftsmittelpunkten. Nicht übersehen sollte man auch die wichtige Rolle, die den geistlichen Institutionen, den Kirchen, Klöstern und Spitälern der Reichsstadt im Rahmen der religiösen Ortsbezogenheit des Landadels zukam.

Hinsichtlich der zahlreichen Beziehungen zwischen der Stadt und ihrer ländlichen Umgebung fällt wohl am meisten die Tatsache ins Gewicht, daß die Mehrheit der Handwerker und damit auch der Stadtbevölkerung bäuerlicher Herkunft war. Ein Winzinger Bauer etwa erscheint sogar unter den nächsten Verwandten des aus einer Handwerkerfamilie zu einem hohen Kanzleibeamten Kaiser Karls IV. aufgestiegenen Gmünder Notars Peter Zeiselmüller.[3] Dagegen waren für die ältere Oberschicht Heiratsverbindungen mit dem Landadel und den Patriziaten anderer Städte[4] kennzeichnend. Für die zunehmende Entfremdung zwischen Adel und Bürgertum mag auch der Wandel der reichsstädtischen Oberschicht, wie er sich im Gefolge der Zunftunruhen und Bürgerkämpfe ergab, mitverantwortlich gewesen sein, auch wenn die außenpolitische Kontinuität gewahrt blieb. Wenn von »den« Städten und »dem« Adel die Rede ist, verkennt man allzuleicht, daß der wichtigste Begegnungsbereich von Adligen und Bürgern weder am Verhandlungstisch noch auf dem Schlachtfeld zu suchen ist, sondern in der Stadt und im städtischen Leben. Dieses vermeintlich »private« Verhältnis der beiden Gruppen konnte nicht ohne Konsequenzen für ihr »politisches« Verhalten bleiben.

### Der König als Stadtherr

Das Verhältnis der Stadt zu ihrem Stadtherrn, dem König, läßt sich unter zwei Gesichtspunkten beschreiben: stadtgeschichtlich als Wahrnahme überkommener

Herrschaftsrechte und personaler Kontaktmöglichkeiten, reichsgeschichtlich als machtpolitisch geprägte Beziehung zwischen König, Fürsten, Adel und Städtebünden.[5] Beide Aspekte bedingen einander wechselseitig und verweisen auf denselben Prozeß: auf die Auseinanderentwicklung von Königtum und Städten unter dem Druck reichsstädtischer Selbstbehauptung einerseits (1.) und der sich verschärfenden Konfrontation zwischen Fürsten und Städten andererseits (2.).

1. Von der unmittelbaren Grundherrschaft des Königs in Gmünd waren am Beginn des Spätmittelalters nur noch geringe Reste vorhanden. Einige Tagwerk Reichsgut bei St. Leonhard und auf dem Schwerzer wurden jeweils an Bürger verliehen.[6] 1277 überließ König Rudolf von Habsburg dem Kloster Maulbronn über 23 Pfund Heller Reichseinkünfte aus Mühlen und Zinsen in Gmünd.[7] In diesen Zusammenhang gehört wohl auch die Tatsache, daß die Kreuzmühle rechbergisches und die Überschlagmühle limpurgisches Lehen war.[8] Von den »Fürzinsen«, vermutlich Grundzinsen, die König Friedrich der Schöne 1315 der Stadt auf fünf Jahre erließ, verlautet später nichts mehr.[9] Daß das Reich jedoch noch bis ins 15. Jahrhundert als rechtmäßiger Eigentümer des städtischen Grund und Bodens, d. h. des Gemeindeeigentums galt, geht aus einigen Urkunden hervor, mit denen der König seine Zustimmung zu wichtigeren öffentlichen Baumaßnahmen erteilte.[10]

Die Reichssteuer betrug seit der Mitte des 14. Jahrhunderts 270 Pfund Heller. Während sie im 14. Jahrhundert wechselnden Gläubigern oder Dienern des Königs entrichtet werden mußte, erscheint sie seit dem Anfang des 15. Jahrhunderts als dauernd den Grafen von Oettingen verpfändet.[11] Belastender waren freilich außerordentliche Steuern und Reichshilfen, die zwar selten erhoben wurden, aber hohe Summen erreichen konnten.[12] Außerdem bestand für die Stadt die Heerfolgepflicht; städtische Aufgebote waren kampferprobte Helfer des Königtums: Zum Beispiel zerstörten 1311 Eßlinger, Gmünder und andere reichsstädtische Truppen im Reichskrieg[13] gegen Graf Eberhard von Wirtemberg dessen Stammburg Wirtemberg. Für ihre treuen Dienste konnte die Stadt im Gegenzug die begehrten Privilegien und Privilegienbestätigungen erwirken, die als »Freiheiten« einen Raum reichsstädtischer Eigenstaatlichkeit schufen.[14]

Vom König in der Stadt verliehene Ämter waren das Schultheißenamt und das Eich- und Ladamt. Der Schultheiß[15], mit dessen Amt die Getränkesteuer, Ungelt, und ein Zoll verbunden waren, stand als Stellvertreter des Stadtherrn nur etwa bis zum dritten Viertel des 14. Jahrhunderts an der Spitze des Stadtregiments. Als 1430 das Schultheißenamt in städtische Hände überging, wurde damit die unter dem Druck städtischer Autonomiebestrebungen längst vollzogene Entmachtung des Schultheißen als eines stadtherrlichen Beamten mit Verwaltungskompetenzen nur noch formal besiegelt. Von etwa 1360 bis zur endgültigen Verpfändung 1430 diente das Amt als Pfründe für verdiente Getreue des Königs. Auf den durch personale Verbindungen bestimmten Hintergrund des Amtes in der Zeit zuvor mag zurückgehen, daß unter Ludwig dem Bayern 1345 Heinrich Vetzbry, überraschenderweise kein Angehöriger der alten Geschlechter, als Schultheiß erscheint: Möglicherweise hat er den König als Geldgeber unterstützt.[16] Wie das Schultheißenamt gelangte auch das Eich- und Ladamt, später Faßzieheramt genannt, nachdem es zunächst Bürgern verliehen worden war, in die Hände der Stadt.[17]

Über die konkrete Einflußnahme des Königs auf die städtische Innenpolitik fehlen so gut wie alle Hinweise, doch sollte man sie zumindest für das 14. Jahrhundert nicht zu gering veranschlagen.[18] Möglichkeiten der Einwirkung auf innerstädtische Angelegenheiten ergaben sich vor allem auch durch Kontakte zwischen dem König und Gmünder Bürgern, d. h. durch die von Peter Moraw hervorgehobene besondere »Königsnähe« Gmünder Bürger im 14. Jahrhundert.[19] Sicher ist hinsichtlich dieser These Vorsicht angebracht. Doch wird man etwa die Tatsache, daß der Gmünder Notar Peter Zeiselmüller, ein hoher Kanzleibeamter Karls IV., als Aufsteiger aus dem Zunftbürgertum identifiziert werden kann, für nicht unerheblich bei der Beurteilung der kaiserlichen Haltung zur Zunftverfassung halten.[20]

2. Der Wandel im allgemeinen Verhältnis des Königs zu den Reichsstädten wird besonders augenfällig, wenn man König Rudolf von Habsburg (1273–1291) dem gleichfalls habsburgischen Friedrich III. (1440–1493) gegenüberstellt. Während Rudolf, der sich insgesamt mindestens 28 Tage in Gmünd aufhielt,[21] als »Bürgerkönig« gelten kann, schlug sich Friedrich III. nach dem Städtekrieg von 1449/50 weitgehend auf die Seite der Fürsten und Städtefeinde.[22] Dies ist nicht nur ein Ausdruck der unterschiedlichen Persönlichkeit beider Herrscher, sondern kennzeichnet eine historische Entwicklung, die sich aus der spezifischen Situation des deutschen Königtums ergab. Das zu einer Art »Reichsideologie« ausgeformte Selbstbewußtsein der Städte, das durch den Zusammenhalt in Städteeinungen und -bündnissen potenziert wurde, führte im Innern zu einer weitgehenden Selbstverwaltung unter Entmachtung des königlichen Schultheißen. Auf Reichsebene hatte es eine Verstärkung der städtefeindlichen Haltung weiter Kreise des Adels zur Folge, die sich von den selbstbewußt auftretenden Städten bedroht fühlten. Entwickeln konnte sich diese Machtposition in der ersten Hälfte des 14. Jahrhunderts, als die Könige der Städte dringend als Bundesgenossen bedurften:[23] im Thronstreit zwischen Friedrich dem Schönen und Ludwig dem Bayern und später vor allem im Kampf Ludwigs gegen die Reichsfürsten und die Kurie. Die Landfriedensbestrebungen waren der Ort, an dem die Wünsche des Königtums und der Städte sich trafen. Zum einen war der Landfriede ein wirksames Instrument gegen das Raubrittertum, zum anderen ermöglichte er den Städten den Zusammenschluß zum gegenseitigen Schutz. Der erste große politi-

sche Erfolg der Städte war das Landfriedensbündnis Ludwigs des Bayern vom Jahr 1331, das ihnen Versammlungsfreiheit und Selbsthilferecht zusicherte. Auch in den Auseinandersetzungen zwischen Ludwig dem Bayern und Karl IV. kam den Reichsstädten eine wichtige Rolle zu.[24] Das anfänglich gute Verhältnis Karls zu den Städten, die ihre Bündnisse im Rahmen von Landfriedenseinungen weiter ausbauen konnten, verschlechterte sich, als die Städte im Krieg gegen Eberhard den Greiner von Wirtemberg 1372 sich vom Kaiser im Stich gelassen fühlten. Hinzu kam, daß der Erwerb der Mark Brandenburg durch den Kaiser die Städte mit immensen Abgaben belastete. Der 1376 geschlossene »Schwäbische Städtebund« stellte ein Schutzbündnis dar gegen die drohenden Verpfändungen von Reichsstädten an städtefeindliche Fürsten. Unbegründet war diese Furcht nicht: Obwohl Gmünd nicht zu den Gründungsmitgliedern des Bundes zählte, wurde sein Schultheißenamt 1376 an den Wirtemberger verpfändet.[25] Erst als der Städtebund Württemberg in der Schlacht bei Reutlingen 1377 eine vernichtende Niederlage beigebracht hatte, wurde die von Karl über den Bund verhängte Reichsacht zurückgenommen. Unter Berücksichtigung seiner Kaisertreue erhielt Gmünd eine Privilegienbestätigung und trat wenig später dem jetzt als selbständige reichspolitische Macht agierenden Bund bei.[26] Das nächste Jahrzehnt sah den Höhepunkt des Schwäbischen Städtebundes, als sich auch Städte aus anderen Landschaften, vor allem der Rheinische Städtebund und schweizerische Städte, der Einung anschlossen. Wenngleich sich König Wenzel um einen Ausgleich der Gegensätze zwischen den Fürsten und den Städten bemühte, kam es 1388 zu einem erneuten Krieg zwischen einer Fürstenkoalition und den Städten. Er endete mit der Niederlage der Städte in der Schlacht bei Döffingen.[27] Damit war die Macht der Städteeinungen gebrochen. Die folgenden Städtebündnisse, von denen unten noch zu berichten sein wird,[28] erreichten die Bedeutung des Schwäbischen Städtebundes nicht mehr. Zwar betrieben die auf Wenzel folgenden Könige Ruprecht von der Pfalz, Sigismund und Albrecht II. eine städtefreundliche Politik, doch wurden die Weichen für die künftige Entwicklung 1388 gestellt: Nicht die Städte, sondern die Fürsten waren im Zweifelsfall die wichtigeren Partner des Königtums. Das Geld der Bürger, auf das der König freilich nach wie vor dringend angewiesen blieb, konnte sich als politisches Druckmittel letzten Endes nicht gegen die zunehmende Macht der Fürsten behaupten.

## Die Stadt als zentraler Ort des Adels

Im Jahr 1288 begab sich König Rudolf von Habsburg, so wissen die Sindelfinger Annalen zu berichten, zu seiner Burg Staufen und danach nach Gmünd zu der am

23. November begangenen Hochzeit der Tochter des Grafen Albert von Hohenberg und des Markgrafen von Burgau. Am folgenden Tag regelte der König in Gmünd vieles mit den anwesenden adligen Herren.[29] Diese Nachricht über eine Fürstenhochzeit in Gmünd beleuchtet einen Aspekt der städtischen Zentralität, den man leicht übersieht: die Funktion der Stadt als Mittelpunkt für den Landadel. Zusammen mit dem stadtadligen Selbstverständnis der Gmünder Geschlechter bildet dieser Sachverhalt ein gewichtiges Argument gegen einen auf das Ökonomische verengten Stadt-Begriff, der sich von neuzeitlichen Vorstellungen über das Bürgertum herleitet.

Die Zeugnisse für das angesprochene Phänomen drängen sich im Quellenbestand freilich nicht auf. Signifikant sind insbesondere die Nennungen der Stadt als »Leistungsort«, an dem die Bürgen eines Rechtsgeschäftes das sogenannte »Einlager« ableisten mußten, wenn sie von der Gegenpartei dazu aufgefordert wurden. Wenn in einer Urkunde weder Aussteller, Empfänger noch Bürgen Gmünder Bürger oder Einwohner sind, ist der Schluß statthaft, daß die Stadt als rechtlicher Mittelpunktsort in Anspruch genommen wird. Bereits am Ende des 13. Jahrhunderts finden sich dafür Beispiele: So bestimmte der Wiener Schiedsspruch zur Beilegung der Streitigkeiten zwischen den Schenken von Limpurg und der Stadt Hall 1280 als Orte des Einlagers sowohl für die Bürgen der Schenken als auch für die Haller Bürger die Städte Gmünd und Heilbronn.[30] 1287 sollte Schenk Friedrich von Limpurg in Rothenburg oder Gmünd »leisten«.[31] Als 1361 die Grafen von Oettingen die Herrschaft Adelmannsfelden an das Kloster Ellwangen veräußerten, verpflichteten sich die durchwegs adligen Bürgen der Oettinger, ein Graf von Helfenstein, neun Ritter und zwei Edelknechte, zum Einlager in *Gemünde*.[32] 1341 verkaufte Ulrich von Roden zwei Güter zu Oberkochen an das Kloster Königsbronn. Die Bürgen Diemar von Essingen und Johann Viggel, Vogt zu Hohenalfingen, sollten in Gmünd »leisten«.[33] Ebenfalls in der Stadt hatten sich Heinrich und Konrad von Winkental sowie Konrad von Degenfeld mit je einem Knecht und einem Pferd einzufinden, wenn sie als Bürgen für Johann von Nenningen beim Verkauf einer Hube zu Ottenbach 1342 dazu aufgefordert wurden.[34] Diese Belegreihe ließe sich um eine ganze Anzahl von Urkunden vermehren, in denen neben adligen Bürgen auch Gmünder Bürger Bürgschaft zu leisten versprachen.[35]

Andere Urkunden lassen den Schluß zu, daß die Stadt als Ort von Adelstreffen und Tagsatzungen beliebt war. 1322 traf ein Bote der Stadt Augsburg den Grafen von Helfenstein in Gmünd an,[36] 1326 teilten Ulrich und Johann von Rechberg ihr Erbe auf einem Tag in Gmünd,[37] 1343 wurde hier ein Streit zweier adliger Parteien im Rahmen des Schwäbischen Landfriedens von einem Eßlinger Bürger geschlichtet.[38] Ein Jahr später verkaufte der Ritter Walther der Küchenmeister in Gmünd Güter an

Graf Ulrich von Wirtemberg.[39] 1360 verschrieb Marschall Heinrich von Pappenheim in Gmünd seiner Schwiegertochter die Burg Pappenheim.[40] 1369 erklärten die Ritter Johann und Wilhelm von Rechberghausen vor zwei Gmünder Richtern, sie würden wegen der Verfehlungen der Tochter Johanns, einer Nonne im Kloster Adelberg, keine weiteren Schritte unternehmen.[41] Heinrich von Rechberg von Hohenrechberg hielt 1421 in Gmünd ein Lehensgericht wegen eines Bauernlehens in Wäschenbeuren ab mit Gmünder Bürgern als Beisitzer.[42]

Die letzten beiden Belege leiten zu einer anderen Gruppe von Zeugnissen über. Zahlreiche Urkunden dokumentieren, daß der Adel spezifisch städtische Dienstleistungen gern in Anspruch genommen hat. Beliebt war das Rathaus der Stadt als Aufbewahrungsort für Geld, Wertgegenstände oder wichtige Urkunden.[43] Die Gmünder Bürgertrinkstube bot dem Landadel Anschluß an die Geselligkeit der städtischen Oberschicht.[44] Von den vielfältigen Beziehungen zwischen den Gmünder Geschlechtern und Bürgern zum Adel soll hier nur die Tätigkeit der Städter als Geldgeber des Adels erwähnt werden. Sie liegt wohl auch mancher Urkunde zugrunde, in der Gmünder Bürger als Bürgen oder Lehensleute adliger Herren erscheinen. Als Finanziers fungierten aber auch die Gmünder Juden, bei denen z. B. Hans von Urbach 1317 stark verschuldet war.[45]

Besondere Bedeutung für den Adel besaßen die Kirchen, Klöster und Spitäler der Stadt, zu deren Gunsten zahlreiche Stiftungen getätigt wurden. Ohnehin ein »Spital des Adels«, eine Versorgungsstätte für dessen unverheiratete Töchter, war das Dominikanerkloster Gotteszell, das zugleich als rechbergisches »Hauskloster« und Grablege diente.[46] Auch als großzügige Stifter für die beiden Spitäler traten die Rechberger hervor: so schenkte Konrad von Hohenrechberg 1328 den Hof zu Sachsenhofen dem Gmünder Spital und die Mühle dort dem Aussätzigenhaus St. Katharina.[47] Nicht weniger bedacht wurden die Bettelordenskonvente. So schenkte Ritter Ulrich von Hohenrechberg 1494 den Predigern, Augustinern und Barfüßern zu Gmünd in seinem Testament je 10 fl. (Gulden).[48]

Die angeführten Nachrichten belegen das Ausmaß der Zentralität Gmünds für den Adel der näheren und weiteren Umgebung. Abschließend stellt sich die Frage, ob sich alle Belege auf die »Attraktivität« der spätmittelalterlichen Stadt zurückführen lassen, oder ob daneben eine überkommene Rolle Gmünds als herrschaftlicher Mittelpunkt eine Rolle gespielt hat. Bedenkt man, daß die Stadt in literarischen Quellen des Spätmittelalters als Ort adliger Herrschaft, im Ritterroman »Friedrich von Schwaben« sogar als Residenz der schwäbischen Herzöge erscheint[49], so spricht vieles dafür, daß sich in den vorgestellten Zeugnissen eine traditionelle Zuordnung des Adels zur Stadt Gmünd als staufischem Herrschaftsmittelpunkt spiegelt.[50]

*Bündnisse und Fehden*

Die Außenpolitik Gmünds im Spätmittelalter orientierte sich im wesentlichen an den Entscheidungen der anderen Reichsstädte und am Verhalten der Vororte der Städtebündnisse – eigenes Profil gewinnt die Gmünder Außenpolitik in den Quellen nicht. Im 1390 neugegründeten, immer wieder erneuerten Städtebund gehörte Gmünd zur nördlichen Gruppe, die aus den Reichsstädten Nördlingen, Gmünd, Dinkelsbühl, Giengen, Aalen und Bopfingen bestand und von Nördlingen angeführt wurde.[51] Vorort der »Gemeinen Reichsstädte der Vereinigung in Schwaben« war Ulm.[52] Das beschließende Organ der Einung stellten die regelmäßigen Bundesversammlungen dar. Die militärischen und finanziellen Belastungen wurden nach einem feststehenden Schlüssel, der sogenannten »Anzal«, auf die Einzelstädte umgelegt. Gmünd gehörte zu den finanziell schwächeren Bundesstädten, da seine Anzal 100 deutlich unter den Sätzen von Ulm (750), Eßlingen, Rothenburg (400), Nördlingen, Hall, Memmingen, Heilbronn, Schaffhausen (300) und Reutlingen (200) lag. Mit der gleichen Anzal wie Gmünd waren Weil der Stadt, Kempten, Wimpfen, Pfullendorf, Wangen, Isny, Giengen und Weißenburg veranlagt. Weniger zahlten nur Bopfingen (80), Aalen, Radolfzell (50) und Leutkirch (48).[53]

Wirkungsvoll war die Zusammenarbeit der Reichsstädte im 15. Jahrhundert jedoch vor allem unterhalb der Ebene der Bundesversammlungen durch den unmittelbaren Kontakt der Einzelstädte, durch den Briefwechsel der Städte.[54] Das reichsstädtische Botenwesen informierte schnell und effizient über allgemein interessierende Ereignisse. Um auch entferntere Reichsstädte zu erreichen, bediente man sich einer Art von »Schneeballsystem«. Beispielsweise schrieb 1453 Rottweil eine Nachricht an Reutlingen, Reutlingen wohl an Gmünd, Gmünd an Aalen und Aalen an Nördlingen.[55] Da Gmünd wie die anderen Reichsstädte das Privileg besaß, daß Klagen gegen die Stadt nur von dem Schultheißen mit Urteilern aus den Räten der Nachbarreichsstädte vorgebracht werden durften, verkehrten ständig Ratsbotschaften zwischen den Städten. Auch der Innenpolitik kam der Erfahrungsaustausch mit den anderen Reichsstädten zugute.

In den zahlreichen Schreiben, die zwischen den Städten gewechselt wurden, versicherte man sich in umständlichen Wendungen der gegenseitigen Freundschaft. Allerdings waren diese Bekundungen rasch vergessen, wenn im Konfliktfall finanzielle oder militärische Hilfe zu leisten war.[56] Dies änderte sich auch nicht, als sich die Lage der Reichsstädte gegenüber den adligen Ständen in den 1440er Jahren drastisch verschlechterte. Zahlreiche städtefeindliche Adlige, die sich zu beweglichen kleinen Kampfgruppen zusammenschlossen, sorgten mit ihren Fehdeansagen und Überfällen auf Kaufleute für einen zermürbenden Kleinkrieg, der die Reichsstädte nie zur

Ruhe kommen ließ.[57] Diese »Raubunternehmer« konnten überdies meist auf die Solidarität der in den Rittergesellschaften organisierten Adligen rechnen. Angesichts der ständigen Krise verwundert es nicht, wenn in der Städtekorrespondenz immer häufiger von wirklichen oder vermeintlichen Kriegsrüstungen der Städtefeinde die Rede ist und die Bitten um Hilfstruppen aus anderen Städten zunehmen. So bat Gmünd 1440 Ulm um Militärhilfe mit der Begründung *wann uns der krieg ganz uf dem hals liget.*[58]

Vor der Mitte des 15. Jahrhunderts stand den Städten eine Fürstenkoalition aus Erzbischof Dietrich von Mainz, Pfalzgraf Otto bei Rhein, Markgraf Jakob von Baden mit Söhnen, Markgraf Albrecht von Brandenburg-Ansbach und Graf Ulrich von Wirtemberg besonders feindselig gegenüber. Anfang Juli 1449 brach der »Städtekrieg« aus mit der Fehdeansage des Markgrafen von Brandenburg an Nürnberg.[59] Sowohl die Verbündeten des Markgrafen als auch der Städtebund schlossen sich der Fehde an und begannen mit den Kampfhandlungen. Einen zweiten Kriegsschauplatz in Schwaben eröffnete der Wirtemberger mit einer Fehdeansage an Eßlingen. Am 1. September 1449 zogen die Gmünder vor die rechbergische Burg Waldstetten, wurden aber auf dem Heimweg von einer wirtembergischen Heeresabteilung überrascht. Von dem etwa 600 Mann starken Gmünder Aufgebot wurde etwa die Hälfte getötet oder gefangengenommen, außerdem verlor die Stadt fast das ganze mitgeführte wertvolle Kriegsgerät.[60] Gmünder Bürger kamen auch in weiteren Kämpfen des Städtekrieges ums Leben.[61] Doch selbst während des Krieges änderte sich wenig an der nachlässigen Praxis der Hilfeleistung: Alle Städte fühlten sich von allen anderen im Stich gelassen. Um ihren Bitten um Unterstützung Nachdruck zu verleihen, neigten die Städte zu Übertreibungen, etwa wenn sie in der Not mit der ergreifenden Bitte *verland uns nit* (verlaßt uns nicht) Hilfe von den Nachbarstädten forderten.[62]

Die politischen, finanziellen und psychologischen Folgen des Städtekrieges sollten nicht unterschätzt werden. Durch den Krieg geriet die Stadt in große Schulden und mußte 1450 von Nördlingen einen Kredit in Höhe von 2000 fl. aufnehmen, um *annders nicht zu spote werden und erlich an dem hailigen reiche besteen* zu können.[63] Daß auch das Gmünder Umland Schaden genommen hatte, zeigt sich an der Bitte des Rats für die Augustiner, ihnen in Nördlingen das Almosensammeln zu gestatten, da ihre Güter auf dem Land großen Schaden erlitten hätten und ihr Bettelsprengel verderbt sei.[64] Das im Krieg stark beschädigte Kloster Gotteszell mußte sich 1451 zu Notverkäufen einiger Güter entschließen.[65] Offensichtlich waren die Nonnen vom Verhalten der Stadt enttäuscht, denn seit dem Städtekrieg mußten die Stettmeister auf den bis dahin zusammen mit der jährlichen Steuer gereichten Lebkuchen verzichten.[66] Die Zeche, die der kleine Mann zu begleichen hatte, war nicht weniger hart. Da er außer seinem Pachtverhältnis nichts besaß, mit dem er die 40 fl. Lösegeld hätte

aufbringen können, die in der Gefangenschaft von ihm erpreßt worden waren, mußte 1454 der Meier auf dem Hof der Sondersiechen zu St. Katharina seinen Hof aufgeben.[67] Überhaupt blieb der Städtekrieg als einschneidendes Ereignis auf Jahrzehnte
in der Erinnerung der Bürger präsent.[68]

Schmerzhaft hatte der Städtekrieg der Stadt vor Augen geführt, daß ihr Stadtherr,
Kaiser Friedrich III., nicht gewillt war, sich energisch auf die Seite der Städte zu
schlagen und den Übergriffen der Fürsten entgegenzutreten. Das Verhalten der
anderen Reichsstädte zeigte, daß auf den Städtebund im Ernstfall wenig Verlaß war.
Wohl als Konsequenz aus dieser Erkenntnis läßt sich in der zweiten Hälfte des 15.
Jahrhunderts eine verstärkte Anlehnung Gmünds an die benachbarte Grafschaft
Wirtemberg[69] beobachten: Nur noch mit den Fürsten, nicht mehr gegen sie, war
reichsstädtische Politik durchsetzbar.

Eine Fehde, wie sie 1393 zwischen Gmünd und Graf Eberhard von Württemberg
geschlichtet wurde,[70] wäre in der zweiten Hälfte des 15. Jahrhunderts wohl nicht
mehr denkbar gewesen. Der Graf hatte eine Schuld in Höhe von 7300 fl. bei sechs
Gmünder Bürgern und einem Söldner der Stadt unbeglichen gelassen und mußte
daraufhin die Schlagkraft des Gmünder Aufgebotes erfahren. Die Gmünder Reiter
verübten Gewalttaten in Gundelfingen, Grötzingen und Bietigheim und nahmen die
Burg Ravenstein des Sifrid von Zülnhart ein, dem sie für über 2000 fl. Fahrhabe ent-
wendeten. Im Gericht Steinenberg nahmen sie einen Mann gefangen, schlachteten
die Hühner der armen Leute (Bauern) und raubten ihren *blunder*. Außerdem hatten
die Führer der Kampfabteilung dem Grafen einen Mann erschlagen und die Stadt
einen württembergischen Amtmann ohne Zustimmung seines Herrn als Bürger aufgenommen.

1395 verbündeten sich 13 Reichsstädte, darunter Gmünd, auf sechs Jahre mit Graf
Eberhard. Im selben Jahr verpfändete dieser den Städten Ulm und Gmünd die Stadt
Gundelfingen.[71] Die Städte halfen ihrem neuen Bundesgenossen Württemberg
1395/96 im sogenannten »Schleglerkrieg« gegen eine Adelsgesellschaft, die sich dem
Landfrieden widersetzte; unter anderem zogen Ulmer, Nördlinger und Gmünder
vor die Ganerbenburg Neuenfels vor Künzelsau.[72] In Erfüllung der Bündnispflich-
ten der wiederholt erneuerten Einung mit Württemberg, der auch andere Herren
beitraten, zerstörten reichsstädtische Truppen, darunter auch Gmünder, 1422 die
Burg Hohenzollern.[73]

Nach dem Städtekrieg wurde die Einungspolitik Württembergs 1455 in einem Bündnis mit den Städten Ulm, Gmünd, Giengen und Aalen wieder aufgenommen.[74] 1476
verabredeten die beiden Grafen von Württemberg eine Einung mit Gmünd allein.
Die vorgesehene Geltungsdauer von 53 Jahren läßt an eine engere Anlehnung der
Reichsstadt an die benachbarte Herrschaft denken. Für denselben Zeitraum wurde

die Stadt vom württembergischen Geleitgeld befreit, und der Rat erklärte seinerseits, er wolle die Verleihung einer geistlichen Pfründe, über die ihm das Patronatsrecht zustand, dem Grafen Ulrich von Württemberg und seinen Erben überlassen.[75] Allerdings ist über die konkrete Realisation dieses Bündnisses nichts bekannt; 1482 schloß Graf Eberhard im Bart wieder eine konventionelle zwanzigjährige Einung mit Gmünd ab.[76]

Noch in einem anderen Bereich wird die württembergische Machtposition in der Region erkennbar. Vor dem Jahr 1464 muß es zu einer Vereinbarung zwischen Graf Ulrich von Württemberg, Schenk Konrad von Limpurg, dem Abt von Lorch und der Stadt Gmünd über eine »Zent«, eine Vereinigung zur Wahrung der öffentlichen Sicherheit, gekommen sein. Der Zent-Zettel wurde von den Hintersassen der beteiligten Herrschaften beschworen und galt vor allem der Bekämpfung räuberischer Umtriebe. Wer in der Zent gefangen wurde, sollte derjenigen Herrschaft überstellt werden, der der Angriff galt. Als oberster Herr des Landes und der Zent wird 1464 Graf Ulrich von Württemberg genannt.[77] Offensichtlich ging dieser Anspruch Württembergs den anderen Territorialherren zu weit, denn als es 1472 wegen des Räuberunwesens im Remstal »dem Gmünder Wald zu« eine Zent einrichten und ein Zentgericht aufstellen wollte, wurde dies von den anderen Herrschaften auf einem Tag in Gmünd zurückgewiesen.[78] Auch ein erneuter Versuch, den Graf Eberhard der Jüngere 1481 in dieser Sache unternahm, scheiterte. Von den nach Gmünd geladenen Schenk Albrecht von Limpurg zu Gaildorf, Ritter Ulrich von Rechberg, Melchior von Horkheim, Eberhard Vetzer, den Klöstern Lorch und Adelberg sowie dem Schorndorfer Forstmeister war die Mehrheit nicht für eine solche Vereinigung zu gewinnen.[79] Ein undatierter Entwurf der Zentvereinigung läßt erkennen, daß Württemberg auf diese Weise seine Obrigkeit auszudehnen gedachte: Leute, die in der Zent ergriffen wurden, ohne daß sie jemanden in der Zent geschädigt hätten, sollten Württemberg als dem »Landesherrn« zustehen.[80] Vor allem Gmünd hatte ein lebhaftes Interesse an der Zent, *dieweil die läuff so schwer und dise sachen nicht wol längeren verzug leiden mögen.*[81] Allerdings war Württemberg offensichtlich nicht bereit, eine entsprechende Vereinbarung ohne die anderen Herrschaften nur mit der Stadt allein abzuschließen.[82]

Erst der Eintritt der Reichsstädte in den 1488 auf Drängen des Kaisers errichteten Schwäbischen Bund stärkte die Position der Reichsstädte wieder. Im Januar 1489 fand eine Bundesversammlung in Gmünd statt, auf der sich unter anderem auch der Mainzer Erzbischof, die Markgrafen Sigmund und Friedrich von Brandenburg sowie Graf Eberhard von Württemberg einfanden.[83] Fürsten, Ritter und Städtevertreter trafen sich am Ende des Mittelalters in der Reichsstadt an der Rems, um über den Konflikt des Kaisers mit dem bayerischen Herzog zu beraten – nur auf den ersten

Blick ein versöhnliches Schlußbild. Das tiefsitzende Mißtrauen der adligen Stände gegen die Städte war nicht mehr auszuräumen. Nicht zuletzt unter dem Druck adliger Herrschaftsvorstellungen, denen die Städte bei der Zusammenarbeit im Schwäbischen Bund begegneten, wandelte sich im Inneren der Stadt das Selbstverständnis des Rats, der sich nun immer mehr als »Obrigkeit« begriff,[84] die Widerspruch und Opposition nicht mehr dulden mochte.

## B   Die Bürgerschaft

Den Kern jeder Stadtgeschichte sollte stets die Sozialgeschichte der Bürgerschaft bilden. Vor allen Institutionen steht der Mensch, der als Individuum oder Mitglied einer Gruppe in der Geschichte handelte und litt. Die spätmittelalterliche Stadt umgriff verschiedenste Lebensformen: die des stolzen Geschlechter-Bürgers, der mit Adligen verkehrte, zu Pferde kämpfte und in einem Steinhaus wohnte, ebenso wie die des armen Badreibers, der jede Woche einen kleinen Obolus in die Büchse seiner Bruderschaft entrichtete, die ihm Halt gab und Hilfe gewährte. Das Dilemma ist: Über den Stadtadligen geben die Quellen ungleich mehr preis als über den Badreiber. Auf den folgenden Seiten wird sehr viel von den Ratsherren, Geschlechtern, Stadtadligen und Kaufleuten die Rede sein, kaum von den einfachen Handwerkern, den Frauen, Unterschichten und Randgruppen. Diese Ungerechtigkeit hat allein forschungspraktische und quellenbedingte Gründe; eine wie auch immer geartete Wertung ist nicht damit verbunden.

Das folgende Kapitel »Die Bürgerschaft« verbindet institutionsgeschichtliche und prosopographische Abschnitte, um die enge Verzahnung von Verfassung, Sozialgeschichte und Wirtschaft aufzuzeigen. Die Einwohnerschaft der Stadt bestand aus den Klerikern, über die im nächsten Kapitel zu sprechen ist, aus Rentnern, wirtschaftenden Kaufleuten und Handwerkern sowie aus den unterprivilegierten Gruppen der Frauen, der Unterschichten (Gesellen und Gesinde) und Randgruppen (unehrliche Leute, Juden). Da in Gmünd keine Steuerbücher erhalten sind, die in anderen Städten quantitative Aussagen über die wirtschaftliche Lage der Mehrheit der Stadtbevölkerung gestatten, ist eine befriedigende Ermittlung der sozialen Lage, die stets mit der wirtschaftlichen zusammenhängt, nur für einen kleinen Teil der Bürgerschaft möglich. Die »sozialgeschichtlichen Studien« im Mittelteil dieses Kapitels betreffen mit Ausnahme der Behandlung der benachteiligten Gruppen (Frauen, Unterschichten und Randgruppen) die Prosopographie der Gmünder Oberschicht, nämlich die

Angehörigen der ratsfähigen Familien und die durch Handel wohlhabend gewordenen Handwerker im Umkreis des Rats. Es geht dabei einerseits um das Verhältnis der bürgerlichen Oberschicht zum Adel und seiner Lebensform (in den Abschnitten »Die Gechlechter« und »Bürgertrinkstube und Stadtadel«), andererseits um den Zusammenhang von ökonomischem Erfolg, sozialem Aufstieg und Ratszugehörigkeit (im Abschnitt »Kaufleute und Handwerker«). Diese sozialgeschichtlichen Untersuchungen werden, um vorschnellen Verallgemeinerungen vorzubeugen, ganz bewußt mit Hilfe von exemplarischen, personengeschichtlichen Skizzen durchgeführt. Bevorzugt am konkreten Einzelfall, der Geschichte einer Person oder einer Familie, sollen sozialgeschichtliche Sachverhalte festgemacht werden. Hinter diesem Bekenntnis zur personengeschichtlichen Methode steht natürlich die Überzeugung, daß durch ihre Anwendung differenziertere Urteile, auch im Bereich der Institutionengeschichte, nur gefördert werden. Die vorgelegten »Studien« können eine Sozialgeschichte der Gmünder Bürgerschaft, für die hinreichend problembewußte Vorarbeiten weitgehend fehlen, nicht ersetzen, wollen aber mehr bieten als einige bekannte Gemeinplätze und müssen daher notwendigerweise ins Detail gehen.
Der Wirtschaft als dem eigentlichen Motor des städtischen Lebens und der sozialgeschichtlichen Entwicklung gilt der dritte Abschnitt dieses Kapitels. Der Handel führte Geschlechter, Kaufleute und Handwerker zusammen, er ermöglichte Karrieren ebenso wie Deklassierungen. Ökonomische und soziale Entwicklung bedingten einander wechselseitig: Zwischen der Entwicklung der Gmünder Exportgewerbe und dem Wandel der Führungsschicht besteht ein enger Zusammenhang. Die Veränderungen in der Zusammensetzung des Stadtregiments wiederum hängen unmittelbar mit der Verfassungsgeschichte zusammen, die im ersten Abschnitt über Verfassung, Verwaltung und Recht skizziert wird. Dieser Abschnitt befaßt sich auch mit dem Zunftwesen, das für das Gros der Stadtbevölkerung die unmittelbarste politische Ordnung darstellte. Die Behandlung der breiten Mittelschicht der Handwerksmeister, die zusammen mit der Oberschicht die »Gemeinde Reicher und Armer« bildeten, ist somit auf alle drei Abschnitte des Kapitels »Bürgerschaft« verteilt. Der erste Abschnitt zeigt den Handwerker als Mitglied der Zunft, der politischen Gemeinde und der Rechtsgemeinschaft, im zweiten werden seine Aufstiegschancen durch den Handel aufgewiesen, und der dritte widmet sich ihm als Träger der Stadtwirtschaft.

## I.  Verfassung, Verwaltung und Recht

### 1. Die Verfassung der Stadt

Die Verfassungsgeschichte[1] der Reichsstadt Schwäbisch Gmünd im Spätmittelalter wird im wesentlichen durch drei Entwicklungen bestimmt: a) das Streben der Bürger nach Selbstverwaltung, das zur Entstehung des Rates und zur Entmachtung des königlichen Schultheißen führte (ca. 1283–1430), b) die Einführung der »Zunftverfassung«, d. h. die Beteiligung der Zunftmeister am Stadtregiment und die Ablösung der Geschlechter durch eine neue Führungsschicht (ca. 1344–1462), c) die Ausbildung des »Obrigkeitsgedankens« im Stadtregiment in der Auseinandersetzung und unter Zurückdrängung der Zunftautonomie (zweite Hälfte 15. Jahrhundert).

### a)  Schultheiß und Rat

Im Jahr 1284 gewährten der Bürgermeister Berthold Klebzagel, der Schultheiß Heinrich von Rinderbach, die Ratsherren *(consules)* und die Gemeinde von Gmünd den Augustinereremiten das Niederlassungsrecht in der Stadt.[2] Diese erste Bezeugung von Bürgermeister und Rat bildet den Abschluß eines in den Quellen kaum faßbaren längeren Prozesses, der aus dem Richterkollegium des Schultheißen ein Selbstverwaltungsgremium der Bürgerschaft entstehen ließ. Richter *(iudices)* werden in Gmünd 1283 erstmals erwähnt;[3] wohl als Hinweis auf institutionelle Vorstufen des Rats wird man den Umstand interpretieren dürfen, daß 1275, 1277 und 1278 das Stadtsiegel zur Besiegelung von Urkunden dient, ohne daß in ihren Zeugenreihen der Schultheiß in Erscheinung tritt.[4] Doch erst das Jahr 1284, zweifelsohne ein verfassungsgeschichtliches »Schlüsseljahr«, brachte die entscheidende Wende. Berthold Klebzagel, im Jahr zuvor noch an zweiter Stelle unter vier Richtern genannt, gilt in der Gmünder Tradition als der erste Bürgermeister der Stadt.[5] Daß er in der Eingangsformel der Urkunde *(Intitulatio)* den königlichen Schultheißen auf den zweiten Platz verdrängen konnte, läßt den Anspruch der vom Bürgermeister vertretenen bürgerlichen Oberschicht auf Selbstverwaltung deutlich werden. Zwar konnte sich in der Folgezeit wieder die Reihenfolge Schultheiß, Bürgermeister und Rat durchsetzen, doch markiert die Urkunde von 1284 den Anfang der Ratsautonomie. Bürgermeister und Rat treten an die Seite des Schultheißen und in die politische Verantwortung für die Geschicke der Stadt ein.

Ein Wasserrechtsstreit von 1297, der vom Schultheißen und dem Rat, zehn namentlich genannten Bürgern, gerichtlich entschieden wurde, beweist die personelle Identität des Rats mit dem zehn- bis zwölfköpfigen Stadtgericht. Diese Personalunion dürfte bis in das zweite Viertel des 14. Jahrhunderts bestanden haben.[6] Ganz dunkel bleibt der sozialgeschichtliche Hintergrund der Entstehung der Ratsverfassung, unklar vor allem der Anteil von ehemaligen stadtherrlichen Ministerialen einerseits und Kaufleuten andererseits an der Führungsschicht. Sicher ist, daß die Ratsbürger nicht als Interessenvertreter der in den Zünften organisierten Handwerker gelten können, vielleicht nicht einmal als Repräsentanten der gesamten Oberschicht.[7]

In der ersten Hälfte des 14. Jahrhunderts wurde das Stadtregiment mit der Formel Schultheiß, Bürgermeister und Rat bezeichnet. Da die vor 1360 urkundlich bezeugten Schultheißen meist den Gmünder Geschlechtern entstammten, wobei als bevorzugtes Schultheißengeschlecht die Herren von Rinderbach hervortreten,[8] sollte man keinen künstlichen Gegensatz zwischen Schultheiß und Rat konstruieren. Der verfassungsgeschichtlich ungemein wichtige Tatbestand, daß der Schultheiß zwischen der Spitalordnung von 1364 und dem Jahr 1372 aus der Intitulatio der Stadturkunden und damit aus dem Stadtregiment verschwindet,[9] dürfte mit der Einsetzung auswärtiger Amtsträger durch den Kaiser zusammenhängen. 1360 verlieh Karl IV. seinem Hofschreiber Konrad von Bissingen das Amt.[10] Etwas rätselhaft mutet eine Urkunde von 1364 an, mit der Karl dem Hans von Rinderbach die »Vogtei« zu Gmünd wieder entzog und die Städte Ulm und Augsburg bat, aus ihren Bürgern einen Vogt einzusetzen.[11] Möglicherweise reagierte der Kaiser mit der Einsetzung eines Vogtes auf innerstädtische Verfassungskämpfe. 1370 war wieder ein Auswärtiger, Sifrid von Vellberg, Schultheiß.[12] Daß Karl IV. 1379 mit kurfürstlicher Zustimmung unter anderem das Gmünder Schultheißenamt an den Städtegegner Graf Eberhard von Württemberg verpfändete,[13] ist ein Indiz dafür, daß für den König die finanzielle Nutzung des Amtes in den Vordergrund getreten war. Mit dem Gmünder Schultheißenamt wurden in der Folgezeit wiederholt königliche Getreue belohnt. 1381 und 1383 amtierte Ulrich von Schönegg als Schultheiß, 1385 und 1386 stand Wilhelm von Rechberg von Gröningen dem Stadtgericht vor. Er nannte sich 1385 Vogt und Schultheiß von Gmünd.[14] Diese unerwünschte hoheitliche Position noch dazu eines benachbarten Adligen in der Stadt dürfte die Bestrebungen des Stadtregiments verstärkt haben, das Schultheißenamt unter seine Kontrolle zu bringen. 1387 erklärte sich der Schultheiß Kunz Münzmeister aus der Nachbarreichsstadt Hall zum Gehorsam gegenüber den Weisungen der Stadt bereit und versprach, in Strafsachen (Freveln) nicht zu hart zu verfahren.[15] Den damals noch vorhandenen Handlungsspielraum des Amts beleuchtet eine kurz danach beurkundete Gerichtsverhandlung vor dem Rottweiler Hofgericht, vor dem sich die Stadt wegen der Klage einer Konstanzerin verantworten mußte. Streitpunkt war die Gefangennahme und Freilassung von Pforzheimer Karrenleuten. Die Vertreter der Stadt konnten darlegen, das Schultheißenamt sei vom König dem Wilhelm von Rechberg von Gröningen übergeben worden, der es einem anderen weiterverliehen habe. Dieser und nicht der Rat sei für die

Angelegenheit verantwortlich, da der Schultheiß das Recht habe, ohne Zustimmung des Rats Verhaftungen vorzunehmen.[16] Außer der Rechtsprechung umfaßte der Aufgabenbereich des Schultheißen auch die Polizeigewalt in der Stadt. Allerdings mußte er nach Ausweis der Friedensordnung von 1344 die Friedenswahrung mit dem Bürgermeister und den beiden Stettmeistern teilen.[17] Neben den ihm zustehenden Strafgeldern bezog der Schultheiß auch die einträgliche Getränkesteuer des Ungelts, das vom König aber auch gesondert verpfändet werden konnte,[18] und einen kleinen Pfundzoll.[19]

1415 gelang dem Rat ein entscheidender Schritt auf dem Weg zum vollständigen Erwerb des Amtes: Er vereinbarte mit dem damaligen Inhaber Ritter Konrad von Freiberg von Aschow die Überlassung des Amtes samt dem Ungelt gegen eine jährliche Rente von 100 Pfund Heller. Der vom Rat benannte Bürger Hans Ruch erhielt als Schultheiß von Aschow die Gewalt, über das Blut zu richten. Auch mit den folgenden königlichen Schultheißen kam es zu einer solchen Übereinkunft. Schließlich verpfändete König Sigismund im Jahr 1430 der Stadt das Schultheißenamt mit dem Ungelt, dreieinhalb Maß von jedem Eßlinger Eimer, bis auf Wiederauslösung um 2000 fl. Die Stadt erhielt das Recht, den Schultheißen einzusetzen und ihn vom Bürgermeister mit dem Blutbann belehnen zu lassen.[20] Die Wiederauslösung erfolgte nie; die in den Jahren um 1370 erlangte Unabhängigkeit des Stadtregiments vom Vertreter des Stadtherrn war nun rechtlich abgesichert, die 1284 eingeleitete Entwicklung zur Ratsautonomie abgeschlossen.

## b) Die Zunftverfassung

Schultheiß, Bürgermeister, Stettmeister, Zunftmeister und Gemeinde erließen 1344 eine Friedensordnung, die für die Dauer von zehn Jahren Gültigkeit besitzen sollte.[21] Die Zunftverfassung, die Beteiligung der Zunftmeister am Stadtregiment erscheint in den Quellen ebenso unvermittelt wie 1284 der Rat. Vorangegangen war vermutlich ein gewaltsamer Aufstand der Handwerker gegen die »Burger«, die bis dahin alleinherrschenden Geschlechter, der einen Konsens aller politischen Kräfte über die künftige Wahrung des innerstädtischen Friedens notwendig machte. Der erste Artikel der Ordnung betrifft die Bestrafung von Totschlag mit fünf Jahren Stadtverweisung, der zweite bestimmt, daß bei einem Streit von *burgern oder von erbarn antwerklůten* nur der Schultheiß, der Bürgermeister und die beiden Stettmeister dazueilen dürften. Auch der fünfte Artikel nimmt auf Zerwürfnisse in der Bürgerschaft Bezug. Als 1353 die Ordnung erneuert wurde,[22] hatte sich die Gemeinde inzwischen eine Beteiligung am Rat erkämpft, denn ein Zerwürfnis sollte nicht wie bisher nur von den genannten vier Amtleuten, sondern auch von den *zwene man die man von der gemeinde alliu jar zů in git vom rat* geschlichtet werden.

Unruhen in der Bürgerschaft, »Bürgerkämpfe«[23] dürften im Spätmittelalter häufiger gewesen sein, als die wenigen erhaltenen Hinweise vermuten lassen. In die gleiche Richtung wie die Friedensordnung von 1344 deutet vielleicht das Privileg Ludwig des Bayern 1347 über die Buße bei Gebrauch des Schimpfwortes »Merhensun« (Hurensohn).[24] Daß sich 1378 hinter dem gewaltsamen Aufstand der Vorstädter gegen die Innenstädter wegen der nächtlichen Schließung der Tore der inneren Mauer ein Konflikt zwischen den in den Vorstädten lebenden Handwerkern und den »Burgern« der »rechten Stadt« verbirgt, kann als sicher gelten.[25] Eine undatierte Notiz berichtet, daß Eberhard Vener, Exponent der alten Geschlechter und wiederholt Bürgermeister, in einem Aufstand (oder in einer Fehde?) umgekommen sei *(obiit in sedicione)*.[26]

Wie die Oberschichten anderer Städte[27] verstanden sich die Geschlechter und vornehmsten Familien der Stadt als die *burger* schlechthin, die sich von den in den Zünften zusammengeschlossenen *antwerklûten* gesellschaftlich abgrenzten. Auch nach dem Einzug von Nicht-»Burgern« in den Rat verteidigten die Geschlechter ihre bevorrechtete Stellung als Sondergemeinde. Ablesbar ist dies an der Nennung der *burger* in der Intitulatio der Stadturkunden. Die zweite Friedensordnung von 1353 stellten Schultheiß, Bürgermeister, Stettmeister, Zunftmeister und *gemeinlich diu burger und diu gemeinde uberal richer und armer* aus. 1372 stehen die *burger* sogar vor den Zunftmeistern, als einige Adlige mit der Stadt ein Abkommen trafen. Die dabei benutzte Formel Bürgermeister, Rat, Burger, Zunftmeister und Gemeinde Reicher und Armer begegnet auch in der Folgezeit, letztmals 1397.[28] Sie ist weniger ein Zeugnis für das ungebrochene Selbstbewußtsein der »Burger« als vielmehr für die eingetretene Bedrohung ihrer Stellung durch die Zunftverfassung.

1373 bestätigte Kaiser Karl IV. die Beteiligung der Zünfte am Stadtregiment, indem er der Stadt in einem Privileg die Gnade gewährte, daß sie *czumfft sullen han uncz an unser widerruffen*. »Zunft« steht hier im Sinn von Zunftverfassung und meint die geschworene Übereinkunft von Burgern, Zunftmeistern und Gemeinde.[29] Eine Urkunde aus dem gleichen Jahr 1373, ausgestellt am Georgstag, der im 15. Jahrhundert als Tag der jährlichen Ratswahl galt, beleuchtet die Konfrontation der beiden Blöcke. Nach Verhandlungen zwischen Bürgermeister, Rat, Burgern und Zunftmeistern willigten die Zunftmeister in eine Erhöhung des Ungelts ein, um die durch den Bau der Stadtbefestigung entstandenen großen Schulden der Stadt zu verringern. Da es sich um eine Verbrauchssteuer auf Wein, Bier und Met handelte, die die kleinen Leute am härtesten treffen mußte, war die Angelegenheit besonders heikel. Die vom Kaiser bewilligte Minderung der Schenkmaße war auf zwei Jahre befristet, die alten Maße wurden als Unterpfand den Zunftmeistern übergeben. Einer Verlängerung des Abkommens mußte von beiden Parteien, sowohl vom Rat und den Burgern als auch

von den Zunftmeistern, zugestimmt werden. Die mit dem Stadtsiegel bekräftigte
Urkunde wurde den Zunftmeistern und ihren »Gemeinden« zur Aufbewahrung
übergeben.[30]

Bei wichtigeren städtischen Angelegenheiten wurden in der zweiten Hälfte des 14.
Jahrhunderts stets auch die Zunftmeister zu Rate gezogen.[31] »Bürgermeister, Rat
und Zunftmeister« wurde zur üblichen Titelform in den Urkunden über die Verordnungen und Rechtsakte des Stadtregiments.[32] 1398 bestimmte ein Privileg König
Wenzels, daß der Rat und die Zunftmeister das Stadtgericht so besetzen sollten, daß
von den zwölf Richtern je sechs von den Burgern und der Gemeinde genommen
werden sollten.[33] Die gewiß schon damals für den Rat vorauszusetzende Parität 1 : 1
besaß auch bei den städtischen Pflegschaften Geltung: So findet sich in den Akten
über die Reform des Klosters Gotteszell 1476/79 die Nachricht, daß der eine Pfleger
von den Burgern, der zweite von der Gemeinde gestellt wurde.[34]

Allerdings wurden die Zunftmeister erst bei einer Verfassungsänderung 1462 ständig
in den Rat aufgenommen: *die czunftmaister habent gesworn anno domini etc. lxii°
als di núwen ratgeben*, sagt das kleine Eidbuch der Stadt von 1462.[35] Gleichzeitig
wurde den für die Finanzen der Stadt zuständigen beiden Stettmeistern ein dritter
zur Seite gestellt, der zu den Zunftmeistern gehörte.[36] Fortan gab es drei Ratsbänke:
die Burgerbank, die Gemeindebank und die Zunftmeisterbank mit (vor 1488) je 13
Mitgliedern.[37] Außer dem »Kleinen Rat« bestand der 1410 erstmals erwähnte Große
Rat, der zusätzlich je zwölf Meister aus den einzelnen Zünften, die »Zwölfmeister«,
umfaßt haben dürfte.[38] Über seinen Einfluß auf die Politik des Kleinen Rats ist allerdings nichts bekannt.

Abschließend ist nachdrücklich darauf hinzuweisen, daß die dargestellte Entwicklung ohne die Berücksichtigung sozialgeschichtlicher Fakten, wie sie in den »sozialgeschichtlichen Studien« dieses Kapitels bereitgestellt werden, nur unvollständig
wiedergegeben werden kann. Die Zunftverfassung war nur scheinbar eine Herrschaft der Zünfte, denn im Kleinen Rat besaßen nicht die Zunftmeister die Mehrheit,
sondern die Burger und die Vertreter der »Gemeinde«, bei denen es sich um Kaufleute und kaufmännisch orientierte Handwerker handelte, deren Interessen keineswegs mit denen der Zunftmeister identisch waren. Stets in Rechnung zu stellen sind
auch die großen Unterschiede unter den Zünften selbst. Die neue Führungsschicht,
die die Geschlechter ablöste, stand diesen auch verwandtschaftlich weit näher als
jenen Zünften, deren Mitglieder keinen Handel betrieben. Trotzdem ist es denkbar,
daß sich vornehme Kaufleute in den »Bürgerkämpfen« an die Spitze der Zunftbewe-
gung stellten, um sich Anteil am Stadtregiment zu sichern.

33. *Urkunde Karls IV., mit der er der Stadt Gmünd die fällige Reichssteuer zu zahlen gebietet. 1375*

*Liste wichtiger Bausubstanz*

| | | | |
|---|---|---|---|
| 1 | Fischerturm | 35 | Überschlagmühle |
| 2 | Spitalturm | 36 | Mehlwaage |
| 3 | Faulturm | 37 | Zeiseltürle |
| 4 | Spital-, Gumpenmühle | 38 | Theobaldskapelle |
| 5 | Arentor | 39 | Zeiselmühle |
| 6 | Arenhaus | 40 | Waldstetter Tor |
| 7 | Pfründgebäude des Spitals mit Kirche | 41 | Seelhaus / »Klösterle« |
| 8 | »Amtshaus« des Spitals | 42 | Pulverturm |
| 9 | Jägerhaus | 43 | »Fuggerei« |
| 10 | Kappeltor mit Nikolauskapelle | 44 | St.-Michaels-Kapelle |
| 11 | Niklasenmühle | 45 | Lateinschule |
| 12 | Zunfthaus der Gerber | 46 | Augustiner-Eremiten-Kloster |
| 13 | Erlen-, Senf-, Rahnenmühle | 47 | Haus der Hack von Hoheneck |
| 14 | Schmiedturm | | (heute Debler-Palais) |
| 15 | Wasserturm | 48 | Haus des Klosters Lorch |
| 16 | Rinderbacher Turm | 49 | Pfarrkirche (Münster) Heilig Kreuz / |
| 17 | Franziskanerkloster | | St. Maria |
| 18 | Königsbronner Hof | 50 | Glockenturm |
| 19 | Diebsturm | 51 | Dominikanerkloster |
| 20 | Zunfthaus der Kübler | 52 | Johanniskirche |
| 21 | Haus der Flad | 53 | Kramläden |
| 22 | Imhof | 54 | Marktbrunnen |
| 23 | Bürgertrinkstube | 55 | Haus »unter den Säulen« |
| 24 | Salzstadel | 56 | Veitskapelle |
| 25 | Rathaus | 57 | Zunfthaus der Krämer |
| 26 | Hofstatt | 58 | Zunfthaus der Schmiede |
| 27 | Löwenbrunnen | 59 | Türle |
| 28 | Grät | 60 | Utinkofer Tor |
| 29 | Zunfthaus der Metzger | 61 | Walkmühle |
| 30 | Pfarrhaus | 62 | Josenkapelle / Georgskapelle |
| 31 | Kornhaus | 63 | Fünfknopfturm |
| 32 | Eichbrunnen | 64 | Josentor |
| 33 | Synagoge (Judenschule) | 65 | Königsturm |
| 34 | Badstube | | |

*34. Karte von Gmünd um 1525. Entwurf: Klaus Graf. Reinzeichnung: G. Lang, Bondorf*

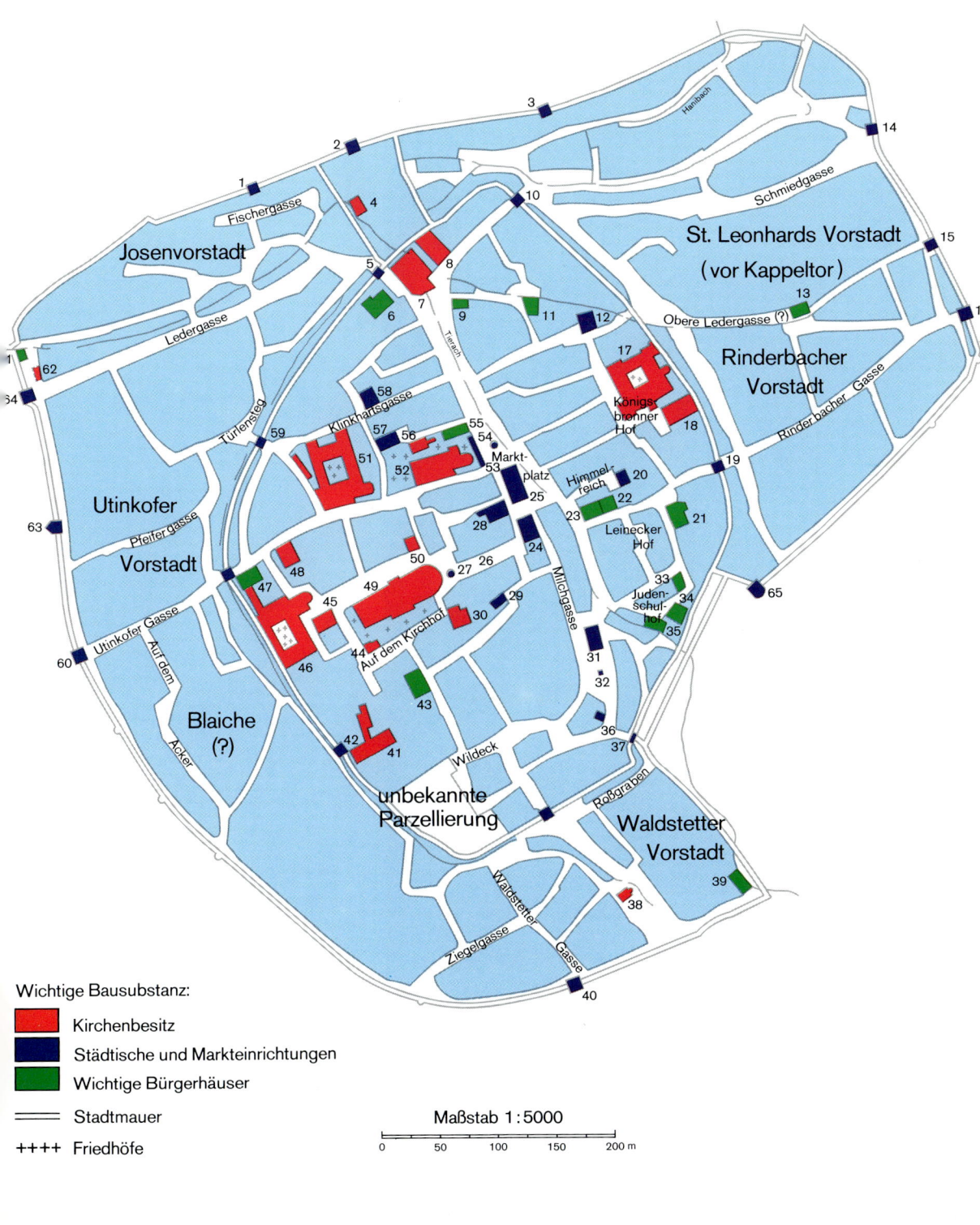

Josenvorstadt

Fischergasse

Ledergasse

Türlensteg

Utinkofer

Vorstadt

Pfeifergasse

Klinkhartsgasse

Tierbach

Utinkofer Gasse

Auf dem

Acker

Blaiche
(?)

Wildeck

unbekannte
Parzellierung

Waldstetter Gasse

Ziegelgasse

Auf dem Kirchhof

Milchgasse

St. Leonhards Vorstadt
( vor Kappeltor )

Schmiedgasse

Obere Ledergasse (?)

Rinderbacher
Vorstadt

Rinderbacher Gasse

Hambach

Königs-
bronner
Hof

Markt-
platz

Himmel-
reich

Leinecker
Hof

Juden-
schul-
hof

Roßgraben

Waldstetter
Vorstadt

**Wichtige Bausubstanz:**

🟥 Kirchenbesitz

🟦 Städtische und Markteinrichtungen

🟩 Wichtige Bürgerhäuser

━━ Stadtmauer

++++ Friedhöfe

Maßstab 1 : 5000

0    50    100    150    200 m

35. *Die wahre Länge Christi. 1485.*
*Die aus dem Kloster St. Ludwig oder*
*dem Münster stammende Tafel mißt*
*225 x 86,5 cm.*

## c) Zunftautonomie und Ratsobrigkeit

Das von Eberhard Naujoks[39] entworfene und von Horst Rabe übernommene[40] Bild der Gmünder Verfassungsentwicklung im späten 15. Jahrhundert läßt sich wie folgt zusammenfassen: Nachdem die alten Geschlechter ausgestorben waren oder die Stadt verlassen hatten, kam es zu einer weitgehenden Autonomie der Zünfte. Gegenüber der »Selbstherrlichkeit« und »Souveränität« der Zünfte hatte das Stadtregiment einen schweren Stand. Da der Behördenapparat kaum entwickelt war, griff man vom Rathaus nur wenig in das öffentliche Leben ein. Auf allen drei Ratsbänken saßen Handwerker, doch scheuten die Zünfte aus wirtschaftlichen Gründen den zeitraubenden Dienst im Rathaus.[41] Erst der Eintritt der Stadt in den Schwäbischen Bund 1489 und der Behauptungszwang gegenüber den adligen Ständen führte zur Ausbildung einer obrigkeitlichen Position des Rats gegenüber den Zünften und zu einer sprunghaften Zunahme der städtischen Ämter.

Überprüft man diese Darstellung anhand aller verfügbaren Quellen, so bleibt von der These von der »schwachfundierte(n) Stadtobrigkeit«[42] freilich kaum etwas übrig. Was das fehlende Ämterwesen und die Zurückhaltung des Rats bei der Ordnung des öffentlichen Lebens anbelangt, so kann bereits ein Blick in das Eidbuch von 1468 eines Besseren belehren.[43] Auch die entscheidende Voraussetzung, daß nach dem Verschwinden der Geschlechter im Gmünder Rat nur Handwerker saßen, läßt sich nach Erich Maschkes bahnbrechenden Untersuchungen,[44] die auch für Gmünd zutreffen, nicht halten: Auf der Burgerbank und der gemeinen Bank gaben im Rat die Kaufleute und Handel treibenden Handwerker den Ton an. Immerhin weist die skizzierte Auffassung auf einen wichtigen Zusammenhang hin: auf die am Ende des Spätmittelalters auch von anderen Reichsstädten bekannte Intensivierung der Ratsobrigkeit[45] auf Kosten der zünftischen Selbstverwaltung.

Die Quellen zur Entfaltung des Zunftwesens in Gmünd sind äußerst spärlich überliefert, über die Entstehung der 1344 erstmals bezeugten Zünfte fehlt jede Nachricht.[46] Bevor ihre Anzahl 1488 auf acht begrenzt wurde, gab es hier 13 Zünfte – welche im einzelnen, ist nicht bekannt.[47] Wie in anderen Städten vereinten die Zünfte politische, religiöse, sozial-karitative und »gesellige« Elemente. Als Quellen stehen nur einige vom Stadtregiment erlassene Zunftordnungen des 15. Jahrhunderts[48] zur Verfügung. Sie lassen allerdings nicht erkennen, welchen Anteil der Rat an ihrem Zustandekommen hatte.

1488 erließen der Frager (Sprecher der Zunftmeister) und die Zunftmeister mit Zustimmung des Rats eine allgemeine Ordnung, die Ausmaß und Grenzen der Zunftautonomie erkennen läßt. Ein Streit zwischen zwei Zunftmitgliedern sollte zunächst vor den Zunftmeister gebracht und von den Zwölfmeistern der Zunft geschlichtet werden, doch war eine Appellation an den Rat möglich. Auf die Funktion der Zünfte im Rahmen des städtischen Wehrwesens verweist die Bestimmung über die Zunftaufnahmegebühr in Höhe von 1 Pfund 6 Schilling Heller und einem Gulden, der für den Ankauf einer Armbrust, Büchse oder sonstigen Waffe verwendet werden sollte. Weitere Artikel betreffen das Verhalten im Zunfthaus, in dem Gewalttätigkeiten, das Zücken von Waffen, das Fluchen und der Gebrauch von Schimpfworten verboten waren. Die Zunftstrafen mußten innerhalb eines Monats entrichtet werden, sonst erhöhten sie sich um ein Drittel. Gleiches galt für den Stubenzins (Abgabe an die Zunftstube) mit einwöchiger Zahlungsfrist. Strafe mußte auch zahlen, wer ohne Wissen des Zunftmeisters und zwei seiner Meister einen Lernknecht (Lehrling) oder eine Magd einstellte. Ein weiterer Artikel schärfte den Gehorsam gegenüber den Geboten des Zunftmeisters ein. Abschließend wurde betont, daß die *oberkait* des Rats und die Rechte des Schultheißen und der Ainunger (Strafherren des Rats) durch die Ordnung nicht geschmälert werden sollten.[49]

Der Rat benützt die Zünfte zur Ausübung seiner Obrigkeit, indem er z. B. die Verlautbarung seiner Verordnungen über die Zunftstuben erfolgen ließ. 1419 wurde bestimmt, daß nur solche Heller angenommen werden durften, die in allen Zünften und Stuben verkündet worden seien.[50] An einer straffen, auf dem Gehorsamsprinzip aufgebauten Organisation der Zünfte war dem Rat viel gelegen. Eine für alle Zünfte gültige Ordnung von 1479, die eine nicht erhaltene Ordnung von 1448 bestätigte, setzte fest, daß ein Zunftmitglied mit Erlaubnis seines Zunftmeisters die Zunft wechseln dürfe, auch die Zugehörigkeit zu zwei Zünften war statthaft, nur sollte gesichert sein, daß die betreffende Person einem der beiden Zunftmeister gehorsam wäre. Bürger, die kein Handwerk betrieben und in keiner Zunft waren, aber ein Gewerbe treiben wollten, mußten, falls sie *gemain leut* waren, in eine Zunft eintreten. Die bevorrechteten *burger* hatten anzugeben, welcher Zunftmeister ihnen die Gebote des Rats mitteilen würde, damit niemand vom gemeinen Nutzen ausgesondert sei. Allerdings wurden den Burgern ihre sonstigen Freiheiten und ihr Herkommen ausdrücklich vorbehalten. Auch die Bestätigungen dieser Ordnung von 1498 und 1499 enthalten diesen Passus.[51] Wie viele Burger es um 1500 in der Stadt noch gab, die keiner Zunft angehörten und nach Burger-Recht lebten, bleibt allerdings offen.

In der zweiten Hälfte des 15. Jahrhunderts verstärkte der Rat sein obrigkeitliches Regiment. Ein undatierter Brief Heinrichs von Rechberg wohl aus der Zeit um 1475/85 spricht davon, daß der Rat und *ain gemayne in unwillen komen* seien. Kurz darauf waren die Streitigkeiten wieder beigelegt.[52] 1488 kam es zu einer Verfassungsänderung, die die Anzahl der Ratsherren von 39 auf 24 verringerte. Damit das Verhältnis 1:1:1 der drei Bänke gewahrt blieb, wurde die Anzahl der Zünfte von 13 auf acht herabgesetzt. Den neuen Rat besetzten der Bürgermeister und zwei von ihm bestimmte Ratsherren. Jährlich am St.-Jörgen-Tag (23. April) sollten turnusmäßig vier Zunftmeister und je zwei Ratsherren von den beiden anderen Bänken ausscheiden (Wiederwahl der letzteren durch den verbleibenden Rat war üblich). Von den Zwölfmeistern jeder Zunft wurden jährlich drei ausgewechselt.[53] Wahrscheinlich geht diese Verfassungsänderung, wie Eberhard Naujoks annahm, auf die Unlust der Handwerksmeister zurück, zeitraubende Zunft- und Ratsämter zu bekleiden[54]; doch sollte man nicht übersehen, daß die Verringerung der Personenzahl auch Auswirkungen auf die Entscheidungsfindung und Meinungsbildung im Rat hatte, was zu einer Stärkung seiner obrigkeitlichen Stellung führen konnte.

Die Ausweitung der Ratsobrigkeit mußte natürlich die Zunftautonomie, ohnehin eine vom Rat kontrollierte Selbstverwaltung, zurückdrängen. Zwei Prozesse gegen den Rat am Ende des 15. Jahrhunderts können als Hinweise dafür gewertet werden, daß der Rat — schon vor dem Eintritt in den Schwäbischen Bund — zu einem bewußteren Selbstverständnis als Obrigkeit gelangt war, das leicht mit den Gewohnheitsrechten der Zünfte in Konflikt geraten konnte. 1483 klagte Pantaleon Hölzlin, ein Sensenschmied, gegen die neue, von den anderen Meistern und dem Rat erlassene Sensenschmiedeordnung. In dem vor dem Eßlinger Rat ausgetragenen Gerichtsverfahren kam zur Sprache, daß der Zunftmeister der Schmiede wegen der Beschwerde Hölzlins die Meisterschaft der Zunft hatte einberufen wollen, was ihm jedoch vom Rat untersagt worden war. Der Rat führte in seiner Erwiderung aus, er sei es seiner *obrkait* und dem alten Herkommen schuldig gewesen, das Versammlungsverbot für die Zunft und die Gemeinde zu erlassen, um einen Aufruhr zu verhüten.[55] Der Kläger Hölzlin war übrigens kein Außenseiter, er erscheint 1486 als Frager der Zunftmeisterbank und 1500 als Ratsmitglied.[56]

1497 wandte sich die Metzgerzunft, d. h. Zunftmeister Hans Bener und 17 Metzger, gegen die Preiskontrolle des Rats. Vor dem Ulmer Rat warfen die Metzger ihrer Obrigkeit vor, daß die Preisbeschränkung für Unschlitt ihnen das Brot vom Munde abschnitte. Dagegen betonte der Vertreter der Stadt die Befugnis des Rats, Ordnungen zu erlassen, und forderte von der Zunft Gehorsam. Um seine Obrigkeit zu rechtfertigen, ließ er sogar den Bürgereid verlesen. Der Hinweis der Metzger, daß ja auch umgekehrt der Bürgermeister der Gemeinde schwöre, fruchtete nichts — die Handwerker unterlagen in dem Rechtsstreit.[57]

## 2. Ämter und Aufgabenbereiche des Stadtregiments

Seit der in den Jahren nach 1360 erfolgten Ausschaltung des königlichen Schultheißen aus dem Stadtregiment bestimmten Bürgermeister und Rat bzw. Bürgermeister, Rat und Zunftmeister die Innenpolitik der Stadt. Die erhaltenen Quellen gewähren allerdings keinen Einblick in die konkreten Abläufe von Entscheidungsprozessen und in die dahinterstehenden Gruppeninteressen. So sehr auch der Rat, vor allem im 15. Jahrhundert, den »gemeinen Nutzen« als ständige Rechtfertigung im Munde führte — daß die Interessen der Mehrheit der Stadtbevölkerung von den Kaufleuten und wohlhabenden Handwerkern der Führungsschicht in jeder Hinsicht angemessen vertreten wurden, wird man bezweifeln dürfen.

Während die Zunftmeister von der Meisterschaft gewählt wurden, ergänzte sich der Rat durch Zuwahl (Kooptation) selbst. Der Modus der jährlichen Ratswahlen am Georgstag (23. April), die *Endrung gen sant Jorgen tag*, wie sie vor der Aufnahme der Zunftmeister in den Rat 1462 üblich war, wird im kleinen Eidbuch von 1462 beschrieben.[58] Die ehrenamtlich tätigen Ratsherren wurden auf Zeit gewählt, weshalb jedes Jahr einige turnusmäßig ausschieden. Diese Ratsherren und die Zunftmeister blieben am Tag der Ratswahl zu Hause. Allerdings war die Wiederwahl der ausscheidenden Ratsherren durch den verbleibenden Rat und den Altbürgermeister die Regel. Einige Tage später wählten die alten und die neuen Ratsherren den neuen Bürgermeister. Eisernes, stets eingehaltenes Gesetz war, daß kein Bürgermeister zwei Jahre hintereinander das Amt bekleiden durfte.[59] Auf der ersten oder zweiten Ratssitzung danach wurden die städtischen Ämter von Bürgermeister, Rat und Zunftmeister besetzt, anschließend ohne die Zunftmeister die Pflegschaften.[60]

Auf die Wahl des Bürgermeisters folgte der Schwörtag der ganzen Stadtgemeinde. Durch ihn wurde das Verhältnis zwischen Bürgermeister und Rat einerseits und der Gemeinde andererseits durch die gegenseitige eidliche Verpflichtung rechtlich konstituiert. Der Bürgereid war der »Kitt«, die Grundlage des rechtlichen Zusammenhalts der Stadtgemeinde.[61] Gemeinde, Räte und Zunftmeister schworen dem Bürgermeister Gehorsam, der seinerseits versprach, der Stadt Nutzen zu fördern und Schaden von ihr zu wenden. Bereits 1343 wird die eidliche Verpflichtung der Räte gegenüber der Stadt erwähnt.[62] Das jährliche Ritual des Schwörtags macht deutlich, daß die Stadtgemeinde sowohl auf der genossenschaftlichen Schwureinung der Bürger als auch auf dem herrschaftlichen Huldigungseid aufbaute.

Neben Bürgermeister und Rat hatte der Stadtschreiber eine wichtige Schlüsselstellung inne.[63] Er leitete die Kanzlei und das Archiv der Stadt, wobei ihm ein Substitut oder Unterschreiber zur Hand ging,[64] wurde aber auch als Jurist und Ratsbotschafter für die Stadt eingesetzt. Möglicherweise übte der Stadtschreiber im 14. Jahrhundert gleichzeitig die Tätigkeit eines Notars aus, jedenfalls heißt 1370 der Notar Peter Zeiselmüller geschworener Stadtschreiber *(iuratus notarius).*[65]

Die außenpolitischen Aktivitäten der Stadt lagen in den Händen der vornehmsten Ratsherren, die als Gesandte der Stadt zum König, zu Fürsten, Adligen und anderen Städten ritten.[66] Sie gehörten ebenso zum gut funktionierenden Nachrichtenwesen der Stadt wie Stadtläufer und Stadtreiter, die die Korrespondenz der Stadt beförderten und zugleich Neuigkeiten brachten.[67] Mit den Außenbeziehungen der Stadt stand der Bereich des *Militärwesens* in engster Verbindung. Besonders große Anstrengungen erforderte der Bau der äußeren Stadtbefestigung zum Schutz der Vorstädte.[68] 1353 sollten die Bußen bei einem Verstoß gegen ein Ratsgebot *zů rehter aỳnůnge an die můrun ůf den graben* fallen,[69] 1373 war die Stadt wegen der Stadtbefestigung hochverschuldet.[70] 1378 standen die äußeren Tore bereits, als der Schwäbische Städtebund einen Aufstand der Vorstädter gegen die Innenstädter beilegte.[71] Nachhaltig sorgte sich der Rat um die Bewaffnung der städtischen Mannschaft. Der Harnisch des waffenfähigen Bürgers blieb steuerfrei, durfte aber nicht verpfändet werden. Die Herstellung der Harnische erfolgte durch einen von der Stadt angestellten geschworenen Harnischmacher (Salwirk).[72] In den Jahren vor dem großen Städtekrieg 1449/50 verstärkte die Reichsstadt ihre Rüstungsaktivitäten. In der Niederlage vor Waldstetten 1449 verlor sie ihren besten Büchsenmeister und die mitgeführten Feuerwaffen, die damals die modernste Kriegstechnologie darstellten. Der Gmünder Werkmeister Jakob Eisele wurde von Graf Ulrich von Württemberg vermutlich erst freigelassen, als er 1450 versprach, dem Grafen zwei Schleudermaschinen (werfende Handwerke) anzufertigen.[73]

Die Wehrkraft der Stadt sollte auch die 1470 gegründete St.-Sebastians-Bruderschaft der Büchsenschützen stärken.[74] Auf Schützenfesten konnten die Schützen ihre Treffsicherheit beweisen: Ende 1479 lud der Gmünder Rat mit gedruckten Einladungen die Schützen zu einem Schießen mit der Handbüchse am 9. Juli 1480 ein, das mit einer Lotterie verbunden war.[75] Während die Handwerker das Fußvolk des städtischen Aufgebots bildeten, kämpfte die Oberschicht zu Pferd. Seit 1380 sind auch Söldner der Stadt belegt, die, zunächst niederadliger Herkunft, allmählich an die Stelle der kampferprobten alten Geschlechter traten.[76] Besonders im Städtekrieg wurden von Gmünd verstärkt auswärtige Söldner angeheuert.[77] 1474 wurde Bartholome Weckmann, der später in das Lager der Städtefeinde überwechselte, mit 40 fl. und 3 Malter Hafer besoldet, wofür er der Stadt ein Jahr lang mit seinem Leib und einem Pferd dienen sollte.[78] Der relativ gute Verdienst (allerdings bei hohem Risiko) lockte auch Gmünder Handwerkersöhne, sich auswärts als Söldner zu verdingen — 1454 stand Rudolf Enslin aus Gmünd im Dienst adliger Städtefeinde.[79]

Die Anfänge des städtischen *Territoriums* liegen im 15. Jahrhundert. Aufgrund seiner Schirmherrschaft über den Landbesitz des Spitals, des Klosters Gotteszell und der Männerklöster, der Priesterbruderschaft und der Kaplaneien, der Steinhäuserstiftung und der Gmünder Bürger unterstanden dem Rat zahlreiche Hintersassen in den Dörfern, Weilern und Höfen der Umgebung. Da die genannten Institutionen vielfach auch Gerichts- und Vogteirechte miterworben hatten, wurde in einer ganzen

Reihe von Orten die Dorfherrschaft vom Rat ausgeübt. Einen Überblick über das
städtische Territorium, also die Orte, in denen der Rat die Obrigkeit oder nennens-
werte Mitspracherechte besaß, vermittelt die Liste der Ortschaften, deren Vertreter
1477 die Einung Gmünds mit Württemberg auf der Seite der Stadt beschworen:
Unterbettringen, Weiler, Unterböbingen, Herlikofen, Hussenhofen, Iggingen,
Mögglingen, Lautern, Brainkofen, Schönhardt, Dewangen, Pfersbach, Wetzgau,
Mutlangen, Deinbach, Reichenbach, Holzleuten, Holzhausen und Zimmern.[80]
Während in einigen Orten, z. B. in Mögglingen,[81] Bürgermeister, Rat und Zunftmeister ohne Beteiligung anderer Herrschaften Dorfordnungen erlassen konnten, waren
in »Kondominaten« Absprachen mit den anderen Obrigkeiten notwendig. Beispiels-
weise kamen 1480 die Grundherren von Großdeinbach in Gmünd überein, daß die
fünf geschworenen Untergänger für die Gemeindeangelegenheiten zuständig sein
sollten. Zwei Untergänger wurden von den Lorcher, zwei von den rechbergischen
Hintersassen gestellt, ein Bauer vertrat die Interessen derer, *so aim erbern rate zu
Gmund zu versprechen stend.*[82] Allerdings ist von einer bewußt gelenkten städtischen Territorialpolitik im 15. Jahrhundert noch nichts zu spüren; allenfalls die
Erwerbungen des von der Stadt ganz kontrollierten Spitals könnten als Indiz für den
Ausbau der städtischen Territorialhoheit herangezogen werden.
Bereits im 15. Jahrhundert zeichnete sich die Bedrohung der Stadt durch die territo-
rialen Ansprüche der entstehenden Landesherrschaften ab. Ein Zankapfel besonderer Art war die »Freie Pirsch« oder »Mundat«, jener 1434 und 1475 vom Kaiser
bestätigte ausgedehnte Jagdbezirk der Gmünder Bürger, in dem die Jagd für Bürger
und Adel frei war.[83] 1446/47 stritten Gmünd und Aalen mit Graf Ulrich von Helfenstein, der die Jagd am Scheuelberg für seinen Forst und Wildbann auf dem Albuch
beanspruchte. Der Graf versuche, so eine Einlassung Gmünds, ebenso wie die
benachbarten Herrschaften Württemberg und Limpurg, die Mundat in seinen Forst
zu ziehen, bis zuletzt Gmünd nicht einmal mehr Vögel im Stadtgraben fangen dürfe.
Wenn die Güter der Stadt und »der ihrigen«, d. h. ihrer Institutionen und Bürger,
die mehrheitlich im Kreis und Geleit der Mundat lägen, mit Vogteien und Forstrech-
ten überzogen würden, entstünde der Stadt ein so großer Schaden, daß sie ihn *nim-
mer verwinden* könne.[84] Wenn es freilich gegen das Waidwerk der Bauern ging, das
nach der 1447 vorgetragenen Gmünder Interpretation der Mundat als Jagdgebiet für
jedermann zweifellos gestattet war, herrschte Solidarität unter den Herrschenden:
1489 kamen die Fürstpropstei Ellwangen, eine ganze Reihe adliger Herren sowie die
Städte Gmünd und Aalen überein, daß ihre Hintersassen künftig nicht mehr in der
Freien Pirsch jagen dürften.[85]
Das *Finanzwesen* der Stadt unterstand den bis 1462 zwei, dann drei Stettmeistern
(Stadtrechner). Ursprünglich waren diesem 1339 erstmals erwähnten Amt, wie die

Stellung der Stettmeister zwischen Bürgermeister und Rat in der Intitulatio der beiden Friedensordnungen von 1344 und 1353 beweist,[86] umfassendere Aufgaben zugedacht gewesen. Später dominierte die Verwaltung des Stadthaushalts.

Die wichtigste Einnahmequelle der Stadt stellte die alle zwei oder drei Jahre geschworene Vermögenssteuer der Bürger dar, die nach Augsburger Vorbild 1353 eingeführt wurde. Ihre Höhe richtete sich wohl nach der beeideten Selbsteinschätzung des Steuerpflichtigen. Bei Aufgabe des Bürgerrechts und Wegzug aus der Stadt war die *anzal*, eine prozentuale Abgabe vom Gesamtvermögen sowie eine »Nachsteuer« zu entrichten.[87] Als weitere direkte Steuer ist der Wochenpfennig zu nennen, eine wöchentliche Schatzung, die von drei Ratsherren eingesammelt wurde.[88]

Eine Quelle hoher Einnahmen stellte das Ungelt, die Getränkesteuer dar, das 1430 an die Stadt übergegangen war.[89] Es wurde von den Ungeltern erhoben, drei Ratsherren, die vom Ungeltschreiber oder »Visierer« begleitet wurden. Dieser kontrollierte, unterstützt von dem an der Stadteiche beschäftigten geschworenen Weinlader, auch den Weinhandel der Stadt. Das vom Reich lehenbare einträgliche Eich- und Ladamt, auch Faßzieheramt genannt, kam vor 1473 in den Besitz der Stadt.[90] Weitere Stadteinnahmen waren nach Ausweis der ältesten erhaltenen Stadtrechnung von 1500[91] die Torzölle, die Grät- bzw. Kaufhausgebühren, Strafsummen etc. Auf der Ausgabenseite standen damals mit der Hälfte aller Ausgaben die Zins- und Leibgedingzahlungen. Den akuten Geldbedarf deckte die Stadt im 15. Jahrhundert durch massenhaften Verkauf von Zinsbriefen, die in der Regel mit fünf Prozent verzinst wurden, und Leibgedingen (Renten auf Lebenszeit) nicht nur an Bürger, sondern auch an auswärtige Geldgeber.[92] Um größere Ausgaben bestreiten zu können, war die Stadt häufig auf Zinsverkäufe und Geldaufnahme bei Kaufleuten angewiesen. So entlieh der Stadtschreiber Jos Visel 1482 für die Stadt vermutlich in Memmingen 300 fl. von einem Wiener Bürger bis zur kommenden Nördlinger Messe.[93]

Die Ablösung der alten Geschlechter durch eine neue, stärker kaufmännisch orientierte Führungsschicht in der zweiten Hälfte des 14. Jahrhunderts führte zu einer städtischen *Wirtschaftsregie,* die nicht mehr nur kontrollierend eingriff, sondern wirtschaftliche Innovationen gezielt förderte. 1379 erwarb die Stadt von Heinz Gul das Gewicht und die Fronwaage mit allen Rechten, 1386 wird das städtische Kaufhaus (die Grät) erstmals erwähnt.[94] 1414 kaufte die Stadt in einer großangelegten Aktion um *gemains nutz willen* alle Rechte an den unter dem Rathaus befindlichen Fleischbänken auf.[95] Wohl in den 1420er Jahren begann die Stadt mit dem gezielten Ankauf von Grundstücken an den Hängen (»Bergen«) der Stadtmarkung, um sie in eine städtische Viehweide zu verwandeln. Die zwei Pfleger der städtischen Viehweide, *küepfleger* genannt, erwarben 1437 sogar ein Gütlein zu Wustenriet, um es dem Stadtgrundbesitz einzuverleiben.[96] In Einzelfällen kümmerte der Rat sich wohl auch um die Versorgung der Stadtbevölkerung, jedenfalls kaufte Gmünd 1437 in Eßlingen 100 Scheffel Roggen.[97]

Besonders deutlich tritt die städtische Wirtschaftsregie bei der Einführung neuer Gewerbe hervor. Dabei arbeiteten Kaufleute, Handwerker und der Rat Hand in Hand. Die ab 1419 belegte Gmünder Barchentweberei wurde durch die Anstellung eines städtischen Blaichmeisters unterstützt, 1456 wollte die Stadt den Weinbau durch die Ansiedlung von Eßlinger Weingärtnern heimisch machen, und um 1490 förderte sie die Bemühungen, in Gmünd das Bierbrauen einzuführen.[98]

Die Kontrolle des Rats über die Wirtschaft kann am besten aus dem Eidbuch von 1468 abgelesen werden. Das Kaufhaus wurde vom Grätmeister und seiner Frau betreut, die Unterkäufer und die Käuflerin fungierten als Makler bei Handelsgeschäften und kleineren Verkäufen, Wechsler, Kornmesser und Weinlader widmeten sich anderen Sparten des Marktlebens. Die Güter der in der Stadt hergestellten Waren überprüften die »Schauer«, vom Rat bestellte Kontrolleure. Schauer gab es für Brot, Fleisch, Fisch, Heringe, Gewürze, Schweine, Pferde, Tuche, Barchent (Schwarzschauer), Wolle, Sensen, Augstein- und Kristallarbeiten. Mit einem Eid gegenüber der Stadt wurden die Schwarzfärber, Kannengießer und Seiler zu sauberer Arbeit angehalten. Bei eklatanten Verstößen gegen die Qualitätsbestimmungen griff der Rat zu empfindlichen Strafen. Dies mußte Heinz Gentner erfahren, der Honigfässer, die mit dem Stadtzeichen und seinem Zeichen als gerechtem, geschworenem Faßzeichen gekennzeichnet waren, kleiner als erlaubt hergestellt hatte. Er wurde aus der Stadt und ihrer weiteren Umgebung (»über die vier Wälder«) verbannt.[99] Außer der Qualität wurde vom Rat auch die Ein- und Ausfuhr von Waren beaufsichtigt und gegebenenfalls ihr Preis in dirigistischer Weise festgelegt.[100] Als Entgegenkommen an Kaufleute und Handwerker ist die Führung eines städtischen Schuldbuchs zu werten, in dem die vor zwei Richtern abgeschlossenen Geschäfte beurkundet wurden.[101]

Auch die Münzpolitik galt der Förderung von Handel und Gewerbe. 1396 schlossen Ulm, Eßlingen und Schwäbisch Gmünd einen Münzvertrag mit Herzog Leopold von Österreich, Bischof Burkhard von Augsburg, Graf Eberhard von Württemberg, zwei Grafen Ludwig von Oettingen und Herzog Friedrich von Teck. Dieses Abkommen stabilisierte nicht nur in Innerschwaben für fast ein Jahrhundert die Münzverhältnisse.[102] Eigene Münze besaß die Stadt nie, doch schlug sie ihr Einhorn im 15. Jahrhundert eine Zeitlang als Gegenstempel auf Prager Groschen, um damit die Güte der Münzen zu kennzeichnen.[103]

Mindestens bis in die erste Hälfte des 14. Jahrhunderts reicht die Kontrolle der kirchlichen Institutionen durch vom Rat eingesetzte Pfleger zurück, also der Beginn des städtischen *Kirchenregiments*. Bereits 1323 erscheinen bürgerliche Pfleger des Dominikanerklosters, damals noch Schaffner genannt.[104] 1319 ist ein Bürger neben dem Schultheißen Spitalpfleger, 1328 sind zwei Pfleger des Aussätzigenhauses St. Katharina zu belegen.[105] Daß diese Pfleger geistlicher Körperschaften dem Rat angehörten, kann allerdings erst ab der zweiten Hälfte des 14. Jahrhunderts vorausgesetzt werden. Nur das Dominikanerkloster Gotteszell wollte sich nicht in dem Maß wie die anderen Klöster der Obrigkeit des Gmünder Rats und der Kontrolle durch die beiden städtischen Pfleger unterordnen. Die vom Rat veranlaßte Reform von Gotteszell und des Dominikanerklosters in der Stadt 1478 zeigt exemplarisch auf, wie religiöser Erneuerungswillen und der sich auch im Kirchenregiment ausdrückende Obrigkeitsgedanke miteinander verknüpft waren.[106]

Die Stadt als *Rechtsgemeinschaft* umfaßte alle Bürger, Beisitzer und Einwohner. Mit dem Eintritt in diese teils obrigkeitlich, teils genossenschaftlich bestimmte Gemeinschaft, über den der Rat entschied, begab sich der Bürger in ein Geflecht von Pflichten und Rechten. In aller Regel lebten die Gmünder Bürger in der Stadt selbst; daß 1384 der Abt von Ellwangen gegen 24 fl. jährlicher Steuer Bürger zu Gmünd war, muß als Ausnahme angesehen werden. Der Ellwanger Konvent hatte sich seinerseits in den Schutz eines mächtigeren Herrn begeben: Die Mönche besaßen Haller Bürgerrecht, mußten mit zwei Spießen dienen und 50 fl. Steuer entrichten.[107] Mit Adligen, die in der Stadt ansässig werden wollten, schloß die Stadt besondere Beisitzerverträge ab.[108] 1432 wurde Fritz von Schnaitberg von Osterbuch mit einer jährlichen Steuerzahlung von 2 fl. auf fünf Jahre zum Bürger aufgenommen. Er mußte allerdings seine Güter im Zehnt der Stadt versteuern und Wachen, Hausungelt und Grabenabgaben wie andere Bürger auch leisten. Wollte der Bürgermeister mit dem Banner ausziehen, war er zur Heerfolge verpflichtet. Für den Fall seines Wegzugs wurde unter anderem die auch sonst übliche Bestimmung aufgenommen, daß er seine Liegenschaften in der Stadt innerhalb eines Jahres an die Stadt oder einen Bürger verkaufen mußte.[109]

Der ausschließliche Gerichtsstand vor dem Stadtgericht bei Klagen gegen die Stadt oder ihre Bürger war ein Ziel des Rats, das im 14. Jahrhundert in mehreren Etappen verwirklicht wurde. Wie alle Reichsstädte war Gmünd bestrebt, die Jurisdiktion der Landgerichte zurückzudrängen.[110] 1343 erhielt die Stadt das Privileg, daß Klagen wegen der Güter der Stadt und ihrer Bürger nur vor dem Schultheißen vorgebracht werden durften. Karl IV. erlaubte 1373, daß die Bürger vor kein Landgericht oder anderes Gericht geladen werden durften als vor das Gericht des Schultheißen. Bei Klagen gegen die Stadt sollte nur die Ladung vor das kaiserliche Hofgericht zulässig sein. 1398 hob König Wenzel diese Einschränkung auf und nahm die Stadt damit auch vom königlichen Hofgericht aus.[111] Bei Klagen gegen die Stadt selbst war zwar der Schultheiß zuständig, doch wurden die Urteiler von den Ratsbotschaften der benachbarten Reichsstädte gestellt, die auch als Appellationsinstanz bei Entscheidungen des Stadtgerichts angerufen werden konnten.[112] Zu einer besonderen Plage wuchsen sich im 15. Jahrhundert die immer häufiger werdenden, von der Stadt nicht anerkannten Ladungen vor das »westfälische Gericht«, die Feme, aus, zumal jede Ladung erhebliche Reisekosten verursachte.[113] Nie bestritten wurde dagegen von der Stadt die Jurisdiktion des geistlichen Gerichts in Augsburg in Ehesachen und Angelegenheiten des Klerus.[114]

Auf den Blutbann des königlichen Schultheißen verweist der 1362 erstmals erwähnte Flurname Galgenberg.[115] Das Halsgericht wurde in einer Laube am Haus »unter den Säulen« neben der Johanniskirche abgehalten.[116] 1398 erhielt der Gmünder Rat ein sogenanntes »Leumunds-Privileg«, das ihm erlaubte, schädliche Leute auf dem Land, wo keine geschworenen Halsgerichte bestanden, zu fangen und mit der Ratsmehrheit zu richten.[117] Bei den »schädlichen Leuten« handelte es sich um das im 15. Jahrhundert überhandnehmende Diebsgesindel. Als typischer Vertreter dieser Gruppe kann jener zwischen Maastricht und Sterzing agierende Michael Schüchster von Winnenden gelten, der 1496 in Ellwangen ertränkt wurde. In Gmünd hatte er eine Hose entwendet und die Krämer bestohlen.[118] Hinrichtungen und Folterungen wurden in Gmünd von Nachrichtern aus Nachbarreichsstädten besorgt.[119] Für die niedere Polizeigerichtsbarkeit war neben dem Schultheiß ein dreiköpfiger Ratsausschuß, die Ainunger, zuständig, der in seiner Zusammensetzung nach einem Dreivierteljahr wechselte. 1486 gewährte Friedrich III. der Stadt das Privileg, daß bei allen Freveln, die vor das Stadtgericht oder die Ainunger gebracht würden, keine Appellation zulässig sein sollte. Um kleinere Vergehen kümmerten sich auch die »Untätter«.[120]

Die Satzungsbefugnis des Rats, die sich auf alle Bereiche des öffentlichen Lebens erstreckte, läßt sich zumindest zum Teil auf die Rechtsfindungstätigkeit des Richtergremiums zurückführen, aus dem der Rat hervorging.[121] Auf eine andere Wurzel verweist der Umstand, daß im Eidbuch von 1468, der wichtigsten aus dem Mittelalter erhaltenen Rechtsquelle der Stadt, eine Reihe von Ratsverordnungen eingetragen sind, die am jährlichen Schwörtag nach den Eiden zu verlesen waren.[122] Diese Praxis diente nicht nur der bequemen Veröffentlichung der Erlasse, sondern stellte zugleich auch den Bezug her zur Grundlegung der Ratsvollmacht in der jährlich freiwillig erneuerten Schwureinung von Bürgerschaft und Stadtregiment.


## II.  Sozialgeschichtliche Studien

Der Gegensatz zwischen Adel und Bürgertum, der sich im ersten Kapitel als der für die Außenbeziehungen der Stadt wichtigste Faktor erwiesen hat, prägte in veränderter Form auch die Sozialgeschichte der städtischen Oberschicht.[123] Die folgenden sozialgeschichtlichen Studien befassen sich daher vornehmlich mit dem sozialen Wandel der Führungsschicht: eine ältere Elite, die sich an adligen Leitbildern orientierte, wurde von einer neuen, stärker ökonomisch ausgerichteten Führungsgruppe abgelöst. Um Mißverständnissen vorzubeugen, die sich aus dieser vereinfachenden Formulierung ergeben könnten, muß sogleich dreierlei hinzugefügt werden. Zum einen darf die Übernahme adliger Leitbilder durch die ältere Führungsschicht nicht zu der Annahme verleiten, es habe sich bei ihr um einen vom Landadel als ebenbürtig akzeptierten »Stadtadel« gehandelt; das ihr zu Recht zugeschriebene »stadtadlige Selbstverständnis« bezieht sich vor allem auf die bevorrechtete Stellung innerhalb der Bürgerschaft. Zum zweiten sollte man sich davor hüten, den wirtschaftlichen Wandel zu überschätzen und eine Abstinenz der älteren Elite im Hinblick auf Handel und Geldgeschäfte zu postulieren. Drittens dürfen die sozialgeschichtliche und die verfassungsgeschichtliche Entwicklung nicht bedenkenlos parallelisiert werden; die Ablösung der älteren durch die jüngere Führungsgruppe muß nicht gewaltsam im Rahmen der Zunft- oder Bürgerkämpfe erfolgt sein.

Als Bezeichnung für jenen Teil der städtischen Oberschicht, der die Herrschaftsausübung in der Hand hielt und sich gesellschaftlich, insbesondere durch einen geschlossenen Heiratskreis, von anderen Sozialgruppen abgrenzte, hält die Forschung den Begriff »Patriziat« bereit.[124] Es stellt sich nun die Frage: Können die »Burger« im Gmünder Rat als Patriziat gelten? Bei der Prüfung dieser Frage ist in Rechnung zu stellen, daß die Quellen mit dem Terminus Burger die Mitglieder dreier, nicht unbedingt identischer Personenkreise meinen konnten. Verfassungsrechtlich wurden als Burger die bis zur Einführung der Zunftverfassung alleinregierenden Geschlechter, später die Angehörigen der Burgerbank bezeichnet. Gesellschaftlich umfaßte der Burger-Begriff die eingeschriebenen Mitglieder der Bürgertrinkstube, der Vereinigung der vornehmsten Familien, wirtschaftlich die Nicht-Zünftler der Oberschicht, d. h. Rentner und nicht der Krämerzunft angehörende Kaufleute. Die Quellenlage setzt hier der Forschung enge Grenzen, da sich eine Zuordnung von Personen und Familien zum Kreis der Burger nur in wenigen Fällen absichern läßt. Von keinem einzigen Ratsherrn ist im Mittelalter die Zugehörigkeit oder Nichtzugehörigkeit zur Burgerbank ausdrücklich belegt. Mit Sicherheit können nur jene Männer als Burger angesprochen werden, die vor der Einführung der 1344 erstmals belegten Zunftverfassung als Richter erscheinen. Die Bezeichnung »Geschlechter« wird im folgenden ausschließlich für den Kreis der neun vornehmsten Familien der Stadt gebraucht (von Rinderbach, Eberwin, Kurz, Im Steinhaus, Taler, Turn/Heberling, Vener, Vetzer und Wolf). Mit Ausnahme der Kurz handelt es sich um diejenigen Familien, die von 1283 bis 1343 mindestens zwei Richter stellten. Für die zweite Hälfte des 14. Jahrhunderts muß gänzlich offenbleiben, wer zur Burgerbank zählte. Ebenso liegt für die Bürgertrinkstube nur aus dem Jahr 1426 ein Verzeichnis der Stubengesellen vor, obwohl diese Burger-Gesellschaft bereits 1329 nachweisbar ist. Vermutlich waren nicht nur die Ratsherren von der Burgerbank Stubenmitglieder, so daß es auch nicht gelingt, über das Trinkstubenverzeichnis wenigstens für 1426 die auf der Burgerbank sitzenden Ratsherren zu ermitteln. Auch wird man davon ausgehen müssen, daß sich die Mitgliedschaften in der Bürgertrinkstube und in einer Zunft nicht mehr ausschlossen. Die Zunftzugehörigkeit einer Person ist freilich nur in den seltensten Fällen in den Quellen vermerkt. Kurz: Aufgrund dieser gravierenden Zuordnungsprobleme müssen viele der im folgenden getroffenen Aussagen hypothetisch bleiben.

Die Frage, ob die Rats-Burger als »Patriziat« bezeichnet werden dürfen, läßt sich allenfalls für die erste Hälfte des 14. Jahrhunderts im Hinblick auf die Geschlechter bejahen. Doch fehlen für diese Zeit die genealogischen Angaben, um den geschlossenen Heiratskreis nachweisen zu können. Seit der zweiten Hälfte des 14. Jahrhunderts kann man hinsichtlich des Heiratsverhaltens nicht mehr von einer »geschlossenen Gesellschaft« sprechen. Die gesellschaftliche Exklusivität der Bürgertrinkstube ist keine hinreichende Bedingung für die Existenz eines Patriziats, denn diese war noch am Ende des 16. Jahrhunderts in Gmünd gegeben, als längst Burger und Patriziat verschwunden waren.[125] Ich sehe daher in diesem Beitrag von der Verwendung des zu wenig eindeutigen Begriffs »Patriziat« für die Gmünder Führungsschicht ab.


Die Geschlechter

Bis zu der 1344 erstmals belegten Beteiligung der Zunftmeister am Stadtregiment lag die Macht ganz in der Hand der bevorrechteten Geschlechter, die den Richterrat allein besetzten. Als »Geschlechter« werden in diesem Beitrag alle Familien bezeichnet, die von 1283, der Erstbezeugung des Richtergremiums, bis 1343 mit mehr als einem Familienmitglied im Richterrat vertreten waren sowie zusätzlich die Kurz.[126] Es sind dies die neun Familien: von Rinderbach, ohne Zweifel das vornehmste Stadtgeschlecht, Eberwin, Kurz, Im Steinhaus, Taler, Turn (später Heberling), Vener, Vetzer und Wolf. Auch nach Ausweis der Rangfolge in den Personenlisten der Urkunden darf man in ihnen die angesehensten Familien der Stadt sehen.

Bei der Frage nach der Lebensform dieser Herren fällt zunächst der beträchtliche Liegenschaftsbesitz ins Auge. Er bestand aus zum Teil weitabgelegenen Eigengütern oder Lehen auf dem Land, die von abhängigen Bauern bewirtschaftet wurden und vielfach mit Herrschaftsrechten verbunden waren, aus Weingärten im unteren Remstal oder im Neckarland, aus Äckern und Wiesen auf der Stadtmarkung, aus Hauszinsen und Häusern in der Stadt.[127] Besonders begütert waren die Im Steinhaus: Vor 1362 besaßen sie als ellwangisches Lehen die Dorfherrschaft, d. h. Gericht und Vogtei, sowie umfangreiche Güter und Rechte in Dewangen bei Aalen, die sie 1362 für die immense Summe von 1036 Pfund Heller an das Spital veräußerten. Die Dewanger Pfarrstelle hatte damals der von seinem Vater präsentierte Ansbacher Kanoniker Konrad Im Steinhaus inne.[128] In den Jahren 1427 bis 1429 verkaufte Hans Im Steinhaus, der Ulmer Bürger geworden war, seinen umfangreichen Grundbesitz in zahlreichen Orten bei Gmünd für über 1500 fl.[129] Ein anderes Beispiel: Aus Urkunden von 1421 bis 1429 erfährt man den Umfang des Grundbesitzes des Hans Kurz, der wegen hoher Schulden seine Güter verkaufen mußte. Der Verkaufserlös betrug knapp 2000 fl.[130]

Waren die Geschlechter demzufolge stadtadlige Rentner, »>abkömmlich‹ für ritterliche Lebensweise und städtische Ehrenämter als Grundbesitzer und Grundrentenbezieher«?[131] Unerklärt bliebe dann jedoch die Tatsache, daß es, wie einige verstreute Belege beweisen, den Geschlechtern in einer Zeit, als grundrentenbeziehende Klöster und Adlige sich immer höher bei Juden und Christen verschuldeten, keineswegs an verleihbarem Bargeld mangelte. So wurden Angehörige Gmünder Geschlechter im 14. Jahrhundert wiederholt als Geldgeber für die Grafen von Württemberg tätig. 1353 sollte die Reichssteuer der Stadt auf Anweisung Graf Eberhards den Gmünder Bürgern Claus Im Steinhaus und Berthold Böcklin entrichtet werden,[132] 1359 überschrieben die Grafen Eberhard und Ulrich dem Gmünder Bürger Heinrich von Rinderbach 400 Pfund Heller von der Haller Stadtsteuer.[133] Zu einer erbitterten Fehde der Reichsstadt mit Württemberg kam es 1393 wegen der säumigen Rückzahlung einer Schuld von ursprünglich über 8000 fl. bei den Gmünder Bürgern Walther Im Steinhaus (550 fl.), Hans Sorg (5800 fl.), Heinrich Wolf (450 fl.), Ott Wespach und Konrad Wolf (540 fl.), Jos Gusregen (670 fl.) und bei dem Söldner Konrad von Lauchheim (80 fl.).[134] 1352 schuldeten die Herren von Weinsberg die allerdings eher bescheidene Summe von 60 Pfund Heller den Bürgern Konrad Im Steinhaus, Walther von Rinderbach, dem alten und dem jungen Walther Kurz.[135] Daß die Geschlechter auch sonst kapitalkräftig waren, zeigt z. B. der Erwerb von umfangreichen Gütern und Herrschaftsrechten aus dem Besitz von Ulrich von Rechberg und dessen Söhnen für über 826 Pfund Heller durch Peter Eberwin, Bürger zu Hall, und seinen in Gmünd lebenden Bruder Rembolt im Jahr 1358.[136]

Was liegt näher als die Annahme, daß diese Summen nur aus Handelsgewinnen stammen konnten? In Anlehnung an Feststellungen von Gerd Wunder über den Haller Stadtadel[137] soll die Hypothese zur Diskussion gestellt werden, daß die Geschlechter ihren Reichtum und damit auch ihren Grundbesitz der Teilnahme am Handel und an Geldgeschäften verdankten. Allerdings läßt sich weder diese These noch ihr Gegenteil, die Rentner-These, aus den Quellen schlüssig beweisen oder widerlegen. Kaufmännische und ritterliche Lebensweise schlossen sich in der bürgerlichen Oberschicht keineswegs gegenseitig aus; sowohl der Handel als auch das Kriegshandwerk boten Chancen, reich zu werden. Beide Möglichkeiten wurden von den Herren von Rinderbach genutzt: Für Geldgeschäfte entschied sich der in Eßlingen ansässig gewordene Walther von Rinderbach, der im Jahr 1300 zusammen mit zwei Ulmer Patriziern der Familien Rot und Kraft den Kauf der bayerischen Feste Rattenberg durch den Tiroler Grafen bevorschußte,[138] zum Kriegsdienst entschloß sich jener Peter von Rinderbach, der 1361 als Söldner im Dienst der italienischen Kommune Pisa stand.[139] Gerade der sehr frühe Beleg von 1300 ist ein schlagender Hinweis dafür, daß man die Handelstätigkeit der Geschlechter nicht als Phänomen einer »Spätphase« ihrer sozialen Entwicklung oder gar sozialen Abstieg werten darf. Da entsprechende Quellen fast völlig fehlen, ist der Gmünder Handel des 14. Jahrhunderts eine unbekannte Größe. Daß er nicht ganz unbedeutend gewesen sein kann, belegt ein allerdings singuläres Zeugnis: 1345 gewährte der oberösterreichische Graf Heinrich von Schaumberg den Bürgern von Köln, Gmünd und Augsburg sicheres Geleit.[140] Womit die Gmünder Geschlechter handelten, läßt sich nur indirekt erschließen. An erster Stelle stand sicher der Weinhandel, von dem noch heute die großen Keller der Häuser am Münster und auf der Hofstatt Zeugnis ablegen. Nach Hektor Ammann haben die Städte Ulm, Gmünd und Hall »den Zwischenhandel mit Neckarwein im weinlosen Gebiet südlich des Donaubogens betrieben«.[141] Der Großhandel mit dem Grundgetränk Wein war eine auch für den Adel standesgemäße Beschäftigung, die zudem hohe Gewinne versprach. So wurden im Städtekrieg 1449 dem auf der Burg Leinzell lebenden Junker Jörg Taler über neuneinhalb Eimer Wein beschlagnahmt.[142] Die zahlreichen Mühlen der Stadt[143] wird man vielleicht als Indiz für den Kornhandel der Gmünder Geschlechter werten dürfen. Unbestritten ist dagegen die wichtige Rolle des Tuchhandels. Bereits 1288 erscheint mit Ber. Pannicida ein Gewandhändler im Umkreis der Gmünder Oberschicht in einer Zeugenliste,[144] und ab 1370 traten Schneider mit engen Verbindungen zu den Geschlechtern in das Stadtregiment ein.[145] Beachtliche Ausmaße muß auch der Viehhandel gehabt haben, der den Metzgern Fleisch und den zahlreichen Gerbern Häute lieferte. Vielleicht ist es kein Zufall, daß der mutmaßliche Kaufmann Walther Vetzbry 1347 in einem Haus am Viehmarkt (heute Kalter Markt) wohnte.[146] Die handelsorientierten Gewerbe der Metzger, Gerber und Schneider waren durch auffällig viele personelle Querverbindungen eng miteinander verflochten.[147]

Mit der Vermutung, daß die Geschlechter Geldgeschäfte betrieben, mit Wein, Korn, Tuchen und Vieh handelten und ihre Handelsgewinne in Grundbesitz anlegten, ist allerdings die Frage nach ihrer Lebensform erst zu einem Teil beantwortet. Gilt es doch, auch ihr Selbstverständnis, ihre Selbstdarstellung und ihr Verhältnis zum Landadel und zu anderen Bürgerfamilien in die Betrachtung miteinzubeziehen. Von den anderen vornehmen Burgern unterschied die Geschlechter nur die Zugehörigkeit zum (Richter-)Rat. Das Eidbuch von 1468, als die Zunftverfassung längst durchgesetzt war, bestimmt, daß Vater und Sohn sowie Brüder nicht gleichzeitig dem Rat angehören durften.[148] Im Gegensatz dazu findet man in der ersten Hälfte des 14. und am Ende des 13. Jahrhunderts wiederholt Blutsverwandte zusammen im Ratsgremium vor: 1297 gehörten Sifrid Turn und sein Sohn sowie zwei Taler zum Rat, 1328 Johann Vener und sein Bruder Eber, 1338 Walther Im Steinhaus und sein Bruder Konrad,[149] 1329 und 1343 die Gebrüder Reinbolt und Walther Eberwin. Noch 1352 gehörten von elf namentlich erwähnten Richtern drei der Familie von Rinderbach und zwei den Im Steinhaus an. Auch wenn man stets die Zufälligkeit der Überlieferung berücksichtigen muß, scheint dieser Sachverhalt auf einen »Numerus clausus« der Ratsfamilien hinzudeuten. Dafür spricht auch, daß von etwa 1310 bis 1343 nur ein Richter, During Schetzer (1324), nachweisbar ist, der nicht zu den Geschlechtern zählte, gleichwohl aber aufgrund seines Vornamens zur Verwandtschaftsgruppe der ältesten Burgerfamilien. Nach dem Ende der alleinigen Geschlechterherrschaft in den 1340er Jahren erscheint 1352 mit Friedrich Stöbenhaber erstmals ein Richter, der nicht den Geschlechtern angehörte. Die weitere Entwicklung bis zum vollständigen Ausscheiden der Geschlechter aus dem Stadtregiment wird von folgenden Zahlen illustriert: Von den 1386 namentlich aufgeführten neun Richtern zählten nur zwei, von den im Jahrzehnt 1395/1405 urkundlich erwähnten 21 Richtern und Ratsangehörigen, belegt als Stettmeister[150] und Pfleger, nur fünf zu den Geschlechtern, 1445/55 findet sich aus ihrem Kreis kein Amtsträger mehr.

Wie sich der Kreis der ratsfähigen Familien im vorletzten Jahrzehnt des 14. Jahrhunderts herausgebildet hat, muß offenbleiben. Man könnte etwa daran denken, daß es vor allem ehemalige staufische Ministerialenfamilien waren, die zum Richtergremium herangezogen wurden. In den Quellen findet man dafür allerdings keine Anhaltspunkte, denn die Herkunft der meisten Geschlechter ist unklar. Mit Sicherheit der staufischen Ministerialität zuzuweisen sind nur die Herren von Rinderbach, die ursprünglich auf der Burg Rinderbach saßen. Bereits in der Stauferzeit (1239) erwähnt werden die Vener, mit denen die Eberwin wohl eines Stammes, zumindest aber eng verwandt waren. Die 1270 unter diesem Namen bezeugten Wolf können über ihre Vornamen Ulhard und Burkhard bis 1239, vielleicht sogar bis 1162 zurückverfolgt werden. Ob die 1278 erstmals erwähnten Gmünder Vetzer mit den seit dem Ende des 13. Jahrhunderts bezeugten helfensteinischen Ministerialen des Namens zusammenhängen, ist fraglich. Vermutlich eng verwandt waren die Taler und die Im Steinhaus, da sie in ihrem Wappen das gleiche Schildbild führten. Unklar ist der

Zusammenhang der seit 1283 in Gmünd bezeugten Taler mit den gleichfalls dieses Wappen führenden Herren von Talheim bei Schwäbisch Hall.

Auch wenn die Zusammenfassung der neun Familien zu der Sozialgruppe der Geschlechter kein bloßes Konstrukt ist, sollte man die Differenz zwischen den Geschlechtern und den anderen Burgern nicht überbewerten. Zur Vorsicht mahnt der gelegentliche Gebrauch des Titels *her* in den Urkunden um 1300, der als Selbstzuordnung zur stadtadligen Elite, vergleichbar dem landadligen Ritter-Prädikat »Herr«, zu werten ist. 1296 werden als *herre* bezeichnet: Eberwin in dem Kirchhof (aus dem Geschlecht Eberwin), Truchlieb, Konrad der Lange von Rechberg, Schultheiß Heinrich von Rinderbach und der Gotteszeller Klosterkaplan Konrad Fuz, nicht aber die Zeugen aus den Geschlechtern Taler und Vetzer sowie Berthold Guland. Eine Zeugenliste von 1301 lautet: Herr Sifrit der Bürgermeister, Herr Eberwin im Kirchhof, Hermann Gulant, Herr Konrad Taler, Hacelin.[151] Daß von den Geschlechtern Ehen mit dem Landadel und den Patriziaten bevorzugt geschlossen wurden, kann als sicher gelten. Ein »geschlossener Heiratskreis« darf aus den wenigen Erwähnungen von Heiraten jedoch nicht gefolgert werden. Ein indirekter Hinweis darauf, daß auch zu den anderen angesehenen Familien verwandtschaftliche Beziehungen bestanden, ist der bereits 1162 für die Gmünder Burger bezeugte Vorname During.[152] Er tritt nicht nur bei den Geschlechtern Vetzer und Zingge (ein Zweig der Turn) auf, sondern auch bei der bereits 1235 erwähnten vornehmen Familie Schopp, bei dem Richter During Schetzer von 1324 und dem Richter und Schneider During Noll sowie bei dessen Vetter. Als Familienname erscheint During bei Konrad Durink, der mit anderen vornehmen Bürgern 1326 für die Herren von Rechberg zeugte.[153] Auch hinsichtlich des Lebensstils bestanden sicher keine entscheidenden Unterschiede zwischen den Geschlechtern und den anderen Burgerfamilien. Beide Gruppen wohnten in repräsentativen Anwesen, womöglich mit einem Steinhaus, ritten zu Pferde im städtischen Aufgebot mit und führten ein müßiges, d. h. nicht vom Zwang zum täglichen Broterwerb bestimmtes Leben. Als Zeugnis für das Familienbewußtsein und den Lebensstil der Burger sei das Geschenk erwähnt, das Heinrich Wolf 1374 den von seinem Geschlecht bevorzugt geförderten Barfüßern machte: einen *silbrinn vergülten kelch dar uff siniu und . . . siner wirtinū waffen gemacht und gesmelcet sint und darzū ein wises messgewant mit sydinen bilden dar uff gewürckt.*[154]

Eine Standortbestimmung der Geschlechter und Burger von Gmünd im sozialen Gesamtsystem des 14. Jahrhunderts muß vor allem auf das Verhältnis dieser Bürger zum ritterlichen Landadel eingehen. Waren sie ihm sozial und rechtlich gleichgestellt?[155] Geht man vom Konnubium (Ehegemeinschaft) aus, so wird man zugeben müssen, daß einige Ehen von Geschlechtern, aber auch von Burgern, mit dem niederen Landadel (Einschildritter und Edelknechte) nachweisbar sind. Nie jedoch haben z. B. die aktiv lehensfähigen Herren von Rechberg, die landadligen Hack von Hoheneck und Wöllstein und die von Wöllwarth ihre Söhne oder Töchter im Spätmittelalter bürgerlich verheiratet. Auch müßte man zeitlich und nach bürgerfreundlichen und bürgerfeindlichen Untergruppen des Ritteradels sozial differenzieren, um aus den Heiratsverbindungen mit der bürgerlichen Oberschicht den Grad ihrer gesellschaftlichen Anerkennung durch den Adel bestimmen zu können. Der scharfe Gegensatz zwischen Bürgertum und Adel, der sich im 15. Jahrhundert herausbildete, darf jedoch auf keinen Fall in das vorausgehende Jahrhundert zurückverlegt werden. Aus der Tatsache, daß die Rechberger und Hack im frühen 14. Jahrhundert neben den adligen »Ausleuten« regelmäßig Bürger als Bürgen bei ihren Rechtsgeschäften heranzogen, ergibt sich der Schluß auf ein informelles Abhängigkeitsverhältnis zwischen den dabei bevorzugten Geschlechtern und dem Landadel, das auf gegenseitigem Konsens beruhte, ohne ständische Schranken zu leugnen. Daß diese Abgrenzungen bestanden haben, wird aus dem Umstand deutlich, daß sich Gmünder Burger bis zum Beginn des 15. Jahrhunderts nie als Ritter oder Edelknechte (Junker) bezeichnen. Die Annahme, es habe keine sozialen und rechtlichen Schranken zwischen Bürgern und Adligen gegeben, wird zudem durch die stets peinlich genau festgehaltenen Bürgschaftsbestimmungen der Urkunden widerlegt. Bürger leisteten stets nach dem Stadtrecht Bürgschaft, nie wie die adligen Bürger mit einem Knecht und einem Pferd,[156] in zwei Fällen wurden die Urkunden sogar nur von den edlen, nicht aber von den bürgerlichen Bürgen besiegelt.[157]

Seit dem Ende des 14. und dem Beginn des 15. Jahrhunderts beobachtet man eine deutliche Neuorientierung der Geschlechter zur ritterlich-adligen Lebensform hin. Diese Entwicklung, ein klares Krisen-Symptom, antwortete wohl auf den Druck von zwei Seiten: in der Stadt hatte die Zunftverfassung die Geschlechter ihrer privilegierten politischen Stellung beraubt, und außerhalb begann sich der Landadel zunehmend gegen die bürgerlichen Oberschichten abzugrenzen. Dies läßt sich auch daran ablesen, daß die für das frühe 14. Jahrhundert typischen Zeugnisse eines relativ vertrauten Umgangs zwischen Burgern und Adel erkennbar abnehmen. Die Geschlechter suchten den Anschluß an den Landadel, da sich ihre traditionelle Selbstdarstellung an adligen Idealen orientiert hatte und die finanzielle Basis für ein Leben als Grundrentner meist noch gegeben war. Die Vetzer nannten sich ab 1419 Junker »von Brogenhofen« und wurden als württembergische Lehensleute auf Burg Alfdorf gleichberechtigte Mitglieder des Landadels, die Taler ließen sich in Leinzell nieder. Im Detail läßt sich die krisenbedingte Steigerung des Selbstbewußtseins am Beispiel der Vener beobachten: 1379 bereicherte der Bürgermeister Eberhard Vener sein Wappen um eine Helmzier, seine Familie besaß, wohl als »Statussymbol«, den 1407 verkauften Burgstall Eutighofen, 1408 und 1411 verweist die Bezeichnung Vener »von Treppach« auf einen ländlichen Wohnsitz in diesem Ort.[158]

Seit dem zweiten Jahrzehnt des 15. Jahrhunderts kann man von einer Sozialgruppe des »Stadtadels« sprechen, deren Mitglieder in den Urkunden das Adelsprädikat »vest« oder den Titel »Junker« tragen. Sie setzt sich aus Familien landadliger Herkunft (von Nenningen, von Heimberg, von Iggingen usw.), aus Angehörigen der Geschlechter und vornehmen Bürgerfamilien zusammen. 1417 macht der *veste* Georg Flad den Anfang, 1421 erscheint Hans Burger (Taler), 1422 Wilhelm Heberling und seine Söhne, 1431 Jörg Taler genannt Burger, 1436 Junker Hans Im Steinhaus mit der Bezeichnung »vest«. Relativ spät, nämlich erst 1478, trägt ein Angehöriger des vornehmsten Geschlechts, Otto von Rinderbach, dieses Prädikat. 1494 erscheint Jordan Alwich, dessen Familie erst in der zweiten Hälfte des 14. Jahrhunderts ratsfähig wurde, als Junker.[159] Von den aus Handwerkerkreisen stammenden Ratsfamilien des 15. Jahrhunderts hat sich keine diesem Stadtadel angeschlossen, auch wenn adlige Leitbilder in gewissem Maße auch für sie verbindlich blieben.

Um die vorstehenden Ausführungen am Einzelfall zu belegen und zu ergänzen, lasse ich für jedes Geschlecht eine kurze Skizze mit signifikanten sozialgeschichtlichen Fakten folgen.

**von Rinderbach.**[160] Das vornehmste Stadtgeschlecht stammte aus der staufischen Ministerialität und saß ursprünglich auf der Burg Rinderbach im Osten der Stadtmarkung unterhalb des heutigen Georgishofes. Von 1284 bis 1329 stellte es den Schultheißen der Stadt, wiederholt auch (seit 1325) den Bürgermeister. Ein Zweig der Familie erwarb die Burg Leineck bei Alfdorf und nannte sich nach ihr. In der ersten Hälfte des 14. Jahrhunderts sind zwei Ehen mit dem Landadel nachweisbar: 1328 war Sophie von Talheim mit einem Rinderbach, 1332 Walther von Rinderbach mit Gut von Waldhausen vermählt.[161] Wohl hauptsächlich aufgrund von Heiratsverbindungen ließen sich auffallend viele Mitglieder der Familie dauernd oder zeitweise in anderen Städten nieder. Um 1300 lebte Walther von Rinderbach in Eßlingen, 1334 tragen zwei Angehörige des Geschlechts die Beinamen »von Werde« (Donauwörth) und »von Halle«, 1339 heißt Heinrich von Rinderbach von Schönegk.[162] Der Wegzug aus Gmünd in der zweiten Hälfte des 14. Jahrhunderts könnte durch die Gmünder Bürgerunruhen beeinflußt worden sein:[163] In Aalen (1380/87), Wimpfen (1382), Göppingen (1390) und Ulm (1427) trifft man Herren von Rinderbach an.[164] Nicht mit dem Gmünder Geschlecht dürfen die von Rinderbach in Schwäbisch Hall (ab 1369) verwechselt werden, die von dem Sohn des Albrecht Schultheiß und einer von Rinderbach aus Gmünd abstammen.[165]

Bezeichnend für die Zwischenposition der Familie im 15. Jahrhundert zwischen Landadel, Geschlechtertum und kaufmännischer Führungsschicht ist der soziale Umkreis des letzten Ratsherrn der Familie Paul von Rinderbach (1437 letztmals als Richter bezeugt). Er hatte eine Tochter des »Aufsteigers« Peter Zeiselmüller zur Frau, zwei seiner Töchter wurden Nonnen in Gotteszell, zwei heirateten Patrizier anderer Städte (Ungelter in Reutlingen, Sulmeister in Hall), eine vermählte sich mit dem Landadligen Hans von Degenfeld. Sein Sohn Otto ehelichte die reiche Fernhändlerstochter Elisabeth Funk. Diesem letzten Mitglied des Geschlechts (gest. um 1490) wurde 1478 erstmals das Adelsprädikat »vest« beigelegt, 1486 heißt er sogar »edel und streng«.[166]

**Eberwin.**[167] Die 1259 mit Eberwin im Kirchhof erstmals erwähnte Familie, die von 1297 bis 1352 drei Richter stellte und 1337 mit Reinbolt einen Bürgermeister, dürfte mit den Venern stammesverwandt gewesen sein.[168] Peter und Walther Eberwin zogen vor 1358 nach Schwäbisch Hall, letzterer war der Schwiegervater des Adligen Konrad Adelmann (von Adelmannsfelden), der zeitweilig in Gmünd lebte.[169]

Nicht geklärt sind die Beziehungen des Geschlechts zu der niederadligen Familie von Härtnisweiler (Hertlinsweiler bei Weiler i. d. B.).[170]

**Kurz.**[171] Erst 1319 in Gmünd belegt, sind sie »Nachzügler« in der Reihe der Geschlechter. Im Stadtregiment vertreten waren drei Angehörige der Familie (1329–1408); Walter Kurz, 1329 Bürgermeister, ist 1333 Schultheiß. Mit den niederadligen von Husen, in Nördlingen ansässig, bestand das Konnubium: Johann der ältere Kurz war 1363 mit Anna von Husen verheiratet, 1423 heißt der Schwestersohn des Hans Kurz Hans von Husen zu Nördlingen »erber und vest«.[172] Eine Tochter jenes älteren Hans Kurz war die Ehefrau des Peter Rot aus einer Ulmer Patrizierfamilie, die auch mit den Gmünder Geschlechtern Wolf, von Rinderbach und Vetzer verschwägert war.[173]

Die Geschichte der Gmünder Kurz endet mit einem »Paukenschlag«: 1447 wurde Hans Kurz vom Rat wegen Siegelfälschung auf ewig »über die vier Wälder verbannt«, da er mit den nachgemachten Siegeln von zwei Richtern Urkunden fälschen wollte. Ursprünglich zum Tode verurteilt, war er nur auf Fürsprache des Dominikaner-Altprovinzials Nikolaus Nottel, des Pfarrers und der gesamten Priesterschaft, des Hans von Nenningen d. Ä., des Jos von Brogenhofen genannt Vetzer, des Konrad von Stetten und seiner Oheime Hans Schätzer von Geislingen, Vater und Sohn, begnadigt worden.[174] Während sein gleichnamiger Vetter in Schwäbisch Hall ein Vermögen von 1500 fl. besaß und dort 1405 bis 1416 als Richter belegt ist,[175] geriet der Gmünder Hans Kurz, der nur 1408 als Ratsmitglied, nämlich als Pfleger von Gotteszell, erscheint, in hohe Schulden. 1421 bis 1424 mußte er daher seinen Landbesitz, den er meist gemeinsam mit seiner Mutter Klara Schätzerin besaß, für 1917 fl. verkaufen.[176] Der mit ihm eng verwandte Geislinger Bürger Hans Schätzer aus einer Gmünder Familie, der 1422/23 »erber und vest« heißt, beteiligte sich 1429 an einem Kaufmannszug zur Frankfurter Messe.[177]

**Im Steinhaus**[178]. Die 1290 mit Sifrid Im Steinhaus (1293 Bürgermeister) erstmals genannte, bis heute in Gmünd ansässige Familie führte wie die Taler die gespaltene Spitze im Wappen; ihr Name verweist auf den Besitz eines der seltenen Steinhäuser. Der hohe Rang des sehr vermögenden Geschlechts wird durch den Umstand erhellt, daß seine Söhne im 14. Jahrhundert Kanonikerpfründen an den vornehmen Kollegiatstiften St. Mauritius in Augsburg, St. Gumbert in Ansbach und Stift Haug in Würzburg innehatten.[179] Walter Im Steinhaus, Chorherr in Würzburg, war 1361 oberster Schreiber des Würzburger Bischofs; Friedrich Im Steinhaus, Custos in Ansbach, errichtete 1416 mit 1982 fl. eine Studienstiftung in seiner Heimatstadt.[180]

Der Bürgermeister und Stettmeister Walther Im Steinhaus hinterließ seinen Kindern so viel Vermögen, daß sie nach seinem Tod 1414 für 892 fl. Güter in Iggingen, Schönhardt und Straßdorf erwerben konnten.[181] Sein Sohn Hans wurde Ulmer Bürger und verkaufte 1427 bis 1429 seinen Landbesitz bei Gmünd im Wert von etwa 1500 fl.[182] 1436 heißt er »erber und veste« Junker Hans vom Steinhaus, sein Verwandter Sixt, der die Familie fortsetzte, trägt 1477 ebenfalls das Prädikat »vest«.[183]

**Taler.**[184] Ihr Verhältnis zu den Herren von Dalheim/Talheim, dem Ortsadel von Talheim bei Schwäbisch Hall, die ebenfalls die gespaltene Spitze im Schild führten, ist ungeklärt.[185] Von ihrer Erstnennung 1283 bis 1375 stellte die Familie, deren wichtigster Zweig den Zunamen »Burger« trug, mehrere Richter. Ulin der Taler, 1343 Richter, heiratete Elisabeth Schörler, Tochter der Agnes geborene von Ohmden.[186] Die als ellwangisches Lehen besessene Burg Leinzell[187] erlaubte den Wechsel in die landadlige Lebensweise. Hans Taler genannt Burger zu Leinzell schloß die Ehe mit Lucie, Tochter des Heinrich von Liechtenstein aus einer zeitweise auch in Gmünd lebenden Adelsfamilie.[188] Sein Sohn Jörg Taler genannt Burger heißt in den Urkunden stets »vest«, zuweilen auch Junker und lebte auf der Burg Leinzell. Erst 1474 ließ sich der mit Rosa Vetter, der Witwe des Rudolf von Westerstetten zu Altenberg verheiratete Junker wieder in seiner Heimatstadt nieder.[189] Auf die unterschiedlichen Entwicklungschancen innerhalb einer Familie verweisen zwei Zeugnisse über Pantaleon Taler genannt Burger und Mathis Burger: Während Pantaleon in seiner Jugend (als Söldner?) in Lothringen sich aufhielt und 1426 Pferde von dort mitbrachte, lebte Mathis seit 1439 als Kaufmann in Heilbronn.[190]

**Turn/Heberling.**[191] Die Turn nannten sich nach einem Wohnturm, vielleicht dem heutigen Glockenturm des Münsters.[192] Sie erscheinen 1278 mit Sifridus de Turri, im 14. Jahrhundert mit den Linien Zingge Turn, Turn genannt Schön und Heberling/Häberling (diese seit 1348), die alle zur Führungsschicht zähl-

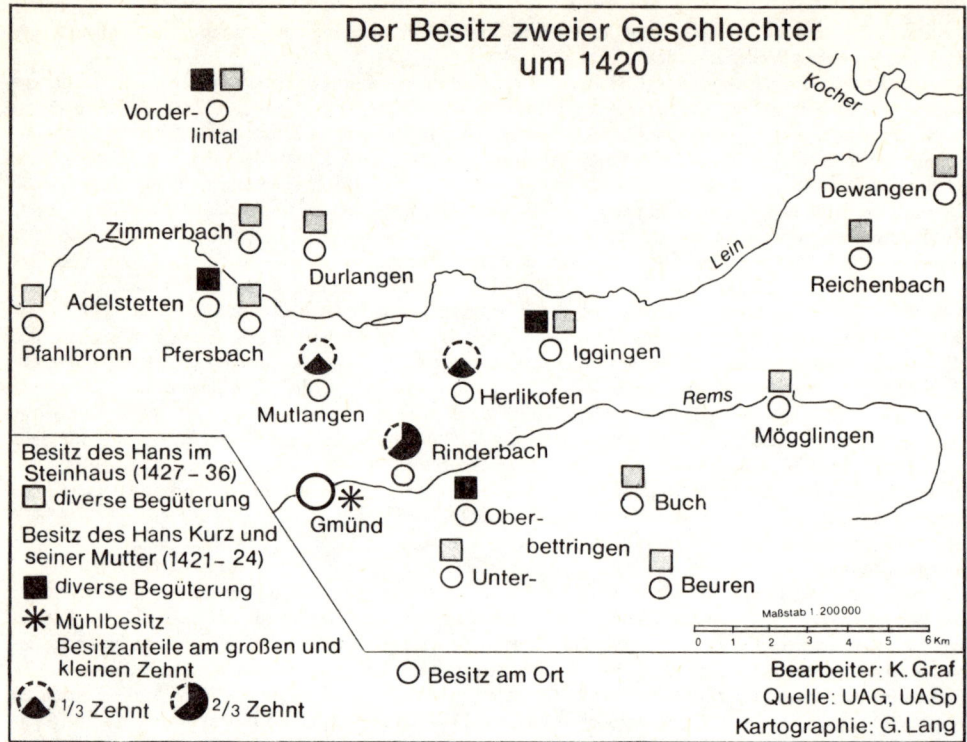

**Der Besitz zweier Geschlechter um 1420**

Vorder-lintal
Zimmerbach
Durlangen
Adelstetten
Pfahlbronn    Pfersbach
Mutlangen
Rinderbach
Gmünd
Ober-bettringen
Unter-
Herlikofen
Iggingen
Buch
Beuren
Mögglingen
Reichenbach
Dewangen
Kocher
Lein
Rems

Besitz des Hans im Steinhaus (1427 – 36)
☐ diverse Begüterung
Besitz des Hans Kurz und seiner Mutter (1421 – 24)
■ diverse Begüterung
✳ Mühlbesitz
Besitzanteile am großen und kleinen Zehnt
◓ 1/3 Zehnt    ◓ 2/3 Zehnt
○ Besitz am Ort

Maßstab 1 : 200 000
0  1  2  3  4  5  6 Km

Bearbeiter: K. Graf
Quelle: UAG, UASp
Kartographie: G. Lang

ten. Wilhelm Heberling, der zusammen mit seinen Söhnen Sitz und Wilhelm in den Jahren nach 1417 zahlreiche Güter verkaufte, wird bis 1420 als Richter erwähnt. 1422 und 1423 wird ihm, der zusammen mit Hans Schätzer und Hans von Husen für Hans Kurz bürgte, das Prädikat »vest« zugelegt.[193] Seine Schwester war mit dem Gmünder Bürger Konrad Gusregen aus einer ursprünglich landadligen Familie verheiratet.[194] Sitz Heberling nahm 1388 als Gmünder Söldner an der Schlacht bei Weil teil.[195]

**Vener.** Die Familiengeschichte der seit 1239 bezeugten Vener, deren Name auf den Fahnenträger des städtischen Aufgebots verweist, ist mit wünschenswerter Vollständigkeit von Hermann Heimpel geschrieben worden.[196] Von 1283 bis zum Tod des mehrmaligen Bürgermeisters Eberhard Vener (d. J.) 1404/05 gehörte das Geschlecht zur Führungsschicht der Stadt. Ausgehend von Eberhards Bruder »Meister Reinbolt von Gmünd«, dem verheirateten Offizial des Straßburger Bischofs, wurde jedoch in der zweiten Hälfte des 14. Jahrhunderts Straßburg zum neuen Wirkungsbereich der Familie. Zur räumlichen kam eine sozialgeschichtliche Umorientierung hinzu: Reinbolt, sein Bruder Nikolaus, Lorcher Mönch, vor allem aber Reinbolts Sohn Job waren hervorragende Gelehrte und fürstliche Räte.[197] »Der Entschluß zum Dienst an den Höfen geistlicher und weltlicher Fürsten war der Entschluß zu dem, was dem Bürgergeschlecht fremd gewesen war: Entschluß zur Arbeit.«[198]

Daß die Vener vornehme Rentner waren, die nur von ihrem Grundbesitz, nicht aber von Handelsgeschäften lebten, ist eine Annahme, die zwar von den Quellen nahegelegt wird, aber keineswegs als sicher gelten kann.[199] Enge Beziehungen bestanden zur Familie Schlecht. Klaus Schlecht, der Vater des in Straßburg als Kantor bei Jung St. Peter wirkenden Chronisten Reinbolt Schlecht,[200] war mit Elisabeth Vener verheiratet, Eberhard Vener (d. J.) mit einer Schlechtin. Der Richter Klaus Schlecht war vermutlich im Textilhandel engagiert.[201]

**Vetzer.**[202] Die Gmünder Vetzer, die sich ab 1419 »von Brogenhofen« nannten, waren unter Umständen verwandt mit den im Heidenheimer Raum ansässigen Edelknechten und Rittern Vetzer (später »von Oggenhausen«), sollten von diesen jedoch strikt unterschieden werden.[203] Seit 1278 bezeugt, stellten sie bis 1389 mit During (1297), Eber (1303, 1311) und Johann (1348–1389) drei Richter. Auf frühe Beziehungen zum Landadel verweist der Umstand, daß 1329 eine Tochter der Hiltpurg Vetzerin geborene Im Steinhaus die Gemahlin des Niederadligen Sifrid Gulden von Hohenstadt war.[204] Die Nachkommen des Richters Johann Vetzer verließen die Stadt, nannten sich – nach einem Besitztum wohl bei den Vogelhöfen – »von Brogenhofen« und wohnten als Landadlige auf der Burg Alfdorf, einem württembergischen Lehen, zeitweise auch im Lindacher Turm. Am Ende des 15. Jahrhunderts waren sie gleichberechtigte Mitglieder der Adelsgesellschaft zum Löwen.[205] 1530 wurde Peter Vetzer, der uneheliche Sohn des Peter Vetzer von Pragenhofen, von Kaiser Karl V. legitimiert und in den Adelsstand von Pragenhofen erhoben.[206]

**Wolf.**[207] 1270 unter dem Namen Wolf erstmals erwähnt, gehört diese Familie wohl zu den Nachkommen der Bürger von 1162. Von 1296 bis zum Tod des Heinrich Wolf 1436/37 zählte sie zur Führungsschicht. Klaus Wolf, ein Verwandter Heinrichs, ließ sich in Nördlingen nieder, wo er als Fernhändler erfolgreich war. Seine Söhne Heinrich in Nürnberg und Balthasar in Augsburg setzten den Welthandel fort und gehörten am Ende des 15. Jahrhunderts zu den reichsten Bürgern Oberdeutschlands. Heinrichs Sohn Balthasar nahm, unter Berufung auf Gmünder Traditionen, das Adelsprädikat »von Wolfstal« an, seine Nachkommen waren als Wolf von Wolfstal bis zum Aussterben der Familie 1717 Mitglieder des Ritterkantons Steigerwald.[208]

Besonders ausgeprägt waren bei den Wolf die Ehebeziehungen zum Landadel: Burkhard Wolf soll im 13. Jahrhundert mit Agnes von Urbach verheiratet gewesen sein, Johannes Wolf, erschlagen 1388 bei Weil, mit Anna von Schnaitberg.[209] Urkundlich gesichert ist, daß eine Schwester des jüngeren Heinrich Wolf, Besitzer der Burg Rinderbach, Fritz von Schnaitberg heiratete, sein Sohn Bartholomäus Wolf Margaretha von Bollstadt und Hans Wolf Anna von Westerstetten.[210] Weitere Eheverbindungen verweisen auf Beziehungen zu den Oberschichten der Städte Ulm (Rot), Hall (Berler), Heilbronn, Eßlingen (Kils), Nördlingen und Cannstatt (Kännlin).[211]

## Bürgertrinkstube und Stadtadel

Die Bürger- und Herrentrinkstube bildete den gesellschaftlichen Mittelpunkt der Gmünder Oberschicht. Überspitzt könnte man sogar formulieren, daß von ihr und nicht vom Rathaus aus die Stadt regiert wurde. Hier wurde Gericht abgehalten, wurden Verhandlungen mit auswärtigen Herren geführt, hier traf man Schultheiß und Ratsherren wohl häufiger an als im Rathaus.[212] Die Mitglieder der Trinkstube demonstrierten ostentativ Müßiggang, wenn sie sich bei Zechen und Brettspielen die Zeit vertrieben[213] – anders als die Handwerker waren die Burger, ob Rentner oder Kaufleute, »abkömmlich« für Ratsgeschäfte und exklusive Geselligkeit.[214]

Eine Burger-Gesellschaft bestand in Gmünd bereits 1329, als ein Anerkennungszins von zwei Martinshühnern, den *erbårn lúten ze Gemúnde in ein gesellschaft* abzuliefern, erwähnt wird. Derselbe Zins begegnet 1486 wieder als Zins an die Trinkstube.[215] 1426 erwarben der Bürgermeister Hans Gul und 52 weitere Bürger eine eigene Trinkstube an der Einmündung der Rinderbachgasse in den Marktplatz, die spätere Pfauen-Wirtschaft (Kornhausstraße 3). Die Urkunde von 1462 enthält die einzige erhaltene Liste der eingeschriebenen Stubengesellen:[216]

*Hanns Gul zů der zit burgermaister ze Gemůnde, Jörig von Welwart der alt, Peter*
*Stöbenhaber, Jörg Stöbenhaber sin sune, Hainrich Wolff, Bartlome Wolff, Cůnrat*
*Wolff, Peter Wolff, Paul von Rinderbach, Salomon Zisselmuller, Wilhalm Håberling,*
*Hanns Marpach, Jörg Flade, Ůlrich Winkental, Hanns von Nenninngen, Jos Gußre-*
*gen, Claus Horkain, pfaff Cůnrat Rechberger kirchherre ze Meklingen, Hanns*
*Straisser, Hainrich Hug, Hainrich Bayr, Hanns Melwer, Renbot Funk, Jordan*
*Alwich, Růdolff Alwich, Hanns Hårer, Sitz Mangolt der alt, Hanns Mangolt, Sitz*
*Mangolt der iung, Hainrich von Hainberg, Erhart Raiser, Cůnrat Sunthaimer,*
*Albrecht Ruter, Herman Viraubent, Lourentz Viraubent, Endres Hentschůcher,*
*Jörig Hentschůcher, Hanns Diemer, Hanns Nuttinger, Cůnrat Ebner der alt, Hanns*
*Wölfflin, Bartlome Truchmayr, Burkhart Stůrmaister, Jacob Claus, Hanns Köpffer,*
*Cůnrat Göringer, Hanns Wik, Fritz Behem, Peter Melwer, Hainrich Turenfelder,*
*Hanns Purenfind, Walther Vischer und Ůlrich Birkilöher uff die zit spitalmaister.*

Von den Geschlechtern sind nur noch die Wolf, Rinderbach und Heberling vertreten
– die Eberwin, Im Steinhaus, Taler, Vener, Vetzer lebten nicht mehr in Gmünd, die
Kurz waren wohl sozial abgesunken. Außer dem Bürgermeister und dem Schultheißen (Peter Stöbenhaber) gehören zehn Richter zur Trinkstube, die sowohl vor als
auch nach 1426 als solche erwähnt werden. Nur ein einziger um 1426 bezeugter
Richter (Hans Eschach) fehlt unter den Trinkstubenmitgliedern. Weitere acht Personen sind nach 1426 als Richter oder Ratsherren belegt. Geht man von dem 1398 von
König Wenzel vorgeschriebenen Proporz 1:1 für das Verhältnis Burger – Gemeinde im zwölfköpfigen Richtergremium aus, so kann der vermeintlich widersprüch-
liche Befund[217] davor warnen, die verfassungsrechtlich bevorrechteten Burger mit
den Mitgliedern der Bürgertrinkstube gleichzusetzen. Ebensowenig wird man davon
ausgehen können, daß alle Trinkstubenmitglieder Nicht-Zünftler waren. Ein Gegen-
beispiel ist der Richter und Bürgertrinkstubengeselle Hans Härer, der 1422 als Krämer bezeichnet wird und 1438 in Nördlingen Eisen kaufte.[218] Da in den Quellen die
Zunftzugehörigkeit nur höchst selten vermerkt wird, dürfte er keineswegs die einzige Ausnahme darstellen. Für die Zusammensetzung der Bürgertrinkstube von 1426
läßt sich vielmehr feststellen, daß ihr sowohl Angehörige der Geschlechter, des
Stadtadels und der vornehmen alten Familien als auch »Aufsteiger« des 14. und frühen 15. Jahrhunderts angehörten, von denen im nächsten Abschnitt noch ausführlicher zu sprechen sein wird.

Da für das 14. Jahrhundert keine Angaben über die Mitglieder der Burger-Gesellschaft vorliegen, ist man für die vornehmen Familien auf die »Mosaiktechnik« der
Prosopographie angewiesen, die aus verstreuten Belegen über soziale Kontakte (Ver-
wandtschaften, Bürgschaften) und wirtschaftliche Tätigkeit die soziale Position der
Familien zu ermitteln versucht. Exemplarisch sollen im folgenden einige vor dem

Stichjahr 1344 für das Ende der Geschlechterherrschaft bezeugte Familien untersucht werden.

**Guland.** 1278 erscheinen Walter Hespler, Berthold Klebzagel sowie Heinrich und Berthold Gulant in Bopfingen als Zeugen des edelfreien Marquard von Flochberg bei einem Verkauf an das Kloster Gotteszell; 1301 befanden sich vier Töchter der Mechthild Gulandin im vornehmen Kloster Gotteszell, zwei ihrer Töchter entstammten der Ehe mit Konrad Schopp.[219] Beide Belege ordnen die Guland der Oberschicht zu. 1326 und 1328 gehörten zwei Angehörige der Familie zum Umkreis des Rats, wenn nicht gar zum Rat selbst: 1328 war Hermann Guland Spitalpfleger, 1326 war Rudolf Guland Schaffner des Dominikanerklosters zusammen mit Konrad Müllner und Johann Kulabrunne.[220] Die soziale Position der beiden anderen Schaffner von 1326 geht aus ihren Beziehungen zum Landadel hervor. Konrad Müllner war der Schwestersohn der niederadligen Gotteszeller Nonne Gertrud von Waldau.[221] Johann Kulabrunne, 1337/39 Schultheiß, erscheint in den Zeugen- und Bürgenlisten zwischen den Geschlechtern. Seine Ehefrau Elisabeth war mit dem Gmünder Bürger Dietrich von Howenstein (Hohenstein) verwandt, als ihre Verwandten werden 1414 Klaus von Horkheim und Heinrich Wolf bezeichnet.[222]
Besonders deutlich treten die Kontakte der Guland zum Landadel, zu den Patriziaten anderer Städte und zu kirchlichen Institutionen am Beispiel des Hermann Guland und seiner Witwe Guta zutage. Als Verwandte der Guta urkunden 1345 nach ihrem Tod Johans von Horwe, sein Bruder Konrad, seine Schwester Guta, Truhlieb und Friedrich Stöbenhaber mit ihrer Schwester Katharina, Fritz Wörmser und seine Schwester, Johann Truhlieb, Sitz von Werde, Sitz von Bach und seine Schwester, Johann Aunwines Frau.[223] Der niederadlige Johann von Horb gesessen zu Alfdorf (*Alhdorff*) verzichtete 1351 auf seine Rechte an Weingärten zu Winterbach und Schorndorf, die Guta dem Kloter Anhausen als Seelgerät übergeben hatte.[224] Fritz Wormser steht wohl mit dem 1288 genannten Heinrich Wormser in Verbindung – sein Name verweist vielleicht auf Handelsbeziehungen zu Worms.[225] Sitz von Werde und Sitz von Bach waren in Eßlingen ansässige Niederadlige, Johann Aunwin ist dort 1311 als *raiter* (Stadtrechner) belegt.[226] Das Ehepaar Guland besaß überaus umfangreichen Grundbesitz auf der Stadtmarkung[227] sowie auf dem Land in Heubach, Weiler in den Bergen, Bettringen, Plüderhausen (Weingärten), Lindach und Kochenburg. Gutas Tochter Betha in Gotteszell erhielt 1345 außerdem alles Vieh, das Guta auf dem Lande hatte. Während dies ein Hinweis auf Viehhandel der Guland sein könnte, lassen die Weingärten im Remstal an Weinhandel denken.[228] Mit Seelgerät-Stiftungen wurden von den Guland das Spital, Gotteszell, die Pfarrkirchen in Gmünd und Heubach sowie die Klöster Lorch und Anhausen bedacht.[229]
**Schopp.**[230] Mit den Guland verschwägert waren die Schopp, die über Schorndorf[231] nach Stuttgart übersiedelten, wo sie zur württembergischen Ehrbarkeit gehörten. Obwohl die bereits 1235 genannte Familie an Rang den Geschlechtern nicht nachstand, vermißt man sie im Kreis der Ratsfamilien. In Giengen an der Brenz war Albert Schopp, dessen Bruder During den typischen Namen der Gmünder Oberschicht trug, 1293 und 1295 Ammann.[232]
**Stöbenhaber.**[233] Sie erscheinen unter den Verwandten der Guta Guland. 1290 erstmals bezeugt, sind sie erst 1352 im Rat nachweisbar. Die Familie besaß im 14. Jahrhundert enge Beziehungen zum Eßlinger Patriziat. Ein Zweig begab sich vor 1378 nach Ulm. Allerdings wurden die Stöbenhaber, die als Handelsherren ein gewaltiges Vermögen zusammenbrachten, nicht in die exklusive Ulmer Geschlechterzunft aufgenommen, sondern blieben Angehörige der Krämerzunft. Erst in Memmingen gelang der Kaufmannsfamilie der Sprung ins Patriziat, wo die Stebenhaber ab dem 16. Jahrhundert bis zum Aussterben 1772 landadlige Lebensformen kultivierten.
**Alwich.** Mit den Stöbenhabern standen früh die Alwich in Verbindung, denn der erste bezeugte Stöbenhaber bürgte 1290 für Diemar Alwich. 1275 zeugte Alwicus super via in vornehmer Umgebung, 1278 schenkte Alwich der Lange den Frauenklöstern in Rechentshofen, wo eine Tochter von ihm Nonne war, und Gotteszell eine Hube in Schönhardt. Unter den Bürgen von 1290 könnten die Namen des Marquard Alwich, des Truhlieb und des Priesters Rüdiger auf Beziehungen zum Eßlinger Patriziat hinweisen.[234] Erst Sifrid Alwich gehörte ab 1363 bzw. 1372/73 zur Führungsschicht der Stadt.[235] Zur Familie gehörte auch der Ratsherr Hans Imhof (ab 1382). Ein Zweig der Alwich zog nach Heilbronn und führte dort

anstelle des angestammten Wappens (ein Ast mit drei Eichenblättern) das Gmünder Einhorn.[236] Die Alwich dürften von Anfang an Kaufleute gewesen sein. Von den beiden Alwich, die 1426 als Stubengesellen erscheinen, wurde Jordan Alwich später mehrmals Bürgermeister, Rudolf Alwich begegnet 1429 mit anderen Gmünder Kaufleuten in einem Kaufmannszug zur Frankfurter Messe.[237] Da sich die Alwich den alten Geschlechtern und dem Stadtadel ebenbürtig fühlten, erscheint 1494 Jordan, der Sohn des Bürgermeisters, mit dem Titel Junker.[238]

**Klebzagel.** Obwohl Berthold Klebzagel 1284 der erste Bürgermeister der Stadt war, gehört die Familie in der Folgezeit nicht zur Führungsschicht. Auf frühe Beziehungen zu Eßlingen könnte der Umstand bezogen werden, daß ab 1329 mehrere Töchter der Familie Nonnen im Dominikanerinnenkloster Weiler bei Eßlingen waren.[239] Für die soziale Position der Familie zwischen kaufmännischer Betätigung und der Orientierung an den Geschlechtern und dem Adel liegen einige Zeugnisse vor. Obwohl Burkhardt Klebzagel 1342 für Ritter Walther Hack bürgte und von Württemberg einen Hof zu Lehen trug,[240] erscheint seine Tochter als Krämerin. Sie war die Witwe eines Konrad Kosch und setzte sich 1373 drei Bürger zu Bürgen, die kein Siegel besaßen und daher als einfache Handwerker einzustufen sind. Einem anderen Zweig der Familie gehörte jener Hans Klebzagel an, der 1373 der *edelmann* hieß und sich in der Lombardei aufhielt – ob als Söldner oder als Kaufmann, ist ungewiß.[241] Er soll angeblich Ratsmitglied gewesen sein und verkaufte 1376 gemeinsam mit den Bürgern Johann d. J. von Rinderbach, Johann Stöbenhaber, Johann Imhof und Albrecht Lewenstein mit Zustimmung seines Schwagers Gernolt Hüglin Güter zu Nibelgau bei Alfdorf.[242]

Dieser Kauf verweist auf die recht intensiven Beziehungen der Gmünder Oberschicht zu Welzheimer Bürgern und zum Welzheimer Raum. Der Vorname von Klebzagels Schwager Gernolt Hüglin erinnert an jenen Gernold von Welzheim, der als Gmünder Bürger 1305 dem Kloster Lorch 150 Pfund Heller in barem Geld lieh und dafür Güter in Nibelgau auf Lebenszeit zugesprochen erhielt. Eine weitere Verbindung besteht vermutlich zu der Gmünder Familie »von Welzheim«. Fritz von Wallenzin (Welzheim) verkaufte 1362 zusammen mit Nikolaus Im Steinhaus Güter zu Eckhartsweiler. Andere Güter in diesem Ort besaß Konrad Gernolt von Lorch.[243] Die Schwester von Hans Klebzagel war mit dem angesehenen Gmünder Krämer und Ratsherrn Kraft Rober verheiratet, der einer begüterten Welzheimer Familie entstammte, in die auch der Gmünder »Aufsteiger« Peter Zeiselmüller einheiratete.[244]

**Vetzbry.** Diese 1320 erstmals erwähnte Familie stellte 1345 erstaunlicherweise einen Schultheißen, der sonst aus der Reihe der Geschlechter oder, wie im Fall des Johann Kulabrunne, aus ihrem nächsten Umkreis stammte. Denkbar ist, daß Heinrich Vetzbry, der Schultheiß, als Finanzier des Königs das Amt erlangt hat. Verschwägert waren die Vetzbry mit den angesehenen Rülin.[245] Die Vetzbry stifteten 1347 die Jakobsmesse im Münster. 1368 war Peter Vetzbry Stettmeister, also Ratsmitglied.[246] Er dürfte der Vater jenes wagemutigen Frankfurter Fernhändlers Paul Vetzbry aus Gmünd gewesen sein, der in den Jahren nach 1410 mit venezianischer Baumwolle handelte und die Stiftung seiner Vorfahren im Münster bestätigte.[247]

Bei allen besprochenen Familien ist die Vermutung statthaft, daß sie bereits im 14. Jahrhundert zur Burger-Gesellschaft gehörten. Allen ist gleichfalls gemeinsam, daß sie, sofern sie nicht aus den Quellen verschwinden wie die Guland und Schopp, erst in der zweiten Hälfte des 14. Jahrhunderts im Rat nachweisbar sind. Gleichwohl sind gravierende Unterschiede zur Lebensform der Geschlechter nicht feststellbar. Daß diese engere Beziehungen zum Landadel besaßen und protokollarischen Vortritt genossen, erklärt sich wohl eher aus der politischen Stellung als Ratsfamilien und weniger aus einer sozialen Differenz zu den anderen Burger-Familien oder gar aus der – ohnehin nicht generell nachweisbaren – Herkunft aus der staufischen

Ministerialität. Der Eintritt neuer Familien in das Stadtregiment nach 1344 kann daher, zumindest für einen Teil der Ratsfamilien, nicht mit einem »sozialen Aufstieg« gleichgesetzt werden.

Seit dem zweiten Jahrzehnt des 15. Jahrhunderts kennzeichnet das für den Niederadel reservierte Prädikat »vest« eine hier als »Stadtadel« bezeichnete Gruppe, die sich aus Bürgerfamilien und in der Stadt ansässigen Familien des Landadels zusammensetzte. Für das 14. Jahrhundert sind Aussagen über die soziale Position der in der Stadt lebenden Adligen, insbesondere die Entscheidung, ob es sich um Rentner handelt, schwierig, wenn nicht gar unmöglich. Ehemalige Landadlige führten als Ratsmitglieder keine Adelstitel (Ritter, Edelknecht) mehr, da sie als Bürger und nicht als Adlige dem Gremium angehörten. Als Ausnahme ist zu nennen, daß Johann von Winzingen 1347 als Edelknecht Bürgermeister der Stadt war.[248] Da die Herren von Winzingen, von denen der Bruder des Bürgermeisters mit einer Eßlinger Patriziertochter Schultheiß verheiratet war, sonst nicht als Gmünder Einwohner erwähnt werden, könnte man daran denken, daß Johann von Winzingen als »Kompromißkandidat« in den Auseinandersetzungen zwischen den Geschlechtern und den nicht am Rat beteiligten Gruppen fungiert hat. Sweniger von Liechtenstein, der 1374 als Stettmeister amtierte, war mit den Gulden von Hohenstadt verwandt, die mit den Gmünder Vetzern verschwägert waren. Das Stettmeisteramt läßt an eine Beteiligung des Landadligen im Handel denken. Dazu würde passen, daß sein Sohn Hans 1425 den Gmünder Fernhändler Hans Straisser und dessen Schwiegersohn Heinrich Hug zu Bürgen nahm.[249]

Unklar ist die ständische Stellung der Herren von Horkheim,[250] die 1364 mit Johann von Horkheim, 1372 erstmals Richter, in Gmünd erscheinen. Ihre Herkunft bleibt im dunkeln: Einerseits weist der Umstand, daß Johann von Horkheim ein Viertel der Burg Horkheim bei Heilbronn, wo die Familie in den Quellen allerdings nicht nachweisbar ist, von seinem mit Else von Gemmingen verheirateten Stiefvater Simon von Rot erbte, auf landadlige Zusammenhänge, andererseits ist zu beachten, daß die Horkheimer Wappengenossen der Heilbronner Patrizierfamilie Wigmar waren.[251] Das Prädikat »vest« ist für die Herren von Horkheim in Gmünd erst ab 1453 nachzuweisen.[252] Auf eine Beteiligung der Familie am Handel läßt schließen, daß Johann von Horkheim 1388 als Geldgeber der Grafen von Oettingen die Burg Hochhaus verpfändet erhielt und daß Jörg von Horkheim die Fernhändlerstochter Anna Straißer ehelichte. Doch schon in der nächsten Generation stellte die Familie die Weichen für den in der zweiten Hälfte des 15. Jahrhunderts vollzogenen Übertritt in den Landadel auf den Adelssitzen Horn und Trochtelfingen. Der Enkel des Handelsherrn Straißer, Junker Melchior von Horkheim, heiratete Amalia von Wöllwarth.[253] Bei Angehörigen eindeutig landadliger Familien, die nach Gmünd zogen,[254] waren

vielfach verwandtschaftliche Beziehungen zu anderen in der Stadt lebenden Adelsfa-
milien und Bürgerfamilien oder die Tätigkeit als Stadtsöldner für die Verlegung ihres
Wohnsitzes in die Stadt verantwortlich. Ein erneuter Blick auf die Liste der Trinkstubenmitglieder von 1426 veranschaulicht diese Zusammenhänge. Die Stubengesellen Jörg von Wöllwarth der Ältere,[255] Ulrich Winkental, Hans von Nenningen und
Heinrich von Hainberg entstammten landadligen Familien. Hans von Nenningen
d. Ä., vermutlich der Vater des Stubengesellen, diente 1380 als Gmünder Söldner,
Ulrich von Winkental war der Oheim des unmittelbar vorangehenden Stubengesellen Jörg Flad, und Heinrich von Heimberg war ein Nachkomme des Richters
Albrecht Reuter und verheiratet mit Elisabeth Melberin aus einer Gmünder Kaufmannsfamilie.[256]

Eine den Herren von Horkheim vergleichbare Stellung besaß der Stubenmeister und
Ratsherr Jos Gusregen aus einer ursprünglich landadligen Familie. Wohl nicht derselbe Jos Gusregen hatte 1393 dem Grafen von Württemberg 670 fl. geliehen.[257] Mit
dem Stubenmeister Gusregen verschwägert war Jörg Flad, dessen seit 1355 in
Gmünd nachweisbare Familie wohl am ehesten als »stadtadlig« bezeichnet werden
kann. 1417 wird ihm als erstem der Gmünder Einwohner das Prädikat »vest« beigelegt.[258] Sein Oheim Ulrich von Winkental und seine Mutter Margarethe von Elchin-
gen verweisen auf landadlige Verbindungen. Die Flad heißen regelmäßig Junker und
erscheinen außerhalb der Stadt im Dienst adliger Herren. In Gmünd wohnte die im
Raum südlich des Hohenstaufens begüterte Familie im späteren »Rechbergischen
Haus« am inneren Rinderbachertor.[259] Den Flad ursprünglich gleichgestellt waren
die Ruh/Ruch, seit 1355 in der Führungsschicht nachweisbar. Sie nannten sich zeitweilig Mecklinger.[260] Daß sie 1426 nicht zur Bürgertrinkstube gehörten, obwohl sie
auch im 15. Jahrhundert Ratsherren stellten, mag auf eine vorübergehende gesellschaftliche Deklassierung zurückzuführen sein. Margaretha Ruch heiratete den
Goldschmied Ludwig Murermeister, dessen Verwandte Handwerker waren.[261]

Als Beispiele für in der Stadt lebende Adlige, die »ihren Pfennig zehrten«, d. h.
Rentner waren, seien die Schenk von Schenkenstein und die Hack von Hoheneck
erwähnt, die einander im Besitz des heutigen Hauses Bocksgasse 31 (»Palais Debler«), eines typischen adligen Stadthauses, ablösten. Aufschlußreich ist das Ver-
wandtschaftsgeflecht: Anna Schenkin von Schenkenstein war die Witwe des Klaus
von Horkheim. Anna Adelmann, Witwe des Jörg Schenk von Schenkenstein, war
die Mutter des Wilhelm Schenk von Schenkenstein, der die Gräfin Agnes von Werdenberg ehelichte, und die Schwiegermutter des Kaspar Hack von Hoheneck.[262] Die
Gräfin von Werdenberg war eine hochgestellte Persönlichkeit, die mit vermittelnden
Schreiben in laufende städtische Prozesse eingreifen konnte. Als Gmünder Bürgerin
konnte sie auf die Unterstützung des Stadtregiments rechnen, das keine Mittel

scheute, ihr wegen der Übergriffe Heinrichs von Westerstetten auf ihre Hintersassen zu Eglingen Genugtuung zu verschaffen.[263]

Für einen anderen Zweig der Hack von Hoheneck und Wöllstein kann nachgewiesen werden, daß er sozial in das Handwerkertum abgesunken ist: Veit und Ulrich Hack gehörten zur Zunft der Schmiede und schmiedeten eigenhändig Sensen. Allerdings gelang der Wiederaufstieg. Während Veit Hack d. Ä., dessen Schwester den adligen Jörg von Winkental heiratete, 1470 nur »ersam und weise« heißt, erhält Ulrich Hack, 1488 Bürgermeister, das Adelsprädikat »vest«.[264]

Zusammenfassend läßt sich feststellen: Die »Müßiggänger« der Bürgertrinkstube, Geschlechter, stadtadlige und Burger-Familien, bildeten als städtische Elite zwar keine homogene Gruppe, wurden aber von einer gemeinsamen Lebensform zusammengehalten, die sich an adligen Maßstäben orientierte, Handelstätigkeit jedoch nicht ausschloß. Diese Lebensform bildete einen flexiblen Rahmen, der auf der einen Seite Landadligen die Teilnahme am städtischen Wirtschaftsleben ermöglichte, andererseits aber sozialen »Aufsteigern« gesellschaftliches Ansehen verschaffte. Unterstützt wurde die Geltung der Lebensform in der ersten Hälfte des 14. Jahrhunderts dadurch, daß zwischen dem Adel und den Burgern ein Verhältnis gegenseitiger Anerkennung bestand, das ständische Schranken zwar nicht leugnete, jedoch in mancher Hinsicht bedeutungslos erscheinen ließ. Die seit dem Anfang des 14. Jahrhunderts belegte Bezeichnung »vest« verdeutlicht die Krise dieser Lebensform. Ihre Grundlage hatte sich durch die Zunftverfassung und die Abschließung des Landadels gegen die städtischen Oberschichten geändert. Die Neuformierung der älteren städtischen Elite über ein niederadliges Selbstverständnis konnte den gesellschaftlichen Wandel nicht aufhalten. Er bewirkte eine Trennung von Bürgertum und Adel in der Stadt. Während um 1450 noch Kaspar von Iggingen und Hans von Nenningen aus adligen Familien politische Verantwortung trugen, gehörte um 1500 kein Ratsherr mehr der Gruppe der Junker und Stadtadligen an. Auch die Kontakte der älteren Elite mit der sich ständig erneuernden, stark fluktuierenden Führungsschicht nahmen ab; zugleich verloren die adligen Leitbilder ihre unmittelbare soziale Funktion im Rahmen einer Lebensform und wurden zu fernen Idealen: Seit dem Ende des 15. Jahrhunderts träumte die städtische Führungsschicht mit Vorliebe vom glanzvollen »adligen« Ursprung der Stadt in der Stauferzeit.[265]

## Kaufleute und Handwerker

Daß in den oberdeutschen Städten des Spätmittelalters nach dem von den Zunftkämpfen und Bürgerunruhen erzwungenen Ende der patrizischen Alleinherrschaft keineswegs die Handwerker an die Macht gelangten, sondern die für den Rat

»abkömmlichen« Kaufleute und Rentner sowie handeltreibende Handwerker, hat Erich Maschke in einer grundlegenden Untersuchung aufgezeigt.[266] Auch für Schwäbisch Gmünd läßt sich diese Erkenntnis bestätigen.[267] Im folgenden sollen zunächst, ausgehend von einer Richterliste aus dem Jahr 1386, einige »Aufsteiger«-Familien untersucht werden (1). Sodann soll einiges Material zur Rolle der Kaufleute und Fernhändler im Rat und in der Bürgertrinkstube bereitgestellt werden (2). Der letzte Teil des Abschnitts gilt dem Aufstieg einiger Handwerkerfamilien durch Textil- und Viehhandel (3).

1. 1386 werden neun Richter namentlich aufgeführt: Hans Vetzer, Walter Kurz (beide aus den Geschlechtern), Hans Imhof, Hans Alwich (Vettern), Heinrich Handschuher, Wölflin Schneider, During Noll, Hans Schöffel und Konrad Feierabend.[268]

Heinrich Handschuher, dessen mutmaßliche Söhne Endres und Jörg 1426 Trinkstubenmitglieder waren, gehörte zur Gmünder »Hochfinanz«, wie aus der Tatsache hervorgeht, daß er und seine Frau 1384 von Graf Eberhard von Württemberg für geliehene 3000 fl. ein Drittel des Heilbronner Weinzehnten verpfändet erhielt.[269]

Der Richter Wölflin Schneider, der häufiger Wölflin Gewandschneider heißt, und During Noll verweisen auf die große Bedeutung des Textilgewerbes, denn ebenso wie der Richter Klaus Schlecht, der allerdings in der Liste von 1386 fehlt, waren sie vermutlich Tuchhändler mit engen Beziehungen zu den Geschlechtern. Während Wölflin Schneider, dessen Sohn Hans Wölflin 1426 Trinkstubenmitglied war, vielleicht mit der Geschlechterfamilie Wolf zusammenhängt,[270] ist der Vorname von During Noll ein untrügliches Anzeichen für den verwandtschaftlichen Zusammenhang mit der alten Oberschicht der Burger.

Die über During Noll erhaltenen Quellen lohnen eine nähere Betrachtung seiner Person. Im Jahr 1400 lebten zwei Vettern dieses Namens; der jüngere trug ein Lehen des Abts von Komburg.[271] Der 1382 belegte Richter During Noll ist sicher identisch mit dem im gleichen Jahr genannten Richter Düring der Schneider.[272] Trotz seiner vornehmen Herkunft das dem Umkreis der Burger sind seine Beziehungen zur bäuerlichen Oberschicht und zu Gmünder Handwerkerfamilien unübersehbar. 1375 verkaufte Agnes Roderin, die Witwe des Johannes Kagental von Steinheim, mit ihren Tochtermännern During Noll und Johans Röser, der wohl identisch ist mit dem um 1400 genannten Metzger des Namens, ihre Güter zu Steinheim am Albuch um 140 Pfund Heller. Bürgen waren der Wiser von Steinheim und der Gmünder Bürger Claus Liutz, die beide kein eigenes Siegel besaßen.[273] Johann Kagental ist wohl identisch mit dem 1373 als Spitalpfleger bezeugten Johann von Steinheim.[274] Eine Tochter During Nolls heiratete den Geislinger Richter Jakob Amlung. Neben Geislinger Bürgern bürgten 1410 für Nolls Witwe Margarethe von Roden, die ein eigenes Siegel führte, die Gmünder Hans Ratgeb und sein Sohn Peter. Die Tatsache, daß diese beiden Bürger im nächsten Jahr für einen Metzger bürgten und daß 1423 die Gebrüder Peter und Hans Ratgeb als Tuchscherer erscheinen,[275] verweist auf einen personengeschichtlichen Zusammenhang, der in den Gmünder Quellen häufiger begegnet: Textilhandwerker einerseits und Metzger und Gerber andererseits waren durch zahlreiche personelle Querverbindungen verflochten.

Klaus Schlecht, seit 1364 als Ratsmitglied belegt, gehörte vermutlich ebenfalls zu den Tuchhändlern, da er — allerdings in einer späteren Aufzeichnung — einmal als Taucher bezeichnet wird.[276] Die Schlecht waren verwandtschaftlich sehr eng mit den vornehmen Venern verbunden.[277]

Zum nächsten Richter der Liste von 1386, Hans Schöffel, ist anzumerken, daß er mit Anne von Essingen verheiratet war, die wohl der landadligen Familie des Namens entstammte.[278]

Der neunte Richter Konrad Feierabend (Viraubend) gehörte einer erst 1372 urkundlich nachweisbaren Familie an, die sich besonders eng an die Geschlechter und ihren Lebensstil annäherte. Ursula Feierabend war mit Hans Kurz vermählt; Lorenz Feierabend nahm Agnes von Waldhausen zur Frau, als sein Oheim wird Eberhard Vener bezeichnet.[279] Lorenz Feierabend, 1426 mit seinem Vetter Hermann Trinkstubenmitglied, lebte zeitweise auf dem Turm Lindach, einem limpurgischen Lehen.[280] Andererseits lassen frühe Familienbeziehungen eine Herkunft aus Handwerkerkreisen als wahrscheinlich erscheinen: der Spitalpfleger Johann Feierabend war 1372 Oheim des Johann Augsburger genannt Meck, der kein Siegel besaß und eng mit der Metzgerfamilie Mack in Verbindung stand. 1406 war Hans Feierabend mit Agnes Unger verheiratet, deren Vater Konrad Unger ebenfalls nicht selbst siegelte.[281]

Daß die Geschlechter »Aufsteigern« gegenüber keine strikt ablehnende Haltung einnahmen, beweist auch der Fall des Peter Zeiselmüller, dessen Familienbeziehungen auf eine Abstammung aus einer in die Stadt gezogenen Bauernfamilie schließen lassen. Der hohe Kanzleibeamte Karls IV., der in Gmünd als Notar und Stadtschreiber wirkte, war als Minorist mit Ursula Rober aus einer Welzheimer Familie verheiratet. Seine Töchter vermählten sich mit Paul von Rinderbach und Heinrich Wolf von Dinkelsbühl aus den Geschlechtern.[282] Sein Sohn Salomo erscheint 1426 als Stubengeselle der Bürgertrinkstube.

2. Über den Handel der ratsfähigen Familien und Trinkstubenmitglieder geben nur wenige Nachrichten Auskunft. Man darf jedoch annehmen, daß die meisten Familien der Gmünder Oberschicht im Handel engagiert waren und daß insbesondere im Rat Kaufleute und nicht Handwerker dominierten.

1428 wurden auf dem Weg zur Frankfurter Messe sieben Gmünder Kaufleute überfallen: Fritz Behem, Hans Melber, Stoffel Kramer, Stefan Wichberger, Rudolf

*Notariatszeichen des Petrus
dictus Zeiselmüller aus Gmünd (1349).*

Alwich, Konrad Wölflin, Bernhard Augsteindreher, die von dem Seiler Hans Betz
und dem Wagenmann Peter Wiß begleitet wurden.[283] Davon waren drei, Behem,
Melber und Alwich Stubengesellen, Behem außerdem auch Richter. Stefan Wichber-
gers Witwe Klara Vischerin heiratete das Trinkstubenmitglied Salomo Zisselmüller,
Konrad Wölflin war vielleicht der Bruder des Stubengesellen Hans Wölflin, Bernhard Augsteindreher gibt durch seinen Namen zu erkennen, daß er in der Gmünder
Gagatverarbeitung tätig war.[284] Weitere Nachrichten über den Messebesuch einzelner Gmünder Kaufleute in Frankfurt fehlen, doch ist aus dem Jahr 1500 belegt, daß
sich einige Ratsherren zur Frankfurter Messe begaben.[285]
Sowohl Ratsherren als auch Stubengesellen waren die reichen Handelsherren Hans
Straißer und Rembold Funk, deren Handel sich ausnahmsweise besser dokumentieren läßt. Hans Straißer wird auf seiner im Gmünder Münster erhaltenen Grabplatte
aus rotem Marmor ausdrücklich als Kaufmann (mercator) bezeichnet.[286] Die von der
Forschung betonte enge Verbindung von Kaufmannstum und Schriftlichkeit erklärt
den Umstand, daß Straißer 1399 als Gmünder Stadtschreiber belegt ist.[287] Ab 1414 ist
er als Richter nachweisbar, 1427, 1431 und 1433 als Bürgermeister. Seine gesellschaftliche Stellung geht auch aus der Heirat mit der Nördlinger Ratsherrentochter
Elisabeth Hertrich und aus den Ehen seiner beiden Töchter hervor, die er mit Hein-

rich Hug, 1429 Gmünder Bürgermeister, und Jörg von Horkheim verheiratete.[288] Im zweiten und dritten Jahrzehnt des 15. Jahrhunderts erscheint Hans Straißer als Eisenhändler in Freiburg im Üchtland. 1452 verkaufte er einem Freiburger Sensenschmied 452 Sensen, die dieser herrichten und dann verkaufen sollte.[289] Das in Grundbesitz angelegte große Vermögen Straißers gestattete es ihm, in der Pfarrkirche eine mit 60 Pfund Heller jährlichen Einkünften gut dotierte Pfründe auf dem Barbaraaltar zu stiften. Bei diesem Altar liegt er auch begraben.[290] Seine mit Jörg von Horkheim verheiratete, früh verwitwete Tochter Anna, eine tatkräftige Frau, die nach dem Tod ihres Vaters seine Geschäfte weitergeführt haben dürfte,[291] stiftete nicht nur ein am Sonnabend gesungenes Salve Regina in der Johanniskirche, sondern machte sich auch in besonderem Maße um das Spital verdient. Mit 2000 Pfund Heller errichtete sie die reichste Spitalstiftung, eine Stube für die acht elendsten Siechen. Bezeichnend für die kaufmännische Frömmigkeit, die in guten Werken den Ausgleich für die harten Praktiken des Geschäftslebens suchte, ist die Begründung der Stiftung mit dem Schriftzitat aus der Bergpredigt: »Machet euch Schätze in den Himmeln, da sie weder von Rost noch den Schaben vermalen werden« (Matthäus 6,20).[292]

Kaum weniger reich als Straißer dürfte Rembold Funk gewesen sein, dessen Söhne sich als Fernhändler in Nördlingen und Memmingen niederließen.[293] In Memmingen gründete die ins Patriziat aufgenommene Familie eine Familienhandelsgesellschaft. Rembolds Vater Endris hatte 1384 den gesellschaftlichen Aufstieg der Funk durch den Erwerb eines Wappens vorbereitet. Damals übergab ihm der Haller Stadtadlige Hans von den Brüdern seinen Schild und Helm.[294] Rembolds Sohn Caspar Funk, der zunächst in Gmünd zum Rat gehörte und dann nach Nördlingen zog, war wie Straißer im Gmünder Sensenhandel engagiert, den er auch in Nördlingen weiterführte.[295] Als Hinweis auf die unternehmerische Initiative des Großkaufmanns läßt sich auch der Besitz einer 1470 verkauften Stahl- und Eisenschmiede in Böbingen auffassen.[296] Ein weiterer Fernhändler im Stadtregiment war Peter Gaist, dessen Faktor Heinrich Lind in Como bezeugt ist. »Er deckte sich 1429 für die gelieferten Wollballen mit 12 Stück farbiger Comasker Tuche ein, die einem Wert von 993 Pfund entsprachen. 1434 kam Peter Gaist selbst nach Como, um mit einem Weber von Torno zu handeln. Es wird sich wohl um den Kauf von Wolltuchen gehandelt haben, denn Peter Gaist hält auf den Nördlinger Messen regelmäßig lombardisches Gewand feil.«[297]

3. Abschließend sollen noch einige Handwerkerfamilien besprochen werden, die zum Umkreis der ratsfähigen Familien, nicht aber zur Bürgertrinkstube zählten. Dabei wird besonders nach dem Zusammenhang zwischen Gewerbe, Grundbesitz und Zugehörigkeit zur Führungsschicht zu fragen sein.

**Schultheiß.** 1361 ist Konrad Schultheiß mit Ruprecht dem Pliuwel Pfleger der Leonhardskapelle, zwei Jahre später bürgt er als Konrad Schultheiß der Gerber für die beiden Heiligenpfleger der Stadt. Beide Zeugnisse ordnen den Handwerker dem Umkreis des Stadtregiments zu.
Der Gerber Konrad Schultheiß ist wohl identisch mit dem Metzger Konrad Schultheiß, der 1365 für 40 Pfund Heller Zins aus Albuchgütern und 1370 ein Gütlein auf dem Albuch erwarb. Klara Gernoltin genannt die Schultheißin, vermutlich seine Witwe, stiftete nicht nur dem Spital Geldzinse und 10 Pfund Unschlitt aus einer Fleischbank, sondern errichtete auch eine Messe auf dem Maria-Magdalena-Altar im Pfarrkirchenchor. Neben Zinsen aus Häusern und Grundstücken in und bei Gmünd gehörten zum Dotationsgut Güter und Rechte auf dem Albuch, in Weiler in den Bergen, Heubach, Lindach, Steinenkirch, Hönig, Tierhaupten, Pfersbach und Vellbach.[298] Die reiche Pfründausstattung läßt den Schluß zu, daß Schultheiß, der auch in Handwerkerkreisen verbreiteten gängigen Praxis folgend, Handelsgewinne in ländlichem Grundbesitz angelegt hat. Schultheiß dürfte als Metzger oder Gerber mit Vieh und Häuten gehandelt haben. Sein Albuchbesitz läßt sich mit der im 15. Jahrhundert belegten Praxis der Gmünder Metzger, ihr Vieh auf den Wüstungsflächen des Albuchs weiden zu lassen, in Verbindung bringen.[299]
**Scherer.** Ursprünglich Tuchscherer waren nach Ausweis ihres Namens die Schärer/Scherer. 1366 scheint Ulrich der Scherer Pfleger der Theobaldskapelle gewesen zu sein. Sein Sohn Hans war 1372 Pfarrkirchenpfleger. Dieser bestätigte und erneuerte 1399 eine schon von seinem Großvater Meister Renhart getätigte Spitalstiftung. Die für den Einkauf von Fleisch und Pfeffer bestimmte Stiftung besaß jährliche Einnahmen von über 4 Pfund Heller, was einem Kapital von immerhin 80 Pfund Heller entsprach.[300] Wahrscheinlich der Schwiegersohn des Ulrich Scherer war Sifrid Mangold, der wohl mit dem 1370 und 1373 bezeugten Spitalpfleger des Namens gleichzusetzen sein wird. Die Gmünder Ratsfamilie Mangold, kenntlich an dem Vornamen Sifrid bzw. Sitz, gehörte 1426 zur Bürgertrinkstube und betätigte sich wohl im Weinhandel.[301]
Die bereits oben konstatierte auffällige Affinität von Textilhandwerkern einerseits und Gerbern/Metzgern andererseits kann am Beispiel der Scherer gut veranschaulicht werden. 1428 sind bezeugt Hans Scherer der Tucher und sein Sohn Hans Scherer der Gerber, 1429 ist der Kürschner Hans Scherer d. J. Spitalpfleger. 1402 und 1414 weist der Besitz von Fleischbänken einen anderen Zweig der Familie als Metzger aus. Hans Köhler der Metzger ist 1403 Pfleger des Schererschen Seelgeräts.[302]
**Bul.** Eine Schwester von Peter Scherer, der 1374 ein halbes Gütlein zu Steinbach um 33,5 Pfund Heller erwarb, war 1371 mit Sifrid Buld verheiratet. Ein Nachkomme oder Verwandter dieses Sifrid war Ulrich Bul, der mit erstaunlicher Finanzkraft ausgedehnten und wertvollen Grundbesitz in der Stadt, auf dem Albuch, in Söhnstetten und Iggingen erwarb. Die beiden teuersten Objekte waren die für 701 fl. erstandene Hüpfingmühle und ein zusammen mit seinem Schwiegersohn Hans Mack dem Metzger für 600 fl. erworbener Hof zu Iggingen.[303] Solche Summen konnte ein Handwerker nur im Handel erwirtschaften. Buls Familienbeziehungen weisen unverkennbar auf den Umkreis der Metzger und Gerber. Seine erste Frau Agnes Bulling stammte vermutlich aus einer Metzgerfamilie, sein Schwiegersohn Hans Mack war Metzger. In zweiter Ehe heiratete Ulrich Bul Elsbeth Liebermann aus der ratsfähigen Familie Liebermann. Höchstwahrscheinlich war sie die Schwester des Gerbers Hans Liebermann, des Schwiegersohns des Trinkstubenmitglieds Konrad Göringer. Ein anderer Hans Liebermann handelte ab 1445 auf der Nördlinger Messe mit lombardischem und welschem Gewand.[304] Buls zweiter Schwiegersohn war Hans Oppolt bzw. Hans Mair genannt Oppolt, der 1402 als Stettmeister amtierte. Zu beachten ist, daß 1395 Ulrich Oppolt der Ledergerber und Heinz Stahl der Schneider gemeinsam ein Grundstück erwarben.[305]

Als Ergebnis der personenkundlichen Skizzen läßt sich festhalten, daß, wenn die Quellen nicht trügen, die im Zuge der Ausbildung der Zunftverfassung in den Rat aufgenommenen Handwerker meist im Textil- oder Viehhandel engagiert waren. Zwischen den Zünften der Gerber, Metzger und Schneider gab es auffallend viele personelle Querverbindungen. Man sollte also die Rolle der »Zunftgrenzen« für die Gruppenbildung zumindest bei den handelsorientierten Zünften nicht überschätzen.

Auch dieser Befund unterstreicht die generelle methodische Forderung, nicht allzu unbedenklich mit schematischen Gruppenzuordnungen zu operieren. Nur mit Hilfe von differenzierenden personengeschichtlichen Einzeluntersuchungen läßt sich die Gruppenbildung in der spätmittelalterlichen Stadt und insbesondere der sozialgeschichtliche Hintergrund der »Zunftverfassung« klären.[306] So unvollkommen die vorstehenden ersten Gehversuche auf diesem Gebiet auch sein mögen, so steht doch außer Frage, daß bei näherer Betrachtung die vermeintlich scharfen Gegensätze zwischen Geschlechtern und Burgern einerseits und Kaufleuten und Handwerkern andererseits zunehmend verfließen.

## Frauen, Unterschichten und Randgruppen

Die spätmittelalterliche Stadtgemeinde bildete eine Gesellschaft, in der nur die Haushaltsvorstände Geltung besaßen. Frauen, Lehrlinge und Gesellen, Knechte und Mägde, Bettler, fahrendes Volk, Angehörige »unehrlicher Berufe« wie Dirnen und Abdecker, Juden – sie alle wurden mehr oder minder stark benachteiligt, waren entweder zu abhängig oder zu stigmatisiert, um im öffentlichen Leben einen gleichberechtigten Platz einzunehmen. Die Ungunst der Überlieferung trifft diese Personenkreise besonders hart, ihr Leben und Leiden vollzog sich weitgehend im unaufhellbaren Schatten der schriftlichen Überlieferung.

Die *Frau*[307] lebte in der Stadt in einer Gesellschaft, die von Männern bestimmt und geleitet wurde. Am leichtesten konnten sich Frauen der Oberschicht einen begrenzten Freiraum schaffen. Vor allem als Witwen verfügten sie über eigenes Vermögen und damit über die Möglichkeit, ihren Einfluß geltend zu machen und selbständige Entscheidungen zu fällen. Als zuverlässiges Indiz für eine solche Ausnahmestellung kann das Auftreten von Frauensiegeln gewertet werden. So siegelte 1410 Margarethe von Roden, Witwe des Gmünder Ratsherrn During Noll, nicht mit dem Siegel ihres Mannes, sondern benutzte ein eigenes mit der Umschrift *margreta von roden*.[308] Als Witwen konnten Frauen in bestimmten Fällen den Handel oder das Handwerk ihres Mannes weiterführen. Eine unternehmende Sensenschmiedin war Katharina Lemlerin, die als Witwe das Handwerk durch einen Knecht ausüben ließ und 1503 gegen den Sensenverleger Peter Estlin prozessierte.[309] Als Kauffrau betätigte sich 1441 Jörg von Horkheims Witwe Anna Straißer.[310] Doch nicht nur als Witwe waren Frauen berufstätig. Das Gewerbe mit dem höchsten Frauenanteil dürfte der Kleinhandel mit Lebensmitteln und Krämerwaren gewesen sein. Die Ordnungen der Grempler (Lebensmittelhändler) von 1442 und 1448 nennen ausdrücklich Männer und Frauen der Zunft.[311] Als Maklerin beim Verkauf bestimmter Waren wurde die vom Rat bestellte und vereidigte »Köfflerin« tätig.[312]

Eine Bestimmung der Ordnung der Baderbruderschaft für die Männer und Frauen, die in den Badstuben dienten, läßt indirekt die Diskriminierung der berufstätigen Frau erkennen: Während ein Knecht sechs Heller Aufnahmegebühr zahlte, mußte eine Frau nur drei Heller entrichten – ein Hinweis auf ungleichen Lohn.[313] Zur Stellung der Frau in der Ehe sei nur ein zufällig überliefertes Zeugnis zitiert, das stellvertretend für die von Männern gegenüber Frauen ausgeübte Gewalt stehen mag. 1463 wandte sich der Nördlinger Rat an Gmünd wegen der Nördlinger Bürgerstochter Anna Haider, die sich ohne Zustimmung ihres Vaters Thomas und ihrer Verwandten mit dem Gmünder Bürger Jörg Schnyder verheiratet hatte. Nördlingen beschwerte sich – wohl auf Betreiben des Vaters der Anna –, daß Jörg *sein eliche husfraw newlich hart geschlagen darnach ain degen an iren leib gesetzt auch ir harzöpff abgeschnitten und etwas mercklich mißhanndelt hab.*[314]

Über das Leben der *Unterschichten*,[315] also der Taglöhner, Armen, Handwerksgesellen, Knechte und Mägde liegen kaum Quellen vor. Über einen speziellen Aspekt informiert die Ordnung der Baderbruderschaft von 1386, die von Bürgermeister, Rat und Zunftmeistern bestätigt wurde.[316] Die Bruderschaft umfaßte die armen Knechte der Badstuben, die Badreiber, die Meister und alle Bediensteten in den Badstuben, war aber offensichtlich auf die Bedürfnisse der gesellschaftlich wenig angesehenen Badknechte zugeschnitten. Ihr Zusammenschluß bildete eine religiöse Gemeinschaft, die dem einzelnen Schutz und Sicherheit gewährte. Die Mitglieder gaben jede Woche einen Heller in eine gemeinsame Büchse (Kasse). Mit dem Geld wurde Wachs für Kerzen gekauft, die an den Hochfesten im Chor der Pfarrkirche brannten. Falls ein armer Knecht oder eine Frau starb, brannte die Kerze ebenfalls bei seiner Leiche. Im Krankheitsfall konnte ein bedürftiges Mitglied aus der Büchse zehn Schilling Heller entleihen, die es nach seiner Genesung innerhalb von zwei Monaten zurückzahlen mußte. Starb ein Bruderschaftsangehöriger, so wurde er von der Bruderschaft bestattet. Von seinem Nachlaß behielt sie die geliehene Summe und ihre Unkosten ein. Den Knechten wurde das Spielen und Kegeln im Wirtshaus verboten; auch im Fall von zu großer Trunkenheit drohte eine Strafe. Die Knechte versammelten sich einmal jährlich zu einem Bruderschaftsmahl, auf dem sie zwei Büchsenpfleger wählten, die ihrerseits vier Versorger der Kerzen bestimmten. Diese Baderbruderschaft, die noch 1473 bestand,[317] verweist exemplarisch auf die wichtigste Chance der Minderberechtigten und sozial Benachteiligten, im solidarischen Zusammenschluß Halt und Beistand zu finden.

Während die eher religiös orientierte Baderbruderschaft von der Stadtobrigkeit gefördert wurde, standen die Handwerksgesellen bei ihren Versuchen, sich zu organisieren, der geschlossenen Front von Meisterschaft und Rat gegenüber. Unter den jährlich auf dem Schwörtag verlesenen Satzungen befand sich auch das strikte Verbot eigener Trinkstuben für die Handwerksgesellen.[318] 1452 kamen die Sensenschmiede überein, gewisse durch das expandierende Gewerbe entstandene Vergünstigungen der Handwerksknechte einzuschränken. Diese sollten für bestimmte Tätigkeiten keinen Sonderlohn mehr erhalten und auf die üblicherweise gewährten Speisezulagen (Braten, Gebackenes, Eier oder Schönbrot) verzichten. Das eine Schönbrot, das sie zur Morgensuppe erhielten, durften die Knechte nicht zu Weib und Kindern heimbringen. Verließ ein Knecht wegen einer unredlichen Sache seinen Meister, so durfte ein anderer Handwerker ihn im gleichen Dienstjahr nur mit Erlaubnis des bisherigen Arbeitgebers beschäftigen.[319]

Keine nennenswerten Quellenhinweise existieren über die Rolle der nichtjüdischen Randgruppen, die sich aus Außenseitern und an den Rand der Gesellschaft gedrängten Menschen zusammensetzten.[320] Die Dirnen lebten, euphemistisch als *tochtran* (Töchter) bezeichnet, in einem städtischen Frauenhaus zusammen, das von dem von der Stadt bestellten »Frauenwirt« geleitet und kontrolliert wurde.[321] Die extrem verachteten Angehörigen »unehrlicher« Berufe wie Henker und Abdecker, mit denen ehrbare Personen keinen sozialen Kontakt pflegen durften, bildeten überregional agierende Familienverbände. So erscheinen als Herkunftsorte der am Ende des 15. und Anfang des 16. Jahrhunderts bestellten *klewmaister*, die für die Beseitigung toter Tiere zuständig waren, die Orte Kleiningersheim, Nürnberg, München und Treffelhausen.[322]

Wesentlich mehr Quellen sind über die *Juden*[323] vorhanden. Die Juden nahmen unter den Randgruppen eine Sonderstellung ein, da sie als religiöse und ethnische Minderheit nicht der allgemeinen Lebensform zugeordnet werden konnten. Der von der Kirche propagierte Judenhaß und die Rolle als Geldverleiher, in die sie hineingedrängt worden waren, schufen eine latente Judenfeindschaft, die sich in Krisensituationen in grausamen Pogromen entladen konnte. 1348/49, als für die in ganz Mitteleuropa grassierende Pest die Juden als Brunnenvergifter verantwortlich gemacht wurden, wurde auch in Gmünd die Judengemeinde in einem Akt der Lynchjustiz ausgelöscht. 1349 einigten sich die Grafen von Württemberg als kaiserliche Beauftragte mit der Stadt Gmünd wegen der erfolgten Tötung der Juden und im Hinblick auf ihr hinterlassenes Gut.[324] Die persönliche Rechtsstellung der Juden in der Stadt war entscheidend durch die Beziehung zum König bestimmt, dem sie als königliche Kammerknechte unterstanden. Da die Judensteuer und andere regelmäßige und außerordentliche Abgaben der königlichen Kammer zugute kamen, konnten sich die Juden des königlichen Schutzes auch gegen das Stadtregiment in vielen Fällen sicher sein.

Als Geldgeber von Adligen und Klöstern agierten die Gmünder Juden in den Jahren nach 1300 in einem weiten Umkreis: 1309 konnte sich das Dominikanerinnenkloster

Maria Mödingen von 22 Pfund Heller Schulden bei den Juden in Gmünd lösen,[325] König Heinrich VII. annullierte 1312 die Schulden Konrads von Weinsberg bei Enslin in Gmünd und anderen Juden in der Landvogtei Niederschwaben,[326] 1317 war Hans von Urbach bei dem Juden Mychel und seinen Brüdern in Gmünd verschuldet.[327]

Das Verhältnis des Rats zu den Juden tritt in den Quellen erst in der zweiten Hälfte des 15. Jahrhunderts deutlicher hervor. Allerdings weist es keine durchgehende Linie auf, vielmehr wechselten sich judenfreundliche und judenfeindliche Verhaltensmuster ab. 1453 intervenierte die Stadt zugunsten ihres Juden Mosse in einer Schuldsache bei der Nachbarstadt Nördlingen.[328] 1464 mußte Friedrich III. der Stadt verbieten, von durchziehenden Juden Zoll und andere Abgaben zu fordern. Ein Jahr später wiederholte er sein Verbot, nachdem er erfahren hatte, daß den Juden der Aufenthalt in der Stadt verboten worden war.[329] 1469 nahm Gmünd den Juden Salomo von Schaffhausen auf zehn Jahre in den städtischen Schirm auf. Für 500 fl. erkaufte sich Salomo die Zusage, daß der Rat ohne seine Einwilligung keinen anderen Juden aufnehmen durfte. Salomo versprach seinerseits, bestimmte Beleihvorschriften einzuhalten sowie jährlich 7 fl. Steuer, das Hausungelt, eine Abgabe an die Trinkstube und Gänse an die Richter zu entrichten, desgleichen den Hauszins aus dem Judenschulhof und der Synagoge, neben der er zwei Häuser bewohnen durfte. Der Rat gestattete ihm, einen Vorsänger zu halten, und wies die Metzger an, sich mit ihm über koscheres Fleisch zu einigen.[330] Salomo verwickelte die Stadt 1471/72 in einen langwierigen und peinlichen Rechtsstreit mit dem Kaiser und Angehörigen des Hochadels, die der Stadt die Unterstützung des Juden vorwarfen. Er war nämlich dem Markgrafen Albrecht von Brandenburg 400 fl. Kriegssteuer schuldig geblieben. Salomo mußte schließlich die Stadt verlassen und zog nach Ulm, von wo aus er weitausgreifende Geldgeschäfte abwickelte.[331] 1474 kam er allerdings mit Gmünd überein, daß sein Sohn und sein Schwiegersohn sowie ein Jude als Knecht fünf Jahre steuerfrei in der Stadt leben durften.[332] Im selben Jahr bat Gmünd den Nördlinger Rat um Unterstützung für den Juden Aron, Salomos Schwiegersohn, der seinen Bevollmächtigten Peter Ott in einer Schuldsache nach Nördlingen schickte.[333]

Im letzten Jahrzehnt des 15. Jahrhunderts ist ein entscheidender Wandel in der städtischen Haltung zu registrieren. 1496 verbat sich Maximilian die Belästigung der Gmünder Juden. Zwei Jahre später konnte Gmünd bei Maximilian eine Regelung durchsetzen, die es den Juden verbot, Bürgern und Einwohnern der Stadt Geld zu leihen.[334] Schließlich gelang es Gmünd nach zähen Verhandlungen, daß Maximilian 1501 die Juden auf zehn Jahre der Stadt verwies. 1521 wurde die befristete Ausweisung von Kaiser Karl V. in ein ewiges Stadtverbot umgewandelt.[335] Eine reale Schädigung der Stadtwirtschaft lag der Vertreibung natürlich nicht zugrunde; es war einzig und allein eine judenfeindliche Ideologie, die eine wahnhafte Wirklichkeit entwarf, in der die Juden als willkommene Sündenböcke für alles Übel der Welt herhalten mußten.

## III. Wirtschaft

Die vorstehenden Ausführungen zur Sozialgeschichte der Gmünder Oberschicht galten unter anderem auch wohlhabenden Kaufleuten, die Fernhandel mit Wein, Vieh, Tuchen und Eisen betrieben. Im Handel wurden Textilhandwerker, Gerber und Metzger, wie gezeigt, vermögend und stießen in den Umkreis des Rats vor. Nur vor dem Hintergrund eines entwickelten Wirtschaftslebens, das geprägt war vom Handel und dem Zusammenspiel von Handwerkern und Kaufleuten, sind die verfassungs- und sozialgeschichtlichen Entwicklungen des Spätmittelalters richtig einzuordnen.

Teilnahme am Handel verhieß Reichtum und sozialen Aufstieg. Auch einfache Handwerker setzten ihre Hoffnung auf dieses soziale Sprungbrett. Seine Benutzung war freilich stets mit einem Risiko verbunden. Nur ein Beispiel: 1434 verwandte sich der Gmünder Rat für Hans Rot bei der Nachbarreichsstadt Nördlingen. Ein Nördlinger Bürger war ihm 65 Pfund Heller für gekauften Wein schuldig. Rot sei ein *arm man*, der außer der geschuldeten Summe nicht viel besitze.[336] Das Ausmaß des Gmünder Handels läßt sich allerdings schwer abschätzen, da die Quellenlage hinsichtlich wirtschaftsgeschichtlich relevanter Fakten besonders unergiebig ist. Die Tatsache, daß in Gmünd keine Handelsgesellschaft nachgewiesen werden kann[337] und daß auch in den oberdeutschen Wirtschaftsmittelpunkten mit ungleich besserer Überlieferung kaum Gmünder Kaufleute dokumentiert sind, wird man gewiß nicht übersehen dürfen. Trotzdem kann man davon ausgehen, daß der auch von Gmünder Kaufleuten getragene Fernhandel neben dem Warenaustausch mit dem unmittelbaren Umland das Rückgrat der Stadtwirtschaft gebildet hat.

Dem Fernhandel der Kaufleute diente das 1386 erstmals erwähnte »Kaufhaus« der Stadt, die sogenannte Grät, deren Name von einem Gerüst, auf dem Waren abgestellt wurden, abzuleiten ist.[338] Einer Ordnung für den Grätmeister und die städtischen Unterkäufer (Makler) ist zu entnehmen, daß die Grät vor allem zur Aufbewahrung von Salzscheiben benutzt wurde, deren Verkauf die Unterkäufer besorgten.[339] Daß auch Eisenwaren im Kaufhaus gelagert wurden, belegt eine Quittung des Memminger Bürgers Diebold Maler aus dem Jahr 1472. Er erhielt für die von ihm vertretene Handelsgesellschaft Stahlwaren zurück, die längere Zeit in der Grät aufbewahrt worden waren.[340] Ebenso wie in anderen Städten hat also in Gmünd der

»Grätzwang« für Salz und Eisen bestanden, die im Kaufhaus gelagert und feilgeboten werden mußten.

Besondere Bedeutung im städtischen Leben besaß die vor allem von Gmünder Gewand- und Eisenhändlern sowie Kürschnern besuchte Nördlinger Messe, die als Termin bei Geldgeschäften besonders beliebt war.[341] Auch die jährliche Harnischschau sollte nach der Nördlinger Messe stattfinden.[342] Die Vielfalt der Wirtschaftsaktivitäten der Kaufleute und Handwerker lassen zufällig überlieferte Einzelbelege nur ahnen. So läßt z. B. die Fälschung von Honigfässern 1446 auf Honighandel schließen. 1437 verkauften die Gmünder Bürger Hans Klinger und Aubelin Müller einer Nördlinger Bürgerin für 7 fl. Zwiebelsamen.[343]

Der kontinuierlichen Versorgung der Stadtbevölkerung dienten der mittwochs auf dem Marktplatz abgehaltene Wochenmarkt[344] und die ständigen Verkaufsstände, die Fleisch- und Brotbänke der Metzger und Bäcker in der Laube der Grät und vor anderen Marktplatzhäusern. 1370 wird auch eine Tuchbank erwähnt. Krämerwaren wurden in den an die Friedhofsmauer der Johanniskirche angebauten »Kramen« feilgeboten,[345] Grempler (Lebensmittelkrämer) verkauften ihre Waren entweder auch in Läden oder trugen sie in der Stadt aus.[346] Den Vorrang der Grundnahrungsmittel belegt die Mitteilung Gmünds an Eßlingen 1499, fremde Bäcker dürften in Gmünd täglich, auch an den Feiertagen, Brot verkaufen, ohne Zoll (außer dem geringen Brückenzoll von einem Pfennig je Karren) zahlen zu müssen.[347]

Als Zeugnis der Handelsaktivitäten Gmünder Bäcker kann ein Schuldbrief aus dem Jahr 1414 aufgefaßt werden, den die Gmünder Bürger Sifrid Äffer, Hans Wydenbach, Heinrich Genßmayer (er ist anderweitig als Bäcker belegt) und Hans Wolfer der Bäcker dem Albrecht Schneider zu Donzdorf über 40 fl. für 40 Malter Dinkel ausstellten.[348] Die Gmünder Metzger hielten eigene Viehherden, die sie auf den extensiv genutzten Wüstungsfluren des Albuchs westlich von Bartholomä weiden ließen. Daß sich Gmünder Metzger am Viehhandel beteiligt haben müssen, geht aus den sozialgeschichtlichen Studien des letzten Abschnitts hervor.[349] Keine Zeugnisse haben sich dagegen über den Fischhandel der Gmünder Fischer erhalten, die ihre in den Gewässern der Umgebung gefangenen Fische in den »Fischhäusern« hinter dem Spital (heute Fischergasse) frisch hielten.[350]

Auf einen nennenswerten Gmünder Kornhandel läßt wohl auch die stattliche Anzahl von Mühlen[351] schließen, die sich innerhalb und außerhalb der Stadt befanden. Welch hoher Stellenwert diesem Gewerbe zukam, zeigt der Umstand, daß in den Bürgermeistereid die Bestimmung aufgenommen wurde, zweimal jährlich eine Besichtigung der Mühlen vorzunehmen.[352] Über ein Dutzend Mühlen können im Mittelalter mit Sicherheit nachgewiesen werden:[353]

– an der Tierach: die Rappenmühle (auch Erlenmühle), die Zeiselmühle in der

Waldstetter Vorstadt, die Überschlagsmühle (später Judenmühle, ein limpurgisches Lehen) im inneren Mauerring
— am Friesbach: die Klostermühle hinter dem Kloster Gotteszell
— am Höferlesbach und Mühlgraben »Rems« vom Rinderbacher Wehr bis Eutighofen: die Rinderbacher Mühle (früher Schindelmühle), die Pfennigmühle (1321 Wiesenmühle), die Senfmühle in der Rinderbacher Vorstadt (früher Erlenmühle, später Rahnenmühle), die Mühle bei Bayers Bad am »Mühlbergle« (später Niklasenmühle), die Spitalmühle (früher Gumpenmühle), die Mühle am Josentor, die Hüpfingmühle (später Kreuzmühle, ein rechbergisches Lehen), die Eutighofer Mühle (heute Freimühle), die untere Eutighofer Mühle.

Die Mühlen waren für ihre jeweiligen Besitzer besonders ertragreich. So betrug 1422 die Gült der Überschlagsmühle 26 Malter Korn, 1491 zwei Malter Korn und 12 fl.[354] Tägliches Getränk der Stadtbevölkerung war der Wein, der in großen Mengen eingeführt werden mußte. Allerdings lagen Weingärten an den Südhängen bei der Stadt, vor allem am Näberberg. 1338 und um 1400 erscheint sogar die Berufsbezeichnung Weingärtner in den Gmünder Quellen.[355] 1456 versuchte der Rat, den Rebbau in größerem Umfang einzuführen, indem er sieben Eßlinger Bürger als Weingärtner nach Gmünd holte. Jeder sollte ein bis zwei Morgen Weingärten anlegen und als Startkapital einen Kredit von 15 fl. je Morgen erhalten. Zusätzlich waren sie auf zehn Jahre von der Steuer befreit.[356] Obwohl diesem Versuch offensichtlich kein Erfolg beschieden war, muß es am Ende des 15. Jahrhunderts erneut zur planmäßigen Anlage von Weingärten gekommen sein.[357]

Die große Bedeutung des Weinhandels für die Stadt wurde bereits im vorigen Abschnitt gewürdigt.[358] Gmünd fungierte als Zwischenstation im Handel zwischen den Weinbaugebieten des Westens (Elsaß-, Neckarwein) und Bayern. Daß Gmünder Kaufleute mit elsässischem Wein handelten, zeigen zwei Belege aus den 1430er Jahren: 1434 beschwerte sich Gmünd bei Schlettstadt, weil der Gmünder Bürger Hans Grauw etliche im Elsaß gekaufte Weine verzollen mußte, 1438 wurden von der Stadt Straßburg fünfeinhalb Fuder Wein des Gmünder Bürgers Hans Schmid auf einem Rheinschiff beschlagnahmt.[359]

Um die Abhängigkeit vom teuren Weinimport zu verringern, unterstützte der Rat, wie aus Nördlinger Quellen hervorgeht, am Ende des 15. Jahrhunderts die Einführung des Bierbrauens. 1486 gab er Gregor Bulling, der Bier sieden und dafür in Nördlingen Malz kaufen wollte, ein Empfehlungsschreiben an den Rat mit. 1489 erkundigte sich die Stadt bei Nördlingen, das einen Braumeister angestellt hatte, nach der Ordnung des Gewerbes, nach dem Lohn des Meisters und der Regelung des Ungelts, da sie gewillt sei, *bier in unnser statt lassen zumachen.* 1492 war der Gmünder Bürger Anton Äschach dem Nördlinger Caspar Zeitregen wegen *bier oder vaß*

Geld schuldig. Als Nördlingen im selben Jahr eine Exportbeschränkung für Malz erließ, bat Gmünd für seinen Bürger Hans Kupferschmid, der mit dem Nördlinger Bürgermeister den Kauf eines Wagens Malz verabredet hatte. Als Begründung gibt Gmünd an, *das wir dester bas bier in unser stat gehaben mugen.*[360]

Von den Baugewerben sollen nur die Ziegler erwähnt werden, die vor allem im Osten der Stadtmarkung bei der Leonhardskapelle und am Ziegelberg Lehm gruben. Allerdings ist auch im Westen der Stadt 1317 ein Ziegelhof bezeugt. Im 15. Jahrhundert gab es zwei Ziegelhöfe bei der Leonhardskapelle und unweit davon an der sogenannten »Fröschburg«, einem Weiherhaus. Die Ziegler lieferten auch Kalk für Bauarbeiten.[361]

Um das Gesundheitswesen[362] der Stadt kümmerten sich Ärzte, Barbierer und Bader. Seit der Mitte des 14. Jahrhunderts wurde Mitteleuropa von verheerenden Seuchen heimgesucht. Ein in seiner allgemeingeschichtlichen Bedeutung kaum zu überschätzendes Ereignis war das Auftreten der Beulenpest 1348/49, die allerdings in Gmünder Quellen keine Spuren hinterlassen hat. Weitere Pestzüge folgten, doch sind nur zwei in den Gmünder Quellen dokumentiert: nach Aussage der Bürgermeisterliste wütete 1377 ein *groszer sterbendt*, 1438 hielten sich einige Gmünder *von sterbens flucht wegen* in Eßlingen auf.[363] 1357 ist der erste Arzt in Gmünd, Meister Peter von Grünenberg, nachweisbar. Er erwarb Grundbesitz auf dem Land, hinterließ aber bei seinem Tod (vor 1377) große Schulden. Einer seiner Nachfolger, Meister Niclaus von Gmünd wurde Hofarzt Graf Eberhards von Württemberg. Ein Augenarzt ließ sich 1471 in Gmünd nieder.[364] Bei kleineren Verletzungen suchte man den Barbierer auf, so 1496, als ein *parbierer* zu Gmünd die Verletzten eines Raufhandels in Waldstetten verbinden mußte.[365]

Äußerst beliebt war der Aufenthalt im Bad, das die Gelegenheit bot, Hygiene und Geselligkeit zu verbinden. Was heute das Trinkgeld ist, war im Spätmittelalter das »Badgeld«. Die Gmünder Badstuben lagen an den Wasserläufen der Stadt: z. B. neben der Überschlagsmühle die Frauenbadstube (Imhofstraße 17), deren Besitzer im Jahr 1366, Walther von Rinderbach, einen Rechtsstreit mit dem Inhaber der Mühle, Johann Kurz d. J., verlor und fortan kein Blut oder Unsauberes mehr in den Mühlgraben schütten durfte.[366] Auf dem »Mühlbergle« befand sich das Bayersbad,[367] am Türlensteg die Predigerbadstube,[368] vor dem Arentor auf dem Graben das Arenbad[369] und auf dem Graben vor dem Kappeltor Truhmars bzw. Hofers Badstube.[370] Doch gab es daneben sicher noch andere Badstuben.

Als die *Hauptgewerbe* der Stadt sollen im folgenden behandelt werden: die Gerber (1), die Textilgewerbe (2), die Sensenfertigung (3) und die Sondergewerbe der Paternosterer und Gagatarbeiter (4). Im 15. Jahrhundert veranschaulicht die Entwicklung der Sensenschmiede zum größten Handwerk der Stadt, das Aufkommen der Sonder-

36. *Soldatenfiguren an dem um 1350 entstandenen Heiligen Grab im Münster zeigen die Bewaffnung zeitgenössischer Krieger.*

37. Die anläßlich des Gmünder Büchsenschießens von 1480 entstandene Darstellung der ausgesetzten Preise verweist auf die große Bedeutung des reichsstädtischen Wehrwesens.

38. Das abgebrochene Zunfthaus der Schmiede im Freudental bildete, wie die anderen Zunfthäuser der Reichsstadt auch, den räumlichen Mittelpunkt des Zunftlebens. Aquarell von C. Tiefenbronn, 19. Jahrhundert

39. Das spätere »Rechbergische Haus« an der Rinderbachergasse (abgebrochen 1857) war im 15. Jahrhundert der Wohnsitz der stadtadligen Familie Flad (Aquarell).

40. Das spätere Gasthaus zum Pfauen (rechts) war im 15. Jahrhundert die Bürgertrinkstube, der gesellige Mittelpunkt der Gmünder Oberschicht.

41. Job Vener als Gutachter 1426. Der Heidelberger Professor, Enkel eines Gmünder Bürgermeisters aus vornehmem Stadtgeschlecht, war zeitweise einer der hervorragendsten Juristen am Königshof.

42. Um 1500 entstand diese Malerei in einem Gmünder Bürgerhaus. Der dargestellte Bauerntanz bezeugt die spielerische Abgrenzung der städtischen Oberschicht von der Figur des Bauern. Federzeichnung von C. Tiefenbronn, 19. Jahrhundert

43. Der Hochaltar der Kathedrale von Zaragoza stammt zum großen Teil von dem aus Gmünd gebürtigen Bildschnitzer Hans Peter Danzer. 1467/80

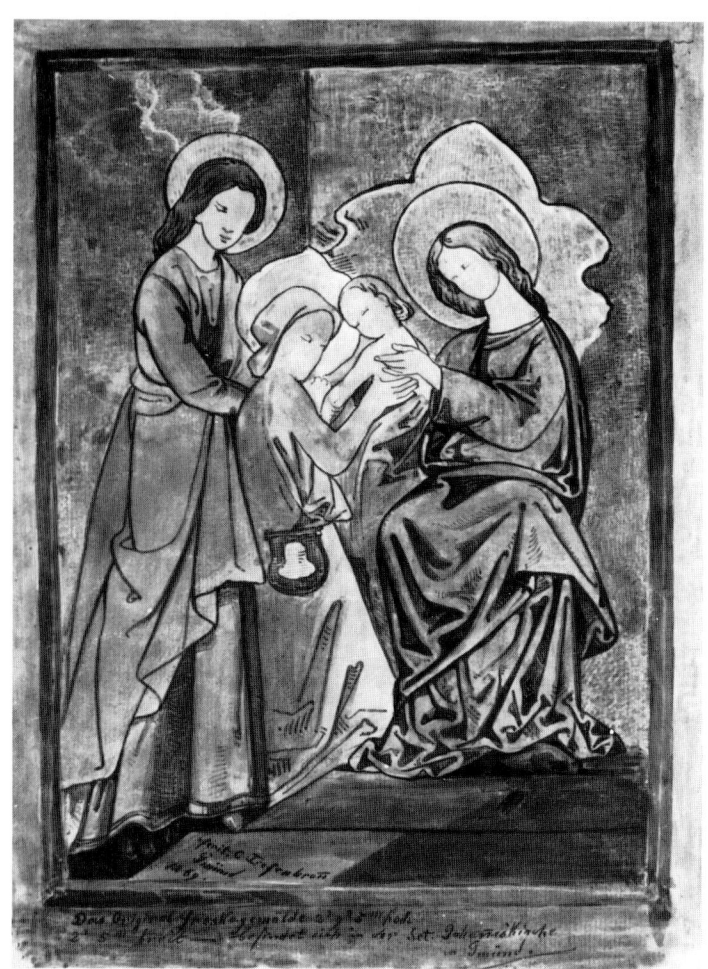

44. Im 19. Jahrhundert wurde dieses gotische Gemälde unter dem Gipsanstrich im Inneren der Johanniskirche vorgefunden und von C. Tiefenbronn kopiert.

45. Das Siegel des Gmünder Predigerkonvents aus dem Jahr 1494 zeigt eine Muttergottes mit Kind.

46. *Das Wappen der Familie Baldung. Das Einhorn verweist auf ihre Herkunft aus Schwäbisch Gmünd (Holzschnitt von Hans Baldung Grien).*

von burgen

In nomine domini amen Ego heinricus plebanus... [medieval Latin document text, largely illegible]

47. Das älteste erhaltene Stadtsiegel mit dem Einhorn hängt an einer Urkunde aus dem Jahr 1277.

48. Stadtsiegel. 1319

gewerbe und die Einführung der Barchentweberei die Bedeutung von Innovationen für die Stadtwirtschaft. In jedem Fall arbeiteten Kaufleute und am Handel orientierte Handwerker sowie der Rat, in dem während der Zunftverfassung ja eben diese Gruppen dominierten, eng zusammen.

1. Nach Ausweis des Gassennamens Ledergasse waren die Gerber in der Stadt zahlreich vertreten, was mit der bereits oben angesprochenen Bedeutung des Gmünder Viehhandels zusammenhängt. 1385 wird ein Haus in der Ledergasse erwähnt, 1407 ein Haus vor dem Kapellentor an der Ledergasse, 1409 ein Haus an der alten Ledergasse. Aus einem Streit zwischen den Gerbern und den Müllern 1494 und 1499 um das Einhängen der Häute in den Mühlbach geht hervor, daß sich die Gerber zunächst am Mühlgraben zwischen dem Barfüßerkloster und der Senfmühle angesiedelt hatten. Dieser Bereich hieß die obere Ledergasse, in der 1494 noch neun Gerber wohnten. Wahrscheinlich am Anfang des 15. Jahrhunderts war die Mehrheit der Zunft in die heutige Ledergasse vor dem Arentor gezogen.[371] Das Rohmaterial besorgten sich die Gerber zum Teil von auswärts: 1437 bewahrte der Nördlinger Bürger Wißledrer für einige Gmünder Gerber Häute auf, die sie in Nürnberg erstanden hatten.[372]

2. Eine unbekannte Größe stellte bislang die Rolle des Gmünder Textilgewerbes dar; in Darstellungen über das ostschwäbische »Textilrevier«, dessen Hauptort Nördlingen war, fehlt die Stadt. Daß es sich um ein Hauptgewerbe Gmünds gehandelt hat, bezeugt ein auswärtiger Besucher, der Wiener Gelehrte Ladislaus Sunthaim, der in den 1480er Jahren in Gmünd war: Man fertige in Gmünd auch *gewanndt*.[373] In den Urkunden werden gelegentlich Weber, Tucher, Tuchscherer, Färber und Schneider erwähnt.[374] In Freiburg im Üchtland ließ sich 1413 ein aus Gmünd stammender Arbeiter des Tuchgewerbes nieder, Gmünder Gewandhändler hielten regelmäßig auf der Nördlinger Messe ihre Waren feil.[375] 1474 nahm der Rat einen Weber aus Biberach als Beisitzer auf, der drei Jahre sein Handwerk steuerfrei und wachtfrei betreiben durfte und einen Kredit in Höhe von 6 fl. in drei Jahresraten zugesagt erhielt.[376]

Besonders deutlich wird die Initiative des Gmünder Rats bei der Innovation der Barchentweberei.[377] Die Herstellung des teuren Baumwoll-Leinen-Mischgewebes Barchent, einer typischen Exportware, verbreitete sich im 14. und 15. Jahrhundert in zwei »Gründungswellen« in Textillandschaften und -orten Mitteleuropas. Das Aufkommen des Gewerbes in Gmünd gehört zur zweiten Welle während der Regierungszeit König Sigismunds. 1419 wird Hartmann der Parchentweber erwähnt.[378] Einen etwas früheren Hinweis enthält vielleicht eine Urkunde von 1417, die von Hans Wölflin und Ulrich Brotolf, den Pflegern der Kinder des verstorbenen Wollenschlahers, wohl eines Baumwollschlägers, ausgestellt wurde. Sie verkauften ein Haus

vor dem (inneren) Utinkofer Tor neben dem Haus des Garnhetzel.[379] Wölflin war
der Sohn des Richters Wölflin Gewandschneider, ein Peter Brotolf ist um 1400 als
Weber bezeugt.[380]

Der Barchentweber Hartmann von 1419 ist wohl identisch mit dem bis 1461 bezeugten Barchentweber Eitel Hartmann, über den einige Nachrichten vorliegen. 1436
war er in einen Rechtsstreit mit Nördlinger Bürgern verwickelt, die ihm Flachs verkauft hatten, den sie von Hans Stödlinger von Aalen erworben hatten. 1452 war ihm
der Nördlinger Weinschenk Ulrich Faber den hohen Betrag von 400 fl. schuldig, der
erst 1459 zurückgezahlt wurde.[381] Daß Hartmann auch Kontakte zu anderen Städten
besaß, ersieht man daraus, daß Hermann Barchantweber genannt Judenkönig, vermutlich Eitel Hartmann, 1445 von einem Heilbronner Bürger wegen Verrats vor ein
Femegericht geladen wurde und daß Hartmann 1452 ein Gut im Auftrag eines Göppinger Bürgers verkaufte.[382]

Die städtische Barchentregie wird erstmals im Jahr 1435 in den Quellen faßbar.
Damals stellte die Stadt den Nördlinger Bürger Conrat Held den *barchanweber* an
und erbat für ihn vom Nördlinger Rat die Abzugserlaubnis und die Erlassung der
Anzal, einer Abzugsabgabe. Er sollte die nächsten fünf Jahre in Gmünd wohnen
*und barchan uff unser blaiche wircken*.[383] Im nächsten Jahr bestellte Gmünd Ulrich
Höreler genannt Blaichmeister von Dächlingen zu einem Bleicher. Er mußte Güter
im Wert von 100 fl. als Sicherheit für die Verluste seiner Kunden zum Pfand setzen.
Die Summe verschrieb er zum größten Teil auf Besitz in Nördlingen. Auch Haim-
rand Höreler, 1447 Gmünder Bleicher, war Nördlinger Bürger.[384] Eine Bleiche lag
1447 vor dem Rinderbacher Tor.[385]

In Eßlingen wurde das Barchentgewerbe mit Gmünder Hilfe etabliert: 1435 forderte
Eßlingen den Hettler von Gmünd als Barchentweber an, da er etwas vom Färben
versteht.[386] Hinsichtlich der Sorten hielten sich die Gmünder an das Ulmer Vorbild:
1468 bestimmte der Schwarschauer-Eid, daß der schwarze Barchent nach Ulmer
Muster gefärbt werden sollte. Für das Aufdrücken der Markenzeichen waren die
»Bleichherren« zuständig, deren Tätigkeit 1448 geregelt wurde.[387] Vermutlich vollzog sich die Einführung des neuen Gewerbes in der engen Zusammenarbeit von
Kaufleuten, die das Handelsgut Baumwolle vor allem aus Venedig importierten, und
der Stadtobrigkeit. In den Geschäftspapieren der Firma Soranzo in Venedig findet
sich 1406/36 auch ein Kunde aus Gmünd.[388]

3. Als »größt Handtierung« der Stadt wurde 1483 das Gewerbe der »Segessenschmiede«, der Sensenschmiede bezeichnet.[389] Da es sich um ein ausgesprochenes
Exportgewerbe handelte, waren die Kaufleute auch hier sicher schon von Anfang an
an der Entwicklung der Industrie beteiligt. Bereits 1415 handelte der Gmünder
Kaufmann Hans Straißer in Freiburg im Üchtland mit Sensen.[390]

Die älteste erhaltene Sensenschmiedordnung wurde 1442 erlassen. Da durch das Gewerbe der Verbrauch von Holz und Kohle angestiegen war und der Stadtbürger kaum billiges Holz auf dem Markt vorfand, erlegten sich die Meister eine Beschränkung der Jahresarbeitszeit, der Tagesproduktion und der betriebenen Feuerstellen auf. Verstöße gegen diese Ordnung wurden mit der immensen Strafsumme von 10 fl. geahndet, die zur Hälfte dem Rat, zur Hälfte der Zunft zugute kam.[391] In der nächsten Ordnung von 1452 stehen dagegen die hohen Lohnkosten der Knechte im Mittelpunkt. Offensichtlich hatten hohe Gewinne zu einer Verbesserung der Arbeitsbedingungen geführt.[392] 1483 beleuchtet ein von Pantaleon Hölzlin wegen der Sensenschmiedordnung gegen den Rat angestrengter Prozeß die Lage des Gewerbes. Hölzlin wandte sich gegen das bei Erlangung der Meisterschaft zu zahlende Meistergeld von 5 fl., gegen die Festsetzung eines Tageslimits und das Verbot einer Herstellergarantie. Obwohl das Handwerk das wichtigste Gewerbe der Stadt war, gab es damals nur elf Sensenschmiedmeister (zum Vergleich: die gesamte Schmiedzunft hatte etwa 150 Mitglieder). Über den Vertrieb der Sensen, von denen 100 Stück 13 oder 15 fl. kosteten, erfährt man, daß die Meister Knechte beschäftigten, die die Sensen auf dem Land verkauften.[393]

Weitere Details zur Geschichte der Sensenschmiede liefert ein Warenzeichenschutzprozeß, der 1503 zunächst vor dem Stadtgericht, von 1508 bis 1522 vor dem Reichskammergericht geführt wurde.[394] Die Sensenschmiedswitwe Katharina Lemlin, die das Handwerk mit Hilfe eines Knechts ausübte, klagte gegen den Sensenverleger und Stadtschreibersohn Peter Estlin, der das schon von Katharina Lemlins Großvater geführte Warenzeichen der Ilge (Lilie) widerrechtlich auf die von ihm verlegten Sensen schlagen ließ. Jeder Sensenschmied schlug außer dem städtischen Einhorn ein eigenes, innerhalb der Familie vererbtes Zeichen auf die von ihm gefertigten Sensen. Bestimmte Zeichen, darunter verständlicherweise die Lilie als französisches Königswappen, waren in Frankreich, dem Hauptabsatzgebiet der Sensen, besonders beliebt. Der Export nach Frankreich soll um die Mitte des 15. Jahrhunderts begonnen haben. Die Meister verlegten ihre Sensen wohl in der Regel selbst. Die Sensen von Ulrich Hack, Sproß einer verbürgerlichten Adelsfamilie[395], Ratsmitglied und einmal auch Bürgermeister, seien, so eine Zeugenaussage, im ganzen welschen Land bekannt gewesen. Sein Bruder Veit Hack schmiedete selbst vor zwei Feuern, handelte jedoch ebenfalls nach Frankreich. Der Stettmeister Hans Köllin, der 24 Jahre lang Sensenhandel betrieben hatte, besaß ein Vermögen von 3000 fl.

Den Verlag der Sensen besorgten aber auch zunftfremde Kaufleute, wie aus einem Warenzeichenschutzprozeß von 1471 hervorgeht. Ulrich und Veit Hack ließen eine Anzahl Sensen beschlagnahmen, die von dem Sensenschmied Paul Ülin für den Nördlinger Fernkaufmann Caspar Funk aus Gmünd geschmiedet worden waren. Er hatte die Sensen mit einer Zange, Funks Zeichen, gekennzeichnet, das von den Hack beansprucht wurde.[396]

Kaum etwas ist über die Herkunft des Rohstoffes der Sensenschmiede, also über den Gmünder Eisenhandel bekannt. Dafür, daß dabei das Eisenerz der nahen Ostalb eine wichtige Rolle gespielt habe, fehlt jeder Beleg. 1438 lagerte in der Nördlinger Grede Eisen, das Gmünder Bürger, unter anderen der Ratsherr Hans Härer und der Schlosser Hans Betz, gekauft hatten. Das Eisen des Betz lag im Laden des Örtlin von Nürnberg.[397] 1472 wurde ein Streit geschlichtet wegen der Wegnahme von Schaufeln, Nägeln und anderen Kaufmannswaren, die Bartholome Müllin aus der späteren Sensenverlegerfamilie Meulin nach Eßlingen bringen wollte.[398] Zum Thema Eisenverarbeitung sei abschließend noch erwähnt, daß die Mühle oberhalb des Klosters Gotteszell vor 1483 von dem Kupferschmied Hans Äblin in einen Eisenhammer umfunktioniert wurde.[399]

4. Eine Gmünder Besonderheit sind die Sondergewerbe der Gagat-, Bein- und Kristallarbeiter, die vor allem Paternoster- und Rosenkranzkugeln herstellten.[400] Diese Handwerker erscheinen in den ersten Jahrzehnten des 15. Jahrhunderts in der schriftlichen Überlieferung: 1415 ist der Paternosterer von Gmünd in Schwäbisch Hall, 1419 der Paternosterer Fyfel in Gmünd bezeugt, Bernhart Augstaintreyger (Gagatdreher) erwarb 1426 ein Haus, ein Beindreher Konrad Nydung wohnte 1448 in der Pfeifergasse.[401]

Der Augstein (Gagat), eine leicht bearbeitbare schwarze Kohle, wurde damals in der Umgebung von Gmünd abgebaut, wobei der Bergbau von Gmünder Bürgern in die Hand genommen wurde. 1431 verkaufte Dietrich Augsteindreyer seinem Sohn Jörg um 50 fl. seine Hälfte am Viertel der Bergwerke zu Mittelbronn, die ein Erblehen von den Schenken von Limpurg, von Ritter Heinrich von Rechberg, dem Kloster Comburg und dem Kirchenvermögen von Eschach waren.[402] Zwei Jahre später erhielten Philipp und Thomas Augsteindreher, ihre Schwester Katharina und der Bauer Peter Löchlin von Durlangen drei Teile der dem Spital gehörigen Hälfte des Bergwerks zu Durlangen verliehen, dessen andere Hälfte Gotteszeller Besitz war. Den vierten Teil besaß Löchlin allein, solange er Hintersasse des Spitals blieb. Erwähnt werden in der Urkunde die Bodenschätze Gold, Silber, Kupfer, Eisen, Blei, Schwefel, Augstein und Hüttenrauch, doch dürfte tatsächlich nur Augstein erwartet und abgebaut worden sein. Die Genossen, die ihren Anteil nur mit Zustimmung des Spitals und des Bürgermeisters verkaufen und ihn nur an Gmünder Bürger vererben durften, mußten sich der geschworenen Augsteinschau der Stadt unterwerfen.[403]

1434 gestattete König Sigismund dem Kloster Gotteszell, den Spitälern zum Hl. Geist und zu St. Katharina, in ihren Gütern und Bergwerken zu Mittelbronn und

Durlangen nach schwarzem Augstein und anderen Erzen und Metallen zu graben.[404] Der Abt von Lorch verlieh 1446 das Bergwerk im Wagenbogen bei Durlangen dem Gmünder Bürger Hans Scherbe, 1451 den beiden Gmünder Bürgern und Richtern Lorenz Liebermann und Heinrich Kayser sowie drei Durlanger Bauern.[405] Die Bergwerksherren behielten sich jeweils den zehnten Teil der Ausbeute und den Fronteil (Herrenteil) vor.

Gmünder Bürger engagierten sich auch bei Bergbauaktivitäten in größerer Entfernung von Gmünd. 1444 verlieh Graf Ulrich von Württemberg den Gmünder Bürgern Heinz Decker und Michel Augsteindreher das Bergwerk zu Wart (Warthof bei Kleinaspach). 1456 erhielten es die Gmünder Heinz Decker, Claus Ebner und Heinrich Kitzing.[406]

Bei dem 1414 begonnenen Gagatabbau des steirischen Stifts Admont in Gams erscheint Seitz Schmid als Mitglied der Bergbaugenossenschaft.[407] Er ist wohl identisch mit jenem Sitz Schmid, der 1422 sein Gmünder Bürgerrecht aufgab[408] und dessen Sohn Konrad als ebenso unternehmender wie streitbarer Mann in den Quellen erscheint. Konrad Schmid besaß Beziehungen nach Köln, stritt mit dem Gmünder Fernhändler Hans Straißer, war als Diener des Landrichters Konrad Truchseß von Nürnberg in einen langwierigen Streit mit der Stadt verwickelt, vertrat 1431 in Nürnberg vor dem Gericht König Sigismunds einen Nürnberger Venedig-Händler und erhielt 1430 ein Privileg von Sigismund für die Errichtung einer Mühle bei der Eutighofer Mühle.[409]

Daß sich die Gagatarbeiter selbst aktiv an der Rohstoffbeschaffung und dem Vertrieb ihrer Produkte beteiligten, wird aus den Namen der Gmünder Bergwerkspächter deutlich, aber auch aus dem Umstand, daß Bernhard Augsteindreher mit anderen Gmünder Kaufleuten 1428 zur Frankfurter Messe zog.[410] Eine direkte Förderung des Gewerbes durch den Rat ist zwar nicht nachweisbar, doch wurde die Qualität der Kugeln von den Cristenlein- und den Augsteinschauern überwacht.[411] In der Paternosterherstellung sind wohl auch die ältesten Wurzeln der späteren Gmünder Schmuckfabrikation zu suchen, die bis zur Gegenwart die Wirtschaft der Stadt geprägt hat.

## C  Kirchen, Klöster und Spitäler

Die Sorge um das Seelenheil verließ den Stadtbürger des späten Mittelalters nie. Ob Ratsherr oder Badknecht — Tag für Tag wurde er aufs neue mit dem Problem konfrontiert, daß allzu viele der ihm im täglichen Leben abverlangten Entscheidungen den Forderungen seines Glaubens zuwiderliefen und ihn unweigerlich der Hölle, deren unermeßliches Grauen von Predigern und Künstlern in einprägsamen Bildern beschworen wurde, näherbringen mußten. Denn jede Stunde konnte seine letzte sein: »Nichts ist gewisser als der Tod und nichts ungewisser als die Stunde des Todes«, so lautete die ständig wiederkehrende Begründung, mit der die Errichtung von »Seelgeräten«, frommen Stiftungen für das Seelenheil, motiviert wurde.[1] Den Ausweg aus dem Dilemma, die Forderungen der Kirche und die notwendigen Kompromisse des Alltags vereinen zu sollen, bot das »Versicherungswesen« des Spätmittelalters. Seine Institutionen: Kirchen, Kapellen, Klöster und Spitäler.

Dem Stadtpfarrer und seinen Helfern, den in der Priesterbruderschaft zusammengeschlossenen Kaplänen in den Kirchen und Kapellen der Stadt, den Mönchen und Nonnen der Klöster, aber auch den Armen der beiden Spitäler zum Heiligen Geist und St. Katharina, ja sogar den Bettlern auf der Straße, die eine fromme Gabe erhalten hatten — ihnen allen war aufgegeben, mit ihren Messen, Gebeten und guten Werken das Seelenheil der Stadtbevölkerung und auswärtiger Stifter zu fördern. Dem von den Kaufleuten und Handwerkern erwirtschafteten Sozialprodukt entsprach der in Kirchen, Klöstern und Spitälern angehäufte Schatz der guten Werke; mit dem Wirtschaftswachstum des 14. und 15. Jahrhunderts stand die sprunghafte Zunahme der frommen Stiftungen in Verbindung.

Doch die allgegenwärtige Angst vor Fegefeuer und ewiger Verdammnis war nicht der einzige Motor der Frömmigkeit. Von den Wallfahrten und Prozessionen, den Reliquien und guten Werken erhoffte man sich auch Schutz vor ganz irdischen Bedrängnissen. Besonders der Reliquienkult bezeugt den »magischen« Hintergrund der religiösen Praxis. Sogar eine kleine Vorstadtkapelle, St. Theobald, bemühte sich erfolgreich um einen kleinen, etwa 20 Stück umfassenden Reliquienschatz, zu dem Teile der Kleider der Muttergottes ebenso gehörten wie ein Zahn des Kapellenpatrons St. Theobald.[2]

Die kirchlichen Institutionen waren fest in das städtische Interessengeflecht eingebunden, meist waren die in der Stadt wirkenden Kleriker Gmünder Bürgerskinder, die ihren Familien und ihrem gesellschaftlichen Umkreis auch als Geistliche verbunden blieben. »Kirche« und »Stadt« lassen sich nicht voneinander trennen. Die Aufsicht über die Pfründinhaber und Klöster gehörte schon früh zu den Aufgabenbereichen des Rats, der sich auch als Wahrer der Interessen der zahlreichen bürgerlichen Stifter verstand. Mit der Ausbildung des »Obrigkeitsgedankens« intensivierte sich auch das »Kirchenregiment« des Rats. Besonders deutlich wird dies in den Jahren nach 1476 bei den Auseinandersetzungen um die Reform des Klosters Gotteszell, das sich gegen die Knebelung durch die totale Ratsaufsicht erbittert zur Wehr setzte. Im Gegensatz zu Gotteszell, das aufgrund seiner Beziehungen zum Landadel eine Sonderstellung innehatte, war die Schirmherrschaft des Rats über die drei Männerklöster und ihren Grundbesitz nicht strittig. Bereits im 14. Jahrhundert konnte sich der Rat Aufsichtsrechte über die Kaplaneien der Stadt sichern, der Kirchenbau und die Verwaltung des Kirchenvermögens waren ohnehin von Anfang an eine kommunale Angelegenheit. Besonders nachdrücklich war die »Kommunalisierung« des Heilig-Geist-Spitals, das im 14. Jahrhundert aus der Betreuung durch eine geistliche Bruderschaft in die Obhut der Stadt überging. Um 1500 stellte es das größte städtische Wirtschaftsunternehmen dar, das mit seinem immensen Grundbesitz nicht nur die Interessen des von ihm betreuten Personenkreises, sondern stets auch die des Stadtregiments zu berücksichtigen hatte.

### Die Pfarrkirchen und ihre Gemeinde

Die Gmünder Stadtpfarrei[3] bestand aus zwei Pfarrkirchen: der eigentlichen Pfarrkirche, ursprünglich dem Heiligen Kreuz, dann der hl. Maria geweiht, und der Kirche des hl. Johannes des Täufers, ihrer Tochterkirche. Ursprünglich gehörte die Gmünder Pfarrei zum Ausstattungsgut einer Pfründe des Chorherrenstifts Lorch; das Patronatsrecht über sie war im 12. oder 13. Jahrhundert an das Kloster Lorch gelangt. 1297 übergab das verschuldete Kloster dieses Recht dem Domkapitel Augsburg. Der Gmünder Rat soll damals vergeblich versucht haben, das Patronatsrecht der Gmünder Pfarrkirche zu kaufen.[4] Der Augsburger Bischof scheint die Kirche dem Domkapitel bald inkorporiert zu haben;[5] fortan war der Gmünder Stadtpfarrer kirchenrechtlich kein Pleban, sondern lediglich ein Vikar, der mit einem Teil der Kircheneinkünfte besoldet wurde.[6] Ihm standen bei seinen seelsorgerischen Aufgaben zwei Pfarrhelfer zur Seite.[7]

Während der Rat auf die Ernennung des Pfarrers keinen Einfluß nehmen konnte — bis 1544 stand sie ausschließlich dem Domkapitel zu —, sicherte er sich um die Mitte des 14. Jahrhunderts das Präsentationsrecht der Gmünder Kaplaneien und Meßstiftungen. Bereits 1327 hatte Walther Kurz die Katharinenmesse in der Pfarrkirche mit Zustimmung sowohl von Bischof und Domkapitel in Augsburg als auch von seiten des Rats gestiftet. Das Patronatsrecht sollte allerdings — wie schon bei der Stiftung Magister Konrads von Gmünd 1326 — nach dem Tod des Stifters an das Domkapitel übergehen.[8] Bei der Errichtung der Frühmesse St. Maria in der Johanniskirche wurde 1348 festgelegt, daß der Rat das Patronatsrecht innerhalb eines Monats ausüben und einen geeigneten Priester dem Domkapitel vorschlagen sollte. Diese Regelung war auch der Inhalt eines 1354 beurkundeten Vertrags zwischen Schultheiß, Bürgermeister und Rat einerseits und Bischof und Kapitel andererseits, der für alle Gmünder Pfründen und Messen gelten sollte. Die Stadt konnte die Absetzung eines ihr nicht genehmen Priesters verlangen und gewährte ihrerseits den Gütern der Kaplaneien Steuerfreiheit.[9] Zeitweilig mußten die vom Rat vorgeschlagenen Kapläne diesem eine Verpflichtungsurkunde ausfertigen und Bürgen für die Einhaltung ihrer gottesdienstlichen Obliegenheiten benennen;[10] Güterverkäufe der Pfründen bedurften der Zustimmung des Stadtregiments.[11] Andererseits achteten die Gmünder Geistlichen auf ihre privilegierte Stellung innerhalb der Einwohnerschaft, auf ihren Gerichtsstand nur vor dem geistlichen Gericht, so peinlich genau, daß sie keine Messe mehr lesen wollten, als der Rat 1431 einen Nördlinger Quacksalber verhaftete, der sich als Subdiakon ausgab.[12]

Ganz in den Händen der Bürgerschaft lag der Kirchenbau, die im zweiten Jahrzehnt des 14. Jahrhunderts begonnene Errichtung einer neuen Pfarrkirche.[13] Stolz berichtete Gmünd 1445 der Nachbarreichsstadt Nördlingen, der Bau der Pfarrkirche und des Johanniskirchenchors sei von Grund auf aus Almosen bestritten worden, der Lehensherr, das Domkapitel, habe nichts dazu beigetragen.[14] Ohne intensive Beteiligung aller Schichten hätte das beinahe ein Jahrhundert währende ehrgeizige Unternehmen nicht verwirklicht werden können. Schon von Anfang an waren zünftische Kreise stark für den Bau engagiert; bereits der erste Ablaßbrief zugunsten des Kirchenbaus von 1317 nennt neben dem vornehmen Magister Konrad von Gmünd fünf weitere Personen, die nicht zu den herrschenden »Burgern« zählten.[15] Die vom Rat bestellten Pfleger von *unserr frowen bû* – 1334 erstmals erwähnt[16] – dürften mit den »Heiligenpflegern« identisch gewesen sein. Sie verwalteten das vom Pfründvermögen verschiedene Kirchenvermögen, dessen Haupteinkünfte aus Almosen bestanden haben dürften, die in »Unser Frauen Bettnapf« (Bittnapf) für den Kirchenbau gesammelt wurden.[17]

Seit dem zweiten Viertel des 14. Jahrhunderts stifteten sowohl Angehörige der alten Geschlechter als auch wohlhabende Kaufleute und Handwerker zahlreiche Meßpfründen. 1409 wurden die Stiftungen einer ganzen Reihe schon vorher bestehender Kaplaneien vom Rat rechtsgültig bestätigt, zu denen im 15. Jahrhundert nur noch wenige Nachzügler hinzukamen.[18] Um 1500 wirkten im Münster 13 Altaristen (siehe Tabelle S. 153), deren Altäre im Kranz der Chorkapellen und an den Säulen vor dem Chor standen. Einschließlich des Pfarrers und seiner beiden Helfer waren also ständig 16 Kleriker an Unser-Frauen-Münster bzw. der Heilig-Kreuz-Kirche[19] tätig.

*Tabelle: Kaplaneien im Münster um 1500*

| Stiftungsjahr* | Name der Pfründe (des Altars) | Stifter |
|---|---|---|
| 1326 II 5 | St. Anna (Marien-, später Kreuzaltar) | Mag. Konrad von Gmünd |
| 1327 VI 16 | St. Katharina | Walter Kurz d. Ä. |
| 1347 II 8 | St. Jakobus Maior | Heinrich, Johann und Walter Vetzbry |
| Vor 1377 | St. Christophorus und Stephan | Conrad Argenhaß u. (Heinrich?) Glaser/Anna Schönin gen. Eberwinin |
| Vor 1380 | St. Andreas | Heinrich Ruch |
| 1386 VIII 17 | St. Helena | Ulrich Hünerbühel |
| Vor 1398 | St. Maria Magdalena | Klara Gernoltin gen. Schultheißin |
| 2. H. 14. Jh. | St. Nikolaus | Heinrich Schnittlinger († vor 1368) |
| 1410 VII 24 | Kaisermesse (Marien-/Fronaltar) | Peter Kaiser d. A. |
| Vor 1429 | Primmesse | Unbekannt |
| 1436 VII 24 | St. Barbara u.a. | Hans Straißer |
| Vor 1442 | Zehntausend Märtyrer (Achatiusaltar) | (Rembold?) Funk |
| Vor 1460 | St. Sebastian | Hans und Martha Appenseß geb. Funk |

\* bzw. Datum der Stiftungsurkunde
Die Lage der Altäre im Münster ist nur für einen Teil der Kaplaneien sicher zu ermitteln.
Quelle: UAG, UASp; Fauter, Rechtsstellung, 53—63

Vier Kapläne waren in der Johanniskirche bepfründet, je zwei im Spital und in der Leonhardskapelle, je ein Kaplan versah die Kapellen St. Veit, St. Jos, St. Theobald, St. Nikolaus und in St. Katharina außerhalb der Mauern. Zusammengenommen ergibt dies die stattliche Zahl von 29 Weltgeistlichen in Schwäbisch Gmünd.

Die Johanniskirche, des öfteren als »Pfarrkirche« bezeichnet,[20] erhielt im 14. Jahrhundert vier Meßpfründen: eine Frühmesse auf dem Marienaltar im Chor, 1348 mit Zinsen von Johannes Kulabrunne gestiftet,[21] eine Frühmesse auf dem Marienaltar im Schiff, deren Lehenschaft 1354 vom Schultheiß Johann von Rinderbach, dem Sohn des Stifters, dem Rat übergeben wurde,[22] eine Kaplanei St. Peter auf dem Petersaltar, 1358 von sieben wohlhabenden Bürgern und Bürgerinnen dotiert[23] sowie eine 1383 erstmals belegte Frühmesse auf dem Johannisaltar, dem Fronaltar im Chor.[24]

Außer den beiden Pfarrkirchen gab es eine Reihe von Kapellen, an denen ebenfalls Meßpfründen bestanden, die von städtischen Pflegern beaufsichtigt wurden.[25] Auf dem Friedhof bei der Johanniskirche stand die 1387 erstmals erwähnte Veitskapelle mit einer von Anna von Rinderbach und Konrad Feierabend in den 1380er Jahren gestifteten Kaplanei. Ihr Patrozinium mag auf die von Kaiser Karl IV. initiierte Welle der Veitsverehrung zurückgehen.[26] Erstmals um 1400 wird die dem Pestheiligen St. Jodocus geweihte Josenkapelle am Josentor (am westlichen Ausgang der Ledergasse) mit einer Pfründe erwähnt. Seit 1463 tritt auch der Name Georgskapelle für das kleine Gotteshaus in der Gerbervorstadt auf, in dem 1472 Konrad Ützlin von Tainbuch, Pfarrer zu Böhmenkirch, Jörg von Horkheim und Hans Liebermann d. Ä. eine Meßpfründe stifteten.[27] Ebenfalls eine Vorstadtkapelle war die vor 1366 erbaute Theobaldskapelle in der Waldstetter Vorstadt. An der eher bescheidenen Ausstattung ihrer Pfründe dürften Handwerker maßgeblich beteiligt gewesen sein. Ein Handwerker, Ulrich Schärer, erwarb 1366 einen Zins für die Kapelle, die auch eine kleine Reliquiensammlung beherbergte.[28] Im »Kapellentor« (so schon 1323) der staufischen Stadtbefestigung war die Nikolauskapelle untergebracht, die ihre Entstehung wohl der kaufmännischen Frömmigkeit verdankt. Dafür spricht auch, daß das Einkünfteverzeichnis ihrer Pfründe um 1400 an erster Stelle Zinsen aus Kramläden an der Johanniskirche aufführt.[29]

Außerhalb der Stadt, an der Handelsstraße nach Nördlingen, wurde im 14. Jahrhundert die Leonhardskapelle[30] errichtet. 1345 erstmals erwähnt, erhielt sie aus den angefallenen Opfergeldern eine Marienkaplanei; eine zweite Meßstiftung zum hl. Leonhard wird 1382 genannt. Bei der Kapelle lebte ein von der Stadt besoldeter »Bruder« (Mesner). Keine Meßpfründe, aber etwas Grundbesitz besaß die 1341 erstmals belegte Margarethenkapelle, die Burgkapelle der Burg Rinderbach oberhalb der Rinderbacher Mühle.[31] Erst in nachmittelalterlicher Zeit erscheint die kleine Friedhofskapelle St. Michael in der Südwestecke des Münsterfriedhofs in den Quellen.[32]

Der Pfarrer und die Kapläne der Stadt waren in der 1373 erstmals bezeugten großen Priesterbruderschaft zusammengeschlossen, die von zwei Kaplänen, den Pflegern oder Prokuratoren verwaltet wurde.[33] Bereits im 14. Jahrhundert begann die Bruderschaft, sich aus den Mitteln der Stiftungsgelder Grundbesitz auf dem Land zuzulegen.[34] Die Hauptaufgabe der Bruderschaft war die Sorge um die ordnungsgemäße Abhaltung des Totengedächtnisses der Jahrtagsstifter und Bruderschaftsmitglieder. Das Totengedächtnis, die Memoria schuf eine Gemeinschaft zwischen Lebenden und Toten, Laien und Priestern: Viermal im Jahr, an den vier Quatembern wurde in der Pfarrkirche aller derer gedacht, die sich jemals in die Bruderschaft hatten einschreiben lassen. Um 1500 sollen dies etwa 2400 Personen gewesen sein.[35] Allerdings verlor diese altertümliche Form der Gemeinschaftsbildung zu Beginn der Neuzeit ihre soziale Funktion; das Jahrtagsverzeichnis von 1530 kennt nur noch die gesondert gestifteten Einzeljahrtage und nicht mehr die zu verlesenden Namen der Bruderschaftsmitglieder.[36] Außer der großen Priesterbruderschaft bestand in Gmünd eine exklusive kleine Priesterbruderschaft, die Confraternitas minor. Dieser wohl 1420 gestifteten Gebetsbruderschaft gehörten jeweils nur zehn Priester an, die für die verstorbenen Mitglieder Messen zu lesen hatten und die sich einmal jährlich zu einer Zusammenkunft mit opulentem Mahl versammelten.[37]

Der größte Teil des Gmünder Weltklerus[38] entstammte dem zünftischen Bürgertum; Angehörige der alten Geschlechter fanden in der Stadt keine angemessene Pfründe vor, sie begegnen als Kanoniker auswärtiger Chorherrenstifte.[39] Den Typ des Klerikers aus dem Kreis der Geschlechter kann exemplarisch der in den Jahren nach 1305 bezeugte Magister Konrad von Gmünd aus der Familie der Taler[40] vertreten. Er hatte wohl in Bologna studiert – darauf verweist der Besitz kanonistischer Werke – und wirkte als Chorherr in Lorch, später auch als Propst des Stifts Faurndau. Der vornehme Kleriker blieb seiner Heimatstadt eng verbunden: Er unterstützte den Pfarrkirchenneubau von Anfang an und stiftete 1326 in ihr die erste Kaplanei.[41]

Außer den nicht immer ausreichend dotierten Stadtkaplaneien standen dem Bürgersohn eine Anzahl von Landpfarreien offen, deren Patronatsrechte dem Spital, dem Kloster Gotteszell, den Herren von Rechberg oder anderen mit der Stadt verbundenen Adels- und Bürgerfamilien gehörten. Die verwöhnten Söhne der Gmünder Oberschicht brachten allerdings nicht immer das richtige Verständnis für die Seelsorgeprobleme einer Landpfarrei mit. So beschuldigte das Kloster Gotteszell 1480 den Vikar seiner Pfarrei Iggingen, Friedrich Härer, er vernachlässige seinen ausgedehnten Sprengel, da er sich drei bis vier Tage in der Woche in Gmünd aufhalte.[42] Ebenso wie der Igginger Vikar dem Umkreis seiner vornehmen Familie verbunden blieb, traten die Kapläne aus Handwerkerfamilien nicht ganz aus dem Zunftmilieu heraus. 1465 stiftete der Helenenkaplan Leonhard Bayer in seinem Testament einen Gulden

Zins für ein Tuch, das im Kürschnerzunfthaus über die dort aufgebahrten Toten gebreitet werden sollte.[43]

Wenn der Stiftungsbrief der Barbarapfründe 1436 von dem jeweiligen Kaplan forderte, *der sol nicht spilnn und sol ouch küschhait halten und unverlaimdet sin mit frauwen*,[44] so wurden damit im Klerus offensichtlich verbreitete Mißstände angesprochen. Aus den vereinzelten Nachrichten der Quellen läßt sich ein zutreffendes Gesamtbild der Lebensführung der Gmünder Geistlichkeit im Spätmittelalter allerdings nicht entwerfen, denn: »Der Skandal hat bessere Chancen, aktenkundig zu werden.«[45] Die gelegentlich in den Urkunden unverblümt erwähnten »Pfaffenkinder«[46] legen jedoch den Schluß nahe, daß es in Gmünd um die »vorreformatorischen« Zustände auch nicht besser bestellt war als in anderen Städten.

Die zahlreichen Meßstiftungen durch Angehörige der alten Geschlechter, durch wohlhabende Kaufleute und Handwerker bezeugen das Ausmaß der spätmittelalterlichen Laienfrömmigkeit. Im Vordergrund stand stets der Gedanke an das Seelenheil in einer sehr »äußerlichen« Form. Besonders bezeichnend war das Ablaßwesen, das den Loskauf der zeitlichen Sündenstrafen für finanzielle Zwecke ausbeutete. Ablaßbriefe dienten der Finanzierung von Kirchenbauten, und die Bedeutung einer Kirche wurde nach ihrer Ausstattung mit Ablässen beurteilt. Eine Auflistung am Ende des 15. Jahrhunderts kam auf 1120 Tage Ablaß für das Münster und auf 140 Tage für die Johanniskirche.[47] Ablaßsammlungen waren überaus lukrativ: 1481 quittierte der Ablaßkommissar der Johanniter über 306 fl. aus einem Ablaß-Stock in Gmünd.[48]

In der zweiten Hälfte des 15. Jahrhunderts entstanden in Gmünd religiöse Bruderschaften, die das religiöse Wirken der Zünfte und Handwerkervereinigungen ergänzten. 1465 nahmen die Augustiner die Armbrustschützen in ihre Bruderschaft auf; 1471 gewährte der Provinzialprior den Schützen Anteil an den guten Werken des Ordens.[49] Ebenfalls bei den Augustinern wurden 1500 die Zimmerleute, Maurer, Decker und Taglöhner aufgenommen.[50] Bei den Dominikanern bestand 1493 eine Rosenkranzbruderschaft zu Unserer Lieben Frau.[51] Das Stadtregiment ließ sich 1465 auf einem Provinzialkapitel der Augustiner in die Bruderschaft des Gesamtordens aufnehmen.[52]

Ob wie andernorts die Unzufriedenheit mit den kirchlichen Zuständen in ketzerische Bewegungen mündete, läßt sich für Gmünd mangels jeglicher Hinweise nicht entscheiden. Für diese Vermutung spräche allenfalls, daß bei einer Waldenserverfolgung in der Mark Brandenburg 1392 bis 1394 ein Waldensermeister Konrad von Schwäbisch Gmünd in den Akten erscheint.[53]

## Die Klöster der Stadt

Im Spätmittelalter bestanden in der Gmünder Stadtmarkung fünf klösterliche Niederlassungen:[54] außerhalb der Mauern das vor 1246 gegründete Dominikanerinnenkloster Gotteszell, in der Stadt die drei Bettelordenskonvente der Franziskaner (seit der ersten Hälfte des 13.Jahrhunderts in Gmünd ansässig), Augustinereremiten (seit 1284) und Dominikaner (seit 1294) sowie das 1445 gegründete »Seelhaus«, eine Frauengemeinschaft, die sich in den 1470er Jahren den Franziskanerterziarinnen anschloß.

Mit Ausnahme des unscheinbaren Seelhauses beschränkte sich die »Wirkung« der Gmünder Klöster nicht auf den innerstädtischen Raum. Gotteszell, das reichste und bedeutendste der Klöster, läßt sich, wie etwa der Streit um die Reform 1476/79 zeigt, am wenigsten als »Gmünder« Kloster verstehen. Aber auch der Geschichte der drei Bettelordenskonvente, deren Mönche mehrheitlich Gmünder Bürgersöhne gewesen sein dürften, wird man nicht gerecht, wollte man sie nur unter dem Aspekt ihrer Beziehung zu Stadt und Bürgertum betrachten. Ihre Funktionsträger bildeten eine akademisch gebildete mobile Elite, die im Ordensverband relativ häufig ihre Wirkungsstätten wechselte. Kein Kloster wurde allein von der Bürgerschaft unterstützt, bildeten die Klöster doch »zentrale Institutionen«, die vor allem der Landadel zu schätzen wußte. Nicht übersehen sollte man auch die Rolle der Klöster als Bildungszentren und der Klosterbibliotheken als Knotenpunkte gelehrten Austausches.

Als Grundbesitzer stellten die Klöster einen Machtfaktor dar. Größter Grundherr unter dem Schirm der Stadt war das Kloster Gotteszell, nennenswerten Landbesitz konnten auch die Dominikaner und Augustiner ihr eigen nennen. Beaufsichtigt wurden die weltlichen Geschäfte der Konvente von den seit dem Anfang des 14. Jahrhunderts nachweisbaren städtischen Pflegern. Im Fall des Dominikanerklosters und des Klosters Gotteszell ergriff der Rat selbst die Initiative, um eine geistliche Erneuerung der Gemeinschaften zu veranlassen.

Natürlich bedeutete das Seelsorgeangebot der Klöster eine wenig willkommene Konkurrenz für die Stadtpfarrei, die eine zunehmende Aushöhlung ihrer Befugnisse befürchtete. Bereits 1288 klagte der Gmünder Pfarrer gegen die Augustiner und verlangte sogar den Abriß ihres Klosters. Erst Papst Nikolaus IV., an den sich die Brüder nach einem für sie ungünstigen Urteil des Augsburger Bischofs gewandt hatten, verhalf ihnen zu ihrem Recht.[55] Noch 1496 mußte ein heftiger Streit zwischen dem Pfarrer und den drei Männerklöstern wegen des Begräbnisrechtes auf den Klosterfriedhöfen, des Beichthörens und des Predigens geschlichtet werden.[56]

Das *Dominikanerinnenkloster Gotteszell*[57] kann vor seiner Reform, die 1478 auf Betreiben des Rats durchgesetzt wurde, als eines jener »Spitäler des Adels« gelten, in

denen der Landadel und die bürgerlichen Oberschichten ihre Töchter versorgen ließen. Die »Armut«, jener Leitbegriff der auch für die Entstehung Gotteszells verantwortlichen religiösen Frauenbewegung des Hochmittelalters, war nur noch fromme
Erinnerung. Wer in das Kloster eintreten wollte, mußte eine Pfründe kaufen, deren
Preis zur Zeit der Reform 50 Pfund Heller betrug.[58] Die meisten Schwestern verfügten über ausgedehnten Individualbesitz, den sie nach ihrem Tod vielfach befreunde-
ten Schwestern überließen und der schließlich dem Kloster zugute kam.[59]
Über die Betreuung durch den Dominikanerorden und die weitausgreifenden Familienbeziehungen seiner adligen und patrizischen Konventualinnen besaß das Kloster
weitreichende Kontakte. Dazu nur zwei signifikante Beispiele aus dem ersten Jahrhundert seines Bestehens: 1278 vermachte Albert der Große den Klöstern in Würzburg, St. Katharina in Augsburg und in Gmünd »bei Eßlingen« — Gotteszell gehörte
lange zum Betreuungsbereich der Eßlinger Dominikaner[60] — in seinem Testament je
30 Pfund Heller;[61] 1301 hat vermutlich ein niederdeutscher Dominikaner das Kloster
besucht, da eine in diesem Jahr ausgestellte Urkunde des Klosters deutlich nicht-
oberdeutsche Sprachformen zeigt.[62]
Die Einbettung des Klosters in übergreifende soziale und religiöse Zusammenhänge
veranschaulicht der frühe topographische Befund. Bemerkenswert ist, daß der Klo-
sterbereich aus einem rechbergischen Hofgut mit Mühle hervorgegangen sein könnte. Im 13. und frühen 14. Jahrhundert befanden sich auf dem »Hof der Frauen«
außerhalb der Klausur noch andere Baulichkeiten, die von Konversen, Laienbrüdern
des Predigerordens, bewohnt wurden.[63] Zu den Brüdern zählte zunächst auch der
»Hofmeister« der Frauen.[64] Außerdem stand hier das Haus des Kaplans, dessen von
Konrad von Hohenrechberg gestiftete Pfründe 1326 von Albrecht von Hohenrechberg bestätigt wurde. Zu diesem Zeitpunkt lebten die Brüder, die in der zweiten
Hälfte des 14. Jahrhunderts aus den Quellen verschwinden, noch am Kloster.[65] Ob
es sich bei jener Schwester Mechthild von Schorndorf, die 1321 auf dem Hof des
Klosters lebte, um einen Einzelfall handelt, läßt sich schwer sagen. Immerhin besaß
auch ein Angehöriger der mutmaßlichen Stifterfamilie Johann von Rechberg von
Bettringen ein Haus auf dem Klosterhof, das er 1350 dem Kloster schenkte.[66] Diese
und andere Zeugnisse aus dem ersten Jahrhundert von Gotteszell lassen die Bedeutung des Klosters erkennen, das als religiöser »Magnet« Männer und Frauen aus nah
und fern anzog. Die soziale Zusammensetzung des Konvents, über dessen Größe
keine Angaben vorliegen,[67] muß aus den urkundlichen Nennungen von Nonnen
erschlossen werden. Als dominierende Gruppen treten der Landadel, die Geschlechter und vornehmsten Bürgerfamilien sowie die Patriziate anderer Städte hervor. Aus
diesen Kreisen stammten auch die Gönner des Konvents, unter denen die Herren
von Rechberg hervorzuheben sind, die hier ihre Grablege besaßen.[68]

**Besitz der Gmünder Klöster im Mittelalter**

BESITZ DER KLÖSTER

Dominikanerinnenkloster[1]
Gotteszell (1455)   nach BIEDERT
(1979)
□ weniger als 5
■ 5 bis 10
■ mehr als 10

▣ Dominikaner[2] (1526)
▨ Augustiner (1490)
▪ Franziskaner (1583)
○ Klosterbesitz am Ort
⊙ Orientierungsorte

Maßstab 1:200 000
0   1   2   3   4   5

[1] Nicht dargestellt werden konnte Besitz in Bopfißweiler bei Ohmden (Kreis Esslingen), Schnittlingen bei Böhmenkirch, Großheppach und Hebsack.
[2] Ohne Besitz in Söhnstetten (Kreis Heidenheim), Bopfingen, Benningen, Vaihingen (Enz), Hoheneck und Neckarweihingen (Kr. Ludwigsburg)

Quelle: DIETERICH (1977)
Bearbeiter: K. Graf            Kartographie: G. Lang

Über die Spiritualität der Nonnen unterrichtet außer einer 1284 geschlossenen Gebetsverbrüderung mit dem Zisterzienserinnenkloster Zimmern im Ries[69] vor allem eine Quelle: das vermutlich in Gotteszell verfaßte sogenannte »Ulmer Schwesternbuch«,[70] in dessen Mittelpunkt die Gnadenerlebnisse der Schwester Adelheit von Hiltegarthausen und anderer Nonnen stehen. Der Text erzählt in legendarischer Form von der Askese und den mystischen Begegnungen der Nonnen mit Christus, der ihnen oft in Gestalt eines Kindes entgegentritt. Es geht um das *heilige leben* der Schwestern, von denen *vil mer . . . ze himel gevaren sint mit als grossen eren*, als in dem Büchlein geschrieben stehe.[71]

Die materielle Grundlage des Klosterlebens bot der überaus reiche Grundbesitz des Klosters, über den das 1455 angelegte Lagerbuch des Klosters Auskunft erteilt.[72] Neben der Eigenbewirtschaftung des etwa 100 ha großen Klosterhofs besaß Gotteszell in 45 Ortschaften aus Schenkungen und Ankäufen über 130 Höfe, Güter und Selden mit einer Gesamtfläche von etwa 1800 Hektar. Hinzu kamen Weingärten im unteren Remstal und beträchtlicher Besitz in und bei der Stadt. Einträglich waren auch die Einnahmen aus Zehnten und die Pfarreinkünfte der von Vikaren versehenen, seit 1372 bzw. 1420 inkorporierten Pfarreien Iggingen und Zimmerbach.[73]

Für die Verwaltung des Klosterbesitzes war der Hofmeister als weltlicher Amtmann zuständig, der die Hintersassen beaufsichtigte und in Rechtssachen die Nonnen nach außen hin vertrat. 1404 nahm der Hofmeister, ohne daß die Zustimmung der Stadt oder der Pfleger erwähnt wird, einen Bauern wegen ausstehender Gült gefangen und nötigte ihm eine Urfehde ab.[74]

Das Verhältnis des Klosters zur benachbarten Stadtgemeinde wurde belastet durch die seit dem dritten Viertel des 14. Jahrhunderts belegten Versuche des Rats, die ihm wohl von Reichs wegen zustehende Schirmherrschaft über das Kloster als weitgehende Kontrolle aller Angelegenheiten zu interpretieren.[75] Während noch 1296 Konrad der Lange von Rechberg (wohl als Vertreter seines Geschlechts) und Schultheiß Heinrich von Rinderbach als Pfleger des Klosters fungierten,[76] gelangte die Besetzung der Pflegschaft in den folgenden Jahren ganz in die Hände des Rats. 1378 mußte Kaiser Karl IV. der Stadt gebieten, das Kloster nicht mit außerordentlichen Steuern und Schatzungen zu bedrängen, 1382 entschieden die Städte des Städtebundes in der Klage Gotteszells gegen die Stadt, die sie zu hart besteuere, die Nonnen seien der Stadt jährlich nur die 20 fl. Schirmgeld schuldig.[77]

Die durch Urkunden und Akten gut dokumentierte Reform des Klosters 1476 bis 1479[78] illustriert »das Miteinander und Gegeneinander religiöser Restauration und Erneuerung auf der einen und weltlicher Klosterpolitik auf der anderen Seite«.[79] In den 1470er Jahren muß der zügellose Lebenswandel der Nonnen sprichwörtlich schlecht gewesen sein. Ohne sich an die Klausur zu halten, verkehrten sie freizügig mit weltlichen Personen und veranstalteten sogar Tänze mit ihren Besuchern. Es verwundert denn auch nicht, wenn 1475 der langjährige Klosterkaplan und Schreiber Johannes Berrit zusammen mit seiner Tochter eine Wiese vom Kloster überlassen erhielt.[80] Als 1476 der Gmünder Bürger Veit Hack im Klausurbereich einem politischen Mord zum Opfer fiel,[81] war dies der Anlaß für den Rat, sich wegen der Klosterreform an den Generalvikar der nichtobservanten Dominikaner der Ordensprovinz Teutonia, Heinrich von Wesmalia, zu wenden. Dieser setzte bei einem Besuch in Gmünd die Priorin Agnes von Rammingen ab und versuchte, durch bauliche Veränderungen die Klausur wiederherzustellen. Doch so leicht gaben sich die reformunwilligen Nonnen nicht geschlagen. Sie übertrugen noch 1476 die Schirmherrschaft des Klosters an den Grafen Eberhard den Jüngeren von Württemberg, der als Feind der Klosterreform und Freund lebenslustiger Klosterfrauen berüchtigt war. Da er sich von der Vogtei eine höchst erwünschte territoriale Expansion in den Gmünder Raum erhoffte, zögerte der Graf nicht, das Angebot anzunehmen. Erst nach lang-

wierigen Verhandlungen mit der Stadt, die Papst und Ordensleitung hinter sich
wußte, verzichtete er auf die Schirmherrschaft.

Der Streit um die Klosterreform spiegelt ebenso die Spannungen innerhalb des
Dominikanerordens, der in die Reformpartei der Observanten und in die laxen Konventualen gespalten war. Der Generalmeister Leonardo de Mansuetis, der eher den
von Heinrich von Wesmalia geführten Konventualen zuneigte, übertrug die Gotteszeller Reform dem Prior des nichtobservanten Gmünder Predigerkonvents, Johannes Franck. Dagegen drängte der Rat mit Unterstützung der von dem Gmünder
Ratsherrnsohn Peter Oppolt geführten Observantenpartei im Gmünder Konvent auf
die Hinzuziehung des in Klosterreformen erfahrenen Observantenprovinzials Jakob
von Stubach. Obwohl Wesmalia und Franck versicherten, daß die Gotteszeller Nonnen und die Predigermönche ein ordentliches Leben führten, bemühte sich der Rat
energisch in Rom bei dem Papst und dem Ordensgeneral um die Reform beider Klöster, die Ende 1478 durch Wesmalia und den observanten Ulmer Prior Ludwig
Fuchs durchgeführt wurde. In Gotteszell trafen sieben observante Nonnen aus dem
Nürnberger Katharinenkloster ein.[82] 1479 gelang es dem Rat, die langersehnte
Unterstellung beider Konvente unter observante Führung zu erreichen.

Die landadlige Führungsclique von Gotteszell mußte sich geschlagen geben und verließ zum Teil das Kloster. 1478 suchte Graf Eberhard d. Ä. von Württemberg im
Stift Oberstenfeld um zwei Pfründen für die Gmünder Nonnen Margarethe und
Cäcilia Vetzerin nach. Die beiden wohl der landadligen, im Heidenheimer Raum
begüterten Familie Vetzer entstammenden Nonnen waren Basen der abgesetzten
Priorin Agnes von Rammingen. Verwandtschaftliche Beziehungen bestanden auch
zu der Schwester Dorothea Hälin, der Tochter einer Vetzerin. Die Hälin verließ
1479 das Kloster.[83]

Die Stadt, der nach eigenem Bekunden *vil und groß an der sachen lag,*[84] ließ sich die
Reform über 1250 fl. und 220 Pfund Heller kosten — die erhaltene detaillierte Aufstellung der Ausgaben läßt erkennen, wie umständlich und kostspielig sich im 15.
Jahrhundert diplomatische Aktivitäten gestalteten.[85] Hinter dem Vorgehen des Rats
stand sicher nicht nur fromme Gesinnung, sondern der Wunsch nach einem massiven Ausbau seines Kirchenregiments. Über die städtischen Pfleger wollte er bei der
Aufnahme von Novizinnen, bei der jährlichen Rechnungslegung und dem Wechsel
der Klosterbediensteten und Hintersassen mitsprechen.[86] Auch nach der Reform
beschäftigte die Ordensleitung diese Einschränkung der alten »Freiheiten«. Zwar
konnte sich der Rat nicht durchsetzen, doch blieb der Konflikt latent vorhanden. In
einem undatierten Schriftstück charakterisierte Gotteszell am Ende des Jahrhunderts
die zahlreichen Ansprüche des Stadtregiments: *der dinge ist keins von alters her
kommen den daz sie meinend daz closter in ire gewaltsamin auch zebringen.*[87]

Das 1294 von Eßlingen aus gegründete Gmünder *Dominikanerkloster*[88] war nach
Ausweis der Jahrtagsstiftungen ein geistlicher Mittelpunkt nicht nur für die Bürgerschaft, sondern auch für den Landadel,[89] der gern in und an der Klosterkirche seine
letzte Ruhestatt wählte.[90] Besondere Gönner waren die Herren von Rechberg, deren
Wappen 1393 am Dominikusaltar angebracht waren.[91] Im Konvent dominierten vermutlich die Gmünder Bürgersöhne aus der Oberschicht.[92] Die Einkünfte der Mönche stammten aus dem Grundbesitz (1526: 26 Höfe in 19 Orten sowie Weinberge im
Neckarraum[93]) und aus Almosen, die von den Mönchen in einem großen Terminier-
sprengel gesammelt wurden.[94] Bereits 1323 werden bürgerliche Pfleger (Schäffener)
erwähnt, die die Gütergeschäfte des Konvents kontrollierten.[95]
Besonders gepflegt wurde von den Dominikanern das gelehrte Studium, auch wenn
der Gmünder Konvent darin im Vergleich zu anderen Ordensniederlassungen etwas
zurückstand.[96] Zwischen den Klöstern bestand ein reger Austausch der Lektoren
(Lesmeister), die für die Lehre der Hl. Schrift und der Theologie zuständig waren.
Die fähigsten Studenten durften die Universitäten besuchen. Der Lebenslauf des
Provinzials Nikolaus Nottel aus Gmünd veranschaulicht die Mobilität der gelehrten
Ordenselite: »Der Dominikaner aus Schwäbisch Gmünd war 1398 Lektor in Augs-
burg, zwei Jahre später Magister studentium bei den Ulmer Predigern und studierte
1401/02 in Köln weiter. Im Jahre 1408 war er offensichtlich Kaplan in Gotteszell bei
Schwäbisch Gmünd, wurde 1426 in Speyer zum Provinzial der Teutonia bestellt und
leitete sie bis 1446 ›gar wol und waz ein erbere lieber vater‹; 1452 ist er gestorben.
Während seines Provinzialats . . . machte die Reform der Observanten wichtige
Fortschritte.«[97] Aus dem Gmünder Konvent kam auch der Provinzial Wilhelm Roß-
lauf (1469—1474).[98]
Das Predigerkloster besaß eine ansehnliche Bibliothek, in der naturgemäß die Theo-
logica dominierten.[99] Auf die kanonistische Bildung des Priors von 1490, Erhard
Ruff, verweist ein von ihm damals vorgelegtes kleines Gutachten zum Eigentums-
problem der Mendikanten.[100]
Das Kloster der *Augustinereremiten*[101] in Gmünd, die sich kurz vor 1284 auf
Wunsch der Bürgerschaft hier niederließen, dürfte sich hinsichtlich der Konventszu-
sammensetzung und seines Gönnerkreises kaum wesentlich vom Dominikanerkloster unterschieden haben.[102] Allerdings mußten die Augustiner mit geringeren Einnahmen auskommen: Am Ende des 15. Jahrhunderts besaßen sie 13 Anwesen in
zehn Orten zuzüglich Weinabgaben aus dem unteren Remstal.[103] Wohl vom Gmünder Konvent aus wurde 1466 das Augustinerkloster auf dem Engelberg bei Schorndorf gegründet, da der erste Prior des Klösterchens aus Gmünd kam.[104]
In der Ordensleitung der Augustinereremiten und in den leitenden Positionen anderer Konvente findet man im Spätmittelalter zahlreiche Gmünder Brüder. Durch

ihren Wirkungskreis werden die weiträumigen personellen Beziehungen der Gmünder Augustiner sichtbar.[105] Aus Gmünd stammte Petrus Ulmer, der in Heidelberg Philosophie, in Erfurt Theologie studierte und 1430 bis 1433 Provinzial des Ordens war. Anschließend ging er nach München, wo er Hofprediger der bayerischen Herzöge wurde, später avancierte er zum Weihbischof von Freising und Eichstätt. Begraben liegt dieser bedeutende Augustinermönch, der am 29. Juni 1439 den neuen Chor der Gmünder Klosterkirche einweihen konnte, in seinem Heimatkonvent Gmünd.[106]

Wegen seiner schriftstellerischen Tätigkeit ist der im 15. Jahrhundert in Gmünd wirkende Augustiner Johannes Gayswegner oder Currifex zu nennen. »Er lebte in der ersten Hälfte des Jahrhunderts in Schwäbisch Gmünd, wo er ausdrücklich für das Jahr 1441 bezeugt ist. Er erfreute sich nicht nur großer Beliebtheit als Kanzelredner, sondern hat auch für die Prediger seiner Zeit drei umfangreiche Bände mit Musterpredigten herausgegeben: nämlich Predigten zu den Sonntagen des Kirchenjahres, Predigten über alle Heiligenfeste und ein sog. Quadragesimale, d. h. Predigten zu allen Tagen der Fastenzeit. Daß seine Werke geschätzt wurden, beweist ihre weite Verbreitung.«[107] Von der Klosterbibliothek der Gmünder Augustiner sind nur ganz geringe Reste erhalten geblieben.[108]

Wie die beiden anderen Konvente besaß auch das Gmünder *Franziskanerkloster*[109] zahlreiche Gönner aus Adel und bürgerlicher Oberschicht. Im Kreuzgang und der Klosterkirche hingen noch im 16. Jahrhundert die Familienwappen und Gedächtnistafeln der Stifter.[110] Besondere Wohltäter waren die Geschlechterfamilie Wolf[111] und die Herren von Rechberg. 1470 übergab Ulrich von Rechberg dem Konvent die Kaplanei zu Lindach.[112] Von Ulrich von Alfingen hatten die Minderbrüder, denen im 16. Jahrhundert elf Güter gehörten,[113] am Ende des 14. Jahrhunderts das große Hofgut Heisenberg bei Wasseralfingen erhalten.[114]

Kostbare Gegenstände wie ein vergoldeter Silberkelch, ein seidenes Meßgewand, ein Perlengürtel und ein Samtmantel, die dem Kloster im 14. Jahrhundert von reichen Gönnern geschenkt wurden,[115] zeigen unmißverständlich, daß die Gmünder Barfüßer nicht gewillt waren, sich der von dem observanten Ordenszweig geforderten strengen Armut zu unterwerfen. Während der Rat die Klosterreform im Fall der Dominikaner und Gotteszells förderte, scheint er hinsichtlich des Franziskanerklosters keine Reform im Sinne der franziskanischen Observanz gewünscht zu haben.[116] 1495 fand ein Provinzialkapitel der Konventualen in Gmünd statt.[117] 1487 ist als Gmünder Guardian ein führender Reformgegner bezeugt: der weltgewandte Jodokus Wind aus Ingolstadt. Wind wurde »nach Studium und Lehrtätigkeit im Orden im Jahre 1477 Guardian in Ulm, von 1480 bis 1482 war er dazu Custos in Schwaben, ab 1482 Lektor und Klarissenbeichtvater in Würzburg«.[118]

Das *Seelhaus*[119] wurde am 15. Dezember 1445 von der Witwe Anna Hamerstätter gestiftet.[120] Der Stiftungsurkunde zufolge sollten die Bewohnerinnen des Hauses Kranke pflegen und Sterbenden beistehen. Die Meisterin der Gemeinschaft wurde vom Rat bestimmt, der auch sonst weitreichende Befugnisse zugestanden erhielt. Vor 1476 traten die Seelschwestern dem dritten Orden des hl. Franziskus bei.[121]

Das Seelhaus war ursprünglich ein Beginenhaus, eine Gemeinschaft gemeinsam lebender frommer Frauen. Die meisten dieser in fast allen Städten vertretenen, oft recht kurzlebigen »Sammlungen« lehnten sich an Bettelordenskonvente an. Auch in Schwäbisch Gmünd finden sich in der Zeit vor 1445 einige verstreute Hinweise auf Beginen.[122] Um 1400 wird im Bereich der heutigen Ledergasse ein *selhus* erwähnt, und auch an der Stelle der Sammlung der Anna Hammerstätter bestand bereits im Jahr 1400 ein Seelhaus.[123]

*Klosterhöfe* oder Niederlassungen auswärtiger Klöster[124] bestanden in Gmünd nur wenige, was auf eine mangelnde Attraktivität der Stadt als Wirtschaftsplatz hinweisen dürfte. Je ein Haus besaßen das Prämonstratenserkloster Adelberg und die Benediktinerabtei Lorch; in dem um 1400 erstmals genannten Lorcher Haus[125] lebte 1414 die adlige Bürgerin Anna von Schechingen als Pfründnerin. Als Klosterhof im eigentlichen Sinn kann nur der »Königsbronner Hof« (heute »Schwörhaus«, vormals »Schmalzgrube«) gelten, der sich von 1380 bis 1465 im Besitz des Zisterzienserklosters Königsbronn befand, das wohl für seine Einkünfte bei Heubach und Oberböbingen den Anschluß an den städtischen Markt suchte. Gegen Zahlung von etwas über 5 fl. jährlicher Steuer befreite die Stadt das umfangreiche Anwesen mit großer Scheuer 1380 von fast allen Abgaben und nahm es in ihren Schutz. Die weiteren Bestimmungen des Vertrags zeigen deutlich das Bestreben des Rats, keinen auf Dauer immunen Bezirk in der Stadt entstehen zu lassen.[126]

### Das Spital zum Heiligen Geist und das Sondersiechenhaus St. Katharina

Am Sonntag vor oder nach den vier Quatembern, so bestimmte es die 1364 erlassene Spitalordnung, sollten die dem Spital gestifteten Almosen und Seelgeräte von der Kanzel öffentlich verlesen werden: *und daz man lebendiger und toter da gedenk, die ir selgerät mit den siechen getailet habent oder noch tailen sullent; und och daz die armen siechen dester baz gedenken und wizzen für wen und mit wem sie ir arbait ir lyden und ir gebet setzzen und teilen süllen.*[127] Das Gedenken an die Stifter schuf eine spirituelle Gemeinschaft der Lebenden und der Toten, der das Leiden und das Gebet der Siechen im Spital zugute kam. Die tatsächliche Gemeinschaft der armen Siechen, die einer geistlichen Lebensform unterstanden, bildete nur den sichtbaren Teil jener umfassenden Gemeinde, die in der Erinnerung viermal jährlich lebendig wurde.

Das Spital zum Heiligen Geist[128] war somit im Mittelalter ebenso wie die Kirchen und Klöster eine geistliche Institution, die sich gerechtfertigt wußte infolge der hier getätigten guten Werke und Gebete für das Seelenheil der Almosenspender und Stifter. Dieser religiöse Sinnzusammenhang sicherte den im Spital beherbergten Armen, Alten und Kranken die Chance zu überleben. Das Spital war die Antwort der städtischen Gesellschaft auf eine »soziale Frage«: Die wirtschaftlich bedingte fortschreitende Entwicklung der bürgerlichen Gesellschaft, Voraussetzung für raschen Aufstieg wie für jähen »Absturz«, drängte jene Personenkreise an den Rand, die nicht mehr von ihrer Umwelt oder anderen Institutionen versorgt wurden. Sie fanden ihren Platz im Spital, wo sie als Mitglieder einer geistlichen Gemeinschaft ihren Beitrag leisteten zum Seelenheil der Stadtbevölkerung.

Die Gründung des Spitals erfolgte kurz vor 1269, als sich eine Spitalbruderschaft in der Stadt niederließ. Die Lage des Spitals am unteren Marktplatz unmittelbar neben einem Stadttor und an einem fließenden Gewässer, der Tierach, war für die Versorgung der Pilger und Kranken besonders geeignet. 1269 erhielten die Brüder die Erlaubnis, neben dem Spital auf einem von ihnen erworbenen Grundstück eine Kapelle zu erbauen. Außerdem wurde ihnen ein Priester für sie selbst und die im Spital weilenden Armen zugestanden.[129] Vermutungen, daß das Kloster Lorch an der Gründung beteiligt war[130] und daß im 13. Jahrhundert zwei Spitäler, eines der Bruderschaft und eines des Heilig-Geist-Ordens, in Gmünd bestanden hätten,[131] lassen sich nicht bestätigen.

Das Spital der Brüder, das von einem Meister geleitet wurde, bildete eine geistliche Genossenschaft (Sammlung). 1319 traten als Spitalpfleger der Schultheiß Walther von Rinderbach als Vertreter des Reichs und Syfrid Schnittlinger als Vertreter der Bürgerschaft auf. In der Folgezeit vollzog sich die auch für die anderen Stadtspitäler nachweisbare »Kommunalisierung« des Spitals. Sie tastete zwar seinen geistlichen Charakter zunächst nicht an, unterstellte es aber der vollständigen Kontrolle durch das Stadtregiment. 1345 werden die Brüder als Träger des Spitals letztmals genannt. Im Bürgerspital wurde der Spitalmeister, der meist bäuerlicher Abkunft war, vom Rat ernannt und von den beiden Spitalpflegern ständig beaufsichtigt. An die Stelle des Bruders Keller trat in der Spitalordnung von 1364[132] die Siechenkellerin, später die Frau des Spitalmeisters.

Auch nach der Kommunalisierung achtete der Rat darauf, daß die geistliche Lebensform der *sammenůnge der armen syechen dez hailigen geistes ze Gemůnde*[133] gewahrt blieb. 1379 bekräftigte der Rat, daß jeder Pfründer, der heiratete, seine Pfründe verlieren sollte, damit *gaistlich orden und kůsches leben dester mer in unserem spital gemert und gehalten werd.*[134]

Die Gewißheit, daß die »armen Siechen«, die durch Alter oder Krankheit erwerbsunfähigen Armen, wirksam Fürbitte bei Gott leisten konnten, motivierte alle Schichten des Bürgertums, aber auch den Landadel zu reichen Stiftungen und Almosenspenden. Viele Stiftungen sollten das harte Los der Siechen mildern: Teils wurden Geldbeträge gestiftet, bestimmt zur Aufteilung unter den Siechen, teils Brot und Wein oder Kostzulagen (Schönbrot, Fleisch, Pfeffer, Heringe). Andere Stiftungen befreiten die Spitalisten von den schwersten Arbeiten in der vom Spital betriebenen Landwirtschaft. Die bedeutendste Stiftung errichtete 1443 Anna Straißerin, die Tochter des reichen Fernhändlers Hans Straißer: Sie übergab 2000 Pfund Heller, damit die acht ärmsten und kränkesten Personen aus der vorderen Siechstube in einer eigenen Stube leben und von einer Magd versorgt werden konnten.[135] Zu nennen sind auch die großzügigen Seelgeräte der Herren von Rechberg, die sich dadurch die Aufnahme von Pfründnern aus ihrer Herrschaft sichern wollten.[136]

Das Leben der etwa 60 bis 70 ständig im Spital versorgten Männer und Frauen[137] unterschied sich je nach der Art ihrer Pfründe – die sozialen Schranken der städtischen Gesellschaft blieben auch im Spital gewahrt. Wer im Alter in der besser ausgestatteten oberen Pfründe leben wollte, mußte sich seine Versorgung teuer erkaufen. 1437 erwarb Heinrich Turenfelder, 1426 Mitglied der Bürgertrinkstube, und seine Frau für 370 fl. eine Reichenpfründe, die ihnen eine besondere Stube zusicherte, dreimal wöchentlich Fleisch, zehn Laib Brot, zwei Maß Wein täglich und *die spise, die allwegen ain spitalmaister isset und usz sinem hafen*.[138] Für 70 fl. bekam man 1456 eine Pfründe am Knechtstisch. Ihr Inhaber aß mit den Spitalknechten in der hinteren Stube und hatte seine Kammer über dem Marstall. Falls er krank werden sollte, konnte er zu den Pfründnern in der hinteren Stube des vorderen Spitalhauses wechseln.[139] Das Hab und Gut eines jeden Pfründners gehörte nach seinem Tod in jedem Fall dem Spital. (Diese Pfründkäufe sicherten die Altersversorgung von Bürgern und hatten nichts mit der *besorgnuss der armen, kranken, bilgerin und ellender personen baiderlai geschlechts*[140] zu tun. Neben Pilgern und Kranken wurden auch Geisteskranke aufgenommen.[141]) Ähnliche Pfründverträge waren außerhalb des Spitals auch unter Verwandten üblich. Eine andere Möglichkeit ist 1425 belegt: Damals kaufte sich ein Ehepaar bei den Dominikanern eine Pfründe.[142]

Nach dem Übergang in städtische Regie erlebte das Spital in der zweiten Hälfte des 14. Jahrhunderts einen kräftigen Aufschwung. In den Quellen fallen besonders die Jahre 1361 und 1362 auf, in denen das Spital für nicht weniger als 1942 Pfund Heller den Langenacker, die Rinderbacher Mühle, Güter zu Lautern und die Dorfherrschaft Dewangen erwarb.[143] In den Jahren nach 1370 fand auch eine planmäßige Erweiterung des Spitalgeländes statt, das erst damals den heutigen Umfang erhielt.[144] Wichtigster Zuwachs war die Gumpenmühle, die in den Spitalbezirk verlegt wurde. Dieser Kauf kann als Zeugnis für einen Sachverhalt gelten, der das Verhältnis zwischen Stadt und Spital bis zum Ende der Reichsstadtzeit entscheidend prägen sollte: Der finanzstarke Großbetrieb wurde als Kreditinstitut der Stadt angesehen, aus dessen Kassen sich der Rat nach Belieben bedienen durfte. Die Stadt erwarb die Gumpenmühle zum Preis von 400 fl., was nach der für die Reichssteuer gültigen Umrechnung einem Betrag von 310 Pfund Heller entsprach, und verkaufte sie 1373 dem Spital für 450 Pfund Heller.[145]

Das Spitalanwesen[146] umfaßte die Spitalkirche mit der daran angebauten vorderen Pfründe, die danebenliegende mittlere Pfründe mit der Straißerin-Stube, das 1495 neu erbaute sogenannte »Amtshaus«, die Bäckerei, das hintere Pfründnerhaus, die Mühle sowie Scheunen und Stallungen, darunter auch den städtischen Marstall. Außer ausgedehntem Grundbesitz auf der Stadtmarkung besaß das Spital 1474 umfangreichen Besitz in über 30 Orten[147] und stellte so den größten Teil des städtischen »Territoriums«. Die vom Spital zugleich mit dem Besitz erworbenen Herrschaftsrechte, z. B. in Dewangen und Oberbettringen, wurden vom Rat ausgeübt.[148] Neben äußerst einträglichen Zehntrechten hatte das Spital vier inkorporierte Pfarreien inne: Dewangen, Lautern, Weiler in den Bergen (seit 1420) und Mögglingen (seit 1449). In der Spitalkirche wirkten zwei Kapläne: der Inhaber der von Anfang an bestehenden Marienkaplanei und der Kaplan der 1445 von Lautern in das Spital übertragenen Pfründe auf dem Nikolausaltar.[149]

Die Lage des *Katharinenspitals*[150] zu den Sondersiechen westlich der Stadt war mit Bedacht gewählt: Kam es doch darauf an, den ursprünglichen Personenkreis des Hauses, die Aussätzigen, von Lepra befallenen »Feldsiechen« oder »Sondersiechen« von den Gesunden zu isolieren. Das 1326 erstmals erwähnte Leprosenhaus der *syechen ussetzeln* erhielt 1328 von Konrad von Hohenrechberg die Mühle zu Sachsenhofen geschenkt. Dafür verpflichteten sich die beiden Pfleger Renbot Eberwin und Bertholt Wustenriet (ein Zünftler), einen von dem Stifter vorgeschlagenen armen kranken Mann im Siechhaus aufzunehmen. 1341 stiftete Pfaff Johann Bühel eine ewige Messe in der Katharinenkapelle, die 1356 bestätigt wurde.[151]

Die Unterkunft der Siechen und die Kapelle standen auf dem Gelände eines umfangreichen landwirtschaftlichen Betriebs, des »Siechhofs«, von dem aus ein Bauer die Eigengüter des Hauses bewirtschaftete. Als Leiter von St. Katharina wird 1389 Konrad Kemmel, Meister des Siechhofs genannt.[152] Im 15. Jahrhundert konnte das Haus zahlreiche Güter in den umliegenden Ortschaften erwerben, so daß es 1529 über 50 Güter sein eigen nennen konnte.[153] Wohl schon im 14. Jahrhundert hatte nach dem Rückgang der Lepra der Wandel vom Aussätzigenhaus zum Pfründhaus eingesetzt. Aufgenommen wurden nun vor allem Personen mit ansteckenden Krankheiten und all jene Leute, die im Heilig-Geist-Spital unerwünscht waren — St. Katharina am Rand der Stadt wurde zu einem Treffpunkt der Mitglieder von Randgruppen.[154]

## D  *Stadtkultur*

Die »Farbigkeit« des Lebens in der mittelalterlichen Stadt ist nicht nur relativ zur Studierstubenexistenz des sie beschwörenden modernen Gelehrten zu sehen – die städtische »Volkskultur«[1] war in der Tat eine Form des Zusammenlebens, die mit den heutigen sterilen Normen des mitteleuropäischen Bürgertums wenig zu tun hat. Sie umgriff alle Kreise der Stadt: den Bürgermeister ebenso wie den Handwerksgesellen oder den Kaplan eines Münsteraltars. (Freilich gilt diese Feststellung nicht ausnahmslos: Frauen, Juden und »unehrliche Leute« z. B. nahmen kaum am gesellschaftlichen Leben teil.)

Unter spätmittelalterlicher Stadtkultur ist also am ehesten die städtische Lebensform zu verstehen, die gesellige Gestaltung des Zusammenlebens, zu der im ersten Abschnitt dieses Kapitels unter dem Titel »Alltag und Feste« einige Spuren gesichert werden sollen. Die Pflege volkssprachiger Literatur (von der in Gmünd so gut wie alle Nachrichten fehlen) und das Musikleben der Stadt, das in die zwei disparaten Bereiche der Kirchenmusik (als Bestandteil des religiösen Lebens) und der weltlichen Musik zerfällt, waren keine von dem geselligen Leben isolierbaren Kulturfaktoren und werden daher im Abschnitt über Alltag und Feste mitbehandelt.

Die Zuordnung auch der Abschnitte über Kunst, Bildung und Stadtbild zum Obertitel »Stadtkultur« orientiert sich natürlich am *heutigen* Kultur-Begriff und erfolgte lediglich aus gliederungspraktischen Gründen. Der Abschnitt »Kunst« würdigt vor allem, als Tribut an die Parler, den Sakralbau der Stadt. Gleichfalls einem Element der Elitekultur gilt der Abschnitt »Bildung«, der auf die Folgen der mittelalterlichen Bildungsbewegung eingeht, die als eine Art soziales Sprungbrett wirkte. Im letzten Abschnitt über das Stadtbild wird aus den schriftlichen Quellen Material für eine Sozialtopographie und Stadtgeographie des spätmittelalterlichen Gmünd bereitgestellt werden.

### Alltag und Feste

So umfassend die Fragestellung »Wie lebten die Leute im spätmittelalterlichen Gmünd?«, so umfassend ist auch der Schiffbruch, den der Historiker erleidet, wenn er in den Quellen nach einer befriedigenden Antwort sucht.[2] Aus den wenigen überlieferten Nachrichten läßt sich kein »buntes Bild« vom täglichen Leben in der Stadt, von der Arbeit und Geselligkeit der Stadtbevölkerung rekonstruieren. Einige Anmerkungen zum »geselligen Leben« in der Stadt sind alles, was sich aus dem Gmünder Material mitteilen läßt.

Der entpolitisierte Begriff der »Geselligkeit« ist allerdings kaum geeignet, die in der Gemeinschaft stattfindende Freizeitgestaltung angemessen zu beschreiben. (Der Begriff »Freizeit« ist natürlich ebenfalls anachronistisch, da die Trennung von Arbeit und Geselligkeit längst nicht so scharf war, wie sie es heute ist.) Die Zünfte waren politische, wirtschaftliche, gesellige und religiöse Vereinigungen in einem, sie bildeten die wichtigsten Bezugsgruppen für das Gros der Stadtbevölkerung. Der Mittelpunkt des Zunftlebens war das Zunfthaus, die Trinkstube der Zunft. Hier aß und trank man zusammen, spielte und redete miteinander.[3] Die Bedeutung der Trinkstubengeselligkeit läßt sich kaum besser klarmachen als durch die Vorschrift des Rats, daß Handwerksknechte keine eigene Trinkstube haben dürften. Offensichtlich befürchteten der Rat und die Zunftmeister unbequeme Opposition, Gesellenstreiks oder Aufstände.[4]

Ständige Themen von zünftischen und städtischen Ordnungen waren das unmäßige Trinken und die Spielleidenschaft. 1386 bestimmte die Ordnung der Baderbruderschaft, daß ein Badersknecht, der in einer Schenke spielte oder kegelte, die relativ hohe Summe von zwei Schillingen an die Bruderschaftskasse abführen mußte. Der gleiche Betrag war fällig, wenn er so betrunken war, daß man ihn nach Hause bringen mußte, oder wenn er im Wirtshaus übernachtete.[5] 1353 wurde den Wirten von der Stadt eingeschärft, kein Wirt solle einem Unmündigen ohne eigenen Besitz etwas für den Spieleinsatz beim Würfeln, Kegeln, Wetten und Zutrinken borgen;[6] 1470 prozessierte ein Bürger gegen die Stadt, weil diese das Spielen um Geld generell verboten hatte.[7] Auch dem zivilisierten Zechen waren Grenzen gesetzt: Nach der nächtlichen Weinglocke, die die Nachtruhe ankündigte, durfte niemand mehr beim Wein sitzen.[8]

Die vornehmsten Gmünder trafen sich mit den Junkern von den Adelssitzen des Umlands in der Bürgertrinkstube zum gemeinsamen Müßiggang;[9] wer hier verkehrte, hatte Muße für gesellige Vergnügungen, war nicht darauf angewiesen, ständig für seinen Lebensunterhalt arbeiten zu müssen. Die Bürgertrinkstube war der heimliche Mittelpunkt des Stadtregiments. Hier war auch der Ort für literarische Aktivitäten. Die einzige Notiz zum literarischen Leben im spätmittelalterlichen Gmünd[10] wird einem Beleidigungsprozeß von 1474 verdankt, der von einem Vorgang während einer Veranstaltung in der Bürgertrinkstube veranlaßt wurde. Der Gmünder Bürger Kaspar Brögel fühlte sich, als er gerade bei einem Brettspiel saß, von dem Stadtsöldner Bartholome Weckmann provoziert, der ihn stillsein hieß, da ein »Sprecher«, ein fahrender Rezitator und Gelegenheitsdichter, namens Grönenwald einen »Spruch« (Gedicht) vortrug.[11]

Den Arbeitsalltag unterbrachen etwa ein halbes Hundert Heiligenfeste, die weniger der religiösen Einkehr als vielmehr der Lebenslust der Stadtbevölkerung zugute kamen. Daneben gab es jahreszeitlich gebundene Feste und Vergnügungen, die wahrhaft ausschweifend begangen und ausgelebt wurden. Im Januar 1419 sah sich der Rat genötigt, das Schlittenfahren in der Fasnachtszeit einzuschränken. Wer tagsüber maskiert auf dem Schlitten fuhr und schrie oder jauchzte, wurde mit 5 Schilling, des Nachts mit 10 Schilling Strafe belegt. Außerdem untersagte der Rat das Schneeballwerfen auf Schlitten.[12]

Unter den Familienfesten waren die Hochzeiten am wichtigsten und wiederholt Gegenstand obrigkeitlicher Verordnungen. Der Rat achtete darauf, daß kein übermäßiger Luxus getrieben wurde. Die im 15. Jahrhundert gültige Hochzeitsordnung[13] beschränkte *umb gemains nutz willen* die Zahl der nicht verwandten Gäste auf sechs von jeder Seite. Diese durften nicht mehr als fünf böhmische Groschen schenken, der Braut sollten nicht mehr als sechs Töchter (Brautjungfern) vorangehen. Den Kirchgang zu begleiten, war nur den zum Essen geladenen Gästen gestattet. Waren an einem Tag mehrere Hochzeiten, so sollten alle in derselben Schenke feiern. Etwas unklar ist die Bestimmung, daß niemand in eine Trinkstube gehen sollte, um dort zu danken (für Geschenke oder gute Wünsche?), ausgenommen in der Priestertrinkstube und der Herrentrinkstube. Am Tag nach der Hochzeit durften nur die nächsten *frund* (Verwandte) ins Bad eingeladen werden. Diese Bestimmung verweist auf die große Bedeutung der Badstuben im Rahmen der mittelalterlichen Geselligkeit – was heute das »Trinkgeld« ist, war damals das »Badgeld«.[14]

Von der Obrigkeit selbst initiierte Feste waren die Schützenfeste, die von der Sorge um die Stadtverteidigung veranlaßt waren.[15] Das Gmünder Schützenfest vom 8. Juli 1480, zu dem Bürgermeister und Rat einluden, war mit einem »Glückshafen« (Lotterie) verbunden.[16] Auf die in das Fäßlein eingelegten Lose zum Preis von einem Kreuzer schrieben die Teilnehmer, für wen sie einlegten, d. h. wem sie Glück wünschten, oder von wem sie sich Glück erhofften. Die überlieferten Aufschriften bilden ein selten unverstelltes Zeugnis für die Mentalität, die Wünsche und Vorstellungen der Menschen am Ende des Mittelalters. Einige Beispiele: Jerg Stahl hat gelegt für sich und seinen breiten Filzhut – Erhard Kurrer (der Guardian des Franziskanerklosters) für die zwei Storken (Störche, sie galten als Glücksbringer) auf der Barfüßerkirche – Johannes Schöllkopf: im Namen des Herrn, Mariä, der Zwölfboten (Apostel) und Allerheiligen; hätt gern den großen Becher – Matthias Felser: aller schönen Frauen – Susanna von Lauchen hat eingelegt für Lenzen Geist zu Gmünd (ihren Ehemann) – Der jung Much: der Gesellschaft, die auf seiner Hochzeit sind gewesen – Zilliakus Schöllkopf zu Gmünd: allen denen, die ungern schlafen – Derselbe: allen Badreibern – Ein Herr von Ellwangen legt: der allertiefsten Seel, die im Fegfeuer ist – Jerg Holtz legt für die zwölf Stück des christlichen Glaubens.[17]

Das *Musikleben* der Stadt[18] zerfiel in zwei kaum miteinander verbundene Bereiche, in die Pflege der geistlichen und in die der weltlichen Musik. In den Kirchen und Klöstern erklang bei jedem Gottesdienst, bei jedem Jahrtag die liturgische Musik der Kirche, der einstimmige gregorianische Choral. Den Kirchenchor der Pfarrkirche bildeten die Schüler der städtischen Lateinschule unter Leitung des Schulmeisters, die bei den meisten Gottesdiensten anwesend sein mußten, um die Psalmen, Responsorien, Antiphonen und Versikel zu singen.[19] Der Musikunterricht an der Lateinschule diente ganz der Vorbereitung auf den lateinischen Kirchengesang.

An den Hochfesten der Christenheit machte die Geistlichkeit Konzessionen an die lateinunkundige Mehrheit des Pfarrvolks. Am Gründonnerstag wurde die Leidensgeschichte des Herrn von den Scolares in der Volkssprache gesungen, und am Ende der Osternacht führte man am Heiligen Grab hinter dem Hochaltar des Münsters ein Osterspiel auf, bei dem sieben Schüler die Geschehnisse nach der Auferstehung szenisch darstellten. Anschließend sang die Gemeinde das deutsche Kirchenlied »Christ ist erstanden«.[20]

Kaum Nachrichten sind über die weltliche Musik vorhanden. Es darf jedoch angenommen werden, daß die besoldeten Stadtpfeifer[21] schon im Spätmittelalter den Auftrag hatten, bei besonderen Anlässen die Würde des Geschehens mit ihrem Spiel zu unterstreichen. Beispielsweise wurde die alljährliche feierliche Erneuerung der mit der Reichsstadt Nürnberg vereinbarten gegenseitigen Zollfreiheit musikalisch umrahmt.[22] 1438 wird die in der Utinkofer Vorstadt gelegene Pfeifergasse *(pfyfergassen)* erstmals erwähnt; ein an St. Veit zinspflichtiger Pfeifer Plienser wohnte bereits 1409 in diesem Gebiet.[23]

Neben der kirchlichen und der öffentlichen Musikpflege dürften die Lieder und Tänze des Volks eine nicht zu unterschätzende Bedeutung für die Stadtkultur gehabt haben. Anlaß dazu waren die kirchlichen und familiären Feste, bei denen sich die reichsten Bürger gegenseitig an Prachtentfaltung zu übertreffen suchten. 1353 schritt der Rat gegen allzugroßen Aufwand ein. Bei einer »geistlichen Hochzeit« (Primiz, Klosterprofeß) ließ der Rat lediglich zwei, bei einer weltlichen Hochzeit lediglich sechs bezahlte Spielleute zu. Die hohe Strafe von 5 Pfund Heller war ganz auf die finanziellen Möglichkeiten der reichsten Bürger zugeschnitten.[24] Tänze müssen überhaupt sehr beliebt bei der Stadtbevölkerung gewesen sein, sogar die Nonnen im Kloster Gotteszell sollen dort mit weltlichen Personen getanzt haben, wie der Gmünder Rat 1478 empört konstatierte.[25]

Aus Schwäbisch Gmünd gebürtig war der Lautenspieler Hans Judenkönig (gest. 1526),[26] einer der bedeutendsten Instrumentalisten der Renaissance, dessen Kompositionen zum Teil heute noch bei Aufführungen alter Lautenmusik zu hören sind. Der in Wien im Umkreis der dortigen Universität wirkende Lautenspieler ist besonders durch zwei weitverbreitete Lehrbücher für Laien zum Selbstunterricht im Lautenspiel bekannt geworden. Möglicherweise rührt der Name seiner Familie, die von 1420 bis 1477 in Gmünder Archivalien nachweisbar ist und zur zünftischen Mittelschicht gehörte,[27] von der Rolle des »Judenkönigs« bei einem Osterspiel her.


## Kunst


In Schwäbisch Gmünd avancierte im 14. Jahrhundert die Parler-Bauhütte am Münster zum »Strahlzentrum« der spätgotischen Architektur; hier wurden im späten 15. Jahrhundert die bedeutenden Maler Hans Baldung Grien und Jörg Ratgeb geboren — mancher hört es gern, wenn mit solchen Fakten die Tradition Gmünds als »Kunststadt« beschworen wird. Beschäftigt man sich jedoch näher mit der Gmünder Kunst des späten Mittelalters,[28] so erkennt man bald, daß sich das Kunstschaffen in Gmünd — nimmt man die Parler aus — qualitativ und quantitativ nicht von dem unterschieden haben dürfte, was in Städten vergleichbarer Größe üblich war. Bezeichnenderweise haben Baldung und Ratgeb die Stadt schon in ihrer Jugend verlassen.

Außer den Sakralbauten und einigen Kunstwerken im Städtischen Museum haben sich Zeugnisse Gmünder Kunst aus dem Spätmittelalter kaum erhalten, und auch die Archivalien schweigen sich über Künstler und Kunstwerke weitgehend aus — beneidenswert ist die Quellenlage also nicht. Die folgende Skizze, die eine kunsthistorische Würdigung nicht ersetzen kann und will, legt daher ihren Schwerpunkt auf die Baugeschichte des Münsters.

Der sich nahezu ein Jahrhundert hinziehende Neubau der Stadtpfarrkirche[29] von etwa 1315 bis zur Chorweihe 1410 war ein kühnes Unternehmen, das nur durch das unermüdliche Engagement weiter Kreise der Stadtbevölkerung bewältigt werden konnte.[30] Um 1315 begann an der Westfassade ein namentlich unbekannter Meister den Bau. Der wohl in Straßburg geschulte Meister, der auch mit der schwäbischen Stadtkirchen- und Klostergotik (Reutlingen und Salem) seiner Zeit vertraut war, plante eine Rundpfeiler-Basilika, vollendete jedoch nur den unteren Teil der Westfassade und des anschließenden Joches. Um 1330 übernahm Heinrich Parler aus Köln die Leitung der Bauhütte. Er nahm einen Planwechsel vor und errichtete in Gmünd eine der frühesten Hallenkirchen Schwabens.[31]

Die Rolle der Parler für die Entwicklung der europäischen Spätgotik wird man schwerlich überschätzen können. 1353 oder 1356 wurde Peter Parler (gest. 1399), der damals erst 23 Jahre alte Sohn Heinrichs, von Kaiser Karl IV. als Nachfolger des Matthias von Arras zum Leiter der Prager Dombauhütte ernannt, ein Künstler, »dessen prägende Kraft in allen Kunstgattungen ohne Beispiel in der deutschen Kunst des Mittelalters ist«.[32] Sowohl der Architekt als auch der Bildhauer Peter Par-

*Parler-Steinmetzzeichen.*

ler hat der Kunst seiner Zeit neue Perspektiven eröffnet.[33] Von Gmünd und Prag schwärmten die Parler aus, Angehörige der Familie bauten in der zweiten Jahrhunderthälfte in Ulm, Augsburg und Nürnberg, am Oberrhein in Freiburg, Basel und Straßburg, in Böhmen, Mähren und Polen. Sogar am Mailänder Dom arbeitete 1391/92 ein Henricus de Gamundia bzw. de Ulma mit. Kenntlich sind die Familienmitglieder an der Herkunftsangabe »von Gmünd« und an ihrem Meisterzeichen, dem »Winkelhaken«, den sie auch im Siegel führten.[34]

In Schwäbisch Gmünd arbeitete Heinrich Parler, der wohl Kölner Formen an den Bau mitbrachte[35], sowohl mit erstrangigen als auch mit provinziellen Bildhauern zusammen. Die Plastik der Langhausportale ist das Werk von vermutlich oberrheinisch geschulten Kräften.[36] Die Bogenfelder zeigen Szenen eines Marienzyklus und lassen daher den Schluß zu, daß der Neubau der Muttergottes geweiht werden sollte. Eine dreizeilige Majuskelinschrift in der nördlichen Chorportalvorhalle berichtet, am 17. Juli 1351 sei der erste Stein zum Bau des Chors gelegt worden. Damals stellte sich die Gmünder Marienkirche als hochgotischer Hallenraum dar mit einem von der Vorgängerkirche stammenden einschiffigen romanischen Chor zwischen den beiden Türmen der Vorgängerkirche, die – wohl aufgrund der Konzeption des »ersten Gmünder Meisters« – in den Neubau übernommen worden waren.[37] Der 1351 begonnene Chor ließ die Gmünder Heiligkreuzkirche zum »Schöpfungsbau« (O. Schmitt) der deutschen Spätgotik werden. Im Erdgeschoß ist die Wand zwischen den Strebepfeilern bis an die Stirnseite vorgeschoben, wodurch ein Kapellenkranz entsteht, der den Bedürfnissen des Bürgertums nach »Familienkapellen« im geistlichen Mittelpunkt der Stadt entgegenkam. Diese »entwicklungsmäßig ganz außergewöhnliche Architektur«[38] leitet sich von der französischen Kathedralgotik, vor allem vom Chor von Notre-Dame in Paris her.

Die Bauplastik des Chors orientiert sich in den Bogenfeldern zunächst noch an der älteren oberrheinischen Tradition, weist aber eine deutliche Steigerung der Räumlichkeit auf.[39] Besonders hervorzuheben ist der untere Streifen des Weltgerichtstympanons am südlichen Chorportal mit der Auferstehung der Toten. »In der Mitte heben sich die Sargdeckel, Köpfe und Hände werden sichtbar und hervor steigen die

Totgewesenen in nackter, praller Leiblichkeit . . . Die Komposition dieser unteren
Zeile verdient Bewunderung.«[40] Die Parler-Plastik mit ihrer Betonung des Körper-
haften (ohne Leugnung der Idealität) baut auf dieser Arbeit eines Angehörigen der
älteren Tradition auf, beginnt in Gmünd jedoch erst mit den Gewändefiguren der
Klugen und Törichten Jungfrauen und ist in den Prophetenfiguren (sog. Jeremias
und Isaias) voll entwickelt. Über die beiden Propheten urteilt Otto Schmitt: »So
stämmige, so machtvoll akzentuierte und leidenschaftlich erregte Figuren gibt es
vorher in der gesamten deutschen Bildhauerkunst des 14. Jahrhunderts nicht.«[41] Daß
der junge Peter Parler am Chor des Münsters mitgearbeitet hat, wird man nicht aus-
schließen können.

1372 erscheint *meister Johanns, unser frauen puwes werkmeister,* der für seinen ver-
storbenen Schwager Meister Niclas dessen Schulden in Höhe von über 72 Pfund
Heller durch den Verkauf zweier Häuser beglich.[42] Wahrscheinlich gehörte Meister
Niclas zu den maßgeblichen Steinmetzen der Parler-Bauhütte. Über seine soziale
Stellung läßt sich aufgrund der Urkunde von 1372 zweierlei feststellen: Er konnte
sich zwei Häuser am Graben vor dem Utinkofer Tor mit Garten leisten, die mit dem
relativ hohen Hauszins von zwei Pfund Heller belastet waren, was für einen hohen
Wohnwert spricht,[43] und er besaß Kredit sowohl bei Angehörigen der Geschlechter,
darunter der Stettmeister und der Stadtschreiber, als auch bei Kaufleuten und Handwerkern. Sein Schwager, der Werkmeister Johann (Parler), war wohl der Nachfolger
des im Münster bestatteten Heinrich Parler als Bauleiter des Chores. Vermutlich
1377 verließen die Parler den Bau, der vorläufig unvollendet blieb.[44] Erst nach längerer Pause konnte die Kirche fertiggestellt werden; die Chorweihe erfolgte am 21.
September 1410.[45]

Der von den Parlern hinterlassenen Kirche fehlte ein Gewölbe. In den Jahren nach
1490 beschloß man, diesem Mißstand abzuhelfen, und betraute die beiden erfahrenen württembergischen Baumeister Aberlin Jörg und Hans von Urach mit der Ein-
wölbung zunächst des Chors.[46] Im Zuge der Baumaßnahmen zeigten sich 1496 Schäden an den beiden spätromanischen Türmen – ein deutliches Zeichen, daß die Statik
des Baues stark gefährdet war. Offensichtlich unterließ man jedoch ausreichende
Sicherheitsmaßnahmen, denn in der Karfreitagsnacht 1497 stürzten die beiden Türme ein. Der spektakuläre Turmeinsturz verursachte schwere Schäden besonders bei
der Ausstattung und machte langwierige Wiederaufbaumaßnahmen notwendig. Der
Rat ließ den Stadtschreiber einen Bericht über das Ereignis verfassen und ordnete
zum ewigen Gedenken an das Bauunglück, bei dem wie durch ein Wunder die in der
Kirche Betenden unverletzt blieben, einen jährlichen Kreuzgang an Georgii an.[47]

Von der Ausstattung der Kirche ist das um 1350 entstandene Heilige Grab in der
Chorschlußkapelle zu nennen, ein hervorragendes Zeugnis der Parler-Plastik.[48] Die

Wände dieser Kapelle wurden um 1430 von dem sogenannten »Meister der Lindauer Beweinung« mit Passionsszenen ausgemalt.[49] Beachtlich sind auch die 1981 in ihrer Farbfassung restaurierten Schlußsteine des Chorgewölbes, die auf die Patrozinien der Münsteraltäre verweisen.[50]

Hermann Kissling gibt folgende Gesamtwürdigung des Parlerbaus, des nach allgemeiner Ansicht bedeutendsten gotischen Kirchenbaus in Niederschwaben: »Weniger die Maße als vielmehr seine Gestalt zeichnen den Bau aus und weisen ihm seinen Rang in der mitteleuropäischen Architektur und ihrer Geschichte zu. Diese neu formulierte Hallenkirche löscht jedoch weder die Traditionen der Kathedralgotik noch jene der monastischen Architektur, die gerade den Pfarrkirchenbau der Früh- und Hochgotik im deutschen Südwesten befruchtet hat. Sie erscheint aber, befreit von deren Regeln, mit den formalen Möglichkeiten der Zeit auf ein neues Architekturbild hin entworfen, das auch im sakralen Bereich der Wirklichkeit und Weltbezogenheit Ausdruck verleiht. Dieser deutet sich im Hallenlangbau von Heiligkreuz an und verdichtet sich in der Gestalt des Hallenchores.«[51]

Außer am Münster wurde die Parler-Bauhütte auch beim Bau der Stadtbefestigung und der im frühen 14. Jahrhundert errichteten Leonhardskapelle tätig.[52] Sieht man von den fünf erhaltenen Stadttürmen ab, so haben sich sonstige Zeugnisse gotischer Architektur nur im Bereich des Sakralbaus erhalten. Die Johanniskirche wurde am Anfang des 14. Jahrhunderts durch das Einbrechen gotischer Maßwerkfenster verändert, und in den Jahren vor der 1429 vorgenommenen Chorweihe wurde die romanische Apsis durch einen gotischen Polygonalchor ersetzt, da die Apsis dem Zeitgeschmack im Verhältnis zum Schiff zu klein und wohl auch zu dunkel erschien.[53] Diese Veränderungen wurden bei der Reromanisierung 1869–1880 beseitigt.

Wenig ist von den eher bescheiden ausgelegten gotischen Kirchen der Bettelorden übriggeblieben, am meisten in der Franziskanerkirche, die in ihrem Chor schöne frühgotische Knospenkapitelle und Laubwerkkonsolen des 13. Jahrhunderts bewahrt hat.[54] Die Dominikaner nahmen vor 1483 bauliche Veränderungen an ihrer Klosteranlage und Kirche vor. Ihr Konvent war vor dem barocken Neubau wohl ein einfacher Fachwerkbau.[55] Bescheiden waren auch die Ausmaße der Klosterkirche der Augustiner. Sie erhielt 1432 einen neuen Chor, für den ein Haus neben der Schule (heute Stadtarchiv) abgebrochen wurde.[56] »Die Augustiner-Eremiten hatten sich eine Kirche geschaffen, deren Bauformen den Eigentümlichkeiten der Bettelordenskirchen entsprachen . . . Das Schiff der Kirche war ein schlichter Predigtraum voll Weite und Klarheit. Hier wie im langen Mönchschor lehnten sie die Wölbung ab. Nur der dreiseitige Chorschluß hält sich nicht an die strenge Raumform. Als Glockenträger genügte den Augustinern wie den anderen Bettelorden der Dachreiter.«[57]

Die Zeugnisse sakraler Kunst dürfen nicht nur ästhetisch gewürdigt werden. Mit der

Religiosität ihrer Zeit sind sie untrennbar verknüpft, denn sie standen in erster Linie im Dienst der religiösen Unterweisung. So waren auch im Stadtbild ständige Ermahnungen zur Frömmigkeit präsent: An der Außenseite von Münster und Johanniskirche trugen Wandgemälde die christliche Botschaft in den öffentlichen Raum.[58] Ein im letzten Jahrhundert beseitigter hl. Christopherus an der Johanniskirche bezeugte die ständige Sorge des Volkes um das Seelenheil: Wer bei seinem Anblick ein Stoßgebet spreche, so glaubte man, werde am gleichen Tag keines plötzlichen Todes ohne Empfang der Sterbesakramente sterben.

Fast ausschließlich religiöse Kunst enthalten die spätmittelalterlichen Sammlungsbestände des Städtischen Museums.[59] Als bedeutende Ausnahme ist die sogenannte »Rauchbein-Rüstung« zu nennen, ein prächtiger Plattenharnisch aus der Mailänder Missaglia-Werkstätte um 1470, dessen erster Besitzer ein wohlhabender deutscher Ritter gewesen sein muß. Aus dem Bereich der religiösen Tafelmalerei verdient ein kleines Bild mit dem Schweißtuch der hl. Veronika Erwähnung, 1419 datiert und damit eines der frühesten datierten Tafelbilder Schwabens überhaupt. Auf die Einbindung des Gmünder Raums in die schwäbische Malerei des 15. Jahrhunderts verweist die wohl aus der Georgskapelle (Josenkapelle) stammende Darstellung der Marter des hl. Georg um 1470. Der vom flämisch-niederländischen Kunstkreis inspirierte Maler orientierte sich bei der Bildgestaltung an einem Stich des oberrheinischen Meisters E. S. Die Frömmigkeit der Gmünder Oberschicht wird an dem größten Tafelbild des Museums deutlich, dessen Thema die »wahre Länge Christi« ist. Zu Füßen Christi kniet auf dem 1485 datierten Gemälde ein bürgerliches Stifterpaar mit Korallenrosenkränzen in den Händen.

Daß die spätgotische Plastik im Gmünder Raum sowohl von dem schwäbischen (Ulmer) als auch von dem fränkischen (Nürnberger) Regionalstil beeinflußt werden konnte, zeigen die erhaltenen Holzbildwerke der Sammlung. Aus dem Bereich der Goldschmiedekunst, von der im Münsterschatz einige beachtliche Zeugnisse erhalten geblieben sind, sei nur das 82 Zentimeter hohe kostbare Kreuzreliquiar aus der Zeit um 1450 genannt, das vielleicht einer Ulmer Werkstätte entstammt.[60] In der Stadt bestand damals – entgegen anderslautenden Behauptungen der Gmünder Goldschmieds-Tradition – kein bedeutenderes Goldschmiedegewerbe als in anderen Städten, erst nach dem Dreißigjährigen Krieg kann von einem Exportgewerbe Gmünder Silberschmiede gesprochen werden.[61]

Denkbar ist, daß der 1484/85 in Gmünd geborene Maler Hans Baldung Grien (gest. 1545) aus der Gelehrtenfamilie Baldung, »einer der größten der Zeit in Zeichnung und Graphik«,[62] in Gmünd gelernt hat, bevor er in Nürnberg bei Dürer seine künstlerische Prägung erfahren hat. Sein um 1500 entstandenes Selbstbildnis läßt jedenfalls schwäbische Einflüsse vermuten.[63]

*Notariatszeichen des Johann Baldung d. Ä. (1444) und d. J. (1465).*

Während sich Baldung auf dem Freiburger Hochaltar von 1512 GAMUNDIANUS nennt, ist die Gmünder Herkunft des 1526 wegen seines Engagements im Bauernkrieg in Pforzheim gevierteilten Malers Jörg Ratgeb nur durch eine spätere Notiz des Frankfurter Patriziers Nikolaus Frosch bezeugt.[64] Der Maler, der eigentlich Jörg Schürtz hieß, entstammte mütterlicherseits wohl der Gmünder Handwerkerfamilie Ratgeb.[65] Auch Ratgeb, Meister des Herrenberger Altars (Staatsgalerie Stuttgart) und der im letzten Krieg stark zerstörten Wandgemälde im Frankfurter Karmeliterkloster, könnte seine ersten künstlerischen Erfahrungen in Gmünd gesammelt haben.[66] Weniger bekannt als Baldung und Ratgeb ist der Bildschnitzer Hans Peter Danzer, der von 1467 bis 1480 den Alabaster-Hochaltar der Kathedrale von Zaragoza vollendete. Es gebe in ganz Spanien keinen kostbareren Alabaster-Altar, sagt der Nürnberger Geograph Hieronymus Münzer in der Beschreibung seiner 1494 unternommenen Pilgerfahrt nach Santiago de Compostela. Er nennt auch die Heimat Danzers, der in spanischen Urkunden Ans Piet Danso heißt: *Almanus ex Gmunda Suevie.*[67]

Von den in Gmünd wirkenden Künstlern tritt nur der 1413/22 bezeugte Maler Meister Eitel Martin in den Quellen etwas deutlicher hervor. Er war ein »Mann von

Ansehen und Einkommen«,[68] der als Ehefrau die Tochter aus dem vornehmsten Stadtgeschlecht von Rinderbach heimführen konnte, seine Schwiegermutter war eine Vener. Als Mitgift brachte Margarethe von Rinderbach von Leineck unter anderem die einträgliche Hüpfingmühle mit, die das Ehepaar 1421 für 701 fl. veräußerte. Als Bürgen verpflichteten sich bei dem Kauf zwei niederadlige Herren, die *erber vest* Peter und Hans von Nenningen. Der Maler war ein Hausnachbar des Bürgertrinkstuben-Mitglieds Endris Hantschuher.[69] Im Siegel führte er »ein Antoniuskreuz mit den drei Schildchen des Malerwappens belegt«.[70] Diese ungewöhnliche soziale Stellung eines Handwerkers wird man wohl zurückführen dürfen auf die soziale Aufwertung des Künstlers durch das entstehende Bewußtsein von der Eigenwertigkeit der Kunst.

### Bildung

Unter Bildung verstand das Spätmittelalter immer noch ausschließlich die gelehrte lateinische Bildung, wie sie auf den Lateinschulen und Universitäten vermittelt wurde. Aus Scholaren und Studenten rekrutierte sich eine Elite, die sich in zunehmendem Maß Spitzenpositionen in Kirche und weltlicher Verwaltung zu sichern vermochte. Für Gmünd ist allerdings festzustellen, daß akademisch Gebildete in der Stadt außerhalb des Klerus kaum Aufstiegschancen besaßen, allenfalls die Tätigkeit als Stadtschreiber, Notar, Schulmeister oder Arzt bot Universitätsabsolventen eine angemessene Position. Soweit feststellbar, haben Bildungsqualifikationen bei der Zusammensetzung des Stadtregiments keine Rolle gespielt. Die begabtesten Bürgersöhne machten ihr Glück denn auch auswärts.

Die Laufbahn der Gebildeten begann üblicherweise mit dem Besuch der städtischen Lateinschule.[71] Das Schulgebäude (heute Stadtarchiv) lag zwischen der Pfarrkirche und dem Augustinerkloster. Das bereits erwähnte kirchenmusikalische Wirken von Schulmeister und Schülern bezeugt den engen Zusammenhang von Schule und Pfarrkirche.[72] Da in Sammelhandschriften Schreibarbeiten Gmünder Schüler erhalten geblieben sind, läßt sich ein überregionaler Einzugsbereich der Stadtschule feststellen. Ein Konrad Buler aus Leipheim, *studens Gamundie*, schrieb ein »Computus ecclesiasticus«, 1423 kopierte Albert Gosse von Renningen einen Bußtraktat, und 1474 brachte ein Johannes Eschenbach, der später in Ingolstadt studierte, als *scolaris in gamundia* eine grammatikalische Abhandlung zu Papier.[73]

Zahlreiche Bürgersöhne besuchten die seit dem Ende des 14. Jahrhunderts auch in Deutschland entstehenden Universitäten, vor allem die oberdeutschen Gründungen Wien, Heidelberg, Freiburg, Basel, Ingolstadt, Mainz und Tübingen.[74] Aber sogar im fernen Krakau trifft man Studenten aus Schwäbisch Gmünd an. Da in den Matrikeln Studenten aus den alten Geschlechtern und vornehmen Familien nur spärlich vertreten sind, scheinen vor allem Handwerkersöhne die Universitäten als Sprungbrett für den sozialen Aufstieg genutzt zu haben. Als Beispiel für Gmünder Bürgersöhne, die außerhalb der Stadt eine akademische Karriere machten, seien Johannes Murrhart und Thomas Ruscher genannt. Johannes Murrhart (gest. 1468) war Theologieprofessor in Heidelberg, zeitweise auch Rektor, blieb jedoch als Inhaber einer Gmünder Kaplaneipfründe der Stadt verbunden.[75] Er vermachte den Gmünder Dominikanern, Augustinern und Franziskanern je einen ansehnlichen »Schatz« Bücher. Sein Bruder Mathis gehörte zur wohlhabenden zünftischen Mittelschicht. 1448 ist er als Messebesucher in Nördlingen bezeugt, 1477 gehörte er zum großen Rat der Stadt.[76] Aus einem ähnlichen Milieu stammte auch Thomas Ruscher, der ab 1467 in Paris und Heidelberg studierte und in Mainz zum Theologieprofessor, schließlich sogar zum Mainzer Weihbischof avancierte.[77] 1510 starb »Thomas Ruscher aus Gmünd, Professor der Theologie, Domprediger, Weihbischof und Generalvikar dreier Mainzer Erzbischöfe«, wie sein Grabstein im Mainzer Dom vermerkt. Auch er ließ die Kontakte zu seiner Vaterstadt nicht abreißen: 1492 präsentierte der Rat ihn auf die Jodocuskaplanei, und im Anniversar von 1530 ist ein Jahrtag für ihn, seinen Vater Heinrich, seine Mutter Elisabeth und seine Schwester Elisabeth eingetragen.[78] Ebenso wie Murrhart kam Ruscher aus einer Handwerkerfamilie, ein Verwandter war Schneider, ein anderer Fischer.[79]

In der zweiten Hälfte des 15. Jahrhunderts stieg der Anteil der in Gmünd wirkenden Kleriker mit akademischer Ausbildung rasch.[80] Unter den Kunden, die der möglicherweise aus Gmünd stammende Geislinger Kaplan Johannes Richenbach, einer der berühmtesten Buchbinder des 15. Jahrhunderts, von 1467 bis 1484 mit kunstvollen Einbänden für ihre Handschriften und Frühdrucke versorgte, waren auch der Gmünder Schulmeister Magister Jakob und vier Gmünder Kapläne.[81]

Zahlreiche Gmünder Bürgersöhne verdankten die Möglichkeit ihres Studiums der vom Rat kontrollierten Studienstiftung des Ansbacher Kanonikers Friedrich Im Steinhaus. 1412 übergab dieser dem Rat 1221 fl. für ein Seelgerät, mit dem er vor allem das Studium des kanonischen Rechts fördern wollte. Von den 116 fl. Zins sollten jeweils zwei Studenten an einer Universität unterstützt werden. Der Student der Sieben Freien Künste sollte jährlich 36 fl. erhalten und spätestens nach sieben Jahren seinen Magister machen, um anschließend Kirchenrecht zu studieren. Für den Studenten des geistlichen Rechts waren neben einem einmaligen Büchergeld in Höhe von 40 fl. jährlich 80 fl. vorgesehen. Die Auswahl der Stipendiaten erfolgte durch den Rat, der auch zwei städtische Pfleger bestellte, und durch drei »Seelwarte« aus den Verwandten der Stifter. Mit der Verpflichtung der Studenten, auf Lebenszeit täglich drei Paternoster, drei Ave-Maria und noch eine Anzahl anderer Gebete für den Stifter zu sprechen, tritt der Charakter der Stiftung als Seelgerät besonders deutlich hervor.[82] Bereits 1414 begannen die Pfleger des Seelgeräts mit dem Erwerb eines umfangreichen Landbesitzes.[83]

Dem Rat waren die Stiftungsbedingungen allerdings zu wenig flexibel, er wünschte eine allgemeine Studienstiftung für Bürgersöhne und erreichte noch zu Lebzeiten des Stifters dessen Einverständnis zur Verteilung des Zinses unter mehreren Studenten aller Fächer.[84] In einer Urkunde von 1467 erkannte Sixt Im Steinhaus als nächster Verwandter des Stifters das Verfahren des Rats an.[85] Dagegen führte der Donauwörther Pfarrer Georg Feyerabend aus einer Gmünder Familie in den Jahren 1475 bis 1483 einen äußerst langwierigen, in zwei Instanzen vor der Augsburger Kurie verhandelten Prozeß gegen die Stadt. Das umfangreiche Schriftgut der zwei Prozesse bildet eine noch nicht ausgeschöpfte Quelle zur Bildungsgeschichte des 15. Jahrhunderts.[86] Feyerabend wollte die ursprünglichen Stiftungsbestimmungen angewendet wissen und klagte auf Förderung als Student des kanonischen Rechts, unterlag jedoch in beiden Instanzen. 1483 bestätigte der Augsburger Generalvikar Johannes Gossolt im Namen des Papstes dem Rat die angewandte Praxis der Stipendienvergabe.[87] Nach dem Zweiten Weltkrieg ist die Steinhäuser-Stiftung, die sich zu einer der reichsten Gmünder Stiftungen entwickelte und deren Kapital 1870 auf 23 154 fl. angewachsen war,[88] erloschen.

Als Beispiel für die Aufstiegschancen durch gelehrte Bildung sollen abschließend zwei aus Gmünd stammende Gelehrtenfamilien behandelt werden: die Vener, eines der ältesten Stadtgeschlechter,[89] und die Baldung, deren soziale Herkunft in Handwerkerkreisen zu suchen ist.

Der Wandel der Vener vom »stadtadligen« Geschlecht zur Beamtenfamilie im Dienst geistlicher und weltlicher Fürsten vollzog sich in bewußter Abkehr von der Heimatstadt: »Man hat den Eindruck, daß der kräftigere, begabtere Teil der Familie Gmünd verließ, neue Verhältnisse suchte.«[90] Um 1350 studierte Reinbold Vener in Paris und Bologna. »Meister Reinbold von Gmünd« ließ sich in Straßburg nieder, trat als Offizial in den Dienst des Bischofs und begründete als verheirateter, nur mit den niederen Weihen versehener Kleriker den Straßburger Zweig der Familie. Auch sein Bruder Nikolaus, Lorcher Benediktiner, hatte in Bologna studiert. Bevor er nach Lorch zurückkehrte, wirkte er lange Jahre als Advokat des Konstanzer Bischofs, später als Schreiber der Stadt Konstanz und Augsburger Offizial. Dem Stolz auf die erworbene Gelehrsamkeit verlieh der Autor lateinischer Traktate einmal mit einer kühnen Etymologie des Familiennamens Ausdruck: Vener leite sich von dem Wort »venerabilis« (verehrungswürdig) ab, das am Anfang zahlreicher Texte des Corpus iuris canonici stehe.[91]

Der bedeutendste Sohn der Familie war jedoch Reinbolds Sohn Job Vener (um 1370–1447). Als »Einser-Jurist« von Bologna kam der Hochbegabte an den Hof König Ruprechts von der Pfalz (1400–1410), wo er zum königlichen Protonotar avancierte. In den Jahren am Königshof, aber auch danach in pfalzgräflichen und bischöflich speyerischen Diensten wirkte der Jurist als Hintergrundfigur und »Rechtstechniker«, dem man die Abwicklung »großer Sachen« übergab. Stark engagierte sich der Heidelberger Professor und Autor von über 50 Schriftsätzen und Traktaten auch für die Kirchenreform. Viele trauten dem im Hintergrund Wirkenden sogar die Leitung der Gesamtkirche zu: 1411 erhielt Job Vener auf dem Konstanzer Konzil bei dem Konklave, aus dem Papst Martin V. hervorging, im ersten Wahlgang der deutschen Wähler die meisten Stimmen.

Andere Voraussetzungen lagen dem Aufstieg der Gmünder Handwerkerfamilie Baldung zugrunde, deren Nachkommen im 16. Jahrhundert als »Baldung von Lewen« geadelt wurden.[92] Ihre Karriere geht wohl im wesentlichen auf den ab 1420 bezeugten Gmünder Kaplan Johannes Baldung zurück, der auch als Notar wirkte und sich um die akademische Ausbildung seines eigenen Kindes oder der Kinder seiner Verwandten gekümmert haben dürfte. Im 15. Jahrhundert erscheinen Baldung aus Gmünd auf mehreren oberdeutschen Universitäten. In Gmünd wirkte ab etwa 1460 über ein halbes Jahrhundert der Notar Johannes Baldung, ein verheirateter Kleriker. Zeitweise in der Stadt lebte auch der Humanist Dr. Hieronymus Baldung, Professor in Tübingen, Leibarzt und Rat Kaiser Maximilians. Eine 1492 verfaßte theologisch-asketische Schrift schrieb er nach Ausweis des Vorworts in Gmünd. Hieronymus' Bruder Johann war Prokurator am geistlichen Gericht in Straßburg; ein weiterer Bruder könnte der Vater des aus Gmünd gebürtigen Malers Hans Baldung Grien und des Freiburger Rechtsprofessors Dr. jur. Caspar Baldung gewesen sein.

## Das Stadtbild

Die städtische Lebensform des Spätmittelalters spiegelte sich auch in der funktionalen Ordnung des Stadtraums, in der Gestaltung des Stadtbilds innerhalb der Stadtmauern und in den Nutzungsverhältnissen der Stadtmarkung.[93] Da wissenschaftlich tragfähige Untersuchungen zur spätmittelalterlichen Bausubstanz von Bürgerhäusern und einschlägige stadtarchäologische Befunde bislang noch kaum vorliegen,[94] beschränken sich die folgenden Notizen zur Stadttopographie auf die schriftlichen Quellen.

Der wichtigste sozialtopographische Sachverhalt war der Gegensatz zwischen der in der Stauferzeit ummauerten Innenstadt, in der die bevorrechteten »Burger« wohnten und die das ganze Mittelalter hindurch die *rechte stat* blieb,[95] und den Vorstädten, in denen die Mehrheit der Handwerker lebte. Die alten Geschlechter und vornehmen Familien besaßen in der Innenstadt ausgedehnte Anwesen, deren Kern ein repräsentatives Wohnhaus bildete. In den großen Kellern lagerte Wein, in Scheuern und Stallungen waren die Pferde des Hausherrn und die Naturalabgaben seines Landbesitzes untergebracht. Diese Anwesen erscheinen in den Quellen meist als ein von Zinsabgaben freies Eigen.[96] Beispiele sind der »Leinecker Hof« südlich der Rinderbachergasse im Besitz der Herren von Rinderbach[97] und das Gesäß (Anwesen) der Wolf neben dem Franziskanerkloster, das 1380 der Königsbronner Hof wurde.[98] Daneben existierte eine ganze Reihe von stattlichen Wohnhäusern, die den Ansprüchen der in der Stadt ansässigen Adligen und der Gmünder Oberschicht genügten. Erwähnt seien das Haus der Junker Flad, das im 17. Jahrhundert den Herren von Rechberg als Stadtsitz diente,[99] und das heutige »Palais Debler«. Dieses Anwesen unmittelbar nördlich der Augustinuskirche gehörte 1457 Wilhelm Schenk von Schenkenstein, der direkten Zugang zur benachbarten Klosterkirche und in ihr einen eigenen Gebetsstuhl besaß.[100] Die wenigsten dieser Häuser dürften reine Steinhäuser – diese werden in den Urkunden als solche meist eigens erwähnt[101] – gewesen sein, sondern Fachwerkbauten auf einem Steinsockel.[102] Auch wenn z. B. in der unmittelbaren Umgebung der Pfarrkirche die Häuser der »Burger« überwogen,[103] läßt sich eine strenge Trennung der Wohngebiete der Oberschicht und der Mittelschicht im Bereich der Innenstadt in den Quellen nicht ausmachen. Noch heute wechseln sich in den Straßenzeilen des Stadtbilds repräsentative Bauten und schlichte kleine Giebelhäuser in bunter Folge ab.

Die zentralen Einrichtungen des politischen, religiösen und kulturellen Lebens befanden sich ausnahmslos in der inneren Stadt, deren »Rückgrat« von dem nach Süden verlängerten Marktplatz gebildet wurde. An seinem unteren Ende lag das Spital zum Heiligen Geist, neben der Johanniskirche das Haus »unter den Säulen«, wo das städtische Halsgericht tagte,[104] an der Kirchhofmauer standen die Kramläden der Krämer. Das Rathaus und Kaufhaus der Stadt, die Grät, beherbergte in seiner Laube Fleisch- und Brotbänke, Verkaufsstände standen aber auch vor benachbarten Häusern.[105] Neben dem heutigen Rathaus befand sich das Salzhaus bzw. der Salzstadel, am Kornhaus die Eiche (für den Weinhandel) und die Mehlwaage. Ebenso wie die Bürgertrinkstube an der Einmündung der Rinderbachergasse in den Marktplatz lagen die – allerdings erst in nachmittelalterlicher Zeit lokalisierbaren – Zunfthäuser innerhalb des inneren Mauerrings.

Am Ende des 13. oder Anfang des 14. Jahrhunderts[106] entstanden an den Ausfallstraßen der fünf stauferzeitlichen Stadttore Siedlungszeilen von Handwerkerhäusern: an der Remstalstraße vor dem Utinkofer Tor die Utinkofer Vorstadt, vor dem Kappeltor die Leonhardsvorstadt, vor dem Arentor die Josenvorstadt, an der Straße nach Oberbettringen vor dem Rinderbacher Tor (Diebsturm) die Rinderbacher Vorstadt und an der Straße nach Waldstetten vor dem Waldstetter Tor die Waldstetter oder Theobaldsvorstadt. Die in der ersten Hälfte des 14. Jahrhunderts begonnene Stadtbefestigung, der äußere Mauerring, umschloß zunächst nicht den gesamten bebauten Bereich der Vorstädte. 1378 werden *burger usser der ussren stat* erwähnt, um 1400 erscheinen zwei Häuser unter dem Näber und ein Haus vor dem Josentor. Vor 1396 fiel ein Haus in der Näbergasse dem Stadtgraben zum Opfer[107] – alles deutliche Warnungen vor einer Überschätzung der in den – meist recht spekulativ gehaltenen – stadttopographischen Untersuchungen gern postulierten Konstanz der Grundrißverhältnisse.

Im Zusammenhang mit der Entwicklung der Vorstädte und der Errichtung des äußeren Mauerrings kam es auch zu einer erneuten Regulierung der Wasserläufe.[108] Durch die Stauferstadt floß zunächst nur die Tierach, der Marktbach, der die Überschlagmühle antrieb. 1414/15 erlaubte Kaiser Sigismund, die Stadtmauer zu durchbrechen und einen Mühlgraben innerhalb der Stadt bis zum Spital zu führen.[109] Vor dem Spital vereinigte sich der Bach, der am Mühlbergle die Nikolausmühle mit Wasser versorgte, mit der Tierach. Im 14. Jahrhundert floß der Mühlbach wohl von der Senfmühle in der Rinderbacher Vorstadt im Stadtgraben zum Kappeltor, wo eine Brücke über den Graben führte,[110] und an der inneren Mauer entlang zum Spital. Dieser Mühlbach, später Höferlesbach genannt, heißt in den spätmittelalterlichen Quellen auch »die Rems«. Ob es sich allerdings bei den im 14. und am Anfang des 15. Jahrhunderts mehrmals genannten Häusern an oder jenseits der Rems um diesen Wasserlauf handelt oder um den Fluß selbst, ist nicht in jedem Fall klar.[111] Der Hänibach (heute Mutlanger Bach) wurde seit 1373 in einer Rinne über den Stadtgraben in die Stadt geleitet und versorgte in zwei Zweigen die Schmiede in den Schmiedgassen mit Wasser.[112]

Der Graben der inneren Stadtmauer, in der östlichen Waldstetter Vorstadt »Roßgraben«, in der Utinkofer Vorstadt »Turniergraben« genannt, blieb in allen Vorstädten lange unaufgefüllt; in jeder Vorstadt lassen sich im 14. und 15. Jahrhundert Häuser mit der Bezeichnung »auf dem Graben« nachweisen.[113] Am heutigen Türlensteg, wo sich ein Einlaß in die Innenstadt befand, führt ein Steg über den Stadtgraben.[114] Dort lag auch eine Badstube, das Predigerbad.[115] Außer dem »Türlin« in der Utinkofer Vorstadt werden auch das Zisseltürlin (unterhalb des Zeiselbergs) und das Häfnertürlin genannt; bereits 1320 ist ein Berthold vor dem Türlin beurkundet.[116] Wegen des Zugangs zur Innenstadt kam es 1378 zu heftigen Zusammenstößen zwischen den Bewohnern der Vorstädte und den Bürgern der Innenstadt, die vom Schwäbischen Städtebund geschlichtet werden mußten.[117] Hinter dieser Auseinandersetzung, die sich gegen die nächtliche Schließung der inneren Stadttore richtete, erkennt man unschwer den Konflikt zwischen den »Burgern« und den Handwerkern, die sich durch die Maßnahmen der Innenstädter auch topographisch benachteiligt fühlen mußten.

Zu einem nicht geringen Teil wurde das Gesicht der Stadt und ihrer Markung von den Wirtschaftsaktivitäten der Bürgerschaft geprägt. Schmiede und Gerber siedelten sich an den Wasserläufen an, die Schmiede in den beiden Schmiedgassen vor dem Kappeltor, die Gerber zunächst in der »alten« Ledergasse am Höferlesbach, bevor sich der größte Teil wohl am Anfang des 15. Jahrhunderts in der heutigen Ledergasse vor dem Arentor niederließ.[118] Am Spital lagen die »Fischhäuser« der dort, im Bereich der heutigen Fischergasse, lebenden Fischer.[119] Die Textilhandwerker bleichten ihre Tuche vor dem Rinderbacher Tor.[120]

Zu den meisten Häusern in den Vorstädten, aber auch zu den Häusern in der dichter bebauten Innenstadt, gehörte ein mehr oder weniger großes Gartengrundstück. Die Gassenzeilen der Vorstädte waren noch nicht durchgehend bebaut, sondern ließen Lücken für Wiesen, Gärten und Baumgärten.[121] Im 15. Jahrhundert erstreckten sich Krautgärten vor den Toren der Stadt.[122] Einzelne Weiher dienten wohl der Fischzucht.[123] Neben der Nutzung der Stadtmarkung als Äcker und Wiesen war auch die extensive Bewirtschaftung als »Egerde« vertreten.[124] Ein Teil der Markung diente als städtische Viehweide.[125] Die Markung Rinderbach und der Sachsenhof, beide im Spitalbesitz, wurden zeitweise an Schäfer verpachtet.[126] Mehrere Steingruben[127] und Ziegelhöfe lieferten Baumaterial, Mühlen nutzten die Wasserkraft der Rems und des Waldstetter Bachs.[128]

# Schwäbisch Gmünd im Zeitalter der Reformation und der Gegenreformation

*von Hermann Ehmer*

## Der Beginn der Reformation

Martin Luthers 95 Thesen über den Ablaß vom 31. Oktober 1517 markieren den Beginn der Reformation. Die Reaktion auf diese Thesen veranlaßte weitere Äußerungen Luthers, die schließlich auf eine Neuordnung der Kirche abzielten. Insbesondere seine drei reformatorischen Schriften vom Jahre 1520 sind als sein eigentliches Reformprogramm anzusehen: die Schrift an den christlichen Adel deutscher Nation von des christlichen Standes Besserung, die lateinische Schrift De captivitate Babylonica ecclesiae und der Sendbrief an Papst Leo X. von der Freiheit eines Christenmenschen. Dieses reformatorische Programm gab nicht nur der Frömmigkeit und dem christlichen Leben eine neue Orientierung, sondern setzte sich auch kritisch mit dem hierarchischen Aufbau der Kirche, insbesondere mit der Stellung des Papstes auseinander.

Zu einem gewissen Teil war das, was Luther anstrebte, nicht neu, sondern kam allgemein verbreiteten Auffassungen entgegen. Dazu gehört etwa die schon seit Jahrzehnten diskutierte Notwendigkeit von Reformen im kirchlichen wie im weltlichen Bereich. Außerdem hatte Luther — besonders in der Adelsschrift — die »Gravamina deutscher Nation« aufgenommen, die Beschwerden der Reichsstände gegen die päpstliche Kurie, die auf jedem Reichstag angesprochen wurden, denen bislang aber nicht abgeholfen worden war.

Resonanz und Rückhalt hatte Luther zuerst in Kursachsen, seiner Heimat, dann aber auch in den Städten, namentlich in den zahlreichen Reichsstädten des deutschen Südwestens. Hier gab es Leute, die sich für den Lauf der Welt interessierten, die Verbindungen nach draußen besaßen und sich anhand der literarischen Neuerscheinungen informieren und anderen darüber berichten konnten. Es ist deshalb nur folgerichtig, daß die Reformation zunächst in den Städten Platz gegriffen hat, so daß man mit einem gewissen Recht die Reformation — zumindest in ihrer frühen Zeit — ein »städtisches Ereignis« genannt hat.

Trotz des auffälligen und frühen Interesses der Stadtbewohner für die Reformation sind die Reformationsgeschichten der einzelnen Städte durchaus verschieden verlaufen. Der Grund dafür ist, daß für die Reformation in den Städten das Zusammenspiel dreier Faktoren entscheidend war. Zunächst war ein Pfarrer oder Prediger notwendig, der entschieden für die Reformation eintrat. Gelang es einem solchen Geistlichen, durch seine reformatorische Predigt eine Mehrheit der Gemeinde für sich zu gewinnen, so bildete diese den zweiten wichtigen Faktor für die Stadtreformation. Ebenso wichtig war aber auch die dritte Komponente, die von den politisch maßgebenden Persönlichkeiten der jeweiligen Stadt gebildet wurde. Dazu gehörten die Leute, die die Politik der Stadt bestimmten, das Bürgermeisteramt versahen und den Kleinen Rat besetzten. Es wird deshalb von Wichtigkeit sein, in der Reformationsgeschichte von Schwäbisch Gmünd diese drei personalen Komponenten, nämlich Prediger, Gemeinde und Obrigkeit zu beobachten.[1]

Das kirchliche Leben in Gmünd unterschied sich in der Zeit unmittelbar vor der Reformation wohl wenig von dem in den übrigen Reichsstädten Schwabens. Es gab fünf Klöster: Dominikaner, Franziskaner, Franziskanerinnen, Augustiner und das Dominikanerinnenkloster Gotteszell. Der Rat klagte gelegentlich darüber, daß die Klöster in ihren Räumen Wein ausschenkten und dabei auch Glücksspiele duldeten. Der Hauptgrund für diese Beschwerde war wohl, daß die Klöster für ihren Weinschank kein Ungeld abführten und der städtische Fiskus damit Verluste zu erleiden hatte. Wie anderswo auch, versuchte der Rat Einfluß auf die Verwaltung der Klöster zu bekommen. Als 1523 der Provinzial der Augustiner in die Stadt kam, verlangte man von ihm, die Rechnung des Klosters jährlich von städtischen Beamten prüfen zu lassen, damit man über dessen wirtschaftliche Lage Bescheid wisse.

Das Bestreben des Rats, in geistlichen Dingen Einfluß zu gewinnen, zeigte sich in zahlreichen Mandaten zur Hebung der Sittenzucht, dem Verbot der Gotteslästerung, des Zutrinkens, Fluchens, des Singens schändlicher Lieder bis zum Verbot, während der Gottesdienste in der Kirche und insbesondere im Chor zu schwätzen oder Unnützes zu tun, und der Anordnung eines Kreuzgangs zur Abwendung eines Unwetters. Einzelne Geistliche lebten offenbar mit ihren Wirtschafterinnen in eheähnlichen Verhältnissen, was anscheinend nicht beanstandet, sondern als gegeben hingenommen wurde. Immerhin bekam der Rat vom Bischof 1524 die Strafgewalt über die Priesterschaft, nämlich das Recht, diejenigen, die sich unpriesterlich verhielten, in den Turm zu legen oder nach Augsburg zu schicken.

Eine Anzahl Kaplaneipfründen hatte der Rat zu verleihen. Es versteht sich, daß für die Stellen Bewerber aus Gmünd vorgezogen wurden. Die Besetzung der Pfarrstelle stand dem Augsburger Domkapitel zu. Pfarrer war seit 1520 Thomas Köllin, der aus einer Gmünder Sensenschmiedsfamilie stammte. Köllin hatte in Mainz studiert und dort die Magisterwürde und wohl auch das theologische Bakkalaureat erlangt. 1502 ging er an die neu eröffnete Universität Wittenberg, deren Rektor er 1504 wurde. Er war seit 1501 Inhaber einer Pfarrpfründe des ehemaligen Stifts Lorch, und die Einkünfte von dieser Pfründe ermöglichten ihm seinen langjährigen Universitätsaufenthalt.[2] Ob Köllin in Wittenberg noch Martin Luther kennengelernt hat, der 1508 dorthin kam, wissen wir nicht. Von 1512 an ist Köllin als Pfarrer in Lorch nachzuweisen, 1520 wurde er Pfarrer seiner Heimatstadt Gmünd, 1521 wählte man ihn zum Dekan des Lorcher Kapitels, zu dem Gmünd zählte. Mit Köllin besaß Gmünd also, wie es sich für eine Reichsstadt gebührte, einen gelehrten und angesehenen Pfarrer. Von ihm allerdings, der sich an der scholastischen Theologie gebildet hatte, war eine Hinneigung zur Reformation nicht zu erwarten.

Der Mann, der die Reformation in Gmünd vertreten sollte, war Andreas Althamer. Er war kein Gmünder, sondern wurde um 1500 in dem Dorfe Brenz bei Heidenheim geboren. Seine Eltern waren einfache Bauersleute, deshalb sorgte ein Onkel namens Johannes Kürschner, der Geistlicher in Augsburg war, für seine Erziehung. Er nahm den Jungen zu sich und ermöglichte ihm den Besuch der Lateinschule. Augsburg, die Stadt der Fugger und Welser, war damals eine der Metropolen des europäischen Handels. Durch die regen Beziehungen nach Italien war selbstverständlich auch der Humanismus nach Augsburg gedrungen, die Freude an den alten Sprachen und das Nacheifern antiker Ideale in der Lebensgestaltung. In dieser geistigen Atmosphäre ist also der junge Althamer aufgewachsen, wobei ihm in Augsburg die Anschauung der römischen Überreste auf deutschem Boden auch das Interesse an der deutschen Geschichte weckte. Er hat deshalb später einen mehrfach aufgelegten Kommentar zu der »Germania« des Tacitus veröffentlicht, an dem er jahrelang als Liebhaberei neben seiner beruflichen Tätigkeit gearbeitet hatte.

Althamer ging nach seinem Augsburger Schulbesuch 1516 auf die Universität Leipzig, wo er sich den dortigen Humanisten anschloß. Dem Stil der Zeit gemäß übertrug er nun seinen Namen ins Griechische und nannte sich Paläosphyra. 1518 wurde er an der Tübinger Universität immatrikuliert und erlangte dort im selben Jahr den Grad eines Bakkalaureus. Althamer scheint sich in jener Zeit über seine berufliche Zukunft noch nicht im klaren gewesen zu sein. Er versuchte sich zunächst als Gehilfe an der Lateinschule in Tübingen, dann in Reutlingen. 1520/21 war er wieder an der Leipziger Universität, dann war er wieder als Lehrgehilfe an einer Lateinschule tätig, diesmal in Halle an der Saale.

Im Frühjahr 1523 ließ sich Althamer, vielleicht in der Heimat, zum Priester weihen. Offensichtlich hatte er sich jetzt entschlossen, ein kirchliches Amt zu ergreifen, wenngleich sich ihm vorläufig noch keine feste Stelle bot. Im April/Mai 1523 war Althamer in Ulm, wo er sich wohl bei einem seiner humanistischen Freunde, dem Deutschordenspriester Johannes Böhm, aufhielt. In jene Zeit fällt auch seine Hinwendung zur Reformation. Dies ist nicht überraschend. Althamer stand in Kontakt mit Leuten, die in Wittenberg studierten, wie Johannes Hornburg aus Rothenburg, der später als Bürgermeister für die Reformation seiner Heimatstadt wirkte. Zugleich hatte Althamer in Ulm beobachten können, wie dort die evangelische Bewegung mehr und mehr erstarkte.

Von Ulm aus gelang es Althamer, eine Stelle als Helfer des Gmünder Pfarrers zu erhalten, wobei wir nicht wissen, wer ihm diese Verbindung vermittelt hat. Er kam also wohl in der ersten Hälfte des Jahres 1524 nach Gmünd und war noch nicht lange dort, als Pfarrer Köllin am 22. Juni 1524 starb. Die Stelle blieb eine Zeitlang unbesetzt, erst am 2. September 1524 besprach der Rat mit dem Dekan des Augsburger Domkapitels die Frage, wie die Pfarrei zu versehen sei. In einem vier Jahre später aufgesetzten Bericht wird von seiten des Rats erzählt, daß Althamer diesen um eine Empfehlung an das Domkapitel gebeten habe. Dies habe ihm jedoch der Rat abgeschlagen, und die Pfarrei sei deshalb mit Meister Ulrich Schleicher besetzt worden. Dieser war sehr wahrscheinlich auch ein Gmünder, da eine Familie dieses Namens mehrfach genannt wird. Schleicher hätte der Rat auf jeden Fall Althamer vorgezogen, und bestimmt hat man ihn bei dem oben erwähnten Gespräch mit dem Dekan für die Pfarrstelle empfohlen. Der Bericht des Rats fährt dann fort, daß Althamer neidisch auf Schleicher geworden sei und diesen nicht als neuen Dienstherrn anerkennen wollte. Die andere Version des Berichts fügt hinzu, daß Althamer auch seine lutherische Predigt fortgesetzt habe.

Es war also nicht nur der verständliche Wunsch des Gmünder Rats, einen der Ihren als Pfarrer zu haben, man nahm auch Anstoß an der lutherischen Richtung, die Althamer eingeschlagen hatte. Im Jahre zuvor war schon ein lutherischer Prediger in Gmünd gewesen, der Franziskanermönch Johann Schilling von Rothenburg. Schilling verband offensichtlich — wie sein späteres Auftreten in Augsburg zeigt — mit der Predigt des Evangeliums ein sozialrevolutionäres Programm, weshalb man ihn aus der Stadt wies. Der Rat muß diese Maßnahme im nachhinein bestätigt gesehen haben durch den Volksauflauf, den Schilling dann in Augsburg verursachte.

Es verhielt sich nun aber nicht so, wie es in dem erwähnten Bericht dargestellt wird, daß Pfarrer Schleicher den Helfer Althamer alsbald nach seinem Dienstantritt entlassen hätte, vielmehr dauerte es einige Monate, bis es zum offenen Bruch zwischen ihnen kam. Dennoch wird das Verhältnis der beiden zueinander nicht besonders gut gewesen sein. Althamer muß sich damals in einer recht niedergeschlagenen Stimmung befunden haben, denn der Ulmer Reformator Konrad Sam sandte ihm am 24. September 1524 einen Trostbrief, in dem er Althamer darauf hinwies, daß der Glaube durch die Verfolgungen gestärkt werde. Zugleich ermutigte er ihn, in dem angefangenen Werk fortzufahren. Dies zeigt, daß Althamer keineswegs mutwillig und neuerungssüchtig war, wie ihn der Bericht des Gmünder Rats darstellt, vielmehr erscheint er kleinmütig, von Zweifeln angefochten und bereit gewesen zu sein, aufzugeben. Neben den Trostworten enthält der Brief Sams auch einen Hinweis darauf, wie es für Althamer weitergehen konnte, daß nämlich die Bürger die Sache des Evangeliums zu der ihren machen konnten, wenn der Rat sich nicht dieser Aufgabe annehmen würde. Eben dies war der Weg, den die reformatorische Bewegung in Ulm genommen hatte und in den nächsten Monaten auch in Gmünd nehmen sollte. Die Anhänger der evangelischen Bewegung forderten, daß der Rat sich für die Reformation erkläre. Dem Rat — genauer genommen dem Kleinen Rat, dem eigentlichen Führungsgremium der Stadt — mußte dies als Widerstand gegen den Kaiser erscheinen, der 1521 auf dem Wormser Reichstag Luther in die Acht getan und seine Lehre verboten hatte. Auf das Wohlwollen des Kaisers war man aber als Obrigkeit einer Reichsstadt angewiesen, man durfte es also, vor allem wenn man sich nicht stark genug fühlte, nicht verscherzen. Gleichwohl mußte man auch auf die Stimmung der Bürgerschaft Rücksicht nehmen, deren Vertreter in gewisser Hinsicht die Zunftmeister waren, die zusammen mit dem Kleinen Rat den Großen Rat bildeten, der nur in außerordentlichen Fällen einberufen wurde. Diese Situation war nun in Gmünd offensichtlich gegeben; der Große Rat wurde am 4. Oktober 1524 einberufen. Auf dieser Sitzung ergriff Bürgermeister Wilhelm Egen, das Haupt der altgläubigen Partei in Gmünd, das Wort und beklagte sich, daß man dem Rat vorwerfe, er unterdrücke das Evangelium. Vielmehr habe man den Predigern sagen lassen, daß sie das Evangelium nach der Heiligen Schrift predigen, jedoch alles vermeiden sollten, was *disputierlich* sei und zu Aufruhr führen könne. Nun könnte es einige geben, die sich unter dem Schein des Evangeliums zusammenrotten und gegen die Obrigkeit Aufruhr erregen möchten. Er wollte deshalb wissen, wie der Große Rat sich verhalten werde, falls man gegen diese Aufrührer vorgehen würde. Wie noch öfters in jenen turbulenten Jahren verlangte der Kleine Rat also eine Blankovollmacht für seine zukünftige Politik vom Großen Rat. Auch diesmal wurde sie ihm nicht verweigert und vom Großen Rat beschlossen, beim Evangelium bleiben zu wollen. Doch wenn der Rat gegen Eigensinnige und Sektierer vorgehen würde, wollte man ihn dabei unterstützen. Damit legte man zwar ein Bekenntnis zum Evangelium ab, verstand dieses aber im altgläubigen Sinne. Dies wird daran deutlich, daß man Eigenmächtigkeiten — und als solche hat man sicher Althamers Predigt verstanden — unter Strafe stellte.

Einige Wochen später trat das ein, was wenige Monate zuvor in Ulm geschehen war und Sam in seinem Brief angedeutet hatte: Am 15. November 1524 brachten fünf Gmünder Bürger dem Rat eine Bittschrift vor, in der sie darum ersuchten, der Rat möge einen Prediger bestellen, der das klare, lautere Evangelium verkünde, wie in anderen Städten auch.

Der Rat gab eine ausweichende Antwort: Da die Bittschrift lang und nicht alle Ratsmitglieder anwesend seien, könne man ihnen vorerst noch keine Antwort geben. Der
Antrag der fünf Gmünder war deswegen erforderlich, weil es in der Stadt keine Pre-
digerstelle gab, wie sie in vielen — auch kleineren — Städten kurz vor der Reformation eingerichtet worden waren. Die Bittschrift, die uns leider nicht im Wortlaut
erhalten ist, hat möglicherweise Althamer nicht genannt, es ist aber klar, daß es um
seine Anstellung ging.

Der Rat ließ aber keinen Zweifel daran, wie er gegenüber der evangelischen Bewegung eingestellt war. Eben in jenen Tagen, am 23. November, ließ er einen Bauern,
der predigte, aus der Stadt weisen. Es ist möglich, daß es sich hierbei um den »Bauern von Wöhrd« handelte, einen reformatorischen Laienprediger namens Diepold
Beringer aus Schwaben, der überall großen Zulauf hatte und deswegen immer rasch
wieder ausgewiesen wurde. Als weitere Maßnahme erging am 19. Dezember ein
Ratsdekret, in dem den Bürgern bekanntgemacht wurde, daß kaiserliche Edikte und
Mandate bei Androhung schwerer Strafe Luthers Lehre verboten. Dem fügte der Rat
noch die Warnung an, daß niemand den Predigern in ihren Predigten widersprechen
solle.

Hierauf wurde am folgenden Tag, dem 20. Dezember, wieder ein Großer Rat gehalten, wobei Wilhelm Egen der Versammlung die kaiserlichen Mandate und das
Wormser Edikt vorhielt und wiederum die Vertrauensfrage stellte. Die Befragten
antworteten, daß sie dem Evangelium, dem Kaiser und dem Rat treu und gehorsam
sein wollten. Am selben Tag wurden Pfarrer und Helfer vor den Rat bestellt, die einschlägigen kaiserlichen Mandate und der betreffende Artikel des Speyerer Reichsab-
schieds verlesen und sie ermahnt, dem nachzufolgen.

Damit waren die Voraussetzungen für die Beantwortung der Bittschrift um einen
evangelischen Prediger geschaffen. Den Bittstellern wurde gesagt, es sei unnötig,
einen neuen Prediger anzustellen, da der Rat allen Predigern in der Stadt befohlen
habe, das Evangelium mit der gebührenden Auslegung zu predigen und alles zu
unterlassen, was zu Streit und Zwietracht führen könne. Den Bittstellern wurde vorgeworfen, sie hätten sich hinter dem Rücken des Rates zusammengeschlossen, ohne
daran zu denken, was sie diesem geschworen hätten. Für dieses Mal wolle man noch
von einer Strafe absehen; falls sie sich aber noch einmal zusammenrotten würden, sei
der Rat gesonnen, gegen sie vorzugehen, wie es ihm als der Obrigkeit gebühre.

Die unverhüllte Drohung am Schluß zeigt, daß der Rat das Begehren nach einem
evangelischen Prediger auf der Ebene der Verletzung des Bürgereids und des Auf-
ruhrs sah. Deutlich zeigt dies das Stichwort *rottieren*, womit für den evangelisch
gesinnten Teil der Bürgerschaft sehr viel auf dem Spiel stand.

Althamer hat aber weiterhin evangelisch gepredigt. Pfarrer Ulrich Schleicher war sicher bewußt altgläubig eingestellt, zudem war das Verhältnis zwischen den beiden etwas vorbelastet. Althamer wurde schließlich Ende Januar von Schleicher entlassen und beschwerte sich deshalb beim Rat. Der Pfarrer gab auf Befragen des Rats an, daß er Althamer nicht angestellt, daß dieser ihn auch nicht darum gebeten habe. Die Entlassung sei nicht wegen des Wortes Gottes erfolgt, sondern weil Althamer unbotmäßig gewesen sei. Im übrigen betonte Schleicher, er hoffe, daß der Rat ihm das Recht lasse, seine Helfer nach eigenem Belieben einzustellen oder zu entlassen. Daraufhin erteilte der Rat den beiden den Bescheid, daß er sich nicht in diese Angelegenheit einmischen wolle. So blieb es bei Althamers Entlassung.

Die Entlassung Althamers bewirkte, daß der evangelische Teil der Bürgerschaft am 2. Februar 1525 wiederum eine Bittschrift um einen Prediger an den Rat richtete, sich gleichzeitig aber erbot, dem Rat treu und gehorsam zu sein. Es zeigt sich also, daß die Warnung des Rates beherzigt wurde: Die Evangelischen wollten nicht als Pflichtvergessene und Aufrührer gelten. Von dieser neuerlichen Bittschrift haben wir lediglich Kenntnis durch eine Beleidigungsklage, die Jörg Mayer, der auch zu den fünf Bürgern gehört hatte, die die erste Bittschrift überreichten, mit anderen gegen einen Hans Schwertfeger vorbrachte, der von den Supplikanten behauptet hatte, sie seien ehr- und pflichtvergessene Leute. Der Ausgang dieser Klage ist nicht bekannt, es ist hieraus, wie aus einer weiteren, gleichartigen Klage, so viel zu ersehen, daß die Meinung innerhalb der Bürgerschaft durchaus geteilt war. Eine spätere Gmünder Chronik redet gar von einem großen Aufruhr, den die Lutherischen wegen ihres Predigers an diesem 2. Februar, dem Lichtmeßtag, gegen den Rat erregt hätten, so daß dieser nachgeben mußte. Merkwürdig ist, daß die Chronik die Lutherischen deshalb als meineidig und treulos gegenüber dem Rat bezeichnet, während diese doch ihren Antrag vom selben Tag mit einer Treueerklärung verbanden. Die Chronik macht freilich keine weiteren Angaben zu dem Aufruhr, so daß angenommen werden muß, daß es zumindest zu einigen Wortwechseln kam, die die genannten Beleidigungsklagen nach sich zogen.

Der Mittelpunkt der Evangelischen war die Schmiedezunft, in deren Haus man zusammengekommen war, um die Bittschrift abzufassen. Diese Zunft, zu der vor allem das traditionelle Gewerbe der Sensenschmiede gehörte, verlieh der evangelischen Bewegung einiges Gewicht, so daß der Rat gezwungen war, vorsichtiger zu taktieren. Am 22. Februar wurde sogar der evangelische Gottesdienst in der Form zugelassen, daß den Evangelischen gestattet wurde, zu ihrer Predigt zu läuten, doch nur mit der kleinen Glocke. Wo der evangelische Gottesdienst stattfand, ist unbekannt, möglicherweise sogar im Haus der Schmiedezunft. Althamer muß wohl gleich nach seiner Entlassung durch Schleicher von den Evangelischen angestellt worden sein, die sein Gehalt durch eine Umlage aufbrachten. Schließlich konnte

aber der Rat nicht mehr umhin, den Besoldungsaufwand für Althamer auf die Stadtkasse zu übernehmen; nach der Darstellung von 1528 nur, um die tägliche *Zusam-
menrottierung* der Bürger zu vermeiden, die angeblich zur Einbringung der Besoldung geschah.

Die Tatsache, daß der Rat auf die zweite Bittschrift bedeutend nachgiebiger reagierte, zeigt, daß Althamers Anhängerschaft in der Stadt bedeutend gewesen sein muß.
Gleichwohl scheint die Stimmung zwischen dem evangelischen und dem altgläubigen Teil der Bürgerschaft aufs äußerste gereizt gewesen zu sein, denn man hielt es für
nötig, Althamer auf der Straße zu schützen: Wenn er zur Predigt ging, sollen ihn
stets 40 bis 60 seiner Anhänger auf der Straße begleitet haben. Kennzeichnend für die
Stimmung ist, daß Althamer mit seinen Anhängern eines Tages in die Predigt eines
Dominikaners ging und diesem während der Predigt widersprach. Der Tumult wurde dann so groß, daß die Predigt abgebrochen werden mußte. Diese Auseinandersetzung, die sich anläßlich einer der von den Bettelorden traditionell gehaltenen Fasten-
predigten ereignete, zeigt die Schärfe der Auseinandersetzung, wobei man teilweise
der Meinung war, daß der Dominikaner auf Veranlassung des Rats aufgetreten sei,
um Althamer und seine Anhänger zu provozieren.

In der Folgezeit wurde die evangelische Bewegung durch eine politische Bewegung
überlagert, die darauf abzielte, eine Änderung der städtischen Verfassung herbeizuführen. Dadurch unterscheiden sich die Vorgänge in Gmünd von denen in Ulm, wo
nach Gestattung der evangelischen Predigt der alte Rat unangefochten blieb. In
Gmünd müssen stärkere Spannungen zwischen Rat und Gemeinde bestanden haben,
die nun zur Entladung kamen. Ein Ausschuß der Gemeinde in Stärke von 52 Mann
wurde aufgestellt. Diese Anzahl läßt darauf schließen, daß hier alle 13 Zünfte mit je
vier Mann beteiligt waren. Neben diesem großen Ausschuß bestand noch ein kleiner
Ausschuß als das eigentliche handelnde Gremium. Es ist klar, daß diese zünftische
Bewegung eine Änderung der Ratsverfassung anstrebte, gleichzeitig aber auch
gesonnen war, die kirchlichen Verhältnisse im lutherischen Sinne umzugestalten.
Althamer hat in dieser, in erster Linie zünftischen Bewegung, sicher keine führende
Rolle gespielt, das wäre sonst in den späteren Berichten des Rats deutlich herausge-
strichen worden. Er konnte aber selbstverständlich damit rechnen, daß die kirchlichen Verhältnisse in seinem Sinne geändert würden, wenn der Gemeindeausschuß
in der Stadt die Macht übernommen hatte.

Am 27. März verpflichtete sich der Rat mit feierlichem Schwur, in allen Fällen ein-
mütig mit der Gemeinde – und das heißt mit dem Ausschuß der Gemeinde – zu
handeln und vor allem einander zu helfen, das heilige Evangelium und Wort Gottes
zu handhaben, zu schützen und zu schirmen, alle bösen Ordnungen und Satzungen
abzutun und gute Ordnung aufzurichten. Diese gegenseitige Eidesverpflichtung von

Rat und Gemeinde hat ihr Vorbild in einem Vorgang, der ein knappes Jahr zuvor im Mai 1524 in Reutlingen stattgefunden hatte. Auch dort hatten sich Rat und Gemeinde gegenseitig zugeschworen, das Evangelium handhaben zu wollen, und dieser Schwur wurde die verfassungsmäßige Grundlage für die definitive Einführung der Reformation in Reutlingen.

## Die erste Erhebung der Bauern

Der Grund dafür, daß diese Vereinigung von Gemeinde und Rat so rasch zustande kam, ist nicht nur auf die Stärke der evangelischen Bewegung in der Stadt zurückzuführen, sondern auch darauf, daß der Stadt von außen Gefahr drohte.[3] In der Nacht zum 27. März hatten sich die Bauern des Gmünder Landgebiets erhoben. Die bäuerliche Bewegung begann in Stühlingen, im Hegau, im Klettgau, in der Baar und im Breisgau, Anfang 1525 in Oberschwaben. In Memmingen wurden Ende Februar/Anfang März die Zwölf Artikel aufgestellt, die rasch zum Programm der verschiedenen Bauernhaufen wurden. Die Grundstimmung dieser Artikel ist durchaus konservativ. Man bekannte sich zur Leistung von Diensten und Abgaben schuldig, soweit diese im göttlichen Recht begründet waren. Man fühlte sich dem alten Herkommen verpflichtet und wehrte sich gegen Neuerungen, die eine Vermehrung der Lasten nach sich zogen. Das evangelische Element zeigte sich in den Artikeln mit den Forderungen nach freier Pfarrerwahl, Predigt des Evangeliums und Abschaffung der Leibeigenschaft.

Ende März – die Zwölf Artikel waren inzwischen im Druck erschienen – wurde es auch im Gmünder Gebiet unruhig. Von Schorndorf, der benachbarten württembergischen Amtsstadt, meldeten Ober- und Untervogt am 27. März nach Stuttgart, daß sich in der vergangenen Nacht limpurgische und gmündische Bauern erhoben und die Untertanen des Klosters Lorch aufgefordert hätten, zu ihnen nach Spraitbach zu kommen. Bei Mutlangen sei ein Haufe Bauern gesehen worden, der noch Zuzug bekommen solle. Ihr Vorhaben sei unbekannt. Von Gmünd werde erzählt, daß man in der folgenden Nacht einen Ausfall machen wolle, um das – unter württembergischer Landeshoheit stehende – Kloster Lorch einzunehmen. Die Gemeinde zu Gmünd habe dem Rat die Schlüssel zu den Toren genommen und sie den ganzen Tag geschlossen gehalten. Was damit bezweckt werde, sei unklar. Was den Schorndorfern also höchste Besorgnis bereitete, war die Tatsache, daß gleichzeitig mit der Unruhe unter den Bauern sich auch in Gmünd eine Bewegung gebildet hatte, die ihrer alten Obrigkeit das Heft aus der Hand genommen hatte und drohte, mit den Bauern gemeinsame Sache zu machen. Unbekannt scheint in Schorndorf geblieben zu sein, daß am nämlichen Tag, dem 27. März, Rat und Gemeinde in Gmünd sich gegenseitig in feierlichem Schwur verpflichtet hatten, das Evangelium aufzurichten und die städtische Verfassung neu zu ordnen.

Der Bauernhaufe hatte sich am 28. März bereits konstituiert. Er nannte sich »Gemeiner heller Haufen« und hatte als Führungsgremium eine Anzahl Hauptleute, Räte und einen Ausschuß. Durch ein Rundschreiben an Ober- und Unterbettringen, Bargau, Weiler in den Bergen, *auch andern umbsessen*, wurden die noch daheim Gebliebenen zum Zuzug nach Iggingen aufgefordert. Den Adressaten entbot der Haufe *unsern freuntlichen gruss und alles gute in Cristo und ewangelischen bruderlichen liebe*. Man forderte dazu auf, in der folgenden Nacht zum Haufen zu kommen. Falls diesem Gestellungsbefehl nicht Folge geleistet werde, sei man willens, die Angeschriebenen an Leib, Ehre und Gut zu bestrafen.

Die Schreiben der Bauern sind schon stilistisch bemerkenswert: nicht nur die abgehackten Sätze, die große Eile verraten, wie auch der Vermerk *ylends fur und fur* auf diesem Brief bekundet, sondern auch manche Formulierungen, die an die Sprache neutestamentlicher Briefe erinnern. Gleichwohl steht neben der brüderlichen Liebe auch eine handfeste Drohung, für den Fall, daß dem Gestellungsbefehl des Haufens nicht Folge geleistet wird. Der Zweck der bäuerlichen Versammlung ist nur in Stichworten angegeben, es wird vorausgesetzt, daß man weiß, was gemeint ist. Nicht nur beim Haufen hatte man die Zwölf Artikel bei der Hand — auf die offensichtlich angespielt wird —, vielmehr dürften sie, obwohl kaum vier Wochen alt, jedermann ein Begriff gewesen sein. Die Aufforderung, in Waffen zu erscheinen, bedeutete freilich noch nicht, daß man einen Feldzug beabsichtigte. Vielmehr zeigt dies, daß die Aufforderung den Wehrpflichtigen, der erwachsenen männlichen Bevölkerung galt. Neben anderen Diensten waren ja die Untertanen ihrer Herrschaft auch zu »Reis und Folg« verpflichtet, zur militärischen Dienstleistung. Bei gelegentlichen Musterungen wurde die Bereitschaft festgestellt, der Stand der Bewaffnung überprüft und bestimmt, wer gegebenenfalls mit dem Aufgebot auszurücken hatte. Diese bereits bestehende militärische Organisation bildete dann den Rahmen für die Bauernhaufen und ermöglichte deren Ordnung. Einen Führer zu finden war freilich schwer, so daß man eine Anzahl Hauptleute und Räte als Führungsgruppe wählte.

Die Nachricht aus Schorndorf, daß Gmünder Bürger einen Überfall auf das Kloster Lorch planten, muß dem Gmünder Rat zu Ohren gekommen sein, denn er schrieb am 29. März an die württembergische Regierung, daß ihm nichts davon bekannt sei, daß Gmünder Einwohner an einer Beschädigung des Klosters beteiligt gewesen seien. Vielmehr hätten sich Aufrührer aus vielen Herrschaften zusammenrottiert und die Untertanen des Rats in etlichen Flecken mit Gewalt zu ihnen gezwungen. Der Rat habe alsbald eine Botschaft geschickt und ihnen sagen lassen, daß sie die Untertanen der Stadt und ihrer Verbündeten nicht beschädigen und die in ihre Verbindung Gezwungenen heimziehen sollten. An diesem Tag war der Bauernhaufe – wie der Gmünder Rat weiter mitteilte – immer noch in Iggingen, ungefähr 2000 Mann stark und erhielt weiteren Zulauf aus dem Wieslauftal.

Das Schreiben des Gmünder Rats an die württembergische Regierung, die sicher nicht versäumte, dies dem Schwäbischen Bund mitzuteilen, war äußerst notwendig gewesen. Das Gerücht, daß Gmünd mit den Bauern gemeinsame Sache machen wolle, war ohne weiteres beim Bund geglaubt worden. Der Bundeshauptmann Ulrich Artzt schrieb nämlich am 29. März an den Augsburger Rat über die Gmünder Zustände, daß dies alles von ihrem Prediger komme. Auch die Empörung der Bauern sei auf diese Prediger zurückzuführen. Wenn ihm einmal einer von ihnen in die Hände falle, wolle er ihn *selbs schinden und mynder parmhertzigkait mit im haben alß mit aim hund*. Mit diesen Worten, die nichts an Deutlichkeit zu wünschen übriglassen, setzte Artzt ohne weiteres Reformation mit Revolution gleich. Ob dies – besonders im Fall Gmünd – zutraf, wird der weitere Verlauf der Dinge zeigen.

Während die württembergische Regierung einen Hilferuf nach dem andern an den Schwäbischen Bund abgehen ließ, hatte man sich in Gmünd auf gütliche Verhandlungen verlegt. Man sandte am 30. März den Spitalmeister zum Haufen, um die Gmünder Hintersassen an die schon einige Tage vorher ergangene Mahnung zu erinnern, den Haufen zu verlassen und wieder heimzukehren. Um die Mahnung zu bekräftigen, hatte man ein Mandat des Bundes mitgeschickt, das die Bauernversammlungen verbot und im Falle des Ungehorsams Strafen androhte. Der Rat schlug gegenüber seinen Untertanen einen recht fürsorglichen Ton an; er befürchte, daß es den Bauern schlecht ginge, wenn sie jetzt nicht abzögen. Die Hauptleute des Haufens rieten jedoch dem Spitalmeister davon ab, die Schriften zu verlesen, da der Haufen jetzt *weinig* sei. Befürchteten sie, daß die vom Wein erhitzten Gemüter sich vielleicht zu unbedachten Taten würden hinreißen lassen oder die Mahnung des Gmünder Rats eine Spaltung des Haufens nach sich zöge? Immerhin ließen sie sich vom Spitalmeister das Schreiben des Rats und das Mandat des Bundes vorlesen und versprachen, das alles anderntags dem Haufen zu berichten.

Am nächsten Tag, dem 31. März, wurde der Spitalmeister wieder hinausgeschickt, um die Antwort der Bauern zu erfahren. Auch diesmal hatte er ein Schreiben des Rats dabei sowie ein Mandat des Bundes, das am Abend zuvor eingetroffen war. Zusätzlich hatte er die Anweisung, den Gmünder Untertanen zu sagen, daß sie ihre Beschwerden dem Rat ruhig mitteilen sollten. Als der Spitalmeister nach Schechingen kam – der Haufe war tags zuvor in Hohenstadt gelegen –, ließ er den Bauern melden, daß er gekommen sei, ihre Antwort entgegenzunehmen. Einer der Hauptleute, Jörg Betz von Mutlangen, berichtete, sie seien uneinig geworden und hätten sich in zwei Haufen geteilt: 3432 Mann seien den Ermahnungen des Rats gehorsam gewesen und 1060 nicht. Man hatte also eine Abstimmung veranstaltet, die zugleich eine exakte Zahl über die Stärke des Haufens vermittelt. Wenn sich der Bauernhaufe nun auch zum größten Teil aufgelöst hatte, so war man sich doch im Grundsatz einig, denn man schwor sich noch einmal gegenseitige Hilfe zu für den Fall, daß jemand wegen seiner Anwesenheit beim Bauernhaufen Nachteile erleiden sollte.

Zunächst schien im Gmünder Gebiet wieder Ruhe eingekehrt zu sein. Die Auflösung des Haufens war offensichtlich ohne weiteres vor sich gegangen, wenngleich einzelne Gruppen wohl immer noch beieinander geblieben sind. Es ist jedoch daran zu erkennen, daß die Bauern nicht auf gewalttätige Durchsetzung ihrer Forderungen aus waren, sondern die Bauernhaufen als Demonstrationen zur Bekräftigung der bäuerlichen Beschwerden anzusehen sind. Allerdings ist nichts darüber bekannt, ob die vom Rat angebotenen Verhandlungen über die von den Bauern erhobenen Beschwerden stattgefunden haben. Möglicherweise ist es angesichts der Lage in der Stadt nicht mehr dazu gekommen.

### Der Tumult in der Osternacht

Der Eid vom 27. März sollte offensichtlich dazu dienen, zunächst einmal in der Stadt die Gegensätze auszugleichen, um sich damit gegenüber den unruhig gewordenen Untertanen auf dem Land freie Hand zu verschaffen. Das gegenseitige Mißtrauen war damit jedoch nicht beseitigt. So kam dem Ausschuß von der Gemeinde das schnelle Einlenken des Rats verdächtig vor, man mutmaßte, der Rat werde Hilfe vom Schwäbischen Bund anfordern, um die Lage in der Stadt wieder zu seinen Gunsten zu bereinigen. Diese Vermutung war um so begründeter, als Bürgermeister Wilhelm Egen, das Haupt der altgläubigen Partei, sich gerade in Ulm befand. Er gehörte dem Bundesrat, dem führenden Gremium des Schwäbischen Bundes, an, der in Ulm zusammengetreten war. Am 1. April kam der kleine Ausschuß von der Gemeinde zum Rat und wollte wissen, warum Egen sich in Ulm aufhalte. Der Ausschuß verlangte ferner, daß den Landsknechten, die Gmünd dem Bund geschickt hatte, die Einigungsformel zwischen Rat und Gemeinde bekannt gemacht werde, damit sie sähen, daß in Gmünd keinerlei Grund zu gewaltsamem Eingreifen vorliege. Dem Rat gelang es offensichtlich noch, dem Ausschuß dieses Vorhaben auszureden und ihn davon zu überzeugen, daß Egen nicht vom Rat nach Ulm geschickt worden sei. Das Mißtrauen, das der Gemeindeausschuß dem Rat entgegenbrachte, zeigt, daß es beim geringsten Anlaß zu einer Auseinandersetzung zwischen den beiden Parteien kommen konnte. Dieser Anlaß ergab sich in der Osternacht vom 15. zum 16. April.

In dieser Nacht verbarg sich ein *muttwilliger boser bub*, wie ein späterer Bericht des Rats sagt, in der Pfarrkirche, um die Nacht über dort zu bleiben. Der Kirchenpfleger, einer der Stettmeister, ließ ihn verhaften und in den Turm stecken. Es wird kein eigentlicher Grund für die Verhaftung genannt, daher konnte bei einem Teil der Bürgerschaft die Vermutung aufkommen, daß es sich hier um eine Provokation des Rates handele. Man ließ nämlich in der Nacht Alarm schlagen, und die Bürger eilten bewaffnet auf den Marktplatz. Der Bürgermeister wurde genötigt, den Gefangenen herauszugeben und anderntags den Stettmeister aus dem Rat zu entfernen. Eine spätere Chronik gibt an, der »böse Bube« habe Zeyrer (= Cyriakus) geheißen. Der entlassene Ratsherr war demnach Ulrich Haffner, und der Stadtknecht, der den Auftrag ausführte und deswegen ebenfalls entlassen werden mußte, hieß Anthoni Huss.

Nach einer anderen Version dieser Geschichte soll in der Osternacht ein Taugenichts Alarm geschlagen haben, und die durch die Bauerngefahr schon erregten Bürger seien zu den Waffen geeilt, wodurch sich in der Stadt — obwohl keine Gefahr vorhanden gewesen sei — ein großer Tumult erhoben habe. Jedenfalls blieben die Bewaffneten die ganze Nacht über auf dem Markt beisammen, und als sich die Versammlung bei Tagesanbruch auflöste, gingen einige Unternehmungslustige, die durch die Nachtwache hungrig und durstig geworden waren, noch zum Predigerkloster, brachen dort die Pforte auf und statteten der Speisekammer und dem Keller des Klosters einen Besuch ab, um sich dort mit Speis und Trank zu versehen. Man begnügte sich freilich nicht mit Mengen, die bei einem Mundraub angemessen sind, da man Wein, Brot und andere Speisen verzehrte und verschüttete, den Wein mit Kübeln und Schöpfern in die Stadt trug und dabei auch Flaschen, Kannen, Becher und anderes mitgehen ließ. Auf zwei Fuder (35 hl) wurde allein der Verlust an Wein angegeben. Die Plünderung des Dominikanerklosters gleicht dem Verhalten, das die Bauernhaufen gegenüber anderen Klöstern an den Tag legten. Es ist daran ersichtlich, daß diese beim Volk nicht allzu beliebt waren. Immerhin war auch dem Rat zumindest der steuerfreie Weinschank der Klöster ein Dorn im Auge. Daß es zu einem solchen Vorfall kommen konnte, ist ein Zeichen dafür, daß der Rat als Garant der öffentlichen Ordnung seine Macht verloren hatte. Dies mußte nun von der Gemeinde übernommen werden. Daß es sich hierbei um einen revolutionären Vorgang, wenn auch nicht um eine vollständige Revolution handelt, zeigt die Parole, die die in der Nacht auf dem Markt Versammelten ausgaben, daß alle, die geschworen hätten, das Evangelium zu *hanthaben*, bewaffnet zu ihnen auf den Markt kommen sollten. Falls aber die mit den *fuchsin schauben* nicht kommen wollten, würden sie sie an den Haaren aus den Häusern holen. Mit diesen Leuten im Fuchspelz ist selbstverständlich der Rat gemeint, von dem die Gemeinde jetzt das Bekenntnis zu dem vor wenigen Wochen geschworenen Eid forderte.

Der Gemeindeausschuß übte in der Stadt nunmehr Hoheitsfunktionen aus. Er nahm die Schlüssel zu den Toren an sich und organisierte einen Wachdienst auf den Mauern und in der Stadt. Offensichtlich wollte man eine Überraschung durch die Truppen des Schwäbischen Bundes verhindern. Der Bund hatte aber im Augenblick andere Sorgen, als die Macht des Gmünder Rats wiederherzustellen, da doch die Bauern in ganz Südwestdeutschland in Aufruhr geraten waren. Insofern war der Wachdienst, wie er vom Gemeindeausschuß organisiert worden war, auch gegen die Bauern gerichtet, zumal in jenen Tagen, als sich die Bauern erneut versammelten.

### Die zweite Erhebung der Bauern

Die Eroberung von Weinsberg durch den Haufen der Neckartäler und Odenwälder Bauern am Ostersonntag, 16. April, gab ein erneutes Zeichen zum Aufbruch der Bauern auch im Remstal. Ober- und Untervogt von Schorndorf berichteten nämlich am Ostermontag, daß die aufrührerischen Bauern um Alfdorf und Gmünd wieder zusammenliefen und auch etliche aus der Stadt zu ihnen zögen. Die Schorndorfer Amtleute ließen daher das Aufgebot ihres Amtes, das auf denselben Abend nach Marbach bestellt worden war, nicht abgehen. Am 21. April berichtete der Schorndorfer Untervogt an seine Regierung, daß er die aufrührerischen Bauern um Gmünd habe erkunden lassen. Danach seien diese zu Hohenstadt versammelt gewesen und dann nach Gaildorf gezogen.

Beim Schwäbischen Bund wurde zu dieser Zeit die Lage recht pessimistisch beurteilt. Der Truchseß von Waldburg, der sich mit dem bündischen Heer im Hegau aufhielt, wurde deshalb aufgefordert, *fürzefarn und den nechsten in das landt Wirtemberg zu ziehen,* da Stuttgart und ganz Württemberg in der Gewalt der Bauern seien, die sich anschickten, vor Eßlingen zu ziehen. Fiele aber Eßlingen in ihre Gewalt, dann fielen auch Gmünd, Hall und alle anderen Städte dieser Landschaft.

Währenddessen wurde vom Hellen Haufen das Kloster Lorch verbrannt, nachdem schon vorher Adelberg ebenfalls durch Brand beschädigt worden war. Bei diesen Untaten blieb es freilich nicht; während die Hauptmasse des Bauernheeres bis zum 1. Mai bei Lorch lag, machte sich der Hauptmann des Gmünder Fähnleins, Jörg Bader von Böbingen, am 29. April mit 300 Mann auf, um den Hohenstaufen einzunehmen. Nach der Erstürmung der Burg, die auf der Seite der Bauern einige Todesopfer forderte, wurde ein Brand gelegt, der die gesamte Burg vernichtete. Zu fragen ist, warum der Gemeine helle Haufen diese Taten verübte, während der württembergische Haufen so rücksichtsvoll auftrat. Es mag wohl an den Hauptleuten gelegen haben: auf württembergischer Seite Matern Feuerbacher, der eigentlich nur mitmachte, um Schlimmeres zu verhüten, auf der Seite der Gaildorfer Philipp Fierler, ein gelernter Kriegsmann, für den Brennen und Beute machen dazugehörte, der es wohl auch den Unterführern gestattete, auf eigene Faust solche Unternehmungen zu machen. Der württembergische Haufen unter Feuerbacher sah sich hingegen als »Landschaft«, als gesetzgebende Versammlung des Landes, die eine neue Ordnung aufbauen und deshalb das Land *vor frembden nation* schützen wollte. Eine solche »fremde Nation« war nun eben auch der Gaildorfer Haufe, über dessen Zusammensetzung wir durch die Entschädigungsforderungen wegen der Verbrennung des Hohenstaufen recht genau orientiert sind: Das Hauptkontingent stellten die Untertanen der Propstei Ellwangen, der Schenken von Limpurg, dann der Reichsstädte Gmünd, Hall und Dinkelsbühl, schließlich die Bauern der kleineren Herren, der Rechberg, Stumpf, Adelmannsfelden, Wöllwart und Vellberg. Es versteht sich daher, daß sich in diesem Haufen kein einheitlicher Wille durchsetzen konnte. Die Haufen der einzelnen Landschaften fanden ebenfalls nicht zu einer Zusammenarbeit, so daß die anfänglich gefürchteten Bauernheere schließlich zu einer leichten Beute des Schwäbischen Bundes und seines Feldhauptmannes, des Truchsessen von Waldburg, wurden.

Ein Ziel des Gemeinen hellen Haufens war es, die Reichsstadt Gmünd in seine Hand zu bekommen. Einmal bildete der Gmünder Rat die Obrigkeit eines ansehnlichen Gebiets, in dem sich der Haufe bewegte, und dieser Rat war sicher leichter zur Annahme der Zwölf Artikel zu bewegen, wenn man ihn hinter seinen schützenden Mauern aufsuchen konnte. Zudem war eine Stadt mit ihren Befestigungen immer noch ein militärisches Objekt, und nicht zuletzt mögen auch Motive mitgespielt haben, die aus dem starken Stadt-Land-Gefälle resultierten: Man wollte doch gerne einmal in der Stadt den Meister spielen. So sandte der Gemeine helle Haufen am 29. April aus Lorch ein Schreiben an die *gemeinen lieben burger und mitbruder in Cristo der gantzen gemeinschaft und burgerschaft Gmundt* mit der Aufforderung, mit ihnen das *heilig ewangeli helfen behalten und aufrichten,* aber auch die große *beschwer des menschen gemeinen volcks, von der oberkeit bisher geliten, abzuthon und die Zwolf Artickel uffzurichten.* Danach heißt es: *Wa aber das nit geschech, muesten wir gegen euch furnemen, das wir vil lieber vertragen wolten sein.*

Auffällig ist, daß nicht Bürgermeister und Rat Adressaten des Schreibens sind; angeredet wird die Gemeinde, die Bauern suchen also die Verbindung zu den Bürgern, die wie sie unter der Obrigkeit des Rates stehen. Es stellte sich nun die Frage, ob der Ausschuß von der Gemeinde, der mindestens seit Ostern in der Stadt den Ton angab, willens war, mit den Bauern gemeinsame Sache zu machen. Immerhin hatte man dies gemeinsam, daß die zünftische Bewegung in der Stadt die evangelische Predigt förderte, ebenso wie die Bauern sich als evangelische Bewegung verstanden.

Deshalb antworteten *die burger gemeinlich und sonderlich der stat Swabischen Gmund* anderntags den Bauern, sie hätten *ganz gern gehort, das ir des erlichen, cristenlichen und loblichen furnemens und maynung seyen, das heilig ewangelium und gottes wort zu hanthaben als frumm cristen.* Auch die Bürger in der Stadt hätten sich zum gleichen Zweck zusammengetan. Von einer Bereitschaft zu einem Zusammengehen mit den Bauern ist keine Rede, zwischen den Zeilen ließen die Städter durchblicken, daß sie für ihre eigenen Angelegenheiten selber sorgen könnten. Zum Zeichen, daß die Schreiber dieses Briefes, nämlich die Angehörigen des Gemeindeausschusses, tatsächlich die Macht in der Stadt innehatten, siegelten sie mit dem kleinen Sekretsiegel der Stadt.

Das nächste Schreiben der Bauern vom 1. Mai wurde konkreter. Es ist an Bürgermeister und Rat gerichtet und enthält ein Gesuch um einen Geleitsbrief, da es die Absicht des Bauernhaufens sei, *durchzugk bi euch ze haben.* Da wohl kaum daran zu denken ist, daß die Bauern um Erlaubnis nachsuchten, durch das Gmünder Gebiet zu ziehen, ist ihr Schreiben gleichbedeutend mit einer Aufforderung zur Öffnung der Stadt. Entsprechend ist die Antwort von Bürgermeister und Rat, die vom selben Tag stammt. Man erklärte, es sei *nit gelegen, auch gantz nit verantwurtlich,* die Bauern durch die Stadt ziehen zu lassen und außerhalb der Stadt besäße man das Geleitsrecht nicht. Wollten die Bauern aber an der Stadt vorbeiziehen, so erwarte man von ihnen, daß sie sich *geburlich halten* und niemand *beleidigen noch beschedigen.* Diese Antwort hielt die Bauern nicht davon ab, am selben 1. Mai ein ähnliches Schreiben nunmehr an eine *ersame gemeindt und ewangelischen bruder zu Gmund* zu richten und diese nunmehr um einen Geleitsbrief zu bitten, um mit den Bürgern *in freuntlicher versammelter bruderliche liebe gesprech zu halten.* Dies ist sicher als Aufforderung zu einem Zusammengehen zu verstehen, denn die Bauern erklärten, daß sie bei den Gmündern und anderen *zu auffung und merung des wort gots, leib, leben, guth und ere* daransetzen wollten. Die Antwort der Gmünder Gemeinde vom 2. Mai war ebenfalls abschlägig. Man wollte es bei der Antwort, die Bürgermeister und Rat bereits gegeben hatten, bewenden lassen. Ein *gesprech* wollte man jedoch den Bauern nicht abschlagen, doch sollten sie dazu nur mit *einem zimlichen ausschuß* erscheinen.

Es scheint beim Gemeinen hellen Haufen eine ständige Diskussion zwischen Radikalen und Gemäßigten gegeben zu haben, eine Auseinandersetzung zwischen solchen, die zur revolutionären Aktion schreiten, und solchen, die den Herrschenden geduldig einen längerfristigen Wandel der sozialen und politischen Verhältnisse durch Verhandlungen abringen wollten. Am 2. Mai plünderte eine Abteilung des nunmehr in Mutlangen liegenden Bauernhaufens unter Führung des Hauptmanns aus dem limpurgischen Gaildorf und des Profosen das vor den Toren Gmünds liegende

49. Beschießung von Schwäbisch Gmünd durch die Truppen des Schmalkaldischen Bundes am 26. November 1546. Deckfarbenmalerei aus der 2. Hälfte des 17. Jahrhunderts

50. Titelblatt der Bürgermeister und Rat von Schwäbisch Gmünd gewidmeten Predigt Althamers über die Priesterehe. Druck von Philipp Ulhart d. Ä. in Augsburg. 1525

51. Andreas Althamer (geb. um 1500 in Brenz, gest. 1539 in Ansbach), der verhinderte Reformator von Schwäbisch Gmünd. Kupferstich von 1756 nach älterer Vorlage

52. Siegel des Gemeinen hellen Haufens der Bauern, der Ende April/Anfang Mai 1525 die Reichsstadt Schwäbisch Gmünd vergeblich zum Anschluß aufforderte. Das Siegel stellt eine Sturmglocke dar.

*Sept frères decapitez, à Gemunde en Souabe, A° 15 2 9.* | *Sieben brüdern zu Gemund in Schwabenland enthäupt. A° 15 29.* (53.

*53. Hinrichtung der Gmünder Täufer am 7. Dezember 1529. Kupferstich des 18. Jahrhunderts, vermutlich aus einer der Ausgaben des »Märtyrerspiegels« von T. J. van Braght*

54. Totenschild des Rochius Meulin (gest. 2. August 1557) und seiner Ehefrau Elisabeth Altheimerin. Die Frau ist vermutlich eine Tochter des Predigers Althamer. Die Meulin gehörten teilweise der evangelischen Gruppe in der Stadt an. Vater des Sensenverlegers Rochius Meulin war der mehrjährige Bürgermeister Bernhard Meulin (gest. 1538).

55. Totenschild des von den Schmalkaldischen Truppen 1546 verschleppten Gmünder Stadtarztes Dr. Leonhard Haug in der Heilig-Kreuz-Kirche

Dominikanerinnenkloster Gotteszell. Diesmal schritten die Hauptleute des Haufens ein, obwohl der Profos, der eigentlich für die Disziplin im Lager verantwortlich war, selbst beteiligt war. Der Gaildorfer Hauptmann wurde gefangengesetzt, ein Entschuldigungsschreiben ging am 3. Mai an Bürger und Gemeinde zu Gmünd, die man abermals *briederlicher liebe und ainikait* versicherte. Das Schreiben scheint wohl auch deswegen nötig gewesen zu sein, weil es im Bauernlager inzwischen an Proviant mangelte und man Bürgermeister, Rat und Gemeinde zu Gmünd am 4. Mai um *liferung wein und brots* gegen *genugsamliche betzalung* bitten mußte und gleichzeitig zu erkennen gab, daß man verboten habe, die Stadt und das Kloster zu belästigen. Für diejenigen Gmünder, die willens waren, ihnen Nachschub zu liefern, stellte der Bauernhaufen einen Geleitsbrief aus.

Der Bericht, den die Gmünder am 1. Mai ihrem Mitbürger und Altbürgermeister Wilhelm Egen nach Ulm sandten, ist mehrfach korrigiert, was aus der Bedrängnis zu erklären ist, in die der Gmünder Magistrat geraten war. Nach dem Schriftwechsel mit den Bauern, der Egen in Kopie mitgeteilt wurde, war der Bauernhaufen von Lorch aus vor die Stadt gerückt und hatte bei der Kreuzmühle haltgemacht und den Gemeindeausschuß von Gmünd vor sich gefordert. Nachdem vom Ausschuß die Bauern in der Geleitsfrage abschlägig beschieden worden waren, ging ein Teil auf das Kloster Gotteszell zu, während der Haupthaufen über Wetzgau nach Mutlangen rückte und dort sein Lager aufschlug. Aus Mutlangen kam das Entschuldigungsschreiben für die Plünderung von Gotteszell, das man Egen ebenfalls mitteilte, aber von der Stadt nicht beantwortet wurde.

Obwohl Altbürgermeister Wilhelm Egen dem führenden Gremium des Schwäbischen Bundes angehörte und während der kritischen Wochen in Ulm weilte, hatte man sich doch entschlossen, in dem Bericht an ihn den Satz wegzulassen, er möge die Bedrängnis der Stadt *den stenden des bunds anzaigen, damit wir solichs lasts entladen mochten werden.* Für wirkungsvoller erachtete man es, eine Ratsbotschaft nach Ulm zu schicken und dort vorzubringen, daß 8000 Bauern die Stadt belagerten, ihr das Wasser abgegraben hätten und sie beschießen würden. Tatsächlich hatten die Bauern — vermutlich die Abteilung, die Gotteszell plünderte — einen Schuß in die Stadt getan, *welcher auf des Herrn Stadtschreibers Haus gegangen,* wie eine chronikalische Nachricht lautet. Überdies, so fuhr der Bericht des Rats an Egen fort, sei der Gemeinde nicht recht zu trauen, und der Bund möge hier Abhilfe schaffen. Dieses Begehren wurde vom Bundeshauptmann Ulrich Artzt am 5. Mai an den Truchsessen weitergeleitet, der bereits im Anmarsch auf Württemberg war. Am 6. Mai berichtete Artzt freilich, daß die Bauern am Vortag wieder von Gmünd abgezogen seien. Der Bauernhaufen hatte inzwischen sein Lager in Gaildorf aufgeschlagen. Von dort aus wurden Rat und ganze *commun* der Stadt Schwäbisch Gmünd am 7. Mai von den Bauern wiederum erinnert, daß nach Aussage ihrer Untertanen das Evangelium bisher *klain und wenig in ewer statt gehandlet worden* sei, ebenso die Zwölf Artikel. Darum werden sie abermals aufgefordert, mit dem Bauernhaufen *das gotßwort mitsampt den Zwölf articklen helfen handhaben.* Hierauf erboten sich Bürgermeister und Gemeinde zu Gmünd *als liebhaber frieds und ainigkait . . .* diese *emborung und zwitracht beizulegen* und auch mit den umliegenden Städten zu vermitteln, jedoch *uff willigen und zugeben der stende des leblichen bunds zu Swaben.* Die Bauern ließen es sich gefallen, daß Gmünd sich als Vermittler anbot, baten jedoch darum, daß man den Bund aus dem Spiel lasse, da er ihnen *nit gemeß sey.* Daß dieses Schreiben von der gemäßigten Seite der Bauern kam, zeigt ein beigelegter Zettel, in dem es heißt, daß die Schreiber in großer Gefahr stünden, denn sie würden beschuldigt, die Stadt Gmünd zu begünstigen. Als Wortführer dieser Meinung werden Jörg Hartmann und Jörg Betz genannt, Hauptleute im Bauernhaufen und Gmünder Untertanen, die gerne die Stadt in ihre Hand gebracht hätten.

Daß auch in Gmünd die Meinungsbildung recht schwierig war, zeigt die hierauf erfolgte Antwort, die wiederum von Bürgermeister, Rat und ganzer Gemeinde ausging. Das Begehren der Bauern, die Stadt solle sich ihrer Bewegung anschließen, wurde rundweg abgelehnt. Als Stadt des Reichs, die zugleich dem Schwäbischen Bund angehörte, konnte man sich nicht anderweitig verpflichten, wobei interessant ist, daß der Bund weniger als Pakt der süddeutschen Territorien angesehen wurde denn als obrigkeitliche Instanz, die gleich nach Kaiser und Reich kam. Was die Annahme der Zwölf Artikel anbelangt, so hatte man anfänglich vor, den Bauern zu antworten, man kenne diese Artikel nicht. Diese Ausrede erschien dann doch als zu vordergründig, so daß dieser Satz im Konzept gestrichen wurde und man die Angelegenheit lieber mit einer allgemeinen Redewendung umging und die Zwölf Artikel überhaupt nicht nannte. Was aber die »Handhabung des Evangeliums« anging, so zeigte man sich anfänglich erbötig, dasselbe anzunehmen und *wollen auch darbi sterben und genessen.* Diese Wendung, die offensichtlich vom evangelischen Teil der Gemeinde beeinflußt war, wurde wieder getilgt und durch die Erklärung ersetzt, daß man das Evangelium handhaben wolle, *gut ordnung aufrichten und boß abstellen.* Im übrigen wurde den Bauern wieder zu verstehen gegeben, daß man ihrer nicht bedürfe, zumal Rat und Gemeinde sich bereits eidlich gegeneinander verpflichtet hätten, Evangelium und Wort Gottes zu handhaben. Die Bitte der Bauern, mit den umliegenden Städten zu vermitteln, aber den Bund aus dem Spiel zu lassen, wurde abgelehnt, da man von Gmünd aus nichts ohne den Bund unternehmen wolle. So schließt also der letzte Brief von Gmünd an den Bauernhaufen mit der Ermahnung: *ir wollen euch verner nit understeen, des hailigen reichs verwanten zu beschedigen.*

Dieser zwar vorsichtige, aber doch schon ein gewisses Überlegenheitsgefühl gegenüber den Bauern demonstrierende Brief zeigt, daß sich eine Änderung der Lage ankündigte. Der Truchseß von Waldburg war mit dem Heer des Schwäbischen Bundes im Anmarsch. Schon am 3. Mai hatten die württembergischen Bauern an andere Haufen ein Ausschreiben ausgehen lassen mit der Aufforderung, die Bauern sollten sich *mit sterkung uff ainen huffen zusammentuen,* da ihnen der Bund vor den Türen läge. Ein Schreiben aus Eßlingen vom 10. Mai berichtete zwar über die im Angesicht der Truppen des Truchsessen erfolgte Eroberung von Herrenberg durch die Bauern, sprach aber die Zuversicht aus, daß *der sach allenthalp, da es von notten ist, ain endtschaft gemacht* werde. Am 16. Mai wurde Gmünd aus Esslingen über die für den württembergischen Bauernhaufen vernichtende Schlacht bei Böblingen unterrichtet, wonach der Truchseß die Bauern mit 500 Pferden angegriffen, 3000 Bauern erstochen habe und die übrigen *entloffen* seien.

Der Gemeine helle Haufen scheint beim Herannahen des Truchsessen erwogen zu haben, sich nach Osten zu wenden, wenigstens bestand in Nördlingen am 12. Mai die Befürchtung, daß die vor Gmünd gelegenen Bauern ins Ries ziehen würden. Ein solcher Zug wurde jedoch nicht vorgenommen, der Gemeine helle Haufen löste sich auf.

## Das Scheitern der evangelischen und der zünftischen Bewegung

Das Begehren der Bauern, ihnen die Stadt zu öffnen, hatte die beiden streitenden Parteien in Gmünd zu gemeinsamem Handeln gebracht. Obwohl die Vertreter der Gmünder Gemeinde dieselben Schlagwörter gebrauchten wie die Bauern, sah die städtische Bewegung keine Gemeinsamkeit mit der bäuerlichen Bewegung draußen auf dem Land und wollte ihre Sache allein durchführen. Die Ratspartei hingegen konspirierte trotz des gegebenen Eids hinter dem Rücken der Gemeinde mit dem Schwäbischen Bund und gedachte, notfalls auch mit Gewalt wieder an die Macht zu kommen.

Die Rolle, die Althamer bei all diesen Vorgängen gespielt hat, war eher eine untergeordnete; er soll mit den anderen, mit einer Feuerbüchse bewaffnet, durch die Gassen gegangen sein. Er hatte sich also in den Wachdienst einteilen lassen, obwohl er das als Geistlicher, der grundsätzlich von solchen Diensten befreit war, nicht nötig gehabt hätte. Althamer beurteilte vorerst noch den Gang der Dinge positiv – dies geht etwa aus einem Brief hervor, den ihm am 13. April sein Freund Johannes Pinicianus aus Augsburg schrieb. Dieser gratulierte ihm zu seiner neuen Stellung, riet ihm aber zur Mäßigung, damit ihm der günstige Lauf der Dinge nicht zum Verderben werde. Die hier durchklingende Ahnung des Scheiterns sollte sich schließlich bewahrheiten, wenngleich es zunächst nicht so aussah. Der Gemeindeausschuß strebte zwar primär eine politische Veränderung an, diese beinhaltete aber gleichzeitig auch die Durchsetzung der Reformation. Diese sollte aber nicht tumultuarisch, nach dem Vorbild des Einbruchs ins Predigerkloster an Ostern geschehen, sondern durch ein ordentliches Verfahren. Das beweist eine Übereinkunft vom 27. April, wonach die Priesterschaft dem Rat und dem Ausschuß ihre Loyalität erklärte und die beiden städtischen Gremien hinwiederum für die Sicherheit der Geistlichkeit garantierten.

Möglicherweise hatte aber zu diesem Zeitpunkt Pfarrer Schleicher bereits sein Amt resigniert, da es in einer Notiz heißt, daß er wegen des Bauernkriegs die Pfarrei aufgegeben habe, da die Schmiede gegen ihn wüteten. Richtig ist, daß die Schmiedezunft einen hervorragenden Anteil an der religiösen wie an der politischen Bewegung hatte, die Begründung mit dem Bauernkrieg ist jedoch nicht gerechtfertigt. Wiederbesetzt wurde die Gmünder Pfarrstelle erst wieder im Oktober, sie muß also einige Zeit vakant gewesen sein. Daß Althamer sich wieder um sie bemüht hätte, davon hören wir nichts. Dennoch war er jetzt der maßgebende Geistliche in der Stadt, der nun darangehen konnte, die kirchlichen Verhältnisse in reformatorischem Sinne umzugestalten.

Es spricht für Althamer, daß die Reformation damit beginnen sollte, daß eine Kirchenordnung aufgestellt wurde. Eine solche Ordnung hatte dringend drei Probleme zu behandeln: einmal die Frage der Klöster, was mit den Mönchen geschehen sollte; dann die Frage der bischöflichen Gerichtsbarkeit, insbesondere die Gerichtsbarkeit in Ehesachen, die, wenn man die Reformation einführte und damit die bischöfliche Gerichtsbarkeit aussetzte, nunmehr vom Magistrat wahrgenommen werden mußte. Drittens die Frage des Gottesdienstes: Was soll an die Stelle der abzuschaffenden Messe treten? Es spricht ferner für den Reformator Althamer, daß er diese Fragen nicht im Alleingang lösen wollte, sondern veranlaßte, daß durch Rat und Ausschuß eine Gesandtschaft nach Nördlingen, Dinkelsbühl und Nürnberg geschickt wurde, um sich zu erkundigen, wie man dort die einschlägigen Fragen gelöst habe. Das vom 22. Mai 1525 datierte Gmünder Schreiben an die drei benachbarten Reichsstädte redete davon, daß die Geistlichen in der Stadt durch einander widersprechende Predigten Unruhe verursacht hätten und man deshalb erkundigen wolle, *wie solch böse Bräuch in Euer Stadt bei den Geistlichen abgestellt* worden seien, mit Bitte, die angerichtete Ordnung schriftlich zuzusenden, *damit wir in unserer Stadt auch gut Ordnung, Fried, Einigkeit und gute Polizei, dem hl. Evangelium gemäß, halten möchten.* Antworten kennen wir aus Nördlingen und Nürnberg. Die Nördlinger drückten sich sehr gewunden aus, indem sie zwar zugaben, daß sie vor etlichen Jahren einen evangelischen Prediger angestellt hätten, daß aber die eine oder andere kirchliche

Neuerung, die eingeführt wurde, nicht auf Veranlassung des Rats erfolgte. Im übrigen sind sie der Meinung, daß man in solchen Dingen nichts übereilen, sondern bedenken solle, *das man gemachsamlich mit der Zeit auch weit geet*. Die Nürnberger übersandten offenbar ein größeres Memorandum, das leider nicht erhalten ist. Im Anschreiben dazu heißt es, daß in allem das Wort Gottes das alleinige Richtscheit sein müsse, *das uns zu tun und zu lassen leiten muß*.

Mit der offiziellen Anfrage durch Rat und Ausschuß zu Gmünd hatte auch Althamer private Schreiben an die Prediger der drei Städte gerichtet. Von den Antworten sind uns zwei erhalten. Die ausführlichste ist die des Nördlinger Predigers Theobald Billikan. Er berichtet, daß in seiner Stadt das Mönchtum im Absterben begriffen sei und seine vollständige Auflösung nahe bevorstehe. Dann macht er Angaben zu einzelnen Problemen der Ehegerichtsbarkeit, zu Eheschließung und Ehescheidung. Schließlich stellt er dar, wie bei ihnen der Sonntagsgottesdienst gefeiert wird. Er gibt zu, daß noch Messe gehalten wird, hofft aber, daß diese auch bald fällt. Die Antwort des Dinkelsbühler Predigers Konrad Aubelius ist sehr zurückhaltend. Er klagt über Mönche und Meßpriester, und was die Ehefragen anbelangt, so macht er sie von der Autorität der Heiligen Schrift bzw. des Magistrats abhängig.

Wir wissen, daß es zur Abfassung einer evangelischen Kirchenordnung für Schwäbisch Gmünd nicht mehr gekommen ist. Das Blatt begann sich jetzt nämlich zu wenden. Der Rat, der faktisch entmachtet, nicht aber in seiner Bewegungsfreiheit gehindert war, bat den Bund um Zusendung von 100 Knechten und ersuchte die benachbarte Reichsstadt Eßlingen am 17. Mai, in dieser Angelegenheit behilflich zu sein und nötigenfalls den Sold vorzustrecken. Auch an Artzt schrieb man am 19. Mai wegen der 100 Knechte, der am 20. antwortete, daß man augenblicklich nichts für Gmünd tun könne, und empfahl, man solle selber jemanden zur Anwerbung von Knechten ausschicken. Es wurde also der Stadthauptmann Wolf Ziegler ausgesandt, um Knechte anzunehmen; am 29. Mai hatte man nach nochmaliger Bitte in Eßlingen deren 50 erhalten. Mit Ankunft der Knechte in Gmünd konnte das Bürgeraufgebot, das seit Ende April im Sold gestanden war, entlassen werden. Die Besatzung scheint zunächst zum Schutz gegen die aufrührerischen Bauern dagewesen zu sein. An ein Vorgehen gegen den Gemeindeausschuß war vorläufig nicht gedacht. Dieser konnte daher am 2./3. Juni seine Mitwirkung bei der Neubesetzung des Rates erzwingen, wobei zwar ein Teil der alten Ratsmitglieder entfernt, jedoch das Gremium nicht grundlegend verändert wurde. Ergänzt wurde diese Ratsveränderung durch das Verlangen des Ausschusses, daß künftig keine Geschwisterkinder oder Schwäger mehr im Rat sitzen sollten.

Für Althamer schien nunmehr auch die Zeit gekommen, durch seine Verheiratung ein Zeichen zu setzen. Am 12. Juni ließ er dem Rat vorbringen, daß er sich verheiratet habe, und bat darum, ihn ins Bürgerrecht aufzunehmen. Merkwürdigerweise zögerte der eben neu besetzte Rat damit und ließ den Prädikanten vertrösten, *dieweyl sein beger etwas ein newerung sey*. Dies scheint aber dem Ausschuß von der Gemeinde mißfallen zu haben, denn am 18. Juni warnten einige Angehörige des alten Rats den Ausschuß davor, Neuerungen in der Geistlichkeit vorzunehmen, und ließen die Mandate gegen Luthers Lehre öffentlich verlesen.

Von Althamers Frau wissen wir nur, daß sie Anna hieß und vermutlich 1535 oder 1536 in Ansbach starb. Wenn die Heirat an dem Tage stattfand – am 12. Juni –, an dem sie dem Rat mitgeteilt wurde, dann hat Althamer noch einen Tag vor Luther geheiratet, der am 13. Juni 1525 mit Katharina von Bora die Ehe schloß. Wenn auch im Jahr zuvor schon Matthäus Alber, der evangelische Prediger in Reutlingen, in den Ehestand getreten war, so war die Heirat eines Geistlichen immer noch eine Neuerung. Althamer hielt deswegen am 25. Juni eine Predigt, in der er seinen Schritt rechtfertigte. In diesem *Sermon von dem eelichen stand* geht er scharf gegen das Verbot der Priesterehe vor und stellt die biblischen und historischen Gründe der Reformatoren für die Verheiratung der Geistlichen dar.

Althamer sagt in dem Widmungsschreiben an Bürgermeister und Rat zu Gmünd, das er später dem Druck seiner Predigt voranstellte, daß man von ihm begehrt habe, eine Erlaubnis zur Heirat vom Bischof beizubringen. Dagegen führt er aus, daß es einer solchen nicht bedürfe, da Christus auch den Priestern die Ehe gestattet habe. Im Eingang der Predigt sagt er, daß sie dadurch veranlaßt worden sei, daß viele an seiner Verheiratung, nicht aber am Konkubinat so vieler Priester Anstoß genommen hätten. Als Gründe für seine Verheiratung führt er dann Gottes Schöpfungswerk an, die christliche Freiheit und drittens die Vermeidung der Unkeuschheit.

Althamers Tage in Gmünd waren aber dennoch gezählt. Mitte Juni kam ein Bundeskontingent von 63 Mann aus Ulm nach Gmünd. Ende Juni sollte der Stadthauptmann Wolf Ziegler noch einmal nach Ulm geschickt werden, um weitere Knechte zu holen. Ein späterer Bericht redet schließlich von mehr als 200 Mann, auf die sich der alte Rat verlassen konnte. Der Rat bat den Bund mit Schreiben vom 26. Juni, die bewilligten Knechte noch länger in der Stadt zu lassen, da sich *die bauren bey uns uff den welden wider rotieren und sonderlich die anfenger, so nit gehuldet, beeinander ligen*. Da der Bund jedoch sein Kriegsvolk selbst benötigte, wollte er diese Knechte wieder abziehen. Es ging dem Rat jedoch weniger um die Bauern, die ja zu dieser Zeit vollständig geschlagen waren, sondern um die Bereinigung der Situation in der Stadt. Althamer wurde am 4. Juli seines Dienstes enthoben, weil er sich *wider die cristenlichen ordnung verheyrat*. Sollte er aber eine Heiratserlaubnis vom Bischof von Augsburg beibringen, werde man sich ihm gegenüber verhalten, wie es sich gebühre. Er solle aber weder in der Stadt noch außerhalb predigen. Diesem Verbot des Rats folgte am 7. August eine Aufforderung des Bundes an die Stadt, den geflohenen Prediger nicht mehr einzulassen und ihn im Betretungsfalle zu verhaften. Die oben wiedergegebene blutrünstige Drohung des Ulrich Artzt hätte in einem solchen Fall wenig Hoffnung für Althamer gelassen.

Kurz nach seiner Entlassung – vielleicht noch am selben Tag – entging Althamer mit knapper Not einer nächtlichen Verhaftung durch die Bundestruppen. Wir haben deshalb Kenntnis von diesem Vorgang, weil Markgraf Georg von Brandenburg drei Jahre später, als Althamer schon in Ansbach war, sich nach dessen Verhalten im Bauernkrieg erkundigte. Der Bericht, der schließlich auf die Anfrage des Markgrafen nach Ansbach geschickt wurde, ist eine wichtige, wenn auch parteiische Quelle der Vorgänge in Gmünd während Althamers Aufenthalt.

Die Anfrage des Markgrafen war durch die Bitte Althamers veranlaßt, ihm wieder zu zwei Röcken zu verhelfen, die er bei seiner Flucht aus Gmünd hatte zurücklassen müssen. Über deren Verbleib berichtete der Stadthauptmann Wolf Ziegler an den Rat, daß er im Bauernkrieg mit 200 Mann vom Schwäbischen Bund nach Gmünd geschickt worden sei, wo Althamer von etlichen Aufrührern aus der Gemeinde zum Prediger aufgestellt worden war. Ziegler habe sich an den Predigten Althamers nicht gestört, seine Anhänger seien aber oftmals bewaffnet zusammengelaufen, und Althamer habe auf der Kanzel oftmals den Bund angegriffen, um damit die Aufrührer zu stärken. Ziegler habe die Sache ausgekundschaftet und sei bei einem Wachgang eines Nachts vor das Haus des Wolf Bletzger gekommen. Plötzlich habe Althamer – der wohl bei Bletzger, einem namhaften Vertreter der Evangelischen, wohnte – die beiden Röcke aus dem Fenster geworfen und sei hintennach gesprungen. Als die Wachen den Lärm hörten, seien sie hinzugeeilt, während Althamer unter Hinterlassung der beiden Röcke die Flucht ergriffen habe. Diese habe der Doppelsöldner Michel Bauknecht von Biberach als Beute an sich genommen, der aus dem Chorrock ein Hemd gemacht und den andern Rock um vier Gulden verkauft habe. Mit diesem Bericht, einem Muster an Schönfärberei, endete das Nachspiel zum Aufenthalt Althamers in Gmünd.

Während Althamer sich einer Gefangennahme und der sicheren Hinrichtung durch die Flucht entziehen konnte, wurde am 11. Juli der kleine Ausschuß von der Gemeinde vor den Rat gerufen und aufgefordert, sich aufzulösen. Damit war die zünftische Bewegung in Gmünd beendet, die Gemeinde sah mit der fremden Besatzung in der Stadt und dem Hinweis des Rats darauf, *das laider ietz der bund an vil orten im reich straff furnympt*, keine Möglichkeit mehr zur Gegenwehr. Am 21./22. August fand schließlich in Gmünd ein Städtetag statt, an dem Ratsbotschaften von Ulm, Nördlingen, Esslingen und Hall teilnahmen. Bei dieser Gelegenheit wurde der alte Stadtrat wieder ins Amt eingesetzt und die alte Ordnung war wiederhergestellt.

Einem der Anführer des Tumults in der Osternacht, Jakob Messerschmied, wurden am 30. August die Schwurfinger abgeschlagen, zwei weitere Männer der Stadt verwiesen. Den Mitgliedern des Gemeindeausschusses wurden teilweise beträchtliche Geldstrafen auferlegt.

Gleichzeitig schritt man gegen die Bauern ein: Sie wurden entwaffnet, eine unbekannte Anzahl von Bauern wurde gefangengenommen, eine Reihe von ihnen hingerichtet. Zweimal verzeichnet die Gmünder Stadtrechnung dieses Jahres Ausgaben für den Nachrichter. Die überlebenden Bauern hatten hohe Strafgelder zu bezahlen. Die zünftische Bewegung in Gmünd war gescheitert, ebenso auch die Reformation. Der Grund für diesen Fehlschlag war die Verbindung der beiden Bewegungen. Zwar hatte Gmünd in Althamer einen der bedeutendsten reformatorischen Prediger und möglicherweise sogar eine evangelisch gesinnte Mehrheit unter den Bürgern, doch die Bedrohung der Stellung der Ratsfamilien durch die zünftische Bewegung nötigte diese dazu, gegen beide Bewegungen vorzugehen. Entscheidend war zugleich der Zeitpunkt: Nach der Niederschlagung der Bauern hatte man genug Landsknechte zur Verfügung, mit denen man auch den Stadtbürgern drohen konnte.

Andreas Althamer ließ noch in Augsburg seinen Sermon vom ehelichen Stand drucken und sandte ihn als seine Verantwortungsschrift nach Gmünd. Dort hatte man aber schon den Befehl des Bundes erhalten, Althamer festzunehmen, falls er sich wieder in Gmünd blicken lasse. Wo sich Althamer in den nächsten Monaten aufgehalten hat, wissen wir nicht. Er tat jedenfalls gut daran, sich aus dem Machtbereich des Bundes zu entfernen, der durch seinen Profosen Bertold Aichelin verdächtige Prediger in großer Anzahl aufhängen ließ. Althamer erscheint wieder am 18. Oktober in Wittenberg, wo er sich an der Universität immatrikulieren ließ. Seine Frau hatte er in Gmünd zurückgelassen, sie wußte nicht einmal, wo sich ihr Mann befand. Dies geht hervor aus einem Brief des Nördlinger Predigers Billikan an Anna Althamer vom 11. Dezember 1525, in dem er schreibt, daß sich ihr *Endres* bei *frommen, gotseligen und redlichen leuten an sicherem ort* befinde und sie sich nicht um ihn sorgen müsse.

Althamer selber schrieb am 14. Januar 1526 an Bürgermeister und Rat zu Gmünd und bat darum, ihn als Beiwohner und Pfahlbürger in Gmünd wohnen zu lassen, da er doch eine Gmünderin geheiratet habe. Diese Bitte wurde ihm am 17. Februar abgeschlagen. Im Sommer 1526 begab sich Althamer deshalb nach Nürnberg. Von dort schrieb er am 23. August wieder nach Gmünd und bat um Zustellung eines Geleitsbriefs, da er geschäftlich in Gmünd zu tun habe. Der Rat verwies ihn auf die bereits gemachte Absage.

Der weitere Lebensweg von Althamer stellt sich folgendermaßen dar: Er wurde im Frühjahr oder Sommer 1527 Pfarrer im nürnbergischen Eltersdorf, Anfang 1528

Diakon an St. Sebald in Nürnberg und im Mai 1528 Stadtpfarrer in Ansbach. Zusammen mit dem Stiftsprediger Johann Rurer reformierte er die beiden Markgrafschaften Ansbach und Kulmbach. Althamer starb in Ansbach im Sommer 1539.

## Die Täufer in Gmünd

Die gewaltsame Unterdrückung der evangelischen Bewegung in Gmünd hat möglicherweise die Entstehung einer täuferischen Gruppe in der Stadt gefördert, die sich 1528/29 bemerkbar machte.[4] Der Ursprung der Täufer liegt in Zürich. Dort bildete sich 1524/25 ein Kreis von ehemaligen Schülern Zwinglis, denen die Reformation nicht konsequent genug erschien. Es ging ihnen um die Bildung einer heiligen Gemeinde und um die Absonderung von der Welt. Sie traten für die Erwachsenentaufe ein, weil die Taufe ja die Entscheidung für die Nachfolge voraussetzte, und haben von daher den Namen Täufer oder Wiedertäufer erhalten, da ihre Anhänger nochmals getauft wurden.

Durch die Verfolgung der Täufer in Zürich breiteten sich diese über ganz Süddeutschland aus, wobei sich zugleich ein buntes Bild von Lehrmeinungen und Anschauungen der verschiedenen Lehrer entfaltete. Es muß angenommen werden, daß schon 1527 täuferische Prediger nach Gmünd gekommen sind und sich dort bemerkbar gemacht haben, denn der Rat der Stadt sah sich veranlaßt, bei der am 27. Februar 1528 erfolgten Bekanntmachung des auf dem Reichstag zu Speyer am 4. Januar erlassenen kaiserlichen Mandats gegen die Wiedertäufer eine eigene Ermahnung anzufügen, aus der hervorgeht, daß sich in der Stadt *ettlich understanden, in winckeln an argwenigen orten und zu verdachtlichen zeiten . . . zu predigen.* Die Prediger, die damit gemeint sind, waren Hans Betz und Hans Kesler, die am 25. August 1528 ausgewiesen wurden. Die beiden waren verschwägert, stammten wahrscheinlich aus Augsburg und waren Beindreher. So ist also das Täufertum über Augsburg in Gmünd eingedrungen.

Geraume Zeit machte sich die täuferische Bewegung in Gmünd daraufhin nicht mehr bemerkbar, dennoch dürfte sie in dieser Zeit zugenommen haben. Der Rat erließ am 7. Januar 1529 eine strenge Warnung an diejenigen, die sich weigerten, sich vor dem Tode mit dem Sakrament versehen zu lassen. Ihnen wird angedroht, daß sie künftighin auf dem Feld begraben werden sollen. Es ist deshalb anzunehmen, daß die Gmünder Täufer — wie auch die Chroniken berichten — ihre eigenen Abendmahlsfeiern in ihren Häusern hielten und deshalb der kirchlichen Feier fernblieben und es auch verschmähten, sich bei Todesgefahr vom Priester mit dem Sakrament versehen zu lassen.

Um diese Zeit muß Martin Zehentmaier, den alle Quellen als das Haupt der Gmünder Täufer bezeichnen, schon eine Zeitlang in der Stadt gewesen sein. Von ihm ist leider nicht viel mehr bekannt, als was er später beim Verhör zu seiner Person angegeben hat. Er stammte aus Langenmosen, einem Dorf im Donaumoos zwischen Augsburg und Ingolstadt. Martin Zehentmaier muß ein junger Mann gewesen sein, da seine beiden Eltern noch lebten, als er in Gmünd verhört wurde. Da er in den täuferischen Geschichtsquellen Martin Maler genannt wird, ist zu vermuten, daß er Maler von Beruf war. Wie er mit den Täufern in Kontakt gekommen ist, wissen wir nicht, jedenfalls wurde er in der Fastenzeit 1528 von einem gewissen Hans von Passau im Lech getauft und anschließend dazu erwählt, in Eßlingen, Göppingen und Giengen die täuferische Lehre zu verkünden. Bei seiner Taufe in Augsburg war auch Augustin Bader anwesend, der sich später von den Täufern lossagte, seinen neugeborenen Sohn zum endzeitlichen König ernannte, aber schon wenige Monate nach Zehentmaiers Tod in Stuttgart mit seinem eigenen Königsschwert hingerichtet wurde. Noch in Augsburg traf Zehentmaier die beiden aus Gmünd ausgewiesenen Täufer, Hans Betz und Hans Kesler. Betz forderte ihn auf, nach Gmünd zu gehen, da es dort *vill herzhaftiger menschen* gebe. Zehentmaier muß also im Herbst 1528 nach Gmünd gekommen sein, wo seine Predigt auf fruchtbaren Boden fiel, denn er hat *in unterschidlichen capelln in der statt und auf dem landt, auch andern privathäusern allhier über 100 personen getauft und das nachtmahl gehalten.* Wenn diese Angabe einer späteren Chronik auch etwas überhöht sein mag, so wissen wir doch von ungefähr vierzig namentlich bekannten Leuten, die der Lehre Zehentmaiers nachfolgten. Die Tätigkeit Zehentmaiers und die verhältnismäßig große Zahl seiner Anhänger konnten dem Rat in dem überschaubaren Bezirk der Reichsstadt nicht verborgen bleiben, zumal sich die Täufer von der Kommunion fernhielten. Da nun das kaiserliche Edikt schon vor Jahresfrist ergangen war, der Rat auch nochmals die Verächter des Sakraments gewarnt hatte, hielt man es Mitte Februar 1529 für geboten, sieben Wiedertäufer mit Martin Zehentmaier als ihrem *vorstender und ufwigler* an der Spitze zu verhaften und im Turm gefangenzulegen.

Die nur chronikalisch überlieferte hohe Anzahl der Täufer in Gmünd gewinnt dadurch an Wahrscheinlichkeit, daß mit der Inhaftierung Zehentmaiers und anderer, vermutlich tonangebender Mitglieder der Gmünder Täufergemeinde, die Sache keineswegs ausgestanden war. In der Folgezeit hören wir laufend von weiteren Maßnahmen gegen die Täufer. Am 1. April wurden fünf Personen verwarnt, weil *sie sich rottiert haben, uff dem hoflich gepredigt.* Das »rottieren« ist ein Ausdruck, der in den Ratsdekreten jener Zeit nicht selten begegnet und besonders aus dem stürmischen Jahr 1525 in schlechtem Andenken war. Kurzum meint das Rottieren jegliche Versammlung von Bürgern in einer dem Rat nicht genehmen Absicht. Gleichwohl wird den fünfen zugestanden, da sie sich des *rottierns und predigens* enthalten sollten, daß sie *das ewangelion und schrift in irn heusern irn weiben und kinden lesen* dürfen. Am 16. April wurden Henslin Mayr und Thomas Schauenstein verwarnt. Auch sie haben sich *am palmtag und an dem andern ostertag uff dem hofflin und andern orten* rottiert und Winkelpredigten beigewohnt. Am 11. Mai beschloß der Rat, diejenigen, *in deren huser die rottierung beschicht,* auch *alle die, so predigen und sonderlich die, so gewarnet sind,* zu verhaften. Leider wissen wir nicht, wie viele daraufhin ins Gefängnis kamen. Thomas Schauenstein ist offensichtlich erst im November verhaftet worden, Henslin Mayr erscheint nicht in der Gefangenenliste, die freilich auch nicht vollständig ist. Ebenfalls am 11. Mai wurde das allgemeine Verbot, wonach niemand zu den Türmen gehen und mit den Gefangenen reden durfte, in bezug auf die inhaftierten Täufer erneuert. Von nun an sollte auch niemand — außer es wird Sturm geläutet — auf die Stadtmauer gehen. Eine Ergänzung dieses Verbots darf man wohl darin sehen, daß am 26. Mai untersagt wurde, in der Kirche, in den Gassen und allen Orten deutsche Psalmen zu singen. Vermutlich hatte der mit den gefangenen Täufern sympathisierende Teil der Bevölkerung versucht, diese durch Gesang in der Nähe der Gefängnisse aufzumuntern. Die Gefangenen selbst haben sich ja — wie weiter unten noch näher auszuführen sein wird — gegenseitig durch Gesang getröstet. Ein ihnen bekanntes Lied, das vor ihrem Gefängnis gesungen wurde, mußte ihnen als Zeichen dafür erscheinen, daß sie nicht vergessen waren.

Der Rat meinte es mit seinen Verboten ernst, das zeigt der Fall des Schmieds Lienhart Mayer, der am 15. Juli vor den Rat bestellt und gefragt wurde, *was des die ursach, das er winckelprediget, rottirt und mit den gefangen in thurn geredt.* Mayer erbot sich zum Gehorsam gegen den Rat und wurde mit einem Tag Haft im Turm bestraft. Am 7. September schwur Veit Eyselin, daß er keinen Wiedertäufer beherbergt habe. Es ist anzunehmen, daß er mit dem in der Gefangenenliste genannten Jakob Eisele verwandt war. Die Ermahnung zum Genuß des Altarsakraments, besonders bei Todesgefahr, wurde am 27. September erneuert. Da die früheren Appelle offensichtlich nichts gefruchtet hatten, wurde nochmals betont, daß diejenigen, die stürben, ohne mit dem Sakrament versehen zu sein, vom Wasenmeister beerdigt werden sollten.

Den mehrfachen Ermahnungen ist zu entnehmen, daß der Rat sich mit diesen Maßnahmen nicht mehr richtig durchzusetzen vermochte. Er mußte sich nach außen um Hilfe wenden. Der Schwäbische Bund, der schon im Bauernkrieg bewiesen hatte, daß er ein schlagkräftiges Instrument gegen ungehorsame Untertanen war, befaßte sich auf ein entsprechendes Gesuch des Gmünder Rats am 11. November auf einem Bundestag in Ulm mit der Gmünder Wiedertäufersache. Leider haben wir nur durch eine kurze Protokollnotiz Kenntnis von dieser Beratung. Es muß aber in Gmünd schon um diese Zeit der Plan bestanden haben, exemplarisch gegen die Täufer vorzugehen. Der Rat sah sich jedoch durch den großen Anhang, den die Täufer in der Stadt hatten, außerstande, dies mit eigenen Kräften durchzuführen. Die Bundeshauptleute beschlossen daher in Ulm, die österreichische Regierung in Stuttgart solle aufgefordert werden, auf Kosten des Bundes 200 Mann Fußtruppen und 50 Reiter nach Gmünd zu senden, damit der Rat gegen die Täufer vorgehen könne.

Auch in der Stadt wurden Vorkehrungen für den entscheidenden Schlag gegen die Täufer getroffen: Am 13. November wurde eine Sitzung des Großen Rats gehalten, dem auch die Vertreter der Zünfte angehörten. Dem Rat ging es darum, sich für das Vorgehen gegen die Täufer der Loyalität der Meisterschaft zu versichern. Man las ihnen das kaiserliche Mandat gegen die Wiedertäufer vor, den Erlaß des Schwäbischen Bundes und die Dekrete des Gmünder Rats. Darauf wurden die Meister gefragt, *wes sich ein erber rat gegen inen versehen solt,* wenn er gemäß diesen Verlautbarungen handeln würde. *Uff die umbfrag haben die maister ainem erbern rat zugesagt, das sie leyb, ere und gut zu ainem erbern rat setzen wollen.* Nachdem sich der Rat so innerhalb der Stadt wenigstens eine gewisse Rückendeckung geschaffen hatte, scheint man weitere Verhaftungen vorgenommen zu haben. Dies wird ersichtlich aus der am 23. November protokollierten Äußerung der Ottilia Bulling, die zu Hans Schrot sagte: *Wes zeicht man die lewt, die man also facht?* Die Antwort war: *Liebe, laß fahen, man wirt in ainsmals den lon darumb geben.* Ein Mädchen hatte dieses Gespräch gehört und die Äußerungen dem Rat hinterbracht. Ebenso wurden die Reden einiger anderer Leute bekannt, die gesagt haben sollen, wenn man mehr Leute gefangenlegen würde, werde das Blut geben, und wer der Obrigkeit gehorche, der sei gegen Gott. Die oben genannte Ottilia Bulling, ebenso Bonaventura Bopf, Leonhard Windeisen und Melchior Rauscher, die sich so aufrührerisch äußerten, erscheinen in der Liste der gefangenen Täufer; es ist also zu vermuten, daß sie daraufhin ebenfalls ins Gefängnis kamen. Ebenso verhält es sich mit Thomas Schauenstein, der einige Tage später, am 30. November, bei der Steuerzahlung gegenüber den Stettmeistern eine verdächtige Äußerung getan hatte. Obwohl nicht klar war, was er gemeint hatte, kam er ebenfalls ins Gefängnis.

Inzwischen hatte sich am 19. November die Regierung in Stuttgart gegenüber den Bundesständen bereit erklärt, die verlangten Truppen nach Gmünd zu schicken. Dieses Angebot nahmen die Bundesstände in einem Schreiben vom 21. November dankbar an und übersandten gleichzeitig ein Schreiben an Bürgermeister, Kleinen und Großen Rat der Stadt Gmünd, das die Hilfstruppen überbringen sollten. Dem Gmünder Magistrat wird darin nahegelegt, er solle *in seinem forhaben gestracks, wie vorangeregte abschid lawter vermögen und wollen, handeln und furgeen.*

Da die Intervention der württembergischen Truppen mit dem Rat abgestimmt werden sollte, schickte dieser sein Mitglied Michael Rupp am 24. November zu Verhandlungen nach Stuttgart. Bei diesen Verhandlungen kann es eigentlich nur noch darum gegangen sein, wann die bereits gegenüber den Bundesständen versprochenen Truppen nach Gmünd kommen sollten. Am 26. erließ die Regierung Befehle an zwölf Adlige auf dem Land, die verpflichtet waren, im Bedarfsfall eine Anzahl Reiter zu stellen, mit ihren Kontingenten — insgesamt fünfzig Pferden — am Montag, 29. November, in Stuttgart zu erscheinen. Ebenso ergingen Befehle in elf württembergische Ämter, die zusammen 200 *ansehenlich, wolgerust und erber personen mit iren wörn und harnasch, die mit der lutherischen faction keinesweg befleckt, sonder der alten cristlichen ordnung und haltung, auch der ober- und erberkeit anhengig seyen*, auf den 1. Dezember nach Schorndorf entsenden sollten. Auch der Bundesprofos Berthold Aichelin, der sich 1525 eine traurige Berühmtheit als Bauern- und Prädikantenjäger erworben hatte, sowie ein weiterer Henker waren mit von der Partie. Dies läßt keinen Zweifel daran, was beabsichtigt war.

Währenddessen hatte man Martin Zehentmaier und auch die anderen Gefangenen sowohl gütlich als auch peinlich befragt. Vom Ergebnis dieser Verhöre sind wir nur im Falle Zehentmaiers unterrichtet. Das Protokoll wurde nämlich später auf Anforderung nach Augsburg geschickt. Diese Niederschrift enthält vor allem die Namen der Leute in Augsburg, bei denen Zehentmaier sich aufgehalten oder mit denen er sonst Kontakt gehabt hatte. Über die religiösen Anschauungen Zehentmaiers wird nichts gesagt, außer daß er sich mit einem Augsburger Geistlichen über die Taufe unterhalten habe. Im Anschreiben zu dem übersandten Protokoll heißt es jedoch, der Gmünder Täufer *endlich mainung und vorhaben* sei gewesen, *die sach dahin zu bringen, das alle ding gemain* sollen sein. Der Verfasser der Weißenhorner Historie, Nikolaus Thoman, weiß gar zu berichten: *Eß waß die sag, sy hetten seltzsam spil mit aynandren getrieben, die weiber verwechslet und umb lassen gaun, ach etlich ledig schwanger gemacht.* Diese beiden Vorwürfe der Gütergemeinschaft und der Promiskuität sind freilich zu allgemein gehalten, als daß sie die Zustände in der Gmünder Täufergemeinde kennzeichnen könnten. Sie zeigen lediglich, was man den Täufern alles zutraute.

Wir wissen nur wenig darüber, wie mit den Gefangenen verfahren wurde. Im Bericht an die Bundesstände wird es so dargestellt, daß *wir gegen ir siben widertaufer, so wir anfangs vanglich lassen annemen, durch die gelerten zum oftermale allen moglichen vleis lassen furwenden, ob wir sie von irem irrtum mochten abwenden, so hat es doch bei inen nit wollen verfahen.* Entsprechend redet eine täuferische Chronik von *vil handtierens, wenn sie ab wolten steen, so sollen sie unbekümert zu iren weib und kinden haimbgeen.* So heißt es auch in dem auf die Gmünder Täufer gedichteten Lied[5] *Kürzlich hab ich vorgnommen* in der achten Strophe: *Wiewohl der*

*Feind braucht manche List, daß er sie ab möcht führen, ihm nicht gelungen ist.* Gerade diese Gefängnissituation, die verlockende Aussicht, freikommen zu können, wenn die erkannte Wahrheit verleugnet wurde, zeigt sich auch in dem Lied, das mit dem Zusatz überliefert ist, daß es *die sieben Brüder im Gefängniß zu Gmünd gemacht* haben. Dieses Lied *Aus tiefer Not schrei ich zu dir*, knüpft an den Psalm 130 an, wie das Lied Luthers, das mit dem gleichen Vers beginnt, und wird auch mit der Lutherschen Melodie überliefert. Die zweite Strophe nennt im Beginn die Versuchung, unter der die Gefangenen stehen: *Das Fleisch ist schwach, das weißt du wohl, es fürcht ein kleinen Schmerzen.* Ebenso ist auch die Stimmung des Liedes, das Zehentmaier selbst zugeschrieben wird: *Mit Freuden will ich singen.* Auch hier spricht sich eine aus den Psalmen gespeiste Frömmigkeit zwischen Glaubenszuversicht und tiefster Anfechtung aus. Diese Anfechtung der Gefangenen bestand freilich nicht nur darin, daß ihnen im Falle eines Widerrufs die Freilassung in Aussicht gestellt wurde. Man hat sie, wie es etwa im Gmünder Schreiben an Augsburg über Zehentmaier mitgeteilt wird, nicht nur *gutlich besprachen* lassen, sondern auch der *peinlich frag* unterworfen.

Am 1. Dezember kamen die Bundestruppen nach Gmünd. Ursprünglich war mit dem Gmünder Gesandten in Stuttgart vereinbart worden, der Einmarsch in Gmünd solle bei Nacht geschehen. Der Rat bekam dann aber doch Bedenken, ob dies der richtige Zeitpunkt sei. Man schrieb deshalb am 28. November nach Stuttgart, die Truppen sollten bei Tage nach Gmünd kommen, und zwar so, daß ein Reiter zuvor dem Rat ihre Ankunft melde, damit die ganze Angelegenheit unverdächtiger aussehe. Man hatte nämlich, wie sich jetzt deutlich zeigt, die Verhandlungen mit dem Bund und mit der Stuttgarter Regierung geheimgehalten. Wären die Truppen in der Nacht gekommen, hätte es sicher Schwierigkeiten gegeben. So verlief aber der Einmarsch der Bundestruppen ohne Zwischenfälle. Freilich mußte den Zünften, deren Loyalität sich der Rat schon für alle Fälle versichert hatte, erklärt werden, weshalb diese Besetzung in die Stadt gekommen war. Es wurde deshalb am 3. Dezember wieder ein Großer Rat gehalten, bei dem Bürgermeister Wilhelm Egen das Wort ergriff, die Meister an ihr voriges Versprechen erinnerte und mitteilte, daß man sich an die Stände des Bundes um Rat in der Wiedertäuferfrage gewandt habe. Die Antwort sei gewesen, daß man gemäß der kaiserlichen und bündischen Mandate verfahren solle. Nun hätten *die stende on unser beger ein volck herkomen lassen, mit befelchde, helfen handlen, das gemainer stat zu guttem raichen moge, allein den gehorsamen zu gut und fried, den ungehorsamen zu forcht und schrecken.* Leider kennen wir nicht den Wortlaut des Hilfeersuchens des Rats an die Bundesstände. Es wird aber gesagt werden dürfen, daß die bündischen Hilfstruppen nicht ohne Begehren des Gmünder Rats in die Stadt kamen. Vielmehr entspricht diese Formulierung der auch im Bauernkrieg geübten Politik des Rats, den Bund als den Urheber unliebsamer Maßnahmen hinzustellen.

Da nun die Stellung des Rates militärisch verstärkt war, konnte jetzt darangegangen werden, den inhaftierten Täufern den Prozeß zu machen. Offenbar hatte man sich entschlossen, an den sieben hartnäckigsten Täufern zunächst ein Exempel zu statuieren. Das Gerichtsverfahren, das am Samstag, 4. Dezember, stattfand, verlief gemäß der im Vorjahr erlassenen Blutgerichtsordnung. Die Aussagen der Täufer wurden vom Stadtschreiber dem versammelten Großen Rat, der zugleich auch das Gericht bildete, vorgelesen, ebenso das kaiserliche Privileg der Hochgerichtsbarkeit. Danach wurden die Räte um das Urteil gefragt, die auf die Todesstrafe erkannten.

Die Vollstreckung des Urteils erfolgte am 7. Dezember. Die Verurteilten wurden gebunden vor das Rathaus geführt, wo durch das dreimalige Läuten der Sturmglocke die Bürgerschaft versammelt worden war. Die Aussagen der Gefangenen wurden nochmals verlesen und der Spruch des Gerichts verkündet. Die Verurteilten waren Martin Zehentmaier, Melchior Nachtrieb, Klaus Baur von Göppingen, Bonaventura Bopf, Wolf Eßlinger, Hans Geisels Mutter und ein Knabe von 15 Jahren. Die Gmünder Chronisten berichten, daß sie bei Verlesung des Urteils dem Bürgermeister Wilhelm Egen zugerufen hätten: *Ihr wascht heut eure händ in userm Blut. Es ist anheut erfüllt das sprichwort: Was der hund gespeyet hat, das frißt er wider und die seu legen sich nach der schwemme wider ins koth. Ihr werdet uns sehen vor dem großen richter stehen, daselbst müßt ihr antwort geben.* Auch die Täuferlieder über die Hinrichtung und nach ihnen auch die täuferischen Chroniken berichten von einer Entgegnung der Gefangenen auf die Verlesung ihres Urteils, am ausführlichsten *Wer Cristo hier will folgen nach.* Bemerkenswert hieran ist, daß die in dem Lied gemachten Aussagen, nämlich die Verurteilung Unschuldiger, der Hinweis auf den göttlichen Richter und die Mahnung zur Buße von zwei uanbhängigen Quellen berichtet werden. Die Übereinstimmung zeigt sich auch darin, daß Wolf Eßlinger, in der Hutterischen Chronik auch Bonaventura Bopf und Melchior Nachtrieb, die wir als Verurteilte kennen, genannt werden. Schwierigkeiten macht allerdings die Identifizierung des *Bruder Bamberger*. Er ist wohl kaum der unbekannte Knabe von 15 Jahren, der sowohl in den Liedern als auch in den Chroniken nur der Müllerknabe genannt wird. Am ehesten wird Bruder Bamberger mit Klaus Baur identisch sein.

Nach Verlesung des Urteils wurden die sieben zur Richtstätte geführt, die auf dem Remswasen vor der Stadt war und nicht bei den beiden sonst benutzten Plätzen bei St. Katharina oder am Weg nach Oberbettringen. War die Urteilsverlesung nicht ohne Zwischenfall vor sich gegangen, so gestaltete sich auch das Hinausführen der Delinquenten nicht weniger tumultuarisch. Nach dem Bericht des Gmünder Rats haben die *ungehorsam burger und sonderlich die weibspersonen den gefangen im aus-*

*füren zugeschrien, sie in irem glauben gesterkt.* Selbstverständlich blieb diese Unbotmäßigkeit nicht ungesühnt.

Beim Überschreiten der Remsbrücke soll nach dem Zeugnis der täuferischen Quellen Zehentmaier gesagt haben, daß man keinen Frommen mehr über diese Brücke führen werde, worauf nicht lange hernach ein großes Ungewitter kam und die Brücke wegriß. Man müßte diese Nachricht, wie auch andere Einzelheiten der Berichte, ins Reich der Legende verweisen, wenn sich nicht zufällig ein Schreiben des Gmünder Rats erhalten hätte, aus dem hervorgeht, daß im Frühjahr 1530 tatsächlich die Torbrücke durch das Wasser stark beschädigt worden ist.

Besondere Erwähnung findet beim Bericht über die Hinrichtung in den täuferischen Zeugnissen jener unbekannte Müllerknabe, dem hauptsächlich das Lied *Kürzlich hab ich mich besonnen* gewidmet ist. Als die Gefangenen zur Richtstätte gebracht worden waren, ritt ein edler Herr zu ihm hin und ermahnte ihn vergeblich, von seinem Irrtum abzustehen. Auch der Gmünder Chronist Vogt berichtet, daß die Täufer *unerschrocken fröhlich in den Tod gangen* seien, von dem Dazwischentreten des Edelmanns liest man bei ihm nichts. Dies ist aber nicht unwahrscheinlich, wenn man darin nicht eine legendäre Ausmalung der unten zu berichtenden Intervention einiger Adliger, die allerdings nach der Hinrichtung erfolgte, zu erblicken hat.

Die exemplarische Hinrichtung der sieben Täufer scheint zunächst nur für einen Teil der übrigen Inhaftierten eine Wirkung gehabt zu haben. Am 15. Dezember wird berichtet, der Prädikant von Göppingen, Franz Stadian, stehe seit Tagen mit den 32 übrigen Täufern *in handlung*. Davon habe er bisher *in die 14 Personen durch die gnade des almechtigen gottes und die hailigen schrift von irem irrtum gewisen, die dann solichen widertauf widerruft haben.* Dieses Verfahren wollte der Rat, so mühsam es offensichtlich war, weiterbetreiben. Die Beiziehung von auswärtigen Geistlichen war ein oft angewandtes Mittel zur Bekehrung von Täufern, vollends wenn sie durch einen humanistisch gebildeten, der versöhnlichen erasmischen Richtung angehörenden Theologen, wie es Stadian anscheinend war, durchgeführt wurde.

Die milde Stimmung des Rats, die aus diesem Entschluß spricht, nunmehr alles der Überzeugungskraft des Predigers zu überlassen, ist offensichtlich unmittelbar nach der Hinrichtung nicht vorhanden gewesen, vielmehr schien es zu einer größeren Konfrontation zwischen Rat und Bürgerschaft kommen zu wollen. Dies geht aus dem Schreiben der württembergischen Regierung vom 9. Dezember an die drei Hauptleute des Schwäbischen Bundes hervor, in dem dargelegt wird, daß die Unterdrückung der täuferischen Bewegung in der Stadt noch keineswegs abgeschlossen sei. Die württembergische Besatzung werde deswegen wohl noch bis Weihnachten in Gmünd bleiben müssen, wenngleich auch die Regierung der Ansicht war, dies sei für die Leute unzumutbar, da die Verpflegung in Gmünd unerhört teuer sei und der

Sold dafür nicht hinreiche. Die Regierung erbat sich vom Bund Hilfe, falls das württembergische Kontingent länger als die anfangs vorgesehenen 14 Tage in Gmünd bleiben sollte.

Die aufrührerische Stimmung in Gmünd wird deutlich an einer Äußerung von Wolf Baumhauer, dem Bruder des gefangenen Veit Baumhauer, der den Knechten drohte, falls sie auch seinen Bruder zur Hinrichtung führen sollten. Auch sonst hat er *vil beser rede gethon* und die Gefangenen getröstet, *sie sollen uff irem furnemen beleyben.* Merkwürdigerweise wurde nun gerade von seiten der Besatzung zusammen mit einigen Adligen der Nachbarschaft der Versuch gemacht, zwischen dem Rat und der Gemeinde zu vermitteln. Am 9. Dezember erschienen Adlige und einige von der Gemeinde vor dem Rat und ließen in ihrem eigenen Namen und im Namen der Bundesbesatzung bitten, denen, *so sich mit dem widertauf befleckt haben . . . gnad und milterung* zu erzeigen. Der Rat ließ ihnen sagen, daß alles aufgrund des kaiserlichen Mandats geschehen sei, das den Bürgern bekannt war; man wolle sich aber in der *sach bedencken* und danach verfahren, *was einem erbern rat verantwortlich, geburlich und zu thun gelegen.* Am Tage darauf, als der Rat diesen Antrag verhandelte, sagte der Glaser Hanns Huber, man habe nun die Pflicht gegenüber dem kaiserlichen Mandat erfüllt und *es gelte nit also tyrannisch zu handlen und die lut morden.* Er hatte auch am Samstag zuvor bei der Gerichtssitzung die Täufer nicht verurteilen wollen und sich gänzlich seiner Stimme enthalten. Der Rat ließ ihm wegen beidem sein Mißfallen ausdrücken, wollte jedoch die Sache für dieses Mal auf sich beruhen lassen, falls er sich künftig mäßige. Das mutige Verhalten des Glasers muß aber der Anlaß dafür gewesen sein, daß man abermals auf den 13. Dezember einen großen Rat einberief und der Meisterschaft die für die Gefangenen eingelegten Fürbitten bekanntgab und sie fragte, ob sie — wie immer der Rat gegen die Wiedertäufer weiter verfahren werde — die Verantwortung hierfür — besonders gegenüber dem Kaiser — mittragen wollten. Dies versprach die Mehrheit der Meisterschaft und gab damit dem Rat zum dritten Mal Rückendeckung für ein weiteres Vorgehen.

Am 13. Dezember forderten die Bundeshauptleute vom Gmünder Rat einen Lagebericht; sie waren etwas befremdet darüber, daß sie überhaupt noch nichts davon gehört hatten, wie man mit den Täufern verfahren war und wie man weiter zu verfahren gedachte. Die württembergische Regierung wurde von den Bundeshauptleuten am 14. Dezember ersucht, ihre Mannschaft noch weiterhin in Gmünd zu lassen. Die Regierung stimmte diesem Antrag am 19. Dezember zu, nicht ohne zu bemerken, daß es ihr schwerfalle. Am 15. Dezember erstattete der Gmünder Rat schließlich den schon mehrfach zitierten Lagebericht, am 20. folgte ein weiterer, in dem vor allem für den erwiesenen Beistand gedankt wurde. Man habe nun, um *die stend des loblichen punds nit in verner costen* zu treiben, mit den Hauptleuten der Bundestruppen verabredet, sie sollten noch bis zum 22. oder 23. Dezember bleiben, obwohl ohne sie *in solicher wichtigen sach furzufarn ganz beschwerlich* sei.

Inzwischen war auch der Widerstand der übrigen Täufer zusammengebrochen. Dem Prädikanten von Göppingen war es bis zum 20. Dezember — wohl auch unter dem Eindruck der Hinrichtungen — gelungen, alle bis auf drei Frauen von ihrem Glauben abzubringen. Hatte anfangs die Lage noch recht prekär ausgesehen, so konnte der Rat schon am 14. Dezember ein Verbot des Schmähens der Wiedertäufer, die widerrufen hatten, erlassen. Da diese *mit der gottlichen schrift und hilfe des almechtigen von solicher irrsal des widertauffs gietlich gewisen worden seien*, solle niemand sie *darumb retzlen, schmehen oder belaidigen.* Angefügt ist auch, daß die schon früher erlassenen Verbote des Wiedertaufens, Winkelpredigens und Rottierens hiermit erneut und bekräftigt werden.

Am 17. Januar widerrief Katharina Rauscher, die in der Gefangenenliste erscheint, *den widertauff* und bekannte, *das der kindertauff gnug zu der seligkait und wolle cristenlich leben, sich nit mer zu den widertauffern rottieren und hat eim rat hohen danck gesagt.* Die andere der drei letzten Täuferinnen war die *Nicken Bullingin*, die vermutlich identisch ist mit der oben genannten Ottilia Bulling. Sie hatte Hausarrest erhalten, und am 31. Mai wurde ihr eröffnet, daß *sie auß dem huß moge gen, doch das sie dhain wandel noch zugang hab mit den widertauffern.* Von der letzten Wiedertäuferin findet sich keine Nachricht mehr.

Als Schlußpunkt der Gmünder Täuferbewegung darf wohl die am 4. Mai 1531 erfolgte Aufhebung des Verbots, auf die Mauern zu gehen, betrachtet werden, da ausdrücklich Bezug darauf genommen wird, daß sich *durch gnade gottes die sachen zue pesserung geschickt.* Der *gang uff der mauren* konnte nun den Bürgern erlaubt werden, nicht aber den Beisitzern und Handwerksknechten. Nur wenige zerstreute Notizen geben in der folgenden Zeit noch Kunde von Täufern in Gmünd. Eine organisierte Bewegung gab es jetzt nicht mehr. Durch entschlossenes und hartes Durchgreifen war es dem Gmünder Rat gelungen, binnen kurzem der Täuferfrage Herr zu werden. Kennzeichnend für dieses Vorgehen ist, daß in der Folgezeit eine Reihe von Gmünder Täufern außerhalb der Reichsstadt anzutreffen ist, die vor allem in Württemberg die Todesstrafe erleiden mußten, solange das Herzogtum noch unter der Herrschaft des Erzherzogs Ferdinand stand.

*Der Besuch Karls V. in Gmünd*

Schwäbisch Gmünd war eine der wenigen Reichsstädte, die sich kompromißlos gegen die Reformation wandten. Dies war zugleich ein Treuebekenntnis zum Kaiser, der seit dem Wormser Reichstag entschlossen war, seine ganze Macht gegen Luther und die Reformation einzusetzen. Die Treue des Gmünder Magistrats zum Kaiser fand ihre Bestätigung bei dem wohl ersten und einzigen Besuch Karls V. in Schwäbisch Gmünd vom 18. bis 20. Januar 1532.[6] Karl V. war der letzte Kaiser, der ähnlich wie seine mittelalterlichen Amtsvorgänger dauernd unterwegs war und keine ständige Residenz hatte. In seinem Einzug in Gmünd, über den uns glücklicherweise eine kurze Beschreibung in den Gmünder Ratsprotokollen erhalten ist, zeigt sich noch einmal das glanzvolle Zeremoniell des mittelalterlichen Kaisertums in seinem Miteinander von weltlicher und kirchlicher Herrschaft.

Karl V., der auf der Reise von Regensburg nach den Niederlanden war, kam am Sonntag Invocavit, dem 18. Januar 1532, nachmittags um 4 Uhr am Unteren Tor mit einer Begleitung von 1000 Pferden an. Ihn empfingen an einer genau bezeichneten Stelle, nämlich bei Bartholomäus Enßlins Garten, der gesamte Rat, die Zunftmeister, die Priesterschaft und andere Leute. Die Geistlichen trugen ihre Ornate, führten Reliquien und das Sakrament mit sich, ebenso einen Himmel, wie man an Fronleichnam zu tun pflegt. Bernhard Meylin, der in jenem Jahr Bürgermeister war, redete den Kaiser an und übergab ihm die Schlüssel der Stadt. Der Kaiser gab ihm die Schlüssel zurück mit der Bemerkung, daß sich der Gmünder Magistrat mit diesen Schlüsseln wohl zu halten wüßte, d. h., daß sie beim Gmünder Rat in guten Händen seien.

Als der Kaiser zum Tor hineinreiten wollte, erblickte er das Sakrament und erwies ihm große Ehrerbietung. Währenddessen stimmten die Schüler den Gesang an: »Cum rex gloriae advenisti desiderabilis«. Auffallend ist, daß die Gmünder Geistlichkeit beim Empfang des Kaisers ebendenselben Osterhymnus anstimmte, wie knapp zwei Jahre zuvor die Augsburger Geistlichen, als der Kaiser zum Reichstag in ihre Stadt einzog.[7] Die Untersuchung des Zeremoniells des kaiserlichen Einzugs hat nämlich gezeigt, daß der genannte Osterhymnus nicht dazugehörte, sondern offensichtlich nur in Augsburg und Gmünd vorgekommen ist. In Augsburg war der Gesang von einigen anwesenden Lutheranern so verstanden worden, daß die katholische Geistlichkeit damit den Kaiser als ihren Retter vor der lutherischen Häresie preisen wollte. Die Lutheraner bezichtigten deshalb die katholischen Geistlichen der Gotteslästerung, da sie einen Hymnus, der Christus gilt, auf einen Menschen, nämlich den Kaiser, bezogen. Es ist anzunehmen, daß die Gmünder Geistlichen ihre Augsburger Kollegen nachahmen wollten, indem sie denselben Hymnus für den Kaiser sangen.

In gleicher Weise wie man damals in Augsburg den Kaiser in den Dom geleitete, zog man nun in Gmünd zunächst zum Augustinerkloster, wo der Kaiser Wohnung nehmen sollte, dann weiter zum Münster, wo ein Tedeum und andere Hymnen gesungen wurden. Das Tedeum bildete, wie wir auch aus Augsburg wissen, den Abschluß der kirchlichen Empfangsfeierlichkeiten, wonach der Kaiser in sein Quartier zurückkehren konnte.

Karl V. blieb auch anderntags noch in Gmünd, an dem ihm das offizielle Gastgeschenk der Stadt präsentiert wurde: ein vergoldeter Becher mit Deckel, im Werte von 60 Gulden, gefüllt mit 100 Gulden. Der Kaiser verschmähte dieses bare Geld keineswegs, sondern nahm es gnädig an. Selbstverständlich nutzte der Rat die Gelegenheit und stellte in Anbetracht der Abgaben, die man dem Reiche zu leisten hatte, den Antrag auf Genehmigung eines Zolls und einer Getränkesteuer auf den Landgemeinden. Dieses Gesuch wurde freilich vom Kaiser recht diplomatisch beantwortet, indem er versprach, die Sache zu prüfen, und anregte, auf dem nächsten Reichstag wieder deswegen anzufragen. Natürlich haben die Gmünder daraufhin ihr Gesuch weiterverfolgt und schließlich in den Jahren 1547 und 1548, als es mit den städtischen Finanzen noch schlechter stand, vom Kaiser entsprechende Privilegien erlangt.

Der folgende Tag, der Dienstag, war dem Huldigungszeremoniell gewidmet, in dem der Kaiser von den Bürgern als Stadtherr anerkannt wurde. Auch die Huldigung ist ein mittelalterliches Erbe, wir dürfen annehmen, daß es bei früheren Besuchen der Kaiser und Könige ebenso gehalten wurde. Für diesen Zweck hatte man im unteren Rathausboden einen Stuhl mit darübergehängten gemalten Tüchern als Thronsessel für den Kaiser aufgestellt, vermutlich so, daß die auf dem Platz vor dem Rathaus versammelte Menge den Kaiser sehen konnte. Allen volljährigen Bürgern und Einwohnern der Stadt hatte man nämlich zuvor befohlen, daß sie um neun Uhr, wenn man mit der großen Glocke läuten werde, unverzüglich zum Rathaus kommen sollten, um dem Kaiser zu schwören und zu huldigen. Denjenigen, die nicht erschienen, drohte man, sie an Leib und Gut zu strafen. Als der Kaiser mit seinen Räten und Trabanten erschien, las man dem Rat und der Gemeinde den Eid vor, der dann beschworen wurde: *Wir Bürgermeister, Rat und ganze Gemeinde hulden und schwören euch allerdurchlauchtigsten, großmächtigsten Fürsten und Herrn, Herrn Karl, römischem Kaiser, dem 5., unserm allergnädigsten und rechten Herrn als römischem Kaiser getreu und gehorsam zu sein, euer kaiserlichen Majestät Frommen und Bestes zu werben und Schaden zu bewahren und alles das zu tun, das getreue und gehorsame Untertanen ihrem rechten Herren schuldig und pflichtig sind zu tun, getreulich und ohne alles Gefährde.* Der Kaiser nahm die Huldigung gnädig an und ließ durch seinen Kanzler sagen: Nachdem sich die Stadt dem Reichsabschied und dem Edikt gemäß verhalten habe – was der Kaiser auch von ihr erwartet habe –, wolle er dies in Gnaden erkennen und der allergnädigste Herr und Schirmer der Stadt sein. Danach brach der Kaiser auf und zog weiter nach Ellwangen und Dinkelsbühl.

Das Ratsprotokoll enthält noch eine Aufzählung der verschiedenen besonderen

Maßnahmen anläßlich des Kaiserbesuchs. Man hatte zwölf Mitglieder der Krämerzunft mit ihren Harnischen am unteren Tor aufgestellt, durch das der Kaiser einritt. Auch die übrigen Stadttore waren bewacht; je vier Angehörige der Schmiedezunft standen unter dem St.-Leonhards- und dem Rinderbacher Tor, vier von der Binderzunft unter dem Waldstetter Tor. Beschenkt hatte man nicht nur den Kaiser selbst, sondern auch seine unmittelbare Dienerschaft: die Trabanten erhielten 4 fl., die Türhüter 4 fl. 5 ß. Für die Trommelschläger und Pfeifer, die wohl beim Einzug dem Kaiser vorangingen, wendete man 2 fl. auf.

Drei Tage lang hatte Gmünd den Herrn des Reiches, in dem die Sonne nie unterging, in seinen Mauern gesehen. Der Kaiser hatte erkennen lassen, daß er mit der Stadt und besonders mit ihrer Regierung zufrieden war. Besonders bemerkenswert ist, worauf sich diese Zufriedenheit gründete, nämlich auf die Einhaltung des nunmehr elf Jahre zurückliegenden Beschlusses des Wormser Reichstags und die Befolgung des Wormser Edikts, das die Lehre Luthers verbot. Dies zeigt einmal, wie wichtig dem Kaiser die Lösung der Glaubensfrage in katholischem Sinne war, zum andern mußte diese Äußerung des Kaisers aber auch eine Rechtfertigung jener Personen in der Stadt sein, die mitgeholfen hatten, die lutherische Lehre zu unterdrücken.

## Die Einnahme und Plünderung Gmünds im Schmalkaldischen Krieg

Im Jahre 1534 gelang es Herzog Ulrich von Württemberg, mit Hilfe des Landgrafen Philipp von Hessen sein Land wieder einzunehmen, das er sogleich der Reformation zuführte. Schwäbisch Gmünd war jetzt fast ganz von evangelischem Gebiet umgeben. Die Reformation des Herzogtums Württemberg ermöglichte es einer ganzen Anzahl von Reichsstädten in Süddeutschland, eindeutig gegen die alte Kirche Stellung zu nehmen. Damit dürfte auch die evangelische Bewegung in Gmünd gestärkt worden sein. Ein Beleg dafür ist ein Erlaß des Rats aus dem Jahre 1542, mit dem eine frühere Ermahnung zum Sakramentsempfang in Todesgefahr erneuert und den Zuwiderhandelnden das Begräbnis durch den Wasenmeister angedroht wurde.

Von großer Bedeutung war, daß die Stadt – eigentlich das Spital – 1545 das Patronat für die Stadtpfarrei und zwei andere geistliche Stellen vom Augsburger Domkapitel erwerben konnte. Verkauft wurde genaugenommen nur der große Zehnte, während das Patronatsrecht geschenkweise den Besitzer wechselte. Der Zusammenhang zwischen den beiden Transaktionen ist aber offensichtlich, die genannte Formulierung wurde nur gewählt, um sich nicht dem Vorwurf der Simonie, des Handels mit geistlichen Gütern, auszusetzen. Der Rat vergab daraufhin die Stadtpfarrei an Jakob Spindler, einen ehemaligen Konventualen des Klosters Lorch.

In dem politischen Verhältnis zu dem jetzt evangelischen Herzogtum Württemberg trat keine Veränderung ein, d. h. die seit Jahrhunderten üblichen Streitigkeiten, wie die 1545 geführte Auseinandersetzung über die Jagdgerechtigkeit, dauerten fort. Im übrigen hat Württemberg damals keinen Unterschied zwischen evangelischen und katholischen Nachbarn gemacht. Gleichzeitig mit der Gmünder Streitigkeit spielte sich eine Auseinandersetzung zwischen der evangelischen Reichsstadt Eßlingen und dem Herzogtum ab, die zu tiefgreifenden Schwierigkeiten im Schmalkaldischen Bund, der Vereinigung der evangelischen Reichsstände, führte.

Bemerkenswert ist, daß sich dieser Streit im Vorfeld einer größeren Auseinandersetzung ereignete, nämlich des Krieges zwischen dem Kaiser und den Schmalkaldenern. Die seit Jahren andauernden politischen und militärischen Vorbereitungen des Kaisers hatten es schließlich so weit gebracht, daß der Schmalkaldische Bund im Sommer 1546 zu einem Präventivschlag rüstete. Die damit geschaffene günstige Ausgangslage wurde aber nicht ausgenutzt; das schmalkaldische und das kaiserliche Heer lagen sich daraufhin an der Donau, später in der Nähe von Giengen wochenlang tatenlos gegenüber. Schlagartig verändert wurde diese Situation durch die Bedrohung der kurfürstlich sächsischen Lande durch Herzog Moritz von Sachsen. Da auch Hessen von den Niederlanden aus bedroht schien, rückte nicht nur das Heer des Kurfürsten Johann Friedrich von Sachsen, sondern auch das des Landgrafen Philipp von Hessen aus dem Lager bei Giengen ab und überließ das Feld dem Kaiser, dem die schwachen süddeutschen Verbündeten hilflos ausgeliefert waren.

Bei ihrem Abzug nahmen Hessen und Sachsen ihren Weg durch das Remstal.[8] Die katholische Reichsstadt Schwäbisch Gmünd, die am Wege lag, bildete für das ohne Erfolge abziehende Heer ein geeignetes Objekt, um sich einmal als Meister zu zeigen. Die Gmünder Bürger waren freilich nicht gesonnen, sich als leichte Beute herzugeben. Am 25. November kam das hessisch-sächsische Heer vor Gmünd an und verlangte die Öffnung der Stadt, eine Kontribution von 20 000 Gulden und die Preisgabe der geistlichen Güter. Der Rat weigerte sich, diesem Ansinnen stattzugeben, und wies darauf hin, daß er bereits 8000 Gulden in die Kasse der Schmalkaldener geliefert hätte, worauf man versprochen habe, die Stadt nicht weiter zu behelligen. Der Rat ließ sich anschließend von der Gemeinde, die zum Königsbronner Hof zusammengerufen worden war, seine Absage an die Schmalkaldener bestätigen. Hierauf wurde die Stadt in den Verteidigungszustand gesetzt, das Heer der Schmalkaldener rüstete sich hingegen zur Belagerung. Andertags fand ein mehrstündiges Artillerieduell statt, bei dem von den gegnerischen Geschützen vor allem die Tortürme unter Feuer genommen wurden. In der Stadt sah man alsbald ein, daß eine Verteidigung auf die Dauer unmöglich war und man die Tore öffnen mußte. Wie bei eroberten Städten üblich, fand jetzt eine Plünderung statt. Vom Heer beschlagnahmt wurden auch die städtischen Kassen und solche Sachwerte, die von außerhalb in der Stadt deponiert worden waren. Darüber hinaus wurde noch eine Kontribution von 7000 Gulden gefordert, für die zwei Geiseln genommen wurden. Diese Summe wurde dem Kurfürsten nach Neckarsulm geliefert, worauf die Geiseln freigelassen wurden. Ein anderer Gmünder, der Stadtarzt Dr. Leonhard Haug, wurde aus unbekannten Gründen von dem sächsischen Adligen Wolf von Schönberg gefangengenommen und mitgeschleppt. Haug soll dann in Eilenburg in Meißen verstorben sein. Seine Familie konnte später nichts weiteres über sein Schicksal in Erfahrung bringen. Durch nachfolgende Söldnerhaufen erlitt Gmünd noch einige Plackereien, die vom Kaiser nicht verhindert werden konnten, da dieser mit seinem Heer nach Schwäbisch Hall und dann nach Heilbronn zog. Die Hilferufe der Gmünder blieben deshalb unbeantwortet.

Die Stadt hatte den Schmalkaldenern versprechen müssen, das Papsttum abzuschaffen und die Augsburgische Konfession anzunehmen. Tatsächlich sandte man in Erfüllung dieses Versprechens eine Bitte um Prediger nach Nürnberg. Aber ähnlich wie 1525 wurde auch jetzt dieser Schritt von der allgemeinen Entwicklung überholt. Man hatte ferner Kaiser Karl und König Ferdinand absagen und den Schmalkaldischen Bundesständen Treue schwören müssen. Um diesen Schritt rückgängig zu machen, sandte der Kaiser von Schwäbisch Hall aus eine Gesandtschaft nach Gmünd, um die Dinge wieder in den vorigen Stand zu setzen. Sie erklärte die den Sachsen und Hessen gemachten Zusagen für nichtig und nahm am 19. Dezember erneut anstelle des Kaisers die Huldigung der Gmünder entgegen. Sogar eine Kriegsentschädigung sollte Gmünd nach dem Willen des Kaisers erhalten, allerdings auf Kosten der übrigen oberdeutschen Reichsstädte, die dem Schmalkaldischen Bund angehört hatten. Die geforderte Entschädigung deckte zwar nur einen Teil des erlittenen Schadens ab, dennoch erwiesen sich die Städte als säumige Zahler, zumal Gmünd mit dieser Forderung die reichsstädtische Solidarität verletzte. Diese Städte hatten ja durch ihre Beiträge zum Schmalkaldischen Bund und durch die dem Kaiser zu erlegenden Kriegsentschädigungen ohnehin genügend Verluste gehabt. Zunächst zahlten nur Reutlingen und Heilbronn. Die übrigen brauchten eine weitere Ermahnung, zuletzt war noch Nördlingen übrig, das vom Kaiser nochmals eigens zur Zahlung aufgefordert wurde.[9] Inzwischen hatte sich das Kriegsglück vollends auf die Seite des Kaisers geneigt, der in der Schlacht von Mühlberg den sächsischen Kurfürsten gefangennahm und bald darauf auch den Landgrafen von Hessen in seine Gewalt brachte.

Neben der vom Kaiser gewährten Kriegsentschädigung ist noch ein anderes Zeichen des kaiserlichen Wohlwollens zu nennen. Bürgermeister Hans Rauchbein weilte Anfang 1552 in Innsbruck beim Kaiser, der ihm zum Andenken an die Beständigkeit und den Gehorsam der Stadt einen silbervergoldeten Pokal schenkte, der heute noch im Kirchenschatz der Hl.-Kreuz-Kirche verwahrt wird. Möglicherweise ist damals in Innsbruck mit Rauchbein schon die Verfassungsänderung in den Reichsstädten besprochen worden, die bald darauf vom Kaiser vorgenommen wurde.

### Die Verfassungsänderung in Gmünd 1552

Die Reichsstädte waren die ersten gewesen, die sich in Süddeutschland der lutherischen Lehre geöffnet hatten. Allgemein führte man dies auf den starken Einfluß der Zünfte in den einzelnen Stadtmagistraten zurück. Nach seinem Sieg im Schmalkaldischen Krieg war Kaiser Karl V. gesonnen, dieses demokratische Element in den Städten abzuschaffen und die maßgebenden städtischen Ämter nur wenigen vornehmen Familien vorzubehalten. Mit der Aufgabe, diese Verfassungsänderung in den Reichsstädten vorzunehmen, betraute der Kaiser seinen Rat Dr. Heinrich Hass. Von ihm haben die kraft kaiserlicher Vollmacht eingesetzten städtischen Räte den Namen »Hasenräte« bekommen. Heinrich Hass begann mit den Städten am Bodensee und im Allgäu und wandte sich dann ins nördliche Schwaben. Am 21. Januar 1552 ritt er in Schwäbisch Gmünd ein.[10] Auch die Stadt, die vom Kaiser wenige Tage zuvor mit einem Pokal ausgezeichnet worden war, dessen Inschrift deren Beständigkeit und Gehorsam rühmte, sollte von der Verfassungsänderung nicht verschont bleiben. Der Gmünder Rat war deshalb zu Recht überrascht, als ihm der kaiserliche Kommissar eine Änderung der jahrhundertealten Zunftverfassung zumutete. Dr. Hass begründete diese Forderung damit, daß dem Kaiser berichtet worden sei, daß durch die Zünfte in den Stadtmagistraten immer wieder Streitigkeiten entstünden. Überdies könne man nicht allzu viele Leute aus dem Handwerkerstand mit politischen Geschäften belasten, da diese dann ihre Berufsarbeit versäumen müßten. Statt im Rat zu sitzen, nur damit die verfassungsmäßige Anzahl erfüllt sei, sollten diese Leute lieber für die Ernährung von Weib und Kindern sorgen. Überhaupt seien diese einfachen Handwerker für die Behandlung der politischen Angelegenheiten weder geeignet noch geschult. Die Entfernung der Zünfte aus der Stadtregierung verlange der Kaiser also, so der Kommissar, allein zum Wohle der Stadt.
Die Ausführungen des Dr. Hass leuchteten dem Gmünder Rat nicht ein. Man hielt ihm entgegen, daß es in Gmünd solche Zwistigkeiten mit den Zünften nicht gegeben habe, vielmehr seien die Zunftmeister in der Vergangenheit, besonders im Schmalkaldischen Krieg, beim Vorgehen gegen die Täufer und im Bauernkrieg einig mit dem Rat gewesen. Man bat daher den Kommissar, alles beim alten zu lassen. Heinrich Hass war es von den anderen Städten gewohnt, Widerstände zu überwinden,

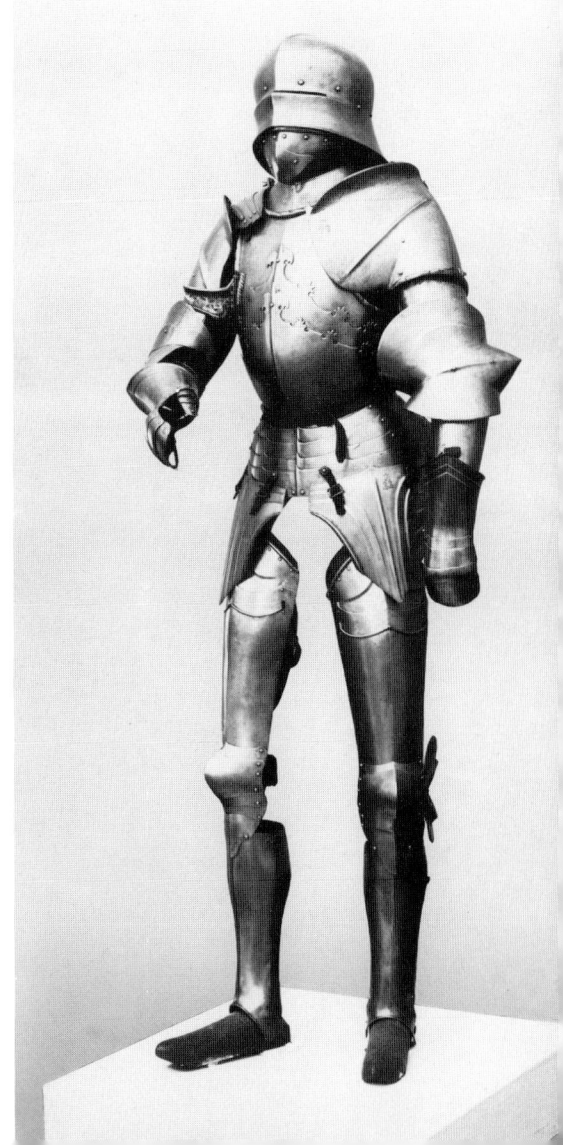

56. Rinderbacher Turm mit Einschußlöchern aus der Zeit der schmalkaldischen Belagerung. 1546

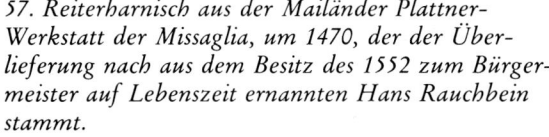

57. Reiterharnisch aus der Mailänder Plattner-Werkstatt der Missaglia, um 1470, der der Überlieferung nach aus dem Besitz des 1552 zum Bürgermeister auf Lebenszeit ernannten Hans Rauchbein stammt.

58. *Silbervergoldeter Pokal, der 1552 von Kaiser Karl V. dem Gmünder Bürgermeister Hans Rauchbein für den Gmünder Rat übergeben wurde zum beständigen Andenken an die Standhaftigkeit und den Gehorsam der Stadt. Der Pokal wurde zu einem Ciborium geweiht und ist deshalb im Kirchenschatz der Heilig-Kreuz-Kirche aufbewahrt.*

und dies sollte ihm auch in Gmünd gelingen. Zunächst lehnte er es ab, mit einer größeren Anzahl von Ratsherren zu verhandeln. Nur die drei wichtigsten Männer, nämlich Hans Bletzger, Hans Rauchbein und Paul Goldsteiner akzeptierte er als Verhandlungspartner. Diese legten dar, daß man vor einigen Jahren selbst den Rat von 33 auf 24 Mitglieder verkleinert habe. Jetzt würden nur noch zwölf Richter, vier Ratsherren und acht Zunftmeister jährlich gewählt. Schließlich fanden sich die drei Gmünder doch bereit, einer Verringerung des Rats auf 21 Mitglieder zuzustimmen. Fünf Mitglieder dieses verkleinerten Rats sollten das eigentliche Führungsgremium der Stadt bilden. Diese wurden, da sie die geheimen Sachen zu behandeln hatten, die »geheimen Räte« genannt.

Wie aus dem Bericht des Dr. Hass hervorgeht, verwandten sich die drei Gmünder Unterhändler nachdrücklich für die Zünfte, gegen die diese ganze Aktion eigentlich gerichtet war. Sie sahen deutlich die Vorteile, die die Selbstverwaltung der Gewerbe hatte. Insbesondere vermochten sie nicht einzusehen, daß die Zunfthäuser geschlossen werden sollten, da die Metzger doch das ihre zur Aufbewahrung des Fleisches, die Sensenschmiede zur Lagerung von Kohlen und die Gerber für die Lohe benötigten. Die acht Zünfte mit ihren je zwölf jährlich gewählten Zunftrichtern, die zugleich den Großen Rat bildeten, hatten seither Angelegenheiten der einzelnen Zünfte in eigener Verantwortung geregelt. Nun sollten zwei eigens dafür aufgestellte Ratsherren über Fragen der Gewerbeordnung entscheiden und Versammlungen und Wahlen der Handwerker nur bei Anwesenheit der beiden Räte gestattet sein. Unter nachdrücklichem Hinweis auf den Befehl des Kaisers ordnete Hass die Schließung der Zunfthäuser an, um diese für die Zukunft als mögliche Unruheherde auszuschalten. Lediglich die Krämertrinkstube sollte als Versammlungsraum der ratsfähigen Bürger offen bleiben. Die übrigen Handwerker sollten ihre Hochzeiten und sonstigen geselligen Veranstaltungen im Haus der Küfer abhalten, während die drei anderen Zunfthäuser nur noch als Lagerräume dienen sollten.

Nach diesen Vorverhandlungen wurden am 23. Januar der Kleine und der Große Rat einberufen. Heinrich Hass hielt seine nun schon oft bewährte Rede, in der er darlegte, daß die Veränderung nach dem Willen des Kaisers zu geschehen habe, wonach der Kleine Rat jetzt 21 statt 24 und der Große Rat 64 statt 96 Mitglieder haben solle. Er verlas die Namen der fünf Geheimen: Hans Bletzger, Hans Rauchbein und Kaspar Debler als lebenslängliche Bürgermeister und Paul Goldsteiner mit Andreas Holzwart als Stettmeister, die ebenfalls auf Lebenszeit ernannt, die städtischen Finanzen zu verwalten hatten. Auch die Namen der übrigen Mitglieder des Kleinen und Großen Rats nach einer in den Vorverhandlungen festgelegten Liste wurden verlesen und zum Schluß noch Johann Traub als Schultheiß oder Vorsitzender des Stadtgerichts bestätigt.

Selbstverständlich konnten die personellen Veränderungen zunächst nicht allzu groß sein. Doch für die Zukunft waren entscheidende Weichen gestellt. Das Bürgermeisteramt wurde von den drei durch Hass bestimmten Männern besetzt, indem diese sich alle vier Monate ablösten. Die acht jährlich gewählten und von den Zünften in den Kleinen Rat entsandten Zunftmeister gab es jetzt nicht mehr. Der gewöhnliche Stadtbürger und Handwerker hatte damit nicht mehr die Möglichkeit, in die entscheidenden städtischen Ämter zu gelangen. Gleichzeitig endete allerdings auch die seither übliche Ehrenamtlichkeit, nach der den Ratsherren nur ein geringes Sitzungsgeld und eine Holzgabe sowie gegebenenfalls ein Kostenersatz, nicht aber eine Besoldung gewährt wurde. Eine solche mußte aber Kommissar Hass den Fünfern, den auf Lebenszeit ernannten Mitgliedern des Rats versprechen, die offenbar deutlich sahen, daß mit der Abschaffung der Selbstverwaltung der Zünfte eine große Arbeitslast auf sie zukommen werde. Im folgenden Jahr wurde diese Besoldung ausdrücklich vom Kaiser genehmigt. Da aber offenblieb, wie diese zu verteilen war, und daraus allerhand Uneinigkeit entstand, mußte er den einzelnen Räten 1556 ihren Anteil zuweisen. Das kaiserliche Privileg, in dem diese Bestimmung enthalten ist, enthält einige weitere Verordnungen, die die Ratsveränderung von 1552 präzisieren. Demnach hatten von den 16 nicht auf Lebensdauer gewählten Mitgliedern des Kleinen Rats jährlich vier abzutreten und mußte sich der Kleine Rat durch Zuwahl ergänzen, wobei die abgetretenen Mitglieder wiedergewählt werden konnten. Die jährliche Wahl des Großen Rats wurde jetzt dem Kleinen Rat übertragen, dem der Große Rat Gehorsam schuldete. Das oligarchische Regiment der Stadt, in der in der Zukunft nur noch wenige Familien den Ton angaben, hatte damit seine Vollendung gefunden.

*Das Ringen um die Duldung einer evangelischen Gemeinde in Gmünd*

Gerade als die Macht des Kaisers durch die Einsetzung der »Hasenräte« in den Reichsstädten auf ihrem Gipfel angekommen war, drohte ihm die größte Gefahr. Kurfürst Moritz von Sachsen, der für seine Parteinahme für den Kaiser im Schmalkaldischen Krieg die dem Ernestiner Johann Friedrich aberkannte Kurwürde erhalten hatte, erhob sich jetzt gegen Karl V. Er begründete diesen Frontwechsel damit, daß der durch den Sieg im Schmalkaldischen Krieg übermächtig gewordene Kaiser die hergebrachte »Libertät«, die nahezu unabhängige Stellung der Fürsten, bedrohe. Der rasche Kriegszug des Kurfürsten, dem sich auch Markgraf Albrecht von Brandenburg-Kulmbach anschloß, ging nach Süddeutschland, so daß Gmünd abermals in die Gefahr geriet, in kriegerische Handlungen verwickelt zu werden. Glücklicherweise spielte sich aber alles in der Ferne ab, doch mußte die Stadt, wie andere auch, die Kriegsfürsten durch Geldzahlungen unterstützen und ihnen vertraglich Unterstützung zusichern.

Der bedrängte Kaiser, dem gerade keine Truppen zur Verfügung standen, mußte sich zu Verhandlungen herbeilassen, die am 16. Juli schließlich zum Passauer Vertrag führten. Außer der Beendigung des Kriegszustandes enthielt dieser Vertrag die Bestimmung, daß die friedliche Religionsausübung nicht weiter gestört und auf dem künftigen Reichstag alle diesbezüglichen Anstände behoben werden sollten. Damit gestattete der Kaiser den evangelischen Gottesdienst. Der zugesagte Reichstag wurde 1555 in Augsburg gehalten, währenddessen der Religionsfriede geschlossen wurde, in dem das Recht zur Bestimmung des Bekenntnisses, das allein gelten sollte, dem jeweiligen Landesherrn zugebilligt wurde. Einzig in den Reichsstädten sollte es möglich sein, daß das katholische und das evangelische Bekenntnis nebeneinander bestanden. Diese Parität wurde zum Beispiel in Augsburg und Biberach eingeführt. Über die religiösen Zustände in Gmünd zu jener Zeit informiert eine umfängliche Beschwerdeschrift des Pfarrers Jakob Spindler vom 13. September 1554, die dieser an den Rat richtete. Er klagte darüber, daß es allerhand verschiedene Richtungen in der Stadt gebe, wie Täufer, Zwinglianer und Lutheraner, die in den Häusern ihre Versammlungen und Winkelpredigten hielten. Zahlreiche Personen hätten schon seit 20 Jahren nicht mehr kommuniziert, und die halbe Gemeinde sei im vergangenen Jahr an Ostern der Kommunion ferngeblieben. Wenn es aber ans Sterben ginge, schicke man erst dann zum Pfarrer, wenn der Sterbende nicht mehr reden könne. So sei dann wenigstens das Sakrament im Haus gewesen und könne der Tote ein christliches Begräbnis erhalten.

Besonders beklagte sich Pfarrer Spindler über den Spitalprediger, der gewissermaßen eine zweite Pfarrei eingerichtet habe. Dieser Jakob Schreppel war lutherisch, darauf deuten auch die einzelnen Vorwürfe, die Spindler gegen ihn vorbrachte, wie die Ablehnung der Fürbitte für die Verstorbenen und der sakramentalen Beichte, ferner die Kommunion unter beiderlei Gestalt. Spindler forderte, daß dieser Prediger zur Examination dem Bischof zugesandt werden solle. Des weiteren beklagte sich Spindler über die Beeinträchtigungen, die die Einkünfte der Pfarrei und seine Besoldung erlitten hätten, über den Ungehorsam seiner Helfer und der Schulmeister, wodurch die Gottesdienste in Unordnung geraten seien, aber auch darüber, daß man das Vieh auf die Kirchhöfe treibe, so daß es auch in die Kirchen gelange. Wollte er die Übertreter der kirchlichen Ordnung, wie etwa des Fastengebots, zum Bischof schicken, wie es eigentlich zu geschehen hätte, so müßte sich die halbe Stadt nach Augsburg begeben. Angesichts dieser verfahrenen Situation konnte Spindler nur seinen Rücktritt anbieten und den Rat bitten, sich nach einem besseren Pfarrer umzusehen.

Spindler blieb im Amt, aber der Rat beschloß, den Übelständen abzuhelfen, insbesondere verbot er dem Jakob Schreppel das Predigen. Damit hatte der öffentliche evangelische Gottesdienst in der Stadt sein Ende gefunden, bevor noch der Augsburger Religionsfriede in Kraft trat, der wenigstens in den Reichsstädten ein Nebeneinander von evangelischem und katholischem Gottesdienst gestattete. Die wohl noch immer starke evangelische Minderheit in Gmünd war damit auf häusliche Erbauung und den Besuch auswärtiger Kirchen angewiesen.

Auf dieser Grundlage gab es für einige Jahre eine friedliche Koexistenz beider Konfessionen, wobei sich die Evangelischen durch Einheirat und sonstigen Zuzug wohl noch verstärkten. Zur Konfrontation kam es dann 1573/74[11] durch den neu aufgezogenen Pfarrer Jakob Mayer, der die Taufe von Neugeborenen davon abhängig machte, ob die Mutter sich vor der Niederkunft hatte einsegnen und danach aussegnen lassen. In einem Fall stellte er zur Bedingung, daß die Mutter am folgenden Osterfest kommuniziere.

Das schroffe Vorgehen des neuen Pfarrers führte dazu, daß viele evangelische Eltern ihre Kinder außerhalb taufen ließen. Der Rat berichtete darüber an den Bischof in Augsburg, der zunächst zur Mäßigung riet, aber doch vorschlug, nur katholische Bürger in den Rat aufzunehmen und auch bei der Aufnahme ins Bürgerrecht nur Katholiken zu berücksichtigen. Die evangelischen Bürger solle man ermahnen, zur katholischen Religion überzutreten, widrigenfalls man mit gesetzlichen Mitteln gegen sie vorgehen werde. In der Tat wurde den Evangelischen dann bis Michaelis (29. September) 1574 die Möglichkeit eingeräumt, katholisch zu werden; taten sie dies nicht, sollten sie zu dem genannten Termin die Stadt räumen. Auf diese unmißverständliche Aufforderung entschlossen sich die Evangelischen, an den Rat eine Bittschrift zu richten, die auf den 25. Mai 1574 datiert ist. Darin führen sie die gegen sie eingeleiteten Maßnahmen auf einige wenige Störenfriede zurück, beteuern ihren Gehorsam gegen den Rat, verhehlen aber nicht, daß sie bei ihrem Glauben bleiben wollen. Sie berufen sich auf den Religionsfrieden und auf die Duldung beider Konfessionen in benachbarten Reichsstädten. Zum Schluß lassen sie durchblicken, daß sie bei weiteren Bedrückungen gesonnen sind, sich auswärts um Hilfe umzusehen. Unterschrieben war die Bittschrift von 15 Bürgern.

In der Tat gab der Augsburger Religionsfriede keiner Obrigkeit das Recht, eine konfessionelle Minderheit zu vertreiben, vorausgesetzt, daß sie sich friedlich verhielt. Den Minderheiten war hingegen ein Abzugsrecht vorbehalten, d. h. daß sie ohne Behinderung in solche Territorien ziehen durften, in denen ihre Konfession anerkannt war. Vielfach gestaltete sich jedoch die Frage der Auslegung des Religionsfriedens nicht als Rechtsfrage, sondern als Machtfrage. So auch in Schwäbisch Gmünd. Der Rat oder zumindest der altgläubige Teil des Rats war gesonnen, mit Hilfe des

Bischofs, des Kaisers und des Herzogs von Bayern die Vertreibung der Evangelischen zu erzwingen. Ihre Bittschrift wurde deshalb abgelehnt und ihnen angekündigt, daß man keine weiteren Bittschriften annehmen werde.

Inzwischen hatten sich die Gmünder Evangelischen tatsächlich auswärts nach Hilfe umgesehen. Am 23. Oktober 1574 traf eine Gesandtschaft, bestehend aus drei Räten des Herzogs von Württemberg, in Gmünd ein, die namens ihres Herrn, des Landgrafen Wilhelm von Hessen und dreier Pfalzgrafen bei Rhein die Bitte vorbrachten, der Rat möge den Evangelischen eine Kirche für ihren Gottesdienst einräumen oder doch dieser Minderheit das Bürgerrecht belassen und ihr den Besuch des Gottesdienstes im württembergischen Umland gestatten. Obwohl die Gesandten auf eine sofortige Entschließung des Rats drängten, wurden sie mit der Auskunft abgespeist, daß man später schriftlich Antwort geben werde. Diese gab dann unmißverständlich zu erkennen, daß der Rat gesonnen war, die Evangelischen aus der Stadt zu verdrängen. Immerhin mußte man, da die Zeit schon weit fortgeschritten war, die bis Michaelis gesetzte Frist auf Lätare (13. März) 1575 verlängern. Nun legten sich aber die Reichsstädte ins Mittel und hielten schriftlich und durch Gesandtschaften dem Gmünder Magistrat vor, daß die geplante »Ausschaffung« der Evangelischen aus Gmünd auch die Vertreibung der katholischen Minderheiten aus den mehrheitlich evangelischen Reichsstädten nach sich ziehen könnte. Man erinnerte auch daran, daß ein solches rigoroses Vorgehen gegen die Evangelischen ein Einschreiten evangelischer Fürsten zur Folge haben könnte, wogegen man beim Reichskammergericht wenig Hilfe zu hoffen hätte. Als warnendes Beispiel führte man das gewaltsame Vorgehen des bayerischen Herzogs gegen den evangelischen Grafen von Ortenburg an. Der zweite Termin, den man den Evangelischen gesetzt hatte, verstrich ebenfalls, ohne daß man zum Äußersten geschritten wäre. Der Gmünder Magistrat beriet dennoch eifrig mit dem Bischof und dem bayerischen Herzog und suchte Hilfe beim Kaiser. Durch einen Gmünder Zögling des römischen Collegium Germanicum wurde dem Rat gar ein Schreiben von Papst Gregor XIII. überbracht, der diesen offenbar zur Standhaftigkeit ermunterte. Die evangelischen Reichsstädte hingegen bemühten sich weiterhin, zugunsten ihrer Glaubensgenossen auf den Gmünder Rat einzuwirken. Auf die Bitte zweier evangelischer Gmünder wandten sich die namhaftesten evangelischen Fürsten an den Kaiser, dem sie neben der Gmünder Frage eine Reihe weiterer gleichartiger Beschwerden vorlegten. So blieb die Sache dank der Bemühungen beider Seiten in der Schwebe, und auch ein vom 20. Februar 1576 datiertes Schreiben Kaiser Maximilians beinhaltete lediglich den Hinweis auf den Religionsfrieden, den man einhalten solle. Der Kaiser, der versuchte, eine vermittelnde Position zwischen den Konfessionen einzunehmen, war nicht gewillt, den Gmündern einen Freibrief für ihr Vorhaben auszustellen.

## Der Untergang der evangelischen Gemeinde

Nachdem das kaiserliche Schreiben keine Handhabe für die Vertreibung der Evangelischen bot, wurden Maßnahmen ergriffen, die geeignet erschienen, die evangelische Gemeinde auf längere Sicht zu unterdrücken. Die wichtigste war die Änderung des Bürgereids, der von den neu aufzunehmenden Bürgern nunmehr das Versprechen, katholisch zu sein und bleiben zu wollen, sowie die Verpflichtung zur Osterbeichte und Kommunion verlangte. Ein ebensolches Versprechen mußten diejenigen ablegen, die zu städtischen Ämtern zugelassen werden wollten. Wahrscheinlich wurde damals auch der Brauch begründet, daß die Mitglieder des Stadtrats während der Sitzungen einen Rosenkranz in ihren Händen halten mußten. Eine konsequente Anwendung dieser Maßnahme mußte im Laufe der Zeit zum Erfolg führen.

Begleitet wurde die Veränderung des Bürgereids durch geistliche Mittel, die ebenfalls geeignet erschienen, die evangelische Minderheit zu bezwingen. Kirchliche Amtshandlungen, wie Taufe und Trauung, ließen die Evangelischen zumeist vom Stadtpfarrer vornehmen. Als nun Johann Schroth 1582 in dieses Amt kam, verlangte er von allen Brautleuten ein Glaubensbekenntnis.[12] Im Jahre 1585 trat nun der Fall ein, daß ein Brautpaar, nämlich Hans Enslin und Anna Bener, das Glaubensbekenntnis verweigerte. Da die Väter wohlhabende Kaufleute waren, erregte dies großes Aufsehen, und das Problem wurde nur dadurch gelöst, daß sich das Paar von dem katholischen Pfarrer in Schechingen trauen ließ. Bei anderen Paaren jedoch, denen vor der Trauung das katholische Glaubensbekenntnis abverlangt wurde, verfing dieses Mittel, so daß sie ihren evangelischen Glauben widerriefen. Der Rat bemühte sich deshalb, vom Kaiser die Ausdehnung des Bürgereids auf sich verheiratende Bürgersöhne zu verlangen.

Während die kaiserliche Genehmigung auf sich warten ließ, konnten andere Mittel für die Bekämpfung der Evangelischen eingesetzt werden. Hierzu zählt der zeitweise Einsatz von Jesuiten als Prediger, dann aber auch eine bischöfliche Visitation im Jahre 1588, die auf die Einhaltung der Fasttage, den Besuch der Gottesdienste, aber auch auf das Verbot des Vertriebs evangelischer Bücher und des Einschleichens von Prädikanten bestand.

Am wirksamsten erwies sich immer noch die rigorose Traupraxis des Stadtpfarrers Schroth, die, wie er 1589 selbst angibt, schon so viele zum katholischen Glauben zurückgebracht habe, daß nun schon 500 Kommunikanten mehr zu zählen seien als in früheren Jahren. Doch mußte diese Praxis irgendwann einmal wieder zu einem Fall führen, der die höchsten Stellen beschäftigen mußte. Dies trat 1593 ein, als sich der Witwer Veit Enslin mit einer Tochter des aus Venedig eingewanderten Kaufmanns Sebastian Terzago verlobte. Die Brautleute verweigerten die Ablegung des katholischen Glaubensbekenntnisses vor dem Stadtpfarrer. Eingaben an den Rat führten ebenfalls nicht zum Erfolg, so daß sich das Brautpaar vom evangelischen Pfarrer in Lorch trauen ließ, aber das Hochzeitsmahl in Gmünd hielt. Dies wurde vom Rat mit einer Strafe von 50 Gulden belegt, die die Betroffenen gerne bezahlten, da sie vermögend waren und weiterhin im Bürgerrecht bleiben konnten.

Sebastian Terzago und die übrigen Evangelischen waren freilich nicht gesonnen, dies hinzunehmen. Die Sache wurde den evangelischen Reichsständen, insbesondere den evangelischen Städten mitgeteilt. Erhalten ist die Bittschrift, die Terzago und seine Genossen an Ulm gerichtet haben.[13] In ihr werden die gesamten Bedrückungen, die die Evangelischen in Gmünd leiden mußten, dargestellt. Daraufhin beschloß der Ulmer Rat, die Beschwerden der Gmünder ihren Reichstagsgesandten zuzustellen, damit diese sie den evangelischen Reichsständen bekanntmachten. Um seinem Gesuch Nachdruck zu verleihen, weilte Terzago 1594 während des Reichstags selbst in Regensburg, wo er von den Gmünder Gesandten selbstverständlich argwöhnisch beobachtet wurde. In der Tat wurde die Bedrückung der Evangelischen in Gmünd Gegenstand der Reichstagsverhandlungen, allerdings ohne Erfolg.

Als Terzago wieder nach Hause kam, wurde er unverzüglich ins Gefängnis geworfen. Erst auf die Fürbitte einflußreicher Nachbarn, wie des Schenken von Limpurg, wurde er aus der Haft entlassen. Allerdings mußte er eine Urfehde unterzeichnen, eine Anerkenntnis seiner Schuld und das Versprechen, sich nicht am Gmünder Rat zu rächen. Hierbei scheint es allerdings zu einem Betrugsmanöver des Gmünder Rats gekommen zu sein, da man Terzago eine mildere Fassung der Urfehde vorgelesen hatte, dann aber eine schärfere unterschreiben ließ. Die Betrugsabsicht des Gmünder Rats wird daran ersichtlich, daß man sich später weigerte, Terzago eine Abschrift seiner Urfehde auszufolgen. Immerhin war damit für den Rat das Ziel erreicht, den Evangelischen Terzago als Vertrauensmann zu nehmen. Damit war die evangelische Gemeinde in Gmünd ihrer wichtigsten Stütze beraubt, und man muß annehmen, daß sie sich in der Folgezeit aufgelöst hat. Belegt wird dies dadurch, daß die Gmünder 1598 die Begründung einer ständigen Niederlassung der Jesuiten, für die das Augustinerkloster ausersehen war, zu vereiteln wußten. Man konnte jetzt erfolgreich behaupten, daß gegen die Rechtgläubigkeit der Gmünder keine Einwendungen mehr zu machen seien.

# Politik, Krieg und Reichsstadt – Strukturen im 17. Jahrhundert

*von Klaus Jürgen Herrmann*

## *Gmünd im Dreißigjährigen Krieg*

### Die Anfänge

»In diesem Jahr«, so vermeldete der Chronist Friedrich Vogt die Kampfhandlungen im Gmünder Gebiet zum Jahr 1619 am Anfang des Dreißigjährigen Krieges,[1] »ligt die ganze württembergische Kriegsheer um Gmünd herum«.[2] Es war dies auch für die Reichsstadt im Remstal die Folge einer sich zuspitzenden Krise internationalen Formats. Der böhmische Aufstand, die Einsetzung Friedrichs von der Pfalz als Gegenkönig in Böhmen und Mähren,[3] hatte die latent vorhandenen Spannungen zwischen Altgläubigen und Protestanten im Reich zum politischen wie militärischen Ausbruch gebracht. Zwei beinahe gleichgroße Machtblöcke standen sich in dieser Konfrontation gegenüber: Die Reichsstadt Schwäbisch Gmünd hatte sich in diesem 1619er Jahr der 1608 gegründeten katholischen Liga »zur Verteidigung und Erhaltung der wahren katholischen Religion, zur Fortpflanzung des gemeinen Friedens, zur Abwendung besorgter Gefahr und zur Handhabung der Reichsordnung«[4] angeschlossen, ein Schritt, den das der protestantischen Union angehörige Württemberg als offenen Affront und Kriegserklärung betrachtete.[5]

Am 6. September 1619 erfolgte die württembergische Invasion auf Gmünder Territorium von Lorch aus;[6] am folgenden Tag marschierte das württembergische Kriegsvolk zwischen 7 und 8 Uhr morgens mit brennenden Lunten in die offene, nicht verteidigte Stadt ein. Die durchaus der Gmünder Sache verschriebenen Chronisten konnten sich nicht genug tun, die Greuel der Soldateska zu schildern: *Kirchen und Pfarrhöfe übergeweltiget, Sacristey und Tabernacul erbrochen, die Heiligtumber und priesterliche Kleydungen . . . geraubet, die Bildnußen der Heiligen entunehret, die Altär zerschlagen . . .*[7] In einem Faszikel von 73 Folien faßte später der reichsstädtische Magistrat die Beschwerden über diesen Überfall zusammen.[8] Weniger die wohl übertriebenen Schilderungen der Schändungen sakraler Gegenstände durch rohe Soldatenhaufen erzürnte da den Gmünder Magistrat und die Bürgerschaft, als vielmehr die Einstellung des Kommandierenden der Okkupationsarmee, der, auf die Verwüstungen und Repressionen angesprochen, antworten ließ, man sei »nicht auf Freund Grund und Boden, man muß sich nicht anders als feindlich erzeigen«.[9]

Die Besetzung der Stadt und einiger umliegender Ortschaften — etwa Bargau[10] — dauerte drei Wochen; der unglückliche Kriegsverlauf für die Union in Böhmen wie auch sanfter Bestechungsdruck von seiten des Magistrats ließ die Württemberger endlich abziehen. Immerhin, die laufenden Kosten hielten sich gering, das *württembergisch Union-Volck* verzehrte in den Ortschaften lediglich, wie ein Bericht penibel festhielt, für 2085 fl., 14 Batzen und 3 Kreuzer.[11] Einer erneuten Teilbesetzung um den 23. Oktober 1619 entging man schließlich nur durch aktive Bestechung,[12] wollte man nicht weiter riskieren, daß die Zufahrtsstraßen nach Gmünd blockiert blieben und der Stadt so großer wirtschaftlicher Schaden entstand.[13] Der auf rund 40 000 Gulden angeschlagene Gesamtschaden wurde — obwohl Schwäbisch Gmünd beim Kaiser nachhaltig gegen die Verletzung seiner Souveränität protestierte und Recht erhielt — von Württemberg nie bezahlt.[14]

Die Standfestigkeit und Treue, die die Reichsstadt der katholischen Liga und damit dem Kaiser entgegenbrachte, machten sich in den nächsten Jahren bezahlt: Im Zeitraum von 1619 bis 1621 erneuerte Kaiser Ferdinand II. die Privilegien seines Vorgängers Matthias wie die Belehnung mit dem Schultheißenamt, dem Faßzieheramt und dem Blutbann,[15] erlaubte am 3. November 1623 die Erhöhung des Weggeldes auf den Gmünder Straßen[16] — eine willkommene zusätzliche Einkommensquelle für den Stadtsäckel — und steigerte im Jahr 1624 die erst 1605 angehobenen Diäten der Bürgermeister und Ratsherren noch einmal, wenn auch nicht in dem geforderten Umfang, erheblich.[17]

Obwohl die Hauptkriegsschauplätze im Zeitraum der Jahre 1624 bis 1630 vornehmlich im Norden und Westen des Reiches lagen, wurde Schwäbisch Gmünd nicht von Einquartierungen, kaiserlich-logistischer Truppen und zusätzlichen Kontributionen verschont.[18] Mehrmals — etwa 1625 — diente die Stadt sogar mehrere Wochen lang als Musterungsplatz; Schutzbriefe, die der Magistrat sich von den jeweiligen Platzkommandanten wie etwa 1628 vom kaiserlichen Kriegsrat Oberst von Ossa ausstellen ließ, um Übergriffe gegen die Zivilbevölkerung zu vermeiden, waren oft nicht das Papier wert, auf dem sie ausgestellt wurden. Mit einiger Chuzpe und Gewandtheit taktierte der damalige Ratsschreiber und nachmalige Bürgermeister Jakob Wertwein auf dem Regensburger Reichstag des Jahres 1630 und erreichte zumindest eine nominelle Herabsetzung der Abgabenbelastung und, nachdem er zwei einflußreiche Herren mit Wein »aktiviert« hatte, einen zusätzlichen Schutzbrief des kaiserlichen Kriegsrats von Holck am 18. Juli 1630.[19]

Der Sieg des Kaisers über die Unionstruppen unter Führung Christians IV. von Dänemark machte den Weg frei zu einer kirchlichen Neugestaltung, zur Restitution oder Wiederherstellung des katholischen Kultus auch in bereits protestantischen Gebieten.[20] Unter Oberst von Ossa hatten die kaiserlichen Kommissare, die die Restitution vor allem im Kloster Lorch und den protestantisch gewordenen Klosterorten durchführen sollten, in Schwäbisch Gmünd Quartier genommen, nachdem bereits zwei Versuche am 11. und 17. Juni 1630, das Kloster in Besitz zu nehmen, am Widerstand der Insassen gescheitert waren.[21] Am 27. August 1630 gelang unter militärischer Assistenz die Einnahme des Klosters; das Personal wurde vom Treueid gegen Württemberg entbunden, das Kloster rekatholisiert und die protestantischen Pfarrer nach Gmünd zitiert, wo ihnen die Ausübung ihres Kultes unter Strafe verboten wurde. Noch im September 1630 begannen auf dem Gmünder Rathaus die Unterhandlungen mit den Vormundschaftsräten des Herzogs von Württemberg, die sich im wesentlichen um die Frage der Freigabe der in der Reformationszeit enteigneten Güter des Klosters drehten.[22] Im Dezember 1630 gründeten die Administratoren der rekatholisierten Güter und geistlichen Besitzungen in Rottenburg einen Sonderbund zum Schutz ihrer Interessen; Sitz der Kasse dieses Bundes wurde die Reichsstadt Schwäbisch Gmünd, wo auch ihr Syndikus saß.[23]

Im Juni desselben Jahres 1630 hatte man in Gmünd ein seltsames Schauspiel beobachten können. Wohl unter dem sanften Druck der kaiserlichen Restitutionskommissare mußte der bisherige protestantische Magistrat der Reichsstadt Aalen seine neugewonnenen katholischen Einsichten öffentlich demonstrieren. »Den 9. Juni«, so vermerkte etwas süffisant der Chronist Friedrich Vogt, »ist ein Ehrsamer Rath der Reichsstat Aalen mit Creuz und Fahnen naher Schw. Gmünd der Pfarrkirch zu unser lieben Frau wallfahrten gangen.«[24]

## Die schwedische Episode

Der Verlauf der Kriegshandlungen im Frühjahr und Sommer 1631 änderte die Vormachtstellung der kaiserlich-ligistischen Truppen in Südwestdeutschland entscheidend: Tilly mußte vor den heranrückenden Schweden unter König Gustav Adolf von Schweden die Fronten begradigen und fast ganz Südwestdeutschland aufgeben. Die kaiserlichen Truppen, unter von Ossa in der Stadt gelegen, rückten wahrscheinlich im Dezember 1631 oder Anfang des Jahres 1632 aus der Stadt ab.[25] Der Magistrat handelte schnell. Um den abrückenden Truppen das Plündern und Erpressen zu erschweren, erbat man sich von kaiserlicher Seite einen erneuten Schutzbrief, den Tilly auch am 4. Dezember 1631 ausstellte.[26] Daß die Lage nun prekär wurde, merkten die Gmünder spätestens, als sich am 7./8. Februar 1632 der katholische Administrator des Klosters Lorch klammheimlich in ihre Reichsstadt vor den heranrückenden Schweden absetzte.[27] Die allgemein unsichere Lage nutzten einige Marodeure zum Plündern und Rauben. Anfang Januar 1632 mußten Gmünder Ordnungskräfte einen gewissen Leonhard Waldburger aus Trier und seine Kumpane aufbringen, die auf der Landstraße bei der Stadt besonders Weinfuhrleute überfallen und ausgeraubt hatten,[28] am 8., 12. und 13. Februar wurden sogar unschuldige Bürger bei oder innerhalb der Stadtumwehrung von desertierten oder zurückgebliebenen Soldaten erstochen oder erschossen.[29]

Die erste Kontaktaufnahme mit dem heranrückenden schwedischen Truppenteil erfolgte wohl in der letzten Aprilwoche 1632.[30] Der Führer des schwedischen Truppenkontingents jedenfalls, Freiherr Christoph Martin von Degenfeld, war den Gmündern wenigstens kein Unbekannter,[31] hatte er doch bis zum Jahr 1616 ein Haus in der Nähe der Johanniskirche besessen.[32] Mit einem Fast-Gmünder glaubte man, trotz politischer wie konfessioneller Differenzen, eher zu einer gütlichen Übereinkunft zu kommen. Die an ihn abgefertigte Ratsdelegation sollte zumindest erreichen, daß die Stadt katholisch bleiben konnte und in ihren Privilegien ungeschmälert.[33] Als Handelsstadt wußte man in realistischer Einschätzung der Lage, daß das nicht billig abgehen würde. Und tatsächlich mußten am Ende der Verhandlungen am 19. Mai 1632 zu den bereits geforderten 4000 Gulden noch einmal 9000 Gulden zugelegt werden.[34] Die Nachricht von den vielleicht geheim geführten Verhandlungen brachte Teile der Bürgerschaft auf, die sich der Übernahme durch die Schweden entgegensetzen wollten. Die gereizte Stimmung nutzte ein abgemusterter Hauptmann namens Michael Roß, um gegen den Magistrat zu putschen oder doch zumindest einen Putschversuch zu unternehmen.[35] Nur mit Mühe konnte die Obrigkeit ihren Bürgern klarmachen, daß Widerstand gegen die Schweden zwecklos sei, ja sogar ein Blutbad hervorrufen würde. Noch kurz vor dem Einmarsch der Schweden um den 30. Mai[36] mußte der Magistrat die Bürgerschaft erneut ermahnen, alle Waffen abzugeben und auch mit dem öffentlichen Lästern über die schwedischen Offiziere aufzuhören.[37]

Zu den geforderten Kriegszahlungen kamen nun noch die laufenden Quartier- und Versorgungskosten, die für den Zeitraum vom 22. April bis 30. Juni 1632 rund 21 000 Gulden ausmachten; allein für die Tafel und die Küche des Herrn Obersten mußten 2386 Gulden aufgebracht werden, die Herren Stabsoffiziere speisten immerhin noch für rund 2200 Gulden.[38] Am 10. Oktober ordnete der schwedische Statthalter, Graf Friedrich von Hohenlohe, an, daß Freiherr von Degenfeld mit seinen Regimentern in Schwäbisch Gmünd, Lauchheim, Aalen und Kapfenburg Unterstand nehmen solle.[39] Der Reichsstadt an der Rems wurde darüber hinaus eine außerordentliche Schatzung von 630 Reichstalern, zahlbar alle 10 Tage im November und Dezember 1633, zudiktiert.[40] Die gehäuften Zahlungen und Kontributionen, augenscheinlich die gesamte verfehlte »Schwedenpolitik« des Magistrats, lastete man dem

Amtsbürgermeister Karl Seibold an,[41] der anscheinend nach Unruhen in der Bürgerschaft seinen Hut nehmen mußte. Das war gegen die reichsstädtische Verfassung gerichtet, die eine lebenslange Amtszeit von drei Bürgermeistern vorsah. Entsprechende Vorstellungen des Gefeuerten in Wien und auch etliche Präsente an der richtigen Stelle bewirkten, daß Seibold wieder in sein Amt eingesetzt werden mußte. Er starb auf seinem Posten im gesegneten Alter von 101½ Jahren erst im August 1667. Hatte man von Gmünder Seite geglaubt, durch die anstandslose Erlegung aller geforderten Mittel von schwedischer Seite in Zukunft verschont zu bleiben,[42] so kam der große Knall und das böse Erwachen im Frühsommer 1633, zu einer Zeit, als durch den Tod Gustav Adolfs bei Lützen am 6. November 1632 und das untätige Verharren seines Gegenspielers Wallenstein die Fronten eingefroren waren und kaum noch größere Kriegshandlungen stattfanden: Am 6. August 1633 erreichte den Gmünder Magistrat ein Schreiben des Herrn von Degenfeld, in dem dieser die Konfiszierung aller klösterlichen Güter auf Gmünder Territorium ankündigte, um mit dem Erlös ausstehenden Sold für seine Truppen bezahlen zu können. Das bedeutete nicht mehr oder weniger als die Säkularisierung aller Klöster und geistlichen Besitzungen. Die Argumentation des Degenfelders mußte vordergründig einleuchtend erscheinen. Erhalte nicht er, sondern andere die Güter, so seien sie für die Stadt endgültig verloren. Er lasse, was eine spätere Rückerstattung an die Stadt angehe, jedenfalls mit sich verhandeln.[43] Glaubte der Magistrat, aus diesen Zeilen noch herauslesen zu dürfen, die Säkularisation der Güter liege lediglich im Bereich des Möglichen oder sei zumindest noch verhandlungsfähig, so wurde er am 8. oder 9. August[44] eines Besseren belehrt. Obrist Christoph Martin von Degenfeld, der immerhin noch am 1. August der Stadt 7000 Gulden – vielleicht aus eigener Tasche – kreditiert hatte,[45] teilte dem Magistrat kurz und bündig mit, er sei von der schwedischen Krone in die klösterlichen Besitzungen eingewiesen worden und werde aus dieser Vermögensmasse das Geld ziehen, das er vorab für die Besoldung seiner Truppen benötige. Die Einkünfte aus diesen Besitzungen wurden beschlagnahmt.[46] Die alarmierte Klostergeistlichkeit und der aufgeschreckte Rat sahen in dem Einzug der Güter eine Verletzung der Übereinkunft am 19. Mai 1632, in der die Unantastbarkeit aller Privilegien zugesichert worden war.[47] Bereits am 17. August forderte der Degenfeldische Amtsvogt beim Magistrat der Stadt an, er solle *berichten, ... wie viel in jedem Closter sich noch Geistliche befindten.*[48]

Da nun bereits mit der Beschlagnahmung der Einkünfte ein erster Schritt zur endgültigen Besitzergreifung getan war, versuchte der Magistrat, beim Vorgesetzten von Degenfeld, Feldmarschall Horn, zu intervenieren:[49] Gmünd könne die geforderten Kontributionen nicht mehr bezahlen, da die Stadt aus den Einkünften der Klöster die meisten Abgaben bezöge. Gleichzeitig sandte der Magistrat zwei persönliche

Agenten zum Grafen von Brandenstein, Königlich Geheimer Schwedischer Rat, nach Augsburg, um in derselben Sache vorstellig zu werden. Man mußte auch dort erfahren, daß die Schenkung beschlossene Sache sei.[50] Am 19. Oktober 1633 ratifizierte der schwedische Kanzler Oxenstierna in Frankfurt a. M. ein Dokument, das die Einweisung von Degenfeld in die Klöster verfügte.[51] Bald darauf scheint der Oberst schon die Gefälle und Erträge aus seinen neuen Besitzungen bezogen zu haben: Im November 1633 klagte die Geistlichkeit, sie könne kaum noch ihren Unterhalt für das tägliche Leben aufbringen.

Im Winter 1634 steigerten sich die Quartierlasten wieder beträchtlich, als Feldmarschall Horn das Schlammersdorfische Regiment zu Fuß in die Stadt verlegte[52] und dazu noch Verwundete und Rekonvaleszenten. Am 11. April 1634 schlug Herzog Bernhard von Sachsen-Weimar sein Hauptquartier in Gmünd auf, Soldateska des »Bayreutischen Regiments zu Pferd« hausten einige Tage in Herlikofen, Brainkofen, Lautern und Iggingen.[53] Einer Bittschrift an den Kaiser aus dem Jahr 1636,[54] in der Herabsetzung von steuerlichen Lasten gefordert und das Leben unter der »Schwedenherrschaft« im nachhinein in den schwärzesten Farben geschildert wurde, entnehmen wir, daß man eben zu dieser Zeit auch versuchte, die Johanniskirche für den protestantischen Gottesdienst zu bestimmen, ein Versuch, der jedoch offensichtlich am hartnäckigen Widerstand zumindest des Magistrats scheiterte.[55]

Im Frühjahr 1634 kam auch wieder Bewegung in die »Degenfeldische Schenkung«. Die gesamte Klostergeistlichkeit wurde wiederum beim Magistrat vorstellig und bat um Schutz für ihre Einkünfte.[56] Am 14. April 1634 wurde die Schenkungsurkunde für Degenfeld von schwedischer Seite modifiziert erneuert: Zwar wurden die Klosterschenkungen bestätigt, erhielt der Oberst darüber hinaus u. a. auch die Fuggerei, aber es wurde ihm auferlegt, die Geistlichkeit nicht aus den Klöstern zu vertreiben, sondern sie bis an ihr Lebensende zu unterhalten.[57] Hatte Degenfeld es bisher vermieden, die Klöster tatsächlich zu besetzen und sich mit den Einkünften zufriedengegeben, so besetzte er Anfang April 1634 *per forza* das Dominikanerinnenkloster Gotteszell[58] und begann, wenig rücksichtsvoll sein Recht einzutreiben. Eine lebhafte diplomatische Korrespondenz der Stadt mit anderen Reichsstädten, dem schwedischen Kanzler Oxenstierna sowie dem Schwäbischen Kreis, in der erneut die Rechtsposition der Stadt dargelegt wurde,[59] verlief im Sand. Die Sache erledigte sich dann von selbst. Noch vor der Nördlinger Schlacht am 27. August 1634, als deren Konsequenz die Schweden aus Süddeutschland herausgedrängt wurden, hatte von Degenfeld neue Dienste im französischen Heer angenommen. Schwäbisch Gmünd hat von ihm und seinen Ansprüchen augenscheinlich nie wieder etwas gehört.

*Kriegshandlungen um Gmünd nach der Schlacht von Nördlingen bis zum Ende des Jahrhunderts*

Während sich ab Mitte August 1634 vor heranrückenden kaiserlichen Verbänden die Schweden allmählich aus der Stadt zurückzogen,[60] wartete die katholisch gebliebene Reichsstadt auf ihre Befreiung. In der Nacht des 20. August 1634 kamen die Befreier aber erst einmal anders als erwartet: Eine starke kaiserliche Partei auf Beutezug überstieg »mit List« die Stadtmauer und plünderte in der Stadt. Der Schaden belief sich im Spital immerhin auf 4000 Gulden; ein erneuter Angriff in der folgenden Nacht wurde rechtzeitig von den wachsamen Bürgern entdeckt und vereitelt, so daß bei dem Überfall lediglich ein Toter zu beklagen war.[61] Angesichts der Tatsache, daß Schwäbisch Gmünd während der schwedischen Besatzung allerhand zu erleiden hatte, bekam die Stadt nach der Nördlinger Schlacht nur zwei Kompanien Reiter in ihre Mauern gelegt, mit »ordre, daß selbige iren Underhalt von der Graffschaft Haidenhaimb haben und nehmen sollen«,[62] eine Auflage, die jedoch nie erfüllt wurde.[63] Schwäbisch Gmünd erlebte dennoch in den folgenden Jahren eine etwas ruhigere Zeit, zumal der Kriegsschauplatz sich mehr und mehr entfernte. Problematischer schien sich dagegen das Verhältnis der Stadtbürger zu den einliegenden kaiserlichen Truppen zu entwickeln: das Totenbuch vermeldet im Jahr 1635 mehrere von Soldaten erschlagene oder erschossene Bürger. »Eine Soldatenfrau so erstochen worden«, meldete das Sterbebuch zum 11. Februar 1635 die offensichtliche Verrohung der Sitten, »Hatt sich dapfer geweret mit dem Degen«.

Im Januar 1636 wurde eine Kompanie des Regiments Gallas nach Gmünd verlegt.[64] Aus einer erhaltenen Quartierliste ist zu erfahren, daß in der Stadt am 27. Januar 1636 343 bürgerliche Haushaltungen existierten.[64a] Am 9. Juli 1636[65] kam König Ferdinand persönlich nach Gmünd, *welchen ein Ehrsamer Rath und der Stattschreiber Herr Michael Wingert . . . von Rinderbacher Thor biß in die Fuggerey begleitet; indessen aber die Kirch besucht, die zwei schöne Capellen zu S. Salvator, ob welchen sich Ihro Majestät sehr verwundert. In Abreisung auf Stuttgart ist einer Bürgerschafft, deren etlich 40 gewesen, so die Wacht gehalten, 100 Gulden verehrt worden.* Wohl anläßlich dieses Besuches übergab der Magistrat dem König eine Bittschrift, in der er beredt Klage über die bis jetzt geleisteten Abgaben führte und darum bat, von weiteren Kontributionen verschont zu werden, eine Bitte, die angesichts der immensen Kriegskosten illusorisch war; die Kriegskontributionen gingen unvermindert weiter.[66]

Im Winter 1638 wandte sich das Kriegsglück – wie so häufig – wieder einmal. Am 20. Februar 1638 fluteten die geschlagenen kaiserlichen Armeen über Schwaben. In Gmünd lagerten vom 22. März bis 2. April gleich drei Generalstäbe mit ihren Truppen,[67] die augenscheinlich entsetzlich hausten, da sie in dieser kurzen Zeit einen Schaden von 15 000 Gulden verursachten. In Iggingen und Bargau steckten sie darüber hinaus die Pfarrkirchen in Brand. Wie bei allen ihren Beschwerden, erfuhr die Stadt außer tröstlichen Worten auch diesmal keine praktische Hilfe von kaiserlicher Seite. Diplomatischen Flankenschutz erhielt Gmünd zu jener Zeit von Georg Friedrich von Holtz, der 1638 als Obrist in kurbayerische Dienste eintrat und seine Familie in der Reichsstadt einquartierte.

Zu dem auf den 26. Juli 1640 nach Regensburg ausgeschriebenen Reichstag, der Friedensmöglichkeiten diskutieren sollte, entsandte die Reichsstadt als besondere Gesandten Bürgermeister Rochus Ramser und Stadtschreiber Michael Wingert mit der Instruktion, sich bei ihrem Abstimmungsverhalten nach den katholischen Ständen der schwäbischen Bank zu halten.[68] Den Vorstellungen, besonders die Kriegskontributionen zu halbieren, schien in der Folgezeit ein, wenn auch vorübergehender Erfolg beschieden gewesen zu sein.[69] Im Zeitraum von 1640 bis 1648 herrschte in und um Gmünd relativer Frieden, wenn auch Durchzüge bayerischer, französischer und hessischer Truppen nicht verhindert werden konnten. Zumindest hielt man es in dieser Lage für opportun, wichtige briefliche Dokumente und somit einen Teil des Archivs im Jahr 1646 in das besser geschützte Ulm überführen zu lassen.[70]

Am 17. Februar 1645[71] stürzte die Stadtmauer auf einer Länge von 200 Schuh zusammen, eine Tatsache, die schlagkräftig erhellt, wie wenig die Bürgerschaft in diesen Kriegszeiten für die Instandhaltung ihrer Wehrmauern getan hatte. Die letzten Kriegshandlungen in diesem mörderischen Krieg mußte Schwäbisch Gmünd von April bis August 1648 über sich ergehen lassen. Truppen des Generals von Wrangel verbrannten die städtische Sägmühle, und am 18. Juli und 27. August legte der Kommandant von Schorndorf, Oberst von Rußwurm, bei einem Streifzug auf Gmünder Territorium die Freimühle und den Vogelhof in Schutt und Asche und stibitzte bei dieser Gelegenheit noch zehn Gmünder Geschütze.[72]

Dann endlich war Frieden. Am 24. Oktober 1648 schlossen die Hauptkriegsparteien in Münster und Osnabrück den Vertrag: Wohl durch ihren Vertreter bei den Friedensverhandlungen, Dr. jur. Johann Leuchselring,[73] erfuhren die Gmünder am 12. November davon. Am Montag, dem 14. Dezember, feierte man *zu Ehren der allerheiligsten Dreyfaltigkeit ein hl. Amt, das Te Deum (wurde) gesungen und alle Glokken zusam gelitten. Alles Geschütz auf den Thürmen gelöst worden.* Soweit der Chronist Vogt[74] über die begreifliche Freude der Gmünder über den allgemeinen Friedensschluß. Trotz schwerer Belastungen war die Stadt relativ ungefährdet über den Krieg gekommen: Die finanziellen Aufwendungen für die Jahre 1619 bis 1646 beliefen sich auf knapp über eine Million Gulden,[75] eine Summe, die, wenn auch nicht unbedeutend, so doch nichts gegenüber einer möglichen Zerstörung wog.

Der offizielle Krieg war nun aus, die Zahlungen und Reparationsforderungen dauerten aber an. Am 1. September 1649 mußte der Magistrat aus Geldmangel dem in der Stadt wohnenden Obersten und erzfürstlich salzburgischen Kammerat Friedrich von Schletz und seiner Frau Barbara wegen immer noch ausstehender Gelder für die Schweden den großen Fruchtzehnten in Bargau für 4000 Gulden verkaufen.[76] Folgerichtig entsandte man am 27. April 1652 auf den allgemeinen Reichstag nach Regensburg den Sydikus Jacob Steinhayl und den Stadtschreiber Michael Wingert mit der besonderen Auflage, bei der Steuerneufestsetzung innerhalb des Schwäbischen Kreises hartnäckig und zäh auf einer Reduzierung zu bestehen.[77] Der Magistrat suchte nun auch – so gut es ging –, während des Krieges eingerissenen Unterschleife und Mißbräuche abzustellen. Bereits im Jahr 1648, dann wieder 1651 erließ die Obrigkeit einen Beschluß, keine Bettler mehr in die Stadt einzulassen und den unkontrollierbaren Hausiererhandel ganz zu unterbinden;[78] Zigeuner und »Gesindel« – wohl stellungslose Soldaten – auf der Freien Pirsch wurden unnachsichtig für vogelfrei erklärt.[79] Besonders bei der in den Kriegsläufen hart gebeutelten Untertanenschaft im Reichsstadtgebiet glaubte man *allerhandt Unordnungen, Mißbräuche und höchststräfliche Laster* besonders im *politischen Wesen* entdeckt zu haben. Eine Sittenkommission regelte das dörfliche Leben neu: Die Untertanen wurden eidlich fest an das Regiment des Rats gebunden;[80] *Ehebruch und unehrliche Schwängerungen und Beywohnungen* stellte man ebenso unter Strafe wie das Jagen von Wildpferden und Fohlen.[81] Trotz dieser »fürsichtigen« Verhaltensregeln blieb das Verhältnis der Untertanen auf den Dörfern zu ihrer städtischen Obrigkeit gespannt, ja aufmüpfig. Am Ende des Jahrhunderts überreichten 350 Gmünder Untertanen am Kaiserhof in Wien eine wohlausformulierte Schrift, in der sie beredt darüber Klage führten, *nicht wie Christen und trew gehorsambste Underthanen, sondern erger als leibeigene Slaven under denen Barbaren mit unendtlichen Steurgaben* und *ybernohmener Soldateneinquartierung gequält zu werden.*[82]

Die Reunionskriege Ludwigs XIV. und die sich anschließenden europäischen Koalitionskriege gegen den französischen Expansionismus berührten Schwaben zunächst nur peripher, dann aber – spätestens seit den Pfälzischen Kriegen – immer direkter.[83] Bereits im Juni 1664 lagerten auf Gmünder Territorium 2600 Franzosen, die allerdings nur drei Tage blieben.[84] Im März 1675 mußte der Magistrat Gelder von den Stadtbürgern aufnehmen, um Teile der Armee des Herzogs Georg Wilhelm von Braunschweig und Lüneburg und des Generalfeldmarschalls Herzog Adolf von Holstein, die in der Stadt und der näheren Umgebung lagen, versorgen zu können.[85] Vielleicht dachte man damals daran, die Eigenverteidigung wieder zu stärken: Im Juni 1676 bat Schwäbisch Gmünd die Bruderstadt Eßlingen jedenfalls um Überlassung von Geschütz und Musketenpulver.[86]

59. *Christoph Martin von Degenfeld aus einem alten schwäbischen Geschlecht, geb. 1599 in Eybach. Im Dreißigjährigen Krieg kämpfte er zunächst auf kaiserlicher Seite unter Wallenstein und Tilly. Im Jahre 1632 wechselte er in schwedische Dienste über: In den Jahren 1633 und 1634 übertrug ihm die schwedische Krone alle Klöster in der Reichsstadt Schwäbisch Gmünd (Dominikaner-, Augustiner-, Franziskaner-, Franziskanerinnen-, Dominikanerinnenkloster) und die Fuggerei. Nach der Schlacht von Nördlingen wurde von Degenfeld in Frankreich Generaloberst der ausländischen Reiterei, 1645 in Diensten Venedigs Generalgouverneur von Dalmatien. Christoph Martin von Degenfeld starb am 13. Oktober 1653 auf seinen schwäbischen Gütern.*

60. *Hexenverfolgung. Vor und nach dem Dreißigjährigen Krieg (1618–1648) grassierte in der Reichsstadt Schwäbisch Gmünd der Wahn der Hexenverfolgung. Mehrere hundert Personen wurden als »Hexen« oder »Hexer« aufgespürt und gemäß den Vorschriften der Reichskriminalordnung peinlich befragt und hingerichtet. Schon früh (um 1614) wurden in Gmünd aber auch schon juristische Bedenken gegen die Tragbarkeit von Hexenprozessen überhaupt geäußert. Das hier abgebildete Blatt verzeichnet akribisch und ohne Mitleid einige Hinrichtungen aus dem Jahr 1684.*

61. Am 19. Mai 1633 handelte der Magistrat mit Oberst Christoph Martin von Degenfeld einen Vertrag aus. Der wichtigste Passus: Auch unter schwedischer Herrschaft bleibt die Stadt katholisch.

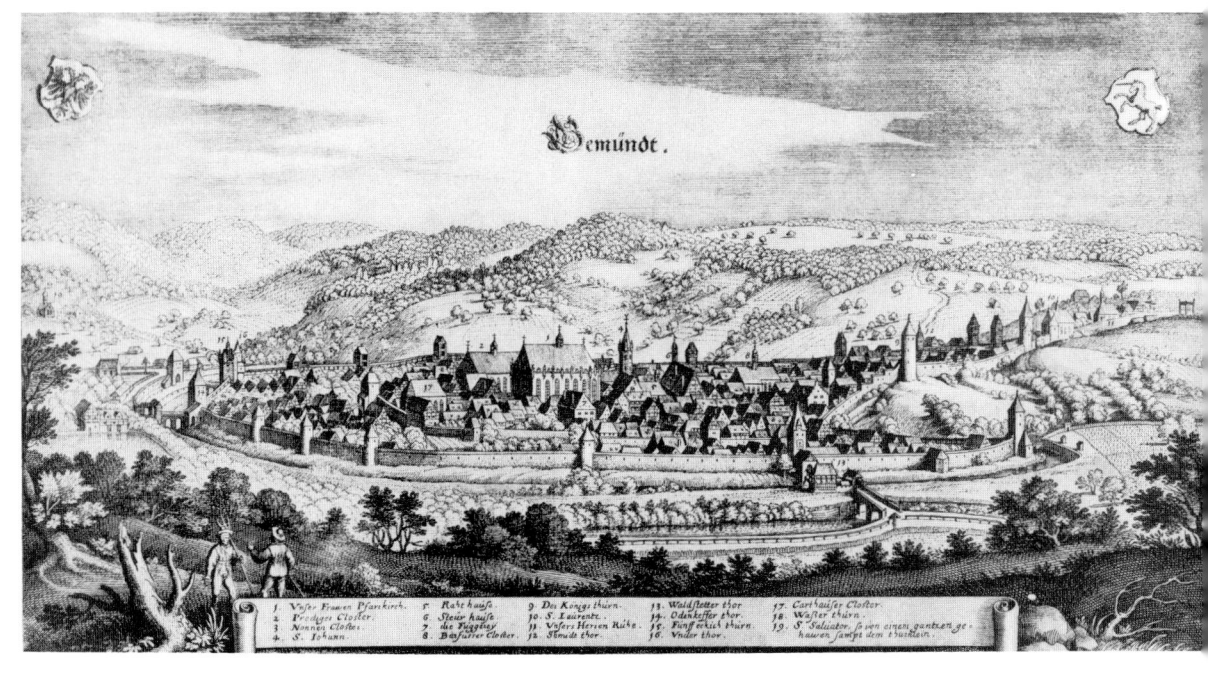

Gemündt.

62. *Ansicht von Gmünd von Südwesten um 1643 von M. Merian*

Im Jahr 1688 befahl der französische Kriegsminister Louvois dem Intendanten des Elsasses, General de la Grange, als intimem Kenner der südwestdeutschen politischen Landschaft, Kontributionen auch in den rechtsrheinischen Gebieten auszuschreiben.[87]

Nach mehreren Forderungen mußte auch die Reichsstadt Schwäbisch Gmünd schließlich 10 000 Gulden bezahlen[88] sowie 7000 Rationen Futter nach Heilbronn, dem allgemeinen Sammelplatz, führen.[89] Im April des folgenden Jahres kamen neue Geldforderungen dazu,[90] dann auch weitere Einfälle und Einquartierungen.

Allmählich kehrte Friede ein: Nur vereinzelte Nachrichten bezeugen feindliche Schädigungen, wie etwa das Bittgesuch des Mögglinger Wirtes um Steuernachlaß, weil sächsische Soldaten sein Fischwasser ruiniert hatten.[91] Noch einmal im Jahr 1695 sah sich der Magistrat veranlaßt, wegen drohender Kriegslasten eine doppelte Schatzung[92] auszuschreiben und Gelder von der Katharinenpflege, von der Vazierenden Pfründe und der Reichsalmosenpflege[93] ohne ordentliche Verzinsung aufzunehmen.

Am 16. Oktober 1695 vermeldete das reichsstädtische Protokoll das Ableben des Senators Johann Philipp Wingert mit den Worten des Stadtschreibers: Mit dem *ich, der Stattschreiber, in eusserister Gefahr gewesen, von denen Franzosen als Geisel furth gefürheth zu werden.*[94]

Es war dies sozusagen ein stiller Ausklang für ein kämpferisches Jahrhundert, in dem Gmünd zahlreiche Truppendurchzüge und Erpressungen zu erleiden hatte. Dennoch oder gerade deshalb: Obwohl die Stadt nach eigenen Schätzungen in den Jahren von 1646 bis 1670 nicht weniger als 566 000 Gulden[95] bezahlen mußte, nicht eingerechnet die Verluste in den französischen Kriegen, blieben wirtschaftliche Möglichkeiten erhalten.[96]

## Hexen- und Aberglaube, Pest und Notzeiten

Hexenwahn und Verfolgungen haben während des 17. Jahrhunderts — und hier schwerpunktmäßig vor und nach dem Dreißigjährigen Krieg — viele Menschen, Männer wie Frauen, in Schwäbisch Gmünd das Leben gekostet.[97] Die Beweggründe reichten von religiösem Verbesserertum, Wahnvorstellungen, bis hin zu kalkulierter materieller Gewinnsucht. Ausgelöst wurde die Hexenhysterie um das Jahr 1613 auf zwei Arten: Seuchen und Mißernten infolge von Unwettern[98] hatten starke soziale Spannungen erzeugt; man suchte Schuldige, da man sich die Katastrophen rational nicht zu erklären vermochte. Ein weiterer Anstoß kam von außen: aus Ellwangen, wo mehrere Denunziationen über Gmünder Bürgerinnen und Bürger als Hexen und

Hexer vorlagen,[99] war man dem Problem schon »erfolgreich« mit Feuer sprichwörtlich auf den Leib gerückt. Das sprunghafte Anschwellen der bis dahin unbekannten Hexenprozesse in Schwäbisch Gmünd vornehmlich durch Denunziationen – so wurden etwa im Jahr 1613 zehn Frauen und ein Mann hingerichtet, ein weiterer Mann und eine Frau starben unter mysteriösen Begleitumständen[100] – beunruhigte anscheinend den Magistrat der Stadt, der sich genötigt sah, seinen Ratskonsulenten, Dr. Leonhard Kager, zu beauftragen, die juristische Tragbarkeit von Hexenprozessen überhaupt zu prüfen. Die Anklagen selbst, sieht man einmal von der auffallend sexuellen Komponente der Teufelsbuhlschaft bei Frauen ab, beschränkten sich im wesentlichen auf die Verleugnung Gottes und der Heiligen, die Entfachung von Sturm und Viehseuchen und das Mischen von Gift. Im Jahr 1617 mußten dafür 78 Personen den Feuertod erleiden, ohne teilweise, so wie es später allgemein üblich wurde, vorher auf dem Gnadenwege stranguliert oder geköpft worden zu sein. Das Vermögen der Delinquenten wurde im wesentlichen eingezogen; die Kosten für die peinliche Befragung, die Folterung, die meistens zum Geständnis und dann zum Tod führten, hatte der Angeklagte, wie es ein Ratsdekret anzeigte, möglichst noch vor seiner Verurteilung zu erlegen.[101]

In ausführlichen Denkschriften versuchte der Ratskonsulent Dr. Kager, aufgrund *des Heyligen Reichs Peinliche Halsgerichtsordnung und Constitution* die Hexenverfolgung einzudämmen. Nach seinen Überlegungen stellte sich die Hexerei in erster Linie als geistliches Verbrechen dar und konnte deshalb nicht notwendigerweise die weltliche Todesstrafe nach sich ziehen. Denunziationen von Hexen und Hexenmeistern müßten in Zukunft auf eine legale, rechtlich einwandfreie Basis gestellt werden. Diese Argumentation, die in den Augen der Zeit allzu liberal erschien und Dr. Kager vermutlich sogar in den Geruch brachte, kryptoprotestantischen Ideen anzuhängen,[102] überzeugte den Rat anscheinend nicht ganz. Wohl zuerst als Hilfskraft des alternden Dr. Kager, dann seit dem 14. September 1613 als offizieller Beamter der Reichsstadt, übernahm der Jurist Dr. Leonhard Friz, ein Schwiegersohn des kaiserlichen Rates Dr. Joachim Jäger von Jägersberg, die Hexengeschäfte. Derselbe Mann, der sich als Verfasser einer Beschreibung der Geschichte des Neppersteins, als gelehriger, ja schon fast rational-historisch schreibender Mann zu erkennen gab,[103] erbrachte in einem Gegengutachten[104] den »Beweis«, daß Hexerei ein »Ausnahmeverbrechen« sei, damit allein der Entscheidungsmacht des Rates unterstehe und mit dem Tod zu bestrafen sei. Die Carolina, das allgemeine Reichsgesetzbuch, habe in diesem Fall nur anleitenden Charakter.[105] Das Gutachten des Dr. Friz, der anscheinend nur bis 1625 in Diensten der Stadt stand, wurde augenscheinlich zur Rechtsgrundlage für alle weiteren Verfolgungen. Dr. Friz schien seine offizielle Stellung als Hexenjäger der Reichsstadt vor dem Dreißigjährigen Krieg auch finanziellen Nutzen eingebracht zu haben. In den Jahren 1644—1646 zahlte seine Witwe an gewöhnlicher und außergewöhnlicher Steuer 70 Gulden und 26 Kreuzer. Im Vergleich: Ein Krautgarten besten Ackerlandes erbrachte damals nicht mehr als 40 Gulden.[106]

Während im Zeitraum des Dreißigjährigen Krieges die Hexenprozesse einschliefen und nur aus der Zeit von 1645 bis 1652 einzelne Verfahren bekannt sind,[107] stieg die Hexenverfolgung noch einmal in den achtziger Jahren dieses Jahrhunderts — mitten im tiefsten Frieden und einer Zeit wirtschaftlicher Prosperität — sprungartig an. Bereits in den Ruggerichtsordnungen der Reichsstadt Gmünd für die Amtsvogteien Spraitbach und Mutlangen vom November 1660[108] wurden *Zauberey und Teufelsbeschwörung* unter schärfste Strafe gestellt. Im August 1684 aber begann dann augenscheinlich jener Prozeß, der zu einer Überprüfung der gesamten Hexenpraxis führte und schließlich zur inoffiziellen Abschaffung der Hexenverfolgung:[119] Denunziationen brachten die Ehefrau des Bürgermeisters Wolfgang Jehlin in den Geruch der Hexerei. Als sich der Magistrat in seiner Gesamtheit schützend vor die Frau ihres Bürgermeisters stellte, wurde die Anklage zurückgezogen, der Prozeß niedergeschlagen.[110] Aber noch im Jahr 1685 konnte es passieren, daß ein leicht hysterisches knapp zwölfjähriges Mädchen sieben Gmünder Bürgerinnen als Hexen anzeigen durfte,[111] nachdem sie im Vorjahr schon ihren eigenen Vater als Hexenmeister auf den Scheiterhaufen gebracht hatte.[112]

Mit in diesen Rahmen der Denunziationen innerhalb der Hexenverfolgung des 17. Jahrhunderts gehören auch der Prozeß und das Schicksal des Benefiziaten Melchisedech Haas aus den Jahren 1616/17, die zeigen, daß die Verfolgung auch vor der Geistlichkeit nicht haltmachte. Der offensichtlich kranke Haas wurde unter anderem bezichtigt, er habe den Teufel gesehen und sich im Volltrunk sittlich vergangen. Das genügte, ihn gefänglich einzuziehen und dem Tribunal des Bischofs von Augsburg zu überstellen. Eine eigens nach Gmünd entsandte bischöfliche Untersuchungskommission fand durch Zuträgereien den »Beweis« der Hexerei erbracht.

Haas wurde die rechte Hand abgeschlagen und dann enthauptet. Alle Taufen, die der Benefiziat vorgenommen hatte, mußten wiederholt werden; sein Haus — angrenzend an den Garten der Fuggerei — ließ der Magistrat bis auf die Grundfesten niederlegen, um die Erinnerung an den Teufelspriester für alle Zeiten zu löschen.[113]

Entsprach dies ganz der Praxis eines aber- und wundergläubigen Jahrhunderts, so konnte die Realität des täglichen, normalen Lebens genauso grausam sein. Pest und Teuerungsschübe haben im allgemeinen Leben der Stadtbürger und Untertanen wohl noch nachhaltiger gewirkt. Konnte schon zu Friedenszeiten die Versorgung mit hochrangigen Lebensmitteln — wie etwa Fleisch — nicht immer aus eigener Produktion sichergestellt werden,[114] so gestaltete sich der Versorgungssektor, auch bedingt durch den Wertverfall des Geldes, für die Bevölkerung in den Kriegszeiten geradezu kritisch. Zu Beginn des Jahrhunderts waren die Preise für landwirtschaftliche Erzeugnisse, nach einem wahren »fièvre agricole«, vorübergehend gefallen. Es war dies Ausfluß einer deutlich veränderten Marktlage. Das erste Mal herrschte in Europa ein deutliches Überangebot an Lebensmitteln.[115]

Anfang des Krieges aber stiegen die Preise konjunkturbedingt – und blieben während der ganzen ersten Hälfte des Jahrhunderts durch gesteigerte Nachfrage (Versorgung der kriegführenden Parteien) extrem hoch. Trotz exorbitanter Verkaufspreise erlitt die landwirtschaftliche Produktion durch Kriegsverheerungen fast einen totalen Kollaps.[116] Der offensichtlichen Verteuerung suchte man durch Ausgabe schlechten Geldes (»Kipper- und Wipperzeit«) zu begegnen.[117] Die Folge – die sich auch bereits 1620 auf dem Gebiet der Reichsstadt abzuzeichnen begann – war die Hortung guter Münzsorten, vornehmlich von Gold. Spekulationsgeschäften mit Goldwährung standen Tür und Tor offen, Münzfälscher suchten auch auf dem Territorium der Reichsstadt ihre »verbesserte Ware« loszuwerden.[118] Für ein gemeines Bauernpferd mußte man um 1622 in Gmünd 400 Taler bezahlen, der Spekulationswert für ein Paar Ochsen stieg sogar auf 900 Gulden.[119] Zur gleichen Zeit machte sich die rasante Kursverschlechterung der ausgegebenen kurrenten Münzen bemerkbar. Anfang 1621 fiel der Dukaten, bisher 20 Gulden wert, in einem Monat auf 9 Gulden, der Reichstaler, bisher mit 16 Gulden bewertet, auf 6 Gulden.[120] Noch zweimal während des Krieges, in den Jahren 1626 und 1634, machten sich Teuerung und Münzverfall nachdrücklich bemerkbar. Für die Versorgung der Bevölkerung und den allgemeinen Gesundheitszustand infolge mangelnder Ernährung mußte das Wirkungen zeigen. »Mit Eicheln, Brot aus Mühlenstaub, Kleie, Nesseln, Schnecken, Schwämmen, Wurzeln, Mäusen, Hunden, Katzen, gefallenen Pferden wurde das Leben gefristet.«[121] Unzureichende Hygiene und dieser allgemeine Mangel führte folgerichtig im Oktober 1634 zum Ausbruch der Pest, des allseits gefürchteten Schwarzen Todes.[122] Als die Epidemie im November 1635, also etwa nach 13 Monaten Dauer, abklang, waren 983 erwachsene Menschen gestorben, etwa zwölfmal soviel als sonst in einem solchen Zeitraum. Vorsichtige Schätzungen – verstorbene Kinder wurden nicht im Totenbuch verzeichnet – beziffern den Gesamtverlust auf ein Drittel der Gesamtbevölkerung Gmünds.

Die Pest und ihre grausamen Folgen haben lange das Bewußtsein der Menschen geprägt: Pestkreuze und Pestprozessionen zur Erinnerung und Abwehr waren ein beredter Ausdruck dafür.[123] Sogar in der reichsstädtischen Verwaltung fand diese Haltung noch über die Jahrhundertmitte hinweg Ausdruck, wenn Bediensteten in Zeugnissen ihre gesundheitliche Integrität mit den Worten attestiert wurde: *das God Lob in langen Zeiten und Jahrenn hero bis dato bei unns einige Contagion oder anfallende Erbsucht* (d. h. ansteckende Krankheiten, Pest) *nit grassirt . . .*[124]

# Frömmigkeit, Fresken und Filigran.
# Kulturelles Leben im 17. und 18. Jahrhundert

*von Hartmut Müller*

Tod und Teufel standen an den Abschrankungen und kassierten von jedem Besucher zwei bis drei Kreuzer Eintrittsgeld. Die ganze Stadt war auf den Beinen, eine große Menschenmenge schob sich durch die Gassen zum nördlichen Münsterplatz. Es war der Abend des Gründonnerstags. Dicht gedrängt standen mehrere hundert Zuschauer in erwartungsvollem Schweigen. Neben dem Eckpfeiler der Heiligkreuzkirche, unmittelbar vor der Fassade der Lateinschule war die große erhöhte Bühne aufgebaut. Sie bestand aus zwei breiten Hinterbühnen und zwei schmäleren Öffnungen als Eingänge. Die tempelartigen Gebäude mit Eingängen, die durch Vorhänge geschlossen waren, standen auf der Bühne. Links davon sah man den Ölberg.[1] Die Stadtmusikanten hatten Platz genommen, der »Direktor musices« trat vor das Orchester, und eine feierliche »Overtura« erklang. Dann betete einer der Mitspieler das Vaterunser und das Credo, der Dekan schloß die Andacht mit den Worten: *Im Namen Jesu fanget an,*[2] die Vorhänge öffneten sich, und das Spiel von der Passion des Herrn nahm seinen Anfang. Vor die andächtige Menge trat Christus mit seinen Aposteln und betete zu seinem himmlischen Vater:

> *Sieh Vater! sieh herab vom Thron,*
> *Mein Stund bereits erscheint!*
> *Verklär nur deinen liebsten Sohn,*
> *Mit deinem Willen stets vereint!*
> *Ich hab ja von des Himmels Saal*
> *Mich auf die Erd begeben*
> *Und g'führt in diesem Jammerthal*
> *Ein armuthvolles Leben.*[3]

Das Gmünder Passionsspiel war berühmt, es gehörte zu den größten und bekanntesten Volksschauspielen in Schwaben. Vermutlich reichen seine Ursprünge zurück in das 17. Jahrhundert.[4] Das erste untrügliche Zeugnis für die Existenz des Passionsspiels findet sich in der Chronik des Gmünder Stiftpropsts Franz Xaver Debler (1726–1802): Am 30. Juni (1727), so schreibt er, »ist Johann Gfrereisen . . . ein großer Eiferer und Beförderer der Kahrfreytags Tragödie . . . gestorben«.[5] Das Spiel ist in drei handschriftlichen Texten aus den Jahren 1769, 1783 und 1798 überliefert. Im allgemeinen stimmen die Texte überein, nur sind in den einzelnen Handschriften die jeweiligen Vor-, Zwischen- und Nachspiele an verschiedenen Stellen eingefügt. In zweimal zwölf Auftritten stellten mehr als 100 Laienschauspieler am Gründonnerstag und Karfreitag die Passion Christi dar. Lange Zeit kannte man den Verfasser der überlieferten Texte nicht. Anton Nägele fand schließlich heraus, »daß der Text des Gmünder Passionsspiels . . . völlig mit dem des Immenstadter Passionsspiels übereinstimmt«.[6] Als Verfasser dieses Spiels gilt der Geistliche Rat Johann Sebastian von Rittershausen. Das Vorbild für seine Textgestaltung fand er nicht in den Evangelien, sondern in Klopstocks »Messias«. Doch diese Beziehung ist rein äußerlich, von Rittershausen wollte nicht seelische Ergriffenheit und hochgespannte Gefühle in dichterischer Sprache zum Ausdruck bringen, für ihn waren vor allem die sinnfälligen äußeren Vorgänge wichtig. Er verwendete auch nicht den klassischen Hexametervers, sondern gereimte Knittelverse in Hans Sachsens Manier. So entstand volkstümliche, publikumswirksame Gebrauchsliteratur ohne besonderen poetischen Ehrgeiz. Am Karfreitag wurde die Passion vom zweiten Verhör Christi vor Kaiphas bis zur Kreuztragung aufgeführt. Man verzichtete bewußt auf die Darstellung der Kreuzigung und schloß mit der Verkündigung des Todesurteils und den Spottreden der Henkersknechte. Voller Ergriffenheit folgten die Zuschauer den Vorgängen auf der Bühne, deren Wirkung durch musikalische Ausgestaltung noch gesteigert wurde. Dramatische Höhepunkte, wie z. B. das Abendmahl, die Fußwaschung, Christus am Ölberg, die Geißelung, waren mit Musik eingerahmt, aber auch die Texte mancher Vor- und Zwischenspiele gaben den Komponisten Anlaß zu kleinen Oratorien, Kantaten, Arien, Duos und Rezitativen. Vier Musiker beteiligten sich an der Komposition der Bühnenmusik zum Gmünder Passionsspiel: Aloys Bernard vom Kloster Berkheim, Musikdirektor Johann Schmid von Ellwangen, Ernst Weinrauch vom Kloster Zwiefalten und Pater Angelus Dreher von Kirchheim.[7] Die Vertonungen von Schmid, Bernard und Weinrauch fanden jedoch beim Publikum wenig Anklang. Deswegen wurde Angelus Dreher mit der Komposition einer völlig neuen Bühnenmusik beauftragt, die in den Jahren 1774 und 1775 zum erstenmal erklang. Über 150 Jahre lang war die gesamte Passionsmusik verschollen, schließlich wurden die Noten im Jahre 1956 von Albert Deibele auf der Empore des Münsters wiederentdeckt.[8] Die Musik zum alten Gmünder Passionsspiel ist das einzige Notenmaterial, das sich aus der Barockzeit erhalten hat und das genauere Auskunft geben kann über das Musikleben in der alten Reichsstadt Gmünd im 18. Jahrhundert.[9]

Angelus Dreher hinterließ insgesamt sieben, z. T. umfangreiche musikalische Werke. Das »Gleichnis von den Arbeitern im Weinberg« für Sopran-, Alt-, Tenor- und Baßsolo, Chor, zwei Flöten, zwei Hörner, zwei Trompeten und Streicher wurde am 29. und 30. März 1958 im »Pelikan« in Gmünd wieder aufgeführt.[10] »Er (A. Dreher) erweist sich als tüchtiger, auf der Höhe seiner Zeit stehender Musiker . . . Das Klangkolorit . . . weist noch auf die Bach-Händel-Zeit; die empfindsame Behandlung der Melodie und die klare Tonika-Dominant-Akkordik klingen durchaus schon mozartisch . . .«, so urteilte damals ein Musikkritiker.[11]

An das Passionsspiel schloß sich am nächsten Tag die Karfreitagsprozession an. Das Programm vom Jahre 1773 gibt einen anschaulichen Eindruck von der barocken Pracht, der phantastischen Figurenfülle und dem Einfallsreichtum der Prozession.[12] In jenem Jahr beteiligten sich 109 Gruppen, die zu neun »Figuren« zusammengefaßt waren. *Das bittere Leiden Jesu Christi* war das zentrale Thema. An der Spitze des Zuges ritt ein schwarzgekleideter Rittmeister, der sich einen Trauerflor über das Gesicht gezogen hatte, ihm folgten ebenfalls schwarzgekleidete Trompeter, *Heerpauker* und Hornisten, die Standarten mit sich führten. Auf den Fahnen las man folgende Inschriften: *Er ist verwundet um unserer Missetat willen.* Eine andere Inschrift lautete: *Er ist um unserer Sünden willen zerschlagen worden!* Die nächste Gestalt stellte die frohlockende Welt *Fleisch und Teufel* dar, und am Schluß dieser Gruppe folgte der Baum der Wissenschaft, der sinnigerweise von der Figur des Neides getragen wurde. Auch hier wurde den Zuschauern die moralische Nutzanwendung nicht vorenthalten: *Durch den Neid des Teufels ist der Tod in die Welt gekommen.*[13] Auf diese Eingangsgruppe folgten die verschiedenen Figuren; eine bunte Menge von Menschen zu Fuß und zu Pferd zog durch die engen Gassen der alten Reichsstadt, Allegorisches und Historisches, antike und christliche Elemente, alttestamentarische Szenen und Darstellungen aus dem Neuen Testament verbanden sich zu einem manchmal abstrus und wunderlich wirkenden Schauspiel. Feierliche Musik ertönte, fromme Lieder wurden von den Gläubigen angestimmt, und die Flammen der Pechpfannen tauchten die hereinbrechende Nacht in ein theatralisches Licht. Da sah man Adam und Eva mit der Schlange, *so einen Apfel im Maul*, die sich um einen Baum gewunden hatte, Tod und Teufel als herrscherliche Reiter mit Krone und Zepter, Christus den guten Hirten mit Lamm und Hirtenstab, weinende Frauen, die Totenköpfe in den Händen hielten, die Gerechtigkeit mit einer Waage, die Gestalt der Hoffnung, begleitet von sieben Schäfern, Friedrich den Schönen von Österreich und Knut von Dänemark und den harfenspielenden König David, den Verräter Judas, Malchus mit der Laterne, den von den Philistern verspotteten herkulischen Samson, die Braut aus dem Hohen Lied, die arme Genoveva in Fesseln, Isaak, der eigenhändig Holz für seine Opferung herbeischaffte, die totgeweihte Maria Stuart von Bewaffneten geführt, den kreuztragenden Heiland mitten unter den Juden, Kain und Abel und Kaiser Konstantin mit dem Kreuz. Schließlich wurde in der neunten Figur Christus am Kreuze hängend dargestellt, an das auch Tod und Teufel angeschmiedet waren. Den Beschluß machte der Stiftsdekan, *ein wohlweiser Magistrat,* die von

Jungfrauen getragene, schmerzhafte Mutter Gottes, Musikanten und Passionssänger, die Gestalt der *Anima*, die ein blutbespritztes Tuch in Händen hielt, und zuletzt *eine löbliche Bürgerschaft*. Die Zusammensetzung der Prozession zeigt wie in einem Spiegelbild den Einfluß mehrerer Epochen: Die Personifikation der Tugenden und Laster erinnert an die Tradition der mittelalterlichen Mysterienspiele, in der Darstellung von Cupido und Anima wird der Einfluß des Humanismus greifbar, und das Auftreten von Schäfern und Schäferinnen weist hin auf die bukolische Dichtung, die in der Zeit des Spätbarock ihre Blütezeit hatte.

Vom ausgehenden 18. Jahrhundert wird berichtet, daß ein Reiter der Prozession die »Verurteilung Christi« vorangetragen habe.[14] Es handelte sich dabei um ein kunstvoll beschriebenes Pergament aus dem Jahre 1609 in einem vergoldeten Holzrahmen aus dem 18. Jahrhundert, dessen »Fenster« mit 25 Passionsstichen des Antwerpener Künstlers Cornelius de Bout geschmückt sind. Der unbekannte Kalligraph hat ein mit Initialen und Schmuckbändern künstlerisch gestaltetes Schriftbild entworfen. In der umständlich-zeremoniellen Sprache der Zeit ist hier das Todesurteil über Christus formuliert. Fiktive Zeugen werden genannt und die Meinungen der legendären 20 Gerichtsbeisitzer angeführt. Alle diese Mittel sollten einem einzigen Ziel dienen, nämlich Mitwirkenden und Zuschauern eindringlich zu machen und möglichst realistisch vor Augen zu stellen, daß Christus um unserer schweren Sünden willen gemartert und getötet wurde. Damit verbunden war der Aufruf an alle zur tätigen Buße. Wie in den Prozessionen von Freiburg, Villingen, Dinkelsbühl, Hildesheim, Breslau, Köln und Augsburg[15] gingen auch in Gmünd allerlei Büßergestalten mit im Zug. Geißler trugen weiße Kutten, die am Rücken offen waren, und schlugen sich mit Geißeln so lange auf den bloßen Rücken, bis das Blut floß. *Ausspanner* hielten stundenlang mit ausgespannten Armen einen Stab über dem Kopf, sie waren in blaue Hemden gekleidet, gingen barfuß und schleppten schwere Ketten an den Füßen nach, und *Kreuzschleifer* trugen ihre Kreuze, für Kinder gab es extra kleinere Kreuze. *Es war eine Andacht und so lächerlich man es derzeit macht, so erbaulich war es doch*, stellt der Chronist mit Entschiedenheit fest.[16]

Dieser Hang der Zeit zur drastischen Darstellung wird vor dem Hintergrund der Volksfrömmigkeit im 17. und in der ersten Hälfte des 18. Jahrhunderts verständlich. Volksfrömmigkeit »simplifiziert und verabsolutiert einzelne Glaubenswahrheiten, sucht das Transzendente sinnlich-dinglich und als Hilfe gegen die Existenzbedrohung des irdischen und ewigen Lebens zu erfassen«.[17] Damals wollte vielen Gläubigen das biblische Bild von der Passion nicht mehr genügen. Man griff zurück auf geheimnisvolle apokryphe Überlieferungen, in denen vor allem die Verhör- und Kerkerszenen möglichst naturalistisch dargestellt wurden. Diese sogenannte »Andacht zu den geheimen Leiden« geht zurück auf die Freiburger Klarissin Magdalena Bentler (1407–1458), die verkündete, das geheime Leiden Christi sei ihr in Visionen offenbart worden. Christus habe mehr gelitten, als in den Evangelien mitgeteilt wurde, siebzehn Stunden sei er gemartert worden. Das gleiche Thema beschäftigte später auch Kreszentia von Kaufbeuren, die sich besonders die Andacht zum gefesselten Heiland im vergitterten Kerker angelegen sein ließ[18], und auch der Kapuzinerpater Martin von Cochem bedauerte es, daß die Evangelien die körperlichen Martern Christi so knapp beschrieben hätten. Mit seiner effektvollen Ausmalung der Leiden des Heilands wollte er erreichen, . . . *daß die fromme/ungelehrte und einfältige Leuth/durch Lesung dessen zur völligen Erkandnus des Lebens Christi/und zum Mitleyden gegen sein bitteres Leyden und Sterben kommen sollen.*[19] Diesem Ziel diente unter anderem die zweimalige Präsentation der »Passionsinstrumente« in der dritten und achten Figur der Gmünder Karfreitagsprozession.

Der Andacht zu den Leiden sind auch einige Bildstöcke gewidmet, die am Kreuzweg des Salvators stehen. Besonders deutlich wird dies bei den Bildnissen, deren Thema der gefesselte, gegeißelte und gemarterte Heiland ist. In der achten Kapelle des Kreuzwegs wird sehr deutlich gezeigt, wie Christus ans Kreuz genagelt wird. Ein Knecht, der volkstümlich so genannte »Näberle«, durchbohrt die Füße des Herrn, bevor die Henker den Nagel einschlagen.[20]

Ursprünglich waren nur Bildstöcke für den Kreuzweg vorgesehen, von 1737 an baute man dann eine Reihe von Wegkapellen. Die Salvatorkirche entstand in den Jahren von 1617 bis 1621. In der Felsengrotte des Kalvarienbergs, so wollte es eine alte, nicht beweisbare Überlieferung, habe sich eine urchristliche Versammlungsstätte befunden.[21] Den Anstoß zum Bau der Felsenkirche gab das Testament des aus Gmünd stammenden Geistlichen Heinrich Pfennigmann, der 1616 in Sulzfeld a. M. verstorben war. Er stiftete 200 Gulden für die »Verbesserung des Eppersteins«,[22] wie der Näberstein[23] – so die ursprüngliche Bezeichnung – damals genannt wurde. Laut Inschrift konnte schon am 19. August 1618 die untere Kapelle dem Salvator Mundi geweiht werden. Erst fünf Jahre später folgte dann die Einweihung der oberen Kapelle, die völlig neu gestaltet wurde. Über die Baugeschichte sind wir durch zwei Quellen informiert. Der Gmünder Stadtsyndikus Dr. Leonhard Friz verfaßte im Jahre 1620 eine gelehrte Abhandlung über die Frühgeschichte des »Eppersteins« und über die Erbauung der Felsenkirche.[24] Diese Baubeschreibung wird ergänzt durch einen Bildbericht. Im Vorraum der oberen Kapelle hing früher eine Tafel mit neun Bildern von der Hand des Malers Christoph Friedel. Von ihm stammt auch das schöne Altarblatt der Herrgottsruhkapelle. Seine Salvatorbilder[25] zeigten den Zustand der beiden Felsenhöhlen vor Beginn der Bauarbeiten und den anschließenden Ausbau zur Felsenkirche. Der gewachsene Boden auf dem Felsen wurde abgeräumt und durch ein Ziegeldach ersetzt; die obere Kapelle erhielt Renaissancefenster. Anstelle

des Einstieglochs wurde eine Freikanzel ausgehauen, der untere Eingang wurde
erweitert, und zusätzliche Fensteröffnungen sorgten für ausreichendes Licht in der
Krypta. Die untere Kapelle wurde zu einer zweischiffigen Halle erweitert. Durch
den Ausbau der oberen Kapelle entstand ein schöner, einheitlicher Raum mit zwei
weitgespannten Kreuzrippengewölben. Der Erbauer der Salvatorkirche war der
»Steinmetz und Kirchenmeister« Caspar Vogt; von ihm stammt auch der Bildstock
bei der Kreuzigungsgruppe am Kreuzweg sowie eine Reliefdarstellung der Kreuzer-
höhung. Sein Hauptwerk aber ist die Gestaltung des figurenreichen Ölbergs in der
oberen Kapelle, der vollständig aus dem Felsen herausgehauen wurde. Diese bedeutende Arbeit ist rein technisch, aber auch künstlerisch eine Meisterleistung. Über die
Darstellung der Ölbergszene äußerte sich schon Dr. Leonhard Friz voller Bewunderung: ... *alle bildnuß im garten [seien] so schön der Natur nach lebens groß sampt
anderen Behändigkeiten, daß eine Lust solches anzuschauen, und solchen nichts man-
gelt alß daß Leben.*[26] Zur Betreuung des Salvators, der schon früh zu einem beliebten
Wallfahrtsort wurde, kamen im Jahre 1644 Kapuziner nach Gmünd. Sie bauten auf
dem Gelände, auf dem heute St. Loreto steht, ein Kloster, das 1654 geweiht wurde.
1810 erfolgte der Abbruch des Klosters.[27]
Caspar Vogt der Jüngere (1587?–1646) entstammte einer Steinmetzfamilie. Schon
im Jahre 1610 wurde er zum »Kirchenmeister« von Gmünd bestellt. Damit war ihm
die wichtige Aufgabe übertragen, die kirchlichen und städtischen Bauten der Stadt
zu überwachen und instand zu setzen. Der junge Meister zeigte sein großes technisches Können bei der Erneuerung der Befestigung am Rinderbacher Tor. Er baute
eine Brücke mit doppeltem Bogen über den breiten Wassergraben; auch für die
Erneuerung der Remsbrücke war der Stadtbaumeister verantwortlich.[28] Der Bau der
Herrgottsruhkapelle beschäftigte den *gar künstlichen Meister Caspar Vogt*[29] in den
Jahren 1622 bis 1624. Der Name der Wegkapelle zur »Ruhe Christi« am Wege zur
Schädelstatt erinnert an eine Vorstellung, die Dürer in seiner »Kleinen Passion«
gestaltet hat: Christus, den man seiner Kleider beraubte, sitzt auf einem Stein und
wartet, bis das Kreuz hergerichtet ist. Die Kapelle zeigt die Vorliebe des Künstlers
für die Formen der Spätgotik. Der Chor besteht aus einem achteckigen Kuppelbau,
an den sich das kleine quadratische Schiff anschließt. Die Fenster zeigen einfaches
Maßwerk und gotische Streben, im Inneren überrascht den Besucher ein reiches
gotisches Gewölbe.
Die dem hl. Josef geweihte Kapelle, die in den Jahren 1677/78 vermutlich von Vogts
Enkel Sebastian erbaut wurde, gleicht der Herrgottsruhkapelle im Grund- und Aufriß bis auf wenige Änderungen.[30] Interessant ist die Darstellung des Josefstodes im
achteckigen Chor. In der bildenden Kunst des Mittelalters spielte Josef eine untergeordnete, manchmal fast komische Rolle als geplagter, das Herdfeuer anblasender

und breikochender Hausvater. Jetzt, im 17. und 18. Jahrhundert, tritt diese Figur aus dem Schatten der Mißachtung und gewinnt eine besondere Bedeutung. Diese Entwicklung ist nicht zuletzt auf das Wirken der hl. Theresia (1515–1582) zurückzuführen, die Josef zum Fürsprecher ihres reformierten Karmeliterordens wählte. Im Verlauf des 17. Jahrhunderts verstärkte sich die Verehrung des Heiligen, der Josefskult verbreitete sich, und der hl. Josef wurde zum Schutzpatron fast aller katholischen Gebiete in Deutschland. Entsprechend wandelten sich die Darstellungen des Heiligen in der bildenden Kunst. In der Zeit der Renaissance wurde Josef gern als Greis abgebildet, die Künstler des Barock sahen den Heiligen mit Vorliebe als jugendlichen Vater.[31] In dieser Weise ist zu Beginn des 18. Jahrhunderts die Figur Josefs in der Josefskapelle von einem unbekannten Künstler gestaltet worden.

Zu einer Zeit, als z. B. in Augsburg der Baumeister Elias Holl das Gesicht seiner Stadt im Stil des italienischen Frühbarock prägte, griff die Baukunst in Gmünd noch einmal auf die Formensprache der Spätgotik zurück. Im Gegensatz zur mächtigen und weltoffenen Handelsstadt Augsburg, mit der sie durch kirchliche und wirtschaftliche Beziehungen eng verbunden war, wurden in der kleinen, ländlichen Reichsstadt Gmünd die künstlerischen Tendenzen einer neuen Zeit nur zögernd und mit Verspätung aufgenommen. Die Jahre des Dreißigjährigen Krieges waren auch an Gmünd nicht spurlos vorübergegangen. Zwar war die Stadt nicht geplündert und angezündet worden, wie so viele andere Städte, aber die Bürgerschaft hatte doch *allerhand Beschwehrlichkeiten gelitten, welches unseren Successoren unmöglich zu seyn vorkommen wird, so aber doch alles wahr ist und im gemeinen Stadtarchiv specifice zu lesen ist.*[32] Von 1619 bis 1670 mußte die Stadt *16 Tonnen Golds*[33] an Kontributionen aufbringen. Kein Wunder, daß auch die künstlerischen Aktivitäten durch die desolate wirtschaftliche Lage der Stadt entscheidend gehemmt wurden. Doch als die Not des großen Krieges vorüber war und Handel und Wandel wieder zu florieren begannen, entschloß sich der Magistrat unter seinem Bürgermeister Mößnang, nachdem er *mit allem Eifer betrachtet, wie wunderbarlich der Allerhöchste diese Stadt durch die nächste grausame, unselige und höchst beschwerliche über 30 Jahre gewährte deutsche Krieg in gefährlichen Zeiten des Hungers, Sterbens, Kriegs etc. mürakulös und väterlich, ohne Zweifel durch Fürbitte der seligsten Jungfrau gnädiglich beschützt und erhalten . . .,*[34] am 17. Februar 1667 zu Ehren der Hl. Dreifaltigkeit und der Muttergottes in der Stadtpfarrkirche einen schönen *Kohraltar* aufrichten zu lassen. Drei Jahre später erhob sich im Chor der Kirche ein etwa 17 bis 18 Meter hoher prächtiger Hochaltar. Die Altarblätter malte Hans Melchior Schmittner aus Augsburg, mit der Fassung des Werkes wurde der Hofmaler Georg Michael Tag von Dillingen betraut. Zwischen sechs goldenen Säulen standen die goldgefaßten Figuren des hl. Ulrich und der hl. Afra, das Altarblatt stellte die Himmelfahrt Mariens dar, das »Rondellbild« im oberen Teil zeigte die Kreuzigung Christi. Diese Angaben stammen von dem Gmünder Chronisten Dominikus Debler, der auch eine Skizze des Altars anfertigte.[35] Der Hochaltar im Münster war für die Stadt nicht zuletzt deshalb so bedeutsam, weil er eine neue Kunstauffassung zum Ausdruck brachte. Dieses Werk war das erste Zeugnis des Barock in Schwäbisch Gmünd.

Die Kunst dieser vitalen Epoche zeigt einen ausgeprägten »Sinn für Pracht und Größe« (Goethe), sie liebte die große Gebärde, den Ausdruck des Dekorativen und Repräsentativen, Prunk und Pomp, Reichtum und Glanz. In der Kunst der Zeit spiegelte sich aber auch ein Lebensgefühl, das von großen metaphysischen Spannungen zwischen Lebenslust und Todesverfallenheit, zwischen Diesseits und Jenseits bestimmt war. Im dialektischen Streben nach der Versinnlichung des Übersinnlichen erfüllte sich ein wesentliches Ziel barocker Gestaltung.

Gleichsam als künstlerisches Gegengewicht gegen den mächtigen barocken Hochaltar im Chor wurde gegen Ende des Jahrhunderts die große Orgelempore an der Westwand des Münsters geschaffen. Acht kniende herkulische Atlanten, 1,7 Meter hohe Figuren aus massivem Eichenholz, tragen die obere Holzempore, auf welcher sich anstelle eines alten Instruments die neue große Orgel erhebt. Musizierende Engel, ornamentaler Schmuck aus Früchten und Akanthusblättern, die Wappen Gmünds und die der damaligen Bürgermeister und Kirchenpfleger bestimmen den Charakter des monumentalen, reichverzierten Orgelprospekts aus Lindenholz.

Aus einem ganz praktischen Grund war die Aufstellung einer neuen Orgel auf einer größeren Empore notwendig geworden. Lange Zeit war man in der Praxis der kirchlichen Musik der Auffassung des Tridentinischen Konzils gefolgt, das den Gregorianischen Choral als die eigentliche Kirchenmusik entschieden begünstigt hatte. Mehrstimmigkeit war zwar erlaubt, aber die Pflege des einstimmigen Chorals stand auch in Gmünd lange Zeit im Mittelpunkt des liturgischen Gesangs.[36] Im Zeitalter des Barock kam dann immer stärker der mehrstimmige Gesang mit Instrumentalbegleitung auf. Bei Besuchen vornehmer Personen von Stand, aber auch bei Jahrtagsmessen erklang nicht selten reich instrumentierte, festliche Musik. So wurden z. B. beim Seelenamt für Bürgermeister Mößnang zwei Motetten mit Instrumentalbegleitung aufgeführt: *Vanitas vanitatum* und *Dies irae, Dies illa;* die Komponisten sind unbekannt.[37] In Verbindung mit der stärkeren Betonung der Instrumentalmusik wurde nun auch die Orgel zu einem wichtigen Instrument. Für kirchenmusikalische Aufführungen brauchte man jetzt eine größere Sängertribüne und eine Orgel mit größeren Registern. Der Name des Orgelbauers ist uns bekannt: Paul Prescher aus Nördlingen. Es finden sich aber keine Rechnungsbelege oder sonstige Urkunden, die uns den Namen des Mannes verraten, der den imposanten Orgelprospekt geschnitzt hat. In der etwa 100 Jahre später abgefaßten Chronik des Dom. Debler lesen wir von einem *Schifter*, d. h. Büchsenschäfter, der *in den Pfarrkirchen . . . die Orgel und Figuren . . . verfertiget . . .*[38] Der Chronist weiß weiter zu berichten, daß dieser »Schifter« zwar ein großer Künstler, aber auch ein *liederlich Gesell* gewesen sei. Er habe sich mit Falschmünzerei abgegeben und *mußte durchgehen*. Er sei nach Augsburg geflohen, dort habe er dem Kaiser eine von ihm kunstvoll verzierte Büchse verehrt. Durch die Gnade Leopolds I. erhielt er offensichtlich wieder die Möglichkeit zur freien künstlerischen Betätigung. Gab es zu dieser Zeit einen bekannten Büchsenschäfter, der wegen Falschmünzerei bestraft wurde? Das Gmünder Ratsprotokoll vom 22. Februar 1690 gibt darauf eine Antwort. Dort heißt es: *Michael Maucher undt Michel Knaupp wegen geld machenß flüchtig sein auf Ewig relegiert . . .*[39] Maucher mußte 400, Knaupp 300 Gulden Strafe bezahlen. Von diesen beiden Delinquenten war Johann Michael Maucher als Büchsenschäfter und Holzbildhauer bekannt. Er verzierte die Schäfte der Prunkgewehre mit gravierten Einlagen in Elfenbein, Perlmutt und Zinn. Von seiner Hand stammen auch Jagdkannen, Jagdschüsseln und prunkvolle Pokale, die als eindrucksvolle Kunstwerke heute in den Museen von München, Krakau, Leningrad, New York, London, Berlin und Dresden zu bewundern sind.[40] Das Museum in Schwäbisch Gmünd besitzt ein Radschloßbüchsenpaar von der Hand Mauchers, »ein Meisterwerk von internationalem Rang und waffenhistorischer Bedeutung, das durch glückliche Umstände an den Ort seiner Entstehung zurückgekehrt ist«.[41] Die Schäfte sind mit ornamentalen und figürlichen Reliefschnitzereien reich geschmückt. Hunde hetzen einen Fuchs, andere Hunde verfolgen einen Hasen, an anderer Stelle sind Fabeltierköpfe und Masken abgebildet, auf dem Schiebedeckel der Kolbenlade ist eine mythologische Szene dargestellt: Leda und der Schwan. Künstlerisch bedeutsam ist auch eine Pulverflasche Mauchers, auf der eine dramatische Jagdszene zu sehen ist, eine wilde Hundemeute verteidigt ein Rind gegen den Angriff von Raubtieren. Es kann als sicher gelten, daß Maucher den Orgelprospekt im Münster geschaffen hat, denn es ist nicht zu übersehen, daß Kompositionsprinzip, Technik und die Art des ornamentalen Schmucks, wie sie uns in seiner Kleinkunst begegnen, auch Struktur und Gestalt des großen Orgelprospekts bestimmen.[42]

Über das Leben von Johann Michael Maucher ist wenig bekannt. Er wurde am 16. August 1645 als Sohn des Georg Maucher, eines Büchsenschäfters aus Haisterbach bei Waldsee, in Gmünd geboren. Seine Mutter, Maria Katharina, war die Tochter eines einheimischen Büchsenmachers. Johann Michael heiratete im Jahre 1670 die Tochter eines Gmünder Ratsherrn. Der Tod seiner Frau, die, erst 36 Jahre alt, nach der Geburt des dritten Kindes im Jahre 1688 starb, scheint ihn aus der Bahn geworfen zu haben. Nach seiner Flucht versuchte er, sich an verschiedenen Orten wieder eine Existenzmöglichkeit zu schaffen. 1685 verfertigte er zwei Altäre für die Stifts-

kirche in Wiesensteig, 1696 konnte er in Würzburg das Bürgerrecht erwerben, vermutlich im Jahre 1701 ist er dort gestorben.[43]

Maucher schuf im Auftrag von Fürsten und wohlhabenden Bürgern profane Kunst,
aber er stellte sein Talent auch in den Dienst der Kirche. Zu dieser Zeit waren neben
dem Adel vor allem auch Kirchen und Klöster die Hauptauftraggeber für bildende
Künstler, Architekten und Kunsthandwerker. Nach einer Pause der Erschöpfung
nach dem Ende des Dreißigjährigen Krieges hatte in Deutschland gegen Ende des 17.
und zu Beginn des 18. Jahrhunderts eine rege Bautätigkeit eingesetzt. 1695 begann
Fischer von Erlach mit dem Bau von Schloß Schönbrunn, Balthasar Neumann
errichtete in der Zeit von 1720 bis 1744 den Bau der Residenz von Würzburg, und in
der ersten Hälfte dieses Jahrhunderts wirkte auch Dominikus Zimmermann als
Erbauer der berühmten Barockkirchen in Steinhausen, Günzburg und der Wall-
fahrtskirche Wies bei Steingaden. Weltliche und geistliche Fürsten dokumentierten
durch prunkvolle Bauwerke ihren Rang und ihren Machtanspruch als absolute Herrscher, und die ecclesia triumphans, die triumphierende Kirche der Gegenreforma-
tion, gab ihrer neugewonnenen Glaubenszuversicht in festlichen Kirchenbauten
glanzvollen Ausdruck.

In Gmünd wurde wahrscheinlich schon zu Beginn des 18. Jahrhunderts die Johanniskirche barockisiert.[44] Dann öffneten sich die Klöster, zuerst zaghaft und in
bescheidenem Rahmen, dem neuen Baustil. Unter der Leitung des Vorarlberger
Baumeisters und Laienbruders Eusebius Moosbrugger wurde im Jahre 1717 der
Konventsbau des Franziskanerklosters unter Verwendung bestehender Bauteile neu
erbaut. Wenig später übertrugen die Dominikaner Dominikus Zimmermann die teilweise Neugestaltung ihres Klosters. Der Konventbau wurde auf den alten Grund-
mauern hochgezogen; nach einer mehrjährigen Bauzeit war die Umgestaltung des
Klosters 1738 beendet. Im gleichen Jahrzehnt wurde auch das Konventsgebäude des
Dominikanerinnenklosters Gotteszell umgebaut, die gotische Klosterkirche erhielt
eine barocke Ausstattung. Auch die Augustiner wollten nicht zurückstehen. Ein
Kupferstich des Matthäus Merian (um 1640) zeigt noch eine Kirche mit gotischen
Maßwerkfenstern und einem hohen Giebeldach; das Konventsgebäude, ein großer
Fachwerkbau, erhob sich mit seiner Westseite über die innere Stadtmauer. Nun
beriefen die Augustiner den Baumeister des Wiblinger Klosters, Christian Widmann
von Oberelchingen. Nach seinem Plan wurde die Klosteranlage von Grund auf
erneuert.[45] Die Franziskanerinnen von St. Ludwig errichteten schon 1701 eine neue
Kirche,[46] 1749 erfuhr auch die Kapelle des Siechenhauses St. Katharina einen Umbau
im barocken Stil,[47] und schließlich erhielt auch die Franziskanerkirche eine Neuaus-
stattung.[48] In den einschiffigen Kirchenraum, der ursprünglich mit einer Holztonne
überwölbt war, zog man nun ein Spiegelgewölbe mit Stichkappen über den Fenstern

ein, Pilaster gliederten die Innenwände. Im Chor wurde ein machtvoller Hochaltar in der seltenen Form eines Baldachinaltars errichtet, wahrscheinlich ein Werk Dominikus Zimmermanns, ». . . würdig eines Domes . . .«[49] Nachdem der Umbau beendet war, übertrugen die Franziskaner unter ihrem Guardian Florian Geiger die Ausmalung des Gotteshauses dem Kirchenmaler Josef Wannenmacher aus Tomerdingen. Am 30. Mai 1752 begann der Künstler, und schon nach drei Monaten war die gewaltige Arbeit vollendet. In den drei Deckenfresken des Kirchenschiffes wird der Ordensheilige verherrlicht. Ein ungewöhnlicher Einfall des Malers (oder seiner Auftraggeber?) war es, in Anlehnung an die Geschichte des Elias, die Himmelfahrt des hl. Franziskus darzustellen. Der Wagen, auf dem der Heilige durch die Wolken fährt, wird in Erinnerung an die drei franziskanischen Ordenszweige von drei Rossen gezogen. Dies ist ein Bildtypus, der mindestens für Süddeutschland einmalig ist.[50] Die Deckenmalereien im Chor sind dem Lob der Himmelskönigin gewidmet. Eine herausragende Darstellung ist das Fresko »Maria vom Siege«. Die Unbefleckte kniet auf der Weltkugel, auf der Adam und Eva abgebildet sind, und besiegt Cupido, den Liebesgott, mit ihrem Lilienstab. Dieses Motiv war in der Kunst des barocken Zeitalters sehr beliebt. Die triumphierende Maria erinnerte die Gläubigen an zwei große Siege: In der Seeschlacht bei Lepanto (1571) waren die Türken, in der Schlacht am Weißen Berg (1620) die Evangelischen vernichtend geschlagen worden. Nach der Überzeugung der Zeitgenossen waren beide Siege nicht zuletzt der wundertätigen Wirkung eines mitgeführten Marienbildes zu verdanken.[51] Am 4. März 1753 erhielt Wannenmacher einen neuen Auftrag. Der Umbau der Katharinenkapelle war eben beendet, Spiegeldecke, Medaillons und Kartuschen sollten jetzt mit Fresken geschmückt werden. Wie in St. Franziskus gestaltete der Künstler auch hier zwei Themen: die Legende der hl. Katharina und die Passion Christi. Inzwischen hatte der Freskant auch Aufträge von wohlhabenden Gmünder Bürgern erhalten. Er schmückte das ehemalige Dr. Köhlersche Haus (Münsterplatz 19) mit Fresken aus der Heilsgeschichte und bemalte die Fassade der Mohrenapotheke mit Bildern, die leider später verschwunden sind. Seine letzte bedeutende Arbeit war die künstlerische Ausschmückung der Leonhardskirche. Der Bestimmung der Kirche als Friedhofskapelle entsprechen die Bilder, die Wannenmacher unter Mithilfe seines Sohnes vier Jahre vor seinem Tod gemalt hat: Auferstehung Christi, Tod, Gericht, Himmel und Hölle.[52] Ein Fegfeuerbild ist an der rechten Chorwand zu sehen, das Fresko auf der gegenüberliegenden Seite stellt den Weg des Lebens dar. Ausdrucksvoll ist das Altarblatt des Hochaltars, das Leonhard zeigt, den Patron der armen Seelen, der Gefangenen und der Landwirtschaft, wie er die Hände flehend zu Maria und dem Kind erhebt. Vor allem das Deckengemälde im Schiff mit der Darstellung von vier Einzelszenen, Mariä Himmelfahrt, die Kirchenpatrone St. Leonhard und St. Florian

und die Auferstehung des Lazarus, wird wohl mit Recht als das bedeutendste Werk
des Meisters in Schwäbisch Gmünd gerühmt.[53] Daß auch die Zeitgenossen die künstlerisch überzeugenden Arbeiten des Kirchenmalers aus Tomerdingen durchaus zu
würdigen wußten, verrät ein Auszug aus dem Gmünder Ratsprotokoll vom
19. Oktober 1785. Der Rat beschließt, der Witwe Wannenmachers ein *gratiale* von
2 Gulden 24 Kreuzer zuzuweisen, ... *weil derselbigen abgelebter Mann in der St.*
*Leonhard Kirch mit seiner daselbst gemachten Gemählarbeit alle Satisfaction gege-*
*ben* ...[54]

Wie St. Franziskus, Gotteszell und St. Katharina war auch die Kapelle zum heiligen
Leonhard ursprünglich eine gotische Kirche gewesen, die in der Zeit des Barock
umgebaut wurde. Ausnahmsweise ist der Baumeister bekannt, unter dessen Leitung
die Erneuerung der Leonhardskirche stand: Johann Michael Keller. Der Name dieses Mannes ist eng verknüpft mit der baulichen Entwicklung der Stadt im 18. Jahrhundert. Er gab der barocken Bautätigkeit entscheidende Impulse und prägte das
Gesicht der Gmünder Altstadt bis zum heutigen Tag. Keller wurde 1721 in Neckarsulm geboren; er entstammte einer alten Baumeisterfamilie und stand wie sein Vater
im Dienst des Deutschen Ordens. Offensichtlich erhielt der junge Baumeister zuerst
nur bescheidene Aufträge, deshalb folgte er dem Ruf nach Gmünd.[55] Sein erster Auftraggeber war der sehr vermögende Handelsherr Franz Achilles Stahl, der durch den
Großhandel in Schmuckwaren, Lebkuchen und Wachswaren zum reichsten Bürger
der Stadt geworden war. Seinen gestiegenen Ansprüchen genügte sein bisheriges
Wohnhaus neben der »Gräth« nicht mehr. Der einflußreiche Patrizier kultivierte
einen höfischen Lebensstil, ließ sich von galonierten Dienern aufwarten, fuhr in
einer vierspännigen »Portchaise« und erreichte schließlich 1773 die Erhebung in den
erblichen Adelsstand als »Edler von Pfeilhalde«. Aus Anlaß dieser Standeserhöhung
wurde ein üppiges Gastmahl auf der Post gegeben, die Stahls erschienen in bordürten
Kleidern, den Degen an der Seite, und die Neugeadelten legten großen Wert auf die
Anrede, die ihnen jetzt zustand: Gestrenger Herr und Gestrenge Frau. In der Nacht
war das Wohnhaus der Familie festlich illuminiert, und ein Feuerwerk, das auf dem
Lindenfirst abgebrannt wurde, erhellte die nächtliche Stadt. *Kurz man that alles, was*
*dem Geld weh that und die Pracht vergrößerte*, wie der Chronist dazu säuerlich
bemerkte.[56] Mit dem Bau dieses Hauses, in dem das große Fest stattfand, war im Jahre 1753 Johann Michael Keller beauftragt worden. Seine Aufgabe war es, ein bürgerliches Stadthaus zu bauen, und das Gebäude am Marktplatz 20 (Postamt) zeigt in
typischer Weise den Stil der Kellerschen Häuser. Der Aufriß ist symmetrisch, das
Portal auf Stufen erhöht und reichgeschmückt mit Wappen und Jahreszahl, die Giebellinien sind steil und enden in flachem Dreiecksschluß, das Mansardendach, das an
Brüsseler oder Antwerpener Zunfthäuser erinnert, hat einen Zwerchgiebel, das mitt-

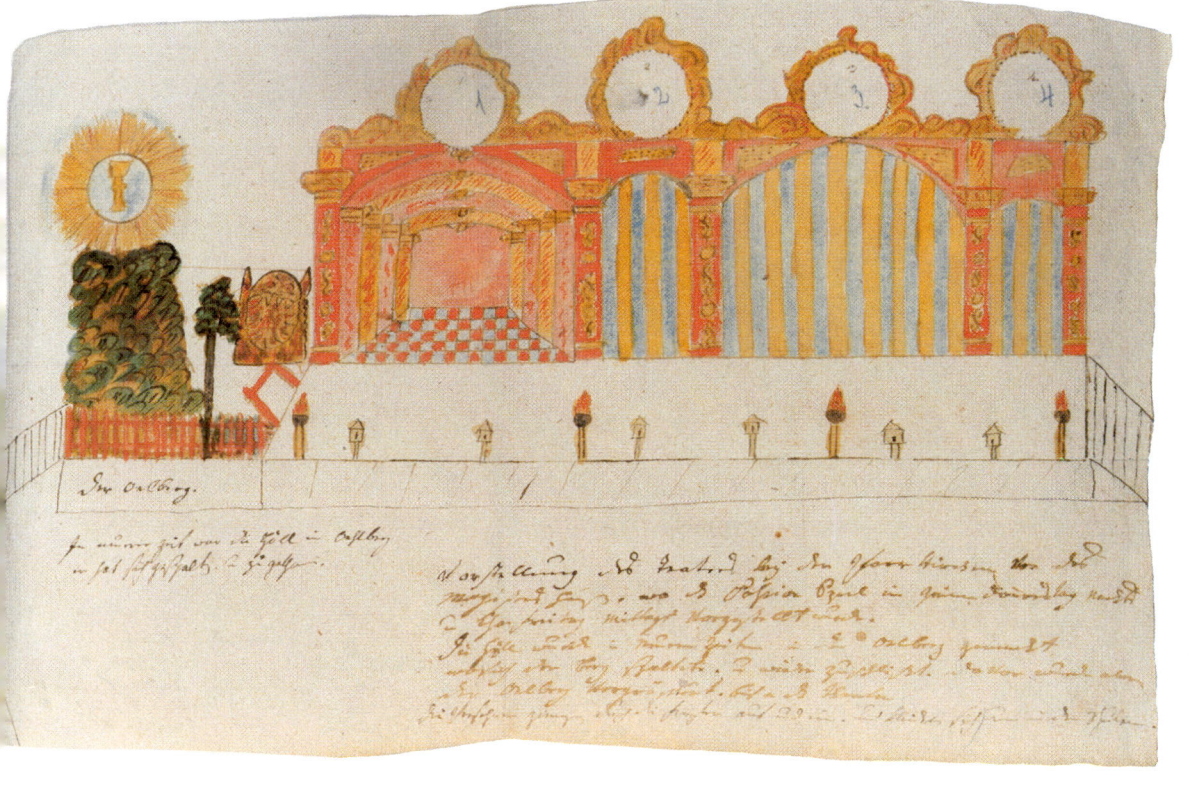

Der Oelberg.

63. Bühne des Passionstheaters. Abbildung aus der Chronik des Dominikus Debler. Erst seit etwa 1730 existierte ein eigenständiges Passionstheater. Die Bühne bestand aus zwei breiten Hinterbühnen mit zwei schmäleren Eingängen. Die Gesamtlänge des Proszeniums betrug 18–20 m, die Länge der vorderen Abschlußwand 15–16 m.

SCULPTA FUIT PRAESENS CHRISTI PENDENTIS IMAGO     VENERANDO HENRICO
MOENIA GAMUNDE QUAM PRIUS URBIS ERANT L. F. D.    PFENINGMANO HUIUS CRIPTAE
                                                    REPARATORI MEMORIA. P. 1617.

Diese Capellen sind von dem kunstreichen Maister Caspar Vogt gewesten Kirchenmaister und Steinmetz erneuert worden 1620.
Als ano 1617 dieser Stain oder Capell renoviert worden seindt Herren Stadtmaister in der Regierung gewest Jakob Spindler Balthasar Pfenigman und Marttin Grieb 20.
Ano 1622 ist mir Christoph Friedel Nattler von einem Ersamen Rath anbefohlen worden diese Nackfahrelt oder Deperstein abzureissen wie allhie zu sehen und dan wieder
neu an Tag gebracht worden geschehen den 18 Januar ist 1662.      Rennoviert im Jahr 1901.
                                                          von E. Schn. M. G. B.

64. Bildtafel von Christoph Friedel im Vorraum der oberen Kapelle auf dem Salvator über
die »Reparierung des Näberstein« aus der Zeit um 1620. Die Bilder zeigen den Ausbau des
Felsmassivs. Die lateinische Inschrift erinnert an Heinrich Pfennigmann, der 200 Gulden für
die Erneuerung des Salvators gestiftet hatte. Bild 9 stellt eine Ansicht des Stadteingangs
beim unteren Bockstor mit Blick zum Salvator dar.

65. »Josephstod« im Chor der Josephskapelle, 1709 von einem unbekannten Künstler geschaffen. Der noch jugendlich wirkende Joseph liegt mit gefalteten Händen auf dem reich verzierten Sterbelager.

66. Filigranschließe, 18. Jahrhundert. Schon 1695 sind in Gmünd Filigranarbeiten bezeugt.
Das Ausgangsmaterial besteht aus dünngezogenen Silberdrähten, die zu kunstvollen
Ornamenten verarbeitet werden.

67. Die »Verurteilung Christi« aus dem Jahr 1609 von der Hand eines unbekannten
Meisters. Das Todesurteil Christi auf kunstvoll beschriebenem Pergament, umrandet von
25 Passionsstichen des Antwerpener Künstlers Cornelius de Bout in einem vergoldeten
Holzrahmen aus dem 18. Jahrhundert, wurde der Karfreitagsprozession vorangetragen.

68. Geschnitzte Pulverflasche aus Buchsbaumholz um 1680 von Johann Michael Maucher
(1645–1701) mit einem Jagdmotiv
69. Fresko im Chor von St. Franziskus von Joseph Wannenmacher (1722–1780)
»Maria vom Siege« aus dem Jahr 1752

MATER DEI SINE LABE
CONCEPTA.

BEATAM
ME DICENT
OMNES
GENERATI
ONES

71. *Porträt der Maria Cäcilia Storr von Ostrach, geb. Debler, der Frau des regierenden Bürgermeisters Joseph Ferdinand Storr von Ostrach, gemalt von Johann Georg Strobel (1780–1820) um 1782*

70. *Deckenfresko im Chor der Augustinerkirche »Bekehrung des hl. Augustinus« von Johann Anwander (1715–1770) aus dem Jahre 1757*

*72. Marktplatz mit Rathaus von Johann Michael Keller, 1783/85*

lere Portal mit kunstvoll geschmiedetem Oberlichtgitter führt geradewegs zur rückwärts gelegenen Treppe, und häufig findet sich in den Patrizierhäusern ein Festsaal im zweiten Stock, der die ganze Front zur Straße einnimmt. Nach diesem immer wieder abgewandelten Schema hat Keller eine ganze Reihe von Stadthäusern neu gebaut oder in barockem Stil umgestaltet. Zu diesen Häusern gehören z. B. das Stahlsche Handelshaus (Marktplatz 11), die Bürgerhäuser Kornhausstraße 8 und 25 und das Wohnhaus Schmiedgasse 37. Zu den öffentlichen Bauten Kellers zählen das Kapitelhaus am Münsterplatz 7, das Waisenhaus am Marktplatz und das Benefiziathaus auf dem Salvator. Für den ältesten Sohn des Franz Achilles Stahl, den Bürgermeister Franz Georg Stahl, errichtete Keller im Jahre 1780 vor den Toren der Stadt ein Lusthaus, das sogenannte Rokokoschlößchen, inmitten eines Gartens. Dieser Garten war im französischen Stil »more geometrico«, das heißt streng geometrisch angelegt. Da gab es Terrassen und Blumenrabatten und Statuen im Schatten exotischer Bäume; in einer Orangerie gediehen Zitronen und Orangen, und die Besucher konnten sich an kunstvollen Wasserspielen erfreuen.[57]

Am 13. August 1783 beschloß der Rat der Stadt, das Wohn- und Geschäftshaus des Kaufmanns Melchior Debler um 11 000 Gulden zu kaufen und durch Keller, der inzwischen das Bürgerrecht erhalten hatte und als Baumeister in den Dienst der Stadt getreten war, zu einem repräsentativen Rathaus umbauen zu lassen. Die Front des Hauses gegen den Marktplatz erhielt durch das herausgerückte Hauptportal in Verbindung mit dem säulengetragenen Balkon und den Kolossalpilastern eine eindrucksvolle architektonische Gestalt. Auch die Fassade ist durch Pilaster rhythmisch gegliedert, die Schlußsteine an den Fensterwänden wurden mit reichem figürlichem Schmuck verziert.

Die öffentlichen Bauten und die Privathäuser, die unter der Leitung und nach den Plänen Kellers errichtet wurden, überzeugten auch kirchliche Auftraggeber vom Einfallsreichtum und vom sicheren Geschmack des Architekten. Schon zwei Jahre nach der Erbauung des Stahlschen Hauses am Marktplatz betrauten ihn die Augustiner mit dem Umbau ihrer Klosterkirche, der in den Jahren 1755 bis 1758 erfolgte. Keller verwendete die schon bestehenden Außenmauern, behielt die einfache Rechteckform des Schiffes bei, verzichtete auf Kuppel und plastische Fassadengestaltung und begnügte sich mit dem dreiseitigen Abschluß des langen Chors. Verändert wurden nur Fenster, Portale und der Giebel der Westfront. Im Innern trennte er Schiff und Chor durch einen flachgezogenen Triumphbogen, so daß der Blick auf den Hochaltar des Chores gelenkt wurde. Mit der Ausmalung der neueingezogenen Spiegeldecke, des Deckengewölbes im Chor und der Chorwände wurde der Kirchenmaler Johann Anwander (1715–1770) aus Lauingen beauftragt, der sich durch die gelungene Ausmalung des Saalbaus der Augustinerkirche in Münnerstadt für die-

se Aufgabe empfohlen hatte. Das große Deckenbild im Langhaus der Augustinerkirche in Gmünd ist »das größte heute noch in ursprünglichem Kolorit erhaltene Werk
des Meisters«.[58] Das Hauptbild, das in eine reich vergoldete Stuckumrahmung eingebettet ist, zeigt die Glorifikation des Kirchenvaters Augustinus. Vier Hauptszenen,
die Taufe des Heiligen durch Bischof Ambrosius, Augustinus wäscht Christus die
Füße, Augustinus wird zum Bischof gekrönt, Malteser- und Deutschritter huldigen
dem Heiligen – sind durch eine glänzend gemalte, perspektivisch raffiniert verkürz-
te Scheinarchitektur aus Säulen, Gesimsen und Balustraden miteinander verbunden
und auf die zentrale Szene bezogen. Im Mittelpunkt des Säulenhofes, in der grenzen-
losen Tiefe des Himmels wird Augustinus auf Wolken in die göttliche Sphäre ent-
rückt, wo ihn, umglänzt von den Strahlen eines unirdischen Lichts, Gott Vater,
Sohn und Hl. Geist empfangen. Während die realistisch gemalten Fresken Wannenmachers, die meistens in gedämpften, bräunlichen Tönen gehalten sind, manchmal
wie an die Decke geheftete, statische Tafelbilder wirken, ist Anwanders raumstei-
gernde Monumentalmalerei von reicher Farbigkeit. Seine visionäre Phantasie schafft
Imaginationsräume, die von wirbelnder Bewegung erfüllt sind. Er macht von den
Mitteln der Fernwirkung Gebrauch, seine perspektivischen Überredungskünste
bewirken, daß die himmlischen Zentralszenen einen suggestiven Tiefenzug entfalten.
Mit Recht hat man Anwander als einen »der bedeutendsten aber wenig bekannten
Barockmaler« bezeichnet.[59] Das Thema der Fresken im Chor ist die Vorbereitung
des Kirchenvaters auf seine große Aufgabe. Das Deckengemälde im Chor stellt die
Bekehrung des jungen Augustinus dar, die Wandbilder zeigen Christus, der ihm in
seiner Studierstube erscheint; Monika lehrt den kleinen Augustinus, auf einem anderen Bild klagt sie dem Bischof ihre Sorge wegen der Gottlosigkeit ihres Sohnes, und
schließlich sehen wir Valerius, der die Wahl des Augustinus zum Presbyter leitet.[60]
In den Jahren 1763/64 finden wir Anwander mit der Ausmalung der von Keller
umgebauten Dominikanerkirche beschäftigt.[61] Die großen Deckenflächen im Chor
(51 × 14 m) und im Langhaus (12 × 19 m) waren eine Herausforderung für seine
künstlerische Gestaltungskraft. Bedauerlicherweise wurde die Kirche in einem Akt
ungewöhnlicher Kulturbarbarei 1821 in einen Pferdestall verwandelt; später baute
man Mannschaftsräume in das Gebäude ein. Die Folge war eine vollständige Zerstörung der Fresken Anwanders. Im Jahre 1957 entdeckte Albert Deibele in der Staat-
lich-Graphischen Sammlung in München einen großen Aquarellentwurf, der sich
bald als Skizze für das Chorfresko der ehemaligen Dominikanerkirche herausstell-
te.[62] Im Zentrum des Entwurfs sieht man Maria mit dem Kind unter einem prunk-
vollen Säulenbau. Ihr huldigen alle Erdteile und alle Epochen der Geschichte. In der
Szene links ist eine Legende aus der Zeit der Glaubenskämpfe gegen die Albigenser
dargestellt, die sich um die Gestalt des Dominikus rankt. Der Heilige ließ zwei

Bücher ins Feuer werfen, das eine enthielt die Glaubenslehren der katholischen Kirche, im andern waren die Überzeugungen der Albigenser festgehalten. Ein Gottesur-
teil entschied über den wahren Glauben, das Albigenserbuch verbrannte sofort, das
andere aber erhob sich unbeschädigt aus den Flammen. Auch das gegenüberliegende
Bild bezieht sich auf diese Glaubenskämpfe, Dominikus betet wie einst Mose für den
Sieg der Rechtgläubigen. Die letzte Szene zeigt den Heiligen als Tröster der Leidenden.

Man hat manchmal die Kirchenfresken des 18. Jahrhunderts als »theatrum sacrum«,
als Theater des Heiligen bezeichnet und eine Parallele zwischen der Realitätsauffas-
sung des Freskos und der Symbolik des Barocktheaters gesehen; in beiden Bereichen
wirkten personifizierte Allegorien gleichsam als Kommentare zur Hauptaktion aus
einer jenseitigen Welt.[63] Dies gilt besonders für die Barockoper, aber stärker noch
für das Ordensdrama.

Gab es im 17. und 18. Jahrhundert in Gmünd überhaupt Dichter von einiger Bedeutung? Kann man von einem literarischen Leben in den Mauern der alten Reichsstadt
sprechen? Die Zentren der Literatur lagen in dieser Zeit im Norden, in Hamburg,
Leipzig und Weimar. Trotz solcher verdienstvoller schwäbischer Literaten wie Joh.
Martin Miller, Balthasar Haug, Joh. Ludwig Huber, Eberhard von Gemmingen und
Christian Friedr. Daniel Schubart fand man in Schwaben lange Zeit keinen Anschluß
an die bedeutenden überregionalen literarischen Strömungen. In Gmünd beschränkte sich das literarische Leben weitgehend auf gelegentliche Theatervorstellungen.[64]
Studenten, so wird uns berichtet, spielten im Herbst des Jahres 1782 ein Trauerspiel
namens *Antiope*[65] (»Antigone«?); Bürgersöhne brachten ein Stück *Die Römer in
Deutschland* zur Aufführung; *sie machten es so ziemlich gut*,[66] kaiserliche Kanoniere,
*... waren gebildete Menschen*, brachten eine Komödie *Der Räuber Mohr* auf die
Bretter,[67] schließlich spielte auch eine Wiener Truppe unter Leitung Voltolinis ein
Stück des Reichsgrafen von Soden: *Graf von Gleichen, Gatte zweyer Weiber*.[68]
Die meisten Theateraufführungen fanden in der Schmalzgrube, auf der Bühne des
Franziskanergymnasiums statt. Dort wurden nach dem Vorbild der Jesuiten am
Ende des Schuljahrs von den Schülern regelmäßig sogenannte »Herbstkomödien«
gespielt, zu denen auch Vertreter des Magistrats eingeladen waren. Einige eher prak-
tisch denkende Stadtherren befürchteten jedoch, die reguläre Schularbeit könne
unter der Schauspielerei leiden. Daß sich ihre Begeisterung für das Schultheater in
Grenzen hielt, zeigt ihre Reaktion auf eine Aufführung im Februar 1765. Sie spende-
ten zwar höflich Beifall, bemerkten aber dann griesgrämig, *man soll's hinfüren bleiben lassen und die Zeit besser anwenden*.[69] Es fällt auf, daß wir ganz selten den
Namen der Autoren der Theaterstücke und so gut wie nie etwas über deren Inhalt
erfahren. Durch einen glücklichen Zufall fand sich aber in den Franziskanerbestän-

den der Kantonsbibliothek Luzern der vollständige handschriftliche Text eines Trauerspiels, das die Franziskanergymnasiasten im Jahre 1774 in Anwesenheit des Stadtrats anläßlich der Preisverteilung öffentlich aufführten. Sein Titel: *Checumus Chinesischer Reichs Verwalter oder die seltsame Treue gegen seinem Oberhaupte in einem Trauerspiele.*[70] Das Drama will folgende staatsfromme Lehre vermitteln: *Nichts ist zum Gesellschäftlichen Leben nöthiger, als eine ächte Treue, die ein Mensch nebst Gott sonderlich seinem Oberhaupte zu erzeigen hat.*[71] Der chinesische Kaiser Livamus, ein grausamer Despot, ist gestorben. Das Volk empört sich gegen die Herrschaft der gesamten Dynastie und ermordet alle Thronanwärter. Nur der jüngste Prinz namens Simuamus entkommt. Er wird vom Reichsverwalter Checumus versteckt gehalten. Doch das Versteck wird verraten, das rachgierige Volk fordert den Kopf des Prinzen. Um Simuamus zu retten, liefert der getreue Checumus – mit dessen Einwilligung – seinen eigenen Sohn Sivangius dem Volk aus, das diesen anstelle des Prinzen kurzerhand umbringt. Dem Prinzen, der so zum zweitenmal sein Leben retten kann, gelingt es dann nach einiger Zeit, auf wundersame Weise die Herrschaft über das Reich zurückzugewinnen. Damit ist die legitime Dynastie auf den Thron zurückgekehrt. Im entscheidenden Gespräch (3. Abhandlung, 3. Auftritt) sagt Sivangius: *O edler Prinz! Ich wage Leib und Ehr, damit ich dich erhalte.* Checumus: *Mein Sohn! so rede nicht allein, zeig es auch in der Tat.* Simuamus: *Du bist mir allzutreu! Großer Fürst! Ich danke dir für alle Lieb, die ich empfangen hab – ich gehe – ich stelle mich dem Volk ein Opfer abzugeben – Leb wohl O theurer Freund erlaube mir das letztemal dich zärtlich zu empfangen.* Sivangius: *Vielmehr erlaubt mir, für dich in Todt zu gehen – und besteige mit der Zeit den Thron.*[72] In dieser Weise wechseln Rede und Gegenrede, schließlich wird der edle Wettstreit über die Frage, wer nun sterben darf, damit »dem wuth« des Volkes ein Ende gemacht werden kann, durch ein Machtwort des weisen Checumus entschieden. Dem todesmutigen Sivangius ist es vergönnt, sein Blut zu vergießen. Der Autor wird uns auch hier nicht verraten; vielleicht stammt das Trauerspiel aus der Feder des Franziskanerprofessors D. Alexander Herzer, der die Rolle des Kaisers spielte und der unter den Mitwirkenden an erster Stelle genannt wird. Unter den anderen Spielern begegnen uns die Namen alteingesessener Gmünder Familien: Debler, Seybold, Neidhart, Hörner, Vogt, Oexle usw. Die Handlung, die von Instrumentalmusik und Gesang begleitet war, spielt in der kaiserlichen Residenzstadt Nanking, es fehlen aber genauere Zeitangaben und auch jedes Lokalkolorit. Das Stück ist ohne jeden historischen Bezug, nicht einmal die Namen der dramatis personae sind chinesisch. Das Trauerspiel »Checumus« steht offensichtlich in der Tradition der Märtyrerdramen. Das christliche Grundmuster vom Vater, der seinen Sohn dahingibt, um die Menschen zu retten, ist der allegorische Bezugspunkt. Auch der Stoff könnte von den Jesuiten in Ellwangen oder Dillingen vermittelt worden sein. Bekanntlich wirkten die Jesuiten schon im 17. Jahrhundert als Heidenmissionare am chinesischen Kaiserhof und brachten ihrerseits Kenntnisse über die chinesische Kultur nach Europa. Ein relativ schwacher Abglanz dieser exotischen Welt fiel auf die Schulbühne des Franziskanergymnasiums in Gmünd.

Die Franziskaner hatten wahrscheinlich erst während des Dreißigjährigen Krieges in ihrem Kloster eine Lateinschule gegründet. Schon im Jahre 1578 ist dagegen die Existenz einer städtischen Lateinschule im Gebäude des heutigen Stadtarchivs bezeugt. Bald gab es auch Konflikte zwischen den rivalisierenden Schulen. Im Jahre 1706 einigte man sich auf folgende Arbeitsteilung: Die Stadtschule sollte nur noch die Anfangsgründe der lateinischen Sprache – Grammatica und Syntax minor –, die Franziskaner Syntax major, Humanität und Rhetorik vermitteln. Die Franziskaner hatten 1739 13, 1752 35 Schüler. Im folgenden Jahr wurde ein dritter Professor ernannt und im Jahre 1756 die Schmalzgrube als Gymnasium eingerichtet.[73] Die Franziskanerstudenten gründeten eine »sodalitas studiosa«, eine Bruderschaft unter dem Titel der unbefleckten Empfängnis nach dem Vorbild der Marianischen Kongregation der Jesuiten. Sie hatten ihre eigenen Formen, Riten und Ordnungen. Wenn einer der Gymnasiasten gestorben war – so weiß es die Überlieferung –, wurde er in einem feierlichen Trauerzug zu Grabe geleitet. An der Spitze schritt ein »Genius«, das heißt Schutzgeist, der in einen langen schwarzen Schleier gehüllt war. In der rechten Hand trug er ein Doppelkreuz, in der linken ein Schild, auf dem ein Gegenstand gemalt war, der an den Verstorbenen erinnern sollte. Ein Fahnenträger mit schwarzverhüllter Fahne folgte; hinter ihm gingen paarweise die Studenten mit weißen Kerzen. Der Präfekt wurde von zwei Assistenten begleitet, die drei kleine Stäbe trugen. Auch die Professoren hielten weiße Kerzen in ihren Händen. Dann sah man sechs bis acht schwarzgekleidete Studenten, die den Leichnam langsam vorübertrugen, während der Schulchor die düstere Weise anstimmte: Dies irae.[74]

Es überrascht nicht, wenn wir erfahren, daß die Musik in den Schulen eine wichtige Rolle spielte. Wie in anderen vergleichbaren Reichsstädten legte man auch in Gmünd Wert auf die Pflege der Musik bei öffentlichen und privaten Geselligkeiten.[75] Da gab es von alters her die reichsstädtischen Musikanten, Stadtpfeifer, Turmbläser und andere Spielleute, die zum Tanz, bei Hochzeiten und Jahrgangsfesten ihre Musik erklingen ließen. Man liebte das Volkslied, das Solotenorlied – ein einstimmiges Lied mit Akkordbegleitung auf der Laute – ebenso wie das mehrstimmige Lied. Die Hauptträger der weltlichen Musik waren die Stadtmusikanten, die mit ihren Instrumenten – Geige, Streichbaß, Harfe und Blasinstrumenten – die Kunst der Tafelmusik und der Freiluftmusiken (Serenaden) mehr oder minder meisterlich beherrschten. Es war ein alter Brauch, daß sie den neugewählten Ratsherren ein Ständchen brachten; auch pflegten sie bei Zunftfesten, z. B. beim Jahrestag der Metzger, aufzuspielen. Bei der musikalischen Ausbildung der Schüler lag der Akzent allerdings nicht so sehr auf der weltlichen als vielmehr auf der kirchlichen Musik. Besonders in den beiden Gymnasien wurden Choral- und Figuralmusik gepflegt. Die Schüler konnten sich zu Instrumentalspielern ausbilden lassen. Man erwartete von diesen sogenannten »Dilettanten« ebenso wie von den Sängern Mitwirkung bei der musikalischen Gestaltung der Gottesdienste.[76]

Wie bei den Gymnasien gibt es auch über die Anfänge der Deutschen Schule keine genaueren Nachrichten. Ein wichtiges Datum in der Geschichte dieses Schultyps war der 3. November 1778. An diesem Tag führte der Rat der Stadt die sogenannte »Normalschule« ein. Bei dieser Gelegenheit sollte das deutsche Schulwesen verbessert werden. Stud. theol. Kratzer erhielt den Auftrag, die acht Lehrer, die im »Waisenhaus« unterrichteten, mit modernen Lehrmethoden vertraut zu machen.[77] Folgende Unterrichtsgegenstände wurden gelehrt: Lesen, Schreiben, Rechnen, Christliche Lehre, biblische Geschichten, Naturlehre, Sittenlehre, Erdbeschreibung, Musik und Zeichnen. Ehrfurcht vor Gott, sittlicher Lebenswandel, Ehrerbietung gegen Eltern und Vorgesetzte, Freundlichkeit gegen Mitschüler, das waren die Erziehungsziele der Schule.[78] Die Zahl der Schüler betrug zehn Jahre später über 500. Am 1. Juni 1776 hatte im oberen Stockwerk des Waisenhauses die neugegründete »Zeichnungsschule« ihren Unterricht aufgenommen. 84 Schüler erhielten vom »Zeichnungsmeister« wöchentlich acht Stunden Unterricht. Die Schule bereitete auf verschiedene Berufe vor, sie war nach der Schule in Hanau (1772) die zweitälteste Gewerbeschule in Deutschland.[79]

Der erste Zeichenlehrer war der Maler Johann Georg Strobel aus Wallerstein (1735—1792). Er war 1760 nach Gmünd gekommen; durch die weitverzweigte Familie Stahl wurde er mit Aufträgen zu Familienporträts reichlich bedacht. Von ihm sind heute noch in Gmünd ungefähr 100 Bilder erhalten. Vor allem die damals herrschenden Familien der Stahl, Debler, Doll, von Storr und Beisswinger hat er in meist handwerksmäßiger Manier porträtiert.[80] Seine Bilder sind auch als historische Dokumente aufschlußreich, er hat die Bürger Gmünds in der Tracht ihrer Zeit dargestellt. Auch der Schmuck ist abgebildet, der damals in unserer Stadt hergestellt wurde. Die Bürgerinnen, die er malte, tragen Kreuzanhänger, Halsbandschließen, Brustschmuck in Filigranfassung, Rosen- und andere Blumenringe, Ohrgehänge und in Silber und Gold gefaßten Weißjuwelenschmuck.[81]

Im 17. und 18. Jahrhundert waren die Gmünder Gold- und Silberschmiede Meister in der Verfertigung von sakralen Schmuckgegenständen. Weit und breit waren sie aber besonders bekannt für die Herstellung von Kleinsilberwaren und Filigranschmuck.[82] Das Ausgangsmaterial der Filigranarbeiten besteht aus dünngezogenen

Silberdrähten, die in kunstvoller ornamentaler Verarbeitung häufig als Fassungen von Anhängern, Rosenkranzperlen, Devotionsmedaillen, Broschen und Schließen Verwendung fanden. Die leicht zu variierenden Grundformen des Filigrans in der Phase des Spätbarock waren drei- und fünfteilige lilienartige Blätter und Blüten, Rosetten, Palmetten und Rocaillen, ornamentale Formen, die oft mit Email, Gagat und farbigen Glassteinen kombiniert wurden.[83]

Schließlich verbot Joseph II. die Einfuhr von Gmünder Schmuckwaren, um die Schmuckindustrie in den Habsburger Erblanden vor unliebsamer ausländischer Konkurrenz zu schützen. Damit war den Gmündern ein bedeutendes Absatzgebiet verschlossen, das einheimische Gold- und Silberhandwerk erlitt einen schweren Rückschlag.

Gegen Ende des Jahrhunderts verstärkten sich wirtschaftliche und politische Schwierigkeiten im Gefolge der französischen Revolutionskriege. Die Stadt war überschuldet und am Ende sogar zahlungsunfähig. Die Bautätigkeit kam zum Erliegen, und der Stadtbaumeister Joh. Michael Keller mußte im Jahre 1790 entlassen werden. *Diß Jahr wurde ihm sein Dienst wieder abgenommen, und in Gnad entlaßen, weil man eingesehen, daß die Stadt diß verspahren kann, und er selten hier war.*[84] Der Geist einer neuen Epoche machte sich bemerkbar. Die aufklärerische Forderung nach dem »Ausgang des Menschen aus seiner selbstverschuldeten Unmündigkeit« (Kant) mit Hilfe des autonomen Denkens führte zu einer Hochschätzung und nicht selten zu einer Überschätzung der Vernunft. Ethische Forderungen nach Mäßigung und Lebenstüchtigkeit verdrängten metaphysische Fragen; irdische Glückseligkeit durch tugendhafte Lebensführung war das Ziel der neuen Philosophie. Die ehrwürdigen alten Formen schienen nicht mehr dem vernunftgemäßen Geschmack der neuen Zeit zu entsprechen. Es wirkte wie ein symbolischer Abschied von einer Epoche, die die verschwenderischen Dekorationen und die reichen Gestaltungen so geliebt hatte, als der Stiftsdekan Thomas Kratzer im Jahre 1801 den großen barocken Hochaltar aus der Pfarrkirche entfernen ließ, er ist seitdem spurlos verschwunden.[85] Auch das Wannenmacher-Fresko in der Leonhardskirche mit der eindrucksvollen Darstellung des Jüngsten Gerichts wurde auf seine Anordnung hin übertüncht.[86] Alles Unregelmäßige, Irrationale, Groteske, Wunderliche oder Kindlich-Verspielte war dem Zeitgeist suspekt.

Die Kapelle der Hl. Familie war eine der zuletzt gebauten Stationen auf dem Salvator. Josef, Maria und das Jesuskind bewohnten dort eine Art Puppenhaus. An einem Tisch in der Stube sah man sie beim Essen; Maria saß neben einem irdenen Ofen und spann fleißig. Dahinter lag die kleine Küche mit blitzendem Geschirr, und auch die Werkzeuge Josefs waren säuberlich aufgereiht. In einer Kammer stand ein Bett, auf dem sich abwechselnd Maria ausruhte und Josef im Sterben lag. Die Bauern der

Umgebung pflegten auf einen Tisch, der vor der Küche stand, Eier, Obst, Schmalz und Flachs zu legen, damit die Hl. Familie immer mit dem Nötigsten versorgt war. Dies alles widersprach dem gesunden Menschenverstand entschieden, und so wurde das merkwürdige Häuschen der Heiligen und doch so menschlichen Familie 1792 abgerissen.[87] Schon zehn Jahre früher hatte ein Dekret des Generalvikariats die Geißler, Kreuzschleifer und Ausspanner von der Karfreitagsprozession ausgeschlossen. Das Passionsspiel wurde im Jahre 1803 zum letztenmal gespielt, angeblich auf Wunsch des französischen Generals Debili, der damals mit 3000 Mann die Stadt besetzt hielt. Einige französische Soldaten waren vom realistischen Stil der Aufführung so sehr in den Bann geschlagen, daß sie Sein und Schein nicht mehr auseinanderhalten konnten. Als die »Juden« ihrer Rolle gemäß Christus mißhandelten, schritten sie voller Empörung ein und drohten den Spielern: *Bös Jud, warum Christus so schlag, werd ja kaputt.*[88] Damals war Schwäbisch Gmünd schon nicht mehr Reichsstadt. Am 30. November 1802 war auf Befehl der neuen Herren das Wappen am Rathaus mit den Abbildungen von Reichsadler und Einhorn abgerissen worden.[89] Vergangen war die Reichsstadtherrlichkeit, verblaßt der alte Glanz. Aus des *Hl. Röm. uralt gantz Kathol. Kaiserl. Königl. Freyen Reichsstadt Schwäb. Gemünde*[90] war eine schlichte württembergische Oberamtsstadt geworden.

# Wirtschaft und Wirtschaftsbeziehungen im 18. Jahrhundert

*von Hugo Micheli*

Bedingt durch die geographische Lage war für die Reichsstadt Schwäbisch Gmünd auch im 18. Jahrhundert, wie in den vorangegangenen Jahrhunderten, der Handel primäre Erwerbsquelle. Voraussetzung aber war, daß die richtigen, vom Markt verlangten Produkte rechtzeitig zur Verfügung gestellt werden konnten. Hierzu war ein zuverlässiges Gewerbe und ein ebensolches Absatzsystem erforderlich. Dieses Absatzsystem mußte außerdem in der Lage sein, sich den Gegebenheiten auf den erschlossenen Märkten und Messen, auch unter Berücksichtigung und Wahrung der Interessen der Hersteller, anzupassen. In der Reichsstadt Schwäbisch Gmünd als einem »Stadtstaat« mußte die Wirtschaft in der engen Verflechtung betriebswirtschaftlicher Aspekte und volkswirtschaftlicher Grundsätze gesehen werden.

## Grundsätze im Wirtschaftsprozeß

Der Ablauf des Wirtschaftsprozesses wird durch die Entscheidungen privater Haushalte, der Unternehmen und der öffentlichen Haushalte hervorgerufen und maßgeblich beeinflußt.
Die Basis des wirtschaftlichen Lebens ist die Produktion von Gütern. Mit dem Einsatz verschiedener Produktionsfaktoren werden im Produktionsprozeß neue Güter hergestellt oder Güter verändert. Der wichtigste Produktionsfaktor ist die menschliche Arbeitskraft. Weitere Faktoren sind Rohstoffe, Halbfabrikate, Energie und Dienstleistungen sowie die Nutzung der dauerhaften Produktionsmittel (Realkapital) wie Gebäude, Maschinen, Werkzeuge usw.[1] Welche Produktionsfaktoren außer der menschlichen Arbeitskraft im Rahmen der betrieblichen Möglichkeiten eingesetzt oder kombiniert werden, daß ein vorgegebenes Produktionsergebnis mit geringen Mitteln bzw. ein großes Produktionsergebnis mit gegebenen Mitteln erreicht wird, entscheiden die Unternehmen.[2] Der gesamte Ablauf vollzieht sich nach dem dirigistischen Gesetz von Angebot und Nachfrage.
Ökonomische Transaktionen (Übergang eines Gutes auf ein anderes Wirtschaftssubjekt) können nur dann in ihren unzähligen Tauschaktionen bewältigt werden, wenn

ein allgemeines Tauschmittel anerkannt und angenommen wird. Als Tauschmittel fungiert unser Geld, das als Zahlungsmittel nicht nur zur Bezahlung von Gütern, sondern jederzeit verwendet werden kann.[3]

Nach den hier zusammengefaßt geschilderten Grundsätzen hat sich, obwohl noch nicht schriftlich niedergelegt, auch im 18. Jahrhundert in der Reichsstadt Schwäbisch Gmünd der Wirtschaftsprozeß abgewickelt.

*Gewerbebetriebe*

Während die meisten Handwerksbetriebe wie Schmiede, Schuster, Sattler, Bäcker, Brauereien, Mühlen, usw. ihr Einkommen in der Befriedigung der direkten Bedürfnisse in der Stadt und der näheren Umgebung erzielten, gelang es nur den Kaufleuten in der Krämerzunft, der Tuchmacherzunft und den Goldschmieden in der Schmiedezunft jahrhundertelang nachhaltig, positiv wie negativ, in den Wirtschaftsprozeß einzugreifen und das Einkommen der Bürger zu beeinflussen und zu bestimmen. Um 1700 waren die etwa 70 Gewerbetreibenden in der Reichsstadt Schwäbisch Gmünd in acht Zünften zusammengeschlossen. Es versteht sich von selbst, daß die gewerblichen Interessen nicht immer mit den Interessen der Zünfte übereinstimmen konnten, wenn man weiß, daß z. B. die Maurer und die Schuhmacher zur Schmiedezunft, die Müller und Bader zur Küferzunft und die Glas- und Steinschneider zur Krämerzunft gehörten.[4] Jede Zunft stellte in ihrer Zunftordnung Vorschriften auf, deren Einhaltung sie genauestens überwachte. Es war festgelegt, welche Profession zu welcher Zunft gehörte, welche Tätigkeiten erlaubt und welche untersagt waren. Ein Handwerker, der keiner Zunft angehörte, war vom Geschäftsleben ausgeschlossen und somit isoliert.[5] Mit der wachsenden Verflechtung von Politik und Wirtschaft nahm auch der Einfluß des Magistrats auf die Zünfte zu.[6] Einen schwunghaften Handel betrieb das um 1700 in Waldstetten und Rechberg ansässige Pfeifenmachergewerbe. Aus Maserholz geschnitzte Pfeifenköpfe erhielten von den Gold- und Silberschmieden in der Reichsstadt silberne Beschläge und verzierte Blechdeckel. Trotz des großen Absatzes in Deutschland, der Schweiz und in den nördlichen Staaten, kam dieses Gewerbe im 19. Jahrhundert zum Erliegen.[7] Die Perlstickerei, um 1700 in Gmünd und einigen Ortschaften nahe der Reichsstadt eingeführt, war über viele Jahrzehnte ein gewinnbringendes Gewerbe. Taschen, Geldbeutel, Tabaksbeutel, Uhrbänder, übernähte Messerbestecke usw. erhielten noch silberne Bügel und Kettchen. Der über die Handelshäuser abgewickelte Verkauf florierte gut. Im 19. Jahrhundert erlosch auch dieses Gewerbe.[8] Die Kantengießer, zur Zunft der Schmiede gehörend, beschäftigten sich als Zinngießer mit der Herstellung von Zinnkrügen,

Zinnkannen und Zinnbechern. Dieser Gewerbezweig erhielt mit der zu Beginn des 18. Jahrhunderts aufstrebenden Porzellanmanufaktur eine Konkurrenz, die Anfang des 19. Jahrhunderts zur Aufgabe der Zinngießerei führte.[9]

Die kriegerischen Auseinandersetzungen im 18. Jahrhundert, aber auch der Bedarf an Waffen für die reichsstädtischen Bürger, brachten die Waffenschmiede, Büchsenmacher und den Waffenhandel zu einem ansehnlichen Gewerbe. Begehrenswert und gefragt waren die mit Elfenbeinschnitzereien und Perlmuttplatten verzierten Gewehre, Pulverhörner, Messer usw.[10] Während des 1. Koalitionskrieges (1793—1795) war die Reichsstadt Schwäbisch Gmünd durch das Einrücken der kaiserlichen Versorgungstruppen zum Waffenplatz geworden. Die in der Fuggerei eingerichtete Gewehrfabrik, der auch eine Schifterei (Herstellung von Gewehrkolben) angeschlossen war, hatte einen wachsenden Eisenbedarf. Der Magistrat der Reichsstadt war deshalb entschlossen, den im Jahre 1794 wiederentdeckten Eisenerzstollen bei Dewangen in Betrieb zu nehmen. Dewangen gehörte überwiegend zum Besitz des Spitals in Schwäbisch Gmünd; angrenzende Ländereien aber waren ellwangische Güter. Da Ellwangen damals den gesamten Eisenhandel im Osten des heutigen Baden-Württemberg kontrollierte und eine Monopolstellung einnahm, gab es dort verärgerte Reaktionen wegen der beabsichtigten Inbetriebnahme dieses Erzbergwerkes. Ellwangen verbot der Hammerschmiede in Abtsgmünd als bisherigem Eisenlieferanten der Reichsstadt, weiterhin Eisen nach Gmünd zu liefern. Dieses Verbot traf die Reichsstadt hart, war aber nicht geeignet, die Einstellung der gerade begonnenen Erzförderung zu erreichen. Im Gegenteil, die Reichsstadt mußte zwangsweise den Abbau steigern. Vor der Errichtung eines kompletten Hüttenwerks holte der Magistrat ein entsprechendes Gutachten ein. Der Bericht des Bergmannes Christian Harzer aus Bazdorf war aber so ungünstig, daß der Magistrat die Stillegung der Erzgrube beschloß. Die Angelegenheit selbst aber fand eine politische Lösung. Armeen der französischen Revolutionsbewegung waren in Deutschland eingedrungen und standen tief in Württemberg. Die kaiserlichen Versorgungstruppen verließen Schwäbisch Gmünd.[11] Über die benutzten Wege der Eisenfuhren von Abtsgmünd in die Reichsstadt gab es bereits im 17. Jahrhundert Streitigkeiten zwischen der Gemeinde Heuchlingen und dem ellwangischen Untertan auf dem Birkhof, Hans Mauren. In einem Vernehmungsprotokoll vom 20. April 1670 war als die häufigst befahrene Strecke angegeben: . . . *von Abtsgmünd uff Heichlingen zue gefahren, von danne uff den Brackwang, von dann uff Underböbing beim Schlößlein herab und von Underböbing uff Gmündt . . .*[12]

Bei der Betrachtung des Wirtschaftsgeschehens in der Reichsstadt Schwäbisch Gmünd im 18. Jahrhundert darf die Bedeutung des Hospitals zum Hl. Geist nicht übersehen werden. Als landwirtschaftlicher Großbetrieb im »Staatsbesitz« erwirt-

schaftete das Spital jährlich einen Überschuß von 700 Malter (1 Malter = 6955 hl)
Brotgetreide. Die eingelagerten Vorräte reichten mindestens für zwei Jahre, in der
Regel aber für vier bis fünf Jahre. Zusammen mit dem enormen Viehbestand konnte
das Spital entscheidenden Einfluß auf die Getreide- und Fleischpreise nehmen. In
Notzeiten aber war das Spital in der Lage, helfend und unterstützend in die Versorgung der Bürger mit Lebensmitteln einzugreifen. Bis zum 19. Jahrhundert war die
Reichsstadt häufig durch hohe Kriegslasten beschwert. Die oft kurzfristig von eingerückten Truppen gestellten Forderungen hätten die Reichsstadt mehr als einmal an
den Rand des finanziellen und wirtschaftlichen Ruins gebracht, hätte das Vermögen
des Spitals nicht das Schlimmste verhindern können. Das Spital mit seinem Grundbesitz und seinem flüssigen Vermögen war Bankhalter, Geldverleiher, Preisgestalter
und Armenpfleger zugleich.[13]
Begünstigt durch die umfangreiche Schafzucht in der näheren Umgebung der
Reichsstadt entwickelte sich im 18. Jahrhundert die Wollverarbeitung zu einem einträglichen und zukunftweisenden Gewerbe. Zusammen mit der Verarbeitung von
aus südlichen Ländern eingeführter Baumwolle hatte dieses Gewerbe zum Ende des
Jahrhunderts eine ungleich größere wirtschaftliche Bedeutung als das Gold- und Silberschmiedehandwerk. Viele Frauen und Mädchen in den umliegenden Dörfern,
aber auch in der Stadt selbst, waren mit Baumwollspinnen, Schleierwirken, Stricken
von Wollmützen, Handschuhen, Strümpfen usw. beschäftigt.[14] Einen besonderen
Nutzen konnte dieses Gewerbe aus den »billigen« Arbeitskräften im hiesigen
Arbeitsinstitut und im Waiseninstitut ziehen. Angeregt durch die guten Verkaufs-
möglichkeiten von Wollsachen, arbeiteten diese Institute später auf eigene Rechnung. Über den Ankauf von Spinnmaterial gibt die Rechnungslegung Auskunft:
*N⁰ = 50 Unterzeichneter empfangt aus der Kaße des hiesigen Arbeitsinstitutes zum*
*Einkauf des benöthigten Spinnmaterials für besagtes Institut*

*25 fl*                                                 *Zwanzig fünf Gulden*
*Gmünd 19. Jan. 1822*                                   *Den baaren Empfang*
                                                        *t. Xaver Bulling*[15]

Das Zwangsarbeitsinstitut konnte im Abrechnungszeitraum 1818/19 folgende Einnahmen verbuchen:

| | | |
|---|---|---|
| für verkaufte wollene Socken | 1136 Gulden 54 | Kreuzer |
| verkaufte Strümpfe | 880 Gulden 31 | Kreuzer |
| verkauftes Wolltuch | 224 Gulden 7½ | Kreuzer |
| Schneller Garn | 844 Gulden 37 | Kreuzer[16] |

Das Baugewerbe oder die Bauwirtschaft, inspiriert unter anderem durch das künstlerische Gestaltungsvermögen des Baumeisters Johann Michael Keller, erstellte im 18.
Jahrhundert einige imposante Bauten, die, zusammen mit den Werken der Maler

Johann Anwander, Wannenmacher und Strobel, das Gesicht der Reichsstadt bis in die heutige Zeit prägen.[17]

Das Gold- und Silberschmiedehandwerk, im 18. Jahrhundert über viele Jahrzehnte dominierendes Gewerbe, erlebte bis etwa zur Mitte des Jahrhunderts seinen Höhepunkt.

Hier waren nicht nur Schmiede vertreten, die ausschließlich Gold und Silber zu künstlerisch wertvollen Gegenständen verarbeiteten. Nur wenige waren noch wirkliche Gold- und Silberschmiede, waren noch Meister ihres Faches. Die Mehrzahl der in diesem Gewerbe tätigen Schmiede befaßte sich mit der Herstellung von Bijouteriewaren. Dieser Zweig des Gold- und Silberschmiedehandwerks war es, der um die Mitte des Jahrhunderts in voller Blüte stand.

Die handwerksmäßig organisierte Herstellung von Schmuckerzeugnissen geringeren Wertes für eine weniger zahlungskräftige Käuferschicht brachte Erfolg und für die Bürger der Reichsstadt Schwäbisch Gmünd Wohlstand.[18] 1739 waren in der Reichsstadt 250 Goldschmiede tätig.[19] Bereits zu diesem Zeitpunkt war das Gold- und Silberschmiedehandwerk überfüllt. Der Magistrat selbst trug zu dieser Übersetzung bei. Großzügig verlieh er Meisterehren und Bürgerrechte; waren diese Auszeichnungen doch mit einer Gebührenabgabe verbunden. Jede Geldeinnahme war dem Magistrat willkommen. Johann Chrysostomus Mayer schrieb dazu: *So ist geschehen, daß wir unter unseren Collegen außer vielen ausländischen Kaufleuten auch Knechte, Schneider, Balbiere, Desserteure, verdorbene Wirthe und alles Verdorbene und Verderbende zählen.*[20] Zwangsläufig folgte auf die Übersetzung im Schmuckhandwerk die Überproduktion. Die unberechenbaren politischen Verhältnisse führten dazu noch zu einem Rückgang der bis dahin guten Nachfrage. In dem Bestreben, den Gewinn durch die Minderung des Feingehaltes zu steigern, wurde, wie schon am Ende des 17. Jahrhunderts, die vorgeschriebene Legierung immer wieder unterschritten. 1695 erhielten 89 Goldschmiede eine Gesamtstrafe von 1215 Gulden.[21] 1707 verbot die Reichsstadt Nürnberg die Einfuhr von Gmünder Produkten wegen ihres geringen Feingehaltes.[22] 1738 beispielsweise erging in Augsburg ein Verbot an den Silberhändler Leonhard Seybold, weiterhin Schwäbisch Gmünder Silberwaren nach Augsburg zu bringen, nachdem er schon »vile Centner« vier- bis fünflötiges Silber aus Gmünd eingeführt hatte.[23]

Die wenigen, nur Gold und Silber verarbeitenden Meister schufen im 18. Jahrhundert Werte, die heute noch erhalten sind und den Schöpfungen aus Augsburg in nichts nachstehen. Um einige der Meister zu nennen: Johann Jakob Gündle, Andreas Messerschmidt, Moritz Ignaz Emer. Sie sind mit ihren künstlerischen Meßbuchbeschlägen, Kelchen, Meßkännchen verdienstvoll am Ruf der Gold- und Silberschmiede in der Reichsstadt Schwäbisch Gmünd beteiligt. Auch im damaligen »Ausland« wirkten mit Erfolg Gmünder Künstler des Gold- und Silberschmiedehandwerks: Johann K. Holbein in Wien, Fortunates Holbein in Zwiefalten, Johann Dörfer in Würzburg und Sebastian Weithmann in München.[24]

### Straßenverhältnisse und Transportmöglichkeiten

Handelsbeziehungen, nicht nur die der Reichsstadt Schwäbisch Gmünd, setzten ein gutes Straßennetz voraus, auf dem in kürzester Zeit möglichst gefahrlos die wichtigsten Messen und Märkte des In- und Auslandes zu erreichen sind.
Zum Ende des 17. und zu Beginn des 18. Jahrhunderts beeinflußten die Reichsgewalt und die Landesherrschaft in Württemberg die Beförderungseinrichtungen. Die notwendige überregionale Lösung der Verkehrsprobleme fiel den ausgetragenen Zwistigkeiten und Eifersüchteleien zum Opfer, obwohl z. B. an dem bereits bestehenden Postkurs Heidelberg—Hockenheim—Rastatt—Straßburg mit ca. 130 km Länge (28½ Stunden = 4,5 km in der Stunde) alle Vorteile sichtbar waren. Die Meinungsverschiedenheiten führten so weit, daß die 1709 eingerichtete württembergische Landespost 1714 aufgegeben wurde und die Landeskutschen ihren Dienst wiederaufnahmen.[25] Die schwäbische Kreisverwaltung war zwar um 1700 bemüht, der schlechten Beschaffenheit der Landstraßen entgegenzuwirken, war aber dieser Aufgabe allein nicht gewachsen. Erleichterungen brachten die streckenweise durchgeführten Straßenverbreiterungen, die nun in diesen Bereichen auch einen ungehinderten Gegenverkehr zuließen. Dem Bestreben, mehrere Postwagen einzusetzen, stand die schlechte Beschaffenheit der Straßen entgegen. Wegen der üblichen Bespannungsart der hintereinander laufenden Pferde war die Mitte des Fahrweges tief ausgetreten. Das Wasser konnte an vielen Stellen nicht mehr ablaufen und bildete morastigen, nicht mehr befahrbaren Untergrund. Mit großem Zeitaufwand umfuhren Post- und Frachtwagen derartige Strecken. Die dringend notwendige Umrüstung der bisher verwendeten Gabel- oder Lannenwagen auf Deichselwagen mit nebeneinander laufenden Pferden benötigte viel Zeit und brachte weitere Probleme mit sich.
In der Württembergischen Landespostordnung, erlassen am 10. März 1709, waren sechs durch Württemberg führende Postkurse angegeben, darunter der Kurs von Stuttgart—Beutelsbach—Schorndorf—Gmünd—Ellwangen—Schwabach—Nürnberg. Mit dieser Postwagen- oder Landkutschenverbindung war die Reichsstadt Schwäbisch Gmünd an das überregionale Verkehrsnetz angeschlossen und erreichte so die wichtigsten Messestädte und Warenumschlagplätze. Merkliche Verbesserungen der Straßenverhältnisse traten erst ab 1727 ein. Bestehende Landkutschenverbindungen erfuhren Ausdehnungen, neue Verbindungen wurden hergestellt. Als herausragen-

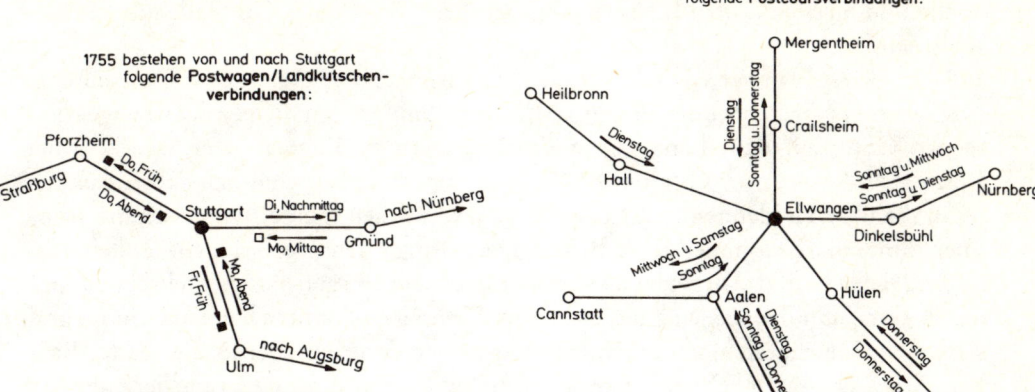

*Post-, Reise- und Frachtwagenrouten Mitte und Ende des 18. Jahrhunderts.*

des Ereignis galt die Einführung der Postlinie Paris—München—Wien am 5. Januar 1760. An diesem Tag fuhr der erste Postwagen auf dieser Strecke von Straßburg über den Schwarzwald (Kinzigtal) nach München. Von dieser schnellen Landkutschenverbindung profitierte in erster Linie der französische Export, der sie zu raschen Lieferungen nach Polen und Österreich voll nützte. Ab 1761 verkehrte auf der Poststraße Nürnberg—Stuttgart—Straßburg ein weiterer Postwagen.[26] Der weitere Ausbau des Straßennetzes Mitte des 18. Jahrhunderts erfolgte nach dem Vorbild der in Frankreich angewandten Methode. Um die beim Ausbau der Straßen erreichten Verbesserungen auch möglichst lange zu erhalten, erließ die Schwäbische Kreisverwaltung in den Jahren zwischen 1750 und 1797 mehrere Beschlüsse. Hierin untersagte die Verwaltung z. B. den Weinfuhrleuten, mehr als sechs, höchstens sieben Eimer Wein zu laden. Die Frachtfuhrwerke durften mit ihrer Ladung das Gewicht von 66 Zentner nicht überschreiten. Verboten war ferner, mehr als sechs Pferde vor den Wagen zu spannen.[27]

Mit dem Ausbau der Poststraßen nahmen in der zweiten Hälfte des 18. Jahrhunderts die Überfälle auf Postboten und die Ausplünderung der Post- und Landkutschen zu. Besonders gefährdet waren die Gegenden um Ellwangen, Schwäbisch Hall, Schwäbisch Gmünd und Ansbach. In diesen Gebieten hielten sich noch lange nach den Kriegswirren des 17. und 18. Jahrhunderts entlassene oder entlaufene Soldaten auf, die sich mit anderem Gesindel zu Banden zusammenschlossen. Diese Überfälle, bis in das letzte Jahrzehnt des 18. Jahrhunderts ausgeführt, fügten den Reisenden empfindlichen Schaden und dem Handel große Verluste zu. Trotz Begleitung, Überwachung und Streifenkontrollen gelang es nie, dieses Risiko der Überfälle ganz auszuschließen.[28]

1784 sollte der Plan verwirklicht werden, Lauingen an der Donau und Cannstatt am Neckar mit einer Post- oder Frachtstraße zu verbinden, um die per Schiff angekommenen Güter auf dem Landwege weiterbefördern zu können. Der Syndikus der Reichsstadt Schwäbisch Gmünd, Beißwinger, agierte leidenschaftlich dafür, daß diese Straße über Heidenheim und Gmünd gebaut werden müsse. Die Straßenführung über Gmünd, so argumentierte Beißwinger, bringe den Herrschaften Zolleinnahmen, Brücken- und Torgelder usw., aber auch die Bürger hätten Mehreinnahmen durch Vorspanndienste. Wagner, Sattler und Schmiede könnten bei den Gmünd passierenden Wagengespannen erhebliche Verdienste erzielen, ebenso die Wirte, Bäkker, Metzger und Kaufleute. Syndikus Beißwinger wußte, daß rebellierende und unruhige Bürger und Untertanen am ehesten mit höheren Einnahmen zu beruhigen waren. Bei der finanziellen Bedrängnis der Reichsstadt in den beiden letzten Jahrzehnten des 18. Jahrhunderts waren Subventionen an das Gewerbe nicht möglich.[29]

## Handelsbeziehungen

Von alters her vollzieht sich der Austausch von Gütern auf Märkten und Messen. Hier werden Geschäftsverbindungen angeknüpft, vertieft und erweitert. Auch das Gmünder Gewerbe benutzte über die Handelshäuser die schon lange vor dem 18. Jahrhundert geschaffenen wichtigen Warenumschlagplätze in den großen Städten des In- und Auslands.[30]

Beginnend in der Chronik von Martin Crusius und fortgesetzt in den folgenden Chroniken, werden zahlreiche Städte aus vielen Ländern Europas genannt, zu denen die Reichsstadt Schwäbisch Gmünd Handelsbeziehungen gehabt haben soll. Diese Aufzählungen erscheinen bis in die jüngste Zeit unverändert in vielen Veröffentlichungen über die Wirtschaftsgeschichte während der Reichsstadtzeit. Die Chronisten Franz Xaver Debler und Dominikus Debler, letzterer »Hauschronist« der Stadt, waren Zeitgenossen des 18. Jahrhunderts. Aus ihren Aufzeichnungen geht aber nicht hervor, welche Handelshäuser wann, mit welchen Waren, an welchen Messen teilgenommen haben. Insoweit müssen die zeitgenössischen Chroniken als unvollständig angesehen werden, soweit sie die Handelsbeziehungen im 18. Jahrhundert betreffen. Franz Xaver Debler schrieb in seiner Chronik über Handelsbeziehungen: *... in der gantzen Welt herum, durch Gebrauch und Besuchung vieler Messen, Dulten und Jahrmärkte; sonderheitlich und überhaupts derer zu Frankfurt*

73. Barock-Monstranz von Andreas Messerschmidt, um 1760

*74. Gebetbucheinband. Silber getrieben, Mitte 18. Jahrhundert*

*am Mayn, und an der Oder, Mayntz, Kölln, Straßburg gantz Nieder- und Holland
bis Amsterdam; Zurzach und Einsiedeln in der Schweitz; in Italien Mayland Genua,
Venedig bis Jenigaglia und Loreto; gantz Tyrol, Steyermark Österreich bis nach
Wien; gantz Mähren und Böhmen bis Breßlau in Schlesien, Würtzburg und Bamberg, auch Nürnberg in Franken, in Sachsen Leipzig und Naumburg Braunschweig
bis Hamburg; in Pohlen und Preusen Dantzig und Königsberg, sogar bis naher Riga
in Liefland; in Bayern München, alt Ötting und Saltzburg, in der Nachbarschaft
Stuttgart und Augsburg Ulm und dergl. . . . an Kommissionsware naher Lion in
Frankreich und naher Cadic in Spanien . . .*[31] Beinahe übereinstimmende Angaben
hielt Dominikus Debler in seiner Chronik fest.[32] Dominikus Debler beginnt um
1810 in seinen Aufzeichnungen über *Handelsleute, die nach Frankfurt reisen und
Geschäfte machen* . . . mit der Aufzählung von 14 Namen. Debler schließt diese
Aufzählung *und noch viele andere mehr.*[33] Die Befangenheit von Dominikus Debler,
die in seinen Aufzeichnungen über das Wirtschaftsgeschehen im 18. Jahrhundert zu
erkennen ist, läßt sich teilweise mit zwei Ratsprotokollen erklären:

1. Der Magistrat der Stadt Gmünd informiert Dominikus Debler über die Schuleri-
sche Forderungssache gegen ihn von dem erlassenen Monitorium des Advokaten
Philip Muhl, Worms, damit D. Debler *seine Vernehmlaßung in acht Tagen bey-
bringe.*[34]

2. Der Magistrat verliest ein Klagschreiben des Tobias (K)Riesling, Kaufmann in
Nürnberg, über eine Schuldforderung von 241 Gulden 39 Kreuzer an Dominikus
Debler und beschließt, Debler vor das Schultheißamt zu *citieren und seine Erklärung
abzufordern auf was Art Er den Riesling zu befriedigen gedenke.*[35]

Die vor geraumer Zeit eingeleiteten Nachforschungen über Handelsbeziehungen im
18. Jahrhundert haben im Stadtarchiv und im Staatsarchiv Nürnberg, im Staatsarchiv
Venedig, im Stadtarchiv Zurzach/Schweiz keine Hinweise erbracht, daß zwischen
diesen Städten und der Reichsstadt Gmünd Handelsbeziehungen bestanden haben.
Anders das Ergebnis in Frankfurt/Main. Erstmals können hier tatsächliche Handelsbeziehungen mit Angabe der Handelshäuser und der von diesen angebotenen Erzeugnisse nachgewiesen werden:[36]

Arnold, Dominicus
(Strümpfe, Kappen, Garn)
1776
Auer, Franz
(Galanteriewarenfabrik)
1818
Bauer, Jakob
(Strümpfe u. Mützen)
1776, 1783

Bichler & Schwarzenberg
(Bijouterie- und Galanteriewarenfabrik)
1800, 1801, 1803, 1806, 1812, 1815, 1817, 1818
Bucher, Joh. Andr.
(Baumwollgarn)
1817, 1818
Bucher, Franz Anton
(Baumwollgarn)
1812, 1815, 1817, 1818

Botzenhardt, Ignatz
(Handel mit Galanteriewaren, baumwollene
Strümpfe und Kappen)
1783, 1787, 1788, 1791, 1794, 1799, 1800, 1801
Beisswenger, Georg Franz
(Strümpfe, gestrickte Mützen, Fuhrmannsmützen
etc.)
1775, 1776, 1788, 1791, 1794, 1799, 1800, 1801,
1803, 1806
Debeler, Jacob
(Baumwollgarn, Strümpfe u. Kappen)
1812
Debler Erben u. Mayer, Joh. Georg
(Gold- und Silberwarenfabrik)
1815, 1817, 1818
Deibler Wittib, Magdalena
(Handel mit Bijouteriewaren in falschen Steinen)
1788, 1791, 1794, 1799, 1800
Deible & Ott
(Handel mit Galanteriewaren)
1787, 1788, 1791, 1794, 1799, 1800, 1801, 1803,
1806
Feldner, Joh.
(Galanteriewaren)
1801, 1803, 1806, 1812, 1815, 1817, 1818
Flettner
(Baumwoll. Garn, Strümpfe, Kappen u. engl.
Nachtlichter)
1788, 1791, 1794, 1799, 1800, 1801, 1803, 1806,
1812, 1815, 1817, 1818
Franz, Augustin
(Handel mit baumwollene Strümpf u. Kappen)
1775, 1776
Franz, Xaver
(Galanteriewaren)
1788, 1794, 1799, 1803, 1806, 1812, 1815, 1817,
1818
Fritz, Gottl. Friedr.
(Baumwollengarn)
1815, 1817, 1818
Gentle, Joh. Adam (auch Gendele)
(Galanteriewaren)
1776, 1791
Gündle, J. A.
(Handel mit Silberwaren)
1783, 1787, 1791
Holbein, Franz
(Galanterie- und Baumwollwaren)
1788, 1791, 1794, 1799, 1800, 1801, 1803, 1806,
1812, 1815, 1817, 1818

Killinger, Benedict
(Gold-, Silber- und Semilowaren)
1817, 1818
Killinger, Maria Anna
(Galanteriewaren)
1800
Killinger, Joseph
(fabriziert alle Sorten Galanteriewaren)
1788, 1791, 1794, 1799
Köhler, Johannes
(hölzerne Pfeifenköpfe und Baumwollgarn)
1815, 1817, 1818
Kolb, Anton
(Galanteriewaren)
1818
Mayer & Comp., Franz Anton
(Bijouteriewaren in falschen Steinen, Strümpfe,
und Kappen u. a.)
1788, 1791, 1794, 1799, 1800, 1801, 1803, 1806
Mayer, Ignatius
(Bijouteriewaren in falschen Steinen u. a. baum-
wollene Strümpfe, Kappen, Garn u. dergl.)
1775, 1776, 1783, 1787, 1788, 1791, 1794, 1799,
1800, 1801, 1803, 1806
Memmhard, Franz
(Galanteriewaren)
1776
Messerschmidt, Anton
(Baumwollgarn und gestrickte Waren)
1812, 1815, 1817, 1818
Reis, Michael
(Galanteriewaren)
1788, 1791, 1794, 1799
Reismüller, Joh.
(Alle Gattungen Pfeifenköpf u. Nürnberger
Waare)
1776
Riss, Johann Philipp
(Strümpfe, Kappen, Garn)
1776, 1783
Romerio, Joseph
(Bijouterie- u. Galanteriewaren eigener Fabrik,
Lederhandschuhe, Strümpfe, Mützen und Garn)
1806, 1812, 1815, 1817, 1818
Rudolph Christoph
(Baumwollene Strümpf und Kappen)
1776, 1783
Rudolph, Lorenz
(Baumwollene Strümpf und Kappen)
1776

Schleicher, Gebrüder
(Bijouterien in falschen Steinwaren)
1787, 1788, 1791, 1794, 1799
Sernat, Joh. Bapt.
(Baumwollgarnfabrik)
1812, 1815, 1817, 1818
Stahl, Georg Franz
(Bijouterie- u. Quinquaillerie-Waren)
1818
Stahl, Franz Xaveris
(Bijouterie- u. Galanteriewaren in Gold u. Silber)
1787, 1788, 1791, 1794, 1799, 1800, 1801, 1803,
1806, 1812
Twerdy, Joh.
(gestrickte Strümpfe und Kappen)
1791, 1794

Vorlinger, Caspar
(Baumwollgarn)
1815, 1817, 1818
Vötter, Johann
(Bijouteriefabrik)
1801, 1803, 1806, 1812, 1815, 1817, 1818
Weber, J. B.
(Gold- Silber- u. Semilorwaren)
1817, 1818
Weidmann, Dominicus
(Handel mit baumwollenem Garn, Mützen u.
Strümpf)
1776
Weithmann Erben, Dominicus
(Baumwoll- und Galanteriewaren)
1787, 1788, 1791, 1794, 1799, 1800, 1801, 1803,
1806, 1812, 1815, 1817, 1818

Mehr als die Hälfte der Messeteilnehmer aus der Reichsstadt bot in den Jahren von
1773 bis 1818 Baumwollwaren allein oder zusammen mit anderen Erzeugnissen in
Frankfurt/Main an. Überwiegend handelte es sich um wollene Strümpfe, gestrickte
Mützen, Fuhrmannsmützen, Kappen, Handschuhe, Garne usw. In der für die
Reichsstadt Schwäbisch Gmünd wichtigsten Messestadt Frankfurt waren etwa ab
1770 bis um 1820 nicht mehr Gold- und Silberwaren die dominierenden Handelsarti-
kel, sondern Woll- und Baumwollprodukte.

1808 nahmen folgende Kaufleute aus Schwäbisch Gmünd an der Messe in Regensburg teil:[37]

Storr Joseph Anton, Handel mit Gold- und Silberfabrikaten; verkauft seine Ware in
der Residenzstraße.

Geiger Leopold, Galanteriehändler; logiert im Wilden Mann und verkauft seine
Ware am Stand Nr. 31 bei der Hauptwache.

Deubeln Ignaz, Galanteriehändler en gros; logiert im Grünen Kranz und verkauft
seine Ware am Stand Nr. 19 bei der Hauptwache.

Steb Bernhard, Galanteriehändler; logiert im Türken und verkauft seine Ware am
Stand Nr. 45 bei der Neupfarrkirche.

Botzenhart Xaver, Krämer; logiert im Türken und verkauft seine Ware am Stand
Nr. 59 beim Augustinerkloster.

Bereits mit dem Privileg von 1333 hatte Kaiser Ludwig der Deutsche den Städten
Nürnberg und Schwäbisch Gmünd gegenseitige Zollfreiheit gewährt, ein Privileg,
das die Städte untereinander immer wieder erneuerten. Gmünd hatte damit das
Recht, Waren auf der Nürnberger Messe anzubieten und abzusetzen, ohne Abgaben
entrichten zu müssen.

1723 erhielt der Kaufmann Josef Daser aus Nürnberg von Zar Peter die Genehmigung, Bijouteriewaren nach Rußland einzuführen. Daser besaß gute private wie auch geschäftliche Verbindungen zur Reichsstadt Schwäbisch Gmünd. Viele der in Rußland angebotenen und verkauften »Nürnberger Waren« wie Ringe, Hemdenknöpfe, Teelöffel, Perlen usw. stammten aus Schwäbisch Gmünd.[38] Die Bereitschaft der Gmünder Handelshäuser, mit Geschäftspartnern aus südlichen Ländern Kompensationsgeschäfte einzugehen, war sicher für die guten und gesunden Geschäftsverbindungen, neben der soliden Qualität der Gmünder Erzeugnisse, ausschlaggebend. Für die exportierten Gmünder Schmuckwaren importierten die Handelshäuser als »Gegenware« Gewürze, Seide, Weine, Baumwolle usw. Der Beweis für diese guten und engen Handelsbeziehungen muß in der bezogenen, in Schwäbisch Gmünd verarbeiteten Baumwolle und den in Frankfurt/Main abgesetzten Fertigwaren gesehen werden. In den Nord- und Ostgebieten wie Preußen, Sachsen, Berlin, Leipzig, Magdeburg und auch Bayern überwog der Handel mit dem in Filigran gehaltenen Trachtenschmuck. Bayern, Österreich und die Schweiz waren hier mit Abstand die Hauptabnehmer. Mit diesem Trachtenschmuck war es den Gmünder Herstellern gelungen, die im Rahmen der Feingehaltsbestimmungen gefertigten Spangen, Haken, Schließen, Ketten und Knöpfe bürgerlichen Kreisen zugänglich bzw. erschwinglich zu machen. Der Absatz erreichte mit dieser breiten Käuferschicht seinen Höhepunkt.[39] Die Jahre der Hochkonjunktur bis etwa um die Mitte des 18. Jahrhunderts brachten der Reichsstadt Schwäbisch Gmünd einen beachtlichen Wohlstand, der, bedingt durch den Export, einen von europäischen Handelshäusern beeinflußten Lebensstil prägte.[40] Das Gewerbe der Gold- und Silberschmiede war mit ihrem Schmuckhandwerk auf dem besten Wege, sich zur Schmuckwarenindustrie zu entwickeln. Die auf Massenproduktion ausgerichtete breite Produktpalette ließ umfassende internationale Handelsbeziehungen entstehen. Nahezu ein Jahrhundert lang verfügte die Reichsstadt Schwäbisch Gmünd von allen anderen Reichsstädten des Schwäbischen Kreises über die am weitesten reichenden Exportaktivitäten.[41]

### Absatzorganisation — Handelshäuser

Einen direkten Verkauf, also Hersteller an Verbraucher, gab es nur wenig auf den hiesigen Märkten und durch Hausierer in den umliegenden Dörfern und den nächsten Städten. Der Vertrieb blieb den, wie sie sich selber nannten, Handelshäusern vorbehalten. Deshalb hatten die Hersteller keinen direkten Kontakt zum Käufer und zum Markt. Sie konnten deshalb auch die Produktgestaltung nicht den Bedürfnissen und Erscheinungen am Markt anpassen, Marktlücken erkennen und allen Gegebenheiten und Veränderungen mit der geeigneten ökonomischen Strategie begegnen.

Das Gewerbe, besonders das Schmuckgewerbe, war allein schon wegen der geographischen Lage auf den Handel und die Handelshäuser angewiesen. Bis zur Mitte des 18. Jahrhunderts, als in den Zeiten der Hochkonjunktur die Gold- und Silberschmiede noch das Geschehen diktierten, baten die Händler um Belieferung und bezahlten ohne Widerrede den verlangten Preis. Dies verschloß den Herstellern den unternehmerischen Weitblick. Sie hielten andere Absatzwege als über den Händler für nicht erforderlich.[42] Immer dann, wenn die Geschäfte bei den Handelsherren schlechtgingen, bekamen die Gold- und Silberschmiede, aber auch die Bürger der Stadt, die Abhängigkeit zu spüren. Die Händler kannten ihre Position, bauten sie aus und setzten sie über die der Hersteller. In solchen Zeiten führten die Händler einen »Zahlungsverkehr« ein, der nicht dazu angetan war, das Geschäft zu beleben. Für die gelieferten Erzeugnisse erhielten die Schmiede kein Geld, sondern ebenfalls Ware. Ob nun diese »Gegenware« (Obst, Gemüse, Fische in großen Mengen) gebraucht oder verwendet werden konnte, interessierte den Händler nicht.[43] Ein solcher »Zahlungsverkehr« unterbrach den normalen Wirtschaftskreislauf zugunsten der Handelsherren und zum Nachteil der Handwerker. Eine Möglichkeit, aus dieser Abhängigkeit herauszukommen, gab es nicht. Der monetäre Rückstrom endete bei den Handelsherren. Mittel zum Einkauf von Rohstoffen standen dem Handwerk nach und nach immer weniger zur Verfügung. Der Rohstoffmarkt, kontrolliert von den Handelsherren, nahm die erhaltene »Gegenware« nicht in Zahlung. Mit Investitionen dieser Umklammerung zu begegnen, hätte kurzfristig Erfolg gezeitigt, aber auch hierzu fehlten die Mittel.

Zwei Namen aus dem Kreis der Handelshäuser waren mit der Entwicklung der Wirtschaftsgeschichte der Reichsstadt Schwäbisch Gmünd untrennbar verknüpft, Stahl und Debler. Als führendes Unternehmen kam das Stahlsche Haus zu enormem Reichtum, der mit der Anlegung eines besonders luxuriösen Gartens und dem Besitz mehrerer Häuser seinen Höhepunkt erreichte. Die sehr große Familie lebte weit über ihre Verhältnisse. An der Höhe der Schulden konnte man die einstige Bedeutung dieses Hauses noch ablesen.[44] Nicht viel anders, wenn auch nicht in gleichem Ausmaß, erging es dem Deblerschen Handelshaus, das nach Augsburg übersiedelte und in Schwäbisch Gmünd nur eine Filiale zurückließ.[45] Gegenüber diesen beiden Handelshäusern waren alle anderen, die sich einen derartigen Namen gaben, insofern bedeutungslos, als sie keine Reichtümer sammeln und vererben konnten. Diese kleinen »Ein-Mann-Handelshäuser«, bei denen der Inhaber selbst im Planwagen mit einem Pferd über Land von Messe zu Messe fuhr, traten selten in Erscheinung, es sei denn bei ihren Kunden. Den Handwerkern war es so nicht zu verdenken, daß sie ihre Ware den großen Handelshäusern mit den weitreichenden Beziehungen anvertrauten, auch wenn sie sich bewußt oder unbewußt in ein unlösbares Abhängigkeitsverhältnis einlassen mußten.

Versuche, durch die Fusion zweier Handelshäuser dem schlechten Geschäftsgang entgegenzuwirken und dem Sog des Niedergangs zu entgehen, brachten keinen Erfolg. Derartigen Unternehmensformen fehlte das erforderliche Kapital, das heißt, kein Handelshaus war bereit, das nötige Geld zur Verfügung zu stellen. Niemand wollte die bisherige »standesgemäße Lebensweise« aufgeben oder einschränken. Streitereien über die Verteilung des Gewinns führten bei eingegangenen Firmenzusammenschlüssen häufig wieder zur Trennung.[46]

### Konkurrenzverhältnisse – Wettbewerbsfähigkeit

Mittelpunkt und wichtigster Umschlagplatz der Gmünder Erzeugnisse war nicht die Reichsstadt selber, sondern die Messestadt Frankfurt a. Main. Außer Schwäbisch Gmünd zählten noch Hanau und ab 1767 auch Pforzheim zu den am Schmuckwarenmarkt teilnehmenden namhaften Konkurrenten. Um die Jahrhundertwende lag die Goldschmiedezunft in Pforzheim noch an siebter Stelle. Sie bahnte sich jedoch in den folgenden Jahrzehnten durch eine rapide Entwicklung einen Weg in aussichtsreiche Positionen.[47] Anfängliche Mißerfolge glichen die reichlich gewährten Subventionen des Staates aus. Hierzu müssen auch die Arbeitskräfte des Waisenhauses gerechnet werden, die dem Bijouteriegewerbe unentgeltlich zur Verfügung standen.

Die Verbindung mit dem Fiskus wurde 1775 in Pforzheim gelöst, der Weg für private Unternehmen war frei.[48] Hanau, begünstigt durch die geringere Entfernung zur Messestadt Frankfurt, war und blieb ein sehr ernstzunehmender Konkurrent. Für Schwäbisch Gmünd aber war die Entfernung in die Rhein-Main-Metropole ein beachtlicher Nachteil, der nie ausgeräumt werden konnte. Dennoch nahm die Reichsstadt bis zur Mitte des Jahrhunderts einen ungefährdeten Platz unter den Messeteilnehmern ein. Zur inländischen kam nach und nach auch die ausländische Konkurrenz. Frankreich und die Schweiz, deren Erzeugnisse sehr gefragt waren, eroberten sich in kurzer Zeit erhebliche Marktanteile.[49]

Die Reichsstädte, darunter auch Schwäbisch Gmünd, verhielten sich in ihren unzähligen Dekreten meist industriefeindlich. Die Auswirkungen auf die Wettbewerbsfähigkeit der heimischen Unternehmen waren negativ.[50] Die nachfolgenden Dekrete des Magistrats zu Schwäbisch Gmünd geben einen Einblick in die damalige Situation und lassen erkennen, wie hilflos das gesamte Gewerbe dem Magistrat ausgeliefert war. Fast alle Professionen in den Zünften wandten sich schutzsuchend mit Bittschriften an die Obrigkeit. Der Streit zwischen den Handelsleuten und den Kaufleuten, der Streit beider mit der Obrigkeit, all dies war nicht dazu angetan, die Wettbewerbsfähigkeit zu fördern.[51]

1742–April–26

Memorial der Gmünder Kaufmannschaft an den Rat wegen des Dekretes, nur eine Profession treiben zu dürfen.

1746–Februar–15

Memorial der Gmünder Nagelschmiede an den Magistrat, betreffend das Recht, Nägel zu verfertigen.

1746–Juni–28

Den Oberachtmeistern der Zünfte wird wiederholt und zum letzten Male aufgetragen, innerhalb ihrer Zünfte zu publizieren, daß kein Bürger zwei Professionen treiben solle.

1748–Juli–2

Der Ober- und Mitausschuß der Goldschmiedeprofession reichen beim Bürgermeister und Rat der Stadt Gmünd eine Bittschrift ein. Der Magistrat möge aus seinem Dekret über die Verarbeitung von 13lötigem Silber diejenigen Punkte streichen, die nicht nur die Goldschmiede, sondern auch das Gemeinwesen ruinieren. Seit alten Zeiten ist es den Goldschmieden erlaubt, neben dem Probmäßigen auch aus geringerem Schrott kleinere Waren herzustellen, die in unterschiedliche Länder ausgeführt werden. Diese Waren werden nun an kleineren und größeren Orten von Goldschmieden hergestellt, die auch jede andere Ware machen. Sie fügen unseren Handelsleuten, die nur 13lötiges Silber verarbeiten, großen Schaden zu . . .!

1749–Juni–26

Memorial sämtlicher Sailer zu Gmünd an den Magistrat in Handwerkssachen. Das Handwerk ist mit 28 Werkstätten übersetzt.

Um 1750 (ohne Datum)

Bittschrift der Gmünder Handelsleute wegen der Verwirklichung der kaiserlichen Rezesse.

1753–Oktober–17

Erneute Streitigkeiten zwischen dem Gmünder Magistrat und der Bürgerschaft wegen der Änderung des bisher geltenden Stadtrechts bezüglich Besetzung des Rates, dessen Besoldung in Geld und Naturalien, Festsetzung der Kanzleitaxe, die Stellung der Handelsleute, Goldschmiede, Handwerker, Kleinhandwerker, Krämer, Kaufleute, Wirte, Festsetzung des Silbergehaltes, Steuerwesen, Behandlung der Schuldner und Gläubiger.

1754–Juni–6

Extrakt des reichsstädtischen Gmündischen Ganzen-Rats-Protokolls vom 6. Juni

1754, betreffend Differenzen zwischen den Rotgerbern und den Schuhmachern wegen Verkauf des sogenannten Pfund-Leders. Die Schuhmacher dürfen kein rotes Leder und kein Miederleder verkaufen. Wenn jedoch zwei, drei oder vier Schuhmacher mehrere Häute zum eigenen Gebrauch kaufen wollen, solle ihnen dies erlaubt sein.

1758—August—29
Dekret des Gmünder Magistrats betreffend Entscheid und Ordnung zwischen den miteinander in Streit geratenen Kaufleuten und Handelsleuten.

1760—Mai—6
Dekret des Senats, daß in Zukunft keinem Bürger erlaubt sein soll, sich ohne Genehmigung des Magistrats in Handelsgeschäfte einzulassen oder eine in die Fremde führende Handlung anzumaßen.

1760—Mai—6
Verordnung gegen Mißbrauch im Handelswesen.

1766—März—6
Dekret des Rates an die Goldschmiedeprofession gegen den eingerissenen Mißbrauch, daß verschiedene Gattungen von Steinwaren und insbesondere steinerne Schnallen in englisch Zinn von einigen Handelsleuten an auswärtigen Orten vertrieben werden.

1766/1767
20 Aktenstücke über die von Franz Achilles Stahl, Oberachtmeister der Kaufleute und Krämerzunft, in seinem, seiner Hausfrau und Söhne Namen gegen den Gmünder Handelsstand und Konsorten wegen »höchst anzüglicher Beschuldigungen« beim Gmünder Magistrat vorgebrachten Klage mit Ausführungen über das Gmünder Postwesen.[52]

Die hier aufgeführten Dekrete stammen aus der Zeit, in der die Handelsgeschäfte ihren Höhepunkt erreicht hatten. In den folgenden Jahrzehnten wirkten sich die unzähligen Dekrete hemmend auf die wirtschaftliche Entwicklung aus. Bereits in diesen Jahren zeigten sich die ersten Auswirkungen der veränderten Konkurrenzverhältnisse und der schrumpfenden Wettbewerbsfähigkeit. Erste, aber ernste Anzeichen beginnender Arbeitslosigkeit konnten bei Silbervisitationen festgestellt werden. Einzelne Unternehmen verpfändeten Haus, Hof und Grundstücke, um den drohenden Niedergang verzögern und hinausschieben zu können.

1748—Mai—10
Die Silbervisitation am 10. Mai 1748 wurde bei folgenden Handwerkern durchgeführt:

Anton Rudolph stellt Tabakdosen her. Konrad Mayers Witwe macht Grätz aus, Johannes Schedel alt hatte weder Silber noch Arbeit. Er sagte, mit 13lötigem Silber könne er nicht handeln. Bei Franz Riedmüller war das Silber gut. Johannes Mayer war nicht zu Hause. Seine Frau sagte, er habe schon über 14 Tage keine Arbeit. Bei Alois Weittmann, der gefaßte Steinware machte, war lauter Fein-Silber. Bei Joseph Adi war das Silber gut probehaltig. Jakob Gündlen machte Gefäße. Das Silber war gut probemäßig. Jakob Weittmann hatte keine Arbeit. Wenn man die Arbeit nicht von 13lötigem Silber mache, müsse man verderben. Joseph Fuchs hat weder Silber noch Arbeit. Bei Sebastian Pfister war das Silber gut. Joseph Weittmann arbeitete mit Messing. Er könne solche Arbeit nicht von Silber herstellen. L. Weittmanns Witwe auf dem Entengraben hatte ziemlich viel Schnallenware auf dem Brett, das probehaltig war. Johannes Hollbein war nicht zu Hause. Er habe auch keine Arbeit. Johannes Urban war ebenfalls nicht zu Hause. Anton Hertzer hat keine Arbeit. Balthasar Hollbein hat keine Arbeit. Dominikus Mayhöffer ist in Augsburg. Er hat keine Arbeit. Bei Anton Melber war das Silber gut. Joseph Scheedel machte Knöpfe. Das Silber war probehaltig. Michel Fischer kam erst nach Hause. Er arbeitet noch nicht. Bei Rosa Fischer waren die Tabaksdosen probefähig. Bei Johann Georg Heberle, Steinarbeiter, war das Silber fein. Johannes Weittmann war nicht zu Hause. Er hat keine Arbeit. Florian Abele war nicht zu Hause und hat schon über acht Tage nicht gearbeitet. Bei Kaspar Mayer war das Silber gut. Joseph Straubenmüller hat keine Arbeit. Joseph Dreher arbeitet mit Messing. Franz Hollbein kann nicht bestehen, ohne einen Spitzbuben aus ihm zu machen. Mit 13lötigem Silber bekomme er keine Arbeit. Er habe geglaubt, man werde ihm den Stahl visitieren. Bei Joseph Seitz war lauter fein Silber. Michael Mayhöffer war nicht zu Hause. Er hat keine Arbeit. Joseph Seiffert sei unpäßlich und könne schon über acht Tage nicht arbeiten. Bei Johannes Gündlen war das Silber gut. Bei Balthasar Hollbein alt war es ebenfalls gut. Bei Georg Gündle war Fein-Silber. Visitation am 11. Mai 1748? Jakob Mayhöffer habe keine Arbeit. Von Augsburg ist ihm ziemlich viel Arbeit angeboten worden, könne sie aber nicht annehmen und habe das Silber zurückgegeben. Johannes Forstner arbeitet schon zehn Tage nichts. Bei Joseph Killinger war das Silber gut. Bei Johannes Eisele ebenfalls. Bei Michael Gündlen fein. Bei Georg Franz Rieggert gleichfalls fein. Bei Franz Adi probehaltig. Anton Gündlen arbeitet von Messing. Michael Weittmann war nicht zu Hause und hat keine Arbeit. Lorenz Rauscher hat schon lange keine Arbeit. Bei Kaspar Sekhele war das Silber gut. Bei Johannes Lindle habe man das ihm zum Verarbeiten gegebene Silber wieder abgeholt. Müsse daher müßig gehen. Johannes Blattner war nicht zu Hause. Hat keine Arbeit. Philipp Herrligkoffer war nicht zu Hause. Johannes Mayhöffer hat keine Arbeit. Das im Hause gehabte Silber habe man wieder abgeholt. Wenn nichts anderes verordnet wird, müsse er verderben. Bei Johann Georg Gündlein war das Silber fein. Bei Peter Gündlein sel. Witwe ebenfalls.

1755—Juni—18

Augustin Deibele, Bürger und Handelsmann zu Gmünd, stellt dem Stettmeisteramt zu Gmünd einen Schuldschein über 1500 Gulden aus, zu fünf Prozent zu verzinsen, und verpfändet dafür *seine Behausung am Thürlensteg, neben dem Haus des Kanzlisten Killinger und der gemeinen Straß gelegen.*

1756—Dezember—13

Johannes Ziegler, Bürger und Bäcker zu Gmünd, stellt dem Stättmeisteramt einen Schuldschein aus über 300 Gulden mit vier Prozent zu verzinsen und verpfändet dafür seine Behausung, Scheuer und Gärtlein dabei auf dem Kalten Markt sowie ein Krautland vor dem Schmiedtor.

1758—Juni—9

Joseph Schreieck, Bürger und Handelsmann zu Gmünd, und seine Ehefrau Maria Johanna Schreieck, stellen der Stadtkammer zu Gmünd einen Schuldschein aus über 1000 Gulden und versprechen, die Summe bis nach der Frankfurter Herbstmesse zurückzuzahlen, und verpfänden dafür ihr bewegliches und unbewegliches Vermögen.

1758—November—11

Georg Kratzer, Bürger und Schmied zu Gmünd, stellt dem Stettmeisteramt einen Schuldbrief über 150 Gulden aus, mit 7½ Gulden jährlich zu verzinsen, und verpfändet dafür seine Behausung in der Josenvorstadt neben Jakob Killingers Haus gelegen.

Bereits Ende der vierziger Jahre gab es in der Reichsstadt über 40 Goldschmiede, die ohne Aufträge waren und die sich wegen des erwähnten »Zahlungsverkehrs« keine Rohstoffe mehr kaufen konnten. Handwerker und Handelsleute verpfändeten ihr Eigentum in der Hoffnung, mit dem Erlös den wirtschaftlichen Engpaß überstehen zu können. In dieser Situation waren die starren Zunftordnungen, die ein flexibles unternehmerisches Engagement nicht zuließen, ein weiteres Hindernis, die Wettbewerbsfähigkeit gegenüber einer stärkerwerdenden Konkurrenz wieder herzustellen. Sie verhinderten ferner, mit einer rechtzeitigen Strukturveränderung dem sichtbar werdenden wirtschaftlichen Niedergang entgegenzuwirken. Die Gleichgültigkeit des Magistrats gegenüber dem um Schutz vor »ausländischen« Konkurrenten nachsuchenden Gewerbe hatte ebenfalls schlimme Folgen für das Handlungsgewerbe, die Gold- und Silberschmiede, aber auch für das gesamte übrige Handwerk.[53] Der Niedergang des Schmuckgewerbes beschleunigte sich, als Österreich in der zweiten Hälfte des 18. Jahrhunderts aus merkantilistischen Erwägungen die Einfuhr dieser Schmuckartikel mit hohen Zöllen belegen ließ. Diese Zollverordnung traf Schwäbisch Gmünd um so härter, als Österreich zu den Hauptabnehmern zählte. Der Preis der Ware stand in keinem Verhältnis mehr zu deren Wert. Einer rapiden

Abnahme des Exportgeschäftes folgte in der Reichsstadt eine stetige Zunahme der Arbeitslosigkeit. Nach dem totalen Einfuhrverbot von 1784 war Österreich als Absatzgebiet ganz verloren. Die Auswirkungen auf das Gewerbe, den Handel und die gesamte Bürgerschaft waren katastrophal. Keines der in der Reichsstadt ansässigen Gewerbe konnte die zahlreichen Arbeitslosen aufnehmen und weiterbeschäftigen.[54] Franz Xaver Debler vermerkte am Ende des Jahres 1784: *Dies Jahr geschah das für das ganz übrige Teutschland so nachtheilige Geboth keine ausländischen Waaren mehr auf 6 Jahre lang in die österreichischen Landen führen zu darfen . . ., was wird erst geschehen nach dem Verboth?*[55]

## Preise und Preisentwicklung, Teuerung

Im 18. Jahrhundert bewegte sich die Preisentwicklung in einer Wellenlinie stetig nach oben. Abwechselnd stieg oder fiel der Preis für Brot, Schmalz oder Korn.

| Jahr | Viertel Hafer | Viertel Dinkel | 1 Pfd. Schmalz | Eier | Laib Brot | Viertel Korn | Maß Wein | Ochsen-fleisch | Schweine-fleisch | Kalb-fleisch | Kar-toffeln |
|------|------|------|------|------|------|------|------|------|------|------|------|
| 1634 | 25½ k | 36 k | 10 k | 5 St. 2 k | | | | | | | |
| 1684 | 13 k | | | | | | | | | | |
| 1701 | | | | | 10 k | 48 k | 8−20 k | | | | |
| 1706 | | | | | 7 k | 36 k | | | | | |
| 1708 | | | | | 7 k | 32 k | 5−20 k | | | | |
| 1709/I. | | | | | 11 k | 1 fl | | | | | |
| 1709/II. | | | | | 12 k | 1 fl 8 k | 10−20 k | | | | |
| 1711 | | | | | 12 k | 1 fl 8 k | 10−20 k | | | | |
| 1712 | | | | | 6 k | 1 fl 10 k | 6−10 k | | | | |
| Dez. | 20 k | | 9 k | | 14 k | 1 fl 20 k | 5−20 k | | | | |
| 1713 | | | 9 k | | 16 k | 1 fl 32 k | 6−20 k | | | | |
| 1715 | 12 k | | | | 8 k | 42 k | 10−20 k | | | | |
| 1766 | | | | | 19 k | | | | | | |
| 1771 | | | | | 30 k | 5−6 fl | | Franz Xaver Debler: 5 fl 15 k | | | |
| 1785 | | | 20−22 k | | 18 k | 7 k | | 7½ k | 8 k | 6½ k | 40 k |
| 1789 | | | | | 22 k | | | | | | |
| 1790 | | | 22 k | 3 St. 4 k | 19 k | | | 7½ k | 10 k | 6 k | |
| 1791 | | | | | 15 k | 1 fl 12 k | | 7 k | 8 k | 6 k | |
| 1793 | | | 25 k | | 15 k | 1 fl 24 k | | | | | |
| 1795 | | | | | 25 k | 2 fl 40 k | | 9 k | | | |
| 1796/I | | | 40 k | 1 St. 2 k | 20 k | | | 12 k | 14 k | | |
| 1796/II | | | 32 k | 3 St. 4 k | | | 40−48 k | | | | |
| 1800 | | | | | 22 k | | | | | | |

fl = Gulden    k = Kreuzer

Über die um 1770 beginnende Teuerung schrieb der Chronist: *Die Fruchtpreise stie-*
*gen dieses Jahr noch immerhin, ja die Zufuhr in die Fruchtschranne hörte nach und*
*nach gänzlich auf. Die Früchten mußten zuletzt sogar aus Holland mit großen Kösten*
*und Aufwand herbeigeschaft und eingekauft werden, sonst wäre der Hunger bei*
*schlechten und gemain Leuten unvermeidlich gewesen.*[56]
Eine rasch zunehmende Verbesserung in der Versorgung brachte die 1775 zum
Anbau eingeführte Kartoffel.[57] Eine weitere Nahrungsquelle beschreibt der Chronist
lakonisch so: *... gab es viel Jagdliebhaber (Wilderer), es sind auch einige ziemlich*
*übel zukommen, indem Württemberg sehr stark darauf siehet ...*[58]


## Auswanderung Gmünder Goldschmiede nach Österreich

Arbeitslosigkeit, Hunger und die Sorge um die ungewisse Zukunft, aber auch Ver-
bitterung mögen die bestimmenden Gründe gewesen sein, die um 1784 bis 1786
zahlreiche Goldschmiede bewogen, nach Österreich auszuwandern, um sich dort
eine neue Existenz aufzubauen. Die erwähnten merkantilistischen Bestrebungen des
Kaiserhauses ließen besonders die Niederösterreichische Regierung derartige Ein-
wanderungsgesuche befürworten. Genehmigte Gesuche konnten mit großzügiger
finanzieller Hilfe und Unterstützung durch das Kaiserhaus rechnen. Ohne Kommentar und nur in kurzen Bemerkungen hielten die Chronisten die Auswanderung
fest: *1785 am 19. Oktober sind gegen 50 Menschen lauter Goldschmiedsleute naher*
*Wien hintergezogen um daßelbst Arbeit zu bekommen.*[59] In der Pfarrchronik von
1827 ist vermerkt: *1786 Mai 13 wanderten wieder 60 Goldschmiede nach Wien aus.*[60]
Nur wenige dieser Auswanderer werden in dem umfangreichen Schriftwechsel zwischen der Regierung Niederösterreichs und der Hofkanzlei erwähnt. Der nunmehr
vor genau 200 Jahren entstandene Schriftwechsel liegt in über 140 Kopien dem Stadtarchiv vor und enthält überwiegend Anträge auf finanzielle Unterstützung zur
Fabrikeröffnung, angeforderte und erstellte Gutachten, bewilligte und abgelehnte
Gesuche wie Anträge auf steuerliche Erleichterung.
Bach, Anton, Bürger zu Ofen (Ungarn) und ehemaliger Handelsmann von Gmünd,
legt dem Kaiserhaus 1785 und 1786 mehrere Gesuche und Eingaben vor. Sein
Gesuch zur Errichtung einer *Schwäbisch Gmündner Waarenfabrik* mit Sitz in *Hint-*
*zing ohnweit Schönbrunn* wird nach eingeholtem Gutachten genehmigt, wenn er die
Auflassung seiner Fabrik in Gmünd *gehörig nachgewiesen* hat. Bach betreibt sodann
eine *falsche Geschmuckfabrik*, dann eine *Papier- und Schubladenspiegelfabrik nach*
*Nürnberger Art.* Für Reisekosten der aus Gmünd geholten Arbeiter hat Bach bereits
1200 fl. (Gulden) aufgewendet. Er beabsichtigt, seine Fabrik zu erweitern und

Tabakspfeifenköpfe herzustellen. Sein Gesuch um Freigabe des mit falschen Papieren eingeführten und deshalb beschlagnahmten Kupferbleches hatte Erfolg. Sein weiteres Gesuch um Gewährung eines Vorschusses von 20 000 fl. zur Beschaffung geeigneten Fabrikgeländes erhielt folgenden Bescheid: Genehmigt 10 000 fl. als Vorschuß, 2000 fl. für die Bestreitung der Reisekosten der noch aus Gmünd zu holenden Arbeiter, ein Jahr zinsfrei, sodann mit dreieinhalb Prozent zu verzinsen und dann mit jährlich 1000 fl. zurückzuzahlen. Gerichtliche Vormerkung auf den ersten Satz (Hypothek) seiner in Ofen besitzenden Aralitäten. Die Schuldverschreibung über 6000 fl. seines Besitzes in Ofen wird anerkannt. Ende 1786 beschäftigt Bach in Hintzing bereits 41 Arbeiter. Seine Fabrik produzierte nicht in Ofen, Ungarn, wie bisher in Veröffentlichungen angenommen, sondern in Hintzing.[61]

Patriz Franz und Sohn, *Schwäbisch Gmünder Waarenfabrikanten* zu Währing. Im Februar 1786 legte Franz der Hofkanzlei ein Vorschußgesuch um 6000 fl. vor. Die Hofkanzlei vermerkte, daß Patriz Franz bereits 36 Personen beschäftige *mit allem Fleiß auch 26 davon aus Schwäbisch Gmünd mit nahmhaften Kösten bereits herbeigezogen*. Der Kaiser genehmigte 4000 fl. Das Haus des Franz mit einem Schätzwert von 7500 fl. wurde als ausreichende Sicherheit angesehen. Der Genehmigung ging aber die Verpflichtung des Franz voraus, *inländische Lehrlinge in dieser Fabrikaturs Gattung abzurichten*. 1786 richtete Franz weitere Gesuche um finanzielle Unterstützung an die Hofkanzlei. In einer Vorlage eines Gesuches an den Kaiser hob die Hofkanzlei hervor, daß Patriz Franz *der erste gewesen, der die Erzeugung dieser Waaren mit nahmhafter Einbuße seines eigenen Vermögens hier zu Lande gegründet habe ... und sich dabei den Unterricht der Landeskinder sorgsamst angelegen seyn lasse ... und eben befindet sich der älteste Sohn außer Landes um noch mehrere in verschiedenen Fabrikationsgattungen mangelnde Arbeiter an sich zu loken und herein zu bringen*. Der Kaiser bewilligte 500 fl. als Erstattung der »Reisekösten«. Zwischen Patriz Franz, der Regierung Niederösterreichs und der Hofkanzlei entwickelte sich in den folgenden Monaten ein umfangreicher Schriftwechsel. Es war der umfangreichste aller nach Wien ausgewanderten Goldschmiede.

In den bisherigen Veröffentlichungen über Patriz Franz wurde diesem unterstellt, er habe in Wien zur Tarnung den Decknamen Franz Patariz angenommen und geführt. Patriz Franz richtete unter diesem Namen Gesuche und Anträge an die Hofkanzlei und unterzeichnete korrekt mit seinem Namen. Für ein Pseudonym lag nie ein Grund vor. Noch 1801 bezahlte Patriz Franz in Gmünd zur Aufrechterhaltung seines Bürgerrechts 100 fl. an den Magistrat.[62] Die Umkehrung seines Namens erfolgte meist in der Hofkanzlei selbst, ohne Absicht und eben nur deshalb, weil zwei Vornamen häufig umgekehrt verwendet werden. Aus dem gesamten vorliegenden Schriftwechsel geht außerdem hervor, daß Patriz Franz in Wien Achtung genoß und vor allem in den Berichten des Fabrikinspektors Edler von Gapp, der als Gutachter der kaiserlichen Regierung tätig war, Lob und Anerkennung fand. Zu Beginn des Jahres 1787 drangen die ersten Nachrichten über die Herstellung von Wachsperlen in Frankreich nach Wien. Patriz Franz bot der kaiserlichen Regierung an, seinen Sohn unter anderem Vorwand zur Erlernung der Wachsperlenfabrikation nach Paris zu schicken, *um den wahren Kunstgrif auszuforschen.* Für diese Reise stellte er folgende Bedingungen:

1. einen Reisekostenvorschuß von 100 fl.,
2. ein Empfehlungsschreiben an K. K. Minister in Paris,
3. einen Kreditbrief über etliche hundert Gulden *zur Durchsetzung seiner Geschäfte,*
4. bei erfolgreichem Verlauf dieser Reise seinem Sohn eine angemessene Belohnung zu bewilligen.

Die Niederösterreichische Regierung unterbreitete, nach vorheriger Befragung des Fabrikinspektors Edler von Gapp, der Hofkanzlei den Vorschlag, dem nach Paris reisenden Sohn des Patriz Franz einen Reisekostenbetrag von 400 fl. und einen Kreditbrief über 600 fl. auszuhändigen. Diese Beträge hielten die Regierung und von Gapp dem zu erwartenden Erfolg gegenüber für gering und die Ausgabe für vertretbar. In dem Bericht an die Hofkanzlei hob die Regierung hervor, daß der Sohn des Franz ein *geschickter und thätiger junger Mensch* sei, *von welchem sich ein zweckmäßiger Erfolg anhoffen lasse.* Außerdem handle es sich bei Patriz Franz um einen schon seit mehreren Jahren in Wien ansässigen Fabrikanten, welcher zugleich als ein eifriger Patriot bekannt sei. Was die Regierung und von Gapp nicht wissen konnten, war die Tatsache, daß die Hofkanzlei im Einverständnis mit dem Kaiser einem Wachsperlenfabrikanten Boulan in Paris verschiedene Angebote für die Preisgabe der Wachsperlenfabrikation unterbreitet hatte. Kaiser Joseph II. verfügte, erst die Erklärung des Boulan abzuwarten.[63]

Stähle, Heinrich, Wien, Handelsmann und Fabrikunternehmer, richtete zwischen 1784 und 1787 mehrere Gesuche an die Hofkanzlei. Er bat um Unterstützung bei der Beschaffung eines Fabrikgeländes, um Befreiung der ausländischen Fabrikanten vom Soldatendienste und um Aufnahme in eine Zunft. Er bat ferner um die Erstattung von Einrichtungskosten und Transportspesen und um Gewährung weiterer finanzieller Unterstützung.[64]

Gutlederer, Christian, Wien, stellte am 10. Dezember 1784 den Antrag zur Eröffnung einer *Schwäbisch Gmünder falschen Geschmuckfabrik.* Die Genehmigung erteilte die Hofkanzlei am 23. Dezember des gleichen Jahres. 1786 bat Gutlederer um einen Vorschuß von 2000 fl. Dieses Gesuch wurde wegen ungenügender Sicherheit abgelehnt.[65]

Im Steuerbuch II von 1801 in Schwäbisch Gmünd versteuerten außer Patriz Franz noch folgende in Wien arbeitende Gmünder Goldschmiede ihr Bürgerrecht: Ignaz Buck, Franz Debler, Joseph Haaß und Xaver Schedel.[66]

## Abschließende Bemerkungen zur Wirtschaftsgeschichte

Der gestörte Wirtschaftskreislauf, die vom Handel erpreßten Einkaufspreise zur Erzielung höchster Gewinne beim Verkauf, die willkürliche Zahlungsart mit Naturalien verhinderten eine überlegte und objektive, an den Marktverhältnissen orientierte Anwendung der marktwirtschaftlichen Prinzipien. Langfristig konnte die gewerbliche Wirtschaft ein derartiges Geschäftsgebaren nicht verkraften. Die Einengung der gewerblichen Flexibilität, besonders im Schmuckgewerbe durch den Magistrat, die Zünfte und die Handelshäuser, mußte zusammen mit den merkantilistischen Bestrebungen in Europa und den internationalen Ereignissen und Veränderungen das angeschlagene Gewerbe in den letzten Jahren der Reichsstadtzeit zum unvermeidlichen Niedergang führen.

Eine Folge der von privaten Interessen angeheizten Wirtschaftspolitik war die um die Mitte des Jahrhunderts eingetretene Überbesetzung der Gewerbe und die damit einhergehende Überproduktion. Großzügig verlieh der Magistrat dennoch Meisterehren und Bürgerrechte, weniger um der Industrie zu dienen, wie er hoffte, sondern wegen der damit verbundenen Einnahmen. Die handwerksmäßig hergestellten Schmuckerzeugnisse für »jedermann« brachten der Stadt, dem Gewerbe und den Handelshäusern enormen Wohlstand. Niemand, weder Magistrat, Zünfte noch Handelshäuser, bemerkte die untrüglichen Zeichen eines wirtschaftlichen Rückganges. Schleichende Arbeitslosigkeit, vorübergehende oder endgültige Stillegung von Familienbetrieben, finanzielle Engpässe in der Rohstoffbeschaffung waren die ersten Schwierigkeiten, mit denen sich der Magistrat der Reichsstadt Schwäbisch Gmünd um 1750 ordnungspolitisch hätte befassen müssen. Eine dringend erforderliche Strukturänderung erfolgte nicht. Den Zusammenschluß mehrerer kleinerer Betriebe zu einem Großbetrieb verboten die Zunftordnungen. Mit Dekreten des Rates erfolgten weitere Einschnürungen handwerklicher Entfaltung. Jedes gefertigte Meisterstück mußte dem Rat zur Begutachtung vorgelegt werden. Außerdem verfügte der Rat, daß keinem Gesellen die Hochzeit erlaubt werden solle, wenn er nicht den Nachweis erbringe, daß er 100 Taler erspart habe. Ein Goldschmied durfte erst zwei Jahre nach der Hochzeit einen Lehrjungen annehmen und mußte nach dessen Ausbildung zwei Jahre warten, bis er wieder einen Lehrjungen einstellen konnte.[67]

Nachforschungen über die in Chroniken und bisherigen Veröffentlichungen angegebenen Handelsbeziehungen zu in- und ausländischen Messestädten im 18. Jahrhundert verliefen im Stadtarchiv Nürnberg, Staatsarchiv Warschau, Staatsarchiv Venedig, Stadtarchiv Bonn, Stadtarchiv Ansbach, Stadtarchiv München, Stadtarchiv Triest, Stadtarchiv Nördlingen, Stadtarchiv Mailand, Stadtarchiv Paris, Stadtarchiv Köln und im Staatsarchiv Bozen bis heute negativ. Dies ist schwer zu erklären. Daß in zwölf der von Chronisten aufgeführten Messestädten alle Unterlagen über die gleiche Sache und den gleichen Zeitraum verlorengingen, die Auskunft über Handelsbeziehungen zur Reichsstadt Schwäbisch Gmünd im 18. Jahrhundert hätten geben können, ist nicht anzunehmen. Eine Erklärung bietet sich darin an, daß die Kaufleute aus Schwäbisch Gmünd unangemeldet die üblichen Märkte und keine Messen besuchten und so mit den Behörden nicht in Berührung kamen. Generell ist dies aber nicht denkbar. Dies könnte allenfalls für die Reichsstadt Nürnberg zutreffen, wo die Kaufleute aus Schwäbisch Gmünd als Folge der verliehenen Zollfreiheit Waren verkaufen konnten, ohne Abgaben entrichten zu müssen. Mit Sicherheit aber besuchten Gmünder Handelshäuser und Kaufleute im 18. Jahrhundert keine Messen in Köln. Die Messen in der Domstadt gingen bereits in der ersten Hälfte des 15. Jahrhunderts ein und wurden erst 1924 wieder eröffnet.

In der Lagunenstadt Venedig, vom Chronisten ebenfalls als Messestadt für Gmünder Handelsleute genannt, hielten sich die deutschen Kaufleute im Fondaco dei Tedeschi auf. Von dieser Unterkunft aus wickelten sie ihre Geschäfte ab und nahmen schon vor 1474 die Mahlzeiten an zwei Tafeln ein. Zur Gruppe Regensburg und Schwaben gehörten die Städte Augsburg, Ulm, Biberach, Ravensburg, Konstanz, Wien, Enns, Linz, Gmunden, Salzburg, Laibach; zur Nürnberger Tafel zählten noch Köln, Basel, Straßburg, Speyer, Worms, Mainz, Frankfurt, Lübeck. Die Reichsstadt Schwäbisch Gmünd wird nicht erwähnt. Dagegen werden in einer Liste der Konsuln der deutschen Kaufmannschaft Johann Vidman und Matthäus Schmid 1623 bis 1625 als vermutlich aus Schwäbisch Gmünd stammend angegeben. Nach 1625 sind Namen aus der Reichsstadt Schwäbisch Gmünd nicht mehr feststellbar.[68]

Zu den genannten Städten lassen sich somit bis heute keine Handelsbeziehungen im 18. Jahrhundert nachweisen.

Ein Beweis der Handelsbeziehungen zu südlichen Ländern ist sicher die von dort eingeführte, in Schwäbisch Gmünd verarbeitete Baumwolle, deren Fertigprodukte in Frankfurt abgesetzt worden waren. Weitere Nachforschungen über Handelsbeziehungen in mehreren Städten des In- und Auslandes sind noch nicht abgeschlossen.

Während die Augsburger Goldschmiede im 17. und 18. Jahrhundert von inländischen Höfen, vom Petersburger Hof und vom österreichischen Hof bedeutende Aufträge erhielten für das »Churfürstliche Baierische Gold-Service« — erfolgte 1725 eine riesige Vorschußzahlung von 400 000 Gulden, und 1742 erfolgten weitere Zah-

75. Die Reichsstädte Nürnberg und Schwäbisch Gmünd händigten sich jährlich einen Goldgulden zur Erneuerung der Zollfreiheit »als altem Herkommen und Gebrauch nach« aus. Nürnberg, 19. Dezember 1768

76. Patriz Franz und Sohn, nach Wien ausgewanderte Gmünder Goldschmiede, haben als erste die »Erzeugung der schwäbisch Gmündner Waare« aufgenommen und mit gutem »Fortgang betrieben. Sie beschäftigen bereits 26 fremde Arbeiter und lassen sich die Abrichtung der Landeskinder sehr angelegen sein.« Wien, 1786

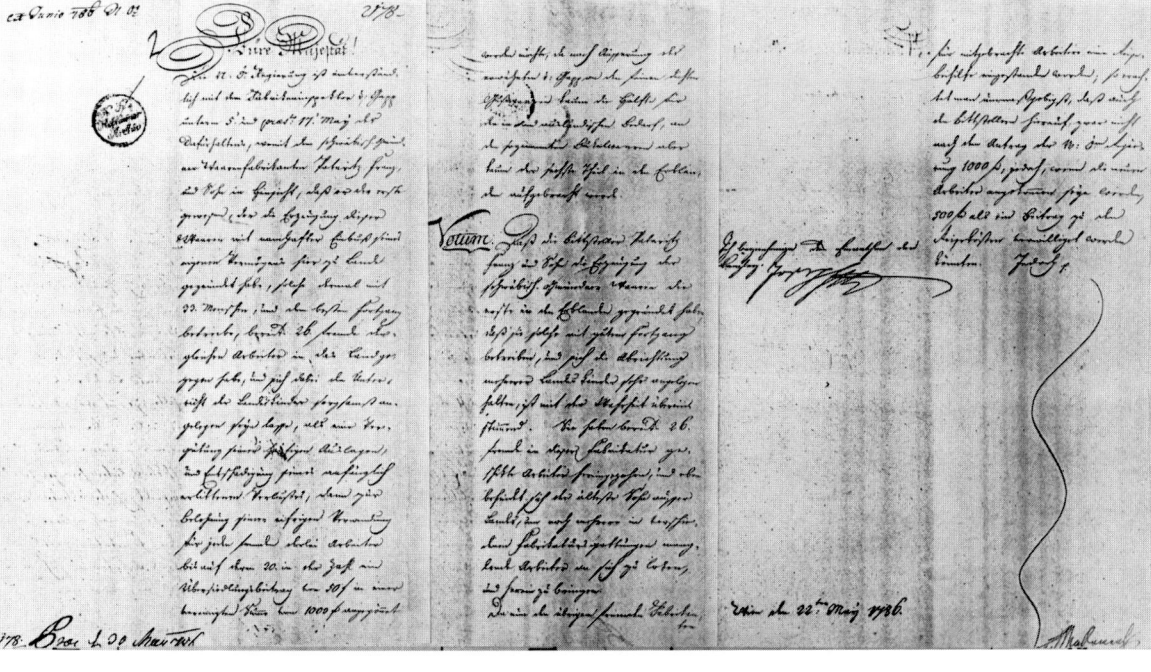

77. »Johann Jacob Rebmann, welcher sich vorhero Johann Andreas Döring genannt, wie er sich für einen Galanterie-Händler ausgegeben.« »Anonym, Actenmäßiger Verlauf, die von denen Wohledlen Stadt-Gerichten zu Leipzig, wegen verschiedener Erzdiebe und Räuber . . . ergangene Peinliche Untersuchung . . . betreffend.« Leipzig 1674, Kupferstich

lungen[69] −, beschäftigten sich die Schwäbisch Gmünder Goldschmiede erfolgreich mit der Herstellung von Schmuckwaren *aller* Art. In diesen Artikeln hatte Gmünd in den ersten Jahrzehnten des 18. Jahrhunderts keine ernstzunehmende Konkurrenz. Lediglich Hanau war als Konkurrenzstadt anzusehen, da diese Stadt die kurze Entfernung zur Messestadt Frankfurt voll ausnützte. Die wirksamste, gefährlichste und nachhaltigste Konkurrenz schafften sich aber diejenigen Goldschmiede selbst, die Silberwaren mit zu geringem Feingehalt herstellten und absetzten. Bis etwa zur Mitte des 18. Jahrhunderts konnten die Gold- und Silberschmiede nicht genug Schmuckwaren herstellen. Die Produkte waren begehrt und fanden reißenden Absatz, selbst in Augsburg. Händler und Handelshäuser übten lediglich eine Verteilertätigkeit aus.

Frühe Warnzeichen, wie sie bei der Silbervisitation zutage traten, nahmen die Zünfte, Handelshäuser und zum Teil auch die Hersteller nicht wahr oder ignorierten sie. Veränderungen am Markt und Marktlücken blieben dem Gewerbe verborgen. Mit dem zunehmend schlechten Geschäftsgang bekamen die Handelshäuser die bessere Position. Diese Position nutzten sie gegenüber dem Gewerbe nachhaltig aus. Die Unterbrechung des Wirtschaftskreislaufes war nur eine Frage der Zeit. Daß damit der Niedergang der Wirtschaft besiegelt wurde, störte die Handelshäuser nicht. Aus eigener Kraft eine Wende herbeizuführen, gelang dem Gewerbe nicht. Dies verhinderten die verwandtschaftlichen Verflechtungen von Magistrat, Zünften und Handelshäusern. Wie in vielen anderen Städten, in denen Gold und Silber verarbeitet wurden, gab es auch in Augsburg Goldschmiede, die die Feingehaltsbestimmungen zu umgehen versuchten.[70] Die Gmünder Goldschmiede stellten nicht mehr und nicht weniger Produkte mit einem zu geringen Feingehalt her als die Goldschmiede anderer Städte. Es ist aber naheliegend, daß bei der umfangreichen Angebotspalette der Gmünder Goldschmiede die Geringhaltigkeit zuerst entdeckt und somit ein Präzedenzfall für alle Zukunft geschaffen worden war. Nicht erwiesen ist aber, daß alle den Gmünder Goldschmieden zur Verarbeitung angebotenen und dann erworbenen Gegenstände aus Silber den erforderlichen Feingehalt auch hatten. Goethes Aversion gegenüber dem Dichter Kotzebue veranlaßte ihn zu dem Ausspruch: *Bist du Gmündisches Silber, so fürchte den schwarzen Probirstein, Kotzebue, sage, warum hast du dich nach Rom verfügt?*[71] Diese Bemerkung wird aufgewertet und überbewertet, wenn der Ausspruch nicht vollständig zitiert wird, was allzu häufig und bis in die jüngste Zeit hinein geschah. Mit Sicherheit wußte Goethe, daß in der Reichsstadt Schwäbisch Gmünd einwandfreies Silber zu wertvollen Kunstgegenständen verarbeitet worden war. Bei den geltenden Feingehaltsbestimmungen kam es immer auf die Argumentation an. Der Augsburger Goldschmied Faber erklärte, daß seine Erzeugnisse nicht nach dem Silbergewicht, sondern nach dem kunsthandwerklichen

Wert verkauft würden.[72] Parallel zu der Verbreitung von geringhaltigen Silber-
erzeugnissen kamen immer mehr falsche Münzen in Umlauf, zum Schaden der Wirtschaft. Ohne Skrupel »produzierten« kurfürstliche, markgräfliche oder andere adelige Münzwerkstätten falsches Geld:

1759 August 20
Patent des Kaisers Franz I. über das Verbot der geringhaltigen fürstlich Anhalti-
schen-Brandenburgischen Münzen.

1759 Oktober 19
Patent Kaiser Franz I. gegen die in der Heckenmünzstatt des Fürsten Aloysius zu
Öttingen geprägten Münzen.

1759 November 3
Patent Kaiser Franz I. gegen die von dem abgelebten Grafen Ernst zu Montfort ausgemünzten, in ihrem Gehalt zu gering befundenen Sechsteltaler.

1760 Januar 29
Patent Kaiser Franz I. gegen die in der Heckenmünzstatt der Reichsstadt Dortmund
ausgemünzten ⅙ Talerstücke, die im Gehalt zu gering und in der Stückelung
ungleich sind.

1760 März 27
Patent des Kaisers Franz I. gegen die vom Erbprinzen von Hessen-Darmstadt in seiner Grafschaft Hanau-Lichtenberg errichtete Heckenmünze und darin ausgemünzten geringhaltigen ⅙ Talerstücke.

1763 Juni 30
Dekret des Gmünder Senats gegen die Überhäufung mit den geringhaltigen Markgräfl. Bayreuthischen und Markgräfl. Ansbachischen neuen Kreuzerstücken.[73]

Mit ihrer Auswanderung nach Wien in den letzten 20 Jahren des 18. Jahrhunderts
schrieben die über 100 Goldschmiede ein besonderes Kapitel der Gmünder Stadtgeschichte. Für die meisten der Auswanderer bedeutete diese Fahrt eine Reise in die
Vergessenheit. Nur wenige Namen sind durch den damals geführten und noch erhaltenen Schriftwechsel mit der kaiserlichen Hofkanzlei überliefert worden. Was die
ehemals Gmünder Goldschmiede in Österreich nicht kannten, war Resignation. Mit
neuen Ideen und neuen Produkten setzten sie ihre in der Reichsstadt Schwäbisch
Gmünd abgebrochene und unmöglich gewordene berufliche Tätigkeit erfolgreich
fort. Im Jahre 1818, nachdem er über viele Jahre hinweg das Wirtschaftsgeschehen in
der Reichsstadt Schwäbisch Gmünd beobachtet hatte, veröffentlichte Johann Chrysostomus Mayer (1779–1854) seine »Ideen über den Verfall des Handels und der
Fabrikation von Gmünd und die mögliche Verbesserung derselben« (Mayer wollte
mit seinen »Ideen« sicher nicht den Verfall des Handels und der Fabrikation verbessern, sondern verhindern).

Nicht unbekannt dürften ihm die bis zu dieser und in dieser Zeit erschienenen Veröffentlichungen über Handel, Wirtschaftswissenschaften und Buchführung geblieben sein: Vom Beginn des 17. bis zum Beginn des 19. Jahrhunderts erschienen unter anderem folgende wichtige Veröffentlichungen:

Savary, Jacques (1622—1690). »Der vollkommene Kauff- und Handelsmann«, 1776.

Ludovici, Karl Günther (1707—1778). »Eröffnete Academi der Kaufleute oder vollständige Kaufmannslexicon, woraus sämtliche Handlungen und Gewerbe, mit all ihren Vortheilen und der Art, sie zu treiben, erlernt werden können.« 5 Bde. ab 1752. Ludovici führte in diesem »vollständigen Kaufmannslexicon« alle Handlungen und Tätigkeiten eines Kaufmannes auf. Johann Chrysostomus Mayer konnte, die bestimmenden Merkmale auf die Reichsstadt Gmünd bezogen, eindeutig festlegen, worauf der Niedergang des Gmünder Gewerbes zurückzuführen war.

Leuchs, Johann Michael (1763—1836). »System des Handels«, 1804.

In seiner Veröffentlichung schreibt Mayer über die von ihm erkannten Mängel und Mißstände im Wirtschaftsleben der Reichsstadt Schwäbisch Gmünd, deren Ursachen und deren Beseitigung. Nachdem Mayer 1802 in das Handelshaus Debler eingeheiratet hatte und dort als Geschäftsführer tätig war,[74] bleibt es unverständlich, weshalb er seine »Ideen« in diesem Unternehmen nicht verwirklichte und die erkannten Mißstände beseitigte. Hatte Mayer erkannt, daß der Niedergang schon zu weit fortgeschritten war? War Mayer der Überzeugung, daß nur nach einem totalen Niedergang ein neuer Anfang möglich war? 1824 erwarb Mayer das ehemalige k. k. ärarische Eisenwerk bei Bregenz, das er 1840 in ein Verkaufshaus für österreichische Waren umwandeln wollte, weil es nicht »rentabel« war und eine Aktiengesellschaft nicht zustande kam.[75] Auch hier konnte Mayer seine »Ideen« nicht verwirklichen. Einem hervorragenden Theoretiker blieb in der Praxis vieles versagt.

Betrachtet man den Ablauf des Wirtschaftsgeschehens in der Reichsstadt Schwäbisch Gmünd im 18. Jahrhundert, so stellt sich die Frage, welche Wirtschaftsordnung oder welches Wirtschaftssystem damals dominierend war.

In einer freien Marktwirtschaft stellt jeder Unternehmer seine eigenen Wirtschaftspläne auf, ohne hierüber jemand Rechenschaft geben zu müssen. Der Unternehmer weiß, welche Produktionsfaktoren er zu welchen Preisen einsetzen und welche Produkte er zu welchen Preisen verkaufen kann. Die erforderliche Koordination der Produktionspläne mit den Verbrauchsplänen der Haushalte wird dadurch erreicht, daß sich die Wirtschaftssubjekte an den Marktpreisen ausrichten. Wenn dann das Unternehmen kostendeckend arbeitet und einen angemessenen Gewinn abwirft, kann das Unternehmen bestehen. Der Schwache wird überrollt und muß aufgeben.

In der Planwirtschaft oder der zentralgeleiteten Wirtschaft bestimmt die Behörde über Produktionsart, Produktionsmenge, Preise und Löhne. Ohne Zustimmung der

Behörde kann kein neues Unternehmen die Produktion aufnehmen. Sicher können die Maßstäbe dieser beiden heutigen Wirtschaftssysteme nicht ohne weiteres auf das Wirtschaftsgebaren im 18. Jahrhundert übertragen werden. Dennoch sind im damaligen Wirtschaftsablauf eindeutige Merkmale eines zentralgeleiteten Wirtschaftssystems erkennbar: Magistrat und Zünfte schrieben die Produktionsmengen vor, schränkten die Produktionsarten in den einzelnen Berufen ein und verhinderten durch Dekrete die Fertigung anderer Erzeugnisse. Niemand konnte einen Gewerbebetrieb eröffnen, ohne einer Zunft anzugehören. Nach diesen Merkmalen, die einer Planwirtschaft eigen sind, lief der Wirtschaftsprozeß innerhalb der Gewerbebetriebe ab.

Die Handelshäuser dagegen gestalteten den Wirtschaftsablauf etwas anders. In ihrem Geschäftsgebaren war das Streben nach Gewinnmaximierung primär. Einen Verkauf mit Verlusten gab es kaum. Mit dem »erwirtschafteten Gewinn« kauften die Handelshäuser Grundstücke und bauten Häuser. Noch heute lassen sich in Schwäbisch Gmünd viele Häuser als den damaligen Handelsherren gehörend nachweisen. Die von ihnen ausgeübte freie Marktwirtschaft brachte nur ihnen enormen Gewinn und Reichtum.

Beide Systeme funktionierten nicht, sie liquidierten sich. Die Planwirtschaft entzog dem Gewerbe die unternehmerische Entfaltung, und die freie Marktwirtschaft kann nur funktionieren, wenn alle Wirtschaftssubjekte bereit sind, Bedürfnisse freiwillig in bestimmten Grenzen zu halten. Magistrat, Zünfte und Handelshäuser übergaben eine im Bereich Wirtschaft suizide Reichsstadt an Württemberg, beeinflußt durch die verwandtschaftlichen Verflechtungen von Magistrat, Zunftmeister, Achtmeister und Handelsherren.

# Der Anfang vom Ende.
# Politische Strukturen der Reichsstadt im 18. Jahrhundert

*von Ursula Laurentzsch*

## Bürgerprozesse und Magistrat

Reichsstädtische Geschichte des 17. und 18. Jahrhunderts war für die historische Forschung lange Zeit ein wenig dankbares Thema. Nach der Schilderung mittelalterlicher Stadtherrlichkeit erschien die Spätzeit eher als ein beschämender Appendix; man deklarierte sie als Zeit der Verknöcherung und Erstarrung.[1] Otto Borst kommentiert zusammenfassend: *Die Reichsstädte seien nun in einen Dämmerschlaf zurückgesunken, in dem sie dahinvegetierten, politisch beiseitegeschoben, geistig vertrocknet, mit einem verknöcherten Beamtenapparat und einem in lächerlicher Hanswurstiade verkommenen Kirchturmshorizont.*[2] Inzwischen ist dieses lieblose Urteil einer angemesseneren Einschätzung reichsstädtischer Endzeit gewichen – besonders deshalb, weil die schlechten Erfahrungen mit den straff organisierten Machtstaaten des nationalistischen und imperialistischen Zeitalters noch nicht vergessen sind.[3] Denn nicht nur »Dämmerschlaf« und »Hanswurstiade« kann man der Stadt des 18. Jahrhunderts bescheinigen, sondern man gewinnt auch den Eindruck eines äußerst lebendigen städtischen Innenlebens in einer Zeit, als einem nach außen die Hände gebunden waren und man einzig danach trachten mußte, Exekutionen, Kontributionen und Einquartierungen, die die Zeitläufte der Stadt auferlegten, möglichst ohne viel Schaden zu überstehen. Durchaus positive Entwicklungsansätze werden in den Bürgerprozessen des 18. Jahrhunderts offenbar; Ansätze, die als Gegensteuerung zu obrigkeitlicher Erstarrung zu werten sind. Auch in Gmünd waren beide Erscheinungen vertreten: einerseits ein begieriges und ängstliches Nichtteilenwollen der Macht der in sich abgeschlossenen Ratsaristokratie, die Tendenz zur Bürokratisierung und Repräsentation; der bekannte Aalener Historiker Johann Gottfried Pahl charakterisierte dieses »Staatsverständnis« der Reichsstädte mit den Worten: *Unwandelbare Bewahrung des Bestehenden in den öffentlichen Einrichtungen und Anstalten, festes Haften an den herkömmlichen Gebräuchen und Mißbräuchen, steife und feierliche Formen im gesamten Staatsleben*[4] – und andererseits ein unverdorbenes, starkes politisches Interesse städtischer Mittelschichten. Was hier aufeinanderprallte, war die Forderung des Magistrats nach Anerkennung seiner Obrigkeit und die der Bürger nach kritischer und wacher Teilnahme. Dieses Ringen zweier Strukturprinzipien ist immerhin in rund 70 Prozent aller am Ende des Alten Reiches existierenden Reichsstädte auszumachen.[5] Hatte noch 1576 der Magistrat Kaiser Maximilian II. gegenüber in einer nahezu larmoyanten Weise erklärt, daß die *oberkait Inn den Stetten solche macht nit hat wie andere Stend haben,*[6] so setzte er in der Folgezeit alles daran, um den Anschluß an die aristokratisch-absolutistische Tendenz des Barockzeitalters zu bekommen. Voraussetzung und Grundlage dieser Entwicklung war die Verfassungsänderung durch Karl V. von 1552 bis 1556 gewesen,[7] die den Einfluß der Zünfte und die bisherige Transparenz in den Regierungsverhältnissen weitgehend beseitigte. Genossenschaftliche Elemente der alten Zunftherrschaft waren zwar weiterhin im Großen Rat institutionalisiert, aber nach der kaiserlichen Verordnung von 1556 war er vom Kleinen Rat in seiner Funktion völlig abhängig: *. . . doch daß in allweg der groß Rath vermög berürter unser Reformation und der Stat Gmünd alten Herkhomens dem klainen zu gehorsam und verbunden sein . . .*[8] Der Kleine oder Geheime Rat bildete in Wirklichkeit die Regierung, konnte die Befugnisse des Großen Rates bestimmen und festlegen, wann er zusammentrat.[9] Die Einrichtung des Großen Rates spielte schließlich nur noch ein Schattendasein, und somit schwand die Einflußmöglichkeit der Bürger auf die Geschicke der Stadt mehr und mehr. Im Vereinigungsrezeß von 1753/58 ist er keine Erwähnung mehr wert.[10] Die gesamte Macht wurde auf fünf Personen, die »Geheimen«, übertragen, zu denen auch die drei Bürgermeister gehörten, und allesamt gingen sie aus dem Kreis der begüterten Bürger hervor.[11] Kontinuität in Verwaltung und Geschäftsbetrieb glaubte man durch eine lebenslange Amtszeit der Bürgermeister zu erreichen, in Wirklichkeit förderte man Korruption und Unterschleif.[12] Die Erneuerung des Rates blieb den fünf Geheimen überlassen, eine Teilnahme des Großen Rates war nicht vorgesehen. Durch Kooptation und fast regelmäßige Neuwahl gelangten ausschließlich Freunde und Anhänger der Gmünder Ehrbarkeit ins Ratsgremium.[13] Die Verfassung, wie sie von Karl V. den Gmündern verordnet war, blieb in den Grundzügen bis zur Mediatisierung bestehen. Das 18. Jahrhundert, die Zeit der von oben verordneten Dekrete, offenbart sich als ein immerwährender Versuch zur inneren Reform des Gemeinwesens,[14] und es *war eigentlich eine einzige große, in rechtliche Formen gekleidete politische Auseinandersetzung um das Gleichgewicht der Kräfte im Stadtstaate . . .*[15] Die weitgreifende Oppositionsbewegung kündigt sich bereits gegen Ende des 17. Jahrhunderts an,[16] in einer Zeit also, in der andere oberdeutsche Reichsstädte noch keinen Atem haben zur Regeneration ihres Verfassungslebens, sind sie doch mit dem Nachspiel des Dreißigjährigen Krieges noch zu sehr beschäftigt.[17] Den Unruhen am Beginn des Jahrhunderts bereitet ein Rezeß vom 1. Juni 1706 ein vorläufiges Ende.[18] Aber schon in der 1. Hälfte der zwanziger Jahre gärte es erneut. Es kommt zur

Errichtung eines Haupt- und eines Nebenrezesses *zwischen Einem löbl. Magistrat und der Impetranten Burgerschafft der Heil. Röm. Reichs-Stadt Schwäb. Gemündt* (9. April 1723/12. April 1724).[19] Die Gegensätze wurden durch die Verträge nur für kurze Zeit überbrückt. 1747 sahen sich Gmünder Goldschmiede veranlaßt, den Magistrat auf seinen höchst mißbräuchlichen Umgang mit den Bestimmungen der Rezesse hinzuweisen,[20] obwohl deren auch für den Rat verbindlicher Charakter von Wien aus ausdrücklich bestätigt wurde.[21] Dem Rat fehlte es ganz offensichtlich am Willen, zum allgemeinen Besten zu regieren. Lassen wir einen kritischen Beobachter der Zeit zu Wort kommen, den Chronisten Dominikus Debler: *Es wurde stark von der Bürgerschaft geklaget, daß hier gar keine Ordnung, keine Haushaltung, daß man das Wohl der Bürger gar nicht observiere, daß man nur studiere, wie man Geld erhaschen kann, daß die Herren ihre starke Besoldung, Accidentien etc. wohl einziehen können, daß nicht soviel Offizianten zur Besoldung gebrauche etc., daß die meisten unnütz und nur Faulenzer . . . Das seind die Folgen von einer leichtsinnigen, eigennützigen und schläfrigen Regierung... ich glaube, wenn nicht Fremde Ordnung hier errichten, so geschieht keine.*[22] Schon der Rezeß vom April 1723 hatte unmißverständlich festgelegt, daß *bey solcher Ersaetzung der Raths, und anderer Stellen nicht auf Verwandtschafft, Gunst, oder aigennutz, sondern vielmehr der Subjectorum Capacitaet und Merita, anbey insonderheit und darauf gesehen werden, daß nicht allein die Verwandte des Raths, sondern auch andere ehrbare und verständige Männer, so nicht befreund, in den Rath und zu anderen Bedienstungen gezogen und befördert werden . . .,*[23] eine Bestimmung, die bis zum Ende der Reichsstadtzeit eine Handhabe zur Anfechtung von Magistratswahlen bot — allerdings ohne größere Auswirkungen zu zeitigen.[24] Der beklagte Nepotismus und die Ineffizienz der Verwaltung legten immer wieder den Grundstein zur Widersetzlichkeit der Bürgerschaft, die so ganz und gar nicht die Untertanenmentalität an den Tag legte, wie der Rat dies gewünscht hätte. So fürchtete man in den neunziger Jahren durchaus den Umsturz des »Staatsgebäudes«. Disharmonie innerhalb der Ratsclique, unwürdige Geschwätzigkeiten, selbstsüchtige Annahme von Bestechungsgeldern untergruben den Anspruch des Magistrats als einer von Gott und Kaiser vorgesetzten Obrigkeit auf Respekt und Gehorsam.[25] Eine bedrohliche Unzufriedenheit der Bürger zu Beginn der fünfziger Jahre[26] hatte zum Vereinigungsrezeß von 1753/58 geführt, der in 143 Artikeln das Verhältnis zwischen Herrschenden und Beherrschten bis zum Ende der Reichsstadtzeit in den Grundsatzfragen regelte. Der Vergleich[27] ebnete durch Artikel 97 den Weg zur Wahl von fünf bürgerlichen Syndici, *die außerhalb der städtischen Obrigkeit, aber — ein seltener Fall — innerhalb der städtischen Verfassung stehen*[28] und durch sie garantiert werden. Dem Rezeß gemäß bestand ihre ursprüngliche Aufgabe in der Überwachung der Verwendung der Steuergelder und der Beiziehung bei neuen Steuererhebungen *zu Benehmung alles bis dahero fürge-dauerten ungegründeten Mißtrauens.*[29] Von allerhöchster Stelle aus war somit dem Anrecht der Bürger auf mehr Überprüfbarkeit und Transparenz der Finanzverwaltung stattgegeben worden; sicher aus der Erkenntnis heraus, daß der magistratische Schlendrian die Bevölkerung andernfalls zu weitaus gefährlicheren Aktivitäten als bisher geschehen treiben könnte. Besonders in den siebziger Jahren konnten die Syndici ihre kontrollierende Tätigkeit frei und ungehindert entfalten;[30] und 1787 stellten sie sich erfolgreich gegen das Ansinnen, den jährlichen Schwörtag nur noch alle drei Jahre stattfinden zu lassen.[31] Aus einem ursprünglich begrenzten Aufgabenbereich war ein Mitspracherecht in allen wichtigen öffentlichen Angelegenheiten geworden. Was schon längst Realität geworden war, mußte der Magistrat am Ende der Reichsstadtzeit unter dem Druck der Verhältnisse und aufgrund dauernder Vorstellungen des bürgerlichen Kollegiums formell eingestehen, daß *in all und jeder das gemeine Wesen angehenden Angelegenheit, Vorstellungen und Anträge willig angehört und hierauf nach Tunlichkeit darauf reflektiert werden solle und wolle.*[32] Nicht zuletzt bot die außenpolitische Entwicklung den Bürgerkonsulenten eine Handhabe zur Durchsetzung ihrer Forderung nach offenem Geschäftsgang, denn für die Aufbringung der der Stadt als Folge des Waffenstillstandes zwischen Frankreich und dem Schwäbischen Kreis vom 30. Juli 1796 auferlegten Kontributionsleistungen wollte und konnte der Magistrat in der angespannten Lage nicht die alleinige Verantwortung übernehmen. Rigoros verweigert wurde jedoch die Einsichtnahme in das Revisionswesen der städtischen Kassen und die jährlichen Bilanzen – ganz einfach deshalb, weil die letzteren aus Nachlässigkeit seit Jahren nicht mehr aufgestellt worden waren.[33] Ein weiteres bedeutungsvolles Ergebnis dieser innerstädtischen Verfassungskämpfe war die Anerkennung der 1707 von Ratskonsulent Eustachius Jeger als zunächst für den Privatgebrauch gedachten Zusammenstellung alter Rechte und Statuten als offizielle Stadtrechtssammlung. Dieses Rechtsbuch erhielt im Laufe der Zeit als »Magna Charta« Schwäbisch Gmünds fast sakrosankten Charakter. Beim Übergang Gmünds an Württemberg 1802 wurde die »Periphrasia« wie ein Staatsgeheimnis gehütet, und der württembergische Regierungskommissar Sattler registrierte einigermaßen verwundert: *... und was wohl das sonderbarste ist, so macht der Magistrat allhier aus einer Gesetzessammlung, die Jeger'sche Periphrasia genannt ... dem Kaiser Nero gleich ein solches Geheimnis, daß selbst den hiesigen Advokaten, die schon um die Gestattung der Einsicht derselben gebeten haben, solche inzwischen verweigert worden ist.*[34]

78. *Die Karte zeigt das Territorium der Reichsstadt Gmünd und ihrer Umgebung.*
*Um 1704*

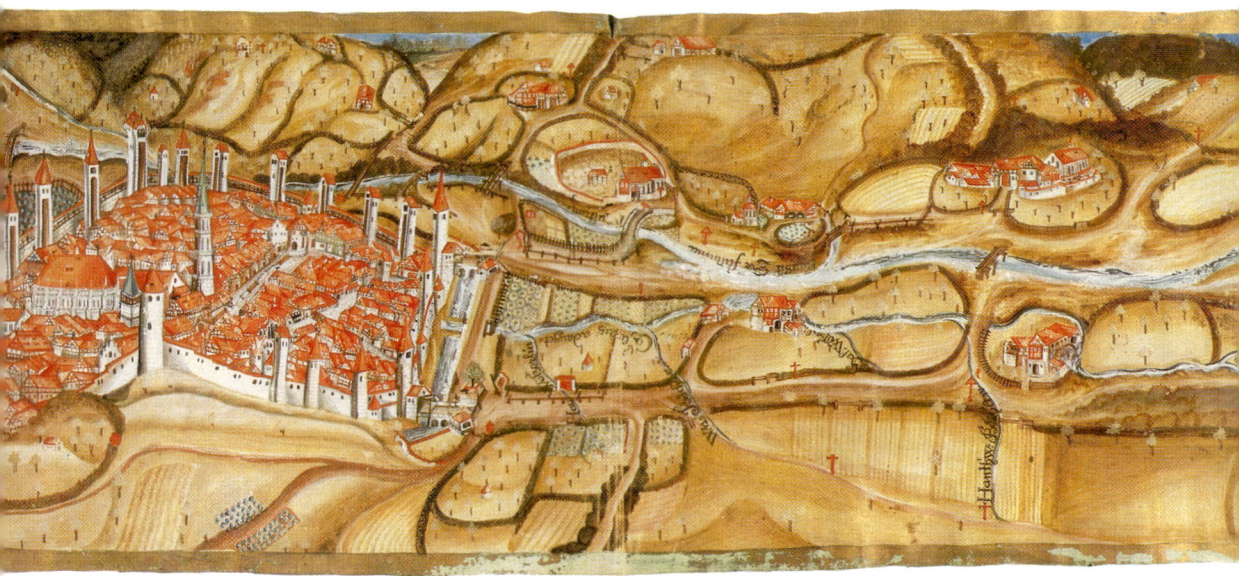

79. *Ausschnitt aus einem Lageplan der Stadt um 1700. Deckfarbenmalerei auf Pergament von J. E. Jäger von Jägersberg*

80. *Das älteste erhaltene Schriftstück einer Gmünder Druckerei ist der Rezeß von 1753/58.*

*3/46*

# Vereinigungs
# RECESS
## UNA CUM CLEMENTISSIMIS RESOLUTIONIBUS CÆSAREIS.

Wie solcher über die zwischen eigem

## Hoch-Edlen Magistrat

und einer

## Ehrsamen Burgerschafft

Dieser des Heil. Reichs-Stadt Schwäbisch-Gemünd: vorgewaltete verschiedene Gravamina,
unter beyden Theilen durch hierzu besonders niedergesetzte respective Hrn. Hrn. Depu-
tatos den 17. Octobr. Anno 1753 verrichtet und zu Stande gebracht,

## Von Jhro Röm. Kayserl. Majestät ꝛc. ꝛc.

Hingegen derselbe nachhero unter den 5. May, 1758. theils allergnädigst ratificirt,
theils hierüber besondere Kayserliche allerhöchste Verordnungen
erlassen worden.

Schwäbisch-Gemünd,
gedruckt bey Carl Ludwig Memhart,
1758.

81. Im Besitznahmepatent vom 23. November 1802, das dem Gmünder Magistrat am 27. November eröffnet wurde, bekundete Herzog Friedrich II. seinen Anspruch auf Anerkennung als neuer Landesherr.

## Gravamina der Bauernschaft

Ein erschreckendes Ausmaß nehmen Prozeßsucht und Trölerei an beim zweiten Strang innerstädtischer Auseinandersetzungen zwischen Magistrat und den untertänigen Landgemeinden der vier Ämter Bargau, Bettringen, Spraitbach und Iggingen. Das Tauziehen zwischen den beiden Parteien dauerte über ein Jahrhundert − und der Klagen gab es viele. Der Vorwurf, daß der Rat seine Bauern wie Sklaven unter Barbaren halte und nicht wie Christen ihre gehorsamen Untertanen,[35] war wohl nur zu berechtigt. Zu dieser Schlußfolgerung gelangt man zwangsläufig, wenn man sich das Verhalten des Magistrats vor Augen hält. Er wollte nämlich den kaiserlichen Schiedssprüchen *so gar nit willfahrn sondern mit ihnen wie das liebe Kätzl mit der Maus spielen.*[36] Auch bei diesen Auseinandersetzungen wurden prozessuale Mittel in Anspruch genommen. Bereits am 21. Juni 1690 kam es zur Errichtung eines »Dillingischen Rezesses«. Der Reichshofrat ließ die Verhandlungen durch den Bischof von Augsburg führen.[37] Was für alle weiteren Entscheidungen, Urteile und Vergleiche gelten sollte, begann sich hier bereits abzuzeichnen: daß der Magistrat nicht im mindesten daran dachte, die kaiserlichen Subdelegations-Rezesse zu halten, selbst wenn sie von ihm selbst unterschrieben waren. Denn kaum war die Feder aus der Hand gelegt, so fuhr er in der alten Weise fort, seine Untertanen bis aufs Mark auszusaugen.[38] Das Schutzrecht über die Bauern wurde vom Magistrat wohl nicht sehr genau genommen, sonst hätte Bürgermeister Storr sich nicht zu der Äußerung hinreißen lassen, *er wolle nicht nachlassen, es dahin zu bringen, daß (woran es leider wirklich ist) 3 oder 4 Bauern zusammen legen müssen, das Schmalz zu einer Suppe zu kaufen.*[39] So wundert es nicht, daß sich der Zorn der Bauern in offenem Aufruhr entlud. 1701 mußte der Kaiser durch Androhung der Konfiszierung von Hab und Gut das Leben des verhaßten Bürgermeisters Storr in Schutz nehmen. Zur Abschreckung warf man Vertreter der Bauernschaft kurzerhand ins Gefängnis, mitunter für Jahre.[40] Die Gegenstände bäuerlicher Klage waren über Jahrzehnte hinweg unverändert: gesteigerte Frondienste, Entziehung der schriftlichen Urkunden über Rechte und Pflichten der Bauern, eine undurchsichtige Rechnungsführung und Schuldenanhäufung, drückende Steuerlasten, verweigerte Entschädigungen für Einquartierungslasten.[41] Im wesentlichen ging es eben um ganz konkrete Einzelforderungen, und eindeutig zeigte es sich, daß sich die Bauern lediglich zu einer Abwehrreaktion magistratischer Übergriffe zusammenfanden, um die Zurücknahme der verschärften Belastungen zu fordern. Wirtschaftliche Aspekte überwogen − von einer politischen Einflußmöglichkeit waren die Untertanen des Gmünder Territoriums ohnehin ausgeschlossen. Die Landbewohner hatten weniger Rechte, dafür mehr Pflichten als die Bürger und stellten im ganzen eine untergeordnete Menschenklasse dar.[42] Sie hatten

an den allgemeinen Abgaben für den Schwäbischen Kreis, das Reich und den beson-
deren Schatzungen im Kriegsfall einen Anteil von zwei Dritteln gegenüber einem
Drittel der Bürgerschaft zu tragen, obwohl die Zahl der Einwohner der Stadt der
Zahl der Bewohner auf dem Land nahezu entsprach.[43] Daß die Beschwerden der
Bauern ihre Ursache in den Übergriffen des Magistrats haben, wurde schon 1700 von
einer übergeordneten kaiserlichen Kommission bestätigt, die die Differenzen in einer
Vorortaktion beheben sollte.[44] Ein im November 1706 zustande gekommener
Rezeß, *die Underthanen betreffend*, wurde von den Bauern nicht akzeptiert,[45] und
so wurden bald neue Verhandlungen notwendig. Unter Vermittlung einer kaiser-
lichen Subdelegation wurde am 16. April 1723 ein Originalrezeß zwischen Magistrat
und den Untertanen errichtet.[46] Für einige Zeit schienen damit die Wogen geglättet
zu sein. Eine neue Stufe bäuerlichen Widerstandes wurde erreicht, nachdem 1742 der
Magistrat vom Kaiser aufgefordert worden war, sich an die Bestimmungen der
Rezesse zu halten. Die Bauern verweigerten die Steuerzahlung und die Leistung der
Frondienste. Der Ungehorsam der Untertanen wurde durch eine vom Kaiser angeordnete militärische Exekution gebrochen.[47] Die Nichtersetzung der von vielen
Untertanen im Jahre 1744 beim Durchzug der Armee des Prinzen Carl von Lothringen geleisteten Naturallieferungen und Vorspanndienste und der dabei entstandenen
Einquartierungskosten ist ein Beschwerdepunkt, der in augenfälliger Weise das Ver-
halten des Magistrats charakterisiert. Obwohl der Schwäbische Kreis als Verwal-
tungsorgan des Reiches dem Magistrat die Lieferungen 1751 vergütet hatte, sahen die
Landesuntertanen von diesem Geld nur wenig. Der größte Teil wurde dafür aufgewendet, die Ansprüche der städtischen Wirte und Bäcker zu tilgen. Offenbar glaubte
man, mit den Schutz- und Schirmverwandten leichteres Spiel zu haben als mit den
Bürgern der Stadt. Um eine Beilegung der Streitigkeiten bemühte sich der kaiserliche
Notarius Reuchardt ohne Erfolg, und auch eine Bittschrift, die die Syndici der Landesuntertanen dem Magistrat im Jahr 1784 überreichten, fruchtete nichts. Die Vermutung lag nahe, der Magistrat versuche mit Absicht, seine Untertanen zu necken
und an Prozesse zu gewöhnen. Die Ungeduld der Untertanen wurde aufs höchste
getrieben. Die endgültige Klärung der Vergütungsansprüche aus dem Jahr 1744 wurde bis in die württembergische Zeit hinein verschleppt.[48] Die Chance, wenigstens für
die übrigen Beschwerdepunkte eine für beide Parteien akzeptable und vor allem dau-
erhafte Lösung zu finden, wurde ebenso vertan, im Gegenteil, zu den immer wiederkehrenden Klagen kamen in den siebziger Jahren neue hinzu, wie die Einschränkung
der Weideplätze durch Bebauung mit Häusern, Parteilichkeit des städtischen Justiz-
wesens, zu harte Bestrafung der Untertanen in Zivilstreitigkeiten und zu hohe und
willkürlich festgelegte Laudemiumsgebühren beim Besitzerwechsel der Fallehen.[49]
Die Probleme brannten den Untertanen der Stadt Gmünd auch nach der Jahrhun-

dertwende noch so sehr auf den Nägeln, daß sich eine Deputation der Landesunter-
tanen 1802 sofort mit der Bitte an den württembergischen Besitzergreifungskommis-
sar von Reischach wandte, sich für ihre Sache gegen den Magistrat beim neuen
Landesherrn einzusetzen.[50] Offenen Aufruhr verursachten schließlich die Zwangs-
rekrutierungen, die durch den am 22. März 1793 vom Reichstag beschlossenen
Reichskrieg gegen Frankreich nötig waren.[51] Der Schwäbische Kreis beschloß die
Bildung eines Landesausschusses von 40 000 Mann und daneben ein allgemeines
Landaufgebot für alle Waffenfähigen zwischen 18 und 50 Jahren. Die Kreisstände,
zu denen auch die Reichsstädte gehörten, wurden aufgefordert, Konskriptionslisten
anzufertigen.[52] In Gmünd versuchte man zunächst einmal, die erforderliche Zahl an
Rekruten durch Werbung zu decken, was jedoch mißlang. Die Unruhen, die Anfang
März 1794 in Oberbettringen anläßlich der Vorbereitung der Konskription zum
Landausschuß ausbrachen,[53] zeigten, daß die Untertanen vielfach nicht willens
waren, *für den Kreis ihre Haut zu Markte zu tragen*.[54] Die Widersetzlichkeiten ent-
zündeten sich vor allem daran, daß die Bauernschaft die Hauptlast der Kontingents-
erhöhung tragen sollte. Der Gleichheitsgrundsatz der Französischen Revolution lieferte die Argumente dafür, daß man keine Unterschiede in der Behandlung Landes-
untertan – Bürger erfahren wollte.[55] Eine vom Magistrat beim Schwäbischen Kreis
angeforderte Exekution der widerspenstigen Teile der Bauernschaft, bestehend aus
113 Mann Infanterie und 20 Mann Kavallerie, bereitete dem Widerstand ein Ende.[56]
Unter anderem lassen die Ereignisse vom März/April 1794 erkennen, daß die Rebel-
lion der Bauernschaft ihre Ursache nicht ausschließlich in städtischer Mißwirtschaft
und dem beklagten Despotismus der Ratsaristokratie hat: Die oberdeutschen Klein-
territorien waren vielmehr insgesamt den vielfachen Anforderungen, die das Reich
an sie stellte, nur schlecht gewachsen. Natürlich wurde das Verhältnis Landesuntertanen – Magistrat durch Mängel im inneren Gefüge der Stadt massiv belastet. Aber
durch die verschärfte Ausbeutung wuchs die Konfliktbereitschaft der Bauern. Beispielsweise hatten die Landesuntertanen in den Jahren 1701 bis 1718 insgesamt
315 625 Gulden an Schatzungsgeldern aufbringen müssen,[57] eine horrend hohe Summe. Dem Magistrat blieb, durch die Notzeiten der Kriege bedingt, keine andere
Wahl, als die von Reich und Kreis geforderten Leistungen zu erzwingen – bekanntlich beißen den letzten die Hunde.

## Die Reichsstadt, das Reich und die Reichspolitik

In den geschilderten Ereignissen zeigt sich in markanter Weise, wie groß der Einfluß
des Kreises und damit von Kaiser und Reich auf die Geschicke der Reichsstadt noch

war. Denn den Reichsstädten gegenüber standen dem Kaiser noch manche Befugnisse zu, auf die er bei den größeren Reichsständen schon längst hatte verzichten müssen.[58] *In Wien sind zahlreiche Beweise dafür zu finden, daß der Kaiser wenigstens den Reichsstädten gegenüber gerade noch einmal im achtzehnten Jahrhundert nicht nur dem Buchstaben nach, sondern im vollen Sinne des Wortes souveräner Herr geblieben ist.*[59] Soweit man es sich leisten konnte, waren die Reichsstände bis hinunter zu den kleineren Reichsstädten am Wiener Hof durch Gesandte und Agenten vertreten; für Gmünd seien als Beispiel die Reichshofratsagenten Kistler 1706 und Harprecht 1756/57 genannt.[60] In den vielen Reskripten, Entscheiden und vom Kaiser bestätigten Rezessen, die meist die Streitigkeiten zwischen Magistrat und Bürgerschaft bzw. Untertanen betreffen, kommt die enge Verbindung der Reichsstadt zum Reichshofrat und damit zum Kaiser zum Ausdruck. Der Reichshofrat stellte die letzte, absolut verbindliche Autorität dar.[61] Den Eindruck eines merklich formaleren Verhältnisses gewinnt man dagegen, betrachtet man die Bemühungen Gmünds, die Lokalhuldigungen abzuwenden, die jeder Kaiser nach der Thronbesteigung von den Bürgern der Reichsstädte abforderte. Dem damit verbundenen Aufwand entging man durch die Entrichtung eines Dispensationsgeldes; so wurde letzteres 1742/43 für Karl VII. auf 1000 fl. festgesetzt,[62] 1766 für Joseph II. durch Einsatz des Reichshofratsagenten von Braun um 500 fl. gemindert.[63] Zwischen Stadt und Reich stand der Schwäbische Kreis als Exekutivorgan der Reichsverwaltung. Die Beiträge der Kreisstände zur regulären Kreissteuer richteten sich nach dem Kreismatrikularfuß, der auf die Wormser Matrikel von 1521 zurückgeht.[64] Die unproportionale Höhe der Matrikularanschläge im Verhältnis zu den wirklichen Einnahmen der Städte wurde allgemein kritisiert.[65] Im *Verzeichnis der Kreismatrikularanschläge der schwäbischen Kreisstände samt ihrer Bevölkerung*[66] von 1796 kommt Gmünd mit 7000 Einwohnern in Ansatz, macht somit ungefähr den 200. Teil des Kreises aus und würde so 37 fl. Beitrag zu zahlen haben. In Wirklichkeit waren aber von Gmünd 115 fl. zu entrichten, also rund das Dreifache. Alle geistlichen Territorien mit insgesamt 164 500 Einwohnern bezahlten jedoch nur 827 fl. Der Anteil der einzelnen Stände an der Mannschaftsgestellung zum Kreismilitär beruhte ebenfalls auf der Wormser Matrikel. Die Reichsstadt sollte nach dem Friedensanschlag 57 Mann Infanterie dem Regiment Baden-Durlach eingliedern, elf Mann Kavallerie sollten zu den württembergischen Dragonern eingegliedert werden, jedoch konnte die Kontingentsmannschaft nie vollzählig gehalten werden.[67] Die Reichsstädte und die kleineren weltlichen wie geistlichen Territorien sanken gegen Ende des Jahrhunderts immer schneller zu politischer wie wirtschaftlicher Bedeutungslosigkeit herab.[68] Diejenigen, die im »Windschatten der Geschichte« standen, erlebten die Zeitläufe nur als »Erleidende«, nicht als aktiv Mitgestaltende. Dem Ende des als Machtfaktor so hilflosen Reiches sollte der widerstandslose Exitus der Reichsstädte vorausgehen, eingeleitet durch die französischen Revolutionskriege, die die Umgestaltung Europas bedeuten sollten.[69] Durch seine günstige Verbindung zwischen Rhein-Neckar und Donau hatte das Remstal schon seit der Römerzeit eine besondere strategische Bedeutung. Gerade im 18. Jahrhundert erlebte seine Bevölkerung Truppendurchzüge um Truppendurchzüge meist französischer oder kaiserlich-österreichischer Heere, verbunden mit Quartier- und Vorspanndiensten, Flurschäden, Plünderungen und Brandschatzungen, Proviant- und Futterlieferungen, und hatte *das achtzehnte Jahrhundert auch keinen Dreißigjährigen Krieg, so hat es dreißig Kriege, möchte man glauben.*[70] Der Spanische Erbfolgekrieg (1701–1714) — es standen sich auf der einen Seite die Allianz des Reiches, Hollands und Englands und auf der anderen Frankreich und Bayern gegenüber — zog auch Gmünd in Mitleidenschaft. Nachdem die Reichstruppen im Remstal eine Niederlage erlitten hatten, war Gmünd von Dezember 1703 bis zum August des nächsten Jahres eine französisch besetzte Stadt.[71] Zum zweitenmal mußte die Stadt im Jahr 1707 ihren Tribut an diesen Krieg leisten, als der französische General Villars widerstandslos in Schwaben und Franken einfallen konnte. Vom Lager in Stuttgart aus wurde schriftlich eine Kontribution in der exorbitanten Höhe von 192 600 Franken eingefordert, zahlbar in zwei Raten am 15. Juni und 1. Juli. An der Höhe der Summe wurden einige Abstriche gemacht, schließlich konnte der Kontributionseintreiber Destuaux die Bezahlung von 56 632 Franken verzeichnen.[72] Waren die Belastungen, denen sich die Stadt in der ersten Hälfte des 18. Jahrhunderts ausgesetzt sah, noch verkraftbar gewesen, so sollten in den beiden Koalitionskriegen gegen Frankreich (1792–1797/1799–1801) Bauern, Bürgerschaft und Magistrat mit immer höheren Anforderungen zu kämpfen haben.[73] Am 24. Juni 1796 griffen die Franzosen bei Kehl an und überschritten den Rhein. Der Einbruch des Generals Moreau in Schwaben sollte die entscheidende Wendemarke in der Geschichte des deutschen Südwestens werden.[74] In Gmünd lösten die Ereignisse bei der Bevölkerung einen panischen Schrecken aus. *Sengen und Brennen und Plündern werde nicht ausbleiben, weil hier ein kaiserliches Depot errichtet gewesen sei,*[75] kündigten die einquartierten Österreicher an. Vereinzelt bestand anfangs jedoch nicht nur bei der intellektuellen Oberschicht der Stadt Sympathie für die Ideen der Revolution — Ignaz Kehringer etwa, II. Stadtphysikus, schloß sich der frankophilen Partei begeistert an.[76] Die Stadt sollte jedoch bald ihre Erfahrungen mit den französischen Revolutionsheeren machen, denn vom 16. August bis zum 17. September 1796 war die Rhein- und Moselarmee im Gmünder Gebiet einquartiert. Nach Debler sollen es 15 000 Mann gewesen sein.[77] Die Stadt erlitt großen Schaden durch Requisitionen, Raub und Plünderungen, *und die nachhero eingetrettene Vielfältig und starke Requisitionen zu der K. K. Armee nebst so vielen anderen Lasten* haben schließlich *gemeines Wesen in den traurigen Fall gesetzt an ebenfalls fast unmäßigen Kreyß Praestationen in einem starken Rückstand verbleiben zu müssen.*[78] Die Aufnahme von Darlehen war unvermeidlich geworden. Mit dem Rheinübergang Moreaus am 15. Mai 1800 nahm der 2. Koalitionskrieg in Schwaben dieselbe Entwicklung wie schon 1796. Die Stände erlebten ebenso eine Neuauflage der 1796er Zwangskontributionen.[79] Unter französischem Druck kam es innerhalb des Schwäbischen Kreises zur Bildung eines »Ausschusses der Schwäbischen Kreisstände« in Augsburg, dessen Aufgabe es war, die dem Schwäbischen Kreis als Gesamtheit auferlegten Kontributionen auf die einzelnen Stände zu verteilen. Die Repartition vom 6. Juni sah Kontributionen in Höhe von sechs Millionen Livres vor, auf Gmünd entfielen 99 957 Livres.[80] Der Magistrat versuchte, solchen Forderungen durch Kapitalaufnahme bei Bürgern, Verkauf von Gemeindewiesen und -häusern und Kündigung von Darlehen, die Bürger bei städtischen Einrichtungen aufgenommen hatten, zu entsprechen.[81] Weitere Belastungen schlossen sich an. Nachdem die bis Juni 1800 eingeschlossene Festung in Ulm nach dem Abrücken der kaiserlichen Armeen Generalquartier der französischen Truppen in Südwestdeutschland geworden war und sich dort auch die Hauptverbandsplätze befanden, oblag Gmünd neben anderen schwäbischen Reichsstädten und Reichsstiften die Unterhaltung und Versorgung dieser Spitäler.[82] Am 20. Januar 1801 erhielt Gmünd von Ulm die Abrechnung *auf der allhiesigen Französischen Hospitals im Monat Nivose verwendete Kosten.*[83] Zu einer Gesamtsumme von 43 472 fl. hatte Gmünd 5060 fl. beizusteuern. Nach einer ersten Anmahnung und der Androhung von Zwangsmitteln wurde den Gmündern von Kriegskommissar Geraudon eine Frist von zwei Tagen zur Begleichung der Hälfte der Schulden gesetzt, andernfalls *ich Euch eine Abteilung von 10 Polen zur Eintreibung schicken werde.*[84] Die Reichsstadt zahlte zäh und fleißig ab. Der Lunéviller Friede (9. 2. 1801) beendete die seit August 1800 während französische Besetzung Gmünds. Am Sonntag, 17. Mai, wurde mit einem allgemeinen Dank- und Lobfest der wiedereingetretene Friede gefeiert.[85] Durch die Revolutionskriege waren die finanziellen wie wirtschaftlichen Kräfte der Stadt so gut wie erschöpft, ja mehr noch, die Stadt war spätestens seit 1797 bankrott.[86] Der Anschluß an größere staatliche Einheiten wurde zumindest in wirtschaftlicher Hinsicht unumgänglich. Debler räsonierte ohne Illusion über das Schicksal der Stadt: . . . *wenn wir auch nicht sollten in die Verteilung kommen und sollen wirklich bleiben, was soll es frommen, in Kürze der Zeit müssen wir anhalten, daß uns nur ein Fürst annimmt und auslößt, denn das Elend wird hier von Tag zu Tag größer und schlimmer.*[87]

## »Besitz Ergreifungs Bericht von Gmünd«

Historischer Wandel bringt für gewöhnlich auch personelle Konsequenzen mit sich. Nicht mehr kaiserliche Kommissionen griffen in den ersten Jahren des 19. Jahrhunderts in das politische Leben der Reichsstadt ein, wie das im Laufe des 18. Jahrhunderts zur Regel geworden war, sondern Regierungsvertreter des Herzogtums Württemberg. Der Anlaß und auch das Ergebnis ihrer Präsenz sollten ungleich bedeutungsvoller sein: der Verlust der Reichsunmittelbarkeit. Der politische Umgestaltungsprozeß an der Wende vom 18. zum 19. Jahrhundert, der zur Auflösung des Alten Reiches führte, wurde durch Vertragsabschlüsse zwischen dem siegreichen Frankreich und deutschen Einzelstaaten eingeleitet, dem Frieden zu Basel (5. 4. 1795) zwischen Preußen und Frankreich[88] und dem Frieden zu Campo Formio (17./18. 10. 1797) zwischen Österreich und Frankreich, der den 1. Koalitionskrieg beendete.[89] Preußen und Österreich anerkennen in diesen Friedensschlüssen das Vordringen Frankreichs bis zum Rhein und behalten sich Entschädigungen aus künftigen Säkularisationen vor.[90] Friedensverhandlungen zwischen dem Reich und Frankreich folgten auf dem Kongreß zu Rastatt 1797/99. Der Friede von Lunéville (9. 2. 1801) beendete den 1799 auf dem Kontinent neu ausgebrochenen Krieg.[91] Er war im wesentlichen eine Bestätigung des Friedens von Campo Formio; das linke Rheinufer wurde nun endgültig abgetreten,[92] der Entschädigungsanspruch der deutschen Erbfürsten öffentlich und feierlich anerkannt und so auch das Ende der kleinen Reichsstände angekündigt (Art. 7).[93] Zur Ausführung des Art. 7 des Friedensvertrages wurde eine außerordentliche Reichsdeputation eingesetzt, an der gegen alles Herkommen keine Reichsstädte beteiligt waren.[94] Bevor jedoch die mit dem Entschädigungsgeschäft beauftragte Reichsdeputation am 24. August ihre Arbeit aufnahm, war die Verteilung der Entschädigungsländer tatsächlich schon erfolgt.[95] Seit 1795 hatten sich einzelne größere deutsche Landesherren durch Geheimverträge eine entsprechende Entschädigung durch geistliche Gebiete zusichern lassen.[96] Im Anschluß an Waffenstillstandsverhandlungen in Paris war ein Sonderfriede Württembergs mit Frankreich zustande gekommen (7. 8. 1796).[97] Dem Herzog von Württemberg wurde das Amt Oberkirch, die Fürstpropstei Ellwangen und das Stift Zwiefalten zugesprochen.[98] Auf Oberkirch mußte Herzog Friedrich schließlich zwar verzichten, aber nach langwierigen Verhandlungen konnte Philipp Christian Friedrich von Normann, Vizepräsident des Geheimen Rates und späterer Staatsminister für die neuen Lande,[99] neun Reichsstädte für den Verlust der linksrheinischen Grafschaft Mömpelgard mit den dazugehörigen Besitzungen hinzugewinnen: neben Aalen, Esslingen, Giengen, Hall, Heilbronn, Reutlingen, Rottweil und Weil der Stadt auch Schwäbisch Gmünd[100] (Geheimvertrag vom 20. 5. 1802[101]). Nun wurden die in ihrer Reichsunmittelbarkeit bedrohten Reichsstädte aktiv, um das ihnen drohende Schicksal abzuwenden. Auch Gmünd versuchte, durch Vorortaktionen seines politischen Korrespondenten am Wiener Hof, Freiherrn von Röthlein, auf den Verbleib der Reichsstadt bei der alten Verfassung hinzuwirken.[102] Von der Stimmung, die Anfang Juli 1802 in Gmünd herrschte, gibt Debler Zeugnis: *Unsere Herren zweifeln derzeit selbsten an ihrer fortdauernden Existenz, doch hoffen sie jetzt noch, daß Rußland und Österreich die Teilung nicht werden zugeben und es leicht in einen Krieg ausbrechen und so alles fort in status quo gelassen werde.*[103] Nachdem sich Röthlein in einem Schreiben vom 18. April noch zuversichtlich gezeigt hatte,[104] war es im August zur Gewißheit geworden, daß Gmünd in die Entschädigungsmasse würde mit einbezogen werden und nichts anderes übrigblieb, als *sich dem bevorstehenden Schiksall bey wirklich trauriger Lage zu unterwerfen.*[105] Bevor von der Reichsdeputation der erste Entschädigungsentwurf vorgelegt war, wurde vom Städtetag in Ulm, der am 16. August 1802[106] zum letztenmal eröffnet werden sollte, am 21. August eine umfangreiche Denkschrift an die Deputation gerichtet.[107] Man beschloß, eigene Vertreter — Ratskonsulent Dr. Härlein aus Ulm und Bürgermeister Hofer aus Rottweil — nach Regensburg zu schicken, die sich bei der Reichsdeputation für die reichsstädtische Sache einsetzen sollten.[108] Der neue Landesherr dachte jedoch nicht daran, auf die Wünsche und Ansprüche der ihm zufallenden Reichsstädte Rücksicht zu nehmen. Als Reaktion auf die Denkschrift vom 21. August äußerte die Delegation Württembergs: *Die von den schwäbischen Reichsstädten in ihrer Denkschrift vorgetragenen Wünsche über ihre künftigen Verhältnisse mit ihren Landesherren sind von so verschiedener Art, und gehen so sehr in das kleinste Detail, daß diesseitige Subdelegation es nicht für thunlich erachten kann, sich darüber von Seiten der Deputation in nähere Bestimmungen einzulassen.*[109] In der Tat verlor Herzog Friedrich keine Zeit. Die militärische Besetzung wurde, um Unruhen und Widersetzlichkeiten möglichst gering zu halten, durch Anfang September entsandte Zivilkommissare angekündigt.[110] Am 6. September abends traf Regierungsrat von Reischach in Gmünd ein und eröffnete am nächsten Morgen dem Magistrat die zu erwartende militärische Besetzung. Zwei Tage später rückten 260 Mann württembergisches Militär in die Stadt ein, die die vier Tore und die Hauptwache besetzten. Die Soldaten der Stadt wurden entlassen.[111] Die Truppen stießen nirgendwo auf Widerstand, sondern fanden großes Entgegenkommen. Man hatte wohl die Sinnlosigkeit eines solchen Ansinnens erkannt und fügte sich bereitwillig in sein Schicksal. Andererseits hatte der Herzog dem Militär jede Einmischung in die Zivilangelegenheiten untersagt. Der Ausübung des Gottesdienstes sei mit gebührender Achtung zu begegnen.[112] Die provisorische Okkupation diente vorgegebenermaßen der Wahrung herzoglicher Rechte und erfolgte gemäß dem Vorgehen anderer Fürsten.[113] Die

Aufforderung jedoch, den neuen Landesherrn und dessen Landeshoheit anzuerkennen, ihm Gehorsam zu leisten und sich nicht an kaiserliche Behörden zu wenden, bedeutete eine rechtlich unzulässige Vorwegnahme der reichsgesetzlichen Entscheidung[114] – der Reichsdeputationshauptschluß vom 25. Februar 1803 sollte erst am 24. März durch das Reichsgutachten genehmigt und durch das kaiserliche Kommissionsdekret vom 27. April ratifiziert werden.[115] Derartigen Akten souveräner Willkür hätten nach den Bestimmungen der Reichsexekutionsordnung Reichsacht und Reichsexekution folgen müssen. Landfriedensbrüche und Privatabmachungen einzelner deutscher Reichsstände erhielten nun höhere Rechtskraft als die Reichsverfassung.[116] Die außerordentliche Regensburger Reichsdeputation sanktionierte auf der 6. Sitzung vom 18. September die *von den ersten Höfen Deutschlands* bereits vollführten Besitznehmungen und schob alle Bedenken beiseite, *welche die Annahme des Plans im Allgemeinen noch hätten entfernen können.*[117] Mitte November 1802 waren die neuen Landesherren durch Beschlüsse der Reichsdeputation ermächtigt worden,[118] die ihnen zugeteilten Entschädigungslande in *völlige Civil Possession . . . zu nehmen.*[119] Als Termin für die Zivilbesitzergreifung wird der 23. November festgesetzt. Regierungsrat von Reischach sollte in Ellwangen, Aalen, Gmünd, Schwäbisch Hall und Comburg den Besitzergreifungsakt durchführen. Der Umfang der Tätigkeiten machte es jedoch erforderlich, daß ihm Rentkammerrat Bernritter für die Reichsstädte Aalen und Gmünd zur Seite gestellt wurde. Am 27. November schließlich, morgens um 9 Uhr, eröffnete Bernritter vor dem versammelten Magistrat den Zweck seiner Gegenwart, verlas das herzogliche Besitznahmepatent und forderte den Rat auf, Handtreue an Eides Statt abzulegen. Der Gmünder Magistrat erhob, ebenso wie der zu Aalen, Bedenken, da noch Verpflichtungen gegenüber Kaiser und Reich bestünden. Dieser klägliche Einwand wurde nicht lange aufrechterhalten, denn nachdem Bernritter versichert hatte, *daß in Absicht dieser älteren Pflichten nie eine Kollision eintreten und er deren in kurzer Zeit vollkommen werde entlassen werden,*[120] wurde die Handtreue vom ganzen Magistrat abgelegt. Ebenso wurde von den bisher in den Diensten der Stadt gestandenen Beamten und Offizianten mit aller Bereitwilligkeit und Unterwürfigkeit den neuen Dienstherren Handtreue geleistet.[121] Noch am selben Tag wurden nach gnädigster Vorschrift die herzoglichen Patente und Wappen an den öffentlichen Gebäuden angebracht, nachdem die reichsstädtischen Embleme – Reichsadler und Einhorn – entfernt worden waren. Die Inpflichtnahme der zum Stiftskapitel gehörenden Geistlichen, Kanoniker und Benefiziaten wurde bis auf weiteren herzoglichen Bescheid ausgesetzt, nachdem Bürgermeister Beiswenger versichert hatte, daß die Geistlichen nur gegenüber dem Erzbistum Augsburg, niemals aber gegenüber dem Magistrat in Pflicht gestanden hätten, *und daß es leicht eine üble Sensation bei ihnen verursachen dürfte, wenn ich den Ver-*

*pflichtungsakt auch an ihnen zu exequiren versuchen würde,* wie Bernritter an den Herzog schreibt. Dieser Schritt war nach Anordnung unverzüglich nachzuholen.[122] Ein württembergischer Fragebogen, am 11. November dem Gmünder Magistrat überbracht, verlangte Auskunft über den rechtlichen, politischen, kirchlichen und ökonomischen Zustand des neu erworbenen Gebietes. Eine Bilanzierung der letzten zehn Jahre war unter den gegebenen Gmünder Verhältnissen in dem beabsichtigten Zeitraum nicht zu erstellen. Fehlerhafte Administration und die Ungewohnheit des Magistrats, schnell und systematisch zu arbeiten, dehnte die Arbeit, die man ursprünglich in 14 Tagen zu erledigen können glaubte, auf über zwei Monate aus.[123] Der von Bernritter vorgenommene Sturz aller 17 Gmünder Kassen offenbarte den zerrütteten Stand der Gmünder Haushaltsführung. In diesen Kassen waren nicht mehr als 5505 fl. 27 kr. baren Geldes aufzutreiben. Über die Kontributionskasse war seit 1790, über die so wichtige Stadtkammerkasse seit 1783, also seit 19 Jahren, keine Jahresschlußrechnung aufgestellt worden.[124] Magistratspersonen und Offizianten hatten dagegen Forderungen an die Stadt in Höhe von 13 203 fl. 57 kr.[125] Der im Jahr darauf aufgedeckte Schuldenberg der Stadt betrug 1 028 762 fl.[126] All diese Tatsachen zeichnen ein Bild von der Finanzlage der Stadt, die nur als katastrophal zu bezeichnen ist. Verfehlte Personalpolitik und »Vetterleswirtschaft« hatten die Stadt an den Rand des finanziellen Ruins gebracht. Kanzleiadvokat Sattler, der am 3. Dezember Bernritter ablöste, glaubte deshalb zu bemerken, daß die Bevölkerung den bevorstehenden Veränderungen mit Vergnügen entgegensah.[127] Vergnügen hier, aber auch Wehmut; Chronist Debler bemerkt: *Vom 18. November bis hierher haben wir alle unsere Freiheiten verloren, was haben wir davor, was sind wir, Untertanen, Sklaven. Unsere Stadtfreiheiten von so vielen Kaisern, Königen sind und gelten nichts mehr.*[128] Die letzte Eintragung in reichsstädtische Ratsprotokolle geschah am 9. Februar 1803.[129] Was folgte, war die Eingliederung Gmünds in die Organisation des von seinen Stammlanden getrennten, absolutistisch regierten Staates Neuwürttemberg mit der Hauptstadt Ellwangen.[130] Kurze Zeit später war Gmünd als Oberamtsstadt ein Bestandteil des Königreiches Württemberg.

# Schwäbisch Gmünd im 19. Jahrhundert

*von Kurt Seidel*

Mit der Reichsfreiheit ging es zu Ende. Die Okkupation durch das Herzogtum Wirtemberg wurde bittere Wirklichkeit. Unter der Rubrik »BesizErgreifungen« berichtete die »Schwäbische Chronik« unter dem 15. September 1802:

*Schwäbisch Gmünd, den 9. Sept. Verflossenen Montag Abends kam der Herzoglich Wirtembergische Regierungs Rath Herr von Reischach hier an. Am anderen Morgen begab er sich aufs Rath Haus, und übergab als Kommissär Sr. Herzoglichen Durchlaucht von Wirtemberg dem versammelten Magistrate ein Rescript von Höchst-Demselben, worin eine provisorisch militärische Besezung dieser Stadt angekündigt war, und wiederholte die andern in dem Rescript enthaltenen gnädigen Versicherungen Sr. Durchlaucht mündlich. Von hier setzte der H. Regierungs Rath seine Reise nach Aalen und Ellwangen fort, um die dortigen Regierungen von bevorstehenden ähnlichen Besiznahmen zu benachrichtigen. Heute früh um 5 Uhr zogen nun 500 Mann Infanterie Herzoglicher Truppen mit einer verhältnismäßigen Anzahl Kavallerie und einer Abtheilung reitender Artillerie hier durch nach dem Ellwangischen. Es war eine auserlesene schöne Mannschaft, und sie hatte Türkische Musik bei sich. Eine Stunde später rückten andere 300 Mann Infanterie, Herzoglicher Truppen, ebenfalls von bestem Aussehen, vom Bataillon von Mylius, unter Anführung des Majors von Hofen, hier ein. Diese marschirten vor dem Rath Haus auf, und besetzten dann die Haupt-Wache und die 4 Thore der Stadt, nachdem die hiesigen Soldaten, die zu Baden Durlach gehörten, abgezogen waren. Das Betragen der Herzoglichen Truppen wird sehr gelobt, so wie diese gewiß auch mit dem Benehmen der hiesigen Bürger zufrieden seyn werden. Die Mannschaft ist einstweilen bei den Bürgern einquartirt, wird aber, sobald die Einrichtung getroffen seyn wird, in die sogenannte Fuggerei und in das WaisenHaus gelegt werden. Es wird durchaus alles in seinem bißherigen Stand und Verfassung gelassen.* Diese und die weiteren Korrespondentenschilderungen verkörpern eindeutig die offizielle Berichterstattung. Sie bilden eine wertvolle Ergänzung zu den Notizen des Lokalchronisten Dominikus Debler, dessen Kommentare ebenfalls auf den folgenden Seiten die örtlichen Begebenheiten aus seiner subjektiv gefärbten Sicht beleuchten.

Kaum hatte das Herzogtum Wirtemberg die Stadt in Besitz genommen, mußten auch schon dessen Feste gefeiert werden. Das betraf insbesondere den Geburtstag des neuen Landesherrn, des Herzogs Friedrich II. von Wirtemberg, am 6. November 1802, über die das Wochenblatt berichtete:

*Schwäbisch Gmünd, den 6. ds. wurde hier das hohe Geburtsfest S. Herzogl. Durchlaucht auf eine feierliche Art begangen, es rückten die bürgerlichen Gesellencorps mit Musik an. Morgens um 9 Uhr verfügte sich der Magistrat in corpore, nebst den Offizianten in die Stiftskirche, wo sich auch die hier anwesenden Herren Offiziers, der hier liegenden wirtembergischen Truppen einfanden. Daselbst wurde ein feierliches Hochamt von Herrn Stiftsprobst und nach diesem ein musikalisches Te Deum gehalten, wobei mehrere Salven von dem auf dem Platz neben der Stiftskirche stehenden Bürger- und Gesellencorps abgegeben wurden. Auch auf den Abend wurde von eben diesem Corps Musik auf dem Marktplatz gemacht. Der Tag darauf, am Sonntag, wurde abends auf der Post ein Ball gehalten, auf diese Art wurde das hohe Fest mit Anflehung des Allerhöchsten um Gesundheit und langes Leben S. herzogl. Durchlaucht beschlossen.* Diese Anlässe, bei der die Bürgerschaft eifrig mitzufeiern hatte, gehörten nun schon bald zum pflichtmäßigen Ritual und bereicherten auf diese Weise die Ereignisse im Jahreslauf in der nunmehrigen wirtembergischen Provinzstadt Gmünd.

Der 26. November 1802 gilt als der Tag der Übernahme der Zivilverwaltung in der vormaligen Reichsstadt. Zu diesem Zwecke traf Hofkommissär Sattler hier ein. Bürgermeister Beißwinger, Oberstettmeister Doll und Ratskonsulent Röll bereiteten mit dem herzoglichen Bevollmächtigten die Übernahme vor. Zwei Amtsdiener wurden mit dem Anbringen der herzoglichen Befehle an verschiedenen Stellen der Stadt beauftragt. Die Übernahme geschah bis ins kleinste Detail, und die militärischen Maßnahmen waren Sache des Hauptmanns von Nettelhorst. Am folgenden Tage, dem 27. November 1802, wurde die offizielle Okkupation vollzogen. Die Garnison war zur Parade angetreten, der Hofkommissär fuhr vor dem Rathaus vor, wo bereits der Rat versammelt war. Sattler erläuterte den Zweck seiner Mission und verlas den herzoglichen Befehl. Die Ratsmitglieder wurden »verpflichtet« auf den neuen Landesherrn. Als äußeres Zeichen der geänderten Zugehörigkeit wurden alle alten Wappen rücksichtslos entfernt und abgeschlagen und die württembergischen Hirschstangen angebracht. Der amtliche Ortsname hieß von nun an »Gmünd«. Einen wesentlichen Bestandteil der Besitzergreifung der Stadt bildete auch die bevorstehende Enteignung der Klöster, die Säkularisation. Die Prioren der hiesigen klösterlichen Niederlassungen wurden auf das Rathaus befohlen. Sattler gab die Aufhebung der Klöster bekannt, worauf er sich auf die einschlägigen Bestimmungen des Reichsdeputationshauptschlusses berufen konnte. Dabei mußten folgende Punkte beachtet werden:

*1. Das Verbot, Novizen aufzunehmen.*
*2. Der Einzug der klösterlichen Einkünfte durch das Herzogtum.*
*3. Die Aufstellung einer Liste über die Bedürfnisse der Insassen.*
*4. Die listenmäßige Erfassung aller Ordensleute.*
*5. Die Aufhebung der Niederlassungen und Pensionierung der Insassen.*

Die systematische Übernahme nahm nun ihren Gang, schrittweise und konsequent zugleich. Am 1. Dezember 1802 wurden die Vorräte in den Kellern und Speichern der Klöster durch Sattler im Beisein der Ratsmitglieder Herlikofer und Herzer inspiziert. Auch die kirchlichen Schenkungen und Stiftungen wurden erfaßt. Sie mußten entschädigungslos dem Staat übereignet werden. Ein Beschlagnahmeprotokoll darüber wurde am 9. Dezember 1802 fertiggestellt und Vollzugsmeldung nach Ellwangen geschickt. Am 9. Dezember 1802 wurde das herzogliche Dekret der Inbesitznahme den ansässigen Niederlassungen der Augustiner, Dominikaner, Franziskaner, Kapuziner, Franziskanerinnen zu St. Ludwig und der Dominikanerinnen zu Gotteszell zugestellt. Die Termine für die Räumung der einzelnen Objekte waren verschieden. Das Dominikanerkloster mußte bereits am 29. Dezember 1802 geräumt werden. Am 3. Januar wurde das Schreiben dem Konvent der Augustiner überbracht, die Kloster und Kirche bereits bis zum 10. Februar 1803 zu räumen hatten. Nachstehende Übersicht zeigt die stufenweise Säkularisation der einzelnen Konvente:

| Ordensgemeinschaft | Belegschaft | Tag der Inbesitznahme | Tag der Räumung |
|---|---|---|---|
| Augustiner-Eremiten | 8 | 3. Januar 1803 | 10. Februar 1803 |
| Dominikaner | 12 | 9. Dezember 1802 | 29. Dezember 1802 |
| Franziskaner | 9 | 9. Dezember 1802 | 6. Oktober 1810 |
| Kapuziner | 17 | 9. Dezember 1802 | 24. Mai 1810 |
| Franziskanerinnen zu St. Ludwig | 12 | 9. Dezember 1802 | 22. Februar 1803 |
| Dominikanerinnen zu Gotteszell | 24 | 9. Dezember 1802 | 20. Januar 1803[1] |

Die erste Maßnahme der neuen Herren bei der Schließung der klösterlichen Niederlassungen war die Sicherstellung der Wertgegenstände der jeweiligen Ausstattungen. Dabei hatten es die Bevollmächtigten in erster Linie auf die kirchlichen Geräte in Gold und Silber abgesehen, die sofort konfisziert, abgewogen und dann nach Ludwigsburg abtransportiert wurden. Diese Gegenstände waren zur anderweitigen Verwertung vorgesehen, das heißt sie wurden nach Entfernung der Edelsteine und sonstiger nichtmetallischer Bestandteile eingeschmolzen, eine Kulturbarbarei besonderer Art, die jeder Beschreibung spottet. Bibliotheksbestände wiederum landeten in der Regel in der herzoglichen Bibliothek, der heutigen Landesbibliothek, wo sie wenigstens für die Nachwelt gerettet werden konnten.

Ein trauriges Kapitel im Zusammenhang mit der Besetzung der Reichsstadt war ohne Zweifel die Kontrolle des Finanzgebarens durch die neuen wirtembergischen Organe. Dieser Vorgang gereicht jedoch der Stadt Gmünd keineswegs zur Ehre. Es waren bei diesem notwendigen Verwaltungsakt immerhin Akten, Bücher und Bestände von insgesamt 17 Kassen zu überprüfen.

Für den 11. Dezember 1802 wurde die Kontrolle aller öffentlichen Kassen angeordnet. Diesem Termin fieberten die Ratsmitglieder, die verantwortlichen Kassenschreiber und Kassiere, die fest besoldet und somit auch verantwortlich für die Buchführung waren, mit auffälliger Unruhe und einem unguten Gefühl entgegen. Sie wurden alle zu dieser Kontrolle vorgeladen. Sämtliche Akten, Bücher und Journale mußten den wirtembergischen Prüfern vorgelegt werden. Die bewußte Nervosität hatte ihre tieferen Gründe, denn seit mehreren Jahren waren, aus welchen Gründen auch immer, geordnete und periodisch wiederkehrende Überprüfungen der Unterlagen und die immerhin vorgeschriebenen Jahresabschlüsse konstant unterblieben.

Es handelte sich zunächst um die Kassen, die unmittelbar der Stadt unterstanden und mit deren Hilfe alle Ausgaben bestritten werden mußten, zu der die Reichsstadt verpflichtet war. Zum anderen waren hier die verschiedenen Pflegen zu verzeichnen, denen eine rein soziale Aufgabe zukam. Im allgemeinen erstreckte sich das Rechnungsjahr auf den Zeitabschnitt vom 1. Mai eines Jahres bis zum 30. April des folgenden Jahres. Die Kontributionskasse, deren Einnahmen durch Steuern und ordentliche Schatzungen bestritten wurden, mußte für die Umlagen des Reiches und des Schwäbischen Kreises aufkommen, für die Quartierkosten der durchziehenden Truppen, die Naturallieferungen, die Kriegsschulden und die Besoldungen des Kreiskontingentes. Dem Kassenschreiber unterstanden drei Kassiere. Diese Posten waren einem häufigen personellen Wechsel unterworfen. Das Resultat dieser Prüfung war, das sei vorausgeschickt, niederschmetternd. Seit dem Jahre 1790 wurde bei dieser Kasse keine Revision mehr vorgenommen. Die Verantwortlichen begegneten den bohrenden Fragen der Untersuchungskommission mit dem immer wiederkehrenden Hinweis auf die unruhigen Zeiten des verflossenen Jahrzehnts. Dadurch sei die Aufstellung der ordnungsgemäßen Jahresrechnungen einfach unterblieben. Übrigens träfe hierfür die Verantwortung den verstorbenen Kassenschreiber Killinger. Nach dessen Tod wurde wohl eine neue Kraft eingestellt. Dieser Mann sei aber keineswegs fachgerecht eingearbeitet worden und eine Kontrolle von seiten des Magistrates sei auch weiterhin unterblieben. Einer der Kassiere hatte sich zur Deckung des eigenen Bedarfes einen einmaligen Betrag in Höhe von 489 fl. entnommen und diesen unberechtigten Griff in die Kasse mit einem Entnahmebeleg bestätigt, wie es die Ordnung geboten hatte. Vom wirtembergischen Hofkommissär wurde dieses belastende Dokument dem ungetreuen Bediensteten bei der Kontrolle präsentiert. Dieser machte bei der unliebsamen Konfrontation eine nicht gerade glückliche Figur, schützte dabei die schlimme soziale Lage seiner kinderreichen Familie vor und betonte, sein Einkommen reiche ihm nicht aus. Unter stillschweigender Duldung seiner beiden Kollegen, im Hinblick auf seine spezielle Notlage, habe er sich die Mittel beschafft. Diese waren der Meinung, die Entnahme würde in absehbarer Zeit zurückbezahlt und damit wäre der Fall erledigt. Diese Erwartung, die nun von ihnen als Schutzbehauptung verwendet wurde, hatte sich leider nicht erfüllt. Die beiden Kassiere erklärten auf die Frage, warum sie durch ihr Verhalten diese Tat begünstigt und nicht gemeldet hätten, ihnen seien die bedauernswerten Umstände ihres Mitarbeiters sehr zu Herzen gegangen. Schließlich bescheinigten sie ihrem Kollegen Redlichkeit, und so hätten sie eben mit Rücksicht auf den Täter aus rein menschlichen Gründen von einer Anzeige Abstand genommen. Bei der Stadtkammerkasse war die Situation keineswegs besser. Seit dem Jahre 1794 wurde hier kein Abschluß mehr aufgestellt. Bei dem großen Brand auf der Hofstatt im Juli 1793 und bei den in diesem Zusammenhang notwendigen Sicherungsmaßnahmen seien die Unterlagen und die Belege völlig durcheinandergekommen. Somit hätten die Aktenbestände nicht mehr geordnet werden können. Ein städtischer Bediensteter wurde nun beauftragt, das jahrelang herumliegende Chaos der Belege endlich in Ordnung zu bringen. Der verantwortliche Sachbearbeiter, seit 1794 im Amt, berief sich ebenfalls auf seinen verstorbenen Vorgänger und versuchte, diesem die Schuld für die aufgedeckte Schlamperei in die Schuhe zu schieben. Als Abmangel konnte die Summe von 108 322 fl. festgestellt werden. Den vernichtenden Vorwürfen für die nun aufgedeckte Mißwirtschaft wußten die Betroffenen und der Rat wirklich keine plausiblen Argumente entgegenzubringen. Der von der Kommission nach Stuttgart gesandte Bericht sprach ausdrücklich von einem völlig unfähigen Personal, das den gestellten Aufgaben in keiner Weise gewachsen sei. Außerdem seien die elementarsten Voraussetzungen, wie z. B. der jährliche Abschluß der Steuereinzugsbücher, nicht erfüllt worden. Eine totale Unordnung sei also das Ergebnis dieser Überprüfungen. Die mit

diesen Aufgaben betrauten Personen hätten das ihnen gewährte Vertrauen miß-
braucht, nach dem Urteil der Kommission gegen den Grundsatz der Treue verstoßen
und seien mit verantwortlich für die finanzielle Misere der Stadt. Es waren dies sehr
peinliche Feststellungen, die in diesem konkreten Falle keineswegs auf wirtembergische Vorbehalte gegenüber der ehemaligen Reichsstadt zurückzuführen, sondern
einzig und allein in der mangelhaften Amtsführung begründet waren.

Aus Stuttgart wurden unverzüglich geeignete Ersatzpersonen angefordert. Außer
den üblichen unglücklichen Ausreden und mancherlei Beschwichtigungen gab es auf
der betroffenen Seite keine klaren Entgegnungen. Wohl hatten einige gewissenhafte
Ratsmitglieder diese blamable Situation schon seit Jahren erkannt und auf eine wirksame Abhilfe gedrängt, jedoch ohne Erfolg. Da aber bestimmte Familien im Rat der
Stadt den Ausschlag gaben, wurden geeignete Maßnahmen, auch solche einer möglichen Sanierung, von vornherein verhindert. Diese Saumseligkeit konnten und wollten die neuen Herren keineswegs hinnehmen und dulden. Der Steuerschreiber
brachte gegenüber diesen massiven Vorwürfen lediglich zum Ausdruck, für eine
geregelte Arbeit sei in den verflossenen Jahren keine richtige Gelegenheit gewesen,
und außerdem seien geordnete Abrechnungen von den übergeordneten Instanzen
niemals ausdrücklich verlangt worden.

Nicht viel besser sah es bei der Hospitalkasse aus, deren Kassenbestand ganze 113 fl.
betrug. Die letzte einwandfreie und amtlich geprüfte Abrechnung stammte aus dem
Jahre 1780. Die Akten waren völlig durcheinander und die vielen Belege in Säcken
verstaut. Der seit vier Jahren seines Amtes waltende Spitalmeister Köhler beteuerte
vor der Kommission, nach dem Tode seines Amtsvorgängers Brentano sei überhaupt
keine ordnungsgemäße Übergabe vorgenommen worden. Er versicherte aber, sein
Amt trotzdem ehrlich ausgeübt zu haben.

Eine gewisse Sonderstellung hatte die Separatkasse, die vornehmlich dazu diente, die
Kosten der vergangenen Koalitionskriege zu bestreiten. Die Aufsicht darüber teilten
sich in jährlichem Turnus Stiftspropst Kratzer, Oberstettmeister Doll und Rechts-
konsulent Stadlinger. Diese Kasse wurde nach kaufmännischen Gesichtspunkten
geführt. Trotzdem aber wurde ein Abmangel von 73 386 fl. erwirtschaftet. Bei der
Überprüfung wurde ausdrücklich eine genaue Übersicht über die detaillierte Verwendung der Gelder vermißt.

Auch die Kassen der verschiedenen Pflegen boten mehrfach Anlaß zu Beanstandun-
gen. Die einzige Kasse, die bei der Revision tadelfrei abgeschnitten hatte, war die der
»Arme-Leute-Bruderschaft«.[2]

Daß diese Mißwirtschaft schon lange bekannt gewesen sein mußte, wird erhärtet
durch die Tatsache, daß Schwäbisch Gmünd schon lange vor dem Ende der Reichsstadtzeit zu wiederholten Malen gezwungen war, Fremdmittel aufzunehmen. Ein

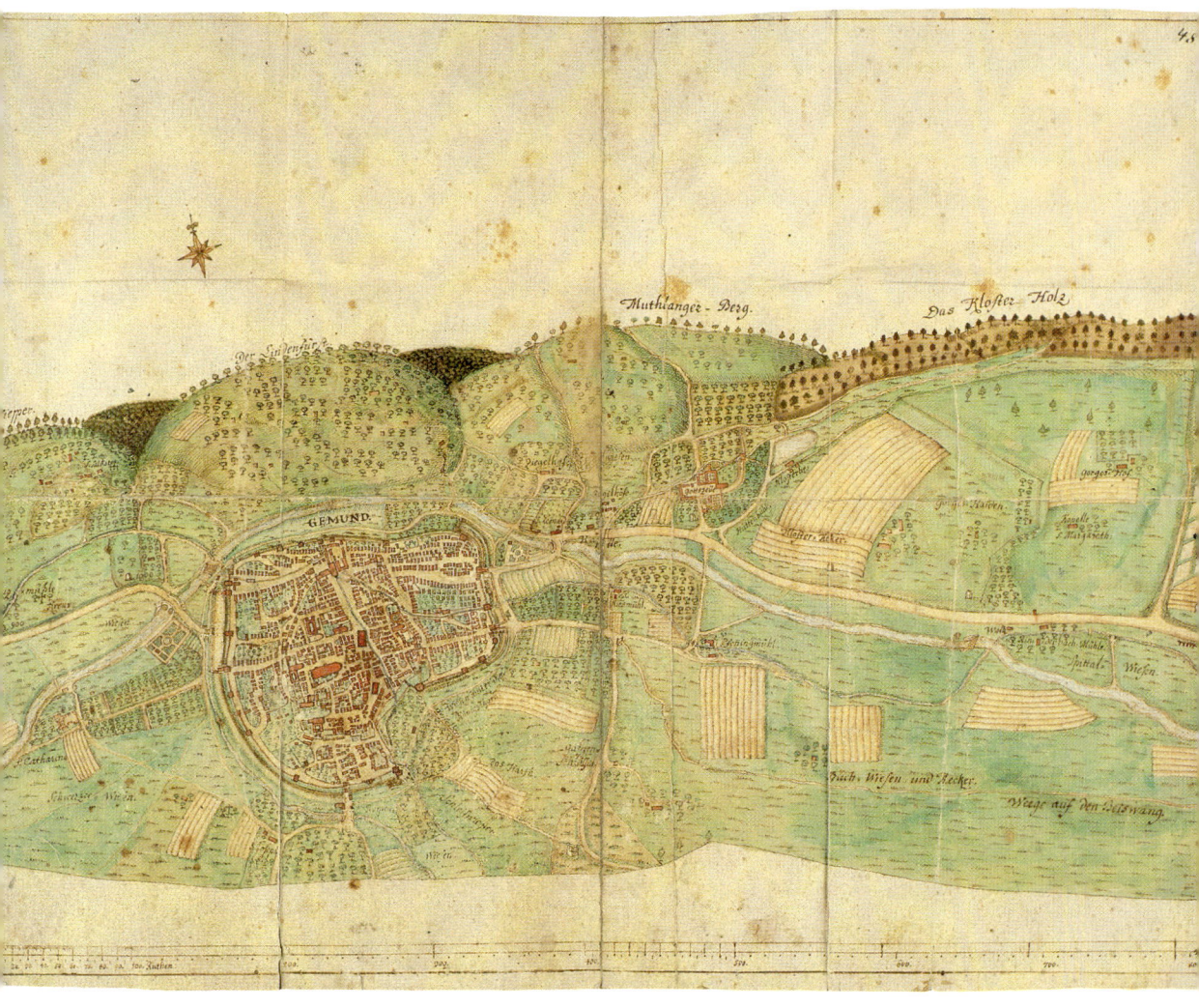

82. »Gemünd« zur späten Reichsstadtzeit (um 1780). Kolorierter Plan der Stadt mit dem
Mauerring und der näheren Umgebung, ein schönes Beispiel früher Kartographie

Umseitig:
83. Vom reichsstädtischen Bürger zum Untertan. Das Rathaus als Huldigungskulisse für den
neuen Landesherrn mit gewissenhaften Details für Dekoration und Illumination –
praktizierter Gesinnungswechsel nach 1802

VIVAT.

Nº 7.

Nº 10

Nº 15.

Nº 16.

IeberVerDere

GereChter
Den
SChWVng

Nº 17.

InIgst GVter
Vnser
GeWerbe

Nº 18

FIrst
VnD KVnste

Nº 19.

Nº 20.

84. *Gmünd vom Lindenfirst aus, ein kolorierter Kupferstich von Johann Sebald Baumeister um 1810. Die Stadt im Talgrund präsentiert sich hier noch als geschlossenes und abgerundetes Ganzes.*

Dokument aus dem Jahre 1797 gibt uns darüber näheren Aufschluß. Es handelt sich hier um eine summarische Angabe aller zwischen 1794 und 1797 bei Frankfurter Bankhäusern aufgenommenen Gelder. Zusammengefaßt sind diese Daten in der *Obligation von dem hiesigen Contributions-Cassen-Amt der Reichsstadt Schwäb. Gemünd über 1500 fl. gegen Herrn Johann Sigismund Koch zu Frankfurt am Mayn.* Im Zusammenhang mit einer neuen Schuldaufnahme werden die vorangegangenen acht Posten mit Angabe der Gläubiger genannt, die immerhin einen Betrag von 60 000 fl. zur Verfügung gestellt hatten. *Wir Bürgermeister und Rath der des Heil^en Röm^en ReichsStadt Schwäbisch Gemünd bekunden und bekennen hiermit, für uns und unsere Regiments Nachfolger, daß Herr Johann Sigismund Koch zu Frankfurt am Mayn uns zu hiesigen gemeinen Stadt- und Landschaftlichen Contributions-Cassen-Amt in Baares Darlehen von Eintausend Fünf Hundert Gulden Rheinisch, jeden Gulden zu 15 bazen oder 60 kr. gerechnet, in 675 Stück Conventions-Thalern à 2 fl. 24 kr., deren 10 Stück eine feine Köllnische Mark hatten, unter heutigem Dato Vorgeschossen, und den zu gedachter Contributions Casse Verordneten Herren Cassieren durch den zum Empfang dieses Capitals eigens und schriftlich bevollmächtigten Herr Johann Jakob Kloz zu Handen gestellet habe, welche Summe wir mit 5 von jedem Hundert, folglich das ganze Capital mit 75 fl. in gleichmäßig grober Silber Sorte zu verzinsen und die jährlichen Interessen sowohl als auch seinerzeit die Anlehnungs Summe selbsten auf unsere Gefahr und Lasten dem Herrn Gläubiger oder jedem rechtmäßigen Inhaber dieser Schuld- und Pfand Verschreibung in einer unzertrennten Summe und zwar zu Frankfurt am Mayn zu behändigen, und nach acht Jahren als solang dieses Capital auf beyden Seiten, und bei richtig erfolgender Interessen-Zahlung unaufständlich stehen bleiben soll, auf Vorherige halbjährige Aufkündung, welche alsdann jedem Theil freystehet und vorbehalten bleibet in gleichmäßiger grober Silber Sorte, und zwar in Conventions Thalern mitzuzahlen versprechen. Und da dieses Anlehen zu nothwendigen Praestationen in die Schwäbische Kreys-Cassa zu Ulm mithin als dringenden Fonds der hiesigen Contributions-Casse zu bestreitenden Auslagen bestimmt und verwendet worden, folglich die utilis in rem versio ausser allem Zweifel gesetzt ist, so werden zur vollständigen Sicherheit des Herrn Creditoris für dieses uns zur Behändigung dieses Schuldbriefes sogleich in einer unzertrennten Summe baar ausbezahltes Darlehen von fl. 1500 nebst generaler Verpfändung sämtlicher zum hiesigen Contributions-Cassen-Amt gehöriger Steuern und Schazungen in der Stadt und auf dem Land von mehr denn 2000 steuerbaren Bürgern und Unterthanen nebst dem fundo collectabili auch insbesondere die zur Stadt-Cammer gehörige eigenthümliche Waldungen von beyläufig 4000 Morgen so viel zur Abtragung dieses Capitals hiervon verfallener und unbezahlter Zinsen auch sonst rechtmäßig aufgewendeter Kosten erforderlich sein mag, als eine wahre Special-Hypothek, auf der nicht mehr und weiter als die in vorigen Jahren in Frankfurt aufgenommenen 60 000 fl. nämlich*

| | | |
|---|---|---|
| *unterm 20. Juny* | *1794 von Herrn Kellner & Städel* | *8 000 fl.* |
| *unterm 9. Merz* | *1795 von Herrn Kellner & Städel u. Herrn Mayer* | *8 000 fl.* |
| *unterm 15. 7bris* | *1795 von Herrn Kellner & Städel* | |
| | *u. Herrn Schlosser* | *12 000 fl.* |
| *unterm 20. Februar* | *1796 von Herrn Kellner & Städel* | *8 000 fl.* |
| *unterm 15. Merz* | *1796 von Herrn Kellner & Städel* | |
| | *u. Herrn Dr. Ruckert* | *14 000 fl.* |
| *unterm 28. Xbris* | *1796 von Herrn Gebrueder Broenner* | *4 000 fl.* |
| *unterm 1. Merz* | *1797 von Herrn Banser* | *3 000 fl.* |
| *unterm 1. May* | *1797 von Herrn Victor Wilhelm Kellner* | *3 000 fl.* |
| | | *60 000 fl.* |

*erhalten unterpfändlich un com clausula constituti possessorii et pacto executivo unter ausdrücklicher Begebung des privilegii austregarum hierdurch verschrieben, an welche dann der Creditierende Theil sich zu halten hat, nöthigen Falls auch bey einem der höchsten Reichs-Gerichten Mandata de Solvendo vel dimittendo hypothecam sc. auszubringen in so lang erlangtes Recht Ding und Macht haben soll, bis derselbe das vorgeliehene Capital samt verfallenen Zinsen und etwa verursachten Kosten ganz und völlig von uns zurück erhalten wird. Auch begeben wir uns und Thun hiemit ausdrücklich Verzicht auf alle zu statten kommen mögende Ausflüchten, Privilegien und Rechtsbehelfe, insbesondere aber Exceptio non numeratae, vel non in rem versae pecuniae, desgleichen der Einrede, daß ein allgemeiner Verzicht nicht gültig seye, wenn die besondere nicht vorhergehe, alles getreulich und ohne Gefährde. — Urkundlich und zu mehrerer Bekräftigung dessen haben wir gegenwärtige Schuld- und Pfandverschreibung unter Aufdrückung hiesiges Stadtgrößeren Secret-Innsiegels ausfertigen lassen. So geschehen Schwäbisch Gemünd den 1. Septembris 1797.*[3]

Der nicht gerade saubere Eindruck, den das völlig chaotische Finanzgebaren der einstigen Reichsstadt auf die neuen Herren ausüben mußte, blieb auch nicht ohne Folgen. Es war einer der durchaus berechtigten Gründe, weshalb die Stadt im Kurfürstentum abschätzig beurteilt wurde. Der Sumpf der städtischen Korruption war eigentlich nur dadurch möglich, daß jegliche konstruktive und gutgemeinte Kontrolle systematisch unterbunden wurde.

Das Problem war weitgehend gesellschaftlich bestimmt. Die genealogische Verflechtung der Geschlechter und die Einflußnahme im Rat der Stadt waren wohl der tiefere Grund. Die Ratsmitglieder mußten sich den schlimmen Vorwurf gefallen lassen, sich auf Kosten der Bürgerschaft bereichert, Unterlassungen und Begünstigungen im

Amt vorgenommen und sogar Veruntreuungen stillschweigend geduldet und wissentlich gedeckt zu haben. Der Chronist Dominikus Debler, der alle Kleinigkeiten getreulich registriert und festgehalten hatte, stemmte sich mit Nachdruck gegen die Feststellungen der württembergischen Kommission, obwohl doch gerade er so manche Dinge hätte wissen müssen. Bemerkenswert ist daher ein Vermerk in seinen Niederschriften, der aus dem Jahre 1802 stammt und die Befürchtung des bevorstehenden Ereignisses, der beabsichtigten Okkupation, zum Ausdruck bringt. Der Eintrag lautet nämlich: *Im Monat Juni kam ein starkes Gerücht, daß Gmünd wirtembergisch werde. Der Bürgerschaft macht solches gar keine Bedenklichkeit, wiewohl es sicher sehr schwer fallen muß, wenn man zuvor freier Reichsbürger und dann Unterthan sein solle. Magistratische und Besoldete denken anders und befürchten Rechnung und Untersuchung. Da wird es freilich große Nasen geben.* Obwohl er doch eine Ahnung davon hatte, daß sehr bald in dieser Form das Unheil über die Betroffenen hereinbrechen würde, wehrte er sich noch einmal gegen den Vorwurf der württembergischen Kommission mit folgenden Sätzen: *Wunderbarlich ist mir vorgekommen und kann solches nicht begreifen, daß man von hiesiger Stadt hat aussprengen und vermuten können, daß hiesige Stadt solle Schulden haben ca. 1 300 000 fl., da solche nicht ganz 400 000 fl. schuldig ist, es war in ganz Stuttgart die Rede hievon und diese falsche Vermutung macht uns viel Schaden. Es hat das alles müssen eingereicht, verrechnet, Aktiva und Passiva übergeben werden, ich sag es noch einmal, ich kann es nicht begreifen, wie man einen solchen Verstoß hat machen können ... Ich kann mich wahrhaftlich hierüber nicht ausdrücken, wie man sich sollt so verstoßen, da man doch alle Rechnungen doppelt und dreifach hat dem Commissarius einreichen müssen, es sollte doch ein oder dem anderen eingefallen sein, zu suchen, wohin man denn das Geld getan oder woher man das Geld genommen. Ich glaube vielmehr und aus vielen Ursachen mit Grund, man wollte eben Gmünd recht verhaßt und verächtlich machen. Sagte ich es aber nicht gleich anfangs, Bürger habt Geduld, es wird alles aufkommen und sehet den Anfang und so wird das Ende sein. Unser gnädigster gerechter Fürst wird auf alles kommen, er wird selbsten einsehen, daß man Gmünd Fallen gelegt, er wird uns umso mehr lieben, da wir in Verachtung geduldig, gehorsam waren und stillschweigend das Unrecht duldeten.*[4]

In der Stadt entwickelte sich bald eine geradezu devote Unterwürfigkeit, die aus einer seltsamen Mischung von tatsächlichem Schuldbewußtsein und einem stetigen schlechten Gewissen sich geformt hatte. Der mehrfach zitierte Chronist, der anfänglich selbst den Niedergang der Reichsstadt wortgewandt bedauert und betrauert hatte, wunderte sich sehr bald über jenen auffälligen Gesinnungswandel bestimmter Bevölkerungskreise. Er, dem die familiären Wechselbeziehungen in der kleinen Stadt wie kaum einem anderen bekannt waren, wußte sehr wohl, daß dieser Wandel, der mit einer schleichenden Anpassung an die neuen Gegebenheiten gepaart war, aus einem Schuldgefühl und dem Versuch, die Sache zu vergessen, entspringen mußte. Fast unmerklich begann Debler, sich diesem Wandel anzuschließen. Der bemerkenswerte Ausspruch über die Säkularisation zeigt diese Richtung, wenn er schreibt: *Was die Aufhebung der Klöster betrifft, macht uns die Zeit unleugbaren Abbruch in vieler Nahrung, allein, wer weiß, was mit der Zeit aus den Klöstern gemacht wird, ich wette, daß daraus mehr Vorteil der ganzen Bürgerschaft verschafft wird, als der Schaden war, und man da sagen wird, o wären die Klöster doch schon etlich 100 Jahre abgeschafft worden, was wäre Gmünd für ein Ort!*

Das Jahr 1803 brachte manchen Wandel, konsequent Schritt für Schritt. Der Beschluß der letzten außerordentlichen Reichsdeputation zu Regensburg vom 25. Februar 1803 regelte schließlich die Entschädigung der durch die Abtretung des linken Rheinufers geschädigten Fürsten. Württemberg hatte vorher vollendete Tatsachen geschaffen und diese Entscheidung nicht erst abgewartet. Dieser Verwaltungsakt war die endgültige Bestätigung der im Frieden von Lunéville vereinbarten Regelungen. Für das Herzogtum Wirtemberg brachte das auch die Erhebung zum Kurfürstentum. Diese Rangerhöhung war ein weiterer Grund zum Feiern. Die »Schwäbische Kronik« berichtet darüber sehr ausführlich: *Gmünd, den 7. Mai. Gestern war für unsre Stadt und deren gute Einwohner ein höchst erfreulicher Tag. Das ChurFürstenFest wurde innerhalb unsern Mauern mit gefühlvollem Herzen, mit anständiger Würde gefeiert. Schon früh morgens verkündeten Schüsse aus Böllern die Feier des Tages, und eine Stunde, von 7 bis 8 Uhr, wurde mit allen Glocken der Stadt anhaltend geläutet. Um 8 Uhr war der Ober-Amtmann, der SteuerEinnehmer, der Magistrat und übrige Honoratioren, so wie die gesamte hiesige Geistlichkeit auf dem Rath-Hause versammelt. Die BürgerGarden, die beiden Kompagnien der bürgerlichen Gesellen, paradirten unter Türkischer Musik und klingendem Spiele auf dem Plaz vor dem RathHause, auf welchem auch die hiesige Bürgerschaft versammelt war. Nachdem sich sämtliche Honoratioren geistlichen und weltlichen Standes auf dem RathHause versammelt hatten, trat der OberAmtmann auf den Balkon des RathHauses unter Pauken- und TrompetenSchall, verlas das gnädigste Dekret Sr. ChurFürstlichen Durchlaucht, die Erhebung HöchstDerselben zur ChurWürde betreffend, und rief darauf ein dreimaliges Vivat, welches von der zahlreichen Versammlung auf dem MarktPlaze wiederholt wurde. Nach diesem verfügte man sich in die dazu besonders verzierte StadtPfarrKirche, an deren Pforte weisgekleidete Mädchen den Zug erwarteten, und für Arme sammelten; darin hielt der StadtPfarrer nach dem vorgeschriebenen Texte eine der Feier des Tages angemessene Predigt und darauf das Hochamt. Nach Endigung desselben wurde ein musikalisches Te Deum unter Läutung der Glocken und mehrmaligen Salven der hiesigen vortrefflichen Bürger-*

Garde und der GesellenKompagnie abgesungen . . . Als der GottesDienst vorbei war, begab man sich in das Gymnasium, wo einer der Professoren eine den Feierlichkeiten angemessene historische Rede hielt. Um 1 Uhr wurde im Gasthof zur goldenen Kanne ein MittagsMahl gegeben, wobei die Gesundheiten Sr. Chur-Fürstlichen Durchlaucht unseres regirenden Herrn ChurFürsten, Ihrer Königlichen Hoheit der Frau ChurFürstin, und des ganzen hohen ChurHauses, unter den Salven der Gesellen-Kompagnien ausgebracht wurden. Nachmittags war ein FreiSchiessen; und Abends ward bei abwechselndem Spiel von Türkischer Musik der BürgerGarde und den blasenden Instrumenten der GesellenKompagnien das RathHaus mit treffenden Emblemen und Aufschriften illuminirt, so wie die demselben korrespondirende SpitalKirche. Einen überzeugenden Eindruck davon, wie weit der Prozeß der Unterwerfung und stillschweigenden Anpassung fortgeschritten war, zeigt unmißverständlich die Grußadresse des amtierenden Bürgermeisters Benedikt Storr aus Anlaß der Erhebung des Herzogtums zum Kurfürstentum. Dem Durchlauchtigsten Churfürsten und Herrn, Herrn Friedrich II., Herzog von Württemberg, des heil. Römischen Reiches Erzpanner, und Churfürsten, Herzog von Teck, Fürsten von Ellwangen und Zwiefalten, Grafen und Herrn zu Limpurg, Gaildorf, Sontheim, Schmidelfeld und OberSontheim, Herrn zu Heidenheim und Justingen, Herrn zu Rothweil, Heilbronn, Hall und Adelmannsfelden pp. pp. Zu eigenen Händen, Meinem gnädigsten Churfürsten und Herrn.

Schwäbisch Gmünd
den 20. July 1803.

Bürgermeister Benedikt Storr allda empfiehlt sich zu Churfürst-Höchsten Hulden und Gnaden in tiefster Unterwürfigkeit, und der submissesten Bitte, den Ausdruck meiner treudevotesten Empfindungen, als die Erstlinge seiner Huldigung gnädigst aufzunehmen. Indem ich mich unterfange, Euer Churfürstlichen Durchlaucht, als unseren nunmehrigen Landesherrn, bei dero höchsten Anwesenheit allhier, die gegenwärthige, unterthänigste Zuschrift zu Füßen zu legen; So geschieht es in der alleinigen Absicht, Höchstdenselben meine ungeheuchelte tiefste Unterwürfigkeit zu bezeugen, um meine Wünsche für das ununterbrochene Höchste Wohl Eurer Churfürstlichen Durchlaucht, und Dero ganzen Höchsten Churhauses und denen Wünschen aller gutgesinnten Neuwürttembergischen Unterthanen zu vereinigen. Überzeugt, daß unter der weisen und milden Regierung Eurer Churfürstlichen Durchlaucht auch der Wohlstand hiesiger Stadt und deren Innwohnerschaft aufs neue wieder aufleben wird, füge ich noch die unterthänigste Bitte bei: Daß Höchstdieselbe Ihre, über alle Unterthanen mit gleicher Huld wachende, landesväterliche Fürsorge, zumalen in mildester Beherzigung meiner gebrechlichsten Leibes Umstände, und des

*mich vor einigen Jahren betroffenen Brand Unglücks, auch mir angedeihen zu lassen geruhen möchten; und ich werde mich glücklich schätzen, und es mir zur heiligsten Pflicht zu machen, mein ganzes Leben, und Kräfte dem höchsten Dienste Eurer Churfürstlichen Durchlaucht in derjenigen tiefsten Devotion zu widmen, womit ich unabfällig verharre Euer Churfürstlichen Durchlaucht*
*Unterthänigst-verpflichtgehorsamer Bürgermeister*
*Benedikt Storr.*[5]

Systematisch wurde auch die Schuljugend, aus deren Reihen sich in Zukunft stramme und allzeit getreue württembergische Untertanen rekrutieren sollten, in das Huldigungsritual einbezogen. Sie mußte das Fest mit einer besonderen »Leistung« bereichern. Eine Widmung an den Landesherrn wurde verlesen und in gedruckter Form den Ehrengästen und dem Publikum ausgehändigt. *Die gmündische Schuljugend an ihren Durchlauchtigsten Churfürsten und theuersten Landesvater Friedrich Zweyten den 20ten Julius 1803.*

> *Mit Freuden, und im Festgewand*
> *Empfangen wir Dich hier;*
> *Dich lieben viel' in Deinem Land,*
> *Doch keiner mehr, als wir.*
>
> *Sey uns willkommen inniglich,*
> *Uns allen Groß und Klein:*
> *Wir seh'n mit Wonne hin auf Dich,*
> *Und freu'n uns, Dein zu seyn.*
>
> *Wir steh'n mit treuer Liebe hier,*
> *Und streuen Blumen aus,*
> *Und unsre Brust schlägt Liebe Dir,*
> *Nur Dir, und Deinem Haus.*
>
> *Gott segne Dich; denn er allein*
> *Macht Fürsten groß, und gut:*
> *Er wolle immer mit Dir seyn,*
> *Dir stärken Deinen Muth.*
>
> *Er nehme Dich in seinen Schooß,*
> *Flöß reine Lust Dir ein,*
> *Und lasse Dich, so wie Du groß*
> *Auch wahrhaft glücklich seyn.*

*Mit Freuden, und im Festgewand*
*Empfangen wir Dich hier;*
*Dich lieben viel' in Deinem Land*
*Doch keiner mehr, als wir.*[6]

Diese aufschlußreichen Belege anläßlich des pompösen Kurfürstenfestes mit der obligaten Huldigung und dem breitgefächerten Zeremoniell, stets im Sinne eines absolutistisch festgefügten und immer perfekten Gottesgnadentums, bedarf keines weiteren Kommentares. Eine meisterhafte unsichtbare Regie förderte Schritt für Schritt den konsequenten Prozeß der Anpassung und der Gleichschaltung. Auch der fleißige Chronist Dominikus Debler konnte sich auf die Dauer diesem Sog nicht mehr entziehen. Was er gestern noch mit vollem Recht anprangerte und wortgewaltig verdammte, regte ihn heute schon nicht mehr auf. So vernehmen wir mit Interesse, was er im Sommer 1803 zu den Plänen einer Kaserne zu sagen hatte: *Den 15. August wurde es endlich ernst, daß das Dominikanerkloster eine Kaserne werden sollte, sogar in den hl. Tagen wurde schon ausgeräumt, und gleichfalls ein Anfang gemacht. Nach Aussagen solle die Kirche selbst abgebrochen werden, der General Kammerer soll es aber hintertrieben haben. Dem seie, wie es wolle, was liegt den Bürgern am Gebäude, besonders geschlossener Kirchen, wenn er nur Brot hat.* Dieser Prozeß duldete grundsätzlich keine aus den Reichsstadtzeiten überkommenen Traditionen, wie die Institution der Bürgergarde. Als eine nach rein militärischen Prinzipien aufgebaute und hierarchisch straff gegliederte Einheit mit ausschließlich repräsentativem Charakter, die bei kirchlichen Hochfesten und sonstigen wichtigen Anlässen in Aktion treten mußte, war sie den Württembergern eine anstößige Sache, die es zu beseitigen galt. So sah sich der bisherige Stiftspropst und jetzige Dekan Thomas Kratzer zusammen mit dem ranghöchsten Offizier der Bürgergarde, Philipp Walter, genötigt, beim Churfürsten direkt in der Sache vorstellig zu werden. Überzeugende Argumente mußten vorgebracht werden, die für den Fortbestand dieser Einrichtung sprachen. Es wurde daher ein *Unterthänigstes Anbringen des Churfürstlichen Land Vogtey Gerichts Ellwangen zur hochpreislichen Oberlandes Regierung I. Sen. über die begehrte Beibehaltung und Fortdauer der zu Gmünd im Jahr 1798 errichteten Bürger Garde den 28. April 1804* verfaßt, das folgenden Wortlaut hatte:
*Landvogtey Ellwangen*
*Oberamt Gmünd*
*Stadt Gmünd den 24. April 1804*
*Unterthänigste Bitte um Beybehaltung und ordentliche Fortdauer*
*der anno 1798 errichteten Bürgergarde allda.*
*Durchlauchtigster Churfürst!*
*Gnädigster Churfürst und Herr!*

*Da schon von unfürdenklichen Jahren her beynahe in allen katholischen Städten die*
*Fronleichnams-Processionen entweder von Bürgern oder von Bürgers Söhnen, oder*
*von beyden zugleich militairisch theils begleitet, theils durch Paradierung und Feuer*
*Salven verherrlicht wurden, um dadurch das Andenken der unbegreiflichen Liebe*
*Jesu bey Einsetzung des hl. Abendmals feyerlichst zu begehen, so wurde auch hier*
*eben diese Gewohnheit die benannte Procession zu verherrlichen unzählige Jahre*
*hindurch besonders von ledigen Bürgerssöhnen beobachtet. Weil aber ao 1796 und 97*
*an Eifer und Ordnung unter den Ledigen zu gebrechen es anfinge, so entschlossen*
*sich mehrere verheurathete Bürger eine Garde mit Genehmigung des damaligen*
*Magistrats zu errichten, welche keinen anderen Endzweck haben sollte, als nach dem*
*Beyspiel anderer katholischer Städte die Fronleichnams Procession zur Ehre Jesu in*
*dem allerheiligsten Altarsakramente feyerlichst zu begleiten, oder bei außerordent-*
*lichen Feyerlichkeiten als Friedensfest, Huldigung zu paradieren. Zu diesem Ende*
*wurden nun gleich Monturen, Fahnen, Schießgewehre, Pauken, auch Instrumenten*
*zur türkischen Musik angeschaffet, und zu dieser Anschaffung ein Kapital von etli-*
*chen hundert Gulden mit 4% verzinslich aufgenommen. Zur Bezahlung der Zinsen*
*und successiven Abtragung des Kapitals haben sich die zu sothaner Bürger Garde ein-*
*geschriebenen Glieder verabredet, daß jeder jährlich zweymal 30 kr. erlegen soll, da*
*aber die Anzahl der Eingeschriebenen zu gering und die Erlegung des jährlichen*
*Beytrages nicht ganz richtig flösse, so konnten zwar bisher die Zinsen entrichtet, aber*
*das aufgenommene Kapital nicht ganz abgestoßen werden. Es ergeht also unsere*
*unterthänigste Bitte an Ihro Churfürstliche Durchlaucht, unsern gnädigsten Chur-*
*fürsten und Herrn, daß Höchstdieselben einem dahiesigen Oberamte gnädig aufzu-*
*tragen geruhen möchten, benannte Bürger Garde zu keinem andern, als zugedachten*
*Zwecke auch fürderhin zu belassen, und zu Gestaltung und Bestreitung der dazu*
*erforderlichen Kosten solche Maaßregeln mit etwaiger Zuziehung des Decan und*
*Stadtpfarrers zu ergreifen, wodurch ohne die Glieder dieser Garde merklich zu*
*beschweren der vorgestreckte Zweck zum dankbaren Andenken der Liebe Jesu im hl.*
*Sakramente, und bey außerordentlichen Feyerlichkeiten zur Ehre Ihro Churfürst-*
*lichen Durchlaucht und zur Zierde unserer Vaterstadt erreicht werden könnte. Wir*
*werden diese höchste Gnade nicht nur lebenlänglich mit größtem Danke erkennen,*
*werden bey jeder Gelegenheit uns bestreben die tiefeste Ehrfurcht, und genauesten*
*Gehorsam an den Tag zu legen, womit stets geharren*
*Ihro Churfürstlichen Durchlaucht*
*unsers Gnädigsten Churfürsten u. Herrn*
*unterthänigste Diener*
*Thomas Kratzer, Cons. Eccl. Decanus ac Parochus*
*Philippus Walter, Hauptmann der Bürger Garde.*[7]

85. Empfang des 1. Erntewagens im Teuerungsjahr 1817 mit Dankprozession in die
Pfarrkirche. Aquarellzeichnung von Johann Sebald Baumeister

86. *Die Johanniskirche von Osten her, 1834. Aquarell von P. A. Fuchs. Noch zeigt sich die Ostpartie der Kirche mit dem gotischen Chor und den um 1790 zwischen die Strebepfeiler gebauten Kramläden.*

*87. Der Seiltänzer Knie bei einer Vorstellung auf dem Kasernenplatz 1830.*
*Lithographie von C. W. Faber du Faur*

88. *Das Belvédère im Schießtal, Beobachtungsstand für Schiedsrichter und geladene Gäste, auch für die Offiziersfamilien, mit einem durch Faschinen geschützten Erdwall. Lithographie von G. Küstner nach G. Dorn, etwa 1850*

89. *Das 1889 abgebrochene Arenhaus mit dem aus dem Jahre 1769 stammenden Torbogen zum Waisenhaus. Federzeichnung von C. Weysser 1864*

90. Gmünd um 1865. Photographie von Dr. Lorent. Im Vordergrund der seit 1861
bestehende Bahnhof mit dem Verwaltungsgebäude, dem Güterschuppen und den beiden
durch die Drehscheibe getrennten Remisen für die Wagen (links) und die Lokomotiven
(rechts), dazwischen die »Wasserstation«

91. Der Spitalturm an der nördlichen Stadtmauer um 1864 von C. Weysser, abgebrochen
1870. Am linken Bildrand die 1859 beim Bahnbau begradigte Rems und die Rotrinnen-
brücke

92. *Die Kirchgasse mit Blick zur ehemaligen Dominikanerkirche. An der rechten Gassenseite das Haus Nr. 855 mit dem dekorativ gestalteten Wasserspeier und der Wetterfahne auf dem Giebel (heute umgestaltet, Bocksgasse 29). Kolorierte Bleistiftzeichnung von E. Hettich, um 1870*

Das Gesuch wurde an Oberamtmann Muff weitergeleitet. Dieser untersagte der Bürgergarde grundsätzlich jegliche Art von Waffenübung und betonte dabei, auch in den altwürttembergischen Landesteilen sei die Landmiliz aufgehoben.

Die Landvogtei in Ellwangen hegte sehr ernsthafte Bedenken, da es sehr leicht zu Zusammenstößen mit dem Militär kommen könne. Schließlich meinten die Ellwanger, zu einer rein religiös und rituell ausgerichteten Handlung wie dem Fronleichnamsfest seien überhaupt keine Bewaffneten erforderlich.

Am 7. Mai 1804 wurde schließlich entschieden, daß die Bürgergarde nicht mehr weiter bestehen könne. So endete eine ausschließlich auf Repräsentation ausgerichtete paramilitärische Organisation nach einer relativ kurzen Lebensdauer von knapp mehr als fünf Jahren ohne große Tradition.

Die Ressentiments, die vorgefaßten Meinungen und die sonstigen Vorbehalte, die von außen her gegen Gmünd und überhaupt gegen die neuwürttembergischen Landesteile vorgebracht wurden, saßen sehr tief. Hier waren zwei konträre Welten aufeinandergeprallt. Warum gab es diese Härte der Fronten und diese absolute Intoleranz, die gar nicht in das Zeitalter der Aufklärung mit ihrer immer wieder propagierten Tugend hereinpaßte? Hermann Bausinger charakterisiert diese engstirnige Haltung folgendermaßen: *Die äußere Enge wäre nicht so wirkungsvoll gewesen, wenn sie nicht ihre Entsprechung gehabt hätte in einer gewissen Enge und Strenge des Lebenswandels, die gerade auch für jenes Gebiet charakteristisch war, das beinahe als einziges eine größere, den Kirchturmhorizont sprengende Einheit bildete: Altwürttemberg . . . Das entscheidende Element war dabei die Kirche, der . . . auch noch fürs 19. Jahrhundert hervorgehobene Ernst des Luthertums, das hier vor allem durch eine sehr breite pietistische Bewegung geprägt und charakterisiert wurde.*[8] Von dieser Weltanschauung war auch der altwürttembergische Pfarrer Philipp Ludwig Hermann Roeder besessen, der im Jahre 1804 in Ulm anonym eine »Geographie und Statistik von Wirtemberg« verlegen ließ. In dieser als Beispiel früher landeskundlicher Betrachtung nicht ganz uninteressanten Arbeit erlaubte sich der Autor, die von ihm beschriebenen Städte einer Kritik zu unterziehen. Das war durchaus berechtigt. Dabei verfuhr er aber ganz und gar als typischer Altwürttemberger, der allzusehr von der engstirnigen Auffassung des Pietismus geprägt war, dem ganz besonders hierzulande anderen Glaubensrichtungen gegenüber die Toleranz und das nötige Einfühlungsvermögen fehlten. Der Verfasser war, wie Peter Spranger bemerkt, *einer von denen, die eher den Splitter im Auge des Bruders erkennen,* als den Balken im eigenen.[9] Die Bewohner der Stadt Gmünd werden hier folgendermaßen charakterisiert: *Die Einwohner sind in ihrem Fleiß und Gewerbsamkeit, und damit auch in ihrem Wohlstande und Nahrung weit herab gekommen, welches besonders in der Stadt fühlbar ist. Nirgends wird man mehr Bettler finden, welche die Fremden hau-*

*fenweise anfallen, als in Gmünd, und gewiß nirgends mehr müssige Leute, als eben da. Der Bettel scheint hier in ein System gebracht worden zu sein, und die Bettler ihre eigene Posten besetzt zu haben; denn man findet solche auf der Brücke, Landstraße, in den Gassen und in den Kirchen.* In diesem Ton geht es weiter. Der Verfasser stellt schließlich fest: *Die verderblichste Art des Luxus hat eingerissen, nemlich die, wenig zu arbeiten, und dann den Verdienst schnell wieder zu verzehren.* Diese Zeilen verraten ein mangelndes Einfühlungsvermögen. Nach der Geisteshaltung des Verfassers waren Eigenschaften wie Lebensfreude und Frohsinn, die den Gmündern immer nachgesagt wurden, ohnehin ein Greuel und als sündig verschrien. Roeder wurde nicht müde, in bösen Sätzen gegen die Glaubensausübung der Stadtbevölkerung zu polemisieren und zwar in folgendem Sinne: *In der Stadt Gmünd sind zu 5600 Seelen 18 Kirchen, von deren Thürmen ein immerwährendes Geklingel ertönt, welches die Leute einladet, von der Arbeit weg, und in die Kirchen zu laufen. Dieses behagliche Nichtsthun wird endlich zur Gewohnheit, und zur Veranlassung, auch andere Zerstreuung aufzusuchen, wozu die Religiosität, die Möncherei und Fanatismus die Hand bieten. Nirgends sind wohl auf einem Punkt so viele berühmte Wallfahrten, als in Gmünd. Der berühmte Rechberg, Bernhardusberg, Beiswang, St. Salvator, auch der Minhof, sind Gegenstände, die von ganzen Schaaren, nicht wegen der Andacht, besucht werden, sondern um die Zeit zu verderben und sich Vergnügen zu machen. Werden nun nicht diese Quellen des Müssiggangs verstopft, diese 18 Kirchen bis auf 2 oder 3 geschlossen, und die Wallfahrten, Prozessionen und Feiertage aufgehoben, so wird Gmünd auch bei allen Bemühungen für die Industrie nie wieder zu seinem ehemaligen Wohlstande kommen.*[10]

Diese oberflächliche und pauschale Betrachtungsweise war mit vielen sachlichen Fehlern behaftet, indem jede kleine Kapelle mit dem Begriff »Kirche« bedacht wurde. Natürlich wurden diese Äußerungen ungeprüft vom Publikum übernommen, was dem Rufe und dem Ansehen der Stadt in Württemberg nicht gerade dienlich war. Wenn derartige Sätze bei Dominikus Debler, dem eifrigen Sammler aller Gamundiana, auf keinerlei Beifall stießen, so war dies nur allzu verständlich.

Hätte Roeder gewissenhaft an Ort und Stelle recherchiert, dann wäre er eines anderen belehrt worden. Im Jahre 1804, als das Buch herausgegeben wurde, war bereits ein Umwandlungsprozeß in der Stadt und auf dem Lande im Gange, der eindeutig von dem Gedankengut der Aufklärung geprägt wurde. Diese Geisteshaltung hatte sehr wohl auch die Stadt Gmünd erreicht. Davon wurde auch nicht die katholische Kirche verschont. Ein markanter Vertreter der kirchlichen Aufklärung am Platze war der einstige Stiftspropst und nunmehrige Stadtpfarrer und Dekan Thomas Kratzer. Dominikus Debler verdanken wir folgende aufschlußreiche Notiz, die diese Aktivitäten des fortschrittlichen Geistlichen vollauf bestätigt, wenn er schreibt:

*Unter dem jetzigen Stadtpfarrer Kratzer ist vieles organisiert und verändert worden. Die große Veränderung im Kirchenbau und Ornat. Die Hinwegräumung und Abbrechung der Stiftskirche und Canonici, die Einreißung der St. Veitskirche und St. Johanniskirchhofs, die Einstellung des Karfreitags, Passionsspiel, die Prozession am Palmtag, die Aufhebung der Klöster.* Die zahlreichen Maßnahmen von Thomas Kratzer haben hier einen Vereinfachungsprozeß vollzogen, der auch ohne den württembergischen Einfluß wirksam geworden wäre. Zweifellos wurden auch kunstgeschichtlich bedeutsame Stücke Opfer dieser Reinigungswelle, wie zum Beispiel der frühbarocke Hochaltar in der Pfarrkirche, den schon 1800 ein nüchterner klassizistischer Altar ersetzte. Debler wurde nicht müde, alle Maßnahmen in dieser Richtung aufzuzählen. Auf seine ins Detail gehenden Berichte können wir uns aber verlassen, denn *seine zeitgeschichtlichen Aufzeichnungen spiegeln mit ihrer Vorliebe für Skandalfälle und »Geschichten« zwar den Interessenhorizont eines Kleinbürgers, vermögen aber die Atmosphäre der Reichsstadt und späteren württemberg. Oberamtsstadt ungleich besser einzufangen als die Aussagen trockener Aktenbünde.*[11]
Der Integrationsprozeß benötigte geraume Zeit und vor allem ein großes Maß an Geduld. Erst so konnten die tiefwurzelnden Gegenstände allmählich geglättet werden. Was aber wesentlich tiefer saß, als die glaubensmäßigen Dinge, war bei den Württembergern die Verärgerung über die verrottete Wirtschaftslage der einstigen Reichsstadt und deren leichtsinniges Finanzgebaren. Dieser durchaus berechtigte Vorwurf, der in erster Linie eine gesellschaftliche Oberschicht treffen mußte, die über lange Generationen hinweg die Herrschaft über Wohl und Wehe ausübte, wurde von den württembergischen Schreibern (»regnum scribarum et pharisaeorum«) auf die ganze Bevölkerung ausgedehnt. So konnte sich ein allzu pauschales Urteil bilden, das dem Rufe der Stadt nach außen hin in keiner Weise dienlich war. Wenn man noch bedenkt, daß sich anfänglich weder die eine noch die andere Seite bemühte, eine tolerante Objektivität zu üben, wundert uns über den anfänglichen schlechten Ruf der Stadt nichts mehr. Aus diesem Geist heraus kam auch die vorgefaßte Meinung des Finanzministers von Malchus, der im Jahre 1818 noch einem Vertreter der Stadt gegenüber die Bemerkung machte: *Schweigen Sie mir von ihrem elenden Gmünd. Mit diesem Lumpennest haben wir eine sehr schlechte Acquisition gemacht.*[12]
Mit der württembergischen Verwaltung und dem Militär hatten sich auch Angehörige des anderen Glaubensbekenntnisses in Gmünd auf Zeit und auf die Dauer niedergelassen. Das war in der vormals rein katholischen Stadt ein absolutes Novum. Anders als in Augsburg, Biberach und Ravensburg, wo spätestens seit dem Westfälischen Frieden ein auf einem Simultaneum begründeter konfessioneller Kompromiß unter den Bekenntnissen sichergestellt war und das Leben in diesen Städten unmißverständlich geprägt hatte, bedurfte es in Gmünd erst einmal eines langwierigen Pro-

zesses des Einlebens und gegenseitigen Verstehens. Die Anpassung an die neuen Verhältnisse ging trotz der nun einmal bestehenden nachhaltigen Ressentiments schrittweise vor sich. Die Bevölkerung der Stadt hatte erkannt, daß man sich mit den neuen Herren, die »Altwürttemberg« verkörperten, allen Hindernissen zum Trotz, arrangieren konnte. Schließlich kamen durch Militär und Zivilverwaltung neue Impulse in die bisher in ihrem Kirchturmbereich mehr oder weniger isolierte Stadt. Die Handwerker und die Gastwirte waren die ersten, die die neue Lage am ehesten begriffen hatten und die von dieser Seite neue Impulse erwarteten. Auf diesem Wege konnten auch die anfänglichen Ressentiments allmählich abgebaut werden.

Im Jahre 1806 wurde die durch die Säkularisation freigewordene Kirche der Augustiner der Garnisonsgemeinde zur rituellen Nutzung übergeben. Als ständig weitere Zuzüge protestantischer Personen zu verzeichnen waren, konnte eine von der Garnisonsgemeinde unabhängige evangelische Gemeinde gegründet werden. Der zweite amtierende Geistliche von 1814 bis 1817 war Ferdinand Ludwig Immanuel Dillenius,[13] ein Freund des Welzheimer Arztes Justinus Kerner. Das Jahr 1808 brachte zwei wichtige Ereignisse für die Stadt. Das bereits 1803 ausgeräumte Dominikanerkloster wurde endgültig als Kaserne eingerichtet. In diesem Zusammenhang bedauerte Dominikus Debler ausdrücklich, daß die ehemalige Dominikanerkirche nicht der »lutherischen« Gemeinde als Kirche überlassen wurde. Die Profanierung der ihrer Ausstattung total beraubten Kirche mit ihrer reichen Gemälde- und Stuckausstattung stieß aber bei der Gmünder Bevölkerung auf keinerlei Widerspruch. Jedenfalls fehlen darüber jegliche urkundlichen Belege. Auch Dominikus Debler verlor in der Folgezeit darüber keine Worte mehr. Obwohl die Militärverwaltung sich wegen der Profanierung der einstigen Klosterkirche vorsorglich rückversichert hatte, regte sich in der Öffentlichkeit hierüber keinerlei Protest. Dies stand in einem krassen Gegensatz zu dem Verhalten der Bevölkerung beim Räumen des Klosters und der Kirche im Zuge der Säkularisation um die Weihnachtszeit des Jahres 1802. Das andere Ereignis des Jahres bildete die Einrichtung des einstigen Dominikanerinnenklosters Gotteszell zu einem Frauenzuchthaus.[14] Bei der sozialen Fürsorge für die bedürftigen Teile der Bevölkerung der Stadt gab es zu Beginn des Jahrhunderts einige Änderungen. Die bisherige Spitalfürsorge wurde umgewandelt, nachdem ein großer Teil des bisherigen Stiftungsvermögens der Stadt zur Schuldentilgung übertragen wurde. Bereits 1803 wurde eine »Armenverwaltung« geschaffen. Das Vermögen des Siechenhauses St. Katharina wurde in die »Kirchen- und Schulpflege« umgewandelt. Auf das Jahr 1807 gehen die ersten noch von dem Franziskaner Mansuet Franz angeregten Bemühungen zurück, einen systematisch aufgebauten Gehörlosenunterricht in die Wege zu leiten und zu betreiben. Der allen Neuerungen gegenüber aufgeschlossene Dekan Kratzer griff diese Anregungen auf und fing an, mit drei taubstum-

men Kindern einen Versuch zu wagen und ihnen Unterricht zu erteilen. Daß die ersten Bemühungen einen gewissen Erfolg hatten, geht aus einer Pressenotiz hervor, die die »Schwäbische Chronik« unter dem 15. Dezember 1808 veröffentlichte, worin es unter anderem wörtlich hieß: *Wahres Mitleiden mit der bedauernswürdigen Lage dreier in hiesiger Stadt befindlicher BürgersTöchter ... bewog nemlich um Ostern 1807 den Dekan, einen Versuch zu machen, ob er diesen Unglücklichen nicht einen Begriff von Gott, Uebung des Guten, und Vermeidung des Bösen beizubringen vermöcht. Bald fand er, daß sein Versuch nicht fruchtlos sei, was ihn bewog, mit der ReligionsLehre auch den Unterricht in Buchstaben und Wörtern, im Schreiben und endlich auch im Rechnen zu verbinden. Seine Bemühung wurde mit einem so glücklichen Erfolge gekrönt, daß, was den ReligionsUnterricht betrifft, er schon um Ostern dieses Jahr kein Bedenken tragen durfte, die taubstummen Mädchen zum Genuß des h. Nachtmahls zuzulassen, und, als die Mädchen selbst gegen ihren Lehrer den Wunsch äusserten, ihren Fleiß und Kenntnisse nach dem Beispiele der übrigen Kinder einer öffentlichen Prüfung unterworfen zu sehen, so entschloß er sich, diesem Wunsche an dem GeburtsFeste Sr. Königlichen Majestät, an dem Tage der PreisAustheilung, zu entsprechen.*
*In der Gegenwart mehrerer Herren Offiziere der hiesigen Garnison, der sämmtlichen geist- u. weltlichen Königlichen Beamten und Diener, des Magistrats und mehrer Honoratioren, so wie vieler Eltern und Kinder, wurde die Prüfung vollzogen. Zuerst wurden den Mädchen auf der schwarzen Tafel alle Buchstaben vorgezeichnet, welche sie deutlich erkannten, und die meisten vernehmlich aussprachen. Alsdann schrieben sie selbst mit Kreide in wohlgebildeten Buchstaben einzelne Worte und ganze Säze von den Sinnen und ihren nächsten Wirkungen, auch gaben sie deutlich ihre ReligionsKenntnisse nach illuminirten Tafeln aus der jüdischen und christlichen ReligionsGeschichte zu erkennen. Endlich erkannten sie auch Ziffern und Zahlen, und lösten auf der schwarzen Tafel leichtere Additions- und SubtraktionsExempel. So weit sind diese Mädchen in einer Zeit von anderthalb Jahren durch einen wöchentlichen Unterricht von 5 Stunden gebracht worden, da die übrigen BerufsGeschäfte dem Dekan nicht gestatteten, mehrere Zeit diesem Unterricht zu widmen.*
Durch diesen Erfolg ermutigt, schwebte Kratzer die Gründung einer entsprechenden Bildungsanstalt vor. Zu diesem Schritt bedurfte es eines entsprechenden Antrags in Stuttgart. Die baldige Genehmigung blieb auch nicht aus. Der Gmünder Lehrer Leonhard Allé wurde zum Ausbildungslehrer ausersehen und nach Freising in Oberbayern geschickt. An der dortigen Taubstummenanstalt erhielt er das für die komplizierten Unterrichtsmethoden nötige pädagogische Rüstzeug. Nachdem er diese fachliche Ausbildung mit Erfolg absolviert hatte, nahm er zunächst in seiner Wohnung mit einigen Schülern seine Tätigkeit auf. Es bedurfte allerdings noch einiger Zeit, bis

diese Einrichtung 1817 staatlich wurde. Unterstellt wurde sie, wie aus den im Regierungsblatt publizierten Statuten zu entnehmen ist, der Kommission für Taubstummen- und Blindenanstalten, der späteren »Kgl. Kommission für Erziehungshäuser«. Im Jahre ihrer staatlichen Anerkennung zählte diese Schule immerhin schon 15 »Zöglinge«. Im folgenden Jahre übernahm Stadtpfarrer Mag. Jäger den Unterricht in Religion für die protestantischen Schüler des Institutes. Im Jahre 1823 wurde der Taubstummenanstalt eine solche für Blinde angeschlossen. Zwischen Jäger und Allé kam es zwei Jahre später zu erheblichen Differenzen, worauf sich letzterer pensionieren ließ. Nach seinem Weggang übernahm Jäger die gesamte Leitung der Taubstummen- und Blindenanstalt, die er bis zu seinem Abgang nach Oberstenfeld 1838 innehatte. Sein Nachfolger wurde der Stadtpfarrer Hermann Wagner, dem neben seinem Amt als Geistlicher in Personalunion auch noch die Betreuung der beiden Anstalten übertragen wurde. Es war durchaus verständlich, wenn sich die Stadt Gmünd in jenen Jahren immer wieder ernstlich darum bemühte, wirkungsvolle Institutionen in ihre Mauern zu bekommen, denn schließlich war ihr jegliche sinnvolle und nutzbringende Belebung willkommen und natürlich auch wünschenswert. Das beginnende Jahrhundert zeigte mitunter an anderen Plätzen in Württemberg ernsthafte Ansätze zu einer Industrialisierung. Nach der großen Auswanderungswelle von Goldschmieden nach Wien unter Joseph II. war zu Beginn der zwanziger Jahre die Zahl der in diesem Handwerk tätigen Familien wieder auf 240 angewachsen. Sie betrieben die Herstellung von geringwertigem Schmuck. Die Produktionsmethoden waren nicht gerade auf dem neuesten Stande. Diese Umstände veranlaßten den umtriebigen Gmünder Handelsmann Johann Chrysostomus Mayer, ernsthaft darüber nachzudenken, auf welche Weise die Produktion wirksam verbessert werden könnte. Die bisherige Situation versprach jedenfalls keine wesentliche Besserung und Steigerung, solange die Produzenten sich jedem Fortschritt verschlossen. Mayers wirtschaftstheoretische Bestrebungen fanden ihren sichtbaren Niederschlag und die entsprechende theoretische Untermauerung in den von ihm verfaßten und im Jahre 1817 publizierten *Ideen über den Verfall des Handels und der Fabrikation von Gmünd*. Er riet darin dringend, die Produktion auf mechanische Fertigung umzustellen. Trotz dieser ernstzunehmenden und wohlmeinenden Anregungen ging der erwünschte Umwandlungsprozeß sehr langsam und zögernd vor sich. Immerhin wurden die »Ideen« auch in Stuttgart beachtet, da dort die Denkschrift mit Recht als Programm des Fortschritts zur Kenntnis genommen wurde. Neben der Schaffung eines gemeinsamen Zollgebietes wurde vor allem die Pflege der fortschrittlichen Technik mit allen Mitteln der Wissenschaft und der beruflichen und fachkundigen Ausbildung darin propagiert. In dieser Hinsicht glichen diese Anregungen den Gedanken, die später auch von Friedrich List vorgetragen wurden.

Es bedurfte noch einiger Jahre, bis in Gmünd mit der Industrialisierung begonnen wurde. Im Jahre 1832 wurde mit der industriellen Fertigung von Silberwaren der Anfang gemacht. An dieser Stelle soll von einem Manne die Rede sein, der mehr oder weniger zufällig wenige Jahre nach der württembergischen Okkupation nach Gmünd kam und dort Fuß faßte. Es war Karl Erhard, der als Neunzehnjähriger im Jahre 1809 hierher kam und als »Handlungsgehilfe« bei der Großhandlung Gebrüder Debler eine Stelle fand. Er war ein Pfarrerssohn aus Willsbach bei Weinsberg, ausgestattet mit einem offenen Blick und vor allem mit der nötigen Tatkraft. Es muß ihm offensichtlich gefallen haben. Daß er seinem Prinzipal sympathisch war, läßt sich aus der Tatsache ableiten, daß er sich nach einigen Jahren mit dessen Tocher Theresia Germania Debler verehelichen durfte. Damit wurde zum erstenmal gezeigt, wie ein aus dem altwürttembergischen Gebiet kommender tüchtiger Mann nach beruflicher Bewährung und Überwindung aller Ressentiments sich mit dem Gmünder Patriziat glücklich versippen konnte. Der Urgroßvater seiner Frau war jener Franz Achilles von Stahl, Edler von Pfeilhalden, der ob seiner Verdienste um das öffentliche Wohl von Joseph II. geadelt wurde und dessen Name im engen Zusammenhang mit der letzten Blüte der Reichsstadt ab Mitte des 18. Jahrhunderts steht. Sein Schwager wurde der eingangs angeführte Handelsmann Johann Chrysostomus Mayer. Erhard wurde 1816 Teilhaber der Großhandlung Ludwig Gerber & Cie. in der Bocksgasse. Im Jahre 1843 schied er aus dieser Firma aus und gründete ein Jahr darauf mit seinen beiden Söhnen Karl (geboren 1819) und Julius (geboren 1820) unter der Firma Erhard & Söhne eine Metallwarenfabrik im Bereich zwischen Turniergraben, Bocksgasse und Badmauer, also noch im Weichbild der Stadt. Bei der Firmengründung ließ sich Erhard von den Grundsätzen von Ferdinand Steinbeis und der von ihm gegründeten »Zentralstelle für Handel und Gewerbe« leiten. Mit diesem Schöpfer der württembergischen Veredelungsindustrie verband ihn eine enge Freundschaft. Getreu den Prinzipien seines Schwagers Mayer und seines Freundes Steinbeis ließ er seinen beiden Söhnen eine angemessene Fachausbildung zukommen. Karl wurde als Metalltechniker und Julius als Zeichner, Ziseleur und Graveur ausgebildet. In den folgenden Jahrzehnten kamen viele junge Männer mit Tatkraft nach Gmünd, die meisten aus Altwürttemberg, und gründeten neue Unternehmen.[15]

Wie beim Beispiel der Erhardschen Fabrik suchten die ersten industriellen »Etablissements« ihre Standorte grundsätzlich in der Innenstadt. Der Sprung über die erst seit dem ersten Jahrzehnt des Jahrhunderts niedergelegten Stadtmauern wurde vorerst noch nicht vollzogen. Innerhalb der Stadt gab es noch sehr viele freie Flächen wie zum Beispiel die Bleiche, das Areal zwischen dem vormaligen Augustinerkloster und der Ackergasse oder in der Waldstetter Vorstadt. Eduard Forster wagte mit seinem spätklassizistischen »Neubau« beim Unteren Tor im Jahre 1844 den Sprung aus dem Stadtkern heraus. Dieses Bauwerk war der Auftakt für eine Neubebauung außerhalb des traditionellen Mauerringes.

Das Jahr 1825 brachte die Gründung eines katholischen Lehrerseminares. Nach dem Vorbild der ersten 1811 gegründeten evangelischen Anstalt dieser Art in Esslingen wurde diese Institution ins Leben gerufen. Sie stand ausschließlich unter geistlicher Leitung. Die »Zöglinge«, wie man die Studenten damals zu nennen pflegte, mußten sich einem sehr strengen autoritären Reglement unterordnen, das noch weitaus schlimmer war als militärischer Drill. Seine erste Unterkunft erhielt dieses »Institut« zur Heranbildung des württembergischen katholischen Lehrernachwuchses im Komplex des einstigen Franziskanerklosters. Überhaupt fanden in den ersten Jahren des Jahrhunderts die einstigen Klosterbauten bald zweckentsprechende Verwendungsmöglichkeiten. All diese Baulichkeiten, außer dem im Jahre 1810 abgebrochenen Kapuzinerkloster, konnten somit neuen Zwecken zugeführt werden.

Das seit dem Jahre 1802 ständig präsente Militär etablierte sich immer mehr in der Stadt, die nun württembergische Garnison wurde. Bemerkenswert in diesem Zusammenhang war die Anlage eines zentralen württembergischen Schießplatzes der Artillerie im langgezogenen Sulzbachtal, östlich des ehemaligen Klosters Gotteszell. Hinter diesem wurde ein Barackenlager erbaut, das den übenden Truppenteilen im Wechsel eine feste Unterkunft bot. Die Zweckbestimmung des Tales übertrug sich sehr rasch auf seine Bezeichnung. Zunächst im Volksmund, später auch im Dienstgebrauch, wurde es als »Schießtal« bezeichnet.[16] Das militärische Areal wurde zu den turnusmäßigen Schießübungen bis 1875 verwendet. In den Sommermonaten folgten die Familien der Offiziere der Truppe und logierten in den Gastwirtschaften oder in Privatquartieren in der Stadt. Die zeitgenössische Schriftstellerin Tony Schumacher gibt uns darüber ein interessantes Stimmungsbild:

*Wie eigenartig war doch dieser im Grunde genommen rein militärische Aufenthalt, besonders nach späteren Begriffen. In frühester Morgenstunde, wenn die Batterien ins Schießtal, das, zwischen waldigen Anhöhen gelegen, sich stundenlang hinstreckt, hinausgefahren waren, lenkten sämtliche Frauen der Offiziere auch ihren Schritt dahin und trafen sich auf dem »Bélvèdere«, einem auf der Seite gelegenen kleinen Hügel, wo sich Bänke unter schattigen Eichen befanden, und von wo aus man gefahrlos, in allernächster Nähe, dem Schießen der Herren zusehen konnte. Der militärische Sinn und Ehrgeiz war bei den Damen teilweise so sehr entwickelt, daß, wie auf einem Rennplatz, gestritten und gewettet wurde, welche Batterie heute wohl am besten schießen werde und sämtliche Signale vom fernen Ziel waren bekannt und wurden, je nachdem, mit Freude, Betrübnis oder Ärger aufgenommen. Ein Jubel war, wenn der Generalmarsch ertönte − Schuß ins Schwarze −, und der jeweilige Gatte, dessen Batterie er entstammte, wurde nachher mit Stolz empfangen.*

*Auch wir Kinder wurden ins Schießtal mitgenommen und den meisten war dies ein großes Vergnügen.*[17]

Das »Schießtal« war sogar Schauplatz ernsthafter Raketenversuche. Gerhard Taddey spricht von dem Übungsgelände als von einer *Kinderstube der Raketentechnik*. Der ungarische Mechaniker Westermayer experimentierte hier 1833. Eine weitere Testserie startete der Wiener Feuerwerker Ladislaus Lukaszy am 25. August 1851. Die ballistischen Spielereien kamen über das Versuchsstadium nicht hinaus, obwohl ein Interesse von militärischer Seite vorhanden war.[18]

Eine fühlbare Wirtschaftskrise im Jahre 1847 war unter anderem eine tiefere Ursache für die revolutionäre Entwicklung, die sich mit dem Frühling 1848 anzubahnen schien. Die Entwicklung wurde beschleunigt durch die Pariser Februar-Revolution und deren Ausstrahlungen am 27. Februar auf das benachbarte Großherzogtum Baden. Unter dem Panier der »Märzforderungen« erhoben sich in rascher Folge auch in den Anrainerstaaten Arbeiter, Bauern und Bürger in Versammlungen und Demonstrationen gegen die Kräfte der Reaktion. Sie zwangen dabei die Gegenseite, die alten Regierungen durch neue Ministerien, die sogenannten Märzministerien, zu ersetzen.

In Württemberg geschah das am 9. März 1848, als das neue Ministerium unter Friedrich Römer als Justizminister, Gustav Duvernoy als Innenminister und Paul Pfizer als Minister für das Kirchen- und Schulwesen gebildet wurde. Liberal gesinnte Kräfte hatten nunmehr die leitenden Posten eingenommen. Rein politisch betrachtet, ergab sich die Entwicklung aus dem Konflikt zwischen den im Schoße einer traditionellen Feudalordnung gewachsenen neuen Produktivkräften und den kapitalistisch gearteten Produktionskräften auf der einen und dem herrschenden absolutistisch-feudalen System auf der anderen Seite.

Ziel und Aufgabe der Revolution war die Herstellung eines einheitlichen bürgerlich-demokratischen Nationalstaates. Das Bürgertum fühlte sich zur Führung berufen. Die Triebkräfte wurden vom Kleinbürgertum, das sich aus Bauern, Handwerkern und Arbeitern zusammensetzte, gestellt. Schon nach dem Eingang der ersten Nachrichten von der Pariser Februar-Revolution wurde Eduard Forster aktiv, der alsbald mit der Agitation begann. Er entschied sich sehr früh für entscheidende Grundforderungen wie die »Preßfreiheit«, die Bewaffnung der Bürger und vor allem eine politische Repräsentanz derselben. Die Entwicklung in Württemberg zeigte, daß einige Zugeständnisse gemacht wurden. Es waren dies demokratische Rechte wie die Pressefreiheit, die Vereins- und Versammlungsfreiheit, das Wahlrecht und die Volksbewaffnung. Die in Heidelberg tagenden 51 Liberalen bildeten einen Ausschuß zur Vorbereitung einer deutschen Nationalversammlung. Politische Höhepunkte bildete die März-Revolution in Wien am 13. und in Berlin am 18. und 19. März. Damit endete bereits die erste Phase revolutionärer Entwicklung. In Gmünd trat am 22. März 1848 unter dem allgemeinen Druck der Verhältnisse der gesamte Gemeinderat zurück. Auch der amtierende Stadtschultheiß Steinhäuser mußte am 30. Juni 1848 »gehen«. Eduard Forster wurde zeitweilig als sein Amtsverweser bestellt.[19] Zweifellos wäre in dieser ersten Phase der Entwicklung der Weg frei gewesen zur völligen Beseitigung des Absolutismus bis hin zur Proklamation der Republik. Leider fürchteten sich viele Bürger vor der Arbeiterschaft und sonstigen progressiven Kräften. Naturgemäß mußte es daher zu Annäherungen zu reaktionären Gruppierungen kommen. Die »Konterrevolution« konnte sich dadurch wieder einen Ausgleich schaffen. Die Bildung demokratischer Vereine, die sich auch in Gmünd etablierten, erfolgte am 13. und 14. Juni auf dem »Demokraten-Kongreß« in Frankfurt. Das am 31. März 1848 zusammentretende Vorparlament verwarf den demokratischen Auftrag, sich nachhaltig für die Ausrufung der Republik einzusetzen und ließ es in einer Art politischer Verblendung schließlich dabei bewenden, die Mai-Wahlen für die Frankfurter Nationalversammlung vorzubereiten.

In der Zwischenzeit konnte sich die Konterrevolution weiter festigen, wobei sie durch bürgerliche Kreise unterstützt und gedeckt wurde. Sehr negativ wirkte sich die blutige Niederwerfung des Wiener Oktober-Aufstandes vom 31. Oktober 1848 aus, in dessen Verlauf auch der Parlamentarier Robert Blum standrechtlich erschossen wurde. Durch dieses Vorgehen wurde der preußische Herrscher, Friedrich Wilhelm IV., der die ihm im März 1848 zugefügte Demütigung noch nicht verwunden hatte, zum Gegenschlag ermutigt. Er setzte ein neues Ministerium ein, das eindeutig reaktionär war, und verhängte über seine Residenzstadt Berlin den Belagerungszustand. Die Zeit vom November 1848 bis Mitte Juli 1849 war dadurch gekennzeichnet, daß nur ein unmittelbarer Erfolg in der offenen Konfrontation zwischen den beiden Gruppen möglich gewesen wäre, doch dazu fehlten die nötigen Anstöße. Das preußische Militär unter dem Prinzen Wilhelm ging nun in die Offensive gegen die Revolutionäre in Baden und der Pfalz im Juni 1849. Die Frankfurter Nationalversammlung wurde nach Stuttgart verschlagen. Sie tagte dort als »Rumpfparlament« mit 104 verbliebenen Abgeordneten der Linken. In der Sitzung vom 6. Juni 1849 setzten sich die Abgeordneten für eine fünfköpfige provisorische Reichsregentschaft ein. Am 17. Juni forderte »Märzminister« Römer das Parlament auf, das Land zu verlassen. Den Zug der Volksvertreter zum Tagungsort ließ Römer, einst ein Führer der Liberalen, durch bewaffnete Kavallerie auseinandertreiben. Das schlimmste dabei war, daß er bei diesem Exzeß die Mehrheit der Kammer und der Bevölkerung hinter sich hatte. Der Fall der Festung Rastatt mit der blutigen Rache der preußischen Soldateska unter dem Prinzen Wilhelm von Preußen, dem »Kartätschen-Prinz«, brachte das Ende der Reichsverfassungskämpfe und somit auch das bittere und tragische Ende der Revolution. Die reaktionären Kräfte gingen neu gestärkt aus den Auseinandersetzungen hervor. Sie konnten somit die Geschicke der Bevölkerung auch weiterhin bestimmen und erst recht nachhaltig beeinflussen. Interessant war, daß die Auseinandersetzungen zwischen den beiden Fronten auch in Schwäbisch Gmünd mit Nachdruck in der Presse ausgefochten wurden. Es war »der März-Spiegel«, das Presseorgan, das sich mit Schwung für die revolutionären Belange einsetzte und ständig mit dem Konkurrenzblatt »Der Bote vom Remsthal« im Widerstreit der Meinungen lag. Übrigens wurde am 10. November 1849 der längere Zeit vakante Posten des Stadtschultheißen neu besetzt. Das Amt erhielt der bisherige Oberamtsaktuar Wilhelm August Gottlieb Kohn, ein gebürtiger Stuttgarter. Aufschlußreich war immerhin die Tatsache, daß erstmals seit der Reichsstadt- und der ersten württembergischen Zeit ein Altwürttemberger mit dem höchsten Posten der Stadt betraut wurde, eine Sache, die fünf Jahrzehnte zuvor als ungeheurer Affront betrachtet worden wäre.[20] Das gewaltsame Ende der Revolution brachte eine Zeit bitterer Ernüchterung und Resignation, die »Reaktion« mit ihren vielfältigen Rückfallstendenzen in die Epoche des »Vormärz«. Immerhin waren die historischen Ereignisse der Jahre 1848/49 *kein Willkürakt und kein Betriebsunfall der deutschen Geschichte*, sondern *die reife Frucht der deutschen Vergangenheit* und somit *der ahnungsvolle Keim der europäischen Zukunft.*[21]

Wenn auch das Königreich Württemberg im Gegensatz zum benachbarten Baden nicht in die blutigen Auseinandersetzungen einbezogen wurde, so wurden die Folgen doch merklich spürbar. Das Militär (»gegen Demokraten helfen nur Soldaten«) war wieder erstarkt und konnte sich wieder aufspielen und »mit dem Säbel rasseln«. Ein Vorfall in Schwäbisch Gmünd vom Sommer 1850 stand ganz unter diesem Zeichen. Als historischer Beleg hierfür kann jene *Ansprache des Herrn Major v(on) Grimm an die Fuß-Artillerie nach dem Einmarsch derselben in Gmünd am 23. Juli 1850* in der Lokalpresse gelten. »Der Bote vom Remsthal« berichtet in seinem von diesem Tage datierten Artikel sehr deutlich und im Klartext darüber, wie ein offizieller Vertreter der bewaffneten Macht, ein typischer Repräsentant der »Reaktion«, der versammelten Gmünder Bevölkerung in naiver Weise zu verstehen gab, woher nach den turbulenten Zeiten der Revolution der Wind zu wehen hatte. Die zackigen Worte des militanten Herrn lauteten:

*Kanoniere! Nicht nur ich — Alle Welt muß Euer bisheriges Wohlverhalten, sowohl in Pflichttreue, als auch in guter Mannszucht rühmend anerkennen — und ich lebe in der festen Überzeugung Ihr werdet Euch dieses wohlverdiente Lob auch während unseres hiesigen Aufenthaltes durch Hingebung für den Dienst und Ordnungsliebe unverletzt zu bewahren wissen.*

*Wir sind zunächst berufen, die gesetzliche Ordnung und Ruhe aufrecht zu erhalten!*

*Wir dürfen daher auf keine Weise — wohl verstanden, auf keine Weise — irgend eine Veranlassung zu Ruhestörungen geben; sollten wir aber durch frechen Uebermuth zum Handeln genötigt werden, so sollen die Feinde der gesetzlichen Ordnung uns stets gerüstet finden, jeden Angriff mit aller Entschiedenheit — mit aller Kraft — zurückzuweisen! Verlaßt Euch hierin ganz auf mich und Eure Vorgesezte! Eure Ehre, um die sie Euch so gerne bringen möchten ist auch meine Ehre. Zeigt stets einen guten Kameraden-Geist! Seid friedfertig und haltet vor allen Dingen fest zusammen. Um sogleich bei unserer Ankunft allhier ein offenes Zeugniß unserer loyalen Gesinnung abzugeben, wollen wir unserem hochherzigen Könige der es mit seinem Volke und dem Vaterlande am Besten meint, ein 3faches Hoch ausbringen. Der König! Er lebe! Hoch!*

*Abermals Hoch! und noch einmal Hoch!*

Wäre dieser markige Appell ohne Wirkung geblieben, so wäre es nach Ansicht dieser Repräsentanten hoffnungslos gewesen. Wenn das nicht durch Mark und Bein ging! Die Zeitungsnotiz endet schließlich auch ganz befriedigt: *Das Hoch wurde von der Musik mit Tousch begleitet und die Nationalhymne geblasen. Es dürfte hierbei bemerkt werden, daß von vielen anwesenden Bürgern in das Hoch mit sichtlicher Freude eingestimmt wurde,* was immerhin besagt, daß unter den Versammelten noch viele Vorbehalte vorhanden waren nach den blutigen Exzessen von Rastatt. War es reiner Zufall, daß auf derselben Seite des Blättchens unter der Rubrik »Württemberg« ein konservativer Hilferuf veröffentlicht wurde, der gegen die Demokraten gerichtet war und folgenden Wortlaut hatte:

*Unsere Regierung hat sich genöthigt gesehen, die demokratische Ständekammer abermals aufzulösen. Zu unserem Bedauern wird sie aber nach dem neuen Wahlgesetz wieder wählen lassen. Die Demokraten bilden eine festzusammengeschworene Masse; sie werden alle ihre Stimmen abgeben; wo hingegen die Konservativen des Wählens endlich übersatt sind. Doch, ihr Konservativen, wollet ihr Patrioten sein, die es mit König und Vaterland gut meinen, so rühret Euch, einiget Euch über einen Mann, den Ihr den Demokraten entgegenstellet. Bedenket, noch ein solcher Landtag und die Regierung ist zum Aeußersten genöthigt. Die demokratische Parthie wird sich dann der Regierung gewaltthätig feindlich gegenüberstellen, und unter dem, was dann kommen wird, werdet auch ihr leiden müssen. Freunde, die elfte Stunde hat geschlagen, rühre sich Jeder, daß er noch zur Arbeit im Weinberg komme.* Aus diesen Zeilen spricht die Angst, die man den Demokraten gegenüber immer noch hegte, auch nach dem blutigen Niederringen der letzten freiheitlichen Regungen. Ein klassisches Beispiel dafür, wie die reaktionären Kreise ihre Macht und ihr lädiertes Ansehen zu festigen versuchten, bildete der Besuch des regierenden Monarchen, Wilhelms I., in der Stadt. Der König weilte zunächst einmal *zur Inspektion der reiten-*

*den Artillerie* hier. Daß die Teile der Bevölkerung, die auf der Seite des Monarchen standen, bestrebt waren, dem Potentaten einen angemessenen Empfang zu bereiten, versteht sich von selbst. Wieder wurden die Schulkinder aufgeboten, die frei von jeder kritischen Einstellung waren und sich stets sehr gerne zu solchen Aktionen willig mißbrauchen ließen. Ihnen war es vorbehalten, durch ein devotes Gedicht den Herrscher milde zu stimmen. Sein Wortlaut ist immerhin sehr aufschlußreich. Überschrieben war das Opus *Zum Willkomm unseres verehrten Königs am 21. September 1852.*

> *Sei uns gegrüßt! Du Vater Deines Volkes!*
> *Ach lang entbehrten wir in uns'rer Mitte Dich zu seh'n.*
> *Hast Du uns denn gezürnt? Wir hätten es verdienet —*
> *Vergib die Schuld — wir wollen fester steh'n.*
> *Ja fester steh'n im Glauben und in Treue*
> *Zu Dir, der stets nur unser Wohl im Auge hat.*
> *Wir waren eingeschüchtert, muthlos, zaghaft,*
> *Dein Anblick stärket uns zu neuer That.*
> *So lange schon hast Du als treuer Vater Dich erwiesen,*
> *Warst gütig, auch dem fehlervollen Sohn.*
> *Es reuet uns! d'rum nach Verdienst nicht lohn'!*
> *Vergiss der Schuld! nur diess ist uns're Bitte,*
> *Vergiss! Doch schon hast sie vergessen Du —*
> *Du würdigst uns ja wieder Deines Anblicks —*
> *Drum jauchzen wir voll Freude heut' Dir zu:*
> *›Sei uns willkommen Vater Deines Volkes!‹*
> *›Sei uns gegrüsst, o Herrscher, unser Hort!‹*
> *So jauchzen wir, so sollen's uns're Kinder*
> *Auch mit uns jauchzen jezt und immerfort.*

Die zeitgenössische Pressenotiz, die den Ablauf des Besuches in allen Einzelheiten schilderte, konnte sich nicht verkneifen, politisch Andersdenkende öffentlich bloßzustellen und zu diffamieren. Das liest sich folgendermaßen:
*Eine große Masse von Menschen hatte sich vor der Stadt aufgestellt, denn Alles war begierig, den König zu sehen, der schon lange Zeit nicht mehr hierher kam. Am Anfang der Bocksgasse, sowie am Ende des Marktplatzes und am äußersten, dem Schmidthor waren Ehren-Pforten errichtet, die wirklich geschmackvoll zu nennen sind. Sie prangten mit Inschriften und Fahnen. Die Häuser an der Straße, durch welche der Zug gieng, waren fast durchgängig, zum Theil sehr reichhaltig verziert. In der Bocksgasse machte nur das Haus des Kaufmanns Seybold eine Ausnahme. Buhl*

*soll eine Tafel ausgehängt, aber bald wieder eingezogen haben, auf welcher stand:*
*»Es darf zu mir kein Mann in's Haus,*
*drum häng ich auch keinen Kranz heraus.«*
*Bei Buchhändler Ils soll sich ein Subjekt in Hemdsärmeln und rother Kappe haben*
*sehen lassen. Leimsieder Weckler und Kaufmann Karl Deyhlen machte ebenfalls eine*
*Ausnahme von der allgemeinen Verzierung. Doch diese Ausnahmen sind zu unbe-*
*deutend, um einen Werth auf sie zu legen. Im Schießtale hatte sich eine große Menge*
*Menschen gesammelt. Auch manchen Republikaner sahen wir, der den König sehen*
*wollte, weil er auch »ihr König« sei.*

Der hier genannte Buchdrucker Matthias Ils war Herausgeber des demokratischen
Blattes »Der Märzspiegel«, das in den Jahren der Revolution das Sprachrohr der
fortschrittlichen Kreise war. Nach dreijähriger Abwesenheit in Geislingen kehrte er
im Jahre 1849 wieder nach Gmünd zurück. Wegen angeblicher »Majestätsbeleidi-
gung« wurde ihm 1850 ein Verfahren anhängig gemacht, eine Folge reaktionärer
Machenschaften. Johannes Buhl war darüber empört, daß sein Geschäft aus politischen Gründen von Konservativen und vom Militär boykottiert wurde.

So blieben allenthalben Ressentiments aus jener Zeit bestehen. Eine Persönlichkeit
wie Johannes Buhl war allerdings in der Lage, aufgrund seiner unbestreitbaren Verdienste um das Gemeinwohl diese Vorbehalte weitgehend auszugleichen und sogar
zu revidieren.

Kaplan Zeiler, der sich schon vor 1848 der unterprivilegierten Schichten angenommen und den »Verein der verschämten Hausarmen« gegründet hatte, bemühte sich,
so gut es ging, um Verbesserungen in sozialer Hinsicht. Für das Kranken- und
Armenwesen erreichte der umtriebige Geistliche, daß nach langwierigen und zähen
Verhandlungen mit dem Staat und der Kirche die sogenannten Barmherzigen Schwestern, genau genommen, die »Töchter der Liebe«, die Vinzentinerinnen, aus dem
Ausland geholt wurden. Vom Mutterhaus dieses Ordens in Straßburg, dessen Angehörige sich der Kranken- und Armenpflege widmeten, kamen im Jahre 1852 vier
Schwestern. Da zu dieser Zeit Gmünd noch nicht an das Schienennetz angeschlossen
war, mußten die Schwestern von der Station Süßen abgeholt und von dort an ihren
neuen Wirkungsort geleitet werden. Diese ersten Repräsentantinnen waren Franzö-
sinnen und wurden sehr bald von der Bevölkerung mit »ma soeur« betitelt. Sie übernahmen die Krankenpflege in dem seit 1841 mit einem Neubau ausgestatteten »Hospital zum Heiligen Geist«.[22] Sie gründeten auch einen Kindergarten. Der erste Nachwuchs kam noch aus Frankreich. Da aber die Beziehungen in das Ausland von
staatlicher Seite argwöhnisch betrachtet wurden, kam es sehr bald zur Lösung der
Bindungen zum bisherigen französischen Mutterhaus. In der Bocksgasse wurde nun
eine selbständige und vom ausländischen Stammhaus unabhängige Niederlassung

gegründet. Das neue Mutterhaus hatte nun für den Nachwuchs aus dem württembergischen Raum zu sorgen und wurde unabhängig.

Bereits im Jahre 1864 wurde eine private Irrenanstalt St. Vinzenz auf dem Gelände des 1810 geschleiften Kapuzinerklosters gegründet.[23] Der umfangreiche Gebäudekomplex wurde von Oberbaurat Georg Morlok, dem Erbauer der Remsbahn, erstellt. Diese Anstalt im Weichbild der Stadt wurde aber bereits im Jahre 1898 in das ehemalige Frauenkloster Rottenmünster bei Rottweil verlegt, während die Kongregation der Vinzentinerinnen im selben Jahre nach Untermarchtal an der Donau übersiedelte, wo moderne und großzügigere Baulichkeiten wesentlich bessere Ausdehnungsmöglichkeiten garantierten als in den beengten Räumlichkeiten zwischen Bocksgasse und Pfeifergäßle. Ein gewisser Stamm der Schwestern blieb aber der örtlichen Krankenpflege und den karitativen Diensten, vor allem im Spital, erhalten.

Ansätze zu einer Kneipp-Kuranstalt gab es 1895 mit einem Badehaus St. Joachim am Lindenfirst, dem sogar der Wörishofener Pfarrer Sebastian Kneipp einmal in Verbindung mit dem hiesigen Kneipp-Verein einen Besuch abstattete. Über die hoffnungsvollen Ansätze ist diese Gründung aber nicht hinausgekommen. Ein ruhiger und weniger gestörter Platz wie das Jordanbad bei Biberach bot für eine solche Entwicklung wesentlich bessere Voraussetzungen.

Das gesteigerte Selbstbewußtsein der evangelischen Gemeinde zeigte sich in einem vereinsmäßigen Zusammenschluß unter dem Namen »Evangelischer Verein« im Jahr 1867, dessen 1. Vorstand Julius Erhard wurde. Neben rein gemeindeinternen Angelegenheiten waren seine besonderen Anliegen die »Kleinkinderschule« auf der Bleiche und die Errichtung einer Schwesternstation, ein Ziel, das 1875 durch die Entsendung einer Schwester von der Stuttgarter Diakonissenanstalt erreicht wurde.[24]

Ein bedeutendes Kapitel in den ersten Jahrzehnten des Jahrhunderts bildeten die Verkehrsverhältnisse. Die Eingliederung des Gmünder Umlandes in den größeren Verband der räumlichen Einheit Württemberg brachte mitunter neue Gesichtspunkte. Die Verbindung mit den Nachbargebieten und zum eigenen einstigen reichsstädtischen Territorium vermittelten zuerst einfache Wege und Straßen, die zunächst den elementaren Anforderungen genügen mußten. Diese mündeten ehedem an den vier Toren der ummauerten Stadt. Dort befanden sich Torhäuschen, an denen sich durchfahrende Postkurse und die sonstigen Fahrzeuge ausweisen mußten. Auch nach dem Übergang an Württemberg änderten sich diese Dinge in keiner Weise. Zwar nahmen die vielen Truppendurchzüge zu, aber die Straßen und Wege wurden deshalb nicht ausgebaut. Die ersten qualitativen Änderungen rührten von Maßnahmen her, die von der neugeschaffenen »Oberchaussee-Intendanz« in Stuttgart angeordnet wurden. Hierher gehören auch die Straßenneubauten, die darauf abzielten, die neugeschaffenen Oberamtsstädte mit ihrem Umkreis zu verbinden. Es handelte sich dabei um die ersten verkehrspolitischen Planungen des neuen Königreiches, die der neuen verwaltungspolitischen Situation Rechnung zu tragen versuchten. Die bisherigen Straßen und Wege waren oft zu einseitig auf die alten Territorien zugeschnitten und somit nicht mehr zeitgemäß.

Eine größere Belastung entstand für die Remstalstraße durch die Einrichtung eines zentralen württembergischen Schießplatzes im Sulzbachtal hinter dem einstigen Frauenkloster Gotteszell. Außer den in einem regelmäßigen Turnus dorthin abkommandierten Truppen kamen jedes Jahr auch die Familienangehörigen der Offiziere nach Gmünd, die das Vergnügen mit dem Nützlichen verbanden und hier für mehrere Wochen ihre »Ferien« verbrachten. *Mit Vaters Ernennung zum General und Kommandeur der Artillerie war auch die Pflicht verknüpft, jedes Jahr einige Male für mehrere Wochen den Schießübungen in Schwäbisch Gmünd beizuwohnen, weiß Tony Schumacher, eine gebürtige von Baur-Breitenfeld, in ihren Jugenderinnerungen zu berichten. Die alte Reichsstadt im Remstal, nicht weit von Rechberg und Hohenstaufen gelegen, eingebettet zwischen grünen Wiesengeländen und Hügeln voll dunkler Tannenwälder, bietet durch Bauart und Natur den größten landschaftlichen Reiz. Schon von früheren Zeiten her, als die Artillerieoffiziere wegen Neuorganisation monatelang dorthin kommandiert wurden, war es Sitte gewesen, daß die Familien auch mit dahin übersiedelten und in irgendeinem der alten Häuser sich einquartierten. Die Gmünder Hausbesitzer waren schon darauf eingerichtet, möblierte kleine Wohnungen abzugeben, die im Laufe des Sommers gewöhnlich dreimal ihre Insassen wechselten. Sämtliche Artilleriefrauen freuten sich auf diese Abwechslung und sahen den Aufenthalt für sich und ihre Kinder als Sommerfrische und Ausruhzeit an. Die wenigsten von ihnen hätten sich damals eine Reise oder einen Landaufenthalt gestatten können.*[25]

Der »Bote vom Remsthale« brachte in seiner letzten Ausgabe des Jahres 1835 unter der Rubrik *Einladung zu einem Eisenbahn-Verein* einen Bericht mit folgendem Wortlaut: *Wir hören mit Bestimmtheit, daß sich Ulm in Verbindung mit Göppingen, Geißlingen u. s. w. alle Mühe gibt, die projectierte Eisenbahn auf ihre Straße zu bringen, statt daß solche, wie es früher hieß, über hier — der viel passenderen Route — geleitet würde. Es ist für die hiesige Stadt eine höchst wichtige Angelegenheit, und es darf darin nichts von uns versäumt werden. Wir laden deßhalb hiemit Alle sich dafür Interessierende auf Freitag, den 25. Dec. d. M. Abend 6 Uhr in das Local des Bürger-Vereins im Adler zu einer Besprechung ergebenst ein, um wo möglich einen dießfallsigen Verein zu begründen, und ein Committé zu wählen, welches das Geeignete in der Sache besorgen würde.*
*Den 23. Dec. 1835*

*Oberamtmann Binder*
*Gerber & Erhard*
*Stadtpfleger Burkart.*

93. Stadtschultheiß Wilhelm Kohn. Im Amt von 1849 bis zu seinem Tode 1877

94. *Johannes Buhl. Organisator des Gmünder Turnwesens und der Feuerwehr (1804–1882)*

95. *(links) Eduard Forster (1811–1872). Abgeordneter*

96. *(rechts) Dr. Johannes Scherr (1817–1886). Schriftsteller und Abgeordneter der Paulskirche*

Prompt folgte auch der Bericht über diese Versammlung unter der Rubrik »Eisenbahn-Angelegenheit«: *In Folge der am Sonntag in dem Bürger Verein stattgefundenen Besprechung sind zu dem Zwecke der Anlegung einer Eisenbahn von Stuttgart über Aalen, Heidenheim nach Ulm in Actien von 100 fl. sogleich 10 000 fl. unterzeichnet worden, indem allseitig anerkannt worden ist, daß es*

1) *von der höchsten Wichtigkeit für die hiesige Stadt und Umgegend ist, daß die künftige Eisenbahn hier durchgeführt wird, daß*

2) *ein Verlust an den Actien nicht zu befürchten, im Gegentheil nach den am Tag liegenden Erfahrungen zu erwarten ist, daß dieselben einen bedeutenden Gewinn abwerfen: und daß es*

3) *eine kaum zu verantwortende Gleichgültigkeit wäre, wenn der Gegenstand hier nicht eben so lebhaft betrieben würde, wie dieß in andern an der hiesigen Straße liegenden Städten bereits geschehen ist, und noch geschieht. Je größeres Interesse sich hier für die Sache äußert, desto mehr ist zu hoffen, daß bei der am 3. k. M. in Stuttgart, wegen Anlegung von Eisen-Bahnen in Württemberg überhaupt, stattfindenden General-Versammlung, zu welcher die Unterzeichneten beordert sind, die hiesige Straße berücksichtigt werden wird, und es ist daher am Sonntag von der konstituirten Actien-Gesellschaft der Wunsch einstimmig ausgesprochen worden, daß die Bewohner hiesiger Stadt und Umgegend durch weitere recht zahlreiche Unterzeichnung von Actien ihren thätigen Eifer für die Sache an den Tag legen möchten. Indem zu solcher hiemit dringend eingeladen wird, wird bemerkt,*

a) *daß man nach dem Vorgange bei andern derartigen Unternehmungen die Einzahlung der Actien voraussichtlich nur in kleinen Raten von vielleicht 3 fl. bis 5 fl. wird vorsehen dürfen, und*

b) *daß sehr viel daran liegt, daß die Abnahme von Actien vor Abhaltung der erwähnten General-Versammlung in Stuttgart geschieht, um durch die unterzeichneten Summen den Beweis der regen Teilnahme, welcher hier für das Unternehmen herrscht, liefern zu können.*

*Wegen des Beitritts zu der Actien-Gesellschaft und etwaigen Auskunfts-Ertheilungen, beliebe man sich an Einen der Unterzeichneten zu wenden.*
*Den 27. Dec. 1835.*                                            *Karl Erhard, Kaufmann*
                                                                                      *Stadtpfleger Burkart.*


Was war geschehen? Die Aktivitäten von Karl Erhard und seinen Gesinnungsfreunden kamen keineswegs von ungefähr. Sie hatten sich nicht auf Gmünd allein beschränkt und konnten daher keinesfalls isoliert betrachtet werden. Allenthalben regten sich um jene Zeit die progressiven Kräfte, die sehr wohl die Bedeutung des neuen Transportmittels erkannt hatten. Schließlich hatte auch ein Landsmann, der aus Reutlingen gebürtige Nationalökonom Friedrich List, die Bedeutung des Schienenweges in Wort und Schrift schon bekanntgemacht. Es ist außerdem kein reiner Zufall, daß sich diese Agitationen in jenen Tagen ereigneten, als drei Wochen zuvor, am 7. Dezember 1835, zwischen Nürnberg und der benachbarten Stadt Fürth die Ludwigsbahn ihrer Bestimmung übergeben wurde. Schließlich wird dieses Ereignis in der deutschen Eisenbahngeschichte als der eigentliche Auftakt zum Bau von Eisenbahnen betrachtet. Tatsächlich setzte sich der Gedanke an die Einführung des neuen Verkehrsmittels Eisenbahn in Württemberg schon sehr früh durch, wenn dann auch die Realisierung noch einige Jahre in Anspruch nehmen sollte. Württemberg wurde durch das Beispiel seiner Nachbarstaaten angespornt. Nach vorbereitenden Inspektionsreisen einheimischer Techniker nach Belgien und auf die Britischen Inseln reiften allmählich die Pläne heran. Durch das englische Beispiel angeregt, wurde zunächst an Kanalpläne angeknüpft. Eine aus Beamten und technischen Fachkräften sich zusammensetzende Kommission hatte über die Ergebnisse der verschiedenen Exkursionen auf die Britischen Inseln zu beraten. Diese Experten befürworteten 1834 die Anlage einer *Eisenbahn von Stuttgart durch das Rems-, Kocher- und Brenztal nach Ulm und von da aus an den Bodensee.* Das Echo darauf ließ auch nicht lange auf sich warten.

Den entscheidenden Impuls für die Entwicklung des geplanten Eisenbahnbaues bildete ohne Zweifel eine zielstrebige Initiative der Stadt Ulm. Das dortige Bürgerkollegium, das sich vornehmlich aus Angehörigen des örtlichen Handelsstandes zusammensetzte, schnitt in einer Sitzung vom 22. September 1835 erstmalig die Eisenbahnfrage an. Das Fazit dieser Sitzung war schließlich eine Resolution, in der mit allem Nachdruck gefordert wurde, daß die Stadt bei den in Aussicht stehenden Planungen unter allen Umständen gebührend berücksichtigt werden sollte. Ulm sei über Jahrhunderte ein bedeutsamer Handelsplatz gewesen und möchte diese Stellung auch in Württemberg wieder erlangen. Noch im Dezember 1835 konstituierte sich die »Ulmer Eisenbahn-Gesellschaft«. Am 21. Dezember 1835 wurde das Direktorium dieser Gesellschaft gewählt. Sekretär wurde Dr. Dietrich Konrad Haßler. In dieser Eigenschaft verfaßte er ein Schreiben an den Rat der Stadt, das vom 26. Dezember stammte. Für Ulm, »die in ihrem Wohlstand tief gesunkene Stadt«, so meinte Haßler, sie die Eisenbahnfrage in der Tat eine Lebensfrage. Nur durch einen Eisenbahnanschluß konnte Ulm wieder zu seiner früheren Bedeutung gelangen. Sein engagiertes Eintreten für die Idee führte folgerichtig zu einem Ratsbeschluß, der spontan für den Bahnbau eine Summe von 100 000 fl., gestückelt in 1000 Aktien, aus der Stadtkasse zusicherte. Daran war allerdings eine grundlegende Bedingung geknüpft. Die Bahn sollte grundsätzlich über Plochingen, Göppingen und Geislingen führen. Die Stadt und das Direktorium verstanden es treffend, die an dieser Route gelegenen

Städte und größeren Gemeinden für diese Ziele zu interessieren und zu gewinnen. Dieser Umstand war für die weitere Entwicklung von entscheidender Bedeutung.[26] Er sollte bei den nun folgenden Auseinandersetzungen immer wieder in die Waagschale geworfen werden. Das Bestreben der Stadt Ulm, die sich hier einig mit dem Rat und der ganzen Bevölkerung wußte, die Bedeutung verflossener Zeiten wieder zu gewinnen, war sogar ausschlaggebend für die zukünftige württembergische Verkehrspolitik. In Stuttgart wurden die Aktivitäten mit Aufmerksamkeit verfolgt und auch, was Anfangs- und Endpunkt betraf, unterstützt, galt es doch in erster Linie auch, die vielen immer noch offenen Ressentiments gegen Württemberg seit der Besitzergreifung im Jahre 1810 abzubauen oder mindestens zu mildern. Unabhängig davon hatte sich in Stuttgart eine Interessengemeinschaft gebildet, deren Ziel zunächst ein Bahnbau von Stuttgart an den Neckar nach Berg und anschließend nach Cannstatt war. Von diesem ursprünglichen mehr lokalen Vorhaben verfolgte dieser Kreis dann ein weiter gespanntes Projekt. *Es sollte eine Eisenbahn durch Württemberg, von Heilbronn über Stuttgart nach Ulm und Friedrichshafen gebaut werden. Damit stimmte man, was die Endpunkte einer zu erbauenden Bahn betraf, mit den Vorstellungen überein, die eine in Ulm gegründete Gesellschaft entwickelt hatte. Über die Streckenführung gingen die Meinungen allerdings auseinander. Präferierten die Stuttgarter den Bau durch das Rems- und Brenztal, so wünschten die Ulmer eine Bahn in Neckar- und Fils-Tal mit der besondere bautechnische Schwierigkeiten bereitenden Albüberquerung bei Geislingen.*[27] Um diesen Streitpunkt etwas näher zu besprechen, kam es nach vorangegangenen Sondierungsgesprächen zu diesem von Karl Erhard in der Pressenotiz angeführten Termin vom 3. Januar 1836. Die Folge dieser Zusammenkunft war dann schließlich die Fusion der beiden Interessengruppen unter der neuen Bezeichnung »Württembergische Eisenbahn-Gesellschaft«. Unter diesem Namen trat sie fortan vor die Öffentlichkeit. Immerhin wurden in der Folgezeit Aktien von 9,5 Millionen Gulden gezeichnet. Die staatliche Konzessionserteilung, mit der die Interessenten fest gerechnet hatten, blieb aber aus. Das hatte zur Folge, daß sich verschiedene Geldgeber zurückzogen, zudem bald klar wurde, daß das angesammelte Aktienkapital niemals für die Verwirklichung des anspruchsvollen Vorhabens ausreichen würde. Die Stuttgarter Instanzen hatten richtig erkannt, daß das Projekt am besten in den Händen des Staates aufgehoben sei. Somit kam es zur Liquidation der Gesellschaft zum 31. Mai 1838. Die systematischen Vorarbeiten machte sich der Staat immerhin zunutze. Klar war schon in jenen Tagen, daß bei württembergischen Planungen privatwirtschaftliche Interessen und Spekulationen nichts verloren hätten und somit für den Bau von Eisenbahnen nur das Staatsbahnprinzip in Frage kommen könne. Oberbaurat Bühler und Generalmajor Seeger wurden 1836 damit betraut, generelle Projekte auszuarbeiten. Für die Verbindung

von Stuttgart nach Ulm wurden grundsätzlich zwei Varianten bearbeitet, die eine
über das Neckar- und Filstal, die andere von Cannstatt über Schorndorf, Gmünd,
Aalen, Heidenheim und Sontheim nach Ulm. Die ausgearbeiteten Varianten wurden
bald eine Diskussionsgrundlage. Fachleute von internationalem Ruf wurden dann
damit betraut, die Projekte eingehend zu begutachten. Damit wurde immerhin der
Weg zu einer baldigen Verwirklichung geebnet. Aus Wien wurde zur Überprüfung
der Ausarbeitungen Aloys von Negrelli, ein bekannter Eisenbahnbauer, berufen.
Das von ihm erstellte Gutachten wurde von einer Sonderkommission kritisch überprüft. Über das Resultat hatte sie der Kammer Bericht zu erstatten. Das Ergebnis
verlief positiv, und beide Kammern sandten die Beschlüsse vom 22. März 1843 an
den königlichen Geheimrat. Die bald darauf folgende Antwort war ein »königliches
Sanktions-Reskript auf die Beschlüsse der Ständeversammlung zu dem Entwurf des
Eisenbahngesetzes« vom 3. April 1843. Damit aber alles in Ordnung gehen sollte,
wurde in der Person des bekannten Zivilingenieurs Charles Vignoles aus London ein
weiterer Gutachter bestellt. Sein Ergebnis füllte immerhin drei Bände. Als dritter
und letzter Gutachter wurde Ludwig Klein aus Wien berufen, der bisher bei der Kai-
ser-Ferdinands-Nordbahn tätig war. Ihm wurden noch Karl Etzel aus Wien und
Michael Knoll aus Stuttgart beigegeben. Klein vertrat einen sehr wichtigen Stand-
punkt. Wenn auch an der Linienführung durch das Filstal nichts mehr zu ändern sei,
so sei es doch zweckmäßig, zu jedem Projekt auch ein Gegenprojekt zu erstellen.
Das hatte immerhin zur Folge, daß auch der Weg über das Rems-, Kocher- und
Brenztal nach Ulm genau bearbeitet wurde. Dazu kam jetzt noch eine weitere Strek-
ke von Aalen nach Nördlingen. Daran war besonders Bayern interessiert, das mit
einem Übergang in Ulm, wie ihn Württemberg durchzusetzen verstand, ganz und
gar nicht glücklich war. Nicht umsonst hatte das östliche Nachbarland seine Nord-
Süd-Bahn, die von der sächsischen Grenze bis zum Bodensee gebaut wurde und alle
damals wichtigen Städte des Landes untereinander verbinden sollte, von Pleinfeld
und Gunzenhausen nach Donauwörth über Nördlingen geleitet. Das geschah mit
voller Absicht im Hinblick auf einen von Bayern gewünschten Übergang bei Nördl-
lingen. *Glaubwürdige Nachrichten in öffentlichen Blättern lassen keinen Zweifel,
daß die baier'sche Regierung gesonnen ist, eine Eisenbahn von Bamberg über Würzburg, Aschaffenburg zum Anschluß an die Taunusbahn zu führen, und daß ihr Entschluß feststeht, die Süd-Nordbahn zwischen Nürnberg und Donauwörth über
Nördlingen zu leiten,*[28] so schrieb der Stuttgarter Professor Johannes Mährlen, ein
Freund von Eduard Mörike, in einem Gutachten unter dem Titel »Die Eisenbahn
über die Alb und das Remstal«, in dem er sich lebhaft für den Bau einer Verbindung
nach Nördlingen einsetzte. In diesem Zusammenhang darf auch das Gegengutachten
von A. W. Beyse, »Civil-Ingenieur und Architekt aus Cöln«, nicht vergessen wer-

den, das dieser im Auftrag der Anrainer des Rems- und Brenztales angefertigt hatte und in dem er noch einmal kritisch alle Gedanken aufrollte, manchmal auch weit abschweifend und mehrere Beispiele aus dem Ausland anführend.

Bei allem Hin und Her gab es schließlich keine Frage mehr, denn die Entscheidung war schon gefallen. Was die erste Bauperiode ab 1844 dem Remstal nicht mehr bescheren konnte, wurde endlich 1857 Wirklichkeit. Die Regierung war sich bereits darüber im klaren, daß eine Vervollkommnung des Schienennetzes unbedingt notwendig wäre. Es kam zu jener bekannten *Zukunftskarte über württembergische Eisenbahnen*, in welcher neben den bestehenden und den projektierten Bahnen auch solche eingezeichnet waren, *deren Bau in späterer Zeit, nach Zulassung der Umstände, in der einen oder anderen Richtung etwa möglich oder zu empfehlen sein dürfte.* Drei Systeme waren es, das des oberen Neckars, das der Bahnen zwischen Stuttgart, Nördlingen und Ulm und das der Hohenloher Bahnen. Den Ständen wurde noch im Jahre 1858 eine diesbezügliche Gesetzesvorlage eingebracht. Aus ihren Beratungen, in denen im allgemeinen dem Regierungsentwurf zugestimmt wurde, ging schließlich das *Gesetz (A) vom 17. November 1858, betreffend die weitere Ausdehnung des Eisenbahnnetzes* hervor. Dieses sah folgendes Bauprogramm vor:

1. *von Heilbronn, dem Endpunkt der Nordbahn aus, über Öhringen und Hall nach Crailsheim;*
2. *von Crailsheim in südlicher Richtung über Heidenheim bis zur Ostbahn;*
3. *von Heilbronn an die badische Grenze gegen Neckarelz;*
4. *als Fortsetzung der oberen Neckarbahn*
   *von Reutlingen nach Rottenburg und sodann durch das Flußgebiet des oberen Neckars über Rottweil gegen die Landesgrenze;*
5. *im Anschluß an die Ostbahn vom Filstal oder von Cannstatt aus in nördlicher Richtung über Gmünd und Aalen gegen Nördlingen.*[29]

Damit waren die Wege zum Bau der Strecke nach Nördlingen geebnet. Zu den dadurch anstehenden Aufgaben war ein weiterer tüchtiger Oberingenieur erforderlich. Der Vorschlag fiel auf Georg Morlok, der gleichzeitig zum Baurat aufrückte und so auch Mitglied der Eisenbahnkommission wurde. Er sollte nun die geeignetste Stelle für eine Verbindungsbahn zwischen Fils und Rems finden. Dazu kam natürlich noch die Planung einer von Cannstatt über Waiblingen durch das Remstal führenden Bahn. Zunächst wurden die zum Bahnbau nötigen Höhenaufnahmen begonnen. Das betraf alle vorgeschlagenen Verbindungen zwischen den Tälern von Neckar und Fils einerseits, der Rems andererseits. Diese Varianten mußten kritisch einander gegenübergestellt und auf ihre Bauwürdigkeit hin geprüft werden. Die dabei gewonnenen Erkenntnisse sollten dann mit einer von Cannstatt über Waiblingen durch das Tal der Rems über Aalen nach Wasseralfingen führenden Bahn verglichen werden.

Morlok mußte sich daher zunächst mit den drei Varianten der Verbindungsbahn aus-
einandersetzen. In diesen drei Fällen dachte man ernstlich an den Bau eines Tunnels,
um auf diese Weise den Höhenrücken des Schurwaldes oder des Braunjurasockels
der Albvorberge überwinden zu können. Mit jeder dieser Linien wäre natürlich noch
ein Stück Remsbahn zu erbauen gewesen. Es handelte sich zunächst um die Über-
gangslinien
Plochingen—Schorndorf, Uhingen—Lorch, Göppingen—Eislingen—Gmünd und die
Ergänzungslinien Schorndorf—Aalen, Lorch—Aalen, Gmünd—Aalen.
Die Herren Etzel, Klein und Knoll hatten im Jahre 1845 die eigentliche Remsbahn
Cannstatt—Waiblingen—Gmünd—Essingen—Aalen bearbeitet, wozu noch die Sei-
tenstrecke von Göppingen nach Gmünd kam. In ihrem bekannten Gutachten entsprachen sie aber mehr der Aufgabe, wichtige Anhaltspunkte für eine kritische
Gegenüberstellung der konkurrierenden Projekte zu liefern als ein baureifes Projekt
auf den Tisch zu zaubern. Außerdem war in dieser Studie nur die Variante Göppingen—Gmünd enthalten und als einzige einer näheren Untersuchung unterzogen
worden, während die beiden anderen genannten Möglichkeiten völlig außer acht
gelassen wurden.
Die Uhinger Variante hatte die größten Chancen, da sie das Gebiet mit der relativ
höchsten Bevölkerungsquote anschnitt. Bei der Eislinger Verbindungsbahn waren es
vor allem die umfangreichen Erdbewegungen, die hier entscheidende Schwierigkeiten bereiteten. Minister Knapp gab die Anweisung, die allgemeinen und die
volkswirtschaftlichen Belange und Interessen zu würdigen. Schließlich sprachen alle
Anzeichen für eine baldige Verwirklichung der Uhinger Variante, wenn nicht eine,
nicht einmal offizielle Erklärung dagegen gewirkt hätte. Bayern, so hieß es nach dieser Version, werde niemals einer Bahn zustimmen, die von der Ostbahn abzweige.
Da der Planung tatsächlich die ernstliche Absicht zugrunde lag, in Nördlingen an
Bayern anzuschließen, wurde dieser Hinweis beachtet. Das hatte zur Folge, daß an
höchster Stelle die Bahn über Waiblingen — Gmünd — Aalen vereinbart und
beschlossen wurde. Für deren ersten Abschnitt ab Cannstatt standen drei Möglichkeiten zur Diskussion. Es ging hierbei weniger um volkswirtschaftliche als vielmehr
um rein technische Probleme bei den möglichen Streckenführungen:
a) Cannstatt—Fellbach—Waiblingen 15,18 km, maximal 1 : 65
b) Cannstatt—Schmiden—Waiblingen 14,87 km, maximal 1 : 80
c) Cannstatt—Münster—Hofen—Waiblingen 18,14 km, maximal 1 : 145.
Nach gründlichen Überlegungen einigte man sich auf die zweite Lösung, obwohl sie
bei weitem die kostspieligste und aufwendigste war. Nach technischen Gesichtspunkten war sie zweifellos die bauwürdigste. Nach der Durchquerung des Schmide-
ner Feldes zwischen Fellbach und Schmiden erfolgte hinter Waiblingen der Abstieg

ins Remstal, dessen Verlauf die Strecke dann bis Mögglingen folgen sollte. Die Wasserscheide beim Blümle nördlich von Essingen mußte aus Richtung Mögglingen genommen werden, der ein Abstieg in das Kochertal nach Aalen und Wasseralfingen folgen sollte. Die Streckenführung bot keinerlei Schwierigkeiten, lediglich für die Anlage der Bahn im Raume der Stadt Schwäbisch Gmünd gab es anfänglich noch drei verschiedene Spielarten, die Gegenstand einer Diskussion in der lokalen Presse waren. So wurde auch ein Standort des künftigen Bahnhofes im Osten der Stadt vorgeschlagen. Die weitere Möglichkeit wäre im südlichen Teil des Stadtkerns gewesen und hätte, da im Weichbild vorgesehen, verschiedene Hausabbrüche zur Folge gehabt. Außerdem hätte diese Lage bei einer späteren Erweiterung und Ausdehnung zusätzliche Probleme aufgeworfen.[30]

Wie nun die endgültige Standortwahl im Nordwesten des Stadtkerns zustande kam, berichtet die »Schwäbische Kronik« unter dem 12. April 1860: *Unsere Bahnhofangelegenheit hat sich schnell zum Besseren, d. h. ganz zu Gunsten der Stadt und ihrer Einwohner gewendet. Heute war der Finanzminister v. Knapp hier und hat nochmals von dem früher ausgewählten und von dem neu projektierten Bauplatz Einsicht genommen und alsbald dem ersteren entschieden den Vorzug gegeben, in welcher Folge dann auch sogleich das überaus schön und freundlich gelegene Baumgut unterhalb des Salvators in seinem ganzen Umfang von etwa 8 Morgen um die Summe von 17 000 fl. käuflich erworben worden ist. Hierüber ist die Freude eine ungetheilt große und die Einwohnerschaft für die ihr dadurch so bereitwillig zu Theil gewordene Berücksichtigung der in das öffentliche Leben so tief eingreifenden Interessen zu Dank verpflichtet. An einzelnen Stellen ist der Bahnbau auf hiesiger Markung bereits in Angriff genommen, und Hunderte von Menschen entwickeln dabei eine rüstige Thätigkeit. Auch an neuen Privatbauten fehlt es nicht, und die Stadt geht in neuester Zeit namhafter Verschönerung entgegen; so entsteht z. B. im Laufe dieses Sommers in der künftigen Eisenbahnstraße ein prachtvoller Bau des Hrn. Fabrikanten Böhm und Hr. Forster im Neubau stellt im Garten des lezteren ein großartiges Gewächshaus mit einer Veranda gegen die künftige Eisenbahnstraße im neusten Styl und mit feinem Geschmack auf und läßt unweit davon auf einem öd gelegenen Plaze einen weiteren hübschen Garten anlegen; auch vor dem Schmidthor erhebt sich demnächst ein neues niedliches Gebäude.*

Der Bahnhof wurde endgültig im Nordwesten vor der Stadt beim Unteren Tor gebaut. Die geplante Strecke führte nun nördlich der zu diesem Zweck verlegten und begradigten Rems entlang und vermied es grundsätzlich, das eigentliche Stadtgebiet zu durchqueren. Die Entscheidung für den tatsächlich gewählten Platz beeinflußte nachhaltig die weitere städtebauliche Entwicklung. Bekanntlich entwickelten sich im 19. Jahrhundert in der Regel die Siedlungen in Richtung Bahnhof. Auch hier können wir in den folgenden Jahrzehnten von der Entstehung einer Bahnhofsvorstadt sprechen. Dem Bau von Bahnhof und Strecke fiel auch die schöne Pappelallee zum Opfer, die fast geradlinig von der Remsbrücke beim ehemaligen Stahlschen Garten zum Stationenweg der Wallfahrt St. Salvator führte. Der Erdaushub des neuen Remslaufes wurde zur Aufschüttung des Bahndammes verwendet. Mit den gewaltigen Erdbewegungen, vor allem aber durch die Begradigung der Rems, konnte in Zukunft verhindert werden, daß Überflutungen wie die vom 13. Mai 1827 sich wiederholen konnten. Gleichzeitig mit der Errichtung der Bahnstrecke wurden auch die verschiedenen Bahnwärterhäuser erbaut.

Nach und nach entstanden rund um die Stadt die verschiedenen Objekte. Mittelpunkt der neuen Stationsanlage wurde das Verwaltungsgebäude, in dem auch Post und Telegraph Unterkunft fanden. Links von diesem, gegen Westen, wurde eine Holzremise mit Aborten erstellt und anschließend kam die Güterhalle. Jenseits der Geleise im Norden stand im Mittelpunkt der Anlage die Wasserstation, für deren Speisung eine Fassung mit kleinem Wehr am Wetzgauer Bach im Taubental errichtet wurde, und außerdem noch eine zusätzliche Wasserleitung vom Salvatorbrünnele aus. Vor der Wasserstation befand sich eine Drehscheibe mit 10,8 m Durchmesser. Sie verteilte unter anderem auch die Schienenstränge zu den beiden Remisen. Rechts, also östlich, stand die Waggonremise und entgegengesetzt, im Westen, die Lokomotivremise mit den Putzgruben. Diese beiden Baulichkeiten waren je 28 m lang. Östlich an das Verwaltungsgebäude schloß sich noch eine hübsche Grünanlage mit Sitzgelegenheiten und einem Springbrunnen an. Alle diese Anlagen, vor allem aber die Hochbauten, waren das Werk des Oberbaurats Georg Morlok, der auch die oberste Bauleitung der Remsbahn innehatte. Morlok, der einen dem Spätklassizismus nachempfundenen Stil entwickelt und praktiziert hatte, hat außer diesen gefälligen Bauten wenige Jahre später die schöne Pergola nördlich der Eisenbahn und die private katholische Irrenanstalt St. Vinzenz auf dem Gelände des früheren Kapuzinerklosters erbaut.

Die Anlagen des neuen Bahnhofes warteten nun auf ihre Eröffnung, von der wir schöne Zeugnisse einer ausführlichen Presseberichterstattung besitzen.

Bevor davon ausführlich die Rede sein soll, sei eines weiteren technischen Ereignisses gedacht. Der Frühling 1861 bescherte der Stadt einen weiteren Fortschritt. Darüber wußte die »Schwäbische Kronik« unter dem 30. März zu berichten: *Wenn hier schon seit einer Reihe von Jahren Gasbeleuchtung in beschränkter Ausdehnung existirt, so steht uns dieselbe in der nächsten Zeit im ganzen Umfang in Aussicht. Nachdem nämlich der Vertrag mit den bisherigen Unternehmen demnächst zu Ende geht, haben die bürgerlichen Kollegien in den lezten Tagen mit Hrn. Riedinger in Augsburg ein Uebereinkommen auf Einführung der Gasbeleuchtung in der ganzen*

*Stadt abgeschlossen und es verlautet, daß der Stadt von Hrn. Riedinger für die Straßenbeleuchtung mit mehr als 100 Flammen sehr günstige Vorschläge gemacht worden seien. Bei der bekannten Solidität des Unternehmers ist an einer beide Theile zufrieden stellenden Ausführung nicht zu zweifeln, die Freude über das kaum in 24 Stunden herbeigeführte Gelingen auch eine allgemeine. Bei der ausgedehnten Gewerbetätigkeit Gmünds ist alle Hoffnung vorhanden, daß sich ein großer Theil der Einwohner bei dem Unternehmen betheiligen und so Hr. Riedinger seine Rechnung gehörig finden werde,* meint dieser von großem Optimismus getragene Bericht. Der bekannte Augsburger Industrielle hatte kurz zuvor auch die »Gasfabrik« erbaut, ohne die eine solche Neuerung nicht möglich gewesen wäre.

Die Bauarbeiten an den verschiedenen Baulosen der Remsbahn hatten immer mehr Fortschritte gezeigt. Die Hochbauten waren fertig und konnten bezogen werden. Auf dem Schotterbett der Strecke wurden die Schienen gelegt. Allenthalben wurde letzte Hand angelegt, so daß einer baldigen Eröffnung zu dem in Aussicht gestellten Zeitpunkt nichts mehr im Wege stand.

Die erste Kollaudationsfahrt der Remsbahn zwischen Stuttgart und Gmünd fand am 29. Juni 1861 statt. Für die Stadt war dies ein willkommener Anlaß, die *Begrüßung der ersten Lokomotive* in angemessener Weise zu begehen. Auch hierüber kann uns am besten ein zeitgenössischer Bericht in die damalige Lage versetzen.

*Der heutige Tag,* so heißt es hier, *war für die Einwohner von Gmünd ein Tag der Freude, wie wir uns eines solchen kaum erinnern können. Er galt nämlich der Eröffnung der Eisenbahn und der Begrüßung der ersten Lokomotive, bei welcher Alles wetteiferte, dieses frohe Ereigniß mit derjenigen Würde zu feiern, welche geeignet erschien, den großen Dank für diese Bescheerung in offener herzlicher Weise auszudrücken. Mußten in den lezten 14 Tagen die Arbeitskräfte Tag und Nacht in Anspruch genommen werden, und war es wirklich erfreulich, zu sehen, mit welcher Ausdauer und Unverdroßenheit Alles zusammenwirkte, um die Eröffnung heute möglich zu machen, so hielt man es für das Passendste, diesen Tag der Freude mit einem großartigen Festessen in der Güterhalle zu begehen und von da den ersten Zug in der feierlichsten Weise zu begrüßen. Die Theilnahme war eine allgemeine, denn gegen 150 Gedecke waren in der schön dekorirten Güterhalle aufgestellt und alle Stände, insbesondere auch die Gesammtheit des verehrlichen Offizierskorps, gebührend vertreten. Kaum hatte der Ortsvorsteher, Stadtschultheiß Kohn, den ersten Toast auf Se. Maj. unsern erhabenen König ausgebracht, welcher allseitig mit der größten Begeisterung aufgenommen wurde, so verkündeten Böllersalven die Ankunft des Zuges, dem aus weiter Ferne fortgesetztes Hochrufen aus vielen tausend Kehlen entgegenjauchzte. Ein wirklich erhebender Augenblick war es aber, als der Zug wenige Minuten darauf sein Ziel erreichte und vor der Güterhalle von vielen tausend*

*von Menschen mit entblößtem Haupte unter Musik und Gesang mit einem nicht enden wollenden Hochrufen unter in Strömen fallendem Regen begrüßt wurde. Da bei uns die Nachricht einlief, daß der Zug ohne weitere Begleitung eintreffen werde, so war Alles umso freudiger überrascht, als der Zug drei Waggons mit sich führte und aus denselben Hr. Staatsrath v. Sigel und Hr. Oberfinanzrath Schwarz mit vielen andern Eisenbahnbeamten und sonstigen geladenen Gästen traten. Aus diesem Grunde nahm das Ganze eine improvisierte Gestalt an und würzte die allseitige Heiterkeit und Fröhlichkeit in einer Weise, wie man sie nur in Gmünd treffen wird, dessen munteres und heiteres Völkchen in dieser Beziehung seinen alten Ruf möglichst zu bewahren suchte. An den verschiedensten Toasten fehlte es hierbei nicht; insbesondere glauben wir aber des Toastes erwähnen zu dürfen, welchen Hr. Staatsrath v. Sigel auf das Wohl der Stadt Gmünd ausbrachte, und in welchem derselbe der industriellen Verhältnisse Gmünds und seiner Einwohner rühmend erwähnte und erklärte, daß diese hauptsächlich es seien, welche die Stadt dieses leichten Verkehrsmittels besonders würdig mache. Es war schade, daß das Wetter sehr ungünstig sich zeigte; denn bei guter Witterung hätte sich das Ganze in ein wahres Volksfest gestaltet. Der Zug trat um 7 Uhr seinen Rückweg an, und wir glauben, aus der heitern Stimmung wahrnehmen zu dürfen, daß die vielen Gäste nicht unbefriedigt von dannen fuhren und sich des heutigen Tages gerne erinnern werden.* Der eigentliche Eröffnungszug verkehrte am 18. Juli. Die »Schwäbische Kronik« berichtete: *Der gestrige Tag war Zeuge einer schönen und wahrhaft erhebenden Feier; es fand die Eröffnung der württembergischen Remsthalbahn, von der schönsten Witterung begünstigt, statt; ein Ereignis, das von der ganzen Bevölkerung des Remsthales längst ersehnt und nun mit allseitigem Jubel begrüßt wurde. Die Remsbahn durchzieht eine der fruchtbarsten Gegenden Württembergs, welche nicht nur eine dichte Bevölkerung und reiche Elemente für die Entwicklung eines lebhaften Verkehrs enthält, sondern auch für das Auge viele Reize darbietet, wie denn namentlich die Aussicht auf das Neckar- und Stuttgarter Thal von der Höhe der großen Bahndämme zwischen Cannstatt und Fellbach als eine wirklich entzückende bezeichnet werden darf. Der schön dekorirte Wagenzug, der zu dieser Festfahrt bestimmt war, verließ mit den höchsten Staats-, Hof- und Militärbeamten, sowie den Mitgliedern beider Ständekammern den hiesigen Bahnhof Morgens 7 1/2 Uhr und wurde auf allen Stationen von dem Jubel der Bevölkerung freudigst begrüßt. Die Stationsgebäude waren überall geschmackvoll dekorirt, an vielen Orten waren schöne Ehrenpforten errichtet, und die Gemeindebehörden waren erschienen, um ihre Freude und ihren Dank auszudrücken.*
Dieser allgemeinen Schilderung soll nun die örtliche folgen. »Der Bote vom Remsthal« berichtet über das historische Ereignis vom 18. Juli, die Stadt sei aus diesem Anlaß *fast wie ausgestorben gewesen. Alles, was zu laufen vermochte, und sonst nicht*

*aufgehalten war, hatte sich auf die Beine, dem Bahnhofe zu gemacht, wo es nun zum viertenmale Gelegenheit gab, die Wolken des auf dem neuen Schienenwege in raschem Fluge daherkommenden Zuges mit dem dahineilenden Dampfroß zerstieben zu sehen. Vormittags 10 Uhr traf die stattliche, hübsch bekränzte, mit den württembergischen Landesfarben flatternde Lokomotive NOERDLINGEN, 6 festlich geschmückte Wagen im Gefolge, welche unsere höchsten Staats- und Hofbeamte enthielten, hier ein. Zum Empfange dieses Festzuges hatten sich die hiesigen Staatsbediensteten und die Mitglieder der städtischen Kollegien bei der geschmackvoll dekorirten Güterhalle aufgestellt. Die Festfreude gab sich durch den Donner des Geschützes vom nahen Hohlenstein, durch das weithin hallende Hoch der versammelten Menge und mit Musik begleiteten Gesangs des hiesigen Liederkranzes kund. Nach kurzem Aufenthalte folgte der Zug, den oberhalb des Bahnhofes am Wegübergang auf den Sct. Salvator aufgemachten, zierlich ausgestatteten, von Fahnen mit den städtischen und den Landesfarben wehenden Triumphbogen passierend, seinem Endziel Wasseralfingen zu. Abends nach 8 Uhr traf derselbe Zug zurück wieder hier ein, von der gleichen großen Menschenmasse, dem Geschützdonner auf dem Hohlenstein und dem abermaligen, recht seinem Zwecke entsprechenden, schön ausgeführten Gesange des sich auf der Villa des Fabrikanten Ott am Lindenfirst aufgestellten Liederkranzes empfangen und sofort seinen weiteren Rückweg nach Stuttgart einschlagend. Am Eröffnungstag und in den nächsten Tagen fanden weitere Fahrten für die Anrainerbevölkerung statt. . . . in 8 Tagen soll dann die Remsbahn dem Betriebe übergeben werden. Möge sie dem Landestheil, den sie durchschneidet, Glück und Segen bringen!,* meinte abschließend die »Schwäbische Kronik« in ihrem Bericht über die feierliche Eröffnung. Als Tag der offiziellen Eröffnung der Remsbahn gilt der 25. Juli 1861: *Am Donnerstag, den 25. ds. M. wird der ordentliche Betrieb auf der Remsbahn zwischen (Stuttgart) Cannstatt und Wasseralfingen für den Personen-, Gepäck-, Equipagen-, Vieh- und Güter-Verkehr eröffnet werden. Fahrtenpläne und Tarife für die Remsbahn sind auf allen Eisenbahn-Stationen zu haben.* Mit der Eröffnung verschwanden auch die verschiedenen Botenkurse in die württembergische Metropole. Am 21. Juli des Jahres führte die letzte Fahrt dieser Art nach Stuttgart. Zwei Kutscher, die bisher ebenfalls im Remstal fuhren, richteten zwischen Gmünd und Süßen eine »Privat-Omnibus-Gelegenheit« ein, die zusätzlich zum Postwagen verkehrte. Die Fahrtdauer betrug drei Stunden. Dieselbe Zeit benötigte der Postwagen nach Gschwend. Heubach und Alfdorf sicherten sich den Anschluß an die nahe Remsbahn, indem nach Unterböbingen und Lorch »Carriol-Postfahrten« eingerichtet wurden. Mit der Fertigstellung der restlichen Strecke von Wasseralfingen nach Nördlingen am 3. Oktober 1863 wurde ein zweiter Übergang nach und von Bayern hergestellt.

Der Staatsvertrag mit Bayern, der den Anschluß in Nördlingen ermöglicht hatte, enthielt eine Klausel, die für Württemberg verkehrspolitische Konsequenzen haben mußte. In § 37 des Vertragstextes wurde zur Bedingung gemacht, *innerhalb eines Zeitraumes von 12 Jahren, vom Tage der Eröffnung der Cannstatt – Nördlinger Eisenbahn an, keine Schienenverbindung zwischen dieser und der Cannstatt – Ulmer Eisenbahn herzustellen oder herstellen zu lassen, durch welche die württembergische Bahnlinie von Nördlingen bis Friedrichshafen kürzer würde als die bayerische Linie von Nördlingen bis Lindau.*[31] Diese Sperrfrist ging also vom 3. Oktober 1863 bis zum 2. Oktober 1875. Daß Bayern diese Zeit sinnvoll zu nutzen verstand, ergibt sich aus der Tatsache, daß dort alle die Strecken noch gebaut wurden, die den Weg zum Bodensee über ausschließlich bayerischen Boden ermöglichten. Die Strecke von Aalen nach Heidenheim wurde am 21. September 1864 eingeweiht, während das letzte Streckenstück von Langenau bis Ulm erst 1876 seiner Bestimmung übergeben werden konnte, eine Folge dieser vertraglichen Einschränkung, die unter dem Begriff »Brenzbahn-Klausel« in die Eisenbahngeschichte eingegangen ist.

Aus diesem Grunde konnte auch zwischen den Tälern von Fils und Rems, zwischen Göppingen und Gmünd, in dieser Zeit keine Verbindung geschaffen werden, obwohl hierfür die nötigen Vorplanungen seit 1845 und 1857 schon existierten. Diese Pläne wurden dann unmittelbar nach der Jahrhundertwende, als ein wahres Nebenbahnfieber allenthalben im Lande aufgekommen war, in abgewandelter und vereinfachter Form wieder aufgegriffen, wovon dann im nächsten Kapitel ausführlich die Rede sein soll. Außer der geplanten Verbindung mit dem Filstal regten sich im Gmünder Umland weitere Eisenbahnwünsche. Zusammen mit den Bestrebungen der bis dahin noch völlig eisenbahnfreien benachbarten Oberamtsstadt Welzheim wurde auch noch ernstlich von einem Projekt gesprochen, das eine Verbindung von Göppingen über Gmünd, Alfdorf, Welzheim nach Backnang herstellen sollte. Nach Ausklammerung der Göppinger Nebenbahn, für die in der Folgezeit getrennt agitiert wurde, kam es zu einer gesonderten *Eingabe des Eisenbahnkomites Gmünd betreffend Bitte um Erbauung einer Nebenbahn von Gmünd nach Welzheim über Muthlangen, Alfdorf und Pfahlbronn. – Mit Uebersichtskarte und Längenprofil, nebst einem Panorama der Schwäb. Alb von der Welzheimer Hochebene aus gesehen.* Federführend war hier Oberbürgermeister Möhler.[32] Ebenfalls gegen Ende des Jahrhunderts unterbreitete die Continentale Eisenbahn-Bau- und Betriebsgesellschaft den Plan einer Schmalspurbahn mit 750 mm Spurweite von Gmünd über Bettringen und Bargau nach Heubach mit einer möglichen Verlängerung nach Mögglingen und einer bei der Pfeilhalde abzweigenden Stichbahn nach Waldstetten. Diese Bahn wäre im Gmünder Stadtgebiet wie eine Dampftramway im Straßenplanum geführt worden.[33] Nachdem der doppelspurige Ausbau der Remsbahn 1898 die

Nachbarstadt Schorndorf erreicht hatte, wurde der zweigleisige Ausbau bis Gmünd in die Wege geleitet, was aber erst 1910 verwirklicht werden konnte.

Bei einer zusammenfassenden Betrachtung der Entwicklung der Stadt im 19. Jahrhundert darf eine gesellschaftskritische Beurteilung nicht fehlen. Die Gmünder Industrie, die sich ab Mitte dieses Zeitraumes, insbesondere aber von den sechziger Jahren an, entwickelt hatte, zeigte in ihrer Aufbaustruktur überwiegend Klein- und Mittelbetriebe und eine relativ geringe Anzahl von Großbetrieben, wie Wilhelm Binder, Gebrüder Deyhle, Erhard & Söhne und Gebrüder Kühn. Die dominante und aus dem Handwerk herausgewachsene Hauptindustrie war in ökonomischer und technischer Hinsicht durchaus konservativ geartet. Sie duldete keine anderen Industriezweige als Nebenbuhler am Platze und wachte eifersüchtig darüber, daß der Status quo nicht verändert wurde. Der Entfaltung der Produktivkräfte waren somit auch sehr enge Grenzen gesetzt. In den Phasen der Prosperität gab es keine Probleme, aber eine ausgesprochene Krisenanfälligkeit war von Anfang an gegeben. Die Fabrikantendynastien übten eine systematische Kontrolle über die Wirtschaftspolitik der Stadt aus. Sie garantierten eine unumstrittene Abhängigkeit des Gmünder Industriestandortes von der einseitig gearteten Industrie, die nachhaltig einen Druck auf den Arbeitsmarkt ausüben mußte und somit unverkennbar monopolistische Züge trug. Dadurch konnte ein bestimmtes Lohnniveau gewährleistet werden, weil keine Abwanderungsgefahr in andere attraktivere Beschäftigungsbereiche am Standort bestand. Das Gmünder Besitzbürgertum, die Bourgeoisie, setzte in gewissem Sinne die traditionellen Bestrebungen fort, die schon im 18. Jahrhundert von den in der Stadt etablierten Geschlechtern praktiziert wurden. Darauf gründete sich auch ein ausgesprochen stark ausgeprägter Konservativismus. In politischer Hinsicht teilten sich diese Familien in die konservativen Parteien, von denen das Zentrum als katholische Opposition mehrere Anhänger am Platze hatte.[34]

Das Kleinbürgertum, das sich aus den Handwerkern und Gewerbetreibenden bildete, geriet in den Zeiten der Reaktion, insbesondere aber in der Kaiserzeit, in den Einfluß der Kirchen und sympathisierte, was den katholischen Teil dieser Schicht betraf, mit dem »Volksverein für das katholische Deutschland«.[35]

Die Heranbildung der Arbeiterklasse vollzog sich zunächst etwas zögernd. Sie rekrutierte sich aus der städtischen Unterschicht, der großen Zahl der abhängigen Handwerker und Arbeiter. Ausschlaggebend für die Entwicklung dieser Klasse war die lokale Industriestruktur. Die Lohnarbeiter waren in den vorherrschenden Klein- und Mittelbetrieben sehr eng an ihren »Prinzipal« gebunden. Auch nach der Mechanisierung der Produktion hatte sich der ausgesprochen patriarchalisch geartete Führungsstil erhalten können und zeigte eine große Beharrlichkeit. Die geschichtliche Entwicklung der Gmünder Arbeiterbewegung, der Zusammenschluß der abhängigen Lohnarbeiter mit dem Ziel, die bestehenden und festgefahrenen ökonomischen, sozialen und politischen Verhältnisse zu verändern, bildete einen wesentlichen Bestandteil der Stadtgeschichte im 19. Jahrhundert. Den bedeutendsten Anteil bildeten naturgemäß die sozialistisch ausgerichteten Gruppierungen, denen sich aber auch noch christlich orientierte Interessengruppen an die Seite stellten, die zusammengenommen über die ideologischen Schranken hinweg die Interessen der Arbeiter gegenüber den Arbeitgebern geltend machten.

Bemerkenswert für die Entwicklung des politischen Spektrums im 19. Jahrhundert wurde eine Vereinigung von Arbeitern der dominanten Gmünder Industriezweige. Es handelte sich hierbei um den »Ortsverein der Gold- und Silberarbeiter«, dessen Gründung in das Jahr 1867 zurückreicht. Zu jener Zeit expandierte bekanntlich die heimische Bijouteriefabrikation mit ihren verschiedenen Zulieferbetrieben in besonders auffallender Weise, so daß diese Datierung ohne weiteres angenommen werden kann.[36] Zweifellos bildete der neue Verband auch eine Anlaufstelle für die heimatlosen Mitglieder des während der Kriegszeit des Jahres 1866 eingegangenen Arbeiterbildungsvereins. Dieser gehörte zu jenen gesellschaftlichen Gruppierungen, deren vordringlichstes Anliegen *die Vermittlung von Bildung durch Unterricht allgemeiner und fachlicher Art . . . die Lücken des ungenügenden Schulunterrichtes ausfüllen und der Fortbildung dienen,*[37] bildete. Daß die Arbeiterbildungsvereine einem echten Bedürfnis entsprachen, zeigt sich an der Tatsache, daß die Gmünder Sektion am 10. April 1866 ihre Statuten beim Oberamt Gmünd einreichte.[38] Im Spätsommer 1871 verstärkte der »Ortsverein der Gold- und Silberarbeiter« seine Agitationen mit Nachdruck. Das wichtigste Anliegen der organisierten Arbeiter bildeten deren Bemühungen für die Durchsetzung des Zehnstundentages in Gmünd. Bemerkenswert in diesem Zusammenhang ist ein Inserat aus der Rems-Zeitung unter der Überschrift *An die Goldarbeiter in Gmünd!* »Der Generalrath des Gewerke-Vereins«in Pforzheim hatte den Text verfaßt, der von dem Vorsitzenden D. Lehmann und dem Generalsekretär Ferdinand Bischoff unterzeichnet war. Der Text, der zunächst wie eine gezielte Abwerbung aufgefaßt werden mußte, sollte die breite Öffentlichkeit darauf hinweisen, daß örtliche Unternehmen sich bisher nicht an die gewerkschaftlichen Forderungen hielten. In dem Aufruf hieß es: *In Pforzheim finden circa 200–300, in Hanau circa 150–200, und in Stuttgart 50–100 tüchtige Bijouterie-Fabrik-Arbeiter aller Branchen bei zehnstündiger Arbeitszeit und hohem Lohn dauernde Beschäftigung.*

*Nähere Auskunft ertheilen die Ortssekretäre in den betr. Orten. Lusttragende können auf Verlangen vorschußweise Reisegeld aus der Gewerk-Vereinskasse erhalten.*[39] Die Vorwürfe des Gewerkvereins richteten sich gegen verschiedene Betriebe, insbesondere gegen Erhard & Söhne.

Höhepunkt dieser gezielten Agitation waren in den Monaten November und Dezember 1871 die Forderungen nach der Einführung des Zehnstundentages und einer Fabrikordnung. Wie der Erfolg dieser Bemühungen war, konnte nicht ermittelt werden. Immerhin aber hatten sich die Arbeitervertreter energisch bemerkbar gemacht. Die Gmünder Metallarbeiter, die im »Ortsverein« organisiert waren, besaßen im »Genossenschafter« bereits ein Publikationsorgan, das ursprünglich in Pforzheim und später bei der Stuttgarter Genossenschaftsdruckerei gedruckt wurde und in vierzehntägigem Turnus erschien.

Die Belange einer systematischen Arbeiterbildung nach dem bewährten Muster der Arbeiterbildungsvereine wurden von dem rührigen Ortsverein mit Nachdruck vertreten.

Im Vereinslokal »Roter Ochsen« in der Ledergasse befand sich eine gut ausgestattete Bibliothek mit allgemeinbildenden und technisch orientierten Themenbereichen. Es darf angenommen werden, daß es sich bei den Bücherbeständen vornehmlich um das Erbe des im Jahre 1866 eingegangenen Arbeiterbildungsvereins handelte. Im Rahmen einer systematisch organisierten Bildungsarbeit wurden Vorträge mit Diskussionsmöglichkeiten geboten. Auch das ernsthafte Gespräch zwischen den Partnern, den Arbeitern und den Unternehmern, wurde gesucht. Fragen der Altersversorgung standen ebenso im Vordergrund wie die Einrichtung einer Invaliditätskasse und eines Konsumvereins zur günstigen Beschaffung von Gütern des täglichen Bedarfs zu erschwinglichen Voraussetzungen. Im September 1871 wurde der *Spar- und Consumverein eGmbH Gmünd* gegründet. Dazu erging in der örtlichen Presse folgende offizielle Einladung: *Der hiesige Ortsverein der Gold-, Silber- etc. Arbeiter hat in der neuesten Zeit durch seine Thätigkeit die Gründung eines Consum-Vereins veranlaßt. Um nun diesem, besonders für den Arbeiterstand so hochwichtigen Institute in hiesiger Stadt den der Sache würdigen Eingang zu verschaffen, ist der prov. Verwaltungsrath mit dem Landtagsabgeordneten Herrn Dr. Eduard Pfeiffer, Vorstand des Stuttgarter Consum-Vereins und des Verbandes süddeutscher Consum-Vereine in Verbindung getreten und hat uns derselbe in freundlichster Weise seinen Besuch zugesagt. Es findet nun am nächsten Sonntag den 17. ds. Mts. im oberen Saale zum Ritter Nachmittags halb 2 Uhr eine Versammlung, in welche wir sämmtliche Bewohner der Stadt hiemit einladen, statt.*

*Besonders fordern wir alle Arbeiter aller Berufsarten, d. h. nicht nur Gold- und Silberarbeiter, sondern Maurer, Zimmerleute, Eisenbahnarbeiter u. s. w. dringend auf, Mann für Mann zu erscheinen, da Hr. Dr. Pfeiffer Gelegenheit nehmen wird, seine Erfahrungen, welche er sich in allen Ländern Europas sammelte, in klarer Rede zu entwickeln und bitten wir unsere geehrten Mitbürger dieser wichtigen Angelegenheit geneigtes Ohr zu schenken. Sollte die Zeit hiezu reichen, so wird das deutsche Genos-*

*senschaftsgesetz, das Haftpflichtgesetz und die englische Trade-Unions noch einer Erörterung unterzogen. Wir hoffen daher in Anbetracht dieses hochwichtigen Stoffes auf allgemeines Interesse und rege Beteiligung. Der provisorische Verwaltungsrath.*[40] Die Zentrale dieser neuen Institution mit »Comptoir, Kassa und Laden« wurde in der Predigergasse (der nachmaligen Bocksgasse) eingerichtet. Zweck des Vereins war gemäß seinen Statuten, *seinen Mitgliedern gute und unverfälschte Ware zu Tagespreisen gegen sofortige Bezahlung zu verschaffen und ihnen hiebei Gelegenheit zu geben, Ersparnisse zu erzielen.* Der »Spar- und Consum-Verein« hielt auf dieses Inserat hin am 2. Oktober 1871 seine konstituierende Generalversammlung ab und nahm alsbald seine Tätigkeit auf. Die vorher erwähnte Agitation des Ortsvereins der Goldarbeiter Ende September 1871 *muß von größeren Ausmaßen gewesen sein: der Vorsitzende des Vereins wurde gemaßregelt, der Verein soll 65 neue Mitglieder gewonnen haben.*[41] Das verstärkte und vor allem progressive politische Wirken des Gewerkvereins konnte sich auf die Dauer nicht mehr mit der ursprünglichen Orientierung nach Hirsch-Duncker vereinbaren lassen. Daher darf auch die folgende Stellungnahme nicht mehr verwundern, in welcher unverblümt zum Ausdruck kommt, daß eine merkliche Wendung stattgefunden hat. Die Stelle lautet: *Die Anhänger der sozialdemokratischen Richtung, die ihre Mitglieder fast ausschließlich aus fremden, nicht ansässigen Fabrikarbeitern rekrutiert, gewannen … in diesem Verein mehr und mehr an Boden und als die Gründer des Ortsvereins wahrnahmen, daß der Verein allmählich ein ganz anderer geworden, daß nicht mehr die Lösung der harmlosen lokalen Fragen die eigentlichen Aufgaben bilden sollte, sondern die Mitglieder mit den sozialdemokratischen und sozial-kommunistischen Prinzipien bekannt gemacht und in dieselben eingeweiht werden sollten — da zogen sich die Gründer und mit ihnen, mit wenigen Ausnahmen, die ortsangehörigen Arbeiter zurück, so daß die ortsfremden mit Beihilfe diesen Ortsverein, der aus ca. 150 meist jüngeren Leuten besteht, präsidiren und in beständiger Agitation erhalten.*[42] Der Einfluß der Sozialdemokraten im Führungsgremium des Vereins blieb nicht ohne Folgen, denn schon im Dezember 1871 trat der Verband demonstrativ aus dem Hirsch-Dunckerschen Gewerksverband aus. Diese Gesinnungsrichtung wurde in der Parteipresse als *kapitalschweifwedelnd*[43] charakterisiert.

In einer zeitgenössischen Pressenotiz wurde ausdrücklich bestätigt, daß *in der letzten Gmünder Vorstands- und Ausschußwahl 4 Sozialdemokraten gewählt*[44] wurden. Dadurch wurden die Sympathien des Verbandes für die sozialdemokratischen Belange immer offensichtlicher. In der Folgezeit bildete sich als junge und politisch sehr aktive Gruppe der Ortsverein der marxistisch orientierten Sozialdemokratischen Arbeiterpartei (SDAP), die immer wieder in der lokalen Presse auf sich aufmerksam machte. Ihr Verkehrslokal war die Gastwirtschaft »zum Goldenen Becher« in der

97. *Karl Christian Speidel. St. Salvator bei Schwäbisch Gmünd. Tempera, 1855*

98. *Karl Christian Speidel. Schwäbisch Gmünd, Tempera um 1850*

Kapuzinergasse. Die SDAP als politische Gruppierung war die unter der Führung von August Bebel und Wilhelm Liebknecht im Jahre 1869 geschaffene Partei, *die den Grundstein für die nationale revolutionäre Partei der deutschen Arbeiterklasse bildete.*[45]

Auffallend für die lokale Entwicklung der Sozialdemokratischen Arbeiterpartei war der Umstand, daß der Gewerkverein nach wie vor den zuverlässigen Schwerpunkt der parteipolitischen Agitation bildete. Daß die Traditionen hier auf gewerkschaftliche Grundlagen und nicht auf einen Arbeiterbildungsverein zurückreichten, stellte in Württemberg einen besonderen Fall dar. Immerhin gehörte Gmünd ab 1872 zusammen mit Esslingen, Göppingen, Metzingen, Reutlingen, Stuttgart und Tübingen zu den sieben Standorten und Stützpunkten dieser Partei im Königreich Württemberg. Neben der neuen parteipolitischen örtlichen Gruppierung der Sozialdemokraten hielt auch die Bedeutung des Gewerkvereins nach wie vor ungemindert an. Er hatte zeitweilig bis zu 300 Mitglieder. Der Goldarbeiter Otto Großmann übte das Amt eines Generalsekretärs aus.[46] Neben dem »Genossenschafter«, dem amtlichen Organ des Goldarbeitervereins wurde hier auch das offizielle Parteiorgan der SDAP, »Der Volksstaat«, gelesen, der von August Bebel und Wilhelm Liebknecht redigiert wurde und über den beide ihren Einfluß auf die Parteipolitik ausübten.[47] Eine Übersicht über die Abonnenten des Blattes vom Juli 1873 zeigte für Schwäbisch Gmünd ein gutes Bild. Unter elf Orten mit festen Beziehern nahmen die hiesigen Leser hinter Esslingen die zweite Rangfolge im Lande ein, wie nachstehende Aufstellung[48] beweist:

Juli 1873:

| | |
|---|---:|
| Esslingen | 110 |
| Schwäbisch Gmünd | 57 |
| Stuttgart | 56 |
| Göppingen | 24 |
| Aalen | 22 |
| Ulm | 8 |
| Tübingen | 7 |
| Heilbronn | 4 |
| Cannstatt | 2 |
| Calw | 1 |
| Wildbad | 1 |
| | 292 |

Das Jahr 1873 brachte die Landes-Versammlung der Partei am 29. Juni in Göppingen. Dort erschienen Delegierte aus Aalen, Esslingen, Kirchheim unter Teck, Met-

zingen, Reutlingen, Schwäbisch Gmünd, Stuttgart und Augsburg. Der »Vorort«
wurde von Esslingen nach Gmünd verlegt. Im Sommer des Jahres fand auch der
»Eisenacher Kongreß« statt. Dorthin wurde auch ein Delegierter entsandt, der die
sieben vorgenannten württembergischen Ortsvereine zu vertreten hatte. Der Gmünder Ortsverein nahm mit seinen 36 eingeschriebenen Mitgliedern nach Esslingen mit
60 und Stuttgart mit 50 den dritten Rang ein. Diese Anzahl konnte sich auch konstant die nächsten fünf Jahre halten.[49] Das Jahr 1874 bildete in der Entwicklung der
Gmünder Sozialdemokraten einen Höhepunkt, denn dem Ortsverein wurde die
Ausrichtung der turnusmäßig fälligen Landesversammlung übertragen. Diesem Ereignis gingen einige örtliche Vorbereitungen und verstärkte Agitationen voraus. So
wurde zum Beispiel zum 30. April eine »Partei-Versammlung« in das Nebengebäude
der Thorbäckerei einberufen. Als Redner wurde Max Kayser gewonnen. *Organisation der Partei, Parlamentarismus in den Versammlungen* und *Parteiangelegenheiten*
bildeten die drei Programmpunkte.[50]
Die Landesversammlung wurde auf den 14. Juni 1874 einberufen. Der örtlichen
Vorbereitung diente eine »geschlossene Mitgliederversammlung« am Montag, dem
8. Juni im »Anker«, zu der das »Lokal-Comité« eingeladen hatte und deren einziger
Tagesordnungspunkt *die bevorstehende Landes-Versammlung* bildete. Tagungslokal
der Landes-Versammlung war der Saal der Wirtschaft zum Hohenstaufen in der
Pfeifergasse. In der Einladung, die ebenfalls in der Zeitung als Inserat erschien, hieß
es in diesem Zusammenhang: *Zutritt haben nur die mit Mandaten versehenen Dele-
girten und Parteigenossen, sowie die Mitglieder der auf der Landes-Versammlung
vertretenen Genossenschaften.*[51] Auffallend war, daß sich die Versammlung in erster
Linie auf Delegierte aus Stuttgart, Cannstatt, Esslingen, Magstadt, Tübingen, Reutlingen, Göppingen, Gmünd, Waldstetten, Aalen, Hall und Pforzheim konzentrier-
te, während Mandate von Heilbronn, Ulm, Biberach, Birkenfeld und Wurmberg bei
Pforzheim eingesandt wurden. Immerhin konnte bei der Versammlung ein Auf-
wärtstrend der Partei festgestellt werden. Es wurden auch einige Beschlüsse gefaßt.
So kam es aus reinen Standortgründen zu einer Verlegung der Landesagitationskom-
mission nach Stuttgart und zu der Erklärung, daß die »Süddeutsche Volkszeitung«
anstelle der Parteizeitung »Der Volksstaat« offizielles Parteiorgan in Württemberg
sein sollte.[52]
Bei den Reichstags-, Landtags- und Kommunalwahlen sollten in Zukunft eigene
Kandidaten aufgestellt werden. Interessant war auch der unmißverständliche Hinweis, wonach es verpönt sei, mit bürgerlichen Parteien irgendwelche Kompromisse
einzugehen. Vor allem wurden die Mitglieder zur Agitation für die Gewerkschaften
aufgefordert. Grund für die Verlegung der Kommission nach Stuttgart war in erster
Linie der gemeinsame Standort des neuen Parteiorgans »Süddeutsche Volkszeitung«

und der Agitationszentrale an einem Platze. Die positive Entwicklung, die über mehrere Jahre in Schwäbisch Gmünd konstant geblieben war, wurde plötzlich jäh unterbrochen. Das entscheidende Ereignis in der Geschichte der Gmünder Arbeiterbewegung bildete wie auch anderswo das von Bismarck geschaffene *Gesetz gegen die gemeingefährlichen Bestrebungen der Sozialdemokratie* vom 21. Oktober 1878, das »Sozialistengesetz«.[53] Es handelte sich um ein typisches Ausnahmegesetz zur Unterdrückung der Arbeiter, ihrer Partei und der Gewerkschaftsbewegung. Grundlegendes Motiv für diese Regelung waren die Bestrebungen, die unter der Führung des Reichskanzlers die vereinigten Kräfte der Bourgeoisie und der Großgrundbesitzer, die in der zweiten Hälfte des 19. Jahrhunderts sich merklich verstärkenden Aktivitäten der Arbeiter unter der Führung der SAP unmöglich machen und sabotieren sollten. Die Arbeiterklasse sollte auf diesem Wege politisch entmachtet und vollends mundtot gemacht werden. Damit war gleichzeitig noch die Absicht verbunden, jegliche demokratisch oder liberal geartete Opposition niederzuschlagen und somit systematisch auszulöschen. Den angeblichen Vorwand zu diesen Praktiken bildete das Attentat des Emil Heinrich Max Hödel am 11. Mai 1878 auf den damaligen Kaiser Wilhelm II. Verstärkt und verschärft wurden diese Bestrebungen außerdem durch einen weiteren Anschlag auf den Herrscher durch Karl Eduard Nobiling am 2. Juni desselben Jahres. Am 11. Juni wurde der Reichstag aufgelöst und Neuwahlen zum 30. Juni ausgeschrieben. Nach drei Lesungen wurde am 19. Oktober 1878 mit 221 gegen 149 Stimmen dem Gesetz zugestimmt. Nach seinen Bestimmungen wurden Vereine (§ 1), Versammlungen und Druckschriften (§ 11) sowie Geldsammlungen (§ 16), *welche durch sozialdemokratische, sozialistische oder kommunistische Bestrebungen den Umsturz der bestehenden Staats- und Gesellschaftsordnung bezwecken,*[54] verboten. Das hatte in Schwäbisch Gmünd zur Folge, daß das blühende Leben dieser politisch sehr aktiven Gruppierung aufgehört hatte. Die Mitglieder waren gezwungen, in den Untergrund zu gehen. Es ist andererseits aufschlußreich, daß noch in der Vorbereitungsphase dieses Gesetzes im August 1878 der damalige Gmünder Oberamtmann Carl Adolph Holland der Meinung war, ein Verbot des Gmünder Goldarbeitervereins sei nicht notwendig, und man müsse sich dabei lediglich darauf beschränken, ihn *von sozialdemokratischen Elementen . . . zu säubern*[55], und außerdem noch den »Genossenschafter« als Presseorgan verbieten. Am 17. Dezember 1878 meldete der damalige Innenminister Sick über die Durchführung des Sozialistengesetzes in Württemberg an König Karl Vollzug. Durch die Landespolizeibehörden wurde mit Verfügung vom 6. November die Landesorganisation der Sozialistischen Arbeiter-Partei mit dem Sitz in Stuttgart verboten. Eine weitere Verfügung vom 16. November betraf den »Gewerkverein der Gold- und Silberarbeiter und verwandter Berufsgenossen« mit dem »Vorort« in Schwäbisch Gmünd. Neben

diesem generellen Verbot wurden in Schwäbisch Gmünd Ermittlungen gegen die
eingeschriebenen Hilfskassen der Gold- und Silberarbeiter angestellt.[56] Schließlich
berichtete der Minister seinem Monarchen: *Die Durchführung des Gesetzes ...*
*erfolgte ohne jede Schwierigkeit. Die Haltung der Parteiführer und Mitglieder*
*gegenüber den theils zur Vorbereitung der Verbote, theils im Vollzug derselben noth-*
*wendigen Vernehmungen, Haussuchungen und Beschlagnahmen war eine anständi-*
*ge und gab die Absicht kund, das Gesetz zu respektieren. Auf das amtliche Einschrei-*
*ten waren übrigens die Vereine augenscheinlich vorbereitet und fanden die Polizeibe-*
*hörden daher meistens leere Kassen.*[57]
Offensichtlich befriedigt über den Verlauf der Aktion äußerte sich der zuständige
Herr zu der Aktion. Mit der Äußerung, *ob durch die Verbote und Beschlagnahmen*
*eine Zerstörung der Organisation der Sozialdemokratie wirklich schon gelungen ist,*
*oder doch in kurzem herbeigeführt werden wird, läßt sich zur Zeit mit Sicherheit*
*noch nicht feststellen,*[58] klangen schon einige Zweifel an. Tatsächlich wurden auch in
der aufgezwungenen Illegalität weiterhin Kontakte gepflegt. Eine Kollegialität und
ein eingeprägtes Solidaritätsgefühl sorgten schließlich dafür, daß sogar Mitglieder
geschützt und dem unliebsamen Zugriff der Exekutive entzogen wurden, wie das
Beispiel Wilhelmy beweist. Dieser sehr aktive Politiker, der in Preußen steckbrief-
lich gesucht wurde, bekam einen Posten beim Spar- und Consum-Verein und konnte
sich so unbehelligt von den Fahndern im fernen Preußen »über die Runden« bringen.[59] Die Deckung und Absicherung dieses Geächteten war ein gutes Beispiel dafür,
wie auch von Andersdenkenden in Gmünd solche Personen unbehelligt und
geschützt blieben.
Immerhin währte die Zeit des strikten Verbotes der SAP an die zwölf Jahre. Der
Kontakt unter den Gesinnungsgenossen war aber auch in Gmünd nicht abgebrochen. Im Exil erschien, in London redigiert und gedruckt, »Der Sozialdemokrat,
Organ der Sozialdemokratie deutscher Zunge«. Am 25. Januar 1890 verweigerte der
Reichstag die Verlängerung des Ausnahmegesetzes. Somit trat das Sozialistengesetz
am 30. September des Jahres außer Kraft, was immerhin als Erfolg bezeichnet werden konnte und zeigte, daß der im stillen weitergeführte Kampf der Arbeiter die Bis-
marcksche Politik zum Scheitern gebracht hat. Das rasche Wiederaufleben der nun
wieder geduldeten politischen Betätigung zeigte in Gmünd sehr deutlich, daß die
persönlichen Kontakte in den Jahren der Illegalität nicht abgerissen waren. Die not-
gedrungene Anpassung an das Verbot diente dem Schutz vor Verfolgung, aber *umso*
*eifriger wurde die Agitation heimlich betrieben, die anonymen Flugblätter redeten*
*eine umso schärfere Sprache und die Gefahren der Entdeckung schärften die Vorsicht*
*der Genossen,* wie Wilhelm Keil diese Situation treffend schildert.[60]
Das war auch in Gmünd der Fall, da hier nach wie vor ein stattlicher Stamm von

Anhängern vorhanden war. Erstaunlich ist die Tatsache, daß die Sozialdemokraten in Schwäbisch Gmünd nach Beendigung der jahrelangen Illegalität trotz des diskriminierenden Sozialistengesetzes in der Reichstagswahl vom 20. Februar 1890 in Gmünd einen stolzen Anteil von 47,8 Prozent der abgegebenen Stimmen auf sich vereinigen konnten.[61] »Der Sozialdemokrat«, das »Wochenblatt der Sozialdemokratischen Partei Deutschlands«, wurde nach Vertriebszahlen, die auf der Paketanlieferung in der ersten Hälfte des Jahres 1888 basierten, also noch zur Zeit des Sozialistengesetzes, in Gmünd mit zehn Exemplaren registriert. Das war dieselbe Anzahl wie in der Nachbarstadt Göppingen, während in Reutlingen fünf, Cannstatt 16, Stuttgart 144 und in Pforzheim acht Exemplare bezogen wurden.[62] Das Jahr 1891 brachte die offizielle Gründung des Sozialdemokratischen Vereins, der nun nach Aufhebung der Illegalität reichen Zuspruch und Interesse fand und auch im Adreßbuch ausdrücklich aufgeführt wurde. Als Vereinslokal diente die Gastwirtschaft »zur Kanne« in der Rinderbachergasse. Als Vereinszweck nannte das Adreßbuch: *Der Verein bildet eine Mitgliedschaft der sozialdemokratischen Partei auf dem Grund des Programms und bezweckt ferner die geistige Bildung der Mitglieder auf allen Gebieten des Lebens.*[63] Als Vorstand weist jene zeitgenössische Notiz den Kettenmacher Georg Müller und als Kassier den »Cigarrenmacher« Johannes Staib aus. Zu Ende des Jahrhunderts, im Jahre 1899, wurden zwei weitere Arbeitervereine ins Leben gerufen. Der erste war der »Arbeiter-Turnverein«, dessen Vereinslokal sich im Gasthaus »Zum Roten Ochsen« befand. Den zweiten Verein bildete der »Arbeiter-Radler-Klub Rother Pfeil«, der sich regelmäßig in der Wirtschaft »zur Kanne« traf und dessen Vereinszweck besagte, *den Radsport unter den hiesigen Arbeitern durch gemeinschaftliche Ausfahrten, sowie gesellige Zusammenkünfte zu fördern und zu heben.*[64] Sein Vorstand war Rudolf Lindner.

Die politisch engagierten Arbeiter waren ferner in den Vereinigten Gewerkschaften organisiert, denen der Buchbinder Georg Goll vorstand. Als Zweck wiesen die Statuten aus, *die Mitglieder bei der Arbeitslosigkeit zu unterstützen und denselben bei gewerblichen Streitigkeiten Rechtsschutz zu gewähren, ferner Hebung der Besserstellung der Arbeiter in Beziehung auf Lohn und Arbeitszeit.*[65] Sie setzten sich zusammen aus Zahlstellen der verschiedenen Zentralverbände. Es waren dies die Bierbrauer unter Konstantin Karl, die Buchbinder unter Theodor Heckmann, die Buchdrukker unter Jakob Wenzelburger, die Gold- und Silberarbeiter unter Hermann Becker, die Hilfsarbeiter im Transport- und Handelsgewerbe unter Josef Dambacher, die Holzarbeiter unter Friedrich Kaufmann, die Maler unter Max Linde, die Maurer unter Jakob Munz, die Metallarbeiter unter Georg Wahl, die Schneider unter Wilhelm Weber, die Schuhmacher unter Friedrich Voigt und die Tabakarbeiter unter Anton Lang. Im Jahre 1899 gesellte sich die *Gewerkschaft der Presser* zu diesen

Organisationen hinzu, deren Zweck mit *Förderung der socialen Hebung der Presser* ausgewiesen wurde, und der Cornelius Knupfer vorstand.

Die Arbeitervereine, welche ideologische Richtung sie auch verkörperten und vertraten, waren Zusammenschlüsse auf vereinsmäßiger Grundlage, die der kulturellen und wirtschaftlichen Förderung und Emanzipation der bildungsmäßig leider bisher sehr vernachlässigten, benachteiligten und vielfach diskriminierten Arbeiterschaft dienten. Die Vereine waren untergliedert in Einrichtungen zur Arbeiterbildung. Sie waren eine lebendige Grundlage zur politischen und gewerkschaftlichen Aktivität. Daneben traten auch die Arbeiterturnvereine und die Arbeitergesangvereine in Erscheinung.

Auch die konfessionellen Arbeitervereine hatten sich in Gmünd etabliert und spielten eine Rolle. Unter dem Einfluß des Mainzer Bischofs Ketteler waren es in den fünfziger Jahren die Gesellenvereine. Im Jahre 1857 wurde der Katholische Gesellenverein Gmünd gegründet. Sein Zweck wurde folgendermaßen umrissen: *Anregung und Förderung des religiös-sittlichen Lebens, Mehrung der fürs Leben nothwendigen Kenntnisse, gesellige Unterhaltung und gegenseitige Unterstützung, Aufnahme fremder Gesellen in Kost und Pflege.* Treffpunkt dieses Vereins wurde das eigene Vereinshaus im Freudental. Auch diese Institution verfügte über eine Bibliothek. Besondere Schwerpunkte des Gesellenvereins bildeten außerdem *Unterhaltungen, musikalische Produktionen und theatralische Vorstellungen.*[66] Auf evangelischer Seite wurde die Bildungsarbeit durch den »Leseverein« praktiziert und außerdem durch den im Jahre 1878 gegründeten »Christlichen Verein junger Männer«, der ursprünglich als »Jünglingsverein« bezeichnet wurde.[67] Wie vielfältig das Angebot der Geselligkeit und Weiterbildung in der Stadt im ausgehenden 19. Jahrhundert war, wird dokumentiert durch die tabellarische Darstellung (S. 361). Alle diese Vereinigungen waren Stätten des gegenseitigen Kennenlernens, der Kommunikation und des gegenseitigen Zusammenhaltens. Sie prägten das Gemeinwesen in jenen Tagen in ganz besonderer Weise und formten die Gemeinschaft.

Eine weitere Einrichtung, ebenfalls auf Vereinsgrundlage, bildete die Feuerwehr. Wenn auch das Feuerlöschen in der Reichsstadt schon lose organisiert war, so bedurfte ein wirkungsvoller Feuer- und Katastrophenschutz zum Wohl der Stadt und ihrer Bürger doch einer strafferen Organisation, um überhaupt einen Erfolg garantieren zu können. Der Kaufmann Johannes Buhl gründete 1831 zusammen mit dem Fabrikanten Karl Röll und dem Stadtbaumeister Fritz eine »Rettungsgesellschaft in Feuersgefahr«. Ihr Hauptanliegen war eine »Verbesserung des Feuerlöschwesens«. Entscheidend war bei diesen Bestrebungen die ständige Anpassung an die Weiterentwicklung der Fortschritte in der Technik des Feuerlöschwesens. Die veralteten Geräte der früheren Zeiten mußten ersetzt oder zumindest durch Neuerungen ergänzt werden. Dieses ständige Schritthalten bewirkte allmählich eine »Modernisierung der Feuerwehr«, deren erster Kommandant Karl Röll war. Da Johannes Buhl, sein Stellvertreter und späterer Nachfolger, auch ein sehr eifriger Verfechter der Turnbewegung im Sinne eines Friedrich Ludwig Jahn war, sorgte er dafür, daß die Mitglieder der Wehr auch körperlich geschult und entsprechend gedrillt waren. Einen ganz besonderen Fall praktizierter Nachbarschaftshilfe bildete der Einsatz bei einem gefährlichen Brandfall in der Nachbarstadt Aalen in der Nacht vom 3. auf 4. Februar 1865. Darüber berichtet der »Remsthal-Bote« Nr. 16 vom 7. Februar ausführlich: *... ein Telegramm von Aalen, welches um 8 Uhr hier eintraf, forderte schleunigste Hilfe, um den daselbst ausgebrochenen Brand zu bewältigen. Es wurde denn auch nicht versäumt, um diesem Nothrufe unserer Nachbarstadt mit der Tath zu begegnen; denn der alsbald ankommende Zug fand die Mannschaft mit den sämtlichen Gerätschaften schon auf dem Bahnhofe bereit, um sie auf die Brandstätte zu entsenden. Allein es schien, als ob die vereinte Kraft dieser sowohl als der anderen Feuerwehren nicht hinreiche, das entfesselte Element zu bezwingen, und ein weiteres Telegramm forderte wiederum Verstärkung. Auf die erneuten Feuersignale hin versammelte sich fast die ganze Feuerwehrmannschaft auf dem Bahnhofe, von wo sie mittelst Extrazugs nach Aalen befördert wurde. Das Feuer wütete die ganze Nacht über.* In dem Bericht heißt es weiter: *Um 2¹/₂ Uhr mußte wieder Alarm geschlagen werden, da die auf's Neue angefachte Flamme die anderen Häuser zu bedrohen schien ... Allein die Wassermasse, welche sich über sie ergoß, besiegte ihren so gewaltigen Gegner, und hier war es hauptsächlich die hiesige Feuerwehr, welche dem Elemente den Todesstoß beibrachte; denn von den anderen Feuerwehren waren schon welche abgezogen, und die Aalener selbst von der vorausgegangenen Anstrengung wohl zu sehr ermüdet, um sich lebhaft betheiligen zu können. Besonders praktisch ließen sich die beiden Turnerspritzen durch ihre bequeme Aufstellung verwenden. Unsere Feuerwehr, die allein mit nahezu 400 Mann vertreten war, gelangte um 8 Uhr Morgens wieder hier an. Der Zug war nicht uninteressant anzusehen und trotzdem daß nicht nur eine durchgearbeitete Nacht hinter ihnen lag, was sich in den verschiedenen Physiognomien deutlich genug ausgeprägt hatte, war die Rückwirkung auf die Gemüther doch nicht so stark, um den Gesang zu unterdrücken, wovon das angestimmte Lied: »Es haben wack're Männer zusammen sich gethan« zeugte.* Der Remsthal-Bote brachte in seiner folgenden Nummer noch ein ausdrückliches Lob aus Aalen, das folgenden Wortlaut hatte: *Mit einer Schnelligkeit und Präzision wurden die verschiedenen Löschapparate aufgeladen, wie man derartiges nur bei geübtem Militär sehen kann ... Nüchtern und anständig, wie sie gekommen, entfernten sich die Gmünder, nachdem sie ihre freundnachbarliche Bürgerpflicht erfüllt. Darum Hut ab vor den Gmündern und ihrem wackern Kommandanten Buhl! ... Nach ein-*

*stimmigem Urtheile dürfte die Feuerwehr von Gmünd mit ihren ausgezeichneten*
*Löschapparaten eine Musteranstalt für das Land sein.*[68]

Die Nachbarschaftshilfe über den Kirchturmsbereich hinaus bildete eine Wiederholung der bereits bei dem verheerenden Stadtbrand in Göppingen in dem Jahre 1782 geübte Praxis selbstloser Unterstützung bei Katastrophenfällen.

Die Gründung eines Turnvereins im Jahre 1844, der späteren Turngemeinde, bildete eine logische Weiterentwicklung der Gedanken der körperlichen Ertüchtigung nach den Prinzipien der Turnbewegung, wie sie bisher schon mit großem Erfolg von Buhl beim Dienste der Feuerwehr praktiziert wurden. Buhl, der sich hoch über der Stadt in der Nähe vom Salvatorberg seinen Landsitz »Hohlenstein« errichtet hatte, bekam ob seiner Verdienste um die Turnbewegung das Prädikat »Turnvater« zuerkannt. Wie hoch seine Wertschätzung als engagierter Bürger, als Verfechter der Belange der Revolution von 1848 und als Freund der Turnbewegung war, wurde offenbar bei dem großen Leichenbegängnis nach seinem Tode im Jahre 1872.

Vereine waren damals gesellschaftsbildende Kräfte. Das zeigt sich auch bei der Betrachtung der Struktur dieser Vereinigungen um die Jahrhundertwende. Ein sehr buntes Spektrum zeigt uns hier, wie vielfältig alle gesellschaftlichen Schichten der Stadt auf diese Weise frei und ungezwungen »organisiert« waren. Die nebenstehende Tabelle soll diese Gemeinschaftsbildungen innerhalb der Gemeinde sinnvoll darstellen.

Von der Rolle des Militärs im Leben der Oberamts- und Garnisonsstadt war schon mehrfach die Rede. Wenn auch die Jahre der Revolution 1848/49 in den Beziehungen zu manchen Bevölkerungskreisen merkliche Spuren hinterlassen hatten, so konnten sich im allgemeinen die Verhältnisse wieder entkrampfen. Der bürgerliche Mittelstand der auch stark von der Arbeiterschaft geprägten Stadt mit ihrem starken Engagement in der Arbeiterbewegung betrachtete die bewaffnete Macht, die durch zwei Bataillone des Königlich Württembergischen Infanterie-Regiments Nr. 122, *Kaiser Franz Joseph von Oesterreich, König von Ungarn,* repräsentiert und bis 1875 noch durch den Artillerie-Schießplatz bei Gotteszell geprägt war, als einen wesentlichen Bestandteil des gesellschaftlichen Lebens. Wie die Bindungen zwischen diesen Gruppen waren, kommt in den »Lebenserinnerungen« des Generals Groener zum Ausdruck, der hier als junger Offizier seine Karriere begann:

*Am 9. September 1886 wurde ich Leutnant. Ende September wurden einige Kameraden und ich zum III. Bataillon des Regiments nach Schwäbisch Gmünd versetzt; wir sollten das dortige Leutnantskorps etwas auffrischen, ein Auftrag, dessen wir uns mit Erfolg entledigten. Je kleiner die Garnison, desto stärker ist die Berührung mit der Zivilbevölkerung. Auch aus diesem Grunde gehören die Gmünder Leutnantsjahre zu meinen schönsten Erinnerungen. Bei dem abendlichen Stammtisch im »Josephle« und*

*Vereine, Zusammenschlüsse, Parteien und Gewerkschaften*
*unter Berücksichtigung der Gründungen bis zum 31. Dezember 1899*

A   Unterstützungsvereine
a)  Krankenkassen und Krankenpflegevereine                                      4
b)  Fabrikkrankenkassen                                                         2
c)  Freie Hilfskassen                                                           3
d)  Zuschußkassen                                                               3
e)  Sterbekassen                                                                2
f)  Sonstige Unterstützungsvereine                                             2
                                                                      ───
                                                                       16


B   Vereine und gesellschaftliche Zusammenschlüsse
a)  Vereine und Gruppierungen allgemeiner Art                                  29
b)  Gesangvereine ohne Kirchenchöre                                            6
c)  Musikvereine                                                               1
d)  Standesorganisationen                                                      21
e)  Turn- und Sportvereine                                                     14
f)  Veteranen- und Militärvereine                                              4
g)  Evangelische Vereine und Kirchenchöre                                      4
h)  Katholische Vereine und Kirchenchöre                                       9
                                                                      ───
                                                                       88


C   Politische Parteien und Gruppierungen, Gewerkschaften
a)  Politische Parteien                                                         3
    (Deutsche Partei, Deutsche Volkspartei, Sozialdemokratischer Verein)
b)  Politische Gruppierungen                                                    2
    (Deutsche Friedensgesellschaft, Deutschnationaler Handlungsgehilfen-Ver-
    band)
c)  Gewerkschaften nach ihren verschiedenen Sektionen                          15
    (Bierbrauer, Buchbinder, Buchdrucker, Gold- und Silberarbeiter, Graveure
    und Ciseleure, Hilfsarbeiter im Transport- und Handelsgewerbe, Holzar-
    beiter, Maler, Maschinisten, Maurer, Metallarbeiter, Presser, Schneider,
    Schuhmacher, Tabakarbeiter)
                                                                      ───
                                                                       20

*anderwärts bekamen wir jungen Leute mancherlei Einblick in wirtschaftliche und soziale Verhältnisse einer kleinen, aber blühenden Gewerbestadt. Für einen Wirtschaftler wäre die Bilanz damals wohl recht erfreulich gewesen, denn das Gold- und Silberhandwerk, das in Schwäbisch Gmünd betrieben wurde, stand auf ansehnlicher Höhe, und der Export nach dem Ausland brachte Reichtum in das Städtchen, der nicht nur einer kleinen Zahl von Unternehmern zugute kam, sondern eine breite, wohlhabende Handwerkerschicht geschaffen hatte. Wenn man den Sektgenuß als Gradmesser des Wohlergehens nehmen will, so war auch der Schwäbisch Gmünder Arbeiter nicht schlecht gestellt, denn bei der traditionellen Gmünder Fastnacht hatte meist auch der Arbeiter seine Flasche Sekt. Einen Kampf zwischen Kapital und Arbeit gab es in Gmünd nicht. Wer sehen und hören wollte, konnte manche Lehre von diesen abendlichen Zusammenkünften mit nach Hause nehmen. Die Sitzungen dehnten sich häufig bis tief in die Nacht aus, und daß ich einer der Seßhaftesten war, trug mir den Spitznamen »das Nachtlicht« ein, der mir lange anhing.* Wenn auch manche Ansichten subjektiv gefärbt sein mögen, so ist diese Milieuschilderung trotzdem von Interesse, da sie manche aufschlußreichen Dinge berichtet. Wilhelm Groener berichtet uns weiter:

*Der junge Leutnant ist geneigt, in seinem bunten Rock den Freipaß zu sehen, der ihm selbstverständlich den Zutritt zur Gesellschaft öffnet; in Gmünd wurde uns klargemacht, daß man sich dieses Vertrauen durch persönliche Anstrengung gewinnen muß. In dem reichen Städtchen waren wir durchaus nicht persona grata, sondern mußten uns unsere Stellung erst erobern. Das gelang uns zwar schnell und mir persönlich so durchschlagend, daß ich dort meine Lebensgefährtin fand, mit der ich nach langer Wartezeit über ein Vierteljahrhundert in glücklichster Ehe verbunden war.* Groener heiratete am 14. Oktober 1899 Helene Geyer, eine Tochter von Adolf Geyer, dem Direktor der Gmünder »Gasfabrik«. Daß es dem späteren Generalquartiermeister hier auch sonst gefallen hat, kommt schließlich noch in der abschließenden Notiz zum Ausdruck: *Die Dienstverhältnisse in Schwäbisch Gmünd waren recht angenehm, die Hauptleute umgängliche Menschen, mit einer einzigen Ausnahme ohne große militärische Qualitäten.*[69]

Das einschneidendste Ereignis im 19. Jahrhundert bildete zweifellos der Übergang von der freien Reichsstadt zum provinziellen Typus einer württembergischen Oberamtsstadt ohne jeglichen Sonderstatus, wie er etwa der Stadt Ellwangen mit dem Prädikat »gute Stadt« zugedacht war.

Wenn Württemberg die reichsstädtische Schuldenwirtschaft aufgedeckt hat, so müssen wir uns trotzdem wundern, wenn diese höchst peinlichen Enthüllungen keinen Bürgermeister und sonstigen Verantwortlichen Rang und guten Namen gekostet haben. Es blieb bei der personellen Übernahme und der stillschweigenden Anpassung dieser Leute. Die beiden Stadtschultheißen Kohn und Untersee waren die Männer, unter deren Ära die Stadt allmählich zu dem geworden ist, was sie in der Folgezeit geprägt hat, ein Platz mit beachtlicher Industrie, wenngleich auch mit dem nachhaltigen Fehler der Einseitigkeit belastet. Das wirklich entscheidende Ereignis für eine gedeihliche Entwicklung für Gmünd war ohne Zweifel der Anschluß an das Schienennetz der Eisenbahn und somit der Zugang zum internationalen Verkehr. Städtebaulich brachten die Jahre von 1860 bis 1893, dem Todesjahr des Stadtschultheißen Untersee, den Sprung über den alten Mauerring. Trotzdem boten die »Vorstädte« der zweiten äußeren Stadtumwallung noch für lange Jahre beachtliche Flächen als Bauland. Ein großer Teil der Fabrikbauten hatte bewußt von dieser Baulandpolitik profitiert, die zunächst bestrebt war, bestehende Lücken auszufüllen.

Der Bauwerkmeister Paul Möhler, der als Nachfolger von Adolf Untersee nunmehr statt der bisherigen Amtsbezeichnung Stadtschultheiß den Titel Oberbürgermeister führen durfte, konnte in seiner Baupolitik an die seiner beiden Amtsvorgänger bewußt anknüpfen. Er war bestrebt, wirksam unterstützt durch seinen Gemeinderat, in gezielter Form die Zentralität der Stadt Gmünd weiter zu festigen.

Was für das 19. Jahrhundert ganz besonders bezeichnend war, erstreckte sich auf das harmonische Zusammenleben der beiden Bekenntnisse. Die einstmals rein katholisch geprägte Stadt hatte nun um die Jahrhundertwende ein gutes Drittel an protestantischen Mitbürgern, die zum größten Teil aus »Altwürttemberg« zugewandert waren. Sie stellten den Großteil der Schicht der Unternehmer und des Offizierscorps. Das freundnachbarliche Nebeneinander wurde nicht zuletzt auch geschaffen und gepflegt durch herausragende Persönlichkeiten bei der beiderseitigen Geistlichkeit. Auf katholischer Seite waren es der aufklärerisch gesinnte Thomas Kratzer und die beiden Kapläne Zeiler und Pfitzer. Letzterer vor allem hatte seine Verdienste um die Bauwerke christlicher Kunst in der Stadt. Die Instandsetzungsarbeiten an der Heiligkreuzkirche und die Erneuerung und die (umstrittene) Rekonstruktion der Johanniskirche gehen auf sein Konto. Auf evangelischer Seite waren nach dem pietistisch angehauchten August Jäger die Stadtpfarrer Hermann Wagner und Julius Abel hervorragende Persönlichkeiten. Aufgrund eines besonderen Toleranzartikels vom Jahre 1864 wurden auch Niederlassungen von jüdischen Bürgern ermöglicht, die bisher hauptsächlich abseits der großen Städte in Orten siedelten, in denen durch bestimmte Standesherrschaften ein Leben unter angemessenen Bedingungen gewährleistet war. Bereits ab 1866 wurde die Stadt ein beliebter Ansiedlungsort jüdischer Familien, die ihre bisherigen Schutzgebiete in der weiteren Umgebung, nämlich Oberdorf, Aufhausen und Pflaumloch verließen und sich als Geschäftsleute und Bankiers in Gmünd neue Existenzen und die Voraussetzungen für eine selbständige jüdische Gemeinde schufen.[70]

| Hof- und Staats-Handbuch/Jahr | Bevölkerungszahl | | | | |
|---|---|---|---|---|---|
| | total | davon | | | |
| | | ev. | kath. | jüdisch | sonstige |
| 1) 1807/1808 | 5 333 | – | – | – | – |
| 2) 1809/1910 | 5 341 | 50 | 5 291 | – | – |
| 3) 1824 | 5 650 | 287 | 5 363 | – | – |
| 4) 1831 | 5 718 | 355 | 5 363 | – | – |
| 5) 1835 | 6 038 | 538 | 5 500 | – | – |
| 6) 1839 | 6 235 | 665 | 5 570 | – | – |
| 7) 1847 | 6 530 | 896 | 5 634 | – | – |
| 8) 1854 | 6 267 | 855 | 5 412 | – | – |
| 9) 1862 | 6 677 | 1 134 | 5 530 | – | 13 |
| 10) 1866 | 8 852 | 2 064 | 6 766 | 9 | 13 |
| 11) 1869 | 9 067 | 2 076 | 6 961 | 22 | 8 |
| 12) 1873 | 10 739 | 2 907 | 7 794 | 29 | 9 |
| 13) 1877 | 12 838 | 3 860 | 8 919 | 37 | 22 |
| 14) 1881 | 13 774 | 4 226 | 9 479 | 49 | 20 |
| 15) 1886/1887 | 15 321 | 4 769 | 10 453 | 67 | 32 |
| 16) 1889 | 15 256 | 4 722 | 10 435 | 67 | 32 |
| 17) 1892 | 16 817 | 5 330 | 11 368 | 97 | 22 |
| 18) 1896 | 17 292 | 5 064 | 12 162 | 62 | 4 |
| 19) 1901 | 18 699 | 5 889 | 12 712 | 81 | 17 |

Die strukturelle Entwicklung der Gmünder Bevölkerung im 19. Jahrhundert wird durch obenstehende Aufschlüsselung verdeutlicht. Die »Gründerjahre« waren geprägt durch eine Menge von Industriebetrieben. Die Unternehmer jener Tage waren selbstbewußt. Sie konnten sich neben dem Inlandsbedarf auch in weitem Maße auf ein blühendes Exportgeschäft stützen. Interessant ist in diesem Zusammenhang die Tatsache, daß auch nach dem preußisch-französischen Krieg von 1870/71, als man sehr vermessen und überheblich von dem Nachbarn im Westen als dem bösen »Erbfeind« zu reden nicht müde wurde, Gmünder Industriebetriebe es trotzdem für zumutbar und opportun hielten, aus reinen Geschäftsrücksichten heraus, sich in der Reklame der französischen Sprache zu bedienen. So warb zum Beispiel die Firma Wilhelm Binder: *Maison fondée en 1868, 300 ouvriers. Fabrication de tous les articles d'orfèvrerie argent, grands et petits articles, au titre de 800/1000 & 925/1000 (sterling silver) en tout genres et pour tous les pays. Manufacture d' orfèvrerie argent. Exportation pour tous les pays. Grand Dépôt à Pforzheim chez Mr. Ulrich Finckh.*[71] Und das in einem vorrangig für den inländischen Gebrauch herausgegebenen Adreßbuch.

Als das 19. Jahrhundert langsam zur Neige ging, waren seit dem Friedensschluß immerhin 28 Jahre ins Land gegangen. Trotz mancher provozierender Politik der Kanonenboote und diplomatischer Fehltritte herrschte noch Friede. Wie auf der ganzen Welt wurde auch in Gmünd der Übergang in das 20. Jahrhundert gebührend gefeiert, mit der Hoffnung und zugleich auch mit einem Quantum stiller Sorge für die weitere Zukunft. Das kam auch in einem Gedicht in der Remszeitung vom 30. Dezember 1899 unter dem Titel *Zur Jahrhundertwende* zum Ausdruck:

*An der Schwelle des Jahrhunderts*
*stehen wir mit ernstem Blick,*
*Schau'n mit Wehmut, schau'n mit Freude*
*auf Vergangenes zurück.*
*Aber ach! Der dunklen Zukunft*
*nahen wir mit leisem Beben:*
*Wird dasselbe Leid uns bringen,*
*oder wird sie Glück uns geben?*
*Wird der Krieg mit seinen Schrecken*
*auch in unseren Gauen wüten,*
*Tod und die Verwüstung bringend,*
*statt der Früchte von den Blüten?*
*Dieses sind die bangen Fragen,*
*die wir an das Schicksal stellen;*
*Doch das künft'ge tiefe Dunkel*
*will sich vor uns nicht erhellen.*
*Doch umsonst ist alles Grämen,*
*darum quält euch nicht mit Sorgen;*
*Strahlt doch nach der Nacht des Trübsals*
*desto heller stets der Morgen.*
*Gott, der mit allweiser Allmacht*
*das Geschick der Völker lenkt,*
*Wird auch unser nicht vergessen,*
*wird uns treu zur Seite gehen*
*Und uns segnen und behüten*
*über Bitten und Verstehen.*
*Neu Jahrhundert, sei gegrüßet!*
*Mög aus deinem Zeitenschoße*
*Stetig wachsen nur das Gute,*
*nur das Edle, Schöne, Große!*
*Mög' die Liebe statt der Zwietracht*
*auf der Erde sich verbreiten*
*Und der holde Frieden herrschen*
*bis in allerfernste Zeiten.*

# Vom Kaiserreich über die Zeit der Weltkriege bis zur demokratischen Republik

*von Ernst Lämmle*

## I. Schwäbisch Gmünd von 1894 bis 1945

### Im Wilhelminischen Deutschland 1894 bis 1914

Paul Möhler, der sein Amt als Stadtschultheiß am 28. Mai 1894 übernahm, wollte aus Gmünd eine moderne Stadt machen; er setzte in dieser Beziehung die Politik seines Vorgängers Untersee fort. Gmünd sollte neben den anderen württembergischen Industriestädten bestehen können. Möhler war ein Mann mit erstaunlichem Weitblick und von großer Tatkraft, ein Praktiker, der sich in 28jähriger Tätigkeit hohes Ansehen in der Bürgerschaft erwerben konnte. Zu Königs Geburtstag 1903 erhielt er die Amtsbezeichnung Oberbürgermeister.

1852 in Gmünd geboren, im monarchischen Obrigkeitsstaat aufgewachsen, geprägt von der Reichsgründung von 1871, fiel der größte Teil seiner Amtszeit in das Wilhelminische Zeitalter. Es ist nach Wilhelm II. benannt; der Kaiser *verfügte über so viel Intelligenz wie jeder andere europäische Herrscher, ja über mehr als die meisten, aber sein Mangel an Selbstdisziplin, seine Ich-Bezogenheit, sein überentwickelter Sinn für theatralische Auftritte und sein fundamentales Mißverständnis der Geschichte verhinderten, daß er einen gedeihlichen Gebrauch von ihr machte.*[1] Zu Ausgang des Jahrhunderts drängte die deutsche Politik, freudig unterstützt vom Kaiser, in zwei Richtungen: nach kolonialer Expansion und nach Seegeltung. Das Verhängnisvolle dieser Politik lag darin, daß sich das Deutsche Reich damit Rußland und England gleichzeitig zum Feind machte, obwohl es schon mit Frankreich als einem erbitterten und unversöhnlichen Gegner zu rechnen hatte. Die politischen Entscheidungen fielen im Wilhelminischen Deutschland in einem nach außen abgeschirmten, jeglicher Kontrolle entzogenen Kreis von Fürsten, Diplomaten, Ministerialbeamten und hohen Militärs. Der Reichstag und damit die Parteien hatten darauf keinen Einfluß. In einen sehr düsteren Zeitpunkt, die große Enttäuschung nach dem Ausgang des Ersten Weltkriegs, fiel Möhlers 25jähriges Amtsjubiläum. Aus diesem Anlaß wurde er am 28. Mai 1919 zum Ehrenbürger der Stadt ernannt. Mit Jahresende 1922 schied er aus dem Amt. Kehren wir zu den Anfängen der Amtszeit von Möhler zurück. Mit dem Bau einer ausreichenden Wasserversorgung hatten sich die Gmünder sehr lange Zeit gelassen. Noch in den achtziger und frühen neunziger Jahren mußte man sich das nötige Wasser für Haushalt oder Geschäft aus den Gemeinschaftsbrunnen, die in Privatbesitz waren, oder aus den beiden städtischen Brunnen auf dem Marktplatz, bzw. an der Stadtpfarrkirche besorgen. Der entscheidende Schritt, um zu einer modernen Wasserversorgung zu kommen, war die Berufung des Ingenieurs Smreker im Februar 1891. Mit Erfolg beschritt Smreker den Weg, den schon ein Gutachten des Staatstechnikers Dr. Ehmann im Jahre 1885 gewiesen hatte:[2] die Wasserversorgung der Stadt aus dem Grundwasser zu bestreiten. Smreker trieb Bohrungen unter dem Buch tiefer in das Erdreich als Ehmann und schlug vor, das Grundwasser in Stollen zu sammeln. Der Bau des Wasserwerks selbst und der Wasserleitungen in der Stadt fiel in die Amtszeit Möhlers. Die zentrale Wasserversorgung der Stadt durch ein Pumpwasserwerk erfolgte ab Januar 1897. Dabei war der Bau der Anlage von einem schweren Explosionsunglück überschattet, einer Dampfkesselexplosion am 30. Oktober 1895, die vier Arbeiter das Leben kostete.[3] Auf lange Sicht konnte die Versorgung durch das eigene Wasser freilich nicht genügen. Als man das Wasserwerk baute, ging man von einem Verbrauch von 70 l je Kopf der Bevölkerung am Tag aus, die erschlossene Jahresmenge betrug 700 000 cbm. Schon vor dem Ersten Weltkrieg mußte der Gemeinderat nach einer weiteren Versorgung Ausschau halten. 1913 schloß die Stadt mit der Landeswasserversorgung, die von Langenau her Wasser für Württemberg lieferte, einen Vertrag über die Lieferung von 63 000 cbm im Jahr,[4] doch dauerte es infolge des Krieges mehr als ein Jahrzehnt, bis der Anschluß an die Leitung, die unterhalb des Rechbergs verläuft, verwirklicht wurde.

Zu einer modernen Stadt gehörten außer einer zeitgemäßen Wasserversorgung auch ein Gas- und ein Elektrizitätswerk. Eine Gasfabrik war in Gmünd ja schon vor Jahrzehnten von privater Seite errichtet worden. Mit der Gesellschaft für Gasbeleuchtung führte die Stadt einen Rechtsstreit, der schließlich dazu führte, daß das ziemlich heruntergewirtschaftete Gaswerk in die Hand der Stadt überführt wurde (1893).[5] Der Bau des Elektrizitätswerks und seine Inbetriebnahme erfolgten im Jahre 1901. Das Werk wurde zunächst von privater Seite durch die Maschinenfabrik Esslingen betrieben: 1911 übernahm es die Stadt. Damit waren alle drei Werke, die heute noch zusammen die Stadtwerke bilden, in der Hand der Stadt.

Es fehlte noch das Stadtbad; doch dieses wurde 1902 nach den Plänen von Baumeister Herkommer gebaut. Für die damalige Zeit war es eine weitblickende Tat; Gmünd ging damit vielen Städten in Württemberg voran. Die nächtliche Dunkelheit in den Straßen verschwand, als 1906 die elektrische Beleuchtung eingeführt wurde. Die Ledergasse wurde ausgebaut, an ihr entlang eine Anlage errichtet; der Mühlbach, der bislang offen durch die Ledergasse floß, überdeckt, ebenfalls der Mühlkanal, der von der Judenmühle her durch die Kornhausstraße und über den Marktplatz führte. Zu einer modernen Stadt gehörte auch der Bau eines Sammelkanals für die Abwässer und eine Kläranlage. Sie wurde im Schwerzergebiet weit unterhalb von St. Katharina angelegt. Diese Kläranlage konnte natürlich schon vor dem Zweiten Weltkrieg den Anforderungen der inzwischen gewachsenen Stadt nicht mehr genügen. Dann kam 1904 eine neue Brücke über den Josefsbach, die heutige Karl-Olga-Brücke. Sie war notwendig, einmal weil die Bebauung nun endgültig in den Westen vorstieß, zum anderen weil die Stadt, um ihre Schulprobleme zu lösen, sich zu einem Neubau für das Realgymnasium im Schwerzergebiet entschlossen hatte; dieser Neubau konnte 1904 bezogen werden. In ihm ist heute das Parler-Gymnasium zu Hause.

Der Ausbau des Reallyzeums zum Realgymnasium, das heißt zur Vollanstalt mit Abitur, ist ein Verdienst des bedeutenden Schulmannes und Heimatforschers Dr. Bruno Klaus.[6] Er amtierte als Rektor bis 1912. Sein Nachfolger wurde Prof. Dr. Pohlhammer. Auch das Lehrerseminar zog aus der Enge der Franziskanergasse hinaus in den Westen, in den Seminar-Neubau an der Lessingstraße.

Ein alter Wunsch der Gmünder Industrie war die Errichtung einer Fachschule für das Edelmetallgewerbe. 1903 wurde Walter Klein zum Leiter der kunstgewerblichen Abteilung an der Gewerbeschule bestimmt, ein Jahr danach erfolgte Abtrennung der neuen Fachschule von der Gewerblichen Fortbildungsschule. Für die Fachschule wurde ein Neubau vorgesehen, der zugleich einen Museumsflügel enthalten sollte für die städtischen Sammlungen. An der Südwestecke der Stadt, nahe dem Südbahnhof, errichtete der junge Architekt Martin Elsässer den markanten Bau der Fachschule, der 1909 bezogen werden konnte.[7] Die Stadt hatte den Bauplatz kostenlos zur Verfügung gestellt und beim Schulgebäude die Hälfte der Kosten übernommen; der Museumsflügel wurde ganz von der Stadt bezahlt. Er blieb auch in der Folgezeit städtisches Eigentum. Die Fachschule trat als eine staatliche Schule ins Leben, doch hatte die Stadt 20 Prozent der jährlichen Betriebskosten zu tragen. Dies blieb so über Jahrzehnte hinweg. Prof. Walter Klein hat dieser Schule den Stempel seiner starken Persönlichkeit aufgedrückt.

Bei der wachsenden Bedeutung der kaufmännischen Berufe wurde an der Gewerbeschule 1903 eine Handelsabteilung errichtet. Aus ihr ging 1909 die Städtische Handelsschule hervor.[8] Wilhelm Schneiderhan war der erste Lehrer dieser Schule. Er hat sie aufgebaut; sie erhielt nach dem Ersten Weltkrieg die Schmalzgrube als Schulgebäude, und in den zwanziger Jahren wurde ihr eine Vollzeitschule angegliedert, die Höhere Handelsschule.

Der Stadtgarten war beinahe das ganze 19. Jahrhundert hindurch in privater Hand.

*99. Einrückende 180er. Vordere Schmiedgasse. Um 1910*

*Umseitig:*
*100. Wochenmarkt um 1900*
*101. Bahnhof Gmünd-Süd, um 1911*

Er hieß erst »Mayers Garten« (nach dem wohlhabenden Salzfaktor Mayer), später gehörte er dem Fabrikanten Gustav Hauber. 1898 konnte ihn die Stadt erwerben. Sie ging dabei die Verpflichtung ein, eine Turnhalle zu errichten. Diese Turn- und Festhalle, 1899 in Betrieb genommen und vor wenigen Jahren abgerissen, ist die Vorgängerin der 1984 eingeweihten Stadthalle. Der Große Saal im Stadtgarten war jahrzehntelang ein politischer und kultureller Mittelpunkt; hier fanden temperamentvolle Auseinandersetzungen bei Oberbürgermeister-, Landtags- und Bundestagswahlen statt, aber auch große Konzerte (wofür er weniger geeignet war) und glanzvolle gesellschaftliche Veranstaltungen, Vereinsbälle und Theateraufführungen.

In den Jahrzehnten vor dem Ersten Weltkrieg, in der sogenannten »guten alten Zeit«, kam es auch zu einigen wichtigen wirtschaftlichen Neugründungen. Im Jahre 1896 wurde die Brillenfabrik Menrad gegründet. Schon einige Jahre früher entstand die Schuhfabrik R. J. Mayer, die Gründung eines Juden aus Mönchsroth. Die Firma errichtete 1912 einen stattlichen Fabrikkomplex zwischen Vorderer Schmiedgasse und Höferlesbach. Verwaltung und Lager der Schuhfabrik wurde das Gebäude an der Schmiedgasse, das heute einen Eingang in das GD-Center bildet und den Obi-Baumarkt enthält. Die Juden waren, nachdem sie einst aus der Reichsstadt vertrieben und jahrhundertelang nicht zugelassen waren, im Zeitalter der Emanzipation nach 1860 in Gmünd zugewandert. Überwiegend kamen sie aus dem früheren Herrschaftsbereich der Grafen bzw. Fürsten von Öttingen-Wallerstein, aus Oberdorf bei Bopfingen und anderen Orten. In Gmünd hatten sie 1890 eine Gemeinde gegründet; ihr führender Kopf war damals der Bankier Hermann Gutmann. Die Gmünder israelitische Gemeinde war dem Rabbinat Oberdorf zugeordnet.[9] Die Gemeinde ist klein geblieben in den rund 50 Jahren ihres Bestehens. Gmünd war nie Sitz eines Rabbiners; ein Religionslehrer, der zugleich als Vorsänger amtierte, leitete zusammen mit den gewählten Vorstehern die Gemeinde. Von Anfang an zeichneten sich die Gmünder Juden durch rege wirtschaftliche Tätigkeit aus. Der schon erwähnte Bankier Gutmann spielte jahrzehntelang mit seinem Bankhaus eine bedeutende Rolle.[10] Doch ging die Bank Gutmann & Söhne im Jahr 1914 in der Württembergischen Vereinsbank auf.

Alfred Meth errichtete zu Anfang dieses Jahrhunderts das erste Kaufhaus in Gmünd in der Bocksgasse in dem Gebäude, das heute die Firma Eisen-Widmann beherbergt. Im Gegenzug zur Gründung von Gewerkschaften — in Gmünd trat vor allem der Metallarbeiterverband hervor — entstand 1906 der Verband der Gmünder Edelmetallindustrie, dem sich auch auswärtige Firmen anschlossen. Dieser Verband spielte in den folgenden Jahrzehnten neben der Vertretung seiner Interessen auch als Tarifpartner eine wichtige Rolle. Schon früher war der Handels- und Gewerbeverein ins Leben getreten (1885), der in den ersten Jahrzehnten seines Bestehens die Lehrlingsprüfungen an der Gewerblichen Fortbildungsschule, später auch die Prüfung der kaufmännischen Lehrlinge übernahm.[11]

Im Jahrzehnt vor dem Ersten Weltkrieg erfolgte der Umbau und die Vergrößerung des Gmünder Hauptbahnhofs. Außerdem wurde das zweite Gleis auf der Remstalstrecke bis Gmünd gebaut, die Fortsetzung in Richtung Aalen erfolgte nach dem Krieg.[12] Es verschwand der schienengleiche Übergang beim Bahnhof in Richtung Taubental – Salvator. Es wurde die Unterführung nach der Salvatorstraße gebaut, längst eine Notwendigkeit. Man trug sich um die Jahrhundertwende noch mit verschiedenen Eisenbahnprojekten. Bereits 1890 lenkte der damalige Bauwerkmeister Paul Möhler, der spätere Stadtschultheiß, die Aufmerksamkeit des Handels- und Gewerbevereins auf die Frage einer Bahnverbindung Gmünd–Göppingen.[13] Es sollte aber noch zwanzig Jahre dauern, bis sie verwirklicht wurde. Schließlich nahmen die beiden Städte Gmünd und Göppingen die Bearbeitung des Bahnprojekts selbst in die Hand. 1905 bewilligte die Abgeordnetenkammer eine erste Rate von 600 000 Mark für den Bahnbau. Dieser begegnete erheblichen Schwierigkeiten wegen wiederholter Rutschungen im Gebiet des Knollenmergels am Straßdorfer Berg und unterhalb von Wäschenbeuren, was zu großen Kostenüberschreitungen führte. Die Teilstrecke Gmünd–Wäschenbeuren wurde am 16. Juni 1911 eröffnet. Am 20. August 1911 fand deshalb ein großes Fest in Wäschenbeuren statt. Der »Gmünder Nazeonaldichter« Hans Abele, genannt »Kupferhannes«, würzte das Fest mit seinen Versen.[14] Die ganze Bahnlinie wurde am 14. Mai 1912 in Anwesenheit des Ministerpräsidenten und Verkehrsministers von Weizsäcker eröffnet.

Eine lebhafte Agitation fand um die Jahrhundertwende für eine Bahnverbindung Gmünd–Welzheim–Backnang statt. Sie kam bekanntlich nicht zustande, der Trend bei den beteiligten Gemeinden ging damals schon mehr in Richtung Stuttgart, und so kam es statt dessen zu einem Bahnbau Schorndorf–Rudersberg–Welzheim. Auch eine Verbindung Gmünd–Heubach wurde ventiliert. Sie kam indirekt zustande durch den Bau der Nebenbahn Unterböbingen–Heubach (1920); diese Strecke ist bereits wieder stillgelegt.

Um die Verbesserung der Verkehrsverbindungen von und nach Gmünd bemühte sich bereits vor dem Ersten Weltkrieg Schuhfabrikant David Mayer; er hieß deshalb nur der »Eisenbahn-Mayer«. Nach dem Ausbau der Remstalbahn war die Verbesserung der Postverhältnisse dringend. Auf eine Eingabe der Stadt entschloß sich die Post zu einem Neubau am Bahnhof (Postamt 1, 1911). Für die Verkehrserschließung des Gmünder Raums war die Eröffnung einer Kraftwagenlinie Gmünd–Gschwend–Gaildorf (1912) wichtig.[15] Bei den im folgenden Jahr eröffneten Linien Gmünd–Eschach–Frickenhofen, bzw. Gmünd–Donzdorf–Süßen beteiligte sich die Stadt mit Zuschüssen. Beide Linien mußten dann im Krieg eingestellt werden.

Zur Verbesserung der Verhältnisse auf dem Wohnungsmarkt wurde von Arbeiterseite der Spar- und Bauverein gegründet (1902). Die Stadt überließ dem Verein Baugelände an der Rappenstraße, wo dieser fünf größere Wohnbauten mit preisgünstigen Mieten erstellte.[16] Dies ist der Anfang des genossenschaftlichen Wohnungsbaus in Gmünd. Führende Persönlichkeiten beim Bauverein in den ersten Jahrzehnten waren Jakob Wenzelburger und Christian Zehnder.

Bei den Reichstagswahlen bildete der Gmünder Bezirk zusammen mit den Oberamtsbezirken Göppingen, Schorndorf und Welzheim einen Wahlkreis. Da in der damaligen Zeit die konfessionelle Struktur ausschlaggebend war, hatte in diesem Wahlkreis ein Katholik keine Chance, und die Kandidaten des Zentrums waren in aller Regel Katholiken. So fiel das Mandat jeweils an einen Nationalliberalen; ein solcher wurde 1898 noch mit knapper Mehrheit gewählt. 1903 dagegen fiel das Mandat bereits an einen Sozialdemokraten. Anders bei den Landtagswahlen. Hier stellte der Oberamtsbezirk Gmünd allein einen Abgeordneten, und so fiel das Mandat schon in den neunziger Jahren an das Zentrum. Oberbürgermeister Möhler wurde 1919 noch für kurze Zeit Landtagsabgeordneter, auch sein Vorgänger Untersee hatte dem Landtag angehört.

Auf den kunstsinnigen Anton Pfitzer folgte Adolf Saile als Stadtpfarrer bei Heilig Kreuz (1893). Es gab auch um die Jahrhundertwende nur eine katholische Gemeinde in Gmünd, 1905 zählte sie 14 000 Seelen. Man mußte an eine Teilung denken. Sie erfolgte 1909 durch die Errichtung der Stadtpfarrei St. Franziskus; der Marktplatz wurde zur Trennungslinie zwischen den beiden Gemeinden. Erster Pfarrer an der neuen Pfarrei wurde Karl Ummenhofer, der schon etliche Jahre als Kaplan in Gmünd weilte. 1914 trat Dekan Saile in den Ruhestand. Ummenhofer wurde sein Nachfolger bei Hl. Kreuz und als Dekan. Aus der Amtszeit Sailes ist noch zu notieren, daß er den Neubau des Katholischen Vereinshauses zielbewußt vorantrieb. 1893 konnte er den »Vatikan«, wie der Gebäudekomplex bald hieß, als Mittelpunkt des außerkirchlichen Gemeindelebens einweihen. In den fünfziger Jahren erfuhr er eine durchgreifende Erneuerung; er heißt heute »Pelikan« und ist seit geraumer Zeit nicht mehr im Besitz der katholischen Gesamtgemeinde. Den Erfordernissen der Zeit gegenüber aufgeschlossen und rührig, ist unter Saile auch St. Elisabeth geschaffen worden als Schwesternstation für die ambulante Krankenpflege in der Stadt. Das Marienheim wurde von dem damaligen Kaplan Ummenhofer im Jahrzehnt vor dem Ersten Weltkrieg gegründet. Es erwies sich in der Folgezeit als eine wichtige sozial-karitative Einrichtung. Hier konnten berufstätige Mütter ihre Kinder in der Frühe abgeben und am Abend wieder abholen. Namentlich in den beiden Weltkriegen war das Heim von großer Bedeutung; hier wurden auch nach 1945 die »Besatzungskinder« aufgezogen. Ökumenische Kontakte gab es auch im vorigen Jahrhundert. Sie kamen zum Ausdruck bei der Einweihung des Evangelischen Vereinshauses am 31. Januar 1892. Damals wirkte Stadtpfarrer Abel bereits elf Jahre als Seelsorger der evangelischen Gemeinde. Er sprach bei diesem Anlaß das schöne Wort, sein katholischer Kollege Pfitzer sei ihm vom ersten Tag an ein väterlicher Freund gewesen.[17] Abel war eine markante Persönlichkeit, ein großer Freund der Kirchenmusik. Bedeutsam für die evangelische Gemeinde wurde, wenn sie auch nicht unmittelbar daran beteiligt war, das »Christliche Erholungsheim Schönblick« über dem Taubental, zu dem die Stadt zwölf Morgen Wald abgetreten hatte.[18]

Zwei aus Gmünd stammende Künstler, die draußen viel Anerkennung gefunden haben, der eine früh, der andere wesentlich später, seien hier wenigstens genannt: der Bildhauer Wilhelm Widemann (1856–1915) und der »Eisenbahnmaler« Hermann Pleuer (1863–1911).

## Die Zeit der Weltkriege und des Nationalsozialismus 1914 bis 1945

### Im Ersten Weltkrieg 1914 bis 1918

Schwäbisch Gmünd war im 19. wie im 20. Jahrhundert eine Garnisonstadt. Zunächst lagen zeitweise Artillerieabteilungen in der Stadt, die in den Sommermonaten hierher kamen zum Scharfschießen im Schießtal. Untergebracht waren die Soldaten in der »Alten Kaserne«, dem heutigen Prediger. Seit 1868 war in Gmünd ein Bataillon Infanterie stationiert. 1911/12 wurde im Osten der Stadt, an der Buch- und Bismarckstraße, ein neues Kasernenviertel erstellt: die Bismarckkaserne. In sie zogen Teile des Infanterieregiments 180 ein: das II. und III. Bataillon sowie eine MG-Kompanie. Dieses Regiment war auf die Standorte Tübingen und Gmünd verteilt. Die beiden Bataillone rückten in der Nacht vom 7. auf 8. August 1914 ins Feld. Bereits nach wenigen Wochen wurden sie in den Vogesen in schwere Kämpfe verwickelt und erlitten erhebliche Verluste.[19] So fing der Krieg, dessen Einzelheiten wir hier nicht schildern können, für die Gmünder Garnison mit voller Härte an. Im weiteren Verlauf des Weltkriegs befanden sich die 180er, bei denen viele Gmünder dienten, bei dem hart umkämpften Thiepval, später im Abschnitt von Serre.

Auch in Gmünd ging die patriotische Stimmung und die Begeisterung beim Kriegsausbruch 1914 hoch. Nach den ersten Erfolgen, der Einnahme Lüttichs zum Beispiel, herrschte großer Jubel.[20] Die Häuser wurden beflaggt. Ende August folgte Sieg auf Sieg. Große Opferfreudigkeit zeichnete weite Kreise der Bevölkerung aus. Zwei Millionen Freiwillige wurden im Reich gezählt. Es trafen die ersten Kriegsgefangenen hier ein, aber auch viele Verwundete. Lazarette wurden eingerichtet. Zum Garnisonlazarett (heute Landwirtschaftsschule) kamen noch zwei Reservelazarette, die in den hiesigen Kasernen, aber auch in der Turn- und Festhalle im Stadtgarten, im Saal des Katholischen Vereinshauses, in der Turnhalle des Realgymnasiums, in St. Josef, St. Loreto und in St. Ludwig eingerichtet wurden.[21] Insgesamt waren in diesen Lazaretten während des Krieges etwa 11 000 deutsche und 600 französische Verwundete untergebracht. 82 Lazarettzüge liefen während des Krieges in Gmünd ein. Das Ausladen der Verwundeten und Kranken, ihr Transport in eines der Lazarette bzw. in das Spital, war Sache der Sanitätskolonne. Das Rote Kreuz entfaltete unter seinem Leiter, dem Kaufmann Hermann Hirzel, eine vielseitige Tätigkeit. Die Ärzte Dr. Schütz, Dr. Jetter, Dr. Langes und Dr. Oechsle bildeten gleich zu Beginn des Krieges 200 Frauen und Mädchen in der Krankenpflege aus.[22] Neben den Schwestern pflegten Rotkreuzhelferinnen die Verwundeten. Zu Weihnachten versandte das Rote Kreuz Pakete an jeden im Feld stehenden Soldaten des Gmünder Bezirks. Außerdem entfaltete es eine umfangreiche Sammeltätigkeit. Außer Geld wurden Kleidungsstücke, Wäsche, Stärkungsmittel und Verbandsmaterial gesammelt.

Eine wichtige Einrichtung wurde an der Gewerbeschule und in ihren Werkstätten geschaffen: die Verwundetenschule.[23] Sie diente der beruflichen Weiterbildung bzw. der Umschulung der Kriegsinvaliden; viele verdanken ihr die Hinleitung zu neuen Berufen. Rektor Vincon von der Gewerbeschule leitete diese Schule mit großer Umsicht.

Bei Kriegsausbruch schlossen die Betriebe der Gmünder Edelmetallindustrie zunächst. Ein Teil der Arbeiter fand bei Notstandsarbeiten Verwendung: Sie führten Grabarbeiten für die Kanalisation in verschiedenen Straßen aus, bauten Waldwege und halfen den Bauern, die Ernte einzubringen. Zeitweise gab es über 600 Notstandsarbeiter.[24] Doch ging die Beschäftigungslosigkeit bei den meisten bald zu Ende. Bei der größten Silberwarenfabrik der Stadt, Wilhelm Binder — die Firma zählte vor dem Krieg 460 Beschäftigte —, sah die Entwicklung dann folgendermaßen aus: Der Betrieb schloß, nachdem 77 Mitarbeiter den Gestellungsbefehl erhalten hatten und zehn freiwillig eingerückt waren.[25] Ein Teil der Arbeiter fand in Rüstungsbetrieben auswärts Beschäftigung, das Fabrikauto wurde für den Verwundetentransport zur Verfügung gestellt. Anfang Oktober 1914 ließ man den Betrieb in kleinem Umfang wieder anlaufen, es wurden Reparaturen erledigt und Kriegsandenken hergestellt. Als man mit einer raschen Beendigung des Krieges nicht mehr rechnen konnte, erfolgte die Umstellung auf Rüstungsgüter. Binder stellte nun Helmspitzen und Zündladungskapseln her, später Schlagbolzenhülsen und Fettbüchsen. Im Gegensatz zu anderen Städten stand man in Gmünd den Heereslieferungen anfangs mit einer gewissen Reserve gegenüber. Karl Boss, einer der Teilhaber von Wilhelm Binder, nahm die Sache in die Hand, und so stellten auch andere größere Silberwarenfabriken auf Rüstungsproduktion um. Mit einem Auftrag zur Lieferung von 2,5 Millionen Handgranaten kam man groß ins Geschäft. Binder übernahm das Risiko und die Organisation, Boss leitete die Sache. Auch Oberbürgermeister Möhler bemühte sich um Heeresaufträge für die Gmünder Industrie.[26]

Wie es 1916 bei der Gmünder Hauptindustrie aussah, darüber vermerkt Georg Stütz folgendes: »Gelichtete Warenlager, dringende Nachfrage, von lästigem Druck befreite Preise und Mangel an Arbeitern sind die Hauptmerkmale der neuen Lage.« Von den übrigen Branchen berichtet er: »Die Zigarrenfabriken, Eisengießereien, Maschinenfabriken, Sägereien und Gärtnereien sind gut beschäftigt, weniger dagegen Handwerksbetriebe.«[27] In Betrieben, die der Rüstung dienten, verdienten Facharbeiter täglich bis zu 9 Mark (1916). Reichliche Beschäftigung für Frauen bot die Notstandsnäherei. Sie beschäftigte 1917 mehr als 200 Frauen und Mädchen. Angefertigt wurden Sandsäcke, Drillichhosen und Jacken, Hemden und Unterhosen. Frau Wilhelmine Keppler hatte die Leitung dieser Einrichtung.[28]

1918 machte sich der Rohstoffmangel stark bemerkbar. Auch die Einschränkungen im Gasverbrauch hemmten die Produktion. Die Gmünder Edelmetallindustrie hatte genügend Aufträge und konnte mit Lieferungen in das neutrale Ausland die Devisenbilanz der Reichsbank verbessern.[29] Gegen Kriegsende nahm der Tauschhandel immer krassere Formen an. Sachwertbesitzer konnten begehrte Güter noch erhalten, andere dagegen nicht. Das Lohnniveau der Arbeiter und Angestellten, aber auch die Gehälter der meisten Beamten, lagen bei Kriegsausbruch noch sehr niedrig. Die fortgesetzten Preissteigerungen, auch bei den wichtigen Lebensmitteln, sowie die schleichende Geldentwertung zwangen wiederholt zu Lohn- und Gehaltserhöhungen. So erhielten die städtischen Arbeiter ab 1. April 1917 eine weitere Zulage von 12 Mark im Monat, dazu kam im Dezember 1917 eine tägliche Erhöhung von 70 Pfennig. Die Unterbeamten und Angestellten bekamen für das Rechnungsjahr 1917 eine Kriegsbeihilfe von 200 Mark, die Beamten eine solche von 300 Mark, die als Ausgleich für Mehrarbeit gezahlt wurde.[30]

Der Stadtverwaltung wuchsen durch den Krieg große und wichtige Aufgaben zu. Erwähnt wurden schon die Notstandsarbeiten, um beschäftigungslose Menschen wieder in Arbeit und Brot zu bringen. Dazu kam eine Fülle von Aufgaben in der Lebensmittelversorgung, die Durchführung der Familienunterstützung für die Familien der Ausmarschierten, die Einführung und Überwachung von Höchstpreisen und vieles andere. Verfolgen wir kurz die Entwicklung der Lebensmittelpreise während des Krieges. Im August 1914 kostete ein Pfund Rindfleisch 85 Pfennig, Kalbfleisch 90 Pfennig, Schweinefleisch 70 bis 80 Pfennig, ein Pfund Butter 1,20 Mark, 1 kg Weißbrot 28 Pfennig, Schwarzbrot 26 Pfennig, 1 Ei 7 Pfennig.[31] Nachdem die Mehlpreise um 40 Prozent erhöht wurden, stiegen die Brotpreise ab 1. September 1914 beträchtlich. Für Milch legte der Gemeinderat einen Höchstpreis von 18 Pfennig pro Liter fest. Bald kündigte sich das »Kriegsbrot« an: Weizenbrot mußte mit mindestens 10 Prozent Roggenmehl gemischt sein, Roggenbrot wenigstens 5 Prozent Kartoffelzusatz haben.[32] Ein Laib mit 1500 g kostete 52 Pfennig. Am 1. Februar 1915 wurden angesichts der Knappheit der Lebensmittel in allen Geschäften und Haushalten die Getreide- und Mehlbestände aufgenommen. Milchbrot, Hörnchen und gerissene Wecken durften ab 8. Februar 1915 nicht mehr hergestellt werden. Am 26. Juni 1915 kostete ein Pfund Rindfleisch bereits 1,20 Mark, Kalbfleisch 1,40 Mark, Schweinefleisch 1,50 Mark, ein Pfund Butter 1,60 Mark, das Ei 14 Pfennig.[33] Manche befürchteten eine Hungersnot und hamsterten Vorräte. Ein Teil der wohlhabenden Bevölkerung speicherte Lebensmittel und zahlte jeden Preis. Die Vettern auf dem Land standen nun plötzlich hoch im Kurs. Man besuchte sie und versuchte, ein paar Pfund Mehl, Eier und Butter zu erstehen. Je länger der Krieg dauerte, desto mehr wurde das Hamstern üblich. Bald hieß es, jeder muß wohl oder übel hamstern, weil die zugeteilten Rationen für den Lebensunterhalt einfach nicht ausreichten. Ein Problem dabei war stets die Heimbeförderung der schwer erlangten Lebensmittel, damit man vom Landjäger nicht erwischt wurde. Angesichts der Not der ärmeren Bevölkerung ergriff die Stadt die Initiative. Sie kaufte im Herbst 1914 mehrmals ganze Eisenbahnwagen mit Kartoffeln und verkaufte sie zum Selbstkostenpreis, später auch Reis. Im Oktober 1915 ging die Stadt dazu über, Rinder und Schweine aufzukaufen, selbst zu schlachten und das Fleisch zu ermäßigten Preisen an minderbemittelte Einwohner abzugeben.[34] Der Nahrungsmittelbezug durch die Stadt nahm 1916 noch größeren Umfang an. Die Stadt besorgte und verkaufte jetzt außer Kraut, Kartoffeln und Bodenkohlraben auch Mostobst, Wurst, Butter, Kondensmilch, Eier, Zucker, Grieß, Graupen, Bohnen und Erbsen.[35] Im Unteren Stadtgarten wurden Kartoffelmieten angelegt. Ohne Lebensmittelmarken gab es nur noch Gemüse, Obst und Fische, Seefische allerdings nur selten. Ab 1. August 1916 wurden auch Kleiderstoffe nur gegen Karten abgegeben. Die Bewirtschaftung war nahezu total.

Eine wertvolle Hilfe für die unteren Schichten waren die Kinderküchen, die von den Kirchen im Marienheim bzw. im Evangelischen Vereinshaus eingerichtet wurden. Kinder, deren Väter im Felde standen, erhielten hier unentgeltlich ein kräftiges Mittagessen. Die Kosten wurden von den Kirchen durch Spenden aufgebracht. In diesen Kinderküchen wurden täglich etwa 200 Kinder versorgt.[36]

1916 konnte sich fast niemand mehr satt essen. Am härtesten wirkte der Brotmangel. Ungenügend war auch die Versorgung mit Eiern und Fetten. Ohne Fleisch- und Brotmarken erhielt man in den Gasthäusern nichts mehr. Hin und wieder war auch an Fleischtagen in der ganzen Stadt weder Fleisch noch Wurst zu bekommen. Die meisten Leute aßen das Kraut ohne Fett, Salat ohne Öl. Zur Gewinnung von Speiseöl pflanzte man Sonnenblumen an. 1916 nahm die Stadt die Kartoffelversorgung in die Hand. Der Höchstpreis für den Zentner betrug für Minderbemittelte 4,50 Mark, sonst 5,50 Mark.

Das Leben war 1916/17 schon sehr bescheiden geworden, was die Nahrungs- und Genußmittel anbelangt. Zum Frühstück gab es Malzkaffee, oft ohne Zucker. Bohnenkaffee war ein seltener Genuß und sehr teuer. Als Mittagessen gab es kaum Mehlspeisen, es fehlte an Mehl und Fett. Die Fleischrationen ermöglichten nur kärgliche Portionen. Man mußte sich fast durchweg mit Rindfleisch begnügen.[37] Schlimm war der Winter von 1916/17, der »Steckrübenwinter«. Die Kartoffeln waren im März 1917 fast in jedem Haus aufgebraucht. Es gab bei der Stadt Bodenkohlraben zu mäßigen Preisen. So hatte man eben mehrmals in der Woche Kohlraben als Mittagessen. »Und wenn sie nichts mehr haben, so essen sie Kohlraben.«[38] Das Brot mit Kartoffelzusatz schmeckte oft talgig. Käse fehlte wochenlang. Auf eine Buttermarke erhielt man anfangs 125 g, später 75 g und im Januar 1917 noch ganze 25 g Butter. Die Stadt verpachtete Gelände zur Anlage von Kleingärten. Von April bis Anfang August 1917 gab es reichlicher Fleisch; man mußte damals in Deutschland den Viehbestand vermindern. Jedermann erhielt eine wöchentliche Zulage von 250 g Fleisch.[39] Um eine gleichmäßige Lieferung mit Fleisch und Wurst zu erreichen, konnte man nur noch bei dem Metzger einkaufen, in dessen Kundenliste man eingetragen war. Im Herbst 1917 wies das Land jedem Einwohner 3,5 Zentner Kartoffeln zu. Ein beträchtlicher Teil davon ging zugrunde, entweder weil die Kartoffeln zu früh geerntet worden waren oder wegen Mängel in der Lagerung.[40] Hier zeigten sich die Schattenseiten der Kriegswirtschaft. In den Gaststätten gab es nur noch »Dünnbier«. Die Milchanlieferung blieb auch 1917 ein Schmerzenskind der Stadt, wie der Oberbürgermeister in seinem Jahresbericht feststellte;[41] es war bis dahin nicht gelungen, der Bevölkerung die ihr zustehende geringe Menge zuzuführen. Im Dezember 1917 wurde im Stadtbad eine Kriegsküche eingerichtet. Eine Wochenkarte kostete 3,60 Mark. Das Essen bestand aus Suppe und Gemüse, wozu zweimal in der Woche 75 g Fleisch kamen.[42] Jeder konnte dieses Essen beziehen. Doch bald zeigte sich, daß für diese Art der Verpflegung kein großes Bedürfnis bestand; sie wurde deshalb im März 1918 wieder eingestellt.

Die Preise zeigten im letzten Kriegsjahr 1918 ein weiteres Ansteigen. Ein Ei kostete jetzt 30 Pfennig, 1 Pfund Butter 3 Mark, 1 Liter Milch 33 Pfennig.[43] Die Ernährungslage war im ersten Halbjahr 1918 besser als im Vorjahr. Bis 15. Juni gab es auf den Kopf der versorgungsberechtigten Bevölkerung täglich 200 g Mehl oder Brot, dann allerdings folgte, weil die erhofften Zufuhren aus der Ukraine ausblieben, eine Herabsetzung auf 160 g. Zu Beginn des neuen Wirtschaftsjahres im August 1918 wurde

die Tagesmenge dann wieder auf 200 g heraufgesetzt, doch wurde jetzt die Fleisch-
zuteilung nach der Verminderung der Viehbestände drastisch gesenkt. Erwachsene
erhielten noch 150 g Fleisch pro Woche, dazu wurden fleischlose Wochen eingeführt, die nach Rückkehr der Feldtruppen wegfielen.[44] Die Stadt und Wetzgau richteten im Herbst 1918 Pferdeschlächtereien ein, man riß sich um das früher verschmähte Pferdefleisch, da es billiger war und markenfrei abgegeben wurde. Das
Ährenlesen nahm 1918 großen Umfang an.

In der Arbeiterschaft wuchs im Sommer 1918 die Unzufriedenheit über die Ernährungslage. Bemängelt wurde besonders, daß vor der fleischlosen Woche nicht rechtzeitig für Ersatz gesorgt wurde. Angekündigt waren als Ersatz 185 g Weizenmehl
und Kartoffeln. Beides traf aber nicht ein. Der Gemeinderat beschloß, wegen der
unhaltbaren Zustände beim Oberamt vorstellig zu werden.[45] Am 6. September fand
im »Bären« eine Arbeiterversammlung statt wegen der unzureichenden Lebensmittelversorgung. Stadtrat Zehnder prangerte dabei die Zustände in der Brot- und
Gemüseversorgung an. Direktor Braun vom Konsumverein teilte mit, den Kommu-
nalverband treffe keine Schuld an der schlechten Versorgungslage. Hätte nicht eine
hiesige Mühle mit 30 Sack Mehl ausgeholfen, so würden die Gmünder ihre 185 g
Mehl wiederum nicht bekommen haben.[46] Die Versammlung faßte zwei Entschlie-
ßungen, die an den Oberbürgermeister gingen. Darin protestierte die Versammlung
gegen die völlig unzulängliche Lebensmittelversorgung. *In der Zeit vom 18. bis 23.*
*August erhielten die Arbeiter kein Mehl, keine Kartoffeln und kein Fleisch, kurz:*
*überhaupt nichts. Vom 23. bis 28. August wurden nur wenige Pfund Kartoffeln und*
*185 g Mehl zugeteilt. Seit 28. August bis heute (6. 9.) ist wieder kein Mehl vorhanden.*
*Daß von solch einer geringen Menge Lebensmittel niemand leben kann, wird wohl*
*jedem klar sein.* Eine weitere Quelle der Unruhe unter der Arbeiterschaft war die
Lohnfrage. Von ihr handelte die zweite Entschließung. Die Versammlung erwartete
von den Arbeitgebern, daß die Löhne *wenigstens halbwegs in Einklang mit den Prei-*
*sen für Lebensmittel, Kleider, Schuhe usw. gebracht werden.*[47] Angesichts der Unzufriedenheit, die in Arbeiterkreisen herrschte, kam es im Herbst 1918 mehrmals zu
gemeinsamen Versammlungen der christlichen und der freien Gewerkschaften, ein
seltenes Ereignis, da sich die beiden Organisationen sonst heftig befehdeten. Auf
einer solchen Versammlung berichtete der Bezirksleiter des Deutschen Metallarbeiterverbands Vorhölzer, die Löhne schwankten derzeit bei männlichen Arbeitern
zwischen 80 Pfennig und 1,32 Mark, bei weiblichen zwischen 25 und 56 Pfennig.
Vorhölzer forderte als Mindestlohn für Gmünd 1,05 Mark.[48] Da die Arbeitgeber sich
zunächst ablehnend verhielten, kam die Sache vor den Schlichtungsausschuß. Dort
einigte man sich mit 25 Firmen der Edelmetallindustrie. Danach sollten die Stundenlöhne für gelernte Arbeiter über 21 Jahre nicht unter 1,20 Mark liegen, für Arbeiter

unter 21 Jahren nicht unter 90 Pfennig bis 1 Mark. Hilfsarbeiter über 21 Jahre erhielten jetzt 80 bis 90 Pfennig, gelernte und angelernte Arbeiterinnen 60 bis 70 Pfennig. Diese Löhne galten als Mindestlöhne. Im Akkord konnten mindestens 20 Prozent mehr verdient werden.[49] Sehr knapp wurden gegen Kriegsende Textilien; Stoffe waren fast unerschwinglich und von schlechter Qualität. Besonders rar war der Faden. Eine Rolle Faden war den Bäuerinnen das liebste Tauschmittel gegen Lebensmittel.

Für die Familien der eingerückten Soldaten war 1914 bis 1918 besser gesorgt als im Krieg von 1870. Es gab für sie eine Unterstützung vom Reich, die allerdings bescheiden war, außerdem in der Regel Beihilfen vom Arbeitgeber, vom Roten Kreuz und aus privaten Spenden. Von der Stadt wurden an Familien zur Fahne einberufener Männer 1914 Barunterstützungen gezahlt. Außerdem gewährte die Stadt Beiträge zum Hauszins und zu fälligen Schuldzinsen. Daneben gab es Beihilfen zum Bezug von Lebensmitteln und Brennstoffen. Solche Unterstützungen wurden Ende 1915 an 714 Familien mit 2327 Personen gegeben.

In der Zeit des Ersten Weltkriegs gab es noch keine gesetzliche Arbeitslosenversicherung. Die Stadt mußte sehen, wie sie mit dem Problem fertig wurde. Angesichts der hohen Arbeitslosigkeit zu Kriegsbeginn beschloß der Gemeinderat bereits 1914 eine Kriegsarbeitslosenfürsorge mit bescheidenen Tagessätzen.[50] Ende 1915 bezogen 181 Personen von der Stadt Arbeitslosenunterstützung, 1916 waren es wesentlich weniger, ihre Zahl stieg 1918 wieder an. Zur Unterstützung der Kriegerwaisen und besonders zur Förderung ihrer beruflichen Ausbildung wurde 1918 eine Kriegspatenschaft eingerichtet. Der Handels- und Gewerbeverein übernahm bei einer Anzahl von Handwerkerlehrlingen die Patenschaft. Bezirksvertreter für diese Angelegenheiten war Dekan Karl Ummenhofer.[51]

Zur vormilitärischen Ausbildung der 16- bis 18jährigen wurde während des Krieges die Jugendwehr gegründet. Das Bezirkskommando rief ehemalige Offiziere und Unteroffiziere, aber auch Lehrer zur freiwilligen Meldung als Ausbilder auf. Bald meldeten sich über 200 Jugendliche. Man übte auf der Mutlanger Heide oder im freien Gelände.[52]

Beim Zeichnen von Kriegsanleihen taten sich auch die Gmünder hervor. Mit Kriegsanleihen wurde ja in der Hauptsache der Krieg finanziert. Bei der ersten Anleihe wurden im Reich 4,5 Milliarden Mark gezeichnet, Gmünd brachte es dabei auf 1 350 000 Mark.[53] Auch die Schüler der verschiedenen Schulen wurden zur Kriegsanleihe herangezogen, sogar Volksschüler der unteren Klassen. Sie brachten Beträge von 1 bis 5 Mark und auch größere auf. Die Schüler des Realgymnasiums zeichneten bei der vierten Kriegsanleihe den Betrag von 41 020 Mark.[54] Die Kirchen wurden, was heute niemand mehr gutheißen würde, für die Propaganda eingespannt: Bei der

sechsten Kriegsanleihe 1917 wurde mittags von 12.00 bis 12.30 Uhr mit allen Glokken geläutet, um die Bevölkerung an ihre vaterländische Pflicht zu erinnern.[55] Bei
der siebten Anleihe wurde von den Kanzeln auf die Bedeutung der Anleihe hingewiesen.

Im März 1917 wurden alle zwischen dem 1. Juli 1857 und dem 31. Dezember 1869
geborenen, nicht mehr landsturmpflichtigen Männer, soweit sie von ihrer Arbeits-
stätte abkömmlich waren, für den »Vaterländischen Hilfsdienst« registriert. Es sollten durch das entsprechende Gesetz Arbeitskräfte für die Kriegsindustrie und für
Wachen bereitgestellt werden. Schon früh begannen die verschiedenen Sammlungen
bzw. Beschlagnahmungen. Es erging die Aufforderung, Goldmünzen abzugeben
und gegen Papiergeld umzutauschen. Auch hier wurden die Schüler des Realgymnasiums aktiv.[56] Später wurde auf dem Rathaus eine Ankaufsstelle für Gold, Platin und
Juwelen eingerichtet. 1916 waren die Goldmünzen gänzlich aus dem Verkehr verschwunden. Unaufhörlich sank der Geldwert. Die Entwicklung des für Gmünd so
wichtigen Silberpreises zeigte dies deutlich. Ein Kilogramm Silber kostete im Sommer 1914 68 Mark, im Januar 1916 90 Mark. Er kletterte bis Dezember 1916 bereits
auf 180 Mark und betrug am 30. Juni 1919 515 Mark.[57] Bei Kupfer, Messing und
Nickel versuchte man es zunächst mit freiwilliger Ablieferung; ihr wurde in solchem
Umfang entsprochen, daß ein weiterer Ablieferungstag angesetzt werden mußte.
Von verschiedenen Gebäuden, so bei der Hauptpost und bei der Reichsbank-Filiale,
wurde die kupferne Bedachung abgenommen. Schließlich wurden sämtliche Gum-
mibereifungen an Kraftfahrzeugen beschlagnahmt. Auf die vielen anderen Sammlungen zu Futter- und Ernährungszwecken, von der Sammlung von Eicheln 1914 bis
hin zur Laub-, Heu- und Nesselsammlung 1918 gehen wir hier nicht weiter ein. Die
verschiedenen Sammelaktionen wurden 1918 im »Schwabendienst« vereinigt, dessen
Leitung für Stadt und Bezirk Gmünd Reallehrer Karl Butz übernahm.[58]
Schon in den Nöten des Weltkriegs trat immer wieder eine Frau in Erscheinung, die
sehr viel praktischen Sinn besaß und von ungewöhnlicher Tatkraft war. Es ist Frau
Wilhelmine Keppler, eine Deutsch-Amerikanerin, die Gattin des Gymnasialprofes-
sors Keppler, der ein Bruder des Rottenburger Bischofs Paul Wilhelm von Keppler
war. Sie organisierte Arbeit für Frauen und Mädchen im Krieg in der Notstandsnäherei, der eine Flickwerkstatt angeschlossen war; sie richtete eine Nähstube für
schulentlassene Mädchen ein und war auch bei der Einrichtung der Kinderküchen
tätig. Als der Katholische Frauenbund in Gmünd ins Leben trat (1917), übernahm
sie den Vorsitz. Auf sie gehen in Gmünd zwei Einrichtungen zurück, deren Gründung in das letzte Kriegsjahr fiel und die heute noch bestehen: das Margaritenhospital als Krankenhaus für Frauen und Kleinkinder, das als Säuglingsheim ins Leben
trat, und das Kindergärtnerinnenseminar bei St. Loreto. Für beide Einrichtungen

konnte sie die Mitarbeit der Untermarchtaler Schwestern gewinnen; diese übernahmen dann beide Einrichtungen. Der Frauenbund richtete auch einen Kinderhort ein. Die Einrichtung des Säuglingsheims war für den Gmünder Bezirk eine dringende Notwendigkeit, da hier die Säuglingssterblichkeit besonders hoch war. Der Landesausschuß für Säuglings- und Kleinkinderschutz, dem Frau Keppler angehörte, trieb 1918 die Errichtung solcher Heime in verschiedenen Städten voran und leitete dafür Geldsammlungen ein.[59] König Wilhelm stellte aus den anläßlich seines 70. Geburtstags gesammelten Geldern 5000 Mark für das in Gmünd zu errichtende Säuglingsheim zur Verfügung. Auch der oberschwäbische Adel beteiligte sich an der Spendenaktion, die Frau Keppler mit großem Nachdruck betrieb.[60] Im November 1918 wurde dann die Zigarrenfabrik Endreß an der Weißensteiner Straße für diesen Zweck erworben.[61] Da an der ehemaligen Fabrik Umbauten notwendig waren, verzögerte sich die Eröffnung des Heims, das den Namen Margaritenheim und später Margaritenhospital erhielt. In einer Eingabe an die Stadt teilte Frau Keppler am 10. April 1918 mit, daß in Gmünd auf Initiative des Katholischen Frauenbunds ein Kindergärtnerinnenseminar (System Froebel) eingerichtet werden solle, und zwar zur Ausbildung von Kindergärtnerinnen, Kinderpflegerinnen und Jugendleiterinnen. Sie trat an die Stadt heran mit der Bitte um Überlassung von Räumen für das Seminar, da das dafür vorgesehene Haus St. Paul im Garten von St. Loreto noch für ein Lazarett in Beschlag genommen war.[62] Die Eröffnung fand am 16. Oktober 1918 im Marienheim statt.

## Weltkriegsende und Revolution

Die Parteien machten während des Krieges wenig von sich reden. Sie hielten sich in der Hauptsache an den 1914 geschlossenen Burgfrieden. Eine Ausnahme davon machte der linke Flügel in der Sozialdemokratie, radikale Sozialisten und erbitterte Kriegsgegner wie Rosa Luxemburg, Karl Liebknecht und andere. Sie brachten wiederholt Flugblätter heraus, die auch in Gmünd verbreitet wurden. Während des Krieges kam es zur Spaltung der SPD; von der Partei trennten sich die »Unabhängigen« (Unabhängige Sozialdemokratische Partei, USPD). Die der Partei treu gebliebenen Genossen wurden »Mehrheitssozialisten« genannt. Im Lande waren es Hoschka und Crispien, die auf der Linie der Linksradikalen agitierten. Auch in Gmünd fand diese Gruppierung Anhänger; unter ihnen ist vor allem Gustav Lachenmaier zu nennen. Lachenmaier war Ortsvorsitzender der USPD in Gmünd; er setzte sich als Mitglied des Bürgerausschusses lebhaft für die Interessen der arbeitenden Bevölkerung ein. Gegen Kriegsende trat dann der Spartakus-Bund als revolutionäre Kampfgruppe in Erscheinung; aus ihm ging später die KPD hervor.

In Berlin ließ am 9. November 1918 Prinz Max von Baden, der letzte Kanzler des Wilhelminischen Deutschlands, eigenmächtig die Abdankung des Kaisers verkünden. In Stuttgart setzte am gleichen Tag eine Splittergruppe zum »Sturm auf das Wilhelmspalais« an, den Wohnsitz des Königs, der am Abend unter dem Schutz des Arbeiter- und Soldatenrats nach Bebenhausen abreisen konnte. Damit war auch in Württemberg der Sturz der Monarchie vollzogen. Aus Vertretern der beiden sozialistischen Parteien wurde in Stuttgart eine Provisorische Regierung gebildet. Sie stand unter dem gemeinsamen Vorsitz des Schriftstellers Wilhelm Blos von den Mehrheitssozialisten und von Arthur Crispien von den Unabhängigen. Bereits am folgenden Tag traten auch bürgerliche Politiker in diese neue Regierung ein.[63] Wilhelm Blos wurde der erste Staatspräsident von Württemberg.

Zurück zu Lachenmaier: Er und Hildebrand Staudinger spielten in den Tagen der Novemberrevolution und in den folgenden Monaten eine Rolle in Gmünd. Lachenmaier war bei aller Radikalität seiner Forderungen ein besonnener Mann. Bei einer Versammlung der Unabhängigen am Abend des 9. November im »Bären« hatte er den Vorsitz. Zur Sprache kamen die Forderungen der Arbeiter- und Soldatenräte, wie sie sich in den größeren Städten gebildet hatten. Lachenmaier plädierte für eine deutsche Republik, mahnte zur Ruhe und Ordnung und warnte vor Gewalttätigkeiten.[64] Am Tag darauf wurde auch in Gmünd ein Arbeiterrat gebildet. Ihm gehörten je sieben Mitglieder aus SPD und USPD an. Aus Stuttgart traf ein Abgesandter des dortigen Soldatenrats ein, der in der Garnisonstadt Gmünd einen Soldatenrat gründen wollte. In der neuen Kaserne stieß er zunächst auf taube Ohren. Da half ihm der Kaufmann Hildebrand Staudinger, ein kommunistisch gesinnter Agitator. In mehreren Ansprachen gelang es ihm, die Soldaten dazu zu bewegen, das Tor zu öffnen. Staudinger begab sich auf das Bataillonszimmer, verwies daraus die Offiziere, setzte drei Arrestanten in Freiheit und hielt eine zündende Ansprache an die Soldaten, worauf diese bereit waren, einen Soldatenrat zu bilden.[65] Bei einer Versammlung am Nachmittag dieses 10. November auf dem Marktplatz, zu der die Einwohner Gmünds aufgerufen waren und an der mehrere tausend Menschen teilnahmen, wurde am Balkon des Rathauses eine rote Fahne angebracht. Es erschienen die Sozialisten Benkelmann, Lachenmaier und Staudinger; sie verkündeten, daß nun die Arbeiter und Soldaten es unternommen hätten, nach langer Zeit der Unterdrückung sich selbst zu regieren. So sei nun in Gmünd die staatliche Gewalt auf den Arbeiter- und Soldatenrat übergegangen. Danach wurden die Namen des gewählten Arbeiterrats bekanntgegeben. Nur ein Teil der Anwesenden bestätigte sie durch ein Handzeichen; die Mehrheit blieb passiv.[66] Die staatlichen und kommunalen Behörden arbeiteten weiter, doch herrschte bei ihnen große Unsicherheit über den weiteren Weg. Es bestand kein Zweifel, daß in den Tagen des Umsturzes und in den Wochen danach manche fragwürdige Gestalt nach oben gespült wurde und daß gesetzwidrige Handlungen erfolgten. Auch blutige Auseinandersetzungen fanden in den kommenden Monaten statt, in denen es um die Entscheidung ging: demokratische Republik oder Rätestaat nach sowjetischem Vorbild. In Gmünd konnte das Blutvergießen vermieden werden; selbst ein Mann, der dem revolutionären Umsturz sicher ablehnend gegenüberstand wie Georg Stütz, der Chronist des Ersten Weltkriegs, bestätigte den Gmünder Führern der Revolutionspartei, daß sie ernstlich bemüht waren, die Massen in Zucht und Ordnung zu halten.[67] Als der Arbeiter- und Soldatenrat am 13. November forderte, daß die städtischen Beamten seinen Weisungen zu folgen hätten, wies der Oberbürgermeister dieses Ansinnen vorsichtig zurück mit der Bemerkung, daß die zu Recht bestehende Gemeindeordnung weiter gelte.[68] Im ganzen blieb der Arbeiter- und Soldatenrat eine kurzlebige Erscheinung. Es war von vornherein ein Mangel, daß der Arbeiterrat nicht aus Wahlen in den Betrieben hervorgegangen war. Das Bürgertum hat in Gmünd schnell gehandelt. Am 15. November 1918 wurde der Beschluß zur Bildung eines Bürgerrats gefaßt; er konstituierte sich am 26. November aus Vertretern der bürgerlichen Parteien und verschiedenen Wirtschafts- und Berufsvereinigungen.[69] Dieser Bürgerrat unterstützte die Provisorische Regierung in Stuttgart und setzte sich für baldige Wahlen ein. Die Umtriebe der Revolutionäre, insbesondere des Spartakus, riefen auch die bürgerlichen Parteien auf den Plan. Am 18. November 1918 hielten das Zentrum, die Fortschrittliche Volkspartei und die Nationalliberalen gemeinsam eine Versammlung im »Bären« ab. Als Redner traten die Landtagsabgeordneten Groß (Zentrum), Fischer (Fortschrittliche Volkspartei) sowie Hofrat Bickes von den Nationalliberalen auf. Die Versammlung stellte sich auf den Boden der Republik, verlangte aber nachdrücklich die Gleichberechtigung aller Gruppen und die baldige Einberufung einer Verfassunggebenden Nationalversammlung.[70] Es folgte am Tage danach eine große Frauenversammlung, die ebenfalls überparteilich war.

Der Arbeiterrat versuchte im Dezember 1918 einen Vorstoß auf sozialpolitischem Gebiet und forderte angesichts des bevorstehenden Weihnachtsfestes das Verbot der damals noch üblichen Sonntagsarbeit der Angestellten in den Handelsbetrieben. Die Gmünder Geschäftsleute sahen darin einen Eingriff in ihre Rechte, sie wehrten sich und erreichten beim Arbeitsministerium in Stuttgart, daß dem Arbeiterrat der selbständige Eingriff in die Arbeitsverhältnisse untersagt wurde.[71] Ende Januar 1919 traten die Sozialdemokraten aus dem Arbeiterrat aus,[72] der sich zunehmend radikalisierte und zum Sturz der Regierung aufgerufen hatte. Am 1. April 1919 kam es dann in Stuttgart, Esslingen und anderen Städten zum Generalstreik. Die Absicht der Urheber war eindeutig: sie wollten die bestehende Provisorische Regierung stürzen und die Räteherrschaft einrichten. Die Arbeiterschaft in den Gmünder Betrieben lehnte den Generalstreik mit überwiegender Mehrheit ab. Doch der Arbeiterrat unter der Führung von Staudinger wollte ihn. Am 2. April begannen in zwei Gießereien die Arbeiter zu streiken. Streikende und von außen herbeigeeilte Agitatoren gingen von Betrieb zu Betrieb und versuchten, die Arbeiter zum Streik zu überreden. Doch der ungewollte Streik brach bereits einen Tag später zusammen. Mit dazu beigetragen hat auch die Haltung des Gmünder Militärs und des Garnisonrats; er hatte sich klar gegen den Generalstreik ausgesprochen.[73] Nach diesem Vorgang entzog die Stadt dem Arbeiterrat die weiteren Zahlungen. Der Bürgerrat hatte geltend gemacht, es gehe nicht an, ein Gremium aus öffentlichen Mitteln zu zahlen, das zum Sturz der parlamentarischen Demokratie aufrufe. Der Arbeiterrat bestand zwar noch eine Zeitlang weiter, aber er war praktisch nur noch eine Zelle der Kommunistischen Partei.

Aus ganz anderen Beweggründen kam es 1920 zum Generalstreik, zu dem die Gewerkschaften als Antwort auf den rechtsradikalen Kapp-Putsch aufgerufen hatten. Gewerkschaftssekretär Bihlmaier setzte in Gmünd den zweitägigen Streik durch. Am zweiten Tag ergab sich eine Zuspitzung, als die Gewerkschaften, in denen die Unabhängigen und die Kommunisten das Sagen hatten, die Entwaffnung der Einwohnerwehr und die Auslieferung der Waffen verlangten. Das Oberamt verständigte darauf das Innenministerium in Stuttgart, und dieses verfügte, daß die Reichswehr zur Aufrechterhaltung der öffentlichen Sicherheit das Rathaus zu besetzen habe; auch wurde die Einwohnerwehr zum Schutz der Bürger aufgeboten. Der Gemeinderat tagte unter militärischem Schutz. Er lehnte die Forderungen der Gewerkschaften ab, es gab noch ein Geplänkel vor dem Rathaus, aber unter dem Einfluß von Bihlmaier kam es nicht zur Fortsetzung des Streiks; am 18. März wurde die Arbeit wiederaufgenommen.[74]

## In der Weimarer Republik

Wie vielerorts schlossen sich auch in Gmünd die Fortschrittliche Volkspartei und die Nationalliberalen zur Deutschen Demokratischen Partei zusammen; teilweise machten die Nationalliberalen diesen Schritt freilich nicht mit. Unter Führung von Gustav Stresemann entstand so neben der linksliberalen DDP noch die rechtsliberale Deutsche Volkspartei, die allerdings in Württemberg keine größere Bedeutung erlangte. Es ist ein Kennzeichen der Weimarer Republik, daß es bei den Landtags- und Reichstagswahlen viel zu große Wahlkreise gab. So bildeten beim Landtag zunächst die Oberamtsbezirke Gmünd, Schorndorf und Welzheim einen Wahlkreis, ab 1924 war Gmünd mit Aalen, Crailsheim, Ellwangen, Gaildorf und Neresheim in einem

Wahlkreis zusammen. Gewählt wurden in diesem Wahlkreis ab 1924 vom Zentrum Justizminister Beyerle und Arbeitersekretär Karl Gengler.

Schon die Waffenstillstandsbedingungen vom November 1918 hatten viel Enttäuschung und Unmut hervorgerufen, erst recht die harten Friedensbedingungen aus Versailles, die am 7. Mai 1919 in vollem Umfang bekannt wurden. Es entstand darüber eine tiefe, unheimliche Erregung im deutschen Volk. Eine knappe Mehrheit im Reichstag opferte sich und ratifizierte den aufgezwungenen Vertrag, der trotz seiner Härten, trotz aller Abtretungen und Belastungen Deutschland noch immer die Stellung einer Großmacht im Herzen Europas beließ. Der leidenschaftliche Protest gegen den Versailler Vertrag führte in Gmünd zu einer Massenkundgebung auf dem Marktplatz am 16. Mai 1919. Oberreallehrer Dr. Dietzel, Dr. Kochendörfer, beide Lehrer am Realgymnasium, Schriftleiter Emil Kühle und der Landtagsabgeordnete Straub (SPD) hielten Ansprachen; eine Entschließung brachte flammende Entrüstung über die Vertragsbedingungen zum Ausdruck.[75]

Im Königreich Württemberg amtierte an der Spitze einer Stadt der Stadtschultheiß, sein Amt hieß das Stadtschultheißenamt – heute wäre es das Hauptamt. Bei längerer Amtszeit und entsprechenden Verdiensten erhielt der Stadtvorstand die Amtsbezeichnung Oberbürgermeister, so Möhler 1903. Mit dem Stadtschultheißen bildeten die »Bürgerlichen Kollegien«, Gemeinderat und Bürgerausschuß, die Spitze der Stadt. Beide Gremien gingen aus Wahlen der Bürgerschaft hervor, wobei das Wahlrecht noch begrenzt war. Wählen konnten nur Männer, und zwar nur solche, die das Gemeindebürgerrecht erworben hatten. Die Bürgerlichen Kollegien amtierten in Württemberg bis zum Mai 1919, und zwar in der Zusammensetzung, wie sie vor dem Krieg gewählt wurden. Während des Krieges fanden keine Wahlen statt. Namhafte Stadträte aus der Vorkriegs- und Kriegszeit waren Xaver Schabel, Eugen Gageur, Dr. Max Debler und Gustav Herzer vom Zentrum, Hermann Erhard von den Liberalen und Karl Bihlmaier von den Sozialdemokraten. Unter den Arbeitervertretern vor und nach dem Ersten Weltkrieg ragte Bihlmaier hervor. Der gelernte Goldschmied aus Welzheim entwickelte sich als Gewerkschaftssekretär und Stadtrat zu einem unermüdlichen Anwalt der arbeitenden Bevölkerung. Vorsitzender des Gemeinderats war, wie heute, der Oberbürgermeister; der Bürgerausschuß hatte einen eigenen Obmann (zuletzt Karl Rettenmayr).

Am 25. Mai 1919 fand die erste Gemeinderatswahl der Nachkriegszeit statt, sie erfolgte nach der neuen Gemeindeverfassung. Der Bürgerausschuß war weggefallen, es gab nur noch eine gewählte Vertretung der Bürgerschaft: den Gemeinderat. Neu ist, daß jetzt auch die Frauen das Wahlrecht haben. Sie hatten es Monate zuvor schon bei der Wahl zur Nationalversammlung. Es wurden 28 Mitglieder des Gemeinderats gewählt. Von diesen entfiel die Hälfte auf das Zentrum, mit dem die Bürgerpartei

*102. Schwäbisch Gmünd von Osten. Luftaufnahme aus dem Jahr 1932. Im Vordergrund unten rechts die beiden Häuserzeilen der Leutze- bzw. der Kleinen Leutzestraße.*
*Man erkennt deutlich, daß die Bebauung westlich der Erhardstraße praktisch aufhörte.*
*Das ganze Schwerzergebiet ist beinahe ohne jede Bebauung.*

103. *Der Gmünder Osten 1929. Man erkennt deutlich, daß links und rechts der Buchstraße vor der Bismarck-Kaserne weite Teile noch unbebaut waren. Das Kasernenareal war bei weitem nicht so ausgebaut wie später. Dahinter der TG-Platz sowie das Wasser- und das Elektrizitätswerk*

eine Verbindung eingegangen war. Zentrum und Bürgerpartei verfügten mit 15 Mandaten über die Mehrheit. Außer ihnen erhielt die Deutsche Demokratische Partei, die Vorgängerin der FDP von heute, sechs Sitze, die Vereinigte Arbeiterpartei vier und die Sozialdemokratische Partei drei Sitze. Ein Wort zur Vereinigten Arbeiterpartei: Sie bestand in der Hauptsache aus linken Sozialdemokraten, aus »Unabhängigen«. Die Unabhängigen waren eine vorübergehende Erscheinung; ein Teil von ihnen fand später zur SPD zurück, die anderen stießen zur KPD, die am 30. Dezember 1918 gegründet worden war. Unter den am 25. Mai 1919 gewählten Stadträten befanden sich bekannte Namen. Beim Zentrum Rektor August Pollich, der zugleich Landtagsabgeordneter war, Dr. Alfred Wörner, der leitende Arzt am Spital, Bäckermeister Moritz Schall, der einst in lebhafter Verbindung mit Matthias Erzberger stand, und Alois Mahringer, der bald die führende Rolle in der Rathausfraktion des Zentrums spielte. Für die rechtsstehende Bürgerpartei rückte Professor Walter Klein in den Gemeinderat ein. Die Deutschen Demokraten entsandten wiederum Hermann Erhard und als neues Mitglied den Redakteur der Gmünder Zeitung, Emil Kühle. Der Bekannteste auf der Liste der Vereinigten Arbeiterpartei war Gewerkschaftssekretär Karl Bihlmaier. Diese Partei entsandte auch eine Frau in den Gemeinderat, Anna Ramsayer; sie war die erste Gmünder Stadträtin. Bei den Sozialdemokraten wurde wiederum Christian Zehnder in den Gemeinderat gewählt. In diesem neuen Gemeinderat wurde die Sitzordnung nach Fraktionen eingeführt und außerdem zwei Abteilungen gebildet: eine Verwaltungs- und eine Bauabteilung. Später erhielt die Verwaltungsabteilung die Bezeichnung »Innere Abteilung«. Ihre Verhandlungen waren nichtöffentlich. Die Innere Abteilung spielte in dem Jahrzehnt vor 1933 eine große Rolle.

Ein Kennzeichen der Nachkriegszeit war die Knappheit an Wohnungen in Gmünd, der Wohnungsneubau kam erst allmählich in Gang. So mußte die Stadtverwaltung neue Wege beschreiten, um der Wohnungsnot zu begegnen und billige Wohnungen zu beschaffen. Bereits im Juni 1918 wurde bei der Stadt ein Wohnungsamt gebildet. Neue Wohnungen entstanden an der Buchstraße; vor allem aber suchte man Wohnraum durch Einbau in bestehenden Häusern zu gewinnen. Dies geschah im Kornhaus, im Schützenhaus und im Dachstock der Grät. Die Stadt suchte auch das Barakkenlager bei Gotteszell – heute der städtische Festplatz – für Wohnzwecke freizubekommen, zunächst ohne Erfolg. Als sie dann doch später das Barackenlager erwerben konnte, waren auch dort Wohnungen eingebaut.

1919 wurde die Stadtkaserne (= Prediger) erworben, auch hier wurden sofort Wohnungen eingebaut.[76] Außerdem erwarb die Stadt im Zentrum drei frühere Brauereibzw. Gasthauskomplexe: am Marktplatz den »Bären« und den »Mohren«, in der Ledergasse den »Roten Ochsen« (heute Deutsche Bank). Auch hier wurden Wohnungen geschaffen. Ein Teil des Mohren-Anwesens, das Sudhaus, wurde für Zwecke der Gewerbeschule verwendet. 1921 wurde die Gmünder Siedlungsgesellschaft mit Beteiligung der Stadt gegründet, ein Entschluß von großer Tragweite für die Zukunft. Der Spar- und Bauverein errichtete Siedlungsbauten an der Olga- bzw. Eytigkoferstraße (jetzt Rektor-Klaus- bzw. Mörikestraße). Außerdem erhielt die Feuerwehr eine Autospritze,[77] für die Weckerlinie wurde eine Alarmanlage geschaffen. Für die städtischen Betriebswerke wurden drei Lastkraftwagen angeschafft. Damit begann bei den Stadtwerken die Motorisierung.

Große Knappheit an Zahlungsmitteln veranlaßte die Stadt zur Ausgabe von städtischen 50-Pfennig-Notgeldscheinen im Juli 1918; es folgte im Dezember 1918 eine weit umfangreichere Notgeldschöpfung mit der Ausgabe von 5-, 10-, 20- und 50-Mark-Scheinen im Gesamtwert von über 1 Million Mark.[78] Die wirtschaftliche Entwicklung nach 1918 war von großer Unsicherheit gekennzeichnet. Der Achtstundentag ist eine Errungenschaft der Revolution von 1918; er entsprang dem Wunsch nach mehr Gerechtigkeit und einem menschenwürdigen Leben. Die Stadt führte ihn bereits im November 1918 für ihre Arbeiter ein. Bei den Einschränkungen beim Verbrauch von Gas und Strom mußten zunächst noch kürzere Arbeitszeiten ins Auge gefaßt werden. Im Schlichtungsausschuß wurde jedoch festgelegt, daß, wenn irgend möglich, 48 Stunden in der Woche gearbeitet werden sollten und daß der Verdienst bei 48 Stunden dem von bisher 51 Stunden entsprechen sollte. »Nirgends Schaffensfreude, nirgends mehr Sinn für Sparsamkeit«, notierte der Chronist im April 1919.[79] Viele Menschen sagten sich: wofür arbeiten und sparen? Der Geldwert sank beständig, und so saß das Geld locker, Kinos und Tanzsäle waren überfüllt. Man hatte gehofft, daß sich nach Abschluß des Waffenstillstands das wirtschaftliche Leben rasch beleben würde. Aber angesichts der großen Unsicherheit über die kommende Entwicklung hielten sich die Unternehmer zurück, dazu lähmte der Kohlenmangel den Aufschwung, Folge der vielen Streiks in den Kohlenrevieren. Auch war die Transportlage infolge der rigorosen Ablieferungen an rollendem Material schlecht: Es fehlte an Lokomotiven und Güterwagen.

Nach Überwindung dieser Anfangsschwierigkeiten hatte die Gmünder Hauptindustrie bis ins letzte Viertel des Jahres 1923 einen flotten Geschäftsgang zu verzeichnen. Die Inflation begünstigte den Export. Diese freilich galoppierte schließlich. Das Kilo Silber kostete im März 1923 438 000 Mark und kletterte schließlich bis in die Billionen. Beinahe jede Woche mußten neue Lohnverhandlungen stattfinden, deren Ergebnis in Kürze wieder überholt war.[80] Als eine der ersten Stellen im Land gab der Gmünder Arbeitgeberverband vereint mit der Handelskammer wertbeständiges Geld heraus. Die »Goldnoten über 2 Mark« trugen die Unterschriften von Hermann Erhard als Vorsitzendem der Handelskammer Heidenheim, Nebenstelle Gmünd, und von Dr. Möhring als Syndikus des Verbands.[81] Nach der Währungsstabilisierung am 15. November 1923 betrug der Silberpreis im Februar 1924 96 Rentenmark. Mit der Rentenmark hatte man wieder ein wertbeständiges Geld, doch das ersparte Geldvermögen von Millionen war dahin, weite Kreise des Volkes verarmten. Die Edelmetallindustrie wurde durch den Währungsschnitt hart getroffen und geriet in eine Krise. Viele Gold- und Silberschmiede wurden arbeitslos, die Stadt mußte wieder an die Durchführung von Notstandsarbeiten denken. In dieser Zeit wanderten dann einige Hundert Gmünder und Gmünderinnen, vorwiegend junge Gold- und Silberschmiede, wegen der schlechten Lage aus, in der Hauptsache in die Vereinigten Staaten. Dort hat ein Teil von ihnen eigene Betriebe ins Leben gerufen. Ab 1950 kamen sie wieder in die alte Heimat zu den Altersgenossenfesten. In den Jahren 1925/26 wurde bei Notstandsarbeiten der Lauf der Rems korrigiert unterhalb der Druckerei Ruder. Wie schon vor dem Krieg, versuchte die Stadt jetzt wieder, neue Industriezweige nach Gmünd zu holen und damit der einseitigen Wirtschaftsstruktur der Stadt entgegenzuwirken. Diesen Bestrebungen blieb ein durchgreifender Erfolg versagt. Es entstanden wohl neue Betriebe,[82] sie gingen aber nach kurzer Zeit wieder ein. Von Erfolg war das Unternehmen, das Josef Bidlingmaier schon vor dem Krieg gegründet hatte. Er hatte sich zuerst der Bijouterie-Erzeugung gewidmet, ging aber nach dem Krieg zur Herstellung von Taschen- und Armbanduhren über. Vor allem mit den letzten hatte die Firma Bifora großen Erfolg. Bidlingmaier errichtete 1928 in der Nähe des Hauptbahnhofs ein stattliches Fabrikgebäude. Weiter im Westen, an der Lorcher Straße, stellte Edmund Sommer in seinem Betrieb Uhrgehäuse her. Wichtig für die Stadt und ihre nähere Umgebung war das Unternehmen, das die Brüder Leicht in den zwanziger Jahren gründeten. Sie stellten Möbel in Gmünd und Waldstetten her, legten aber dann den Hauptsitz der Firma nach Waldstetten.

Die sogenannten »guten Jahre der Weimarer Republik« (1924—1928) machten sich schließlich auch in Gmünd bemerkbar, allerdings nur in abgeschwächter Form. 1928 zählte die Gmünder Edelmetallindustrie 150 Betriebe mit etwa 5000 Beschäftigten, darunter 18 Großbetriebe.[83] Die Aufteilung der Warenerzeugung stellte sich wie folgt dar: 62 Prozent der Produktion waren Silberwaren (Großsilberwaren, Kleinsilberwaren, Bestecke), 31 Prozent Gold- und Juwelenwaren, vier Prozent Uhren und Uhrgehäuse, zwei Prozent optische Ware. Gmünd war damals wohl der bedeutendste Platz der deutschen Silberwarenerzeugung. Der Export jedoch blieb unbefriedigend, die Gmünder Hauptindustrie stand unter dem Druck der Überproduktion und konnte trotz mehrfacher Lohnsteigerung ihre Preise nicht erhöhen. Die regelmäßige Arbeitszeit betrug 48 Stunden. Urlaub gab es nach dreijähriger Betriebszugehörigkeit, und zwar sechs Werktage im Jahr, nach sechsjähriger Betriebszugehörig-

keit acht Werktage.[84] Schon Ende des Jahres 1928 war in der Gmünder
Hauptindustrie ein Konjunkturrückgang festzustellen, das Geschäft in Silberwaren
wurde als schlecht bezeichnet.[85]

Im Jahre 1927 machte der württembergische Staatspräsident Bazille einen Besuch in
Gmünd. Er besichtigte die städtischen Einrichtungen und besuchte auch die Gmünder Edelmetallindustrie. Bei diesem Anlaß entstand das berühmte Foto am Aufgang
zur Fachschule, das die Spitzen der damaligen Gmünder Gesellschaft zusammen mit
dem Staatspräsidenten zeigt. In das Jahr 1921 fällt der Beschluß zur Gründung des
Forschungsinstituts. Am 17. Oktober 1922 konnte das Institut, nachdem die entsprechenden Räume in der Fachschule eingerichtet waren, mit einer Feier eröffnet
werden. An der Gründung waren die Gmünder Edelmetallindustrie, der württembergische Staat und die Stadt beteiligt.[86] Träger des Instituts war der Verein für die
Probier- und Forschungsanstalt Gmünd e. V., heute — nachdem das Institut verschiedene Umbenennungen erfahren hat — ist es der Verein für das Forschungsinstitut für Edelmetalle und Metallchemie. In den Gründungsakten wurde festgelegt, das
Institut solle eine unabhängige Untersuchungsstelle für edle und unedle Metalle und
deren Legierungen sein. Großzuschreiben ist der Anteil des Direktors der Fachschule, Professor Walter Klein, an dieser Gründung. Ihm ist es vor allem zu danken, daß
das Institut im Wirbel der Inflation und der nachfolgenden Jahre nicht untergegan-
gen ist. Die Angliederung einer galvanotechnischen Abteilung im Jahre 1926, vor
allem aber die Unterstützung durch die Notgemeinschaft der deutschen Wissenschaft, ermöglichten eine Ausdehnung der Tätigkeit des Instituts. Im ersten Jahrzehnt wechselten die Institutsleiter häufig. 1930 wurde der bisherige Forschungssti-
pendiat Dr. Ernst Raub als stellvertretender Leiter angestellt. Er hatte von 1934 bis
1970 die Leitung inne. Die Forscherpersönlichkeit von Dr. Raub hat durch Jahrzehnte hindurch das Institut geprägt. Vorsitzender des Vereins für das Forschungsinstitut war jahrzehntelang Fabrikant Paul Köhler.

Eine Wendemarke in der städtebaulichen Entwicklung Gmünds bildete das Jahr
1921. In diesem Jahr wurde erstmals ein Stadtbaurat berufen in der Person von O. E.
Schweizer, dem späteren Ordinarius für Städtebau an der Technischen Hochschule
Karlsruhe.[87] Es wurde ein Wettbewerb ausgeschrieben für die künftige städtebauliche Gestaltung Gmünds, der bekannte Architekt Prof. Bonatz erhielt den 1. Preis.
Sein Plan lag dann der baulichen Entwicklung Gmünds zugrunde. Nach ihm sollte
sich die Stadt im Remstal vom Buch bis zum Schwerzer und in den Seitentälern aus-
dehnen. Bei Bonatz tauchte auch schon der Plan auf, die Hochfläche beim Höfle zu
besiedeln — daraus ist später die Rehnenhofsiedlung geworden — und das Hardtge-
biet zu bebauen. In den folgenden Jahrzehnten ist unter Baurat Dr. Schneider das
meiste davon verwirklicht worden. Im Westen ist eine sogenannte »Bandstadt« ent-

standen: nördlich der Lorcher bzw. Stuttgarter Straße und der Rems ein Gewerbe-
und Industriegebiet, angefangen bei der einstigen Uhrenfabrik Bidlingmaier bis hinunter über den Bogen der Göppinger Bahn, und parallel dazu das Wohngebiet auf
der Südseite der Rems, das natürlich auch von etlichen Gewerbebetrieben durchsetzt
ist vom Schwerzer bis zum Stiftsgut und darüber hinaus. 1921 wurde auch die schon
erwähnte Gmünder Siedlungsgesellschaft ins Leben gerufen. Treibende Kraft bei der
Gründung und im folgenden Jahrzehnt war Stadtrat und Gewerbeschulrat Alois
Mahringer. 1933 wurde die Gesellschaft als gemeinnütziges Wohnungsunternehmen
anerkannt. An der Gründung waren 71 Gesellschafter mit einem Stammkapital von
171 000 Mark beteiligt, darunter die Stadt mit 12 500 Mark. Zweck des Unternehmens war der Bau von Eigenheimen, die nach Fertigstellung verkauft wurden. Das
erste Bauvorhaben umfaßte 17 Einfamilienhäuser an der Walter-Klein-Straße, der
heutigen Rektor-Klaus-Straße, der Schillerstraße und der Buchstraße. In der Infla-
tionszeit war dies ein beachtlicher Anfangserfolg. Die Mehrzahl der bis 1923 erstell-
ten Gebäude wurde um Papiermark verkauft, das billigste um 164 300, das teuerste
um 2 910 000 Mark. Auch in diesen Zahlen spiegelt sich die rasante Entwicklung der
Inflation. Nach der Währungsumstellung 1923 betrug das Stammkapital der Gesellschaft 17 100 RM, der Anteil der Stadt lag bei 12 500 RM. Mit dieser bescheidenen
Kapitalausstattung gelang es der Gesellschaft, in einer regen Bautätigkeit bis 1931 82
Häuser zu bauen.[88] Dann allerdings, in der schweren Wirtschaftskrise der dreißiger
Jahre, stockte die Tätigkeit der Gesellschaft. Am 14. Juni 1930 konnte man die Fer-
tigstellung des hundertsten Hauses feiern. Insgesamt wurden von 1921 bis 1940 151
Häuser mit 276 Wohnungen gebaut.

Die Oberbürgermeisterwahl des Jahres 1923 bot interessante Aspekte. Gewählt wurde nämlich nicht der von den bürgerlichen Parteien, vom Zentrum, den liberalen
Parteien und der Bürgerpartei unterstützte Stuttgarter Regierungsrat Hermann Gögler (nach 1945 Staatssekretär), sondern der von keiner Partei unterstützte Ravensbur-
ger Rechtsanwalt Karl Lüllig. Von einem Wahlkampf im modernen Sinn konnte man
damals kaum sprechen. Lüllig hatte vor allem die Vereine hinter sich, darunter den
mitgliederstarken Männergesangverein, aber auch verschiedene Sportvereine. Die
Anhänger Lülligs betrieben in der Schlußphase eine äußerst rührige Werbung, während die Anhänger Göglers sich mit einem Wahlaufruf der vier Parteien begnügten
und im übrigen die Hände in den Schoß legten. So siegte zur großen Überraschung
der »Volksmann Lüllig«. Die Wahl fiel in eine sehr ernste Zeit: In diesen Tagen
erfolgte die Besetzung des Ruhrgebiets durch Franzosen und Belgier. Der neue
Oberbürgermeister konnte rasch die Zusammenarbeit mit den bürgerlichen Parteien
im Gemeinderat erreichen. Um der stets prekären wirtschaftlichen Lage der Stadt
aufzuhelfen, dachte Lüllig an eine Belebung des Fremdenverkehrs. Er wollte Gmünd

attraktiver machen durch die Heimatspiele und hoffte, auf diese Weise mehr Besucher nach Gmünd zu bringen. Nach dem Vorbild anderer Städte, vor allem Heidenheims, wurde im Taubental ein Freilichttheater geschaffen. Gmünder Künstler schufen die nötigen Requisiten: Zunftlade, Amtsketten, Kannen und Becher, und so wurde hier »Der Geiger von Gmünd« gespielt. Den Kern der Spielergemeinschaft stellte der »Geigerring« unter Professor Fuchs, eine Vereinigung von Laienspielern, die einzelne hervorragende Kräfte besaß. Neben diesen Spielern stellte der MGV den Zug der Mönche, die Stadtkapelle die bunt kostümierten Musikanten. Doch nur zwei Jahre, 1927 und 1928, wurde der »Geiger« aufgeführt, allerdings von Juni bis September Sonntag für Sonntag. Der Idealismus der Spieler hielt jedoch nicht durch. Auch der Versuch, die Spiele nach dem Krieg wiederzubeleben, schlug fehl. Noch einmal wurde »Der Geiger von Gmünd« 1950 im Saal des Pelikan gespielt; er hatte sieben Aufführungen.[89]

Unter dem Aspekt der Werbung für Gmünd sah Lüllig auch die Entwicklung des Segelflugplatzes auf dem Hornberg. Zusammen mit dem Gemeinderat hat er das Projekt von Anfang an gefördert. Die Planung der Anlage durch den württembergischen Luftfahrtverband, der Bau einer Straße auf den Hornberg und die ersten Bauten fallen noch in die Jahre vor 1933 hinein. Wolf Hirth übernahm die Leitung der Segelfliegerschule, die am 12. Juli 1933 eingeweiht wurde.

Für die Verkehrserschließung des Gmünder Raums von Bedeutung wurde die Gründung der Omnibusgesellschaft durch Gmünder Bürger; es waren dies Siegfried Gutmann, August Nutz, Eugen Pfeiffer, Karl Raisch, Heinrich Wirth und Karl Bieser.[90] Die Eröffnung der verschiedenen Linien war auch für den wachsenden Berufs- und Schülerverkehr notwendig. Sie führten außerdem zu den schönsten Bergen der Umgebung, so die Linie Gmünd–Heubach zum Rosenstein, die Linie Gmünd––Weißenstein zum Hornberg und dem Kalten Feld und die Linie Gmünd–Süßen zum Rechberg. Man begann im Mai 1927 mit fünf Bussen, die jeweils nur etwa 15 Sitzplätze hatten.

## Schulen, Vereine und Kirchen

Ein Markstein in der Entwicklung der Volksschule war die Einführung des 8. Schuljahrs im Jahre 1923, wie es dann die Einführung des 9. nach dem Zweiten Weltkrieg war. An der Doppelanstalt Realgymnasium-Realschule war wichtig, daß die Stadt von sich aus mit der Bildung einer 7. Klasse den Weg zum Ausbau der Realschule zur Oberrealschule im Jahre 1924 betrat. Einige Jahre später konnte man dann auch an der Oberrealschule das Abitur ablegen. Als Schritt zur Demokratisierung des Schulwesens wurden Elternbeiräte an beiden Schulen eingerichtet. Realgymnasium oder Oberrealschule erlebten in den zwanziger und frühen dreißiger Jahren eine besondere Blüte, als hervorragende Lehrer wie Professor Dr. Pfeffer und Professor Gauger sowie die Studienräte Dr. Klink und Dr. Limberger an ihnen wirkten. Eine wertvolle Ergänzung bildete die Schülerwerkstätte, die Reallehrer Butz leitete. Außerdem führte Oberstudiendirektor Dr. Pohlhammer den Spanisch-Unterricht an der Oberstufe ein, eine Besonderheit wohl in ganz Deutschland. Man hatte dabei auch die Exportchancen der Gmünder Industrie im Auge. Schmerzlich war es für den Schulleiter, daß in den Jahren der Wirtschaftskrise die Schülerzahl immer mehr absank (Januar 1931: 386 Schüler) und durch Sparmaßnahmen auch Lehrerstellen abgebaut wurden. Viele Schüler mußten angesichts der Not im Elternhaus die Schule vorzeitig verlassen.[91]

Seit dem Ausgang des vorigen Jahrhunderts gab es zwei Höhere Mädchenschulen in Gmünd, eine simultane, vorwiegend von evangelischen Schülerinnen besuchte Mädchenrealschule und die von den Franziskanerinnen von Sießen gegründete private katholische Mädchenrealschule St. Ludwig. 1919 stellte die simultane Mädchenrealschule den Antrag auf Übernahme durch die Stadt; dies wurde nach heftigen Auseinandersetzungen im Gemeinderat abgelehnt.[92] 1929 wurde die Mädchenrealschule dann doch städtisch; untergebracht war sie im Gebäude des Stadtarchivs, das damals dem Evangelischen Verein gehörte. Zum Ausgleich erhielt die katholische Mädchenrealschule St. Ludwig durch Vertrag alljährlich einen städtischen Beitrag. Da die Gewerbeschule in zunehmendem Maße auch von auswärtigen Schülern besucht wurde, stellte man sie 1924 auf eine breitere Grundlage durch die Gründung eines Gewerbeschulverbands. Die Stadt war nicht mehr alleinige Trägerin der Schule; ihr schlossen sich im Schulverband die benachbarten Gemeinden Großdeinbach, Lindach, Oberbettringen, Straßdorf und Waldstetten an. 1929 vergrößerte sich der Gewerbeschulverband durch den Beitritt von sechs weiteren Gemeinden.

Von 1925 an stand der Gewerbeschule Friedrich Allmendinger als Direktor vor. Mit besonderer Hingabe pflegte er den Werkstattunterricht. 1926 wurden Elektrokurse eingeführt. Auch die Segelfliegerei fand an der Schule eine Heimstatt; in ihren Werkstätten wurden neue Flugzeuge gebaut. In den Jahren der Wirtschaftskrise widmete sich Allmendinger in Zusammenarbeit mit dem Arbeitsamt der Umschulung der Arbeitslosen. Seine kompromißlose Haltung gegenüber dem Nationalsozialismus zwang ihn 1933, vorzeitig in den Ruhestand zu treten. Im Jahre 1926 feierten die Gewerbeschule und die aus ihr hervorgegangene Fachschule das 150jährige Bestehen; zugleich war es die 50-Jahr-Feier des Kunstgewerbemuseums. Interessant ist die Statistik der Gewerbeschule im Jubiläumsjahr: Damals besuchten 1371 Schüler die Schule, davon waren 1016 Pflichtschüler in 56 Klassen.

Im Jahre 1923 erhielt die Fachschule eine neue Verfassung und zugleich eine Ranger-

höhung: Sie wurde »Höhere Fachschule«. Von 1907 bis 1946 leitete sie Professor
Walter Klein. In seinen Schriften widmete er sich der Gmünder Kunst in Vergangenheit und Gegenwart. Bekannt ist sein Buch über die Gmünder Johanniskirche, verdienstvoll seine Anregung, die »Chance Gmünds« als kulturelles Zentrum zu nutzen. Auf einer Versammlung des Gmünder Kunstvereins machte er nach dem Zweiten Weltkrieg den Vorschlag, den Prediger in ein »Haus der Kultur« umzugestalten.
Der Gmünder Kunstverein hat zwei Wurzeln, die ältere ist der »Vorwärts«, die jüngere der »Tiegel«. 1890 trafen sich 29 Gmünder Graveure, Ziseleure, Goldschmiede
und andere im »Josefle«, um einen Verein für Kunstgewerbetreibende zu gründen.
Das war dann der Verein »Vorwärts«. Die Herkunft aus dem Handwerk ist ja, wie
Walter Lochmüller aus Anlaß der 75-Jahr-Feier des Kunstvereins schrieb, »wenn
nicht die Regel, so doch ein auffallend häufiger Entwicklungsgang der Gmünder
Künstler . . . Die namhaften Gmünder Bildhauer haben fast ausnahmslos als Stahl-
graveure oder Ziseleure gelernt oder fußen auf dem soliden Grund sonst eines
Kunsthandwerks.« Nach dem Ersten Weltkrieg schafften sich die Jungen im »Vorwärts« in der »Jungkunst« einen eigenen Rahmen, und aus dieser »Jungkunst« entstand dann der »Tiegel« als zweiter Verein. Sein Vorstand wurde Walter Lochmüller, der seit 1927 an der Fachschule wirkte. Für die Leute des »Tiegel« waren die
Maler der »Brücke« und des »Blauen Reiters«, das Bauhaus und der Werkbund Vorbild. Im März 1933 erfolgte der Zusammenschluß von »Vorwärts« und »Tiegel« zum
Gmünder Kunstverein. Die Vereinigung war nicht ganz freiwillig: Auf Anordnung
der Reichskammer der bildenden Künste mußten sich bestehende Kunstvereine
zusammenschließen. Den Vorsitz im neuen Verein übernahmen nacheinander Dr.
Max Schneider, Albert Holl und Karl Häge. Der Verein entfaltete bis in den Krieg
hinein eine lebhafte Vortrags- und Ausstellungstätigkeit. In die Jahre vor dem Zweiten Weltkrieg fällt auch die Einrichtung des Ausstellungsraums für zeitgenössische
Gmünder Kunst im Prediger. Der Bildhauer Adolf Bidlingmaier hatte die Sache mit
Nachdruck betrieben.
Gmünd ist seit 1825 eine Stätte der Lehrerbildung; sie erfolgte in Württemberg bis
ins Dritte Reich hinein auf konfessioneller Basis, und so gab es neben den evangelischen Lehrerseminaren katholische, das älteste in Gmünd. Das Gmünder Seminar
besaß in den Jahrzehnten vor dem Ersten Weltkrieg hervorragende Fachkräfte, darunter den Seminaroberlehrer Engelbert Mager. Er brachte den Zeichenunterricht am
Seminar auf die Höhe und kämpfte jahrelang und schließlich mit Erfolg darum, daß
das Zeichnen in den Lehrplan der Volksschulen aufgenommen wurde. In einer von
ihm verfaßten Schrift von 1893 stellte er die durchaus progressive Forderung auf, an
den üblichen patriotischen Feiertagen, zum Beispiel an Königs Geburtstag, den
Schülern die Arbeit des Roten Kreuzes sowie die Bedeutung der Genfer Konvention

nahezubringen. Auch in der Musikerziehung leistete das Gmünder Seminar Bedeutendes. Namhafte Musiker haben hier ihre Ausbildung erfahren, darunter der Komponist Hugo Herrmann. Unter den Musikpädagogen ist Theodor Wekenmann hervorgetreten, dessen Orgelkunst unvergessen ist; er hat die Lieder zum Geigerspiel von 1927 vertont. So hat das Gmünder Seminar in den Jahrzehnten vor und nach dem Ersten Weltkrieg Tüchtiges geleistet. Was es den damaligen Lehrern mitgab, war einfach, erprobt und klar.

Die Weimarer Republik hat auf dem Felde der Lehrerbildung nichts grundlegend Neues geschaffen. Wohl gab es Pläne, die Volksschullehrerausbildung anzuheben und sie auf eine hochschulmäßige Grundlage zu stellen, doch die Absicht scheiterte am Veto des Finanzministers. Es blieb bei der seminaristischen Ausbildung. Lehrerüberschuß und Stellenmangel kennzeichneten die Lage. So lag zum Schluß eine große Unsicherheit über den Lehrerseminaren und ihrer Zukunft. Das Dritte Reich hat sie dann auf kaltem Weg beseitigt. Gegen das Gmünder Seminar ging man dabei mit besonderer Härte vor. Gmünd war bei den neuen Machthabern ohnehin schlecht angeschrieben. Dazu kam, daß das evangelische Landeswaisenhaus in Ellwangen seine Unterkunft für die SS freimachen mußte. Man mußte es also anderweitig unterbringen, und so verfügte man kurzerhand die Aufhebung des Gmünder Seminars und die Verlegung der noch vorhandenen Klassen nach Rottweil. Das Landeswaisenhaus kam dafür nach Gmünd. Dieses brüske Vorgehen löste in der Bürgerschaft tiefe Erregung aus. Als die Seminaristen am Abend des 9. Februar 1934 von Gmünd wegzogen, begleitete sie eine große Menschenmenge auf den Bahnhof. Damit war die über 100 Jahre alte Lehrerbildung in Gmünd jäh abgebrochen. Beendet wurden durch das Dritte Reich auch die Volksbildungsbestrebungen in der Weimarer Zeit, die 1919 verheißungsvoll begonnen hatten. Der Erwachsenenbildung nach dem Ersten Weltkrieg wies Theodor Bäuerle mit seinen Tagungen auf der Comburg die Wege. In Gmünd entstand ein Volksbildungsverein, der zunächst von Dr. Pohlhammer geleitet wurde. Später übernahm ihn Dr. Hermann Erhard, wie sein Großvater Julius Erhard allem Schönen zugetan. Für das Bildungswerk stellte sich eine Reihe von Gymnasiallehrern zur Verfügung. Man veranstaltete Dichterlesungen und lud nach Gmünd ein, was Rang und Namen im Geistesleben des Landes besaß.[93] Der Volksbildungsverein hatte sein Heim auf dem Zeiselberg in der Kriegergedächtnisstätte der Stadt. Dort baute er auch mit den bescheidenen Mitteln, die ihm zur Verfügung standen, eine Volksbücherei auf, die lange Jahre hindurch von Oberlehrer Seitz betreut wurde.

Wir kommen nun zum Vereinsleben in der Weimarer Zeit. In getrennten Veranstaltungen begrüßten die beiden großen, oft miteinander rivalisierenden Gesangvereine Liederkranz und »Brüssler« ihre aus dem Feld zurückgekehrten Sangesbrüder. Zu diesem Zeitpunkt liefen bereits die Fusionsbestrebungen. Personell bestanden keine Schwierigkeiten, weil in dem einen Verein der Vorsitzende fehlte, im anderen der Dirigent. Auch bei dem kleineren Verein »Frohsinn« wurden ähnliche Erwägungen angestellt. So vollzogen die drei genannten Vereine am 13. Februar 1919 die Vereinigung. Nicht angeschlossen hatte sich der Gesangverein Alpenrose. Der neugebildete Verein trat unter dem Namen »Männergesangverein Gmünd« ins Leben; er zählte rund 200 Sänger. Die Vereinsleitung übernahm der bisherige Vorsitzende des Brüssler Gesangvereins, Stadtrat Gustav Herzer, die Chorleitung Reallehrer Baur, der die Sängerschar des MGV in den kommenden Jahren zu großen, vielbewunderten Leistungen führte.[94] Den glanzvollen Höhepunkt der zwanziger Jahre bildete das Liederfest des Schwäbischen Sängerbundes in Ulm 1929, auf dem der 250 Mann zählende Chor in »schwierigem Kunstgesang« mit dem Lied »Sehnsucht« von Schubert die höchste erreichbare Punktzahl erhielt.

Dem Beispiel der Gesangvereine folgten die Turnvereine: Es kam zur Verschmelzung von Turnerbund und Männerturnverein im März 1919; aus der Vereinigung ging die Turngemeinde Schwäbisch Gmünd hervor.[95] Die Zeit zwischen den Kriegen ab 1919 bis 1939 war auch eine Zeit großer Erfolge der Gmünder Sportvereine. Der FC Normannia, 1904 aus dem Zusammenschluß zweier kleiner Fußballclubs entstanden, nahm einen bedeutenden Aufschwung. Er begann damit, daß der Verein von der Stadt den früheren Exerzierplatz im Schwerzer überlassen bekam. In mehreren Anläufen und in viel Eigenarbeit haben die Normannen den Platz für ihre Zwecke umgebaut, wobei sie 1925 vom Gmünder Bataillon kräftige Mithilfe erhielten. Als die Stadt 1928 die Jahnturnhalle errichtete und die Goethestraße bis dorthin baute, ergab sich eine Erweiterung der Platzanlage im Süden. 1932 trat der Verein an die Stadt mit der Bitte heran, hier eine vollwertige Sportanlage zu schaffen, auf der auch andere Sportarten, insbesondere Leichtathletik, betrieben werden konnten. Die Stadt half zunächst damit, das dafür notwendige Gelände zu beschaffen, und stellte neben der Bauleitung die für Ansaat, Arbeitsgerät und Feldbahn nötigen Mittel zur Verfügung. Die Durchführung der umfangreichen Arbeiten übernahm der freiwillige Arbeitsdienst unter der Leitung des jungen Architekten Albert Hänle. Auf diesem Wege wurden etwa 80 jugendliche Erwerbslose von der Straße weggeholt und der Stadt damit eine finanzielle Last abgenommen. Das Arbeitsamt förderte die geleisteten rund 10 000 Tagwerke mit 18 000 RM. Schon in den frühen zwanziger Jahren errang die Normannia, die unter der Führung von Hans Aich stand, beachtliche Fußballerfolge. Es folgte eine Erweiterung der Vereinstätigkeit, eine neugegründete Hockeyabteilung vollbrachte ausgezeichnete Leistungen, und die Leichtathletik wurde eifrig gepflegt. Die Ausweitung der Vereinstätigkeit setzte sich fort. Der 1. Sportverein 1895 trat der Normannia bei und brachte damit die Schwerathletik und das Boxen in den Verein. Der 1895 gegründete Velocipedclub folgte nach und bildete nun die Radsportabteilung der Normannia.[96] 1912 beschloß der damalige Turnerbund, einen vereinseigenen Turn- und Spielplatz zu schaffen. Das erforderliche Gelände konnte im Buch erworben werden. Die Kosten für den Erwerb des Platzes und seine Anlage einschließlich der sehr bescheiden ausgestatteten Unterkunft betrugen 17 600 Goldmark, eine stattliche Summe und eine erhebliche Belastung für den 620 Mitglieder zählenden Verein.[97] Nach den Verlusten im Ersten Weltkrieg und der Fusion mit dem Männerturnverein ergab sich eine breitere Grundlage für die nun geschaffene »Turngemeinde Schwäbisch Gmünd 1844 e. V.«. Für den TG-Platz erfolgten weitere Anschaffungen und Verbesserungen. Vom Deutschen Turnfest 1922 in Hannover kehrten Karl und Franz Schuler, Schreitmüller, Ernst Reißmüller und Josef Seitzer als Kranzsieger zurück. Am 28. und 29. Juni 1924 nahm das Gauturnfest des Hohenstaufen Städtegaus auf dem TG-Platz einen glänzenden Verlauf. Das Deutsche Turnfest in Stuttgart, das bereits ins Dritte Reich hineinfällt (Juni 1933), brachte wiederum große Erfolge: Die Vereinsriege der TG errang zwei 1. Preise, sieben Turner der TG kehrten im Schmuck des Eichenkranzes nach Hause zurück; sie wurden im Beisein einer großen Menge auf dem Bahnhofsplatz von Oberbürgermeister Lüllig begrüßt.[98]

Der Bau des Stadtbads (1902) gab dem Schwimmsport mächtigen Auftrieb. Wie bei den Fußballern entstanden auch hier zunächst zwei rivalisierende Clubs, ein »SV Delphin« und ein »SV Neptun«. 1911 vereinigten sie sich zum »Schwimmverein Gmünd e. V. 1902«. Sein erster Vorsitzender war A. Södelmaier. Die Aufwärtsentwicklung des Vereins unterbrach der Ausbruch des Weltkrieges 1914. Danach standen beim Schwimmverein die Bemühungen um die Schaffung eines Freibads im Vordergrund. Man wollte ein Freibad, in dem auch Wettkämpfe ausgetragen werden konnten. Alois Bretzler und Eugen Lang entwickelten den Plan, den See in der »Kleinen Schweiz« zum Freibad des Schwimmvereins umzugestalten. Dabei war viel Idealismus der Vereinsmitglieder gefordert in bezug auf ihre Bereitschaft, selbst Hand anzulegen und Spenden zu sammeln. Der Grund und Boden war nur gepachtet, was geschaffen wurde, war das Werk der Vereinsgemeinschaft. Auch den Schulen stand das Bad für ihre Wettkämpfe zur Verfügung.[99] Als dann die Stadt Anfang der dreißiger Jahre an die große Freibadanlage im Schießtal dachte, setzte sich der Verein mit ganzer Energie, ja Leidenschaft für dieses Projekt ein. Doch vergingen Jahre, bis es in Angriff genommen werden konnte, und als 1939 der Krieg ausbrach, blieb der Schießtalsee unfertig liegen. Aus der Vereinsgeschichte bis 1945 sind noch zwei Namen zu registrieren: Von 1928 bis 1945 führte Max Haecker den Verein, Alfred Hirsch war fast 20 Jahre lang der unermüdliche sportliche Leiter.

Gmünd hat im 19. wie im 20. Jahrhundert dem Diözesanklerus eine stattliche Reihe von Theologen gestellt. Von ihnen sei hier nur Paul Wilhelm von Keppler genannt, der dann der sechste in der Reihe der Rottenburger Bischöfe wurde (1899–1926), ein feinsinnig gebildeter Mann und eine Gelehrtennatur, dazu ein begabter Schriftsteller. Ihm verlieh die Stadt im Jahre 1924 die Würde eines Ehrenbürgers und benannte nach ihm einen Teil der Rappenstraße, entlang dem Firmenkomplex von Erhard & Söhne, in Bischof-Keppler-Straße. 1926 erfolgte die Erhebung der Heilig-Kreuz-Kirche zum Münster, die Bischof Keppler wenige Monate vor seinem Tod vollzog. Aus diesem Anlaß fand im Herbst eine große Feier statt, die zugleich die 600-Jahr-Feier des Münsters darstellte. Es erschien das große Münsterbuch von Professor Nägele. In den folgenden Jahren bis hinein in den Zweiten Weltkrieg wurden umfangreiche Erneuerungsarbeiten am Münster vorgenommen. Die Stadt leistete dazu jeweils ihren Beitrag. 1920 ließen sich die Pallottiner in Gmünd nieder, anfangs in der Hofelichschen Fabrik, dann bei St. Bernhard. Sie errichteten hier ein Progymnasium. 1929 wurde St. Vinzenz, der Neubau bei St. Josef, eingeweiht.[100]

In der evangelischen Gemeinde wurde schon vor dem Ersten Weltkrieg eine zweite und eine dritte Pfarrstelle errichtet, 1920 die vierte. 1905 kam Otto Gittinger hierher, er wurde 1918 erster Stadtpfarrer. Bekannt ist Otto Gittinger durch seine volkstümlichen Gedichte. »Sein Schwäbisch war gewachsen und nicht gekünstelt, der Humor stammte aus einer liebenden Betrachtung der Dinge und Menschen, die Pointe saß stets treffend und witzig«, urteilte Wilhelm Teufel über Gittingers Gedichte.[101] In Gmünd brachte er den Christlichen Verein Junger Männer (CVJM) zu hoher Blüte. Wichtig für das Leben der evangelischen Gemeinde war der Bau des Gemeindehauses, der kurz vor Ausbruch des Ersten Weltkriegs nach den Plänen des Erbauers der Fachschule, Martin Elsässer, begonnen wurde. Der Bau wurde auch nach Kriegsbeginn weitergeführt, und 1916 konnte das Gemeindehaus feierlich eingeweiht werden. Die evangelische Gemeinde bekam mit ihm den eigentlichen Mittelpunkt.[102] Darüber hinaus wurde das Gemeindehaus auch zu einem Mittelpunkt im kulturellen Leben der Stadt, in dem unzählige Vortragsveranstaltungen und Konzerte in den Jahrzehnten seitdem stattgefunden haben. 1930 erwarb der Evangelische Verein unter Stadtpfarrer Plag die ehemalige Kuttlersche Fabrik und baute sie zum Melanchthonhaus um. Dieses konnte einen Kindergarten sowie ein Altersheim aufnehmen.

1926 ging der langgehegte Wunsch der kleinen jüdischen Gemeinde nach einem eigenen Gotteshaus in Erfüllung, nachdem sie jahrzehntelang bei der Stadt in Miete gewesen war, erst in der Schmalzgrube und nach dem Krieg im Refektorium des ehemaligen Dominikanerklosters, also in der Alten Kaserne. Die Gmünder Juden konnten die stillgelegte Zweiglesche Fabrik Katharinenstraße 4/1 unterhalb der Oberamtssparkasse erwerben und zur Synagoge umbauen. In seiner Weiherede bezeichnete Rabbiner Dr. Kroner aus Oberdorf das Gotteshaus als eine Stätte des Lichtes, der Freude und des Rechts und als Eingangspforte zum Himmel.[103]

In den Jahren der großen Krise 1929 bis 1933

Die Gmünder Hauptindustrie hatte sich von der Krise 1925/26 kaum erholt – das Jahr 1928 war vom Umsatz her das beste während der Weimarer Zeit –, als im Gefolge des New Yorker Börsenkrachs 1929 die große Krise hereinbrach, die alle Industrienationen traf, besonders aber Deutschland.
Schwäbisch Gmünd hatte unter der Weltwirtschaftskrise am schwersten zu leiden. Es leuchtet ohne weiteres ein, daß eine Silber- und Schmuckwarenindustrie nahezu zum Erliegen kommt, wenn in einem Staat Millionen von Menschen arbeitslos sind und um ihre Existenz bangen müssen. Aus dieser Lage heraus ergibt sich auch ein unmittelbarer Zusammenhang zum Aufstieg des Nationalsozialismus in Deutschland. Zu der fehlenden Nachfrage im Inland kam, daß der Export zurückging, von dem Gmünd immer auch gelebt hat: Rund ein Drittel der Erzeugung ging 1928 in den Export, 1932 nur noch 24 Prozent, im Dritten Reich dann noch weniger.[104] Am stärksten illustriert den Rückgang der Gmünder Hauptindustrie die Entwicklung der ausbezahlten Löhne und Gehälter einer bestimmten Anzahl von Betrieben in den Jahren 1925 bis 1932. In diesen Betrieben belief sich die Lohn- und Gehaltssumme 1925 auf 4,8 Millionen RM, 1929 betrug sie 5,5, 1930 4,3, 1931 2,7 und 1932 1,8 Millionen RM.[105] Kein Wunder, daß die Einwohnerzahl der Stadt rückläufig war: Die Volkszählung am 16. Juni 1933 ergab eine Einwohnerzahl von 20 131 Personen in der Stadt, das sind 307 weniger als bei der Volkszählung 1925.
Rückgang der Zahl der Beschäftigten, Massenarbeitslosigkeit, kaum Aussicht für die schulentlassene Jugend, einen Arbeitsplatz zu finden, Kurzarbeit mit Löhnen, die unter dem Existenzminimum lagen, kurz Not und Verzweiflung in der Stadt und ihrem Umkreis bei Tausenden von Menschen: Das waren die Kennzeichen dieser Jahre. Die Rems-Zeitung schrieb am 4. Januar 1933: »In weiten Geschäftskreisen hat Verzweiflungsstimmung Platz gegriffen.« Während dann die Krise im Land mit kräftiger Nachhilfe durch die Rüstungsaufträge des Dritten Reiches rasch überwunden war, dauerte es in Gmünd wesentlich länger. Auch in den Konkurszahlen spiegelt sich die Entwicklung. Während es bis 1928 jährlich fünf bis sieben Fälle waren, stiegen die Konkurse 1929 auf 16, 1930 waren es fünf, 1931 20, 1932 acht Konkurse. Sie betrafen eine Reihe von bekannten Gmünder Firmen.[106]
Die Arbeitslosenversicherung wurde als letzte große Versicherung im Jahre 1927 im Reich eingeführt. Im Falle der Arbeitslosigkeit gab es nun – nach mindestens 26 Wochen Beschäftigung zuvor, das war Bedingung – Unterstützung für 24 Wochen,

später nur noch für 20 Wochen. War ein Arbeitnehmer länger arbeitslos, dann mußte anschließend die Krisenunterstützung eingreifen. Ihre Kosten waren zu vier Fünfteln vom Reich, zu einem Fünftel von der Gemeinde zu tragen; jugendliche Arbeitslose unter 21 Jahren erhielten sie nicht. Besonders bedrückend war 1933 die Zunahme der jugendlichen Arbeitslosen. Leiter des Gmünder Arbeitsamts, das damals außer dem Oberamtsbezirk Gmünd auch noch die Bezirke Schorndorf, Welzheim und Gaildorf umfaßte, war Regierungsrat Dr. Adalbert Seifriz. Er erließ einen Aufruf zugunsten der arbeitslosen Jugend. Sie solle in geeigneten Kursen ihr berufliches Wissen und Können erhalten und steigern. Solche Kurse wurden an der Gewerbeschule, aber auch an der Handels- und an der Fachschule eingerichtet; in kurzer Zeit liefen 24 Kurse, davon 13 in Gmünd und zwei in Leinzell. Es waren Kurse für Mechaniker, Elektriker, für Holzverarbeitung, für Segelflugbau und andere.[107]
Neben der beruflichen Fortbildung standen allgemeinbildende Vorträge, Turnen und Sport auf dem Programm. Die Teilnehmer erhielten täglich ein warmes Essen. Auch in den Lagern des Arbeitsdienstes suchte man jugendliche Arbeitslose unterzubringen. Dieser bereits vor 1933 eingerichtete freiwillige Arbeitsdienst ist nicht auf eine Stufe zu stellen mit dem von den Nazis eingerichteten Arbeitsdienst der folgenden Jahre, in dem eine militärähnliche Disziplinierung und weltanschauliche Schulung stattfand.
Da die Krise so lange dauerte, wurden viele Arbeitslose zum Schluß Wohlfahrtserwerbslose, die ganz auf die Stadt angewiesen waren. Im September 1932, also zu dem Zeitpunkt, als die Wirtschaftskrise kulminierte, zählte die Stadt etwa 800 Wohlfahrtserwerbslose und Ausgesteuerte, ungefähr ebenso viele wie im gleichen Zeitraum Bezieher von Arbeitslosen- oder Krisenunterstützung waren.[108] Der Gemeinderat beschäftigte sich wiederholt mit der Lage der Wohlfahrtserwerbslosen. Sie sollten bei Notstandsarbeiten besonders berücksichtigt werden. Im August 1933 wurden 250 Wohlfahrtserwerbslose aus Gmünd zum Bau der Landeswasserversorgung bei Mögglingen vermittelt. Sie erhielten 41 Pfennig Stundenlohn und mußten dabei die Fahrtkosten selbst tragen; es blieben ihnen also 10 bis 12 RM in der Woche.
Was waren die Folgen der Massenarbeitslosigkeit für die Stadt? Die Einnahmen sanken, die Fürsorgelasten stiegen. Die Stadt wurde finanziell bewegungsunfähig; Stellen mußten eingespart werden, auch Lehrerstellen an den Gmünder Schulen. Man lebte von der Hand in den Mund, kein größeres Vorhaben konnte mehr in Angriff genommen werden. Eine Flut von Gesuchen ging bei der Stadt ein, Gesuche um Steuernachlaß, um Stundung fälliger Steuern, um gänzlichen Steuererlaß. Der Gemeinderat, besonders die Innere Abteilung, hatte laufend damit zu tun.[109] Zur Bewältigung dieser Probleme setzte der Gemeinderat eine Steuerkommission ein, bestehend aus dem Oberbürgermeister und den Stadträten Dr. Möhring und Eisele.

Sie hatten die einzelnen Fälle zu untersuchen, bei Betrieben, die in Zahlungsschwierigkeiten gekommen waren, zu prüfen, ob der Betrieb Aussicht hatte zu überleben, ob man ihm entgegenkommen oder das Zwangsverfahren einleiten sollte. Der Rückgang der Steuereinnahmen der Stadt war weit gravierender als im Landesdurchschnitt. Allein bei der Einwohnersteuer 1932 galten 80 000 RM als uneinbringlich. Der Ertrag der Gewerbesteuer sank von Jahr zu Jahr, bis der Tiefpunkt erreicht war. Die Stadt hatte den Aufwand für die Fürsorgeleistungen in der Hauptsache der aus dem Mittelalter stammenden Hospitalstiftung übertragen, deren Einnahmen vor allem aus ihrem umfangreichen Grund- und Waldbesitz stammten. Während die Fürsorgeleistungen der Stadt im Jahre 1930 noch 96 000 RM betrugen, waren sie im Jahre 1932 auf 362 000 RM gestiegen. In diesen Zahlen spiegelte sich wiederum die sprunghafte Zunahme der Not. Eine Summe wie die zuletzt genannte konnte die Hospitalstiftung nicht mehr aufbringen; hier mußte die Stadt mit beträchtlichen Zuschüssen eingreifen.

1933 betrug der ungedeckte Abmangel im städtischen Haushalt 135 000 RM. Die Stadt beantragte deshalb einen Zuschuß des Staates und die Erklärung der Stadt Schwäbisch Gmünd zum Notstandsgebiet. Dieser Antrag wurde von der Handelskammer, der Handwerkskammer und vom Arbeitsamt unterstützt. Daraufhin besichtigte Wirtschaftsminister Professor Lehnich die Stadt und informierte sich auf den Ämtern, bei der Industrie und im Gemeinderat. Das Staatsministerium faßte dann in seiner Sitzung am 26. Januar 1934 den Beschluß, daß »die Stadtgemeinde Gmünd zu den Notstandsgebieten des Landes gehört«. Zu diesem Zeitpunkt amtierte bereits eine nationalsozialistische Regierung in Stuttgart. Es war klar, daß eine Besserung der Lage in Gmünd nur durch Ansiedlung neuer Industriezweige zu erreichen war. Die Struktur der Gmünder Wirtschaft mußte geändert werden. Sicher lag ein Teil der Schuld daran, daß die Struktur der Gmünder Wirtschaft so einseitig geblieben war, an der Haltung der führenden Vertreter der Gmünder Hauptindustrie in den vergangenen Jahrzehnten, wenn dies auch den einzelnen schwer nachzuweisen ist. Sie haben sich zu verschiedenen Zeiten dagegen gesträubt, daß andere Industriebetriebe sich in Gmünd niederlassen konnten,[110] und dies bis 1936 mit Erfolg. Auch nach dem Zweiten Weltkrieg gab es noch solche Versuche.

Die Gemeinderatswahl am 6. Dezember 1931, die letzte vor Hitler, brachte eine spürbare Veränderung im Stadtparlament. In gewissem Sinn bedeutete sie den Abschied vom Honoratiorengremium früherer Jahrzehnte. Neu zogen in den Gemeinderat ein: drei Christlich-Soziale auf der Liste des Zentrums, zwei Nationalsozialisten und zwei Kommunisten. Das Zentrum behielt mit 13 von 24 Sitzen die Mehrheit, ein erstaunliches Faktum angesichts der Schwere der Zeit, die mehr und mehr zum Radikalismus neigte. In der letzten Sitzung des Jahres 1931 verabschiedete der Oberbürgermeister 13 Mitglieder des Gemeinderats, darunter Männer, die diesem bzw. dem Bürgerausschuß früherer Zeiten durch Jahrzehnte hindurch angehört hatten, so Kommerzienrat Hermann Erhard mit 48 Dienstjahren sowie Xaver Schabel, Pius Weikmann und Richard Hartmann. Es schieden auch zwei Sozialdemokraten nach langjähriger Mitgliedschaft im Gemeinderat aus: Christian Zehnder und Robert Baur. Die SPD war nach dieser Wahl nur noch mit einem Mann im Gemeinderat vertreten: mit dem Oberlehrer an der Taubstummenanstalt Gottlob Seitz. Weit stärker waren die Kommunisten; sie stellten drei Stadträte: Lachenmaier, Haag und Lindner. In dem stark veränderten Gremium wurden 1932 lebhafte, zum Teil leidenschaftliche Kämpfe ausgetragen in der Frage, wie man der Not der Zeit wirkungsvoll begegnen solle. Dabei spielten sich die Auseinandersetzungen hauptsächlich zwischen den kommunistischen Stadträten auf der einen Seite, der Stadtverwaltung unter Oberbürgermeister Lüllig und der Zentrumsfraktion auf der anderen Seite ab. Wenn wir uns die Kontrahenten von damals vergegenwärtigen, auf der einen Seite der dialektisch geschulte, scharfzüngige Agitator Lindner, der auch den »Scheinwerfer« mit seinen Beiträgen bedachte, ein in den Betrieben und auf der Straße vertriebenes kommunistisches Lokalblatt, dazu die kämpferischen Sozialisten Lachenmaier und Haag, und auf der anderen Seite ein der bürgerlichen Honoratiorenschicht zugehöriger Oberbürgermeister und der unermüdlich tätige Mahringer als Fraktionsvorsitzender des Zentrums, dann müssen wir sagen, hier prallten zwei Welten aufeinander.

Das Jahr 1932 war ein hektisches Jahr. Es war das Jahr der fortgesetzten Wahlkämpfe, der Deutschlandflüge Adolf Hitlers, der Massenkundgebungen und Demonstrationen, der Straßenschlachten und der politischen Morde. Der Altonaer Blutsonntag am 17. Juli forderte allein 18 Tote und 61 Verletzte. In das Jahr 1932 fielen zwei Wahlgänge bei der Reichspräsidentenwahl, zwei Reichstagswahlen und eine Landtagswahl; in Gmünd kam noch die Oberbürgermeisterwahl dazu, insgesamt waren es also sechs Wahlen in einem Jahr. Im Frühjahr 1932 ging die erste Amtszeit des Reichspräsidenten von Hindenburg zu Ende. Nach der Verfassung wurde der Reichspräsident vom Volk unmittelbar gewählt, im Gegensatz zum heutigen Bundespräsidenten. In Gmünd bildete sich ein Hindenburg-Ausschuß, dem namhafte Persönlichkeiten angehörten. Auf der zentralen Kundgebung am 11. März sprach der württembergische Staatspräsident Dr. Bolz, ein Zentrumspolitiker und aufrechter Demokrat. Seine Rede stellte eine scharfe Auseinandersetzung mit dem Nationalsozialismus dar. Da Hindenburg beim ersten Wahlgang die absolute Mehrheit knapp verfehlte, mußte ein zweites Mal gewählt werden. Hindenburg lag bei dieser Wahl in Gmünd weit voran. Er kam auf 8265 Stimmen; Hitler erhielt 1949 Stimmen und der Kommunist Thälmann 1077. Wenige Wochen später fand die Wahl zum württembergischen Landtag statt. Sie brachte auch im Land einen großen Zulauf zur NSDAP. Die Nationalsozialisten wurden die stärkste Partei, waren aber von der absoluten Mehrheit weit entfernt. Die Parteien waren so zerstritten, daß eine Regierungsbildung nicht zustande kam. Daraufhin blieb die Regierung Bolz geschäftsführend weiterhin im Amt. In dem großen Wahlkreis, zu dem auch Gmünd gehörte, wurden wiederum die Abgeordneten Dr. Beyerle und Gengler vom Zentrum gewählt, von den Nationalsozialisten Kling (Unterkochen) und von den Kommunisten der Gmünder Alfred Haag. Dieser war von Haus aus Schreiner; er wurde später Redakteur der Süddeutschen Arbeiterzeitung und gehörte außerdem dem Gmünder Gemeinderat an. Die größte Erregung verursachten die beiden Reichstagswahlkämpfe des Jahres 1932. Brünings Nachfolger als Kanzler, Franz von Papen, hatte den erst 1930 gewählten Reichstag aufgelöst. Der von Hindenburg brüsk entlassene Brüning stürzte sich entschlossen in den Wahlkampf. Er sprach auch auf einer vom Zentrum veranstalteten Kundgebung in Gmünd am 19. Juli. Auf dieser Kundgebung erschienen aus Gmünd und der weiteren Umgebung bis Ellwangen und Göppingen etwa 10 000 Menschen. Sie fand in einem Zelt beim Bürgergarten statt, an der Stelle, wo heute die Sporthalle steht. Brüning machte auf dieser Versammlung tiefen Eindruck durch die absolute Sachlichkeit, mit der er sprach, und durch die Gelassenheit, mit der er auf eine von den Nationalsozialisten herbeigeführte Störung reagierte. Diese hatten die Stromleitung unterbrochen, so daß die Lautsprecher nicht mehr funktionierten. Das Zentrum war besonders aktiv im Wahlkampf. Die Wahl am 31. Juli 1932 brachte den Sozialdemokraten in Gmünd 1030 Stimmen, den Nationalsozialisten dagegen 2101. Das Zentrum blieb mit 5228 Stimmen die weitaus stärkste Partei in Gmünd, die KPD errang 1568 Stimmen. Die übrigen Parteien blieben weit abgeschlagen.

Dieser Reichstag mit seiner nationalsozialistisch-kommunistischen Mehrheit ermöglichte keine Regierungsbildung der demokratischen Parteien. So stellte Hindenburg erneut die Auflösungsordre aus, und das deutsche Volk mußte im November 1932 ein weiteres Mal wählen. Bei dieser Wahl konnte sich das Zentrum in Gmünd im wesentlichen behaupten, die Nationalsozialisten erlitten beträchtliche Verluste (über 400 Stimmen), die Kommunisten verzeichneten Gewinne. Es ist beachtlich, wen die Parteien als Redner in den Wahlkämpfen des Jahres aufgeboten haben. Es sprachen in Gmünd erst Staatspräsident Bolz, dann die ehemaligen Reichskanzler Brüning und Wirth zu den Reichstagswahlen (beide Zentrum). Zur Juli-Wahl kam auch Kurt Schumacher nach Gmünd, damals Redakteur in Stuttgart und Mitglied des Reichstags, der 1. Vorsitzende der SPD der Nachkriegszeit und Oppositionsführer im Bundestag. Außerdem trat zur Juli-Wahl für die Nationalsozialisten Gregor Strasser auf, damals der zweite Mann in der NSDAP. Er trat im Dezember 1932 wegen Meinungsverschiedenheiten mit Hitler von sämtlichen Parteiämtern zurück und wurde bei der Mordaktion anläßlich des sogenannten Röhm-Putsches 1934 ermordet. Und schließlich traten damals zwei Liberale in Gmünd auf, die in der Zeit nach dem Zweiten Weltkrieg große Bedeutung erlangten: Theodor Heuss und Reinhold Maier. Auch Wilhelm Keil, Landtagspräsident der Nachkriegszeit, trat auf einer Veranstaltung seiner Partei, der SPD, in Gmünd auf.

Die Oberbürgermeisterwahl am 11. Dezember 1932 fand im Vergleich zu 1923 unter völlig veränderten Verhältnissen statt. Außer dem Amtsinhaber kandidierte nur der kommunistische Landtagsabgeordnete Vollmer aus Heilbronn. Auf eine Kandidatenvorstellung verzichtete der Gemeinderat, die beiden Zeitungen traten eindeutig für Lüllig ein und bekämpften die Wahlmüdigkeit. Lüllig veröffentlichte vor der Wahl einen umfangreichen Rechenschaftsbericht. Nur 56,8 Prozent der Bürger gingen zur Wahl. Lüllig erhielt 5429 Stimmen, Vollmer 1890. Der führende Kopf im Gemeinderat war in der Spätzeit der Weimarer Republik Stadtrat Alois Mahringer. Er war zugleich Aufsichtsratsvorsitzender der Gmünder Siedlungsgesellschaft. Wiederholt liefen die Kommunisten Sturm gegen diese Stellung, so in der Sitzung am 29. Dezember 1932. Mahringer hatte zuvor auf einer Vertreterversammlung der Gesellschaft den Fehler begangen, sich bei der Abstimmung mit den Stimmen der Stadt — er nahm an dieser Versammlung zugleich als Vertreter der Stadt teil — zu entlasten. Diesen Vorfall benutzten die Nationalsozialisten später, um Mahringer zu Fall zu bringen. Man gewinnt bei verschiedenen Anlässen den Eindruck, daß Mahringer ein sehr rühriger und fleißiger Stadtrat war, mitunter etwas eng in seinen Auffassungen. Es bestand wohl gelegentlich ein gewisses Spannungsverhältnis zwischen den beiden führenden Männern an der Spitze der Stadt, zwischen dem Oberbürgermeister und Mahringer. Dieser drängte den Oberbürgermeister immer wieder, er möchte ihn aktiver sehen, wie zum Beispiel in der Arbeitsbeschaffung für die Erwerbslosen. Auf der anderen Seite sprach er sich aus weltanschaulichen Gründen gegen das Schießtalseeprojekt des Oberbürgermeisters aus, das doch in hervorragendem Maße geeignet war, Arbeit zu schaffen.

In Gmünd tobte in den Wochen vor dem 30. Januar 1933 der Kampf um den Schießtalsee. Lüllig hatte das Vorhaben vorangetrieben; ihm ging es dabei um die Attraktivität der Stadt und um Arbeitsbeschaffung. Doch am 17. 1. 1933 wurde das Projekt mit den Stimmen des Zentrums im Gemeinderat abgelehnt. Demonstrativ trat darauf Stadtrat Eugen Pfeiffer aus der Fraktion aus und legte sein Mandat nieder; für ihn rückte Fabrikant Paul Köhler nach. Dieser Vorgang löste heftige Polemiken in der Presse aus.[111]

Eine der ersten Handlungen Hitlers war es, mit Hilfe des Reichspräsidenten den Reichstag erneut aufzulösen und damit dem deutschen Volk den dritten Reichstagswahlkampf innerhalb Jahresfrist zu bescheren. Er war als Chef einer Koalitionsregierung angetreten und wollte für seine Partei die absolute Mehrheit im Parlament. Dies gelang ihm in der Wahl vom 5. März 1933 zwar nicht, wohl aber erreichte er eine Mehrheit zusammen mit seinen Verbündeten in der »Kampffront Schwarz-Weiß-Rot«, in der sich die Deutschnationalen Hugenbergs, der Stahlhelm und die Anhänger Papens zusammengefunden hatten.

Betrachten wir noch den Wahlkampf in Gmünd und Umgebung zu dieser Wahl. Rührig waren vor allem die beiden Flügelparteien, die Nationalsozialisten und die Kommunisten, aber auch das Zentrum kämpfte mit großer Hingabe. Am 11. Februar veranstaltete die NSDAP eine Versammlung in Lindach, zu der Gmünder Kommunisten mit Anhängern erschienen. Dabei gerieten der nationalsozialistische Stadtrat Sannwald und der kommunistische Stadtrat Haag aneinander. Sannwald hielt Haag vor, er beziehe als Landtagsabgeordneter hohe Diäten und unterhalte auf der Bank ein ansehnliches Konto, was diesen sehr erregte und zu Drohrufen veranlaßte. Nach der Versammlung gab es vor dem Lokal eine wüste Schlägerei, und es fielen Schüsse. Ein Kommunist wurde in den Oberschenkel getroffen. Man konnte später nicht mehr feststellen, wer zuerst geschossen hatte. Das Ellwanger Landgericht hielt die Kommunisten für schuldig und verurteilte Haag wegen Landfriedensbruchs zu einem Jahr Gefängnis. Haag wurde nach der Gefängnishaft in das berüchtigte Kasemattenlager Kuhberg bei Ulm eingeliefert und kam später in die Konzentrationslager Dachau und Mauthausen. Seiner Frau gelang es, indem sie im Hauptquartier der Gestapo in Berlin vorsprach und bis zu Himmler vordrang, ihn aus dem KZ herauszuholen.

Noch einmal kam der württembergische Staatspräsident Bolz nach Gmünd. Er sprach auf einer großen Wahlkundgebung am 1. März im Stadtgarten. Rechtsanwalt Kah leitete als Vorsitzender des Gmünder Zentrums die Versammlung. Die Rems-Zeitung nannte die Rede des Staatspräsidenten »ein Musterbeispiel ruhiger, sachlicher Überlegungen und staatsmännischen Verantwortungsbewußtseins«. Es war eine kämpferische Auseinandersetzung mit dem Nationalsozialismus. Die Männer der württembergischen Regierung Bolz, Beyerle und Reinhold Maier kämpften damals auf verlorenem Posten. Die anderen demokratischen Parteien engagierten sich kaum mehr, hier hatte schon Resignation Platz gegriffen. Dem Zentrum wird man bescheinigen dürfen, daß es im Gmünder Raum bis zuletzt gegen die Hitler-Flut angekämpft hat. Als Redner traten in Erscheinung: Rechtsanwalt Kah, Fabrikant Paul Köhler, Gewerkschaftssekretär Heibel und Dr. Möhring. Das Wahlergebnis zeigte auch am 5. März das Zentrum vorne: Von 11 903 gültigen Stimmen erhielt es 5135, nahezu 44 Prozent. Es ist freilich nicht zu verkennen, daß der prozentuale Anteil des Zentrums zurückgegangen war. Die Nationalsozialisten konnten gegenüber der Novemberwahl ihre Stimmen nahezu verdoppeln: von 1659 auf 3170; sie erreichten 26 Prozent der Wählerstimmen. In der Umgebung der Stadt fällt auf, daß die Nationalsozialisten bei dieser Wahl in Heubach und Lorch bereits die absolute Mehrheit erreichten. Hoch war ihr Stimmenanteil auch in Bartholomä, Lindach, Täferrot, Großdeinbach und Mögglingen. In dem zuletzt genannten Ort erreichten die Nationalsozialisten 330, das Zentrum 332 Stimmen.

## Die »Machtergreifung« in Gmünd

Die Machtergreifung der Nationalsozialisten in Gmünd ging in mehreren Etappen vor sich. Sie begann mit der Flaggenhissung am Rathaus und endete im April 1934, als Lüllig aus dem Amt entfernt wurde und die letzten Zentrums-Stadträte den Gemeinderat verließen. Bereits am 6. März 1933 forderten die Nationalsozialisten in Stuttgart: »Bolz muß weg.« Am Tag danach hißten sie die Hakenkreuzfahne auf dem Landtagsgebäude.

Am 8. März geschah das seit langem Befürchtete: Berlin ernannte einen Reichskommissar für Württemberg in der Person des SA-Gruppenführers von Jagow, die geschäftsführende Regierung Bolz war damit entmachtet. Am 15. März kam es zur Neuwahl des Staatspräsidenten durch den Landtag, Gauleiter Wilhelm Murr wurde Staatspräsident, doch wenige Wochen später ernannte ihn Hitler zum Reichsstatthalter; darauf wurde Christian Mergenthaler Ministerpräsident. Beide behielten ihre Ämter bis zum Ende des Dritten Reiches.

In Gmünd fand am 10. März eine Sitzung der Inneren Abteilung statt. Oberbürgermeister Lüllig teilte dabei mit, Stadtrat Sannwald habe ihm eröffnet, daß an diesem Abend die Hakenkreuzfahne am Rathaus gehißt werde, flankiert von den Farben des Landes und der Fahne Schwarz-Weiß-Rot. Lüllig legte schärfste Verwahrung gegen dieses Vorhaben ein, weil eine Parteifahne nicht ans Rathaus gehöre; er werde der Flaggenhissung jedoch keinen Widerstand entgegensetzen, da er dies für zwecklos halte. Sannwald erklärte, die Hissung der Hakenkreuzfahne stelle für die Nationalsozialisten eine Antwort dar auf die Hissung der roten Fahne im November 1918. Vor einer großen Menschenmenge fand am Abend die Hissung statt; Lüllig war nicht anwesend. In den folgenden Wochen und Monaten fanden Aktionen der Partei und der SA gegen politische Gegner statt, namentlich gegen Kommunisten. Die Polizei durchsuchte den Laden des Kommunisten Staudinger in der Rinderbachergasse, in dessen Schaufenstern verschiedene Karikaturen sowie Fotos von Lenin und Stalin ausgestellt waren. In der Nacht vom 10. auf 11. März wurden auf Veranlassung des Reichskommissars Funktionäre der KPD in Württemberg in Schutzhaft genommen, in Gmünd waren es sieben. Am 15. April meldete die Rems-Zeitung, die

Kommunisten Lachenmaier, Zimmermann und Eckstein seien in Schutzhaft genommen und auf den Heuberg gebracht worden. Die kommunistischen Stadträte fehlten bereits am 14. März in der Gemeinderatssitzung. Die Frau des Landtagsabgeordneten Haag, der wegen des Vorfalls in Lindach in Untersuchungshaft saß, wurde ebenfalls in Schutzhaft genommen und nach Gotteszell gebracht. Zu den Maßnahmen gegen politische Gegner gehörte es auch, daß Studienrat Wilhelm Maag seine Stelle am Realgymnasium verlor. Maag hatte eine Gruppe der katholischen Jugend an der Doppelanstalt aufgebaut und war ein entschiedener Gegner des Nationalsozialismus. Die SA besetzte das Naturfreundehaus auf dem Himmelreich; dies wurde in »Hermann-Göring-Haus« umbenannt und stand nun der SA zur Verfügung, in den Sommerferien der HJ. Die Volksbücherei auf dem Zeiselberg wurde von der Partei inspiziert und nach verdächtiger Literatur überprüft. Später bewilligte der Gemeinderat 200 RM zur Anschaffung von NS-Literatur.

Schon früh trat die Judenfeindschaft des Nationalsozialismus zutage. Bereits vor 1933 hatten die Umzüge der SA auch in Gmünd mit gehässigen antisemitischen Parolen geendet. Wohl gab es eine antisemitische Einstellung in mittelständischen Kreisen, doch kann von einer verbreiteten Judengegnerschaft in Gmünd nicht gesprochen werden. Im ganzen waren die Juden, eine kleine Minderheit von etwa 90 Personen, hier wohlgelitten. Als »Antwort auf die Greuelhetze des internationalen Judentums« fand im Reich am 1. April 1933 ein Boykott jüdischer Geschäfte statt, organisiert von dem als Judenhetzer bekannten Gauleiter Streicher. In Gmünd spielte sich der Boykott nach Bericht der Rems-Zeitung folgendermaßen ab: »Um $^1/_2$10 Uhr setzte sich die SA und SS in Bewegung. Das einzige jüdische Kaufhaus (Meth, die Namen werden in der Zeitung nicht genannt) und ein Herrenkonfektionsgeschäft (Samuel Fuchs in der Bocksgasse) hatten beim Eintreffen der Kontrollposten bereits geschlossen. Unter Zurücklassung von Doppelposten, die Flugblätter verteilten mit der Aufforderung, nicht in jüdischen Geschäften zu kaufen, zogen die Nationalsozialisten auf den Marktplatz, wo vor einem Schokoladengeschäft (Czisch) und einem Kleidergeschäft (Fuchs) Posten aufgestellt wurden.« Schließlich passierte noch eine Panne bei der Aktion: Ein »rein christliches Unternehmen«, nämlich das Kaufhaus Woha, wurde ebenfalls boykottiert. Obwohl das Geschäft entsprechende Plakate in den Schaufenstern angebracht hatte, wurden die Posten erst nach einer Stunde abgezogen – so groß war der Haß gegen die Warenhäuser in den Kreisen der Partei. »An allen jüdischen Geschäften«, so hieß es weiter in dem Bericht der Zeitung, »auch an einer Privatbank (Gutmann & Naschold) und an den Gammundia-Lichtspielen (Inhaber Alfred Meth) wurden Plakate mit der Aufschrift ›Jüdisches Unternehmen‹ angebracht. Nur einzelne Käufer gingen in die erwähnten Geschäfte und tätigten kleine Einkäufe. Folgen zeigte dieses oppositionelle Vorgehen nicht.« Ein Jahr nach dieser Aktion begann die Abwanderung der Gmünder Juden. Viele zögerten noch Jahre vor diesem Schritt, weil sie einfach nicht wahrhaben wollten, daß für sie kein Platz mehr in Deutschland sein sollte, ja, daß ihr Leben bereits in Gefahr war.

Der Fraktionsvorsitzende des Zentrums, Alois Mahringer, wurde im April durch ein Untersuchungsverfahren, das gegen ihn wegen der Geschäftsführung der Siedlungsgesellschaft angestrengt wurde, politisch ausgeschaltet. Da das Verfahren weiterlief, konnte er bei der Umbildung des Gemeinderats nicht mehr mitwirken. Später stellte sich die Haltlosigkeit der Anschuldigungen heraus. Der Aufsichtsrat der Siedlungsgesellschaft wurde neu besetzt.

Die Umbildung des Gemeinderats erfolgte im April 1933. Ohnehin verlor der Gemeinderat rasch an Bedeutung, da durch die Gemeindeordnung von 1935 das Führerprinzip eingeführt wurde. Die einzelnen Stationen der Umbildung und Gleichschaltung des Gemeinderats wollen wir hier nur in Umrissen skizzieren. Er wurde zunächst neu gebildet nach dem Wahlergebnis bei der Reichstagswahl vom 5. März 1933, wobei die auf die kommunistische Partei entfallenden Stimmen außer Betracht blieben. Das Zentrum verlor dabei seine beherrschende Stellung, die Freie Vereinigung verschwand, weil sie bei der Reichstagswahl ja nicht vertreten war, und die Zahl der nationalsozialistischen Stadträte stieg gewaltig an, von zwei auf acht. Diese Neubildung stellte einen tiefen Einbruch dar; eine Reihe bekannter Kommunalpolitiker gehörte dem Gemeinderat plötzlich nicht mehr an: außer Mahringer und Schall vom Zentrum waren auch Eisele und Frau Grimminger von der Freien Vereinigung sowie Gottlob Seitz von der SPD ausgeschieden. Neu in den Gemeinderat zogen ein die Nationalsozialisten Alfons Baur, Dr. Rudolf Klenk, Karl Barth, Albert Besson, Konrad Weber, Eugen Klozenbücher und Josef Wild. Die Kampffront Schwarz-Weiß-Rot vertrat für kurze Zeit der frühere Stadtpfleger Franz Xaver Grieser. Es kam im weiteren Verlauf der Jahre 1933/34 zu wiederholten Veränderungen in der Zusammensetzung. Die Vertreter des Zentrums wurden nach der Auflösung ihrer Partei teilweise Hospitanten bei der NSDAP, ein Rest blieb in der Eigenschaft von Fraktionslosen noch eine Zeitlang im Gemeinderat. Ab Herbst 1934 war dieser rein nationalsozialistisch. Unter den Nachrückern ragte Dipl.-Kaufmann Karl Frey durch seine Sachkenntnis auf wirtschaftlichem Gebiet hervor. Die Welle der Gleichschaltung erfaßte in diesen Monaten bald jeden Verband, jede Organisation, ja jeden Verein, selbstverständlich auch jeden Wirtschaftszweig. Und wenn man beispielsweise auf den Sachverstand einzelner Männer angewiesen war und sie deshalb beließ, dann traten nationalsozialistische Vertreter in ein solches Gremium ein, meistens gleich in führender Position. So wurde der mehrfach erwähnte Elektromonteur Karl Barth, ein »alter Kämpfer«, Vorstandsvorsitzender der AOK. Der Chef der Gmünder Polizei, Polizeirat Geiger, ein verfassungstreuer Beamter, wurde im Zuge der Gleichschaltung von einem Tag zum anderen nach Reutlingen versetzt. Sein Nachfolger, zunächst als kommissarischer Polizeirat, wurde Polizeiinspektor Frank, ein der Partei ergebener Mann.

Ein großes Aufgebot wurde zum 1. Mai 1933 veranstaltet, dem »Tag der nationalen Arbeit«. In den Betrieben versammelte sich zunächst die Belegschaft zur Betriebsfeier. Wer nicht erschien, erhielt für diesen Tag keinen Lohn. Am Nachmittag fand der große Festzug statt, wobei Wert darauf gelegt wurde, daß der Unternehmer bzw. die Geschäftsleitung jeweils an der Spitze der Betriebsangehörigen marschierte. Die Handwerker gestalteten zum Teil hübsche Gruppen. An die 7000 Teilnehmer registrierten die Zeitungen. Der Festzug endete auf dem Marktplatz, dort sprach Albert Besson vom Balkon des Rathauses. Am Tag danach kam das böse Erwachen für die Arbeiterschaft: die Gewerkschaften wurden zerschlagen, ihre Häuser von der SA besetzt, das Erbe der Gewerkschaft trat die »Deutsche Arbeitsfront« (DAF) an. Am 2. Mai berichteten die Zeitungen nur kurz, daß das Metallarbeiterheim am Kalten Markt von SA besetzt worden sei. Die Aktion stand unter der Leitung von Bolch, Besson und Schlenker. Auch die Christlichen Gewerkschaften blieben nicht verschont. Am 6. Mai wurde an der Verwaltungsstelle des Christlichen Metallarbeiterverbands im Turniergraben die Hakenkreuzfahne gehißt, das Büro besetzt und ein Beauftragter für die Christlichen Gewerkschaften eingesetzt. Umbenennungen mußten sich verschiedene Straßen und Plätze, aber auch Gebäude gefallen lassen: So wurde auf Vorschlag des Oberbürgermeisters der Bahnhofsplatz in Adolf-Hitler-Platz umbenannt, der heutige Johannisplatz hieß im Dritten Reich Skagerrakplatz. Das Realgymnasium mit Oberrealschule erhielt die Bezeichnung Hindenburg-Oberschule für Jungen.

Eine herausragende Persönlichkeit haben die Nationalsozialisten in Gmünd nicht besessen. In den sogenannten »Kampfjahren« sind vor allem Angehörige des bedrängten Mittelstandes, aber auch geschäftlich Gescheiterte zu ihnen gestoßen, kaum Arbeiter. Nach dem 5. März 1933 erlebte die Partei einen großen Zulauf, ebenso SA und SS, insbesondere aber die Hitler-Jugend. Alfons Baur, der schon länger zum Nationalsozialismus hinneigte und dem auch antisemitische Äußerungen nicht fremd waren, wurde im Dezember 1932 zum Kreisleiter ernannt. Er war Oberreallehrer am Realgymnasium, im Grunde kein Politiker. Der feinfühlige Musiker hat sich als Chormeister des MGV einen Namen gemacht. Als Kreisleiter war er dann mit einer Fülle von Problemen im Notstandsgebiet Gmünd konfrontiert; damit war er zweifellos überfordert. Gelegentlich suchte er, wie übrigens auch sein Nachfolger, in wirtschaftlichen Fragen Rat beim Leiter des Arbeitsamts, Dr. Seifriz. Wiederholt vertrat Baur als stellvertretender Stadtvorstand den Oberbürgermeister. Von der Ideologie des Nationalsozialismus wenig berührt, hat Baur gelegentlich versucht, mäßigend zu wirken und das Schlimmste zu verhüten. Häufiger als Baur trat in den Anfangsjahren Albert Besson in Erscheinung. Er fungierte in der ersten Hälfte 1933 als Ortsgruppenleiter, doch gegen seine Tätigkeit bestanden bei der Gauleitung bald Bedenken; Besson galt als zu gemäßigt. In den Monaten der wilden Verhaftungen hat er einige Kommunisten aus der Polizeihaft geholt. Er wurde dann von Stuttgart zum Rücktritt aufgefordert, den er sofort vollzog. Um nach außen jeden Prestigeverlust zu vermeiden, schlug ihm Baur vor, die Propagandaarbeit im Kreis zu übernehmen. Bei der Amtseinsetzung von Dr. Haegele als kommissarischer Oberbürgermeister im April 1934 trat er nochmals in Erscheinung, danach zog er sich zurück.[112] Nachfolger als Ortsgruppenleiter wurde Oberlehrer Josef Klozenbücher. Er war ab Februar 1934 auch im Gemeinderat; sein Stellvertreter in der Ortsgruppenleitung wurde Studienrat Hans Kolb, Zeichenlehrer am Realgymnasium. Kolb trat häufig als Parteiredner auf, auch in den Landgemeinden. Eine steile Karriere nahm in den Jahren 1933/34 der Hauptlehrer Alfons Kleiner. Wir kommen damit zur Entwicklung der HJ in Gmünd. Stellte sie bis zur Machtergreifung nur ein kleines Häuflein dar, so erlebten Jungvolk, HJ und BdM im Frühjahr 1933 einen lawinenhaften Zulauf. Neben echter Begeisterung spielte dabei auch der Druck auf die Jugendlichen bzw. deren Eltern eine Rolle. Namentlich Angehörige des öffentlichen Dienstes, Beamte und Angestellte in städtischen und staatlichen Verwaltungen hatten es schwer, ihre Kinder noch von der HJ fernzuhalten. Später wurde es ihnen praktisch unmöglich gemacht; sie mußten sonst Strafversetzung, wenn nicht Entlassung befürchten. Kleiner übernahm Anfang Mai 1933 die Führung der Gmünder HJ. Er entfaltete sofort eine rege Aktivität und gab in der Presse ein umfangreiches Programm für die Gestaltung der Heimabende bekannt; dabei nahmen Themen wehrpolitischen, gegenwartspolitischen und rassekundlichen Inhalts einen breiten Raum ein. Eifrig bemühte er sich um die Gleichschaltung der Jugend. Dabei konnte er die verschiedenen noch bestehenden Gruppen in die HJ »eingliedern«, zuletzt den Bund »Königin Luise« und die Evangelische Jugend. Auf einem Werbeabend der HJ am 20. Januar 1934 erklärte Kleiner, der NS-Staat wolle die gesamte deutsche Jugend erfassen, nur die katholische Jugend stehe noch abseits. Von Haus aus war diese in Gmünd sehr stark, sie hatte aber mittlerweile beträchtliche Einbußen erlitten und war bereits in ihrem öffentlichen Auftreten sehr eingeengt. Man kann hier feststellen, daß der Nationalsozialismus in Gmünd in wenigen Jahren eine blühende, in viele Gruppen gegliederte katholische Jugendbewegung zerschlagen hat. Übrig blieb eine Kernmannschaft bei Neudeutschland, Quickborn, beim Jungmännerverein und beim Heliand; das waren Jungen und Mädchen, die den Beitritt zur HJ ablehnten und damit in wachsendem Maße Schikanen, vor allem in der Schule, ausgesetzt waren. An Pfingsten 1934 konnten Neudeutschland, die St.-Georgs-Pfadfinder und die Sturmschar gemeinsam noch ein Zeltlager beim Wäscherschloß abhalten. In den Jahren des verschärften Kirchenkampfes mündete die Gegnerschaft zur HJ bei einem Teil dieser Jugendlichen in den aktiven Widerstand gegen den Nationalsozialismus. Dies gilt vor allem für Otto Fuchs, einen Neudeutschen.[113]

Bald nach dem 30. Januar 1933 stellten die Partei und ihre Gliederungen beträchtliche Anforderungen an die Gemeinden. Sie verlangten Räume und Geld. Oberbürgermeister Konrad stellte in einem Schreiben an die Kreisleitung vom 1. September 1938 die Leistungen der Stadt für die Partei zusammen und verzeichnete dabei »für eine Notstandsgemeinde sehr ansehnliche Beträge«. Vermutlich gingen ihm die fortgesetzten, häufig anmaßenden Forderungen zu weit, und er wollte einmal darlegen, welch beträchtliche Summen die Stadt bereits an Geld und Sachleistungen für die Partei erbracht hatte. 1933 waren es 2500 RM; die Beträge stiegen rasch an und erreichten im Jahr 1937 die Summe von 96 000 RM. Schon unter Lüllig erhielt die Partei Räume in der Alten Kaserne und im »Bären«.

Lüllig suchte sich im späteren Verlauf des Jahres 1933 anzupassen, aber er war kein Mann der Partei. Diese wollte einen Nationalsozialisten auf seinem Posten, und so lauerte man darauf, ihm bei Gelegenheit sein Amt wegzunehmen. Diese Gelegenheit bot sich im März 1934, als mit großem Propagandaaufwand in Presse und Rundfunk der Beginn der »Arbeitsschlacht« verkündet wurde. Hitler gab das Signal dazu mit ein paar Spatenstichen an der Autobahn bei München und einer Rede. Diese Kundgebung sollte größtmögliche Publizität erhalten; so mußte in den Betrieben die Belegschaft die Übertragung anhören, und was für die Betriebe galt, sollte auch für die Behörden gelten. Lüllig hatte offenbar zunächst an eine Übertragung im Rathaus gedacht, denn er hatte eine Lautsprecheranlage bestellt. Dann aber besann er sich eines anderen und ordnete an, daß die Kundgebung abends von Schallplatten abgehört werden solle. Tatsächlich weilte Lüllig am Abend des 21. März 1934 mit den städtischen Arbeitern, Angestellten und Beamten im Stadtgarten zur Wiedergabe der Kundgebung. Die Notiz darüber in der Rems-Zeitung ist die letzte Erwähnung Lülligs in der Presse; von da an steht kein Wort mehr über ihn in der Zeitung. Dieses Verhalten Lülligs diente als Vorwand, ihn aus dem Amt zu entfernen, denn im Protokoll der Gemeinderatssitzung vom 24. März 1934 heißt es: *OB Lüllig wurde wegen Verhinderung der Übertragung des Beginns der Arbeitsschlacht am 21. 3. 1934 vorläufig beurlaubt.* Er war bereits am 22. März mitten aus der Sitzung der Inneren Abteilung heraus durch den Leiter der Außenstelle Aalen der Württembergischen Politischen Polizei und den in Gmünd amtierenden Polizeirat Frank abgeholt worden. Noch am selben Tag mußte er die Stadt verlassen. Am 19. September 1934 wurde er dann aufgrund des § 6 des Gesetzes zur Wiederherstellung des Berufsbeamtentums in den Ruhestand versetzt. Auch in diesem Fall diente das

Gesetz zur Bemäntelung eines Unrechts. Auf Weisung des Innenministeriums wurde er bereits ab 1. August 1934 bei der Württembergischen Gebäudebrandversicherungsanstalt verwendet zu wesentlich geringeren Bezügen. Man wird vermuten können, daß radikale Kreise der Gmünder NSDAP auf seinen Sturz hingearbeitet haben. Eine Äußerung des Ortsgruppenleiters Josef Klozenbücher deutet darauf hin. Klozenbücher hatte in derselben Sitzung, auf der Lüllig abgeholt wurde, beantragt, für die größeren Verwaltungen der Stadt – Rathaus, Spital und Betriebswerke – Lautsprecher zu beschaffen, damit größere Kundgebungen der Regierung künftig übertragen werden könnten. Auf den Sturz Lülligs folgte die »Bereinigung« im Gemeinderat. Es waren ja noch immer acht ehemalige Zentrums-Stadträte da, teils Hospitanten, teils Fraktionslose. Auf einen massiven Vorstoß des nationalsozialistischen Stadtrats Karl Hörner, der sich auf Vorgänge in Wahlkämpfen des Jahres 1932 berief und den Ausschluß dieser Stadträte forderte, zogen diese die Konsequenzen. Sie erkannten, daß im Gemeinderat kein Platz mehr für sie sei, und legten ihre Mandate nieder. Als dann Stadtrat Grieser im September 1934 ebenfalls ausschied, bestand der Gemeinderat nur noch aus Nationalsozialisten.[114]

Am 13. April 1934 trat der vom Innenministerium zum kommissarischen Ortsvorsteher ernannte Regierungsrat Dr. Karl Haegele sein Amt an. Der 32jährige Beamte wurde in einer Gemeinderatssitzung von Besson begrüßt, Klozenbücher erwartete von ihm, daß er dem Nationalsozialismus vollends zum Durchbruch verhelfe, besonders in den städtischen Ämtern. Haegele schlug in seiner Antrittsrede einen forschen Ton an. Er führte in dem halben Jahr seiner Tätigkeit ein straffes Regiment im Rathaus und lehrte manche Verwaltung das Fürchten. Damit hatte sich das NS-Regime in Gmünd voll durchgesetzt. Am 3. November 1934 trat dann der bisherige Bürgermeister von Laupheim, Franz Konrad, sein Amt als Oberbürgermeister in Gmünd an. Und wenn bei der Amtseinsetzung Konrads der württembergische Innenminister Dr. Jonathan Schmid erklärte: »Wenn OB Lüllig auch in der letzten Zeit in politischen Dingen nicht immer eine glückliche Hand gezeigt hat, so muß doch anerkannt werden, daß hier kein böser Wille vorlag, und daß er sein Amt allezeit und selbst in den schwersten Jahren verantwortungsbewußt und untadelig geführt hat«, so hörte sich das fast wie eine Rehabilitation des brüsk aus dem Amt entfernten früheren Oberbürgermeisters an.[115]

## Aus der Amtszeit von Oberbürgermeister Konrad 1934 bis 1945

Franz Konrad hatte sich nicht um das Amt des Gmünder Oberbürgermeisters beworben, eine Wahl fand auch nicht mehr statt: Er war durch Stuttgarter Stellen, die Ministerialabteilung für Bezirks- und Körperschaftsverwaltung bzw. das Innenministerium, aufgefordert worden, die Stelle in Gmünd zu übernehmen. Zugleich hatte man ihn zum Wirtschaftsbeauftragten für das Notstandsgebiet Gmünd bestimmt. Als solcher wollte er von Anfang an die Struktur der Gmünder Wirtschaft ändern, die fast ausschließlich auf die Silberwaren- und Schmuckindustrie ausgerichtet war. Ohne das traditionelle Edelmetallgewerbe zurücksetzen zu wollen, ging er daran, diese Einseitigkeit durch Ansiedlung neuer Betriebe aus anderen Branchen zu korrigieren. Dies ist ihm unter großen Mühen gelungen, und das ist das Hauptverdienst, das er sich um Schwäbisch Gmünd erworben hat.

Konrad ist im Vertrauen der Partei, der er selbst angehörte, hierher berufen worden. Er sollte in dem schwer darniederliegenden Gmünd nach dem Rechten sehen, aber auch die Ziele der Partei verwirklichen. In den Anfangsjahren versuchte er, beides in Einklang zu bringen. Die Bürgermeister hatten, wenn sie ihre Aufgabe ernst nahmen, die Belange der Gemeinde gegen die Ansprüche und Eingriffe der Partei zu verteidigen. In den Jahren 1934 bis 1937 kam es in dieser Beziehung, so lange Kreisleiter Baur im Amt war, zu keinen größeren Auseinandersetzungen. Später freilich geriet Konrad in Konflikt mit der Partei. An und für sich war die Stellung des Bürgermeisters im Dritten Reich stark; nach nationalsozialistischer Auffassung sollte er der Führer seiner Gemeinde sein. Er trug die Verantwortung allein, aber letztlich entschied doch der Wille der Partei. In allen wichtigen Angelegenheiten holte der Oberbürgermeister die Stellungnahme des Beauftragten der NSDAP ein, und das war der Kreisleiter. Dies entsprach der Regelung, wie sie in der Deutschen Gemeindeordnung vom 30. Januar 1935 vorgesehen war. Der Beauftragte der Partei gehörte dem Gemeinderat nicht an; Baur, der bisher Stadtrat war, schied deshalb aus dem Gremium aus. Er sollte dem Oberbürgermeister wie dem Gemeinderat als Kontrollinstanz gegenüberstehen. Der Gemeinderat war in seiner Bedeutung stark herabgemindert. Die Ratsherren, wie seine Mitglieder nun hießen, vertraten vorrangig Parteiinteressen. Eine echte Meinungsbildung fand nicht mehr statt, auch keine Abstimmung. In vielen Fällen folgte der Gemeinderat einfach den Vorschlägen der Verwaltung; nicht immer bei Personalentscheidungen. Hier wurden die Vorschläge der Ämter glatt übergangen, wenn ein Parteigenosse oder der Sohn eines solchen vorgeschlagen wurde. Ein in dieser Weise arbeitender Gemeinderat verlor rasch das Interesse der Öffentlichkeit. Ohnehin waren die Sitzungen beinahe alle nichtöffentlich, eine Berichterstattung in der Presse fand nicht statt. Gelegentlich ließ der Oberbürgermeister durch einen Beamten der Presse eine Notiz über die im Gemeinderat behandelten Themen zuleiten.

Gleich zu Beginn seiner Amtstätigkeit führte Konrad eine personalpolitische Entscheidung von großer Tragweite herbei. Der Posten des Stadtpflegers war neu zu besetzen. Es lagen zahlreiche Bewerbungen vor, darunter sechs von Beamten der

Stadt. Doch Konrad erklärte, es müsse neues Blut in den Beamtenkörper der Stadt gebracht werden. Er hatte sich für den damals noch sehr jungen Erwin Ruisinger entschieden, und dieser trat am 1. Mai 1935 sein Amt an. Ruisinger hatte zuvor das Kreiswohlfahrtsamt in Waldsee geleitet. Nach der Deutschen Gemeindeordnung war für die Stadt eine Hauptsatzung zu erstellen. In dieser war die Bestellung der Beigeordneten und der Ratsherren geregelt. Das entscheidende Wort hatte dabei der Kreisleiter. Er teilte dem Gemeinderat mit, daß er beabsichtige, den bisherigen Ratsherrn Karl Barth, Kreiswalter der DAF, zum Ersten Beigeordneten mit der Amtsbezeichnung »Bürgermeister« vorzuschlagen. Der Stadtpfleger Erwin Ruisinger solle Stadtkämmerer, der bisherige Ratsherr Josef Huber, Kaminfegermeister und Kreiswalter der NSKOV (Nationalsozialistische Kriegsopferversorgung), weiterer ehrenamtlicher Beigeordneter werden. Und so geschah es: Bis Kriegsende amtierten die drei an der Spitze der Stadt, Ruisinger allerdings war in den letzten Kriegsjahren eingerückt.

Anläßlich der Einbringung des Haushalts 1936 bemerkte der Oberbürgermeister, daß der vielerorts zu beobachtende Aufschwung in Gmünd nicht eingetreten sei. Erstmals lag der Haushaltsplan als gedruckte Anlage vor. Ruisinger erläuterte die Pläne im einzelnen. Die Tätigkeit des Stadtkämmerers war in den ersten Jahren vor allem darauf gerichtet, die hohen Ausstände an Steuern und Abgaben hereinzubringen. Diese betrugen beim Amtsantritt von Konrad rund eine halbe Million RM. Der nun mit Nachdruck und Härte betriebene Einzug längst fälliger Steuern ergab im Jahre 1936 eine zusätzliche Einnahme von 130 000 RM. Bis Februar 1937 waren von den Ausständen etwa 300 000 RM eingegangen, ein Zeichen für die allmähliche Erholung der Gmünder Wirtschaft. Die Steuerkraft der Stadt war in den Jahren der Krise gesunken. Pro Kopf der Einwohnerschaft betrug sie damals in Gmünd 45 RM, in Ludwigsburg 70, in Göppingen 120 und in Esslingen 130 RM. Kein Wunder, daß die Stadt 1935 im Tiefbau, also für Straßen, Kanalisation usw., nur 170 000 RM zur Verfügung hatte, Göppingen dagegen im gleichen Jahr über 600 000 RM. Es gab kaum eine Stadt in Württemberg, die eine derart geschwächte Finanzkraft aufzuweisen hatte wie Schwäbisch Gmünd.

Die Partei suchte, ihr nicht genehme Beamte aus dem Amt zu drängen. An der Spitze der Betriebswerke stand seit bereits 25 Jahren Direktor Eduard Wenger, ein anerkannter Gasfachmann. Er war ein Mann, der aus seiner Überzeugung kein Hehl machte und sich auch nicht scheute, den Nationalsozialisten unbequeme Dinge zu sagen. Am 30. Oktober 1936 kam es im Gemeinderat zum Zusammenstoß zwischen Wenger und dem Ratsherrn Josef Klozenbücher. Dieser verlangte anschließend ein Dienststrafverfahren gegen Wenger, doch Wenger wurde wegen Krankheit zum 30. April 1937 pensioniert. Auch Baurat Dr. Schneider hatte unter den Attacken der

Parteigenossen zu leiden. In diesem Fall war es Johann Sannwald, Kreishandwerks-meister und Ratsherr, der ein Dienststrafverfahren gegen Schneider in Gang bringen wollte, weil er sich von ihm bloßgestellt fühlte. Zu einer Entfernung aus dem Dienst kam es zwar nicht, aber Schneider war durch Jahre hindurch kaltgestellt und durfte an den Ratssitzungen nicht mehr teilnehmen. Die Fälle Wenger und Dr. Schneider sind Beispiele dafür, wie man mißliebige Beamte entfernen und durch linientreue Nationalsozialisten ersetzen wollte.[116]

Bei den Betriebswerken benutzte Konrad den Amtswechsel, um einen alten Plan zu verwirklichen, nämlich die Leitung der Werke zu teilen. Es gab in Zukunft einen technischen und einen kaufmännischen Direktor. Die Stelle Wengers erhielt ein Parteimann, ein von der Gauleitung ausgesuchter Bewerber: Dipl.-Ing. Willy Brandegger aus Stuttgart. Klozenbücher erklärte bei dieser Kandidatenauswahl, ein alter Parteigenosse sei nötig, »um den jahrelang durch einen Freimaurer verseuchten Posten wieder in Ordnung zu bringen«. Noch eine Personalentscheidung, die ein-deutig unter parteipolitischem Gesichtspunkt stand. Der neue Kreisleiter Oppenlän-der wünschte einen Nationalsozialisten auf dem Stuhl des Standesbeamten, und so mußte ihn der bisherige Amtsinhaber Kucher räumen. Oppenländer präsentierte auch gleich den Nachfolger: Kreisamtsleiter Treuter sollte das Amt übernehmen, und so geschah es. Kucher übernahm die Ratsschreiberei und weitere Aufgaben.[117]

Die wirtschaftliche Lage war in Gmünd auch in den Anfangsjahren des Dritten Rei-ches schlecht. In der Edelmetallindustrie ging es weiter abwärts. Eine Reihe von Betrieben mußte saniert werden, wobei die Stadt durch Steuernachlässe erhebliche Opfer brachte. Hunderte von Arbeitern wanderten ab und fanden auswärts Beschäf-tigung. Den Rückgang in der Zahl der Beschäftigten der Gmünder Edelmetallindu-strie zeigt eine Untersuchung von Dr. Hermann Haas, über welche die Schwäbische Rundschau am 4. Juli 1936 berichtete. Danach wurden bei der Betriebszählung am 16. Juni 1933 in der Stadt Gmünd 158 Betriebe des Edelmetallgewerbes mit 1742 Beschäftigten gezählt. Das waren 2758 Beschäftigte (61 Prozent) weniger als im Juli 1925. Im gesamten Gewerbe Württembergs war von 1925 bis 1933 eine Abnahme der Beschäftigtenzahl von acht Prozent zu verzeichnen, im Gmünder Edelmetallge-werbe aber eine solche von 61 Prozent! Haas meinte dazu, eine gewisse Hilfe bedeu-te es, daß sich die Betriebe zum Teil auf die Herstellung neuer Artikel umstellten.[118]

Notgedrungen mußte man sich dazu bereitfinden, zum Beispiel als Zulieferer für die Kfz-Industrie tätig zu sein. Eine bescheidene Erleichterung brachten in den Anfangsjahren des Dritten Reiches die Abzeichen-Aufträge. So sollte die Gmünder Industrie zum 1. Mai 1934 3 Millionen Festabzeichen liefern. Damit bekam eine Anzahl von Betrieben für 14 Tage Arbeit. Die Verteilung des Großauftrags auf die einzelnen Firmen übernahm ein Ausschuß mit Kreisleiter Baur, Dr. Seifriz und

Oberbürgermeister Lüllig.[119] Unermüdlich ging damals Direktor Eugen Köhler (Erhard & Söhne) von Betrieb zu Betrieb, um seine Kollegen bei den notwendigen Umstellungen zu beraten. Waren die Gmünder Unternehmer bislang an eine verhältnismäßig großzügige Kalkulation gewöhnt, so mußten sie nun mit Pfennigbeträgen rechnen, ja mit Bruchteilen von Pfennigen. Das fiel manchem nicht leicht.

Die Einbrüche im Gmünder Wirtschaftsleben spiegeln sich auch im Schicksal der Banken wider. So ist im Gemeinderatsprotokoll vom 20. Dezember 1935 davon die Rede, die Gewerbebank habe einen Verlust von etwa 400 000 RM abzudecken gehabt, welcher in der Hauptsache durch Firmenzusammenbrüche und durch den Rückgang der Haus- und Grundstückswerte entstanden sei. Direktor Leiberich sprach von den »unglücklichen Sanierungsjahren«, doch jetzt gehe es aufwärts. In der Tat stellte sich im Laufe des Jahres 1936 eine langsame Besserung ein. Doch es kamen neue Schwierigkeiten. Die Devisenknappheit des Reiches hatte Einfuhrbeschränkungen zur Folge: Die Versorgung der Betriebe mit Gold und Silber stockte. Auch von daher waren sie veranlaßt, auf andere Produktionen auszuweichen. Und eines Tages waren dies dann Rüstungsaufträge. Aber mit Umstellungen in den vorhandenen Betrieben allein war es nicht getan. Die Umstellung in der Struktur der Gmünder Wirtschaft mußte kommen; es mußten Hunderte von neuen Arbeitsplätzen geschaffen werden, auf weitere Sicht sogar Tausende, um eine wirkliche Besserung herbeizuführen.

Die Haushalte der Jahre 1937 und 1938 zeigten eine steigende Tendenz.[120] Im außerordentlichen Haushalt der Stadt für das Rechnungsjahr 1937 standen 262 000 RM Erschließungskosten für die Hardt-Kaserne, 61 000 RM für die Erschließung von Industriegelände und 200 000 RM für eine Industrieansiedlung im Schießtal, von der noch die Rede sein wird. Der Haushalt war nicht voll ausgeglichen und schloß in den Ausgaben mit 2,6 Millionen ab. Das Jahr 1938 brachte eine kräftige Steigerung bei Einnahmen und Ausgaben. Der ordentliche Haushalt 1938 schloß in Einnahmen und Ausgaben mit 2,9 Millionen RM ab. Bemerkenswert ist, daß die Stadt in diesem Jahr zu Steuersenkungen schritt, die wichtigste betraf die Gewerbesteuer. Bei ihr wurde der Hebesatz von 350 auf 320 Prozent gesenkt. Bei diesem Hebesatz errechnete der Stadtkämmerer eine Gewerbesteuereinnahme von 700 000 RM, 1939 mit 725 000 RM. Im Jahr 1938 gab es eine kräftige Erhöhung bei der Kreisumlage. 1939 mußte der Kämmerer wegen allgemeiner Verschlechterung der Finanzlage kürzertreten. Eine Belastung für die städtischen Finanzen ergab sich daraus, daß ein großer Teil der Rücklagen, welche die Stadt in den letzten Jahren für kommende Aufgaben angelegt hatte, zur Zeichnung von Reichsanleihen verwendet werden mußte. Mit diesen Anleihen wollte das Reich die forcierte Rüstung und den hektischen Ausbau des Westwalls finanzieren. Dazu kam noch, daß das Reich kurzerhand die Steuerüberweisungen an die Länder und Gemeinden im Betrag von 500 Millionen RM kürzte. Der Ausfall betrug für Schwäbisch Gmünd etwa 300 000 RM. Im außerordentlichen Haushalt für 1939 waren Mittel für die Verlegung des Bauhofs vorgesehen, eine schon lange dringende Maßnahme, da sich der städtische Bauhof bislang an verschiedenen Stellen befand. Er kam nun in den Westen der Stadt, angrenzend an das Areal der Schenk-Werke. In der öffentlichen Sitzung des Gemeinderats am 14. März 1939 dankte der Oberbürgermeister den Gmünder Steuerzahlern für die großen Summen, die sie zur Umstellung der Gmünder Wirtschaft aufgebracht hätten.[121] Die Einwohnerzahl stieg wieder in der Stadt, während sie in den Jahren bis 1933 stagnierte bzw. rückläufig war. Am 17. Mai 1939 fand eine Volkszählung statt; sie ergab eine Einwohnerzahl von 22 072 gegenüber 20 409 Einwohnern im Jahr 1933.

## Schenk und ZF kommen nach Gmünd

Von Anfang an war Oberbürgermeister Konrad sehr rührig in Sachen Industrieansiedlung. Er wurde dabei hervorragend durch Dr. Seifriz vom Arbeitsamt unterstützt. Dr. Ernst von der Industrie- und Handelskammer war ebenfalls beteiligt. Willy Schenk, der Maulbronner Unternehmer, war auf der Suche nach einem neuen Standort für sein Zweigwerk Mühlacker, das Elektronguß herstellte und von dort weg mußte, weil es militärisch gesehen in der Gefahrenzone lag. Schenk wollte von einer Verlegung nach Mitteldeutschland, die ihm vorgeschlagen wurde, nichts wissen. Er wollte im süddeutschen Raum bleiben und entschied sich für Gmünd, nachdem er in Stuttgart auf das hiesige Notstandsgebiet hingewiesen worden war.
Am 30. Juni 1936 teilte Konrad im Gemeinderat mit, es sei ein Herr Bullinger vom Reichsluftfahrtministerium hier gewesen, um das für Schenk vorgesehene Gelände an der Lorcher Straße zu besichtigen. Hier wird bereits deutlich, daß bei der Niederlassung von Schenk Interessen der Rüstung mitsprachen. Bullinger wird uns noch öfters begegnen, er spricht auch bei der Ansiedlung der ZF in Gmünd mit. Die Stadt war bereit, dem neuen Unternehmen steuerlich weit entgegenzukommen, außerdem sollten günstige Preise für Gas, Wasser und Strom ausgehandelt werden. Für den Bau der Schenk-Werke im Westen erbrachte die Stadt bedeutende Vorleistungen. Dazu gehörte das Industriegleis West, das allerdings nicht nur für Schenk gebaut wurde. Außerdem mußten der Mühlbach verlegt und verdolt, ein Kanal für die Abwässer sowie eine neue Gasleitung gebaut werden. Später kam noch ein eigener Gasbehälter für das Gebiet hinzu. Mit den Bauarbeiten für Schenk konnte im September 1936 begonnen werden. Ingenieur Julius Winter hat das Gmünder Werk zusammen mit Willy Schenk aufgebaut. Am 7. Juli 1937 wurde das Werk mit dem ersten Guß in Betrieb genommen.

In losem Zusammenhang mit Schenk erschien zunächst die Werkzeugbau-GmbH Schwäbisch Gmünd; unter ihren Gesellschaftern befand sich auch das Aluminiumwerk Schenk Maulbronn. Kapitalgeber war im wesentlichen der württembergische Staat. Der Werkzeugbau erhielt vom Wirtschaftsministerium die Aufgabe, die Gmünder Industrie durch Heranbildung von Facharbeitern zu befruchten, die mit der Fertigung von Massenteilen vertraut waren, wie sie besonders bei Kraftfahrzeugen, Flugzeugen und feinmechanischen Erzeugnissen gebraucht wurden. Er begann als Werkstätte für Umschulung, später wurde er ein Betrieb von Schenk.

Die Produktion bei Schenk lief 1938 bereits auf Hochtouren. Am 8. Dezember 1938 teilte Konrad im Gemeinderat mit — von den Ratsherren waren sieben anwesend, acht fehlten —, daß Schenk seinen Betrieb wesentlich vergrößern wolle. Er erhielt dazu weiteres Gelände von der Hospitalverwaltung. Das Gaswerk mußte seine Produktion innerhalb weniger Monate wesentlich steigern, denn Schenk meldete einen sprunghaft steigenden Bedarf an.

Das wichtigste Unternehmen, das damals in Gmünd angesiedelt wurde, ist zweifellos das Zweigwerk der ZF. Am 31. August 1936 teilte der Oberbürgermeister im Gemeinderat mit, vor einigen Tagen seien Vertreter der Zahnradfabrik Friedrichshafen AG in Gmünd gewesen wegen der Errichtung eines Filialbetriebs.[122] In der Automobilindustrie herrschte eine wachsende Nachfrage nach Getrieben. Der beschleunigte Aufbau der Wehrmacht erforderte eine Unzahl von Fahrzeugen einschließlich der Panzer. Direktor Cappus, einer der führenden Männer in der ZF, war für eine Dezentralisierung des Unternehmens. Die ZF war also auf der Suche nach einem weiteren Standort; sie selbst war für einen Ort in Süddeutschland, doch sprachen Berliner Stellen mit wegen der Wehrmachtslieferungen, die das neue Werk erbringen sollte. Im Stuttgarter Wirtschaftsministerium schlug Hermann Gögler, nach dem Zweiten Weltkrieg Staatssekretär im Staatsministerium, das Notstandsgebiet Gmünd vor, und so kamen die Friedrichshafener Vorstandsmitglieder zu einem Orientierungsbesuch nach Gmünd. Konrad war vom ersten Augenblick an mit viel Energie bei der Sache; er hatte auch schon einen Bauplatz anvisiert: das Gelände zwischen der Gärtnerei Held und den Seuchenbaracken am Ziegelberg. Die Stadt tat in der Folgezeit alles, um der ZF die Ansiedlung in Gmünd schmackhaft zu machen: Das Gelände sollte zu einem billigen Preis abgegeben werden; man versprach Entgegenkommen bei den Steuern, günstige Tarife bei Gas, Wasser und Strom und gab die Zusicherung, die Arbeitskräfte kostenlos umzuschulen. Außerdem versprach die Stadt, sich um Wohnungen für die aus Friedrichshafen zuziehenden Ingenieure und Facharbeiter zu bemühen.

Nachdem auch Berlin seine Zustimmung zum Standort Gmünd gegeben hatte, konnten die Verträge zwischen der Stadt und der ZF am 7. Januar 1937 unterzeichnet werden. Von der ZF waren erschienen der Gründer der Firma, Direktor Graf von Soden-Fraunhofen, sowie die Direktoren Cappus und Dolt. In seiner Ansprache ging Konrad auch auf jene Stimmen ein, die gegen eine solche Industrieansiedlung in Gmünd sprachen, weil sie der Hauptindustrie vielleicht Arbeitskräfte entziehe. Er bemerkte dazu: Wenn man bedenke, daß die an sich willigen, als intelligent, zäh und fleißig bekannten Gmünder Arbeiter nun schon viele Jahre hindurch keine oder nur Kurzarbeit gehabt hätten, dann müsse man es als absolut richtig bezeichnen, wenn man neue und krisenfestere Industrie hier ansiedle.

Die Bauarbeiten am Gmünder Werk der ZF begannen am 14. Dezember 1936. Am 14. Juni 1937 liefen die Maschinen an, die ZF Gmünd begann mit der Produktion. Am Jahresende zählte sie 142, im Jahre 1939 bereits 560 Mitarbeiter. Im Jahr 1937 betrug der Durchschnittslohn bei den gewerblichen Arbeitern 77 Pfennig in der Stunde.[123] Oberbürgermeister Konrad äußerte sich am 17. Februar 1937 über seine Bemühungen, für Gmünd neue Betriebe zu gewinnen: »Es war ein schwerer Weg. Wir haben bis jetzt mit über 30 Firmen verhandelt, mit einigen wenigen sind wir zum Zuge gekommen.« Für die neuen Betriebe mußten die einheimischen Arbeiter erst umgeschult werden. Die ehemaligen Gold- und Silberschmiede mußten lernen, auf Hundertstel Millimeter genau zu arbeiten. Nach dem Umschulungskurs ging es ins Stammwerk nach Friedrichshafen, wo die Umschüler die Maschinen kennenlernten, an denen sie künftig in Gmünd arbeiten sollten. Mit den neuen Betrieben kam Stammpersonal aus Maulbronn bzw. Friedrichshafen nach Gmünd, Facharbeiter, Ingenieure und Techniker. Für sie mußten Wohnungen beschafft werden. Konrad dachte an eine weitere Stadtrandsiedlung nach dem Muster der Schindelackersiedlung, und zwar auf dem Rehnenhof. Das Jahr 1936 verstrich mit der Planung der Rehnenhofsiedlung,[124] der Auswahl der Siedler und dem Bau einer Wasserleitung. Die Siedlung sollte an der alten Straße nach Wetzgau entstehen. Dazu brauchte man zwei Äcker, die zu Wetzgau gehörten; damit aber wurde die Markungsgrenze überschritten, denn Wetzgau gehörte ja noch zu Großdeinbach. Die Stadt strebte deshalb eine Änderung der Markungsgrenze an, da es höchst unerwünscht war, daß die neue Siedlung durch eine Markungsgrenze, die damals zugleich eine Oberamtsgrenze war, durchschnitten würde. Bürgermeister Glos von Großdeinbach sträubte sich gegen die Änderung der Markungsgrenze. Darauf wurde Wetzgau kurzerhand aus dem Gemeindeverband Großdeinbach herausgelöst und nach Gmünd eingemeindet (1938). Auf dem Rehnenhof baute die Gmünder Siedlungsgesellschaft zunächst 17 Einfamilienhäuser, die den Anfang der Siedlung darstellten. Es wurden dann viele Häuser für Angehörige der Schenk-Werke gebaut, so daß eine Schenk-Siedlung innerhalb der Rehnenhofsiedlung entstand. Diese Häuser wurden von der Württembergischen Heimstätte erstellt und mit Darlehen des Reichsluftfahrtministeriums finanziert. Die Stadt förderte auch an anderen Stellen das Bauen. So errichtete die Gemeinnützige Wohnungsfürsorge (GWF) in der Buchstraße 20 »Volkswohnungen«. Mit den Jahren erstellte die GWF an der Buch- und Moltkestraße ein geschlossenes Wohngebiet, das im Jahre 1939 etwa 80 Wohnungen umfaßte. Weit im Westen, von der eigentlichen Stadt noch durch große Grünflächen getrennt, entstand die Saar-Siedlung. Der Staat baute an der Schwerzerallee die Staatsturnhalle und erwarb für das Staatliche Hochbauamt und Vermessungsamt einen Platz an der Ecke Goethe-/Olgastraße, heute Rektor-Klaus-Straße. Schon 1938 stieß das Bauen auf große Schwierigkeiten; es fehlte an Arbeitskräften und an den wichtigsten Baumaterialien. Schließlich wurden nur noch Wohnungsbauten für Arbeiter in Rüstungsbetrieben bewilligt.

Es war eben von der Eingemeindung von Wetzgau die Rede. Durch sie wurde die ursprünglich kleine Markung der Stadt erstmals erweitert, und zwar von 1826 auf 2050 ha. Im Jahr 1938 wurde auch eine seit langem geplante Kreisreform verwirklicht. Dadurch wurde die Zahl der Kreise in Württemberg von 62 auf 37 verringert. In der Umgebung von Gmünd verschwanden die alten Oberämter Gaildorf und Welzheim. Der Landkreis Gmünd wuchs bei dieser Kreisreform um einiges, was auch die Bedeutung der Kreisstadt erhöhte; er verlor die Gemeinden Reichenbach unterm Rechberg und Winzingen an den Kreis Göppingen, umgekehrt verlor der Kreis Göppingen die Gemeinde Maitis an Gmünd.

Neu zum Landkreis Schwäbisch Gmünd kamen damals die Gemeinden Heuchlingen und Schechingen vom Kreis Aalen; Eschach, Untergröningen, Obergröningen, Ruppertshofen und Vordersteinenberg vom bisherigen Kreis Gaildorf sowie die Gemeinden Alfdorf, Pfahlbronn, Lorch, Waldhausen und Großdeinbach vom ehemaligen Kreis Welzheim.

## Verschärfung des Kurses – Kreisleiterwechsel

Das wichtigste »innenpolitische« Ereignis in Gmünd in den Jahren vor dem Zweiten Weltkrieg war der Kreisleiterwechsel im Herbst 1937. Alfons Baur schied am 1. Oktober 1937 aus dem Amt. Es darf als sicher angenommen werden, daß Baur der Gauleitung in Stuttgart als »zu weich« galt, und daß sie deshalb auf einen Wechsel zusteuerte. Man wollte zudem das Amt des Kreisleiters hauptamtlich besetzen. Baur blieb im Schuldienst; er wurde zum Ehrenbürger der Stadt ernannt und später zum Studienrat befördert. Sein Nachfolger als Kreisleiter wurde Hermann Oppenländer. Wie Baur von Haus aus Lehrer, hatte er bereits 1925 eine Ortsgruppe der NSDAP gegründet. 1933 leitete er die Kurse für die Kreisbauernführer auf der Comburg, 1934 wurde er Kreisleiter in Vaihingen/Enz. Unter ihm bekam alles in Gmünd eine schärfere Note. Stärker als Baur schaltete er sich in die öffentlichen Angelegenheiten von Stadt und Kreis ein. In der Stadt jagte eine Veranstaltung der Partei die andere. Bald war er Redner auch in den Landgemeinden. »Er war mehr Schulmeister als Kreisleiter«, lautete das Urteil eines Kenners.

Fast gleichzeitig mit Oppenländer kam Sturmbannführer Hössle nach Gmünd; er hatte bisher eine SA-Standarte in Tübingen geführt. Gmünd war seit 1. April 1937 Sitz der SA-Standarte 121, ihre Führung übernahm Hössle. Oppenländer griff in der Folgezeit maßgeblich in die Gmünder Szene ein; beide Männer spielten am Ende der NS-Zeit noch eine unheilvolle Rolle. Redner in den Kreisgemeinden bei den verschiedenen Versammlungswellen waren außer Oppenländer der Kreisschulungsleiter Burkhardt, Kreishauptstellenleiter Schill, Professor Pfeffer, Bürgermeister Barth, Konrad Weber und andere. Die besondere Linientreue Oppenländers zeigte sich beim Pfarrhaussturm 1938, über den wir an anderer Stelle berichten. Zum Auftakt der jährlichen Kampagne für das Winterhilfswerk 1938/39 veranstaltete die Partei eine Arbeitstagung. Zuvor war auch die Eingliederung des Sudetenlandes ohne Krieg über die Bühne gegangen. Oppenländer polemisierte gegen Abseitsstehende, die bei der letzten Kleidersammlung nichts übrig hatten, und prangerte diejenigen an, die sich »in den letzten Wochen kleingläubig und unzuverlässig« gezeigt hätten. Das war eine Anspielung darauf, daß die Deutschen im Herbst 1938 so wenig wie dann bei Kriegsausbruch 1939 Bereitschaft und Begeisterung für einen Krieg gezeigt hatten, und daß nach München, wo sich Hitler mit Mussolini, Chamberlain und Daladier traf, ein Aufatmen durch das Volk ging, als die kriegerische Auseinandersetzung noch einmal unterblieben war. Das WHW lief darauf glänzend an. Am »Tag der nationalen Solidarität« sammelte die Parteiprominenz, der Kreisleiter und die Ortsgruppenleiter, auch der Oberbürgermeister und Landrat Dr. Hoss an den verkehrsreichen Punkten der Stadt.

Hössle führte sich damit in Gmünd ein, daß er dem Oberbürgermeister vorschlug, den Marktplatz in »Platz der SA« umzubenennen. Das ging Konrad doch zu weit. Schließlich wurde der Platz vor dem »Roten Ochsen« in der Ledergasse zum Platz der SA erklärt und die Remsstraße in »Hermann-Göring-Straße« umbenannt.

Vom »Bären« zog die Partei in die Alte Kaserne (Prediger) um; sie wurde zum Zentrum der Parteiaktivitäten und damit zum »Braunen Haus« in Gmünd. Dem Oberbürgermeister schwebte vor, das Gebäude von den Wohnungen zu räumen und NS-Formationen dort unterzubringen. 1937 war der Gebäudekomplex bis auf zwei Wohnungen geräumt. Damit hatte die HJ eine Vielzahl von Zimmern zur Verfügung; der Mietwert dieser Räume betrug jährlich 5520 RM. Dieser Betrag wurde der HJ als städtischer Beitrag zur Verfügung gestellt, sie hatte also keine Miete zu bezahlen. Außerdem bekam sie noch einen Barbeitrag von 5000 RM von der Stadt.

Oppenländer hatte schließlich den Wunsch geäußert, die Alte Kaserne ganz in die Hand zu bekommen. Da dort aber noch andere Einrichtungen untergebracht waren, konnte dies nicht verwirklicht werden. Darauf wurden ernsthafte Erwägungen angestellt, den »Roten Ochsen« in der Ledergasse — heute Deutsche Bank — als künftiges Parteihaus einzurichten. Der Kriegsausbruch verhinderte die Verwirklichung dieses Planes. Zu den Leistungen der Stadt für die Partei gehörte auch eine neue Schießanlage, die vorwiegend für die Schießübungen der Parteigliederungen gedacht war, für die Politischen Leiter (PL), für SA, SS, NSKK, HJ usw. Am 23. August 1939 besichtigte der Gemeinderat diese Schießanlage unterm Buch.

Aus der einen Ortsgruppe der NSDAP in Gmünd waren mittlerweile vier geworden: die Ortsgruppe Schmiedturm (Ortsgruppenleiter Max Hammele), Zeiselberg (Konrad Weber), Jahn (Rektor Schmauder) und Stadtgarten (Hermann Held). Die Deutsche Arbeitsfront leitete Otto Finter und die NS-Gemeinschaft »Kraft durch Freude« Fritz Fischer, der dieses Amt im Herbst 1938 abgab. Kreiswalter der NSV war Bürgermeister Barth. Für die Freizeitbetreuung der arbeitenden Menschen sorgte die NS-Gemeinschaft »Kraft durch Freude«. Mit zwei Sonderzügen fuhren im August 1938 2000 Gmünder an den Bodensee. KdF pflegte vor allem die leichte Muse: Operette, Ballett und Varieté. Die Partei führte Morgenfeiern am Sonntagvormittag durch, die an die Stelle des Gottesdienstes treten sollten. Auch sonst wurden Ersatzriten eingeführt, zum Beispiel die Eheweihe anstelle der kirchlichen Trauung.

Breit gefächert waren die Aktivitäten der HJ; sie reichten von Appellen und Märschen über sportliche Wettkämpfe bis hin zu Altmaterialsammlungen aller Art und Ernteeinsätzen. Im Jahre 1937 wurde der Unterbann in Schwäbisch Gmünd zum »Bann Hornberg« erhoben; die Stelle des Bannführers wurde hauptamtlich besetzt. Die Jugend war nun vollständig »erfaßt«, das heißt etwa 98 Prozent gehörten der HJ an.[125] Im Frühjahr wurden jeweils Meldestellen für die Zehnjährigen eingerichtet, wo sie sich für das Jungvolk bzw. die Jungmädelschaft anmelden konnten.

Bereits im Januar 1937 ging es mit den Sammlungen an, weil viele Rohstoffe knapp geworden waren. So sammelte das Jungvolk Silberpapier, Cremetuben, Flaschenkapseln und Stanniol. Es folgte eine Altmaterialkampagne, bei der Lumpen aller Art sowie Gegenstände, die Kupfer, Bronze, Messing und Eisen enthielten, gesammelt wurden. In der Kriegszeit wurden diese Sammelaktivitäten noch gewaltig gesteigert.

Auf verlorenem Posten kämpfte die Kirche in der Schulfrage. Noch in den Anfangsjahren des Dritten Reiches gab es, was die Volksschule betrifft, in Württemberg nur Konfessionsschulen. Die Nationalsozialisten schafften sie ab, obwohl das Reichskonkordat die katholische Schule ausdrücklich schützte. Im Jahre 1936 fand eine heftige Propaganda zugunsten der »Deutschen Schule« statt, die eine Gemeinschaftsschule war. In großem Umfang gaben die Eltern dem Druck dieser Werbung nach.

Dann kam die Sache mit dem Treuegelöbnis: Wie zuvor schon die Beamten, sollten nun auch die Geistlichen, die an den Schulen Religionsunterricht erteilten, dem Führer Treue und Gehorsam geloben. Die Geistlichen vermuteten, wohl zu Recht, daß man sie damit verpflichten wollte, den Religionsunterricht im nationalsozialistischen Sinne zu erteilen. Als Dekan Großmann vor dem Gelöbnis im Namen der Geistlichen einen entsprechenden Vorbehalt anbringen wollte, erklärte ihm Schulrat Traa, dies komme einer Verweigerung des Gelöbnisses gleich. Tags darauf wurden diese Geistlichen, wie dann übrigens auch evangelische Pfarrer, von der weiteren Erteilung des Religionsunterrichts ausgeschlossen. Hämisch bemerkte dazu die Schwäbische Rundschau am 2. Juli 1937: »Staatsfeinde können nicht Jugenderzieher sein.« Mit dem Religionsunterricht an den Schulen wurden darauf nach einer Weisung Mergenthalers »geeignete staatliche Lehrer beauftragt«, was den Bischof bald veranlaßte, die Gläubigen aufzufordern, ihre Kinder nur in den von der Kirche veranstalteten Unterricht zu schicken. Dieser wurde in St. Ludwig abgehalten. Der in den Schulen abgehaltene Religionsunterricht dagegen wurde schließlich zum Weltanschauungsunterricht umfunktioniert, der von der Kirche erteilte immer mehr erschwert, so daß die religiöse Erziehung der Jugend schließlich nahezu vollständig unterbunden war. Die katholische Mädchenrealschule St. Ludwig wurde abgewürgt. 1937 durfte sie keine erste Klasse mehr aufnehmen. In den folgenden Jahren sahen sich die Schwestern gezwungen, die beiden Gebäude von St. Ludwig an die Stadt zu verkaufen, zuerst den Neubau an der Katharinenstraße. In ihn übersiedelte dann die Oberschule für Mädchen.

## Der Pfarrhaussturm 1938

Gauleiter Murr war mit der Haltung der katholischen Geistlichkeit unzufrieden. Bischof Sproll war ihm wegen seiner mutigen Predigten, in denen er schonungslos die weltanschauliche Linie des Nationalsozialismus verurteilte, besonders verhaßt. Eine solche Predigt hielt der Bischof am 19. September 1937 auf dem Hohenrechberg. An dieser Glaubenskundgebung nahm eine größere Anzahl von Männern aus Gmünd teil; anwesend waren aber auch Spitzel des Regimes. Der Volksabstimmung und Wahl am 10. April 1938 blieb der Bischof fern.
Am 11. April erschienen am späten Abend etwa zwanzig Gmünder Nationalsozialisten vor dem Haus von Dekan Großmann auf dem Münsterplatz. Sie randalierten und schrien: »Heraus mit dem schwarzen Hund, heraus mit dem Verräter.« Schüsse fielen, Fenster wurden mit Steinen eingeworfen. Der Dekan rief die Polizei zur Hilfe; doch diese unternahm nichts gegen die Demonstranten und führte ihn ab. Beim Eingang in den Polizeihof erhielt Großmann einen Fußtritt, so daß er zu Boden

stürzte und sich verletzte. Anschließend ging es gegen das Gebäude in der Münstergasse, in dem Kaplan Eugen Schmid wohnte. Dort nahmen die Gewalttäter einen Baumstamm und rammten die Haustür. Ähnlich verfuhr man in Waldstetten beim Sturm auf das Pfarrhaus von Pfarrer Treiber. Die drei Geistlichen wurden in Schutzhaft genommen und nach Stuttgart überführt. Später wurden sie aus dem Gebiet des Gaus Württemberg-Hohenzollern ausgewiesen, sie konnten also in der Diözese Rottenburg nicht mehr eingesetzt werden.

Diese Vorfälle riefen in Gmünd und Waldstetten starke Erregung hervor. Die drei Geistlichen waren der Partei seit langem verhaßt. Großmann scheute sich nicht, in Predigten immer wieder auf die Politik und das Verhalten der Nationalsozialisten anzuspielen. Bei den beiden anderen Geistlichen ist mit Sicherheit anzunehmen, daß ihre erfolgreiche Jugendarbeit den Machthabern ein Dorn im Auge war. In der Gerichtsverhandlung, die wegen des Pfarrhaussturms nach 1945 in Ellwangen stattfand, übernahm der ehemalige Kreisleiter Oppenländer die Verantwortung für diese Aktion, die nach seinen Angaben durch eine Weisung der Gauleitung ausgelöst war.[126] Durch verschiedene Aktionen versuchte die NSV, den kirchlichen Einfluß einzudämmen. Kindergärten waren bis 1933 ausschließlich in der Hand der Kirchen, ebenso die verschiedenen Krankenpflegestationen. Diesen Einrichtungen setzte die Partei ihre Gegengründungen entgegen. Auf dem Zeiselberg wurde in dem Gebäude, in dem früher das Volksbildungswerk und die Volksbücherei zu Hause waren, ein NSV-Kindergarten mit Hort eingerichtet. Später wünschte die Partei im Westen der Stadt ebenfalls einen NSV-Kindergarten, der im Anschluß an die Festhalle im Stadtgarten gebaut werden sollte. Doch dieser Bau kam in der Vorkriegszeit nicht mehr zustande. Statt dessen wurde in dem von der Stadt erworbenen Schulgebäude von St. Ludwig an der Katharinenstraße ein städtischer Kindergarten eingerichtet, bei dem »die weltanschauliche und fachliche Führung« der NSV oblag.

Anläßlich der Etatberatung 1937 bemängelte ein Ratsherr die Beiträge an die verschiedenen Krankenpflegestationen (St. Elisabeth, Evangelischer Krankenpflegeverein) und beanstandete den geringen Betrag für die NSV. Er mußte sich belehren lassen, daß sich die Beiträge der Stadt nach der Zahl der in der Krankenpflege tätigen Schwestern richte; bei der NSV aber war erst eine »Braune Schwester« tätig. »Dann müssen eben weitere Braune Schwestern her«, lautete die Antwort.[127] Das aber war auch für die Partei nicht so einfach: es fehlte eben an ausgebildeten Schwestern. Aus diesem Grund konnte die Partei auch die Barmherzigen Schwestern aus dem Spital nicht verdrängen.

Daß der NS-Staat von allem Anfang an die Aufrüstung betrieb, die er dann in den Jahren vor dem Zweiten Weltkrieg zur Vorbereitung eines Angriffskriegs gewaltig steigerte, spürten die Gmünder sehr früh. Am 15. Mai 1934 überraschte der kommissarische Stadtvorstand Dr. Haegele den Gemeinderat mit der Eröffnung, daß die Reichswehr die Gmünder Garnison auf volle Bataillonstärke bringen wolle und deshalb die Erweiterung der Bismarckkaserne plane. Dafür verlangte das Militär von der Stadt eine Reihe von Vorleistungen, so die kostenlose Abtretung der erforderlichen Grundstücke, an drei Tagen in der Woche die Benutzung des TG-Platzes, und außerdem solle die Stadt bis zum 15. Mai 1936 ein Freibad errichten. Damit nicht genug. Konrad selbst war als ehemaliger Offizier dem Militär sehr zugetan und trachtete danach, einen weiteren Truppenteil nach Gmünd zu bringen. Er pflegte deshalb enge Beziehungen zu den Offizieren der Gmünder Garnison, insbesondere zum Standortältesten, dem in Gmünd populären Oberstleutnant Knörzer. Für Konrad war weiteres Militär ein Element der wirtschaftlichen Belebung. So richtete er zunächst ein Gesuch an den Befehlshaber im Wehrkreis V. Am 12. September 1935 hieß es dann, die Wehrmachtsverwaltung suche Gelände für eine weitere Einheit, das Feld auf der Bettringer Höhe erscheine ihr besonders geeignet. Das war der erste Hinweis auf den Bau der Hardt-Kaserne in den kommenden Jahren. Die Stadt stellte das Gelände südlich der Straße Gmünd/Oberbettringen im Umfang von etwa 9,5 ha zur Verfügung; der Kaufpreis betrug 1 RM pro qm. Außerdem erbrachte sie beträchtliche Leistungen in der Erschließung des Grundstücks. Zum Bau der Hardt-Kaserne, die dann von einer Artillerie-Einheit bezogen wurde, benötigte man noch zwei bis drei Morgen von der Bettringer Markung. Diese wurden durch Änderung der Markungsgrenze zu Gmünd geschlagen.

Den Bau einer großzügigen Badeanlage im Schießtal hatte Konrad von seinen Vorgängern als Aufgabe übernommen, der See wurde jedoch zunächst nicht gebaut. Einmal lag es daran, daß dafür ein umfangreicher Geländetausch mit dem Staat notwendig war, zum anderen machte sich bereits Materialknappheit bemerkbar. Das Innenministerium mahnte im Jahr 1937 die Gemeinden, mit Rücksicht auf den Vierjahresplan Bauvorhaben zurückzustellen.[128] In der Frage des Grunderwerbs für den See gelangte der Oberbürgermeister zu der Überzeugung, daß es am besten wäre, den gesamten Waldbesitz des Staates im Schießtal gegen städtischen Wald auf dem Albuch zu tauschen. Aufgrund dieses Vorschlags machte die Forstdirektion Stuttgart ein Tauschangebot. Gegen Ende des Jahres 1937 konnte der Oberbürgermeister dem Gemeinderat mitteilten, daß der Waldtausch in Stuttgart genehmigt sei. Darauf zog Konrad noch einen Bäderfachmann hinzu, und so wurde der Bau des Badesees noch einmal verzögert. Er konnte erst kurz vor Kriegsausbruch begonnen werden. Die Arbeiten kamen dann bald ins Stocken. 1940 ergab sich ein Lichtblick, als das Bau-Ersatz-Bataillon sich bereit erklärte, die Arbeiten am See weiterzuführen. Dies geschah aber nur eine kurze Zeit, dann stockten die Arbeiten wieder. Immerhin konnte nach dem Aufschütten von Kies im Seebecken das Wasser eingeleitet werden.

Zur öffentlichen Badebenützung wurde der See jedoch nicht freigegeben, weil die Kabinen, die Umzäunung und vor allem die Aufsicht noch fehlten. Zum Marinetag 1941 wurde der See wieder gefüllt und erlebte verschiedene Vorführungen, aber sonst blieb die Anlage unvollendet liegen bis Kriegsende und darüber hinaus.

## Weitere Industrieansiedlungen

In den Jahren vor dem Zweiten Weltkrieg kamen noch drei Unternehmen hierher: eine weitere Zahnradfabrik, dann die Betriebe von Gladitz und die Herrenmantelfabrik Otto Zapp & Co. Bereits 1937 trat das Reichsluftfahrtministerium an die ZF heran, ein weiteres Werk zur Herstellung von Zahnrädern für Flugzeuggetriebe in Gmünd zu bauen. Der neue Betrieb sollte, da er kriegswichtig war, unauffällig liegen. Richard Bullinger vom Reichsluftfahrtministerium und der Landesplaner Bohnert besichtigten das Schießtalgelände und fanden es für das Vorhaben geeignet. Das Projekt führte zur Gründung der »Schwäbischen Zahnradwerke GmbH Schwäbisch Gmünd«, also zu einer eigenen Firma, getrennt von der ZF, doch eng mit ihr verbunden. Der Handelsregistereintrag datiert vom 23. November 1938. Zu Geschäftsführern wurden die beiden Direktoren der ZF bestellt, Alfred Graf von Soden-Fraunhofen und Hans Cappus. An der Finanzierung der neuen Firma war das Reich mehrheitlich beteiligt. Damit war eine Entwicklung eingeleitet, die zum Werk Schießtal hinführte, das in der Gegenwart das Stammwerk der ZF am Ziegelberg weit überflügelt hat. Die Stadt sollte das Grundstück bereitstellen, sofort eine Straße bauen sowie Gas und Strom zuführen. Die Kosten für den Bau der Straße blieben an der Stadt hängen: Sie erhielt ihren Namen nach Richard Bullinger und heißt heute noch so.

Der Bau der neuen Fabrik verzögerte sich wegen der akuten Materialknappheit. Dazu kam der Arbeitskräftemangel. Im Herbst 1940 konnte die Produktion im Schießtal beginnen. Bis 1944 wuchs die Belegschaft der Schwäbischen Zahnradwerke auf 380 Personen.

Gladitz wollte mit seinen zwei Betrieben, der Glühlampen-Maschinenfabrik und der Glühlampenfabrik Südlicht, von Berlin weg in den süddeutschen Raum. Zunächst ging es ihm in Gmünd um geeignete Räume; er fand sie in dem Anwesen der früheren Schuhfabrik R. J. Mayer. Am 4. Januar 1938 schrieb Seifriz, nächste Woche werde der Kaufvertrag mit Mayer getätigt. Die Stadt gewährte die üblichen Vergünstigungen für den Bezug von Gas und Strom sowie Entgegenkommen bei der Gewerbesteuer in den Anfangsjahren. Die Glühlampenfabrik Südlicht nahm ihre Produktion im Januar 1939 auf, die Maschinenfabrik folgte im Mai. Die Firma Zapp war ursprünglich in Stuttgart beheimatet und stellte Herrenmäntel her. Von ihr ist am 23. Februar 1937 erstmals im Gemeinderat die Rede. Zapp hatte in Gmünd einen Zweigbetrieb eingerichtet und war hier in Miete. Das Nebeneinander von Stuttgart und Gmünd führte aber zu Schwierigkeiten, und so trug sich Heinrich Zapp mit dem Gedanken, die Gmünder Filiale wieder aufzugeben. Da schaltete sich Seifriz ein: Das Arbeitsamt sei an dem Betrieb interessiert, weil er einer größeren Zahl weiblicher Arbeitskräfte Beschäftigung biete und weil ein Textilbetrieb dienlich erscheine zur Abrundung der Gmünder Wirtschaftsstruktur. Seifriz konnte Zapp davon überzeugen, daß es die beste Lösung sei, den Betrieb ganz nach Gmünd zu verlegen und hier zu bauen. Über den Standort war man sich bald im klaren; die Fabrik sollte an der Stuttgarter Straße zwischen der Reichsstraße 29 und der Rems entstehen. Dazu mußte die stadtbauplanmäßig bereits projektierte Straße entlang der Rems gebaut werden. Auch Zapp kam mit umfangreichen Wünschen nach Gmünd, die Stadt kam ihm, wie den bereits angesiedelten Firmen, entsprechend entgegen. Den Neubau entwarf der Stuttgarter Architekt Dr. Döcker. Am 14. Juli 1939, also wenige Wochen vor Kriegsbeginn, erschien eine große Anzeige in der Zeitung, daß Zapp Motor- und Handnäherinnen zum Einlernen sowie einige Schneider suche.

Im Zusammenhang mit der Strukturänderung der Gmünder Wirtschaft steht die Umschulungswerkstätte in der Gewerbeschule. Sie ist vom Leiter des Arbeitsamts und der Stadtverwaltung ins Leben gerufen worden und schulte Leute um für eine Tätigkeit in der ZF, aber auch bei Alfing Kessler in Wasseralfingen. Die Reichsanstalt für Arbeitsvermittlung gab Zuschüsse. Die Stadt kam auf diese Weise zu gut eingerichteten Werkstätten. Die Gmünder Gold- und Silberschmiede wurden hier als Eisendreher, Fräser, Hobler und in verwandten Berufen ausgebildet.

Mit dem Erlaß des Wirtschaftsministers vom 31. Januar 1934 war die Stadt Gmünd als Notstandsgebiet anerkannt worden. Oberbürgermeister Konrad war bei seinem Amtsantritt zum Wirtschaftsbevollmächtigten für das Notstandsgebiet Schwäbisch Gmünd bestellt worden. In einem Schreiben an den Wirtschaftsminister vom 3. Juli 1939 bat er nun, ihn von diesem Amt zu entbinden, da er diese Aufgabe für erfüllt ansah. Er erwähnte in diesem Zusammenhang, daß die Stadt neben der staatlichen Hilfe aus eigener Anstrengung etwa eine Million RM für das große Ziel der Strukturänderung der Gmünder Wirtschaft aufgebracht habe, um sie für die Zukunft krisenfest zu machen. Dies bezeichnete er als eine einmalige Leistung, zumal die Steuerkraft der Stadt gegenüber anderen vergleichbaren Städten noch erheblich zurückliege. Auf diesen Abschlußbericht antwortete das Wirtschaftsministerium am 4. August 1939 mit Worten hoher Anerkennung für Konrad: »Es kann keinem Zweifel unterliegen, daß es Ihrer unermüdlichen Tätigkeit in erster Linie zu verdanken ist, wenn Schwäbisch Gmünd heute die Notlage überwunden hat.« Lobend wurde auch der Leiter des Arbeitsamts erwähnt. Die Tatsache, daß damit die Bezeichnung

»Notstandsgebiet Schwäbisch Gmünd« verschwand, wollte Konrad mit einer kleinen Feier im November verbinden, aber zu diesem Zeitpunkt war der Oberbürgermeister längst Soldat, und so unterblieb die Feier.

### Konrad im Konflikt mit der Partei

Die Ausführungen des Oberbürgermeisters in seinem Schreiben an den Wirtschaftsminister und auch seine Bemerkungen vor dem Gemeinderat waren nicht frei von einer gewissen Bitterkeit. Er erwähnte nämlich, daß er das Ziel unberechtigter Angriffe geworden sei, auch aus dem Kreise der Parteigenossen. Man habe nicht einsehen wollen, daß man angesichts der großen Aufgabe der Wirtschaftsumstellung in Gmünd nicht dieselben Einrichtungen für die Stadt und die Partei habe schaffen können wie in anderen Städten. Es war dabei an die Forderung nach dem Bau eines HJ-Heimes oder in jüngster Zeit an die nach einem neuen Parteihaus zu denken. Seit längerer Zeit gab es ein Spannungsverhältnis zwischen Oberbürgermeister und Gemeinderat. Offen zum Ausdruck kam der Unmut einiger Parteigenossen in der Gemeinderatssitzung am 16. Juni 1939.[129] Der Oberbürgermeister war nicht anwesend. Die Sitzung, an der auch der Kreisleiter teilnahm, leitete Bürgermeister Barth. Eine Reihe von Vorwürfen kam zur Sprache. Ein Hauptpunkt war die mangelnde Unterrichtung des Gemeinderats durch den Oberbürgermeister; die Ratsherren, auch die Beigeordneten, fühlten sich ungenügend unterrichtet. Der Ratsherr Kolb brachte den Stein ins Rollen: Seit einem Jahr, sagte er, würden größere Ausgaben gemacht, ohne daß die Ratsherren gehört worden seien. Doch die Fälle, die er anführte, wurden nachher alle widerlegt. Sofort stießen die Ratsherren Hammele, Weber und Hörner nach. Nicht eindeutig war die Haltung Oppenländers in der Sitzung. Einerseits spürte er das Ungehörige des Vorgangs: Man hätte ja die Vorwürfe in Gegenwart des Oberbürgermeisters vorbringen müssen, andererseits beteiligte er sich selbst, wenn auch vorsichtig, an den Vorwürfen. Ruisinger verteidigte den Oberbürgermeister in dieser Sitzung.

In der Sitzung am 27. Juni 1939 behandelte Konrad die Vorwürfe Punkt für Punkt. Da ihm auch mangelnde Unterstützung der Partei vorgeworfen wurde, verwies er darauf, daß die Stadt bis 1938 bereits 200 000 RM für die Zwecke der Partei aufgewendet habe. In der Zwischenzeit hatten einige Ratsherren dem Oberbürgermeister die weitere Zusammenarbeit aufgekündigt, sie kamen nicht mehr zu den Sitzungen. Sie übten also Obstruktion und wollten auf diese Weise den Oberbürgermeister zum Rücktritt zwingen. Der schwelende Konflikt zwischen dem Oberbürgermeister und einer Anzahl von Ratsherren führte zu einer Besprechung beim Reichsstatthalter in der Villa Reitzenstein am 27. Dezember 1939, an der außer Murr der Oberbürger-

meister und Kreisleiter Oppenländer teilnahmen. Konrad erfuhr hier die Genugtuung, daß der Reichsstatthalter das Verhalten der Ratsherren mißbilligte und erklärte, der Oberbürgermeister müsse in finanzieller Hinsicht einen Spielraum haben,
Aktionen »hintenherum« lehne er ab. Murr kam es offenbar darauf an, die Sache aus
der Welt zu schaffen; man befand sich im Krieg, und er wollte Ruhe an der »inneren
Front« haben.

## Die »Arisierung« der jüdischen Geschäfte

1935 war das Jahr der berüchtigten Nürnberger Gesetze, welche die Juden zu Bürgern minderen Rechts innerhalb Deutschlands stempelten. Im selben Jahr forderte
die Kreisleitung die Stadtverwaltung auf, den hiesigen Juden mitzuteilen, daß ihr
Besuch im Stadtbad und im städtischen Freibad unerwünscht sei.[130] Den Judenhaß
mittelständischer Kreise zeigen drei Anträge, die Johann Sannwald am 12. September 1935 im Gemeinderat stellte.[131] Sie hatten zum Inhalt: Aufträge der Stadt sollten
nur an solche Geschäftsleute gegeben werden, die der Deutschen Arbeitsfront angehörten. Geschäftsleute, die mit Juden in Verbindung standen, sollten bei der Verga-
be städtischer Aufträge nicht berücksichtigt werden. Gegen Bedienstete der Stadt,
die noch in jüdischen Geschäften einkauften, solle im Wege des Disziplinarverfah-
rens vorgegangen werden. Der Gemeinderat erhob die Anträge Sannwalds zum
Beschluß. Alle diese Maßnahmen taten natürlich ihre Wirkung. Der Boykott jüdischer Geschäfte wirkte sich am stärksten gegen das Kaufhaus Meth aus. Anfang 1936
mußte Alfred Meth erkennen, daß er sein Geschäft in Gmünd nicht mehr halten
konnte; der Umsatz war stark zurückgegangen. Gmünder, die es noch wagten, bei
Meth zu kaufen, wurden fotografiert und öffentlich bloßgestellt. Am 16. Januar
1936 teilte Oskar Feihl in der Presse mit: »Durch den Verkauf an mich ist das Unternehmen in arischen Besitz übergegangen.«
Zu gleicher Zeit wie Alfred Meth mußte auch Max Marberg sein Geschäft, das Klei-
derhaus Fuchs, aufgeben; es fiel an August Heim und später an Oskar Fink. Ende
1937 erklärte Gustav Mayer, Mitinhaber der Schuhfabrik R. J. Mayer, seinen Mitarbeitern, es gehe nicht mehr, er müsse den Betrieb demnächst einstellen. Auch das
Bankgeschäft Gutmann & Naschold mußte schließen. Am 23. Februar 1937 erfolgte
der Ausschluß der Juden von den Gmünder Märkten. Die jüdischen Viehhändler
mußten ebenfalls ihr Gewerbe einstellen, und Juden in freien Berufen konnten ihre
Tätigkeit nicht mehr fortsetzen, so Rechtsanwalt David Heimann (1938).[132]
Nach den vielfältigen Diskriminierungen in den Anfangsjahren des Dritten Reiches
mußten die Juden Schritt für Schritt ihre Position in der Wirtschaft räumen, der letzten Bastion, die ihnen noch verblieben war. In der damaligen Sprache hieß der Vor-

gang »Arisierung« bzw. »Entjudung der Betriebe«. Die Juden wurden durch den immer stärker werdenden Druck zur Auswanderung veranlaßt, soweit sie eine Zuflucht hatten und die notwendigen Mittel aufbringen konnten. Wer von ihnen bei Kriegsbeginn in Deutschland weilte, ging einem höchst ungewissen Schicksal entgegen, in den meisten Fällen dem schrecklichen Tod in den Konzentrationslagern.

Die »Reichskristallnacht«, eine eher verharmlosende Bezeichnung für die Vorgänge in der Nacht vom 9. auf 10. November 1938, fand auch in Gmünd statt. Der junge Herschel Grynspan hatte am 7. November ein Attentat auf den deutschen Botschaftsrat Ernst vom Rath in Paris verübt. Er wollte damit die Weltöffentlichkeit auf die Leiden der Juden in Deutschland aufmerksam machen und Rache üben für seine mißhandelten Glaubensgenossen. Diese Tat des jungen Grynspan hatte schwerste Folgen für die deutschen Juden. Goebbels benutzte den politischen Mord, um die längst geplante »Abrechnung« mit den Juden im SA-Stil durchzuführen. Die schweren Ausschreitungen gegen die jüdische Bevölkerung, ihre Gotteshäuser und ihr Eigentum, die als spontane Äußerung des Volkszorns erscheinen sollten, waren in Wahrheit eine von oben inszenierte und gelenkte Aktion. Allein in Württemberg und Hohenzollern wurden 18 Synagogen niedergebrannt und zwölf demoliert. Unter den letzteren befindet sich auch die in Schwäbisch Gmünd.

Nach außen hin geschah hier wenig. Daher wußte man in der Bevölkerung beinahe nichts über die Vorgänge. Wir sind im wesentlichen auf die Berichte und Aussagen vor Gericht angewiesen, die schon vor Jahren Frau Drechsel gemacht hat; sie wohnte 1938 im Gebäude der Synagoge und war dort Hausmeisterin. In der Nacht zum 10. November erschien zwischen 2.00 und 3.00 Uhr ein Trupp Nationalsozialisten, vollführte einen wüsten Lärm vor dem Gebäude, zerschlug die Fenster im Untergeschoß und erzwang die Herausgabe der Schlüssel zur Synagoge. Darauf drang der Trupp ein und begann, die Einrichtung zu demolieren. Alles wurde kleingeschlagen und der siebenarmige Leuchter umgeworfen. Als die Männer die Tür zum Thoraschrein aufrissen, schaltete sich die rote Beleuchtung ein, da prallten sie erschrocken zurück und sahen von einer Zerstörung des Schreines ab. Bald darauf verließen sie das Haus; der Davidstern auf dem Dach wurde heruntergerissen. Eine Brandstiftung unterließen sie wohl wegen der unmittelbaren Nähe der Kreissparkasse.

Einige Gmünder Juden wurden am 10. November und danach ergriffen und in das KZ Dachau verschleppt, darunter Rechtsanwalt Heimann und sein Sohn Richard. Im Jahre 1939 hatte der Rechtsanwalt dann zusammen mit dem Religionslehrer Dr. Wochenmark und Gustav Mayer die traurige Aufgabe, die jüdische Gemeinde zu liquidieren und die Synagogen zu verkaufen. Die Kreissparkasse kaufte das Gebäude am 17. Mai 1939 um 21 500 RM.

Nach den Vorgängen in der Kristallnacht waren die Juden in Deutschland endgültig zu Parias abgesunken, zu Menschen, die praktisch rechtlos waren. Bald durften sie auch nicht mehr mit »Ariern« unter einem Dach wohnen, der Mieterschutz für Juden wurde aufgehoben.[133] Sie wurden in Gmünd in einige Häuser eingewiesen, die noch in jüdischem Besitz waren. Schließlich mußten sie auch diese verlassen und in den Becherlehen umziehen, in das sogenannte »Lüllig-Dorf«. Von dort wurden sie dann im Krieg nach Theresienstadt deportiert bzw. in die Vernichtungslager im Osten verschickt.

## Veränderungen in der Gmünder Presse

Vom 1. Juli 1936 an erschien in Gmünd nur noch eine Zeitung: die Schwäbische Rundschau. Sie war ein Organ der NS-Presse. Vorher gab es die Rems-Zeitung und die von der Partei stark favorisierte Remstalpost, die Nachfolgerin der Gmünder Zeitung. Beide Zeitungen wurden jetzt zusammengelegt. In dem stattlichen Gebäude der Rems-Zeitung waren nun zwei Unternehmungen zu Hause: der NS-Zeitungsverlag Schwäbisch Gmünd GmbH mit der Schriftleitung der Schwäbischen Rundschau und die Rems-Druckerei Sigg, Härtel und Co. Gedruckt wurde die Schwäbische Rundschau, die eine rein nationalsozialistische Zeitung war, von der Rems-Druckerei im Lohndruck. Von Anfang an verfolgte die neue Zeitung eine scharf antisemitische Tendenz. Vor dem Erscheinen der Schwäbischen Rundschau erfolgten wesentliche Veränderungen bei der Rems-Zeitung. Die alte Rems-Zeitung-GmbH war den Machthabern des Dritten Reiches suspekt, daher beschloß man die Umwandlung in eine Kommanditgesellschaft, in der nun die Namen Sigg und Härtel offen hervortraten. Die große Mehrheit der alten Gesellschafter wurde ausbezahlt und schied aus; Sigg und Härtel übernahmen Anteile an der neuen Gesellschaft. Aufgrund dieser Entwicklung konnte die Familie Sigg erst die führende Stellung in der Druckerei und, nach dem Zweiten Weltkrieg, auch die beherrschende Stellung in der dann wieder erscheinenden Rems-Zeitung neuer Prägung einnehmen.

Im Jahr 1938 erregte eine Veröffentlichung der Schwäbischen Rundschau einen Sturm der Entrüstung. In diesem Jahr wurde nämlich nach langer Pause wieder ein Fasnachtsumzug in Gmünd veranstaltet. Die Zeitung brachte danach einen förmlichen Verriß über diesen Umzug. Die Erregung darüber schaffte sich in Maueranschlägen Luft, in denen es hieß: »Klopfer (der Hauptschriftleiter der Schwäbischen Rundschau) hat mit seinen Ausführungen unsere Vaterstadt schwer geschädigt.« Darauf wurden Verlagsleiter Wahl und Klopfer sofort abgelöst. Emil Kühle, der frühere Redakteur der Gmünder Zeitung, zeichnete nun für den Lokalteil.

Notizen zum kulturellen Leben im Dritten Reich

Das kulturelle Leben ging auch im Dritten Reich weiter, aber es wurde im Lauf der Jahre immer stärker indoktriniert und von der Partei gelenkt. Nur wenigen Kulturschaffenden gelang es, von dieser Tendenz freizubleiben; sie gerieten leicht in die Gefahr, unerwünscht zu sein. Volksbildungswerk und Theaterring waren schon vor dem Krieg Anhängsel von »Kraft durch Freude« (KdF).[134] KdF brachte Operetten und Kleinkunst, aber auch einmal einen Lieder- und Arienabend mit Julius Patzak von der Münchener Staatsoper. In der Fuggerei wurde ein Lichtbildersaal eingerichtet, der abends dem Volksbildungswerk zur Verfügung stand. Trotz großer Propaganda kam dieses nationalsozialistische Volksbildungswerk nicht so recht voran. Es fehlte auch an der richtigen Planung, der weltanschauliche Einschlag war unverkennbar. Zur Eröffnung am 20. November 1937 sprach ein Major a. D. und SS-Hauptsturmführer über das Thema »Die Achse Rom—Berlin, wehrpolitisch betrachtet«. Die Veranstaltung war wie eine Parteikundgebung aufgezogen, mit Fahnenein- und -ausmarsch der HJ.
In den ersten Kriegsjahren war die Bildungsarbeit des Volksbildungswerks vollständig politisiert. Etwas andere Akzente setzte Dr. Hermann Erhard, der ab Februar 1941 in Erscheinung trat.[135] Er bemühte sich, ein gewisses Niveau bei den Veranstaltungen zu erreichen. Die politischen Themen traten vorübergehend zurück, heimatliches Schrifttum sowie Folklore dafür in den Vordergrund. Die heimischen Dichter Otto Rombach, August Lämmle und Anton Dörfler lasen aus ihren Büchern. Die städtische Volksbücherei war im »Bären« am Marktplatz untergebracht; der Bücherbestand stammte noch in der Hauptsache vom Volksbildungsverein der Weimarer Zeit. Vor der Übernahme durch die Stadt fand eine Säuberung statt, bei der 250 Bücher wegen »schädlichen Inhalts« aussortiert wurden. Die Stadt übernahm 5797 Bände.
Der Ausstellungsraum in der Alten Kaserne ist von Gmünder Künstlern in Eigenarbeit unter der anfeuernden Leitung von Bildhauer Adolf Bidlingmaier geschaffen worden. Hier fanden laufend Ausstellungen statt. Die Weihnachtsausstellung 1937 des Kunstvereins brachte Arbeiten von Leander Völker, Paul Mahringer, Walter Lochmüller und Hugo Stadelmaier.[136] Auch in den Kriegsjahren veranstaltete der Kunstverein mehrere Ausstellungen. Mit der Jahresausstellung 1940 war eine Dichterlesung verbunden; Karl-Hans Bühner, freier Schriftsteller und Mitglied des Schwäbischen Dichterkreises, trug einige Gedichte vor und las eine Erzählung. 1941 war die Ausstellung dem Gedenken an Robert Fischer gewidmet; mit ihm verlor die Stadt einen ausgezeichneten Silberschmied, dessen Arbeiten viel Anerkennung fanden. Er besaß eine Werkstätte und hatte die Gold- und Silberschmiedeklasse der

Fachschule übernommen. Die letzte Jahresausstellung während des Krieges fand 1942 statt. In dem Bericht erwähnte der Verfasser, daß man in der Bevölkerung ein starkes Verlangen nach kulturellen Veranstaltungen beobachten könne.

Wir fragen uns, was hat die Stadt in diesen Jahren zur Förderung der Kunst getan? Vor dem Krieg konnte in dieser Hinsicht wenig geschehen angesichts der Tatsache, daß Gmünd Notstandsgebiet war. Aber jetzt, in einer Zeit, da sich die Kassen füllten und die Stadt kein größeres Vorhaben mehr verwirklichen konnte, wie war es da? Es geschah einiges, aber im ganzen leider zu wenig. So wurden einige Bilder für die städtischen Sammlungen angeschafft, darunter auch zwei Pleuer, mehr Gelegenheitsarbeiten des Künstlers. Von einer großzügigen und planvollen Erwerbspolitik in Sachen Kunst kann nicht gesprochen werden. Dabei hätte durchaus die Möglichkeit bestanden, einige bedeutende Arbeiten von Fehrle, Holl, Feuerle, Stadelmaier und anderen zu erwerben. Fehrle war in jenen Jahren sehr gefragt, auch in Berliner Regierungskreisen. Auf den Ausstellungen, insbesondere im Haus der Deutschen Kunst in München, in dem auch viel fragwürdige NS-Kunst zu sehen war, errang er schöne Erfolge.

Der Naturkundeverein, 1890 von naturverbundenen Arbeitern, hauptsächlich Goldschmieden, als entomologischer Verein gegründet, feierte sein 50jähriges Bestehen. Zum Jubiläum erhielt der Verein für seine Sammlungen das Skelett eines »Ichthyosaurus« von der Stadt als Leihgabe. Vereinsmitglieder hielten Vorträge bei diesem Jubiläum.[137]

Der Geigerring hielt im Januar 1938 eine Hauptversammlung ab; Vereinsführer war Adolf Höhn, Spielleiter Otto Stütz. Die Gruppe hatte in den vergangenen Jahren einige Erfolge. Nun brachte sie den »Frontgockel« auf die Bühne, ein Stück im Geschmack der Zeit, das Stürme von Heiterkeit entfesselte. Das Stück wurde schließlich auch auf der Freilichtbühne im Taubental aufgeführt. Auch der Geigerring wurde schließlich von der Partei vereinnahmt und der KdF als Spielschar eingegliedert.[138]

Das Musikleben in Gmünd stand in den ersten Kriegsjahren auf beachtlicher Höhe. Es war natürlich nicht zu übersehen, daß die heranwachsende Jugend schon vor dem Krieg durch die fortschreitende Militarisierung des Lebens, durch Dienst in HJ, SA, Arbeitsdienst und Wehrmacht kaum noch den Weg in die Gesangvereine fand. Dann machten sich die vielen Einberufungen bemerkbar. Im Herbst 1941 entschlossen sich die fünf Gesangvereine – MGV, Alpenrose, Gammundia, Liedertafel und Singchor der Kolpingsfamilie –, eine Arbeitsgemeinschaft mit gemeinsamem Singstundenbetrieb zu bilden. Beim Herbstkonzert trat diese Chorgemeinschaft mit einem stattlichen Chor von immerhin 170 Sängern unter der Leitung von Alfons Baur in Erscheinung. Neben dem Männerchor wurde noch ein gemischter Chor gebildet; diesen dirigierte Oberlehrer Knaupp. Noch im November 1944, als das kulturelle Leben beinahe gänzlich zum Erliegen gekommen war, erfreute die Chorgemeinschaft die Verwundeten in den Lazaretten mit Liedern.[139] Da die einberufenen Mitglieder keine Beiträge bezahlten, wurde die finanzielle Basis der Vereine zu schmal. Der MGV konnte Konzerte, wie man sie von ihm erwartete, finanziell kaum mehr verkraften. Er schrieb deshalb an die Stadt. 1943 und 1944 erhielten die Gesangvereine Zuschüsse von der Stadt.

Das Stadtarchiv baute Albert Deibele auf. Er hatte dafür schon in den Jahren vor dem Krieg wichtige Vorarbeiten geleistet und die höchst unzulänglich untergebrachten Archivalien vor dem Verderb gerettet. Im Jahre 1940 kaufte die Stadt das Gebäude Augustinerstraße 3 vom Evangelischen Verein, in dem das Archiv heute untergebracht ist. Dort waren freilich noch andere Einrichtungen untergebracht, zum Beispiel die Bezugscheinstelle für Ernährung. Eine wertvolle Bereicherung für das Stadtarchiv stellte der Nachlaß des am 7. August 1942 verstorbenen Stadtpfarrers Rudolf Weser dar, den Deibele für die Stadt erwerben konnte. Die Forschungen Wesers zur Stadtgeschichte sind noch heute unentbehrlich. Im Zeitpunkt des verschärften Luftkriegs beauftragte der Oberbürgermeister Deibele, das wichtigste Archivgut in eine bombensichere Unterkunft zu bringen. In 59 Kisten wurden die Archivalien aus der Reichsstadtzeit in das Salzbergwerk Kochendorf gebracht, die Akten aus der Zeit nach 1802 versteckte Deibele auf Bauernhöfen der Schulgemeinde Hellershof, wo er bis Kriegsende als Lehrer tätig war. In Kochendorf landeten während des Krieges auch die Schätze der Altertümersammlung, die bekanntlich den Grundstock des heutigen Museums im Prediger bilden. Dr. Hermann Erhard und Kustos Keck waren eifrig bemüht, alle bedeutenden Stücke der Altertümersammlung und des Kunstgewerbemuseums in das Salzbergwerk zu bringen.[140]

## Schwäbisch Gmünd im Zweiten Weltkrieg[140a]

Mit dem Angriff auf Polen am 1. September 1939 entfesselte Hitler den Zweiten Weltkrieg. An diesem Tag war Oberbürgermeister Konrad bereits eine Woche lang Soldat. Als Offizier des Ersten Weltkriegs tat er an der Nordseeküste Dienst bei einer Marine-Flak-Abteilung. Konrad sollte auf Antrag seiner vorgesetzten Behörde, der Ministerialabteilung für Bezirks- und Körperschaftsverwaltung, unabkömmlich für den Kriegsdienst (uK) gestellt werden. Dies gelang jedoch in den Anfangsjahren des Krieges nicht. Da der Oberbürgermeister von der Wehrmacht nicht freikam, vielleicht auch nicht freikommen wollte, war der hauptamtliche Beigeordnete der Stadt, Stadtkämmerer Ruisinger, zunächst uK gestellt. Formal gesehen war Bürgermeister Barth bei Abwesenheit des Oberbürgermeisters sein Stellvertreter;

104. *Paul Möhler*
*(1852–1929).*
*Oberbürgermeister*
*1894–1922*

105. *Carl Lüllig*
*(1877–1946).*
*Oberbürgermeister*
*1923–1934*

106. *Emil Rudolph*
*(1880–1963).*
*Kommissarischer*
*Oberbürgermeister*
*1945–1946*

107. *Franz Czisch*
*(1908–1956).*
*Oberbürgermeister*
*1946–1948*

108. *Hermann Kah (geb. 1904 in Ravensburg).*
*Oberbürgermeister 1948–1956*

109. Franz Konrad (1891–1957). Oberbürgermeister 1934–1945 und 1954–1956
110. Dr. Julius Klaus (geb. 1910). Oberbürgermeister 1957–1965
111. Hansludwig Scheffold (1926–1969). Oberbürgermeister 1965–1969
112. Karl Bihlmaier (1876–1959). Gewerkschaftsführer in Schwäbisch Gmünd vor und nach
dem Ersten Weltkrieg, beteiligt am Wiederaufbau der Gewerkschaften nach 1945

**Staatl.höh. Fachschule Kunstgewerbe-Museum.**

113. Die Spitzen der Gmünder Gesellschaft in den zwanziger Jahren (1927). Der württ. Staatspräsident Bazille bei der Gmünder Edelmetallindustrie: vorne in der Mitte der Staatspräsident, rechts von ihm Kommerzienrat Erhard, Oberamtmann Paradeis und Oberbürgermeister Lüllig, dahinter der Standortälteste der Reichswehr und sein Adjudant, eine Reihe von Gmünder Fabrikanten, Syndikus Dr. Möhring, Prof. Fehrle und Redakteure der beiden Zeitungen

114. Oberstudiendirektor Dr. Ludwig Fricker (1895–1968). Leiter des Parlergymnasiums 1947–1961
115. Oberstudiendirektor Bruno Gauger (1874–1948). Leiter des Gmünder Realgymnasiums und der Oberrealschule 1932–1938

*116. Ekart Graf von Soden-Fraunhofen (1906–1974). Direktor des Zweigwerks Schwäbisch Gmünd der Zahnradfabrik Friedrichshafen AG. Unter seiner technischen Leitung erfuhr die Gmünder ZF die große Ausweitung am Ziegelberg und besonders im Schießtal.*
*117. Otto Tiefenbacher (1912–1978). Kaufmännischer Direktor der Zahnradfabrik Schwäbisch Gmünd*
*118. Dipl.-Kaufmann Karl Frey (1893–1963)*
*119. Prof. Erich Ganzenmüller (1914–1983). Landtagspräsident 1976–1980, führender Kommunalpolitiker in Stadt und Kreis Schwäbisch Gmünd*

120. Willy Schenk (1897–1958),
Unternehmer, errichtet in Schwäbisch Gmünd
seit 1936 das Leichtgußwerk und den
Werkzeugbau
121. Dr. Adalbert Seifriz, Minister a. D.
(geb. 1902 in Neresheim). Leiter des Arbeitsamts Schwäbisch Gmünd, in der Zeit der
Weltwirtschaftskrise verdient um die
Ansiedlung neuer Industriezweige in der
Stadt, Förderer der Gmünder Wirtschaft
auch nach 1945

122. Eugen Köhler (1879–1973).
Fabrikdirektor der Firma Erhard und Söhne,
ein weitblickender Unternehmer, besonders
bewährt in der Zeit der Weltwirtschaftskrise

123. Prof. Walter Klein (1877–1952).
Leiter der Staatlichen Höheren Fachschule,
Ehrenbürger der Stadt Schwäbisch Gmünd
124. Dr. Hermann Erhard (1883–1968).
Wegen seiner großen Verdienste um das
kulturelle Leben Ehrenbürger der Stadt
Schwäbisch Gmünd

125. Prof. Jakob Wilhelm Fehrle (1884–1974).
Ein weit über Schwäbisch Gmünd hinaus
bekannter Bildhauer

Barth war zugleich hauptberuflich Kreisamtsleiter der NSV. Tatsächlich aber hatte Ruisinger den überragenden Einfluß auf die Führung der Geschäfte. Der Gemeinderat tagte nur noch selten. Auch von den Ratsherren war eine Anzahl eingerückt. Es kam vor, daß zu den Sitzungen nur noch vier bis sechs Ratsherren erschienen. Die Spitze der Stadt regierte mit »Verfügungen des Oberbürgermeisters«. Damit hatte Konrad bereits in den Wochen vor Kriegsausbruch begonnen; solche Verfügungen wurden jetzt auch von den Stellvertretern erlassen. Schon lange fehlte Kreishandwerksmeister und Ratsherr Johann Sannwald in den Sitzungen des Gemeinderats; eines Tages kam die Erklärung dafür: Er hatte eine leitende Stellung in einem Industriebetrieb im Warthegau übernommen, also in dem vordem polnischen Gebiet. Der Betrieb war »arisiert«, das heißt seinem jüdischen Besitzer weggenommen worden.

Die Ereignisse in den einzelnen Feldzügen verfolgen wir hier nicht. Die Presse veröffentlichte laufend Siegesmeldungen. Bereits am 13. September 1938 hieß es: »Polens Kampfkraft gebrochen«. Ähnliche Überschriften waren zwei Jahre später beim Rußlandfeldzug zu lesen mit dem Unterschied, daß sie nicht mehr stimmten.

Der Polenfeldzug brachte überall in Deutschland die Umstellung auf das Leben im Krieg, insbesondere auf die Kriegswirtschaft. Die Verdunkelungsvorschriften wurden eingeschärft. Man befand sich ja seit dem 3. September 1939 auch im Krieg mit England und Frankreich. Die Bezugscheinstelle wurde zunächst in der Alten Kaserne eingerichtet, die Ausgabe der Lebensmittelkarten erfolgte durch die Ortsgruppen der Partei. Es herrschte Vollbeschäftigung bei niedrigen Löhnen und steigenden Preisen. Die Rüstungsindustrie lief auf Hochtouren; sie beschaffte sich die notwendigen Arbeitskräfte durch Dienstverpflichtungen. Die Presse propagierte eifrig die Frauenarbeit. Praktisch bestand ein Verbot des Arbeitsplatzwechsels. Die bescheidenen Löhne konnten nicht erhöht werden, denn der Lohn- und Preisstop galt nach wie vor. Lohnerhöhungen kamen trotzdem gelegentlich vor; man suchte sie durch Zahlung von Zuschlägen zu umgehen. Auch die Stadt kam nicht umhin, den am schlechtesten bezahlten Lohngruppen, zum Beispiel den Waldarbeitern, kleine Aufbesserungen zu gewähren. Die Feiertage innerhalb der Woche wurden abgeschafft; Feste wurden einfach auf den Sonntag verlegt, damit der kontinuierliche Fluß der Arbeit nicht unterbrochen wurde. Dies betraf Himmelfahrt, Fronleichnam sowie den Buß- und Bettag. Trotz der niedrigen Löhne sammelte sich in den Händen der Menschen Geld an, denn man konnte ja bald nichts mehr kaufen ohne Marken und Bezugscheine. Begehrte Waren gab es auf dem schwarzen Markt zu erhöhten Preisen. Die überschüssige Kaufkraft wurde durch die ständigen Sammlungen abgeschöpft, die vor allem für das Winterhilfswerk veranstaltet wurden; außerdem durch das »Eiserne Sparen«, das 1941 propagiert wurde und steuerbegünstigt war. Die Partei versuchte, die arbeitenden Massen bei guter Laune zu halten, trotz der vielfältigen Entbehrungen und Einschränkungen, die der Krieg mit sich brachte. Für die Arbeiter von auswärts, die in Gmünder Betrieben beschäftigt waren, richtete die Arbeitsfront eine Suppenküche im Stadtgarten ein. Und schließlich dienten die verschiedenen KdF-Veranstaltungen der Unterhaltung und Zerstreuung. Alles, was der Selbstversorgung diente, wurde gefördert. Den Kleingärten kam in der Kriegswirtschaft erhöhte Bedeutung zu; sie waren grundsätzlich nicht kündbar. »Im Schießtal wächst Salat und Gemüse genug«, hieß es eines Tages. Die NS-Frauenschaft lud zu einem Lehrgang für Wildgemüse mit Professor Löffler ein, später zu einem Pilzlehrgang. Wer Bucheckern sammelte, bekam für vier Kilogramm einen Liter Speiseöl. Die Schweinemästerei in der Schapplachhalde wurde ausgebaut, es sollten jetzt 180 Schweine gemästet werden. Man appellierte an die Hausfrauen, die Küchenabfälle zu sammeln. Das erzeugte Fleisch werde ausnahmslos den Gmünder Kochtöpfen zugute kommen, hieß es. Um Treibstoff zu sparen, wurden die Nutzfahrzeuge auf Antrieb mit Generatorgas umgestellt, dafür gab es Beihilfen. Fernfahrten der Betriebe wurden auf kriegswichtige Transporte beschränkt.

Pausenlos gingen die Sammlungen weiter. 1940 wurde eine große Metallsammlung veranstaltet. »Alle entbehrlichen Metallgegenstände für die Wehrkraft«, hieß die Parole. Jeder Spender erhielt eine Quittung in Form einer vervielfältigten Urkunde, die Göring unterschrieben hatte. Sogar die Metallspitzen an den Vereinsfahnen und Einzäunungen aller Art wurden für die Metallspende gesammelt. Bei der Spinnstoffsammlung 1941 war die Annahmestelle im Schulungssaal der Partei in der Alten Kaserne. Kühle sprach in einer Plauderei von »Kolckmanns großer Lumpensammlung am Skagerrak«. So hieß damals der Johannisplatz.[141]

Daß Hitler nach dem Erfolg von Polen kleine Länder wie Dänemark und Norwegen bezwang, nahm niemand mehr wunder, daß er aber dann vom 10. Mai 1940 an Frankreich, welches »fälschlich als stärkste kontinentale Militärmacht« angesehen wurde, in sechs Wochen niederwarf, befestigte seinen Ruf als »Feldherr«.[142] Es war freilich ein innerlich zerrissenes, von mangelndem Selbstvertrauen geplagtes Frankreich, gegen das er seinen glänzendsten Sieg errang. Hitler befand sich jetzt auf dem Höhepunkt seines Ansehens und der Zustimmung des deutschen Volkes zu seiner Politik. Die aus dem Westfeldzug in die Garnisonstadt Gmünd zurückkehrenden Truppen wurden mit großer Begeisterung empfangen. Unter den Ritterkreuzträgern wurde Erwin Rommel, damals Kommandeur einer Panzerdivision, besonders hervorgehoben; er war 1910 Abiturient des Gmünder Realgymnasiums.

Aber Hitler versäumte es, mit dem besiegten und durchaus friedensbereiten Frankreich wirklich Frieden zu schließen. Er hatte kein Talent zum Friedensmacher,[143] wie er es auch versäumte, Europa wirklich zu einigen und ihm auf diese Weise Deutschlands Vorherrschaft annehmbar zu machen. Statt dessen richtete er einen »Appell an die Vernunft«, wie er es nannte, an das unbesiegte und keineswegs friedensbereite England. Eine Flut von Verdächtigungen und Beschimpfungen ergoß sich in der Presse gegen die Briten, als die englische Regierung diesen Appell ablehnte. Hitler aber reagierte mit Bombenterror. Schwere Luftangriffe, erst auf London, später auf Coventry und andere Städte, erwiesen sich aber als ein schlechtes Mittel, die Briten kriegsmüde zu machen. Sie hatten jetzt Churchill an der Führung und waren entschlossen, durchzuhalten. So hatte Hitler seit Sommer 1940 den ungewollten Krieg mit England am Hals, und in diesem durchaus noch unentschiedenen Ringen unternahm er 1941 auch noch den Angriff auf die Sowjetunion.

## Gmünder Wirtschaft im Krieg

Von vornherein war von seiten der Reichsführung eine rigorose Drosselung der nichtkriegswichtigen Produktion vorgesehen. An und für sich hätte eine solche Maßnahme die Gmünder Edelmetallindustrie aufs stärkste treffen müssen. Das war aber nicht der Fall, weil die größeren Betriebe bereits vor dem Krieg in erheblichem Maße für die Rüstung tätig waren. Natürlich verloren sie Arbeitskräfte, sei es durch Einberufung zur Wehrmacht, sei es durch Abgabe an kriegswichtige Betriebe, aber sie konnten weiter produzieren. Soweit die Edelmetallfirmen nicht für die Rüstung arbeiteten, konnten sie sich im weiteren Verlauf nur halten, wenn sie Arbeiter im Rentenalter oder Frauen beschäftigten. Später kam es in verschiedenen Zweigen der Wirtschaft einschließlich des Handels auch zu Stillegungen.

1940 feierte die Zahnradfabrik Friedrichshafen, 1915 als Tochtergesellschaft des Luftschiffbaus Zeppelin gegründet, ihr 25jähriges Bestehen. Die ZF hatte sich in diesem Vierteljahrhundert zur größten Getriebe- und Zahnradfabrik Europas entwickelt; sie wurde in Gmünd innerhalb von drei Jahren zum größten Unternehmen. Aus Anlaß des Firmenjubiläums wurde die Straße, die zum Gmünder Zweigwerk führte, in »Graf-von-Soden-Straße« umbenannt.[144] Bei Schenk ging es 1940/41 um zwei Dinge: die ausreichende Gasversorgung und um weiteres Gelände. Das Feingußwerk von Schenk hatte einen enormen Gasbedarf, den das Gaswerk mit seiner bisherigen Kapazität nicht decken konnte. Willy Schenk, im Krieg zum Wehrwirtschaftsführer ernannt, hatte deshalb schon Kontakt zu den Technischen Werken der Stadt Stuttgart (TWS) aufgenommen. Dort bestand durchaus die Bereitschaft, eine Leitung, die schon bis Winterbach vorangetrieben war, weiterzubauen und in den Gmünder Bereich einzudringen. Konrad witterte hier eine Gefahr für Gmünd, doch diese konnte mit Hilfe von Berlin abgewehrt werden: Das Gmünder Gaswerk wurde erweitert. Freilich mußte die Stadt das Gas an Schenk preislich zu Bedingungen liefern, bei denen so gut wie nichts verdient war. Zusammen mit der Erweiterung des Gaswerks wurde eine Kohlenförderanlage vom Lagerplatz am Lindenfirst über den Bahnkörper, die Rems und die Remsstraße hinweg ins Gaswerk gebaut. Durch diese Anlage wurde die umständliche Umladerei der Kohle von den Waggons auf Lastwagen und von da zum Gaswerk überflüssig. Die Kohlenförderanlage war inzwischen schon wieder abgebaut. Schenk wollte außerdem weiteres Gelände auf Parzelle 1383 der Hospitalverwaltung. Auch in dieser Frage entstand eine Konfliktsituation; die westliche Hälfte der Parzelle konnte an Schenk verkauft werden, nicht dagegen die östliche, die für den Bauhof vorgesehen war. Ruisinger achtete darauf, daß das für den Bauhof vorgesehene Grundstück nicht zu sehr beschnitten wurde. Der Bauhof brauchte Platz, weil hier allerlei Baumaterialien gelagert wurden. Die Pläne für den Bauhof hatte Stadtbaurat Dr. Schneider ausgearbeitet. Es war eine Reihe von Gebäuden vorgesehen, mit dem Garagenbau wurde begonnen; er wurde von städtischen Arbeitern mit Hilfe von Kriegsgefangenen errichtet. Auch sonst ging es bereits 1940 nicht mehr ohne die Mithilfe von Kriegsgefangenen. Bei den Bauarbeiten für den neuen Gaskessel am Hirschbrunnenweg wurden sie ebenfalls eingesetzt. Kriegsgefangene sollten ferner durch Kanal- und Straßenbauten den kommenden Wohnungsbau vorbereiten.

Für das Siedlungsgebiet im Westen, den Schwerzer, bei Kriegsbeginn das wichtigste Baugebiet der Stadt, sollte ein Fußgängersteg über die Rems gebaut werden, um den hier Wohnenden, die im Industriegebiet West bei Schenk, Groß, Schmieg oder Sommer beschäftigt waren, weite Umwege zu ersparen. Der Steg sollte etwa in der Mitte des Siedlungsgebiets liegen und direkt in die Sudetenstraße unterhalb der Firma Zapp einmünden. Er wurde 1941 durch Soldaten des Bau-Ersatz-Bataillons 5, das in Gmünd stationiert war, gebaut und kam die Stadt billig zu stehen.

Im Schwerzer baute vor allem die Siedlungsgesellschaft. Es waren aber nur noch wenige Häuser, die zu Ende gebaut wurden. Bereits 1940 herrschte nahezu totales Bauverbot. Die »Neue Heimat«, die Baugesellschaft der Deutschen Arbeitsfront, errichtete im Umkreis der Buchstraße noch Wohnungen für Arbeiter und Angestellte der ZF bzw. der Schwäbischen Zahnradwerke. Auf Wunsch der Partei wurden die verschiedenen gemeinnützigen Wohnungsbaugesellschaften in Gmünd zusammengelegt. Der Spar- und Bauverein wurde unter Druck mit der Siedlungsgesellschaft verschmolzen. Übrig blieb nur noch die Siedlungsgesellschaft.

## Kommunale Aufgaben

Die städtischen Finanzen entwickelten sich während des Krieges günstig, die Gewerbesteuererträge nahmen laufend zu, die Stadtkasse verzeichnete beträchtliche Überschüsse. Aber die Kehrseite davon war, daß mit diesen Geldern kein größeres Vorhaben mehr gebaut werden konnte, keine noch so dringende Aufgabe, ob es sich um eine neue Kläranlage oder die Vollendung der Freibadanlage im Schießtalsee oder um einen notwendigen Schulhausbau auf dem Rehnenhof handelte, nichts davon konnte in Angriff genommen, geschweige denn verwirklicht werden. Was tat nun die Stadtkasse mit den überschüssigen Geldern? Sie zahlte Schulden zurück, zum Teil vorzeitig, und bildete Rücklagen für künftige Vorhaben. Zum 31. März 1941 wurde bereits ein Rücklagevermögen von 1,4 Millionen RM verzeichnet. Das Rechnungsergebnis bei der Gewerbesteuer betrug im Jahre 1939 fast eine Million, genau 983 000 RM; angenommen hatte die Stadtkämmerei eine Einnahme von 725 000 RM. Im Jahre 1941 erwartete der Stadtkämmerer eine Gewerbesteuereinnahme von rund 1,2 Millionen. Die Übersicht über die Gewerbesteuer-Meßbeträge von 1940 ergab interessante Einzelheiten insofern, als hier die zehn größten Betriebe der Stadt genannt wurden: Zahnradfabrik, Leichtgußwerk Schenk, Uhrenfabrik Bidlingmaier, Clorawerk Schleich & Co., Pumpenfabrik Ritz & Schweitzer, Baumaschinenfabrik Gross, Silberwarenfabrik Kurz, Silberwarenfabrik Gebr. Deyhle, Silberwarenfabrik Wilh. Binder, Deutsche Bank. Mit den Überschüssen des Jahres 1940 wurde die Rücklage für den Wohnungsbau aufgefüllt, »um der Gmünder Siedlungsgesellschaft seinerzeit das nötige Kapital zur Durchführung des Wohnungsbauprogramms zur Verfügung stellen zu können«.

Erhöhte Ausgaben durch den Krieg hatte die Stadt in zweierlei Richtungen, einmal mußte sie sofort nach Kriegsbeginn einen Kriegsbeitrag an die Kreispflege zahlen, und zwar zunächst monatlich 43 000 RM; 1940 rechnete man mit einem Jahresbetrag von 455 000 RM Kriegsbeitrag. Dazu kam die erhöhte Kreisverbandsumlage mit 475 000 RM.

Der Bau einer neuen Kläranlage gehörte zu den dringendsten Vorhaben der Vorkriegszeit. Damals war die Finanzierung noch nicht gesichert. Jetzt war das Geld da, aber es gab praktisch keine Arbeitskräfte und keine Baumaterialien mehr. Immerhin konnte der Bau des Hauptsammlers vergeben werden. Er sollte die geklärten Abwässer unterhalb der Freimühle in die Rems einleiten und mußte die Abwässer von Schenk aufnehmen.

Die Luftschutzmaßnahmen, welche die Stadt bei Kriegsbeginn getroffen hatte, waren noch sehr bescheiden. Es waren drei Schutzräume eingerichtet, die 250 Personen aufnehmen konnten. In den Schulgebäuden in der Stadtmitte war kein Schutzraum vorhanden. Sofort wurden in der Schillerschule fünf Räume splittersicher gemacht. Im Jahre 1941 kam eine Kommission aus Stuttgart hierher, um die eingerichteten Luftschutzräume zu inspizieren. Sie bezeichnete die bisher getroffenen Maßnahmen als unzureichend: Bei einer Bevölkerung von 22 000 Einwohnern mußten Räume für etwa 2200 Personen vorhanden sein. Darauf wurden in einer Reihe von städtischen Gebäuden Schutzräume eingebaut. Außerdem sollten öffentliche Luftschutzräume im früheren Bierkeller der Hahnen-Brauerei (Honiggasse 1) und im Felsenkeller der Firma Dr. Walter & Schmidt am Zeiselberg eingerichtet werden.[145] Wiederholt wurden in der Zeitung die »Abdunkelungssünder« gemahnt.

## Der Rußlandfeldzug

Die Feldzüge gegen Jugoslawien und Griechenland im Jahre 1941, aber auch Rommels glänzender Erfolg in Nordafrika, können hier nicht im einzelnen behandelt werden. Wohl aber muß der Rußlandfeldzug genauer betrachtet werden. Hitler wollte den Feldzug gegen die Sowjetunion, und zwar ursprünglich schon im Herbst 1940; er wollte ihn aus ideologischen Gründen. Damit handelte er sich aber den Zweifrontenkrieg ein. Hitler wollte auf den Trümmern der Sowjetunion ein deutsches Ostimperium aufbauen. Dabei setzte er, trotz aller Schwierigkeiten im einzelnen, alles auf eine Karte: daß ein Blitzkrieg im Osten in wenigen Wochen zum Erfolg führen werde und daß anschließend eine Rückwendung der deutschen Kriegsmaschine gegen den Westen, Großbritannien und die USA, stattfinden könne. »Es war vorgesehen, bereits Anfang August 1941 die Masse der deutschen Infanterie, Anfang September das Gros der Panzerverbände und der Luftwaffe vom östlichen Kriegsschauplatz wieder abzuziehen.«[146] Eine vollständige Fehlkalkulation, bei der Hitler von der Vorstellung ausging, der Sowjetstaat sei »reif zum Zusammenbruch«. Die imponierenden Anfangserfolge im Kampf gegen die Sowjetunion, Kesselschlachten mit Hunderttausenden von Gefangenen, schienen ihm zunächst recht zu geben. Doch dann kamen die Rückschläge. Moskau war trotz der schweren Schläge eben nicht am Ende, und vor Weihnachten 1941 kam es vor der sowjetischen Hauptstadt zu einer gefährlichen Krise für die Wehrmacht. Es waren sibirische Truppen, von der russisch-japanischen Grenze abgezogen, welche die deutsche Offensive vor Moskau zum Stehen brachten. Das Kriegstagebuch des Wehrmachtführungsstabs sagt dazu: »Als die Katastrophe des Winters 1941/42 hereinbrach, wurde dem Führer . . . klar, daß von diesem Kulminationspunkt . . . an kein Sieg mehr errungen werden konnte.«[147] Das war der 6. Dezember 1941, und am 11. Dezember erklärte Hitler auch noch den USA den Krieg; es war der unverständlichste seiner Entschlüsse, durch den er die unerwartete und unnatürliche Kriegsallianz USA, Großbritannien und Sowjetunion zustande brachte. Für Roosevelt war es geradezu eine Einladung, nun offen den Krieg gegen Deutschland zu führen, während Hitler überhaupt keine Mittel besaß für eine aktive Kriegführung gegen die USA, nicht einmal Fernbomber, die den Amerikanern einige Schläge hätten versetzen können.

Für die Heimat brachte erst der Rußlandfeldzug den vollen Ernst des Krieges. Die Vorschriften für den Luftschutz wurden drastisch verschärft. Bald häuften sich in den Zeitungen die Todesanzeigen der Gefallenen wie nie zuvor. »Die Kraft des Bolschewismus haben wir nicht so hoch eingeschätzt, wie sie sich nun zeigt«,[148] erklärte Konrad bei einem Gedenken zur Jahreswende. Die Stadt zählte zur Jahreswende bereits 100 Kriegstote. Für einen Winterkrieg, zumal den russischen, waren keinerlei Vorbereitungen getroffen worden. So rief Goebbels unmittelbar vor Weihnachten zu einer Sammlung von warmen Wintersachen für die kämpfende Truppe im Osten auf. Diese Sammlung erhielt höchste Priorität, in Gmünd erließ der Kreisleiter einen entsprechenden Aufruf. Wochen zuvor gab es noch lärmende Siegesmeldungen in der Presse, jetzt, um die Jahreswende 1941/42 dagegen nur noch karge Wehrmachtsberichte, in denen von schweren Abwehrkämpfen die Rede war. Vom Beginn an stand der Rußlandfeldzug mit seinen dramatischen Ereignissen im Brennpunkt des öffentlichen Interesses. Wohl gab es 1942 noch die deutschen Vorstöße gegen den Kaukasus und auf die Wolga bei Stalingrad, doch waren dies im Grunde Pyrrhussiege. Der sowjetische Widerstand wurde härter, und bei Stalingrad setzte der Gegner im Spätherbst 1942 zum entscheidenden Gegenstoß an. Die Katastrophe, die sich mit dem Namen dieser Stadt verbindet, bedeutete die Wende im Ostfeldzug. Ein letzter Versuch, die Initiative wieder an sich zu reißen, war der deutsche Angriff bei Kursk im Juli 1943. Er scheiterte nach wenigen Tagen, und von da an lag die Initiative bei der Roten Armee, die immer nachhaltiger von den Amerikanern mit Kriegsmaterial versorgt wurde. Die deutsche Ostfront fiel zurück; trotz größter Tapferkeit der einzelnen konnte der Vormarsch der Roten Armee nicht mehr gestoppt werden: Im Oktober 1944 erreichte sie in Ostpreußen den Boden des Reiches. Im Süden folgten die Landung der Alliierten in Sizilien und der Abfall Italiens von der »Achse« (1943). Unsäglich waren die Leiden der Zivilbevölkerung durch den verschärften Luftkrieg, der ab 1943 die deutschen Städte heimsuchte. Die Schwäbische Rundschau registrierte am 13. März 1943 einen Angriff auf Stuttgart mit 52 Todesopfern. Weit schwerer waren die Luftangriffe 1944 auf Stuttgart, wo ganze Wohnviertel mit Krankenhaus, Schulen und Kirchen getroffen und zerstört wurden. Die Zahl der Opfer wurde nicht mehr mitgeteilt. Nicht von den Alarmen, wohl aber von den Luftangriffen ist die Gmünder Bevölkerung bis zum Herbst 1944 verschont geblieben. Dann folgten die ersten Opfer durch Bordwaffenbeschuß auf fahrende Züge bzw. auf Bewohner in der Umgebung der Stadt. In den Medien, in Presse und Rundfunk, wurde die wirkliche Lage oft verschleiert. Mit allen Mitteln versuchte man, den Durchhaltewillen zu stärken. Um Zuversicht zu verbreiten, wurde die Entwicklung neuer Waffen breit herausgestellt. Der »Tiger«-Panzer wurde vorgestellt und als der modernste und beste Kampfwagen der Welt bezeichnet. Man gab dann doch zu, daß die Russen mit dem T 34 einen Vorsprung erzielt hätten. Jeder Rußlandkämpfer weiß, was der in Massen auftretende, wendige T 34 an der Front bedeutete. 1944 kulminierten die Rüstungsanstrengungen, ständig vorangetrieben durch den Minister für Bewaffnung und Munition Albert Speer. Aber die neuen Panzer und Flugzeuge erwiesen sich als nutzlos, weil durch die alliierten Luftangriffe die Ölraffinerien zerstört wurden und Rumänien als Öllieferant verlorenging, so daß ein akuter Treibstoffmangel eintrat. Hitler hat dem deutschen Volk eine nie gekannte Kraftanstrengung abverlangt. Produktionsstätten wurden unter die Erde verlegt, und zwar in Stollen, die in die Berge hineingetrieben wurden. In Gmünd verlegte die Firma Schenk Teile ihrer Rüstungsproduktion in höhlenartige Bunker am Nepperberg. Bei der beinahe unbeschränkten Luftüberlegenheit des Gegners sanken ab 1943 zahllose Industriebetriebe in Schutt und Asche. Unter dem Eindruck der Katastrophe von Stalingrad befahl Hitler am 13. Januar 1943 die umfassende Mobilisierung des deutschen Volkes für den Kriegseinsatz. Alle einsatzfähigen Männer und Frauen, die nicht in Arbeit standen, mußten sich melden. Nichtkriegswichtige Betriebe wurden geschlossen. Goebbels krönte die Kampagne durch den berüchtigten Ruf »Wollt ihr den totalen Krieg?« auf einer Sportpalastkundgebung in Berlin. Der erste Aufruf zum Arbeitseinsatz galt Frauen ohne Kindern; er verlief in Gmünd reibungslos. Die Betriebsführer waren mit den neuen Arbeitskräften zufrieden. Nach dem Attentat auf Hitler am 20. Juli 1944 wurde Goebbels zum »Reichsbevollmächtigten für den totalen Kriegseinsatz« bestellt. Das Kulturleben in all seinen Sparten wurde in der Folgezeit drastisch eingeschränkt. Geheimnisumwoben waren die »neuen Waffen«, die 1944 zum Einsatz kamen, die V 1 und vor allem die V 2, ein Raketengeschoß, dessen erster Abschuß am 6. September 1944 erfolgte.

1942 wurde ein Luftschutzfürsorgestab gebildet, der ins einzelne gehende Anordnungen traf für den Fall eines größeren Angriffs auf Schwäbisch Gmünd.

Am 4. Mai 1943 berichtete Stadtbaumeister Knödler über den Ausbau der öffentlichen Luftschutzräume. Über die gegenwärtige Stärke der Feuerwehr, auf die es ja im Ernstfall vor allem ankommt, machte er keine günstigen Angaben: In der Stadt standen 38 aktive Feuerwehrmänner zur Verfügung (vor dem Krieg 61) in der Ersatzfeuerwehr 41. Bei den Stadtwerken war, wie in allen größeren Betrieben, ein Werkluftschutz eingerichtet. Eine Besichtigung durch Fachleute des Luftschutzes ergab, daß zur Nachtzeit etwa 360 Gebäude aus dem Gesamtbild der Stadt stärker hervortraten. Sie sollten einen Tarnanstrich erhalten; man begann damit bei den städtischen Gebäuden.

Da es im verschärften Luftkrieg bereits Tausende von Bombengeschädigten in Deutschland gab, die obdachlos waren, kam der Landesplaner Bohnert am 30. September 1943 nach Gmünd, um den Bau von Einfachstwohnungen in Gang zu brin-

gen. Später war von Behelfsheimen die Rede. Als Baugelände dafür hatte der Oberbürgermeister ein Grundstück zwischen Klarenberg und Waldstetter Bach vorgesehen. Aber es fehlte an Arbeitskräften und an Baumaterial. So kam bei der Sache nicht
mehr heraus, als daß die HJ Baugruben für die Behelfsheime aushob. Mehr geschah
beim Bau von Luftschutzstollen. Oberbürgermeister und Kreisleiter betonten 1944,
daß der Stollenbau angesichts der vorhandenen kriegswichtigen Industrie und der
Verlagerung weiterer Rüstungsbetriebe nach Gmünd dringend erforderlich sei. Es
waren Stollen vorgesehen am Zeiselberg (für 1000 Personen), an der Lindenfirststra-
ße, an der Schießtalstraße und an der Salvatorstraße. Der Landesplaner wollte sich
um das notwendige Baumaterial, in der Hauptsache um Holz, kümmern, der Kreisleiter sorgte für die Arbeitskräfte. Mitte Juni wurde mit dem Bau der Stollen begonnen. In seiner Wochenendepistel vom 22. Juli 1944 rühmte Kühle die vielen Gmünder Frauen und Mädchen, die sich neben ihrer kriegswichtigen Arbeit in den Betrieben noch am Stollenbau beteiligten. Es wurden auch ausländische Zwangsarbeiter
dazu herangezogen. Am 3. November 1944 teilte Stadtbaumeister Knödler mit, daß
der Stollen im Zeiselberg jetzt eine Länge von 300 m habe.
Je weiter der Krieg ins Land ging, desto mehr wurde das geltende Recht verschärft,
dazu wurden neue Straftatbestände geschaffen und mit drakonischen Strafen belegt.
Ein Sohn unserer Stadt mußte seine entschiedene Gegnerschaft zum Nationalsozialismus mit dem Leben bezahlen: Hermann Köhler, 1876 in Gmünd als Sohn eines
Chemikers geboren. Er war Direktor der Deutschen Bank in Stuttgart und stand
dem Nationalsozialismus von Anfang an ablehnend gegenüber. Auf einer Dienst-
fahrt im Schnellzug München—Stuttgart unterhielt er sich mit Kollegen über die
Zeitläufte. Es war der 18. August 1943. Kurz zuvor war Mussolini gestürzt und von
seinen Landsleuten auf dem Gran Sasso festgesetzt worden. Köhler äußerte in dem
Gespräch, das Hitlersystem werde sich nicht halten lassen. Der Führer sei von lauter
Eunuchen und Speichelleckern umgeben, ihm werde es genauso gehen wie Mussolini. Das Gespräch hörte ein im Abteil mitreisender Parteigenosse. Er zeigte Köhler
wegen defätistischer Äußerungen bei der Zugwache an, die seine Personalien feststellte und ihm den Paß abnahm. Kurze Zeit später wurde Köhler von der Gestapo
vorgeladen, kam in Untersuchungshaft und wurde dem Volksgerichtshof in Berlin
vorgeführt. Köhler stand zu seinen Äußerungen, leugnete sie nicht ab, mußte die
Flut der Beschimpfungen Freislers über sich ergehen lassen und wurde an seinem
Geburtstag, am 8. Oktober 1943, zum Tode verurteilt. Für die Verurteilung war von
Bedeutung, daß einer der mitreisenden Bankdirektoren Freislers Frage, ob er Köhler
für einen Staatsfeind halte, bejahte. Hermann Köhler wurde einen Monat später, am
8. November 1943, im Zuchthaus Brandenburg hingerichtet. An ihn erinnert ein
Gedenkstein in der Anlage am Grabe nahe dem Haus, das einst sein Onkel Constan-

tin Köhler bewohnt hatte. Ein zweiter Stein erinnert dort an weitere Opfer des Nationalsozialismus: Heinrich Probst und Robert Haidner.

## Die Spitze der Stadt in den Kriegsjahren

Von August 1939 bis Ende 1942 weilte Oberbürgermeister Konrad bei der Marine an der Nordseeküste. 1942 wurde er zum Korvettenkapitän befördert. Im selben Jahr gab es eine Auseinandersetzung um die Aufwandsentschädigung für Bürgermeister Barth. Barth war hauptberuflich als Kreisamtsleiter bei der NSV beschäftigt; aus dieser Stellung wurde er durch den Gauamtsleiter Thurner entlassen. Darauf drängte zunächst Oppenländer den Oberbürgermeister und anschließend der stellvertretende Kreisleiter Sieger den Stadtkämmerer, die Aufwandsentschädigung für Barth entsprechend zu erhöhen, damit er finanziell keinen Schaden habe. Es kam in dieser Sache zu einer Auseinandersetzung zwischen Ruisinger und Sieger, weil der Kämmerer zunächst nicht bereit war, die Entschädigung für Barth zu erhöhen. Auf eindeutige Drohungen Siegers hin meldete sich Ruisinger zur Wehrmacht. Barth übernahm zu seinem Bürgermeisterposten noch die Leitung der Bezugscheinstelle Bekleidung bei der Stadt. Da Ruisinger bald danach zur Wehrmacht eingezogen wurde, hätte es an der Spitze der Stadt keine fachlich vorgebildete Kraft mehr gegeben. In dieser Situation beauftragte die Ministerialabteilung Bürgermeister Dr. Prinzing in Schwäbisch Hall kommissarisch mit der Führung der Geschäfte des Gmünder Oberbürgermeisters. Prinzing übernahm am 5. Oktober 1942 das Amt in Gmünd und führte es ein Vierteljahr lang. Anfang 1943 kehrte Konrad von der Marine zurück; er hatte wohl selbst ein Interesse daran, sein Amt auf dem Gmünder Rathaus wieder zu übernehmen. Doch war er in der Folgezeit häufig krank, so daß er um die Jahreswende 1944/45 um Versetzung in den Ruhestand nachsuchen mußte. Dem Gesuch wurde stattgegeben. Konrad trat zunächst einen Krankheitsurlaub an und ging anschließend in Pension. Er verließ Gmünd und zog in sein Haus in Laupheim. Konrad wohnte also bei Kriegsende nicht in Gmünd. In den letzten Kriegswochen führte Bürgermeister Barth die Geschäfte der Stadt. Am 18. April 1945 rief er die Amtsvorstände zusammen und eröffnete ihnen, daß er zusammen mit dem Volkssturm die Stadt verlassen werde. Die Leitung der Stadtverwaltung übergab er an Stadtamtmann Ruff. Dieser war seit Herbst 1942 Vertreter des Stadtkämmerers. Über den Gemeinderat in den Jahren 1942 bis 1945 ist wenig zu berichten. Die Sitzungen waren noch spärlicher als vorher. Es fand sich keine Spur von einer aktiven Beteiligung der Stadträte an den Geschäften. Es wurden keine Einwendungen erhoben, ob es sich um den städtischen Haushalt, um den Finanzplan der Stadtwerke oder um sonst einen Punkt der Tagesordnung handelte. Es war geradezu eine Aus-

nahme, als 1944 der Ratsherr Karl Frey das Wort ergriff und den Etat der Stadt einer
gründlichen Betrachtung unterzog. Die Führung der Stadt regierte mit Verfügungen
des Oberbürgermeisters.

1942 herrschte bei der Stadt bereits eine erhebliche Personalknappheit. Darüber refe-
rierte Ruisinger am 25. Februar 1942. Die Buchhaltung der Stadt hatte statt vier
Beamten nur noch einen; die Geschäfte der Hospitalverwaltung mußten von der
Stadtkämmerei übernommen werden. Bei der Beratung des Haushalts 1942 erwähnte
der Stadtkämmerer, daß über 80 Prozent der Ausgaben gesetzlich festgelegt seien.
Für freie Gestaltung blieb also nur ein kleiner Spielraum. Die Gewerbesteuer wurde
von 320 auf 300 Prozent gesenkt, die unpopuläre Feuerwehrabgabe gestrichen; die
Bürgersteuer wurde 1943 nicht mehr erhoben. Das Volumen des Haushalts 1942
stieg mit den beiden Nachträgen auf über fünf Millionen RM an. Der Kriegsbeitrag,
den die Stadt zu leisten hatte, wurde auf 690 000 RM erhöht, die Kreisverbandsumlage betrug 500 000 RM.[149] Trotz Lohnstop und Verwaltungsvereinfachung stieg der
Personalaufwand bei der Stadt. Es wurden immer wieder städtische Bedienstete eingezogen, deren Bezüge weiterliefen. Dafür mußte die Stadt Ersatzkräfte einstellen,
die ebenfalls bezahlt werden mußten. Der Personalaufwand betrug im Jahre 1943 mit
543 000 RM mehr als eine halbe Million. Die Arbeiten am Bauhof konnten in
beschränktem Umfang weitergeführt werden. Kurz vor Ablauf des Rechnungsjahres
1943 kam eine einschneidende Veränderung: Die Gewerbesteuer wurde künftig vom
Reich erhoben. Vor der Verteilung des Ertrags auf die Gemeinden wurden zehn Prozent als Kriegsbeitragsumlage zugunsten des Reiches abgezogen. Die Stadt verlor
dadurch die Verfügungsgewalt über ihre wichtigste Steuer.

## Umsiedler in Gmünd

Es gehörte zur Konzeption Hitlers, die in verschiedenen Ländern Ost- und Südeu-
ropas verstreut lebenden Volksdeutschen »heim ins Reich« zu holen. Man hatte ja
nun nach dem Polenfeldzug in den zum Reich geschlagenen Ostgebieten, aus denen
man die Polen verjagt hatte, in den Reichsgauen Danzig-Westpreußen und Wartheland, genügend Raum, um sie anzusiedeln. Diesem Ziel dienten Vereinbarungen und
Verträge, so mit Italien, um die Südtiroler »heimzuholen«, mit der Sowjetunion
nach dem Grenz- und Freundschaftsvertrag vom 28. September 1939, um die Deutschen aus dem Baltikum, das ja nun in den sowjetischen Machtbereich gefallen war,
später auch die Deutschen in Wolhynien und Bessarabien umzusiedeln, und schließlich wurde noch ein Vertrag mit Rumänien geschlossen, um die Deutschen aus der
Südbukowina und der Dobrudscha in die neuen Reichsgebiete zu überführen. Die
Umsiedlung der Volksdeutschen wurde eine Aufgabe des Reichsführers SS Heinrich

Himmler, den Hitler zum »Reichskommissar für die Festigung des deutschen Volkstums« ernannt hatte. Himmler wiederum beauftragte die Volksdeutsche Mittelstelle unter Leitung des SS-Obergruppenführers Lorenz mit der Durchführung der Umsiedlung, die eine neue Völkerwanderung in Gang setzte. Diese Volksdeutsche Mittelstelle trat auch in Gmünd in Erscheinung, und zwar in Gestalt des Heilbronner Kreisleiters Drautz, der zusammen mit Oppenländer in Gmünd die klösterlichen Anstalten in rücksichtsloser Form für die Zwecke der Umsiedlung beschlagnahmte. Die Umsiedler wurden nämlich zunächst ins Altreich gebracht, bevor sie in die ihnen zugedachten Siedlungsräume, zum Beispiel ins Wartheland, überführt wurden. So kamen also 600 Buchenlanddeutsche aus der Südbukowina im Dezember 1940 hierher. Sie stammten aus Kimpolung, einer vorwiegend rumänischen Kreisstadt mit 2000 Deutschen. In Gmünd wurden sie zum größten Teil in Anstalten, die überstürzt geräumt werden mußten, untergebracht: in St. Josef, St. Ludwig, im Canisiushaus. Sie unterlagen dort einer intensiven weltanschaulichen Bearbeitung. An Weihnachten durften sie, die durchaus an ihrer Kirche festhalten wollten und einen Pfarrer bei sich hatten, keinen Gottesdienst abhalten. Dafür veranstaltete die Partei eine Weihnachtsfeier für sie, auf der der Kreisleiter sprach. Man versuchte, diese Volksdeutschen kirchlich zu entwurzeln. Als dies nicht gelang, wurde die Kapelle von St. Josef geschlossen und profaniert. Auf dem Altar stand ein Hitlerbild, flankiert von zwei Hakenkreuzfahnen. Im Januar 1941 kam die Einbürgerungskommission nach Gmünd und stellte den Buchenlanddeutschen ihre Urkunden als Reichsbürger aus. Im Dezember kamen sie von Gmünd weg, teils nach Oberschlesien, teils ins Wartheland bzw. nach Ostpreußen. Von dort mußten sie dann nach wenigen Jahren wieder aufbrechen, diesmal auf der Flucht ins Reich, wo sie mittellos ankamen. Einige von ihnen kamen wieder nach Gmünd, wo sie schon 1941 gearbeitet hatten. Im Jahre 1960 zählte die Gruppe der Buchenlanddeutschen in Gmünd etwa 250 Personen.

Es gab deutliche Hinweise dafür, daß die Partei vorhatte, die klösterlichen Anstalten ihren rechtmäßigen Besitzern überhaupt wegzunehmen.[150] Dies wurde bei dem Gerangel um St. Vinzenz sichtbar, dem modernsten Bau unter den klösterlichen Anstalten in Gmünd. Dort waren vor dem Krieg vor allem Einrichtungen zu Hause, die geschaffen wurden für Gehörlose nach dem Besuch der Schule, so eine Näherei, eine Damenschneiderei und ein Bettfederngeschäft, mit deren Hilfe erwachsene gehörlose Frauen ihren Lebensunterhalt verdienen konnten. In den Akten hieß der Bau nach seiner Außenfarbe einfach das »Rote Haus«; offenbar wollte man den kirchlichen Namen nicht verwenden. Man muß auch wissen, daß im Krieg der gesamte Besitz der Barmherzigen Schwestern von Untermarchtal wegen angeblicher Verstöße gegen die Kriegswirtschaftsverordnungen beschlagnahmt und unter Treuhandverwaltung gestellt war. Um St. Vinzenz bemühten sich die Wehrmacht, die Stadt, der Landkreis und die NSV. Die Wehrmacht hatte in dem Gebäude bereits ein Reservelazarett eingerichtet. In einem längeren Schreiben begründete der Oberbürgermeister den Anspruch der Stadt auf das »Rote Haus«; es würde sich nach seiner Meinung für ein Altersheim eignen. Der Landkreis wollte dort ein Krankenhaus einrichten. Am 9. Oktober 1941 wurde bekannt, daß der Reichsstatthalter sich entschlossen hatte, das Haus dem Gauamt für Volkswohlfahrt, also der NSV, zur Einrichtung eines Kindergärtnerinnenseminars zur Verfügung zu stellen. Aus all diesen Plänen ist nichts geworden, denn St. Vinzenz blieb Reservelazarett bis 1945. Im Jahre 1941 erwarb die Stadt auch den Altbau von St. Ludwig. Sie wollte diesen Bau mit seinen Schulräumen für die Handelsschule und für die städtische Frauenarbeitsschule nutzen. Vorerst aber mußte die Stadt auf die Realisierung dieser Pläne verzichten, da die Volksdeutschen weiterhin in dem Gebäude untergebracht waren. Im weiteren Verlauf des Kriegs wurde in St. Ludwig vom Landkreis das Hilfskrankenhaus eingerichtet, das einmal als Krankenhaus für Ausländer diente, für Kriegsgefangene und Zwangsarbeiter, zum anderen für deutsche Infektionskranke. Die medizinische Einrichtung im Hilfskrankenhaus war äußerst dürftig.

## Soziale Verhältnisse in der Kriegszeit

Die Lage der Arbeitnehmer während des Krieges war gekennzeichnet durch überlange Arbeitszeiten und geringe Entlohnung. Für Beamte und Angestellte des öffentlichen Dienstes setzte die Reichsregierung 1942 eine wöchentliche Arbeitszeit von 56 Stunden fest; bei den Stadtwerken wurde sie von 48 auf 55 Stunden erhöht. Allgemein wurde für Hilfsarbeiter ein Durchschnittslohn von 70 Pfennig in der Stunde angenommen, bei Facharbeitern ein solcher von 80 Pfennig. Diese Sätze wurden nicht überall erreicht. Auf sehr niedriger Stufe standen Waldarbeiter und Putzfrauen. Bei letzteren betrug der Stundenlohn nach Tarif 48 Pfennig. Da zu dieser Entlohnung im Krieg aber keine Putzfrauen mehr zu bekommen waren für die Schulen und andere öffentliche Gebäude, setzte die Stadt einen Stundenlohn von 55 Pfennig fest. In der Nähe der Vogelhöfe war Gelände abgerutscht. Bei den notwendigen Entwässerungsarbeiten wurden dort verrechnet: für deutsche Arbeitskräfte je nach Leistung 60 bis 65 Pfennig, für Kriegsgefangene 35 Pfennig, für ausländische Arbeitskräfte 40 Pfennig. In der Bezahlung waren diese in den ersten Kriegsjahren den deutschen Arbeitskräften keinesfalls gleichgestellt. Diese Zurücksetzung ließ sich auf die Dauer nicht aufrechterhalten. Unter den Ausländern gab es verschiedene Kategorien. Da waren zunächst die nach Deutschland gebrachten Kriegsgefangenen, dann die zur Arbeit gepreßten Arbeitskräfte aus besetzten Ländern, vornehmlich Ostarbeiter wie

Polen, Russen, Ukrainer, aber auch Griechen und Slowenen; ferner die »Westarbeiter«, nämlich Holländer und Belgier; schließlich als dritte Kategorie Ausländer, die freiwillig nach Deutschland gegangen waren. Die Ausländer waren in verschiedenen Lagern untergebracht: die kriegsgefangenen Franzosen in der Jahnturnhalle, die Polen in der Jugendherberge. Russische Frauen und Mädchen hausten in St. Bernhard, zeitweise auch in der Turnhalle der Oberschule für Jungen, Slowenen in St. Josef und im Canisiushaus. Ein Lager für 70 Russen wurde im Saal des Katholischen Vereinshauses eingerichtet. Verschiedene Firmen errichteten Baracken für ihre ausländischen Arbeitskräfte, so Schenk und die ZF. Der Barackenbau für Ausländer beschäftigte auch den Gemeinderat in den Jahren 1943 und 1944 und zwar deshalb, weil die Stadt selbst in wachsendem Maße Ausländer anstellte. Es wurde eine Lagergemeinschaft Schwerzer gegründet, an der sich drei größere Betriebe und die Stadt beteiligten. Diese Lagergemeinschaft errichtete Baracken auf dem oberen Teil des Sportgeländes bei der Staatsturnhalle.

Die Behandlung der ausländischen Arbeitnehmer, Fremdarbeiter genannt, war unterschiedlich; man muß sich hier vor generalisierenden Urteilen hüten. Die Quellen sagen darüber wenig. Sicher gab es Arbeitgeber, die ihre ausländischen Arbeitskräfte korrekt behandelten, ja gut und menschlich. Aber es gab eben auch andere Fälle: hartes und rücksichtsloses Durchgreifen gegenüber Ausländern, Behandlung als Menschen zweiter Klasse. Es wirkte sich die nationalsozialistische Propaganda aus mit der Behauptung von der Minderwertigkeit der slawischen Völker. Darunter hatten zunächst die Polen zu leiden. Daß ausländische Arbeiter in der Bezahlung schlechter gestellt waren, haben wir oben gesehen. Allmählich setzte sich aber der Grundsatz durch, daß man bei den Löhnen die Fremdarbeiter den einheimischen Arbeitskräften gleichstellen müsse. Es änderte sich die Einstellung, je mehr man auf die ausländischen Arbeitskräfte angewiesen war. Die Polen mußten auf der linken Brustseite ein »P« tragen (wie die Juden den Judenstern). Auch Russen und Ukrainer waren äußerlich gekennzeichnet. In der Stadt durften die Polen nur eine Gaststätte besuchen, den »Walfisch«. Dort gingen sie am Freitagabend hin, um ihren Kummer zu vergessen. Die SA machte sich eine Zeitlang ein »Vergnügen« daraus, am Freitagabend ins Taubental zur Jugendherberge zu ziehen. Dort ließ sie die Polen heraustreten und verprügelte sie anschließend, »weil sie besoffen waren«. Wurde ein Pole ohne das »P« angetroffen oder hatte er sich etwas zuschulden kommen lassen, so wurde ihm auf der Polizei mit dem Lager gedroht; gemeint war damit das KZ Welzheim.

Im Krankheitsfall war das Hilfskrankenhaus St. Ludwig für die Ausländer zuständig. Da die Einrichtung primitiv war, mußte man immer wieder die Hilfe des städtischen Krankenhauses in Anspruch nehmen, zum Beispiel für jede Röntgenaufnahme. Das führte zu Reibereien, ja zum Widerstand von seiten der Ärzte im städtischen Krankenhaus. Auch diese Dinge dürfen nicht verallgemeinert werden. Es gab sicher im Hilfskrankenhaus wie im Spital Ärzte und Schwestern, die das Menschenmögliche getan haben, um den Kranken zu helfen, den deutschen wie den ausländischen.

An öffentlichen Bauten, die während des Krieges errichtet wurden und an denen vorwiegend Ausländer beteiligt waren, seien genannt die Garage auf dem Bauhof an der Lorcher Straße und der Hauptsammler für die kommende Kläranlage, der bis zum Gewann Neidling vorangetrieben wurde. Schließlich waren sie auch beim Bunkerbau, zum Beispiel beim Stollen am Zeiselberg, eingesetzt.

Das Kapitel Fremdarbeit während des Krieges zeigt sehr verschiedene Aspekte. Jedenfalls muß man die Quälereien, Schikanen und Diskriminierungen, denen ausländische Arbeitskräfte ausgesetzt waren, mit in Rechnung stellen, wenn man über die vielfachen Ausschreitungen, Plünderungen und blutigen Gewalttaten von Ausländern nach dem Krieg urteilen will.

## Das Kriegsgeschehen 1945

Großsprecherisch verkündete Hitler in seiner Neujahrsansprache: »Der nationalsozialistische Staat wird mit seiner Energie und Tatkraft alles das, was heute der Zerstörung verfällt, in wenigen Jahren neu errichten. Unsere Städte werden in ihrem äußeren Bild gewaltiger und schöner sein als je zuvor.« In Wahrheit begann das Jahr 1945 in hoffnungsloser Lage. Immer stärker wirkte sich die Luftherrschaft der Alliierten aus, der Bombenkrieg führte zur planmäßigen Zerstörung der Industrieanlagen und des Verkehrsnetzes. Am 4. Dezember 1944 fand der Angriff auf Heilbronn statt, mit schwersten Zerstörungen und der erschreckenden Zahl von 6530 Toten. Auf der Straßdorfer Höhe konnte man den Feuerschein von Heilbronn sehen.

Am 12. Januar 1945 begann die russische Großoffensive an der Weichsel. Mitte Februar war Oberschlesien samt seinem unzerstörten Industriegebiet in russischer Hand. Am 20. April erreichte die Heeresgruppe des Marschalls Schukow den Ostrand von Berlin. Dem Dammbruch im Osten folgte der Einbruch im Westen. Anfang März stand der Gegner am Rhein; am 7. März wurde Köln genommen, am selben Tag fiel die Rheinbrücke bei Remagen durch Handstreich. Danach erfolgte in breiter Front der Einbruch in das nördliche und südliche Deutschland. In den ersten Apriltagen marschierten die Amerikaner auf Heilbronn und auf Crailsheim zu. Bei Crailsheim gelang es den deutschen Verbänden am 10. April, die Amerikaner noch einmal aus der schwer zerstörten Stadt zu vertreiben. Als diese dann endgültig im Besitz der Amerikaner war, erging sich der Wehrmachtsbericht über den weiteren

Verlauf der Kampfhandlungen nur noch in vagen Angaben. So hieß es im Wehrmachtsbericht am 20. April im Stuttgarter NS-Kurier: »Zwischen Crailsheim und
dem Neckar südlich Heilbronn angreifende Infanterie- und Panzerverbände blieben
kurz nach Verlassen ihrer Ausgangsstellung liegen.« Von dem Vorstoß in Richtung
Remstal war nicht die Rede. Dabei standen Amerikaner am 19. April bereits vor
Gmünd: bei Mutlangen.[151]

Die Zeitungen waren in den Monaten vor dem Zusammenbruch des NS-Systems voll
von aufmunternden Artikeln und Durchhalteappellen. Am 1. März druckte die
Schwäbische Rundschau eine Rundfunkansprache des Reichspropagandaministers
Dr. Goebbels im Wortlaut ab. In dieser Rede beschönigte Dr. Goebbels die Lage
nicht. Gerade deshalb aber rief er zum Widerstand um jeden Preis auf. *Unser Volk
steht heute vor seiner härtesten Bewährungsprobe . . . Niemals wird sich das Trauerspiel des 9. November 1918 wiederholen.*[152] Auf lokaler Ebene vernahmen wir die
Durchhalteappelle in den Ansprachen des Kreisleiters und in den weisungsgemäß
geschriebenen Wochenendbetrachtungen Kühles. Am 14. April warnte dieser vor
Gerüchtemacherei und schöpfte noch Hoffnung aus den Kämpfen um Crailsheim,
weil dort der Feind zurückgeworfen wurde. Eine Chance erblickte er auch in dem
plötzlichen Tod des amerikanischen Präsidenten Roosevelt am 12. April. Es war die
Hoffnung auf einen Zerfall der Kriegskoalition gegen Hitler-Deutschland angesichts
wachsender Spannungen und Gegensätze. Als ob die Heere der Alliierten im Westen
und die Rote Armee im Osten durch den Tod des amerikanischen Präsidenten sich
auch nur einen Tag hätten aufhalten lassen.

Am 18. Oktober 1944 wurde von Hitler das letzte Aufgebot, der Volkssturm, mobi-
lisiert. Dazu waren alle waffenfähigen Männer im Alter von 16 bis 60 Jahren aufgeboten. Die Bemühungen des Kreisleiters galten von da ab der Aufstellung des Volkssturms,[153] dessen Führung im Gau der Gauleiter und Reichsstatthalter Murr übernommen hatte. Die Presse faselte von dem »gewaltigen schwäbischen Aufgebot der
Volkssturmbewegung«. Wie sah es damit in Gmünd aus? Die Musterung fand im
Herbst 1944 in der Klösterleschule statt. Der Jahrgang 1889 war der letzte, der
gemustert wurde. Die Stadt Gmünd stellte vier Bataillone auf, entsprechend den vier
Ortsgruppen der Partei. Die Führung der Bataillone lag zunächst in den Händen der
Ortsgruppenleiter, später wurde sie anderen Personen übertragen. Stabsleiter des
Gmünder Aufgebots war der stellvertretende Standartenführer Henn. Zum Teil
setzte sich der Volkssturm aus Facharbeitern zusammen, die bisher freigestellt
waren, zum größten Teil aber aus Militäruntauglichen sowie aus 16jährigen Hitlerjungen. Viele der Männer hatten noch nie eine Waffe in der Hand gehabt. Andere
seit dem Ersten Weltkrieg nicht mehr. Mit Beginn des Jahres 1945 wurde ernstlich
mit der Ausbildung der Volkssturmmänner begonnen. Sie hatten sich jede Woche

126. Goldschmieds-Tanz auf dem Marktplatz am 13. Mai 1934
127. Parade der SA in der Ledergasse

128. Heimkehr der 119er vom Felde.
5. Oktober 1940

129. Kriegerdenkmal auf dem
Marktplatz, 1936

130. Erntedankfest 1933, Ölgemälde von Paul Mahringer

# An die Einwohner der Stadt Schwäbisch Gmünd

Mit Genehmigung der Militär-Regierung gebe ich folgendes bekannt:

1) Unsere schöne alte Stadt ist wie wenig deutsche Städte von den Schrecken und Verwüstungen des Krieges verschont geblieben. Die Tatsache wollen wir uns stets vor Augen halten, wenn uns kleinliche Erwägungen oder unvermeidliche Unannehmlichkeiten in der jetzigen schweren Zeit zu Mißmut und Verzagtheit hinreißen wollen. Im Gegenteil! Wir wollen mit starkem Herzen an die harte Arbeit des Wiederaufbaues gehen. Es darf von der Einsicht der Gmünder Einwohnerschaft erwartet werden, daß niemand sich von der Mitarbeit bei der Erfüllung dieser großen Aufgabe, von der die Zukunft unserer Stadt und unseres Vaterlandes abhängt, ausschließt. Drückeberger werden nicht geduldet! Wenn nötig, müßte zu schärfsten Zwangsmaßnahmen gegriffen werden.

Den Anordnungen der Militär-Regierung und der in ihrem Auftrage handelnden Behörden muß unter allen Umständen und sofort Folge geleistet werden. Das mögen sich vor allem diejenigen gesagt sein lassen, die immer noch nicht begriffen zu haben scheinen, um was es geht, und die da glauben, sie gehe die Not des Volkes nichts an.

Ein besonderes Augenmerk wird denen zugewendet werden müssen, die in den vergangenen Jahren schlimmster Nazi-Herrschaft durch ihre aktive Mitwirkung – sei es offen oder versteckt – sich in erhöhtem Maße mitschuldig gemacht haben an den ungeheuerlichen Verbrechen der Nazi-Führer und an dem Zusammenbruch unseres Volkes. So verlangt es die Gerechtigkeit u. der gesunde Sinn des größten Teiles der Bevölkerung.

2) Wir wollen auch dazu beitragen, daß das äußere Bild unserer Stadt nicht durch das achtlose Wegwerfen von Gegenständen (Papier usw.) auf den Straßen und öffentlichen Plätzen verunstaltet wird.

Solange die öffentliche Straßenreinigung noch nicht in regelmäßiger Folge durch die Stadtverwaltung durchgeführt werden kann, ersuche ich die Hauseigentümer, die Gehwege und Straßen vor ihren Häusern und Grundstücken zu reinigen. Schutthaufen müssen sofort beseitigt werden. Das Ablagern von Schutt und Abfallstoffen irgend welcher Art auf fremdem Grund und Boden ist strengstens untersagt. Gegen Verfehlungen dieser Art werde ich unnachsichtlich einschreiten.

Die öffentlichen Brunnen sind keine Spielplätze für Kinder! Ich mache hierauf alle Eltern und Erziehungsberechtigten besonders aufmerksam. Für alle Schäden, die durch herumlungernde Kinder verursacht werden, müssen die Eltern oder deren Stellvertreter haftbar gemacht werden.

3) Herumliegende Munition (Patronen, Handgranaten usw.), sowie sonstige Sprengkörper haben schon so oft großes Unheil angerichtet. Die Jugend kann nicht oft genug vor der Gefährlichkeit solcher Dinge gewarnt werden. Diese Gegenstände sind sofort der Polizei zu melden.

Schwäbisch Gmünd, 7. Juni 1945.

**Der komm. Oberbürgermeister:**
Rudolph, Oberregierungsrat

Remsz-Zeitung Gmünd

---

# To the inhabitants of Schwaeb. Gmuend

With approval of the Military-Government I give notice of the following:

1. Our beautiful old town has been spared from the terror and devastations of the war like only few German towns. This will always be kept in mind whenever we feel inclined to yield to discontent and despondency owing to paltry considerations and unavoidable inconviniences caused by the present hard times. the contrary! Let us begin the heavy task of restoration with strong hearts. I expect that the inhabitan Gmuend will be intelligent enough to understand this call so that nobody will refuse to help to accomplis great task on which the whole future of our town and of our country will depend. We can't tolerate any kers! Ii necessary, we must adopt coercive measures.

The orders of the Military-Government and of all the authorities acting on behalf of the Military-Go ment must be obeyed at once and under any circumstances. This is intended for those who seem to have u stood not even now what is at stake and who are of opinion that the misery of the people does not cern them.

We must keep a strict eye upon those who were accomplices in the immense crime of the Nazi-leade the past years of worst Nazi-government and who are guilty to a higher degree of the down-break o people on account of their open or secret activities. This will be demanded by the common sense of j of the greatest part of our population.

2. Furthermore let us help that the outer appearance of our town will not be spoiled by waste pape carelessly dropped on the streets and pleasure grounds. As long as the public scavenging can't be exe regularly by the administration of the town, I request the proprietors of houses to clean the pavements streets before their houses and estates. Heaps of rubbish must be removed at once. It is strictly forbidd dump rubbish and slops of any kind on strange property. I shall interfere without indulgence against failures.

The public wells are no playgrounds for children! I want to draw the special attention of the parent all persons entitled to education to this fact. Parents or their representatives will be held liable for al mages caused by children lounging around in the streets.

3. Ammunition such as cartridges, hand-grenades etc. and other blasting slabs have often caused mischief. Our youth can't be warned too often of the danger of such materials. These objects are to be c red at once at the police-station.

Schwaeb.-Gmuend, June 8, 1945.

**The comm. chief burgomaste**

---

*131. Aufruf »An die Einwohner von Schwäbisch Gmünd«, 7. Juni 1945*

zweimal in der Hardtkaserne einzufinden, außerdem am Sonntag. Man gab sich
Mühe, aus den Leuten etwas zu machen, aber es fehlte an Waffen. Auf 500 Mann
kamen noch nicht einmal 20 Gewehre verschiedenster Herkunft. Militärisch waren
die Volkssturmabteilungen fast wertlos und ihr Einsatz nicht zu verantworten, da sie
ungenügend ausgebildet und ganz unzulänglich ausgerüstet waren.

Nach den ausgearbeiteten Plänen lag die Stadt inmitten eines ausgedehnten Verteidi-
gungsringes. Dieser Ring lehnte sich an die Hardtkaserne an, verlief von da zur Rinderbacher Mühle, zum Jägerhaus und Schießtal, den See einschließend. Von da ging
er hinauf auf den Rand der Mutlanger Heide, zum Becherlehen, wieder hinauf zum
Lindenfirst, weiter auf den Höhenrand hinter dem Salvator nach Wustenriet, von
dort zur Freimühle, das Remstal überquerend hinauf nach Straßdorf zur Kapelle,
von dort hinunter zur Dreifaltigkeitskapelle und wieder den Hang hinauf zur Hardt-
kaserne. Auf dieser Linie wurden von Soldaten und Volkssturmmännern Deckungs-
löcher, MG-Nester und teilweise auch Schützengräben gebaut. Auch legte man viele
Panzersperren an aus Baumstämmen, die praktisch wertlos waren, weil sie von den
Amerikanern umgangen oder gesprengt wurden, wenn sie nicht zuvor die deutsche
Bevölkerung wieder geöffnet hatte. Zu einer nachhaltigen Besetzung dieser ausgedehnten Verteidigungslinie ist es nie gekommen. Zum Schluß fehlten einfach die
Männer dazu und die Waffen.

## Hitlers Zerstörungsbefehle

Bereits 1943 gab es Anweisungen an die Rüstungsbetriebe für den Fall der Besetzung
deutschen Gebiets durch den Feind. Industrielle Anlagen sollten durch den Ausbau
wichtiger Teile aus Maschinen gelähmt werden. Vom Rüstungskommando Ulm war
die Firma Schenk als Verbindungsstelle zur Gmünder Industrie bestimmt worden.
Damit hatte Schenk den hiesigen Betrieben die Befehle des Rüstungskommandos zu
übermitteln.

Am 19. März 1945 gab Hitler den Gauleitern und Reichsverteidigungskommissaren
den Befehl, »alle militärischen Verkehrs-, Nachrichten-, Industrie- und Versor-
gungsanlagen«, also auch Wasserwerke, Gas- und Elektrizitätswerke, zu zerstören
und damit praktisch die Lebensgrundlagen des deutschen Volkes zu vernichten. Von
dieser Weisung erfuhr das Volk kein Wort. Es war der Befehl der verbrannten Erde,
den er gegen den Widerstand seiner Umgebung, insbesondere des Rüstungsministers
Speer, erließ. Auf dessen Einwände erwiderte Hitler: *Wenn der Krieg verloren geht,
wird auch das Volk verloren sein. Dieses Schicksal ist unabwendbar.* Das deutsche
Volk habe sich als das schwächere erwiesen, dem stärkeren Ostvolk gehöre dann die
Zukunft. Speer selbst und manche Truppenführer, aber auch zivile Stellen wie Ober-

bürgermeister Dr. Strölin, Stuttgart, haben sich der Durchführung von Hitlers Zerstörungsbefehl widersetzt. Doch ist im Zuge der militärischen Operationen der letzten Tage noch vieles zerstört worden.

Am 12. April folgte der Befehl zur Verteidigung der Städte. *Keine Stadt wird dem Feind überlassen, bevor sie nicht ein Trümmerhaufen ist* (Hitler zu Speer). Dieser Befehl galt grundsätzlich auch für Schwäbisch Gmünd. Schärfste Maßnahmen hatten diese Befehle zur Folge gegen Offiziere und Soldaten, aber auch gegen Zivilisten, die sich nicht daran hielten. Kein Wunder also, daß in der Schlußphase ein General in Gmünd erschien, der allen Ernstes hier einen Häuserkampf organisieren wollte. »Aufhängen, erschießen«, war die Parole. Es galt der kurze Prozeß. Das Hissen einer weißen Fahne war ebenso mit dem Tode bedroht wie das Öffnen einer Panzersperre, und es blieb nicht bei leeren Drohungen. Das zeigen erschütternde Beispiele aus Brettheim bei Crailsheim und aus Heilbronn.

Mit geheimnisvollen Andeutungen wurde schließlich die Bildung von Partisaneneinheiten aus der Hitlerjugend bekanntgemacht, die im besetzten Teil Deutschlands bereits agierten: der Werwolf. »Haß ist unser Gebet und Rache unser Feldgeschrei«, lautete die Parole. Nach Ankündigungen in der Presse und dem Vorgang in Aachen, wo der von den Amerikanern eingesetzte Oberbürgermeister von einem nationalsozialistischen Partisanenkommando erschossen wurde, nimmt es nicht wunder, daß die amerikanischen Streitkräfte in der Folgezeit von der Annahme ausgingen, daß in den von ihnen eingenommenen Räumen noch Werwolfkommandos ihr Unwesen treiben würden. Auch in Gmünd war in den Tagen der Besetzung und in den Wochen danach viel von Werwölfen die Rede.

Anfang April erhielt Prokurist Lutz, den Willy Schenk mit der Weitergabe der Befehle des Rüstungskommandos Ulm beauftragt hatte, in Oberkochen zwei Fertigungen eines Geheimerlasses ausgehändigt, dessen Inhalt den Gmünder Betriebsführern sofort bekanntzugeben war. Danach war es den Betriebsleitern überlassen, ob bei Feindannäherung die Lähmung ihres Betriebes genüge oder ob er gesprengt werden solle. Es fand darauf eine Besprechung mit den Betriebsführern statt; diese entschieden sich, wie nicht anders zu erwarten, für die bloße Lähmung. Oppenländer war damit einverstanden.

Am 13. April erhielt Lutz von der Kreisleitung eine neue Weisung. Nun hatte Murr angeordnet, daß sämtliche Betriebe doch gesprengt werden müßten. Auf diese Weise war die Sache bedrohlich geworden. Da nahm Willy Schenk die leitenden Männer seines Unternehmens, ging mit ihnen in die Wohnung des Kreisleiters und erklärte ihm auf das entschiedenste sein Nein zu jeglicher Zerstörungsmaßnahme. Es sei unverantwortlich, Arbeitern durch die Zerstörung der Betriebe ihre Arbeitsplätze zu nehmen. Die Reaktion des Kreisleiters war sehr gedämpft; er hatte wohl selbst den

Wahnwitz des Zerstörungsbefehls erkannt und bestand nicht mehr auf dessen Durchführung.

Am 19. April, als die Amerikaner bereits in Mutlangen standen, kam das Stichwort »Schwabentreue«. Es bedeutete den Vollzug der Zerstörung aller Anlagen gemäß Führerbefehl vom 19. März; ein Zynismus ohnegleichen, für die sinnlose Zerstörung aller Lebensgrundlagen das Stichwort »Schwabentreue« zu wählen. Darauf kamen wieder Anrufe zu Lutz, wie man sich verhalten solle. Dieser erklärte jedem Betriebsführer, er müsse selbst wissen, was zu tun sei. Im übrigen habe er keine Zeit, die Maßnahmen im einzelnen nachzuprüfen. Das verstanden alle, und so unterblieb in Gmünd jede Lähmung, erst recht jede Zerstörung industrieller Anlagen. Auch bei den Stadtwerken wurde nichts zerstört.

## Die Brücken werden gesprengt

Zu den letzten Aktionen des NS-Regimes gehörten die Brückensprengungen. Sie waren militärisch bedeutungslos und im Grunde sinnlos; sie konnten nur das Weiterleben des Volkes nach der unvermeidlich gewordenen Kapitulation erschweren. Durchgeführt wurden die Sprengungen auf Weisung des Kampfkommandanten durch einen Pionierzug der Wehrmacht; beteiligt waren auch einzelne Angehörige des Volkssturms.[154]

Am frühesten wurde in Gmünd die Friedhofbrücke unbenutzbar gemacht. Am längsten blieb die Pfitzerbrücke erhalten, um den Rückzug der im Norden stehenden deutschen Truppenverbände bis zum Schluß zu ermöglichen. Doch wurde auch diese Brücke zur Sprengung vorbereitet. Vermutlich zur Vorbereitung der einzelnen Maßnahmen ließ Stadtbaumeister Knödler beim Tiefbauamt die Bauakten und Brückenzeichnungen abholen.

Am Tag vor der Besetzung der Stadt, am 19. April, ging zunächst um 16.30 Uhr die Leonhardsbrücke hoch. Dabei wurde das Dach der Kirche und des angebauten Mesnerhauses fast ganz abgedeckt. Es folgte um 18.00 Uhr die Bahnhofsbrücke. Damit war die Ost-West-Verbindung unterbrochen. Die Sprengung der Bahnhofsbrücke war nicht besonders wirksam. Es entstand lediglich ein Loch, etwa 1 m tief und 2 m breit, so daß die Brücke noch benutzbar blieb. Die weiter stadtauswärts gelegene Moltkebrücke war bereits eine Woche früher von Pionieren des Bau-Ersatz-Bataillons gesprengt worden.

Betroffen von den Brückensprengungen waren vor allem die Stadtwerke, verliefen doch unter den Brücken wichtige Leitungen der Gas-, Wasser- und Stromversorgung. Es gelang, eine Zusage zu erhalten, daß die Brücken nur teilweise gesprengt und die darunterliegenden Leitungen möglichst geschont würden. Das ist dann auch geschehen. Die Schäden an den Leitungen blieben gering. Allerdings wurden bei einer Brückensprengung in nächster Nähe der Werke nahezu alle Fenster im Gaswerk zertrümmert. Auch erlitt das Dach des Ofenhauses solche Schäden, daß die Weiterführung des Betriebs zunächst unmöglich war. So kam es zu einer Unterbrechung in der Gasversorgung der Stadt, die bis zum 28. April dauerte.

Am Sonntag, 22. April, fuhren in der Frühe fünf amerikanische Panzer vom Baugeschäft Johannes Widmann her in den Leonhardsfriedhof hinein. Sie kamen wahrscheinlich aus Richtung Mutlangen, und da die Brücken gesprengt waren, benutzten sie den Hauptweg im Friedhof als Umweg, um in die Aalener Straße zu kommen. Dabei rissen sie bei der Einfahrt einen, bei der Ausfahrt an der Leonhardskirche beide Torpfeiler um.

### Die Front näherte sich der Stadt

Die Amerikaner stießen Anfang April von Norden her auf Heilbronn und Crailsheim vor. Nach dem Fall von Heilbronn (12. 4.) wurde drei Tage lang um das Bergstädtchen Waldenburg gekämpft, das von den Deutschen zäh verteidigt wurde. Am Ende war Waldenburg ein rauchender Trümmerhaufen. Am 17. April besetzten die Amerikaner Schwäbisch Hall, am 19. Murrhardt. Sie standen damit schon ziemlich nahe bei Gmünd. In diesen Tagen fluteten nachts ununterbrochen Wehrmachtsteile aller Gattungen durch Gmünd und weiter nach Süden. Auf unsere Stadt rückten die Amerikaner zunächst vom Norden her an. In einem Abschnitt war Albert Deibele, der Stadtarchivar, selbst Frontbeobachter. Deibele hatte zusammen mit einem anderen Volkssturmmann Dienst an der Panzersperre zwischen Seelach und Gschwend. Am 19. April gegen 12.00 Uhr gewann eine Abteilung Amerikaner die Höhe von Seelach, wenig später eine andere Hellershof. Von dort konnte Deibele den Vormarsch der Amerikaner deutlich verfolgen. Eine Kolonne stieß von Seelach über Spraitbach nach Mutlangen, eine andere von Hellershof über Wahlenheim nach Alfdorf.[155]

Eine bange Frage bewegte die Gmünder in diesen Tagen und Stunden: Sollte die Stadt noch verteidigt werden wie etwa Crailsheim? Vorgesehen war das auf jeden Fall. Doch schöpfte man eine gewisse Hoffnung aus der Tatsache, daß sich hier acht Lazarette befanden. In Gmünd war seit Anfang April ein Kampfkommandant eingesetzt. Er hatte den Auftrag, aus versprengten Soldaten, Urlaubern und Volkssturmmännern Alarmeinheiten zu bilden und die Verteidigung der Stadt vorzubereiten. Der Kampfkommandant Major Schröder merkte bald, daß in der Umgebung des Kreisleiters zwei Männer großen Einfluß hatten: der frühere Standartenführer der SA, Hauptmann Hössle, und der jetzige stellvertretende Standartenführer Henn.

Hössle gebärdete sich überheblich. Mit dem Kreisleiter hatte Schröder Differenzen, weil Oppenländer der Meinung war, die gesamte Verteidigung von Stadt und Kreis unterstehe ihm. Darauf ließ sich Schröder ablösen, Nachfolger als Kampfkommandant wurde darauf Hössle.[156] Was hatte der Kampfkommandant an »Streitkräften« zur Verfügung, als die Amerikaner am Rande der Stadt erschienen? Eine Pionierkompanie, welche die Panzersperren zu bewachen hatte, dazu den Volkssturm, der schlecht bewaffnet und von ganz geringem Kampfwert war. Dazu kam noch ein aus Hitlerjungen gebildetes Panzernahkampfbataillon, das der letzte Bannführer der HJ, Heinrich Musch, führte. Musch lag mit einem Teil dieser Einheit in der Jugendherberge. Es ist im Zusammenhang mit diesen Hitlerjugendsoldaten des öfteren von »Werwölfen« die Rede. Diese Bezeichnung ist nicht richtig. Es handelte sich vielmehr um eine eiligst ausgehobene Panzernahkampftruppe. Mit dem Werwolf hatte sie nichts zu tun. Schon Tage vor dem 20. April meldete Hössle der Division, er könne mit den vorhandenen Kräften Gmünd nicht verteidigen. Man sagte ihm darauf ein Pionierbataillon zur Unterstützung zu. Aber dieses ist nie in Gmünd eingetroffen.

Und der Volkssturm? Von ihm wurde ein Teil, nämlich die nicht ausgebildeten Männer, vom Kreisleiter noch am 19. April zur Ausbildung nach Ulm in Marsch gesetzt. Aus den in Gmünd verbliebenen Volkssturmmännern wurden drei Einheiten gebildet. Eine ging mit einem Sturmgeschütz, das von Lorch her kam, nach Süden. Von dieser Einheit ist nichts bekanntgeworden. Eine weitere Abteilung erhielt, nachdem schließlich Gewehre eingetroffen waren, den Befehl, zur Verstärkung der Wehrmacht auf die Höhe von Mutlangen auszurücken. Vor Mutlangen, und zwar an der Stelle, wo das Bauernhölzle an die Straße stößt, befand sich eine Panzersperre. Am 19. April um 15.00 Uhr sammelte sich die Volkssturmeinheit bei der Gießerei Gatter und Schüle. Den ihr zugewiesenen Abschnitt bei Mutlangen fand sie von der Wehrmacht besetzt. Darauf bezog diese Volkssturmabteilung Quartier auf dem Rehnenhof. Von dort telefonierte ihr Führer nach Gmünd, daß soeben um 16.00 Uhr amerikanische Panzer sich von Mutlangen her über das freie Feld, also auf dem Gelände des heutigen Kreiskrankenhauses, auf Wetzgau zu bewegten. Ohne in Gefechtsberührung eingetreten zu sein, zog sich diese Volkssturmabteilung über das Höfle in die Stadt zurück und löste sich auf. Die letzte Einheit des Volkssturms hatte keinen Einsatzbefehl erhalten. Als sie am späten Abend den Kreisleiter telefonisch erreichte, gab dieser die Weisung, nach eigenem Ermessen zu handeln. Darauf gab der Einheitsführer den Befehl: »Wer freiwillig nach Ulm marschieren will, findet sich morgen früh um 3.00 Uhr in der Remsstraße ein.« Es erschienen noch sechs Mann, vier davon marschierten ab. Damit war die Tätigkeit des Gmünder Volkssturms beendet. Mutlangen hatte an diesem 19. April noch schwer zu leiden. Die Amerikaner warfen nach 14.15 Uhr etwa 20 Luftminen auf das Dorf ab, weil sie deutsches Militär im Ort und Flugverkehr auf der Mutlanger Heide beobachtet hatten. Es gab Tote unter der Bevölkerung, darunter war Ortspfarrer Dr. Freist. Die Kirche wurde schwer beschädigt, einige Häuser brannten ab. Von Mutlangen aus stießen die Amerikaner nicht direkt nach Gmünd, sondern zunächst nach Wetzgau und Wustenriet. In Wetzgau lag ein Zug des Gmünder Bau-Ersatz-Bataillons. Als die Panzer heranrückten, wurden sie von den deutschen Soldaten beschossen. Dabei fielen drei Mann vom Baubataillon. Die zweite amerikanische Panzerwelle ging daran, Haus für Haus zu durchsuchen.

Einige deutsche Soldaten nahmen die Amerikaner unter Feuer, die dabei zwei Mann verloren. Die Panzer der zweiten Welle nahmen bei der Rehnenhofsiedlung Aufstellung und richteten ihr Feuer auf die Hardtkaserne, die aber nur wenig beschädigt wurde. Einige Geschosse fielen auch in die Stadt, eines auf die Hospitalgasse, wo eine Frau getötet wurde. Mit Wetzgau/Rehnenhof hatten die Amerikaner am Nachmittag des 19. April das Stadtgebiet von Schwäbisch Gmünd erreicht.

Im Laichle bezog ein Artillerieregiment Stellung, das den Rechberg unter Beschuß nahm. Von Wetzgau aus unternahmen die Amerikaner auch einen Streifzug zum Schönblick. Nachdem sie erfahren hatten, daß es sich um eine Lungenheilstätte handelte, ließen sie den Schönblick unbehelligt. Am späten Abend kam noch ein Trupp deutscher Soldaten und Hitlerjungen vom Taubental her zu der Heilstätte. Auf die Frage, was sie beabsichtigten, antwortete der Truppführer, sie wollten die amerikanischen Panzer angreifen. Neben einigen Panzerfäusten hatten sie lediglich Gewehre bei sich. Das war eine gefährliche Situation für den Schönblick. Der leitende Arzt Dr. Uhde riet ihnen, die Heilstätte zu verlassen und von ihrem Plan Abstand zu nehmen, worauf die Soldaten durch den Wald nach Gmünd zurückkehrten.

Verfolgen wir den Weg der Amerikaner von Wetzgau aus weiter. Beim Vorstoß auf Wustenriet geriet ein Schuppen der Gärtnerei Held in Brand. In Wustenriet befand sich eine Panzersperre, die geschlossen war. Einige Bewohner wollten sie öffnen. Da bedeutete ihnen ein amerikanischer Offizier, das sei nicht nötig und sprengte sie kurzerhand. Zur Verteidigung von Wustenriet waren neun Volkssturmmänner aufgeboten, die mit 30 Patronen ausgestattet waren. Als die Panzer ankamen, flüchteten sie in den Wald. Die Amerikaner bestrichen darauf den Waldrand mit MG-Feuer, ihre Panzer gingen in Schützenlinie gegen die Breitwiese und das Rotenbachtal vor; die nachfolgenden Panzerkolonnen zogen durch den Spitalwald in Richtung Freimühle. Gegen 20.30 Uhr kamen die Amerikaner bei der Sägmühle Scheurle an. Nach dem Bericht von Franz Scheurle fuhren die Panzer gestaffelt auf und schossen rings auf die Häuser und in die Felder, wo sie flüchtige deutsche Soldaten vermuteten. Ein Offizier klopfte schließlich bei Scheurle an den Fensterladen und fragte in tadellosem

Deutsch: »Sind hier deutsche Soldaten und Waffen?« Darauf kamen eine Menge Soldaten herein, und seine Mutter mußte ihnen Eier und Kaffee kochen. Die Amerikaner hatten Gmünd in die Zange genommen: Sie standen am Abend des 19. April in Mutlangen, Wetzgau, Wustenriet und Großdeinbach. Ein weiterer Keil war von Alfdorf aus über Bruck nach Lorch bzw. vom Haselbachtal her in Richtung Gmünd gestoßen. Irgendwann im Laufe des Tages müssen dann Hössle und Oppenländer zu der Überzeugung gelangt sein, daß die Verteidigung der Stadt unter den gegebenen Umständen aussichtslos sei, daß sie nur sinnlose Opfer gekostet hätte. Kampfkommandant Hössle war also bereit, Gmünd ohne weiteren Kampf aufzugeben. Am Abend befahl er den Rückzug nach Süden auf den Albrand. Später gab er an, er habe nach Stuttgart die falsche Meldung durchgegeben, daß in Gmünd bereits Straßenkämpfe stattfänden. Zuvor hatte Hössle das aus Hitlerjungen bestehende Panzernahkampfbataillon in Marsch gesetzt. Diese blutjungen Soldaten sollten sich am Südrand der Stadt festsetzen. In den Kämpfen danach vor Ulm hat noch mancher dieser Jungen das Leben verloren. Der Luftschutzoffizier Bittlingmaier berichtete, Hössle habe ihn in der Nacht vom 19. auf 20. April angerufen und ihm den Befehl übermittelt, er solle sich nach Weiler absetzen, da Gmünd nicht mehr verteidigt werde. Gmünd werde wegen der Lazarette als offene Stadt behandelt. Bittlingmaier leistete dem Absetzbefehl nicht Folge, er blieb bis zum Eintreffen der Amerikaner auf seinem Gefechtsstand auf dem Salvator als Luftschutzleiter. Bittlingmaier war auch Fernsprechoffizier und als solcher zuständig für die Fernsprechleitungen der Wehrmacht. Den Zerstörungsbefehl führte er ebenfalls nicht aus. So war das Fernsprechnetz in Gmünd auch am Tage des Einmarsches der Amerikaner intakt.

Im Zusammenhang mit den militärischen Vorgängen in und um Schwäbisch Gmünd spielte auch ein Bataillon Maier eine Rolle. Es gehörte zum Infanterieregiment 223 und zur Division des Generals Hoffmann, der den ganzen Abschnitt zu verteidigen hatte. Oberleutnant Maier hatte das Bataillon aus versprengten Soldaten und aus Genesenden in Heidenheim notdürftig aufgestellt und war nun in Weiler i.d.B. stationiert. Das Gasthaus »Zum Mondschein« war sein Gefechtsstand. Er bekam dann den Auftrag, sich beim Kampfkommandanten in Gmünd, also bei Hössle, zu melden. Dies tat er jedoch nicht. Der Offizier und ebenso sein Regimentskommandeur sahen in Hössle wohl in erster Linie den Parteimann. Maier bekam in Weiler noch einen Anruf von der Gauleitung in Stuttgart. Nach seinem Bericht war der Gauleiter selbst am Apparat und gab ihm den Befehl, in Richtung Gmünd einen Gegenstoß zu unternehmen, um, wie Murr wörtlich gesagt habe, »den dort im Kampf stehenden Hössle zu entlasten«. Maier bemerkte dazu, er habe zu diesem Zeitpunkt bereits durch Melder erfahren, daß amerikanische Panzer auf dem Gmünder Marktplatz aufgefahren seien. Da der Versuch, mit den ihm zur Verfügung stehenden Kräften die Amerikaner wieder aus der Stadt hinauszuwerfen, lächerlich gewesen wäre, zögerte Maier und sprach zunächst mit seinem Regimentskommandeur. Als er später den Gauleiter nochmals anrufen wollte, war dieser nicht mehr zu erreichen.

In den letzten Wochen vor der Besetzung der Stadt wurde die Alte Kaserne (Prediger) als Sitz des Kreisleiters und des Kampfkommandanten zur umfassenden Befehlszentrale. Es herrschte dort eine Atmosphäre der Hektik; Befehle aus Stuttgart jagten einander, und als dann die Amerikaner in Mutlangen und Lorch standen, brach Weltuntergangsstimmung aus. »Der Kreisleiter saß da und sinnierte vor sich hin«, notierte ein Beobachter. Aus der engen Zusammenarbeit von Oppenländer und Hössle erwuchs auch der verhängnisvolle Entschluß in Sachen Probst und Haidner am Nachmittag des 19. April. Schon am Tage zuvor begann bei der Kreisleitung und den Ämtern der Partei die Vernichtung der Akten. Ganze Wagenladungen kamen ins Gaswerk zum Verbrennen, darunter auch Akten der Kriminalpolizei. Dadurch konnte sich mancher Kriminelle später der Strafverfolgung entziehen.

Ein schweres Problem für die Verantwortlichen stellten bei Kriegsende die Ausländer dar, im Gmünder Bezirk allein etwa 3000. Im Zusammenhang mit der Räumung der Stadt sollten auch die Ausländer evakuiert werden, und zwar sollte Oberleutnant Gassmann als Kreisführer der Gendarmerie den Abtransport der ausländischen Zivilarbeiter und Kriegsgefangenen nach Osten in die Wege leiten und durchführen. Gassmann lehnte dies ab. Er trat vielmehr dafür ein, die ausländischen Arbeitskräfte in den Landgemeinden an ihren Arbeitsplätzen und die hiesigen in den Lagern zu belassen. So geschah es dann; der Abtransport wäre ja für viele einem Todesmarsch gleichgekommen. Immerhin gab es dann bei der Partei vage Pläne, aufsässige und gefährliche Ausländer auszusondern und zu liquidieren. Wir wissen das aus mehreren Bekundungen. Solche gefährlichen Ausländer wurden jedenfalls zusammengetrieben und unter Bewachung am 19. April im Innenhof der Alten Kaserne festgehalten. Zwei Gmünder Industriellen gelang es, den Kreisleiter von diesem Vorhaben abzubringen. Am Abend des 19. April rüsteten dann Oppenländer und sein Stab zur »Abreise«. An und für sich hätte, als das Stichwort »Nero« kam, die Bevölkerung die Stadt räumen und sich auf die Flucht begeben sollen.

Davon konnte natürlich keine Rede mehr sein, und so waren es nur noch Parteigenossen und Amtsträger der Partei, die sich absetzten. Der Kreisleiter und seine engere Umgebung begaben sich in der Nacht vom 19. auf 20. April zunächst nach Degenfeld, später nach Bartholomä und von dort weiter nach Süden bis nach Vorarlberg. Sie versorgten sich zuvor reichlich mit Lebensmitteln und Getränken. Als gegen Mitternacht die Polizei einen Posten auf die Kreisleitung schickte, war dort niemand mehr anzutreffen. Das Gebäude stand offen, das »Braune Haus« war leer.

Am Freitag, dem 20. April, dem Geburtstag des »Führers« standen die Amerikaner bei der Freimühle und warteten auf die Übergabe der Stadt. Alles hing davon ab, ob die Stadt rechtzeitig übergeben würde. Doch auf deutscher Seite war niemand dazu bereit. Da handelte der französische Capitaine Paul Lémal, der seit längerem in Gmünd weilte. Lémal war hier zur Betreuung der französischen Kriegsgefangenen und Zivilfranzosen eingesetzt. Er spielte dabei eine Doppelrolle: Offiziell war er hier als Anhänger des Marschalls Pétain und konnte sich daher in Gmünd frei bewegen. Insgeheim aber gehörte der französische Offizier der Résistance an und hatte bereits vor Monaten aus den in Gmünd lebenden Franzosen eine Gruppe der Widerstandsbewegung gebildet. Lémal wollte nicht, daß unsere Stadt, die er liebgewonnen hatte, noch im letzten Augenblick in Schutt und Asche gelegt würde. Außerdem fühlte er sich verantwortlich für das Leben seiner Landsleute. So verhinderte er, da die deutschen Stellen wie gelähmt waren, durch umsichtiges und entschlossenes Handeln, daß Schwäbisch Gmünd im letzten Augenblick noch von den Amerikanern unter Beschuß genommen wurde. Über die Vorgänge im einzelnen haben wir die Berichte von mehreren Beteiligten. Klar und folgerichtig ist vor allem der Bericht des Oberleutnants der Gendarmerie, Gassmann. Lémal erschien bei ihm am Morgen des 20. April um 7.00 Uhr mit folgendem Anliegen: Er hatte erfahren, daß Ausländer bereits in der Stadt anfingen zu plündern. Um dies abzustellen, wollte Lémal aus seinen Franzosen eine Schutztruppe aufstellen, und dazu brauchte er Waffen. Gassmann erklärte ihm, er habe nur die Dienstwaffen seiner Beamten, und die könne er nicht abgeben. Es gebe aber in den Schulen, die der Volkssturm verlassen habe, und auf der Kreisleitung genug Waffen. Diese französische Polizeitruppe, die Lémal damals bildete, versah dann in den ersten Wochen der Besatzungszeit den Polizeidienst in Gmünd und verhinderte manchen Übergriff.

Darauf rückte Lémal bei Gassmann mit dem Hauptanliegen heraus: der Übergabe der Stadt. Die Amerikaner standen im Norden und Westen vor Gmünd und richteten ihre Geschütze auf die Stadt. Auch konnte jeden Augenblick ein Luftangriff stattfinden. Lémal forderte Gassmann auf, er solle hinausfahren und die Stadt übergeben. Dieser erklärte ihm, er sei für die Gendarmerie im Bezirk zuständig, nicht aber für die Stadt. Dieser Vorgang wiederholte sich noch mehrmals, keine der angesprochenen Persönlichkeiten wollte die Stadt übergeben, auch Stadtamtmann Ruff nicht, dem Bürgermeister Barth zuletzt die Leitung der Stadtverwaltung übertragen hatte. Bei Landrat Dr. Hoss wurde schließlich vereinbart, daß Lémal zwei Offiziere aussenden würde mit dem Auftrag, die Amerikaner zu benachrichtigen, es befänden sich keine deutschen Truppen mehr in der Stadt, sie könnten kampflos einrücken, die Bevölkerung sei friedlich. So geschah es. Lémal schickte zwei Leutnants ab, den einen in Richtung Mutlangen, den anderen (Leutnant Magniez) nach Westen. Diesem gelang es, mit den Amerikanern Verbindung aufzunehmen. Es war höchste Zeit dazu. Und so rückten amerikanische Panzer von der Stuttgarter Straße her zwischen 10.00 und 11.00 Uhr in Gmünd ein. Ein Vorkommando, von den Franzosen geleitet, erschien bei der Polizei. Polizeirat Piron meldete die im Hof angetretene Polizeimannschaft; diese wurde entwaffnet. Die formelle Übergabe der Stadt an amerikanische Offiziere fand am Nachmittag des 20. April im Dienstzimmer des Polizeirats statt.

Die Amerikaner ließen allerdings nicht locker; sie wollten den Verantwortlichen der Stadtverwaltung sprechen. So wurde Stadtamtmann Ruff aufs Rathaus zitiert. Er mußte eine Bekanntmachung schreiben und ihren Anschlag in der Stadt veranlassen. Dabei ging es um die sofortige Abgabe von Waffen, die Anmeldung von Rundfunkgeräten und anderes.

Es ist in der Nachkriegszeit ein gewisser Disput darüber entstanden, wer eigentlich die Stadt im letzten Augenblick vor der Beschießung und damit vor der Zerstörung bewahrt habe, Piron oder Lémal. Dieser Streit ist ziemlich müßig. Lémal hatte längere Zeit schon engen Kontakt mit Piron; beide haben durch ihre Zusammenarbeit zur Rettung Gmünds beigetragen, doch ist der Anteil Lémals wohl der größere. Das ergibt sich aus den Aussagen der noch lebenden Zeugen wie aus den vorhandenen Dokumenten. Die Berichte von Lémal und Piron weichen im einzelnen voneinander ab. An ihrer Zusammenarbeit kann jedoch kein Zweifel bestehen. Lémal hat in der Nachkriegszeit dem früheren Polizeichef das Zeugnis ausgestellt, daß er *der einzige Deutsche war, der genügend Courage besaß*, ihn bei der Vermeidung der Bombardierung der Stadt zu unterstützen. Kampfkommandant Hössle kehrte übrigens am Vormittag des 20. April nochmals nach Gmünd zurück, begleitet von einem Trupp Hitlerjungen. Auf Fahrrädern zogen sie durch die Straßen, am Schmiedturm drehte der Trupp eine Runde und Hössle rief aus: »Noch lebt Deutschland, der Führer Sieg Heil!« Die Französin Yvonne Pagniez, die vor kurzem noch als Gefangene in Gotteszell lebte, hat das gespenstische Schauspiel auf dem Marktplatz erlebt und schildert es in ihrem Buch so: »In Tarnkleidung aus Leinen drehen sie auf ihren Fahrrädern dreimal eine Runde um den Platz, wobei sie Kriegslieder singen, ausgeschmückt mit hohlen Rufen. So finster ist dieser Umzug der als Soldaten verkleideten Schulbuben in dieser Atmosphäre der Niederlage.«

Die Militärregierung nahm den Gmünder Hof am Marktplatz in Beschlag. Am Montag, 23. April, wurde der Leiter des Finanzamts, Oberregierungsrat Emil Rudolph, von Captain Mortimer als kommissarischer Oberbürgermeister der Stadt eingesetzt, drei Tage später setzten die Amerikaner einen kommissarischen Landrat ein in der Person von Konrad Burkhardt, dem bisherigen Betriebsleiter der Silberwarenfabrik Gebr. Deyhle.

Der Fall Probst–Haidner

Das NS-Regime verabschiedete sich in Gmünd mit einer Bluttat. In der Nacht vom
19. auf 20. April wurden durch ein Kommando der Polizei Heinrich Probst und
Robert Haidner vor den Toren der Stadt erschossen. Dies geschah auf Befehl von
Kreisleiter Oppenländer und Kampfkommandant Hössle.[157] Am 13. April waren die
beiden mit einem Lastwagen vom Remstal nach Gmünd gefahren und hatten nach
der Ankunft in der Heugenstraße nahe dem Canisiushaus Rufe ausgestoßen wie: »Es
lebe die Freiheit, es lebe Stauffenberg.« Es gab eine Menschenansammlung in der
Heugenstraße. Durch den Lagerleiter im Canisiushaus, Theodor Ebert, wurde die
Polizei gerufen, welche die beiden in Haft nahm. Wer waren Probst und Haidner?
Heinrich Probst, geboren 1907 in Leer in Ostfriesland, war durch das Dritte Reich
aus der Bahn geworfen worden. Seiner politischen Überzeugung nach war er Sozia-
list. Probst wurde im März 1933 verhaftet und kam in das KZ Brandenburg. Später
wurde er wegen Vorbereitung zum Hochverrat zu zwei Jahren Gefängnis verurteilt;
er hatte Flugblätter gegen den Nationalsozialismus hergestellt und verbreitet. Nach
der Entlassung aus dem Gefängnis zog er 1935 nach Schwäbisch Gmünd. Hier war
seine Schwester mit dem Kaufmann Franz Czisch verheiratet, dem späteren Oberbürgermeister. Probst war eine unstete Natur, ein Mann, dem die Freiheit über alles
ging. Wiederholt war er während des Krieges in einer Nervenheilanstalt. Er war ein
Mann von tiefem sozialem Mitgefühl. Dies zeigte er während des Krieges ausländischen Zwangsarbeitern gegenüber. Sie konnten sich in seiner Wohnung treffen und,
was streng verboten war, die alliierten Sender hören. Robert Haidner, 31 Jahre alt,
stammte aus Schechingen, wohnte aber in Gmünd. Er war Hilfsarbeiter und Vater
von drei minderjährigen Kindern. Als Kriegsversehrter wurde er von der Wehrmacht entlassen. Aus diesem Anlaß fuhr er am 13. April nach Stuttgart, auf der
Rückfahrt ging sein Fahrrad kaputt, und so fuhr er von Endersbach aus mit dem
Lkw nach Gmünd. Dabei lernte er Probst kennen. Beide hatten im Remstal erheblich getrunken; sie haben keineswegs in nüchternem Zustand ihre Schmährufe gegen
Hitler ausgestoßen. In Gmünd waren sie zunächst in Polizeihaft, am 18. April wurden sie dem Ermittlungsrichter vorgeführt. Die beiden blieben in Untersuchungshaft
im Amtsgerichtsgefängnis. Der Untersuchungsrichter forderte beim Amtsarzt ein
Gutachten über Probst an. Medizinalrat Dr. Gerlach wollte ihn retten, denn er
bescheinigte Probst am 20. April, daß er von der Heilanstalt Winnenden bereits 1944
als unzurechnungsfähig bezeichnet worden sei.
Die polizeiliche Anzeige ging auch an die Kreisleitung. Da der Gmünder Raum allmählich in das Kampfgebiet rückte, war hier ein Standgericht zu bilden. Der Kreisleiter hatte sich darum bemüht, es kam aber keines zustande. Oppenländer und

Hössle hatten nun den Fall Probst—Haidner zu entscheiden. Das Ellwanger Gericht, das die Bluttat später zu sühnen hatte, war aufgrund seiner Untersuchungen zu der Überzeugung gekommen, daß beide den Entschluß zur Erschießung gefaßt haben. Es mag richtig sein, was manche Beobachter vermuten, daß Hössle dabei die eigentlich treibende Kraft war. Auf jeden Fall hat er am Nachmittag des 19. April um 15.00 Uhr der Polizei den Befehl gegeben, Probst und Haidner zu erschießen. Nach Aussage des Polizeibeamten Anton Ruisinger lautete der telefonisch übermittelte Befehl: »Hier Kampfkommandant Hössle, die beiden Kommunisten Probst und Haidner sind sofort zu erschießen. Die Amerikaner stehen vor den Toren der Stadt.« Es handelte sich also um eine Anordnung des Kampfkommandanten, der kein ordentliches Gerichtsverfahren vorausgegangen war. Eine Erschießung ohne ein gerichtliches Ermittlungsverfahren war aber selbst nach damals gültigem Recht unzulässig. Zuständig für die Exekutive war Oberleutnant Anton Elser. Er fühlte sich dem Kampfkommandanten gegenüber verantwortlich, hatte aber Bedenken, den Befehl auszuführen. Wiederholt wandte er sich an Polizeirat Piron um Rat, dem er bei dem Kompetenzenwirrwar des Dritten Reiches dienstlich nicht unterstellt war. Piron deutete Möglichkeiten an, den Erschießungsbefehl zu umgehen. Doch diese Auswege ließen sich nicht verwirklichen. Schließlich gab Elser zwei Polizeibeamten den Befehl zur Exekution. Die beiden führten Probst in eine Waldbucht unterm Buch. Dort erklärte ihnen Probst, er habe in betrunkenem Zustand eine Bemerkung über Hitler gemacht, von einer Verurteilung aber sei ihm nichts bekannt. Da kamen den Beamten Bedenken, sie nahmen Abstand von der Erschießung und brachten Probst zurück zur Polizei. Um 23.00 Uhr schließlich befahl Elser erneut die Erschießung mit den Worten: »Es müssen jetzt alle (Diensttuenden) mit, und wer sich weigert, den melde ich dem Kampfkommandanten.« Zwei der Beamten weigerten sich gleich. Darauf ging Elser in sein Dienstzimmer, verweilte dort kurz und erklärte dann den übrigen vier Polizeibeamten, er habe soeben mit dem Kampfkommandanten gesprochen, und dieser habe geantwortet, wer es ablehne, den Befehl auszuführen, werde selbst erschossen. Mit dieser wahrheitswidrigen Behauptung — ein solches Telefongespräch hatte nicht stattgefunden — brach Elser den Widerstand der Beamten. Nacheinander wurden Haidner und Probst unterm Buch bzw. im Schießtal erschossen. Die Schuld Elsers erblickte das Gericht darin, daß er es unterlassen habe, den Kampfkommandanten aufzusuchen und ihm seine eigenen Bedenken und die seiner Beamten vorzutragen. Es räumte ein, daß er sich in einer Zwangslage befunden habe. Bei seinem kurzen Aufenthalt bei der Polizei am 20. April hat Hössle den Erschießungsbefehl, den er nur mündlich erteilt hatte, schriftlich ausgefertigt. Hössle und Oppenländer wurden am 1. Dezember 1947 vom Landgericht Ellwangen zu je zwölf Jahren Zuchthaus verurteilt. Sie mußten nur einen Teil der Strafe verbüßen.

# II. *Schwäbisch Gmünd von 1945 bis 1972*

### *Nachkriegszeit und demokratischer Neubeginn*

Der zweite Teil meines Beitrags enthält die Geschichte Gmünds in der Nachkriegszeit, in den Aufbaujahren nach der Währungsreform und in den politisch wie wirtschaftlich schwierigen sechziger Jahren bis zur Jahreswende 1972/73, das heißt bis
zum Ende des Kreises Schwäbisch Gmünd. Natürlich bedeutet ein solcher Vorgang
trotz seiner schwerwiegenden Folgen keinen tieferen Einschnitt in der Stadtgeschichte. Es werden deshalb Entwicklungen, die damals gerade in Gang waren, weiter verfolgt, bis ein gewisser Abschluß erreicht ist. Dies gilt beispielsweise für die
Eingemeindungen nach Schwäbisch Gmünd, für eine Reihe wichtiger Regelungen im
innerstädtischen Verkehr wie auch für einige Vorgänge im wirtschaftlichen Leben
der Stadt.

Stadt und Kreis erhielten in den Apriltagen 1945 eine neue Spitze. Am 23. April setzten die Amerikaner den Chef des Gmünder Finanzamts, Oberregierungsrat Emil
Rudolph, als kommissarischen Oberbürgermeister ein; wenige Tage danach erfolgte
die Ernennung des bisherigen Betriebsleiters der Silberwarenfabrik Gebr. Deyhle,
Konrad Burkhardt, zum Landrat des Kreises Schwäbisch Gmünd. In Wirklichkeit
aber regierten die jungen Offiziere der Militärverwaltung, die in den Anfangsjahren
häufig wechselten. Die von ihnen eingesetzten Behördenchefs waren zunächst nicht
viel mehr als Befehlsempfänger,[1] wie es Rudolph einmal ausdrückte; sie konnten nur
gelegentlich durch kluges Taktieren kleine Änderungen bzw. Erleichterungen bei
den gegebenen Befehlen erreichen. Burkhardt rief jeden Morgen um 8 Uhr seinen
engeren Stab zur Beratung der drängenden Probleme zusammen.[2] Diesem Stab
gehörten an: der alte Ministerialrat Dr. Wölz, Reinhold Maier, einst Wirtschaftsminister im Kabinett Bolz, der letzten demokratischen Regierung Württembergs vor
der Machtübernahme durch den Nationalsozialismus, und Konrad Wittwer, die beiden letzten als »Assistants of the Landrat«. Burkhardt hatte Reinhold Maier zu sich
gerufen, der auf einer einsamen Mühle im Kreis Aalen Kriegsende und Zusammenbruch des Dritten Reiches überlebt hatte.
Die drängenden Probleme für Stadt und Kreis waren folgende: zunächst die Anforderungen der Besatzungsmacht, nämlich Quartieranforderungen und Requisitionen,
dann die Versorgung der einheimischen Bevölkerung mit dem Lebensnotwendig-
sten, die Besorgung einer Unterkunft für jene Bürger, die von den Quartiermachern
der rasch wechselnden Truppenteile von einer Stunde zur anderen aus ihren Woh-

nungen hinausgeworfen wurden, schließlich die nicht geringen Verpflegungsansprüche, welche die Besatzungsmacht für die ehemaligen Zwangsarbeiter stellte, die jetzt als »Displaced Persons« (D. P.) die Gmünder Kasernen bevölkerten.

## Leben unter der Besatzung

Die Quartieranforderungen der Besatzungsmacht hatten zur Folge, daß zahlreiche Häuser in der Stadt, mitunter ganze Straßenzüge, binnen weniger Stunden von der deutschen Bevölkerung geräumt werden mußten. Nachbarn und Freunde nahmen die plötzlich Wohnungslosen in vielen Fällen auf, die Stadt mußte für Notunterkünfte sorgen. In manchen Stadtteilen, zum Beispiel in der Oberbettringer Straße, waren die Häuser auf Jahre hinaus von den Amerikanern beschlagnahmt. Dann die Verhaftungen. Politisch belastete Personen wurden vom CIC geholt und inhaftiert, später in Internierungslager gebracht. Es gab auch willkürliche Verhaftungen und den sog. automatischen Arrest: Personen, die während des Dritten Reiches eine Beförderung erfahren hatten, zum Beispiel zum Rat (Studienrat, Amtsgerichtsrat), kamen ebenfalls in Internierungslager.

Neben den Wohnungsbeschlagnahmungen war das Requirieren der Amerikaner für viele Deutsche sehr unangenehm.[3] Die Truppenteile hatten einen großen Bedarf an Ausstattung für ihre Unterkünfte, die zum Teil in den Schulen waren. Zunächst wurde bei Angehörigen der Partei und ihrer Gliederungen requiriert. Aber man konnte nicht alles, was an Betten, Möbelstücken, Büroeinrichtungen u. a. gebraucht wurde, bei ehemaligen Parteigenossen holen. So kamen auch andere Haushalte dran. Das Landratsamt richtete frühzeitig ein Requirieramt ein, um das wilde Requirieren durch die Truppe möglichst zu vermeiden, vor allem aber, um das requirierte Gut zu registrieren und dadurch die Ersatzleistung zu sichern. Dies wurde wichtig, als im Frühjahr 1946 ein größerer Teil der Besatzungstruppe abzog und beschlagnahmte Gegenstände zurückgegeben wurden.

Gut war, daß die Amerikaner für ihre Truppe, abgesehen von Frischgemüse, fast keine deutschen Lebensmittel in Anspruch nahmen. Da es bei ihnen reichlich Verpflegung gab, drängten deutsche Arbeitskräfte, Männer wie Frauen, zur Arbeit bei der Besatzungsmacht. Begehrt war die Arbeit in Küchen, wie zum Beispiel in der Bocksgasse in der »Traube«. Die dort arbeitenden Frauen konnten höchst begehrte Reste von den Mahlzeiten, auch Erdnußbutter, Weißbrot und Kaffee nach Hause bringen. Auf der anderen Seite erregte es den Unwillen der deutschen Bevölkerung, wenn sie mit ansehen mußte, daß übriggebliebene Speisen von den Soldaten einfach mit Benzin übergossen und angezündet wurden. Im Gemeindebeirat prangerte Karl Maier am 28. November 1945 dieses Verhalten scharf an.[4]

In seiner Bewegungsfreiheit war man in der ersten Zeit schon sehr begrenzt. Es gab die Sperrstunde, nachts durfte sich niemand auf der Straße zeigen. Dann konnte man nicht von einem Ort zum anderen reisen. Für eine Reise von Gmünd nach Friedrichshafen brauchte man einen Passierschein, weil Friedrichshafen in der französisch besetzten Zone lag. Das Verhalten der rasch wechselnden Truppenteile in der Stadt war sehr unterschiedlich. Namentlich bei farbigen Einheiten kamen sinnlose Zerstörungsakte in Kasernen und Schulen vor. Da wurde oft die ganze Einrichtung zusammengeschlagen, zum Fenster hinausgeworfen und vernichtet. Auch Vergewaltigungen waren nicht selten.

Beeindruckend war der riesige Fahrzeugpark der Amerikaner. Die Fahrzeuge parkten auf verschiedenen Plätzen der Stadt, auch Straßen dienten als Parkplätze und waren für den Durchgangsverkehr gesperrt.

Schließlich die allgemeine Unsicherheit. Jegliche staatliche Ordnung war zusammengebrochen. Es kam zu Plünderungen, Mord und Totschlag. Raubüberfälle und Diebstähle waren an der Tagesordnung. Die Plünderung von Lebensmittellagern, Fabriken und Geschäften in den ersten Tagen der Besetzung ging zunächst von Ausländern aus, bald beteiligten sich daran aber auch Deutsche. Die deutsche Polizei war entwaffnet und damit machtlos. In den ersten Monaten der Besatzungszeit sorgte eine von Hauptmann Lémal aufgestellte französische Polizeitruppe für eine gewisse Ordnung. Sie hat wiederholt zum Schutz der deutschen Bevölkerung eingegriffen.[5] Die allgemeine Unsicherheit nach Kriegsende hängt wesentlich zusammen mit der Anwesenheit von Tausenden von Zwangsarbeitern im Kreis Schwäbisch Gmünd. In Deutschland lebten beim Zusammenbruch des NS-Regimes etwa 6,5 Millionen Ausländer, bei denen es sich meist um Zwangsverschleppte handelte. Viele von ihnen, namentlich Polen und Russen, aber auch Griechen und Italiener, übten jetzt Rache und bildeten bewaffnete Banden, die monatelang ihr Unwesen trieben. Abgelegene Höfe am Stadtrand und in der Umgebung waren das bevorzugte Objekt von Raubüberfällen, bei denen manche Bluttat geschah.[6] Aus all dem geht hervor, daß zu den dringendsten Aufgaben nach Kriegsende die Wiederherstellung von Sicherheit und Ordnung gehörte. Es mußte, wie Reinhold Maier als Beobachter der Situation feststellte, *eine von Deutschen mitgetragene, haltbare Autorität* geschaffen werden.[7] Dies war dann das Werk der Männer der ersten Stunde, die in die Bresche sprangen. Dazu war freilich auch eine Änderung der amerikanischen Besatzungspolitik notwendig, eine Abkehr von der harten Bestrafungspolitik der ersten Monate und eine Hinwendung zu einer vertrauensvollen Zusammenarbeit mit den gewählten Vertretern der deutschen Bevölkerung. Hier ein kurzes Wort über die deutsche Polizei. Die Polizei, zuletzt ein Machtorgan des totalitären Staates, wurde nach dem Willen der Amerikaner kommunalisiert, das heißt wir bekamen für ein Jahrzehnt eine städtische Polizei. Ein Artikel im Amtsblatt im Februar 1946 erklärte unumwunden, daß die Polizei in den vergangenen Monaten ihre Aufgabe nicht voll erfüllen konnte. Das werde sich ändern: Nach der Landespolizei werde nun auch die Stadtpolizei in Bälde bewaffnet sein.[8] Tatsächlich ging es bei der Polizei von dem Zeitpunkt an aufwärts, als sie wieder Waffen bekam.

In ihrer Besatzungspolitik ist den Amerikanern in den ersten Monaten ein schwerer Mißgriff unterlaufen. Sie waren in dieser Zeit von einer übertriebenen Sorge vor Werwolf-Aktivitäten erfüllt. So hatte die Abteilung Public Safety (Öffentliche Sicherheit) der Militärregierung die Aufgabe, solche Werwolf-Aktivitäten aufzuspüren. Chef dieser Abteilung in Gmünd war Oberleutnant John E. Switzer. Er benutzte zu diesem Zweck einen jungen Mann aus Leipzig als Spitzel und Zuträger. Dieser machte sich an junge Leute heran, 14- bis 16jährige, frühere HJ-Angehörige. Da es in Gmünd aber keinen Werwolf gab, suchte er einen solchen zu schaffen, um bei seinen Auftraggebern gut dazustehen. Der Spitzel lockte mit allerlei Versprechungen und sprach zu den ehemaligen Hitlerjungen geheimnisvoll von einer Befreiungsarmee, in deren Auftrag er handle. Schließlich lockte er am Abend des 4. Juli 1945 eine Anzahl Jugendlicher in eine Hütte am Klarenberg, wohin er Gewehre hatte schaffen lassen. Die Amerikaner waren natürlich eingeweiht. Kaum waren die Jungen dort angekommen, fuhr ein Jeep mit Soldaten an, um sie zu verhaften. Als sie zu fliehen versuchten, eröffneten die Soldaten das Feuer. Drei Gmünder Jungen starben, ein vierter wurde schwer verletzt. Der Rest kam in mehrmonatige Haft. Bei einer öffentlichen Verhandlung auf dem Rathaus wurde das üble Spiel, das hier mit jungen Menschen getrieben worden war, offenkundig. Darauf schlug die Stimmung in der Bevölkerung um. Man bedauerte die jungen Menschen, die Opfer eines Schurken geworden waren. Zwei kamen wegen Waffenbesitzes – darauf stand damals Todesstrafe – noch vor das höhere Militärgericht in Heilbronn, wo sie von Rechtsanwalt Dr. Bucher verteidigt wurden. Sie erhielten Gefängnisstrafen zur Bewährung und wurden sofort entlassen.[9] Es bleibt der Vorwurf, daß die Amerikaner ihrem deutschen Spitzel zu sehr freie Hand gelassen hatten.

## Elementare Lebensbedürfnisse im Vordergrund

Die elementaren Lebensbedürfnisse standen für den einzelnen durchaus im Vordergrund, so die Frage: Wie kann ich den schmalen Speisezettel etwas aufbessern? Wie bekomme ich ein Paar Schuhe, einen Mantel, neue Wäsche? Entlassene Soldaten, die im Krieg geheiratet hatten, standen vor der Frage: Wo bekommen wir jetzt eine Wohnung und die Einrichtung dazu? Einen Wohnungsbau gab es seit Jahren nicht mehr und in der unmittelbaren Nachkriegszeit erst recht nicht. Gmünd als unzer-

132. *Der Gmünder Westen. Die Aufnahme aus dem Jahr 1983 zeigt in der Mitte das
Demonstrativbauprogramm der Jahre 1966–1968, darüber die Bebauung des Stiftsguts und
die Siedlung im Fuggerle. Links die St.-Michael-Kirche, unten die Diözesansiedlung*

*133. Das Luftbild aus dem Jahr 1983 zeigt rechts der Bahnlinie die Bebauung an der Buchstraße, die Bismarck-Kaserne und das Baugebiet Unterm Buch. Links der Bahnlinie erkennt man die Kiesäcker-Siedlung mit der St.-Pius-Kirche, links der Herlikofer Straße das Aufbaugymnasium mit seinen Maisonetten und darüber die Siedlung Herlikofer Berg*

störte Stadt war bereits stark belegt. Evakuierte aus dem Ruhrgebiet weilten hier, aber auch Bombengeschädigte aus dem Lande, aus Stuttgart und Heilbronn. Und dann die Frage: Wie kommen wir über den nächsten Winter? Die Kohleförderung mußte wieder in Gang gebracht und verstärkt werden, die Heranschaffung der Kohle nach Württemberg war wesentlich ein Transportproblem. Zerstörte Straßen und Brücken, namentlich Eisenbahnbrücken, mußten erst instand gesetzt werden. Die wenige Kohle, die unter diesen Umständen überhaupt nach Gmünd kam, blieb für das Gaswerk und das Krankenhaus reserviert. Für die Haushalte war da nichts drin; sie waren für die Heizung ausschließlich auf Brennholz angewiesen.[10] Also zogen im Sommer und Herbst 1945 Tausende von Männern in die Wälder der Umgebung, zum Beispiel nach Bartholomä, um dort Holz zu schlagen. Diese Arbeit und dann das Heimführen, Stapeln, Sägen und Spalten des Holzes war für viele das wichtigste Geschäft. Die Berufsarbeit trat demgegenüber an Bedeutung zurück. Ohnehin waren in den ersten Monaten der Besatzung viele Betriebe geschlossen, danach arbeiteten sie wegen der Energieknappheit nur einige Tage in der Woche.

Die Lebensmittelrationen waren 1945 noch verhältnismäßig günstig. Im Herbst gab es für den erwachsenen Normalverbraucher in der Woche 1500 g Brot, 200 g Fleisch, 100 g Fett, 120 g Nährmittel. Milch und Zucker gab es nur für Kleinkinder.[11]

Im Herbst 1945 waren Länder innerhalb der amerikanisch besetzten Zone Deutschlands gebildet worden. Für die amerikanisch besetzten Teile Badens und Württembergs wurde das Land Württemberg-Baden gebildet mit Regierungssitz in Stuttgart. Ministerpräsident dieses Landes wurde Reinhold Maier, der zuvor auf dem Gmünder Landratsamt Dienste geleistet hatte. Im November 1945 versprach der stellvertretende Militärgouverneur General Clay den Ministerpräsidenten der amerikanischen Zone, die USA würden für eine Tagesration von 1550 Kalorien sorgen. Im Januar 1946 trafen die ersten Getreidelieferungen aus Übersee in Deutschland ein. Doch der Satz von 1550 Kalorien konnte nur wenige Monate aufrechterhalten werden. Im März 1946 eröffnete Clay dem Ministerpräsidenten, daß der Satz auf 1250 pro Tag gesenkt werden müsse. Angesichts des weltweiten Mangels an Lebensmitteln bleibe keine andere Wahl.[12] Die Lage verschlechterte sich noch weiter in den Jahren 1946 und 1947. In der Verfassunggebenden Landesversammlung sprach Ministerpräsident Maier am 14. November 1946 von einer erschütternden Ernährungslage.[13] Das Jahr 1947 gestaltete sich in der Nahrungsmittelversorgung noch schwieriger als das Vorjahr. Der Mangel an Kartoffeln nahm zeitweise schlimme Ausmaße an. Auch Lieferungen aus Bayern vermochten den Fehlbedarf nicht zu decken. Höchst bedenklich nannte der Stuttgarter Landwirtschaftsminister Stooß die Entwicklung in der Fettversorgung seit dem wirtschaftlichen Zusammenschluß der amerikanischen und der britischen Zone. Nach Abgabe der letzten Fettbestände in der amerikanischen Zone an die britische Zone mußte die Fettration im Lande von zuletzt 300 g pro Zuteilungsperiode auf 200 g gesenkt werden. Man hatte also in der Woche ganze 50 g zur Verfügung. Auch in der Fleischversorgung mußte die amerikanische Zone der britischen helfen. Die Fleischrationen, bisher in der US-Zone 800 g, in der britischen dagegen nur 500 g, mußten einander angeglichen werden. Die neue gemeinsame Ration lag bei 600 g für vier Wochen.[14]

Am 29. Mai 1947 beschloß der Stuttgarter Ministerrat, die wöchentliche Arbeitszeit mit Rücksicht auf die schlechte Ernährungslage vorübergehend von 48 auf 44 Stunden herabzusetzen. Man wollte auf diese Weise die Gefahr wilder Streiks bannen. Auch in der ersten Hälfte des Jahres 1948 blieben die Lebensmittelzuteilungen ungenügend. Namentlich in der Kartoffelversorgung ergaben sich immer wieder Engpässe; es wurde als sehr hart empfunden, daß die Militärregierung trotz der Notlage auf dem Vorrang der Bevorratung der DP-Lager mit Kartoffeln bestand. Solche DP-Lager gab es auch in Schwäbisch Gmünd. So fand schließlich am 3. Februar 1948 ein Generalstreik statt, der sich gegen die unzulängliche Lebensmittelversorgung richtete.[15] Die Währungsreform brachte dann eine rasche Verbesserung der Lage. Doch gab es auch im Winter 1948/49 noch manche Engpässe in der Versorgung.

In der ersten Sitzung des neugewählten Kreistags im Jahre 1946 zollte Landrat Burkhardt der einheimischen Landwirtschaft hohes Lob. Die meisten Bauern hätten ihre Pflicht gegenüber dem ganzen Volk erkannt, nur wenige bedürften der Nachhilfe. Die Getreideablieferungspflicht wurde im Kreis voll erfüllt, in Kartoffeln das Soll sogar überschritten. Die Leistungen der deutschen Landwirtschaft in der Kriegs- und Nachkriegszeit sind bisher selten gewürdigt worden. Die Erinnerung an die Hungerjahre mit ihren Brot-, Fett- und Fleischmarken war noch lange bei den Menschen lebendig. 1947/48 war die Nahrungsmittelproduktion der deutschen Landwirtschaft auf 58 Prozent des Durchschnitts von 1938 abgesunken. Schon Anfang der fünfziger Jahre vollbrachten die deutschen Bauern sehr beachtliche Leistungen. Im Erzeugungsjahr 1950/51 erreichte die Nahrungsmittelproduktion bereits wieder die Vorkriegshöhe.[16]

## Bahn und Post

Vom Tag der Besetzung an ging keine Post mehr, und es fuhr kein Zug. Am 20. April wurde der Bahnhof sofort von Truppenteilen besetzt. Bereits am Tag nach dem Einmarsch der Amerikaner begannen die Plünderungen. Der Gepäckraum, der Güterschuppen beim Bahnhof und ein auf freier Strecke zwischen Lorch und Deinbach abgestellter Güterzug wurden ausgeplündert. Wer Gmünd verlassen wollte und nicht zu Fuß gehen konnte, war auf den spärlichen Lastwagenverkehr der Fahrbereitschaft angewiesen. Ihr war die Kontrolle über den ganzen Autoverkehr übertragen. Jeder Lastwagen, der leer nach einem Zielort abfuhr, mußte so viele Personen wie möglich mitnehmen. An den Durchgangsstraßen und an den Ausgängen von Schwäbisch Gmünd standen in all den Jahren die Menschen in der Hoffnung, von einem durchfahrenden Lkw mitgenommen zu werden.

Nach Räumung der Bahnhofsgebäude durch die Truppe im Juni 1945 gingen die Bediensteten der Bahn an die Aufräumungs- und Instandsetzungsarbeiten. Die durch Bombenabwurf stark beschädigte Vogelhofbrücke war Ende Juni wieder benutzbar. Auf der Remsbahn fuhren ab August 1945 täglich vier Personenzugpaare auf der Strecke Cannstatt – Aalen. Erlaubt war nur der Dienst- und Berufsverkehr.[17] Der Postdienst gestaltete sich schon in der letzten Phase des Krieges wegen der häufigen Fliegeralarme und der durch die Angriffe verursachten Störungen im Eisenbahnverkehr äußerst schwierig. Nach der Besetzung ruhte der gesamte Postverkehr, doch konnte die Post am 20. Juni die Sozialrenten aus Mitteln der Kreispflege ausbezahlen. Die Anlagen des Fernsprechnetzes waren noch intakt, als die Amerikaner hier einrückten, doch ruhte von diesem Augenblick an jeglicher Fernsprechverkehr. Ein amerikanischer Nachrichtentrupp besetzte das Amt. Der Fernsprechverkehr blieb für die deutschen Teilnehmer, die Behörden und erst recht für die Privatanschlüsse durch Monate hindurch gesperrt. Die Behörden mußten deshalb einen Botendienst organisieren. Im Laufe des Sommers 1945 fingen die Fernsprechapparate wieder an zu klingeln: Erst kamen die Ärzte und die Krankenhäuser dran, dann die lebenswichtigen Ämter und Betriebe. Die Wählerapparatur des Gmünder Amtes hatte aber nur 1150 Anschlüsse. 300 davon wurden von der Besatzungsmacht in Anspruch genommen, die übrigen 850 waren alle vergeben; es konnten also keine neuen Teilnehmer einen Anschluß bekommen. Eine weitere Ausdehnung des Fernsprechverkehrs war auf Jahre hinaus nicht möglich, da das dafür notwendige Gerät fehlte.

Innerhalb des Landkreises durften im August 1945 Postkarten verschickt werden, im September konnten dann Briefe und Postkarten innerhalb der amerikanischen Zone von Württemberg-Baden versandt werden. Sie mußten am Schalter aufgegeben und bezahlt werden, da es noch keine neuen Briefmarken gab. Im Oktober 1945 kam der Postverkehr innerhalb der vier Besatzungszonen Deutschlands in Gang, schließlich auch der Paketverkehr.[18]

## Das Kapitel Entnazifizierung

Viel Aufregung, Kummer und Leid verursachten die mit Entnazifizierung bezeichneten Maßnahmen der Siegermächte. Sie dienten einem doppelten Zweck: den Einfluß des Nationalsozialismus auf das öffentliche Leben, die Wirtschaft und die Erziehung auszuschalten und den aktiven Nationalsozialisten eine Sühne aufzuerlegen. Man beschritt dabei in den vier Besatzungszonen unterschiedliche Wege. Die amerikanischen Offiziere gingen in den ersten Monaten rein schematisch vor. Wer Mitglied der Nazipartei oder einer der inkriminierten Organisationen war, ob Beamter, Angestellter oder Arbeiter, wurde entlassen. Das führte dazu, daß an einem »Flugtag« beim Finanzamt alle Mitarbeiter bis auf drei entlassen wurden; das Amt war also zunächst arbeitsunfähig.[19] Ende Mai 1945 waren im Kreis Gmünd auch sämtliche Bürgermeister entlassen. Auf der ersten Sitzung des Gemeindebeirats am 28. November 1945 gab der kommissarische Oberbürgermeister Rudolph die Zahlen bekannt: Von 38 Beamten der Stadt war genau die Hälfte entlassen, dazu 26 Angestellte und acht Arbeiter. Selbst Hausmeister und Arbeiter bei den Stadtwerken, die harte und schmutzige Arbeiten zu verrichten hatten, waren trotz dringender Vorstellungen des Oberbürgermeisters aus dem Dienst entfernt worden. Der Mann, der in Gmünd die Verhaftung führender Persönlichkeiten der NSDAP und ihrer Gliederungen sowie die Säuberung der Ämter durchführte, war Oberleutnant John E. Switzer. Diese Form der Entnazifizierung führte zu erheblichen Schwierigkeiten. Manche Verwaltung litt auf Monate hinaus unter einem erheblichen Arbeitskräftemangel. Auch in der privaten Wirtschaft wurde für die Mitglieder der NSDAP ein Beschäftigungsverbot erlassen. Dies traf einzelne Unternehmer und führende Persönlichkeiten in den Betrieben. Sie durften nur noch für grobe Hilfsarbeiten verwendet werden. Die führenden Politiker des Landes in allen demokratischen Parteien waren sich darin einig, daß eine generelle Gleichsetzung von Mitgliedern der NSDAP mit aktiven Nationalsozialisten nicht angängig war, weil dies nur für einen Bruchteil der ehemaligen Parteigenossen zutraf. Sie verlangten deshalb aus guten Gründen eine Prüfung des Einzelfalls und außerdem eine Begrenzung der Säuberung auf diejenigen Parteimitglieder, die als Aktivisten vorgetreten waren. Demgegenüber hielt die amerikanische Besatzungsmacht trotz aller Nachteile für Verwaltung und Wirtschaft an einer umfassenden Entnazifizierung fest. Die gesamte deutsche Bevölkerung sollte gewissermaßen über den Grad ihrer Verstrickung in den Nationalsozialismus überprüft werden. Das aber konnten die Amerikaner allein nicht schaffen; sie mußten die Mithilfe der Deutschen in Anspruch nehmen. Diese hatten also die Beurteilung der Millionen Einzelfälle zu übernehmen und sollten die Entnazifizierung in die Bahn eines Selbstreinigungsprozesses lenken.[20] Durch das Befreiungsgesetz der US-Zone vom 5. März 1946 – Gesetz zur Befreiung von Nationalsozialismus und Militarismus – wurde dies bewerkstelligt. Mit dem Befreiungsgesetz begann die zweite Phase der Entnazifizierung. Ein umfangreicher Apparat wurde in Bewegung gesetzt. Jeder 18 Jahre alte Deutsche mußte einen Fragebogen ausfüllen, der in 133 Ziffern Auskunft über Leben, Beruf und politische Vergangenheit verlangte. In der US-Zone wurden nach Durchsicht von 13 Millionen Fragebögen an die 3 Millionen Fälle behandelt. Es war ein gerichtsähnliches Verfahren, das vor der Spruchkammer stattfand. Eine solche wurde auch in Schwäbisch Gmünd eingerichtet. Der Grad der politischen Belastung wurde nach bestimmten Kategorien festgesetzt: Es gab danach 1. Hauptschuldige, 2. Belastete, 3. Minderbelastete, 4. Mitläufer und 5. Entlastete. Die nach Beurteilung des einzelnen Falles verhängten Strafen reichten von Gefängnis und Arbeitslager über Eigentumsverlust, Ausschluß von öffentlichen Ämtern bis zum Entzug des Wahlrechts und Bußgeldzahlungen zugunsten der Opfer des Nationalsozialismus. Die verhängten Sühnemaßnahmen waren am Anfang oft übermäßig hart, später überraschend milde. Dies brachte das ganze Verfahren in Mißkredit. *Im Endergebnis war in den westlichen Zonen die Entnazifizierung als Versuch einer personalen Säuberung von Verwaltung, Erziehungswesen und Wirtschaft ein Fehlschlag.*[21]

Die Neugründung der Parteien

Die Übereinkünfte der Siegermächte von Potsdam sahen die Zulassung demokratischer Parteien in ganz Deutschland vor. Vorweg hatten die Sowjets in ihrer Zone bereits durch einen Erlaß des Marschalls Schukov vom 10. Juni 1945 den Weg dazu geebnet. Sie versprachen sich davon einen Propagandaerfolg in ganz Deutschland. Die Reichshauptstadt Berlin, zum damaligen Zeitpunkt noch ganz unter der Kontrolle der Roten Armee, bot einen günstigen Ansatz dafür, das politische Leben in Deutschland zu beeinflussen. Die neu entstehende Kommunistische Partei trat bereits am 11. Juni mit einem Aufruf ihres Zentralkomitees an die Öffentlichkeit. Sie hatte damit einen zeitlichen Vorsprung vor den anderen Parteien. Auch in Gmünd waren die Kommunisten in den ersten Monaten der Nachkriegszeit besonders aktiv. Zunächst wurde unter ihrer Mitwirkung und maßgeblicher Beteiligung ein Arbeitsausschuß gegründet. In ihm sammelten sich aktive Gegner des NS-Regimes, politisch Verfolgte und Persönlichkeiten, die dem Nationalsozialismus innerlich ablehnend gegenüberstanden waren.[22] Zu den Gründern des Arbeitsausschusses gehörten Bruno Lindner, Franz Czisch, Dr. Hermann Erhard, Dr. Ludwig Greil, Alfred Zehnder und Alfons Fauser − durchweg Persönlichkeiten, die wir danach in den einzelnen Parteien wiederfinden. Der Arbeitsausschuß hat auf verschiedenen Feldern wertvolle Arbeit geleistet. Er nahm sich der vielfältigen Nöte der Nachkriegszeit an, rief zu diesem Zweck Kommissionen ins Leben, zum Beispiel eine Wohnungskommission und eine Industriekommission. Er mühte sich um die Jugendarbeit, indem er Arbeitskreise für die Jugend einrichtete.[23] Aus ihm ging auch die

Betreuung der vielen heimatlosen und entwurzelten Menschen durch die »Nothilfe« hervor, die dann bei dem Eintreffen der Züge der Heimatvertriebenen aus dem Osten ihr eigentliches Tätigkeitsfeld fand. Der Arbeitsausschuß hatte den Höhepunkt seiner Wirksamkeit im Herbst und Winter 1945; nach der Gründung der Parteien ging seine Bedeutung rasch zurück.

Die Gründung der politischen Parteien in der amerikanisch besetzten Zone unterlag strengen Bestimmungen; sie benötigten für ihre Tätigkeit eine Lizenz, und um eine solche zu erlangen, mußten sie der Militärregierung das Programm und eine Mitgliederliste vorlegen. Am frühesten traten die Kommunisten an die Öffentlichkeit. Sie veranstalteten bereits am 3. November 1945 im Stadtgartensaal eine Kundgebung mit dem Stuttgarter Parteisekretär Hermann Nuding. Die Versammlung wurde von Bruno Lindner einberufen, der in der Folgezeit die KPD in Gmünd führte. Lindner hatte einen schweren Weg im Dritten Reich hinter sich. Erst mußte er in den Untergrund gehen, dann emigrierte er in die Schweiz, war Spanienkämpfer und kam aus der Internierung in Frankreich schließlich in das KZ Mauthausen.[24] 1945 bis 1946 war er kommissarischer Leiter der AOK Gmünd. Neben Lindner ist noch Karl Maier bei der KPD zu nennen.

Den Prozeß der Parteigründung in Gmünd auf Stadt- und Kreisebene können wir anhand der Akten der Sozialdemokratischen Partei genau verfolgen. Hier haben die Initiatoren Dr. Ludwig Greil, Max Schwarz und Alfred Zehnder am 24. November 1945 in deutscher und englischer Sprache einen Antrag auf Wiederzulassung der SPD gestellt.[25] Man knüpfte also bewußt an die Tradition der früheren Partei an. Auf dem Durchschlag ist handschriftlich vermerkt, daß die Erlaubnis zur Parteigründung am 29. Dezember 1945 erteilt wurde. Die Parteien mußten in der ersten Zeit ihre öffentlichen Veranstaltungen von der Militärregierung genehmigen lassen und Monatsberichte über ihre Tätigkeit einreichen. Die treibende Kraft bei der Wiedergründung der SPD in Gmünd war Dr. Ludwig Greil. Dieser, ein geborener Münchner, arbeitete bis 1933 als Syndikus beim Allgemeinen Freien Angestelltenbund (AFA) in Berlin, wo er auch für die SPD tätig war. Im Dritten Reich wurde der AFA aufgelöst; es folgten harte und bittere Jahre. Schließlich konnte Greil während des Krieges bei Schenk in Gmünd die Personalabteilung übernehmen.

Während die SPD als eine schon vor 1933 bestehende Partei auf einen immer noch vorhandenen Stamm von Mitgliedern und Anhängern zurückgreifen konnte, hatte es die CDU als eine neue Partei nicht so einfach. Für eine christliche Partei bestand jedoch in Gmünd eine breite Basis, war doch die Stadt bis 1933 eine Hochburg des katholischen Zentrums gewesen. An vielen Orten kam es bereits in den ersten Monaten nach dem Krieg zu Bestrebungen, eine Sammelpartei zu gründen, in der Christen beider Konfessionen und Angehörige der verschiedensten sozialen Schichten zusammenarbeiten konnten. Mit dem Namen für die neue Partei experimentierte man zunächst. Man dachte in Gmünd an eine »Christliche Union« bzw. in Anlehnung an Stuttgart an eine »Christlich-Soziale Volkspartei«. Wegbereiter waren hier wohl ehemalige Anhänger des Zentrums, zu denen Vertreter des früheren Christlich-Sozialen Volksdienstes gestoßen waren. Aber der Mann, den man als den eigentlichen Gründer der CDU in Gmünd bezeichnen muß, gehörte keiner dieser Gruppierungen an. Es war Franz Czisch, 1908 in Bamberg als Sohn eines jüdischen Kaufmanns und einer katholischen Mutter geboren, 1933 Rechtsreferendar in Berlin, der dann als Halbjude keine Aussicht mehr auf Anstellung im Justizdienst besaß und deshalb in Schwäbisch Gmünd ein Süßwarengeschäft am Marktplatz übernommen hatte. Mit großem Elan machte sich Czisch neben seinen anderen Engagements im Herbst 1945 an die Parteigründung, mühte sich um die Programmschrift für eine »Christlich-Soziale Volkspartei« und schritt dann zur eigentlichen Gründung, die am 2. Dezember 1945 im Saal der Fuggerei stattfand.[26] Czisch war in der ersten Zeit zugleich Orts- und Kreisvorsitzender der Partei, sein Stellvertreter war Fabrikant Robert Grimminger. Später übernahm Wilhelm Heibel den Kreisvorsitz. Eine herausragende Rolle spielte in den Anfangsjahren der CDU auch Rudolf Weissler. Neben der CDU kandidierte bei der Gemeinderatswahl 1946 noch die Freie Wählervereinigung, deren Bedeutung zunächst gering war.

Spärlich fließen die Quellen bei der liberalen Partei in Schwäbisch Gmünd, bei der Demokratischen Volkspartei, wie sie sich damals im Land nannte, der heutigen FDP. Die Partei ist immer klein geblieben; Fabrikanten, Angehörige der freien Berufe und Vertreter des Mittelstandes gaben in ihr den Ton an. Es war im Lager der Liberalen zunächst strittig gewesen, ob man überhaupt wieder eine eigene Partei gründen sollte. Reinhold Maier und Wolfgang Haußmann forderten sie jedoch entschieden.[27] Eine kurze Notiz in der damaligen Presse teilte dann mit, daß sich auch in Schwäbisch Gmünd eine Ortsgruppe der DVP gebildet habe mit Dr. Hermann Erhard als Vorsitzendem und dem Messerschmiedmeister Albert Seybold als dessen Stellvertreter. Zur Gemeinderatswahl am 28. April 1946 sprachen dann auf Parteiversammlungen der Kultusminister der ersten württemberg-badischen Landesregierung, Professor Theodor Heuss, und später der Ministerpräsident des Landes, Dr. Reinhold Maier.

Ein Problem besonderer Art stellten die Flüchtlinge und Vertriebenen dar. Alle Parteien bemühten sich um sie. Gmünd war stark mit Vertriebenen belegt worden. 1947 stellten sie bereits mehr als 20 Prozent der Einwohner der Stadt. Da ihnen zunächst die Bildung einer eigenen Partei verwehrt war, gründeten sie als Hilfsorganisation die »Aufbaugemeinschaft«[28]. Stark war der Zusammenhalt unter den Neubürgern. Auch in ihrem Parteinamen kommt das später zum Ausdruck. 1950 entstand in

Schleswig-Holstein der »Block der Heimatvertriebenen und Entrechteten« (BHE). Unter dieser Bezeichnung ist die Gruppe noch heute im Gmünder Gemeinderat vertreten. Herausragende Persönlichkeiten aus diesem Lager sind in den Anfangsjahrzehnten Josef Janota und Dr. Karl Mocker. Später kam Alfons Urban dazu.

In engem Zusammenhang mit den Parteien stehen auch die Gewerkschaften. Ihre Gründung wurde ebenfalls bereits 1945 freigegeben. In Gmünd trafen sich schon im Juni 1945 Mitglieder der früheren Gewerkschaften aus den verschiedenen Richtungen. Sie gründeten die »Vereinigten Gewerkschaften Kreis Schwäbisch Gmünd«.[29] Damit lagen sie von vornherein auf der Linie der Einheitsgewerkschaft, wie sie später im DGB verwirklicht wurde. Am 5. September 1945 veröffentlichte der vorläufige Ortsausschuß, dem Kommunisten, Sozialdemokraten und Christlich-Soziale angehörten, im Amtsblatt einen Aufruf zum Beitritt zu der neuen Gewerkschaftsbewegung. Er ist unterzeichnet von Maier, Mettmann, Fauser, Bauer, Lindner, Zehnder, Volk, Krieger und Brandt. Das Gewerkschaftsbüro wurde im Haus der früheren Besonderen Ortskrankenkasse, Kalter Markt 16, eingerichtet. In den ersten Jahren standen die Gewerkschaften stark unter kommunistischem Einfluß. Führende Männer gehörten der KPD an, so Ernst Knoedler als Vorsitzender und Anton Dreher als Geschäftsführer der einflußreichen Industriegewerkschaft Metall. 1947 wurde dann der Sozialdemokrat Alfred Zehnder zum Vorsitzenden gewählt. Bereits im März 1946 begannen die Gewerkschaften mit Schulungskursen auf den Gebieten Arbeit und Lohn, Arbeitspsychologie und Arbeitspädagogik. 1949 kam Felix Schwab hierher als Kreisgeschäftsführer; er übernahm später auch den Vorsitz. Zu den Großverbänden gehören auch die Organisationen der Kriegsopfer. Der Verband der Körperbeschädigten, Arbeitsinvaliden und Hinterbliebenen, wie er sich zunächst nannte, wurde 1946 ins Leben gerufen. Seine Bezeichnung hat sich in der Folgezeit mehrmals geändert, geblieben ist die Abkürzung VdK. Der eigentliche Initiator war in Gmünd Anton Zimmermann, ein Schwerkriegsbeschädigter des Ersten Weltkriegs; um die Gründung in Stadt und Kreis haben sich außer ihm verdient gemacht Fridolin Hirschmann, Theo Sommer, Herbert Scheppe und Else Lutz. Im Jahr 1950 zählte der Verband über 2000 Mitglieder im Kreis Gmünd. Kreisvorsitzender war von 1950 bis 1954 Herbert Scheppe, auf ihn folgte durch lange Jahre hindurch Eugen König.

## Die Ankunft der Heimatvertriebenen

Mit die schwerste Folge des Zweiten Weltkriegs war die Ausweisung der Deutschen aus den Gebieten, die sie vielfach seit dem Mittelalter, zum Teil auch seit den neueren Jahrhunderten bewohnt und besiedelt haben, aus den Ostgebieten des Deutschen

*136. Schwäbisch Gmünd 1983. Stadtteil Herlikofen, links die Siedlung »In der Eck«
mit den Hochhäusern*

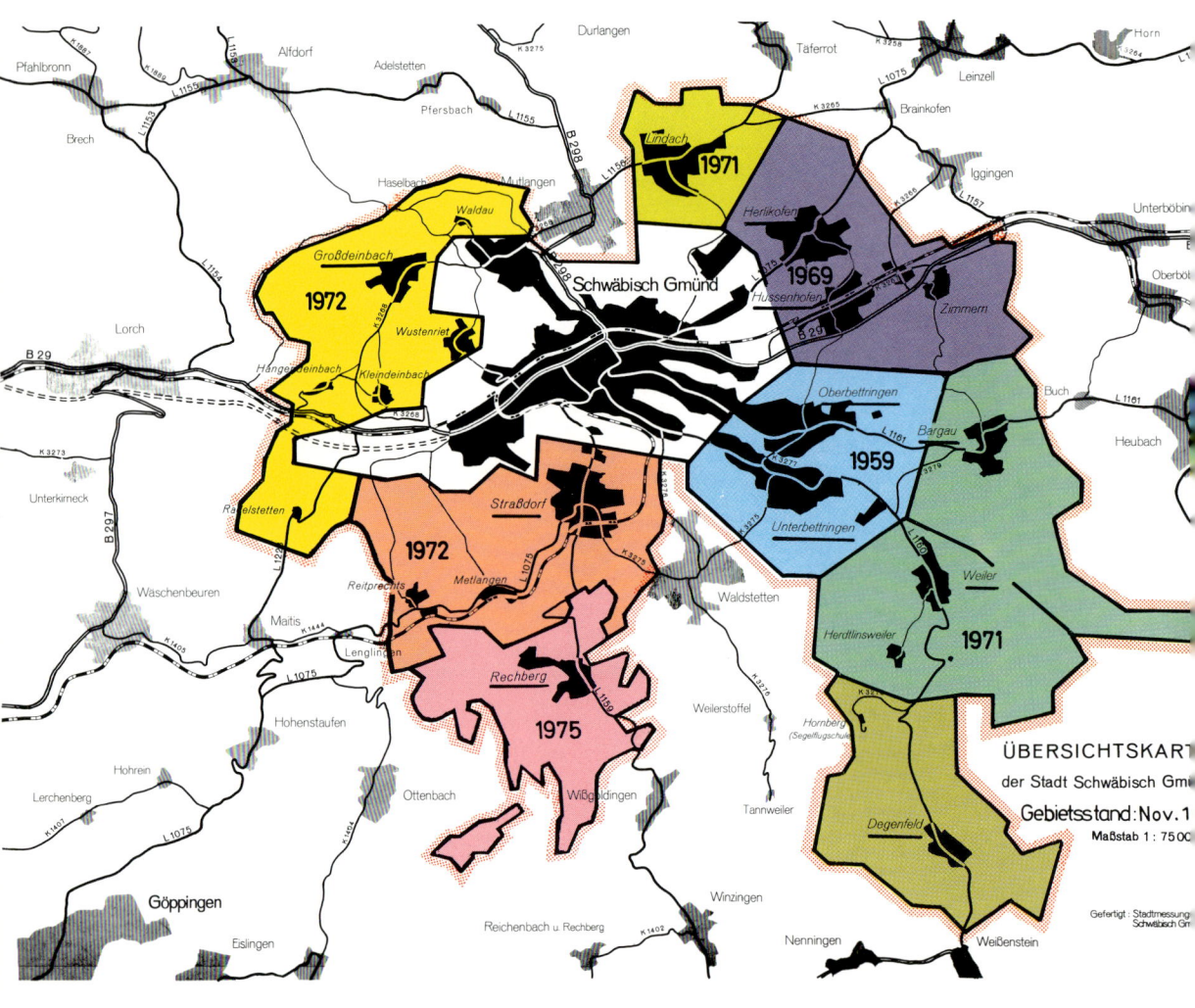

137. *Das Wachstum der Stadt Schwäbisch Gmünd 1959–1975. Die Kernstadt mit ihrer verhältnismäßig engen Markung ist weißgrundig.*

Reiches, wie es bis 1945 bestanden hatte, also aus Schlesien, Pommern und Ostpreußen, sodann aus Teilen, die 1939 zum Reich geschlagen worden waren, also aus dem Danziger Gebiet und aus Westpreußen. Alle die eben genannten Gebiete, mit Ausnahme des nördlichen Teils von Ostpreußen, standen nun unter polnischer Herrschaft. Ferner wurden die Deutschen ausgewiesen aus dem Staatsgebiet der Republik Polen, wie sie bis 1939 bestanden hatte, aus dem Sudetenland und anderen Teilen der Tschechoslowakei, weniger umfassend aus Ungarn, Jugoslawien und Rumänien. In Gmünd wurden dann die Sudetendeutschen die stärkste Gruppe unter den Heimatvertriebenen, gefolgt von den Deutschen aus den Gebieten ostwärts von Oder und Neiße und den Ungarndeutschen.[30] Die alliierten Verlautbarungen sprechen von einem »Transfer« der deutschen Bevölkerung, eine eher verhüllende Bezeichnung — in Wirklichkeit handelte es sich in vielen Fällen um einen unmenschlichen Akt der Vertreibung, der sich keineswegs in humaner Weise vollzogen hat.

Die ersten Züge mit den Vertriebenen wurden im Spätherbst 1945 angekündigt. Man sprach damals von Flüchtlingen oder Ostflüchtlingen. Die Bezeichnung ist ungenau. Wohl sind schon ab Herbst 1944 Millionen vor der herannahenden Roten Armee geflohen und in Trecks nach Westen gezogen, keineswegs aber alle Deutschen, wie Stalin auf der Konferenz von Potsdam behauptete. Die Geflüchteten dachten nicht an den Verlust von Heimat, Haus und Hof; sie kehrten nach der Besetzung des Landes teilweise wieder zurück, zum Beispiel nach Schlesien. Was aber jetzt in organisierten Bahntransporten ankam, waren alles Menschen, die ihre Heimat unfreiwillig verlassen hatten, also aus ihrer Heimat Ausgewiesene. Im Kreis Schwäbisch Gmünd traf der erste Vertriebenentransport am 28. Oktober 1945 ein, und zwar am Bahnhof Mögglingen. Er brachte Schlesier hierher, die im Kreisgebiet untergebracht wurden. Am Bahnhof Gmünd traf der erste Transport am 25. Januar 1946 ein; er brachte Ungarndeutsche hierher.[31] Das ganze Jahr 1946 über gingen die Transporte weiter. Da der Kreis Gmünd im Krieg wenig Zerstörung erfahren hatte, wurde er stark mit Vertriebenen belegt. Am 31. Dezember 1949 betrug der Anteil der Heimatvertriebenen an der Gmünder Bevölkerung 30,8 Prozent. Dadurch wurde die Bevölkerungsstruktur der Stadt tiefgreifend verändert.

Die Flüchtlinge und Vertriebenen zunächst unterzubringen und sie mit dem Nötigsten an Hausrat zu versorgen, war Aufgabe des Flüchtlingskommissars und seiner Mitarbeiter. Stadt und Kreis schufen miteinander ein Aufnahmeamt — Amt zur Aufnahme und Eingliederung der Ostflüchtlinge —, zu dessen Leiter Franz Czisch als Flüchtlingskommissar bestellt wurde. Nachfolger von Czisch war ab Herbst 1946 Wilhelm Heibel. Aufnahmelager für die erste Unterbringung wurden in der Stadt eingerichtet in der Hindenburg-Oberschule (heute Parler-Gymnasium), in der Jahn- sowie in der Staatsturnhalle, im Christ-Königs-Heim (Paradiesstraße) und in den

Schenk-Baracken. Zur Bewältigung dieser Aufgaben und der ungeheuren Nöte der Nachkriegszeit war vom Arbeitsausschuß die Nothilfe gegründet worden; Frau Käthe Czisch übernahm die Leitung, ihre engste Mitarbeiterin war Frau Gabriele Martis. Die Nothilfe war die zentrale Kommandostelle zur Bekämpfung von Not und Elend in jeder Form, eine Dachorganisation, die zu ihren Großaktionen wie Kleidersammlungen, Geldsammlungen u. a. die Helferstäbe der Caritas, der Inneren Mission, der Volkshilfe (Arbeiterwohlfahrt) und des Roten Kreuzes mobilisierte.[32] Insbesondere war die Nothilfe tätig beim Empfang der Transporte mit den Vertriebenen, bei der Errichtung und Unterhaltung der Aufnahmelager. In den Räumen des ehemaligen Lazaretts in der Gewerbeschule richtete sie ein Krankenhaus ein für ehemalige KZ-Häftlinge, Evakuierte und Heimatlose. In drei Wirtschaften, im »Falken«, im »Hasen« und im »Schlüssel«, schuf sie Wärmestuben, in den ersten Nachkriegswintern eine dringende Notwendigkeit.

Im August 1946 berichtete der Oberbürgermeister im Gemeinderat, daß Fabrikant Sommer, ein Schweizer Staatsbürger, in seinem Haus in der Parlerstraße ein Depot des Schweizer Hilfswerks eingerichtet habe. Dieses versandte Liebesgaben zur Verteilung in deutschen Notgebieten: Lebensmittel und lebensnotwendige Medikamente, die damals in Deutschland kaum zu bekommen waren, zum Beispiel Insulin, sowie Wäsche und Kleidungsstücke. Sommer hatte mit seiner Frau bereits mehrere Transporte nach Deutschland gebracht.[33]

Da der Neubau von Wohnhäusern vor der Währungsreform praktisch nicht zustande kam — zusätzlicher Wohnraum wurde allenfalls geschaffen durch Ausbau von Dachgeschossen und Einrichtung von Behelfsräumen zu Notwohnungen —, mußten all die Heimatlosen, die Flüchtlinge und Vertriebenen in die vorhandenen Wohnungen eingewiesen werden. Es war das dornigste Problem, das in den nächsten Jahren viel Gereiztheit und Spannungen entstehen ließ zwischen Einheimischen und Vertriebenen. Am 9. Februar 1946 hieß es im Amtsblatt, mindestens 15 000 Vertriebene müßten im Kreis Schwäbisch Gmünd aufgenommen werden. Das Tempo der Abtransporte im Osten war derart beängstigend, daß alle Durchgangslager im Land überfüllt waren. Ein halbes Jahr später lautete das Aufnahmesoll bereits 18 000. Die Stadt hatte 6184 Menschen aufzunehmen. Im Dezember 1952 zählte die Stadt einschließlich der DDR-Flüchtlinge bereits 9705 Flüchtlinge und Vertriebene.

Unablässig erschienen im Frühjahr und Sommer 1946 die Appelle von Landrat und Oberbürgermeister zur Unterbringung der Vertriebenen,[34] es war *die* zentrale Aufgabe, die im Vordergrund allen Planens bei der Stadt und Kreisverwaltung stand. Der Einweisung der Vertriebenen in die Privatwohnungen ging eine Wohnraumerfassung durch Beauftragte des Aufnahmeamtes voraus, die »mit Metermaß und Zollstock« jeden bewohnbaren Raum in den Häusern ermittelten.[35] Nach der Erfassung

der Wohnräume beschloß der Gemeinderat auch eine Erhebung der verfügbaren
gewerblichen Räume in der Stadt. Die Einweisung der Heimatvertriebenen in die
Wohnungen ging nicht immer glatt vonstatten; gelegentlich mußte die Polizei nach-
helfen.[36] Nicht so einfach ging auch die Rückführung der Evakuierten, von denen
Tausende bei Kriegsende in der Stadt lebten.

Nachdem sie ein Dach über dem Kopf hatten, mußten die Vertriebenen, jedenfalls
die arbeitsfähigen unter ihnen, möglichst rasch in den Arbeitsprozeß eingegliedert
werden. Das Arbeitsamt stellte deshalb fachkundige Vermittler ab, die sich nach dem
Eintreffen der Vertriebenenzüge gleich einen Überblick über die berufliche Zusammensetzung des Transports verschafften. Soweit möglich, wurden die Vertriebenen
im erlernten Beruf eingesetzt. Des öfteren war dies natürlich nicht ohne weiteres
möglich. Die Landwirtschaft hatte damals einen ganz dringenden Bedarf an Arbeitskräften; er konnte durch den Einsatz der Flüchtlinge rasch gedeckt werden. Sozialer
Abstieg war damit sicher in vielen Fällen verbunden. Selbständige Landwirte aus
dem Osten waren jetzt Landarbeiter und Hilfskräfte auf schwäbischen Dörfern.
Besonders rege im Aufbau einer neuen Existenz waren von Anfang an die Gablonzer. Ihnen ist später ein eigenes Kapitel gewidmet.

Neben eigenen Parteien schufen die Vertriebenen und Flüchtlinge ihre Großorgani-
sation in der Bundesrepublik: den Bund der Vertriebenen. Er ist auch in Gmünd vertreten. Daneben gibt es die landsmannschaftlichen Zusammenschlüsse. Unter ihnen
gewannen die Sudetendeutschen besondere Bedeutung.

In der Gegenwart haben die Verbände und Organisationen der Vertriebenen an
Gewicht verloren; die Kinder der einst Ausgewiesenen sind hier aufgewachsen und
fühlen sich längst als Gmünder.


## Die politischen Wahlen der Nachkriegszeit (1946—1956)

Zu den Zielen der Potsdamer Konferenz der Siegermächte gehörte die Demokratisierung Deutschlands. Die Amerikaner, die in ihrer Zone drei Länder gebildet hatten,
nämlich ein Land Hessen, ein Land Bayern und aus den amerikanisch besetzten Teilen von Baden und Württemberg das Land Württemberg-Baden, wollten die Demokratie in Deutschland von unten, von den Gemeinden her, aufbauen. Der stellvertretende amerikanische Militärgouverneur General Clay diktierte den Ministerpräsidenten der US-Zone Deutschlands den Fahrplan für die Wahlen des Jahres 1946: im
Januar Gemeinderatswahlen, im Juni Wahl zur Verfassunggebenden Landesversammlung, im Herbst Volksabstimmung über die Verfassung und Landtagswahl.
Die Ministerpräsidenten hatten Bedenken gegen den frühen Termin im Januar, doch
Clay bestand darauf.

Im Januar 1946 wurde dann in allen Gemeinden des Kreises Schwäbisch Gmünd gewählt, nicht dagegen in der Stadt selbst. In Gemeinden mit mehr als 20 000 Einwohnern fand die Gemeinderatswahl am 28. April 1946 statt, zusammen mit der ersten Kreistagswahl. So auch in Schwäbisch Gmünd. Bei dieser Wahl errang die CDU einen überwältigenden Sieg: Sie konnte von 24 Sitzen im Stadtparlament 17 besetzen, je zwei Sitze fielen an die DVP, die SPD und die KPD, die Freie Wählervereinigung errang einen Sitz. Es war ein Ergebnis, das sich auf diese Weise nicht wiederholen ließ; die Wähler wollten ein Zeichen der Umkehr setzen. Die nächste Gemeinderatswahl, die bereits am 7. Dezember 1947 stattfand, brachte die Korrektur und einen Rückschlag für die CDU. Valentin Böhnlein, den die Partei wegen seiner Attacken gegen Franz Czisch aus ihren Reihen ausgeschlossen hatte und der nun für die FWV kandidierte, erhielt die höchste Stimmzahl; die FWV stieg von einem auf sechs Sitze, die CDU erhielt nur noch elf von nunmehr 30 Sitzen. Die erhöhte Sitzzahl entsprach der inzwischen eingetretenen Bevölkerungszunahme durch Flüchtlinge und Heimatvertriebene. Die Amerikaner wollten keine Flüchtlingspartei, und so formierten sich die Heimatvertriebenen als »Aufbaugemeinschaft« und kamen ebenfalls auf sechs Sitze.[37] Die restlichen Sitze teilten sich SPD und DVP mit je drei und die KPD mit einem Sitz. Die Bemühungen der traditionellen Parteien, Heimatvertriebene als Kandidaten auf ihren Listen unterzubringen, führten über Jahre hinweg zu keinem Erfolg; sie wurden nicht gewählt. Die »Aufbaugemeinschaft« und ihre Nachfolgeorganisationen »Deutsche Gemeinschaft« (DG), bzw. »Block der Heimatvertriebenen und Entrechteten« (BHE), blieben die politische Vertretung der Vertriebenen im Gemeinderat. Die CDU hielt auf Jahre hinaus ihre elf Mandate, einmal waren es nur zehn, die SPD nahm allmählich zu − sie kam auf vier bzw. fünf Sitze (1956). Die FWV bröckelte etwas ab, beim BHE waren es vorübergehend sieben Sitze, später fünf; die DVP blieb bei drei. Die Kommunisten schieden bereits bei der Wahl von 1951 aus. Eine vorübergehende Sache war die Wahlgemeinschaft der Vertriebenen und Geschädigten, die 1956 ein Mandat errang − es war eine Konkurrenzgründung zum BHE.

Weiter ist zu beachten, daß wir damals das rollierende System hatten, das heißt bei jeder Wahl scheidet die Hälfte der Stadträte aus und wird neu gewählt. Der Gemeinderat war in damaliger Zeit vorwiegend eine Vertretung des bürgerlichen Mittelstands, dazu kamen einige Honoratioren. Arbeitnehmervertreter waren nur spärlich vorhanden. Herausragende Mitglieder des Gemeinderats im ersten Nachkriegsjahrzehnt waren Amtsgerichtsrat Quintenz und Dr. Ludwig Fricker von der CDU, Dr. Hermann Erhard von der FDP, Josef Janota und Dr. Görner vom BHE sowie Dr. Greil und Vossler von der SPD; bei den Freien Wählern Valentin Böhnlein und Emil Rudolph, der kommissarische Oberbürgermeister der Nachkriegsjahre. Im Laufe der Jahre tauchten die Namen von Männern auf, die noch eine bedeutende Rolle im Gemeinderat und darüber hinaus spielten: So erscheint Erich Ganzenmüller bei der CDU ab 1956 im Gemeinderat, Hellmuth Lang bei der FDP und Alfons Urban beim BHE. Von Lang gingen viele Anregungen zur Ausgestaltung des demokratischen Lebens in Stadt und Land aus. Zu Bundestags- bzw. Landtagswahlen sprachen bedeutende Politiker der Nachkriegszeit in Schwäbisch Gmünd, so Fritz Erler (SPD), Thomas Dehler (FDP) und Heinrich Krone (CDU).

Bei den Landtagswahlen blieb der Wahlkreis Schwäbisch Gmünd, der deckungsgleich ist mit dem Landkreis, über Jahrzehnte hinweg fest in der Hand der CDU. Es ergab sich jedoch mehrmals, daß außer dem CDU-Kandidaten noch Kandidaten anderer Parteien in den Landtag gewählt wurden. Bei der Wahl zur Verfassunggebenden Landesversammlung für Württemberg-Baden im Jahr 1946 wurde Josef Andre, Minister unter Reinhold Maier in der ersten Stuttgarter Nachkriegsregierung, Vertreter des Gmünder Bezirks. Er wurde bei der ersten Landtagswahl am 24. November 1946 als Abgeordneter bestätigt. Auf dem Stimmzettel fanden sich damals bei jeder Partei vier Bewerber, damit im Falle des Ausscheidens eines Abgeordneten stets die Nachfolge während der Wahlperiode gesichert war. Bei der CDU waren es 1946 außer Andre: Xaver Kuhn, Landwirt in Lautern, Eduard Ferdinand Lempp, Geschäftsführer, und Wilhelm Heibel, Flüchtlingskommissar. Bei der DVP kandidierten 1946: Dr. Hermann Erhard, Martha May, Paul Rumpp und Walter Lochmüller. Die SPD hatte den Befreiungsminister im Kabinett, Gottlob Kamm (Schorndorf) als Spitzenkandidaten nominiert; zu ihm kamen noch Dr. Ludwig Greil, August Kühfuß, kommissarischer Leiter der AOK Lorch, und Johann Mack, Bürgermeister in Alfdorf, als Bewerber. Schließlich kandidierten für die KPD Bruno Lindner, Leiter der AOK Gmünd, Karl Maier, Angestellter, Anton Dreher, Gewerkschaftssekretär, und Theo Lauber, Werkzeughändler in Lorch.

Nach dem Tode von Josef Andre rückte Wilhelm Heibel im Jahre 1950 im Landtag nach. Bei der Landtagswahl im gleichen Jahr wurde er als Abgeordneter bestätigt; er erhielt das Wahlkreismandat. Im übrigen bedeutete diese Wahl einen Rückschlag für die CDU im Land, weil damals die Frage der Wiederbewaffnung, der Aufstellung deutscher Truppenverbände, heftig umstritten war. Bei der Landtagswahl 1950 gab es ein Gerangel um die bäuerlichen Stimmen, zumal die DVP in dem Landwirt Eugen Strobel, Hinterlintal, einen zugkräftigen Kandidaten aufgestellt hatte. Strobel zog über die Zweitausteilung in den Landtag ein, ebenso der Kandidat der DG/BHE, Josef Janota, damals Kreisvorsitzender des Bundes der Vertriebenen, so daß zu dieser Zeit drei Abgeordnete aus dem Gmünder Raum im Landtag saßen. Kandidat der SPD war bei dieser Wahl der Angestellte Adolf Vossler. Auf die Landtagswahl von 1950 folgte nach kurzer Frist im März 1952 wieder die Wahl zu einer Ver-

fassunggebenden Landesversammlung, nachdem zuvor eine Volksabstimmung den
Weg zum Zusammenschluß der drei Länder im Südwesten, nämlich des Landes
Baden, des Landes Württemberg-Hohenzollern und des Landes Württemberg-Baden, zu einem Land freigemacht hatte. Diese Wahl brachte für den Wahlkreis
Schwäbisch Gmünd einen neuen Kandidaten der CDU: Dr. Hans Häring, Stuttgart,
seit 1946 im Landtag, wo er sich als wirtschaftspolitischer Sprecher bereits einen
Namen gemacht hatte. Die CDU holte bei dieser Wahl kräftig auf. Dr. Häring
erhielt das Wahlkreismandat. Das Lager der Vertriebenen und der Neubürger war
damals gespalten; für die DG/BHE kandidierte in Gmünd Richard Czerny, Studienrat am Parler-Gymnasium, für den BHE wieder Josef Janota. Der BHE erwies sich
als die weitaus stärkere Gruppierung, Janota zog erneut in den Landtag ein. Anläßlich dieser Wahl sprach in Gmünd Dr. Gebhard Müller, bisher Staatspräsident in
Tübingen im Lande Württemberg-Hohenzollern, der dann im Jahre 1953 als Nachfolger von Reinhold Maier Ministerpräsident des neu geschaffenen Landes Baden-
Württemberg wurde. Nachdem die Verfassunggebende Versammlung ihren Auftrag
erfüllt hatte, konstituierte sie sich als der erste Landtag des neuen Bundeslandes
Baden-Württemberg. Dr. Häring wurde 1956 erneut gewählt, erlitt aber bald danach
einen gesundheitlichen Rückschlag, der ihm den Verzicht auf das Mandat nahelegte.
1949 entstanden die beiden Teilstaaten auf deutschem Boden: die Bundesrepublik
auf dem Gebiet der drei Westzonen, die DDR auf dem der sowjetisch besetzten
Zone Deutschlands. Die Wahl zum ersten deutschen Bundestag fand am 14. August
statt. Kandidat der CDU im Wahlkreis 171 Aalen/Schwäbisch Gmünd war Dr.
Rudolf Vogel, ein gebürtiger Oberschlesier, vor 1933 Redakteur bei verschiedenen
dem Zentrum nahestehenden Zeitungen seiner Heimat. 1945 aus amerikanischer
Gefangenschaft entlassen, nahm er eine Tätigkeit beim Arbeitsamt Aalen auf, später
finden wir ihn beim Deutschen Büro für Friedensfragen in Stuttgart. 1948 wurde er
in den Zweizonen-Wirtschaftsrat in Frankfurt entsandt. Er entfaltete eine rege publi-
zistische Tätigkeit und wurde 1949 im Wahlkreis Aalen/Schwäbisch Gmünd
gewählt, den er dann 15 Jahre lang in Bonn vertrat. Dr. Vogel war ein sehr fleißiger
und kenntnisreicher Abgeordneter, der seinen Wahlkreis regelmäßig besuchte. Im
Bundestag übernahm er zunächst den Vorsitz im Ausschuß für Film, Presse und
Rundfunk und wurde Mitglied im Haushaltsausschuß. Dort verschaffte er sich große
Detailkenntnisse und wurde zu einem der bekanntesten Haushaltfachleute des
Parlaments.
1953, nach vier Jahren Adenauer-Regierung, errang die CDU einen erdrutschartigen
Sieg. Sie verdoppelte ihre Stimmenzahl im Landkreis Gmünd. Für die SPD kandi-
dierte nun der Aalener Gewerkschaftssekretär Hans Geiger, der 1954 in den Bundes-
tag einzog. Bei der DVP trat der Gmünder Rechtsanwalt Dr. Ewald Bucher an; über

die Landesliste seiner Partei gelangte er ebenfalls in den Bundestag. Dasselbe war der Fall mit Dr. Karl Mocker, auch ein Gmünder Rechtsanwalt, der auf der zweiten Stelle der Landesliste des BHE stand. Dr. Mocker war seit 1948 Vorsitzender des Landesverbandes der vertriebenen Deutschen, seit 1950 gehörte er bereits dem Landtag an.

Aus der Amtszeit der Oberbürgermeister Rudolph und Czisch 1945 bis 1948

Nach diesem Exkurs über die verschiedenen Wahlen in Stadt und Kreis Gmünd kehren wir auf die städtische Bühne zurück. Emil Rudolph war beinahe 65 Jahre alt, als ihn der amerikanische Captain Mortimer am 23. April 1945 zum kommissarischen Oberbürgermeister machte. Er fühlte sich einfach verpflichtet, dieser Aufforderung zu entsprechen und in die Bresche zu springen. In den 16 Monaten seiner Tätigkeit mußte er sich damit begnügen, wieder eine intakte Verwaltung aufzubauen und der ärgsten Not zu steuern. Er brachte die nötige Geduld auf für den oft schwierigen Umgang mit den Amerikanern. Mit dem neuen Landrat Burkhardt stand er in gutem Einvernehmen.

In knappen Worten äußerte sich Rudolph im Amtsblatt vom 5. September 1945 zu den Gegenwartsaufgaben der Stadtverwaltung. Es ging dabei um ganz elementare Dinge. Wegen der vielen Zerstörungen an den Verkehrswegen durch den Luftkrieg und der sinnlosen Sprengungen in letzter Stunde war die Heranschaffung von Kohle zu einem schwierigen Problem geworden. Damit war die Versorgung der Betriebe und der Haushalte mit Gas immer wieder in Frage gestellt. Ohnehin gab es Gas nur stundenweise am Tag. Da feststand, daß es keine Kohle für den Hausbrand gab, war die Versorgung der Bevölkerung mit Brennholz für den Winter 1945/46 besonders dringlich. Schließlich erwähnte der Oberbürgermeister die bereits jetzt vor dem Eintreffen der Vertriebenentransporte bestehende Wohnungsknappheit in der Stadt. Als erfreulich bezeichnete er es, daß das kulturelle Leben in der Stadt wieder in Gang kam.

Noch eingehender werden wir über die drängenden Probleme der Stadt unterrichtet durch die Sitzung des Gemeindebeirats am 28. November 1945. Ein Gemeindebeirat war nach einem Erlaß der Landesverwaltung Württemberg vom 22. August 1945 zu bilden.[38] Er stellte keine gewählte Vertretung der Bürgerschaft dar; er war vom Oberbürgermeister bestellt und sollte ihn in seiner Arbeit unterstützen. Persönlichkeiten aus dem Arbeitsausschuß, den Parteien und Gewerkschaften wurden vom Oberbürgermeister in den Beirat berufen. Über das Finanzwesen referierte in dieser Sitzung Rudolph selbst. Ein Haushaltsplan für das Jahr 1945 existierte zu diesem Zeitpunkt noch nicht, doch konnten die laufenden Anforderungen an die städtischen

Finanzen, auch die nicht geringen der Besatzungsmacht, erfüllt werden. Über die Lage bei den Stadtwerken, die Gas- und Stromversorgung, berichtete Direktor Lang, über die Baumaßnahmen der in sein Amt zurückgekehrte Baurat Dr. Schneider. Es war bereits damit begonnen worden, die wichtige Pfitzer-Brücke wiederherzustellen. Die nächste Brücke, deren Wiederherstellung naturgemäß dringend war, war die Bahnhofsbrücke. Hier mußte man, um die bestehende Behelfsbrücke durch eine neue Konstruktion zu ersetzen, für die Übergangzeit eine Notbrücke bauen, etwa oberhalb des Remswehrs, oder eine Dauerlösung schaffen. Der Gemeinderat entschloß sich für die Dauerlösung: im Zuge der Olgastraße (heute Rektor-Klaus-Straße) wurde in den nächsten Jahren zur Entlastung der Bahnhofsbrücke eine neue Brücke beim damaligen Autohaus Wörner gebaut und später für die Bahnhofsbrücke eine neue Trasse geschaffen. Beim Wohnungsbau dachte Schneider zunächst an den Ausbau der Rehnenhof- und der Schwerzer-Siedlung. Noch war das bei dem akuten Mangel an Baustoffen und beim Fehlen von Arbeitskräften im Bauhandwerk vorerst Zukunftsmusik. In der Aussprache ging Alfred Zehnder auf die Nöte des kleinen Mannes ein; die Stadt sollte dafür sorgen, daß die Rentner zu ihrem Brennholz kommen. Kritisch beleuchtete er auch die Lage der städtischen Arbeiter. Die Stadt solle einen Stamm von qualifizierten Arbeitern bilden und entsprechend bezahlen.[39] Man muß wissen, daß es damals bei den Stadtwerken noch Stundenlöhne von 70 Pf. und weniger gegeben hat.

Wegen Personalschwierigkeiten konnte der Haushaltsplan für 1945 erst am 28. Februar 1946 aufgestellt werden. Der Entwurf trägt deutlich die Handschrift Ruisingers. Der Stadtkämmerer war zunächst von den Amerikanern aus dem Amt entfernt worden, doch konnte der Oberbürgermeister erreichen, daß er als Haushaltsplan-Sachbearbeiter wieder beschäftigt wurde und den Entwurf fertigte.[40] Aus diesem Haushaltsplan erfahren wir Näheres über die Kriegslasten der Stadt in finanzieller Hinsicht. Ruisinger bezifferte sie auf sechs Millionen Reichsmark; sie entsprachen damit ziemlich genau dem Wert des städtischen Grund- und Hausbesitzes. Der ordentliche Haushalt 1945 war gegenüber dem von 1944 erheblich geschrumpft; er umfaßte in Einnahmen und Ausgaben 3,4 Millionen Reichsmark. Die Besatzungskosten betrugen bei der Stadt nach elf Monaten drei Millionen, für sie wurde ein Ersatz vom Land erwartet. Der Ausfall bei der Gewerbesteuer war beträchtlich. Er betrug gegenüber 1943 1,1 Millionen.[41] Die Stadt hatte für die Erfüllung dringender Aufgaben, die während des Krieges nicht erledigt werden konnten, größere Rücklagen angesammelt; zum 31. März 1945 waren es über fünf Millionen Reichsmark. Dieser Betrag stieg in den folgenden Jahren weiter an.

Bei den Stadtwerken war es 1945/46 die Hauptaufgabe, eine Notversorgung der Bevölkerung mit Gas und Strom zu sichern. Bereits in Nr. 2 des Amtsblatts wurden rigorose Beschränkungen im Gasverbrauch verfügt. Die Lage in der Stromversorgung blieb das ganze Jahr 1945 über prekär. Im Amtsblatt vom 24. Oktober 1945 wurde eine Stromeinsparung von 35 Prozent verfügt. Stadtteilweise wurde die Stromzufuhr abgeschaltet. Aus diesen Gründen war von der Drei-Tage-Arbeit in der Industrie die Rede.

Ausgesprochen kritisch war die Lage in der Wasserversorgung. Auch hier wurden drastische Einschränkungen verfügt. Trotz aller Mahnungen und Warnungen stieg der Wasserverbrauch im Sommer 1945 kräftig an; an den heißen Tagen betrug er jeweils 5500 bis 6000 cbm, während der Stadt nur 4500 cbm zur Verfügung standen: 3000 aus dem Buch und 1500 von der Landeswasserversorgung. Dieser starke Verbrauch hing damit zusammen, daß jetzt in Gmünd weit mehr Menschen lebten als vor dem Krieg, dazu kamen die Besatzungstruppe und die Ausländerlager. Im Frühjahr 1946 war die Lage besonders schwierig. Die Stadt mußte, um der Wassernot zu begegnen, neue Wege beschreiten. Es wurden Bohrversuche im Schießtal unternommen, deren Ergebnis jedoch unbefriedigend blieb. Im Herbst 1946 war bereits deutlich, daß es nur einen Ausweg gab: einen weiteren Anschluß an die Landeswasserversorgung zu bauen. Dies wurde dann eine Hauptaufgabe für Oberbürgermeister Czisch.[42]

Während der erste Oberbürgermeister der Nachkriegszeit von der Militärregierung kommissarisch eingesetzt worden war, war sein Nachfolger durch den Gemeinderat 1946 auf knapp zwei Jahre zu wählen. Nach etwa 15 Jahren Unterbrechung fand am 28. April 1946 erstmals wieder eine Gemeinderatswahl statt. Dem aus dieser Wahl hervorgegangenen Gemeinderat fiel die Aufgabe zu, den Oberbürgermeister zu wählen. Er schritt am 1. Juli zur Wahl.[43] Bei dieser Wahl war neben neun anderen Bewerbern Franz Czisch Kandidat: Begründer der CDU in Schwäbisch Gmünd, war er Kulturbeauftrager der Stadt, Flüchtlingskommissar und seit kurzem auch Mitglied des Gemeinderats. Dr. Greil (SPD) hegte offenbar Bedenken gegen eine Wahl von Czisch, denn vor der Wahl erklärte er, man solle die Stelle neu ausschreiben. Dies wurde vom Gemeinderat abgelehnt. Valentin Böhnlein ritt eine Attacke gegen Czisch und beanstandete die Schreibweise seines Namens. Czisch wurde trotzdem gewählt. Wegen dieses Vorgangs und wegen weiterer Attacken gegen Czisch wurde Böhnlein in der Folgezeit aus der CDU ausgeschlossen — ein schwerwiegender Fehler der Partei, der sich bei der nächsten Gemeinderatswahl rächte. Am 20. August traf die Bestätigung der Wahl durch die Landes-Militärregierung ein. Am selben Tag trat Czisch sein Amt an. Kurz danach konnte auch der Stadtkämmerer in sein Amt zurückkehren.

In seiner 20 Monate dauernden Amtszeit war es das bleibende Verdienst von Franz Czisch, den Bau eines zweiten Anschlusses an die Landeswasserversorgung energisch vorangetrieben zu haben; es war die sog. »Czisch-Linie«, wie sie im Volksmund bald genannt wurde. Am 10. April 1947 beschloß der Gemeinderat den Bau des weiteren Anschlusses.[44] Bald zeigte sich, daß wegen des allgemeinen Mangels an geeigneter Kleidung und Schuhwerk keine Arbeiter dafür zu gewinnen waren. Das Arbeitsamt konnte nur etwa 15 Leute verpflichten, erforderlich waren aber 50 je Arbeitstag. Ein Aufruf des Oberbürgermeisters zu freiwilliger Meldung blieb ohne Erfolg. So faßte der Gemeinderat am 6. November 1947 einstimmig den Beschluß, Gemeindedienste einzuführen und jeden männlichen Einwohner der Stadt vom 16. bis zum vollendeten 60. Lebensjahr vorläufig zu einem Arbeitstag am Bau der Wasserleitung zu verpflichten.[45] Die Gemeindedienste begannen am 10. November 1947. Natürlich gab es auch Widerstand gegen die Beorderung zum Gemeindedienst, juristische und technische Einwände gegen die Art der Durchführung, doch hatte man zum damaligen Zeitpunkt damit den richtigen Weg beschritten.

Es wurde schließlich noch ein zweiter Tag im Gemeindedienst erforderlich, um die Arbeiten zu einem glücklichen Ende zu führen. Auf den ersten Aufruf hin hatten 7480 Bürger den Gemeindedienst abgeleistet, den zweiten Tag absolvierten 6070. Sie erhielten jeweils ein warmes Mittagessen. Die Gesamtkosten konnten zum größten Teil noch in Reichsmark beglichen werden. An einem Sonntagmorgen im August 1948 öffnete dann Direktor Lang am Anschlußschacht Waldstetter Brücke den Schieber zur städtischen Wasserleitung, und von diesem Augenblick an flossen pro Sekunde 20 Liter Wasser aus der neuen Leitung in das städtische Rohrnetz. Die Stadt konnte jetzt täglich über 3300 cbm aus der Landeswasserversorgung verfügen.[46] Die Wasserknappheit war behoben.

Schließlich konnte Czisch noch erreichen, daß die Stadt Gmünd wegen ihrer starken Belegung mit Flüchtlingen und Heimatvertriebenen zu einem Bauschwerpunkt des Landes erklärt wurde.[47] Das stadteigene Gelände auf dem Hardt faßte er für eine neue Siedlung ins Auge. Gebaut wurde auf dem Hardt, aber erst unter seinen Nachfolgern im Laufe der nächsten zehn Jahre.

Die kurze Amtszeit von Oberbürgermeister Czisch lief bereits 1948 ab. Wahltag war der 18. April. Nun hatte die Bürgerschaft selbst zu wählen. Gegen Czisch kandidierte der Oberbürgermeister der NS-Zeit, Franz Konrad. Gegen ihn konnte Czisch die Wahl nicht gewinnen. Nicht etwa deshalb, weil Gmünd eine Nazi-Stadt gewesen wäre, sondern weil Konrad hohes Ansehen genoß wegen seiner Verdienste um die Industrieansiedlung der dreißiger Jahre und in Gmünd populär war. Außerdem war er bereits zweimal von der Spruchkammer entlastet worden. So errang Konrad bei der Wahl fast eine Zweidrittelmehrheit. Wenig hilfreich war es auch für Czisch, daß die Kommunisten in der Schlußphase des Wahlkampfes die Parole ausgaben, Gmünd sei eine Nazi-Stadt, wenn man Konrad wähle. Die Wahl am 18. April war stark von gefühlsmäßigen Momenten bestimmt. Die Gegensätze zwischen Alt- und Neubürgern waren noch sehr groß. Man warf Czisch vor, er halte zu sehr auf die Seite der Flüchtlinge, er habe überhaupt zuviel Vertriebene nach Gmünd gebracht. Dazu ist folgendes zu sagen: Als unzerstörte Stadt mußte Gmünd in größerem Umfang Vertriebene aufnehmen, und die Ansiedlung einer Gruppe der Gablonzer Industrie war bestimmt kein Fehler. Es trifft zu, was Emil Kühle nach der Wahl schrieb, daß nämlich die gegenwärtig auf den Rathäusern amtierenden Männer »durch die zeitbedingten Schwierigkeiten, den Mangel an Wohnraum und lebenswichtigen Gebrauchsgütern, einer vielfachen Kritik ausgesetzt«[48] seien.

Franz Czisch, durch den Nationalsozialismus aus der Bahn geworfen, vermochte in der kurzen Zeit seiner Amtstätigkeit als Oberbürgermeister nicht das Vertrauen der Mehrheit in der Bevölkerung zu gewinnen. Musisch veranlagt, ein Mann mit vielseitigen geistigen Interessen, konnte er in einer Zeit, die an das Geschick eines Oberbürgermeisters übermäßige Anforderungen stellte, nicht so recht befriedigen. Mit dem Wahlergebnis wollte sich Czisch nicht abfinden. Er setzte gewisse Hoffnungen auf den Untersuchungsausschuß der Amerikaner; aber damit hat er sich weitere Sympathien verscherzt. Er ist später nach Stuttgart gezogen, wo er bereits 1956 verstorben ist. Die Vorgänge vor der Wahl und am Wahltag selbst lösten eine starke Erregung in der Bevölkerung aus. Einige bedenkliche Vorkommnisse trübten das Bild von Konrads Erfolg. Auf dem Pflaster des Marktplatzes nahe dem Marienbrunnen hatte ein 18jähriger einen Davidstern angebracht, außerdem wurden in der Wahlnacht die Schaufenster des Geschäfts von Franz Czisch beschädigt.[49] In der in- und ausländischen Presse wurden diese Begleiterscheinungen maßlos aufgebauscht; es kam zu unglaublichen Vergröberungen und Entstellungen. Gmünd erschien in den Presseberichten und Rundfunkkommentaren als eine Stätte des wiedererwachten Nationalsozialismus, eine groteske Entstellung. Der Direktor der Militärregierung in Württemberg-Baden, Charles M. La Follette, ordnete darauf in einem Schreiben an Ministerpräsident Maier an, daß Konrad das Amt vorerst nicht antreten dürfe, bis eine von der Militärregierung angeordnete Untersuchung über seine Rolle bei der Wahl abgeschlossen sei.[50] Der dreiköpfige amerikanische Untersuchungsausschuß tagte in der Folgezeit im Gartensaal des Stadtgartens und hörte über 70 Zeugen. Es war ein gerichtsähnliches Verfahren in aller Öffentlichkeit, Zeugen wurden ins Kreuzverhör genommen und vereidigt.

Der Bericht, den der Ausschuß dem Militärgouverneur erstattete, lautete bereits ungünstig für Konrad.[51] Am 16. Juli 1948 ordnete La Follette in einem weiteren Schreiben an Reinhold Maier an, daß es Konrad nicht gestattet werden dürfe, das Amt des Oberbürgermeisters in Schwäbisch Gmünd zu übernehmen. Außerdem verfügte er, daß Konrad für die Dauer eines Jahres nicht zum Bürgermeister in irgendeinem Ort des Landes gewählt werden dürfe.[52] Konrad selbst mußte ein drittes Mal vor die Spruchkammer. Diese Entscheidung bedeutete eine herbe Enttäuschung für die Gmünder; sie hatte Auswirkungen auch auf die kommenden Wahlen in Gmünd.

### Die Währungsreform 1948 und ihre Folgen

Das Jahr 1948 brachte am 20. Juni die seit langem fällige Währungsreform in den drei Westzonen. Sie erfolgte im wesentlichen nach den Vorstellungen der Amerikaner. Die Reichsmark-Währung wurde außer Kraft gesetzt und die Deutsche Mark eingeführt. Der Geldumlauf wurde auf zehn Milliarden DM beschränkt. Der Sinn der kombinierten Währungs- und Wirtschaftsreform bestand darin, den in der Kriegszeit erzeugten gewaltigen Geldüberhang zu beseitigen, die Leistungsverweigerung zu beenden und den ungesetzlichen, aber notwendigerweise geduldeten Naturaltausch sowie den schwarzen Markt und die Hortung der Waren zu beseitigen.[53] Auch in Gmünd prangten in wenigen Tagen begehrte Artikel in den Schaufenstern der Läden, die man vorher auf dem schwarzen oder grauen Markt nur mühsam hatte auftreiben können.

Zur Zeit der Währungsreform und danach stand die Stadt unter der Führung von Bürgermeister Ruisinger. Als bei der Geldknappheit die Arbeitslosenzahlen anstiegen, führte die Stadt dringende Straßen- und Kanalbauten als Notstandsarbeiten durch, so die Verlängerung der Goethestraße, den Bau der äußeren Buchstraße und Kanalisationsarbeiten in der Benzholzstraße.[54] Weitere Notstandsarbeiten wurden ins Auge gefaßt. Mit diesen Bauaufträgen konnten etwa 50 Arbeiter dreieinhalb Monate lang beschäftigt werden.

Für die Finanzen der Stadt bedeutete die Währungsreform einen tiefgreifenden Einschnitt. Nach § 9 des Umstellungsgesetzes erloschen ihre Guthaben bei Geldinstituten. Damit waren die in den Jahren angesammelten Gelder für dringende Vorhaben der Stadt, insgesamt über sechs Millionen RM, ersatzlos gestrichen. Darunter befanden sich allein 3,3 Millionen RM, welche die Stadt während des Krieges – mehr oder weniger dazu gezwungen – in Reichsschatzanweisungen hatte anlegen müssen. Natürlich hatte die Stadtverwaltung schon in den Jahren vor der Währungsreform versucht, soviel Aufgaben wie möglich durchzuführen. Aber das Geld der Stadt war nicht gefragt, und Kompensationsmöglichkeiten hatte sie so gut wie keine.[55]

Durch einen geschickten Schachzug vermochte der Kämmerer doch noch wenige Tage vor der Reform einen Teil des Geldvermögens zu retten, indem er im einen Fall eine beträchtliche Summe an die Gmünder Siedlungsgesellschaft überwies, im anderen Fall eine solche der Hospitalstiftung vermachte.[56] Diese Gelder in Millionenhöhe fielen somit nicht der Annullierung anheim, sondern nahmen auch am allgemeinen Umwertungsverfahren teil und ergaben später immer noch Beträge, mit denen man etwas anfangen konnte. Im einen Fall dienten sie als Starthilfe für den Wohnungsbau, im anderen als ein Beitrag für den steigenden Fürsorgeaufwand der Stadt bzw. als Grundstock für die Finanzierung eines dringend notwendigen Erweiterungsbaus für das Spital. Der Gemeinderat gab dem Kämmerer für diese Transaktion freie Hand.

Die Stadt erhielt für den Start in die DM-Zeit lediglich eine Erstausstattung (Dotation) von 650 000 DM.[57] Damit mußte sie auskommen und im übrigen eben ihre notwendigen Ausgaben mit den laufenden Einnahmen finanzieren. Von diesen 650 000 DM der Dotation sah die Stadt sofort einen Betrag von 300 000 DM für investive Zwecke vor, nämlich für den Friedhofneubau und den Bau einer neuen Sammelkläranlage. Die Stadt mußte in der nächsten Zeit äußerst sparsam wirtschaften und auch zum Personalabbau schreiten. Dieser fand allerdings nur in geringem Umfang statt und betraf in erster Linie die bisherigen Bewirtschaftungsstellen.

Im Vorbericht zum Haushaltsplan 1948, der erst geraume Zeit nach dem Tag der Währungsreform erstellt werden konnte, ist bereits der Generalwirtschaftsplan enthalten, der alle Projekte nannte, welche die Stadt in den nächsten Jahren durchführen wollte. Darunter befanden sich Aufgaben, welche sich bereits vor Kriegsbeginn stellten oder die sich während des Krieges als dringlich herausstellten, die aber nicht durchgeführt werden konnten, wie die Errichtung eines Feuerwehrgerätehauses, der Bau einer neuen Sammelkläranlage oder die Vollendung des halbfertig liegengebliebenen Freibads im Schießtal – aber auch neue Aufgaben, die nach dem sprunghaften Anwachsen der Stadtbevölkerung unabweisbar geworden waren. Dazu kam noch vieles andere, so brauchte die Stadt weitere Räume für die Verwaltung, das Rathaus war zu klein geworden.

Das Volumen des Sparhaushalts 1948, der für den Zeitraum 21. Juni 1948 bis 31. März 1949 galt, betrug insgesamt 5 233 840 DM. Im einzelnen entfielen dabei auf den ordentlichen Haushalt Einnahmen und Ausgaben in Höhe von 3 907 813 DM, auf den außerordentlichen Haushalt solche von 830 000 DM. Bei der Hospitalverwaltung lauteten die entsprechenden Zahlen 476 000 bzw. 20 000 DM. Der Ausgleich konnte nur mit Hilfe der Erstausstattung erzielt werden. An Gewerbesteuer erwartete die Stadt in diesem Jahr 838 000 DM. Der Ertrag dieser wichtigen Steuer floß ab 1. Januar 1948 der Stadt wieder unmittelbar zu, welche die Steuer auch wieder veranlagen und einziehen konnte. Die Kreisverbandsumlage war mit 320 000 DM angesetzt.

Die Einnahmen und Ausgaben der Stadt und der Hospitalverwaltung kletterten im Etatjahr 1949 bereits auf 7 515 201 DM, also um mehr als zwei Millionen gegenüber dem Vorjahr. Hier wirkten sich auch die Lohn- und Gehaltserhöhungen nach der Währungsreform aus. Am meisten jedoch stiegen die Investitionen der Stadt. Zu diesen Lohn- und Gehaltserhöhungen folgende Details: Die Löhne der Arbeiter in Lohnklasse II und IV stiegen um 29 Prozent, in Lohnklasse III um 34 Prozent, die Löhne der Frauen gar um 66 Prozent. Man muß hier wissen, daß die Arbeiterlöhne bei der Stadt zum Teil extrem niedrig waren. Bei den Angestellten und Beamten war die Gehaltskürzung von sechs Prozent weggefallen, außerdem erhielten die Angestellten der niederen Gehaltsklassen und ebenso die Beamten der unteren Gruppen Überbrückungsbeihilfen, die einer Gehaltserhöhung von etwa sieben Prozent gleichkamen.

Wenn wir hier noch Zahlen aus den Haushaltsplänen der nächsten Jahrzehnte anfügen, so deshalb, um die sprunghafte Ausweitung der öffentlichen Haushalte zu diesem Zeitraum zu zeigen. Wir wählen dafür die Pläne der Jahre 1956 und 1969.

Das Gesamtvolumen der Haushaltspläne von Stadt und Hospitalverwaltung

stieg     von               7 515 201 DM im Jahre 1949
          auf              16 712 455 DM im Jahre 1956
     und auf              57 015 402 DM im Jahre 1969.

Dabei ergeben sich aus den Ausführungen des Stadtkämmerers folgende interessante Einzelheiten: Im Vorbericht zum Haushaltsplan 1956 bemerkte er auf S. III, das Finanzklima der Stadt habe sich grundlegend geändert, es sei wesentlich rauher geworden. Die Ausgaben der Stadt seien sehr stark gestiegen, nicht zuletzt wegen der größeren Investitionen der letzten Jahre.

„Die Gemeinschaft" – gemeint ist damit die Stadt – „wird heute leider vom einzelnen und von Organisationen aller Art vielfach überfordert. In weiten Kreisen der Bürgerschaft ist der Wille, in erster Linie sich selbst zu helfen, . . . stark verkümmert. Die Preise auf fast allen Gebieten und die Löhne laufen uns buchstäblich davon." Die Beschäftigtenzahlen in den gewerbesteuerpflichtigen Betrieben der Stadt, mitgeteilt im selben Vorbericht auf S. XIV, zeigen eindrucksvoll das stürmische Wachstum der Wirtschaft in den fünfziger Jahren: Die Gesamtzahl der Arbeitnehmer in den Gmünder Betrieben betrug

          1948          13 020
          1950          12 338
          1952          15 767
     und  1955          20 140     (Stichtag 20. 9.).

Bei der zuletzt genannten Zahl stammten 11 055 Arbeitnehmer aus der Stadt selbst, während 9085 Pendler waren, das heißt arbeitstäglich zu ihrem Arbeitsplatz nach Gmünd strömten.

Jahre des Aufbaus – Die Oberbürgermeister Kah und Konrad (1948–1956)

Im Herbst 1948 mußten die Gmünder erneut an die Wahlurne, um einen Oberbür-
germeister zu wählen. Die Wahlbeteiligung war wesentlich geringer als im April.
Aus der Wahl ging Hermann Kah als Sieger hervor, vor dem Krieg Rechtsanwalt in
Schwäbisch Gmünd und bis 1933 Vorsitzender der Zentrumspartei. Für den neuen
Oberbürgermeister war der Wohnungsbau in der überfüllten Stadt Programmpunkt
Nr. 1. Vor der Währungsreform war der Wohnungsbau ja kaum in Gang gekom-
men. Nach der Geldreform konnten die bisherigen Engpässe rasch beseitigt werden,
so der Baustoffmangel und der Mangel an Arbeitskräften. Von da an ist er in der
Hauptsache ein finanzielles Problem. Eine Momentaufnahme zum anlaufenden
Wohnungsbau erhalten wir aus einer Darstellung von Oberbaurat Schneider,
erschienen in der Neuen Rems-Zeitung vom 12. November 1949. Danach waren am
Tage der Währungsreform 74 Wohnungen im Bau, weitere 121 wurden nach der
Währungsreform begonnen. Insgesamt handelte es sich zum Zeitpunkt dieses Arti-
kels um 235 Wohnungen, die noch bis Ende 1949 fertiggestellt werden sollten und
einen Finanzaufwand von 3,6 Millionen DM erforderten. Im Schnitt kostete eine
Wohnung damals 15 500 DM. Der Oberbaurat errechnete einen Fehlbestand von
3600 Wohnungen in der Stadt. Das war für den Augenblick vielleicht etwas hoch
gegriffen. Wenn man aber bedenkt, daß bei den rasch steigenden Anforderungen an
den Wohnungsstandard in wenigen Jahren soundso viele der damals vorhandenen
6000 Wohnungen in Schwäbisch Gmünd als unbrauchbar galten, dann lag der echte
Bedarf eher noch höher.
Ein Schwerpunkt beim Bauen war zunächst das Gebiet im Schwerzer. An der im Bau
befindlichen Verlängerung der Goethestraße, die ursprünglich nur bis zu der heute
nicht mehr vorhandenen Jahnturnhalle reichte, entstand bereits im Herbst 1948 eine
Reihe von Geschäftsbauten, so die Polstermöbelfabrik von Eugen Schips, die
Uhrenfabrik Adolf Rapp und die Lampenschirmfabrik Verbeek. An der Schwerzerallee bauten verschiedene Firmen Wohnhäuser für ihre Betriebsangehörigen. Außerdem waren auf den Hochwiesen und am Hans-Scherr-Weg Wohnhäuser im Bau. So
kam der Wohnungsbau wieder in Gang. Vereinzelt wurde auch an anderen Stellen
gebaut. Bei der Beratung des Haushaltsplans 1949 wurde der Antrag gestellt, im
nächsten Jahr 250 Wohnungen in Gmünd zu erstellen. Für 1950 war ein neues Bau-
quartier im Umkreis der Gutenbergstraße vorgesehen. Kah hielt den Mietwohnungsbau, wie ihn der Bauverein betrieb, für besonders förderungswürdig. Durch
den Erwerb von Geschäftsanteilen suchte der Oberbürgermeister die Arbeit des
Bauvereins zu unterstützen. So hatte die Stadt 100 Geschäftsanteile im Gesamtbetrag
von 30 000 DM beim Bauverein erworben. Außerdem gab sie Gehaltsvorschüsse an

bauwillige städtische Bedienstete in Höhe von etwa 15 000 DM zum Erwerb von solchen Anteilen.[58] Auch die Gmünder Siedlungsgesellschaft war rege. Sie baute zunächst, wie vor dem Krieg, Eigenheime, die verkauft wurden. Das Herbstprogramm 1949 der Siedlungsgesellschaft umfaßte 28 Reihenhäuser. 1950 ging sie bereits zum Bau von Wohnblocks im Schwerzer über. Damit beschritt auch sie den Weg zum Mietwohnungsbau. Die Wohnungsnot war unter den vielen Zuwanderern, also unter Heimatvertriebenen und Flüchtlingen, zu denen sich in wachsender Zahl jene aus der sowjetisch besetzten Zone Deutschlands gesellten, besonders groß. Oberbürgermeister Kah regte deshalb schon früh eine Vertriebenensiedlung auf dem Rehnenhof an, welche die Stadt durch Hilfe bei der Anfangsfinanzierung und Bereitstellung des Baugrunds zu unterstützen versprach, wenn die Siedler durch harte Arbeit selbst Hand anlegen würden. Es sollten 20 Doppelhäuser mit je vier Wohnungen entstehen.[59] Auf dieses Angebot hin schloß sich im Herbst 1949 eine Gruppe von Heimatvertriebenen unter dem Obmann Alfred Pohl zu einer Siedlergemeinschaft zusammen. Die Württembergische Heimstätte gab die nötigen Kredite. Am 11. März 1950 fand der erste Spatenstich durch den Oberbürgermeister statt. Die Bauleitung übernahm Architekt Gruß, selbst ein Heimatvertriebener. Mit großer Energie und Opferbereitschaft machten sich die Vertriebenen ans Werk, und so konnte bereits nach 14 Wochen das Richtfest für die zehn Doppelhäuser des ersten Abschnitts gefeiert werden. Da die Männer, soweit sie nicht arbeitslos waren, erst nach Feierabend helfen konnten, trugen Frauen und Jugendliche die Hauptlast. Nach den Worten des Kreisobmanns der Vertriebenen, Janota, haben die Siedler hier bewiesen, daß sie nicht nur fordern, sondern auch mitarbeiten können. Direktor Binder von der Heimstätte zollte der hier vollbrachten Leistung höchste Anerkennung.[60] Die Stadt blieb weiterhin aufgeschlossen für die Belange der Vertriebenen: 1954 übernahm sie die Patenschaft für die Brünner.

Neben der Siedlung der Heimatvertriebenen entstand auf dem Rehnenhof auch eine solche der ZF, ebenfalls von der Württembergischen Heimstätte betreut, wobei das Werk seinen Mitarbeitern, die selbst mit Hand anlegten, finanziell kräftig unter die Arme gegriffen hat.[61] Insgesamt konnten im Jahr 1950 in der Stadt anstelle der vorgesehenen 250 nahezu 300 Wohnungen gebaut werden[62] – natürlich immer noch ein Tropfen auf den heißen Stein.

1950 kam noch ein anderes Vorhaben zustande, für das schon länger die Vorarbeiten liefen: die Diözesansiedlung im Westen. Der Katholikentag 1949 hatte zu einer großen Wohnbauaktion aufgerufen, worauf Bischof Leiprecht das Diözesansiedlungswerk gründete und zu einer großen Sammlung aufrief. Gmünd wurde ein Schwerpunkt seiner Tätigkeit. Die Wohnsiedlung sollte zunächst auf kircheneigenem Gelände im Süden der Stadt auf den Rappenwiesen entstehen. Das Gelände war 1942 an die Stadt für die Anlage von Kleingärten verpachtet worden. Doch der Widerstand der Kleingärtner bzw. ihre Entschädigungsanforderungen waren derart groß, daß das Vorhaben zunächst scheiterte. Darauf stellte die Stadt ein Gelände im Westen, den Lippschen Acker am Damm der Göppinger Bahn, für die Siedlung zur Verfügung. Im ersten Abschnitt wurden acht Doppelhäuser mit 32 Wohnungen gebaut. Das Richtfest konnte am 1. August 1951 gefeiert werden. Die Planung des Bauvorhabens hatte Architekt Albert Hänle. Auch hier wurde großer Wert auf Eigenarbeit gelegt. Die Siedler des zweiten Abschnitts halfen gleich mit beim Bau der ersten Häuser. Nachher ging's umgekehrt. Es entstand eine Solidargemeinschaft der Siedler, die durch freiwillige Helfer aus den Reihen der katholischen Verbände unterstützt wurden. Organisator war Handelsschulrat Ernst Dudel. Ende Oktober 1952 war auch der zweite Bauabschnitt vollendet: 64 familiengerechte Wohnungen waren damit geschaffen.[63] Motor des ganzen Unternehmens in allen Phasen der Planung und Durchführung war Dekan Dr. Mager. 1956 wurden die Häuser bereits in das Eigentum der Siedler überschrieben.

In den fünfziger Jahren wurde auch die Kiesäcker-Siedlung gebaut. Außerdem wurden an der Buchstraße 176 Zweizimmerwohnungen errichtet zwischen Häselerweg und Bismarckstraße. Schließlich erfolgte 1953 der Sprung auf das Hardt. Siedlungsgesellschaft, Bauverein, Selbsthilfe Stuttgart und die Württembergische Heimstätte errichteten dort in rascher Folge Wohnblocks. So entstand ein ganz neuer Stadtteil, der auch ein Ladenzentrum erhielt.[64] Auf der linken Seite der Oberbettringer Straße wurde eine Wohnsiedlung für die Amerikaner gebaut.

Auch im Südosten der Stadt, an Klarenberg- und Gutenbergstraße, entstanden neben Privathäusern eine Reihe von Wohnblocks, so daß Ende 1954 das Gebiet bis zu den Rappenwiesen verbaut war. Bis zum 1. Mai 1953 wurden auf Antrag Ruisingers Beträge von insgesamt einer Million DM als 7-c-Darlehen für den Wohnungsbau zur Verfügung gestellt.[65] Die zügige Förderung des Wohnungsbaus war ein Hauptverdienst des Kämmerers. Der Wohnungsbau war auf lange Zeit das zentrale Problem in einer Stadt, deren Einwohnerschaft gegenüber 1939 innerhalb eines Jahrzehnts etwa um 65 Prozent gewachsen war.[66] Am 1. Januar 1952 zählte die Stadt 33 636 Einwohner. Ein Teil der neuerstellten Wohnungen mußte an unentbehrliche Fachkräfte der Industrie gegeben werden, zum Beispiel an Glasarbeiter für die Gablonzer Betriebe und für die Cäcilienhütte. Schließlich gründeten die Gablonzer selbst eine Wohnungsbaugesellschaft, um für die nötigen Wohnungen zu sorgen (1952). Auch bei dieser Gesellschaft übernahm die Stadt Anteile. Die Gablonzer Wohnungsbaugesellschaft beteiligte sich ebenfalls beim Bau der Hardtsiedlung. Für ein zügiges Bauen war ein eigenes Vermessungsamt unentbehrlich. Nach langem Bemühen erhielt die Stadt 1949 auf diesem Feld wieder ihre eigene Zuständigkeit.

Brücken und Schulen werden gebaut

Amerikanische Pioniere stellten die Bahnhofs- und die Leonhardsbrücke behelfsmäßig wieder her, die Pfitzerbrücke wurde 1946 durch die Stadt instand gesetzt. Bei einem Hochwasser im Dezember 1947 wurde der südliche Brückenkopf der Bahnhofsbrücke eingeknickt, so daß die Brücke für den Fahr- und Fußgängerverkehr gesperrt werden mußte. Dieser Umstand zwang die Stadtverwaltung, die im Bau befindliche Entlastungsbrücke nahe dem Autohaus Wörner schnellstens zu vollenden. Sie konnte noch vor Jahresende für den Verkehr freigegeben werden. Der Neubau der Bahnhofsbrücke verzögerte sich wegen der jahrelangen Diskussion über »krumm oder gerade«, das heißt über die künftige Führung der B 29 in der Nähe des Bahnhofs. Dieser Neubau wurde 1952 vollendet. Vorher schon wurden die Moltke- und die Leonhardsbrücke wiederhergestellt. 1953 wurde durch einen Neubau die Josenbrücke über den Josefsbach erstellt. Dies geschah im Zuge der Verlegung der B 29 durch Hofelichs Garten direkt in die Remsstraße. Damit wurde ein neuralgischer Punkt im Gmünder Verkehr bereinigt. Die Bundesstraße führte ja ursprünglich direkt in Richtung Ledergasse und bog bei der heutigen Landeszentralbank im rechten Winkel zur Remsstraße. 1956 wurde die Dreifaltigkeitsbrücke über den Strümpfelbach gebaut, ein weiterer Zugang aus der Stadt in Richtung Bettringen bzw. Waldstetten und zugleich eine Zufahrt zum Dreifaltigkeitsfriedhof.
Die starke Belegung der Stadt illustrierte Oberbürgermeister Kah in der Gemeinderatssitzung vom 26. Februar 1953, indem er die neuesten Zahlen mitteilte. Danach betrug der Anteil der Heimatvertriebenen und Flüchtlinge an der Gesamtbevölkerung am 30. September 1952 im Land 14,9 Prozent, im Landkreis Schwäbisch Gmünd 25,4 und in der Stadt Schwäbisch Gmünd 28,19 Prozent. Damit wurde Gmünd hinsichtlich der Belegung mit Vertriebenen nur noch von den nordbadischen Notstandsgebieten übertroffen. Die Zuweisung von DDR-Flüchtlingen war damals aktuell. Die Stadt wollte sich gegen weitere Zuweisungen wehren, solange nicht andere vergleichbare Städte ähnliche Belastungen auf sich genommen hätten. Das stürmische Wachstum der Gmünder Bevölkerung führte zu einer Reihe weiterer Probleme. Es mußten dringend neue Schulen gebaut werden, dazu Kindergärten. Die bestehenden Einrichtungen zur Kranken- und Altenpflege reichten nicht mehr aus: Das städtische Krankenhaus mußte also erweitert oder gleich ein neues gebaut werden; Altenheime mußten geschaffen werden. Und schließlich reichte der Platz auch nicht mehr für die Toten; die Stadt mußte nach einer geringen Erweiterung des Leonhardfriedhofs an die Anlage eines neuen Friedhofs denken.[67] Der Dreifaltigkeitsfriedhof wurde in den Jahren 1949 bis 1952 geschaffen. Die ganze Anlage mit den entsprechenden Bauten, Einsegnungshalle mit Leichenhaus wurden von Dr.

Max Schneider entworfen. Die Halle erhielt farbige Glasfenster von Wilhelm Geyer (Ulm), für die Außenwand entwarf Jakob Wilhelm Fehrle ein Relief.

Von den übrigen Großprojekten aus der Amtszeit Kah sollen zunächst die Schulen erwähnt werden. Ein neues Volksschulgebäude neben den im Stadtzentrum gelegenen war besonders dringend, war doch die Schülerzahl mittlerweile auf nahezu das Doppelte der Vorkriegszeit gestiegen. Hier ein paar Zahlen: Im Jahr 1939 betrug die Schülerzahl in Schwäbisch Gmünd 3855; sie stieg bis zum Jahr 1948 auf 6992. Die Platzwahl für ein neues Volksschulgebäude war schwierig. Man bestimmte schließlich das verhältnismäßig stadtnahe Gelände zwischen Wilhelmshöhe und Oberbettringer Straße, und der Stuttgarter Architekt Wolf Irion baute dort die Rauchbeinschule. Sie wurde zur Erinnerung an den Bürgermeister der Reformationszeit benannt, der die Stadt einst gegen den Angriff der Schmalkaldener verteidigt hatte. Diese Schule konnte nach Fertigstellung des ersten Bauabschnitts 1952 bezogen werden. Erster Rektor der Rauchbeinschule war Alfons Knaupp.

Auf dem Rehnenhof war die Schulbaracke von 1948 keine Dauerlösung. Nach den Plänen des Stadtbauamts wurde an der Naht zwischen der rasch wachsenden Siedlung und dem alten Ort Wetzgau die Friedensschule erbaut. Der erste Bauabschnitt wurde 1952/53 errichtet, der zweite 1955/56.

Schließlich erhielt die größte Schule der Stadt, die Gewerbeschule mit ihren 1800 Schülern, neben ihrem Schulgebäude, dem früheren Waisenhaus, einen Neubau im Hof, der 1954 im Rohbau vorhanden war.[68] Die Handelsschule, früher ebenfalls eine städtische Schule, wurde auf Beschluß des Kreistags vom Landkreis übernommen, der ihr 1954 nach den Plänen der Stuttgarter Architekten Behnisch und Lambart ein schmuckes, sehr zweckmäßiges Schulgebäude erstellte. Es beherbergte die Kaufmännische Berufsschule, die Höhere Handelsschule und, was damals neu war, die Wirtschaftsoberschule, das heutige Wirtschaftsgymnasium.[69] Die Stadt hat später diesen Gebäudekomplex erworben, als die Berufsschulen alle auf dem Hardt zusammengefaßt wurden, und dort die Schiller-Realschule untergebracht.

Außerdem wurden bereits unter Kah die Weichen gestellt für den Bau eines Mädchen-Gymnasiums. Dieser Bau, ebenfalls konzipiert von den Architekten Behnisch und Lambart, paßte sich sehr gut in das schon bestehende Schulzentrum im Westen der Stadt ein: Parler-Gymnasium, Pädagogisches Institut und Kreishandelsschule. Um den Bau des Mädchen-Gymnasiums, das dann den Namen des großen Malers und Graphikers Hans Baldung erhielt, gab es eine hitzige Debatte im Gemeinderat, bei der noch sehr altertümliche Vorstellungen zutage traten: Fragen nach der Berechtigung einer höheren Mädchenbildung.[70] Die neuen Schulen wurden in mehreren Abschnitten gebaut. Die jeweilige Turnhalle bzw. die Räume für Fachklassen wurden in der Regel in einem späteren Bauabschnitt finanziert.

Auch die Sportanlagen kamen nicht zu kurz: Es lag ja immer noch unvollendet die Badeanlage Schießtalsee da. Oberbürgermeister Kah betrieb die Fertigstellung der Anlage mit großer Energie. Ein Sportbecken wurde gebaut, die notwendigen Bauten vollendet, wofür die Stadt nochmals eine halbe Million aufbrachte, und so konnte die Freizeitanlage, die in der Zwischenzeit noch wesentlich bereichert wurde, im Jahre 1950 endlich ihrer Bestimmung übergeben werden. Im Juli 1951 fand dort bereits ein Schwimmländerkampf statt.

Das städtische Krankenhaus konnte ebenfalls in seinem bisherigen Zustand nicht verbleiben. Schon räumlich reichte es nicht mehr aus. Mit der Einrichtung einer Röntgenabteilung wurde der erste Schritt zu seiner Modernisierung getan. Da dringend neue Krankenzimmer benötigt wurden und zwar solche, die nicht mehr im Brennpunkt des Verkehrs lagen, stand die Stadt vor der Entscheidung: völliger Neubau oder Erweiterungsbau im Komplex des Spitals. Wahrscheinlich war es ein Fehler, daß man sich für das letztere entschied. Der Beschluß wurde im Herbst 1951 gefaßt. Am Jahresende 1953 konnte der neue Bau, der an der Stelle der Spitalscheuer errichtet wurde, direkt hinter den Häusern an der Remsstraße, eingeweiht werden. Die Kosten betrugen 2,7 Millionen DM. Damals galt dieser Erweiterungsbau als eines der modernsten Krankenhäuser des Landes.[71] Das städtische Krankenhaus verfügte nun über 300 Betten. Chefarzt war Dr. Theodor Finger, ein angesehener Chirurg, der auf den ständigen Ausbau aller diagnostischen Möglichkeiten großen Wert legte. Er wurde 1956 in den Ruhestand verabschiedet. Leiter der Inneren Abteilung war Dr. Karl Heim, Leiter der Röntgenabteilung Dr. Alfred Daigger. Nachfolger von Dr. Finger als Leiter der chirurgischen Abteilung wurde der bisherige Oberarzt Dr. Eugen Dorbath. Die Innere Abteilung übernahm später Dr. habil. Hans-Joachim Weise.

Während der Bauzeit im Jahre 1952 waren es 100 Jahre her, seit die Barmherzigen Schwestern nach Gmünd kamen, das ziemlich heruntergekommene Spital übernahmen und eine systematische Krankenpflege aufbauten. Und keine 20 Jahre später, im Jahre 1969, verließ die Kongregation von Untermarchtal das städtische Spital wegen des akuten Schwesternmangels.

Das Margaritenhospital, betreut von den Barmherzigen Schwestern, ist nach dem Zweiten Weltkrieg durch architektonisch gut gelöste An- und Neubauten von Architekt Albert Hänle vergrößert worden. Es ist heute ausschließlich ein Krankenhaus für Frauen und Kinder. Chefärzte sind der Frauenarzt Dr. Rolf Hegele und der Kinderarzt Dr. Kurt Boosen.

Eine aus der Vorkriegszeit liegengebliebene Aufgabe war der Bau des Feuerwehrgerätehauses. Wenn man in der rasch wachsenden Stadt eine stets einsatzbereite und schlagkräftige Feuerwehr haben wollte, war ein Neubau unumgänglich. Bereits 1947 wurden die Bauarbeiten vergeben. Es sollte jedoch beinahe ein Jahrzehnt dauern, bis die neue Anlage am Sebaldplatz vollendet war. Für den Bau des »Florian«, wie das Feuerwehrgerätehaus dann genannt wurde, hat sich unermüdlich der Kommandant der Gmünder Feuerwehr in der Nachkriegszeit, Buchbindermeister Rudolf Weissler, eingesetzt. Nach dem frühen Tod Weisslers übernahm Sattlermeister Otto Fritsch das Kommando; er wurde 1967 von Kaminfegermeister Edmund Pflieger abgelöst. Im Jahr der Einweihung des »Florian« (1956) besaß die Gmünder Feuerwehr acht motorisierte Lösch- und Rettungsfahrzeuge. Seitdem wurde die technische Ausrüstung laufend verbessert, der Fahrzeugpark vollkommen erneuert. Neben den vielen kleineren Brandfällen waren die größeren Brände der letzten Jahrzehnte — Wildeck, Haus Rettenmayr am Marktplatz und Freimühle — jeweils eine Bewährungsprobe für den Einsatz und die Schlagkraft der Gmünder Feuerwehr.

Die alte Kläranlage in der Schwerzerallee war völlig unzulänglich; außerdem wurde sie allmählich von der Bebauung eingeholt und überrundet. Nach langen Planungen entschied man sich für eine Neuanlage auf den Zollerwiesen. Dorthin wurde ein Zuleitungskanal gebaut.[72] 1951 konnte die Anlage in Betrieb genommen werden. Die biologische Nachreinigung wurde in den Jahren 1958/59 gebaut; ab 1961 werden dann die neuen Stadtteile, angefangen mit Bettringen, an die Kläranlage angeschlossen.

Wenn man überblickt, was in der sechsjährigen Amtszeit von Oberbürgermeister Kah (1948—1954) alles geschaffen wurde oder bereits in Angriff genommen war, so ist im Grunde nicht verständlich, weshalb er in der Wahl nicht bestätigt wurde. Es gibt dafür eigentlich keinen plausiblen Grund. Gewiß hatte er gelegentlich eine spitze Art, aber das rechtfertigte den Mißerfolg bei der Wahl am 12. September 1954 nicht. In erster Linie war es eben doch so, daß die Gmünder Oberbürgermeister Konrad wieder haben wollten, daß sie aus Trotz Konrad wählten, weil ihn die Amerikaner 1948 nicht bestätigt hatten. Die damalige Amtszeit von sechs Jahren war für einen neuen Oberbürgermeister zu kurz, um sich voll entfalten und ein entsprechendes Gegengewicht schaffen zu können. Auch taktierte Kah im Wahlkampf unglücklich. So wurde noch einmal mit überwältigender Mehrheit Konrad gewählt. Was viele aber nicht sahen oder nicht sehen wollten, die damals für diese Wahl eintraten, war der Umstand, daß Konrads Zeit im Grunde vorüber war, daß er durch die Last der Jahre, insbesondere der Kriegsjahre, verbraucht war. Konrad hat das selbst gespürt: Er wollte nach gewonnener Wahl das Amt gar nicht mehr antreten, und es bedurfte harten Zwangs von seiten Dr. Frickers, ihn davon zu überzeugen, daß er nach einem solchen Wahlergebnis das Amt einfach antreten *müsse*.[73] Er hat es dann getan, aber die knapp zwei Jahre, die er es noch ausübte, waren für ihn und seine Wähler eine herbe Enttäuschung. Er konnte in dieser kurzen Zeit nichts Bedeutendes mehr leisten, ist 1956 in den Ruhestand getreten und im Frühjahr 1957 bereits verstorben. So liegt ein Schatten über dieser kurzfristigen Rückkehr Konrads nach Gmünd. Die Förderung des Wohnungsbaus durch die Stadt ist auch in diesen zwei Jahren weitergegangen. Als nächste Baugebiete faßte man das Gelände westlich der Diözesansiedlung, bzw. das Drei-Seen-Gebiet und die Rappenwiesen im Südosten ins Auge, doch stieß die Stadt dabei zunächst auf Widerstand.

In der Amtszeit Konrads war das vorhandene Baugelände bereits weitgehend erschöpft, die Stadt an ihrer Markungsgrenze angelangt. »Wir müssen, ob wir wollen oder nicht, den Markungsgürtel der Stadt sprengen«, erklärte Bürgermeister Ruisinger in der Gemeinderatssitzung am 10. November 1955. So benutzte die Stadtverwaltung die Landesausstellung auf dem Killesberg in Stuttgart, um auf ihre Probleme aufmerksam zu machen. Auf einer Tafel hieß es dort: »Der Landvorrat ist erschöpft, die Markungsgrenze erreicht: was nun?« Es sind auf dieser Tafel auch interessante Zahlen vermerkt, die eine aufstrebende Stadt zeigen: Das Gewerbesteueraufkommen betrug 1935 ganze 299 000 RM, 1955 aber 3,057 Millionen DM.[74] Die Tafel war ein Wink an die Nachbargemeinden, bereit zu sein zu einer Eingemeindung nach Gmünd. Aber mit dem Hinweis »was nun?« war es nicht getan: Es hätte von seiten der Verwaltung mehr Pflege der nachbarschaftlichen Beziehungen stattfinden müssen, um die eine oder andere der Randgemeinden für einen solchen Schritt zu gewinnen. Konrad besaß nicht mehr die Kraft dazu; er konnte nur noch eine lose Gesprächsrunde mit den Bürgermeistern der Nachbargemeinden zustande bringen, eine Art Planungsgemeinschaft für den Gmünder Raum.[75]

Eindrucksvoll ist die Bauleistung, welche die gemeinnützigen Baugesellschaften in den Jahren seit der Währungsreform vorweisen können. So hat die Gmünder Siedlungsgesellschaft seit der Währungsreform bis 1956 101 Eigenheime mit zusammen 159 Wohnungen gebaut, dazu kamen 955 Mietwohnungen. Schwerpunkt des Mietwohnungsbaus war jetzt die Westvorstadt im Neidling.[76] Die Stadt baute nicht selbst, sie bediente sich für den sozialen Wohnungsbau der Gmünder Siedlungsgesellschaft. Ruisinger hatte die Finanzierung vorexerziert: Die Stadt gab die Hälfte der Baukosten in Form von Kapitalerhöhungen oder als zinslose Darlehen (nach § 7c); die andere Hälfte wurde auf dem Kapitalmarkt beschafft. Auf diese Weise stieg der Anteil der Stadt am Kapital der Siedlungsgesellschaft unaufhörlich, bis er schließlich über 90 Prozent betrug.

Der Bauverein hatte als erster Bauträger schon 1949 mit dem Bau von Mietshäusern begonnen, was damals eine absolute Notwendigkeit war; insgesamt wurden von ihm in den Jahren 1949 bis 1956 350 Wohnungen in 50 Häusern gebaut. Der Verein zählte nun 632 Mitglieder.[77] Um die Wiederbelebung des Bauvereins als Genossenschaft und um die Rückübertragung seines Vermögens bemühte sich vor allem Hermann

Schwarzkopf. 1949 erhielt der Verein dieses Vermögen, das aus einer Reihe von Häusern und aus einem Bauplatz bestand, von der Siedlungsgesellschaft zurückerstattet. Der Vorstand bestand in der Nachkriegszeit aus Hermann Schwarzkopf, Gustav Doll und Alfons Herzer. Zum Aufsichtsratsvorsitzenden wurde Hans Veiel gewählt.[78] Langjährige Vorstandsmitglieder waren in der Folgezeit Anton Nann und Willi Ehrmann.

Die Gablonzer Wohnungsbau-GmbH erstellte bis 1956 200 Wohnungen in den Neubaugebieten der Stadt. Darunter befanden sich auch Erwerbswohnungen. In einem weiteren Bauabschnitt sollten 60 Wohnungen an der Weißensteiner Straße entstehen.[79] Auf dem Rehnenhof wurde die Karl-Lüllig-Straße gebaut; sie stellte eine Verbindung her von der Siedlung zum Höfle. Das Gebiet um den Sandweg wurde weiter bebaut.

In der Stadtmitte verwandelte sich das Katholische Vereinshaus in das Hotel Pelikan mit anschließendem Kolping- und Jugendheim. Der Hotelbau ist ein altes Problem der Gmünder Wirtschaft. Schon 1918 wollten die führenden Kreise der Gmünder Industrie in der Ledergasse, ungefähr dort, wo heute das Kaufhaus Horten steht, ein Hotel bauen, um die Einkäufer des Schmuckwarenhandels wieder stärker nach Gmünd zu ziehen. Nach einem Brand im Hause Rettenmayr am Marktplatz im Januar 1956 kaufte die Stadt das Gebäude. In den Stockwerken wurden Diensträume eingebaut und darin das Baudezernat untergebracht. Im Erdgeschoß blieben Ladengeschäfte.

## Die Gmünder Wirtschaft in der Nachkriegszeit

Auch nach dem Krieg dominierte noch auf Jahre hinaus, was die Zahl der Betriebe und der Beschäftigten anbetrifft, das traditionelle Edelmetallgewerbe. Die größeren Betriebe hatten während des Krieges alle der Rüstung gedient. Nach der Besetzung der Stadt lagen sie vielfach wochenlang still. Die Betriebe standen zunächst vor folgenden Fragen: Was soll mit den Rohmaterialien geschehen, die einst der Rüstung dienten? Und: Wie soll es mit dem eigentlichen Geschäft in der Edelmetallbranche weitergehen? Nun, die erste Frage war rasch gelöst: Die Rohstoffe, die einst für den Kriegszweck verwendet wurden, dienten nun der Herstellung von Haushalts- und Küchengeräten, die einen reißenden Absatz fanden. Im Edelmetallsektor dagegen herrschte zunächst große Zurückhaltung, die dann durch die Amerikaner gebrochen wurde. Sie waren nämlich bald empfänglich für Gmünder Schmuck und Tafelgeschirr und verursachten für kurze Zeit eine Belebung des Geschäfts.[80]

Am 31. August 1946 schrieb Eduard Ferdinand Lempp, Geschäftsführer der Industrie- und Handelskammer, in der Schwäbischen Donau-Zeitung, die Bestände an

Edelmetall in den Gmünder Fabriken seien erschöpft, man müsse sich auf das Umarbeitungsgeschäft beschränken. Dabei lieferte der Kunde altes Gerät bzw. Schmuckstücke in Gold und Silber an und bezog dafür neue Ware. So war man schon während des Krieges verfahren; aber die Edelmetallbestände in der Bevölkerung gingen auch zur Neige. Man dachte daran, in Zukunft mehr versilberte Ware herzustellen. Lempp erblickte auch in der Kombination von Silber und Glas neue Möglichkeiten; das zeigten seine Ausführungen anläßlich der Errichtung einer Glashütte in Schwäbisch Gmünd.[81] Die Gmünder Schmuckwarenindustrie erfuhr bald nach Kriegsende eine Ergänzung durch die bedeutende Schmuckwaren-Großhandlung Wilhelm Müller, die ihre Hauptniederlassung von Berlin nach Gmünd verlegte und hier eine Fabrik für hochwertigen Juwelenschmuck aufbaute.[82]

Die Nicht-Edelmetallindustrie Gmünds bestand damals aus einer Leichtmetall- und einer Graugießerei, die beide stillagen, die eine wegen Beschlagnahme durch die Truppe (Schenk), die andere wegen Kohlenmangels. Ferner bestand dieser Teil der Gmünder Industrie aus dem Zweigwerk der Zahnradfabrik Friedrichshafen, aus einer Pumpenfabrik, einer Glühlampenfabrik, aus Maschinenfabriken, einer Seifenfabrik und einem chemischen Betrieb sowie einigen Textilverarbeitungsbetrieben. Diese Teile der Gmünder Industrie hatten genug Aufträge, doch drückte bei ihnen der Kohlenmangel, die wiederholte Gas- und Stromsperre sowie die Rohstofflage die Erzeugung.

## Bemühungen um Industrieansiedlung in Schwäbisch Gmünd

Nach den Erfahrungen der dreißiger Jahre, als die Gmünder Hauptindustrie in der Weltwirtschaftskrise derart darniederlag, daß die Stadt schließlich zum Notstandsgebiet erklärt werden mußte, war es allen Verantwortlichen 1945/46 klar, daß das Streben nach mehr Krisenfestigkeit das Gebot der Stunde war. Dazu kam der glückhafte Umstand, daß Gmünd als unzerstörte Stadt ein begehrter Platz für gewerbliche und industrielle Niederlassungen war. Es bemühten sich namhafte Unternehmen um eine Niederlassung, darunter die Firmen Lorenz und Osram. Das Beispiel Lorenz soll hier näher betrachtet werden.[83] Es gab ja das große Areal von Schenk an der Lorcher Straße. Die gesamte Werksanlage und dazu noch der städtische Bauhof waren von der Besatzungsmacht sofort in Beschlag genommen worden. Um dieses Areal bemühte sich der Radiokonzern Lorenz. Da die Amerikaner zu Beginn des Jahres 1946 Truppen aus Gmünd abzogen, bestand die berechtigte Hoffnung, das Gelände von Schenk von der Beschlagnahme freizubekommen. Am 21. Februar 1946 erklärte der Treuhänder bei Schenk, daß er die freiwerdenden Gebäude der Firma Lorenz an Hand gegeben habe. Die Verhandlungen über die Ansiedlung des Betriebes zogen sich jedoch in die Länge, und zwar wegen der Frage der Arbeitskräfte. Aus einer heftig geführten Kontroverse im Jahre 1950, an der sich Dr. Greil, Dr. Erhard und Landrat Burkhardt beteiligten, geht eindeutig hervor, daß die Vertreter der Gmünder Edelmetallindustrie gegen die ursprünglichen Pläne der Firma Lorenz Stellung bezogen. Lorenz wollte zunächst den Apparatebau nach Gmünd legen. Dieser hätte eine große Zahl von Fachkräften benötigt: Feinmechaniker, Werkzeugmacher, Maschinenschlosser. Gegen eine solche Absicht zog das Gmünder Edelmetallgewerbe zu Felde: »Man mußte mit Recht befürchten, daß dieser Bedarf der ortsansässigen Industrie unentbehrliche Fachkräfte entziehen werde«, schrieb Dr. Erhard am 5. April 1950. Lorenz nahm auf die Gmünder Verhältnisse Rücksicht und entschloß sich, nicht den Apparatebau, sondern das Röhrenwerk in Gmünd anzusiedeln, das in der Hauptsache weibliche Arbeitskräfte benötigte. Damit war man von seiten der Gmünder Industrie einverstanden. Am 28. März 1946 empfing Landrat Burkhardt drei Direktoren der Firma Lorenz. Dabei wurden alle wesentlichen Punkte der geplanten Niederlassung besprochen. Das Ergebnis war positiv für Lorenz, ebenso bei einer Besprechung beim Oberbürgermeister. Da schlug die Armee zu: Am 18. April 1946 wurden der Oberbürgermeister und der Landrat zur Werksanlage Schenk gerufen, wo ihnen eröffnet wurde, daß das Areal für einen US-Reparaturbetrieb in Anspruch genommen werde. Vergeblich versuchte noch der amerikanische Aktionär von Lorenz, diese Entscheidung rückgängig zu machen. Damit war die Ansiedlung der Firma Lorenz in Schwäbisch Gmünd gescheitert. Es wurde im Schenk-Areal ein Instandsetzungsbetrieb für Lastkraftwagen eingerichtet, ein Ordnance Rebuild Shop, in dem zeitweise 1300 Menschen beschäftigt waren, in großem Umfang Heimatvertriebene. Zur Durchführung des Vorhabens bediente sich die amerikanische Armee von 1946 bis 1950 der Firma Daimler-Benz als Kontraktor. Danach wurde Alfing-Kessler, Wasseralfingen, unter Kontrakt genommen. Später gab es mehrmals Krisen, der Betrieb war auch einmal bereits aufgelöst und danach wieder eröffnet worden. Die Einrichtung eines Instandsetzungsbetriebes der Amerikaner bedeutete für die Stadt den Ausfall der Gewerbesteuer über Jahrzehnte, für Schenk selbst den Verlust des größten Teils seines Areals und der wertvollen Gießereieinrichtungen. Die Gmünder Schenk-Betriebe konnten nur noch in vermindertem Umfang arbeiten und mußten anderweitig provisorisch untergebracht werden. Ein neuer Betrieb von Schenk, der Filterbau, übersiedelte nach seinen Anfängen in Schwäbisch Gmünd nach Waldstetten. So blieb es zunächst, was Industrieansiedlung in der Nachkriegszeit betrifft, im wesentlichen bei der Ansiedlung einer Gruppe der Gablonzer Industrie und der dazugehörenden Glashütten, von denen gleich die Rede sein wird. Andere Firmen, die nach Kriegsende gegründet wurden und später eine beachtliche Entwicklung nahmen, sind die Friseurmöbelfabrik Gebr. Nubert, die Metallwarenfabrik Herbert Plenker, das Druckgußwerk Julius Schüle und die Firma Kemmer. Von ihnen wird noch die Rede sein.

## Die Ansiedlung der Gablonzer in Gmünd

Die Ansiedlung der Gablonzer in Schwäbisch Gmünd, die in einem kargen, waldreichen und gebirgigen Landstrich Nordböhmens eine blühende Industrie hervorgebracht hatten, ist untrennbar verknüpft mit der Tätigkeit von Franz Czisch als Flüchtlingskommissar und Oberbürgermeister. Einige Gablonzer, die bereits vor dem Krieg Verbindungen nach Schwäbisch Gmünd hatten, kamen 1945 hierher und drängten die amtlichen Stellen dazu, hier eine Gruppe ihrer Landsleute anzusiedeln.[84] Sie erblickten in der Schmuckstadt Gmünd, dem Sitz einer alteingesessenen Silberwarenindustrie, den gegebenen Standort für einen Neubeginn, während Czisch und Vertreter der Wirtschaft in der Gablonzer Industrie eine wertvolle Ergänzung der Gmünder Schmuckwarenindustrie sahen. Am 4. Juni und am 6. Dezember 1946 trafen Transporte ein, die über 2000 Menschen aus dem Gablonzer Raum hierher brachten.[85] Der Gablonzer Syndikus Dr. Max Görner hatte es sich zur Aufgabe gemacht, seinen Landsleuten hier eine neue Existenzgrundlage zu schaffen. So wurde Schwäbisch Gmünd neben Kaufbeuren-Neugablonz, Karlsruhe und Bayreuth zur neuen Heimat für die Menschen aus dem Zentrum der böhmischen Glasindustrie im Iser-Gebirge. Mit zähem Selbstbehauptungswillen und großem Fleiß gingen die Gablonzer ans Werk. Bereits im Frühjahr 1946 wurde hier ein Glasbijouteriebetrieb eröffnet; er mußte das Rohglas noch aus Bayern beziehen. Die Gablonzer Betriebe hatten anfangs vor allem unter der Raumnot zu leiden. In Dachstuben, Kegelbahnen und Scheunen sowie Garagen fingen sie an zu produzieren. Es waren Unternehmer, Facharbeiter und Heimarbeiter; sie gründeten in Schwäbisch Gmünd eine Genossenschaft, um sich gegenseitig zu unterstützen, um Halbfabrikate und Werkzeuge herzustellen und um die Verhandlungen wegen der notwendigen Kredite mit den Stuttgarter Stellen zu führen. Die Genossenschaft richtete eine Werkstätte in einer Scheuer bei Gotteszell ein, und in dem nahegelegenen ehemaligen Reitstall wurde Stangen- und Stengelglas erzeugt. Geschäftsführer der Gablonzer Glas- und Schmuckwarenindustrie eGmbH wurde Dr. Max Görner.[86]
Für ihre Firmengründungen in Schwäbisch Gmünd bekamen die Gablonzer Unternehmer vom Land Kredite, bis Ende 1953 zusammen 3,5 Millionen DM. Mit diesen Krediten, die rasch zurückbezahlt werden konnten, erzielten sie im gleichen Zeitraum Umsätze von rund 100 Millionen DM, davon 41 Millionen im Export.[87] Im Jahre 1954 bestanden in Gmünd etwa 100 Gablonzer Betriebe mit ca. 2000 Beschäftigten. Auf der Festversammlung anläßlich der zwanzigjährigen Anwesenheit in

Gmünd 1966 wurden 117 Betriebe mit 1979 Beschäftigten registriert.[88] Von jeher ist die Gablonzer Industrie mit der Glaserzeugung verknüpft, und so lag es nahe, in Gmünd eine Glashütte zu errichten. Auch einige Betriebe der Silberwarenindustrie hatten daran Interesse.[89] So wurde am Ziegelberg neben der ZF eine Glashütte gebaut, die dann den Namen Cäcilienhütte bekam. Die Gesellschaft, die sie betrieb, war eine Gemeinschaftsveranstaltung von Stadt und Kreis, einer Gruppe von Gmünder Silberwarenfabriken, der Südlicht-GmbH und der Gablonzer Genossenschaft. Die Hütte wurde 1949 in Betrieb genommen. Sie erzeugte in ihren guten Jahren monatlich etwa 100 Tonnen Glas, die dann zu Perlen, Schmucksteinen, Knöpfen und Modeschmuck verarbeitet wurden. Die Gablonzer Betriebe verwendeten für ihre Erzeugnisse keineswegs nur Glas. Metalle, Holz und Kunststoff waren gleichfalls viel verwertete Rohstoffe. Bald jedoch entwickelte sich die Cäcilienhütte zu einem Sorgenkind.[90] Das Experiment scheiterte in der ersten Phase, weil die Interessen der Beteiligten zu verschiedenartig waren und weil das von den Stadtwerken gelieferte Leuchtgas für die Glaserzeugung ungeeignet war. Aber auch nach der Übernahme durch die Josephinenhütte (1959) konnte die Hütte nicht bestehen. Sie lieferte nun das Rohglas für die Josephinenhütte; ihre Einrichtungen waren jedoch veraltet. Man hätte völlig neu bauen müssen, und so kam 1978 das Ende.

Um die verschiedenen Glashütten in Schwäbisch Gmünd, die Reitstallhütte, die Cäcilienhütte und dann die Wiesenthalhütte hat sich Ingenieur Ludwig Breit verdient gemacht. Eine Zeitlang betreute er alle drei. In den fünfziger Jahren baute er im Industriegelände unter Buch seine eigene Hütte, eben die Wiesenthalhütte, neu auf.[91] Diese war 1868 nahe Gablonz entstanden. Ausstellungen der Gmünder Wiesenthalhütte in Bremen waren ein großer Erfolg.

Nicht zu den Gablonzern, wohl aber zur Gmünder Glasindustrie gehörig, ist die Josephinenhütte, die heute stillgelegt ist. Sie war einst in der schlesischen Heimat in Schreiberhau ein traditionsreiches Unternehmen, tätig in der Glaserzeugung und in der Glasverarbeitung. Ihre Erzeugnisse waren weltbekannt. Nach der Vertreibung kam Gotthard Graf Schaffgotsch nach Gmünd und begann 1951 mit drei Mitarbeitern eine Glasschleiferei aufzubauen. Ein Großauftrag aus Argentinien half, die Anfangsschwierigkeiten zu überwinden. 1954 konnte man den Neubau unterm Buch beziehen.[92] Mit der Josephinenhütte zog auch die Gebr. Feix-GmbH in Gmünd ein. Beide Firmen fertigten hochwertige geschliffene Gläser und Bleikristallwaren.

Von der Stagnation zur Vollbeschäftigung

Die Lage in der Edelmetallindustrie war in den ersten Wochen nach der Währungsreform schwierig.[93] Die Kassen waren leer, bares Geld mußte mühsam zusammengekratzt werden, um Teilzahlungen auf Löhne und Gehälter leisten zu können. Niemand wußte, wie es weitergehen würde, und so mußte die Mehrzahl der Betriebe zunächst auf Kurzarbeit übergehen. Diese war nicht die Folge mangelnder Aufträge – Aufträge waren vorhanden, Abbestellungen, wie sie nach dem Währungsumstellungsgesetz möglich waren, hielten sich in engen Grenzen; sie war dadurch bedingt, daß das neue Geld noch nicht ins Rollen gekommen war. Das Exportgeschäft war durch die Dollar-Klausel außerordentlich beeinträchtigt, nach der ausländische Kunden nicht in ihrer Landeswährung bezahlen konnten, sondern nur in Dollars.[93a] Damit fiel der skandinavische Norden, vor der NS-Zeit Hauptabsatzgebiet für die Gmünder Edelmetallwaren, vollständig aus. In der ersten Zeit nach der Währungsreform war die Schweiz Hauptabnehmer. Die USA waren für den Gmünder Export wegen der hohen Zollmauern zunächst unerreichbar, dazu kam, daß die Amerikaner in der Zeit, in der sie von Deutschland durch den Krieg abgeschnitten waren, eine beachtliche, technisch fortgeschrittene eigene Edelmetallwarenindustrie aufgebaut hatten.

Die wirtschaftliche Depression, hervorgerufen durch Kreditrestriktion, sinkende Preise, Zurückhaltung der Käufer, Auftragsmangel, Verschlechterung der Zahlungsmoral und Exportschwierigkeiten führten zu Beginn des Jahres 1949 zu steigender Arbeitslosigkeit – nicht nur in der Edelmetallbranche. Sie hielt das Jahr über an und erreichte im Januar 1950 einen Höhepunkt. Doch wurde im gleichen Jahr ein Anstieg der Beschäftigung erzielt. So konnte sogar die vorübergehende Schließung des amerikanischen Reparaturwerks in Gmünd, wodurch 1350 Arbeitnehmer ihren Arbeitsplatz verloren, rasch überwunden werden, zumal das Werk nach einem Vierteljahr seine Tore wieder öffnete. Die Gablonzer Betriebe waren von der Währungsreform zunächst hart betroffen, doch meldeten sie bereits im Februar 1951: voll beschäftigt.

Nach Überwindung der Krise von 1949/50 ging es in den fünfziger Jahren wirtschaftlich aufwärts. Es gab in beiden Teilen Deutschlands hohe Zuwachsraten; sie verringerten sich mit wachsendem Abstand vom Kriege. Nachdem die große Nachkriegsdepression, die man zunächst befürchtet hatte, ausgeblieben war, herrschte eine regelrechte Hochkonjunktur, die sich erst nach 1960 abzuflachen begann. Wir greifen aus sachlichen Gründen damit über die Amtszeit der Nachkriegsbürgermeister hinaus. In der Bundesrepublik wie in anderen westlichen Ländern ist die volkswirtschaftliche Nachfrage nach Gütern und Dienstleistungen weit stärker gewesen als in der Zwischenkriegszeit. Von 1950 bis 1970 erhöhte sich in der Bundesrepublik das Sozialprodukt je Einwohner in konstanten Preisen auf das 2,8fache, also etwa um soviel wie einst im ganzen Zeitraum von 1850 bis 1913.[94] Kein Wunder, daß die Deutschen von der Entwicklung fasziniert waren und den Wandel kräftig verspürten. Er verhalf ihnen zu mehr Selbstvertrauen und Selbstbewußtsein. Das Wiederaufbauziel stand so im Vordergrund, daß demgegenüber viele Konflikte der Weimarer Zeit an Gewicht verloren und neue Konfliktmöglichkeiten, wie etwa die Eingliederung der Vertriebenen und Flüchtlinge, weit weniger belastend empfunden wurden, als zunächst zu befürchten war. Ende der fünfziger Jahre begann, nachdem der deutsche Arbeitsmarkt leergefegt war, der Zustrom ausländischer Arbeitskräfte. Während sie 1960 erst 1,3 Prozent der Arbeitnehmer stellten, waren es 1971 annähernd 10 Prozent.[95] In der zweiten Hälfte 1966 setzte ein starker Abschwung ein, der sich Anfang 1967 fortsetzte, so daß man vom Rezessionsjahr 1966/67 spricht. Danach folgte wieder ein mäßiger Anstieg.

Nach diesen allgemeinen Betrachtungen wenden wir uns wieder dem Gmünder Schauplatz zu. Um 1960 begannen die neuen Industrien in Gmünd, die lange dominierende Edelmetallindustrie, die Hauptindustrie seit Beginn der Industrialisierung, zu überflügeln, was die Zahl der Beschäftigten und schließlich auch die wirtschaftliche Bedeutung anlangt.[96] Einige Zahlen machen dies deutlich. Ende 1959 verzeichnete die Edelmetall-, Uhren- und Brillenindustrie in der Stadt 3774 Beschäftigte, die eisen- und stahlverarbeitende Industrie dagegen 3886. Zum gleichen Zeitpunkt waren die Edelmetall-, Uhren- und Brillenindustrie zu knapp 14 Prozent am Gewerbesteueraufkommen der Stadt beteiligt, die eisen- und stahlverarbeitende Industrie dagegen mit 26,3 Prozent.[97]

Beginnen wir in der Betrachtung der wirtschaftlichen Entwicklung nach der Währungsreform noch einmal mit der Edelmetallindustrie und den ihr verwandten Zweigen der Wirtschaft. Hier kam nach der Währungsreform die Erzeugung von Groß- und Kleinsilberwaren, von Uhren und Schmuck wieder in Gang, vorübergehend bedroht von der Einführung einer Luxussteuer. Doch diese Gefahr konnte abgewendet werden. Bald herrschte auch hier volle Konjunktur, die Beschäftigtenzahlen nahmen zu, wenngleich man frühere Zahlen nicht mehr erreichte. Zählte man 1928, also vor der großen Krise, 150 Betriebe mit insgesamt 5000 Beschäftigten der Edelmetallindustrie in Gmünd, so waren es 1960 3774 Beschäftigte. Als Nachteil erwies es sich, daß die Betriebe in ihren Einrichtungen einfach veraltet waren. Hier profitierte Pforzheim nachträglich von der schweren Zerstörung im Februar 1945. Einige Firmen der Gmünder Edelmetallindustrie entschlossen sich später, ihre Betriebe aus dem Stadtkern herauszunehmen und draußen am Stadtrand neue zeitgemäße Produktionsstätten zu errichten. Die Zahl der Beschäftigten nahm in den sechziger Jahren zunächst noch zu. Das Rezessionsjahr 1966/67 hat die Gmünder Edelmetallindustrie kaum berührt. Doch war der Optimismus, den die Herren Karl-Friedrich Mohl und Dr. Jäger auf einer Pressekonferenz im Januar 1967 hinsichtlich der künftigen Entwicklung an den Tag legten — »Gmünds Edelmetallindustrie hat krisenfeste

Arbeitsplätze« –, wohl übertrieben.[98] Immerhin entschloß man sich im Jahre 1968, für den Verband der Gmünder Edelmetallindustrie ein stattliches Haus in der Innenstadt zu erwerben, den ehemaligen Sitz der Firma Dr. Walter und Schmitt in der Franziskanergasse. Dort konnte auch ein jahrzehntealter Plan verwirklicht werden, nämlich eine ständige Musterschau des Edelmetallgewerbes einzurichten; die Verbandszentrale (neben dem Edelmetallindustrieverband gehören dazu Interessengemeinschaft Silberwaren und der Gesamtverband Besteckindustrie) befindet sich ebenfalls dort.

Die siebziger Jahre nach dem Ölschock und der sprunghaften Erhöhung des Gold- und Silberpreises brachten dann einen deutlichen Abschwung bei den großen Silberwarenfabriken. Firmen, die früher 300 bis 500 Beschäftigte zählten, verschwanden entweder ganz oder wurden auf etwa ein Zehntel ihres Bestandes reduziert.[99] Nur eine Firma, die sowohl Schmuck als auch Kleinsilber herstellte, beschäftigt noch über 100 Arbeiter. Maßgebende Firmen der Glasindustrie sowie Hersteller der Gablonzer Schmuck- und Metallwarenindustrie haben sich in der ständigen Musterschau den Firmen der Edelmetallindustrie angeschlossen.

Und nun zum größten industriellen Unternehmen in Gmünd, zur Zahnradfabrik. Die ZF begann 1945 mit 145 Arbeitern und Angestellten im Stammwerk am Ziegelberg; das Werk der Schwäbischen Zahnradwerke im Schießtal war von den Amerikanern in Beschlag genommen. Die Lenkungsfertigung, die während des Krieges in Schlettstadt (Elsaß) untergebracht war, wurde nach Kriegsende nach Schwäbisch Gmünd verlegt. Direktor Diedrich und Ingenieur Boll haben sie hier aufgebaut.[100] Heute stellt die Lenkungsfertigung den wichtigsten Produktionszweig der ZF in Gmünd dar. Während Lenkungen für Autos und Schlepper zunächst im Stammwerk am Ziegelberg in kleinerem Umfang hergestellt wurden, kam die Lenkungsfertigung im Zeitalter der stürmisch wachsenden Motorisierung ins Schießtal. Im März 1952 verließ die 500 000. Lenkung das Gmünder Werk. Damals beschäftigte die ZF bereits 1600 Menschen, erheblich mehr als vor dem Krieg.[101] Die ZF übernahm eine amerikanische Erfindung in Lizenz: Mit der ZF-Gemmer-Lenkung brachte das Gmünder Werk das erste hydraulisch betätigte Lenkaggregat auf den Markt.[102] Nach Regelung der komplizierten Rechts- und Besitzverhältnisse bei der ZF fand im Jahre 1951 die Vereinigung des Zweigwerks Gmünd mit den kurz vor dem Krieg gegründeten Schwäbischen Zahnradwerken (im Schießtal) statt. Die Gmünder ZF stand ab 1951 unter der technischen Leitung von Ekart Graf von Soden-Fraunhofen. Im kaufmännischen Bereich erzielte Direktor Otto Tiefenbacher durch rastlosen Einsatz große Erfolge. 1960 zählte der größte Gmünder Betrieb bereits über 3000 Arbeiter und Angestellte. Diese Zahl stieg schließlich auf 5600 Beschäftigte. Zum Gmünder Bereich der ZF gehört seit 1965 auch ein Werk in Bietigheim. Hergestellt wurden und werden Lenkungen für Autos und Schlepper, Triebwerke für Ackerschlepper und Zugmaschinen, Getriebe und Zahnräder für Fahrzeuge und Werkzeugmaschinen, Differentiale und Motorbremsen. Unter den führenden Persönlichkeiten der ZF in der Nachkriegszeit sind außer den bereits genannten noch zu erwähnen: Direktor Werner als Leiter der Lenkungsfertigung sowie Direktor Schmäh für die Getriebefertigung. Im Ausbau der sozialen Einrichtungen hatte der langjährige Betriebsratsvorsitzende Issler einen erheblichen Anteil. So mancher Gmünder Silberschmied fand in den Jahren des stürmischen Wachstums den Weg zur ZF, aber auch viele Angehörige des traditionellen Handwerks, insbesondere aus dem Baugewerbe. Neben der Lohnhöhe spielten die freiwilligen Sozialleistungen des Betriebs eine wesentliche Rolle. Unter Oberbürgermeister Scheffold bemühte sich die Stadt erfolgreich bei der Gemeinde Herlikofen um die Ausgemarkung eines zehn Hektar großen Grundstücks im Schießtal, das die Firma für ihre Erweiterung dringend benötigte.

Die Entwicklung der Schenk-Betriebe in Schwäbisch Gmünd nach dem Zweiten Weltkrieg wurde aufs schwerste beeinträchtigt durch die Beschlagnahme des Werks an der Lorcher Straße am 20. April 1946. Wie bereits erwähnt, richteten die Amerikaner dort einen Instandsetzungsbetrieb für ihre Militärfahrzeuge ein. Alle Bemühungen von Landrat Burkhardt und dem jeweiligen Oberbürgermeister, Schenk als Kontraktor einzuschalten bzw. ihm das Gelände zurückzugeben, blieben erfolglos. Landrat Burkhardt appellierte im deutsch-amerikanischen Beratungsausschuß an die Amerikaner: »Geben Sie der Firma Schenk den Vollkontrakt, und alles ist in Ordnung.«[103] Auch der Gemeinderat mit Oberbürgermeister Konrad setzte sich mit Nachdruck für die Wiedereinsetzung der Firma Schenk in ihre Rechte ein.[104] Willy Schenk starb 1958, ohne daß er die Rückgabe seines Werks erlebte. Tatkräftige Männer aus der Umgebung von Willy Schenk setzten sich dafür ein, daß die Gießerei nicht vollständig aus Gmünd verschwand. Man fing sozusagen wieder von vorne an und produzierte in sehr bescheidenem Umfang im Schuppen eines früheren Pferdelazaretts im Schießtal. Schließlich gelang die Rückkehr auf einen kleinen Teil des früheren Areals: Die Schenk-Baracken an der Stuttgarter Straße wurden abgerissen und 1961 das Leichtgußwerk dort errichtet. Der erste Guß erbrachte Teile für die Schwesterfirma, den Schenk-Filterbau in Waldstetten. Der Werkzeugbau übersiedelte in den sechziger Jahren in das Gewerbegebiet unterm Buch. In das große Gelände an der Lorcher Straße kehrte die Firma nicht zurück. Es wurde schließlich von der Bundesrepublik erworben, die es später an die Stadt verkaufte. Schenk baute mit dem Erlös ein modernes Werk in Maulbronn. Das US-Instandsetzungswerk wurde 1974 stillgelegt. Es war bis zuletzt ein namhafter Arbeitgeber in der Stadt, aber weder die Bundes- noch die Kommunalpolitiker vermochten seine Auflösung zu verhindern.

In der Gegenwart sind hier Teile der ZF Schwäbisch Gmünd untergebracht, die Ausbildungsabteilung und der Kundendienst.

Zwei Betriebe, die als Arbeitgeber einst eine beträchtliche Rolle spielten und 1972 noch vorhanden waren, existieren heute nicht mehr. Das ist zum einen das US-Instandsetzungswerk, von dem eben die Rede war, zum anderen die Uhrenfabrik Bidlingmaier (Bifora), die damals noch 600 Beschäftigte zählte. Bifora ging nach dem Scheitern der Firma in andere Hände über. Die Leistung des Firmengründers Josef Bidlingmaier, dem die Stadt die Würde eines Ehrenbürgers verliehen hat, bleibt davon unberührt.

Zwei Unternehmen, die bereits in der zweiten Hälfte des vorigen Jahrhunderts entstanden waren und als metallverarbeitende Betriebe außerhalb der Edelmetallindustrie standen, konnten in den ersten Jahrzehnten nach dem Zweiten Weltkrieg kräftig expandieren. Es ist dies zunächst die Pumpenfabrik Ritz (früher Ritz & Schweitzer), dann die Eisengießerei Gatter & Schüle. Die Firma Ritz, die Pumpen für die verschiedensten Zwecke herstellt, auch für den Bergbau, exportierte schon immer. Sie legte sich nach dem Krieg weitere Betriebe zu und bildet mit ihnen die Ritz-Gruppe. Zu ihr gehören die UWE-Unterwasserelektrik in Gmünd, ein weiteres Werk in der Bundesrepublik und zwei Auslandstöchter. Auf dem Gügling befindet sich das Werk II mit der Lehrlingswerkstatt. Gatter & Schüle stellt Grauguß her und liefert Teile an Karosserie-, Fahrzeug- und Maschinenfabriken; außerdem pflegt die Firma den Edelstahl-Formguß. Eine bedeutende Aufwärtsentwicklung hat in den letzten Jahrzehnten auch die Brillenfabrik Ferdinand Menrad genommen. Als die Räume in der Königsturmstraße nicht mehr ausreichten, baute der gleichnamige Sohn des Firmengründers eine zweite Fabrik in der Leutzestraße, und als auch diese zu klein wurde, entschloß sich die Firma zu einem großzügigen Neubau auf der Bettringer Höhe. Zugleich haben die Schwiegersöhne von Ferdinand Menrad, Bernhard Müller und Ulrich Fischer, die Auslandsbeziehungen intensiviert und die Gründung von Tochterunternehmen im europäischen und außereuropäischen Bereich vorangetrieben.

Das Programm der 1844 gegründeten Firma Erhard & Söhne ist heute sehr vielseitig. Zu der traditionellen Fertigung von feinen Metallwaren — früher waren das Kassetten, Raucher- und Schreibtischgeräte, später sind es Schleuderascher, Warmhaltekannen und andere Geschenkartikel — trat immer stärker die Teilefertigung für den Fahrzeug- und Gerätebau. Interessant ist die Tatsache, daß ein weltbekanntes Nutzfahrzeug wie der Unimog seine Anfangsphase in Schwäbisch Gmünd erlebt hat. Konstruktion, Fertigung und Versuch begannen 1945 bei Erhard & Söhne. 1949 erhielt die Göppinger Firma Boehringer eine Fertigungslizenz für den Unimog, Teile des Fahrzeugs wurden bei Erhard gebaut. Als 1951 die Daimler-Benz AG in Gagge-

nau den Unimog übernahm, lieferte Erhard & Söhne weiterhin Teile.[105] Die Firma
wollte, wie Dr. Hermann Erhard einmal schrieb, nicht nur gelegentlich zugelassener
und auswechselbarer Unterlieferant von Großbetrieben werden, sondern durch eigene Entwicklungsarbeit »mitgestaltender und deshalb geschätzter Mitarbeiter der
Großindustrie«[106] sein. Die erheblichen Probleme bei den Umstellungen vor und
während des Krieges, aber auch danach, meisterte Fabrikant Eugen Köhler, ein
Mann von großem Weitblick und ungewöhnlicher Tatkraft.

Im Gewerbegebiet unter Buch befindet sich das Druckgußwerk Julius Schüle. Im
Druckguß werden Einzelteile für den Apparate- und Maschinenbau hergestellt.
Schüle, einst ein Mitarbeiter von Willy Schenk, hat seine Firma 1950 gegründet. Paul
Kemmer gründete 1954 seinen Betrieb. Er fing in der Pfeifergasse an, baute später
am Deutenbach und verlegte seinen Betrieb 1971 nach Kleindeinbach. Die Firma
stellt Hartmetall-Feinwerkzeuge und Werkzeuge für die Elektronikindustrie her.
Zweigbetriebe bestehen in Bad Mergentheim/Apfelbach, in Romanshorn und Los
Angeles. Herbert Plenker kam 1947 aus Westfalen hierher und baute 1957 seinen
Betrieb in der Goethestraße. Die Metallwarenfabrik Plenker stellt Sport- und Ehren-
preise her, Figuren, Pokale und Wandteller.

In den ehemals selbständigen Randgemeinden Bargau, Lindach und Straßdorf ließen
sich nach dem Zweiten Weltkrieg ebenfalls bedeutende Betriebe nieder: in Bargau
das Zweigwerk der Stuttgarter Firma für Elektrowerkzeuge C. & E. Fein, in Lindach das Feinstanzwerk Repa, dessen Schwerpunkt die Herstellung von Sicherheits-
gurten für Kraftfahrzeuge wurde, und in Straßdorf der May-Pressenbau. Die Firma
Repa, gegründet von Erich Klink, hat heute ihren Produktionsschwerpunkt in Alfdorf und damit außerhalb des Ostalbkreises. Der May-Pressenbau, 1951 gegründet
von Dr.-Ing. Otto May, ging bald an die Schweizer Firma Bührle über, später wurde
er ein Bestandteil der Maschinenfabrik Weingarten. Diese löste den Betrieb 1982 auf.
Otto May wurde bereits 1958 auf einen Lehrstuhl der Technischen Hochschule
Stuttgart berufen. Die Firma Leicht, welche die Brüder Alois und Josef Leicht
begründeten, begann fast gleichzeitig in Gmünd und Waldstetten. Sie hat sich nach
1945 zu einem führenden Unternehmen der Küchenmöbelindustrie entwickelt.
Anfang der sechziger Jahre baute Leicht an der Ecke Postgasse/Kalter Markt ein großes, repräsentatives Wohnkaufhaus. Die Brüder Nubert, die aus dem Buchenland
stammen und nach Kriegsende hierher kamen, bauten im Gewerbegebiet unter Buch
eine Spezialfabrik für Friseureinrichtungen. Der Betrieb wurde später erweitert auf
Zahnarzteinrichtungen. Die Weleda-AG, eine Tochter des Stammhauses in Arles-
heim (Schweiz), befaßt sich mit der Herstellung von Heilmitteln, diätetischen Kur-
mitteln sowie kosmetischen Artikeln. Sie hat sich in jüngster Zeit stark erweitert.
Weil sie keine Entfaltungsmöglichkeiten in der Stadt mehr sahen, zogen etliche

Industriebetriebe weg in die Randgemeinden. Bekanntlich war die Markung der Stadt vor den Eingemeindungen relativ klein. Überall an den Rändern stieß sie auf selbständige Nachbargemeinden. Als Beispiele für solche »Auswanderungen« seien genannt der Betrieb von August Mössner, der nach Mutlangen ging, und die Firma Schleich & Co., die sich 1962 in Herlikofen niedergelassen hat.

Entwicklungen im Handwerk und im Handel.
Die Gmünder Banken seit der Währungsreform

Das Handwerk bis hin zum Kunsthandwerk hatte in Gmünd schon immer ein großes Gewicht. Bei der Vielzahl der Betriebe in den verschiedenen Sparten ist es unmöglich, einzelne zu nennen. Lediglich im Baugewerbe sind zwei Betriebe anzuführen, die überörtliche Bedeutung gewannen und beträchtliche Kapazitäten entwickelt haben. Es sind dies die Firmen Barth und Bidlingmaier. An Großbaustellen der Industrie ist häufig auch die Stuttgarter Baufirma Züblin zu finden. Das Handwerk erlebte ebenfalls die Konzentration auf weniger und größere Betriebe. Vielfach mußten die Betriebe, die sich in der Stadt nicht erweitern konnten, nach draußen ziehen, so besonders in das Gebiet Straßenäcker beim Lindenfeld.

Im Handel treffen wir neben Einzelhandelsgeschäften, die auf lange Tradition zurückblicken können (wie etwa Rudolph und Rettenmayr), auf Kaufhäuser, die hier erst in der Zwischenkriegszeit und nach 1945 Fuß fassen konnten. Waren es zunächst Meth und Woha, die sich örtlich entwickelt haben, so kamen nach dem Zweiten Weltkrieg Merkur bzw. Horten dazu sowie auf der grünen Wiese zwischen Hussenhofen und Gmünd die Firma Schlecker.

Große Wandlungen zeigten sich beim Lebensmittel-Einzelhandel. Viele kleine Läden, »Tante-Emma-Läden«, hörten im Zeitalter der SB-Läden mit größeren Verkaufsflächen auf. Die Edeka, seit dem Ersten Weltkrieg in Schwäbisch Gmünd als Einkaufsorganisation von Einzelhändlern tätig, errichtete ein regionales Zentrum mit Lagerhaus im Gewerbegebiet unterm Buch. Auch der Konsumverein dachte an Konzentration und Straffung. Viele Filialen im Stadtgebiet wurden aufgegeben, in der Bocksgasse entstand dafür der neuerbaute Coop als vielseitiges Kaufhaus mit Restaurant. Der örtliche Konsumverein ging auf in der Coop-Ostalb.

Bei der Entwicklung des Nahverkehrs standen auch nach 1945 Post und private Busunternehmen in einem Konkurrenzverhältnis. Als in den fünfziger Jahren die Stadt in stürmischem Tempo wuchs und immer neue, weit auseinanderliegende Stadtteile hinzukamen – man denke an das Hardt, den Rehnenhof, die Siedlungen im Westen, Kiesäcker, den Klarenberg –, war es an der Zeit, einen Stadtverkehr zu entwickeln, der diese Teile enger miteinander verband. Die Stadtverwaltung war wohl daran interessiert, wollte sich aber finanziell nicht engagieren. Andere Unternehmen, darunter auch die Omnibusgesellschaft, hatten abgelehnt, weil sie das finanzielle Risiko scheuten. Severin Abt, der in Rechberg ein kleines Omnibusunternehmen und einen Lkw-Betrieb hatte, nahm das Wagnis auf sich. Beraten vom damaligen Rechtsanwalt Dr. Klaus, der den Gedanken des Stadtverkehrs entwickelte, ging Abt daran, einen solchen aufzubauen. Der Anfang war hart und schwer, aber schließlich stellte sich der Erfolg ein. Von den Gründungsmitgliedern der Omnibusgesellschaft lebte in den sechziger Jahren nur noch Karl Bieser. Als er in den Ruhestand trat (1972), ging die Omnibusgesellschaft in der Firma Abt auf, die in der Zwischenzeit den ersten Platz eingenommen hatte. Bei der Fusion hatte Abt 21 Wagen laufen, die Omnibusgesellschaft 15.[107]

Die Kreissparkasse Gmünd feierte im Jahr 1977 ihr 125jähriges Bestehen. Als Oberamtssparkasse 1852 gegründet, hat sie sich in diesem Zeitraum zur ersten Bank im Gmünder Raum entwickelt. 1956 wurde der Neubau an der Katharinenstraße bezogen. Die Bilanzsumme der Kasse stieg in der Zeit vom 31. Dezember 1949 bis 31. Dezember 1969 von 11,9 auf 340 Millionen DM. Die Einlagen erhöhten sich im gleichen Zeitabschnitt von 11,2 auf 316 Millionen DM.[108] Bei diesen Zahlen muß man natürlich auch die Geldentwertung berücksichtigen, die mittlerweile eingetreten war. Dennoch bedeuten sie eine enorme Ausweitung des Geschäfts. Direktor der Kreissparkasse in der Nachkriegszeit war Benedikt Schock (bis 1968), auf ihn folgte nach Einführung der Vorstandsverfassung ein Gremium mit den Direktoren Doderer, Kohler und Wolf. Ein dichtes Netz von 37 Zweigstellen überzog das Stadtgebiet und den Kreis Schwäbisch Gmünd. Die Bilanzsumme des Jahres 1972 betrug 518 Millionen DM, die Einlagen zu diesem Zeitpunkt 480 Millionen. Die Kasse zählte 279 Mitarbeiter.[109] Als neuen Geschäftszweig nahm die Kreissparkasse 1972 die Vermittlung des An- und Verkaufs von Grundbesitz in ihr Programm auf, das Immobiliengeschäft also. Auch dieses hat sich inzwischen mächtig ausgeweitet. Die Landessparkasse, jetzt Landesgirokasse, ist ebenfalls in Gmünd vertreten.

Die Volksbank, bis 1941 war es die Gewerbebank, beging 1968 ihr 100jähriges Bestehen. In den Jahren zuvor wurde das Gebäude in der Ledergasse vollständig umgebaut. Im Jahr 1971 kam es zu Fusionen mit Raiffeisenbanken im Kreisgebiet, hauptsächlich mit solchen in den eingemeindeten Stadtteilen. Die Bank führte darauf die Bezeichnung Volksbank-Raiffeisenbank Schwäbisch Gmünd. Die Bilanzsumme stieg 1972 auf 118,2 Millionen DM.[110] Direktoren waren in der Nachkriegszeit Eugen Leiberich (bis 1955), Alfred Lahl (1955−1968) und Wolfgang Hohmann (1959−1975).

Die Deutsche Bank hat in Gmünd eine lange Vorgeschichte, deren Einzelheiten hier nicht erörtert werden können. Als 1924 die Württembergische Vereinsbank in der

Deutschen Bank aufging, wurde die Gmünder Niederlassung der Vereinsbank als Zweigstelle der Deutschen Bank weitergeführt. Ihre Geschäftsräume befanden sich noch im Gebäude Marktplatz 20 (Postamt 2). Als die Post diese Räume selbst benötigte, erwarb die Deutsche Bank das Haus Hofstatt 2, früher eine Konditorei mit Café, wo sie sich bis 1971 befand. Doch bei der starken Ausweitung des Geschäfts in den fünfziger und sechziger Jahren waren diese Räume schließlich unzulänglich geworden. Den Neubau anstelle des »Roten Ochsen« in der Ledergasse entwarfen die Stuttgarter Professoren Linde und Markelin.[111] Schon von ihren Vorgängerinnen her hatte die Deutsche Bank in Gmünd eine Metallabteilung. Als Direktoren wirkten nach dem Kriege Max Sticher (bis 1965) und seitdem Gerhard Beltz und Dr. Heinz Hübner. Mit der Commerzbank (seit 1968 in Gmünd) und der Dresdner Bank (seit 1979) sind nunmehr alle Großbanken in unserer Stadt vertreten. Auch die Südwestbank besitzt hier eine Niederlassung.

Nach dem Tod von Dr. Viktor Walter wurde die 1888 gegründete Scheideanstalt Dr. Walter & Schmitt zunächst als Tochtergesellschaft der Degussa geführt. Seit dem 1. Januar 1968 ist sie eine Zweigniederlassung der Degussa.

## Die Amtszeiten der Oberbürgermeister Dr. Klaus (1957–1965), Scheffold (1965–1969) und die Anfangsjahre von Dr. Schoch (1969–1972)

Eine Bemerkung im voraus: Eine vollständige Darstellung dieses letzten Abschnittes und eine abschließende Beurteilung ist noch nicht möglich; zum einen, weil der zeitliche Abstand zu gering ist, zum anderen, weil die handelnden Personen teilweise noch leben und eine volle Offenlegung der Akten noch nicht stattfinden kann.

Nach der Stagnation am Ende der zweiten Amtszeit von Oberbürgermeister Konrad folgte ein kurzer, heftiger Wahlkampf, den der Rechtsanwalt Dr. Julius Klaus, ein streitbarer Jurist, ein Mann von scharfem Intellekt, überlegen gegen Bürgermeister Ruisinger gewinnen konnte. An die Amtszeit von Dr. Klaus wurden von der Bevölkerung große Erwartungen geknüpft. Der neue Oberbürgermeister ging forsch ins Zeug, seine Anfänge sind durchaus positiv zu bewerten. Dies gilt vor allem für die Eingemeindung von Bettringen, durch die er die eng gewordene Markungsgrenze der Stadt sprengen konnte. Es gilt auch für die öffentlichen Bauten, die er zunächst ins Auge faßte: den Bau einer Schule sowie einer Gemeindehalle in Bettringen, sodann den Bau einer Schule im Westen der Stadt. Durch die Eingemeindung von Bettringen wuchs die Stadt auf über 40 000 Einwohner.[112] Die Gründe für diese Eingemeindung, welche die Bettringer Bevölkerung in einer Volksabstimmung mit großer Mehrheit bejahte, waren folgende: Bettringen war bislang eine steuerschwache Gemeinde, es fehlte eine ortsansässige Industrie. So konnte die Gemeinde dringende

Aufgaben nicht mehr bewältigen: den notwendigen Schulhausbau, einen neuen Friedhof, eine Kläranlage usw.[113] Die Stadt war bereit, dafür 5 Millionen DM einzusetzen. Diese Zusagen hatten Modellcharakter für künftige Eingemeindungen. Durch die Erweiterung der Gemarkung gewann die Stadt wertvolles neues Baugelände, an dem es ja so sehr fehlte. Die Eingemeindung wurde am 1. April 1959 vollzogen; am Vortag erfolgte bereits der erste Spatenstich für das neue Schulhaus im Talgrund zwischen Ober- und Unterbettringen. Die Schule konnte im Dezember 1960 ihrer Bestimmung übergeben werden; es ist die Uhlandschule, die durch einen Erweiterungsbau in zwei parallel laufenden Trakten 1965 vollendet wurde. Erbaut wurde die Uhlandschule durch den Bettringer Architekten Konrad Wahl. Er baute neben der Schule eine großzügige Sport- und Gemeindehalle mit 370 Sitzplätzen.

Mit Energie ging Dr. Klaus auch an die Errichtung einer Mittelschule in Schwäbisch Gmünd. Dieser Schultyp, der zwischen der Volksschule und dem Gymnasium steht, fehlte bislang in Gmünd. 1957 faßte der Gemeinderat den entsprechenden Beschluß. Im Frühjahr 1958 wurde die Mittelschule mit 86 Schülern in zwei Klassen eröffnet. 1964 verließen die ersten Absolventen die Schule; es ist die Schiller-Realschule von heute. Erster Schulleiter war Rektor Alfons Urban.

Für die rasch wachsende Stadt war auch im Westen ein Volksschulgebäude erforderlich. Aus dem Wettbewerb für die geplante Weststadt-Schule, die dann den Namen Stauferschule erhielt, ging Konrad Wahl als Sieger hervor. Die Schule konnte 1961 eröffnet werden. Für die Schüler der im Stadtzentrum gelegenen Schulen − Schiller-Schule, Klösterleschule und Maria-Kahle-Schule −, die bislang keine Turnhalle besaßen, wurde von den Architekten Domhan und Feifel die Buhl-Turnhalle gebaut. Tagsüber steht sie den drei Schulen zur Verfügung, abends den Vereinen.

Von Anfang an widmete Dr. Klaus den Verkehrsproblemen erhöhte Aufmerksamkeit. Angesichts des rasch wachsenden Autoverkehrs war dies dringend notwendig. Der starke Fernverkehr, der von der Lorcher Straße her über die Bahnhofsbrücke zur Remsstraße durch die Stadt rollte, machte die Verbesserung und Erweiterung von Straßen und Brücken unerläßlich. Für die Verbreiterung der Remsstraße mußte eine Baumreihe an der früher beliebten Promenade geopfert werden, was teilweise auf Widerspruch stieß. Doch kam bei dem lärmenden Verkehr die Allee als Spazierweg immer weniger in Betracht. Wertvoll war auf jeden Fall die Verbreiterung des Kroatenstegs bei St. Ludwig, der für die Fußgänger die Altstadt mit dem Westen verbindet. Ein Problem blieb noch auf Jahre hinaus die Pfitzerkreuzung. Am 12. April 1962 trug der Stuttgarter Verkehrsplaner Hinterleitner dem Gemeinderat das Projekt einer Hochstraße durch Gmünd für den Durchgangsverkehr in der West-Ost-Richtung vor. Die konkrete Planung dazu steuerte Baurat Neukamm bei. Die Brückenstraße sollte 6,5 m hoch sein, 2,6 km lang und etwa bei der Firma Zapp beginnen. Sie sollte im wesentlichen auf dem Bett der Rems verlaufen und bei der Pfennigmühle enden.[114]

Auch die Altstadtsanierung tauchte bereits als Problem auf. Im Gemeinderat gab es einen heftigen Meinungsstreit um die Pläne der Verwaltung im Bereich von Honiggasse und Hinterer Schmiedgasse.[115] Aus den damaligen Beschlüssen des Gemeinderats ist nicht viel geworden.

Wir haben an anderer Stelle davon gesprochen, daß Betriebe, die zu ihrer Erweiterung in der eng gewordenen Stadt keinen Bauplatz finden konnten, an den Stadtrand bzw. in nahe gelegene Gemeinden abwanderten. Dieser Trend zum Land erfaßte naturgemäß auch die privaten Hausbauer, Angehörige der freien Berufe, Geschäftsleute, Beamte und Angestellte. Sorge bereitete allmählich die Entwicklung bei den Bauplatzpreisen. Die Presse nahm sich 1962 dieses Themas an.[116] Es wurde berichtet, daß für ein zu Geschäftszwecken geeignetes Grundstück in der Ledergasse von einem Stuttgarter Interessenten der Preis von 600 DM pro qm angeboten wurde. Als Gegenstück dazu erwähnte die Zeitung, daß zur gleichen Zeit die Stadt im Gewann Hagenäcker in Unterbettringen für den Eigenheimbau geeignete Grundstücke noch zum Preis von 7 DM je qm verkaufe. Die Stadt hat hier mit ihrer Bauplatzpolitik eine regulierende Wirkung ausgeübt, worauf Bürgermeister Ruisinger besonders stolz war. Wenn Grundstücke aus Privathand erworben wurden, lag der Preis damals in der Stadt bei 30 DM, und zwar für Grundstücke ohne besondere Aussicht. Solche in schöner Südhanglage kosteten bereits das Doppelte. Die umliegenden Gemeinden spürten den Drang nach Grundstücken, der von der Stadt ausging. Neben Bettringen ist Straßdorf ein besonders begehrtes Wohnziel der Gmünder, ebenso Mutlangen. Auch Waldstetten erfreut sich wachsender Beliebtheit. Hier sind die Grundstückspreise noch etwas niedriger.

Die 800-Jahr-Feier der Stadt aufgrund der ältesten Nennung von Gmünder Stadtbürgern im Jahre 1162 verlief glanzvoll. Festwochen wurden veranstaltet vom 7. bis 22. Juli 1962, viele arbeiteten an ihrer Gestaltung mit, wie überhaupt das ganze Jubiläum echten Bürgersinn zeigte. Die beiden Tageszeitungen brachten Festbeilagen heraus. Dazu erschien, herausgegeben von der Stadt, ein Festbuch »Schwäbisch Gmünd 800 Jahre Stadt« mit namhaften wissenschaftlichen Beiträgen. Es gab verschiedene Höhepunkte bei diesem Jubiläum. Einer war unstreitig der historische Festzug am 8. Juli, um den sich Stadtrat Urban sehr verdient gemacht hatte. Zehntausende waren von auswärts zu den Gmündern gestoßen, um ihn zu sehen. Dieser Festzug lebt noch heute in der Erinnerung der Gmünder.[117] Ein anspruchsvolles Rahmenprogramm mit Konzerten, Vorträgen und Ausstellungen bereicherte die Festwochen. Den Festvortrag hielt der Landeshistoriker Prof. Dr. Hansmartin Decker-Hauff zum Thema »Schwäbisch Gmünd und die staufischen Städtegründungen«. Die Stuttgarter Philharmoniker konzertierten unter dem temperamentvollen jungen Dirigenten Hermann Michael, der seine Jugendjahre in Gmünd verbracht hatte. Hugo Mack dirigierte ein Chorkonzert aller Gmünder Gesangvereine. Auf einer Jungbürgerfeier am 20. Juli sprach der Präsident des Bundesverfassungsgerichts Dr. Gebhard Müller. Auf Anregung des Kunstvereins schrieb die Stadt einen »Kunstpreis der Jugend« aus für eine Arbeit zum Thema »Eine Erinnerung an die 800-Jahr-Feier«. Den Preis erhielt der Bildhauer Max Seiz für seinen Entwurf »Verleihung der Stadtrechte durch Kaiser Barbarossa«. Ein Bronzeguß dieses Reliefs ziert heute das Erdgeschoß im Rathaus.[118] Sehr förderlich war die Anregung von Hellmuth Lang, den Mitgliedern des Handels- und Gewerbevereins nahezulegen, während der Festwochen ihre Schaufenster der hiesigen Industrie zur Verfügung zu stellen. Die ausstellenden Firmen stießen dabei auf großes Interesse.

Es war ein glücklicher Gedanke der Stadtverwaltung, daß sie das bisherige Gebäude der AOK in der Königsturmstraße nach deren Wegzug in die Pfeifergasse erwarb und 1964 zum Jugendhaus umbaute. Vielseitige Wünsche der Jugend konnten damals erfüllt werden, vom Leseraum über Spielzimmer bis zu verschiedenen Labors.[119]

Projekte, die Oberbürgermeister Klaus mit viel Temperament in Angriff nahm, die aber scheiterten bzw. nicht durchführbar waren, sind folgende: Angesichts der großen Wohnungsnot eine Trabantenstadt auf dem Gügling zu errichten, ein neues städtisches Krankenhaus zu bauen sowie das geplante Gartenbad am Hang hinter der Rauchbeinschule. Das erste der genannten Projekte, eine Satellitenstadt auf dem Gügling zu bauen für mehrere tausend Menschen, mit Einkaufszentrum, Schulen, Kindergärten und Kirchen, scheiterte einfach daran, daß der Gügling den Gmündern vom Stadtzentrum zu weit entfernt lag und die Menschen nicht bereit waren, dorthin zu ziehen, zumal es durchaus noch bebaubares Land in Stadtnähe gab. Es wurde auch in der Amtszeit von Dr. Klaus weiter gebaut, im Stiftsgut und am Deutenbach, im Fuggerle und am Vogelhof. Außerdem entstand eine weitere Diözesansiedlung in den Rappenwiesen, aber der große Wurf gelang nicht. Ein gewisses Verständnis für die Haltung von Dr. Klaus kann man in der Krankenhausfrage aufbringen: Er wollte das Krankenhauswesen, in dem die Stadt in 100 Jahren eine Leistung erbracht hatte, nicht einfach aufgeben, obwohl die Entwicklung bei Städten in der Größenordnung von Schwäbisch Gmünd mehr und mehr auf das Kreiskrankenhaus zulief. Die ganze Entwicklung in der Krankenhausfrage ab 1960 kann hier nicht dargestellt werden. Man hätte natürlich auch eine einvernehmliche Lösung zwischen Stadt und Kreis – ein von beiden Seiten zu bauendes und zu betreibendes Krankenhaus – ins Auge fassen können, obwohl auch das Schwierigkeiten in der Zukunft gebracht hätte. Der Kreis mußte bauen, weil ihm das Hilfskrankenhaus St. Ludwig gekündigt war.

Klaus wollte auch dann noch ein neues und leistungsfähiges städtisches Krankenhaus bauen, nachdem der Kreis ab 1962 sein Krankenhaus auf der Markung Mutlangen zu bauen begonnen hatte, und der Gemeinderat folgte ihm dabei. An dieser Frage zerbrach das anfangs gute Verhältnis zwischen dem Oberbürgermeister und Landrat Burkhardt. Von Anfang an verfehlt war das geplante Gartenbad hinter der Rauchbeinschule. Hier ist auch Kritik zu üben an der Haltung des damaligen Gemeinderats: Er hätte diesem Projekt niemals zustimmen dürfen, schon weil es ein Hanggelände war, bei dem die Zufahrt und die Parkplatzfrage nie befriedigend hätten gelöst werden können.

Wir haben die Streitbarkeit des Oberbürgermeisters erwähnt, mit der er sich viele Feinde schuf. Wiederholt gab es Reibungen mit den führenden Beamten der Stadtverwaltung. Bekannt ist der Zwischenfall im Gemeinderat vom 19. September 1957, bei dem der Oberbürgermeister den Stadtkämmerer, zu dem von der Wahl her ein gespanntes Verhältnis bestand, brüsk zum Ausscheiden aus dem Amt aufforderte.[120] Ruisinger kam dieser Aufforderung nicht nach, und in späteren Jahren normalisierte sich das Verhältnis der beiden Männer an der Spitze der Stadt. Deutliche Worte fand bei diesem Anlaß Stadtrat Vossler (SPD), indem er davon sprach, ein Betrieb, in dem der Chef alles allein machen wolle, kranke immer.[121] Auf die zahlreichen Auseinandersetzungen des Oberbürgermeisters mit der Presse wollen wir hier nicht weiter eingehen.

Schließlich der Konflikt mit der Kirche. Dabei ging es einmal um den DJK-Platz bei der Staatsturnhalle. Dr. Klaus wollte dieses Gelände unbedingt für die Stadt haben und hier ein großes Sportzentrum schaffen. Die Kirche aber, die im Tauschweg einen Anteil am oberen Spielplatz bei der Staatsturnhalle erworben hatte, war ebenso fest entschlossen, diesen Platz zu behalten, um ihn auf Dauer für die DJK zu sichern. Zum anderen handelte es sich um den Bau der St.-Michaels-Kirche im Westen. Der Oberbürgermeister legte Einspruch gegen dieses Bauvorhaben ein und wollte auf diese Weise die kirchliche Seite zum Nachgeben zwingen. Zu einer Lösung in diesen strittigen Fragen war es nicht gekommen, als die Amtszeit von Dr. Klaus zu Ende ging. Der Bau der St.-Michaels-Kirche war noch immer blockiert. So bleibt das Urteil über die Amtszeit von Dr. Klaus zwiespältig.

Die Oberbürgermeisterwahl am 17. Januar 1965 brachte ein sensationelles Ergebnis: Der bisherige Oberregierungsrat im Oberschulamt Nordwürttemberg, Hans-Ludwig Scheffold, siegte mit großem Vorsprung vor dem Stelleninhaber Dr. Klaus. Mit einem enormen Vertrauenskapital ausgestattet, ging der neue Oberbürgermeister an die Arbeit. Ein ungewöhnlicher Elan trieb ihn vorwärts; er steckte voller Pläne und wollte ein modernes Gmünd schaffen. Die Stadt war ja in mancher Beziehung noch unterversorgt, denken wir an die Situation im Wohnungsbau oder an das Fehlen einer den heutigen Bedürfnissen entsprechenden Stadthalle. Drei große Projekte zeichnen sich gleich in der Anfangsphase von Scheffold ab: die Erschließung weiterer Wohngebiete und im Zusammenhang damit die Entscheidung über die Zukunft des Güglings, der Bau eines dritten Gymnasiums und der zweiten Realschule und schließlich eine neue Sporthalle. Auf dem Gügling sollte nach den Plänen von Oberbürgermeister Klaus eine Trabantenstadt entstehen mit allen nötigen Einrichtungen. Scheffold änderte diese Zielsetzung: der Gügling sollte das neue Industriegebiet der Stadt werden, vorgesehen für die Ansiedlung größerer Betriebe. Für die kleineren bzw. Handwerksbetriebe sah er andere Lösungen vor. In der nach wie vor drängenden Wohnungsnot wurde rasch eine Bresche geschlagen durch die Bebauung des Eisenmannschen Gutes westlich des Seelenbachs. Dieses war längere Jahre blockiert durch das Vorhaben des Landes, hier den PH-Neubau zu errichten. Nun konnte die Stadt auf diesem Gelände nach den Plänen von Architekt Wahl, der 1966 Beigeordneter und Leiter des städtischen Bauwesens wurde, ein Demonstrativ-Bauprogramm verwirklichen. Dieses Vorhaben wurde vom damaligen Bundeswohnungsbauminister Dr. Ewald Bucher tatkräftig unterstützt.

Danach sah Scheffold das Gebiet Bettringen-Nordwest als ein Baugebiet für ein Großprojekt vor; er peilte auch den Herlikofer Berg bereits als Baugebiet für individuelles Bauen an und konnte das Schirenhofgelände in die Markung Gmünd eingliedern. In dem noch offenen Gelände zwischen dem Ortsrand von Bettringen und den Kasernen sollte eine neue Siedlung nach folgenden Gesichtspunkten entstehen: Es sollte eine verdichtete Bauweise stattfinden, das heißt eine Reihe von Hochhäusern gebaut werden, daneben sollten verkehrsfreie Zonen entstehen.[122] Außerdem war nun im Anschluß an die Kasernen der Neubau der Pädagogischen Hochschule vorgesehen.

Mit der Erschließung des neuen Baugebiets wurde 1968 begonnen. Weil dem Bauen so große Bedeutung zukam, übernahm Scheffold 1966 den Vorsitz im Aufsichtsrat des wichtigsten Unternehmens auf dem Gebiet des Wohnungsbaus in Schwäbisch Gmünd, der Siedlungsgesellschaft; der bisherige Aufsichtsratsvorsitzende, Stadtrat Hermann Maier, wurde Stellvertreter. Diese Regelung, daß der Oberbürgermeister den Vorsitz im Aufsichtsrat innehat, wurde auch von Scheffolds Nachfolger Dr. Schoch übernommen.

Ende 1972 schlossen sich die Gmünder Siedlungsgesellschaft und die Gablonzer Wohnungsbau GmbH zur Vereinigten Gmünder Wohnungsbaugesellschaft (VGW) zusammen. Die neue Gesellschaft verfügte zu diesem Zeitpunkt über ein Grundkapital von 9,8 Millionen DM und einen Bestand von 2000 Wohnungen.[122a]

Die Lindenfeldsiedlung ist schon von der selbständigen Gemeinde Bettringen angelegt worden. Nachdem Bettringen ein Stadtteil von Gmünd geworden war, wurde sie erweitert. Es entstand hier ein evangelisches Gemeindezentrum und ein von der ZF gebautes Hochhaus. Im alten Stadtgebiet war für neue Betriebe kein Platz mehr vorhanden. Außerdem konnten bereits bestehende Betriebe wegen der räumlichen Enge nicht erweitern. Und schließlich wurde die Bevölkerung der Innenstadt durch Lärm- und Rauchemission aus Gewerbebetrieben mehr und mehr belastet. Die Schaffung eines neuen Gewerbegebiets war daher eine dringende Notwendigkeit. So lag es nahe, in dem südöstlich an das Lindenfeld anschließenden Gewann »Straßenäcker« ein solches anzulegen.[123] Es hatte den Vorteil, daß es noch relativ stadtnah gelegen und verkehrsmäßig gut erschlossen war. In der Zwischenzeit sind dort eine Reihe von Betrieben zu Hause, ebenso die Schwäbisch Gmünder Ersatzkasse.

Scheffold hat auch einen Generalwirtschaftsplan aufgestellt, in dem er alle dringenden Vorhaben der Stadt in den nächsten Jahren zusammenfaßte. Ähnliches hatte schon sein Vorgänger 1962 getan. Dieser Generalwirtschaftsplan sah Ausgaben in Höhe von mehr als 70 Millionen DM vor, für die damalige Zeit, in der ein Jahreshaushalt noch nicht 50 Millionen umfaßte, eine sehr beträchtliche Summe.[124] Dabei griff er ohne Bedenken auf die in vergangenen Jahren angesammelten Rücklagen zurück und scheute auch vor beträchtlicher Schuldaufnahme nicht zurück. In den Finanzierungsfragen gerieten der Oberbürgermeister und sein Kämmerer, Bürgermeister Ruisinger, hart aneinander.[125] Scheffold hatte in den wenigen Jahren, die ihm beschieden waren und in denen er mit einem Schwung ohnegleichen so viele Projekte in Angriff nahm, insofern Glück, als es nach den Rezessionsjahren 1966/67 wirtschaftlich wieder aufwärtsging.

Als optimale Größe für Schwäbisch Gmünd sah Scheffold eine Stadt mit 60 000 Einwohnern an; als er die Zügel übernahm, waren es weniger als 40 000. Für eine solche Stadt, die er auch räumlich zu erweitern gedachte, war zum Zeitpunkt der verstärkten Bildungsbemühungen ein drittes Gymnasium notwendig. Zugleich sollten der neue Stadtteil Bettringen und die südlichen Randgemeinden von Schwäbisch Gmünd eine weitere Realschule bekommen. Für beide Schulen, die ein Schulzentrum mit gemeinsamen Einrichtungen bilden, sah Scheffold das Gelände Strümpfelbach vor, das Dr. Klaus für ein neues städtisches Krankenhaus reserviert hatte.[126]

Schwierig war die Lösung der Krankenhausfrage, in der Scheffold die Entscheidung herbeiführte. Die Stadt gab 1966 ihr Krankenhauswesen auf.[127] In einer Vereinbarung zwischen Stadt und Landkreis war vorgesehen, daß der Kreis sein neues Krankenhaus in Mutlangen (315 Betten) um 210 Betten erweitert. Damit übernahm der Kreis die Versorgung der akut Kranken. Die Stadt verpflichtete sich, nach Fertigstellung dieses Erweiterungsbaus im Neubau des städtischen Spitals ein Krankenhaus für Langlieger und für Alterspflegefälle einzurichten, in dem auch Einwohner aus dem Kreisgebiet Aufnahme finden sollten.[128] Nachdem der Kreis sich entschieden

hatte, auf der Höhe bei Mutlangen ein Krankenhaus nach modernsten Gesichtspunkten zu bauen und die Pläne von Oberbürgermeister Dr. Klaus nicht realisiert
werden konnten, geriet das städtische Krankenhaus allmählich ins Hintertreffen,
trotz anerkannter Leistungen seiner Ärzte. Im Gemeinderat wurde am 21. Mai 1970
das Defizit des Krankenhauses im vergangenen Jahr (750 000 DM) diskutiert. Die
Selbstkosten für die Sozialversicherung stellten sich 1969 bereits auf 52 DM pro Tag,
in der zweiten Hälfte 1970 stiegen sie auf 58,58 DM, immerhin noch erträgliche Zahlen gegenüber den heutigen. Der Kreis übernahm am 1. Januar 1971 das städtische
Krankenhaus im Spital. Der Erweiterungsbau in Mutlangen wurde viel später und
mit geänderter Zielsetzung in Angriff genommen. Hätte die Stadt an ihren ursprünglichen Krankenhausplänen festgehalten, so wären die unter Scheffold eingeleiteten
Großbaumaßnahmen — Erschließung von neuem Baugelände, der Bau eines Schulzentrums, einer Sporthalle — in dieser Form nicht möglich gewesen. Sie aber prägen
das Bild der Stadt in der Gegenwart ganz wesentlich.

Die bedeutsamste Tat Scheffolds in seiner kurzen Amtszeit aber war die Entscheidung, den Prediger zu erhalten und zu einem Haus der Kultur umzubauen. Diesen
Vorschlag hatte schon kurz nach dem Krieg Professor Walter Klein gemacht, aber es
gab dagegen große Widerstände. Einflußreiche Persönlichkeiten der Stadtverwaltung
und prominente Gemeinderatsmitglieder neigten weit eher dazu, den — äußerlich
betrachtet — heruntergekommenen, verrotteten Gebäudekomplex einem großen
Warenhausunternehmen zu überlassen. Doch die Bausubstanz war trotz der langen
Zweckentfremdung erstaunlich gut geblieben. Zum Schluß hatte der Konzern sich
sogar bereit erklärt, die Fassaden mehr oder weniger zu erhalten und nur das Innere
total umzugestalten für die Zwecke eines Kaufhauses.[129] Es war ein hartes Ringen.
Für die Erhaltung des Predigers hatte sich im Verlauf der Auseinandersetzungen ein
Komitee gebildet, heute würden wir sagen eine Bürgerinitiative, die sich um Dr.
Hermann Erhard scharte. Scheffold war klug vorgegangen. Er hatte zuvor alle
wünschbaren Dinge in die Wege geleitet und auch ihre Finanzierung geklärt: von
den neuen Baugebieten bis zum Schulzentrum im Strümpfelbach, zum Hallenbad
und zur neuen Sporthalle im Schwerzer. Erst danach nahm er das Projekt Prediger
entschlossen in die Hand. Prof. Tiedje, Stuttgart, erhielt den Auftrag, detaillierte
Pläne für die entsprechende Nutzung des Gebäudekomplexes auszuarbeiten. Dieser
sollte in Zukunft einmal den Zwecken des Museums dienen. Inzwischen waren dessen ursprüngliche Bestandteile, die Erhardsche Altertümersammlung, das Kunstgewerbemuseum und die Sammlungen des Naturkundevereins, zu einer Einheit in der
Hand der Stadt zusammengeschlossen worden. Dazu kamen als weitere Interessenten für den Prediger die Volkshochschule, die Stadtbücherei und von den Heimatvertriebenen geschaffene Institutionen wie die Brünner Stube. Auch der Verkehrs-

verein sollte hier seinen ständigen Sitz haben. Nachdem man über dieses Raumpro-
gramm Einigung erzielt und Prof. Tiedje seine Vorschläge im einzelnen dargelegt
hatte,[130] darin enthalten war die Passage entlang der Bocksgasse mit dem Raum für
die Wechselausstellungen, ein großer und ein kleiner Saal für Veranstaltungen aller
Art, die großzügige Anlage des Foyers, stimmte der Gemeinderat am 4. April 1968
grundsätzlich dieser Lösung zu, für die ein Kostenaufwand von 6,09 Millionen DM
angenommen wurde.[131] Von der finanziellen Seite her war die Sache auch dadurch
akzeptabel, weil durch die Verlegung des Museums in den Prediger der bisher im
städtischen Besitz befindliche Museumsflügel an der Fachschule frei wurde und an
das Land verkauft werden konnte. Dazu kamen Zuschüsse der Denkmalpflege. Insgesamt kam der Umbau des Predigers, der in der Hauptsache in die Amtszeit von
Oberbürgermeister Schoch fiel, für die Stadt auf 10 306 407 DM.[132] Diese Ausgabe
hat sich gelohnt. Mit dem im März 1973 eingeweihten und seiner Bestimmung über-
gebenen Prediger hat die Stadt ein zentral gelegenes Kulturzentrum erhalten, um das
sie viele Städte vergleichbarer Größe beneiden. Dabei wurde der Komplex auch in
seinem Äußeren ansprechend renoviert; die Stadt erhielt im Refektorium eine gute
Stube für repräsentative Anlässe. Anfang 1969 wurden die Bauarbeiten am Prediger
begonnen. Im Jahr 1968, in dem die endgültige Entscheidung in Sachen Prediger fiel,
fand auch das Ringen um eine weitere Eingemeindung statt. Diesmal ging es um
Herlikofen samt seinen Teilorten Hussenhofen und Hirschmühle sowie Zimmern.
Eine gewisse Bereitschaft in der Bevölkerung zum Anschluß an die Stadt Gmünd
war aufgrund jahrhundertelanger Zugehörigkeit zur Reichsstadt vorhanden. Dazu
kam die Einsicht in die drängenden Aufgaben der Gegenwart: Bau einer Hauptschule sowohl für Herlikofen wie für Hussenhofen, Bau von Kläranlagen für die beiden
Teilorte, welche die Finanzkraft der Gemeinde bei weitem überstiegen. Scheffold
nützte die Gunst der Stunde, als die Bereitschaft zum Zusammengehen wuchs, und
machte ein großzügiges Angebot:[133] Die Stadt baut eine Hauptschule sowohl für
Herlikofen wie für Hussenhofen und schließt sämtliche Teilorte an das System der
Gmünder Kläranlage an, Kosten etwa zehn Millionen DM. Bei der Anhörung am
15. September 1968 stimmten über 70 Prozent der wahlberechtigten Bürger für den
Anschluß an die Kreisstadt, der am 1. Januar 1969 vollzogen wurde. Unter Scheffold
richtete die Stadt 1965 ein Kultur- und Sportamt ein, dieses übernahm der bisherige
Stadtrat Theo Sommer.
Der jähe Tod Scheffolds während seines Urlaubs 1969 erschütterte die Bürger der
Stadt. Der Gemeinderat würdigte seine großen Verdienste durch die Namensgebung
für das dritte Gymnasium: Es ist das Scheffold-Gymnasium, und auch die Straße,
die zum Schulzentrum Strümpfelbach führt, trägt seinen Namen.

## Die politischen Wahlen im Zeitraum 1957 bis 1972

Von den Kommunalwahlen des Jahres 1959 ist zu notieren, daß für das eingemeinde-te Bettringen mit Reinhold Hoch (CDU) und Franz Komenda (BHE) erstmals gewählte Vertreter in den Gemeinderat eintraten. An der Kreistagswahl dieses Jahres ist bemerkenswert, daß sich dabei eine starke Bürgermeistergruppe bildete. Auf der Liste der Freien Wählervereinigung zogen sieben, auf den Wahlvorschlägen der CDU drei Bürgermeister in den Kreistag ein. Der damalige Oberbürgermeister Dr. Julius Klaus wurde mit nahezu 10 000 Stimmen in den Kreistag gewählt.

Zwei um ihren Bestand bangende Parteien, die aber sehr wenig zueinander paßten, die Deutsche Partei und der BHE, schlossen sich bei der Bundestagswahl des Jahres 1961 zur Gesamtdeutschen Partei (GDP) zusammen. Diese Partei trat dann 1962 auch bei der Gemeinderatswahl in Erscheinung. Die Fraktionsstärken der einzelnen Parteien nach dieser Wahl lauteten; in Klammern die entsprechenden Zahlen nach der Wahl 1959: CDU 11 (11), GDP 6 (6), SPD 6 (5), FDP 4 (4), FWV 3 (4).

Das Jahr 1965 brachte bei der Gemeinderatswahl das Ende der bereits sehr geschwächten Freien Wählervereinigung. Ihre bisherigen Stadträte Wiedmann und Zeller erschienen jetzt auf dem Stimmzettel der CDU und wurden gewählt. Auf der Liste der CDU standen auch Amtsgerichtsrat Dr. Bernhard Röhrle und Rechtsan-walt Otto Jettinger, die in der Folgezeit im Gemeinderat bzw. im Kreistag eine bedeutende Rolle spielen sollten. Wesentliche Verschiebungen ergaben sich im Gemeinderat bis 1971 nicht.

Die letzte Gemeinderatswahl innerhalb unseres Zeitraums fand am 24. Oktober 1971 statt. Außer Bettringen waren nun weitere neue Stadtteile wahlberechtigt, die Zahl der Gemeinderatsmitglieder erhöhte sich auf 40. Davon entfielen nach dieser Wahl 21 auf die CDU, zwölf auf die SPD, vier auf den BHE und drei auf die FDP. Damit hatte die CDU wieder die absolute Mehrheit erreicht, die sie in der Folgezeit behauptete und schon einmal von 1946 bis 1947 besessen hatte.

Noch kurz ein Blick auf die Landtags- und Bundestagswahlen bis Ende 1972. Das Mandat für die CDU holte sich bei der Landtagswahl 1960 Erich Ganzenmüller, damals Studienrat am Pädagogischen Institut. Ganzenmüller gehörte dem Landtag ununterbrochen bis 1980 an; er hat sich in dieser Zeit zu einem der volkstümlichsten Politiker des Landes entwickelt. Es sind ihm freilich auch Mißgriffe und Fehlent-scheidungen unterlaufen. Unbestritten sind jedoch seine Verdienste um Stadt und Kreis Schwäbisch Gmünd bei vielen Anlässen. Er war ein unermüdlicher Streiter für die PH, ihren Erhalt in Schwäbisch Gmünd, für den Neubau auf der Bettringer Höhe und dessen Ausbau. Außerdem arbeitete er am Ausbau der Einrichtungen für den zweiten Bildungsweg. Von 1968 bis 1972 war Ganzenmüller Fraktionsvorsitzender der CDU im Landtag, 1976 bis 1980 Präsident des baden-württembergischen Landtags. Bei der Landtagswahl 1964 errang er 51,4 Prozent der Stimmen für seine Partei.

Im Jahr zuvor war Josef Janota, der dem Landtag von 1950 bis 1952 und dann wieder von 1956 bis 1964 angehörte, angesichts der Zerfallserscheinungen beim BHE zur SPD übergetreten. Dem Gmünder Gemeinderat gehörte er noch bis 1975 an.

Im Wahlkampf des Jahres 1968 tauchte auch die rechtsradikale NPD mit Adolf von Thadden als Redner in Gmünd auf. Die NPD erzielte bei dieser Wahl 9,4 Prozent der Stimmen im Wahlkreis Schwäbisch Gmünd.

Unbedachte Äußerungen des Fraktionsvorsitzenden Ganzenmüller über Bundeskanzler Brandt auf einer Versammlung in Waldsee erregten Teile der Öffentlichkeit. Es war dies die »Affäre Ganzenmüller«. In einer Sitzung des Gmünder Gemeinderats am 2. Dezember 1971 rückte er teilweise von seinen Äußerungen ab.[134] Im Wahlkampf für die Landtagswahl 1972, bei dem Franz Josef Strauß vor überfüllten Sälen im Stadtgarten sprach, hat ihm dieser Vorgang nicht geschadet. Ganzenmüller holte bei dieser Wahl 57,4 Prozent für die CDU. Seine Konkurrenten um das Mandat im Wahlkreis waren damals Ottmar Maihöfer für die SPD und Walter Hübner für die FDP. Da sich der Wahlkreis Schwäbisch Gmünd jeweils als eine feste Bastion der CDU erwies, war es für die Kandidaten der anderen Parteien allmählich mehr eine Pflichtübung, hier zu kandidieren. Die SPD kam 1972 auf 34 Prozent.

1957 befand sich Konrad Adenauer auf dem Höhepunkt der Wählerzustimmung. Bei der Bundestagswahl dieses Jahres erhielt Dr. Vogel im Wahlkreis Aalen/Schwäbisch Gmünd nahezu 62 Prozent der Stimmen, in der Stadt Gmünd holte er 54,4 Prozent. Neben Dr. Vogel zog erneut Dr. Bucher in den Bundestag ein. Bei der Wahl 1961 mußte die CDU Verluste hinnehmen; sie verlor die absolute Mehrheit im Bundestag, SPD und FDP verbuchten Stimmengewinne. Zum viertenmal wurde Dr. Vogel im Wahlkreis gewählt. Er absolvierte allerdings nicht mehr die volle Wahlperiode, sondern ging 1964 als Botschafter zur OECD nach Paris. 1962, im Gefolge der Spiegel-Affäre, wurde Dr. Ewald Bucher Bundesminister der Justiz. Er schied aus freien Stücken aus diesem Amt, als der Bundestag die Verlängerung der Verjährungsfrist beschloß. 1965/66 war er Bundesminister für Wohnungswesen und Städtebau. Insgesamt gehörte Dr. Bucher dem Bundestag von 1953 bis 1969 an. 1972 trat er aus der FDP aus; er konnte sich mit dem neuen Kurs seiner Partei nicht mehr identifizieren.

Für die Wahl 1965 wurde eine neue Wahlkreiseinteilung geschaffen. Sie verband den Gmünder Bezirk, Backnang und Schwäbisch Hall im Wahlkreis 175. Hier siegte bei der Bundestagswahl dieses Jahres der damalige Bundestagspräsident Dr. Eugen Gerstenmaier für die CDU. Für die SPD kandidierte Bürgermeister Ernst Hölzle (Lau-

fen am Kocher), für die FDP wiederum Dr. Bucher; beide gelangten über die Landesliste ihrer Partei in den Bundestag. 1969 sprach sich der Kreisverband der CDU
gegen eine neue Kandidatur von Eugen Gerstenmaier aus, der zuvor aus dem Amt
des Bundestagspräsidenten geschieden war und dem auch vorgeworfen wurde, er
habe sich zu wenig um seinen Wahlkreis gekümmert. Die Kreisdelegierten-Konfe-
renz der CDU entschied sich darauf für den 28jährigen Assistenten Dieter Schulte als
Kandidaten.[135] Dieser wurde in dem neuen Wahlkreis gewählt; er errang im Landkreis Schwäbisch Gmünd die absolute Mehrheit mit 55,2 Prozent, im Wahlkreis
selbst 47,5 Prozent. Hölzle und Dr. Bucher kehrten nicht in den Bundestag zurück.
Bei der Bundestagswahl 1972, der letzten unseres Berichts, erschien die SPD mit
einer jungen Kandidatin, der Tübinger Juristin Herta Däubler-Gmelin. Die SPD
hatte bei dieser Wahl beträchtliche Stimmengewinne zu verzeichnen. Frau Däubler-
Gmelin erreichte bei den Erststimmen 40,6 Prozent. Das Wahlkreismandat errang
wiederum Dieter Schulte (51,7% der Erststimmen). Über die Landesliste zogen Frau
Däubler-Gmelin (SPD) und der Freidemokrat Georg Gallus in den Bundestag ein.

## Verkehrsprobleme der sechziger und frühen siebziger Jahre

Nach der Währungsreform erfolgte eine stürmische Entwicklung des Kraftfahrzeug-
verkehrs. Der Autoverkehr nahm der Bundesbahn viele Fahrgäste und bald auch viel
Fracht weg, so daß sie defizitär wurde. Die Bahn mußte daher ihre Anlagen moder-
nisieren, um in diesem Wettbewerb einigermaßen Schritt halten zu können. Nachdem die Remsbahn bis Schorndorf elektrifiziert war (1962), regte sich in den betroffenen Landkreisen sofort der Wunsch, die Elektrifizierung über Schwäbisch Gmünd
nach Aalen fortzuführen.
Grundlage für eine Elektrifizierung der Strecke Schorndorf-Aalen bildete ein
Abkommen zwischen der Bundesbahn und dem Land Baden-Württemberg von
1965. Nachdem das Land weitere Mittel zur Verfügung gestellt hatte, kam der Plan
1970 zur Ausführung. Am 24. Juni 1970 setzten Innenminister Walter Krause und
Bundesbahnpräsident Dr. Ziller in Aalen den ersten Mast und gaben damit das Start-
zeichen für den Beginn der Bauarbeiten, und am 23. September 1971 fuhr ein Son-
derzug mit Ehrengästen als erster elektrischer Zug von Stuttgart nach Aalen.[136] Bei
dieser Umstellung wurde in Gmünd ein neues Stellwerk errichtet mit einem Aufwand von drei Millionen DM. Im Zuge der Elektrifizierung mußte der bisherige
Fußgängerüberweg über die Remsbahn beim früheren Gaswerk, im Volksmund
»Sägbock« genannt, abgebrochen werden.[137] Als Ersatz dafür wurde auf Verlangen
der Bewohner des Gebiets um die Mutlanger Straße der neue »Sägbock« in den siebziger Jahren erbaut; er überspannt auch die B 29.

Zur Verbesserung der Verkehrsverhältnisse in der Stadt wurde bereits in der Amtszeit von Dr. Klaus einiges getan. Beim Gasthaus Glocke, wo fünf Straßen zusammenlaufen, wurde 1958 der erste Kreisverkehr eröffnet, der bald den Namen »Klausenei« erhielt. Diese Lösung war nicht von Dauer. Sie wurde 1974/75 durch eine umfassendere ersetzt, bei der eine Anzahl von Häusern entfernt und eine Fußgängerunterführung gebaut werden mußte.

Bei einem weiteren neuralgischen Punkt, der Pfitzerbrücke, wurde 1959 eine großzügige Verkehrsregelung geplant. Ihre Verwirklichung dauerte dann fast ein Jahrzehnt. Die Fahrbahn der Pfitzerstraße zwischen Baldungstraße und Bahnunterführung wurde auf 21 m verbreitert, die Rems bis zur Friedhofsstraße verdolt. 1968 war der Umbau, in dessen Kosten sich Bund, Land und Stadt teilten, vollendet.[138] An der Kreuzung Pfitzerbrücke wurden 1966 die ersten Verkehrsampeln installiert.

Bei dem rasch wachsenden Verkehr auf der Remstalstrecke erwies sich je länger je mehr, daß die Führung der B 29 vor und durch Schwäbisch Gmünd sowie weiter ostwärts völlig unzureichend war. Auf dem Streckenabschnitt nach Osten wurde zuerst der Hebel zur Verbesserung angesetzt; zwischen Gmünd und Böbingen erhielt die B 29 eine neue Trasse. Mit dem Bau einer Brücke über die Rems ostwärts der Rinderbacher Mühle wurde 1961 begonnen. Die neue Trasse verlief am Waldrand entlang und umging Hussenhofen. Die 7 km lange Strecke zwischen der Rinderbacher Mühle und dem Ortseingang Böbingen wurde in kreuzungsfreier Trassenführung Ende 1962 fertiggestellt. Teilweise mußte dabei das Remsbett verlegt werden. Die neue Strecke kostete rund zehn Millionen DM; sie wurde vom Bund finanziert.[139] Durch sie erhielt der Osten der Stadt und damit das gewerbereiche Gebiet unterm Buch den direkten Anschluß an die Bundesstraße. Vorher mußte man von hier aus zunächst stadtwärts fahren und konnte erst über die Moltke-Brücke in die B 29 gelangen. Der großzügige Ausbau der B 29 bei der Leonhardsbrücke (1972/73) beseitigte ebenfalls einen Engpaß in Gmünd.

Über die künftige Führung der B 29 durch Gmünd machte man sich bereits Anfang der sechziger Jahre Gedanken. Es entstand das Projekt einer Hochstraße über die Rems, von dem schon die Rede war. Bis zum Ende der Amtszeit Scheffolds war in dieser Frage keine Entscheidung gefallen. Der Plan wurde später zugunsten einer Tunnellösung fallengelassen.

Die schlechten Verkehrsverhältnisse im Kreis, vor allem was die B 29 betrifft, waren Gegenstand einer Kreistagssitzung im Jahre 1968. Es sollte eine Denkschrift darüber verfaßt und an die maßgebenden Stellen von Bund und Land geschickt werden.[140] Als im selben Jahr Bundesverkehrsminister Leber anläßlich einer Wahlreise in Schwäbisch Gmünd weilte, wurde er gleich mit den Verkehrsanliegen des Gmünder Raums konfrontiert.

Sorgenkinder im Bahnverkehr waren bereits in den sechziger Jahren die Nebenbahn Böbingen-Heubach und die Bahnlinie Gmünd-Göppingen. Auf der Nebenbahn nach Heubach wurde 1972 die Personenbeförderung eingestellt, später wird sie ganz stillgelegt. Um den Erhalt der Göppinger Bahn gab es bereits 1966 Sorgen. Ihre Wirtschaftlichkeit wurde untersucht. Bei einer Besprechung in Sachen Bahn im Jahr 1969 erklärte Präsident Ziller, Voraussetzung für die Stillegung der Bahnlinie Gmünd-Göppingen sei, daß die parallel zur Bahn verlaufenden Straßen so ausgebaut würden, daß auf ihnen Busse verkehren könnten.[141] 1972 entschied die Bundesbahn, daß die Strecke bestehen bleiben solle, doch war ihre Stillegung bei der Abfassung dieses Berichts bereits abzusehen. Seit längerer Zeit verkehren bereits Bahnbusse zwischen Gmünd und Göppingen. Der Bahnhof Gmünd-Süd ist seit 1969 nicht mehr besetzt.

Vorwiegend mit Verkehrsfragen beschäftigte sich auch die Planungsgemeinschaft Württemberg-Ost, die im Jahre 1965 gegründet wurde. Ihr gehören die Landkreise Aalen, Heidenheim und Schwäbisch Gmünd an; sie war damit eine Vorläuferin des heutigen Regionalverbands.[142] Wegen seiner Lage und seiner starken Verflechtung mit dem Großraum Stuttgart nahm der Landkreis Schwäbisch Gmünd auch Kontakte zur Planungsgemeinschaft Rems-Murr auf. Man erwog eine Zeitlang eine Doppelmitgliedschaft des Kreises in beiden Planungsgemeinschaften. Vorsitzender der Planungsgemeinschaft von Ostwürttemberg wurde Bürgermeister Schenk aus Heubach. Ministerpräsident Filbinger führte 1972 ein Gespräch mit dem Planungsrat der Planungsgemeinschaft Württemberg-Ost. Das Ergebnis lautete: Die Peripherie des Landes müsse attraktiver gestaltet werden, das beste Mittel dazu sei die verkehrsmäßige Erschließung des Raumes. Die drei großen Städte dieses Bereichs, Schwäbisch Gmünd, Aalen und Heidenheim, seien ihrer Struktur entsprechend zu fördern, ohne eine davon besonders hervorzuheben.[143] Aus der Planungsgemeinschaft Württemberg-Ost wurde dann der Regionalverband Ostwürttemberg mit Sitz in Schwäbisch Gmünd, nachdem die Kreisreform gegen Gmünd gelaufen war.

## Die Anfangsjahre von Oberbürgermeister Dr. Schoch 1969 bis 1972

Aus der Oberbürgermeisterwahl des Jahres 1969 ging Dr. Norbert Schoch als Sieger hervor. Er war der erste Oberbürgermeister der Nachkriegszeit, der durch Wiederwahl bestätigt wurde (1977). Bei seinem Amtsantritt unterstrich er das große kulturelle Erbe der Stadt, das es zu erhalten und zu mehren gelte, aber auch die Notwendigkeit, die vielgestaltige Wirtschaft der Stadt nach Kräften zu fördern. Zunächst jedoch fiel ihm die Aufgabe zu, die zahlreichen Projekte, die Scheffold in Gang gebracht hatte, zu Ende zu führen: das Schulzentrum Strümpfelbach, das Hallenbad, die Sporthalle und den Prediger. Erst allmählich konnte er eigene Wege gehen und eigenes Profil entwickeln, im wesentlichen nach der Erfüllung der eben genannten Aufgaben. Beinahe gleichzeitig wurden fertiggestellt und in Betrieb genommen das Hallenbad und die Sporthalle (beide 1970). Es folgte das Schulzentrum Strümpfelbach (1971), bestehend aus dem Scheffold-Gymnasium, dessen erster Schulleiter der Historiker Dr. Peter Spranger wurde, der Adalbert-Stifter-Realschule und vier Turnhallen. Am längsten dauerte der Umbau des Predigers zu einem Kulturzentrum der Stadt. Hier galt eben die Devise: »Gut Ding braucht gut Weil.« Mit großer Hingabe wurde umgebaut und neu gestaltet. Die Einweihung des Predigers erfolgte am 23. März 1973.

In dem neuen Stadtteil Bettringen-Nordwest konnten die ersten Bewohner im Herbst 1970 einziehen. Die zunächst umstrittenen Hochhäuser wurden in den nächsten Jahren errichtet. Es folgte der Neubau der PH. Eine Aufgabe, der Oberbürgermeister Schoch schon von Anfang an erhöhte Aufmerksamkeit zuwandte, war die Altstadtsanierung. 1970 war ein umfassender Sanierungsplan in der Bearbeitung. Die Stadtverwaltung trachtete danach, die historische Altstadt in ihrem Charakter zu erhalten. Die Innenstadt sollte aber kein reines Dienstleistungszentrum werden, in dem kaum noch Menschen wohnen. Sie sollte als kulturelles Zentrum, als Mittelpunkt der Verwaltung und als Einkaufszentrum gefördert, aber auch als Wohnzentrum wieder attraktiver gemacht werden.[144]

Mit der Eingemeindung von Bettringen (1959) und Herlikofen (1969) war der enge Markungsgürtel der Stadt gesprengt worden. Durch die Verwaltungsreform, die eine bestimmte Gemeindegröße in Zukunft vorschrieb, kamen Anfang der siebziger Jahre weitere Anschlüsse von bisher selbständigen Gemeinden an die Stadt Schwäbisch Gmünd zustande. Zunächst waren es Bargau, Weiler und Degenfeld, die zum 1. Januar 1971 eingemeindet wurden. Mitte der fünfziger Jahre hatte es in Degenfeld Bestrebungen gegeben, den Gmünder Raum zu verlassen. Eine starke Strömung in der Bevölkerung wollte damals die Orientierung nach Göppingen, doch die energischen Bemühungen von Landrat Burkhardt konnten dies verhindern. Eine Volksabstimmung verlief zwiespältig. Darauf beschloß der Gemeinderat, die Sache nicht weiter zu verfolgen, und Degenfeld verblieb beim Gmünder Raum.[145] Jetzt sah der Regierungsentwurf zur Gemeindereform ebenfalls die Angliederung des Ortes an den Kreis Göppingen vor. Dem wurde nun durch die Eingemeindung ein Riegel vorgeschoben. Am 1. Juli 1971 folgte Lindach. Wenige Tage vorher wurde dort die von Architekt Rudolf Häußler erbaute Mehrzweckhalle eingeweiht. Großdeinbach und Iggingen sprachen sich ursprünglich für Zuweisung zum Verwaltungsraum Schwäbisch Gmünd aus, strebten dann eine Verwaltungsgemeinschaft an. Großdeinbach kam jedoch am 1. März 1972 zu Gmünd. Im Falle Iggingen lehnte die Stadt eine Eingemeindung ab. Ende Juli 1971 bot die Stadt der Gemeinde Straßdorf Gespräche über die Eingemeindung an. Nach diesen Gesprächen fand eine Bürgerversammlung statt, die aber keine Klärung brachte.[146] Doch am 1. April 1972 kam Straßdorf ebenfalls zu Gmünd. Übrig blieb die Gemeinde Rechberg, deren Gemeinderat sich 1972 für die vorläufige Erhaltung der Selbständigkeit aussprach. Rechberg wurde am 1. Januar 1975 zwangseingemeindet. Danach betrug die Fläche der Stadt 11 375 ha. Zum Zeitpunkt des Übergangs der wesentlich vergrößerten Stadt an den Ostalbkreis zählte Schwäbisch Gmünd 55 838 Einwohner.

Nach dem Gesetz sind Ortschaftsräte in den ehemals selbständigen Gemeinden zu bilden. Im Unterschied zu den Bezirksbeiräten, wie einer beispielsweise in Bettringen nach der Eingemeindung gebildet wurde, werden die Ortschaftsräte nicht vom Gemeinderat bestellt, sondern von der Bürgerschaft gewählt. Den Vorsitz im Ortschaftsrat führt der Ortsvorsteher, der nach Anhörung des Ortschaftsrats vom Gemeinderat bestimmt wird. Häufig werden die bisherigen Bürgermeister in dieses Amt berufen, sonst ist der Posten des Ortsvorstehers ehrenamtlich (mit Aufwandsentschädigung). Der Ortschaftsrat hat ein Anhörungsrecht, das heißt, er hat das Recht, zu allen wesentlichen Angelegenheiten des Stadtteils gehört zu werden.[147]

## Das Ringen um die Kreisreform und die Bildung des Ostalbkreises

Die Verwaltungsreform beschränkte sich nicht auf die Bildung größerer Einheiten unter den Gemeinden. Es stand auch die Existenz einer Reihe von Landkreisen auf dem Spiel, denn Regierung und Landtag wollten die Zahl der Landkreise (bisher 65) kräftig vermindern. So waren die Jahre 1970 und 1971 von dem Ringen um die Erhaltung des Landkreises Schwäbisch Gmünd und um die Selbstbehauptung der Stadt bei der Gebiets- und Verwaltungsreform erfüllt.

Die Regierung der Großen Koalition (CDU/SPD) mit Ministerpräsident Filbinger und Innenminister Krause brachte 1970 ein Denkmodell zur Kreisreform heraus. Danach sollten im Land Baden-Württemberg nur noch 25 Kreise bestehen bleiben. Aalen, Schwäbisch Gmünd und Heidenheim sollten zusammen einen Großkreis bilden, dabei war Aalen als Kreissitz und damit als Verwaltungsmittelpunkt vorgesehen.[148] Dieser Plan stieß auf wenig Gegenliebe, weder in Schwäbisch Gmünd noch in Heidenheim war man damit zufrieden. Darauf entwarf die örtliche SPD einen Gegenvorschlag zum Denkmodell: Ein Kreis Gmünd-Schorndorf sollte geschaffen werden. Es war die Idee des Remskreises, den vor allem der Lindacher Bürgermeister Martin vertrat. Der Kreis Gmünd sollte dabei durch Teile der Kreise Waiblingen und Backnang bis über Schorndorf und Welzheim hinaus nach Westen erweitert werden. Der Schorndorfer Gemeinderat sprach sich freilich gegen einen solchen

Remskreis aus. Die davon betroffenen Gemeinden waren von vornherein stark nach
Westen orientiert. In Gmünd bildete sich ein Aktionskreis zur Erhaltung des Landkreises Schwäbisch Gmünd, geleitet von Landrat Dr. Röther. Dieser trat sofort für
den Remskreis ein. Es bleibt bedauerlich, daß dieser Gedanke von maßgebenden
Gmünder Persönlichkeiten zu wenig unterstützt wurde. Als schließlich ein Vorschlag von CDU-Politikern 38 künftige Landkreise vorsah anstelle von 25, waren
auch bei diesem Vorschlag Aalen und Gmünd zu einem Kreis vereinigt; der Kreis
Heidenheim dagegen sollte erhalten bleiben. Auch dieser Plan sah wie das Denkmodell Krauses eine Ostorientierung von Schwäbisch Gmünd vor. Dr. Schoch erhob
mit eindrucksvollen Zahlen den Anspruch der Stadt Gmünd auf den Kreissitz in
einem solchen Großkreis: Die Einwohnerzahl von Schwäbisch Gmünd betrug zum
damaligen Zeitpunkt 44 763, die Aalens 36 511, das Volumen des Gmünder Haushalts 63,22 Millionen DM, das des Aalener Haushalts 32,43 Millionen DM.[149] Auf
der Sitzung des Kreistags am 13. April 1970 wurde beschlossen, eine Abordnung
zum Innenminister nach Stuttgart zu schicken in Sachen Erhaltung und Weiterexi-
stenz des Kreises Schwäbisch Gmünd.[150] Dieser Besuch verlief ergebnislos; der
Minister hielt an seinem Plan fest, Gmünd mit Aalen zu verbinden. Zwischendurch
wurde auch eine Ehe Gmünd/Göppingen vorgeschlagen; der Göppinger Oberbürgermeister König vertrat diesen Gedanken.[151] Am 26. Dezember 1970 lehnte der
Gemeinderat den Gesetzentwurf der Landesregierung zur Kreisreform einstimmig
ab und schloß sich der vom Landrat festgesetzten Bürgerabstimmung an. Diese fand
am 7. Februar 1971 statt. Bei einer Beteiligung von 66,5 Prozent der Abstimmungs-
berechtigten gaben 97,1 Prozent ihre Stimme für die Erhaltung des Kreises Schwäbisch Gmünd ab. Doch schon zuvor hatten sich der Koalitionsausschuß von CDU
und SPD und die Landesregierung darauf geeinigt, den Kreis Gmünd aufzulösen
und der Stadt als Ersatz für die Auflösung des Kreises sowie den damit verbundenen
Zentralitätsverlust den Regionalsitz zu geben. Diesem Beschluß fühlte sich der
Abgeordnete Ganzenmüller verpflichtet, auch wenn er nach dem Ausgang der Bürgerabstimmung noch zusammen mit seinem Aalener Kollegen Dr. Huber im Landtag einen Antrag auf Erhalt des Landkreises Gmünd stellte. Ganzenmüller erlag
dabei einer Fehleinschätzung, wenn er meinte, die Zukunft gehöre der Region, die
Kreise hätten dann keine Bedeutung mehr.[152] So gab er leichten Herzens den Kreis
Gmünd auf für ein Linsengericht, den Regionalsitz, denn die Region ist bis heute ein
blasses Gebilde geblieben, das kaum in das Bewußtsein der Bürger gedrungen ist. Ihr
sind in der Hauptsache Planungsaufgaben zugewiesen, nicht aber Verwaltungsaufgaben. Die Kreise dagegen bestehen munter weiter; sie haben sich inzwischen zu
Großkreisen entwickelt wie der Ostalbkreis und sind stärker geworden als je zuvor.
Auf jeden Fall ist der Sitz des Regionalverbands keineswegs ein Ersatz für den verlo-

rengegangenen Kreissitz. Der Verlust des Kreises hat sich für Schwäbisch Gmünd bitter ausgewirkt. Gmünd wird heute in manchen Bereichen von Aalen aus regiert, man vergleiche nur die Entwicklung bei der Polizei, beim Arbeitsamt und im Krankenhauswesen. Wiederholt ist die Stadt Gmünd ins Hintertreffen geraten. Des öfteren hat Aalen auch schon den Anspruch auf das Oberzentrum erhoben. In dieser Frage ergibt sich sofort eine Frontstellung Schwäbisch Gmünd und Heidenheim kontra Aalen, wobei die Stellung der Stadt Heidenheim ungleich stärker ist als die von Gmünd, weil sie eben noch einen Landkreis Heidenheim hinter sich hat. Ob sich die »Drei-Säulen-Theorie«, die Ganzenmüller vertreten hat, auf die Dauer halten kann, ist fraglich. Sie bedeutet, daß die wichtigen öffentlichen Aufgaben auf die drei Städte Aalen, Heidenheim und Schwäbisch Gmünd zu verteilen sind und diese drei Städte gleichmäßig entwickelt werden sollen. Die Stadt Schwäbisch Gmünd wird große Anstrengungen unternehmen müssen, um ihren wirtschaftlichen und kulturellen Rang bewahren und auch als Behördensitz und Verwaltungsmittelpunkt weiterhin eine Rolle spielen zu können.

Nach der Regierungsvorlage zur Kreisreform sollte die Stadt noch einen weiteren Verlust erleiden: Die Gemeinden Alfdorf, Pfahlbronn und Vordersteinenberg, die sich zu einer Gemeinde zusammenschließen wollten — die Vereinigung zu der neuen Gemeinde Alfdorf erfolgte am 1. Januar 1972 —, sollten vom Gmünder Raum abgetrennt und dem neuen Großkreis Waiblingen, dem Rems-Murr-Kreis, zugeschlagen werden. Diese Lösung lehnte der Landtag auf Antrag Ganzenmüllers in der zweiten Lesung des Gesetzes ab, in der dritten, entscheidenden, die am 23. Juli 1971 stattfand, lief die Sache aber schief. Es kam ein neuer Antrag, die drei Gemeinden doch dem Rems-Murr-Kreis zuzuschlagen, und dieser Antrag fand Annahme, allerdings nur durch einen grotesken Fehler: Die Stimme eines Abgeordneten, der für Zugehörigkeit zum Gmünder Raum votierte, wurde nicht gezählt, die Stimme des Abgeordneten Marczy.[153] Es hätte an Ganzenmüller und Marczy gelegen, diesen Fehler, der zu spät bemerkt wurde, durch Gesetzesänderung zu korrigieren — dies ist nicht geschehen. So geriet die Stadt Schwäbisch Gmünd, Sitz der Region Ost-Württemberg, in eine Randlage. Zwei Kilometer von der Stadt entfernt beginnt ein anderer Kreis und eine andere Region. Die Stadt verlor dadurch ihr natürliches Hinterland im Nordwesten. Auf der anderen Seite kamen durch die Gebietsreform die bisher zum Kreis Backnang gehörenden Gemeinden Gschwend, Frickenhofen und Altersberg zum Ostalbkreis und damit indirekt zum Gmünder Raum. Die Gemeinde Maitis ging nach Göppingen.[154]

Mit Ablauf des 31. Dezember 1972 hat der Landkreis Schwäbisch Gmünd zu bestehen aufgehört. In Baden-Württemberg gibt es von diesem Zeitpunkt an neben den neun Stadtkreisen noch 35 Landkreise mit einer durchschnittlichen Einwohnerzahl von etwas über 200 000. Der Ostalbkreis zählte bei seinem Entstehen etwa 270 000, der Landkreis Gmünd am Ende seines Bestehens 112 000 Einwohner.

Wenige Wochen vor dem Ende des selbständigen Kreises Schwäbisch Gmünd wurde auf dem Hardt in unmittelbarer Nähe der PH der erste Spatenstich für das Berufsschulzentrum getätigt. In der Standortfrage hatte es Spannungen gegeben zwischen Stadt und Kreis. Die Kreisverwaltung wollte das Zentrum auf der Straßdorfer Höhe errichten, während Scheffold darauf bestanden hatte, daß es auf Markung Gmünd errichtet werde; er sah dafür den Platz im Anschluß an die Wohnbauten der Amerikaner und ihrer Sportanlagen vor. Der Kreistag hatte sich dann für diese Lösung entschieden.[155] Das inzwischen gebaute Berufsschulzentrum erfaßt in der Gegenwart ein breites Spektrum schulischer Ausbildungsmöglichkeiten, darunter allein drei Gymnasien: ein Technisches Gymnasium, ein Wirtschaftsgymnasium und ein Hauswirtschaftliches Gymnasium. Der Ostalbkreis hat den Bau dieses noch vom Kreistag des alten Kreises Schwäbisch Gmünd beschlossenen Berufsschulzentrums loyal durchgeführt.

## Die Kirchen in der Nachkriegszeit

Die Verfolgung im Dritten Reich und die ungeheuren Nöte der Nachkriegszeit führten die beiden Kirchen näher zueinander. Auch in der Nothilfe arbeiteten sie zusammen. Es gab nach 1945 einen religiösen Aufbruch, der allerdings nicht von Dauer war. Die Einschränkungen des kirchlichen Lebens aus der NS-Zeit fielen, die beschlagnahmten Einrichtungen wurden zurückgegeben.

Das rasche Wachstum der Bevölkerung stellte die Stadt und die Kirche vor gewaltige Aufgaben. Am drängendsten war auf Jahre hinaus die Wohnungsnot. Die Kirche leistete zur Linderung dieser Not ihren Beitrag. Münsterpfarrer Dr. Mager ergriff die Initiative zur Diözesansiedlung im Westen der Stadt. Später stellte die katholische Kirche den größten Teil des Stiftsguts sowie das dem Marienheim gehörende Gebiet in den Rappenwiesen für den sozialen Wohnungsbau und für die Schaffung von öffentlichen Einrichtungen zur Verfügung. In den neuen Stadtteilen entstanden Kindergärten, die in Gmünd lange Zeit ausschließlich von den beiden Kirchen betrieben wurden. Zur sozialen Bautätigkeit des Münsterpfarrers gehörte auch der Bau des Ketelerheims in der Goethestraße als Unterkunft für Lehrlinge und Jungarbeiter, wie sie vom Arbeitsamt und der IHK dringend gewünscht wurde. Als die Nachfrage nach Heimplätzen jedoch rasch nachließ, fand das Pädagogische Fachseminar für Sport und Werken dort eine Unterkunft, und in jüngster Zeit beherbergt das Ketelerheim eine Förderschule für jugendliche Spätaussiedler aus den Ostblockländern. Auch nach dem Krieg bestand die katholische Kirche aus den beiden Gemeinden

Münster und St. Franziskus. In der Zeit des stürmischen Wachstums der fünfziger und sechziger Jahre entstanden drei weitere Gemeinden, die sich um die neuerbauten Kirchen bildeten. 1958 wurde die Peter- und Paul-Kirche auf dem Hardt geweiht, ein Werk des Gmünder Architekten Albert Hänle. In ihrem Innern enthält sie ein Bronzekreuz von Otto Hajek. Wenige Jahre später entstand auf dem Rehnenhof um die von Architekt Olkus erbaute Kirche St. Maria eine neue Gemeinde, mit der später die aus dem Mittelalter stammende kleine Gemeinde St. Coloman in Wetzgau vereinigt wurde. Olkus hat auch die katholische Kirche in Großdeinbach gebaut. Als letztes Glied in der Reihe der neuen Gemeinden ist im Westen der Stadt die Pfarrei St. Michael entstanden. Ihre Kirche, ein eindrucksvolles Bauwerk, stammt von dem aus Gmünd stammenden Architekten Peter Schenk, Stuttgart, einem Sohn des Malers Alois Schenk. Diese Kirche wurde 1968 geweiht. Schon vorher erhielt der Osten der Stadt im Gebiet der Kiesäckersiedlung und des Sandwegs die St.-Pius-Kirche. Der Seelsorgebezirk St. Pius gehört kirchenrechtlich zur Pfarrei St. Franziskus. Neue Kirchenbauten und Kindergärten entstanden auch in den ab 1959 zu Gmünd gekommenen Stadtteilen, so in dem rasch gewachsenen Bettringen. Für das Siedlungsgebiet Lindenfeld-Hagenäcker war 1968 der Kindergarten St. Hedwig der Anfang für ein Gemeindezentrum. Ihm folgte später die Auferstehung-Christi-Kirche mit Gemeindehaus. Ferner wurde in Lindach eine katholische Kirche gebaut. Durch den Wegzug vieler Bürger aus der alten Stadt an den Stadtrand bzw. in benachbarte Gemeinden und durch das Nachrücken von Ausländerfamilien schrumpften die Pfarreien im Stadtkern beträchtlich. Längst überwiegen in der Münstergemeinde, in deren Bereich viele Altersheime liegen, die Todesfälle die Zahl der Geburten. Alle neuen Pfarreien führen ein ausgeprägtes Eigenleben. An der Spitze der katholischen Geistlichen stand in der Nachkriegszeit Münsterpfarrer Dekan Dr. Mager, ein persönlich anspruchsloser, asketischer Mensch und ein geistvoller Prediger. Nachfolger als Dekan wurde der langjährige Stadtpfarrer bei St. Franziskus Alfred Breitenbach. Auf ihn folgte 1971 der Seelsorger von St. Pius, Pfarrer Gebhard Luiz als Dekan. Als Münsterpfarrer amtierte von 1959 bis 1981 Franz Lenk. Münsterkapläne wurden Pfarrer in benachbarten Gemeinden: Jürgen Mühlbacher in Bettringen, Georg Schmid in Heubach und Erich Laupheimer in St. Michael. Eine Frucht des 2. Vatikanischen Konzils ist die stärkere Beteiligung der Laien am kirchlichen Geschehen: 1968 erfolgte zum erstenmal die Wahl des Pfarrgemeinderats in den einzelnen Gemeinden, heute Kirchengemeinderat genannt. Sein 2. Vorsitzender ist jeweils ein Laie. Und nun zur evangelischen Kirche in Schwäbisch Gmünd. Die Gemeinde im Stadtkern ist die Augustinusgemeinde; sie ist in drei Bezirke eingeteilt mit den entsprechenden Pfarrämtern. Auch bei der evangelischen Kirche sind in den Außenbezirken der Stadt Kirchen bzw. Gemeindezentren gebaut worden, um die sich neue Gemeinden bildeten. Das Pfarramt I verwaltete seit 1936 Wilhelm Teufel. 1951 wurde ein Evangelisches Dekanant Schwäbisch Gmünd gebildet, und Teufel war der erste Dekan. Wilhelm Teufel war ein vielseitig tätiger Mann. Die Gemeinde auf dem Rehnenhof verdankt seiner Tatkraft Kirche und Kindergarten. Neben einer Geschichte der evangelischen Gemeinde Gmünds verfaßte er Lebensbilder und lehrte am Pädagogischen Institut als Dozent für evangelische Religionspädagogik. Die Friedenskirche auf dem Hardt wurde 1961 gebaut. Es folgte das Gemeindezentrum »Brücke« im Westen. Der Bau einer Kirche dort wurde zunächst zurückgestellt. Im Lindenfeld entstand ein Gemeindezentrum, dessen Mittelpunkt die Versöhnungskirche ist. Dieses Zentrum wurde 1968 eingeweiht. In der Gegenwart besteht hier eine evangelische Gemeinde, die Bettringen und Degenfeld umfaßt.

Im Evangelischen Dekanat Schwäbisch Gmünd folgte 1955 auf Wilhelm Teufel Pfarrer Heinrich Lang als Dekan. Ihn löste 1967 Dekan Otto Müllerschön ab. Unter den Pfarrern, die in der Nachkriegszeit in Gmünd tätig waren, sind zu nennen Hermann Hühn, ein mitreißender Prediger, ein Mann, der häufig und engagiert zu Problemen der Gegenwart Stellung nahm, und Eberhard Lempp als Männerseelsorger.

Die barocke Neugestaltung der Augustinuskirche vor 200 Jahren wurde 1958 festlich begangen. 1960 fand eine Erneuerung der Augustinuskirche statt. Der bisher durch den Hochaltar führende Eingang wurde beseitigt, die kostbaren Gemälde von Anwander aufgefrischt. 1964 erhielt die Kirche eine neue Orgel.

Wie war das Verhältnis der Kirchen zueinander? Konfessionelle Rivalitäten ergaben sich auch nach 1945, doch ist man sich im Zeitalter der ökumenischen Bestrebungen sichtlich nähergekommen. Gegenseitige Besuche in den Gemeinden finden statt, evangelische Pfarrer predigen bei bestimmten Anlässen in katholischen Gotteshäusern und umgekehrt. In gegenseitiger brüderlicher Hilfe stehen bzw. standen neuerbaute Kirchen der anderen Konfession jeweils am Sonntag für den Gottesdienst zur Verfügung.

Großzuschreiben sind die sozialen Aktivitäten der Kirchen in der Nachkriegszeit. Sie reichen von der Bekämpfung der Nöte in der Stadt bis zu weltweiter Solidarität: für die Länder in der Dritten Welt bzw. für die Polenhilfe. Erwähnt wurden schon die Aktivitäten für den Wohnungsbau. Unter den sozial-karitativen Einrichtungen der Kirchen, die heute noch in unserer Stadt bestehen, ist, wenn wir das Spital außer acht lassen, das Blindenheim wohl die älteste. Es wurde vom evangelischen Stadtpfarrer Magister Viktor August Jäger 1831 gegründet und ist eine Stiftung. Dieses Blindenheim liegt an der Schul- und Asylstraße; es erhielt anfangs der siebziger Jahre einen Neubau. Während mit dem Heim eine Zeitlang eine Blindenfortbildung verbunden war, ist es heute nur noch Altersheim.

Umfassend ist die Tätigkeit der Vinzentinerinnen in den 130 Jahren ihres Hierseins. Sie haben in Gmünd ein Reich der Barmherzigkeit aufgebaut. Es fing damit an, daß sie 1852 das ziemlich verwahrloste Spital übernahmen. Durch reiche Schenkungen von Gmünder Bürgern unterstützt, konnten sie in der Folgezeit weitere soziale Einrichtungen schaffen. Heute haben die Barmherzigen Schwestern drei Schwerpunkte in Gmünd: St. Josef, St. Loreto und das Margaritenhospital. Sie wirken in der Kranken- und Altenpflege, in Kindergärten und in der Gehörlosenschule St. Josef. Diese erhielt 1969 einen modern ausgestatteten Neubau an der Katharinenstraße.

Vielseitig ist die Anstalt, die den Namen St. Loreto trägt. 1946 wurde das Kindergärtnerinnen-Seminar, das im Dritten Reich aufgelöst worden war, wieder eröffnet. 1956 konnte der Rupert-Mayer-Schülerhort bezogen werden, ein Tagheim für Vorschul- und Schulkinder. In Loreto entstand auch der erste Schulkindergarten in Gmünd; man bemühte sich um die vorschulische Erziehung. Aus dem Kindergärtnerinnen-Seminar ist zunächst eine Fachschule für Sozialpädagogik geworden, an der Erzieherinnen ausgebildet werden für Kindergärten, Horte, Kindertagesstätten und Erholungsheime. 1971 erhielt sie die staatliche Anerkennung und heißt heute Institut für sozialpädagogische Berufe. Bei der Umgruppierung von Loreto 1973 wurde die über 100 Jahre alte Hauswirtschaftsschule aufgelöst.

Sehr verändert hat sich im Lauf der Jahrzehnte die Zielsetzung beim Canisiushaus. Ursprünglich stellte es eine bischöfliche Kommunikantenanstalt dar für Kinder aus der Diaspora. Als deren Zahl zurückging, wurden mehr und mehr Kinder aufgenommen, die auf der Schattenseite des Lebens aufgewachsen sind und von Sozial- und Jugendämtern eingewiesen werden. Baulich hat sich das Canisiushaus in den fünfziger und sechziger Jahren beträchtlich ausgeweitet. Es entstanden nacheinander an der Weißensteiner Straße der Maria-Goretti-Bau und der Don-Bosco-Bau, ein Hochhaus. Die Kongregation betreut in Gmünd zwei Heime für besonders erziehungsbedürftige Kinder mit ausgebauter Schule.

Dann das Marienheim, das in der unmittelbaren Nachkriegszeit wichtige Aufgaben zu erfüllen hatte. 1945 befand sich im Saal des Marienheims eine Notunterkunft für die zahllosen Menschen, die damals auf Durchreise waren. Bis vor kurzem wirkten in dem Heim die Vinzentinerinnen. Hier wurden die Besatzungskinder aufgezogen, hier konnten alleinstehende Mütter, die zur Arbeit gehen mußten, in aller Frühe ihre Kinder abgeben und abends wieder abholen. Das Kinderheim ist in der Gegenwart verschwunden; geblieben ist das Altenheim im Marienheim.

St. Bernhard, das während des Krieges für Ostarbeiterinnen beschlagnahmt war, konnte 1946 seine Tore wieder öffnen. 1955 entstand ein Neubau für Schule und Internat. Die Pallottiner unterhalten ein staatlich anerkanntes Progymnasium, vorwiegend für Kinder aus dem ländlichen Raum. Sie leisten außerdem Mitarbeit in der

Seelsorge, helfen kranken und überlasteten Pfarrern und üben die Seelsorge im Kreiskrankenhaus aus. Seit 1956 nimmt das Haus Förderschüler auf; zeitlich ist hier die erste Förderschule in Gmünd für Spätaussiedler aus dem Osten entstanden.

Eine katholische Jugendarbeit nach den zwölf Jahren der absoluten Vorherrschaft der Hitlerjugend versuchte nach dem Krieg der damalige Vikar Hans Böhringer von St. Franziskus aufzubauen. Es entstanden teilweise die Bünde der katholischen Jugend wieder, doch konnten sie nicht mehr die Bedeutung erlangen, die sie vor 1933 besessen hatten. Neudeutschland und Heliand vereinten sich in den Jahren der Jugendproteste zur »Katholischen studierenden Jugend«. Neben ihr spielen eine eigenständige Rolle nach wie vor die St.-Georgs-Pfadfinder. Auf der Gemeindeebene bildete sich jeweils eine Pfarrjugend, zum Beispiel die KJ Münster und Franziskus. Die Bedeutung der katholischen Verbände erscheint gegenüber den Jahrzehnten vor und nach dem Ersten Weltkrieg erheblich gemindert. Viele sind verschwunden. Am besten gehalten hat sich die Kolpingsfamilie, der frühe Katholische Gesellenverein, die Gründung Adolf Kolpings. Die Katholische Arbeiterbewegung (KAB) spielt nur in Randgemeinden eine Rolle, zum Beispiel in Bargau. Die Kolpingsfamilie ist auf bildungspolitischem Gebiet aktiv geworden; sie hat in Gmünd die Abendrealschule eingerichtet.

An prägender Kraft für die Jugend haben die Kirchen im Zeitalter des schnell wachsenden Wohlstands stark eingebüßt. Religion und Kirche begegnen einer kritischen Einstellung bei ihr. In den Fragen der Einstellung zum Leben, zum Gottesdienstbesuch, zur Sexualität geht die Jugend vielfach eigene Wege.

In der evangelischen Jugendarbeit dominierte in den Jahren vor 1933 der »Christliche Verein junger Männer« (CVJM). Er hatte bereits einen Sportplatz mit Unterkunft auf dem Hardt angelegt. Nach dem Krieg baute Pfarrer Skrabak die Jugendarbeit wieder auf. Eine neue Blüte erlebte der CVJM in den fünfziger Jahren. In der Jugendarbeit tätig waren nacheinander Wolfgang Queitsch und Ulrich Däschler bzw. Frau Wörner bei den Mädchen. Alle Arbeitsformen der evangelischen Jugend in der Stadt, unter ihnen der CVJM und das Mädchenwerk als Hauptbeteiligte, schlossen sich in den siebziger Jahren zur »Evangelischen Jugend/CVJM Schwäbisch Gmünd« zusammen. Inzwischen hatte die Kirchengemeinde das Waldheim auf dem Hardt umgebaut und für die Stadtranderholung der Kinder in den Sommerferien eingerichtet. Ähnliches ist in der katholischen Kirche geschehen. Die beiden Gemeinden im Stadtkern, Münster und Franziskus, suchten zunächst provisorische Lösungen. Rechtzeitig zum Ferienbeginn 1970 wurde die Stadtranderholungsstätte Ziegerhof fertig. Dort finden das Jahr über Wochenendtagungen der Jugend, Einkehrtage, Pfarreifeste und Seniorentreffen statt.

In der ambulanten Krankenpflege hat sich ein großer Wandel vollzogen. Wurde einst dafür auf katholischer Seite eine Schwesternstation (St. Elisabeth) ins Leben gerufen bzw. in ländlichen Gemeinden ein Krankenpflegeverein gegründet, auf evangelischer Seite Diakonissen in der Stadt für die häusliche Krankenpflege gerufen, so ging Mitte der fünfziger Jahre, als die Schwestern wegen Überalterung ausschieden und nicht mehr ersetzt werden konnten, die Stadträtin Ilse Gseller, Frau des an Gmünder Gymnasien als Religionslehrer tätigen Pfarrers Karl Georg Gseller, neue Wege. Sie gründete eine Hauspflegestation, die bis zum Jahre 1971 auf die stattliche Zahl von zwölf festangestellten Hausschwestern und Pflegerinnen sowie fünf bis sechs Nachbarschaftshelferinnen angewachsen ist.[156] 1972 beschloß man, die bisherige Diakonissenstation und die Hauspflege zusammenzulegen. Auf katholischer Seite bestand zunächst keine gleichwertige Einrichtung; sie wurde erst später geschaffen. Als dann das Sozialministerium die Einrichtung von Sozialstationen plante, wurde die Hauspflegestation von Frau Gseller als Modell dafür anerkannt.

In der Altenpflege konnten die traditionellen Altenheime räumlich und sachlich nicht mehr genügen. Die Franziskanerinnen von Sießen schufen in dem ihnen gehörenden Komplex von St. Ludwig ein modernes Altenheim mit Clubraum für Seniorentreffen, Architekt war Otto Bayer.[157] Eine den neuen Erkenntnissen entsprechende dreiteilige Anlage mit Altenwohnungen, Altenheim und Pflegeheim errichteten die Barmherzigen Schwestern in St. Anna. Dort wurde ein ansprechendes Café für die Besucher eingerichtet. Der Evangelische Verein schuf Altenwohnungen mit Betreuung im Paul-Gerhardt-Haus in unmittelbarer Nähe zum Gemeindezentrum »Brücke«; später baute er das Gebäude der Schwäbisch Gmünder Ersatzkasse in der Goethestraße zu einem modernen Pflegeheim um (Johannes-Brenz-Haus). Alle diese Altenheime wurden von der Stadt finanziell gefördert.

Die katholische Gesamtgemeinde Schwäbisch Gmünd schuf sich im Franziskaner ein neues Gemeindezentrum. Dafür wurde das katholische Vereinshaus aufgegeben, das in den fünfziger Jahren zum Hotel Pelikan umgebaut worden war. Das ehemalige Franziskanerkloster, das die Kirche 1970 vom Staat erwarb, hatte nach dem Krieg das Aufbaugymnasium beherbergt.

Im Jahre 1958 erlebte die evangelische Gemeinde den inneren Umbau des Gemeindehauses. Dabei wurde der Saal durchgreifend erneuert und für die Jugendarbeit neue Räume gewonnen.[158] Für den Saal schuf J. W. Fehrle ein Formbild von der Heimkehr des verlorenen Sohnes, eine Synthese von Plastik und Malerei.

Die Kirchenchöre beider Kirchen standen in der Nachkriegszeit auf beachtlicher Höhe. Den Münsterchor dirigierte Eugen Walter. Nach kurzem Zwischenspiel folgte 1954 Klaus Henninger in der Leitung des Chores; er führte beim Pontifikalamt anläßlich der 800-Jahr-Feier der Stadt am 8. Juli 1962 Haydns »Paukenmesse« auf. Der Chor wurde zu auswärtigen Konzertreihen eingeladen, mehrmals wirkte er bei den Zwiefaltener Klosterkonzerten mit. Ein großer Schritt vorwärts war auch das Weihnachtskonzert 1967, das den Münsterchor und die Augustinuskantorei zur Aufführung von Bachs Weihnachtsoratorium vereinte. Auch die evangelische Augustinuskantorei, erst unter der Leitung von Leonore Queitsch und ab 1963 von Annigretl Müller, konnte bedeutsame Leistungen verzeichnen. Schon Frau Queitsch wagte sich mit dem Chor an größere Aufführungen, so an Bach-Kantaten und an den »Messias« von Händel. Annigretl Müller setzte diese Linie fort. 1972 wurde die Johannespassion von Bach aufgeführt und ein Abend »Von Bach bis Penderecki« gestaltet mit dem Miserere des letzteren aus der Lukas-Passion.

Ein neues Element brachten die St.-Michaels-Chorknaben in das Gmünder Musikleben, die auch häufig bei Veranstaltungen der bürgerlichen Gemeinde in Erscheinung treten. Ihre Gründung geht auf den an St. Franziskus wirkenden Vikar Müller-Dimmler zurück (1956). Zur Jahreswende 1960/61 nahmen die Gmünder Chorknaben mit Dekan Breitenbach an einem Treffen der Pueri Cantores in Rom teil.[159] Sie knüpften in der Folgezeit viele Kontakte nach draußen, so insbesondere zu den »Petits Chanteurs de Nancy« und nach England. Ihr Chorleiter war lange Jahre hindurch Rudi Arnold.

Ein Ereignis besonderer Art war das Münsterjubiläum 1951, das Kirche und Stadt gemeinsam begingen. Es erinnerte daran, daß vor 600 Jahren der Grundstein zum Bau des herrlichen Chors gelegt wurde. Der geistigen Einstimmung auf das Jubiläum dienten einige Vorträge von hervorragenden Sachkennern. Der Männergesangverein und der Singchor der Kolpingsfamilie veranstalteten gemeinsam ein Kirchenkonzert. Höhepunkt des Jubiläums war der Festgottesdienst, den der Erzbischof von Freiburg, Wendelin Rauch, zelebrierte. Der Münsterchor unter Eugen Walter brachte die C-Moll-Messe von Anton Bruckner zum Vortrag. Am Abend zuvor war eine festliche Versammlung im Stadtgarten, auf der prominente Redner ihre Verbundenheit mit Schwäbisch Gmünd und seinem Heilig-Kreuz-Münster zum Ausdruck brachten und dem Münsterpfarrer namhafte Spenden übergaben. Aus der Jubiläumsgabe der Stadt ging das erste der neuen Fenster im Chor hervor. Der Ulmer Maler Wilhelm Geyer hat hier den Kreuzweg Christi dargestellt; es folgten in den nächsten Jahren weitere Chorfenster, die aus Spenden finanziert werden konnten. Eine unmittelbare Folge des Münsterjubiläums war die Wiederbelebung des Münsterbauvereins. Sie war höchst notwendig, denn der Zustand des gotischen Bauwerks erregte schon damals beträchtliche Sorgen. Rund tausend Bürger der Stadt und auswärtige Freunde traten dem Verein bei und halfen in den folgenden Jahrzehnten mit, die notwendigen Arbeiten zur Wiederherstellung und Erneuerung des Baus zu finanzieren.[160] Zunächst wurde die Westfassade in Angriff genommen, nachdem bereits Teile vom Maßwerk und von Fialen herabgefallen waren. Im Jahre 1960 hat der Münsterbauverein auch die Johanniskirche in seinen Aufgabenbereich einbezogen.[161] Bis zu diesem Zeitpunkt konnte der Verein bereits über 400 000 DM an Beiträgen, Spenden und mit staatlicher Hilfe für die Erhaltung des Münsters aufbringen. Anfang der sechziger Jahre, nach dem extrem kalten Winter 1962/63 entschloß sich der Kirchenstiftungsrat, im Münster eine Heizung einzubauen. Dabei stieß man auf Fundamente der romanischen Vorgängerkirche.[162] Bei der Johanniskirche ging es zunächst um die Erneuerung des Turmes, die Jahre in Anspruch nahm. Die Abgase aus der Industrie und von den Kraftfahrzeugen hatten den weichen Sandstein derart angegriffen, daß der Turm sowohl in seiner baulichen Substanz als auch in seiner Statik bedroht war.[163] Schließlich mußte 1972 auch noch die stark gefährdete Westfassade eingerüstet werden. Auch hier hatten Wind, Wetter und Abgase ein gründliches Zerstörungswerk vollbracht.[164]

Nach dem Zweiten Weltkrieg ging die Arbeit des Roten Kreuzes kontinuierlich weiter. Eine kleine Schar begann zunächst mit der Arbeit, den Vorsitz übernahm Landrat Burkhardt. In der Folgezeit entstand das Jugend-Rotkreuz, ebenso die Bergwacht, ein einsatzfreudiges Glied der Gmünder Bereitschaft unter ihrem langjährigen Vorstand Alfons Schaal und Bereitschaftsarzt Dr. Jakober.[165] Schwerpunkte der Rote-Kreuz-Tätigkeit wurden die Ausbildung von Schwesternhelferinnen und der Blutspendedienst. Bei einer Großübung auf dem Hornberg im Mai 1965 legte der Kreisverein Schwäbisch Gmünd zusammen mit den Feuerwehren der umliegenden Kreise mit 120 Helfern und Helferinnen einen Beweis seines Könnens ab. 1966 feierte man das 75jährige Bestehen des Roten Kreuzes in Schwäbisch Gmünd. In diesem Jubiläumsjahr wirkten als Vorsitzender Landrat Dr. Röther, als Kreisbereitschaftsarzt Dr. Willi Langes, als Kreisbereitschaftsführer Emil Frey. Die Geschäftsführung hatte Johannes König inne. Kurze Zeit danach konnte das Rote Kreuz, das bislang im Florian nur unzulänglich untergebracht war, das Haus Josefstraße 1 kaufen, welches seitdem zum Mittelpunkt seiner Tätigkeit geworden ist. Seit Juli 1970 gibt es das Essen auf Rädern, eine höchst wertvolle Einrichtung des Roten Kreuzes für alte Menschen, die an das Haus gebunden sind. Die Anregung dazu hatte der Oberbürgermeister gegeben.

Der Malteser-Hilfsdienst, dessen Fahrzeuge in den Straßen der Stadt neben denen des Roten Kreuzes zu sehen sind, nahm 1961 seine Tätigkeit auf mit einem Kurs für häusliche Krankenpflege. In den Anfangsjahren stand ihm Graf von Soden, Vorsitzender des Hilfsdienstes für die Diözese Rottenburg, tatkräftig zur Seite. Zehn Jahre danach steht die Organisation des Dienstes mit dem Kreisbeauftragten Reinhold Schmid und dem Bereitschaftsarzt Dr. Schuhmacher. Die Tätigkeit ist vielseitig: Ausbildung der Bevölkerung in Erster Hilfe, Sofortmaßnahmen am Unfallort, Säuglings-, Kranken- und Verwundetenpflege. Die Malteser bemühen sich um Zusammenarbeit mit allen übrigen Hilfsorganisationen.[166] Auch die Arbeiterwohlfahrt ist eine Organisation der tätigen Hilfe. Sie hat einen Schwerpunkt in der Altenbetreuung. Im Feuerwehrhaus in Wetzgau richtete sie einen Klubraum ein. Hier werden Lichtbildervorträge gehalten und Filme vorgeführt. Aber auch die Jugendarbeit kommt nicht zu kurz. In den Ferien steht das Naturfreundehaus auf dem Himmelreich der Arbeiterwohlfahrt für die Kindererholung zur Verfügung.[167]

## Ausländer in Gmünd

Ausländer gab es im Gmünd der Nachkriegszeit von Anfang an: Es waren zum einen die Soldaten der Besatzungsmacht, zum anderen die ehemaligen Zwangsarbeiter aus vielen europäischen Ländern, nun die Displaced persons (D. P.) genannt. In die Gmünder Kasernenkomplexe zogen die amerikanischen Soldaten ein, nachdem die Masse der D. P. abgezogen war. Als durch die Westverträge aus den Besatzungstruppen verbündete Streitkräfte wurden, die in Deutschland auf Dauer stationiert waren und sind, kamen bei den länger dienenden Soldaten auch die Familien hierher, und es wurde für sie in den fünfziger Jahren auf dem Hardt, gegenüber den Wohnblocks der Deutschen und gegenüber der Hardt-Kaserne, eine amerikanische Wohnsiedlung gebaut mit Schule und Sportplätzen. Diese Amerikaner-Siedlung und die amerikanische Garnison mit ihren Übungen und Festen, zu der von deutscher Seite viele Beziehungen bestehen, ist für uns längst eine gewohnte Einrichtung.

Als dann im stürmischen Wachstum der Wirtschaft der deutsche Arbeitsmarkt Ende der fünfziger Jahre allmählich leergefegt war, tauchten die ersten ausländischen Arbeitskräfte in der Bundesrepublik und damit auch in Schwäbisch Gmünd auf. Sie waren meistens im Ausland angeworben worden, und man nannte sie einfach Gastarbeiter, womit angedeutet war, daß man mit einem Arbeitsverhältnis von ein paar Jahren rechnete, vielleicht auch nur in der Saison jeweils von Frühjahr bis Herbst, nicht aber mit einem Aufenthalt, der sieben, zehn und noch mehr Jahre dauern würde, wie es heute bei vielen der Fall ist. Das Problem der Gastarbeiter gab es schon in der Kaiserzeit um die Jahrhundertwende. Beim Straßen- und Bahnbau waren Italiener eingesetzt, zum Beispiel beim Bau der Göppinger Bahn, und einige von ihnen sind hiergeblieben, sind seßhaft geworden wie zum Beispiel der Maurer Cavatoni, der dann in Gmünd ein eigenes Geschäft gegründet hat. Auch in den frühen sechziger Jahren waren es zuerst Italiener, die nach Deutschland strömten, bald gefolgt von Griechen, Jugoslawen, Spaniern und Portugiesen. Die Türken, die heute das stärkste Kontingent stellen und bei denen die Integration besonders schwer ist, kamen später.

Je mehr Gmünder im Lauf der Jahrzehnte aus dem Stadtkern wegzogen, desto mehr wurden die Altbauwohnungen von Ausländern bezogen, die inzwischen ihre Frauen und Kinder und nicht selten den ganzen Familienclan hierher gebracht haben. Die starke Zunahme der Ausländer schuf naturgemäß viele Probleme, die besonders in Schulen und Kindergärten spürbar wurden. Eine Reihe von Gaststätten in der Stadt sind bald schon 10, 15 Jahre von Italienern, Griechen und Jugoslawen bewirtschaftet. Daneben finden wir Ausländer im Handwerk und Handel.[168] Sie gründeten Kleinbetriebe, vor allem Reparaturbetriebe als Schneider oder Schuster, also in Zweigen des Handwerks, die bei Einheimischen kaum mehr gefragt sind. Oder sie gründeten Textilgeschäfte und Lebensmittelhandlungen. Ausländer sind längst eine selbstverständliche Erscheinung im Stadtbild geworden, größere Gruppen von ihnen richten sich Klubheime ein, so die Griechen im Dezember 1969.

Am 30. September 1972 lebten in der Stadt 5068 Ausländer (ohne Amerikaner) bei einer Gesamtbevölkerung von 55 882 Personen. Das entspricht einem Ausländeranteil von 9,1 Prozent der Bevölkerung. Im einzelnen waren es — Männer, Frauen und Kinder jeweils zusammengerechnet — 1139 Jugoslawen, 1127 Griechen, 1054 Italiener, 755 Türken. Der Rest der Ausländer verteilte sich auf andere Nationalitäten.[169] Betreuung und Hilfe in Nöten finden die Ausländer bei den Wohlfahrtsverbänden der Kirchen und bei der Arbeiterwohlfahrt. Das Diakonische Werk hat die Betreuung der griechischen Gastarbeiter übernommen, die Caritas sorgt für Italiener, Spanier und Portugiesen, die Arbeiterwohlfahrt für die Türken.

Am Jahresende 1972 zählte die Stadt nach der amtlichen Fortschreibung 56 187 Einwohner. Der zahlenmäßige Anteil der Konfessionen sah folgendermaßen aus: 15 567 Evangelische, 38 825 Katholiken und 5224 Sonstige, das heißt Angehörige anderer Bekenntnisse bzw. Konfessionslose.[170] Die Differenz gegenüber der erwähnten Gesamtzahl von 56 187 Einwohnern ergibt sich aus einer anderen Zählweise, das heißt bei den Konfessionen sind auch solche Personen mitgezählt, die nur vorübergehend in der Stadt ihren Wohnsitz haben, zum Beispiel Studenten und andere.

## Kulturelles Leben in der Nachkriegszeit

Nach den Jahren der Fliegeralarme, der höchsten Inanspruchnahme durch den Krieg und der kulturellen Dürre herrschte schon wenige Monate nach Kriegsende ein lebhaftes Verlangen nach kulturellen Gütern. Ihm kamen in unserer Stadt viele Gastspiele von auswärtigen Künstlern, Theateraufführungen und Vorträge entgegen. Schwäbisch Gmünd war schon immer eine Stadt der Schulen und der Kunst. Beginnen wir daher zunächst mit den Schulen der Nachkriegszeit.

Für alle gelten mehr oder weniger die gleichen Anfangsschwierigkeiten. Zunächst waren sie nach dem Willen der Besatzungsmacht bis zum Herbst 1945 geschlossen;

es mußten ja erst die Voraussetzungen für die Wiederaufnahme des Unterrichts geschaffen werden: ein vom Ungeist des Dritten Reiches befreiter Lehrkörper, Säuberung der Schulbücher und der Schulbibliotheken sowie das Freimachen der Schulgebäude. Diese waren nach der Besetzung vielfach von den amerikanischen Truppen als Unterkunft in Anspruch genommen worden. Die Hindenburg-Oberschule für Jungen — heute das Parler-Gymnasium — diente bis Frühjahr 1947 als Aufnahmelager für Heimatvertriebene und Flüchtlinge. Was allen Schulen gemeinsam war: rasch steigende Schülerzahlen und damit große Klassen, viel zu wenig Lehrer, drangvolle Enge in den wenigen zur Verfügung stehenden Schulhäusern, keine Schulbücher, kaum Hefte. Dazu kam, was in den höheren Schulen schmerzlich vermißt wurde: Es fehlten weithin die Apparate und Einrichtungen für den naturwissenschaftlichen Unterricht.[171] Bei der Ingangsetzung der Schulen fanden die kommissarisch ernannten Schulleiter Verständnis und Unterstützung beim Leiter der Abteilung Erziehung und Kultus der Militärregierung, Mr. Robinson.

Um der akuten Schulraumnot auf dem Rehnenhof zu begegnen, erstellte die Stadt dort zunächst eine Schulbaracke, ähnliches geschah später im Westen der Stadt in der Nähe vom Bahndamm der Göppinger Bahn. Die ersten Neubauten galten der Volksschule, es sind dies die Rauchbeinschule im Osten und die Friedensschule auf dem Rehnenhof. Die Rauchbeinschule, erbaut Anfang der fünfziger Jahre, ist ein Werk des Stuttgarter Architekten Wolf Irion, ein Schulkomplex, der sich in den 30 Jahren seines Bestehens durchaus bewährt hat. Die Friedensschule, ebenfalls in dieser Zeit gebaut, wurde nach den Plänen des Stadtbauamts errichtet. Der nächste Schulhausbau der Stadt in der Nachkriegszeit galt der Oberschule für Mädchen, die nun zur Vollanstalt ausgebaut wurde. Zunächst hatten beide Oberschulen, die Oberschule für Jungen und die für Mädchen, in drangvoller Enge das in den zwanziger Jahren erbaute Schulgebäude von St. Ludwig entlang der Katharinenstraße inne. Als dann im Herbst 1947 die Oberschule für Jungen wieder das angestammte Schulhaus beziehen konnte, gab es etwas Luft. Aber das Schulhaus von St. Ludwig war bei der rasch wachsenden Schülerinnenzahl auch für die Oberschule für Mädchen dann zu klein; außerdem war es als Wiedergutmachungsfall wieder in die Hand der Franziskanerinnen von Sießen gekommen, so daß für die Stadt auch hier ein Neubau zwingend wurde.

Die Oberschule für Jungen war von 1947 bis 1961 durch die Lehrerpersönlichkeit von Dr. Ludwig Fricker geprägt. Er war ein Mann von hoher Pflichtauffassung; unter ihm mußten Ordnung und Disziplin an der Schule herrschen. Er setzte es durch, daß die Schule, die früher einmal Realgymnasium und dann Hindenburg-Oberschule hieß, den Namen Parler-Gymnasium erhielt (1952).

Beide Berufsschulen, die gewerbliche wie die kaufmännische, waren nach dem Zweiten Weltkrieg noch städtisch. Bei der Kaufmännischen Berufsschule und Höheren Handelsschule war die Lage besonders prekär. Ihr angestammtes Schulhaus, die »Schmalzgrube« (heute Schwörhaus), war anderweitig belegt, und so war die Schule in den ersten Nachkriegsjahren auf mehrere Gebäude in der Stadt verteilt. Später konnte sie ihr altes Schulhaus wieder beziehen, aber es war bei dem wachsenden Schülerandrang viel zu klein geworden. Dazu trat der Umstand, daß bald 60 Prozent der Schüler von auswärts kamen, aus den Kreisgemeinden und aus anderen Landkreisen. So kamen Stadt und Kreis überein, daß die Schule ein neues Gebäude erhalten und bei diesem Anlaß in die Trägerschaft des Landkreises übergehen solle.

Vor dem schönen und zweckmäßigen Schulgebäude entstand noch ein kleiner Bau, der die Kreisbildstelle aufnahm und darüber einen Saal bekam, in dem der Kreistag seine Sitzungen abhielt. Denn dieser hatte bislang in Gmünd keinen eigenen Tagungsraum. 1954 wurde die neue Kreishandelsschule ihrer Bestimmung übergeben.[172]

Auch die Gewerbeschule, der sich bald weitere berufsbildende Ausbildungsmöglichkeiten angliederten, so verschiedene Aufbaulehrgänge und eine Abendtechnikerschule, platzte bereits 1954 mit 1800 Schülern aus den Nähten. Das barocke Gebäude des reichsstädtischen Waisenhauses beim Spital, dazu das Sudhaus und das Arenhaus, konnten ihrem Raumbedürfnis in keiner Weise mehr genügen. So half die Stadt zunächst mit Ergänzungsbauten anschließend an das Waisenhaus, dazu kam im Hof ein dreistöckiger Neubau.[173] Aber auch hier wuchs die Erkenntnis, daß auf die Dauer ein Neubau unumgänglich sei und daß die Trägerschaft wechseln müsse. Ab 1958 führte der bisherige Leiter der Gold- und Silberschmiedeklassen, Dr. Ludwig Mangold, die Schule. 1965 wurde der Zweckverband Gewerbliche Berufsschule Schwäbisch Gmünd aufgelöst, seine Aufgaben übernahm der Landkreis. Vom Neubau des Berufsschulzentrums auf der Bettringer Höhe war schon die Rede.

Die Fachschule — voller Name: Staatliche Höhere Fachschule für das Edelmetallgewerbe — stand in den ersten Nachkriegsjahren noch unter der Leitung von Prof. Walter Klein. Bereits 1945 fand hier eine vielbeachtete Ausstellung statt; die Aula diente häufig kulturellen Veranstaltungen. 1947 übernahm Prof. Walter Lochmüller die Führung. Der gute Ruf, den die Schule im In- und Ausland genießt, brachte viele junge Männer und Frauen zum Studium mit Praxis hierher, hatte doch die Schule damals noch vor allem die Aufgabe, das Edelmetallgewerbe durch die Ausbildung tüchtiger Fachkräfte zu unterstützen.

In den fünfziger Jahren fand eine bauliche Erweiterung des Schulkomplexes statt, und zwar, was ein Glücksfall war, durch den Erbauer von 1909, Prof. Martin Elsässer.[174] Die Schule verfügte über eine Reihe ausgezeichneter Fachkräfte, von denen allerdings Prof. Braun-Feldweg sie nach fünf Jahren wieder verließ, um in Berlin einen Lehrstuhl zu übernehmen. Die Gmünder Professoren Feuerle und Holl waren auf internationalen Ausstellungen vertreten. Von Holl, der eine große Zahl von Medaillen und Gedenkmünzen schuf, stammt der Entwurf für das einst so populäre 5-DM-Stück, das jahrzehntelang in Gebrauch war.[175] Feuerle errang bei dem Wettbewerb für eine Sonderprägung zum 150. Todestag Schillers (1955) den 1. Preis.[176] Walter Lochmüller erhielt bei der Einweihung des Deutschen Goldschmiedehauses 1958 in Hanau den Goldenen Ehrenring für Goldschmiedekunst.[177] Mit der neuen Abteilung für Glasformung nahm die Schule die Chance wahr, die der Stadt durch die Ansiedlung heimatvertriebener Glasmacher aus dem Sudetenland und aus Schlesien zugewachsen war. Die Schule erlebte in den eineinhalb Nachkriegsjahrzehnten noch einmal eine große Blüte, dann kam eine Phase der Unruhe, des Suchens nach neuen Wegen, des Experimentierens; von ihr ist unten die Rede.

## Die Anfänge der Volkshochschule

Nach den zwölf Jahren der Gewaltherrschaft, der geistigen Dürre infolge der Gleichschaltung und der Gängelung des persönlichen Lebens jedes einzelnen, wuchs 1945 ein elementares Verlangen nach den freien Gütern des Geistes. Aus dieser Bewegung entstand die Volkshochschule Schwäbisch Gmünd. Die Initiative zu ihrer Gründung ging von Frau Irma Schmücker aus. Unermüdlich ging sie an die Arbeit, gewann die Unterstützung von Oberbürgermeister Czisch und angesehener Persönlichkeiten aus der Stadt, stellte ein Dozententeam auf die Beine, trieb die notwendigen Räume auf und warb die ersten Mitglieder.[178] Dabei hatte sie anfangs kein Büro, kein Telefon, keine Schreibmaschine. Bei der Eröffnung am 11. September 1946 sprach Ministerialdirektor Bäuerle aus Stuttgart, ein Vorkämpfer der Erwachsenenbildung in der Weimarer Zeit. Mehr als 600 Hörer schrieben sich gleich für die Kurse des ersten Trimesters ein. Dr. Hermann Erhard trat mit Oberbürgermeister Czisch an die Spitze des Kuratoriums und stellte so die Verbindung her zum Volksbildungsverein der Weimarer Zeit. In zahlreichen Veranstaltungen wurden die nach 1933 abgerissenen Kontakte zur kulturellen Entwicklung im übrigen Europa wiederhergestellt. Redner aus Frankreich, England, Schweden, der Schweiz und den USA konnten gewonnen werden. Bedeutende Einzelvorträge hielten Theodor Heuss, die Professoren Wenzel, Schmaus, Schnabel aus München, Prof. Martini, Stuttgart, Prof. Liepman aus Oxford und der Schweizer Kulturphilosoph Zbinden. Große Beachtung fanden auch die Vorträge von Propst Asmussen, dem Leiter der Kanzlei der EKD in Schwäbisch Gmünd, und Dr. Max Mayer, Dozent am Pädagogischen Institut. Dr. Agnes Herkommer hielt Vorträge zur Gegenwartsliteratur. Dichterlesungen rundeten das Programm ab; es erschienen dazu in Gmünd Werner Bergen-

gruen, Edzard Schaper, Elisabeth Langgässer, Hermann Kasack und Reinhold
Schneider, in späteren Jahren Günter Eich, Siegfried Lenz und Gerd Gaiser. Schon
früh veranstaltete die Volkshochschule Gruppenfahrten ins Ausland,[179] sie halfen,
die Isolierung der Deutschen zu überwinden. 1947 lief auch die Arbeit in den Kreisgemeinden an. Sie hat in der Gegenwart große Bedeutung erlangt. Für die Kreisar-
beit war über Jahrzehnte hinweg Frau Pachmann tätig.
Anfangs bekam die VHS großzügige Unterstützung von den Amerikanern. Diese
war besonders in den schwierigen Monaten nach der Währungsreform wichtig. Die
Amerikanische Bibliothek mit den Werken der modernen Literatur wurde stark fre-
quentiert und später der VHS angegliedert. Als 1953 die amerikanische Unterstützung aufhörte, entstand eine kritische Situation für die Volkshochschule.[180] Ihr Weiterleben war nur dadurch möglich, daß Stadt und Kreis zusätzliche Mittel bereitstell-
ten. 1954 gab Frau Schmücker die Leitung der VHS ab, ihre Nachfolgerin wurde
Frau Isolde Kern, in den Jahren zuvor schon aufs beste vorbereitet für diese Aufgabe.
Wenige Monate nach dem Zusammenbruch des Dritten Reiches setzte in Gmünd
reges Musik- und Theaterleben ein. Dabei handelte es sich vielfach um hochstehende
Veranstaltungen. Das neu gegründete Stuttgarter Kammerorchester trat wiederholt
in Gmünd auf, sein sympathischer Dirigent Karl Münchinger war hier ein gern gese-
hener Gast. Prof. Erfurth veranstaltete einen Beethoven-Zyklus, es erschien auch die
französische Meisterpianistin Monique de Bruchollerie. Alfons Fügel gab einen Lie-
derabend, am Flügel begleitet von Hubert Giesen. Bald regten sich auch die einheimischen Kräfte, namentlich im Gmünder Musikleben. Der 14jährige Gmünder Pia-
nist Arthur Dangel, eine erstaunliche Begabung, trat öfters in Konzerten auf; er
machte sich später als Komponist einen Namen. 1950 begründete Günther Fischin-
ger die Orgelkonzerte im Münster, von denen er eine große Anzahl selbst bestritt.
Er holte bekannte Organisten aus dem In- und Ausland nach Schwäbisch Gmünd,
gastierte selbst in den Städten der Niederlande und Belgiens, der Schweiz und später
auch in der Sowjetunion, »ein temperamentvoller, farbig registrierender Organist«,
wie ihn die »Tat« nennt.
Die Münsterkonzerte waren jahrelang ein finanzielles Risiko. 1967 trat der bekannte
Dirigent Hans Müller-Kray mit dem Orchester des Süddeutschen Rundfunks auf.
Dieses Konzert bedeutete den Durchbruch. Von da an gab es Konzerte mit 1500 und
1800 Besuchern. Es kam im Oktober 1967 zu einer Besprechung, bei der Oberbürgermeister Scheffold die Unterstützung der Stadt in Form einer Ausfallbürgschaft bis
zu einer bestimmten Höhe zusicherte.[181]
Das Gmünder Kammerorchester trat 1953 ins Leben. Gerhard Saal war durch viele
Jahre hindurch sein Dirigent. Es hat sich in dieser Zeit zu einem festen Bestandteil

des Gmünder Musiklebens entwickelt. In Verbindung mit der Stadt veranstaltete das Orchester 1967 ein festliches Konzert, dessen Leitung der Franzose Jean Meyer hatte. 1968 und 1969 trat auch das Stuttgarter Kammerorchester unter Prof. Karl Münchinger wieder in Gmünd auf, beidemal im Münster. Seit 1967 besteht der Philharmonische Chor in Schwäbisch Gmünd, der sich seitdem bestens eingeführt hat. Chorleiter ist seit Beginn Hubert Beck. Der Chor, der auf Kräfte aus Lehrerkreisen und der PH zurückgreifen kann, trat am 3. Mai 1967 mit einem Bach-Konzert im Münster erstmals an die Öffentlichkeit. 1968 folgte das Oratorium »Die Jahreszeiten« von Joseph Haydn in der Uhlandhalle in Bettringen, 1969 im Münster das Requiem von Dvořák.

## Die Vereine in der Nachkriegszeit

Die Blütezeit der Vereine in Deutschland war das bürgerliche Zeitalter vor 1914. Sie sind auch heute nicht bedeutungslos, Jahr für Jahr entstehen neue. Aber die Zeitgenossen bringen doch ein geringeres Interesse für sie auf als frühere Jahrzehnte. Seit mehr als 20 Jahren ist eine gewisse Vereinsmüdigkeit zu beobachten, vor allem bei den Gesang-, weniger bei den Sportvereinen. Das eigentümliche an den Vereinen ist, daß sie zugleich der Sphäre der Öffentlichkeit angehören und der Sphäre des Privaten. Der Verein steht in der Öffentlichkeit, er wirkt in sie hinein, die Zeitungen berichten über ihn. Er bietet aber zugleich eine Sphäre der Vertrautheit, des kameradschaftlichen Umgangs, ein »Wir-Gefühl«, das ihn von anderen Organisationen abhebt.

Es gibt in Gmünd zahlreiche Vereinsgeschichten, auch gedruckte, aber keine Geschichte der Gmünder Vereine. Dieses fehlende Stück Geschichte kann auch diese Darstellung nicht ersetzen. Beginnen wir zunächst bei den Vereinen, die den Gesang bzw. die Musik vertreten. Sie haben in Gmünd eine alte Tradition; bei ihnen ist aber auch der Abfall gegenüber früheren Zeiten besonders augenfällig – denken wir nur an die Vielzahl der Gesangvereine in unserer Stadt in früheren Zeiten. Wo ist so ein mächtiger Chor, ein so einflußreicher Verein wie der Männergesangverein geblieben? Etwas anders ist die Entwicklung in den Randgemeinden, obwohl auch da gelegentlich über Nachwuchsmangel geklagt wird. Die Vereine sind dort noch stärker verankert, als es in der Stadt selbst der Fall ist. Eine einflußreiche kulturelle Rolle spielen noch heute zum Beispiel der Liederkranz Bettringen und der Liederkranz Straßdorf, aber auch der Liederkranz Herlikofen sowie der Gesang- und Musikverein Cäcilia Hussenhofen.

Wir wollen die Nachkriegsentwicklung kurz verfolgen. Der Männergesangverein formierte sich 1946 neu unter Chormeister Hugo Mack; er leitete den Chor über 22

Jahre lang bis 1968. Unter ihm verzeichnete der MGV noch manchen schönen Erfolg. Erwähnt sei besonders die große Feier anläßlich des 130jährigen Bestehens des Vereins am 5./6. Dezember 1953. Der Chor führte aus diesem Anlaß das Oratorium »Die Jahreszeiten« von Joseph Haydn zusammen mit dem Symphonieorchester des Süddeutschen Rundfunks und namhaften Solisten auf. Doch die Glanzzeit des MGV ist vorüber. Der Erfolg von 1953 kann nicht darüber hinwegtäuschen, daß der Verein allmählich in eine Krise geriet, und zwar durch den immer stärker spürbaren Sängerschwund. Die heranwachsenden Jahrgänge der Gmünder waren eben weniger bereit, aktiv in einem Gesangverein mitzumachen, und so kamen sie alle in Schwierigkeiten. Man half sich mit der Bildung von Chorgemeinschaften. Diesen Weg beschritt auch Erich Ganzenmüller, der den Gesangverein Alpenrose, den Singchor der Kolpingsfamilie und den Liederkranz Straßdorf dirigierte und bei größeren Veranstaltungen die Chöre aller drei Vereine zusammenfaßte. Auch sein Nachfolger Hubert Beck gründete eine Chorgemeinschaft. Die Chorgemeinschaft Beck, der MGV und der Philharmonische Chor bestritten zusammen mit den Nürnberger Symphonikern am 18. April 1970 ein Festkonzert aus Anlaß des hundertjährigen Bestehens des Liederkranzes Bettringen. Schließlich kam es in den siebziger Jahren zur Fusion von MGV, Alpenrose und Liedertafel in dem »Gesangverein Schwäbisch Gmünd 1823«. Sogar der Name des Männergesangvereins ist verschwunden.

Nach wie vor besteht der Singchor der Kolpingsfamilie. Er tritt bei kirchlichen Anlässen auf. Bekannt ist er in weiten Kreisen vor allem durch seine Operettenaufführungen. 1968 zeigte er die Operette »Monika« von Nico Dostal; die musikalische Leitung hatte Hans Peter Weiß, der damals noch Student war. Er hat in der Zwischenzeit noch mehrere Operetten erfolgreich aufgeführt und leitet den Kolpingchor, der heute ein gemischter Chor ist.

1965 wurde ein »Stadtverband Musik und Gesang« gegründet; er umfaßte 23 Musik- und Gesangvereine mit 1500 aktiven Mitgliedern.[182] 1969 veranstaltete dieser Stadtverband eine Pressekonferenz, auf der der 1. Vorsitzende Dr. von Abel und Schriftführer Rudi Böhmler die Pläne für eine Jugendmusikschule Schwäbisch Gmünd erläuterten. Diese wurden in den folgenden Jahren verwirklicht, die Leitung übernahm Hubert Beck. Die Jugendmusikschule erfreute sich gleich zu Beginn eines großen Zuspruchs. Nach dem Umbau der Schmalzgrube zum Schwörhaus fand sie dort eine treffliche Unterkunft.

Ein Auf und Ab ist auch bei den musiktreibenden Vereinen zu beobachten, Beispiel dafür ist der Musikverein. 1956 wurde der Donauschwabe Martin Mesöwari Kapellmeister des ersten Musikvereins; er gründete 1961 die Stadtjugendkapelle, die sich dann vom Musikverein trennte. 1972 gehörten der Stadtjugendkapelle, die in Gmünd und auswärts einen sehr guten Ruf genießt, 110 Jungen und Mädchen an.

Erfolge konnte sie bereits 1962 beim Festzug anläßlich der 800-Jahr-Feier und beim Besuch des französischen Staatspräsidenten de Gaulle im Ludwigsburger Schloß verzeichnen.[183] Georg Penz gründete ein Akkordeonorchester, das sich bald einen Namen machte. 1967 gab es bereits zwei Akkordeonorchester in Schwäbisch Gmünd. Eine populäre Neugründung ist auch die Burgenlandkapelle, die in Gmünd wie auswärts viele Erfolge verbuchen kann.

Bald nach Kriegsende verzeichneten wir ein lebhaftes Sportgeschehen in Gmünd. Die Normannia wurde in der Nachkriegszeit weniger durch den Fußball bekannt als durch ihre ausgezeichnete Radballmannschaft. Beim Großturnier im Zweier-Radball 1946, zu dem neun Mannschaften aus Württemberg-Baden antraten, ging die Gmünder Mannschaft Feucht-Pfeiffer als Sieger hervor. 1955 fand in der Stadthalle ein Länderkampf Deutschland-Frankreich statt, den das Gmünder Paar Kuppelmayer/Herzer gegen den französischen Meister gewann.

Als neuer Verein traten 1946 die Gmünder Sportfreunde ins Leben; sie erhielten 1959 einen Sportplatz im Schießtal. Ihre Boxstaffel gehörte in den fünfziger Jahren zu den besten in Baden-Württemberg. Außerdem haben die Sportfreunde Badminton in Gmünd eingeführt.

Eine führende Rolle im Schwimmsport, wie er sie heute innehat, konnte der Schwimmverein bereits im ersten Nachkriegsjahrzehnt aufweisen. Bei den Wettkämpfen im März 1954 in Würzburg errang Hans Botsch den Titel eines Süddeutschen Meisters im 100-m-Rückenschwimmen. Susanne Richter wurde im gleichen Jahr zweite im Kunstspringen, im Jahr danach Deutsche Meisterin, sie konnte diese Meisterschaft mehrmals wiederholen.

Der Tennisverein mußte sein Spielfeld an der Haußmannstraße für den Neubau des Hans-Baldung-Gymnasiums aufgeben; er erhielt dafür von der Stadt im Schießtal ein großes Pachtgelände, auf dem zunächst vier Tennisplätze angelegt wurden.

Die Segelfliegerschule Hornberg, in den letzten Kriegstagen zerstört, wurde nach einem zunächst bescheidenen Aufbau am 4. Juli 1953 wieder ihrer Bestimmung übergeben. Sie ist in den folgenden Jahren auf dem besten Weg, ein Mittelpunkt der deutschen Segelfliegerei zu werden, und soll vor allem Übungsstätte für Leistungsflieger, Wettbewerbsflieger und Flugpersonal sein. Ihr Leiter, Max Beck, galt als der seinerzeit erfolgreichste Segelflieger in Deutschland.[184] 1964 war der Wiederaufbau auf dem Hornberg beendet, Innenminister Dr. Filbinger übergab die neuen Schul- und Unterkunftsgebäude. Erfolgreich war in den sechziger Jahren auch die Gmünder Fliegergruppe. Sie belegte 1967 beim Wettbewerb des Deutschen Aeroclubs mit den Piloten Otto Pauler, Otto Müller und Peter Lackner den 2. Platz.

Als weiterer Sportverein trat 1962 die DJK in Erscheinung. Um die Wiedergründung hat sich der damalige Kaplan am Münster, Alfons Wenger, sehr bemüht. Die Deutsche Jugendkraft war in den zwanziger Jahren als katholische Sportbewegung ins Leben getreten, mußte sich aber dann unter dem Druck des Dritten Reichs auflösen. Während die Rolle der DJK im Fußball bescheiden blieb, machten die Tischtennisdamen bald von sich reden. Lore Komhard und Ursula Schamberger holten 1964 den württembergischen Tischtennispokal der Mädchen.[185] 1969 stiegen die DJK-Mädchen in die Oberliga auf. Im selben Jahr erregte auch die Volleyballmannschaft der DJK Aufsehen. 1972 feierte der Verein den 50. Geburtstag.

Um den Skisport bemühen sich der Skiverein Schwäbisch Gmünd und der Skiclub Degenfeld. Zur Großen Mulde auf dem Kalten Feld wurde ein Skilift gebaut. Im August 1963 wurde in Degenfeld die »Vereinte Skizunft Kaltes Feld« gegründet; sie ist Trägerin der Anlage. Ihr gehören an die Gemeinde Degenfeld, der Skiclub Degenfeld und der Skiverein Schwäbisch Gmünd, dazu private Förderer.[186] Die Aufgabe wurde tatkräftig angepackt, die Mitglieder der beiden Skivereine leisteten dabei Eigenarbeit. 1967 wurde auch ein Sessellift zum Kalten Feld eingeweiht.

Die Turngemeinde konnte anläßlich ihres 110jährigen Bestehens 1954 ihr Turnerheim an der Buchstraße eröffnen. Im Jubiläumsjahr 1969, als der Verein sein 125jähriges Bestehen feierte, konnte die TG nach langer Zeit wieder einen Deutschen Meister stellen, und zwar geschah dies im Friesenkampf durch Norbert Bauer.[187]

Nur vorübergehend gelang den Fußballern der Normannia in den sechziger Jahren der Aufstieg in die I. Amateurliga. Die erste Mannschaft der Radballer, Beutel und Kienle, erreichte die Endspiele im Europacup. Neuer Vorsitzender der Normannia wurde 1971 Erwin Höfer, nachdem Rechtsanwalt Dr. Stegmaier zwölf Jahre hindurch dieses Amt innehatte.[188] Die Sportanlage im »Laichle« ging 1968 ihrer Vollendung entgegen. Mit Unterstützung der Stadt wurde dort das Vereinsheim des SV Rehnenhof gebaut. Auch in Hussenhofen wurde ein Sportplatz eingeweiht. Heinrich Nonner, einst Mitbegründer des Deutschen Fußballbundes, feierte 1968 in Bettringen seinen 90. Geburtstag.

Bei den Schwimmern machte Angelika Grieser 1971 von sich reden. Nach einem Lehrgang des Deutschen Schwimmverbandes startete sie beim Jugendvergleichskampf Deutschland/Schweiz/Österreich. Ihre Siege über 100 m und 200 m Rücken trugen wesentlich zum Erfolg der deutschen Mannschaft bei.[189]

Die Stadt hat in den Jahrzehnten seit der Währungsreform viel für den Sport getan, es sei hier nochmals an die Fertigstellung des Freibads Schießtalsee erinnert. Die Anlage wird laufend verbessert, zum Beispiel 1972 durch beheizte Schwimmbecken. Dazu kommt der Bau von Turn- und Sporthallen. Im Jahr 1962 verfügte die Stadt über acht Turnhallen. Die Turnhalle auf dem Rehnenhof (Architekt Häussler) folgte 1963. 1970 entstand die großzügig angelegte Sporthalle im Schwerzer, entworfen von Konrad Wahl, schließlich das neue Hallenbad, das nach dem Entwurf von Gerhard Weber, München, gebaut wurde. In den ersten Maiwochen 1972 fand ein sportlicher Höhepunkt in Gmünd statt: die Turnerinnen der UdSSR, Kanadas und der Bundesrepublik trugen in der neuen Sporthalle einen Länderkampf aus.[190] Dabei trat die Olympiasiegerin im Achtkampf, Ludmilla Turistschewa, auf. Schließlich folgte ab 1967 der jährliche Sportlerball mit der Ehrung der besonders erfolgreichen Athleten des Jahres. Bei der Ehrung 1971 konnte Oberbürgermeister Dr. Schoch folgende Erfolgsbilanz vorlegen: vier deutsche Meistertitel, acht süddeutsche Meisterschaften und viele sonstige herausragende Leistungen der Gmünder Sportler in diesem Jahr.[191] Bei der Stauferschule wurde ein Spiel- und Sportplatz eingerichtet, der keinem Verein gehört, sondern der Allgemeinheit dient und vorwiegend von Jugendlichen benutzt wird.

## Gmünder Schulen 1957 bis 1972

Auf Dr. Fricker folgte am Parler-Gymnasium Oberstudiendirektor Weiß für ein knappes Jahrzehnt. In den sechziger Jahren erging auf einen Alarmruf von Georg Picht hin das Gerede von der deutschen Bildungskatastrophe. Die Gymnasien wurden von den schnell ansteigenden Schülerzahlen überrollt. Waren es unter Fricker noch etwa 800 Schüler, so stieg die Schülerzahl am Parler-Gymnasium im Schuljahr 1968/69 auf mehr als 1000. Weiß wandte sich an Oberbürgermeister Scheffold. Von einem Erweiterungsbau am Parler-Gymnasium war schon früher die Rede gewesen. In einer denkwürdigen Aussprache mit dem Elternbeirat und den Lehrern der Schule am 29. September 1965 vertrat der Oberbürgermeister eine umfassendere Lösung: die Gründung eines dritten Gmünder Gymnasiums.[192] Bald lag der Standort fest: Im Südosten der Stadt, zwischen der Dreifaltigkeitsbrücke und Unterbettringen stand ein großes städtisches Gelände für ein Schulzentrum zur Verfügung. Im Strümpfelbachtal entstanden die neuen Bauten für das neue Gymnasium und die zweite Realschule. Scheffold hat die Vollendung des Schulzentrums nicht mehr erlebt. Die späten sechziger Jahre waren Jahre der Gärung, die Studentenrevolte schuf Unruhe auch an den Gymnasien. Hemmungslose Kritik an allem Bestehenden wurde Trumpf, der Zeitströmung war jede Form von Autorität zuwider, unter Freiheit wurde Schrankenlosigkeit verstanden.

Um die Ingangsetzung der Volksschule in Stadt und Kreis nach 1945 hat sich Schulrat Josef Waldenmaier große Verdienste erworben; er amtierte bis 1960. Auf ihn folgte als Leiter des staatlichen Schulamts der bisherige Rektor an der Maria-Kahle-Schule, Josef Kleinknecht. Herausragende Schulpraktiker waren in den fünfziger und sechziger Jahren an der Rauchbeinschule, später auch an der Stauferschule tätig. Sie wurden später Rektoren an den neuen Volksschulen, so Arthur Schuler, Edelbert

Pauser und Adolf Hägele. Die Maria-Kahle-Schule erhielt Anfang der sechziger Jahre Frau Maria Banholzer als Rektorin. Beide Schulen waren für das PI und dann für die PH für die schulpraktische Ausbildung der angehenden Grund- und Hauptschullehrer von großer Bedeutung.

Aus kleinsten Anfängen heraus ist die Schule entstanden, die längst nicht mehr wegzudenken ist aus unserem Erziehungssystem, nämlich die Pestalozzischule für lernschwache und lernbehinderte Kinder. Gmünd besitzt in der Gegenwart ein gut ausgebautes Sonderschulwesen. Das war nach dem Krieg noch keineswegs so. Die betroffenen Kinder verharrten einfach im Familienverband, bzw. wurden in entsprechenden Heimen untergebracht. Angefangen hat es in Gmünd mit einer Klasse der »Hilfsschule« im Jahr 1932, die Alfons Kleiner geführt hat. Auch nach dem Krieg existierte zunächst nur eine Klasse. Aus ihr ist schrittweise eine komplette Schule geworden; aufgebaut wurde sie durch August Michael als Rektor. Heute ist die Pestalozzischule, seit 1973 von Rektor Guido Brühl geleitet, so groß geworden, daß ihr das Gebäude der früheren Schillerschule nicht mehr genügt; eine Anzahl von Klassen ist nach Herlikofen ausgelagert. Neben der Pestalozzischule existieren in der Gegenwart die Klosterbergschule als Sonderschule für geistig behinderte Kinder und eine Sonderschule für sprachbehinderte Kinder in der Maria-Kahle-Schule. Diese beiden Schulen sind in der Trägerschaft des Landkreises.

Unter großen Schwierigkeiten vollzogen sich die Anfänge der Lehrerbildung nach dem Zweiten Weltkrieg in Gmünd. Es war ein Akt der Wiedergutmachung, daß die Stadt erneut zu einer Stätte der Lehrerbildung gemacht wurde; das Seminar von einst ist freilich nicht wiedergekommen. Es hatte sich überlebt. Die Lehrerbildungsanstalten, die das Land nach dem Krieg gründete, hatten einen Unterbau, Lehreroberschule genannt, und einen Oberbau, das Pädagogische Institut (PI). Den Zugang zum PI eröffnete die Abschlußprüfung der Lehreroberschule oder das Abitur. Die beiden Teile wurden später verselbständigt: Aus der Lehreroberschule entstand die Staatliche Oberschule mit Heim, das heutige Aufbaugymnasium, aus dem PI die PH. Das PI war eine verhältnismäßig einfache Einrichtung. Es konnte mit seinem viersemestrigen, stark schulmäßig geprägten Studiengang den Ansprüchen an eine gehobene Ausbildung der Lehrer nicht entsprechen. Jahrelang ging das Ringen um eine neue Form der Lehrerbildung. Dabei war von vornherein klar, daß die große Zahl der bisherigen Lehrerbildungsanstalten nicht bestehen bleiben konnte. Damit stand schon Ende der fünfziger Jahre die Stadt in der Gefahr, das PI und damit die Lehrerbildung zu verlieren. Mit dem Lehrerbildungsgesetz von 1958 erfüllte das Land einen Verfassungsauftrag, der die Weiterentwicklung der Pädagogischen Institute zu Hochschulen vorsah. Am 1. April 1962 wurde Gmünd Hochschulstadt.[193] Erster Rektor der Pädagogischen Hochschule war Professor Adalbert Neuburger.

Auch danach tauchte wieder die Gefahr auf, daß Gmünd seine neue Hochschule verlieren könnte. Stadt und Kreis setzten sich energisch für ihren Fortbestand ein. Schließlich siegte die Überlegung, daß man den Raum Ostwürttemberg durch den Abzug der Hochschule kulturell nicht schwächen dürfe. Daß die PH Schwäbisch Gmünd erhalten blieb, ist sicher auch ein Verdienst von Erich Ganzenmüller, der schon dem Lehrkörper des PI als Dozent angehörte. Auch die Reallehrerausbildung konnte in Gmünd eingerichtet werden (1968). Dadurch wurde den hier studierenden Grund- und Hauptschullehrern der Aufstieg zum Reallehrer ermöglicht.

Sprunghaft nahmen die Studentenzahlen bereits in den sechziger Jahren zu: Waren es zur Zeit der Eröffnung der Hochschule 440, so zählte die PH im Wintersemester 1970/71 einschließlich der Realschullehreranwärter 1206, zwei Jahre später bereits über 1500 Studenten. Der Lehrkörper war inzwischen auf 122 Mitglieder angewachsen.[194] Diesen Zahlen war das alte Seminargebäude an der Lessingstraße auf keinen Fall gewachsen, weder räumlich noch sachlich. Ein vollständiger Neubau war zwingend. Zunächst half man sich mit Notmaßnahmen. Vorlesungen wurden ausgelagert in öffentliche Säle, sie fanden im Stadtgarten und im Pelikansaal statt. Dann dachte man an einen Neubau an der Goethe- und Haußmannstraße; doch dieser Gedanke wurde wieder fallengelassen. Jahrelang war dann ein Neubau auf dem Eisenmannschen Gut im Westen geplant, bzw. auf der Höhe des Schirenhofs, bis endlich der heutige Standort an der Oberbettringer Straße zwischen den Kasernen und Bettringen gewonnen wurde. Am 19. März 1971 wurde der PH-Neubau begonnen. An der ursprünglichen Baukonzeption mußten Abstriche vorgenommen werden, das dringend notwendige Studentenheim wurde erst Jahre später gebaut. Man sprach damals von Kosten über 40 Millionen DM für die gesamte Anlage, an der noch etliche Bauten fehlten, und von 3000 Studenten, für die hier Studienplätze geschaffen werden sollten. Doch niemand überlegte in der Euphorie jener Jahre, woher die Stellen für sie einmal kommen sollten. Durch das 1971 vom Landtag beschlossene »Gesetz über die Rechtsstellung der Pädagogischen Hochschulen« wurden diese zu wissenschaftlichen Hochschulen. Dies schloß ein, daß sie in Zukunft auch akademische Grade einschließlich des Doktors verleihen können. Rektor in den Jahren des stürmischen Wachstums der Pädagogischen Hochschule war der Theologe Professor Johannes Riede.

Die Entwicklung einer Hochschule erfolgt selbstverständlich innerhalb der bestehenden Gesellschaft und ihrer Strömungen. Die Protestbewegung der späten sechziger Jahre fand auch in Gmünd Eingang. So lösten bereits die Notstandsgesetze hitzige Debatten unter den Studenten aus. Im größten Hörsaal fand eine Podiumsdiskussion statt, bei der eine sachliche Auseinandersetzung kaum möglich war.[195] Schließlich wurde wegen dieser Gesetze gestreikt. Streiks folgten auch in den nächsten

Jahren beinahe jedes Semester, mitunter aus nichtigen Anlässen und mit sehr zweifelhafter Legitimation. Der Linkstrend an der PH war unverkennbar. Marxisten aller
Schattierungen fanden sich an der PH in kurzlebigen Gründungen. Sie besetzten die
Ämter der studentischen Selbstverwaltung, während die Mehrheit passiv blieb. Zur
Gegenwart hin hat sich dieses Bild erheblich geändert.

Eine nicht-städtische Schule, die gleichwohl auch Schüler aus der Stadt Schwäbisch
Gmünd aufnimmt, ist das Staatliche Aufbaugymnasium. Einst als Zubringer zur PH
gedacht, hat sich seine Zielsetzung in den letzten zwei Jahrzehnten wesentlich geändert. Die Absolventen gehen heute in die verschiedensten Berufe. Als das ursprüngliche Domizil der Schule im ehemaligen Franziskanerkloster, dem »alten Seminar«,
wie es lange Zeit in der Gmünder Bevölkerung hieß, nicht mehr den Forderungen
der Zeit entsprach, entschloß sich das Land zu einem großzügigen Neubau der Schule mit Sportanlagen und Heimen in Maisonetten am Herlikofer Berg.[196] Ein eifriger
Sachwalter des Neubaus war der damalige Schulleiter, Oberstudiendirektor Dr.
Steck.

## Von der Fachschule zur Fachhochschule

Die Staatliche Höhere Fachschule hat seit ihrem Bestehen im Jahre 1909 einen gro
ßen Einfluß auf das kulturelle Leben in Gmünd ausgeübt. Die freischaffenden
Gmünder Künstler und die Entwerfer der Gmünder Edelmetallindustrie sind fast
alle aus ihr hervorgegangen. Die Fachschule, wie sie kurz genannt wird, trat in den
sechziger Jahren in einen Abschnitt der Wandlungen. Zunächst erlebte Schwäbisch
Gmünd im Mai 1962 noch einmal, wie in früheren Jahrzehnten, eine Jahrestagung
des Zentralverbands für das Juwelier-, Gold- und Silberschmiedehandwerk, die mit
einer großen Ausstellung »Gold- und Silberschmiedekunst in internationaler Sicht«
verbunden war. Auf ihr war auch die Fachschule gut vertreten. Professor Fred
Dries, eine Künstlerpersönlichkeit von Rang und ein geschätzter Illustrator von Heimatbüchern und Zeitschriften, trat mit Ende des Wintersemesters 1963/64 in den
Ruhestand. Zunächst wurde die Fachschule Anfang des Jahres 1965 in eine Staatliche
Werkkunstschule umgewandelt. Doch diesen Namen führte sie nicht lange; ihr Leiter war weiterhin Professor Lochmüller, sein Stellvertreter Professor Dittert, der
später sein Nachfolger wurde. Lochmüller, der bis 1970 die Schule leitete, verfaßte
ein Fachbuch aus seinem engeren Arbeitsgebiet: »Die Kunst zu emaillieren« (1966).
Frau Jo Stotz, die seit ihrer Jugend mit der Fachschule eng verbunden war und die
das Thema Edelsteine faszinierte, von denen sie eine erlesene Sammlung auf dem
Haldenhof in Wißgoldingen hatte, verfaßte ein Buch »Sterne, Yoga, Edelsteine«.[197]
Sie hat den Haldenhof zu einer Stätte der Begegnung, der Information und der Erho-

lung für Juweliere und Schmuckschaffende umgestaltet, die 1967 durch Minister Dr. Seifriz eröffnet wurde.[198] 1969 erhielten zwei Dozenten, Alfred Lutz, Leiter der Klasse »Graphik-Design«, und Dr. Werner Plate, der ein Edelstein- und Perlenkenner ist, den Professorentitel. 1969 starb Paul Mahringer, ein anerkannter Gmünder Maler, der seit 1955 voll an der Schule tätig war und einen bedeutenden Beitrag zur künstlerischen Ausbildung der Studenten geleistet hat.

1968 und wiederum 1969 war von der Überführung der Werkkunstschule in den Fachhochschulbereich die Rede.[199] Unruhe verursachte dabei eine Überlegung im Kultusministerium, die Anhebung der Ausbildung durch Fusion der beiden Schulen in Pforzheim und Schwäbisch Gmünd zu erreichen, wobei Pforzheim der künftige Standort sein sollte. Das Kuratorium der Schule unter dem Vorsitz von Oberbürgermeister Scheffold setzte sich eindrucksvoll für die Erhaltung der Schule in Gmünd ein. Scheffold ließ den Gedanken, die Stadt könne die Werkkunstschule aufgeben, gar nicht aufkommen.[200] 1970 stand fest, daß die Werkkunstschule Schwäbisch Gmünd zum 1. Oktober 1971 Fachhochschule für Design wird und der Hochschulregion Ostwürttemberg angehört. Das Studium an ihr wird künftig acht Semester dauern, darunter ist ein Industriesemester. Es werden drei Fachbereiche eingerichtet: Schmuck-Design, Industrie-Design und Graphik-Design.[201] Später wird der Fachbereich Schmuck-Design geteilt in einen Bereich Schmuck und einen Bereich Gerät.[202] Es sind auch weiterhin Studiengänge vorgesehen zur beruflichen Weiterbildung für mittlere Führungskräfte der Edelmetallindustrie, bzw. für Glasberufe. Lehrgänge für Galvanotechnik werden angeboten. Die Schule war 1971 bis auf den letzten Platz belegt, doch hatte sie bereits die Zusage, daß ihr nach dem Umzug des städtischen Museums in den Prediger der bisherige Museumsflügel ebenfalls zur Verfügung stehen würde. Durch Rechtsverordnung der Landesregierung vom 8. Februar 1972 trat die Fachhochschule Schwäbisch Gmünd ins Leben. Der Industriedesigner Karl Dittert wurde ihr erster Leiter. Mit der Fachschule eng verbunden durch Jahrzehnte, doch heute selbständig, ist das Forschungsinstitut für Edelmetalle und Metallchemie. Es entstand 1921 als eine Gemeinschaftsgründung der Edelmetallindustrie und steht dieser zur Lösung ihrer technischen Probleme zur Verfügung.[203] Das Institut war geprägt durch die Forscherpersönlichkeit von Professor Dr. Ernst Raub, der es in jahrzehntelanger Arbeit zur Höhe geführt und zu einer Forschungsstätte für Metalle von internationaler Bedeutung gemacht hat. Die Arbeit des Instituts gilt den Edelmetallen und ihren Legierungen sowie der Galvanotechnik. Angesichts seiner Bedeutung hat sich der Staat entschlossen, für das Institut einen Neubau in der Katharinenstraße zu errichten, der 1959 bezogen wurde. Heute leitet es der Sohn von Professor Raub, Dr. Christoph Raub. Professor Raub hat später auch den Aufbau der Ingenieurschule in Aalen übernommen. Vorsitzender des Vereins für das

Forschungsinstitut war von 1951 bis 1977 Dipl.-Ingenieur Eduard Köhler von der
Firma Erhard und Söhne.

Kunstschaffen in der Nachkriegszeit

Auch in der Nachkriegszeit hat Gmünd seinen alten Ruf, eine Stadt der Kunst zu
sein, erfolgreich wahren können. Nach den Worten von Hermann Baumhauer sucht
die Gmünder Kunst *heute wie je Wirklichkeits- und Lebensbezogenheit. Es drängt
sie nach Teilhabe und Öffentlichkeit.* Dabei ist es überaus bezeichnend, daß viele
Gmünder Künstler von Haus aus ein Handwerk im Umkreis des Edelmetallgewerbes erlernt haben: Fehrle war ursprünglich Ziseleur bei Erhard & Söhne, Feuerle
Stahlschneider, Holl Stahlgraveur. Die Reihe ließe sich fortsetzen. Max E. Seiz ist
ebenfalls gelernter Stahlgraveur.
Untrennbar mit der Gmünder Kunst ist die Fachschule verbunden. Wir sind dort
bereits einigen ihrer Vertreter begegnet. Die meisten Kunstschaffenden sind durch
sie mit einer Vielzahl von Materialien und Kunstfeldern vertraut geworden, und so
sind tüchtige Bildhauer oft zugleich auch Maler, Graphiker, Kunsthandwerker oder
Glasfenstergestalter.[204]
Beginnen wir mit dem Altmeister der Gmünder Kunst, mit Jakob Wilhelm Fehrle
(1884–1974). Er war bei Kriegsende bereits ein Sechziger und ging danach noch
kräftig ans Werk. Für seine Heimatstadt schuf er die Figur des hl. Michael als neue
Bekrönung auf der Krieger-Gedächtnissäule auf dem Marktplatz, die Verkündi-
gungsgruppe am Nordwestportal des Münsters, die Steinplastik »Trauernder« auf
dem Dreifaltigkeitsfriedhof und das große Relief der Dreifaltigkeit an der Wand der
Einsegnungshalle.
Auch Fritz Nuß, geboren 1907 in Göppingen, hat in Gmünd eine handwerkliche
Lehre absolviert.[205] Er wirkte als Lehrer für Plastik und Modellieren an der Werk-
kunstschule. Gmünd besitzt mehrere ausgezeichnete Arbeiten von ihm, die das
Stadtbild wesentlich bereichern. Bekannt ist sein »Christophorus« an der Josen-
brücke. Seine Werke sind von hoher Originalität. Zuletzt schuf er bei dem von der
Firma Ritz gestifteten Brunnen in der Hinteren Schmiedgasse die reizende Gruppe
der tanzenden Mädchen mit dem Hirtengott Pan, eine Szene aus der griechischen
Mythologie.
Die Kunst der Medaille haben in Gmünd die Professoren Alfons Feuerle und Albert
Holl gepflegt.
Max E. Seiz, ein Schüler von Fritz Nuß, zeigte im Prediger wiederholt einfallsreiche
Miniaturbronzen.
Neue Felder des künstlerischen Schaffens beschritten Walter und Charlotte Loch-

müller mit der Emaillekunst und Konrad Habermaier in der 1950 geschaffenen Abteilung für Glasformung und Glasveredelung. Walter und Charlotte Lochmüller sind Meister der Zellenschmelze. Ihre Schüler Peter May und Elisabeth Fischer haben sich vor Jahren schon einen Namen gemacht. Kurt Nusser und Gerhard Schechinger sind talentierte Schüler Habermaiers; Nusser wurde auch als Schöpfer moderner Glasfenster in Kirchen bekannt. Emma Schempp war eine bedeutende Goldschmiedin,[206] unvergeßlich sind die Krippenfiguren von Anna Fehrle.

Die Verbindung mit dem Sakralen hat für das Gmünder Kunsthandwerk eine lange Tradition. In den Kirchen des Landes begegnet man den Spuren von drei Gmünder Gold- und Silberschmieden: Prof. Fritz Möhler (geb. 1896), Emil Eduard Forster (geb. 1904) und Hermann Stadelmaier (geb. 1918). Max Bader ist als Restaurator hervorgetreten. Für die Kunst am Bau sind bekannt geworden: Paula-Maria Walter mit Reliefschmuck, keramischen Wandgestaltungen und Sgraffitoarbeiten und Sepp Baumhauer. Von ihm stammen ein Sgraffito am Durchgang im Spital zum Erweiterungsbau und Glasfenster in St. Maria auf dem Rehnenhof. »Aquarellist und Radierer durch und durch« (Baumhauer) war Hugo Stadelmaier, der sich durch Ausstellungen in Gmünd und anderwärts viele Freunde geschaffen hat. Überzeugende Bildleistungen vollbrachten auch Hermann Hörner, Paul Mahringer und Josef Eduard Wagenblast. Wilhelm Bauknecht, von Haus aus Graveur, ist als Zeichner hervorgetreten. Als plastische Begabung hat sich Ekart Dietz schon früh hervorgetan. Er erhielt den Alleinauftrag zur künstlerischen Ausgestaltung der PH Ludwigsburg. Klaus Bohnenberger besitzt als Bildhauer zahlreiche internationale Auszeichnungen.

Zu Beginn der sechziger Jahre standen den Gmünder Künstlern nur zwei Ausstellungsmöglichkeiten zur Verfügung: der Ausstellungsraum im Prediger und das Museum bei der Fachschule. Eine Gruppe junger Künstler hat sich dann in der Galerie Kloss ein Schaufenster geschaffen. Später richtete Walter Giers in der Hinteren Schmiedgasse seinen »art shop« ein. Diese Galerie wurde später von Edith Wahlandt weitergeführt.

Mit den Gmünder Künstlern eng verbunden ist auch der Kunstverein. Er nahm 1946 seine Tätigkeit wieder auf. Im Kunstverein hielt 1947 Professor Klein seinen wegweisenden und viel diskutierten Vortrag über »Gmünds Chance«, der weiterwirkend den Anstoß gab zur Umgestaltung des Predigers in ein Kulturzentrum der Stadt. 1965 beging der Verein sein 75jähriges Bestehen. Walter Lochmüller gab einen fundierten Rückblick. Seit vielen Jahren veranstaltet der Verein eine Weihnachtsausstellung. 1968, in der Zeit der Studentenrevolte, der Gärung und der Unruhe, fand der erste Kunstmarkt in Gmünd statt, veranstaltet von der jungen Garde des Vereins.[207] Wegen einiger Entgleisungen bei diesem Kunstmarkt legte der Vorsitzende des Ver-

eins sein Amt nieder. Bei der Eröffnung der Weihnachtsausstellung 1968 gab es
erregte Diskussionen. Tage danach kam es zum Eklat. Wieder waren verschiedene
Objekte junger Künstler der Stein des Anstoßes; es kam zum Exodus aus dem
Kunstverein. Ed Sommer, Hans Kloss, Ekart Dietz und andere verließen die Ausstellung, zogen mit ihren Bildern und Objekten in die Galerie Giers um, traten aus
dem Verein aus und gründeten die »Gmünder Künstlercooperative«.[208] Diese entfaltete in den folgenden Jahren eine lebhafte Aktivität und erregte Aufsehen in den
Gmünder Presseorganen. Die Cooperative besteht heute nicht mehr. Die meisten
ihrer Mitglieder sind zum Kunstverein zurückgekehrt.
Am 26. April 1970 eröffnete Dr. Hermann Baumhauer die Ausstellung Klara und
J. W. Fehrle – Bilder und Skulpturen. Über Klara Fehrle, 1957 verstorben, schreibt
das Einhorn: »Ihre Arbeiten zählen in bestem Sinne zur naiven Malerei. Die meist
kleinformatigen Bilder beeindrucken besonders durch die Natürlichkeit ihrer Aussage.«[209] Auch die Bilder von Maria Kloss gehören der naiven Malerei an.[210]
Durch ihr literarisches Schaffen haben sich Agnes Herkommer, Luzie Stütz und Hildegard Meschenmoser einen Namen gemacht. Agnes Herkommer als feinsinnige
Deuterin heimatlicher Gestalten, zum Beispiel Hermanns des Lahmen. Luzie Stütz
veröffentlichte den Band »Die silberne Straße«; in ihm ist die Erzählung »Nora« enthalten, die das Schicksal eines einst in Gmünd beheimateten jüdischen Mädchens
behandelt. Hildegard Meschenmoser veröffentlichte in Zeitungen und Zeitschriften
Gedichte; sie zeigen eine feinfühlige Lyrik. Ihre Schrift »Im Zeichen des Einhorns«
behandelt Szenen aus der Gmünder Stadtgeschichte in Erzählform.[211] Karl Hans
Bühner stand in Verbindung mit Hermann Hesse und war ein Meister des Essays.
Auch er wandte sich Gestalten aus dem heimatlichen Umkreis zu. Bekannt sind seine
Essays über den in Rechberg geborenen Kulturhistoriker Johannes Scherr. Witzig
und schalkhaft sind die Mundartgedichte von Bene Schock, die er gelegentlich auch
einer größeren Öffentlichkeit vortrug, zum Beispiel bei Veranstaltungen des
MGV.[212] Sie erschienen im Lauf der Jahrzehnte in den Gmünder Zeitungen; 1964
wurden sie in dem Band »Guckt dr Mo durchs Ladespältle« zusammengefaßt.

Archiv – Museum – Stadtbücherei

Mit der Erneuerung des Predigers erhielt die Stadt ihr großzügig geplantes Kulturzentrum. Volkshochschule, Stadtbücherei und Museum bekamen hier ihre Unterkunft. In der Gegenwart ist es so, daß die Räume im Prediger für diese drei Institutionen nicht mehr ausreichen. So mußte die Volkshochschule längst nach weiteren
Räumen für ihre Kurse und Seminare Ausschau halten. Das städtische Museum von
heute hat drei Wurzeln: die Gmünder Altertümersammlung, einst geschaffen durch

Julius Erhard, das Kunstgewerbemuseum und die Sammlungen des Naturkundevereins. Mit dem Übergang an die Stadt verbesserte sich die Finanzlage des Museums. Wertvolle Stücke konnten durch Ankauf erworben werden, dazu kamen Leihgaben aus dem Besitz der Münstergemeinde, bzw. aus dem Münsterschatz. In einem Entwurf schrieb Walter Dürr, der Leiter des Museums, vor dessen Aufstellung im Prediger: »Das Museum muß dazu beitragen, den Weg zu einer sinnvollen Betätigung in der Freizeit zu finden . . . Es geht uns nicht in erster Linie darum, Wissen zu vermitteln, sondern den Weg zur Anschauung des Gewachsenen in der Landschaft und zum kunstvoll Gemachten in der Menschenwelt zu zeigen.«[213] Folgerichtig beginnt der Rundgang durch das Museum mit der sichtbar gemachten gewachsenen Gmünder Landschaft.

Aus der Volksbildungsbewegung des 19. Jahrhunderts sind die Volksbüchereien entstanden, die vielfach, so auch in Gmünd, zunächst von Volksbildungsvereinen ins Leben gerufen wurden. Die Gmünder Volksbücherei ging im Dritten Reich an die Stadt über. Nach 1945 mußte die Stadtbücherei wieder von vorne beginnen. In den ersten Nachkriegsjahren waren die Anregungen aus Amerika und England besonders stark. So wurde die Amerikanische Bücherei als Freihandbücherei eingerichtet, in der jeder Besucher selbst auswählen konnte, während er bisher von der Theke aus beraten und bedient wurde. Eine Freihandbücherei ist längst auch die Stadtbücherei geworden. Auch der Aufbau hat sich geändert: Lag früher der Schwerpunkt bei der »schönen Literatur«, so dominiert heute in breitem Umfang das Sachbuch.[214] Die Bücherei sieht ihre Aufgabe auch darin, Einrichtungen der Fortbildung, des zweiten Bildungswegs, nachhaltig zu unterstützen.

Das Archiv ist eine relativ junge Einrichtung in Gmünd; es besteht seit 1930. Zuvor waren die hier noch vorhandenen Archivalien völlig unzulänglich untergebracht und drohten zu verderben. Die Gmünder Bestände erhalten, ein reiches Material zur Stadtgeschichte gesammelt und manches davon aufbereitet zu haben, ist das Verdienst von Albert Deibele. Ihm hat die Stadt im Jahre 1969 das Ehrenbürgerrecht verliehen. Aufgrund dieser Vorarbeiten schuf Dr. Alfons Nitsch, bis 1945 Direktor des Staatsgymnasiums in Brünn, mit den Regesten des Hl.-Geist-Spitals (1965) und der Reichsstadt (1966/67) ein Werk, das zum erstenmal der Gmünder Ortsgeschichte eine feste Grundlage gab. Alfons Nitsch starb 1966, noch vor Erscheinen des zweiten Bandes der Urkunden und Akten. Das Urkunden- und Aktendepot der Reichsstadt befindet sich allerdings nicht in Gmünd; dieses weit ins Mittelalter hinaufreichende Archiv ist zum größten Teil in Staatsbesitz übergegangen und befindet sich heute im Staatsarchiv Ludwigsburg.[215] Wertvolle Erwerbungen gelangen dem Stadtarchiv in den dreißiger Jahren mit der Übernahme des Spitalarchivs, welches bis ins 13. Jahrhundert hinaufreicht, und des Gräflich Beroldingischen Archivs auf Schloß

Horn 1953. Die Informationsarbeit des Archivs erfolgt auf verschiedenen Ebenen, vom Heimatbuch eines eingemeindeten Dorfes bis zur wissenschaftlichen Spezialuntersuchung. Mehrere Heimatbücher hat Pfarrer i. R. Seehofer verfaßt. Das Archiv fördert Forschungsarbeiten in ihrer Entstehung und sorgt für geeignete Publikation. In der kurzen Amtszeit von Dr. Peter Scherer erschien 1971 der Band »Schwäbisch Gmünd – Geschichte und Gegenwart der Stadt«, sowie das »Historische Magazin« als Beilage zu der Zeitschrift »Einhorn«.

Entwicklungen im Zeitungswesen

Mit der Besetzung der Stadt am 20. April 1945 erschien für längere Zeit keine Zeitung mehr in Schwäbisch Gmünd. Das Amtsblatt, welches der Landrat mit Genehmigung der Militärregierung herausgeben konnte, war nur ein unvollkommener Ersatz. Im September 1945 begann die Stuttgarter Zeitung als zentrales Organ für Nordwürttemberg. Sie veröffentlichte hin und wieder auch Berichte aus Schwäbisch Gmünd. Als dann im Spätherbst 1945 regionale Blätter zugelassen wurden, erhielt zunächst die in Ulm erscheinende »Schwäbische Donau-Zeitung« die Aufgabe, auch den Landkreis Schwäbisch Gmünd zu versorgen. Nach knapp einem Jahr ging diese Aufgabe an die in Göppingen zugelassene Neue Württembergische Zeitung (NWZ) über. Als dann 1948 die in Aalen erscheinende Schwäbische Post lizenziert wurde, wurde auch diese neben der NWZ im Kreis Gmünd zugelassen. Es konkurrierten also ab 1. März 1948 im Kreis Schwäbisch Gmünd nebeneinander die NWZ mit stärkerer Auflage und die Schwäbische Post. Beide Zeitungen wurden auswärts hergestellt und hatten lediglich einen Lokalteil mit Anzeigen für den Gmünder Raum. Im Verlauf des Oberbürgermeister-Wahlkampfes 1948 verlor die Schwäbische Post wegen ihrer starken Parteinahme für Oberbürgermeister Czisch an Boden, namentlich in der Stadt Schwäbisch Gmünd.
Als mit der Gründung der Bundesrepublik der Lizenzzwang durch die Amerikaner wegfiel, versuchte eine Gruppe angesehener Persönlichkeiten aus der Stadt die Gründung einer eigenen Zeitung für Gmünd. Sie wollte diese in Gmünd redigieren und drucken lassen. Trotz eindeutiger Unterstützung durch Landrat und Oberbürgermeister sowie von seiten beider Kirchen scheiterte dieser Versuch an der Haltung von Frau Sigg, Geschäftsführerin der Rems-Druckerei KG, die mit Dr. Harzendorf von der NWZ Göppingen abschließen wollte. So blieb die Gründung der »Neuen Rems-Zeitung« mit den Redakteuren Funk und Grueber ein kurzlebiger Versuch vom Herbst 1949. Die dann im Verlag der Rems-Druckerei Sigg, Härtel & Co. erscheinende Rems-Zeitung behauptete danach zehn Jahre lang allein das Feld, bis am 1. Dezember 1959 die Gmünder Tagespost als zweite Zeitung erschien. Damit

entstand wieder eine belebende Konkurrenz; die Möglichkeiten einer Monopolstellung waren beseitigt.

Eine bedeutende Rolle spielt seit seinem Erscheinen im Oktober 1953 das »Einhorn« als heimatbezogene Kulturzeitschrift mit laufender Chronik. Sie stellt auch ein Bindeglied dar zu den in aller Welt lebenden Gmündern. Die Zeitschrift ist dem Wagemut von Eduard Dietenberger zu verdanken, der die Unterstützung von Emil Kühle, Karl Hans Bühner und anderen fand. Seit 1974 erscheint für den größeren Raum des Ostalbkreises die Zeitschrift »Ostalb-Einhorn«, als Fortsetzung zum Einhorn bringt der Verlag jeweils zum Jahresende das Einhorn-Jahrbuch heraus.

Mögen die Bürger Gmünds bei allem Streben nach einer gesicherten Existenz und nach materiellen Gütern sich stets dessen bewußt bleiben, daß es gilt, das reiche kulturelle Erbe dieser Stadt zu erhalten und zu mehren.

# Anmerkungen

## Vor- und Frühgeschichte (Kaiser)

1 Kurskommission der Schweizerischen Gesellschaft für Ur- und Frühgeschichte, Archäologie der Schweiz, Band 1, Die Ältere und Mittlere Steinzeit, Zürich 1968, S. 80 ff.
2 Ebd., S. 81 ff.
3 Karl Dietrich Adam, Renate Kurz, Eiszeitkunst im süddeutschen Raum. Stuttgart 1980, S. 111.
4 Ebd., S. 52 ff.
5 Hansjürgen Müller-Beck, Urgeschichte in Baden-Württemberg. Stuttgart 1983. S. 363.
6 Ebd., S. 370.
7 Gerd Weisgerber, 5000 Jahre Feuersteinbergbau. Bochum 1981. S. 29.
8 Müller-Beck, S. 388.
9 Wolfgang Kimmig, Vorgeschichte zwischen Neckar und Nördlinger Ries. Schwäbisch Hall 1973. S. 7.
10 John Coles, Erlebte Steinzeit – experimentelle Archäologie. München 1973. S. 31 f.
11 Dieter Planck, Vor- und Frühgeschichte. In: Der Kreis Göppingen. Stuttgart und Aalen 1973. S. 18.
12 Dieter Kapff, Viel Steine gab's und noch mehr Holz. In: Bauen, Wohnen, Leben in Württemberg. Stuttgart 1979. S. 36.
13 Jörg Biel, Vor- und Frühgeschichte. In: Der Ostalbkreis. Stuttgart und Aalen 1978. S. 61.
14 Kimmig, S. 34 f.
15 Kapff, S. 38 ff.
16 Biel, S. 61.
17 Kimmig, S. 37 f.
18 Oscar Paret, Die Vor- und Frühgeschichte der Landschaft um Schwäbisch Gmünd. In: Schwäbisch Gmünd. Stuttgart 1971. S. 274.
19 Kurt Bittel, Wolfgang Kimmig, Siegwalt Schiek, Die Kelten in Baden-Württemberg. Stuttgart 1981. S. 47.
20 Paret, S. 275.
21 Philipp Filtzinger, Dieter Planck, Bernhard Cämmerer, Die Römer in Baden-Württemberg. Stuttgart und Aalen 1976. S. 49.
22 Walther Keinath, Orts- und Flurnamen in Württemberg. Stuttgart 1951. S. 33.

## Schwäbisch Gmünd in frühgeschichtlicher Zeit (Nuber)

1 Für ihre freundlich gewährte Hilfe bei Auskünften, der Beschaffung von Abbildungsunterlagen und Fotografien, Drucktechnik etc. bin ich den Damen und Herrn G. Haneke (Freiburg), K. J. Herrmann (Schwäbisch Gmünd), A. H. Nuber (Schwäbisch Gmünd), D. Planck (Stuttgart), M. Schwarz (Schwäbisch Gmünd), G. Seitz (Freiburg) sehr zu Dank verpflichtet.

## *Die Zelle Gamundias (Spranger)*

1 Zur Frage der Fulradzelle Gamundias im allgemeinen vgl. Mehring, Eine Zelle der Karolingerzeit in Schwäbisch Gmünd; Spranger, Schwäbisch Gmünd bis zum Untergang der Staufer, 11 ff.; Graf, Zur Frage einer Fulradzelle in Schwäbisch Gmünd. Für wertvolle Anregungen und Hinweise möchte ich Herrn Klaus Graf M. A. sehr herzlich danken.

2 Vgl. Thomas Lirer, Schwäbische Chronik, hg. v. Eugen Thurner (Vorarlberger Schrifttum 8), Bregenz o. J. [1967], 18 f.; vgl. hierzu jetzt Graf, (Gmünder) Chroniken im 16. Jh., Kap. I.

3 Martin Crusius, Annales Suevici I 3, 1, Frankfurt a. M. 1595, 55.

4 Beatus Rhenanus, Rerum Germanicarum libri tres, Basel 1531, 65. Kritisch auch hier der Weinsberger Dekan Hermann Bauer (1814−1872) in: OAB Gmünd, 239: »Mancherlei ältere Darstellungen der Entstehung Gmünds sind eitel Fabel: so die Angaben des Th. Lyrer u. Beatus Rhenanus u. a. m.«; vgl. auch ebd. 161 und 258.

5 Crusius II 1, 4.

6 Martin Crusius, Schwäbische Chronik bis 1596, fortgesetzt bis 1733 u. übersetzt v. Johann Jacob Moser, Frankfurt 1733, Bd. I, 295.

7 Eine dem Stand der modernen Forschung entsprechende Fulrad-Biographie fehlt; vgl. zusammenfassend Duch, Fulrad, in: Neue deutsche Biographie Bd. 5 (1961), 728 f.; zu Teilaspekten vgl. jetzt die Literaturangaben bei Graf, Fulradzelle, 185 Anm. 1 u. 3 sowie Felten, Äbte, 216 ff. u. ö.

8 *archipresbiter Franciae;* vgl. Flodoard, Hist. Remens, eccl. II 17, MGH SS 13, 436; vgl. hierzu auch Fleckenstein, Hofkapelle, 45 ff.

9 Vgl. Fleckenstein, Karl d. Große u. sein Hof, 35.

10 Tangl, Das Testament Fulrads v. Saint-Denis. Die 4. Fassung (D) ist eine spätere Fälschung zugunsten von Kloster Leberau.

11 Vgl. Fleckenstein, Fulrad v. Saint-Denis u. der fränkische Ausgriff in den süddeutschen Raum.

12 Zu Fulrads Motiven vgl. jetzt Graf, Fulradzelle, 173 ff.

13 Vgl. Fleckenstein, Fulrad, 386 ff.

14 Ebd., 388.

15 Ebd., 388; vgl. zuletzt Hans Pfeifer, in: Die Benediktinerklöster in Baden-Württemberg, 189 ff.

16 Vgl. Fleckenstein, Fulrad, 390 ff.; Schmid, Königtum, Adel u. Klöster, 250; Quarthal, in: Die Benediktinerklöster, 317 f.

17 Vgl. S. 49.

18 Abgedruckt in MGH DD Karol. 1, Nr. 238 (hier im folgenden abgekürzt als DKar 238), vgl. Abb. 13, 14, S. 49.

19 *similiter in ducatu Alamanniae cellam quae vocatur Hairbertingas cum rebus et mancipiis ad se pertinentibus et aliam cellam nomine Ezilingas et Adalungocellam similiter et Gamundias cum quicquid ad ipsas cellas aspicere et pertinere legitimo ordine cernitur et comprobatur;* aus der fast wörtlichen Übereinstimmung mit dem Bericht des Beatus Rhenanus (vgl. S. 42) geht hervor, daß ihm DKar 238 (oder eine im elsässischen Leberau aufbewahrte Kopie?) als Quelle gedient hat.

20 Vgl. grundlegend Engelbert Mühlbacher in der Ausgabe der Karolingerdiplome (vgl. Anm. 18), 329 f. Geht man mit Mühlbacher davon aus, daß es sich hier um die »Nachzeichnung einer von Wigbald geschriebenen Urkunde« handle − Wigbald war Notar in Karls d. Gr. Kanzlei −, so ist zu berücksichtigen, daß sich die Nachahmung Wigbalds, »das Werk eines Meisters« (Tangl, Testament, 569), auf Schriftzüge, u. a. Tironische Noten, Eingangsprotokoll, Recognition und Ausstellungsort erstreckt, nicht jedoch auf den eigentlichen Kontext; vgl. hierzu Graf, Fulradzelle, 189 Anm. 54.

21 Vgl. im Anschluß an Mühlbacher (wie Anm. 20) Tessier, Originaux, 53; Graf, Fulradzelle, 176 sowie Anm. 81, 82, 84.

22 Als Faksimile vorliegend in: Diplomata Karolinorum. Recueil de reproductions en fac-similé des actes originaux des souveraines carolingiens, hg. v. Ferdinand Lot u. Philippe Lauer, Bd. 1, Toulouse u.

Paris 1936, Tafeln 39 u. 40; vgl. jetzt auch den 1984 vom Gmünder Geschichtsverein veranlaßten Abdruck samt Übersetzung.

23 Vgl. Graf, Fulradzelle, 176 mit Anm. 57.

24 Vgl. dagegen Graf, Fulradzelle, 176 f. mit Anm. 58 u. 59.

25 Vgl. Fehring, Kirche u. Burg, 6; Prinz, Märtyrerreliquien, 16; Maurer, Der Herzog v. Schwaben, 82 ff.; Graf, Fulradzelle, 175.

26 Vgl. Fleckenstein, Fulrad, 390; Quarthal, in: Die Benediktinerklöster, 317 f.

27 Vgl. Fleckenstein, Fulrad, 386 ff.; Bühler, Herbrechtingen, 55 f.; Hans Jänichen, in: Die Benediktinerklöster, 273–276.

28 Vgl. Pfeifer, Ostschwaben im Mittelalter, 78; anders noch Quarthal, in: Die Benediktinerklöster, 572–574, hier 573: »Ob diese Mönchsniederlassung jedoch schon zur Zeit Fulrads bestand, ist unsicher.« – Hier einige Überlegungen zur Frage der Datierung der Zelle: Da die *cella* G. weder in Fassung A des Testaments von 777 noch in den Überarbeitungen der folgenden Jahre (B, C) genannt ist, war sie, falls schon gegründet, so doch möglicherweise noch nicht in Fulrads Besitz. B ist sicher, C wahrscheinlich noch zu seinen Lebzeiten entstanden; vgl. Tangl, Testament, 560 f. u. 577; einschränkend vgl. Graf, Fulradzelle, Anm. 56. Ob man die Übereignung der Zelle an Fulrad bzw. ihre Gründung auf den kurzen Zeitraum zwischen C und Fulrads Tod einengen kann – die Richtigkeit von Tangls zeitlichem Ansatz vorausgesetzt –, sei dahingestellt. Daß Fulrad selbst wie andernorts so auch im Fall von G. dem zellengründenden einheimischen Adel Reliquien vermittelt hat, ist wahrscheinlicher als die Neugründung einer Mönchszelle nach dem Tod des Abtes. Von da an ging der Einfluß von St. Denis im entlegenen Osten zurück; vgl. Fleckenstein, Fulrad, 397.

29 Vgl. Recueil des Historiens de la France. Obituaires publ. par Auguste Molinier 1, Paris 1902, Prieuré d'Argenteuil S. 348 unter d. 16. Juli: *Ob. domnus Fulradus, nostre congregationis monachus et abbas* [784]; Abbaye de Saint-Denis S. 321 ebenfalls unter d. 16. Juli: *Ob. domnus Fulradus abbas* [784]; vgl. hierzu Fleckenstein, Fulrad, 368.

30 Vgl. Graf, Fulradzelle, 177 f.

31 Vgl. Nuber, Siedlungsgeschichte; ders., Staufische Ministerialen, 57 ff. Vgl. hierzu auch Jänichen, Siedlungsraum; Christlein, Alamannen, 31. Das ebenfalls im Remstal gelegene Lorch westlich von Gmünd mit seinem Marienpatrozinium gehört wohl in den Ausbauvorgang der -hausen-Orte (Plüder- u. Waldhausen); zum Patrozinium vgl. auch Mehring, Stift Lorch, XVIII ff.

32 Vgl. Fingerlin, Siedlungsgeschichte, 81; Christlein, Alamannen, 32.

33 Vgl. Graf, Fulradzelle, 182; vgl. ders., Vom Drachgau zum Stauferland, 415.

34 Vgl. Graf, Herrenhof oder Jägerhaus; ders., Drachgau, 415.

35 Vgl. hierzu jetzt auch Kohl, Bemerkungen, 113 ff.

36 Gmünd zu ahdt. gimundi, Mündung, vgl. Ernst Förstemann, Altdeutsches Namenbuch, hg. v. Hermann Jellinghaus, Bd. II 1, Bonn³ 1913, 1045 f. vgl. auch Bach, Ortsnamen, Bd. 2, § 108; Schwarz, Namenforschung, 33; vgl. auch Bayerisches Städtebuch Teil 1, hg. v. Erich Keyser u. Heinz Stoob, Stuttgart 1971, 213.

37 Vgl. Dietzel, Gmünd, 27 f.; Spranger, Schwäbisch Gmünd, 18 f.

38 Das in einem 1361 angelegten Urbar des Klosters Ellwangen genannte »Volrats weyler« (die Wüstung Vorhardsweiler bei Untergröningen) läßt keinen Bezug auf Fulrad von St. Denis erkennen; vgl. hierzu Graf, Fulradzelle, 182 ff. – Bei den zahlreichen im Fulradtestament aufgeführten Orten sind spätere Namenwechsel auf Ausnahmen beschränkt. Sie begegnen vor allem bei Benennung im Anschluß an Personen oder an die jeweiligen Heiligenreliquien. Bei Gamundias auf späteren ON-Wechsel zu schließen, besteht kein Anlaß.

39 Vgl. Weller, Städtegründung, 169 f.; ders., Besiedlungsgeschichte Württembergs, 210; K. Weller – A. Weller, Württ. Geschichte, 136. Im Anschluß an Weller vgl. Scheuerbrandt, 126: »Klostermarkt« Schw. Gmünd; vgl. hierzu auch Eggert, Städtenetz, 114 f.: »Ein Markt wird sich an dieser Stelle wohl längst befunden haben; da das Kloster St. Denis neben den Zellen Herbrechtingen an der Brenz und Eßlingen auch Gmünd besaß, wir für die beiden erstgenannten aber Märkte nachweisen können, so

wird Gmünd hier nicht die Ausnahme gebildet haben.«

40 Vgl. Fehring, Kirche u. Burg, 6. Zum Markt von Esslingen vgl. Borst, Geschichte der Stadt Esslingen, 18 f.

41 Vgl. Spranger, Schwäbisch Gmünd, 20; in diesem Fall wäre mit Patrozinienwechsel zu rechnen, da Johannes mit St. Denis in keiner Beziehung steht; vgl. hierzu Haubrichs, 35 f.

42 Vgl. Deibele, in: UAL, S. 82.

43 So Thomas Freiherr v. Fritsch-Seerhausen, vgl. RZ v. 10. 2. 1984.

44 Vgl. Kissling, Das Münster in Schwäbisch Gmünd, 7.

45 Zwischen Johanniskirche und Haus Johannisplatz 4; vgl. Spranger, Schwäbisch Gmünd, 20. Die Umrisse der 1972 freigelegten Kapelle wurden im Pflasterbelag durch dunkle Steine gekennzeichnet.

46 Vgl. hierzu Weser, Kapellen, 15; Deibele, in: UAL, S. 81 ff. Zum Zeugnis der Chroniken (Friedrich Vogt, Franz Xaver Debler u. a.), die – je später desto mehr! – auf das hohe Alter der Veitskapelle schließen, vgl. Klaus Graf, in: RZ v. 23. 9. 1978; ders., Fulradzelle, Anm. 101.

47 Vgl. Hotzelt, Translationen, 10 ff.; Haubrichs, Ortsnamen, 35 f.; Graf, Fulradzelle, Anm. 100 u. 101.

48 Vgl. Spranger, Schwäbisch Gmünd, 21; hierzu jetzt die Translatio sancti Viti martyris, bearb. u. übers. v. Irene Schmale-Ott (Veröff. d. Hist. Kommission f. Westfalen 41, Fontes Minores 1), Münster i. W. 1979, 34. Wohl schon für die 2. Hälfte des 8. Jh. anzunehmen ist ein Vitus-Patrozinium in Eschenz am Untersee; vgl. Prinz, Märtyrerreliquien, 13 f. Daß nur ein großer Teil der Vitus-Reliquien nach Corvey übertragen wurde, haben Untersuchungen ergeben; vgl. Beissel, 74.

49 Vgl. Hoffmann, Kirchenheilige, 16.

50 Vgl. Bossert, St. Veit. Verbindungen zum Vitus-Patrozinium in Ellwangen sind nicht vorhanden. Die Anfänge der Vitus-Verehrung in Ellwangen gehen wohl erst auf das spätere 10. Jh. zurück; vgl. MGH DD Otto III. Nr. 38 = WUB I, 227; vgl. zuletzt auch Bischoff, Die südostdeutschen Schreibschulen, 207; zum allgemeinen vgl. Zimmermann, Patrozinienwahl, 109 ff.; Heinzelmann, Translationsberichte, 17 ff.

51 Vgl. Graf, Fulradzelle, Anm. 101 mit Verweis (im Anschluß an Hermann Tüchle) auf die durch Kaiser Karl IV. besonders geförderte Vitusverehrung.

52 Vgl. Graf, RZ v. 23. 9. 1978 und teilweise kontrovers Helmut Mende, Die Veitskirche auf dem Johannisplatz, in: Gmünder Heimatforum 23/Nov. 1978. Zu Vitus als Nothelfer u. a. auch bei Sterbenden und als Bewacher der Toten vgl. Hiltgart L. Keller, in: Reclams Lexikon der Heiligen u. der biblischen Gestalten, Stuttgart⁴, 1979, 504; zu Vitus als Coemeterial-Patrozinium vgl. z. B. Anton Steichele, Das Bisthum Augsburg histor. u. statistisch beschrieben 3, Augsburg 1872, 81, 284, 291; Walter Stettner, ZWLG 25 (1966) 159 mit Anm. 163 (freundl. Hinweis v. Herrn Klaus Graf).

53 Vgl. zusammenfassend Mende, Notgrabungen, 19.

54 Vgl. Rink, Geschichte, 88; vgl. auch ebd. 14. Auf derselben Linie die Ausführungen von Ph. L. H. Roeder, in: Geogr. u. Stat. Wirtembergs 2, Ulm 1804, 96: »Die kleine St. Veitskirche, bei der Johanniskirche, ist von noch höherem Alterthum, als jene, und man kann mit Recht glauben, daß sie aus den Zeiten des 8ten oder Anfang des 9ten Jahrhunderts sei, denn sie hat mit der uralten Kapelle an der Klosterkirche zu Murrhard, die aus diesem Zeitalter ist, einerlei schwerfällige Bauart.« (Weiteres im Anschluß an Rink.)

55 Vgl. Dom. Debler, Chronica, VI 563.

56 Vgl. Spranger, Schwäbisch Gmünd, 21. Wenig Aufschluß bringt der Hinweis der 1837 angefertigten Stadtbeschreibung (StAL F 169 Bü 122 S. 1 f.): »Veitskirche. Die älteste Kirche aus dem 11ten Jahrhundert, die mit der Anlage der Stadt, und zur Zeit des erst Kristenthums entstanden sein mag, wie die Chroniken berichten, wurde vor etwa 30 Jahren abgebrochen. Wenige Gemäuer sind davon noch sichtbar. Sie war im Rundbogenstyl, mit einer Crypta (Gruft) erbaut, in der Lezteren besonders Seelenmessen gelesen wurden . . .«; Zur Quelle vgl. Graf, Gmünder Chronisten im 19. Jh., 182 f. – Fragwürdig auch die nachträgliche Feststellung von Helmut Mende: »Das Grundmauerwerk des Hauptraumes ist frühmittelalterlich (ottonisch oder gar karolingisch – was bei der Notgrabung nicht untersucht werden konnte)«; vgl. ders. in: Gmünder Heimatforum 23/Nov. 1978. Vgl. auch Bächle,

68. Aufschluß in der Frage nach einem größeren Umbau in gotischer Zeit ist nur von Intensivgrabungen zu erwarten.

57 Vgl. Georges Tessier, Recueil des actes de Charles II le Chauve roi de France 2, Paris 1952, 619–622 Nr. 488 (DKdK 488); weiterführende Hinweise bei Graf, Fulradzelle, 177 mit Anm. 64; zur Datierung vgl. ebd. Anm. 71.

58 DLdD Nr. 119; hierzu Graf, Fulradzelle, Anm. 65.

59 Hierzu und auch zum folgenden vgl. Graf, Fulradzelle, 179 f. mit Anm. 82.

60 Einen auffallenden Bezug zu St. Denis zeigen die Kirchenheiligen von Grunbach im Remstal (Gde. Remshalden) St. Dionysius und wahrscheinlich auch Veranus (S. Vere); vgl. zuletzt Graf, Fulradzelle, Anm. 101.

61 Vgl. Schmidt, Schwäbisch Gmünd, 9 f.; vgl. auch Scherer, Kleine Geschichte, 110 mit Verwechslung der einschlägigen Daten. An eine Ummauerung der Zelle bzw. des Klostermarkts dachten Deibele, Festbuch, 23; Mende, Festbuch, 56; vgl. hierzu jedoch Spranger, Schwäbisch Gmünd, 24, Anm. 23. Die von Archäologen des Landesdenkmalamts im Innern der Augustinuskirche im Frühjahr 1984 durchgeführten Grabungen haben keine Indizien für eine Besiedlung des Münsterbereichs vor dem 12. Jh. erbracht; vgl. RZ v. 26. 5. 1984; GT v. 26. 5. 1984; Stuttg. Ztg. v. 4. 6. 1984 sowie Hans Schäfer, in: Gmünder Geschichtsblätter 1984/4 (August). Eine wissenschaftliche Auswertung des Grabungsberichts steht noch aus (Sept. 1984).

62 Vgl. S. 68 ff.

## Schwäbisch Gmünd bis zum Untergang der Staufer (Spranger, Graf)

1 Livius, I, 1. Zum folgenden vgl. Klaus Graf, Untersuchungen zur Geschichtsschreibung der Reichsstadt Schwäbisch Gmünd, masch. Magisterarbeit Tübingen 1981 (künftig ders., Chroniken im 16. Jh., bes. Kap. I und V, 1) mit Belegen.

2 Ludwig Uhland, Schriften zur Geschichte der Dichtung und Sage, Bd. 1, Stuttgart 1865, 493.

3 Chronik des Friedrich Vogt, Hs. StadtAG Ch 2, 459; vgl. Graf, Chroniken, Kap. V, 1.

4 Vgl. Graf, Die Gmünder Ringsage.

5 Graf, Chroniken im 16. Jh., Kap. I.

6 Vgl. Graf, Die Heiligen Drei Könige und Schwäbisch Gmünd.

7 Vgl. die Beiträge in dem Sammelband »Die Staufer und Schwäbisch Gmünd«.

8 Druck: WUB II, 139 Nr. 378 aus HStASt A 499 U 21 (Abb. mit Übersetzung: UAG Bd. 1, Bildanhang). Zur Urkunde vgl. Spranger, Schwäbisch Gmünd, 29 ff.; Nuber, Ministerialen, 47 f.; Maurer Konrad III., 67 ff.; Heimpel, Vener I, 25 f.

9 ›Civis‹ bedeutet im 12. Jh. in der Regel »Stadtbürger«, vgl. z. B. Karl Kroeschell, in: Handwörterbuch z. dt. Rechtsgesch. Bd. 1, Berlin 1971, 544; zur Problematik des Bürger-Begriffs vgl. die Beiträge in dem Sammelband »Über Bürger, Stadt und städtische Literatur im Spätmittelalter«, Göttingen 1980.

10 König Konrad III. und Schwäbisch Gmünd. Wer hat die Stadt gegründet?

11 In diesen Zusammenhang gehört vielleicht auch *Reimboldus de Wekesheim*, der 1145 in Utrecht für Konrad zeugt (MGH Diplomata Ko. III Nr. 141) und sich wohl nach Wetzgau (nicht Weikersheim, wie das Register zu DKo III. will) nennt, vgl. schon Gustav Bossert, WVjh 13 (1890) 77 f.

12 Maurer, König Konrad III., 72. Der Heiratsvertrag von 1188 gedruckt bei Peter Rassow, Der Prinzgemahl. Ein Pactum Matrimoniale aus dem Jahre 1188, Weimar 1950, 1–6.

13 Zur Ablehnung der in den Chroniken überlieferten Gründungsdaten vgl. Graf, Chroniken im 16. Jh., Kap. V.

14 Maurer, König Konrad III., 77. Vgl. hierzu auch Schlesinger, Bischofssitze, 38: »Es ist daher Geschmackssache, ob man von Stadtgründungen oder Stadterweiterungen Friedrich Barbarossas

spricht.« Zur Städtepolitik Konrads III. und Friedrichs I. vgl. auch Koller, Stadtpolitik.

15 Maurer, König Konrad III., 77, 78.

16 Ebd., 78 f.

17 Bühler, Schwäbische Pfalzgrafen, bes. 145 ff.; ders., Zur Geschichte der frühen Staufer. Weiterführend und ergänzend: Decker-Hauff, Das staufische Haus; vgl. auch Maurer, Hohenstaufen, 12 ff.

18 Gesta Friderici I, 8 (Die Taten Friedrichs, hg. v. Franz Joseph Schmale [Frh.-vom-Stein-Gedächtnisausgabe. Mittelalter 17], Darmstadt ²1974, 144).

19 Zur Herrschaftsgeschichte des Gmünder Raums vgl. Graf, Vom Drachgau zum Stauferland; jetzt auch ders., in: Heubach und die Burg Rosenstein, Schwäbisch Gmünd 1984, 80 f. mit Anm. 32.

20 Gegen Bühlers Vermutung, Friedrich habe eine Erbtochter des 998 bezeugten Filsgaugrafen Walther geheiratet, wendet sich Graf, Drachgau, 417 f.

21 Vgl. Graf, Drachgau, 417, der nachdrücklich auf die Sonderstellung des Gmünder Raums hinweist, für den das seit dem 14. Jh. faßbare Territorialgefüge auf eine ausgedehnte Flächenherrschaft der Staufer, ein »Stauferland«, schließen läßt.

22 Vgl. Mehring, Stift Lorch; Decker-Hauff, Das staufische Haus, 343.

23 Vgl. den Überblicksartikel von Wolfgang Seiffer, in: Die Benediktinerklöster, 370–381.

24 Vgl. Engels, Beiträge: Schmid, De regia stirpe Waiblingensium; Ders., Staufer und Zähringer.

25 Maurer, Hohenstaufen, 23 f.

26 Ebd., 12 ff.

27 Ebd., 61 ff.

28 Ebd., 63.

29 Vgl. Weißenberger, Anfänge (mit Spranger, Schwäbisch Gmünd, 43 f.).

30 Vgl. Maurer, Hohenstaufen, 38 f.; Ziegler, Der Gründer Adelbergs.

31 Maurer, Hohenstaufen, 94 ff.

32 Vgl. Kieß, Die Rolle der Forsten, 25 ff., 134; vgl. ders., Zur Frage der Freien Pürsch, in: ZWLG 22 (1963), 67 f. und die bei Graf, Chroniken im 16. Jh., Kap. V, 1 Anm. 105 zitierte Lit.

33 StAL B 177 U 234 (UAG 1048).

34 Vgl. allgemein Müller, Weibelhuben; zur Weibelhube ob Gmünd vgl. Diehl, Die Freien der Weibelhube und zuletzt Graf, Die Burghalde bei Mutlangen.

35 Eugen Schneider, Lehenbuch Graf Eberhard des Greiners von Wirtemberg, WVjh 8 (1885) S. 126, 129; vgl. auch ebd., 115, 142.

36 Weller, Die freien Bauern; vgl. auch Bosl, Reichsministerialität II, 361.

37 So Graf, Burghalde, 321; zur Kritik an Weller vgl. Schulze, Rodungsfreiheit.

38 Rassow (wie Anm. 12). Zu ›burgus‹ vgl. jüngst Sydow, Stadtbezeichnungen, 240 f.

39 Zum Stauferbesitz vgl. auch die Karte V, 4 und Beiwort von Franz Xaver Vollmer (Historischer Atlas von Baden-Württemberg, 5. Lief., Stuttgart 1976).

40 Zum Städtewesen der Stauferzeit in Südwestdeutschland vgl. den Sammelband »Südwestdeutsche Städte im Zeitalter der Staufer«; Eggert, Städtenetz; Borst, Staufer; Scheuerbrandt, Stadttypen, 120 ff.

41 Vgl. Maurer, Hohenstaufen, 13 f., 94 ff.

42 So Schlesinger, Bischofssitze, 46. Zur Gründung von Göppingen vgl. Kauss, Die Hohenstaufenstadt Göppingen, der in Herzog Friedrich II. den Stadtgründer sieht. Die von ihm herangezogenen chronikalischen Nachrichten haben freilich keinen historischen Kern (so Graf, Chroniken im 16. Jh., Kap. V). Kritisch auch Sydow, Märkte, 9, der die Umdatierung der Stadtwerdung Göppingens vor 1154 für »etwas kühn« hält.

43 Gradmann, Schwäbische Städte, 427.

44 Zur historischen Zentralitätsforschung vgl. zusammenfassend Mitterauer, Markt und Stadt (ebd., 10 ff. ein Forschungsüberblick).

45 Vgl. jüngst Sydow, Märkte; ders., Fragen; ders., Stadtbezeichnungen, 237 Anm. 3 (Lit.).

46 Deibele, Wie entstand Gmünd?

47 Vgl. o. S. 48 ff. Eine kritische Auseinandersetzung mit der von Axel Hans Nuber in seinen Arbeiten (Der Grundbesitz der ältesten Geschlechter; Die Gmünder Schultheißen von Rinderbach; Ministerialen) niedergelegten Auffassung zur Entstehung der Stadt aus einem fränkischen Königshof und einem »Duringhofen« und zur Entstehung des Patriziats aus merowingerzeitlichen Siedlungsgeschlechtern (»Duringsippe«) kann in diesem Beitrag nicht erfolgen.

48 Zum Markt und der frühen Zentralität Gmünds vgl. einen unveröffentlichten Vortrag von Klaus Graf (7. 2. 1983 vor dem Gmünder Geschichtsverein).

49 Friedrich Lutz, Altwürttembergische Hohlmaße (Darstellungen aus der württ. Gesch. 31), Stuttgart 1938, 31, 136 u. ö.

50 HStASt H 127 Bd. 60, f. 60; für ein altes Marktrecht spricht auch, daß Gerstetten ursprünglich eigenes Getreidemaß besaß (ebd. f. 59).

51 Bayerisches Hauptstaatsarchiv München, Neuburger Kopialbücher 66, f. 411ᵛ, 413ᵛ.

52 Weller, Reichsstraßen, 16, 36, Nr. 29.

53 Monumenta Boica Bd. 53, München 1912, 184 ff.; Bd. 54 (1956), 369 ff.; Urkundenbuch der Stadt Augsburg, Bd. 2, Augsburg 1878, 27, 33 f.

54 Herbert Krüger, Das älteste deutsche Routenhandbuch. Jörg Gails »Raißbüchlein«, Graz 1974, 70, 88, 122; vgl. auch ders., Jb. f. fränk. Landesforschung 25 (1965), 373 zu einer Altstraße Nürnberg–Basel.

55 Vgl. o. Anm. 48.

56 MGH Constitutiones III, 1–5 Nr. 67: *Item de Gamundia CLX mr. Iudei ibidem XII mr.;* vgl. Spranger, Schwäbisch Gmünd, 66 f.; zur Liste vgl. Die Zeit der Staufer I, 15 f.

57 Vgl. zuletzt Eggert, Städtenetz, 115: »Der Ort wurde bald zu einem wichtigen Verwaltungsmittelpunkt eines reichen Kron- und Hausgutkomplexes.« Vgl. auch Sydow, Märkte, 10 zu den Abgaben des Orts Hohenstaufen, die er auf den dortigen Markt und nicht auf die Leistungen eines Bezirks bezieht.

58 WUB 4, 54 Nr. 1004; Böhmer-Ficker, Regesta Imperii, V, 1, Nr. 3358: *precaria, que aput Ezelingen et Gamundiam ad opus curie nostre primitus imponetur.* ›Primitus‹ ist wohl mit »erstmals« zu übersetzen, was zur Annahme einer Sondersteuer führt, da beide Städte bereits 1241 (vgl. o. Anm. 56) eine als ›Precaria‹ bezeichnete Stadtsteuer entrichtet haben. Die Umrechnung in kg Silber nach Elisabeth Nau, in: Die Zeit der Staufer III, 92.

59 Spranger, Schwäbisch Gmünd, 67 (ohne den dort Anm. 7 angeführten Chronikbeleg). Daß antijüdische Ressentiments in der ersten Hälfte des 13. Jh. auch in Gmünd vorhanden waren, belegt das »Judenspottbild« an der Westfassade der Johanniskirche (K. Graf, RZ v. 28. 6. 1978).

60 Vgl. Herrmann, Zur Geschichte der Juden, 271 und zuletzt K. Graf, RZ v. 7. 4. 1983.

61 Maurer, König Konrad III., 77.

62 Spranger, Schwäbisch Gmünd, 64 Anm. 91; Mende, Gedanken über das vorstaufische Gmünd, 103.

63 Vgl. ausführlich Graf, Herrenhof oder Jägerhaus?; vgl. auch Ders., GT v. 3. 1. 1980.

64 Ebd. 143 (ders., Chroniken im 16. Jh., Kap. V, 4). »Freihof« meint hier wohl nicht eine Stätte der Asylgewährung, sondern ein von Abgaben befreites Hofgut eines adeligen Herrn.

65 Mende, Gedanken, 104.

66 Graf, Herrenhof, 144.

67 Ebd., 144 ff.

68 Spranger, Schwäbisch Gmünd, 47 f. Die von Max Schneider aufgestellte These von der ältesten Befestigung der Siedlung Gmünd wurde von Theodor Zanek (GT v. 16. und 23. 11. 1980), K. Graf (GT v. 2. 11. 1980) und Maurer, König Konrad III., 79 Anm. 52 zu Recht zurückgewiesen.

69 Mende, Bauliche Zeugen, 91.

70 Zanek, Romanische Bausubstanz im Bereich d. südl. Münsterplatzes, 30 ff.

71 Ebd., 51.

72 Spranger, Schwäbisch Gmünd, 49, 52 f.; Mende, Gedanken, 105; Graf, Herrenhof, 142 mit Anm. 2.

73 Spranger, Schwäbisch Gmünd, 49 Anm. 16; Hans Wolfgang Bächle, RZ v. 25. 4. 1973.

74 So Mende, Gedanken, 105.
75 Spranger, Schwäbisch Gmünd, 52; vgl. allgemein auch Pfefferkorn, Buckelquader.
76 Spranger, Schwäbisch Gmünd, 63 mit Anm. 86, 88 (Lit.); Mende, Bauliche Zeugen, 77; vgl. auch Schwineköper, Problematik, 138.
77 Vgl. Graf, Vom Gmünder Marktfrieden.
78 Zur Grundrißgestaltung der Stauferstädte vgl. Schwineköper, Problematik, 138 ff., der sich ebd., 172 gegen die Zuweisung bestimmter Grundrißtypen an Dynastenfamilien (Zähringer, Staufer, Welfen) ausspricht.
79 Vgl. zusammenfassend Zanek, Romanische Bausubstanz (11.–13. Jh.), 210 (mit weiterer Lit.).
80 Ders., Der Imhof.
81 Hinweise bei K. Graf, GT v. 22. 9. 1979 (Leinecker Hof); ders., in: Sonderbeil. Gmünder Herbst z. GT v. 18. 9. 1981 (Klosterhöfe); ders., RZ v. 26. 11. 1980 (Arenhaus); ders., Herrenhof, 150 (Marktplatz 34/Jägerhaus). Zur Fuggerei vgl. Zanek, Fuggerei. Ergiebig für die Frage nach verschwundenen Steinhäusern ist vor allem die Chronik Friedrich Vogts von 1674 (Drucknachweise bei Graf, Geschichtsschreibung, 233 Nr. 3).
82 Mende, Bauliche Zeugen, 75 ff.; Stütz, Heimatbuch I, 43 ff.; Schneider, Mauerringe, 18 f.
83 Maurer, König Konrad III., 80.
84 Vgl. Zanek, Romanische Bausubstanz (11.–13. Jh.), 210 f.
85 Zu den Mühlen vgl. OAB Gmünd, 290 ff. und den Plan bei Dom. Debler, Chronica V, 66 f.
86 Vgl. die Kartenskizze bei Deibele, GH 12 (1951) Nr. 10, S. 5. Zu Eutighofen vgl. Lorch, Eutighofen; zum Zehntbezirk Rinderbach vgl. UASp 259 u. ö. Rätselhaft bleibt »Bragenhofen« (bei den Vogelhöfen), vgl. auch Graf, Chroniken im 16. Jh., Kap. V, 3 mit Lorch, Untersuchungen, 37.
87 Jakob Frischlin im Jahr 1614, LBS Cod. hist. 4° 331 I, S. 78 (Graf, Chroniken im 16. Jh., Kap. V, 1).
88 Böhmer-Baaken, Regesta Imperii IV. 3 Nr. 232; WUB 2, 294 f. Nr. 481.
89 Böhmer-Ficker, Regesta Imperii V, 1 Nr. 4423; WUB 3, 449 Nr. 945.
90 Böhmer-Ficker Nr. 4505.
91 Böhmer-Ficker Nr. 4820; WUB 6, 278 Nr. 1886.
92 WUB 2, 156 Nr. 389 mit ebd. 3, 495 (Karl Friedrich Stumpf, Die Reichskanzler, Bd. 2, Innsbruck 1865, Nr. 4097); vgl. Oppl, Itinerar, 47, 147, 204.
93 Schwineköper, Problematik, 128 f.
94 Maurer, Hohenstaufen, 34.
95 Vgl. Baaken, Pfalz und Stadt, 45.
96 Albert v. Behaim und Regesten Papst Innozenz IV., hg. v. Constantin Höfler (Bibl. d. Literar. Vereins in Stuttgart 16, 2), Stuttgart 1847, 4 f. (Böhmer–Ficker–Winkelmann, Regesta Imperii V, 2 Nr. 11 255): *quia cives... Gemund... misere milites.* Es handelt sich sicher um Schwäbisch Gmünd, nicht um Neckargmünd oder Gemünden am Main.
97 Vgl. Haller, Papsttum IV, 134 f., 406 f.
98 Ebd., 208 f., 423 f.
99 Vgl. allgemein Schulz, Zum Problem der Zensualität; ders., Zensualität und Stadtentwicklung. Zum Stadtrecht vgl. jüngst allgemein Patze, Stadtgründung und Stadtrecht.
100 WUB 2, 330 Nr. 509; zum folgenden vgl. auch Graf, Schultheiß und Rat, 86 ff.
101 Vgl. Maurer, Hohenstaufen, 45.
102 WUB 3, 366 Nr. 1236; Maurer, Hohenstaufen, 44.
103 Graf, Schultheiß und Rat, 87 mit Anm. 9.
104 LB Karlsruhe Hs. Günterstal 11, S. 6; vgl. Klaus Graf, Ein verlorenes Mandat Friedrichs II. zugunsten von Kloster Adelberg, ZWLG 43 (1984), 407–414.
105 Vgl. Spranger, Schwäbisch Gmünd, 73.
106 Eduard Paulus, in: Schriften des Württ. Alterthumsvereins II 2 (1875) 89; vgl. Spranger, Schwäbisch Gmünd, 37 mit Anm. 2 f. (Lit.); Graf, Ringsage, 129.
107 Kissling, Münster, 27.

108 Ebd., 28.
109 Nachweis bei K. Graf, RZ v. 16. 9. 1980.
110 MGH SS XXIII, 384 f.
111 So Graf, Der Gmünder Stadtgründer König Konrad III. und die Heiligkreuzpfarrkirche der Staufer-stadt.
112 WUB 11, 68 f. Nr. 5036 mit Graf, Himmelserscheinung, 286 mit Anm. 12.
113 Graf, Himmelserscheinung, 287 f.
114 Vgl. Hussendörfer, Die ehem. Chorherrenstiftskirche in Faurndau, 343 ff., 359, 419 ff. u. ö.
115 Georg Dehio, Handbuch der dt. Kunstdenkmäler. Baden-Württemberg, bearb. v. Friedrich Piel, München 1964, 435 f.
116 Wie o. Anm. 114, bes. 419 ff.
117 Graf, Ringsage, 138 mit Anm. 33 (nach Richard Wiebel).
118 Kissling, Münster, 28.
119 Vgl. ebd. 9 sowie schon Gradmann, Kunst- und Altertums-Denkmale, 394.
120 Graf, Eine Himmelserscheinung im Jahr 1225.
121 Ebd., 285 mit Anm. 7.
122 WUB 2, 330 Nr. 509.
123 Vgl. Graf, Chroniken im 16. Jh., Kap. V, 5.
124 Von Leonhard Friz, Beschreibung des Eppersteins, 1620, Hs. StadtAG (vgl. Graf, Geschichtsschrei-bung, 197).
125 Klein, Der Erbauer des Salvators, 170; vgl. auch Deibele, Über das Alter des St. Salvators.
126 An ein Wolfgangs-Heiligtum dachte jüngst K. Graf, GT v. 5. 4. 1980.
127 Grundmann, Religiöse Bewegungen; vgl. auch Herzig, Die Beziehungen der Minoriten zum Bürger-tum.
128 Graf, Chroniken im 16. Jh., Kap. V, 4.
129 An der Fassade findet sich das gleiche pfeilförmige Steinmetzzeichen wie an der Johanniskirche und am Glockenturm des Münsters, vgl. Hermann Kissling, RZ v. 13. 5. 1972.
130 Vgl. ausführlich Graf (wie o. Anm. 128).
131 Kolb, Das Dominikanerinnenkloster Gotteszell, eine Gründung der Stauferzeit.
132 Graf, Chroniken im 16. Jh., Kap. V, 4.
133 WUB 4, 130—132 Nr. 1069 f.
134 Graf, Chroniken im 16. Jh., Kap. V, 4. 1239 zeugt Bertholdus Shopo in der Zeugenliste unmittelbar nach dem Schultheißen (WUB 3, 435 Nr. 932).
135 Vgl. allgemein Grundmann, Religiöse Bewegungen, 397. Zu den Herren von Rechberg als Förderern von Gotteszell vgl. schon Kolb, Gotteszell, 123 f. Stärker betont wird die Mitwirkung der Rechber-ger von Graf, Chroniken im 16. Jh., Kap. V, 4.
136 WUB 4, 126—128 Nr. 1067.
137 Ebd., 4, 266 f. Nr. 1198.
138 Ebd., 11, 480.
139 Ebd., 5, 283 Nr. 1515.
140 Fischer, Zur älteren Geschichte des Gmünder Aussätzigenhauses St. Katharina; vgl. auch Deibele, UAK S. 8 ff., bes. 20 ff.
141 UAK S. 201: *versus habitationem leprosorum.*
142 Außerdem finden sich die gleichen Steinmetzzeichen wie am Glockenturm, an der Johanniskirche und St. Franziskus vor (Fischer, Geschichte, 23; UAK S. 21).
143 Vgl. Deibele, UAK S. 12; vgl. allgemein Herzig, Beziehungen, 52 Anm. 140.
144 Zur Problematik vgl. etwa Fleckenstein, Vom Stadtadel; Hauptmeyer, Vor- und Frühformen des Patriziats; Maschke, Bürgerliche und adelige Welt. Für Gmünd vgl. Heimpel, Vener I, 43 ff., 60 f. Als instruktive Fallstudie aus neuester Zeit ist vor allem Keller, Über den Charakter Freiburgs, 273 ff. zu nennen.

145  Nuber, Staufische Ministerialen, 56. Zu steinernen Wohnhäusern in der Stauferzeit vgl. jüngst Quarthal, Steinhaus, 357 f.
146  Heimpel, Vener, 26.
147  UASp 70, vgl. Graf, Chroniken im 16. Jh., Kap. V, 1.
148  Vgl. etwa Hauptmeyer, Vor- und Frühformen des Patriziats.
149  Klein, Goldschmiedekunst, 18.
150  Nuber, Grundbesitz, 36 ff. und Anhang; ders., Ministerialen, 47 f.
151  Maurer, König Konrad III., 68 im Anschluß an Nuber.
152  Maurer, König Konrad III., 69, 75.
153  WUB 3, Nr. 869: *Astantibus ministerialibus imperii . . . Cunrado et sculteco de Gamundia.* Hinzuweisen ist auch auf die 1240 von Gmünd dem Kaiser nach Italien gesandten *milites* (vgl. o. S. 74 mit Anm. 96).
154  Böhmer–Baaken, Regesta Imperii IV, 3 Nr. 171.
155  Maurer, König Konrad III., 69 Anm. 17.
156  WUB 7, 398 f. Nr. 2535.
157  Ebd. 7, 79 Nr. 2134 (allerdings an letzter Stelle in der Zeugenliste). Der in UAG 6 und WUB 4, 369 f. irrig auf Mögglingen bezogene Cŏno de Megelingen (Stumpf 4124) ist Graf Kuno (IV.) von Mödling (Lkr. Wasserburg), vgl. Günther Florschütz, Zs. f. bayer. Landesgesch. 38 (1975) 4 f.
158  So Paul Goldstainer um 1550, vgl. Graf, Chroniken im 16. Jh., Kap. V, 1.
159  Huizinga, Herbst des Mittelalters, 45.

## Gmünd im Spätmittelalter (Graf)

Für die Durchsicht des Manuskripts habe ich Herrn Oberstudiendirektor Dr. P. Spranger sehr zu danken. Der folgende Beitrag versucht, gleichermaßen Aspekte aus den Bereichen der politischen Geschichte, der Verfassungs-, Sozial- und Wirtschaftsgeschichte sowie aus der Kirchen- und Kulturgeschichte zu berücksichtigen, um auf diese Weise ein Gesamtbild jener komplexen geschichtlichen Realität zu erhalten, die man vereinfachend als »die Geschichte« der Stadt Schwäbisch Gmünd im Spätmittelalter bezeichnet. Daß sich persönliche Interessen und Neigungen trotzdem in gewissen ungleichen Gewichtungen niederschlagen, ist kaum zu vermeiden. Stadtgeschichte – das heißt vor allem: das Handeln und Leiden aller Menschen ernstzunehmen, die in der Stadt lebten und arbeiteten, nicht nur die »Geschichte der Eliten«. Allerdings scheiterte eine konsequente Durchführung berechtigter alternativer Ansätze, die sich mit den Stichworten »Geschichte von unten« oder »Alltagsgeschichte« umschreiben lassen, vor allem an der ungünstigen Quellenlage. (Freunde materialistischer Geschichtsdeutung seien auf den knappen Abriß von Scherer, Kleine Geschichte der Stadt Schwäbisch Gmünd verwiesen, der sich S. 110 Gedanken über die Schwierigkeit der Geschichtsschreibung in einer »bürgerlichen« Gesellschaft macht: »Glücklich, wer sich in ein hochspezialisiertes Schneckenhaus zurückziehen kann; noch glücklicher, wer sich, so zugedeckelt, als freier Geist versteht.«) Ein weiterer Punkt: Stadtgeschichte, wie sie hier geboten wird, läßt sich nicht »erzählend« bewältigen. Nur wenn neu erschlossenes Material und neue Erkenntnisse in angemessener Form in den Text und den Anmerkungsteil eingehen können, ist der Aufwand einer möglichst umfassenden Quellendurchsicht zu rechtfertigen. Mit anderen Worten: Der Beitrag will lediglich ein einigermaßen verläßliches Hilfsmittel sein, das handbuchartig den Weg zu Quellen und Literatur weist und die wichtigsten Zusammenhänge in auf Quellenbeispiele gestützter Erörterung skizziert. (Nicht auf Gmünd bezügliche allgemeine Literatur habe ich äußerst sparsam zitiert. Die relevante lokale Literatur zu den einzelnen Themen ist am Anfang der entsprechenden Abschnitte zusammengestellt; wo sich aus ihr oder den Regestenwerken UAG, UASp im Text verwendete Belege mühelos ermitteln lassen, habe ich vielfach auf genaue Nachweise in den Fußnoten verzichtet.)

## A  *König, Adel und Städte*

1 Zur Zentralitätsforschung vgl. allgemein etwa Kießling, Stadt-Land-Beziehungen und den Sammelband Zentralität als Problem der mittelalterlichen Stadtgeschichtsforschung. Eine auf Gmünd bezogene Untersuchung zur historischen Zentralität fehlt.

2 Blezinger, Städtebund, 124.

3 Heinz Winzinger zu Winzingen gesessen (ohne eigenes Siegel, daher kein Angehöriger des Ortsadels), UAG 502; vgl. u. S. 133.

4 Vgl. als Fallstudie Nuber, Heilbronner Geschlechter in Gmünd – Gmünder Geschlechter in Heilbronn.

5 Veraltet sind die lokalen Zusammenstellungen bei Grimm, Geschichte, 101 ff.; Klaus, Beiträge, 117 ff. Einen unentbehrlichen Gesamtüberblick über das Kräftespiel im schwäbischen Raum im Spätmittelalter gibt Stälin, Wirtemb. Geschichte III. Außer den in UAG zusammengestellten Quellen sind die Regesta Imperii der einzelnen Herrscher und die Deutschen Reichstagsakten (ältere Reihe) zu nennen. Aus der allgemeinen Literatur sei nur Isenmann, Reichsstadt und Reich erwähnt, der ebd., 16 ff. von der Stadtherrschaft des Königs in den Reichsstädten handelt. – Nach Abschluß des Ms. erschien die grundlegende Arbeit von Heinig, Reichsstädte, Freie Städte und Königtum.

6 Heimpel, Vener I, 34, 38; Spranger, Schwäbisch Gmünd, 36 Anm. 16. Die 6 Jauchert Acker auf dem Schwerzer heißen 1521 *Brüel* (Bezeichnung für herrschaftliches Wiesenland), UAL 67 nach Mikrofilm StadtAG Bd. 53.14.16.

7 WUB VIII, 42.

8 Vgl. u. S. 143.

9 MGH Const. V, 247 Nr. 288.

10 UAG 164, 798; UASp 86, OAB Gmünd, 179.

11 Vgl. UAG 819 (1417); vgl. auch Karl Zeumer, Quellensammlung zur Geschichte der deutschen Reichsverfassung, Leipzig ²1913, 230 f.; Helmut Bansa, Die Register der Kanzlei Ludwigs des Bayern, Bd. 1, München 1971, 122.

12 UAG 266; Stälin, Wirtemb. Geschichte III, 311; vgl. Isenmann, Reichsstadt, 62 ff.

13 Haering, Reichskrieg, 61.

14 Vgl. z. B. UAG 1708 (wegen treuer Dienste im Burgunderkrieg 1475).

15 Vgl. u. S. 101 f.

16 Vgl. u. S. 128.

17 Vgl. u. S. 111.

18 1344 und 1353 werden die beiden Friedensordnungen nur vorbehaltlich der königlichen Zustimmung für gültig erklärt (Heide, Friedensordnungen, 48, 58).

19 Moraw, Hofgericht, 313 unter Hinweis auf Konrad von Bissingen, Job Vener, Peter Zeiselmüller, Bischof Heinrich von Schönegg (zu diesem vgl. Graf, Bischof Heinrich III. von Schönegg) und Peter Parler.

20 Vgl. u. S. 133.

21 Martin, Städtepolitik, 196 f. (entgegen Böhmer–Redlich, Reg.Imp. VI, 1 Nr. 2201 war Rudolf am 18. 12. 1288 in Heilbronn, vgl. Urkundenbuch der Stadt Heilbronn I, 13 Anm. 1, daher die gegenüber Martin niedrigere Tageszahl).

22 Vgl. Isenmann, Reichsstadt, 14.

23 Zum folgenden vgl. vor allem Herrmann, Schwäbisch Gmünd und der Schwäbische Städtebund. Die Quellen bis 1347 bei Ruser, Urkunden und Akten, 471 ff.

24 Vgl. Schuler, Städtebünde.

25 UAG 439. 1361 war das Schultheißenamt und Ungelt gleichfalls an Württemberg verpfändet worden (UAG 310). Gmünd blieb somit von Verpfändungen weitgehend verschont (die von Rabe, Rat, 191 zitierte Urkunde von 1312 betrifft Neckargemünd), was nicht gerade für die Bedeutung der Stadt spricht.

26 Herrmann, Städtebund, 186.
27 Das Anniversar der Barfüßer notiert den Tod des Johannes Wolf (Martin Crusius, Annales Suevici, Bd. 3, Frankfurt a. M. 1596, 474), das der Prediger den Tod des Jos Vetzer (StAL B 177 U 2022, f. 2 4ᵛ) beides Angehörige der Geschlechter, in der Schlacht vor Weil.
28 Vgl. u. S. 94 ff.
29 Annales Sindelfingenses 1083–1482, bearb. v. Hermann Weisert, Sindelfingen 1981, 60 Nr. 217.
30 Kuno Ulshöfer, Württ. Franken 64 (1980) 15 f.
31 WUB IX, 145; vgl. auch ebd., 364; WUB X, 225.
32 StAL B 113 U 370.
33 ZGO 10 (1859) 252–254.
34 HStASt A 499 U 548.
35 Die Leistungsorte sind in UAG leider ganz weggelassen worden.
36 Augsburger Baumeisterrechnungen, Zs. d. hist. Vereins f. Schwaben 5 (1878) 46.
37 UAG 129.
38 UAG 178.
39 UAG 180.
40 Karl Schumm, masch. Repertorium des Fürstl. Hohenlohe Gemeinschaftl. Archivs Abt. Weinsberg (Exemplar LBS), 113.
41 UAG 380.
42 UAG 872.
43 Klaus, Geschichtliches, 2; UAG 807, 1414, 1621, 1664, 1807.
44 Vgl. u. S. 125 ff., 169.
45 UAG 105.
46 Vgl. u. S. 157 ff.
47 UAG 137, 139.
48 UAG 2201; aufschlußreich für die weitgespannten kirchlichen Kontakte des Adels ist die Urkunde der Irmgart von Hohenriet (Denkinger, Spital, 212 f.; UAG 296).
49 Vgl. Graf, Chroniken, Kap. I.
50 Vgl. o. S. 64 ff.
51 Blezinger, Städtebund, 3.
52 Eine knappe Zusammenfassung der städtischen Bündnispolitik des 14. und 15. Jh. am Beispiel Ulms gibt Specker, Ulm, 49–51, 68–72.
53 Blezinger, Städtebund, 15 f. (1446).
54 Vgl. die Regesten aus den Eßlinger Missivenbüchern und Missiven UAG A 18 ff., A 176 ff. und Blezinger, Städtebund, 135 ff. (Regestenanhang).
55 StadtA Nördlingen Missiven 1453, 14 f.
56 Vgl. z. B. Blezinger, Städtebund, 66.
57 Ebd., 50.
58 Deutsche Reichstagsakten 15 (1914) 379.
59 Vgl. Stälin, Wirtemb. Geschichte III, 473 ff.
60 Ebd., 479. Die besten Quellen sind zwei Schreiben Gmünds im StadtA Nördlingen Missiven 1449, 203–205, 496. Vgl. auch das Lied bei Karl Steiff-Gebhard Mehring, Geschichtliche Lieder und Sprüche Württembergs, Stuttgart 1912, 32–37 und u. Anm. 73.
61 Pfaff, Beiträge, 26; StadtA Nördlingen Missiven 1450, 126.
62 Vgl. z. B. StadtA Nördlingen Missiven 1449, 113 (Zitat), 135 f.
63 Ebd., 1450, 353.
64 Ebd., 1450, 31.
65 UAG 1257–1259.
66 UAG A 468.
67 UAG 1275.

68 Vgl. UASp 627; Müller, Warenzeichenschutzprozeß, 256.
69 Vgl. Klaus, Beziehungen Gmünds zu Württemberg.
70 Heimpel, Vener I, 56 f.; UAG 573.
71 UAG 597 f.
72 UAG 628; Stälin, Wirtemb. Geschichte III, 364 Anm. 3.
73 Stälin, Wirtemb. Geschichte III, 423.
74 UAG 1285.
75 UAG 1716 f., 1718, 1723.
76 UAG 1913 f.
77 UAG 1395; vgl. auch StadtA Nördlingen Missiven 1464, 191 f. Nach dem Eidbuch 1468 (StadtAG)
S. 28 beschworen die Dorf-Hauptleute die Einhaltung der Zent.
78 Gabelkover, LBS Cod. hist. 2°588, f. 416ᵛ; vgl. Johann Ulrich Steinhofer, Neue Wirtembergische
Chronik, Bd. 3, Stuttgart 1752, 200.
79 Ebd., f. 536–537; vgl. Steinhofer, 344.
80 UAG 1720 (Datierung fraglich).
81 Wie Anm. 79. Dies geht auch aus der Korrespondenz UAG A 254 hervor.
82 1495 scheint eine Zent jedoch bestanden zu haben (vgl. Christoph Besold, Documenta Rediviva
Monasteriorum, Tübingen 1636, 762 f.). Zu einer vergleichbaren »Zent« vgl. WGQ VI, 113 f.
83 Stälin, Wirtemb. Geschichte III, 625; Karl Klüpfel, Urkunden zur Geschichte des Schwäbischen Bundes, Bd. 1, Stuttgart 1846, 54 ff.; zur Beziehung Gmünds zum Bund vgl. UAG A 118 ff.
84 Vgl. Naujoks, Obrigkeitsgedanke, 24 ff.

## B Die Bürgerschaft

1 Literatur: Rabe, Der Rat der niederschwäbischen Reichsstädte, bes. 43 f., 144–146; Naujoks,
Obrigkeitsgedanke, Zunftverfassung und Reformation, 21 ff. (beide grundlegend); Graf, Schultheiß
und Rat.
2 WUB VIII, 429; Graf, Schultheiß, 91 Anm. 25.
3 WUB VIII, 413 f.
4 Graf, Schultheiß, 88 mit zu weitgehenden Schlüssen; vgl. Rabe, Rat, 43.
5 Zur Bewertung der Tradition vgl. Graf, Chroniken, Kap. V, 2 gegen Graf, Schultheiß, 90.
6 WUB XI, 86 f. – Guta die Gulandin gibt 1339 Güter vor Gericht auf und der Rat bestätigt diesen
Rechtsakt als vor ihm vollzogen (UASp 23); vgl. aber 1326: Schultheiß, Bürgermeister, *scabini, consules* (UAK S. 201). Die *scabini* (Schöffen) waren die geschworenen Richter der Stadt: 1303 wird ein
Rechtsakt vor Gericht getätigt *coram scabinis iuratis seu iudicibus* (UAG 85). Zur Terminologie vgl.
Rabe, Rat, 79 ff. – 1398 geht ein Privileg Wenzels von 12 Richtern aus (UAG 617), vgl. UAG 247
und Rabe, Rat, 144.
7 Vgl. u. S. 119.
8 Vgl. Nuber, Schultheißen von Rinderbach. Zur »Ausnahme« Vetzbry vgl. o. S. 90.
9 UAG 402. Die von Rabe, Rat, 226 Anm. 132 zitierte Spitalordnung stammt von 1379 (UASp 90).
1366 nennt Karl IV. nur Bürgermeister und Rat (UAG 358). Allerdings schrieb schon Ludwig der
Bayer an Bürgermeister, Schultheiß und Rat (UAG 155, vgl. aber UAG 179).
10 Adam Friedrich Glafey, Anecdotorum . . . collectio, Dresden – Leipzig 1734, 278; UAG 307.
11 UAG 354.
12 HStASt B 201 U 309.
13 UAG 439 f.
14 UAG 502; UASp 106, 112, 117, 121.
15 UAG 535.
16 UAG 536; Klaus, Beiträge, 117. Weiterverleihung des Amts auch 1404 (UAG 672).

17 Heide, Friedensordnungen, 43 f.
18 Regesten der Pfalzgrafen am Rhein, Bd. 2, Innsbruck 1939, Nr. 1998; vgl. aber ebd. Nr. 2027, 2051.
19 Urkundenbuch d. Stadt Straßburg, Bd. 5, Straßburg 1896, 674 f. vom Jahr 1370.
20 UAG 799, 865, 881, 883, 885, 988 f., 991.
21 Edition: Heide, Friedensordnungen, 43−48.
22 Ebd., 49−59.
23 Vgl. Czok, Bürgerkämpfe; für Gmünd Graf, Chroniken, Kap. V, 2.
24 UAG 194; WVjh NF 11 (1902) 350.
25 Vgl. Herrmann, Schwäbisch Gmünd 1378, 181 und u. S. 183.
26 Heimpel, Vener I, 54; Graf, Gründonnerstagsstiftung, 56 Anm. 9. Zu einem Zwist in der zweiten Hälfte des 15. Jh. vgl. u. S. 106.
27 Vgl. Rabe, Rat, 80.
28 UAG 402, 414, 612; UASp 83 f.
29 UAG 410 (der Druck bei Lünig, Reichs-Archiv 13, 1714, 821 f. ist fehlerhaft); zur Bedeutung von Zunft vgl. Lentze, Kaiser, 63, zu Gmünd ebd., 209.
30 UAG 414.
31 Vgl. z. B. Denkinger, Spital, 215 f. (1381).
32 Vgl. die Reihe der Verordnungen UAG A 74 ff.
33 UAG 617.
34 UAG A 468; vgl. auch die Regelung beim Einsammeln des Wochenpfennigs UAG A 187 und für die Ainunger im Eidbuch (StadtAG) S. 68: ein Ratsherr von jeder Bank.
35 StadtAG S. 1.
36 Graf, Chroniken, Kap. V, 2.
37 Rabe, Rat, 145 f.
38 UAG 719; Rabe, Rat, 146.
39 Bedauerlicherweise weist der Gmünder Abschnitt der wichtigen Arbeit von Naujoks, Obrigkeitsgedanke, 21 ff., 39 ff. wesentliche Interpretationsfehler auf.
40 Rabe, Rat, 254, 255 Anm. 274, 257.
41 Naujoks, Obrigkeitsgedanke, 21, 23.
42 Ebd., 22.
43 Es ist mir unerklärlich, wie Naujoks, Obrigkeitsgedanke, 23 diese Quelle ausführlich benutzen und zugleich (ebd., 39−41) in ihr belegte Ämter erst nach 1500 entstanden sein läßt. Konsequenterweise will Rabe, Rat, 145 Anm. 123 das Eidbuch − ohne Autopsie − denn auch (mit Krämer) auf 1568 datieren, u. a. weil die dort aufgeführte Ämterfülle nicht zur Verfassung der Stadt im 15. Jh. passe. Freilich geht er dabei der schlichtweg skandalösen Dissertation von Krämer auf den Leim, der nur die masch. Abschrift eines von dem Chronisten Dom. Debler kopierten späten Eidbuchs wiedergibt (vgl. aber schon Rabe, Rat, 7 Anm. 16).
44 Bequem zugänglich im Sammelband von Maschke, Städte und Menschen. In seinem Aufsatz »Obrigkeit und Zunftverfassung« hat Naujoks Maschkes Ergebnisse berücksichtigt.
45 Vgl. außer Naujoks, Obrigkeitsgedanke, ders., Obrigkeit, auch die bei Rublack, Nördlingen, 40 Anm. 2 genannte Literatur.
46 Zum Gmünder Zunftwesen bietet eine brauchbare Zusammenfassung Laurentzsch, Zünfte.
47 UAG A 317 (1479), A 319.
48 Vgl. UAG A 81 ff., A 313 ff.
49 UAG A 320.
50 UAG A 79.
51 UAG A 317, 321 f.
52 UAG A 275 f.
53 UAG A 319.
54 Naujoks, Obrigkeitsgedanke, 22.

55 UAG 1954, vgl. u. S. 147.

56 UAG 2013, 2320.

57 UAG 2266; Klaus, Rechtsgeschichtliches, 96 f. Schon 1496 wird die Angelegenheit als schweres Zerwürfnis bezeichnet (UAG A 206); 1497 klagte die Gerberzunft gegen die Stadt (UAG A 207).

58 StadtAG, S. 3.

59 Vgl. die ab 1368 geführte Bürgermeisterliste bei Graf, Chroniken.

60 Wie Anm. 58, S. 22.

61 Vgl. Ebel, Bürgereid.

62 UASp 26: Schultheiß, Bürgermeister, Stettmeister und der Rat haben *gelopt uf die eyde als wir der stât und dem raût gesworn;* vgl. auch Herrmann, Schwäbisch Gmünd 1978, 181.

63 Vgl. Herrmann, Schwäbisch Gmünder Stadtschreiber.

64 Substituteneid aus dem Eidbuch 1468 S. 27 bei Herrmann, Stadtschreiber, 101. Unterschreiber: UAG 1977 (1485).

65 HStASt B 201 U 309. Später waren die Ämter getrennt.

66 Vgl. z. B. Heimpel, Vener I, 44 f., 54 f.

67 Besonders gut sind die diplomatischen Aktivitäten der Stadt bezüglich der Reform von Gotteszell dokumentiert, UAG A 484, 515. Der Eid des Stadtläufers im Eidbuch 1468 (StadtAG), S. 54.

68 Vgl. Schneider, Mauerringe, 19.

69 Heide, Friedensordnungen, 57.

70 UAG 414 (vgl. o. Anm. 30); vgl. aus demselben Jahr UASp 84: der Henibach soll über den *graben durch die stetmûr* geführt werden. Das Ziehen des Stadtgrabens auch in UASp 83.

71 Herrmann, Schwäbisch Gmünd 1378; vgl. auch u. S. 183. 1382 beschwerte sich Gotteszell über den Verlust von Einkünften durch den Bau des Stadtgrabens (UAG 496).

72 Vgl. Weser, Waffenschmiede, 135 (nach Eidbuch 1468, StadtAG, S. 12; vgl. ebd. S. 25); UASp 505; UAG 194; WVjh NF 11 (1902) 350. StadtA Nördlingen Missiven 1440, 197: Conrat Egkhart der Salwirch soll auf weitere fünf Jahre als Salwirch und Werkmann bestellt werden; Missiven 1453, 24: Conrat Schagg der Salwirch, gebürtig aus Nördlingen.

73 Vgl. K. Graf, RZ/GT v. 7. 5. 1983, 14; Kissling, Werfende Handwerke.

74 Vgl. Weser, St. Sebastianus-Bruderschaft.

75 Vgl. Weser, Schützenfest; Klein, Geschichte des Gmünder Goldschmiedegewerbes, 12 ff.; Braun, Umrisse, 13. Zu den Einladungen vgl. Einblattdrucke des XV. Jahrhunderts, Halle a. S. 1914, 347 Nr. 1305 f. vgl. auch u. S. 170.

76 Vgl. Heimpel, Vener I, 56 mit Anm. 225; Klaus, Rechtsgeschichtliches, 94 f.; UAG 482, 530, 1212; UASp 96; StadtA Nördlingen Missiven 1445, 235, 329.

77 StadtA Nördlingen Missiven 1450, 126, 131, 189, 460.

78 UAG 1681; Klaus, Geschichtliches, 14; zu ihm als Städtefeind vgl. außer UAG 1971, A 326 ff. StadtA Nördlingen Missiven 1478, 138; 1480, 361; 1482, 368.

79 UAG 1278.

80 UAG A 253; vgl. OAB Gmünd, 289. Im Eidbuch 1468 (StadtAG) S. 28 f., 76 Eide der dörflichen Amtleute.

81 Vgl. UASp 628 (1489).

82 UAG 1848; Rechbergisches Archiv Donzdorf U 329.

83 Vgl. o. S. 61.

84 UAG A 68.

85 UAG 2098.

86 Heide, Friedensordnungen, 43, 49.

87 Vgl. die Angaben in UAG 1287, 1310, 1374, 1458, 1503; vgl. auch Klaus, Rechtsgeschichtliches, 95 f. Die Einführung wurde in der Friedensordnung 1353 beschlossen (Heide, Friedensordnungen, 49 f.).

88 UAG A 187; Eidbuch 1468 (StadtAG) S. 51.

89 Vgl. o. S. 102 f.

90 Heimpel, Vener I, 41; UAG 1360; Klaus, Rechtsgeschichtliches, 101. Im Eidbuch 1468 (StadtAG) S. 37, 40 f. die Eide von Ungeltschreiber, Ungelter und Weinlader.

91 StadtAG; vgl. Naujoks, Stadtetat.

92 Vgl. schon StadtA Nördlingen Missiven 1410, 6; UAG 2325 ff. Klaus, Geschichtliches, 2 f. Die Geldanlage einer Wiener Studienstiftung in Gmünd: ders., Beiträge, 119.

93 UAG 1908.

94 UAG 470; UASp 122.

95 UAG 766, 769 ff.; Klaus, Geschichtliches, 4 f.; Nägele, Original-Urkunde, 114 ff.

96 UAG 1083. Der Stadt gemeine Viehweide erstmals 1432 (UAG 1021; Nägele, Heilig-Kreuzmünster, 282), vgl. aber schon UAG 895 (1423). Küwepfleger der Kuwewaide 1456 (UAG 1305).

97 UAG A 47.

98 Vgl. u. S. 143, 145.

99 UAG 1216; Klaus, Rechtsgeschichtliches, 90.

100 Vgl. z. B. schon 1442 (UAG A 82) eine Verordnung des Rats für die Grempler, UAG A 313a, b und o. S. 107.

101 Aus dem Jahr 1436 ist die Abschrift eines Eintrags aus der *stat gesworn schuldbuch* in StadtA Nördlingen Missiven 1436, 257 f. erhalten geblieben.

102 Kirchgässner, Möglichkeiten, 92. Wegen der Münzverschlechterung der 1390er Jahre mußten 1394 die Zinsabgaben an die unter der *gewaltsamin* des Rats stehenden geistlichen Institutionen neu festgesetzt werden (UAG 582).

103 Krusy, Gegenstempel, 228 f.; vgl. Fuchs, Das Einhorn auf Prager Groschen. Zur Münzkontrolle vgl. auch Eidbuch 1468 (StadtAG) S. 13; UAG 949.

104 UAG 118; vgl. auch UAG 128.

105 UASp 12; UAG 139.

106 Vgl. u. S. 160 f. Auf das Selbstverständnis des Rats als christliche Obrigkeit verweist die Begründung der Bestimmung über die Kuppelei im Eidbuch 1468 (StadtAG), S. 9 (Mager, Heilig-Kreuz-Münster, 36).

107 StAL B 389 U 136.

108 Vgl. Klaus, Geschichtliches, 1.

109 UAG 1017.

110 Vgl. Rabe, Rat, 215.

111 UAG 179, 410, 618.

112 Vgl. z. B. StadtA Nördlingen Missiven 1495, 226; UAG 1708. – Zur Anwendung des Gmünder Stadtrechts bei bäuerlichen Rechtsgeschäften in der Umgebung vgl. z. B. UAG 427, 432, 1516, 1615. 1493 entschied das Stadtgericht einen Streit zwischen den Gemeinden Iggingen und Herlikofen (UAG 2183).

113 Vgl. z. B. UAG 1333, 1397, 1490, 1495, 1841, A 233; Blezinger, Städtebund, 89, 101, 162; StadtA Nördlingen Missiven 1471, 43: die Stadt sei von etlichen Freigrafen geladen, aber absolviert worden (vgl. auch ebd. 1481, 222).

114 Vgl. UAG 1396, 1633, 1912, 2147; UASp 487; Zs. f. Kirchenrecht 10 (1871) 6 f. (aus der bei Graf, Himmelserscheinung, 288 Anm. 13 vermißten Quelle in Donaueschingen). Die Hs. Staatsbibl. München Clm 4366, f. 123^v–124 enthält ein Dekret des Augsburger Gerichts an den Gmünder Dekan, gedruckt: Placidus Braun, Notitia . . . de codicibus manuscriptis in bibliotheca . . . ad SS. Udalricum et Afram Augustae extantibus, Bd. 4, Augsburg 1793, 159–161 mit 98 f. (in derselben Hs., f. 161 Notizen über das Landkapitel Lorch, Mitte 15. Jh.).

115 UAG 322.

116 Graf, Herrenhof, 146.

117 UAG 617; vgl. Rabe, Rat, 247.

118 Karl Otto Müller, Schwäb. Archiv 28 (1910) 70.

119 StadtA Nördlingen Missiven 1466, 226; 1488, 364; Anwendung der Folter ebd. 1447 II, 95 belegt.

120  UAG 2021; Eidbuch 1468 (StadtAG) S. 39, 68; vgl. Rabe, Rat, 245.

121  Dies schließe ich aus einer Bestimmung der Friedensordnung von 1344 (Art. 7 bei Heide, Friedensordnung, 46 f.).

122  Eidbuch 1468 (StadtAG) S. 9—25.

123  Literatur: die verdienstvollen Arbeiten von Nuber, Grundbesitz (im Anhang Regesten zu den Familien: Aar, Alwich/Imhof, Bettenhart, v. Böhmenkirch, Bolan, vom Bühel, Eberwin, Erer, v.
Gmünd, Guland, Gunbolt, Halle, Hespler, Im Steinhaus, Klebzagel, Knur, Kogelinus, Pfau, v. Rinderbach, Ruch, Schopp, Stöbenhaber, Taler, Tanzer, Tremel, Truhlieb, Turn/Cingge/Heberling,
Vener, Vetzer v. Brogenhofen, Wolf, Zisselmüller); ders., Ministerialen; ders., Schultheißen von
Rinderbach; ders., Heilbronner Geschlecher in Gmünd, werden in ihrem Wert durch genealogisch-
besitzgeschichtliche Spekulationen stark beeinträchtigt. Besonders nachdrücklich sei auf die ausführ-
liche Aufarbeitung der Familiengeschichte der Gmünder Vener im ersten Kapitel von Hermann
Heimpels großangelegter Vener-Monographie (I, 23—61) verwiesen, wo sich auch grundlegende
Ausführungen zum Problem des Patriziats und Stadtadels finden (ebd. I, 43 ff.). Rein genealogisch ist
die Fallstudie von Nebinger—Rieber, Die Stebenhaber, orientiert. Knapp, aber bis heute unübertrof-
fen: der Überblick OAG Gmünd, 240—244. Wenig hilfreich ist dagegen Theil, Bürgerlehen, dessen
Ausführungen — trotz neuer Belege gegenüber UAG — sowohl im Detail als auch in der Gesamtin-
terpretation nicht befriedigen.

124  So Hauptmeyer, Probleme des Patriziats, 53 f.; vgl. außerdem z. B. Bátori, Das Patriziat; Fleckenstein, Stadtadel.

125  Vgl. RP 1584/85 (StAL B 177 S Bü 522), f. 131.

126  Nur einen Richter stellten die Klebzagel (1283, 1284), de Colle/vom Bühel (1283, 1303), Knur
(1297), Schalkstetter (1297, 1303), Schetzer (1324). Mit zu den Geschlechtern zähle ich die Kurz,
obwohl sie erst 1319 (UAG 108) in Gmünd belegt sind und bis 1343 lediglich mit dem Bürgermeister
Walther Kurz 1329 (UAG 144) im Richterrat vertreten waren.

127  Exemplarisch sei auf Heimpel, Vener I, 28 ff. und auf die Arbeiten Nubers, insbesondere auf die Karte bei Nuber, Ministerialen, 51 verwiesen.

128  UAG 325; UASp 53.

129  UAG 944—946, 967, 976, 1077; UASp 286, 288, 295, 308. Vgl. die Karte S. 124. 1473 Aug. 24 wird
ein Gut in Weiler, vormals in seinem Besitz, um 90 fl. verkauft (Urkunde im Ev. Pfarramt Degenfeld).

130  UAG 874, 879, 886 f., 893, 905, 907 f.; UASp 261, 266, 273. Vgl. die Karte S. 124. Zur Verschul-
dung vgl. UAG 897, 902.

131  Heimpel, Vener I, 41.

132  UAG 252.

133  Friedrich Pietsch, Die Urkunden des Archivs der Reichsstadt Schwäbisch Hall, Bd. 1, Stuttgart 1967,
U 362.

134  HStASt A 602 WR 2233; vgl. Heimpel, Vener I, 56.

135  Hohenlohisches Zentralarchiv Neuenstein, Gem. Hausarchiv Schubl. 0 Nr. 8/96.

136  UAG 286.

137  Wunder, Bürger, 62 f.; ders., Ministerialität, 71 f. Für Gmünd bemerkte Nuber, Ministerialen, 65
allzu lapidar, aber sicher zutreffend über die wirtschaftliche Tätigkeit der vornehmen Familien: »Im
Vordergrund standen Textilmarkt und Weinhandel.«

138  Franz Bastian, Oberdeutsche Kaufleute in den älteren Tiroler Raitbüchern (1288—1370), München
1931, 131 Nr. B 14.

139  Karl Heinrich Schäfer, Deutsche Ritter und Edelknechte in Italien. Bd. 3, Paderborn 1914, 237; vgl.
WVjh NF 41 (1935) 277.

140  Monumenta Boica 53 (1912) 610 f.

141  So Wunder, Sozialstruktur, 35.

142  UAG 1360; Klaus, Rechtsgeschichtliches, 101; vgl. auch UAG 1384.

143 Vgl. u. S. 142 f.
144 WUB XI, 561; vgl. Heimpel, Vener I, 45 f. (daß es sich bei der Zeugenliste von 1288 um den Rat han-
    delte, glaube ich allerdings nicht). Die Auffassung, das staufische Gmünd sei eine Textilstadt gewe-
    sen, hat, wenngleich mit phantasievollen Argumenten, A. H. Nuber vertreten (vgl. RZ v. 3. 4. 1954,
    5). Zu Ber. Pannicida wäre anzumerken, daß Berthold ein Vorname ist, der im 13. Jh. bei den vor-
    nehmen Schopp, den Guland und bei dem ersten Bürgermeister Klebzagel auftritt. Ganz hypothe-
    tisch könnte man erwägen, daß die Gmünder Schopp mit der Ravensburger Familie Schopp zusam-
    menhängen, in der der Name Berthold ebenfalls auftritt und von der ein Mitglied als pannicida belegt
    ist (Karl Otto Müller, Schwäb. Archiv 27, 1909, 8 Nr. 63).
145 Vgl. u. S. 132 f.
146 UAG 186; zur Lokalisierung vgl. UAG 724, 716 (Leonhardsgasse).
147 Vgl. u. S. 136.
148 StadtAG, S. 5.
149 HStASt H 14 Bd. 112a, S. 277–279. Sonstige Belege aus UAG, UASp.
150 Vgl. außer UAG, UASp die Bürgermeisterliste der Chroniken (bei Graf, Chroniken) mit Nennung
    der Stettmeister.
151 WUB XI, 581; UAG 82. 1343 erhalten alle Richter den Titel *her* (UASp 25).
152 Vgl. Nuber, Ministerialen, 54.
153 UAG 129; vgl. schon den frühen Beleg 1259: *Scopo Durngo filii Zichonis Durngo de Elwangen* (wie
    Anm. 149, S. 122 f.).
154 UAG 413.
155 Diese bei Theil, Bürgerlehen, 76 f. (und ihm folgend von Heimpel, Vener I, 60) für die vom Adel
    belehnten Bürger vertretene Auffassung halte ich für unzutreffend. Die von Theil konstruierte Grup-
    pe der lehensfähigen Bürger aus drei Jahrhunderten ist eine bunte Mischung aus Geschlechtern,
    Stadtadligen, ratsfähigen Familien und vermögenden Handwerkern. Nur die älteste Schicht der
    Belehnungen im 14. Jh. gestattet Aussagen über das Verhältnis Adel–Bürgertum, später konnte jeder
    Bürger Mannlehen erhalten, sofern er sie den bisherigen Besitzern abkaufen konnte.
156 Vgl. z. B. UAG 181.
157 UAG 146 (1331), 163 (1338).
158 Heimpel, Vener I, 60 f., 28 f., 35. Zu den angeblichen Burgen der Gmünder Geschlechter (ebd., 36
    nach Nuber) vgl. Graf, Chroniken, Kap. V, 3.
159 UAG 818, 866, 886 f., 1012, 1797, 2195.
160 Vgl. Nuber, Schultheißen von Rinderbach; ders., Ministerialen, 48–52.
161 UAG 136, 153.
162 UAG 93, 157; Graf, Bischof Heinrich, 217.
163 1377 wurde Johann von Rinderbach von Leineck sogar von der Stadt gefangengesetzt (UAG 446).
164 UAG 491, 501, 525, 949; OAB Göppingen, Stuttgart-Tübingen 1844, 135.
165 Vgl. Wunder, Schultheißen von Rinderbach.
166 UAG 916, 1510; vest: UAG 1797, edel: UAG 1998.
167 Vgl. Alberti, Adels- und Wappenbuch I, 145; Nuber, Grundbesitz, Anhang, 22 ff.
168 Heimpel, Vener I, 24 mit Anm. 12 (meiner Vermutung zustimmend). Nuber, Ministerialen, 55 hält
    sie dagegen für einen Zweig der Vetzer.
169 Zu den Haller Eberwin vgl. Widmans Chronica, WGQ VI, 213; Gmelin, Hällische Geschichte, 297,
    265 f.; Wunder, Bürgerschaft, 90.
170 Alberti, Adels- und Wappenbuch I, 145 hält Conrad genannt von H. (1365) für einen Eberwin, wohl
    weil Klaus Eberwin für ihn bürgt und 1371 Guta, Tochter des verstorbenen Eberwin von H.,
    erscheint (UAG 353; Urkundenbuch d. Stadt Eßlingen II, 114 f.; zu den Herren von H., Wappenge-
    nossen der von Waldhausen, vgl. Alfred Klemm, WVjh 7, 1884, 25, 259). 1358 hatten Peter und
    Reinbolt Eberwin ein Gut zu Hertlinsweiler mit zahlreichen anderen Herrschaftsrechten erworben
    (1366 verkauft), UAG 286, 362.

171 Vgl. Alberti, Adels- und Wappenbuch I, 429; Theil, Bürgerlehen, 65 f.

172 UAG 335, 874, 893.

173 UAG 221 f., 290, 379.

174 UAG 1221; Klaus, Rechtsgeschichtliches, 89.

175 Vgl. Wunder, Bürgerschaft, 409; Widmans Chronica, WGQ VI, 64; Hutter, Gebiet, 176.

176 Vgl. o. Anm. 130.

177 Vest: UAG 886, 893 (vgl. aber UAG 1001!); Schumm, Weinsberg, 217. Zu den Schätzer vgl. Alberti, Adels- und Wappenbuch II, 674.

178 Vgl. Alberti, Adels- und Wappenbuch II, 765; Nuber, Grundbesitz, Anhang, 39 ff.; Graf, Chroniken, Kap. V, 3; Theil, Bürgerlehen, 71.

179 Vgl. Engel, Seelbücher, Register.

180 Hermann Hoffmann, Die Urkundenregesten des Zisterzienserinnenklosters Himmelspforten, Würzburg 1962, 344—346; zur Steinhäuserstiftung vgl. u. S. 179 f.

181 UAG 794.

182 Vgl. o. Anm. 129.

183 UAG 1076 f., 1762. Zur Sozialgeschichte der Steinhäuser im 16. Jh. vgl. Graf, Chroniken, Kap. V, 3.

184 Vgl. Alberti, Adels- und Wappenbuch II, 798; Nuber, Grundbesitz, Anhang, 116 ff.; ders., Heilbronner Geschlechter, 68; Theil, Bürgerlehen, 72 f.

185 Vgl. Alberti, Adels- und Wappenbuch II, 822 f.; J. Kindler von Knobloch, Oberrhein. Geschlechterbuch 1 (1898) 191 f.; Württ. Franken 8 (1868—1870) 50—54, 384—387, 404—406, 600—602; Gmelin, Hällische Geschichte, 355 f.; Hutter, Gebiet 69 f., 154 (hier wichtige Belege). Nuber, Ministerialen, 64 geht wohl zu weit, wenn er an eine Einbürgerung in Gmünd aus Anlaß der »Ersten Zwietracht« in Hall denkt.

186 UAG 245; UASp 25.

187 Vgl. Hutter, Gebiet, 149 f.

188 HStASt A 602 WR 12014; UAG 700, 866. Das Anniversar von 1530 (Münsterpfarrei) f. 31$^v$ nennt irrtümlicherweise »v. Liechteneck« statt Liechtenstein.

189 Steinhäuserprozeß 1. Instanz (StadtAG), f. 167$^v$; 1454 (UAG 1275) heißt er »zu Leinweiler«; zur Heirat vgl. das Anniversar (vorige Anm.).

190 UAG 926, 1023; Nuber, Heilbronner Geschlechter, 68.

191 Alberti, Adels- und Wappenbuch I, 263 (Heberling) II, 837, 871 (Turn); Nuber, Ministerialen, 56; Theil, Bürgerlehen, 64 (Heberling); Kissling, Münster, 76 (Heberling; fraglich, ob zum Geschlecht gehörig).

192 So Nuber. Allerdings ist zu berücksichtigen, daß Sifrid Zingge Turn 1322 mit einem Rundturm im Schild siegelt (HStA München Ritterorden U 1345).

193 UAG 886 f., 893.

194 UAG 848.

195 UAG 574.

196 Vgl. Heimpel, Vener I, 23—61: Die Vener in Gmünd.

197 Vgl. u. S. 180.

198 Heimpel, Vener I, 42.

199 Vgl. ebd., I, 40 mit Anm. 122.

200 Ebd. I, 149 f.

201 Vgl. u. S. 133.

202 Vgl. Alberti, Adels- und Wappenbuch I, 186 ff.; Nuber, Ministerialen, 55 ff.; Theil, Bürgerlehen, 74.

203 Dies beachteten u. a. nicht OAB Gmünd, 243; Theil, Bürgerlehen, 74; Nuber, Ministerialen, 56 (bezieht einen Ritter Hans Vetzer auf die Gmünder Familie). Unbeweisbar ist, was Bühler, Heidenheim, 13 schreibt: »Die Vetzer stammten aus Schwäbisch Gmünd. Sie waren im Dienst der Staufer

aufgestiegen. Ein Zweig zählte zum Patriziat. Ein anderer Zweig war von den Staufern mit Verwaltungsaufgaben betraut worden und auf diese Weise in unsere Gegend gelangt.« Irgendwelche Beziehungen zwischen der Gmünder und der zuerst im helfensteinischen Dienst am Ende des 13. Jh. auftretenden Familie sind im 14./15. Jh. nicht nachweisbar. Für eine Gmünder Herkunft spräche außer der Namensgleichheit: sie führten das Einhorn im Wappen (dessen Schildaufteilung − gespalten, hinten fünfmal geschrägt − nicht mit dem Schild der Gmünder Vetzer übereinstimmt, sondern mit den Schilden der Stöbenhaber, vgl. Nebinger−Rieber, Stebenhaber, 177, der Ulmer Rot, vgl. WVjh 11, 1888, 205 Anm. 1, und einiger Eßlinger Patrizierfamilien, vgl. Urkundenbuch d. Stadt Eßlingen I, XXXV ff.), dagegen spricht, daß keine Übereinstimmung hinsichtlich der Vornamen besteht (bei den Heidenheimer Vetzern dominieren Rudolf und Ulrich).

204 UAG 144.
205 StadtA Nördlingen Missiven 1494, 1; Klaus, Geschichtliches, 7.
206 Karl Friedrich Frank, Standeserhebungen und Gnadenakte, Bd. 4, Schloß Senftenegg 1974, 156.
207 Vgl. Alberti, Adels- und Wappenbuch II, 1079; Nuber, Ministerialen, 61 f.; Graf, Chroniken, Kap. V, 3; Theil, Bürgerlehen, 75 f.
208 Graf, Chroniken, Kap. V, 3; ders., Burg Wolfstal, 206 f.
209 Gabelkover nach einer Gedächtnistafel im Franziskanerkloster (LBS Cod. hist. 8°16b, S. 541 f.).
210 UASp 142; UAG 862, 958.
211 UAG 221 f., 2119 (richtig: 1390); Nuber, Heilbronner Geschlechter, 68; UAG 986; Die Urkunden der Stadt Nördlingen 1350−1399, Augsburg 1956, Nr. 618, ebd. 1400−1435 (1965) Nr. 1433; UASp 265.
212 UAG 1396, 1562, 1594, 1941.
213 Vgl. u. S. 169.
214 Zur Abkömmlichkeit vgl. den grundlegenden Aufsatz von Maschke, Verfassung und soziale Kräfte in der deutschen Stadt des späten Mittelalters (in: Ders., Städte und Menschen, 170−274).
215 Graf, Herrenhof, 144; Heimpel, Vener I, 37.
216 In UAG 928 nicht enthalten; vgl. Klaus, Rechtsgeschichtliches, 92 f.; Nuber, Ministerialen, 64 Anm. 79.
217 Rabe, Rat, 144 Anm. 119 stellte analog fest, daß von den 16 1425/30 bezeugten Richtern 15 (!) zu den Familien gehören, die 1426 die Trinkstube kauften.
218 UAG 884; StadtA Nördlingen Missiven 1438, 154.
219 WUB VIII, 84; XI, 581; UAG 82.
220 UAG 128, 138.
221 HStASt H 14 Bd. 112a, S. 253 f. (zeugt 1324 zusammen mit Rudolf Gulant); Theil, Bürgerlehen, 68 zählt die Müllner dagegen nicht zu den »vornehmen Familien«.
222 UAG 792; UASp 59; vgl. auch Nuber, Heilbronner Geschlechter, 67.
223 UASp 30.
224 HStASt A 471 U 309.
225 WUB XI, 562. Hermann Spyrer (aus Speyer?) zeugt 1319 für das Ehepaar Guland (UASp 12).
226 Urkundenbuch d. Stadt Eßlingen I, 183, 326, 344 u. ö.
227 UASp 12, 23, 30. 1409 (UAG 717) lag am Buch im Osten der Stadt »der Gulandin Halde«. Zur möglichen Herkunft der Guland vgl. jetzt auch K. Graf, in: Heubach und die Burg Rosenstein, Schwäbisch Gmünd 1984, 88.
228 UAG 184, 191 f.; UASp 44.
229 Wie Anm. 224−227 f. Lorch: Bll. f. württ. Kirchengesch. NF 15 (1911) 145. Meßstiftung in der Johanniskirche: UAG 288.
230 Vgl. Nuber, Ministerialen, 54 f.; vgl. auch o. Anm. 144.
231 Vgl. Schneider, Lehenbuch, 125.
232 WUB X, 107, 353.
233 Vgl. ausführlich Nebinger−Rieber, Stebenhaber.

234 WUB VII, 398; VIII, 93; IX, 383.
235 UAG 339 (Bürgschaft für Heiligenpfleger 1363), 409; UASp 79.
236 Nuber, Heilbronner Geschlechter, 67.
237 Schumm, Weinsberg, 217.
238 UAG 2195.
239 Vgl. Uhrle, Weiler, Register.
240 HStASt A 471 U 263; Schneider, Lehenbuch, 127.
241 UAG 411. Woher Nuber (vgl. RZ v. 3. 4. 1954, 5) weiß, daß die Klebzagel »mit Tuchen, Wein, Salz und Eisen handelten«, ist mir rätselhaft.
242 UAG 435. Die Ratsmitgliedschaft ist nur in der Bürgermeisterliste belegt (bei Graf, Chroniken).
243 UAG 89, 317 f.
244 UASp 148; UAG 143 a, 784; UAL S. 257; vgl. u. S. 133.
245 UASp 30, 32. Das Siegel des Albert Vetzbry (GH 4, 1931, 64) unterscheidet sich als eine Art Hausmarke völlig von dem bei Alberti, Adels- und Wappenbuch II, 912 abgebildeten geflügelten Hundsrumpf. Zu den Rülin vgl. Nuber, Heilbronner Geschlechter, 63 f.
246 UAG 186, 244; Bürgermeisterliste (bei Graf, Chroniken).
247 Simonsfeld, Fondaco II, 68; Dietz, Handelsgeschichte I, 167, 185, 190, 253; UAG 724. Vgl. jetzt Heinig, Reichsstädte, 231.
248 Urkundenbuch d. Stadt Eßlingen I, 322; vgl. auch ebd., 247.
249 UASp 64; Heimpel, Vener I, 59 Anm. 230; Bürgermeisterliste (bei Graf, Chroniken); UAG 920.
250 Vgl. Bauer, Herrn von Horkheim.
251 Schneider, Lehenbuch, 132, 137; Alberti, Adels- und Wappenbuch I, 352; II, 1058.
252 UAG 1271.
253 Bauer, Horkheim, 253; UAG 1382; vgl. u. S. 135.
254 In UAG und UASp sind Angehörige folgender Landadelsfamilien in Gmünd nachweisbar: Adelmann, v. Gromberg, Hack von Hoheneck, v. Heimberg, v. Howenstein, v. Iggingen, v. Lauchheim (mehrere Familien, vgl. Gerlach, Lauchheim, 222, 224; die Richter Mathis und Hans v. Lauchheim heißen nicht »vest«), v. Liechtenstein (vgl. Anm. 249), v. Nenningen (vgl. Nuber, Heilbronner Geschlechter, 68), v. Rechberg (nicht ansässig, nur Hausbesitz), v. Schechingen, Schenk von Schenkenstein, v. Schnaitberg, v. Ufenloch (1394 StAL B 422 U 314 f.), v. Urbach, v. Westerstetten, v. Winkental, v. Wöllwarth.
255 Vgl. Woellwarth, Freiherrn, 8.
256 UAG 1124, 1171; UASp 96, 359.
257 Vgl. o. S. 117; zur Familie vgl. Alberti, Adels- und Wappenbuch I, 257; Theil, Bürgerlehen, 64.
258 UAG 818.
259 Vgl. Alberti, Adels- und Wappenbuch I, 190 (ein ähnliches Wappen führten die Aalener Mangold ebd. 486). Theil, Bürgerlehen, 62; UAG 1124, 1201. Zum rechbergischen Haus (vgl. UASp 276) vgl. K. Graf, RZ v. 4. 11. 1980, 16.
260 Vgl. Alberti, Adels- und Wappenbuch I, 511 f.; Nuber, Ministerialen, 62 f.; Theil, Bürgerlehen, 69 f.; Weser, Murermeister, 19 f. Den Beleg 1355 (Albrecht der Ruhe mit Titel »her« als Spitalpfleger) vgl. u. S. 165 Anm. 133. Daß die Ruh auf den Ortsadel von Mögglingen zurückgehen, wie Nuber will, ist eine unwahrscheinliche Hypothese (so schon Theil, Bürgerlehen, 67 f., der freilich Mekkilinger, Ruh und nicht verwandte Handwerker nicht auseinanderhält), immerhin heißt Johann Ruh 1366 »Bäbing« (Böbinger), UAG 264. Kein Zusammenhang besteht nach Ausweis des Siegels (vgl. z. B. HStASt B 511 U 328, 638) mit den ritterlichen Ruh des Ehinger Raums, obwohl die Vornamen Albrecht und Heinrich übereinstimmen.
261 Weser, Murermeister, 19 f.
262 UAG 1165, 1208, 1586.
263 UAG 1540 (vermittelt mit 2 Missiven); StadtA Nördlingen Missiven 1449, 78 (betr. Städtekrieg), 623; 1452 II, 160; 1453, 169, 301; 1462, 288.

264 Vgl. Hofmann, Besitzgeschichte, 110 f.; vest.: UAG 2070; Müller, Warenzeichenschutzprozeß, 249 f. (vgl. u. S. 147).

265 Vgl. Graf, Chroniken, Kap. I.

266 Vgl. o. Anm. 214.

267 Daß Naujoks, Obrigkeitsgedanke, 21 ff. (ihm folgend Rabe, Rat, 145: »auf allen drei Bänken saßen ja Handwerker«) Maschkes Untersuchungen noch nicht kennen konnte, ist insofern bedauerlich, als die von ihm herausgearbeitete Rats-Unlust der Handwerker (ebd. 22) die Bedeutung des von Max Weber geprägten Begriffs der »Abkömmlichkeit« nachdrücklich unterstreicht.

268 UASp 121.

269 UAG 516; vgl. Nuber, Heilbronner Geschlechter, 67.

270 Vgl. Heimpel, Vener I, 44–46 zu Wölflin Gewandschneider, zu seinem Sohn vgl. u. S. 145 f.

271 StAL B 375 U 725; vgl. Theil, Bürgerlehen, 68 f. Das Siegel, in fünfmal geteiltem Schild ein aufgerichtetes Einhorn (?), verweist auf die Vetzer, Schopp oder Eberwin, doch geht Nuber, Ministerialen, 54 zu weit, wenn er die Noll zu einem Zweig der Schopp erklärt.

272 UAG 489, 492.

273 HStASt A 495 U 165; zu Röser vgl. UAG A 96.

274 UASp 84.

275 UAG 725 (das Siegel stimmt nicht mit dem der Adelsfamilie von Roden überein); zu den Geislinger Bürgern vgl. Karl Heinz Bauer, Geislinger Urkundenbuch, masch. Geislingen 1967, Register; zu den Ratgeb vgl. UAG 905, UASp 208 und die Zusammenstellung bei Fraenger–Deibele, Ratgeb.

276 Ein späterer Nachtrag zu UAG A 91 nennt einen von Klaus Schlecht dem Tucher gekauften Zins, der allerdings in Wirklichkeit 1404 von Sifrid Schlecht (UAG 676) erworben worden war. Sifrid Schlechts Bürgen Konrad Rot, Richter und Bäcker und Sifrid Wusterriet, sein Schwestermann, ebenfalls Richter, ordnen die Familie dem wohlhabenden Zunftbürgertum zu.

277 Vgl. Heimpel, Vener I, 149 f. und o. S. 124.

278 UAG 674; vgl. Theil, Bürgerlehen, 70 f.

279 UASp 170, 344; StAL B 423 U 237; vgl. Theil, Bürgerlehen, 75.

280 UAG 1842; vgl. K. Graf, einhorn-Jb. 1980, 195.

281 UASp 74, 78 f., 187.

282 UAG 476, 502 (Klaus, Rechtsgeschichtliches, 89), 612; WGQ II, 446. 1370 (HStASt B 201 U 309) heißt der 1380 (?) hingerichtete Notar geschworener Notar der Stadt (Stadtschreiber). Seine Herkunft aus dem Bauerntum belegen die siegellosen Verwandten UAG 502 (vgl. o. S. 88 Anm. 3) aus Winzingen und der Nachweis einer Bettringer Familie des Namens (UASp 360). Zu den Rober vgl. o. S. 128.

283 Hohenlohe-Zentralarchiv Neuenstein Gem. Hausarchiv Schublade M Nr. 19/6 W; vgl. Schumm, Weinsberg, 217.

284 UASp 429; vgl. u. S. 148.

285 UAG A 567; Giefel, Erfurt.

286 Vgl. Kissling, Münster, 141.

287 Fürstl. Oettingisches Archiv Wallerstein U I 640.

288 Die Urkunden der Stadt Nördlingen 1400–1435, Augsburg 1965, Nr. 1058; UAG 868, 894. Nicht zugestimmt werden kann Theil, Bürgerlehen, 72, der für »die« Straißer feststellt: sie »wuchsen durch Erwerb von umfangreichem Landbesitz in den ritterlichen Adel«.

289 Ammann, Freiburg und Bern, 39 nach Mittelalterliche Wirtschaft im Alltag, hg. v. Hektor Ammann, Bd. 1, Aarau 1942/1954, 188 Nr. 1807 (in diesem Werk auch weitere Belege für Straißers Handel in Freiburg).

290 UAG 1079; Anniversar 1530 (Münsterpfarrei), f. 38.

291 1441 schuldet ihr Hans Wolf von Nördlingen 75 fl. wegen drei Faß Wein (StadtA Nördlingen Missiven 1441, 87).

292 Denkinger, Spital, 224; UASp 401; UAG 1187.

293 Zur Familie vgl. ausführlich Pickl, Geschäftsbuch, 23 ff.; Eirich, Memmingens Wirtschaft, 189−203 (mit Stammtafel, 202 f.).

294 Paul v. Stetten d. J., Geschichte der adelichen Geschlechter in der freyen Reichs-Stadt Augsburg, Augsburg 1762, 396 Nr. 49. Die Beteuerung, es geschehe *von guetten freundschafft, unnd auch von sippt wegen* läßt an Verschwägerung denken. Zu Hans von den Brüdern vgl. Wunder, Bürgerschaft, 153.

295 Vgl. u. S. 147 f.

296 UAG 1530. Über seinen Nördlinger Handel vgl. z. B. StadtA Nördlingen Missiven 1466, 23; 1473, 209 f., 226.

297 Schnyder, Handel und Verkehr I, 76. Weitere Belege zu seinen wirtschaftlichen Aktivitäten: UAG 1407; StadtA Nördlingen Missiven 1449, 404 (eine Herkunft aus Bopfingen, wo ein anderer Peter Geist lebte, ist zu erwägen).

298 UAG 315, 339, 586, 714; UASp 63, 74, 189. Zu den Gernold vgl. o. S. 128.

299 Vgl. u. S. 142.

300 UAG 361; UASp 79, 163.

301 Vgl. Theil, Bürgerlehen, 67. Die Familie darf nicht mit den niederadligen Mangold aus Aalen, die mit Ulrich M. in den Gmünder Quellen erscheinen, verwechselt werden. 1368 hat Sifrid Mangold ein Drittel eines Gartens am Turniergraben inne, aus dem Ulrich Scherer einen Zins stiftete, die beiden anderen Teile gehörten Scherers Söhnen Johann und Ulrich (Nägele, Heilig-Kreuz-Kirche, 282 f.; UASp 70). Zum Handel: ein Sitz Mangold (ohne Ortsangabe) schreibt seinem Schwager, dem Nördlinger Stadtschreiber, er habe drei Faß Wein verkauft (StadtA Nördlingen Missiven 1433, 51). Ein Seicz Mangolt von Gemunde wurde 1422 Bürger in Nördlingen (ebd. Bürgerbuch 1415−1477 S. 8).

302 UAG 660, 777, 797; UASp 171, 296, 301.

303 UAG 806, 932, 944, 1000; UASp 77, 85, 258, 268, 290; vgl. auch Theil, Bürgerlehen, 61: die Bul gehörten »möglicherweise zur Metzgerzunft«.

304 Schnyder, Handel und Verkehr I, 249, 252, 259, 262, 271; zu den Bulling vgl. UAG 797.

305 Bürgermeisterliste (bei Graf, Chroniken); UAG 590.

306 Vgl. methodisch weiterführend Bechtold, Zunftbürgerschaft und Patriziat.

307 Vgl. K. Graf, RZ v. 27. 7. 1983, 10.

308 UAG 725. Weitere Frauen, die selbst siegelten (mit eigenem oder fremdem Siegel): 1329 Hiltpurg Vetzerin geb. Im Steinhaus (UAG 144), 1345 Guta, Witwe Hermann Gulants (UAG 184), 1405 Margarethe Ererin, Witwe Hans Böcklins (UAG 687), 1432 Anna von Rinderbach (UAG 1026), 1442 Barbara Bröllerin, Witwe des Klaus von Horkheim (UAG 1152).

309 Müller, Warenzeichenschutzprozeß, 255 f.; Dangel, Warenzeichenprozeß, 42.

310 Vgl. o. Anm. 291. Zu einer Bergwerksgenossin 1433 vgl. UASp 333 und u. S. 148. Hetzerin die Zieglerin wird um 1400 erwähnt (UAL S. 258).

311 UAG A 82 f.

312 Eidbuch 1468 (StadtAG) S. 73−76. Zu Krämerinnen vgl. UAG 411/UASp 82; UAL S. 258.

313 Schön, Medicinalwesen, 373 f.

314 StadtA Nördlingen Missivbände 1463, f. 77ᵛ. Zu weiteren Beispielen vgl. Graf (wie Anm. 307) nach UAG 1732, 2195.

315 Vgl. allgemein Maschke, Städte und Menschen, 306−379.

316 Schön, Medicinalwesen, 373 f.; UAG A 76.

317 UAG 1638.

318 Eidbuch 1468 (StadtAG) S. 15; vgl. auch ebd., S. 19 f. über die Anstellung von Handwerksknechten.

319 UAG A 313.

320 Vgl. allgemein Graus, Randgruppen.

321 Eidbuch 1468 (StadtAG) S. 48; vgl. auch Klaus, Geschichtliches, 12.

322 Eidbuch 1468 (StadtAG) S. 80, 84.

323 Literatur: Klaus, Geschichte der Juden; Deibele, Zur Geschichte der Juden (nationalsozialistisch

gefärbt); Germania Judaica, hg. v. Zvi Avneri, Bd. II, 2, Tübingen 1968, 749 f.; Veitshans, Judensiedlungen, 23 f. (die Rekonstruktion bei Dems., Kartographische Darstellung, 2 mit Abb. 12 ist
fragwürdig); Herrmann, Zur Geschichte der Juden; K. Graf, RZ v. 7. 4. 1983, 12. – Die meisten
Quellen sind jetzt bei Braunn, Quellen registriert.

324 UAG 217; Klaus, Juden.

325 HStA München Maria Mödingen KU 39: *da mit hat siu uns ze Gemvnde geloset von den iuden da
wir lange ze schaden sin gelegen.*

326 MGH Const. IV, 749 (Schwäbisch Gmünd oder Neckargemünd).

327 UAG 105.

328 StadtA Nördlingen Missiven 1453, 64.

329 UAG 1398, 1409.

330 UAG 1507.

331 Vgl. z. B. Thurgauische Beiträge z. vaterländ. Gesch. 62 (1925) 31, 66–69 zu Schulden der Gemeinde Steckborn; StadtA Nördlingen Missiven 1478, 195 zu Schulden (aus Gmünd gebürtigen) Vogts zu
Pappenheim Hans Zeiselmuller genannt Salman.

332 UAG 1672.

333 StadtA Nördlingen Missiven 1474, 462. Weitere Belege aus der Folgezeit: UAG 1861 f., 1916, 1994,
2129.

334 UAG 2257, 2285.

335 Vgl. Deibele, Juden, 99 f.; UAG 2134 ist 1501, nicht »um 1490« zu datieren.

336 StadtA Nördlingen Missiven 1434, 85.

337 1493 trat Balthasar Brögel, Gmünder Bürgersohn, als Diener in die Ulmer Handelsgesellschaft Gien-
ger-Lupin ein, von der er bis 1506 in einen langwierigen Rechtsstreit verwickelt wurde, dessen
Schriftgut einige aufschlußreiche Details zu den Aktivitäten dieser Gesellschaft enthält
(UAG A 341 ff.; Klaus, Rechtsgeschichtliches, 92).

338 Vgl. Nagel, Kaufhaus, 69; Wackler, Was bedeutet der Name Grät?, UASp 122.

339 Eidbuch 1468 (StadtAG) S. 70–72. 1435 ist ein eigenes Salzlagerhaus belegt (UAG 1068). Zur Stadt-
waage in der Grät vgl. UAG 470; Eidbuch S. 69.

340 UAG 1623.

341 Zum Messebesuch vgl. außer Steinmeyer, Pfingstmesse, 128 f., 193 f. StadtA Nördlingen Missiven
1447 I, 72; 1466, 284 (Beschwerden der Gmünder Kürschner über ihre Messestände). 1483 sollten die
Dominikaner 1000 fl. nach der Nördlinger Messe des nächsten Jahres zahlen (UAG 1936); vgl. auch
UAG A 51; StadtA Nördlingen Missiven 1436, 258. Zum Besuch der Frankfurter Messe vgl. o.
S. 133 f.

342 Eidbuch 1468 (StadtAG) S. 25 (späterer Nachtrag).

343 UAG 1216 (vgl. Klaus, Rechtsgeschichtliches, 90 mit Anm. 1); StadtA Nördlingen Missiven 1437,
239.

344 UAG A 83; der zweite Wochenmarkt am Samstag wird erst 1521 (StAL B 177 Bü 519) erwähnt.

345 Vgl. UAG 258, 390; Klaus, Geschichtliches, 4 f.

346 UAG A 83.

347 UAG A 186.

348 UAG 778, A 96. Daß Bäcker Schweine mästeten, belegt das Eidbuch 1468 (StadtAG) S. 65.

349 Vgl. o. S. 136. 1439 wurden drei Gmünder Metzger bei Mögglingen um 20 fl. beraubt (StadtA Nördlingen Missiven 1439, 233). Zur Albuchweide vgl. ebd. 1465, 39 (Viehraub durch Städtefeinde);
UAG 1791; vgl. Dangel, Augustinerkloster.

350 UAG 2262, 2280; StAL B 177 S Bü 2082 (Klaus, Rechtsgeschichtliches, 92).

351 Literatur: Deibele, Mühlen; Klaus, Rechtsgeschichtliches, 98; ganz fehlerhaft sind die Angaben der
OAB Gmünd, 290–292; wenig hilfreich ist die Arbeit von Stehlik, Mühlen.

352 Eidbuch 1468 (StadtAG) S. 7.

353 Vgl. K. Graf, RZ v. 25. 10. 1983, 10.

354 UAG 879, 2137.

355 HStASt H 14 Bd. 112 a, S. 277–279 (1338); UAG A 97; UAL S. 231 f.; UASp 13, 190.

356 UAG 1293, A 224; vgl. Deibele, Weinbau, 72.

357 UAG 2243 über den Novalzehnt aus Weingärten und Nachtrag im Eidbuch 1468 (StadtAG) S. 25 zum Schutz der Weingärten.

358 Vgl. o. S. 118.

359 UAG A 86; Archives de la ville Strasbourg, Correspondance des souverains etc. avec la commune Nr. 2016.

360 StadtA Nördlingen Missiven 1486, 147; 1489, 93; 1492, 22, 108.

361 UAG 1227, 1296, 1476, 1510 (vgl. Deibele, Fröschburg, 147), 1546, 1698, A 484; UASp 11, 190; für die Neuzeit vgl. Widemann, Gewerbe; Werner K. Mayer, einhorn-Jb. 1983, 218 f.

362 Vgl. Schön, Medicinalwesen, 185 f., 373 ff., 446; Weser, Medizinalwesen; ders., Mediziner aus Gmünd.

363 UAG A 42; die Bürgermeisterliste bei Graf, Chroniken.

364 UAG 278, 304, 311, 442, 616, 683, 699, 1577; Schön, Medicinalwesen, 185 f.

365 StadtA Nördlingen Missiven 1496, 12.

366 HStASt A 143 U 1; vgl. K. Graf, RZ, v. 7. 4. 1983, 12.

367 UAG 1321, 2296.

368 UAG 1079, 1316.

369 UASp 159; Denkinger, Spital, 102, 220, 242.

370 UASp 30; UAL S. 230 f., 260.

371 UAG 521, 714, 787; UASp 197; zum Prozeß: UAG 2204 f., 2296; Dom. Debler, Chronica (StadtAG Ch 6) IV, 222.

372 StadtA Nördlingen Missiven 1437, 237.

373 Graf, Chroniken, Kap. I; ders., Zur Wirtschaftsgeschichte, 403 und einhorn-Jb. 1984.

374 Weber erstmals 1348 (UAG 202), Schneider schon 1320 (UAG 110); zur Rolle der Textilhandwerker vgl. o. S. 118.

375 Ammann, Freiburg und Bern, 7; Steinmeyer, Entstehung, 193 f.

376 UAG 1683.

377 Vgl. Stromer, Die Gründung der Baumwollindustrie, ohne Berücksichtigung von Gmünd, das in die Tabelle ebd. 13 f. hätte aufgenommen werden müssen.

378 UAL S. 231.

379 UAG 820, 839.

380 UASp 282; vgl. o. S. 132 zu Wölflin Schneider; UAG A 91 f.

381 StadtA Nördlingen Missiven 1436, 135; 1452 II, 57; 1459, 30.

382 UAG 1192; UASp 442; vgl. Nuber, Heilbronner Geschlechter, 69; Graf, Judenkönig.

383 StadtA Nördlingen Missiven 1435, 9.

384 Ebd. 1436, 132, 160; 1447 I, 54.

385 UAG 1227 erwähnt eine Wiese bei der Klostermühle (vermutlich die Pfennigmühle) oberhalb der Blaiche, 1483 besaß Kaspar Brügel die Blaich vor dem Rinderbacher Tor (Klaus, Rechtsgeschichtliches, 92), sein Sohn Balthasar beschwerte sich 1499 über die Marksteinsetzung in seinem Garten genannt die *blaich* (UAG A 352 f.). In der Neuzeit lag die Bleiche im Bereich zwischen der Eutighofer und Waldstetter Vorstadt.

386 Kirchgässner, Wirtschaft, 116.

387 Eidbuch 1468 (StadtAG) S. 26, 44.

388 Stromer, Gründung, 82; vgl. auch o. S. 128 zu Paul Vetzbry.

389 Literatur: Philipp, Eisengewinnung (wichtig); Dangel, Sensenschmiede; ders. Segessenschmiede; ders., Warenzeichenprozeß; Müller, Warenzeichenschutzprozeß.

390 Vgl. o. S. 135.

391 UAG A 81.

392 UAG A 313; vgl. o. S. 139.

393 UAG 1954; vgl. Klaus, Rechtsgeschichtliches, 97 f. und o. S. 107.

394 Müller, Warenzeichenschutzprozeß; Dangel, Warenzeichenprozeß (nach HStASt C 3 Bü H 5245).

395 Vgl. o. S. 131.

396 StadtA Nördlingen Missiven 1471, 327 f.

397 Ebd. 1438, 154, 157.

398 UAG 1610; Klaus, Beziehungen, 397 Anm. 1.

399 UAG 2013, 2035.

400 Literatur: Weser, Augsteindreher; Klein, Geschichte des Gmünder Goldschmiedegewerbes, 58 ff., 64 ff.; Dangel, Gagatbergbau; Dürr, Goldgräber; Braun, Umrisse, 21 ff. Zur Gagatverarbeitung vgl. allgemein die Beiträge in Unicornis. Beiträge zur Landschafts- und Kulturgeschichte im Raum Schwäbisch Gmünd 2 (1982) H. 2 (mit Abb., zu Gmünd ebd., 30−32).

401 Wunder, Bürgerschaft, 102 Nr. 210; UAL S. 231; UAG 927, 1230.

402 UAG 1007.

403 UASp 333.

404 UAG N 32.

405 UAG 1200, 1256.

406 UAG 1173; WVjh NF 26 (1917) 140; UAG 1302. Hans Decker der Augsteindreher wird 1470 von Eßlingen als Spezialist konsultiert (UAG A 241).

407 Freh, Alte Gagatbergbaue, 4 Anm.*; Pickl, Geschäftsbuch, 24 Anm. 3.

408 UAG 888.

409 UAG 955−957, 984, 1012, 1047, 1049, 1051, 1135; Simonsfeld, Fondaco I, 198 Nr. 369. Das verlorene Privileg (Datum nach StadtAG-Repertorium vom Anfang des 19. Jh. I f. 21) ist in J. J. Dudeums Repertorium von 1739 (StadtAG), f. 33 regestiert.

410 Vgl. o. S. 134.

411 Eidbuch 1468 (StadtAG) S. 29 (späterer Nachtrag; die Cristenlein-Schauer mußten bei unzureichender Qualität die Schnur zerschneiden), S. 59.


## C  *Kirchen, Klöster und Spitäler*

1 Vgl. z. B. UAK S. 200 vom Jahr 1326.

2 Graf, Reliquienverzeichnis.

3 Literatur: Fauter, Die Rechtsstellung der Marienpfarrkirche (materialreich); Klaus, Geschichte der kirchlichen Verhältnisse; Nägele, Heilig-Kreuzkirche; Tüchle, Unser Münster (knapper Überblick); Mager, Heilig-Kreuz-Münster.

4 Graf, Himmelserscheinung, 286; ders., Chroniken, Kap. V, 2.

5 1318 erscheint sie unter den inkorporierten Kapitelspfarrreien, Monumenta Boica 33 a (1841) 425−427 (so auch 1327, UAG 131).

6 Die Series Parochorum bei Fauter, Rechtsstellung, 36 ff.; Weser, Geschichte der Stadtpfarrei. Zur Besoldung des Pfarrers und zum Pfarreinkommen vgl. UAG 906, 1046, 1726. 1729.

7 Fauter, Rechtsstellung, 42 f.; UAG 1648.

8 UAG 132, 125.

9 UAG 203, 256; Klaus, Geschichte der kirchlichen Verhältnisse, 269. Zum Formular der Stiftungsurkunden vgl. den Volldruck UAK S. 204.

10 Vgl. z. B. UAG 505 (1383).

11 Vgl. z. B. UAG 442 (1377). Zu Kaplaneipflegern vgl. Fauter, Rechtsstellung, 31 Anm. 69.

12 StadtA Nördlingen Missiven 1431, 25.

13 Zur Baugeschichte vgl. u. S. 174.

14 StadtA Nördlingen Missiven 1445, 92.

15 UAG 106.
16 UAG 158; zu den Heiligenpflegern vgl. ebd. 339, 344, 582. Ihr Eid im Eidbuch 1468 (StadtAG) S. 38. Unser Frauen Sammler Eid (ebd. S. 50) bei Mager, Heilig-Kreuz-Münster, 26.
17 UAG 657.
18 UAG 712 ff.; zu den Pfründen vgl. Fauter, Rechtsstellung, 47 ff., zu den Stiftungen am Münster Nägele, Heilig-Kreuz-Kirche, 39 ff., 68 ff., 161 ff.
19 Zum wechselnden Patrozinium vgl. K. Graf, RZ v. 16. 9. 1980, 10; Doppelpatrozinium z. B. 1347 (UAG 186), 1410 (UAG 724). Vgl. auch u. S. 173.
20 Nicht nur während der Bauzeit des Münsters (so Fauter, Rechtsstellung, 34), vgl. z. B. UAG 1555 (1471). 1329 heißt es: *unser frowe und sant Johans zer pfarre ze Gemünde* (UAG 142). Zu den Meßpfründen der Kirche vgl. Fauter, 47–49.
21 UAG 158, 203; vgl. 792.
22 UAG 255; Fauter, Rechtsstellung, 48 nimmt irrig zwei Frühmessen auf demselben Altar an.
23 UAG 288.
24 UAG 505; vgl. auch Denkinger, Spital, 197.
25 Vgl. UAL passim (mit Regesten).
26 UAL S. 81 ff.; Graf, Fulradzelle, 198 Anm. 101; vgl. o. S. 68 u. 80.
27 UAL S. 38 ff.
28 Ebd., S. 74 ff.; Graf, Reliquienverzeichnis.
29 UAL S. 69 ff., 257 f.; Graf, Die Heiligen Drei Könige.
30 UAL S. 2 ff.
31 Ebd., S. 66 ff.
32 Ebd., S. 90 f.
33 Fauter, Rechtsstellung, 67 ff.; Klaus, Geschichte der kirchlichen Verhältnisse, 272.
34 UAG 638 (1399).
35 Gümbel, Sebald Schreyer, 139 Anm. 1; zum allgemeinen Zusammenhang vgl. Oexle, Liturgische Memoria.
36 Münsterpfarrei; zur Quelle vgl. Weser, Kapellen, 12.
37 Vgl. ausführlich Weser, Confraternitas minor (mit Prosopographie).
38 Zur Prosopographie vgl. die Zusammenstellungen im Nachlaß von R. Wester (StadtAG, besonders Bd. 65: Memoria Cleri). Eine sozialgeschichtliche Untersuchung fehlt.
39 Vgl. o. S. 123.
40 Gebhard Mehring, WVjh NF 21 (1912) 177 f. Die Quellen bei Mehring, Stift Lorch und UAG.
41 UAG 106; UAK S. 200–202.
42 UAG 1866.
43 UAG 1411.
44 UAG 1079.
45 Meuthen, Das 15. Jahrhundert, 89.
46 Vgl. UAG 712, 738, 1219 (Klaus, Geschichte der kirchlichen Verhältnisse, 285), 1697.
47 UAG A 555; für das benachbarte Wetzgau vgl. Peter Spranger, einhorn-Jb. 1983, 187 ff.
48 UAG 1881.
49 UAG 1419, 1459, 1558.
50 UAG 2312.
51 UAG 2175.
52 UAG 1418.
53 Kurze, Ketzergeschichte, 79, 94: *Conradus de Gmunde in Suevia, filius cuiusdam rustici.*
54 Literatur: Dieterich, Rechtsstellung; Klaus, Klöster.
55 WUB XI, 562 f.
56 UAG 2246; Klaus, Urkundliche Mitteilungen, 250 f.
57 Literatur: Leider bislang unveröffentlicht blieb Gerhard Marcel Kolb, Geschichte des ehem. Domini-

kanerinnenklosters Gotteszell, Bd. 1–2, masch. Ms. 1970. Vgl. ders., Dominikanerinnenkloster Gotteszell (wichtige Zusammenfassung); Dieterich, Rechtsstellung; Klaus, Klöster, 5 ff.; Theil, Reform; Biedert, Besitzungen. Neben den urkundlichen Quellen (vgl. UAG) sind das Lagerbuch von 1455 (HStASt H 224 Bd. 50) und das – noch unausgewertete – älteste Kopialbuch (15. Jh.) hervorzuheben (ebd. H 14 Bd. 112a).

58  Kolb, Gotteszell, 116 Anm. 9.

59  Vgl. z. B. WUB XI, 443 f.; UAG 82, 437; Dieterich, Rechtsstellung, 39; Heimpel, Vener I, 52 f. Anm. 189 f.

60  Wilms, Verzeichnis, 43 f. 1341 heißt der Eßlinger Predigerprior Heinrich Gepze geistlicher Vater des Klosters (HStASt H 14 Bd. 112a S. 283–285).

61  Gelehrte Anzeigen, München 5. 1. 1850 Nr. 5, 46: *Volo tamen quod tribus claustris sororum videlicet ad sanctum Marcum apud Erbipolim et ad sanctam Katherinam in Augusta et in Gamundia apud Ezelingam nonaginta librae hallensium de dictis bonis meis dentur, triginta cuilibet aequaliter dividendo.* Vgl. Joseph Zeller, Schwäb. Archiv 26 (1908) 162 f. und den Katalog: Albertus Magnus, Köln 1980, 110 f.

62  UAG 82 (z. B. *masterscaft, iargetiet, durk*).

63  Vgl. z. B. WUB VIII, 413 (1283); Kolb, Gotteszell, 116 Anm. 9.

64  WUB XI, 86 (1297), dort auch ein Predigerbruder als *schaffener* erwähnt.

65  UAG 127.

66  UAG 112, 227.

67  Dieterich, Rechtsstellung, 40 denkt an 30–40 Nonnen.

68  Kolb, Gotteszell, 105 und Graf, Chroniken, Kap. V, 4. Zur adligen Lebensweise der Nonnen vgl. Kolb, 96 mit Anm. 9.

69  WUB VIII, 428.

70  Text: F. W. E. Roth, Alemannia 21 (1893) 123–148; vgl. Ringler, Viten- und Offenbarungsliteratur, 95 f. u. ö. Die Gotteszeller Herkunft vermutete Müller, Schwesternbuch, 47 f. Weitere Indizien jetzt bei K. Graf, in: Rottenburger Jahrbuch für Kirchengeschichte 3 (1984), 191–195.

71  Roth (vorige Anm.) 146.

72  Vgl. Biedert, Besitzungen; Dieterich, Rechtsstellung, 40 ff.

73  UAG 400, 858; Dieterich, Rechtsstellung, 22. 1418 wird das Jahreseinkommen des Klosters mit 64 Mark Silber zu niedrig veranschlagt, 13 Mark Einkünfte bezog allein die Pfarrei Spraitbach (UAG 836).

74  UAG 675. Zur expansiven Territorialpolitik des Klosters im 15. Jh. vgl. z. B. UAG 1311.

75  Kolb, Gotteszell, 107 ff.; Metzger, Dominikanerorden (II), 16 ff.

76  WUB XI, 581.

77  UAG 454, 496.

78  Die von Theil, Reform, nicht berücksichtigte Arbeit von Metzger, Dominikanerorden (I), 35 ff. bietet den besseren Überblick. Besonders aufschlußreich für die Anfangsphase ist das Memoriale UAG A 468.

79  Theil, Reform, 11.

80  UAG 1697.

81  Zum Hintergrund vgl. HStASt A 184 Bü 1; UAG 1977, A 471.

82  Walter Fries, Mitteilungen d. Vereins f. Gesch. d. Stadt Nürnberg 25 (1924) 32; vgl. auch ebd. 38 (1941) 45 f.

83  UAG 1550, 1815, 1825; Gebhard Mehring, WVjh NF 6 (1897) 246 f., 275. Den Zusammenhang des Schreibens an Oberstenfeld mit der Reform erkannte schon Joseph Zeller, Archiv f. Gesch. d. Bistums Augsburg 4 (1912/15) 415 Anm. 1.

84  StadtA Nördlingen Missiven 1477, 87.

85  UAG A 484.

86  Vgl. Metzger, Dominikanerorden (II), 16 ff.

87 Ebd., 17; vgl. auch Dieterich, Rechtsstellung, 30. 1499 gestattete Gotteszell der Stadt die Klosterun-
tertanen zur Kriegsschatzung zu veranlagen (ebd.).

88 Literatur: Klaus, Klöster, 38 ff.; Metzger, Dominikanerorden; Kolb, Dominikaner; ders., Grenze;
Dieterich, Rechtsstellung; Graf, Chroniken, Kap. V, 4.

89 Eine wichtige, noch unausgewertete prosopographische Quelle ist das Anniversar aus dem 15. Jh.,
StAL B 177 U 2022.

90 Vgl. z. B. UAG 913.

91 UAG 572; vgl. auch Graf, Chroniken, Kap. V, 4 Anm. 54.

92 Vgl. Metzger, Dominikanerorden (I), 39.

93 Dieterich, Rechtsstellung, 63.

94 Kolb, Grenze; UAG 1387.

95 UAG 118, 128. Es ist nicht sicher, ob die Pfleger damals bereits Ratsmitglieder waren (vgl. o. S. 113).

96 Metzger, Dominikanerorden (I), 24.

97 Hecht, Vorbereitungsschreiben, 569.

98 Bll. f. württ. Kirchengesch. 7 (1892) 72.

99 Paul Ruf, Mittelalterliche Bibliothekskataloge Deutschlands und der Schweiz, Bd. III, 1, Wien 1932,
162 f. mit Handschriftenverzeichnis (eine Ergänzung bei Hummel, Bibliotheken, 124 Anm. 35).

100 UAG 2117.

101 Literatur: Klaus, Klöster, 48 ff.; Kunzelmann, Geschichte I, 191–193; II, 319 (Register); Herrmann,
Anfänge; Graf, Chroniken, Kap. V, 4; Dangel, Augustinerkloster.

102 Zu den im Kloster bestatteten Adligen vgl. die von Gabelkover aufgezeichneten Inschriften, LBS
Cod. hist. 8°16 S. 537–540.

103 Dieterich, Rechtsstellung, 62, der sich aber nur auf die Regesten UAG A 454 ff. stützt. Zu den Wein-
gülten vgl. z. B. UAG 1133, 1335.

104 UAG 1446; Kunzelmann, Geschichte II, 287 f.

105 Kunzelmann, Geschichte II, 13, 21 Anm. 63, 282 Anm. 973, 283 Anm. 977 u. a.

106 Ebd., 261–264. Grabinschrift bei Franciscus Petrus, Suevia ecclesiastica, Augsburg–Dillingen 1699,
343 f. mit falschem Todesjahr 1441. 1429(?) war er Gmünder Prior und Lesmeister (UAG 1791).

107 Kunzelmann, Geschichte II, 266 f.; vgl. Zumkeller, Manuskripte, 234 f.; J. B. Schneyer, Scriptorium
32 (1978) 237 Nr. 25.

108 Außer dem Gayswegner-Autograph LBS Cod. theol. et phil. 4°196 stammen aus dem Augustinerkloster z. B. die Hss. UB Tübingen Mc 127, 171.

109 Literatur: Klaus, Klöster, 34 ff.; Schäfer, Orden; Eubel, Geschichte; Graf, Chroniken, Kap. V, 4.

110 Gabelkover (wie Anm. 102) S. 541 ff.

111 Vgl. Graf, Chroniken, Kap. V, 4.

112 UAG 1529, 1544 f., 1686.

113 Dieterich, Rechtsstellung, 62.

114 StAL B 389 U 2128 (vor 1394; vgl. auch ebd. B 422 U 314 ff.).

115 UAG 413, 449, vgl. auch UAG 78 (ca. 1380) und o. S. 120.

116 UAG A 183; zu den Rechten der Ratspfleger vgl. UAG 1686.

117 Schäfer, Orden (II), 95.

118 Frank, Söflingen, 98 Anm. 123; zu Wind vgl. Miller, Söflinger Briefe, 157–159 Anm. 1 (ebd., 93,
161 Anm. 7 zu Johannes Spieß, Gmünder Guardian 1474).

119 Vgl. Dieterich, Seelhaus.

120 UAG 1195.

121 UAG 1743; damit stimmt die chronikalische Überlieferung (vgl. Schäfer, Orden II, 84) nicht überein.

122 UAG 118; UASp 55; Predigeranniversar (wie Anm. 89), f. 12ᵛ; Urkundenbuch der Stadt Eßlingen I,
140.

123 UAL S. 260 (vielleicht gehört hierher auch das »Klüselin« ebd. Nr. 275?); UAG 641.

124 Vgl. Graf, Klosterhöfe.
125 UAL S. 259.
126 UAG 479.
127 Denkinger, Spital, 196; vgl. allgemein Oexle, Liturgische Memoria.
128 Literatur: Deibele, Spital; Ders. in UASp S. 9*−21*; Das städtische Hospital (darin besonders die nach wie vor wichtigste Darstellung der Spitalgeschichte von Denkinger). Die urkundlichen Quellen in UASp, daneben immer noch unentbehrlich der Quellenanhang zu Denkinger, Spital. Zur Archivgeschichte vgl. Max Miller, Zur Geschichte des Archivs des Heiliggeist-Spitals in Schwäbisch Gmünd, in: UASp S. 22*−47*.
129 WUB VII, 36−38. Zu den Anfängen des Spitals vgl. Denkinger, Spital, 100 ff.; Mehring, Anfänge; Reicke, Spital I, 44 f. mit Anm. 6; Deibele, Spital, 5 ff.
130 Diese scharfsinnige These Denkingers (Spital, 104) ist keineswegs so abgesichert, wie die weitere Forschung (Mehring, Anfänge; Deibele, Spital) annimmt.
131 Diese von Mehring aufgestellte These ist kaum haltbar (so auch Max Miller bei Deibele, Spital, 8). Daß das Spitalsiegel von 1319 (vgl. UAG II Bildanhang) das Ordenswappen zeigt, läßt sich mit Reicke mit der Tatsache erklären, daß die Spitalbruderschaften sich vielfach an die Ordenssiegel anlehnten. 1295 erscheint ein »Comundia« als Sitz eines Spitals des Heilig-Geist-Ordens (WUB X, 379).
132 Denkinger, Spital, 196.
133 So z. B. Archives de la ville de Strasbourg Serie VI 656/5 vom Jahr 1355.
134 Denkinger, Spital, 197 mit falschem Datum.
135 UASp 401.
136 UASp 16 f., 119 f., 144, 686; ZGO 20 (1867) 207, 451−455; vgl. Das städtische Hospital, 48.
137 Denkinger, Spital, 197 (nach UAG A 90, um 1400) nennt 70 Arme, aus UASp 336 (1434) sind 60 zu erschließen.
138 Denkinger, Spital, 235 f.
139 Ebd., 236.
140 Ebd., 200.
141 UAG 1334.
142 UAG 924, 1332.
143 UASp 46, 48, 51, 54.
144 Vgl. Graf, Spital.
145 UASp 83 f.; zur Umrechung: UAG 426.
146 Vgl. das städtische Hospital, 75 ff., 115 ff., 122.
147 UASp S. 23 f.*. Deibele nennt ohne Beleg ebd. S. 17* 500 ha Hofgüter für die Zeit um 1500.
148 Vgl. Denkinger, Spital, 139.
149 UASp 247, 410, 433, A 171; UAG 746a, A 97.
150 Albert Deibeles verdienstvolles Werk über St. Katharina (UAK) bietet eine umfassende Darstellung der Spitalgeschichte (Zusammenfassung für das Mittelalter S. 34 f.) und stellt die Quellen in Regesten und Auszügen bereit.
151 UAK 1, 3−7. Die Pflegertätigkeit Wustenriets könnte man vielleicht dadurch erklären, daß er als Stifter (Gönner) damit betraut wurde.
152 UAK 9.
153 UAK S. 213 ff. (der Erwerb der wenigsten der hier genannten Güter ist urkundlich belegt).
154 Für das Mittelalter fehlen dafür allerdings Belege, vgl. UAK S. 34 (zum frühneuzeitlichen Personenkreis des Spitals vgl. ebd. S. 27).

## D Stadtkultur

1 Zum Ansatz der Volkskulturforschung und zu den Besonderheiten der städtischen Volkskultur vgl. z. B. Muchembled, Kultur des Volks, 108 ff.
2 Spezifische Vorarbeiten zur Volkskultur und Alltagsgeschichte im spätmittelalterlichen Gmünd liegen nicht vor.
3 Vgl. die Schneiderzunftordnung 1474 (UAG A 314) und die undatierte Stubenordnung UAG A 325, die sich ebenfalls auf eine Zunfttrinkstube bezieht und nicht auf die Bürgertrinkstube, da in der Ordnung das Weinholen »auf den Zunftmeister« untersagt wird.
4 Eidbuch 1468 (StadtAG) S. 15 und o. S. 138 f.
5 Schön, Medicinalwesen, 373.
6 Heide, Friedensordnungen, 55 f.
7 UAG 1540.
8 Eidbuch 1468 (StadtAG) S. 16.
9 Vgl. o. S. 125 ff.
10 Daß im 15. Jh. in der Spruchsammlung Konrad Bollstatters, die von Prof. Dr. Kurt Gärtner, Trier, ediert werden wird, einem Meister Lott von Gmünd und dem Gmünder Otto von Rinderbach Sprüche in den Mund gelegt werden, kann hier außer acht gelassen werden. – Einzelnes zur Gmünder Historiographie und Traditionspflege im Spätmittelalter bei Graf, Chroniken.
11 UAG 1666. Der Grönenwald begegnet 1480 in Nördlingen als *dez keysers sprecher* (Mundschau, Sprecher, 53; den Hinweis auf dieses Werk verdanke ich Herrn Prof. Gärtner).
12 UAG A 79.
13 Eidbuch 1468 (StadtAG) S. 17 f. entspricht in etwa UAG A 78; Klaus, Geschichtliches, 10; vgl. auch UAG A 80.
14 Vgl. o. S. 144.
15 Vgl. o. S. 109.
16 Vgl. Nägele, Heilig-Kreuz-Kirche, 136.
17 Weser, Schützenfest, 116.
18 Literatur: Stiefel, Musikgeschichte der ehem. Reichsstadt Schwäbisch Gmünd; Pauser, Kirchenmusik am Heilig-Kreuz-Münster.
19 Pauser, Kirchenmusik, 15.
20 Ebd., 19.
21 Vgl. Stiefel, Musikgeschichte, 114 ff. Ältester Beleg: 1442 erhält der Gmünder Pfeifer Jorg Pfiffer vom Rat ein Zeugnis für seine neue Stelle in Nördlingen (StadtA Nördlingen Missiven 1442 I, 204).
22 UAG A 89; Wiedemann, Zollfreiheit; vgl. auch Stiefel, Musikgeschichte, 115 f.
23 UAG A 106 mit UAG 715.
24 Heide, Friedensordnungen, 57. Zur geistlichen Hochzeit vgl. allgemein den Beleg bei Joseph Zeller, Schwäb. Archiv 27 (1909) 188 f.
25 Theil, Reform, 18.
26 Vgl. Neue Deutsche Biographie 10 (1974) 638; Graf, Zur Familie des Lautenspielers Hans Judenkönig (Lit.) mit ders., RZ v. 18. 9. 1981, 15.
27 Graf (vorige Anm.) und o. S. 146.
28 Literatur: Nach wie vor unentbehrlich ist das Denkmälerinventar von Gradmann, Kunst- und Altertumsdenkmale, 343 ff.; einen knappen Überblick gibt Schmidt, Schwäbisch Gmünd. Eine Gesamtdarstellung fehlt, vgl. jedoch die im Literaturverzeichnis genannten Arbeiten von Prof. Dr. Hermann Kissling, dem ich für die Durchsicht dieses Abschnitts herzlich danke.
29 Vgl. grundlegend zum folgenden Kissling, Das Münster in Schwäbisch Gmünd. Einen kurzen Überblick gibt der schöne Bildband von Baumhauer–Schüle, Heilig-Kreuz-Münster. Ältere Monographien: Nägele, Die Heilig-Kreuz-Kirche; Schmitt, Heiligkreuzmünster; Creutzfeld, Langhaus.
30 Vgl. o. S. 152.

31 Zur Parler-Kunst vgl. jetzt das große Handbuch Die Parler und der schöne Stil, zum Gmünder Münster besonders I, 315–324 (Beiträge von R. Wortmann, H. Kissling, H. Meurer).

32 Wundram, Körper und Raum, 372.

33 Jaromir Homolka, in: Die Parler und der schöne Stil III, 34.

34 Zur Genealogie vgl. Barbara Schock-Werner, ebd. III, 7–11.

35 So Kissling, Münster, 44 f.

36 H. Meurer, in: Die Parler und der schöne Stil I, 322.

37 Kissling, Münster, 51, 39.

38 Homolka (wie Anm. 33) 27.

39 Meurer (wie Anm. 36) 322.

40 Kissling, Münster, 54 f.

41 Fs. f. Dagobert Frey, Breslau 1943, 239, zit. nach Kissling, Münster, 55.

42 Gümbel, Sebald Schreyer, 126–128; vgl. Weser, Parlerhaus, 73. Die weiteren archivalischen Gmünder Parler-Belege bei H. Kissling, in: Die Parler und der schöne Stil, 320. Die merkwürdige Stelle bei Dom. Debler Chronica (StadtAG Ch 6) V, 29 (Kissling, Münster, 64 f.), die Heinrich Arler (!) als Baumeister nennt, müßte auf ihre (auswärtigen?) Quellen untersucht werden.

43 Zur Wohnlage vgl. Weser, Hundgasse, 153 f.

44 Vgl. Kissling, Münster, 51. Zu seiner Quelle für das Bauende 1377 vgl. Graf, Münster.

45 Dom. Debler, Chronica V, 35 (wohl nach Friedrich Vogts Chronik, deren Überlieferung StadtAG Ch 2, S. 472 aber das genaue Datum fehlt; vgl. auch Kissling, Münster, 159 Anm. 274).

46 Kissling, Münster, 75 ff. Während Kissling die Langhaus-Einwölbung erst nach dem Bauunglück beginnen läßt, deutet Norbert Bongartz an, 1497 sei auch das Schiff schon seit einiger Zeit in der Wölbung begriffen gewesen (Denkmalpflege in Baden-Württemberg 10, 1981, 120).

47 Maßgebliche Edition: Pfitzer, Zum Einsturz, 218 f. (zu Überlieferung und Drucken vgl. Graf, Geschichtsschreibung, 236 Anm. 37; Kissling, Münster, 81 hält spätere Zusätze Dom. Deblers versehentlich für original).

48 Kissling, Münster, 58 f.

49 Ebd., 93.

50 Ebd., 79 ff.

51 Ebd., 137.

52 Ebd., 66.

53 Ebd., 36, 149 Anm. 74; StadtA Nördlingen Missiven 1445, 92.

54 Hugo Schnell, Schnell & Steiner Kirchenführer St. Franziskus 1961, 4.

55 Seidel, Beiträge, 133.

56 Nägele, Heilig-Kreuz-Kirche, 286 f. Zur Chorweihe vgl. oben S. 163.

57 Kissling, Augustinuskirche, 12.

58 K. Graf, GT v. 6. 5. 1983, 34–35.

59 Vgl. Kissling, Kunst, 25 ff.; ders., Holzbildwerke; ders., Wahre Länge; ders., Tafelbild.

60 Kissling, Kunst, 59 f.

61 Vgl. K. Graf im einhorn-Jb. 1984.

62 Osten, Hans Baldung Grien, 33; zur Familie vgl. unten S. 181; zu Baldung vgl. außer der Monographie Gerts von der Osten auch Mende, Hans Baldung Grien (mit Literaturbericht).

63 Falk, Selbstbildnis, 221. Der von Eberhard, Baldung, versuchte Nachweis, daß Baldung zweimal die alte Heimat besucht hat, scheint mir nicht über jeden Zweifel erhaben (zustimmend: Osten, Baldung, 303 f.).

64 Mit der nicht unproblematischen Ratgeb-Monographie von Wilhelm Fraenger, Ratgeb, setzen sich Bushart, Ratgeb, und Kissling, Probleme um Jörg Ratgeb, kritisch auseinander, der mutmaßliche Geburtsort Gmünd wird jedoch von beiden akzeptiert (vgl. Fraenger, Ratgeb, 244–246; Kissling, Probleme, 180; Bushart, Ratgeb, 274).

65 Vgl. Fraenger–Deibele, Jörg Ratgebs Vaterstadt und o. S. 133.

66 Überlegungen dazu bei Kissling, Probleme, 176 f. mit einer Einordnung der Gmünder Malerei um 1500.

67 Kehrer, Deutschland in Spanien, 108; vgl. Kissling, Hans Peter Danzer. Eine Familie Danzer ist in Gmünd im 14./15. Jh. nicht nachzuweisen.

68 Kissling, Münster, 95.

69 UAG 762, 796, 1111, UASp 258 (Nägele, Heilig-Kreuz-Kirche, 287 f.); vgl. auch Heimpel, Vener I, 59.

70 OAB Gmünd, 256.

71 Literatur: Klaus, Geschichte der Lateinschule, 466 f.; Geschichte des humanistischen Schulwesens I, 237, 435 u. ö.; Graf, Himmelserscheinung, 285.

72 Vgl. o. S. 171.

73 Serapeum 20 (1859) 8, 11 mit Intelligenz-Blatt zum Serapeum 1859, 112, 148; Franz Unterkirchner, Die datierten Hss. der Österr. Nationalbibliothek von 1451 bis 1500, Teil 1: Text, Wien 1974, 81. Staub, Geschichte, 31 nennt eine 1401 »per manus Petri de Bischoffzell studentis in Gamundia« geschriebene »Expositio officii missae« des Bernardus de Parentinis.

74 Quelle sind die gedruckt vorliegenden Matrikeln. Aus den bis ca. 1938 veröffentlichten Matrikeln hat Rudolf Weser die Gmünder Universitätsstudenten zusammengestellt (Nachlaß StadtAG Bd. 37); vgl. auch Weser, Zur Geschichte der deutschen Schule, Nr. 277; Nägele, Miszellen.

75 Weser, Confraternitas minor, 183; UAG 1344 f.

76 UASp 488, 502 f.; Steinmeyer, Entstehung, 193; Steinhäuser-Prozeß 1. Instanz (StadtAG), f. 156; vgl. auch StadtA Nördlingen Missivbände 1465, f. 96.

77 Vgl. Roth, Gelehrte, 294 ff.; Weser, Bischöfe.

78 UAG 2161; Anniversar 1530 (Münsterpfarrei), f. 33$^v$.

79 UAG 1240, 1284. In der Stadtrechnung 1500 (StadtAG) S. 1 erscheint Hans Ruscher als Stettmeister (als Zunftmeister?).

80 Vgl. etwa Weser, Confraternitas minor. Der erste Gmünder Pfarrer mit akademischem Grad ist 1447 belegt (Fauter, Rechtsstellung, 39).

81 Vgl. Kyriß, Einbände I, 50 f.; ders., Buchbinder, 278 f.; Burkhardt, Buchbinder, 136 zur mutmaßlichen Herkunft aus Gmünd.

82 UAG 748. Der Eid der Studenten im Eidbuch 1468 (StadtAG) S. 60.

83 UAG 785.

84 Dies geht aus dem Steinhäuserprozeß (u. Anm. 86) hervor.

85 UAG 1461.

86 Zwei Bände im StadtAG, ausgezeichnet erschlossen durch Abschrift, Übersetzung und Register; vgl. UAG A 386.

87 UAG 1931.

88 OAB Gmünd, 231.

89 Vgl. o. S. 124.

90 Heimpel, Vener I, 42. Das folgende stützt sich ganz auf Heimpels große Vener-Monographie.

91 Ebd., I, 68.

92 Zu ihr vgl. außer den älteren Aufsätzen von Weser, Baldung; Nägele, Hans Baldungs schwäbische, nicht elsässische Heimat; ders., Hans Baldung-Griens Heimat; ders., Briefe, die wichtige Arbeit von Osten, Hans Baldung Grien, bes. 317 ff.; vgl. auch Brady, Hans Baldung Grien, 107, 114.

93 Literatur zur Stadttopographie: es existieren außer den Übersichten bei Bellem, Schwäbisch Gmünd und Gradmann, Kunst- und Alterthumsdenkmale, 356 ff. nur einige mehr oder weniger zuverlässige kleinere Beiträge. Urkundliches Material sammelte Rudolf Weser (vgl. den hilfreichen Sammelband in dessen Nachlaß StadtAG Bd. 14 über Gmünder Örtlichkeiten), der auch einige kleinere Aufsätze veröffentlichte: Weser, Hundgasse und Turniergraben; ders., Honiggasse mit Becherlehen und Eselgasse; ders., Klinkhartsgasse und »auf dem Blatz«; ders., Kapellen (zur Umgebung des Münsters). Albert Deibele hat seine im Anschluß an Ausführungen von R. Löffler entwickelten Vorstellungen

(vgl. Deibele, Aus der Geschichte der Schmied-, Hospital-, Fischer- und Ledergasse) über die mittelalterlichen Flußregulierungen und die Entstehung der Vorstädte wiederholt niedergelegt (vgl. zuletzt ders., Vorgeschichte; weitere Titel bei Spranger, Schwäbisch Gmünd, 64 Anm. 91); es sind gegenüber dieser Auffassung jedoch erhebliche Bedenken anzumelden. Weitere Lit. vgl. S. 562 Anm. 81.

94 Mit Überraschungen auf diesem Gebiet ist gleichwohl noch zu rechnen, vgl. Theodor Zanek, einhorn-Jb. 1982, 154; ders., ebd. 1983, 128; ders., GT v. 17. 9. 1983, 16 zum Nachweis spätmittelalterlicher Fachwerkbauten.

95 UAG 869 (1421); vgl. UAG A 321 (1498); UAG A 90 wird das Haus des Hans Gul bei dem (inneren) Utenkofer Tor *in der stat* genannt.

96 Vgl. z. B. Heimpel, Vener I, 37 Anm. 93; UAG 2323; UASp 640.

97 UASp 620 (1487). Ob hierher der 1354 genannte Zins gehört von *Hansen hus im hove* (UAG 258)?

98 Vgl. Graf, Klosterhöfe, 4.

99 Ders., RZ v. 4. 11. 1980, 16.

100 UAG 1308; K. Graf, GT v. 22. 9. 1979, 17; ders., Klosterhöfe, 4.

101 Vgl. UAG 588, 2323, A 90, 100.

102 Zur repräsentativen Ausstattung dieser Häuser finde ich nur das eine Zeugnis, daß das Haus des Junkers Jordan Alwich 1477 einen »Söller« besaß (UAG 1768).

103 Vgl. Zanek, Fuggerei, dessen Gleichsetzungen der in den Quellen um 1400 genannten Häuser mit heutigen Häusern mich freilich nicht überzeugen. Dagegen sind auf dem Marktplatz auffällig viele Handwerkerhäuser bezeugt (vgl. UAG 388, 713, 717, 725; UASp 156, 223).

104 Vgl. Graf, Herrenhof, 146.

105 Vgl. z. B. UAG 1068 und o. S. 141 f.

106 Die 1291 (WUB IX, 505) genannte Aichlergasse außerhalb der Mauern ist kein Datierungshinweis (gegen Spranger, Schwäbisch Gmünd, 58 Anm. 67). Wie die »Siechengasse« im Westen der Stadt war sie ein Feldweg vor dem äußeren Waldstetter Tor, vgl. UAG 415; UASp 713.

107 Herrmann, Schwäbisch Gmünd 1378, 180; UAG A 100; UAG 602.

108 Vgl. die Urkunde Ludwigs des Bayern 1339, UAG 169; vgl. Nuber, Schultheißen, 108.

109 OAB Gmünd, 179. Die Quelle dieser Nachricht war unauffindbar; vgl. auch Bellem, Schwäbisch Gmünd, 30. Zu den Mühlen vgl. auch o. S. 142 f. Anm. 353.

110 Vgl. UASp 13, 57.

111 UAG 473, A 90; vgl. auch UAG 716; UASp 22, 76, 79.

112 Erstmals 1354 als *háninbach* erwähnt (UAG 258). Wichtig ist die Urkunde UASp 84; vgl. auch Weser, Honiggasse, 34.

113 Vgl. UAG 124, 715, 1230; UASp 124, 376.

114 UAG 927.

115 UAG 717 und o. S. 144.

116 HStASt H 14 Bd. 112a, S. 286 f. (1320); UAG 115, 395, 398.

117 Vgl. Herrmann, Schwäbisch Gmünd 1378; vgl. auch o. S. 103.

118 Vgl. o. S. 145.

119 Vgl. o. S. 142.

120 Vgl. o. S. 146.

121 Vgl. z. B. UAG 488, 526; UASp 79.

122 UAG 649, 661; UASp 183, 627.

123 Vgl. z. B. UASp 515, 469.

124 Vgl. z. B. UAG 1193.

125 Vgl. o. S. 111.

126 UAG 1696; UASp 423.

127 UAG 713, 1569, A 100, 103; UASp 93.

128 Vgl. S. 144, 142 f.

*Bemerkungen zur Quellenlage*

Die Klage über die unzulängliche Quellen- und Forschungssituation ist im Fall der spätmittelalterlichen Stadtgeschichte von Schwäbisch Gmünd mehr als ein wohlfeiler Topos. Dies mag ein kurzer Quellenüberblick verdeutlichen. Die am meisten überlieferte Quellengattung bilden die Urkunden. Sie befinden sich zusammen mit wenigen erhaltenen Akten zum größten Teil im Bestand Reichsstadt Schwäbisch Gmünd des Staatsarchivs Ludwigsburg (B 177 S),[1] zu einem kleineren Teil im Stadtarchiv Schwäbisch Gmünd Bestand Spitalarchiv.[2]

Die meisten Urkunden und andere Quellen zur spätmittelalterlichen Stadtgeschichte sind von Alfons Nitsch und Albert Deibele in fünf verdienstvollen Regestenbänden zusammengestellt worden.[3]

Von den in der Verwaltung der Stadt entstandenen Akten und Amtsbüchern hat kaum etwas die Jahrhunderte überdauert:[4] Kein einziges Steuerbuch (eine unverzichtbare Quelle für eine befriedigende Schichtung der Stadtbevölkerung), kein Rats- oder Gerichtsprotokoll blieb erhalten, die älteste erhaltene Stadtrechnung stammt aus dem Jahr 1500. Wenige Aktenfaszikel,[5] einige Ratsordnungen[6] und zwei Eidbücher, von denen das größere von 1468 eine Edition verdient hätte,[7] sind der Rest der einst reichen Bestände der städtischen Registratur. Außerdem ist, in späterer Überarbeitung, eine lückenhafte Liste der Bürgermeister und Stettmeister ab 1368 überliefert.[8]

Etwas besser ist die Situation bei den geistlichen Institutionen der Reichsstadt, von denen noch einige Kopialbücher und Einkünfteverzeichnisse[9] sowie zwei Anniversare[10] vorhanden sind. Unter den Beständen auswärtiger Archive seien die Lehenbücher adliger Herren[11] und die Korrespondenz mit anderen Reichsstädten[12] hervorgehoben.

Mit der Erforschung der spätmittelalterlichen Gmünder Geschichte ist es nicht zum besten bestellt: Brauchbare Vorarbeiten existieren nur für wenige Einzelaspekte.[13] Unter den Gesamtdarstellungen seit Michael Grimms inhaltlich ganz überholter Stadtgeschichte von 1867 ist der knappe geschichtliche Abriß von Hermann Bauer in der Oberamtsbeschreibung Gmünd am besten gelungen; als populäre Darstellung ist der zuerst im Festbuch »800 Jahre Stadt Schwäbisch Gmünd« 1962 erschienene Aufsatz des langjährigen Stadtarchivars Albert Deibele »Aus der Geschichte der Reichsstadt Gmünd« zu nennen.[14] Besonders um die spätmittelalterliche Geschichte haben sich der Gmünder Gymnasialrektor Bruno Klaus, vor allem aber der ebenso kritisch wie sorgfältig arbeitende Pfarrer Rudolf Weser verdient gemacht.[15] Auf die Autoren aller weiteren besonders wichtigen wissenschaftlichen Darstellungen, auf die ich mich dankbar verlassen habe, wird bei den einzelnen Abschnitten verwiesen.

1   Ein unschätzbares und in seiner Art wohl einmaliges Hilfsmittel stellen die von mir durchgesehenen, im StadtAG lagernden masch. Transkriptionen (und Übersetzungen der lateinischen Texte) aller in den Regestenbänden UAG enthaltenen Urkunden, d. h. der allermeisten für die Stadtgeschichte relevanten Quellen. Daneben existieren von fast allen in UAG aufgenommenen Urkunden und zahlreichen Nachträgen zu UAG Kopien im StadtAG. Da die erwähnten Transkriptionen von Nitsch paläographisch nicht genau sind, gebe ich wörtliche Zitate der Urkunden aus UAG nach diesen Kopien. Eine ganze Reihe von Urkunden, ehemals im German. Nationalmuseum Nürnberg, besitzt jetzt das StadtAG (nicht in UAG).
2   Erschlossen in UASp; trotz mancher Lesefehler (vgl. das Handexemplar im StadtAG) ist daneben der Urkundenteil von Denkinger, Spital, heranzuziehen, der vielfach genauere Informationen liefert. Von den in den beiden Spital-Kopialbüchern enthaltenen oder in UAK regestierten Urkunden gibt es im StadtAG masch. Transkriptionen.
3   UAG (2 Bde.), UASp, UAK, UAL. Bei aller Anerkennung der riesigen Arbeitsleistung darf nicht verschwiegen werden, daß die Regesten — was ohne Überprüfung an den Quellen weitgehend verborgen bleibt — eine Fülle von Unzulänglichkeiten aufweisen. Zahllose Orts- und Personennamen, zahllose wichtige Sachverhalte sind weggelassen, so daß bei sehr vielen Fragestellungen eine Konsultation der Originale oder der Transkriptionen (vgl. o. Anm. 1) dringend anzuraten ist! *—NB: Die in UAG, UASp enthaltenen Urkunden zitiere ich nach den Regestenwerken (UAG I reicht bis 1450, Nr. 1254*

*bzw. A 111), auch wenn ich mich auf den Volltext beziehe.* − An nicht in UAG nachgewiesenen Voll-drucken von Urkunden nenne ich nur Nägele, Heilig-Kreuz-Kirche, 282 ff. und ders. in RZ 1925 (Nr. 127, 132, 135, 143).

4 Zur Geschichte der Gmünder Archive vgl. Max Miller, in: UAG II, 11*−42*, zu dem dort 16* zurecht ins Reich der Legende verwiesenen »Archivbrand« vgl. K. Graf, GT v. 8. 8. 1979, 12.

5 StAL B 177 S (summarisch in UAG verzeichnet).

6 Dom. Debler, Chronica (StadtAG Ch 6) IV, 211−223 enthält einige Abschriften von Ratsordnungen (1. H. 15 bis 1. H. 16. Jh.), bis 1500 in UAG. Die Gießener Hs. 484 (vgl. Graf, Geschichtsschreibung, 236 Anm. 38) ist nur für den Volltext von UAG 300, 384, 819 heranzuziehen. Einige inzwischen ver-lorene Urkunden sind als Regesten in den Repertorien von Dudeum (mit masch. Abschrift) und aus dem Anfang des 19. Jh. im StadtAG zu finden.

7 Beide im StadtAG, das kleinere von 1462 stimmt meist wörtlich mit dem größeren überein. Zur angeb-lichen Wiedergabe des Eidbuchs 1468 in der unter Anm. 15 zitierten Dissertation von Krämer vgl. u. S. 105 Anm. 43.

8 Vgl. Graf, Chroniken, Kap. V, 2 und Editionsteil.

9 In UAG nur teilweise ausgeschöpft; z. B. ist die Wiedergabe der wichtigen Einkünfteverzeichnisse der von der Stadt belehnten Messen um 1400 UAG A 90 ff. ganz unzulänglich (z. T. besser in UAL Beila-gen S. 230 ff., dort auch ein Zins- und Gültbuch der Leonhardskapelle, das in UAG fehlt). Unbekann-te Urkunden enthält das älteste Gotteszeller Kopialbuch HStASt H 14 Bd. 112a.

10 Wichtige personengeschichtliche Quellen sind das Pergamentanniversar der Pfarrkirche 1530 (Mün-sterpfarrei), erschlossen durch einen Index von Rudolf Weser (StadtAG mit Kopie des Bandes) und das Anniversar der Dominikaner (StAL B 177 U 2022).

11 Schneider, Lehenbuch und die bei Theil, Bürgerlehen in den Anmerkungen zitierten Quellen.

12 Die Eßlinger Missiven in UAG A 18 ff.; Kopien aus den Nürnberger Briefbüchern in den Nachträgen zu UAG im StadtAG. Reichen Ertrag erbrachte meine Durchsicht der Nördlinger Missiven (Schreiben Gmünds an Nördlingen) im StadtA Nördlingen.

13 Bibliographie in der von Wilhelm Heyd begründeten Bibliographie der Württ. Geschichte, Bd. 1−11, 1895−1974, fortgesetzt von der Landesbibliographie von Baden-Württemberg (die für die Forschung relevanten Gmünder Titel sind nicht ganz vollständig erfaßt).

14 Grimm, Geschichte; OAB Gmünd, 239 ff.; Deibele, Geschichte. Zur Historiographie des 19. Jh., ins-besondere zu den Werken von J. A. Rink (Ndr. 1982 mit Nachwort), J. Epple und M. Grimm vgl. Graf, Gmünder Chronisten im 19. Jh., zu der ders. 16.−18. Jh. ders., Gmünder Chroniken im 16. Jh.; ders., Die Geschichtsschreibung der Reichsstadt Schwäbisch Gmünd im 17. und 18. Jh.

15 Vgl. die Titel im Literaturverzeichnis. Eine unschätzbare Fundgrube ist der handschriftliche Nachlaß Rudolf Wesers im StadtAG. Auf die juristische Tübinger Diss. von Hans Krämer, Schwäbisch Gmünd. Siedlungs- und Rechtsgeschichte bis zum Übergang an Württemberg (1960) weise ich nur hin, um von einer wissenschaftlichen Benutzung abzuraten.

## Schwäbisch Gmünd im Zeitalter der Reformation und der Gegenreformation (Ehmer)

1 Um die Darstellung von Anmerkungen zu entlasten, wird hier lediglich auf Arbeiten verwiesen, in denen die einschlägigen Quellen verarbeitet und nachgewiesen sind. Das folgende beruht − wo nichts anderes bemerkt − auf Hermann Ehmer, Andreas Althamer und die gescheiterte Reformation in Schwäbisch Gmünd. In: Blätter für württembergische Kirchengeschichte 78 (1978) S. 46−72. Vgl. künftig auch Klaus Graf, Gmünder Chroniken im 16. Jahrhundert, Schwäbisch Gmünd 1984. Zum Quellenwert der späteren Chronistik vgl. ders., Die Geschichtsschreibung der Reichsstadt Schwäbisch

Gmünd im 17. und 18. Jahrhundert.

2 Reinhold Rau, Die Tübinger Jahre des Humanisten Johannes Alexander Brassicanus. In: Zeitschrift für württembergische Landesgeschichte 19 (1960) S. 89−127, hier S. 97. (Freundl. Hinweis von Herrn Klaus Graf.)

3 Für die folgende Darstellung ist zu verweisen auf Hermann Ehmer, Schwäbisch Gmünd im Bauernkrieg. In: Gmünder Studien 2 (1979) S. 85−113.

4 Vgl. hierzu Hermann Ehmer, Das Gmünder Täufergericht 1529. In: Gmünder Studien 1 (1976) S. 131−161.

5 Ausführlich über die mit den Gmünder Täufern in Zusammenhang stehenden Lieder handelt Hermann Ehmer, Die Lieder der Täufer. In: Martin Walser, Das Sauspiel. Szenen aus dem 16. Jahrhundert. Mit Materialien hg. von Werner Brändle, Frankfurt 1977, S. 346−365.

6 Die folgende Darstellung beruht auf einem bislang ungedruckten Vortrag, den der Vf. am 14. September 1981 vor dem Gmünder Geschichtsverein und der Volkshochschule Schwäbisch Gmünd gehalten hat. Die wichtigste zeitgenössische Quelle für das Ereignis ist der Bericht in den Gmünder Ratsprotokollen, Staatsarchiv Ludwigsburg B 177 Bü 520. Vgl. ferner Emil Wagner, Die Reichsstadt Schwäbisch Gmünd in den Jahren 1531−45. In: Württembergische Vierteljahrshefte für Landesgeschichte 7 (1884) S. 7−17.

7 Über das Zeremoniell beim Einreiten Karls V. in Augsburg 1530 handelt Maximilian Liebmann, Urbanus Rhegius und die Anfänge der Reformation (Reformationsgeschichtliche Studien und Texte 117, 1980), S. 201−211.

8 Vgl. Emil Wagner, Die Reichsstadt Schwäbisch Gmünd in den Jahren 1546−48. In: Württembergische Vierteljahrshefte für Landesgeschichte 9 (1886) S. 1−14, 192−200.

9 Vgl. Emil Wagner, Nachtrag. In: Württembergische Vierteljahrshefte für Landesgeschichte NF 1 (1892) S. 116−120.

10 Vgl. für das folgende: Emil Wagner, Die Reichsstadt Schwäbisch Gmünd in den Jahren 1548−1565. In: Württembergische Vierteljahrshefte für Landesgeschichte NF 1 (1892) S. 86−115. Eberhard Naujoks, Die Verfassungsänderung in Gmünd um 1552. In: Gmünder Heimatblätter 12 Nr. 11 (Okt. 1951) S. 4−7. Von Eberhard Naujoks ist angekündigt: Kaiser Karl V. und die Zunftverfassung. Ausgewählte Aktenstücke zu den Verfassungsänderungen in den oberdeutschen Reichsstädten (Veröff. d. Komm. f. geschichtl. Lkde in BW A 36).

11 Vgl. Emil Wagner, Die Reichsstadt Schwäbisch Gmünd in den Jahren 1565 bis 1576. In: Württembergische Vierteljahrshefte für Landesgeschichte NF 2 (1893) S. 282−325. Eberhard Naujoks, Obrigkeitsgedanke, Zunftverfassung und Reformation, S. 183 ff.

12 Vgl. Emil Wagner, Die Reichsstadt Schwäbisch Gmünd vom Tode Kaiser Maximilians II. 1576 bis zum Anfang des 17. Jahrhunderts. In: Württembergische Vierteljahrshefte für Landesgeschichte NF 10 (1901) S. 161−199.

13 Hauptstaatsarchiv Stuttgart A 143 Bü 12.


## *Politik, Krieg und Reichsstadt − Strukturen im 17. Jahrhundert (Herrmann)*

1 Ausführlich auf die Gmünder Geschehnisse eingehend E. Wagner: Schicksale der Reichsstadt Schwäbisch Gmünd während des 30jährigen Krieges. WVjH NF 24/1915, 123−217 und kürzer B. Klaus: Beiträge zur Geschichte Gmünds. II. Zur Geschichte während des 30jährigen Krieges und in den französischen Kriegen am Ende des 17. Jh. Württ. Jbb. für Statistik und Landeskunde I/1904, 126−132, auf die öfters verwiesen wird. Darüber hinaus A. Deibele: Die Not im Dreißigjährigen Krieg in unserer Heimat Gmünder Heimatbl. 24/1963, 36−40; A. Deibele: Der Dreißigjährige Krieg wütet im Land. Festbuch 800 Jahre, 1962, 46; A. Hirner: Der 30jährige Krieg. Chronik von Herliko-

fen-Hussenhofen. Gmünder Heimatbl. 6/1933, 130–133; Mayer: Der Dreißigjährige Krieg in unserer Gegend. Gmünder Heimatbl. 1/1932, 1–3; A. Marquardt: Drangsale der Reichsstädte während des 30jährigen Krieges. Rems-Zeitung 1904 Nr. 140. H. Blickert u. H. K. Biedert: Die Zeit des Dreißigjährigen Krieges. Der Ostalbkreis 1978, 102 f. Wichtigste Quellen für diesen Zeitraum sind außer den im Staatsarchiv Ludwigsburg befindlichen Urkunden und Akten die vom reichsstädtischen Registrator Johann Jakob Dudeum zusammengetragenen Aktenbände »Fasciculus Actorum« (STAL B 177 Bü. 2873), als F. A. zitiert, sowie von demselben ein im Chronikensammelband CH 2 des Gmünder Stadtarchivs erhaltengebliebener Begleittext »Actenmäßige Geschicht über die in des Heyl. Röm. Reichs Statt Schwäb. Gemünde eingerissenen lutherischen Religions Troublen«, der allerdings nur in einer Abschrift des 18. Jh. erhalten ist. Zur Sache vgl. K. Graf: Die Geschichtsschreibung S. 206–207 und besonders Anmerkungen 70–72. Wohl auch Dudeum zuzuschreiben ist ein Aktensammelband »Wahrhafte Beschreibung der großen Geldauslagen und täglichen Einquartierungen, welche die Stadt Schw. Gmünd und Landschaft AO. 1619–70 erlitten« (StAG Bestand IX a), der lange als verschollen galt. Zur zeitgenössischen Chronik des Kirchenmeisters Friedrich Vogt (1623–1674) vgl. K. Graf: Die Geschichtsschreibung 208 ff.

2 Vogt: Chronik 480.
3 Vgl. dazu H. Sturmberger: Aufstand in Böhmen. Der Beginn des Dreißigjährigen Krieges. München 1959. Allgemeine Darstellungen des Krieges u. a. H. U. Rudolf (Hg.): Der Dreißigjährige Krieg. Perspektiven und Strukturen. Darmstadt 1977; Der Dreißigjährige Krieg, Beiträge zu seiner Geschichte. Schriften des Heeresgeschichtlichen Museums in Wien 7, Wien 1976; C. V. Wedgewood: Der Dreißigjährige Krieg. Bergisch-Gladbach ³1978.
4 Zitat nach Wagner: Schicksale 130. Allgemein F. Neuer-Landfried: Die katholische Liga. Gründung, Neugründung und Organisation eines Sonderbundes 1608–1620. Kallmünz 1968.
5 Wagner: Schicksale 130. Zuvor hatte Württemberg Gmünd ultimativ aufgefordert, sich der Union »kontributionsmäßig« anzuschließen, was die Reichsstadt aber ablehnte.
6 Wagner: Schicksale 130; Klaus: Geschichte 126; Vogt: Chronik 481–482; Wahrhafte Beschreibung StAG B IX a, 5 ff. Dudeum: Actenmäßige Geschicht 302. Zuvor hatten die Württemberger freien Durchzug durch die Stadt verlangt, der ihnen allerdings vom Magistrat verweigert wurde.
7 Dudeum: Actenmäßige Geschicht 322.
8 Bericht »Welchermassen daß württembergisch Kriegsvolck zu Roß und Fues auff gemündischer Jurisdiction Anno 1619 sich verhalten . . .« STAG IX a 5 ff.
9 Vogt: Chronik 482.
10 Wagner: Schicksale 131.
11 STAG IXa, 19; Dudeum: Actenmäßige Geschicht 322.
12 Wagner: Schicksale 132.
13 Vogt: Chronik 482.
14 Wagner: Schicksale 133.
15 STAL B 177 Bü. 24.
16 STAL B 177 Urk. 31.
17 Wagner: Schicksale 142.
18 Die hier lagernden Truppenteile sollen nicht einzeln aufgeführt werden. Vgl. dazu Wagner: Schicksale 144–147, kürzer: Klaus: Zur Geschichte 126. Eine genaue Auflistung der Kontributionen in dem schon erwähnten Band »Summarische Designation«, Schriftstück von 1631, STAG IX a, 75 ff. und in den Akten betr. Kriegsangelegenheiten aus den Jahren 1625–1631, STAL B 177 Bü. 460.
19 STAL B 177 Bü. 460.
20 Allgemein Th. Tupetz: Der Streit um die geistlichen Güter und das Restitutionsedikt. Wien 1883; für Württemberg und besonders für Gmünd einschlägig H. Günter: Das Restitutionsedikt von 1629 und die katholische Restauration Altwirtembergs. Stuttgart 1901, 183 ff., dem hier gefolgt wird; zur Sache auch Wagner: Schicksale 147 ff. Die Gmünder Quellen schweigen sich weitgehend zu diesem Thema aus.

21 Günter: Restitutionsedikt 114 f.; Wagner: Schicksale 150.

22 Günter: Restitutionsedikt 201.

23 Günter: Restitutionsedikt 238 f.; Wagner: Schicksale 151.

24 Vogt: Chronik 486; D. Debler, Chron. V, 160 vermeldet den 9. Juli 1631; Wagner: Schicksale 149—150.

25 Zur Sache Wagner, Schicksale 153.

26 STAL B 177 S Bü. 460.

27 Günter: Restitutionsedikt 261 f.; Wagner: Schicksale 154.

28 STAL B 177 Bü. 1553 9. Januar 1632.

29 Sterbebuch Münsterpfarrei 1629—1679. I, 11 b.

30 Zur Datierung vgl. Wagner: Schicksale 154 not. 40; zur Sache auch Klaus: Beiträge I 127. Die Akten gesammelt in FA Nr. 106—109 b.

31 Zu ihm vgl. A. Graf Thürheim: Christoph Martin von Degenfeld; M. F. G. Kapff: Christoph Martin Freiherr von Degenfeld.

32 D. Debler, Chron. V 137.

33 FA Nr. 106.

34 FA Nr. 107 vom 19. Mai 1632; um sich abzusichern, schickte man die Übereinkunft über das Privileg, katholisch bleiben zu dürfen, auch an andere Reichsstädte, etwa nach Straßburg. Vgl. Archiv der Stadt Straßburg, Correspondence Nr. 1020 vom 19. 5. 1633.

35 FA Nr. 105/1; J. J. Dudeum, Actenmäßige Geschicht 323.

36 Wagner, Schicksale 156.

37 FA Nr. 105/2 vom 25. Mai 1632; J. J. Dudeum, Actenmäßige Geschicht 323.

38 FA Nr. 108; Wagner: Schicksale 156.

39 FA Nr. 109 a; Wagner: Schicksale 157.

40 FA Nr. 109 b.

41 Nach Wagner: Schicksale 125 und 158.

42 Zu weiteren Zahlungen an die Schweden wie auch den Schwäbischen Kreis vgl. Wagner: Schicksale 158 f.

43 STAL B 177 Bü. 461.

44 Zur Datierung vgl. Wagner, Schicksale 161.

45 STAL B 177 Bü. 1076.

46 Dudeum, Actenmäßige Geschicht 323.

47 FA Nr. 110 vom 14. August 1633.

48 FA Nr. 111; nach dieser Aufstellung befanden sich am 30. August 1633 im Augustinerkloster: Prior und zwei Konventuale, 1 Koch und 2 Jungen; im Dominikanerkloster: Prior, 5 Patres, 2 Brüder, 1 Organist und 3 Knaben; im Franziskanerkloster: Guardian, 3 Priester, 2 Brüder und 2 Knaben; in Gotteszell: 22 Konventfrauen; 14 Ehehalten; Beichtvater und 1 Diener, 3 Pfarrer auf dem Land, 1 Arzt, 1 Barbier und viele Tagelöhner.

49 FA Nr. 112 vom 17. August 1633.

50 FA Nr. 113; Dudeum, Actenmäßige Geschicht 323.

51 FA Nr. 114; Dudeum, Actenmäßige Geschicht 323; Stälin: Schwedische Schenkungen während des 30jährigen Krieges. WVjH III, 411—455, hier: 417 f.

52 FA Nr. 118 vom 5. Januar 1634.

53 Wagner: Schicksale 167.

54 STAL B 177 Bü. 464.

55 Zur Sache vgl. Wagner: Schicksale 169.

56 FA Nr. 120 vom 3. März 1634; Dudeum: Actenmäßige Geschicht 324.

57 FA Nr. 121 vom 14. April 1634; Dudeum: Actenmäßige Geschicht 324.

58 FA Nr. 122; Dudeum: Actenmäßige Geschicht 324.

59 FA Nr. 122—Nr. 125.

60 Wagner, Schicksale 178.

61 Vogt, Chronik 486 und 487, der den Überfall allerdings auf den 27. August datiert. Richtig wohl der Termin im Totenbuch zu 1634, August 20. Debler, Chron. V 162 meldet den Überfall ebenfalls zum 27. August und schreibt ihn den Schweden zu. Zum terminlichen Ansatz vgl. Wagner: Schicksale 176 not. 58.

62 STAG IX a, 87.

63 Wagner: Schicksale 177 not. 53.

64 STAG IX a, 88; STAL B 177 Bü. 462.

64a Setzt man den gängigen Multiplikator 5 für den Bevölkerungsstand an, so hätte es zu dieser Zeit nicht mehr als 1715 Menschen in der Stadt gegeben. Vgl. W. v. Hippel: Bevölkerung und Wirtschaft im Zeitalter des 30jährigen Krieges. (Zeitschrift für historische Forschung Bd. 5/1978), 418. Vgl. dazu auch S. 244 und die Auswirkungen der Pestepidemie.

65 Vogt, Chron. 487; Debler, Chron. V, 165 vermeldet den 9. Juni 1635. Zu einem möglichen Besuch Ferdinands bereits zum Jahr 1635 vgl. Wagner, Schicksale 177.

66 Wagner: Schicksale 182.

67 STAG IX a, 97.

68 Vogt, Chron. 187; STAG IX a, 165.

69 Wagner: Schicksale 188 f.

70 Vgl. zu den Kriegsdurchzügen ausführlich Wagner: Schicksale 199–203; August 1644: Regiment Holk. 4. Januar 1645: 2 Kompanien Feldmarschall Mercy. 1645: Landgraf Friedrich von Hessen; Sept. 1646: französischer Truppendurchzug; 1647: französische Kontributionsforderungen.

71 Vogt, Chron. 287.

72 Vogt, Chron. 287.

73 Dr. Leuchselring vertrat die Städte Überlingen, Dinkelsbühl, Buchau am Federsee, Biberach, Ravensburg, Kaufbeuren, Buchhorn, Rottweil, Schwäbisch Gmünd, Offenburg, Pfullendorf, Wangen, Gengenbach u. Zell am Harmersbach seit Dezember 1645. Vgl. F. Wolff: Corpus 212.

74 Vogt, Chron. 287.

75 STAG IX a, 1ᵛ.

76 STAL B 177 Urk. Nr. 1096, Klaus: Beiträge 131.

77 STAG IX a, 233 f.

78 1648 Sept. 19 = STAL B 177 Bü. 620. 1651 März 2 = STAL B 177 Bü. 622.

79 STAL B 177 Bü. 2218 vom 28./29. November 1660.

80 Reform der infolge des 30jährigen Krieges bei den Gmünder Landesuntertanen eingerissenen Unordnungen und Mißbräuche. 1650, Nov. 11, STAL B 177 S Bü. 621. Zur Sache Wagner, Schicksale 205; Klaus: Geschichte 73.

81 Verordnungen von 1658, Okt. 25 und 28./29. November 1660. Ausdrücklich erlaubt blieb das Jagen von schädlichen Tieren wie Wölfen, Bären Luchse, Ottern, Iltisse und Katzen.

82 Schrift von 1698 Juni 2, STAL B 177 Bü. 1489.

83 Zum Kriegsverlauf während des Pfälzischen Erbfolgekrieges vgl. allgemein Raumer: Zerstörung der Pfalz; eine gute Zusammenfassung für die fränkischen Gebiete, aber auch für Teile Niederschwabens bietet G. Wunder: Franzoseneinfall.

84 Vogt, Chron. 488.

85 Klaus: Beiträge II, 131.

86 Stadtarchiv Esslingen 466 A.

87 Wunder: Franzoseneinfall 43.

88 Wunder: Franzoseneinfall 43 u. not. 63.

89 Klaus: Beiträge II, 131.

90 Vgl. zum Jahr 1688/89 Akten betr. Durchzug der Franzosen durch das Gebiet der Stadt Schwäbisch Gmünd u. die durch die Generäle Melac, Montclar und de la Grange auferlegten Kontributionen, STAL B 177 Bü. 470.

91 Ratsprotokoll 1692, Oktober 16, STAL B 177 Bü. 528.
92 Ratsprotokoll 1695, Januar 25; STAL B 177 Bü. 528 f. 109$^v$.
93 Ratsprotokoll 1695, August 16; STAL B 177 Bü. 528 f. 124$^v$.
94 Ratsprotokoll 1695, Oktober 5; STAL B 177 Bü. 528 f. 125.
95 STAG IX a, 1$^v$.
96 Vgl. S. 265 ff.
97 Zu den Hexenprozessen in Gmünd, die hier nur gestreift werden sollen, vgl. H. C. E. Midelfort: Witch hunting; K. J. Herrmann: Consilium; K. Graf: Hexen; G. Löhle: Hexenverfolgungen.
98 Unwetter etwa am 13. Juni 1613 u. am 8. Juli 1613 vgl. Vogt: Chron. 478.
99 J. Zeller: Hexenbrände 88.
100 Midelfort 113; eine Aufstellung bei Vogt, Chron. 478. Akten über Hexenprozesse im wesentlichen STAL B 177 Bü. 1539–1560.
101 Dekret vom 3. Oktober 1684 in Rückgriff auf eine Rechtsvorschrift des Jahres 1616 STAL B 177 Bü. 1560.
102 Midelfort: Witch hunting 120.
103 Graf: Geschichtsschreibung 197 f.
104 Auf Friz als möglichen Verfasser hat Graf, Geschichtsschreibung 196 not. 22 hingewiesen.
105 Midelfort: Witch hunting 116.
106 Vgl. STAL B 177 Urk. 1068.
107 STAL B 177 Bü. 1554.
108 STAL B 177 Bü. 2218.
109 Über Ansätze zu einem Hexenprozeß noch im Jahr 1701 vgl. A. Dangel: Storr'sche Auflauf.
110 STAL B 177 Bü. 1560.
111 STAL B 177 Bü. 1560.
112 STAL B 177 Bü. 1557.
113 Dudeum, Chr. Nr. 96–Nr. 103; FA Nr. 96 ff.; Klaus: Geschichte 106; Vom Münsterplatz zur Schulstraße, GHBL. 22/1961, 19–20.
114 So mußte etwa der Gmünder Magistrat im Jahr 1605 Fleisch aus bayerischen Gebieten beziehen. Vgl. Schreiben des Bürgermeisters u. Rats vom 28. 2. 1605 u. 19. 7. 1605. Bayer. HSTA Abt. I, RL Schwäbisch Gmünd 1.
115 W. Abel: Agrarkrisen 142.
116 W. Abel: Agrarkrisen 145.
117 Vgl. A. Bäuerle: Münzwesen.
118 STAL B 177 Bü. 988.
119 Preise für Lebensmittel und Dienstleistungen verzeichnet die Chronik von Vogt, S. 485–486.
120 Vogt, Chronik 485.
121 Zitat nach Gündle, Pestzeiten 45.
122 Zur Sache vgl. A. Deibele, Pestzeit.
123 Vgl. A. Deibele, Pestkreuze.
124 So etwa im Zeugnis für den Vogteiskribenten von Bargau vom 27. Juli 1666, STAL B 177 Bü. 803. Ähnlich für einen Braumeisterknecht am 8. Oktober 1681 STAL B 177 Bü. 804.

## *Frömmigkeit, Fresken und Filigran.*
## *Kulturelles Leben im 17. und 18. Jahrhundert (Müller)*

1 Barth, Gmünder Passionsspiel, 12. Die Gestalt der Bühne ist überliefert in einer kolorierten Zeichnung in der Chronik des Dominikus Debler (IX, 299) und in einem Ölbild in der Julius Erhardschen Altertümersammlung.

2 Eckardt, Studien zur deutschen Bühnengeschichte der Renaissance, 94.
3 »Trauerspiel oder Geschichte des leidenden und sterbenden Heilandes Jesus Christus in 24 verschiedene Auftritt abgeteilt, und öffentlich aufgeführt in der Hochlöblichen des heiligen Römischen Reiches kaiserlichen Freien Stadt Schwäbisch Gmünd; Also Dass die ersten 12 Abänderungen am Grünen Donnerstag, die übrigen aber am heiligen Charfreitag vorgestellt wurden.« Masch. Abschrift im Stadt-AG von Anton Nägele, 1925 ff.; basierend auf der Holzwarthschen Ausgabe, verglichen mit dem Text in der Chronik des Dominikus Debler und der Hs. der Pfarregistratur, 1.
4 Vgl. Deibele, Die große Karfreitagsprozession zur Reichsstadtzeit, 6 f.
5 Franz Xaver Debler, Kronologische Nachrichten, Hs. StadtAG, Ch 2, 81 f.
6 Stiefel, Das Gmünder Passionsspiel, 65.
7 Pauser, Kirchenmusik am Heilig-Kreuz-Münster, 79 f.
8 Deibele, Zur Aufführung des Gmünder Passionsspiels, 40.
9 Pauser, Kirchenmusik, 82.
10 Nitsch, Die Musik zum alten Gmünder Passionsspiel, 19.
11 Karl Fischer in der R. Z. v. 31. 3. 1958; vgl. auch Pauser, Kirchenmusik, 81.
12 In einem anonymen Sammelband im StadtAG sind die Ordnungen von 1771, 1773 und 1775 und zwei Ordnungen von 1783 überliefert. Vgl. auch Deibele, Das Gmünder Passionsspiel und die Kapuziner, 18.
13 Deibele, Die große Karfreitagsprozession, 17 ff.
14 Kissling, Kunst im städtischen Museum, 80.
15 Veit/Lenhart, Kirche und Volksfrömmigkeit im Zeitalter des Barock, 89.
16 Dominikus Debler, Chronica, 18 Bde., Ch 6, Hs. StadtAG, IV, 147.
17 Lexikon für Theologie und Kirche, 2. Aufl., Bd. X, 850.
18 Veit/Lenhart, Kirche und Volksfrömmigkeit, 128.
19 Martinus von Cochem, Leben Christi oder Ausführliche/Andächtige/und Bewegliche Beschreibung des Lebens und Leydens unsers Herrn Jesu Christi/und seiner glorwürdigsten Mutter Mariae, 3 Bde. Bd. 1, Franckfurt MDCLXXIX, Vorrede/und Erklärung dieses Buchs, o. S. Vgl. auch Scherer, Volksfrömmigkeit, 202 f.
20 Scherer, Volksfrömmigkeit, 204.
   In diesen Zusammenhang gehört auch die Gründung der Herz-Jesu-Bruderschaft, die am 1. 1. 1716 in Gmünd feierlich errichtet wurde; darüber berichtet ein Bruderschaftsbrief von 1728. Die Ziele der Bruderschaft bezogen sich auf die Botschaft der hl. Marie Marquerite Alacoque (geb. 1647), die sich mit Hingabe in die Leiden Christi vertiefte. Ihr war Christus in einer Vision erschienen und hatte ihr sein durchbohrtes Herz gezeigt. Diejenigen, die das göttliche Herz in ihrer Sterbestunde anriefen, sollten besondere Gnade erfahren. Vgl. Dangel, Die Gründung der Herz-Jesu-Bruderschaft in Schwäbisch Gmünd im Jahre 1716, 46.
21 Klein, Caspar Vogt, 113 ff. Vgl. auch Deibele, Kapellen, 91–93.
22 Dom. Debler, V, 137.
23 Epperstein oder Nepperstein von Näber=Bohrer, Hermann Fischer, Schwäbisches Wörterbuch, Bd. 4, Sp. 1863.
24 Der vollständige Titel seines Werks (nach der Münchner Hs.), Beyläuffige Beschreibung Deß Eppersteins oder Salvatoris bey Schwäb. Gemendt, jenseits der Rems am Berg. Mit angehenckhten etlichen Miraculen Beschehen von dem Hochberyembten und Fyrnemmen Herren Leonardo Frizen beyder Rechte Doctore der Röm. Kaysl. Reichs Statt S. Gemendt bestelten Syndico und Advokaten. 1620. Die Urschrift ist verlorengegangen. Überliefert in drei späteren Abschriften aus dem 17. Jh. Abschrift Hs. StadtAG. Vgl. Graf, Geschichtsschreibung der Reichsstadt, 197 und Anm. 24, 235.
25 Klein, Caspar Vogt, 139.
   Die Originalbilder sind verschollen, Kopien von Carl Tiefenbronn in der Erhardschen Bilderchronik.
26 Leonhard Friz, Beyläuffige Beschreibung des Eppersteins, Abschrift Hs StadtAG, 86. Kissling, Zu dem Ölberg in der Felsenkapelle des St. Salvators, 93 f. Klein, Caspar Vogt, 164.

27 Dieterich, Die Kapuziner in Gmünd, 167 f.
28 Klein, Caspar Vogt, 181. Auch der Löwenbrunnen wurde von Caspar Vogt d. J. erbaut. Auf dem rechten Wappenschild entdeckte man bei der Restaurierung im Jahr 1982 sein Steinmetzzeichen und die Jahreszahl 1610. Vorher hatte man den Brunnen dem Bildhauer Leonhard Baumhauer zugeschrieben. Vgl. Zanek, Der Löwenbrunnen im Wandel der Zeit, Gm. Geschbl. 2/1982; R. Z. v. 3. 3. 1982. Der Marienbrunnen auf dem Marktplatz wurde im folgenden Jahr restauriert. Dabei fand man das Steinmetzzeichen Caspar Vogts d. Ä. Wahrscheinlich wurde die Brunnensäule zwischen 1580 und 1600 angefertigt, der wappengeschmückte Brunnenkasten trägt die Jahreszahl 1776. Judith Breuer hat mit plausiblen Argumenten die künstlerisch bedeutende barocke Doppelfigur der Maria aus der Hand eines unbekannten Meisters auf den Beginn des 18. Jahrhunderts datiert. Breuer, Marienbrunnen, Gmünder Heimatforum, Beil. der RZ Nr. 70/Sept. 1983, 277–280.
29 Dom. Debler, V. 141. Zur Herrgottsruhkapelle: Deibele, Kapellen, 50; Kissling, Zur Herrgottsruhkapelle, 55–58.
30 Der Baumeister war der Enkel Caspar Vogts, Sebastian, der damals noch sehr jung war. Er hielt sich an die Pläne des Großvaters. Die Stifterin, die Frau des Bürgermeisters Klopfer, Anna, geb. Debler hatte außerdem in ihrem Testament verfügt: *Die Weite und Größe dißer Cappeln solle sein wie unseres Herren Ruhe allhier* . . . Vgl. Deibele, Kapellen, 59 f.
31 Veit/Lenhart, Volksfrömmigkeit, 70 ff.
32 Franz Xaver Debler, Kronologische Nachrichten, Hs. StadtAG, Ch2, 81 f.
33 Ebd.
34 Ebd.
35 Dom. Debler, V, 452; 508. Über den Hochaltar im Gmünder Münster berichtet ausführlich: Kissling, Der Hochaltar, 50 ff.
36 Stiefel, Musikgeschichte, 32.
37 Ders., ebd., 40. Vgl. auch Pauser, Kirchenmusik, 72 ff.
38 Dom. Debler, III, 584.
39 R. P. v. 22. 2. 1690. Original STAL Bü. 102. Fotokopie R. P. 1689/95 StadtAG, 31a. Vgl. Kissling, Münster, 117. In einer Stadtrechnung (StR 1689 Lucia, 111b) ist eine Summe für den Kanzlisten Modest Brenner verbucht, der durch die Stadt reiten und die flüchtigen Falschmünzer Michael Maucher und Michel Knaupp ausrufen mußte. Graf, Vom Falschmünzer Sperfechter, R. Z. v. 24. 12. 81; vgl. auch G. T. v. 2. 11. 81.
40 Kissling, Kunst im städt. Museum, 47.
41 Bistram, Radschloßbüchsenpaar, 21.
42 Klein, Joh. Michael und Christoph Maucher, 6.
43 Kissling, Münster, 117 f.
44 Ein Eintrag im Totenbuch der Münsterpfarrei vom 12. Juni 1706 und eine Notiz in der Schrift »Gamundia rediviva« von Eustachius Jeger von 1707 (S. 146 f.) legen den Schluß nahe, »daß die Barockisierung der Johanniskirche mit einiger Sicherheit in den ersten Jahren des 18. Jahrhunderts angesetzt werden darf . . .« Graf, Zur Barockisierung der Johanniskirche. Prahlerischer Wust? R. Z. v. 1. 9. 1980.
45 Kissling, Augustinerkirche, 12 f.
46 Seidel, Das Franziskanerinnenkloster in Schwäbisch Gmünd, 82.
47 Klein, J. M. Keller, 123. Deibele, Aus der Geschichte der Reichsstadt Schwäbisch Gmünd, 82.
48 Annalen des Franziskaner Klosters in Schwäbisch Gmünd (Franciskaner-Eremiten). Abschrift von Rudolf Weser, Original 1969 verschollen, Ms. masch. StadtAG, 56.
49 Schnell, Hochaltar, 111.
50 Schnell, St. Franziskus, 16.
51 Veit/Lenhart, Volksfrömmigkeit, 60; Kissling, Kunst im Städt. Museum, 271.
52 Gündle, Josef Wannenmacher, 140; Weser, Joseph Wannenmacher, Maler, 78–80; Deibele, Kapellen, 35 f.

53 Seehofer, Die Friedhofskapelle zum heiligen Leonhard, 18.

54 R. P. v. 19. Oktober 1785, Hs. StadtAG, 308.

55 Klein, J. M. Keller, 24 ff.

56 Dom. Debler, V, 382.

57 Dom. Debler, VI, 468; 82; Keck, Der Stahlsche Garten, 176.

58 Schöttle, Joh. Anwander, 191.

59 Anstett, Barock, 197.

60 Vgl. Kissling, Augustinerkirche, 20 f.

61 Genauere Angaben zur Baugeschichte bei: Seidel, Das barocke Gmünd, 30; ders., Baugeschichte des Dominikanerklosters, 132 ff.; Mende, Barocke Formen an Gmünder Bauten, 140 f.

62 Deibele, Johann Anwander, 191.

63 Tintelnot, Barocke Freskomalerei, 270.

64 Auch die Gmünder Geschichtsschreibung kann im allgemeinen keinen literarischen Rang beanspruchen. Mit Ausnahme von Leonhard Friz und Friedrich Vogt (Chroniksammelband Ch2, StadtAG) begnügen sich die Chronisten mit einer unselbständigen Darstellung historischer Überlieferungen in anspruchsloser Prosa. Graf, Geschichtsschreibung, 226.

65 Dom. Debler V, 252.

66 Ders., V, 266.

67 Ders., V, 294.

68 Ders., V, 284. Vgl. auch Eckardt, Bühnengeschichte der Renaissance, 111.

69 Selig, Minoritengymnasium, 107.

70 Checumus Chinesischer Reichs Verwalter oder die seltsame Treue Gegen seinem Oberhaupte in einem Trauerspiele auf öffentlicher Schaubühne vorgestellet von den Schulen der V. V. Franziscaner Conventualen. Da der hochlöbliche Stadtrath der studierenden Jugend die Schankungen des Fleißes freygebigst ertheilete den 2 und 5 Herbstmonats 1774. Schwäbisch Gemünd gedruckt bey Carl Ludwig Memhart, Stadt- und Cantzley Buchdruckern. Fotokopie der Original Hs. StadtAG. Den Hinweis auf dieses Drama verdanke ich Herrn Studiendirektor Gerhard M. Kolb. Vgl. auch G. Kolb, Die Jesuiten im Gmünder Gebiet (III) o. S., Anm. 78.

71 Checumus, ebd., 1. Ein anderes Schuldrama trägt den Titel: Muza, königl. Prinz aus Algier und Nachfolger Mohammeds, Fotokopie der Hs. StadtAG.

72 Checumus, ebd., 31 f.

73 Selig, Minoritengymnasium, 51 ff.; Klaus, Urkundliche Mitteilungen, 164.

74 Klaus, Geschichte der Lateinschule, 485. Neben diesen religiösen Feiern mit Sondercharakter standen die allgemein akzeptierten Zeremonien und Sozialformen der christlichen Gemeinde. Einen Eindruck von der kirchlich geprägten Festkultur zur Reichsstadtzeit vermittelt die Schilderung der Feier anläßlich der Erhebung von »U. l. Frauen Stadtpfarrkirche« zur Stiftskirche am 20. August 1761 und der Bericht über die Feier zur Eröffnung des Kollegiatstifts am 28. Juni 1762. Vgl. Nägele, Heilig-Kreuz-Kirche, 250 ff.

75 Stiefel, Musikgeschichte, 119 ff.

76 Pauser, Kirchenmusik, 76.

77 Klaus, Urkundliche Mitteilungen, 164.

78 Schwäbische Chronik 1788, 261 f.

79 Mangold, 200 Jahre Gewerbeschule in Schwäbisch Gmünd, 127 f.

80 Klein, J. M. Keller, 129 ff.

81 Klein, Kunstgeschichte des Gmünder Schmuckhandwerks, 54 ff.

82 Oppelt, Filigranschmuck, 1 ff. Vgl. auch Böhne, Zur Technik des süddeutschen Filigranschmucks, 89 ff.

83 Kissling, Kunst im Städtischen Museum, 89.

84 Dom. Debler, V, 273.

85 Kissling, Münster, 129.

86 Ende der siebziger Jahre des letzten Jahrhunderts auf Veranlassung von J. Erhard wieder (unsachgemäß) aufgedeckt. Vgl. Seehofer, Die Friedhofskapelle zum heiligen Leonhard, 26.
87 Dom. Debler V, 308; VI, 538a, b; vgl. Deibele, Der St. Salvator in den Stürmen der Aufklärung, 52 ff; Spranger, Geiger, 89; Scherer, Volksfrömmigkeit, 223.
88 Handschriftlicher Bericht des Rechnungspflegers Herlikofer vom Jahre 1826; vgl. Aupperle, Gmünder Passionstheater, 112.
89 Dom. Debler VI, 28.
90 Titel der Bände II, III, IV, V und IX der Chronik des Dom. Debler.

## Wirtschaft und Wirtschaftsbeziehungen im 18. Jahrhundert (Micheli)

1 Stobbe, Volkswirtschaftliches Rechnungswesen, 1.
2 Stobbe, Volkswirtschaftliches Rechnungswesen, 3.
3 Stobbe, Volkswirtschaftliches Rechnungswesen, 8.
4 Ströhmfeld, Gmünder Heimatblätter 1937, 76, 77.
5 Stadtarchiv, Ordnung der aylff Zunft, 1534; Braun, Geschichtliche Entwicklung u. wirtschaftliche Bedeutung des Schmuckgewerbes in Schwäbisch Gmünd bis zum Beginn der Industrialisierung, 11.
6 Braun, Geschichtliche Entwicklung Schmuckgewerbe, 19.
7 Kucher, Die Wirtschaftsentwicklung der Stadt Schwäbisch Gmünd vom Beginn des 19. Jh. bis zur Gegenwart I, 30.
8 Debler, D., Chronica XIV 85 Original.
9 Kucher, Wirtschaftsentwicklung, 32.
10 Kucher, Wirtschaftsentwicklung, 32.
11 Stadtarchiv, Geheimes Ratsprotokoll 1795 Februar 25; Einzelne Orte, Fasc. Dewangen, 1794 Dezember 8.
12 Stadtarchiv, 1670 April 20, 1795 März 4 Urkunden und Akten.
13 Nitsch, Dokumentenbuch Spital z. Hl. Geist, 19; vgl. Denkinger und Wörner, 34 ff.
14 Kucher, Wirtschaftsentwicklung, 33.
15 Stadtarchiv, Hospitalpflege, Waiseninstitutsrechnung 1821/22.
16 Stadtarchiv, Hospitalpflege, Zwangsarbeiterinstitut 1819/20.
17 Klein, Joh. Michael Keller, ein Gmünder Baumeister des Barocks, S. 40 ff.
18 Boelcke, Die Wirtschaft in der Zeit des Spätmerkantilismus; Hist. Atlas, XI 4, 11.
19 Klein, Geschichte des Gmünder Goldschmiedegewerbes, 24.
20 Mayer, Ideen über den Verfall des Handels und der Fabrikation von Gmünd und die mögliche Verbesserung derselben, 15.
21 Braun, Geschichtliche Entwicklung Schmuckgewerbe, 18.
22 Mutschelknaus, Die Entwicklung des Nürnberger Goldschmiedehandwerks, 183.
23 Rathke-Köhl, Die Geschichte des Augsburger Goldschmiedegewerbes, 69.
24 Klein, Sechshundert Jahre Gmünder Goldschmiedekunst, 36 ff.
25 Leibbrand, Postrouten in Baden-Württemberg 1490–1803. In: Hist. Atlas Baden-Württemberg, X 2, 4.
26 Leibbrand, Postrouten, 4 ff.
27 Ströhmfeld, Gmünder Heimatblätter 1934, 146.
28 Ströhmfeld, Gmünder Heimatblätter 1935, 132.
29 Klaus, Beiträge zur Geschichte Gmünds, 102 ff.
30 Debler, D., Chronica XII 13 Original.
31 Debler, F. X., Chronik, 215.

32  Debler, D., Chronica, 269 Original.
33  Debler, D., Chronica VI Original, 156.
34  Stadtarchiv, Ratsprotokoll 1792 November 28.
35  Stadtarchiv, Ratsprotokoll 1792 Dezember 29.
36  Stadtarchiv, Frankfurt/M., Kopie Stadtarchiv Schwäb. Gmünd.
37  Stadtarchiv Regensburg, Kopie Stadtarchiv Schw. Gmünd.
38  Debler, K., Gmünder Heimatblätter 1937, 10, 55; vgl. Deblersches Familienarchiv im Stadtarchiv.
39  Vgl. Anm. 38.
40  Kellenbenz, Die Wirtschaft der schwäbischen Reichsstädte zwischen 1648 und 1740. In: Eßlinger Studien, Bd. 11, 159.
41  Kellenbenz, Wirtschaft, 159.
42  Debler, Chronica V 231 Original.
43  Stadtarchiv, Ratsdekret 1725 Dezember 18, vgl. Chronica IV 192, V 231 V 270 Original.
44  Debler, Chronica V 41 Orig.
45  Debler, Chronica VI 153 Orig.
46  Debler, Chronica XIV 184 Orig.
47  Gerstner, Die Entwicklung der Pforzheimer Bijouterie-Industrie 1767–1907, 2, 3.
48  Boelcke, Historischer Atlas, XI, 11.
49  Braun, Geschichtliche Entwicklung Schmuckgewerbe, 65.
50  Boelcke, Hist. Atlas, XI, 12.
51  Mayer, Ideen über den Verfall, 6.
52  Stadtarchiv, Urkunden und Akten; vgl. Mayer, Ideen über den Verfall, 6 ff.
53  Debler, Chronica V 241 Orig.
54  Debler, F. X., Chronik, 145.
55  Debler, F. X., Chronik, 165b.
56  Debler, F. X., Chronik, 145.
57  Debler, D., Chronica V 209 Orig.
58  Debler, Chronica V 209 Orig.
59  Debler, F. X., Chronik, 168.
60  Archiv Münsterpfarrei, Pfarrchronik 1827.
61  Staatsarchiv, Finanz- und Hofkammerarchiv, Wien; Kommerz Nr. 172–1158; 765, 2005, 4555, 598, 2136, 3849; dazu konträr, Klein, Goldschmiedehandwerk, Einhorn 15/1977, 264.
62  Stadtarchiv Steuerbuch II, 1801, dazu konträr, Klein.
63  Staatsarchiv, Finanz- und Hofkammerarchiv, Wien; Kopie Stadtarchiv wie Anm. 61.
64  Ebd.
65  Ebd.
66  Stadtarchiv, Steuerbuch II, 1801.
67  Debler, D., Chronica Bd. 4, 493$^{b}$ ff, Orig.
68  Simonsfeld, Der Fondaco, 46 ff., 210.
68a Kurz vor Drucklegung dieser Stadtgeschichte fand sich ein »General Schulden Scontro Buch« der Gebr. Debler mit Angaben über ausstehende Forderungen in Warschau, Petersburg, Alexandrien, Wien, Mailand, Madrid, Amsterdam, Neapel, Cadix und Venedig in den Jahren 1785, 1788, 1790, 1805 und 1809. Angaben über die Warenart fehlen.
69  Seling, Die Kunst der Augsburger Goldschmiede 1529–1868, Bd. I, 140 ff.
70  Seling, Kunst, 72.
71  Goethe, Johann Wolfgang von, Goethes Werke-Auswahl Fünfzehnter Band, 1867.
72  Seling, Kunst, 92.
73  Stadtarchiv, Urkunden und Akten.
74  Keck, Gmünder Heimatblätter 1935, 8, 52 ff.
75  Krauß, Gmünder Heimatblätter 1930, 3, 11.

*Der Anfang vom Ende.*
*Politische Strukturen der Reichsstadt im 18. Jahrhundert (Laurentzsch)*

1 Bader, Karl Siegfried: Die Reichsstädte des Schwäbischen Kreises am Ende des Alten Reiches, Ulm und Oberschwaben 32 (1951), 47–70; 47; Hildebrandt, Reinhard: Rat contra Bürgerschaft. Die Verfassungskonflikte in den Reichsstädten des 17. und 18. Jahrhunderts, Zs. für Stadtgeschichte, Stadtsoziologie und Denkmalpflege 2 (1974), 221–241, 221.

2 Borst, Otto: Die Kulturbedeutung der oberdeutschen Reichsstadt am Ende des Alten Reiches, Bll. für deutsche Landesgeschichte 100 (1964), 159–246, 161.

3 Winter, Otto Friedrich: Die Geschichte der oberdeutschen Reichsstadt aus der Sicht des Wiener Haus-, Hof- und Staatsarchivs, Jb. für Geschichte der oberdeutschen Reichsstädte 11 (1965), 166–183, 167.

4 Hermann, Klaus-Jürgen: Geschichte Ostwürttembergs im 18. Jahrhundert, in: Barock in Schwäbisch Gmünd. Aufsätze zur Geschichte einer Reichsstadt im 18. Jahrhundert, hg. v. Klaus-Jürgen Herrmann, Schwäbisch Gmünd 1981, 7–20, 20.

5 Hildebrandt, Rat contra Bürgerschaft, 225; Moser, Johann Jacob: Von der reichsstädtischen Regiments-Verfassung, Th. 18 (Neues Deutsches Staats-Recht), Frankfurt–Leipzig 1772, 281.

6 StadtAG Filmarchiv 16. 6. 8.

7 Niedersächsisches StA Stade, Rep. 32 I A Gen. Nr. 170 Bd. II Relation 7. April 1552, StAL B 177 Bü. 511 und 512.

8 StAL B 177 Bü. 512.

9 Ebd.

10 Payer, Peter: Die Reichsstadt Schwäbisch Gmünd zu Ende des 18. Jahrhunderts und ihr Übergang an Württemberg, Diss. masch. Tübingen 1957, 25.

11 Laurentzsch, Ursula: Die Gmünder Zünfte um 1500, Zul. Arb. masch. Schwäbisch Gmünd 1979, 129.

12 Herrmann, Geschichte Ostwürttembergs, 8.

13 Laurentzsch, Zünfte, 131.

14 Herrmann, Geschichte Ostwürttembergs, 7.

15 Payer, Reichsstadt Schwäbisch Gmünd, 78.

16 OAB Gmünd, 285.

17 Borst, Otto: Zur Verfassung und Staatlichkeit oberdeutscher Reichsstädte am Ende des Alten Reiches, Esslinger Studien 10 (1964), 106–194, 128.

18 StadtAG XV Gerichtswesen.

19 Ebd.

20 StAL B 177 Bü. 750.

21 Borst, Verfassung und Staatlichkeit, 128.

22 Debler, Dominikus: Chronica 1780. Beschreibung der Stadt Gmünd, 18 Bde., nach der Transkription Bd. 5, 2 665 f.

23 StadtAG XV Gerichtswesen.

24 Herrmann, Geschichte Ostwürttembergs, 8 f.

25 StadtAG KP XX 5 (Urkundensammlung, o. D. Ende 18. Jh.).

26 Moser, Regiments-Verfassung, 74.

27 StadtAG XV Gerichtswesen.

28 Borst, Verfassung und Staatlichkeit, 129.

29 StadtAG XV Gerichtswesen.

30 Borst, Verfassung und Staatlichkeit, 129.

31 OAB Gmünd, 285.

32 Payer, Reichsstadt Schwäbisch Gmünd, 83.

33 Ebd., 83 ff.

34 Herrmann, Geschichte Ostwürttembergs, 9.
35 StAL B 177 Bü. 1491.
36 StAL B 177 Bü. 2742.
37 StAL B 177 Bü. 1492; OAB 284; StAL B 177 Bü. 1493.
38 StAL B 177 Bü. 1517.
39 Ebd.
40 StAL B 177 Bü. 1493.
41 OAB 284; StAL B 177 Bü. 1491; StAL B 177 Bü. 1493 und StAL B 177 Bü. 1491.
42 Payer, Reichsstadt Schwäbisch Gmünd, 69.
43 StAL D 24, 2: Eine Volkszählung von 1803 ergab für das Land 5768, für die Stadt 5766 Einwohner.
44 StAL B 177 Bü. 1493.
45 Payer, Reichsstadt Schwäbisch Gmünd, 72.
46 StAL B 177 Bü. 1491.
47 Payer, Reichsstadt Schwäbisch Gmünd, 73.
48 StAL B 177 Bü. 1513.
49 Payer, Reichsstadt Schwäbisch Gmünd, 8 und 74 f.; StadtAG XV 155a und StAL B 177 Bü. 1533.
50 Payer, Reichsstadt Schwäbisch Gmünd 78; StAL D1, 997.
51 Hömig, Klaus Dieter: Der Reichsdeputationshauptschluß vom 25. Februar 1803 und seine Bedeutung für Staat und Kirche, Bd. 14 (Juristische Studien), Tübingen 1969, 17.
52 Borck, Heinz-Günther: Der Schwäbische Reichskreis im Zeitalter der französischen Revolutionskriege (1792–1806), Bd. 61 (VKgLkBW Reihe B, Forschungen), Stuttgart 1970, 86 f.
53 StadtAG RP 12. Juni 1794.
54 Borck, Reichskreis, 87.
55 StadtAG IXb Kriegsangelegenheiten.
56 Schwäbische Chronik 5. Mai 1794.
57 StAL B 177 Bü. 1493.
58 Winter, Oberdeutsche Reichsstadt, 170.
59 Hohenemser, Paul: Der Frankfurter Verfassungsstreit 1705–1732 und die kaiserlichen Kommissionen, Bd. 8 (Veröffentlichungen der historischen Kommission der Stadt Frankfurt a. M.), Frankfurt 1920, X.
60 StAL B 177 Bü. 480; StadtAG StR 1706.
61 Payer, Reichsstadt Schwäbisch Gmünd, 92.
62 StAL B 177 Bü. 67.
63 Payer, Reichsstadt Schwäbisch Gmünd, 89.
64 Kallenberg, Fritz: Spätzeit und Ende des Schwäbischen Kreises, Jb. für Geschichte der oberdeutschen Reichsstädte 14 (1968), 61–93, 74.
65 Borck, Reichskreis, 35; Moser, Regiments-Verfassung, 294.
66 Laufs, Adolf: Die Verfassung und Verwaltung der Stadt Rottweil 1650–1806, Bd. 22 (VKgLkBW Reihe B, Forschungen), Stuttgart 1963, 151.
67 Payer, Reichsstadt Schwäbisch Gmünd, 100.
68 Herrmann, Geschichte Ostwürttembergs, 20.
69 Winter, Oberdeutsche Reichsstadt, 167.
70 Meschenmoser, Hildegard: Notzeiten im alten Gmünd. Aus der Erzählung »Im Zeichen des Einhorns«, Einhorn 17 (1956), 109–111, 109.
71 Grimm, Michael: Geschichte der ehemaligen Reichsstadt Gmünd von Anbeginn bis auf den heutigen Tag. Nach Urkunden und handschriftlichen Quellen, sowie anderen bewährten Hilfsmitteln, Gmünd 1867, 193.
72 Klaus, Bruno: Die Reichsstadt Schwäb. Gmünd während des Spanischen Erbfolgekriegs im Jahre 1707, Mitteilungen des Württembergischen Statistischen Landesamtes; Bes. Beilage des Staatsanzeigers für Württemberg 1898, 107–111, 110.

73 Herrmann, Geschichte Ostwürttembergs, 20.
74 Kallenberg, Spätzeit und Ende, 85 ff.
75 Grimm, Reichsstadt Gmünd, 204.
76 Herrmann, Klaus Jürgen: ». . . werde ich Euch eine Abteilung von 10 Polen zur Eintreibung senden.« Französische Exekutionsandrohung gegen die Reichsstadt Gmünd aus dem Jahr 1801, Ostalb Einhorn Juni 1981, 189–191, 189.
77 Payer, Reichsstadt Schwäbisch Gmünd, 108.
78 StAL B 177 Bü. 491.
79 Borck, Reichskreis, 175.
80 Zum Vergleich: Eßlingen 99 957 Livres, Prälat von Weingarten 95 611 Livres. Borck, Reichskreis, 176 f.; Schwäbische Chronik 22. August 1800.
81 Debler, Chronica, Bd. 5, 2 661 (nach Transkription).
82 Herrmann, Französische Exekutionsandrohung, 189.
83 Ebd., 190.
84 Ebd.
85 Schwäbische Chronik 29. Mai 1801.
86 Herrmann, Geschichte Ostwürttembergs, 20.
87 Debler, Chronica, Bd. 5, 2 820 (nach Transkription).
88 Braubach, Max: Von der Französischen Revolution bis zum Wiener Kongreß; Gebhardt, Handbuch der deutschen Geschichte, hg. v. Herbert Grundmann, Bd. 14, Stuttgart 1976², 36.
89 Ebd., 45.
90 Raumer, Kurt von: Deutschland um 1800 – Krise und Neugestaltung 1789–1815, in: Handbuch der Deutschen Geschichte, hg. v. Leo Just, Bd. 3/I, 1. Teil, 1. Abschnitt, 3–432, 104 und 110 f.
91 Walder, Ernst: Das Ende des Alten Reiches. Quellen zur neueren Geschichte, hg. v. Ernst Walder, H. 10, Bern-Frankfurt 1975³, 3.
92 Raumer, Deutschland um 1800, 118.
93 Walder, Ende des Alten Reiches, 13.
94 Borck, Reichskreis, 184; Laufs, Rottweil, 129. Mitglieder der Deputation waren: Kurmainz, Kurböhmen, Kursachsen, Kurbrandenburg, Baiern, Hoch- und Deutschmeister, Württemberg, Hessen-Kassel. StadtAG Filmarchiv 2. 8. 24., Bericht von der 11. Sitzung vom 30. September 1802.
95 Laufs, Rottweil, 129.
96 Scharnagel, Anton: Zur Geschichte des Reichsdeputationshauptschlusses von 1803, HJb 70 (1951), 238–259, 238.
97 Fries, Sigmund: Beitrag zur Geschichte der Verhandlungen des Schwäbischen Kreises mit Frankreich im Jahr 1796, Augsburg 1904, 45.
98 Kallenberg, Spätzeit und Ende, 87.
99 Borst, Otto: Geschichte der Stadt Esslingen am Neckar, Esslingen 1977², 355.
100 Miller, Max: Die Organisation und Verwaltung von Neuwürttemberg unter Herzog und Kurfürst Friedrich, WVjH 37 (1931), 112–177, 115 f.
101 Fries, Verhandlungen des Schwäbischen Kreises, 46.
102 Payer, Reichsstadt Schwäbisch Gmünd, 159.
103 Debler, Chronica, Bd. 5, 2 818 (nach Transkription).
104 Payer, Reichsstadt Schwäbisch Gmünd, 160.
105 StadtAG RP 11. August 1802.
106 Ebd.
107 StadtAG I, 4.
108 Laufs, Rottweil, 129.
109 StAL B 177 Bü. 83.
110 Laufs, Rottweil, 130.
111 Debler, Chronica, Bd. 5, 2 846 ff. (nach Transkription).

112 Miller, Organisation und Verwaltung, 133 f.
113 Debler, Chronica, Bd. 5, 2 847 (Transkription).
114 Payer, Reichsstadt Schwäbisch Gmünd, 166.
115 Scharnagel, Reichsdeputationshauptschluß, 238.
116 Borck, Reichskreis, 184 ff.
117 StAL B 177 Bü. 83.
118 Miller, Organisation und Verwaltung, 138.
119 StAL D 10, CII/I.
120 StAL D 1, 997.
121 Ebd.
122 Payer, Reichsstadt Schwäbisch Gmünd, 174.
123 Ebd., 167 f.
124 StAL D 1, 996, 997.
125 StAL D 1.
126 StAL D 24 Bü. 3
127 Payer, Reichsstadt Schwäbisch Gmünd, 176.
128 Debler, Chronica, 6, 1 167 (Transkription).
129 StadtAG RP 1803.
130 Laufs, Rottweil, 131.


## Schwäbisch Gmünd im 19. Jahrhundert (Seidel)

1 Erzberger, Matthias: Die Säkularisation in Württemberg von 1802–1810. Ihr Verlauf und ihre Nachwirkungen, Stuttgart 1902, 92 ff.
2 Stadtarchiv Schwäbisch Gmünd, Bestand XIV 5b.
3 Stadtarchiv Schwäbisch Gmünd, a. a. O.: »Obligation von dem hiesigen Contributions-Cassen-Amt der Reichsstadt Schwäb. Gmünd über fl. 1500 gegen Herrn Johann Sigismund Koch zu Frankfurt am Mayn.«
4 Debler, Dominikus: Chronik, Band V/520.
5 Staatsarchiv Ludwigsburg, D1, 1030.
6 Gedrucktes Flugblatt ohne Impressum, abgeheftet in der Deblerschen Chronik.
7 Staatsarchiv Ludwigsburg, D1, 1030.
8 Bausinger, Hermann: Zur politischen Kultur Baden-Württembergs. In: Bausinger, Hermann, Eschenburg, Theodor (Hrsg.): Baden-Württemberg. Eine politische Landeskunde, Stuttgart 1975, 22.
9 Spranger, Peter: Der Geiger von Gmünd. Justinus Kerner und die Geschichte einer Legende, Schwäbisch Gmünd 1980, 59.
10 Roeder, Philipp Ludwig Hermann: Geographie und Statistik Wirtembergs, Band 2, Ulm 1804, 34 ff. In seiner Vorrede zu seinem Buch schreibt Roeder wörtlich: *Jeder Wirtemberger wird begierig sein, den wichtigen, und nach allen Theilen, schönen Zuwachs seines Vaterlandes, nicht nur oberflächlich, sondern genau kennen zu lernen. Ich glaube, daß diese Schrift das nöthigste zur Kenntnis dieser neuen Länder enthalte. Sie ist das Resultat, nicht nur eigener Kenntniß und Erfahrung, und vieler gesammelter Beiträge, sondern auch der Bemühungen vieler gelehrter und einsichtsvoller Männer, welche diese Schrift berichtigt und bereichert haben. Denn es ist nicht ein einziger bedeutender Artikel darinn enthalten, der nicht entweder an Ort und Stelle selbst, oder doch wenigstens in der Nähe, von einem, theils auch mehreren, gelehrten und einsichtsvollen Männern — unter welchen viele, schon bekannte, Schriftsteller sind — revidirt und bereichert worden wäre, also eigentlich die literarische Zensur passirt hätte.* Diese ausführliche Bemerkung läßt den Schluß zu, daß Roeder in mancher Hinsicht eben eine Heraus-

geberrolle ausgeübt haben muß. Allein die Tatsache, daß zum Beispiel die Stadt Ellwangen, eine ausgesprochen geistlich und kirchlich orientierte Stadt, bei der Schilderung ihrer Besonderheiten gar nicht schlecht wegkommt, läßt diesen Schluß zu. Roeder als »Zensor« hätte somit die ihm gelieferten Informationen mit der nötigen Sorgfalt überprüfen sollen, was offensichtlich nicht geschehen und wodurch dieses Zerrbild von Gmünd entstanden ist.

11 Über die unter dem Gesichtspunkt der Aufklärung unternommenen Aktivitäten des Repräsentanten der örtlichen Geistlichkeit schreibt Debler, Dominikus, a. a. O., Band V/520, weitere Hinweise auch bei Spranger, Peter, Geiger, 59 f.

12 Spranger, Peter, Geiger, 138, unter Bezugnahme auf die Biographie des Dr. Jakob Dangelmaier, Gmünd 1823, 34; weitere Hinweise auf diese Quelle bei den Anmerkungen 14 und 16.

13 Spranger, Peter, Geiger, 64 und Teufel, Wilhelm: Geschichte der evangelischen Gemeinde von Gmünd, Gmünder Hefte Nr. 2, 37. Spranger stellt die freundschaftlichen Verbindungen zwischen Dillenius und Justinus Kerner im Zusammenhang mit dessen Gedicht »Der Geiger von Gmünd« klar. Interessant ist dabei, daß Dillenius 1836 in Weinsberg, dem letzten Wirkungsort von Kerner, Dekan wurde.

14 Dangelmaier, Jakob: Der Gesundbrunnen und das Heilbad in Göppingen, Gmünd 1822, 41, zitiert bei: Herrmann, Klaus Jürgen: Die Hochschulen und ihre Städte. In: Maschke, Erich und Jürgen von Sydow (Hrsg.): Stadt und Hochschule im 19. und 20. Jahrhundert, Sigmaringen 1979, 141: *Das erste, womit man Gmünd beglücken wollte, war das Offert das weibliche Zuchthaus vollends hierher zu thun. Wofür sich aber die Stadt bedankt, weil dieses ihr nicht den mindesten Nutzen gebracht habe.*

15 Erhard, Hermann: Erhard & Söhne GmbH gegr. 1844. In: einhorn 17, 112−116.

16 Herrmann, Klaus Jürgen, a. a. O., 142 erwähnt hier folgende Stelle: *Zuletzt war die Artillerie-Schießstatt hierher verlegt; wodurch das Glück der hiesigen Stadt vollständig begründet wurde, indem diese Anstalt den Sommer über, wenigstens dem schönen Geschlechte, Unterhaltung und Vergnügen verschafft, von dessen Frohseyn und Zufriedenheit am Ende doch die eigentliche Lebenswürze, so wie die Erhaltung und Fortpflanzung des menschlichen Geschlechts abhängt.* Über Dangelmaier neuerdings auch detailliert bei Graf, Klaus: Gmünd zu Beginn des 19. Jahrhunderts, Gmünder Tagespost Nr. 164 vom 20. Juli 1982, 19 f.

17 Schumacher, Tony: Aus frühester Jugendzeit. Erzähltes und Erlebtes, Stuttgart 1923, 100−101.

18 Taddey, Gerhard: Ernstfeuerwerkerei. Raketenversuche in Württemberg. In: Zeitschrift für Württembergische Landesgeschichte, Jahrgang XXXVI (1977), Stuttgart 1979, 132−150.

19 Graf, Otto: Schwäbisch Gmünd und die Revolution 1848. Gmünder Hefte, Heimatkundliche Schriftenreihe, Band 9, Schwäbisch Gmünd 1970, 66.

20 Graf, Otto, Revolution 1848, 64.

21 Graf, Klaus: Gmünd zu Beginn des 19. Jahrhunderts, Rems-Zeitung Nr. 164 vom 20. Juli 1978, 19.

22 Tüchle, Hermann: Die Barmherzigen Schwestern von Untermarchtal. Der Anfang in Gmünd, Ostfildern 1983, 31.

23 Kaißer, B(ernhard): Führer durch Gmünd und seine Umgebung, Schwäbisch Gmünd 1876, 100 ff.

24 Teufel, Wilhelm, Ev. Gemeinde, 54 ff.

25 Schumacher, Tony, Jugendzeit, 98.

26 Stadtarchiv Ulm an der Donau, B 005/5 Nr. 31 § 1972 Ratsprotokoll und B 773/14/11 Eingabe an den Gemeinderat.

27 Mühl, Albert und Seidel, Kurt: Die Württembergischen Staatseisenbahnen, Stuttgart und Aalen 1970, 22.

28 Herrmann, Klaus: Die Württembergische Eisenbahn-Gesellschaft. In: Zeitschrift für Württembergische Landesgeschichte, Jahrgang XXXVII (1978), Stuttgart 1981, 201 ff.; sowie Mühl, Albert, Seidel, Kurt, a. a. O., 24.

29 Regierungsblatt für das Königreich Württemberg für das Jahr 1857, 251.

30 Seidel, Kurt: Zur Geschichte des Bahnhofs Schwäbisch Gmünd. In: Gmünder Heimatblätter, 14. Jahrgang 1953, Nrn. 3−6, 25 ff.

31 Regierungsblatt für das Königreich Württemberg für das Jahr 1863, 165 ff. betreffend den *Staatsvertrag zwischen Württemberg und Bayern über die Herstellung einer weiteren Verbindung zwischen den beiderseitigen Staatseisenbahnen.*

32 Seidel, Kurt: Schwäbisch Gmünd im Streckennetz der Eisenbahn. In: Scherer, Peter (Hrsg.): Schwäbisch Gmünd, Beiträge zur Geschichte und Gegenwart der Stadt, Schwäbisch Gmünd 1971, 62.

33 Seidel, Kurt: Ein vergessenes Eisenbahnprojekt: Schmalspurbahn Schwäbisch Gmünd-Heubach mit Abzweigung nach Waldstetten. In: einhorn-Jahrbuch 1977, 193–202.

34 Sympathisanten für das Zentrum gab es hier schon vor der Jahrhundertwende. Eine lokale Parteiorganisation war noch nicht vorhanden. Das Adreßbuch 1909 meldet auf S. 41 als Gründungsdatum 26. Oktober 1908 und gibt als Zweck der Vereinigung an: *Politischer Verein, bezweckt Zusammenschluß der Parteifreunde in der Stadt Gmünd, um bei Gemeinde-, Landtags- und Reichstagswahlen, sowie bei anderen politischen Angelegenheiten geschlossen vorzugehen.*

35 Der im Adreßbuch 1900 auf S. 41 genannte Verein, der 1890 gegründet wurde und als dessen Zweck *die Bekämpfung der Irrtümer und der Umsturzbewegungen auf sozialem Gebiete, sowie die Verteidigung der christlichen Ordnung in der Gesellschaft* angegeben wurde, war zunächst eine Interessengruppe, die die Arbeiter ansprach. Die Agitation wandte sich eindeutig gegen die Sozialisten nach der Aufhebung des Sozialistengesetzes, da deren Wiedererstarken befürchtet wurde, was auch der Fall war. Die Anhänger schlossen sich nach der Gründung einer Ortsgruppe der Zentrumspartei an.

36 Schmierer, Wolfgang: Von der Arbeiterbildung zur Arbeiterpolitik. Die Anfänge der Arbeiterbewegung in Württemberg 1862/63–1878, 218.

37 Schmierer, Wolfgang, Arbeiterbildung–Arbeiterpolitik, 58.

38 Staatsarchiv Ludwigsburg, F 169, 55/14.

39 Rems-Zeitung Nr. 163 vom 25. August 1871, 660.

40 Rems-Zeitung Nr. 178 vom 15. September 1871, 715.

41 Schmierer, Wolfgang, Arbeiterbildung– Arbeiterpolitik, 218.

42 Staatsarchiv Ludwigsburg, 2042 fol. 275.

43 Der Volksstaat Nr. 94 vom 22. November 1871.

44 Der Volksstaat Nr. 12 vom 10. Februar 1872.

45 Sachwörterbuch der Geschichte Deutschlands und der deutschen Arbeiterbewegung, Berlin 1970, 523–525.

46 Schmierer, Wolfgang, Arbeiterbildung– Arbeiterpolitik, 218.

47 Sachwörterbuch der Geschichte, 754 ff.: *Der Volksstaat, Organ der sozial-demokratischen Arbeiterpartei und der Internationalen Gewerksgenossenschaften.*

48 Schmierer, Wolfgang, Arbeiterbildung– Arbeiterpolitik, 181.

49 Ebd., 183.

50 Rems-Zeitung Nr. 99 vom 30. April 1874, 404.

51 Rems-Zeitung Nr. 130 vom 9. Juni 1874, 527.

52 Schmierer, Wolfgang, Arbeiterbildung– Arbeiterpolitik, 183.

53 Reichsgesetzblatt Nr. 34 vom 21. Oktober 1878, 351–362; sowie speziell für Württemberg *Verfügung des Ministeriums des Innern, betreffend die Ausführung des Gesetzes gegen die gemeingefährlichen Bestrebungen der Sozialdemokratie vom 21. Oktober 1878. Vom 25. Oktober 1878.* Ausführungsbestimmungen hierzu im Regierungsblatt für das Königreich Württemberg, Nr. 26 vom 4. November 1878, 237.

54 Reichsgesetzblatt 1878, 351, 353, 354.

55 Schmierer, Wolfgang, Arbeiterbildung–Arbeiterpolitik, 219.

56 Ebd., 254.

57 Ebd., 254.

58 Ebd., 254.

59 Über das Untertauchen von Wilhelmy in Schwäbisch Gmünd trotz steckbrieflicher Suche neuerdings bei Schultze, Herbert: Anfänge der organisierten Arbeiterbewegung in Schwäbisch Gmünd am Bei-

spiel der ortsansässigen Gewerkevereine von 1840 bis zum Verbot 1878, Schwäbisch Gmünd 1984.

60 Keil, Wilhelm: Geschichte der sozialistischen Arbeiterbewegung in Württemberg. In: Schwäbische Tagwacht Nr. 191 vom 17. August 1901, 5–12.

61 Scherer, Peter: Kleine Gmünder Stadtgeschichte. In: einhorn Nr. 120/1973, 116 ff.

62 Arbeiterkultur. Katalog zur Ausstellung des Ludwig-Uhland-Institutes Tübingen, 25.

63 Adreßbuch 1900, 13.

64 Adreßbuch 1900, 14.

65 Adreßbuch 1903, 16.

66 Röttele, Bruno, Kuhn, Bernd: 125 Jahre Kolpingsfamilie, Kolpingchor Schwäb(isch) Gmünd, Schwäbisch Gmünd 1982, 13 ff., sowie Adreßbuch 1900, 12.

67 Teufel, Wilhelm, a. a. O., 27.

68 Hildebrand, Bernhard: Großbrand anno 1865 in Aalen. In: Ostalb einhorn Nr. 31, September 1981, 284–286, schildert weitere interessante Details über das Unglück.

69 Groener, Wilhelm: Lebenserinnerungen, Göttingen 1957, 44 ff.

70 Das »Hof- und Staatshandbuch für das Königreich Württemberg« für das Jahr 1866, 388, weist erstmals 9 jüdische Mitbürger aus. Die weitere zahlenmäßige Entwicklung dieser Bevölkerungsgruppe in der auf Seite 364 aufgeführten Tabelle über die *Entwicklung der Bevölkerungszahlen der Stadt Gmünd im 19. Jahrhundert!*

71 Adreßbuch 1903, Vorsatzblatt.

## *Vom Kaiserreich über die Zeit der Weltkriege bis zur demokratischen Republik.* (*Lämmle*)

### *I. Schwäbisch Gmünd von 1894–1945*

1 Craig, Geschichte, 206.

2 Noetzel, Wasserversorgung, 97.

3 Deibele, Gmünder Wasser. In: einhorn 21 (1957) 14.

4 Noetzel, s. Anm. 2, 136.

5 RZ 124/30.5.1919.

6 Lämmle, Kulturelles Leben. In: Schwäbisch Gmünd, Geschichte und Gegenwart der Stadt, 130.

7 Lochmüller. In: einhorn 37 (1959) 180.

8 Lämmle, Kulturelles Leben, 132.

9 Lämmle, Gmünder Juden, 14, 18.

10 Ebd., 24.

11 Der Handels- u. Gewerbeverein ersteht wieder. In: Neue Rems-Zeitung 13. 9. 1949.

12 Klaus, 100 Jahre Bahnhof Schwäbisch Gmünd. In: einhorn 47 (1961) 144 f.

13 S. Anm. 11.

14 S. Anm. 11. In: Neue Rems-Zeitung 14. 9. 1949.

15 Lämmle, Der Gmünder Raum. In: Der Ostalbkreis, 154.

16 50 Jahre Bauverein Gmünd 1902–1952, 6 ff.

17 Lämmle, Kulturelles Leben, 119 ff.

18 Lämmle, Das kulturelle Leben in Schwäbisch Gmünd. In: Festbuch 800 Jahre Stadt Schwäbisch Gmünd 1162–1962, 137.

19 Stütz, Chronik, 19 ff., 27.

20 Ebd., 14 f.

21 Ebd., 18.

22 Ebd., 19.

23 Ebd., 155.
24 Ebd., 24, 58.
25 Ebd., 273 ff.
26 Ebd., 139.
27 Ebd., 140.
28 Ebd., 136.
29 Ebd., 207.
30 Ebd., 168.
31 Ebd., 23.
32 Ebd., 76.
33 Ebd., 101.
34 Ebd., 109.
35 Ebd., 137.
36 Ebd., 14, 136.
37 Ebd., 161.
38 Ebd., 162.
39 Ebd., 165.
40 Ebd., 167.
41 Ebd., 183.
42 Ebd., 167.
43 Ebd., 209.
44 Ebd., 200.
45 RP 22. 8. 1918 § 909.
46 GZ 208/7. 9. 1918.
47 RP 26. 9. 1918 § 1022.
48 GZ 248/24. 10. 1918.
49 RZ 264/12. 11.1918.
50 Stütz, Chronik, 62, 66.
51 Ebd., 205.
52 Ebd., 53, 57, 73.
53 Ebd., 49.
54 Ebd., 120.
55 Ebd., 156.
56 Ebd., 92.
57 Ebd., 173, 244.
58 Ebd., 206.
59 RZ 218/19. 9. 1918.
60 Stütz, Chronik, 205.
61 RP 13. 2. 1919 § 213.
62 RP 25. 4. 1918 § 462.
63 Cordes, Revolution, 54.
64 Stütz, Chronik, 220 f.
65 Ebd., 221.
66 Ebd., 222.
67 Ebd., 223.
68 Thierbach, Revolution, 22.
69 Ebd., 54.
70 Stütz, Chronik, 231.
71 Thierbach, Revolution, 26.
72 Stütz, Chronik, 238; Thierbach, 28.

73 RZ 77/2. 4. u. 78/3. 4. 1919; Stütz, Chronik, 239.
74 RZ 64/65 18. 3. 1920.
75 RZ 114/17. 5. 1919; Stütz 236.
76 RP 20. 2. 1919 § 270, 6. 3. 1919 § 343, 22. 5. 1919 § 800, 26. 6. 1919 § 25, 24. 7. 1919 § 248.
77 RP 5. 2. 1918 § 151, 152.
78 RP 17. 10. 1918 § 1110, 31. 10. 1918 § 1169.
79 Stütz, Chronik, 243.
80 75 Jahre Edelmetallindustrieverband e. V. 1906–1981, 18.
81 Ebd., 19.
82 RP 8. 5. 1919 § 700, 14. 8. 1919 § 381.
83 75 Jahre Edelmetallindustrieverband, 19.
84 Ebd., 20.
85 Ebd., 21.
86 Walter Klein, 10 Jahre Forschungsinstitut für Edelmetalle. In: Mitt. des Forschungsinstituts 10/22 Jan./Febr. 1932, 87 f.; Eduard Köhler, Aus der Geschichte des Forschungsinstituts für Edelmetalle u. Metallchemie Schw. Gmünd. In: einhorn 36 (1959), 141 ff.
87 Hahn, Stadt und Städtebau. In: einhorn 24 (1957), 134.
88 50 Jahre Gmünder Siedlungsgesellschaft. In: einhorn 107 (1971) 268.
89 Lämmle, Kulturelles Leben, 146.
90 GT 105/9. 5. 1967.
91 Lämmle, Kulturelles Leben, 137.
92 RP 28. 8. 1919 § 490.
93 Lämmle, Kulturelles Leben, 129, 135 f., 138 f., 147.
94 150 Jahre MGV 1823–1973, 41; Lämmle, Kulturelles Leben, 145.
95 125 Jahre Turngemeinde Schwäbisch Gmünd 1844–1969, 31.
96 Sonderbeilage der RZ zur Eröffnung der Normannia-Kampfbahn August 1933, 30 Jahre 1. FC. Normannia Gmünd, Beilage der RZ August 1934.
97 125 Jahre Turngemeinde SG, 47 f.
98 Ebd., 35.
99 50 Jahre Schwimmverein Gmünd e. V., 8, 10.
100 Lämmle, Kulturelles Leben, 140.
101 Teufel, Evangelische Gemeinde, 47.
102 Lämmle, Kulturelles Leben, 124.
103 Lämmle, Gmünder Juden, 34 ff.
104 Bader, Wirtschaftskrise, Zul. Arb. 1969, 10.
105 Lämmle, Anfangsjahre des Dritten Reiches. In: einhorn Jb 1975, 129.
106 Bader, Wirtschaftskrise, 13.
107 Lämmle, Anfangsjahre des Dritten Reiches, 127.
108 Bader, Wirtschaftskrise, 22.
109 RP Innere Abt. 4. 11. 1932 § 1740.
110 Lämmle, Anfangsjahre des Dritten Reiches, 124, 129 f.
111 Lämmle, Vorabend des Dritten Reiches. In: einhorn Jb 1974, 141, 143, 149, 156 f., 162.
112 Lämmle, Anfangsjahre des Dritten Reiches, 109 ff., 113, 116, 118.
113 Lämmle, Bedrängte Kirche. In: einhorn Jb 1976, 146 f.; Kuhnle, 50 Jahre Machtergreifung. In: Gmünder Geschichtsbl. 2/1983.
114 Lämmle, Anfangsjahre des Dritten Reiches, 122, 140 ff., 143 f.
115 RZ/GZ 257/5. 11. 1934.
116 Für die Amtszeit Konrad gelten meine Beiträge in den einhorn Jb 1977–1981, auf die zunächst allgemein verwiesen wird. Die Anfangsjahre Konrads sind enthalten in dem Beitrag: Schw. Gmünd in der NS-Zeit, die Jahre 1934–1937. In: einhorn Jb 1977, 136 ff.

117 Lämmle, Schw. Gmünd in der NS-Zeit, die Jahre 1937–1939. In: einhorn Jb 1978, 136.
118 Lämmle, s. Anm. 116, 148.
119 Lämmle, Anfangsjahre des Dritten Reiches, 130.
120 Lämmle, Schw. Gmünd in der NS-Zeit, 132 ff.
121 RP 14. 3. 1939 § 91.
122 Lämmle, s. Anm. 116, 149 ff., 152 ff.
123 40 Jahre ZF Schw. Gmünd. In: einhorn Jb 1977, 266.
124 Lämmle, s. Anm. 116, 156.
125 Lämmle, Schw. Gmünd in der NS-Zeit, 128, 131 f., 137, 140 ff.
126 Lämmle, Bedrängte Kirche. In: einhorn Jb 1976, 144 f., 148 f.
127 Lämmle, Schw. Gmünd in der NS-Zeit, 133, 135.
128 Lämmle, s. Anm. 116, 157 f., 159 f.
129 Lämmle, Schw. Gmünd in der NS-Zeit, 125, 145 ff., 151, 156 ff.
130 Lämmle, Gmünder Juden, 63.
131 Lämmle, s. Anm. 116, 155.
132 Lämmle, Schw. Gmünd in der NS-Zeit, 154.
133 Lämmle, Gmünder Juden, 77 f., 81, 87 f.
134 Lämmle, Schw. Gmünd in der NS-Zeit, 160, 165.
135 Lämmle. Schw. Gmünd in der NS-Zeit, Wirtschaftliche u. soziale Entwicklung während des Zweiten Weltkriegs. Das Kriegsende 1945. In: einhorn Jb 1981, 135 f.
136 Lämmle, Schw. Gmünd in der NS-Zeit, 161.
137 Lämmle, Schwäbisch Gmünd in der NS-Zeit, Der Zweite Weltkrieg: 1942–1944. In: einhorn Jb 1980, 178, 180.
138 Lämmle, Schw. Gmünd in der NS-Zeit, 162.
139 Lämmle, Der Zweite Weltkrieg, 180 f.
140 Lämmle, NS-Zeit, Kriegsende 1945, 137.
140a Für das Kapitel »Schwäbisch Gmünd im Zweiten Weltkrieg« verweise ich allgemein auf meine folgenden Beiträge: Der Zweite Weltkrieg 1939–1941. In: einhorn Jb 1979, 166 ff.; Der Zweite Weltkrieg 1942–1944. In: einhorn Jb 1980, 145 ff.; und Wirtschaftliche und soziale Entwicklungen während des Zweiten Weltkriegs. Das Kriegsende 1945. In: einhorn Jb 1981, 126 ff.
141 Lämmle, Der Zweite Weltkrieg 1939–1941, 166 f., 180 ff.
142 Hillgruber, Zweiter Weltkrieg, 41.
143 Haffner, Anmerkungen, 141.
144 RP 25. 9. 1940 § 104.
145 Lämmle, Der Zweite Weltkrieg 1939–1941. 177 ff., 180, 184 ff., 187 f.
146 Hillgruber, Zweiter Weltkrieg, 48.
147 Haffner, Anmerkungen, 147.
148 RP 27. 12. 1941 § 89.
149 Lämmle, Der Zweite Weltkrieg 1942–1944, 146, 149 ff., 153, 155, 157, 160 f.
150 Lämmle, Der Zweite Weltkrieg 1939–1941, 194 ff.
151 Lämmle, Wirtschaftl. u. soziale Entwicklung, 130, 132, 134, 141.
152 SR (Schwäbische Rundschau) 51/1. 3. 1945.
153 Lämmle, Der Zweite Weltkrieg 1942–1944, 169.
154 Lämmle, Wirtschaftl. u. soziale Entwicklung, 144 f., 155 f., 158 f.
155 Deibele, Kriegsende, 19 f.
156 Lämmle, Der Zweite Weltkrieg 1942–1944, 160 f.
157 Lämmle, Wirtschaftl. u. soziale Entwicklung, 154, 157, 161 ff., 164 ff., 167, 174.

*II. Schwäbisch Gmünd von 1945–1972*

 1 Rudolph 1. 2. 1952 in den Dokumenten.
 2 Maier, Grundstein, 71.
 3 Lämmle, Nachkriegsjahre (I), 191; Burkhardt in den Dokumenten.
 4 RP 1945, 34.
 5 Burkhardt in den Dokumenten; Lämmle, Nachkriegsjahre (I), 169.
 6 Deibele, Kriegsende, 181.
 7 Maier, Grundstein, 55.
 8 Amtsblatt 37/23. 2. 1946.
 9 Deibele, Kriegsende, 163 ff.; Berichte von Eugen Walter und Ewald Bucher in den Dokumenten.
10 Ich verweise für die Einzelheiten auf meine Untersuchung »Schwäbisch Gmünd in den Nachkriegsjahren 1945 und 1946«, I u. II. In: einhorn-Jb 1982, 166 ff. und einhorn-Jb 1983, 132 ff.
11 Amtsblatt 15/17. 10. 1945.
12 Sauer, Neubeginn, 281.
13 Ebd., 287.
14 Ebd., 290.
15 Ebd., 303.
16 Schwarz, Adenauer, 173.
17 Klaus und Schäf in den Dokumenten; Deibele, Kriegsende, 145 f.
18 Bittlingmaier und Stahl in den Dokumenten; Deibele, Kriegsende, 140 f.
19 Maier, Grundstein, 74.
20 Erdmann, Ende, 115; Dotterweich, Entnazifizierung, 144 f.
21 Erdmann, Ende, 117.
22 Lämmle, Nachkriegsjahre (I), 183.
23 Amtsblatt 14/10. 10. 1945.
24 VVN–Nachrichten 41/78, 3.
25 Akten der SPD-Fraktion, Rathaus.
26 Lämmle, Nachkriegsjahre (I), 186.
27 Sauer, Neubeginn, 99.
28 NWZ 104/5. 12. 1947.
29 Alfred Zehnder 3. 11. 1955; DGB-Archiv.
30 Urban, Die Heimatvertriebenen. In: einhorn 3/1954, 109.
31 Urban, Eingliederung, 8 f., 32.
32 Lämmle, Nachkriegsjahre (II), 158.
33 RP 1946 § 71.
34 Amtsblatt 39/9. 3. 1946; Amtsblatt 49/18. 5. 1946.
35 Amtsblatt 38/2. 3. 1946.
36 Lahnstein, Heimat, 234.
37 NWZ 106/12. 12. 1947.
38 RP 1945, Gemeindebeirat 13, 18 ff.
39 RP 1945, Gemeindebeirat 44.
40 Lämmle, Nachkriegsjahre (I), 176.
41 Lämmle, Nachkriegsjahre (II), 138 f.
42 Ebd., 142.
43 RP 1946, § 48.
44 RP 1947, § 128.
45 RP 1947, § 362.
46 NWZ 82/10. 8. 1948.
47 Schwäbische Post 15/14. 4. 1948.

48 NWZ 34/20. 4. 1948.
49 Schwäbische Post 22/8. 5. 1948.
50 NWZ 38/29. 4. 1948.
51 Schwäbische Post 49/20. 7. 1948.
52 NWZ 71/17. 7. 1948.
53 Borchardt, Wachstum, 722.
54 NWZ 10. 8. 1948 u. 28. 8. 1948.
55 Vorbericht zum Haushaltsplan 1948, II, dazu Anlage 6, 131.
56 Mitteilung der Stadtkämmerei vom 9. 12. 1983.
57 Vorbericht zum Haushaltsplan 1948, IV.
58 Verwaltungsbericht des OB für 1949, RZ 16/20. 1. 1950.
59 RZ 16/20. 1. 1950.
60 RZ 151/3. 7. 1950.
61 OB Kah im Verwaltungsbericht für 1950, Amtsblatt 305/1951.
62 Amtsblatt 305/1951.
63 RZ 25. 10. 1952.
64 RZ 13. 3. 1954.
65 RZ 27. 2. 1953.
66 RP 1953 § 55.
67 Vorbericht zum Haushaltsplan 1948, VI f.
68 einhorn 3/1954.
69 einhorn 5/1954, 198.
70 RZ 153/4. 7. 1953.
71 einhorn 3/1954, 119; RZ 303/30. 12. 1953.
72 Kah im Verwaltungsbericht für 1949; RZ 17/21. 1. 1950.
73 Mitteilung von Dr. Fricker an den Vf.
74 einhorn 12/1955, 134 f.
75 RZ 59/10. 3. 1956.
76 einhorn 19/1956, 217.
77 einhorn 19/1956, 220.
78 Festschrift 50 Jahre Bauverein Gmünd 1902–1952, 15.
79 einhorn 19/1956, 219.
80 Lämmle, Nachkriegsjahre (II), 149.
81 RP 1946 § 73.
82 E. F. Lempp, in: 10 Jahre einhorn, 197.
83 Lämmle, Nachkriegsjahre (II), 151 f.
84 Ebd., 162 f.
85 Urban, Eingliederung, 9.
86 Zur Ansiedlung der Gablonzer in Gmünd vgl. Scholze. In: einhorn 43/1960, 317 ff.
87 Görner, in: einhorn 6/1954, 221 f.
88 einhorn 76/1966, 218 f.
89 Lämmle, Nachkriegsjahre (II), 163 f.
90 Kah im Verwaltungsbericht für 1950, Amtsblatt 301/1951.
91 einhorn 87/1968, 171.
92 einhorn 74/1966, 124; einhorn 98/1970, 71; RZ 21. 9. 1957.
93 E. F. Lempp. In: NWZ 87/19. 8. 1948.
94 Borchardt, Wachstum, 726.
95 Ebd., 731.
96 Frey, in: einhorn 43/1960, 267.
97 E. F. Lempp, in: einhorn 43/1960, 281, 300.

98 GT 11/14. 1. 1967.
99 75 Jahre Edelmetallindustrieverband, 24.
100 Lämmle, Nachkriegsjahre (II), 153.
101 Festbeilage der GT zur 800-Jahr-Feier der Stadt 1962.
102 Herzfeldt, Geschäft, 248 f.
103 RZ 80/6. 4. 1956.
104 RZ 16. 5. 1956.
105 einhorn 92/1969, 100.
106 einhorn 17/1956.
107 einhorn 111/1972, 177.
108 einhorn 100/1970, 22.
109 Auskunft Kreissparkasse.
110 RZ 32/8. 2. 1973.
111 einhorn 108/1971, 352 ff.
112 einhorn 31/1958, 204.
113 einhorn 32/1958, 210 ff.
114 GT 87/13. 4. 1962.
115 RZ 136/15. 6. 1962.
116 GT 112–114/16., 17. u. 18. 5. 1962.
117 einhorn 54/1962, 201 ff.
118 einhorn 80/1967, 103; zur Stadtgründung vgl. Spranger, S. 42 ff.
119 einhorn 66/1964, 321.
120 RP 1957 § 162.
121 RZ 218/20. 9. 1957.
122 einhorn 81/1967, 195.
122a RZ 283/8. 12. 1972.
123 einhorn 106/1971, 195.
124 einhorn 80/1967, 68 f.; einhorn 90/1968, 341.
125 RP 1967 § 214.
126 einhorn 86/1968, 104.
127 RP 1966 § 275.
128 Scheffold, in: einhorn 78/1966, 368, dazu einhorn 82/1967, 300 und einhorn 104/1971, 101.
129 einhorn 61/1964, 4.
130 einhorn 77/1966, 280 ff.
131 Mende, in: einhorn 86/1968, 69 f.
132 Auskunft der Stadtkämmerei.
133 einhorn 88/1968, 246; Grueber, in: einhorn 92/1969, 71.
134 RP 1971 § 325; GT 3. 12. 1971; RZ 4. 12. 1971.
135 GT 63/17. 3. 1969.
136 einhorn 95/1969, 297; einhorn 107/1971, 262 ff.
137 einhorn 105/1971, 162.
138 einhorn 88/1968, 246; einhorn 90/1968, 379.
139 einhorn 56/1962, 375.
140 einhorn 85/1968, 42.
141 einhorn 76/1966, 254; einhorn 91/1969, 42.
142 einhorn 70/1965, 284.
143 einhorn 109/1972, 40.
144 Schoch, in: einhorn 100/1970, 60.
145 einhorn 10/1955, 79; einhorn 13/1955, 207.
146 einhorn 107/1971, 298.

147  einhorn 110/1972, 68 ff.

148  einhorn 97/1970, 4 f.

149  einhorn 98/1970, 106.

150  einhorn 98/1970, 106.

151  einhorn 99/1970, 160.

152  RZ 214/17. 9. 1971.

153  RZ 191/21. 8. 1971; GT 192/23. 8. 1971.

154  einhorn 106/1971, 236.

155  einhorn 98/1970, 106; einhorn 102/1970, 47.

156  E. F. Lempp, in: einhorn 104/1971, 85.

157  einhorn 90/1968, 366.

158  einhorn 29/1958, 119.

159  einhorn 26/1957, 253; einhorn 45/1961.

160  Albert Hänle, in: einhorn 9/1955, 11 ff.

161  einhorn 42/1960, 235.

162  einhorn 65/1964, 291.

163  einhorn 93/1969, 132 f.

164  einhorn 110/1972, 104.

165  Langes, in: 75 Jahre Rotes Kreuz, 15 f.

166  einhorn 104/1971, 97.

167  einhorn 104/1971, 97.

168  einhorn 111/1972, 148.

169  Ordnungsamt der Stadt Schwäbisch Gmünd, Schreiben vom 3. 2. 1984.

170  Mitteilung des Einwohnermeldeamts der Stadt Schwäbisch Gmünd.

171  Lämmle, Nachkriegsjahre (II), 164 f.

172  einhorn 5/1954, 198.

173  einhorn 3/1954, 114.

174  einhorn 17/1956, 125.

175  einhorn 32/1958, 248.

176  einhorn 18/1956, 145.

177  einhorn 28/1958, 79.

178  Lämmle, Nachkriegsjahre (II), 168; für die weitere Entwicklung Werner Heuß. In: einhorn 77/1966, 324 ff.

179  Heuß ebd. 325.

180  Lämmle, Kulturelles Leben, 149.

181  einhorn 97/1960, 16.

182  einhorn 93/1969, 170.

183  einhorn 89/1968, 280 ff.; einhorn 109/1972, 41.

184  einhorn 26/1957, 253.

185  einhorn 66/1964, 366.

186  einhorn 61/1964, 8 f.

187  einhorn 95/1969, 312.

188  einhorn 108/1971, 364.

189  einhorn 112/1972, 271.

190  einhorn 114/1972, 357.

191  einhorn 109/1972, 40.

192  Spranger, Scheffold-Gymnasium, 36.

193  einhorn 52/1962 (Sonderheft); einhorn 53/1962, 170.

194  einhorn 114/1972, 385.

195  einhorn 87/1968, 169.

196  einhorn 44/1960, 464.
197  einhorn 57/1963, 54.
198  einhorn 83/1967, 339 f.
199  einhorn 90/1968, 383.
200  einhorn 94/1969, 232.
201  einhorn 102/1970, 41 ff.
202  einhorn 107/1971, 299 f.
203  Raub, in: einhorn 81/1967, 151.
204  Baumhauer, Kunstschaffen, 102.
205  Baumhauer ebd. 102.
206  Herkommer. In: einhorn 96/1969, 368.
207  einhorn 89/1969.
208  einhorn 110/1972, 83.
209  einhorn 99/1970, 195.
210  einhorn 107/1971, 274.
211  einhorn 30/1958, 163.
212  einhorn 108/1971, 358.
213  Lämmle, Kulturelles Leben, 160.
214  Lämmle, ebd., 161.
215  Lämmle, ebd., 161 f.

# Literatur

Abel, W.: Agrarkrisen und Agrarkonjunktur. 1966

Adam, K. D. und R. Kurz: Eiszeitkunst im süddeutschen Raum. 1980

Alberti, O. von: Württembergisches Adels- und Wappenbuch. Bd. 1–2, 1889–1916

Ammann, H.: Freiburg und Bern und die Genfer Messen, Diss. Zürich 1921

Anstett, P.: Barock in Stadt und Land. In: Barock in Baden-Württemberg, hrsg. v. Volker Himmelein, 1981, 181–251

Aupperle, H.: Altes und Neues zum Gmünder Passionstheater, Gmünder Heimatblätter 9/1932, 110–112

Baaken, G.: Pfalz und Stadt. In: Südwestdeutsche Städte im Zeitalter der Staufer. 1980, 28–45

Bach, A.: Deutsche Namenskunde Bd. 2: Die deutschen Ortsnamen in geschichtlicher, soziologischer und psychologischer Betrachtung. 1954

Bader, K. S.: Die Reichsstädte des schwäbischen Kreises am Ende des alten Reiches. Ulm und Oberschwaben. 32/1951, 47–70

Bächle, H.-W.: Kultur und Geschichte im Gmünder Raum. 1982

Barth, W.: Das Gmünder Passionsspiel und A. Drehers Werk, Das Gleichnis von den Arbeitern im Weinberg. (Masch.), 1968

Bátori, I.: Das Patriziat der deutschen Stadt, Zeitschrift für Stadtgesch., Stadtsoziologie und Denkmalpflege 2/1975, 1–30

Bauer, H.: Die Herrn von Horkheim, Württembergisch Franken 8/1869, 251–266, 602

Bäuerle, A.: Das Münzwesen der Reichsstadt Gmünd zu Beginn des 30jährigen Krieges. Gmünder Heimatblätter 9/1936, 28–29

Baumhauer, H.: Das Heilig-Kreuz-Münster zu Schwäbisch Gmünd. Fotos von Johannes Schüle. 1981
–: Gmünder Kunstschaffen der Gegenwart. 10 Jahre einhorn Schwäbisch Gmünd. 1953–1963, 101–128

Bausinger, H. und T. Eschenburg (Hrsg.): Baden-Württemberg. Eine geschichtliche Landeskunde. ²1981

Bechtold, K. D.: Zunftbürgerschaft und Patriziat. Studien zur Sozialgeschichte der Stadt Konstanz im 14. und 15. Jahrhundert (Konstanzer Geschichts- und Rechtsquellen 26. 1981)

Beissel, D.: Die Verehrung der Heiligen und ihrer Reliquien in Deutschland im Mittelalter (Stimmen aus Maria Laach, Ergänzungsheft 47, 1890), Nachdruck 1976

Bellem, H.: Schwäbisch Gmünd. Seine Entstehung und städtebauliche Entwicklung. Diss. masch. TH Stuttgart 1950

Beschreibung des Oberamts Gmünd. 1870

Biedert, H.-K.: Die Besitzungen des Dominikaner-Frauenklosters Gotteszell im 15. Jahrhundert, Gmünder Studien 2/1979, 81–84

Biel, J.: Vor- und Frühgeschichte. In: Der Ostalbkreis. 1978, 57–75

Bischoff, B.: Die Südostdeutschen Schreibschulen und Bibliotheken in der Karolingerzeit. Teil 2. Die vorwiegend österreichischen Diözesen. 1980

Bistram, J. V. von: Ein Radschloßbüchsenpaar von Johann Michael Maucher. Zu einem waffengeschichtlich bedeutsamen Fund, Unicornis 2/1982, 20–25

Bittel K., W. Kimmig und S. Schiek: Die Kelten in Baden-Württemberg. 1981

Blezinger, H.: Der schwäbische Städtebund in den Jahren 1438–1445. Mit einem Überblick über seine Entwicklung seit 1389 (Darstellungen aus der württembergischen Geschichte 34. 1954)

Blickert, H. und H. K. Biedert: Die Zeit des Dreißigjährigen Krieges. In: Der Ostalbkreis. 1978, 102 ff.

Böhne, C.: Zur Technik des süddeutschen Filigranschmucks. In: Das Gmünder Schmuckhandwerk bis zum Beginn des XIX. Jahrhunderts, hrsg. v. Peter Scherer. 1971, 89–92

Boelcke, W. A.: Die Wirtschaft in der Zeit des Spätmerkantilismus (1770–1780). Historischer Atlas XI, 4. 1977

Borchardt, K.: Wachstum und Wechsellagen 1914–1970. Handbuch der deutschen Wirtschafts- und Sozialgeschichte, hrsg. von H. Aubin und W. Zorn, Bd. 2/1976

Borck, H.-G.: Der Schwäbische Reichskreis im Zeitalter der französischen Revolutionskriege (1792–1806). Veröffentlichungen der Kommission für geschichtliche Landeskunde in Baden-Württemberg. Reihe B Forschungen, Bd. 61/1970

Borst, O.: Zur Verfassung und Staatlichkeit oberdeutscher Reichsstädte am Ende des alten Reiches. Esslinger Studien 10/1964, 106–194

–: Geschichte der Stadt Esslingen am Neckar. ²1977

–: Die Kulturbedeutung der oberdeutschen Reichsstadt am Ende des alten Reiches, Blätter für deutsche Landesgeschichte. 100/1964, 159–246

–: Die Staufer und ihre Städte. In: Stauferstädte in Baden-Württemberg. 1977, 11–15

Bosl, K.: Die Reichsministerialität der Salier und Staufer. 2 Bde. (Schriften der Monumenta Germaniae Historica 10. 1951)

Bossert, G.: Wie kam St. Veit nach Württemberg? Blätter für württembergische Kirchengeschichte. Neue Folge 1931, 119–122

Brady, Th. A. jr.: Der Gmünder Künstler Hans Baldung Grien (1484/85–1545) in Straßburg, seine gesellschaftliche Stellung und seine Haltung zur Reformation, Gmünder Studien 1/1976, 103–129

Braun, W.: Geschichtliche Entwicklung und wirtschaftliche Bedeutung des Schmuckwarengewerbes in Schwäbisch Gmünd bis zum Beginn der Industrialisierung. Masch. Diplomarbeit Erlangen/Nürnberg 1969/70

–: Umrisse einer Wirtschaftsgeschichte des Gmünder Schmuckhandwerks. In: Das Gmünder Schmuckhandwerk bis zum Beginn des XIX. Jahrhunderts, hrsg. v. Peter Scherer. 1971, 9–43

Braunn, W.: Quellen zur Geschichte der Juden bis zum Jahr 1600 im Hauptstaatsarchiv Stuttgart und im Staatsarchiv Ludwigsburg. Masch. vervielf. (HStASt Thematische Repertorien 1). Stuttgart 1982

Breuer, J.: Der Marienbrunnen auf dem Marktplatz – der bedeutendste Südwestdeutschlands. Versuch einer Datierung der Marienstatue, Würdigung der Doppelfigur und Darstellung der überregionalen Bedeutung dieses Mariensäulenbrunnens, Gmünder Heimatforum, Beil. der Remszeitung Nr. 70/Sept. 1983, 277–280

Bühler, H.: Heidenheim im Mittelalter (Veröffentlichung des Stadtarchivs Heidenheim an d. Brenz 1). 1975

–: Zur Geschichte der frühen Staufer. Herkunft und sozialer Rang – unbekannte Staufer. Hohenstaufen 10/1977, 1–44

–: Schwäbische Pfalzgrafen, frühe Staufer und ihre Sippengenossen. Jahrbuch d. Historischen Vereins Dillingen a.d.D. 77/1975, 118–156

–: Aus der Geschichte der Gemeinde Herbrechtingen. In: Herbrechtingen 1200 Jahre. 1974, 49–104

Bürgerliche Kollegien . . . in Göppingen und Gmünd (Hrsg.): »Bitte in Betreff gesetzlicher Feststellung einer Eisenbahn-Verbindung von Göppingen nach Gmünd« an die hohe Ständeversammlung. Ohne Ort, ohne Jahr (= 1874)

Burkhardt, G.: Zwei geistliche Buchbinder aus Gmünd (Johannes und Bernhardin Richenbach) Gmünder Heimatblätter 8/1935, 120–125, 133–138

Bushart, B.: Jörg Ratgeb. Zeitschrift für Württembergische Landesgeschichte 33/1974, 272–278

Christ, K.: Die Fundmünzen der römischen Zeit in Deutschland II, 4. Nordwürttemberg. 1964

Christlein, R.: Die Alamannen. Archäologie eines lebendigen Volkes 1978

Cochem, M. v.: Leben Christi oder Ausführliche/Andächtige/und Bewegliche Beschreibung des Lebens und Leydens unsers Herrn Jesu Christi/und seiner glorwürdigsten Mutter Mariae, 3 Bde. Franckfurt 1679 (Bd. 1)

Coles, J.: Erlebte Steinzeit − experimentelle Archäologie. München 1973

Craig, G. A.: Deutsche Geschichte 1866−1945. 1980

Creutzfeld, H.: Das Langhaus der Heilig-Kreuzkirche in Schwäbisch Gmünd. Diss. masch. Freiburg i. Br. 1953

Czok, K.: Die Bürgerkämpfe in Süd- und Westdeutschland im 14. Jahrhundert. In: Die Stadt des Mittelalters, hrsg. v. Carl Haase, Bd. 3 (Wege d. Forschung 245). 1973, 303−344

Dangel, A.: Der Storr'sche Auflauf. Heimat im Stauferland Nr. 6/1963

−: Das Augustinerkloster in Gmünd gegen den Abt zu Lorch wegen der Güter auf dem Kitzing, Falkenberg und Zwerenberg auf dem Albuch. Gmünder Heimatblätter 26/1965, 85−87, 91−93

−: Die Gründung der Herz-Jesu-Bruderschaft in Schwäbisch Gmünd im Jahr 1716. Gmünder Heimatblätter 1962, 45−47

−: Ein Warenzeichenprozeß der Gmünder Sensenschmiede um 1500. Gmünder Heimatblätter 20/1959, 27−30, 36−37, 41−43

−: Vom ehemaligen Gmünder Gagatbergbau. Gmünder Heimatblätter 21/1960, 6−8

−: Zur Geschichte der Gmünder Segessenschmiede. Gmünder Heimatblätter 21/1960, 86−88

−: Zur Geschichte der Gmünder Sensenschmiede. Schwäbische Heimat 11/1960, 105−108

Debler, K.: Russischer Handel mit »Nürnberger« Waren z. Zt. Peters des Großen (1689−1725) und die Beziehungen zu Gmünd und Augsburg. Gmünder Heimatblätter 1937, 55−57

Decker-Hauff, H.: Das staufische Haus. In: Die Zeit der Staufer, Bd. 3. 1977, 339−374

Dehlinger, A.: Württembergs Staatswesen in seiner geschichtlichen Entwicklung bis heute. 2 Bände. 1951 und 1953

Deibele, A.: Aus der Geschichte der Schmied-, Hospital-, Fischer- und Ledergasse. Gmünder Heimatblätter 10/1937, 102−105

−: Aus der Vorgeschichte von Gebäude Kappelgasse 13. Stauferland Nr. 10/1971

−: Aus der Geschichte der Reichsstadt Gmünd. In: Festbuch 800 Jahre Stadt Schwäbisch Gmünd. Schwäbisch Gmünd 1962, 20−52. Wieder in: Schwäbisch Gmünd. Beiträge zur Geschichte und Gegenwart der Stadt, hrsg. v. Peter Scherer. 1971, 229−268

−: Das Katharinenspital zu den Sondersiechen in Schwäbisch Gmünd. Geschichte und Quellen. 1326 bis zur Gegenwart (Inventare der nichtstaatl. Archive in Baden-Württemberg 14). 1969

−: Das Gmünder Passionsspiel und die Kapuziner. Gmünder Heimatblätter 19/1958, 17−19

−: Das Spital zum Heiligen Geist in Schwäbisch Gmünd (Gmünder Hefte 7). 1967

−: Der Dreißigjährige Krieg wütet im Land. Festbuch 800 Jahre Stadt Schwäbisch Gmünd. 1962, 46−48

−: Der Maler Johannes Anwander. In: einhorn 25 (1957), 176−180

−: Der Salvator in den Stürmen der Aufklärung. Gmünder Heimatblätter 26/1965, 52−56

−: Die Kapellen in Schwäbisch Gmünd von einst und jetzt. Gmünder Hefte. Heimatkundliche Schriftenreihe Bd. 10, o. J. (1971)

−: Die große Karfreitagsprozession zur Reichsstadtzeit. Gmünder Heimatblätter 20/1959, 17−19

−: Die Not im Dreißigjährigen Krieg in unserer Heimat. Gmünder Heimatblätter 24/1963, 36−40

−: Krieg und Kriegsende in Schwäbisch Gmünd. Gmünder Hefte 4/1954

−: Pestkreuze in unserer Stadt. Gmünder Heimatblätter 10/1958, 78

−: St. Leonhard in Schwäbisch Gmünd und die ihm angeschlossenen Pflegen. Geschichte und Quellen. 1323 bis zur Gegenwart (Inventare der nichtstaatl. Archive in Baden-Württemberg). 1971

−: Sankt Salvator bei Schwäbisch Gmünd, seine Geschichte und Beschreibung. 1954

−: Schwäbisch Gmünd als Soldatenstadt. 10 Jahre einhorn Schwäbisch Gmünd 1963, 163−171

−: Über das Alter des St. Salvators als Kultstätte. Gmünder Heimatblätter 15/1954, 17−20, 25−27

−: Von der Fröschburg. Gmünder Heimatblätter 10/1937, 145−148

−: Von den Mühlen in Schwäbisch Gmünd. Stauferland Nr. 4/1970

—: Vom Weinbau in unserer Gegend. Gmünder Heimatblätter 20/1959, 71—72

—: Wann war die letzte große Pestzeit in Gmünd? Gmünder Heimatblätter 11/1962, 84—86

—: Wie entstand Gmünd? Gmünder Heimatblätter 12/1951, Nr. 5

—: Woher das Gmünder Wasser kommt — sechzig Jahre Wasserleitung in Schwäbisch Gmünd. In: einhorn 21/1957, 14—16

—: Zur Aufführung des Gmünder Passionsspiels. Gmünder Heimatblätter 27/1958, 40—41

—: Zur Geschichte der Juden in Gmünd. Gmünder Heimatblätter 10/1937, 85—89, 97—102

Denkinger, J.: Das Spital des hl. Geistes in der früheren Reichsstadt Schwäbisch Gmünd und seine Verwaltung. In: Das städtische Hospital zum hl. Geist in Schwäbisch Gmünd in Vergangenheit und Gegenwart, hrsg. v. A. Wörner, 1905, 97—308

Der Dreißigjährige Krieg. Beiträge zu seiner Geschichte. Schriften des Heeresgeschichtlichen Museums in Wien 7/1976

Deutscher Gewerkschaftsbund, Landesbezirk Baden-Württemberg (Hrsg.): Arbeiter, Kultur und Lebensweise im Königreich Württemberg, Materialien zur Wanderausstellung. 1979

Diehl, A.: Die Freien der Waibelhube und das Gericht der Siebzehner. Zeitschrift für Württembergische Landesgeschichte 7/1943, 209—285

Dieterich, H.-H.: Die Kapuziner in Gmünd. In: Barock in Schwäbisch Gmünd. Aufsätze zur Geschichte einer Reichsstadt im 18. Jahrhundert, hrsg. v. Klaus Jürgen Herrmann. 1981, 159—192

—: Rechtsstellung und Rechtstätigkeit der Schwäbisch Gmünder Klöster bis zum Dreißigjährigen Krieg (Veröff. des Stadtarchivs Schwäbisch Gmünd 1). O. J. (1977)

—: Vom Seelhaus zum St.-Ludwigs-Kloster. Zugleich ein Beitrag zum Verhältnis von Pfarrei, Klöstern und städtischer Obrigkeit in Schwäbisch Gmünd im 17. Jh. Gmünder Studien 2/1979, 115—129

Dietz, A.: Frankfurter Handelsgeschichte, Bd. 1—4, 1910—1925

Dietzel, F.: Von Gmünd, Gemünd, Gemünden und Schwäbisch Gmünd. Gmünder Heimatblätter 14/1953, 27—28

Dotterweich, V.: Die »Entnazifizierung«. In: Becker/Stammen/Waldmann (Hrsg.): Vorgeschichte der Bundesrepublik Deutschland. 1979, 123 ff.

Dürr, G.: Gmünder Bürger als Goldgräber vor 500 Jahren. Gmünder Heimatblätter 17/1956, 50—54

Dürr, W.: Gmünder Leute. 1983

Ebel, W.: Der Bürgereid als Geltungsgrund und Gestaltungsprinzip des deutschen mittelalterlichen Stadtrechts. Weimar 1958

Eberhard, F.: Hans Baldung cog. Grien Gamundianus (1484/85—1545). Untersuchungen über die Beziehungen des genialen Malers zu seiner Geburtsstadt Schwäbisch Gmünd, Gmünder Heimatforum 1975 Nr. 5, 17—19

Eckardt, E. J.: Studien zur deutschen Bühnengeschichte der Renaissance. Mit einem Anhang: Das Passionstheater von Schwäbisch Gmünd. Leipzig 1931

75 Jahre Edelmetallindustrie Verband e. V. 1906—1981. 1981

Egelhaaf, G.: Die allgemeine Entwicklung Württembergs in den Jahren 1891—1916. In: Württemberg unter der Regierung König Wilhelms II. 1916

Eggert, W.: Städtenetz und Stadtherrenpolitik. In: Stadt u. Städtebürgertum in der dt. Gesch. des 13. Jh., hrsg. v. Bernhard Töpfer (Forschungen z. mittelalterl. Gesch. 24). 1976, 108—228

Ehmer, H.: Das Gmünder Täufergericht 1529. In: Gmünder Studien 1/1976, 131—161

—: Schwäbisch Gmünd im Bauernkrieg. In: Gmünder Studien 2 1979, 85—113

—: Andreas Althamer und die gescheiterte Reformation in Schwäbisch Gmünd. In: Blätter für württembergische Kirchengeschichte 78/1978, 46—72

Eirich, R.: Memmingens Wirtschaft und Patriziat von 1347 bis 1551. Eine wirtschafts- und sozialgeschichtliche Untersuchung über das Memminger Patriziat während der Zunftverfassung. 1971

Eisenbahn-Komite Göppingen—Gmünd (Hrsg.): Denkschrift über die Verbindung der württembergischen Hauptbahnen Stuttgart—Ulm und Stuttgart—Nördlingen durch eine normalspurige Nebenbahn Göppingen—Gmünd. 1901

Elben, M. Ch. G.: Schwäbische Chronik auf das Jahr 1788. Eine wöchentlich 3 mal erscheinende Zeitschrift, verfaßt von M. Christian Gottfried Elben Professor an der Carls Hohenschule in Stuttgart. Zu Stuttgart bei dem Verfasser Nro. 130 – Den 29sten Oktober, 1788, 261–262

Engel, W.: Die mittelalterlichen Seelbücher des Kollegiatstiftes St. Gumbert zu Ansbach (Quellen u. Forschungen z. Geschichte d. Bistums u. Hochstifts Würzburg 3). 1950

Engels, O.: Beiträge zur Geschichte der Staufer im 12. Jahrhundert (I). Deutsches Archiv 27/1971, 373–456

Erdmann, K. D.: Das Ende des Reiches und die Entstehung der Republik Österreich, der Bundesrepublik Deutschland und der DDR. Handbuch der deutschen Geschichte, 1980

–: Der Zweite Weltkrieg. In: Gebhardt, Handbuch der Deutschen Geschichte, Bd. 21/1980

Erzberger, M.: Die Säkularisation in Württemberg von 1802–1810. Ihr Verlauf und ihre Nachwirkungen. 1902

Eubel, K.: Geschichte des Franziskaner-Minoriten-Klosters Schwäbisch Gmünd. Württembergische Vierteljahreshefte für Landesgeschichte 13/1890, 123–137

Falk, T.: Baldungs jugendliches Selbstbildnis: Fragen zur Herkunft seines Stils, Zeitschrift für Schweizerische Archäologie u. Kunstgeschichte 35/1978, 217–223

Fauter, W.: Die Rechtsstellung der Marienpfarrkirche in Schwäbisch Gmünd bis zum Ausgang des Mittelalters. Masch. vervielf. Diss. Heidelberg 1956

Fehring, G. P.: Kirche und Burg, Herrensitz und Siedlung. Zeitschrift für die Geschichte des Oberrheins 120/1972, 1–50

Felten, E. J.: Äbte und Laienäbte im Frankenreich. (Monographien z. Gesch. des Mittelalters 20). 1980

Filtzinger, Ph.: Die römische Besetzung Baden-Württembergs. In: Die Römer in Baden-Württemberg. 1976

Filtzinger, Ph., D. Planck und B. Cämmerer (Hrsg.): Die Römer in Baden-Württemberg. 1976

Fingerlin, G.: Zur alamannischen Siedlungsgeschichte des 3.–7. Jahrhunderts. In: Die Alamannen in der Frühzeit, hrsg. v. Wolfgang Höbener. 1974, 45–88

Fischer, A.: Zur älteren Geschichte des Gmünder Aussätzigenhauses St. Katharina extra muros. Gmünder Heimatblätter 23/1962, 22–24, 27–29, 38–40, 41–42

Fleckenstein, J.: Vom Stadtadel im spätmittelalterlichen Deutschland. Zeitschrift für Siebenbürgische Landeskunde 74/1980, 1–13

–: Fulrad von Saint-Denis und der fränkische Ausgriff in den Süddeutschen Raum. In: Studien u. Vorarbeiten z. Gesch. d. großfränk. u. frühdt. Adels, hrsg. v. Gerd Tellenbach (Forschungen z. oberrhein. Landesgesch. 4). Freiburg 1957, zitiert nach: Zur Gesch. der Alemannen, hrsg. v. Wolfgang Müller (Wege der Forschung 100). 1975, 354–400

–: Die Hofkapelle der deutschen Könige. 1. Teil: Grundlegung: Die karolingische Hofkapelle (Schriften der Monumenta Germaniae Historica 16/1). 1959

–: Karl der Große und sein Hof. In: Karl der Große. Lebenswerk und Nachleben, hrsg. v. Helmut Beumann, Bd. 1. 1965, 24–50

Fraenger, W.: Jörg Ratgeb. Ein Maler und Märtyrer aus dem Bauernkrieg. Dresden 1972

Fraenger, W. und A. Deibele: Jörg Ratgebs Vaterstadt. 1963

Frank, K. S.: Das Klarissenkloster Söflingen. Ein Beitrag zur franziskanischen Ordensgeschichte Süddeutschlands und zur Ulmer Kirchengeschichte (Forschungen z. Gesch. d. Stadt Ulm 20). 1980

Freh, W.: Alte Gagatbergbaue in den nördlichen Ostalpen, Joanneum. Mineralog. Mitteilungsblatt 1/1956, 1–14

Fries, S.: Beitrag zur Geschichte der Verhandlungen des schwäbischen Kreises mit Frankreich im Jahr 1796. 1904

Fuchs, M.: Das Einhorn auf Prager Groschen. Gmünder Heimatforum 1982 Nr. 56, 221–222

Gerlach, A.: Chronik von Lauchheim. 1907

Gerstner, P.: Die Entwicklung der Pforzheimer Bijouterie-Industrie 1767–1907. Diss. Tübingen 1908

Geschichte des humanistischen Schulwesens in Württemberg. Bd. 1: bis 1559. 1912

Giefel, J.: Gmünder auf der Universität Erfurt, Diözesan-Archiv v. Schwaben 7/1890, 7−8

Gmelin, J.: Hällische Geschichte. Geschichte der Reichsstadt Hall und ihres Gebiets. 1896

Goethe, J. W. v.: Goethes Werke-Auswahl, 15. Band. 1867

Gönner, E. und G. Haselier: Baden-Württemberg. Geschichte seiner Territorien und Länder. Würzburg 1975

Gradmann, E.: Die Kunst- und Altertums-Denkmale im Königreich Württemberg, Jagstkreis bearb. v. Eugen Gradmann. 1907

Gradmann, R.: Schwäbische Städte. Zeitschrift der Gesellschaft für Erdkunde. 1916, 425−457

Graf, K.: Gmünd zu Beginn des 19. Jahrhunderts, Rems-Zeitung Nr. 164 vom 20. Juli 1978, 19

−: Denkwürdigkeiten aus einem Leben. Johann Gottfried Pahl − Schriftsteller und Prälat. In: Rems-Zeitung vom 16. Dezember 1978

−: Die Geschichtsschreibung der Reichsstadt Schwäbisch Gmünd im 17. und 18. Jahrhundert. In: Barock in Schwäbisch Gmünd. Aufsätze zur Geschichte einer Reichsstadt im 18. Jahrhundert, hrsg. v. Klaus Jürgen Herrmann. 1981, 193−242

−: Bischof Heinrich III. von Schoenegg und Schwäbisch Gmünd, Jahrbuch des Vereins f. Augsburger Bistumsgeschichte 15/1981, 216−220

−: Burg Wolfstal, Burg Bettringen und Burg Bargau. einhorn-Jahrbuch 1980, 204−215

−: Das Gmünder Spital − über 700 Jahre Krankenpflege. Seine Geschichte und bauliche Entwicklung, Gmünder Tagespost Sonderteil. Gmünder Herbst '82 v. 17. 9. 1982, 12−14

−: Das Gmünder Münster im Spiegel frühneuzeitlicher Chroniken. Gmünder Geschichtsbl. 1981 Nr. 3

−: Der Gmünder Stadtgründer König Konrad III. und die Heiligkreuzpfarrkirche der Stauferstadt. Gmünder Geschichtsbl. 1981 Nr. 7

−: Die Burghalde bei Mutlangen − ein ungelöstes Rätsel. Zugleich ein Beitrag zur Geschichte der Waibelhube ob Gmünd. Ostalb/einhorn 9/1982, H. 35, 318−322

−: Die Heiligen Drei Könige und Schwäbisch Gmünd. Ostalb/einhorn 10/1983, H. 37, 96−100

−: Die Gmünder Ringsage. Entstehung und Entwicklung einer Staufer-Überlieferung. einhorn-Jahrbuch 1982, 129−150

−: Eine Himmelserscheinung im Jahr 1225 und die St.-Johannis-Kirche in Schwäbisch Gmünd. Ostalb/einhorn 6/1979, H. 23, 284−288

−: Ein Reliquienverzeichnis der Gmünder Theobaldskapelle aus dem 15. Jahrhundert. Gmünder Geschichtsbl. 1981 Nr. 9

−: Gmünder Chroniken im 16. Jahrhundert. 1984

−: Gmünder Chronisten im 19. Jahrhundert. einhorn-Jahrbuch 1981, 177−185

−: Herrenhof oder Jägerhaus. Zu einem Problem der städtischen Frühgeschichte von Schwäbisch Gmünd. einhorn-Jahrbuch 1979, 142−155

−: Hexen, Hexenmeister, Unhold. Remszeitung Nr. 131 vom 9. 6. 1980. Gmünder Tagespost Nr. 153 vom 6. 7. 1980

−: Klosterhöfe im alten Gmünd. Ein historischer Streifzug. Gmünder Tagespost, Sonderbeilage 4. Gmünder Herbst '81 vom 18. 9. 1981, 3−4

−: Nach Riga, Cadiz und Havanna. Gmünder Fernhandel im 18. Jahrhundert. Rems-Zeitung vom 20. 9. 1979

−: Speisung der 12 Armen. Eine Gründonnerstagsstiftung der Vener in Schwäbisch Gmünd. Ostalb/einhorn 6/1979, H. 21, 52−56

−: Schultheiß und Rat. Probleme der Stadtverfassung von Schwäbisch Gmünd im 13. Jahrhundert. Gmünder Studien 1 1976, 85−93

−: Vom Falschmünzer Sperfechter. Rems-Zeitung vom 24. 12. 1981

−: Vom Drachgau zum Stauferland. Ostalb/einhorn 8 (1981), H. 32, 415−418

−: Vom Gmünder Marktfrieden. In: Gmünder Geschichtsblätter 1984, Nr. 2

−: Zur Familie des Lautenspielers Hans Judenkünig aus Schwäbisch Gmünd, Ostalb/einhorn 6/1979, H. 21, 118−120

—: Zur Barockisierung der Johanniskirche. Rems-Zeitung vom 1. 9. 1980

—: Zur Frage einer Fulradzelle in Schwäbisch Gmünd, Gmünder Studien 2/1979, 173—202

—: Zur Wirtschaftsgeschichte der Reichsstadt Schwäbisch Gmünd. Ostalb/einhorn 4 (1977), H. 16, 403—406

Graus, F.: Randgruppen in der städtischen Gesellschaft im Spätmittelalter. Zeitschrift für historische Forschung 8/1981, 385—437

Grimm, M.: Geschichte der ehemaligen Reichsstadt Gmünd von Anbeginn bis auf den heutigen Tag. Nach Urkunden und handschriftlichen Quellen, sowie anderen bewährten Hilfsmitteln. 1867

Groener, W.: Lebenserinnerungen. 1957

Grundmann, H.: Religiöse Bewegungen im Mittelalter. Untersuchungen über die geschichtlichen Zusammenhänge zwischen der Ketzerei, den Bettelorden und der religiösen Frauenbewegung im 12. und 13. Jahrhundert und über die geschichtlichen Grundlagen der deutschen Mystik. [4]1970

Gümbel, A.: Sebald Schreyer und die Sebalduskapelle zu Schwäbisch Gmünd. Mitteilungen d. Vereins f. Gesch. der Stadt Nürnberg 16 (1904), 125—150

Gündle, E.: Josef Wannenmacher. Gmünder Heimatblätter 13/1952, 38—40, 47—48, 54—56, 62—64

—: Pestzeiten in Schwäbisch Gmünd. Gmünder Heimatblätter 1/1948, 45—47

Günter, H.: Das Restitutionsedikt von 1629 und die katholische Restauration Altwirtembergs. 1901

Haering, H.: Der Reichskrieg gegen Eberhard den Erlauchten von Württemberg in den Jahren 1310—1316 und seine Stellung in der allgemeinen deutschen Geschichte. Württembergische Jahrbücher 1910, 43—70

Haffner, S.: Anmerkungen zu Hitler. 1978

Hahn, K. E.: Die Territorialpolitik der südwestdeutschen Staaten Baden, Bayern und Württemberg und ihr Einfluß auf die Verkehrsleistung und die Linienführung der Verkehrswege, insbesondere der Eisenbahnen. In: Archiv für Eisenbahnwesen. 1939, 1081—1218

Haller, J.: Das Papsttum. Idee und Wirklichkeit, 5 Bde. 1950

Haubrichs, W.: Die bliesgauischen Ortsnamen der Archipresbyterate Sankt Arnual und Neumünster im Bistum Metz (I). Jahrbuch für westdeutsche Landesgeschichte 2/1976, 23—76

Haug, F., G. Sixt: Die römischen Inschriften und Bildwerke Württembergs.[2] 1914

Hauptmeyer, G.-H.: Probleme des Patriziats oberdeutscher Städte vom 14. bis zum 16. Jahrhundert. Zeitschrift für bayerische Landesgeschichte 40/1977, 39—58

—: Vor- und Frühformen des Patriziats mitteleuropäischer Städte. Die alte Stadt 6/1979, 1—20

Hecht, W.: Ein Vorbereitungsschreiben zum Rottweiler Provinzialkapitel der Dominikaner der Teutonia von 1427. Freiburger Diözesanarchiv 98/1978, 566—570

Heide, A.: Die Friedensordnungen der Reichsstadt Schwäbisch Gmünd. Masch. Zulassungsarbeit PH Reutlingen 1978

Heimpel, H.: Die Vener von Gmünd und Straßburg 1162—1447. Studien und Texte zur Geschichte einer Familie sowie des gelehrten Beamtentums in der Zeit der abendländischen Kirchenspaltung und der Konzilien von Pisa, Konstanz und Basel, 3 Bde. Veröffentlichungen des Max-Planck-Instituts für Geschichte 52/1982

Heinig, P. J.: Reichsstädte, Freie Städte und Königtum 1389—1450. Ein Beitrag zur deutschen Verfassungsgeschichte. Veröffentlichungen des Instituts für europäische Geschichte Mainz 108/1983

Heinzelmann, M.: Translationsberichte und andere Quellen des Reliquienkultes. (Typologie des sources du moyen âge occidental 33). Turnhout 1979

Herrmann, K.: Die Württembergische Eisenbahn-Gesellschaft. In: Zeitschrift für württembergische Landesgeschichte. 37/1978, 201 ff.

Herrmann, K. J.: Consilium in causa maleficarum, lamiarum et veneficarum. Gmünder Studien 1/1976, 163—167

—: Die Hochschulen und ihre Städte — am Beispiel der Pädagogischen Hochschule Schwäbisch Gmünd. In: Maschke, Erich und Sydow, Jürgen (Hrsg.): Stadt und Hochschule im 19. und 20. Jahrhundert. 1979

—: ». . . werde ich Euch eine Abteilung von 10 Polen senden.« Französische Exekutionsandrohung gegen die Reichsstadt Gmünd aus dem Jahr 1801. Ostalb/einhorn Juni 1981, 189–191

—: (Hrsg.): Barock in Schwäbisch Gmünd. Aufsätze zur Geschichte einer Reichsstadt im 18. Jahrhundert. 1981

—: Geschichte Ostwürttembergs im 18. Jahrhundert. In: Barock in Schwäbisch Gmünd. Aufsätze zur Geschichte einer Reichsstadt im 18. Jahrhundert, hrsg. v. Klaus Jürgen Herrmann. 1981, 7–20

—: Über die Anfänge der Augustinereremiten in Schwäbisch Gmünd. Gmünder Studien 1/1976, 81–84

—: Zur Geschichte der Juden in Schwäbisch Gmünd im Mittelalter. Ostalb/einhorn 4/1977, H. 15, 271–274

—: Schwäbisch Gmünd im Jahre 1378. Ein 600 Jahre altes Verfassungsdokument wirft Fragen auf. Ostalb/einhorn 5 (1978), H. 18, 179–181

—: Schwäbisch Gmünd und der schwäbische Städtebund im 14. Jahrhundert. einhorn-Jahrbuch 1978, 183–194

—: Schwäbisch Gmünder Stadtschreiber im Mittelalter und der frühen Neuzeit. Gmünder Studien 1/1976, 95–102

Hertlein, F., O. Paret und P. Gößler: Die Römer in Württemberg I–III, 1928–32

Herzfeldt, R.: Geschäft und Aufgabe – 50 Jahre Zahnradfabrik Friedrichshafen, o. J.

Herzig, A.: Die Beziehungen der Minoriten zum Bürgertum im Mittelalter. Die alte Stadt 6/1979, 21–53

Heuss, W.: Die Anfänge der Volkshochschule Schwäbisch Gmünd. einhorn 77/1966, 324–326

Hildebrand, B.: Großbrand anno 1865 in Aalen. In: Ostalb-einhorn Nr. 31, September 1981, 281–286

Hildebrandt, R.: Rat contra Bürgerschaft. Die Verfassungskonflikte in den Reichsstädten des 17. und 18. Jahrhunderts. Zs. für Stadtgeschichte, Stadtsoziologie und Denkmalpflege 2/1974, 221–241

Hillgruber, A.: Der Zweite Weltkrieg 1939–1945. Kriegsziele und Strategie der großen Mächte. ²1983

Hippel, W. v.: Bevölkerung und Wirtschaft im Zeitalter des 30jährigen Krieges. Zeitschrift für Historische Forschung Bd. 5/1978, 413–448

Hirner, A.: Der 30jährige Krieg. Chronik von Herlikofen-Hussenhofen. Gmünder Heimatblätter 6/1933, 130–133

Hölzle, E.: Der deutsche Südwesten am Ende des alten Reiches. Geschichtliche Karte des reichsdeutschen und benachbarten Gebietes 1:200 000. 1938

Hömig, K. D.: Der Reichsdeputationshauptschluß vom 25. Februar 1803 und seine Bedeutung für Staat und Kirche, Bd. 14 (Juristische Studien), 1969

Hoffmann, G.: Kirchenheilige in Württemberg. Darstellungen aus der Württembergischen Geschichte 23/1932

Hofmann, N.: Besitzgeschichte der Hacken von Hoheneck und Wöllstein. Masch. Zulassungsarbeit Tübingen 1969/70

Hohenemser, P.: Der Frankfurter Verfassungsstreit 1705–1732 und die kaiserlichen Kommissionen, Bd. 8 (Veröffentlichungen der historischen Kommission der Stadt Frankfurt a. M.). 1920

Holzmann, M.: Die Gliederung der Oberämter im Königreich Württemberg. Zeitschrift für württembergische Landesgeschichte 37/1979, 164–187

Hotzelt, W.: Translationen von Martyrerleibern aus Rom ins westliche Frankenreich im 8. Jahrhundert, Archiv f. elsässische Kirchengesch. 13/1938, 1–52

Huizinga, J.: Herbst des Mittelalters, Studien über Lebens- und Geistesformen in Frankreich und in den Niederlanden, hrsg. v. Rudolf Köster. [11]1975

Hummel, H.: Gmünder Bibliotheken im Zeitalter der Säkularisation. Zur Geschichte der Bibliotheken der Augustiner und der Dominikaner, des Kollegiatstifts und der Priesterbruderschaft im frühen 19. Jahrhundert. In: Barock in Schwäbisch Gmünd, hrsg. v. Klaus Jürgen Herrmann. 1981, 90–124

Hussendörfer, R.: Die ehemalige Chorherrenstiftskirche in Faurndau. Veröff. d. Stadtarchivs Göppingen 10, 1975

Hutter, O.: Das Gebiet der Reichsabtei Ellwangen. Darstellungen aus der württembergischen Geschichte 12/1914

Isenmann, E.: Reichsstadt und Reich an der Wende vom späten Mittelalter zur frühen Neuzeit. In: Mittel und Wege früher Verfassungspolitik. Kleine Schriften 1, hrsg. v. Josef Engel (Spätmittelalter und frühe Neuzeit 9). 1979, 9−223

Jänichen, H.: Der alemannische und fränkische Siedlungsraum. Historischer Atlas von Baden-Württemberg, Beiwort zu den Karten IV, 1−2. 1972

Jakob, O.: Die kgl. württ. Staatseisenbahnen in historischer-statistischer Darstellung. Dissertation. Tübingen 1895

Kaißer, B.: Führer durch Gmünd und seine Umgebung. 1876

Kallenberg, F.: Spätzeit und Ende des schwäbischen Kreises. Jahrbuch für Geschichte der oberdeutschen Reichsstädte 14/1968, 61−93

Kapff, D.: Viel Steine gab's und noch mehr Holz. In: Bauen, Wohnen, Leben in Württemberg. 1979

Kapff, M. F. G.: Christoph Martin Freiherr von Degenfeld. 1844

Kauss, D.: Die Hohenstaufenstadt Göppingen. Überlegungen zur Frühgeschichte der Stadt am Fuße des Hohenstaufen. Hohenstaufen 10/1977, 137−152

Keck, G.: Das grüne Haus, Gmünder Heimatblätter 8/1935, 49−53

−: Der Stahlsche Garten. Gmünder Heimatblätter 8/1935, 177−181

−: Die Gmünder Feuersbrunst im Jahre 1793. Gmünder Heimatblätter 7/1934, 106−110

−: Vom Dominikanerkloster zur Gmünder Kaserne. Gmünder Heimatblätter 6/1933, 73−77

Kehrer, H.: Deutschland in Spanien. Beziehung, Einfluß und Abhängigkeit. 1953

Keil, W.: Geschichte der sozialistischen Arbeiterbewegung in Württemberg. In: Schwäbische Tagwacht Nr. 191 vom 17. August 1901, 5−12

Keinath, W.: Orts- und Flurnamen in Württemberg. 1951

Kellenbenz, H.: Die Wirtschaft der schwäbischen Reichsstädte zwischen 1648 und 1740. Esslinger Studien 11/1965, 128−165

Keller, H.: Über den Charakter Freiburgs in der Frühzeit der Stadt. In: Festschrift für Berent Schwineköper. 1982, 249−282

Kiess, R.: Die Rolle der Forsten im Aufbau des württembergischen Territoriums bis ins 16. Jahrhundert, Veröffentlichung der Kommission für geschichtliche Landeskunde in Baden-Württemberg, 2. 1958

Kießling, R.: Stadt-Land-Beziehungen im Spätmittelalter. Zeitschrift für bayerische Landesgeschichte 40/1977, 829−867

Kimmig, W.: Vorgeschichte zwischen Neckar und Nördlinger Ries. 1973

Kirchgässner, B.: Möglichkeiten und Grenzen in der Auswertung statistischen Urmaterials für die südwestdeutsche Wirtschaftsgeschichte im Spätmittelalter. In: Voraussetzungen und Methoden geschichtlicher Städteforschung, hrsg. v. Wilhelm Ehbrecht (Städteforschung A 7), 1979, 75−100

−: Wirtschaft und Bevölkerung der Reichsstadt Eßlingen im Spätmittelalter. Nach den Steuerbüchern 1360−1460, Esslinger Studien 9/1964

Kissling, H.: Das älteste Gmünder Tafelbild. Gmünder Heimatblätter 24/1963, 17−22

−: Das Münster in Schwäbisch Gmünd. Studien zur Baugeschichte, Plastik und Ausstattung. 1975

−: Der Gmünder Bildschnitzer Hans Peter Danzer. einhorn 12/1965, H. 72, 438−440

−: Der Hochaltar des Gmünder Münsters 1670−1801 und der Gmünder Frühbarock. In: Barock in Schwäbisch Gmünd. Aufsätze zur Geschichte einer Reichsstadt im 18. Jahrhundert, hrsg. v. Klaus Jürgen Herrmann, 1981, 50−67

−: Die Augustinuskirche in Schwäbisch Gmünd. 1961

−: Die gotischen Holzbildwerke in der Gmünder Altertümersammlung. einhorn 9/1962, H. 55, 279−288

−: Die wahre Länge Christi. Über ein Tafelbild des Gmünder Museums. Gmünder Heimatblätter 26/1965, 70−72, 80

−: Kunst im Städtischen Museum Schwäbisch Gmünd. 1979

−: Probleme um Jörg Ratgeb. Zum Frühwerk des Malers, zugleich eine Auseinandersetzung mit den Anschauungen und Thesen Wilhelm Fraengers. Gmünder Studien 1/1976, 169−200

−: Über das kürzlich entdeckte spätgotische Bildwerk. Gmünder Heimatblätter 24/1963, 95−96

−: »Werfende Hantwerke« von Schw. Gmünd. Stauferland (Beil. z. Gmünder Tagespost/1972/3)

−: Zu dem Ölberg in der Felsenkapelle des St. Salvators. In: Deibele, Albert: Die Kapellen in Schwäbisch Gmünd von einst und jetzt. Gmünder Hefte. Heimatkundliche Schriftenreihe Bd. 10, o. J. (1971), 93−94

Klaus, B.: Beziehungen Gmünds zu Württemberg. Württembergische Vierteljahreshefte für Landesgeschichte, Neue Folge 14/1905, 394−417

−: Beiträge zur Geschichte Gmünds II. Zur Geschichte während des 30jährigen Krieges und in den französischen Kriegen am Ende des 17. Jahrhunderts. Württembergische Jahrbücher für Statistik und Landeskunde I/1904, 126−132

−: Die Reichsstadt Schwäbisch Gmünd während des spanischen Erbfolgekriegs im Jahre 1707, Mitteilungen des Württembergischen Statistischen Landesamtes; Bes. Beilage des Staatsanzeigers für Württemberg 1898, 107−111

−: Geschichte der Lateinschule der ehemaligen Reichsstadt Schwäbisch Gmünd. In: Geschichte des humanistischen Schulwesens in Württemberg, Bd. 2/1, 1920, 466−489

−: Geschichtliches und Kulturgeschichtliches aus Gmünd. Württembergische Jahrbücher für Statistik und Landeskunde. 1902, 1−24

−: Rechtsgeschichtliches aus Gmünd. Württembergische Jahrbücher für Statistik und Landeskunde 1901, H 1, 88−102

−: Urkundliche Mitteilungen betreffend die Reichsstadt Schwäbisch Gmünd. Besondere Beilage des Staats-Anzeigers für Württemberg. 1900, 248−256, 263−271

−: Urkundliche Mitteilungen, betreffend das Schulwesen der ehemaligen Reichsstadt Schwäbisch Gmünd und des von ihr abhängigen Gebiets. In: Württembergische Jahrbücher für Statistik und Landeskunde, hrsg. von dem Königl. Statistischen Landesamt, 1904 II, 161−165

−: Zur Geschichte der Klöster der ehemaligen Reichsstadt Schwäbisch Gmünd. Württembergische Vierteljahreshefte für Landesgeschichte, Neue Folge 20/1911, 5−67

−: Zur Geschichte der kirchlichen Verhältnisse der ehemaligen Reichsstadt Schwäbisch Gmünd und des von ihr abhängigen Gebiets. Württembergische Vierteljahreshefte für Landesgeschichte, Neue Folge 11/1902, 257−286 und Neue Folge 13/1904, 66−110, 168−186

−: Zur Geschichte der Juden im Mittelalter [Schwäbisch Gmünd], Beilage zur Allgemeinen Zeitung (München) v. 8. 3. 1900, Nr. 56

Klaus, F.: Hundert Jahre Bahnhof Schwäbisch Gmünd. In: einhorn 47/1961, 113−115

Klein, M.: Das römische Limeskastell Schirenhof-Schwäbisch Gmünd. Diss. Freiburg 1984

Klein, W.: Bilder aus Alt-Gmünd. 1948

−: Zur Kunstgeschichte des Gmünder Schmuckhandwerks. In: Das Gmünder Schmuckhandwerk bis zum Beginn des XIX. Jahrhunderts, hrsg. v. Peter Scherer 1971, 47−85

−: Die Elfenbeinschnitzer-Familie Maucher von Schwäbisch Gmünd. Gmünder Heimatblätter 10/1933, 101−145, 159−167, 186−195

−: Johann Michael & Christoph Maucher. Zwei Gmünder Elfenbeinschnitzer des Barocks. 1920

−: 10 Jahre Forschungsinstitut für Edelmetalle. Mitteilungen des Forschungsinstituts 10/11. 1932

−: Johann Michael Keller, ein Gmünder Baumeister des Barocks. Gmünder Kunst Bd. 3, Johann Michael Keller, sein Werk und seine Mitarbeiter. 1923

−: Der Erbauer des Salvators Caspar Vogt und sein Werk. Gmünder Heimatblätter 9/1936, 113−123, 129−141, 145−151, 161−170, 177−184; Gmünder Heimatblätter 10/1937, 1−10

−: Geschichte des Gmünder Goldschmiedegewerbes. 1920

−: Sechshundert Jahre Gmünder Goldschmiede-Kunst. 1947

Köhler, E.: Aus der Geschichte des Forschungsinstituts für Edelmetalle und Metallchemie Schwäbisch Gmünd. Einhorn 36/1959, 141−146

Kohl, W.: Bemerkungen zur Typologie sächsischer Frauenklöster in karolingischer Zeit. In: Untersuchungen zu Kloster und Stift (Veröffentlichungen des Max-Planck-Instituts f. Gesch. 68). 1980, 117−139

Kolb, G.: Die Jesuiten im Gmünder Gebiet (III) Forschungen in römischen Archiven zur Tätigkeit des Ordens. Alt-Württemberg, heimatgeschichtliche Blätter, Beilage zur IWZ (Südwestdeutsche Illustrierte Wochenzeitung) 1963 Nr. 5

−: Woher und wann kamen die Dominikaner nach Gmünd? Gmünder Heimatblätter 23/1962, 87−88

−: Die Grenze zwischen den Bezirken der Dominikaner zu Gmünd und Esslingen. Gmünder Heimatblätter 25/1964, 71−72

−: Das Dominikanerinnenkloster Gotteszell, eine Gründung der Stauferzeit. In: Die Staufer und Schwäbisch Gmünd. 1977, 95−128

Koller, H.: Zur Stadtpolitik der Staufer in Süddeutschland. Die alte Stadt. Zeitschrift für Stadtgeschichte, Stadtsoziologie und Denkmalpflege 5/1978, 317−345

Krämer, H.: Schwäbisch Gmünd. Siedlungs- und Rechtsgeschichte bis zum Übergang an Württemberg. Diss. masch. Tübingen 1960

Kraus, B.: Hervorragende Gmünder, Gmünder Heimatblätter 3/1930, 10−11

Krieg − Revolution − Republik. Die Jahre 1918 bis 1920 in Baden und Württemberg. Bearbeitet von G. Cordes. 1978

Krusy, H.: Gegenstempel auf Münzen des Spätmittelalters. 1974

Kucher, W.: Die Wirtschaftsentwicklung der Stadt Schwäbisch Gmünd vom Beginn des 19. Jh. bis zur Gegenwart. Diss. Nürnberg 1949

Kuhnle, O.: 50 Jahre Machtergreifung − Neudeutschland unter dem Nationalsozialismus am ehem. Realgymnasium 1933−1939. Gmünder Geschichtsblätter 2/1983

Kunzelmann, A.: Geschichte der deutschen Augustiner-Eremiten. Teil 1: Das dreizehnte Jahrhundert (Cassiacum 26). Würzburg 1969; Teil 2: Die rheinisch-schwäbische Provinz bis zum Ende des Mittelalters. 1970

Kurskommission der Schweizerischen Gesellschaft für Ur- und Frühgeschichte, Archäologie der Schweiz, Band I, Die Ältere und Mittlere Steinzeit. Zürich 1968

Kurze, D.: Zur Ketzergeschichte der Mark Brandenburg und Pommerns vornehmlich im 14. Jahrhundert, Jahrbuch für die Geschichte Mittel- und Ostdeutschlands 16/17 (1968), 50−94

Kyriss, E.: Zwei Geislinger Buchbinder des 15. Jahrhunderts. Zeitschrift für Württembergische Landesgeschichte 8 (1944−1948), 272−279

−: Verzierte gotische Einbände im alten deutschen Sprachgebiet. Bd. 1, 1951

Lämmle, E.: Das kulturelle Leben in Schwäbisch Gmünd während der letzten 150 Jahre. Festbuch 800 Jahre Stadt Schwäbisch Gmünd 1162−1962. 1962, 131−156

−: Der Raum Schwäbisch Gmünd vom Ende der Reichsstadtzeit bis zur Gegenwart. Der Ostalbkreis, 1978, 145−168

−: Die Gmünder Juden, Wege und Schicksale 1861−1945. 1979

−: Kulturelles Leben in Schwäbisch Gmünd vom Ende der Reichsstadt bis zur Gegenwart. Schwäbisch Gmünd, Beiträge zur Geschichte und Gegenwart der Stadt, hrsg. von Peter Scherer. 1971, 115−164

−: Schwäbisch Gmünd am Vorabend des »Dritten Reiches«. einhorn-Jahrbuch. 1974, 141−164

−: Schwäbisch Gmünd in den Anfangsjahren des »Dritten Reiches« 1933−1934. einhorn-Jb/1975, 109−146

−: Bedrängte Kirche − Zur Lage der katholischen Kirche in Schwäbisch Gmünd während der NS-Zeit. einhorn-Jahrbuch 1976, 142−151

−: Schwäbisch Gmünd in der NS-Zeit − Die Jahre von 1934 bis 1937. einhorn-Jahrbuch 1977, 136−166

−: Schwäbisch Gmünd in der NS-Zeit − Die Jahre vor dem Zweiten Weltkrieg 1937−1939. einhorn-Jahrbuch 1978, 128−172

−: Schwäbisch Gmünd in der NS-Zeit − Der Zweite Weltkrieg 1939−1941. einhorn-Jahrbuch 1979, 166−203

−: Schwäbisch Gmünd in der NS-Zeit − Der Zweite Weltkrieg 1942−1944. einhorn-Jahrbuch 1980, 145−185

−: Schwäbisch Gmünd in der NS-Zeit − Wirtschaftliche und soziale Entwicklung während des Zweiten

Weltkrieges. Das Kriegsende 1945. einhorn-Jahrbuch 1981, 126−176

−: Schwäbisch Gmünd in den Nachkriegsjahren 1945 und 1946. einhorn-Jahrbuch 1982, 166−193

−: Schwäbisch Gmünd in den Nachkriegsjahren 1945 und 1946 (2. Teil). einhorn-Jahrbuch 1983, 132−175

Lahnstein, P.: Als die Heimat der Staat war. − Vom Neubeginn nach der Stunde Null. Schwäbische Heimat 4/1979

−: Württemberg anno dazumal. Streifzüge in die Vergangenheit. 1964

Laufs, A.: Die Verfassung und Verwaltung der Stadt Rottweil 1650−1806, Veröffentlichungen der Kommission für geschichtliche Landeskunde in Baden-Württemberg, Reihe B, Forschungen, Bd. 22/1963

Laurentzsch, U.: Die Gmünder Zünfte um 1500, Masch. Zulassungsarbeit PH Schwäbisch Gmünd 1979

Leibbrand, W.: Postrouten (Postcourse) in Baden-Württemberg 1490−1803, Historischer Atlas X, 2. 1980

Lempp, E. F.: Die Entwicklung der Industrie in Stadt und Kreis Schwäbisch Gmünd. 10 Jahre einhorn Schwäbisch Gmünd 1953−1963, 190−204

Lentze, H.: Der Kaiser und die Zunftverfassung in den Reichsstädten bis zum Tode Karls IV. (Untersuchungen zur dt. Staats- und Rechtsgesch. 145). 1933

Liebmann, M.: Urbanus Rhegius und die Anfänge der Reformation. Reformationsgeschichtliche Studien und Texte 117/1980, 201−211

Lochmüller, W.: Die Staatliche Werkkunstschule Schwäbisch Gmünd und die Neuordnung des technischen Bildungswesens. Einhorn 90/1968, 383−384

−: 50. Jubiläum der Staatlichen Höheren Fachschule für das Edelmetallgewerbe. einhorn 37/1959, 180−191

Löhle, G.: Hexenverfolgungen und ihre Auswirkungen in Gmünd. Zulassungsarbeit PH Schwäbisch Gmünd. 1982/83

Lorch, W.: Eutighofen. Das Schicksal einer alemannischen Siedlung. Gmünder Heimatblätter 10/1937, ·49−54, 65−70

−: Methodische Untersuchungen zur Wüstungsforschung (Arb. z. Landes- und Volksforschung). 1939

Ludwig-Uhland-Institut für empirische Kulturwissenschaft (Hrsg.): Heitere Gefühle bei der Ankunft auf dem Lande. Bilder schwäbischen Landlebens im 19. Jahrhundert. 1983

Mährlen, J.: Die Eisenbahnen über die Alb und das Remstal. 1841

Mager, H.: Das Heilig-Kreuz-Münster in Schwäbisch Gmünd und seine Gemeinde. O.O., o.J., (Schwäbisch Gmünd 1951)

Maier, R.: Ein Grundstein wird gelegt. Die Jahre 1945−1947. 1964

Mangold, L.: 200 Jahre Gewerbeschule in Schwäbisch Gmünd. einhorn-Jahrbuch 1976, 127−141

Marquardt, A.: Drangsale der Reichsstädte während des 30jährigen Krieges. Rems-Zeitung Nr. 140/1904

Martin, Th. M.: Die Städtepolitik Rudolfs von Habsburg (Veröff. d. Max-Planck-Instituts für Gesch. 44). 1976

Maschke, E.: Bürgerliche und adelige Welt in den Städten der Stauferzeit. In: Südwestdeutsche Städte im Zeitalter der Staufer. 1980, 9−27

−: Städte und Menschen. Beiträge zur Geschichte der Stadt, der Wirtschaft und Gesellschaft 1959−1977. Vierteljahresschrift für Sozial- und Wirtschaftsgeschichte Beiheft 68/1980

Maschke, E. und Sydow, J. (Hrsg.): Zur Geschichte der Industrialisierung in den südwestdeutschen Städten. Stadt in der Geschichte, Bd. 1. 1977

−: Stadt und Hochschule im 19. und 20. Jahrhundert. Stadt in der Geschichte, Bd. 3. 1979

Maurer, H.-M.: Der Hohenstaufen, Geschichte der Stammburg eines Kaiserhauses. 1977

−: Der Herzog von Schwaben. 1978

−: König Konrad III. und Schwäbisch Gmünd. Wer hat die Stadt gegründet? Zeitschrift für württembergische Landesgeschichte 38/1979, 64−81

Mayer, J. Chr.: Auszug aus meinen im Jahre 1818 über den Verfall des Handels und der Fabrikation von Gmünd und mögliche Verbesserung derselben, zusammengestellten Ideen. 1850

Mayer: Der Dreißigjährige Krieg in unserer Gegend. Gmünder Heimatblätter 1/1932, 1−3

Meckseper, C.: Kleine Kunstgeschichte der deutschen Stadt im Mittelalter. 1982

Mehring, G.: Die Anfänge des Spitals in Gmünd. Württembergische Vierteljahreshefte für Landesgeschichte Neue Folge 18/1909, 253−256

−: Eine Zelle der Karolingerzeit in Schwäbisch Gmünd? Blätter für württembergische Kirchengeschichte, Neue Folge 25/1921, 86−107

−: Stift Lorch. Quellen zur Geschichte einer Pfarrkirche. 1911

Mende, H.: Barocke Formen an Gmünder Bauten. In: Barock in Schwäbisch Gmünd. Aufsätze zur Geschichte einer Reichsstadt im 18. Jahrhundert, hrsg. v. Klaus Jürgen Herrmann. 1981, 134−149

−: Bauliche Zeugen der Stauferzeit in Schwäbisch Gmünd. In: Die Staufer und Schwäbisch Gmünd. 1977, 75−94

−: Gedanken über das vorstaufische Gmünd. einhorn-Jahrbuch 1975, 100−107

−: Gmünd, ein Zeugnis abendländischer Baugesinnung. In: Festbuch 800 Jahre Stadt Schwäbisch Gmünd 1162−1962, [1962], 53−82

−: Die Notgrabungen auf dem Johannisplatz, einhorn 19/1972, H. 114, 363−366

−: Hans Baldung Grien. Das graphische Werk. Vollständiger Bildkatalog der Einzelholzschnitte, Buchillustrationen und Kupferstiche. 1978

Meschenmoser, H.: Notzeiten im alten Gmünd. Aus der Erzählung »Im Zeichen des Einhorns«, einhorn 17/1956, 109−111

Metzger, G.: Der Dominikanerorden in Württemberg am Ausgang des Mittelalters. Blätter für Württembergische Kirchengeschichte Neue Folge 46/1942 [I] 4−60; Neue Folge 47/1943 [II], 1−20

Meuthen, E.: Das 15. Jahrhundert (Oldenbourg Grundriß der Geschichte). München−Wien 1980

Midelfort, H. C. E.: Witch hunting in Southwest Germany 1562−1648. Stanford 1972

Miller, M.: Die Organisation und Verwaltung von Neuwürttemberg unter Herzog und Kurfürst Friedrich. Württembergische Vierteljahreshefte für Landesgeschichte 37/1931, 112−177

−: Die Söflinger Briefe und das Klarissenkloster Söflingen bei Ulm a. d. D. im Spätmittelalter. 1940

Mitterauer, M.: Markt und Stadt im Mittelalter. Beiträge zur historischen Zentralitätsforschung. Monographien zur Geschichte des Mittelalters 21/1980

Moraw, P.: Zum königlichen Hofgericht im deutschen Spätmittelalter. Zeitschrift für die Geschichte des Oberrheins 121/1973, 307−317

Morlok, G.: Die Königlich Württembergischen Staatseisenbahnen. Rückschau auf deren Erbauung während der Jahre 1835−1889. 1890

Moser, J. J.: Von der reichsstättischen Regiments-Verfassung. Th. 18 (Neues Teutsches Staats-Recht). Frankfurt−Leipzig 1772

Muchembled, R.: Kultur des Volks − Kultur der Eliten. Die Geschichte einer erfolgreichen Verdrängung. 1982

Mühl, A. und Seidel, K.: Die Württembergischen Staatseisenbahnen. ²1980

Müller, H. P.: Das Schwesternbuch von Kloster Kirchberg (1237−1305). Der Sülchgau 21/22/1977/78, 42−56

Müller, H.: 125 Jahre Barmherzige Schwestern in Schwäbisch Gmünd. In: einhorn-Jb, 1983, 104−107

Müller, K. D.: Ein Warenzeichenschutzprozeß um 1500 (Schwäbisch Gmünd). Zeitschrift der Savigny-Stiftung für Rechtsgeschichte, Germanistische Abteilung 55/1935, 244−263

Müller, W.: Die Weibelhuben. Zeitschrift der Savigny-Stiftung für Rechtsgeschichte, Germanistische Abteilung 83/1966, 202−230

Müller-Beck, H. (Hrsg.): Urgeschichte in Baden-Württemberg. 1983

Mundschau, H.: Sprecher als Träger der ›tradition vivante‹ in der Gattung ›Märe‹ (Göppinger Arbeiten z. Germanistik 63). 1972

Mutschelknauß, E.: Die Entwicklung des Nürnberger Goldschmiedehandwerks. 1929

Nägele, A.: Die Heilig-Kreuz-Kirche in Schwäbisch Gmünd. Ihre Geschichte und ihre Kunstschätze. 1925

—: Eine Original-Urkunde über das Baldunghaus in Gmünd vom Jahr 1414. Gmünder Heimatblätter 8/1935, 113—117

—: Hans Baldung Griens Heimat und Hochschätzung im Wandel der Jahrhunderte. Anzeiger f. Schweizerische Altertumskunde NF 25/1923, 37—49

—: Hans Baldungs schwäbische, nicht elsässische Heimat. Die christliche Kunst 18/1922, 136—146

—: Neue Miszellen zur Gmünder Geschichte. Gmünder Tagblatt Nr. 55 v. 9. 3. 1898

—: Zwei Briefe des Dr. Kaspar Baldung von Gmünd an und über seinen Bruder, den Maler Hans Baldung. Gmünder Heimatblätter 5/1932, 155—160

—: Das mittelalterliche Kaufhaus und seine Stellung in der Stadt. 1971

Naujoks, E.: Der älteste Gmünder Stadtetat. Gmünder Heimatblätter 12/1951, Nr. 1, 3—7

—: Die Verfassungsänderung in Gmünd um 1552. Gmünder Heimatblätter 12/1951, 4—7

—: Obrigkeit und Zunftverfassung in den südwestdeutschen Reichsstädten. Zeitschrift für württembergische Landesgeschichte 33/1974, 53—93

—: Obrigkeitsgedanke, Zunftverfassung und Reformation. Studien zur Verfassungsgeschichte von Ulm, Esslingen und Schwäbisch Gmünd. Veröffentlichungen der Kommission für Geschichtliche Landeskunde in Baden-Württemberg, 1958, Reihe B, Bd. 3

—: Kaiser Karl V. und die Zunftverfassung. Ausgewählte Aktenstücke zu den Verfassungsänderungen in den oberdeutschen Reichsstädten. Veröffentlichungen der Kommission für geschichtliche Landeskunde in Baden-Württemberg. A 36

Nebinger, G. und Rieber, A.: Die Stebenhaber, ein reichsstädtisches Geschlecht in Memmingen, Schwäbisch Gmünd, Augsburg, Überlingen und Ulm. Blätter des Bayerischen Landesvereins für Familienkunde 40/1977, 177—220

Neuer-Landfried, F.: Die katholische Liga. Gründung, Neugründung und Organisation eines Sonderbundes 1608—1620. 1968

Nitsch, A.: Die Musik zum alten Gmünder Passionsspiel. Gmünder Heimatblätter 19/1958, 19—20

—: Das Spitalarchiv zum Heiligen Geist in Schwäbisch Gmünd. Inventar der Urkunden, Akten und Bände (Inventare der nichtstaatl. Archive in Baden-Württemberg 9). 1965

—: Urkunden und Akten der ehemaligen Reichsstadt Schwäbisch Gmünd 777 bis 1500, Bd. 1—2 (Inventare der nichtstaatl. Archive in Baden-Württemberg 11—12). 1966—1967

Noetzel, G.: Die öffentliche Wasserversorgung Schwäbisch Gmünds im 19. Jahrhundert. Veröffentlichungen des Stadtarchivs Nr. 3. 1979

Nuber, A. H.: Der Grundbesitz der ältesten Geschlechter von Gmünd und seine Bedeutung für die Siedlungsgeschichte bis zur Gründung der Stadt. Diss. masch. Tübingen 1957

—: Die Gmünder Schultheißen von Rinderbach, in: Festbuch 800 Jahre Stadt Schwäbisch Gmünd 1162—1962. 1962, 100—108

—: Heilbronner Geschlechter in Gmünd — Gmünder Geschlechter in Heilbronn. Histor. Verein Heilbronn, 23. Veröffentlichung 1960, 60—71

—: Staufische Ministerialen in Gmünd, in: Stadt u. Ministerialität, hrsg. v. Erich Maschke u. Jürgen Sydow. Stuttgart 1973, 46—66

—: Zur mittelalterlichen Siedlungsgeschichte des oberen Remstals. einhorn 19/1972, H. 113 f., 319—321, 406—408

Nuber, H. U.: Limesforschung in Baden-Württemberg, Nachrichtenblatt des Landesdenkmalamtes 12. 1983

Oexle, O. G.: Liturgische Memoria und historische Erinnerung. Zur Frage nach dem Gruppenbewußtsein und dem Wissen der eigenen Geschichte in den mittelalterlichen Gilden. In: Tradition als historische Kraft, hrsg. v. Norbert Kamp und Joachim Wollasch. Berlin—New York 1982, 323—340

Oppelt, W.: Schwäbisch Gmünd als Herstellungszentrum von Filigranschmuck in der Barockzeit. Unicornis 2/1982, 1—10

Oppl, F.: Das Itinerar Kaiser Friedrich Barbarossas (1152—1190). Forschungen z. Kaiser- und Papstgeschichte des Mittelalters. Beihefte zu J. F. Böhmer, Regesta Imperii 1. 1978

Osten, G. von der: Hans Baldung Grien. Gemälde und Dokumente. 1983

Paret, O.: Der raetische Limes vom Haghof bei Welzheim bis zur württembergisch-bayerischen Grenze. Der obergermanisch-raetische Limes des Römerreiches Abt. A, Bd. VI. 1935

−: Die Vor- und Frühgeschichte der Landschaft um Schwäbisch Gmünd. In: Schwäbisch Gmünd. Beiträge zur Geschichte und Gegenwart der Stadt, hrsg. von R. Scherer. 1971, 269−290

Die Parler und der schöne Stil 1350−1400. Europäische Kunst unter den Luxemburgern, 3 Bde., hrsg. v. A. Legner. 1978

Parler-Gymnasium Schwäbisch Gmünd 1904−1979. Mit Beiträgen von W. Hegele, D. Lange und P. Spranger. 1979

Patze, H.: Stadtgründung und Stadtrecht. In: Recht und Schrift im Mittelalter, hrsg. u. Peter Classen (Vorträge u. Forschungen 23). 1977, 163−196

Pauser, E.: Kirchenmusik am Heilig-Kreuz-Münster Schwäbisch Gmünd. Ein Beitrag zur Kirchenmusikgeschichte, o. J. [1982]

−: Kirchenmusik am Heilig-Kreuz-Münster im Zeitalter des Barocks, in: Barock in Schwäbisch Gmünd. Aufsätze zur Geschichte einer Reichsstadt im 18. Jahrhundert, hrsg. v. Klaus Jürgen Herrmann. 1981, 68−89

Payer, P.: Die Reichsstadt Schwäbisch Gmünd zu Ende des 18. Jahrhunderts und ihr Übergang an Württemberg. Diss. masch. Tübingen. 1957

Pfaff, K.: Beiträge zur Geschichte des Städtekriegs. Württembergische Jahrbücher 1851, H. 2, 15−46

Pfefferkorn, W.: Buckelquader an Burgen der Stauferzeit. O. O. 1977

Pfeifer, H.: Ostschwaben im Mittelalter. In: Der Ostalbkreis, hrsg. v. Gustav Wabro. 1978, 76−94

Pfitzer, A.: Zum Einsturz der beiden Türme an der Heiligkreuzkirche zu Schwäbisch Gmünd 1497. Besondere Beiträge des Staats-Anzeigers für Württemberg. 1890, 216−224

Philipp, G.: Eisengewinnung und Eisenverarbeitung im südwestdeutschen Raum von 1500 bis 1650. In: Schwerpunkte der Eisengewinnung und Eisenverarbeitung in Europa 1500−1650, hrsg. v. H. Kellenbenz. Köln−Wien 1974, 204−232

Pickl, O.: Das älteste Geschäftsbuch Österreichs. Die Gewölberegister der Wiener Neustädter Firma Alexius Funck (1516− ca. 1538) . . . (Forschungen zur geschichtlichen Landeskunde der Steiermark 23). Graz 1966

Planck, D., Vor- und Frühgeschichte. In: Der Kreis Göppingen. 1973, 15−30

−: Das Freilichtmuseum am rätischen Limes im Ostalbkreis. Führer zu archäologischen Denkmälern in Baden-Württemberg 9/1983

−: Neue Forschungen zum obergermanischen und raetischen Limes. Aufstieg und Niedergang der römischen Welt II, 5. 1976

Prinz, F.: Stadtrömisch-italische Märtyrerreliquien und fränkischer Reichsadel im Maas-Moselraum. Historisches Jahrbuch 87/1967, 1−25

Quarthal, F.: Das Steinhaus und die Nikolauskapelle des kaiserlichen Notars Marquard in der historischen Überlieferung. Forschungen u. Berichte der Archäologie des Mittelalters in Baden-Württemberg 7/1981, 357−370

− (Hrsg.): Die Benediktinerklöster in Baden-Württemberg (Germania Benedictina 5). 1975

Rabe, H.: Der Rat der niederschwäbischen Reichsstädte. Rechtsgeschichtliche Untersuchungen über die Ratsverfassung der Reichsstädte Niederschwaben, bis zum Ausgang der Zunftbewegungen im Rahmen der oberdeutschen Reichs- und Bischofsstädte (Forschungen zur deutschen Rechtsgesch. 4). 1966

Rathke-Köhl, S.: Die Geschichte des Augsburger Goldschmiedegewerbes. 1954

Rau, R.: Die Tübinger Jahre des Humanisten Johannes Alexander Brassicanus. In: Zeitschrift für württembergische Landesgeschichte 19/1960, 89−127

Raub, E.: Das Forschungsinstitut für Edelmetalle und Metallchemie. einhorn 81/1967, 151−152

Raumer, K. von: Deutschland um 1800 − Krise und Neugestaltung 1789−1815. In: Handbuch der Deutschen Geschichte, hrsg. v. L. Just, Bd. 3/I, 1. Teil, 1. Abschnitt, 3−432

−: Die Zerstörung der Pfalz 1689. 1930

Reicke, S.: Das deutsche Spital und sein Recht im Mittelalter, 2 Bde. (Kirchenrechtl. Abhandlungen 111–114). 1932

Ringler, S.: Viten- und Offenbarungsliteratur in Frauenklöstern des Mittelalters (Münchener Texte und Untersuchungen z. dt. Literatur des Mittelalters). 1980

Rink, J. A.: Kurzgefaßte Geschichte und Beschreibung der Reichsstadt Schwäbisch Gmünd. Schwäbisch Gmünd 1802, Ndr. mit einem Nachwort v. Klaus Graf ebd. 1982

Roeder, Ph. L. H.: Geographie und Statistik Wirtembergs, Band 2, Ulm 1804.

Röttele, B. und B. Kulm: 125 Jahre Kolpingsfamilie, Kolpingchor, Schwäbisch Gmünd. 1982

Roth, F. W. E.: Schwäbische Gelehrte des 15. und 16. Jahrhunderts in Mainzer Diensten. Württembergische Vierteljahreshefte für Landesgeschichte, Neue Folge 9/1900, 292–310

Rublack, H. Chr.: Eine bürgerliche Reformation: Nördlingen (Quellen u. Forschungen z. Reformationsgeschichte 51). 1982

Rudolf, H. U. (Hrsg.): Der Dreißigjährige Krieg. Perspektiven u. Strukturen. 1977

Ruser, K.: Die Urkunden und Akten der oberdeutschen Städtebünde. Bd. 1: Vom 13. Jahrhundert bis 1347. 1979

Sauer, P.: Demokratischer Neubeginn in Not und Elend. Das Land Württemberg-Baden von 1945 bis 1952. 1978

–: Württemberg in der Zeit des Nationalsozialismus. 1975

Schadt, J. und W. Schmierer (Hrsg.): Die SPD in Baden-Württemberg und ihre Geschichte. 1979

Schäfer, A.: Der Orden des hl. Franz in Württemberg von 1350–1517. Blätter für württembergische Kirchengeschichte. Neue Folge 23/1919, 1–38, 49–110 [I]; Neue Folge 24/1920 [II], 55–104

Scharnagel, A.: Zur Geschichte des Reichsdeputationshauptschlusses von 1803. Historisches Jahrbuch der Görresgesellschaft 70/1951, 238–259

Scherer, P.: Zur Volksfrömmigkeit des 17. und 18. Jahrhunderts am Beispiel Schwäbisch Gmünds. Passionsandacht und Josefskult. In: Schwäbisch Gmünd, Beiträge zur Geschichte und Gegenwart der Stadt. 1971, 193–225

– (Hrsg.): Das Gmünder Schmuckhandwerk bis zum Beginn des 19. Jahrhunderts. 1971

–: Kleine Geschichte der Stadt Schwäbisch Gmünd. einhorn 20/1973, H. 119/120, 110–119

Scheuerbrandt, A.: Südwestdeutsche Stadttypen und Städtegruppen bis zum frühen 19. Jahrhundert (Heidelberger Geograph. Arbeiten 32). 1972

Schlesinger, W.: Bischofssitze, Pfalzen und Städte im deutschen Itinerar Friedrich Barbarossas. Stadt- und Wirtschaftsgeschichte Südwestdeutschlands. Festschrift für Erich Maschke. Veröffentlichungen der Kommission für geschichtliche Landeskunde in Baden-Württemberg B 85. 1975

Schmid, K.: De regia stirpe Waiblingensium. Bemerkungen zum Selbstverständnis der Staufer. Zeitschrift für die Geschichte des Oberrheins 124/1976, 63–73

–: Königtum, Adel und Klöster zwischen Bodensee und Schwarzwald (8.–12. Jh.). In: Studien und Vorarbeiten z. Gesch. d. großfränk. u. frühdt. Adels, hrsg. v. Gerd Tellenbach (Forschungen zur oberrhein. Landesgesch. 4). 1957, 225–251

–: Staufer und Zähringer – Über die Verwandtschaft und Rivalität zweier Geschlechter. In: Die Staufer in Schwaben und Europa (Schriften zur staufischen Geschichte u. Kunst 5). 1980, 64–80

Schmidt, R.: Schwäbisch Gmünd. 1962

Schmierer, W.: Von der Arbeiterbildung zur Arbeiterpolitik. Die Anfänge der Arbeiterbewegung in Württemberg 1862/63–1878. 1970

Schmitt, O.: Das Heiligkreuzmünster in Schwäbisch Gmünd. 1951

Schnabel, Th. (Hrsg.): Die Machtergreifung in Südwestdeutschland. Das Ende der Weimarer Republik in Baden und Württemberg 1928–1933. 1982

Schneider, E.: Das Lehenbuch Graf Eberhards des Greiners von Wirtemberg, Württembergische Vierteljahreshefte für Landesgeschichte 8/1885, 113–164

Schneider, M.: Die Mauerringe der alten freien Reichsstadt Gmünd. Unsere Heimat, Beilage zur Neuen Württembergischen Zeitung 1/1948, 14–21

Schnell, H.: Der Hochaltar in der ehem. Franziskanerkirche in Schwäbisch Gmünd. Ein Werk Dominikus Zimmermanns. Das Münster 13/1960, 109–110

–: St. Franziskus Schwäbisch Gmünd, Kunstführer Nr. 739. 1961

Schnyder, W.: Handel und Verkehr über die Bündner Pässe im Mittelalter zwischen Deutschland, der Schweiz und Oberitalien. Bd. 1–2. 1973–1975

Schöll, F.: Zur Geschichte des Gmünder Postwesens. In: einhorn Nr. 47/1961, 146–149

Schön, Th.: Das Medicinalwesen der Reichsstadt Gmünd, Medicinisches Correspondenz-Blatt des Württembergischen ärztlichen Landesvereins. 48 (1898), 185–187, 193–196, 246–249, 273–276, 289–291, 365–369, 373–377, 405–408, 443–447

Schöttle, J.: Der schwäbische Barockmaler Johann Anwander (1715–1770), Jahrbuch des Historischen Vereins Dillingen 54/1952, 177–208

Schuler, P.-J.: Die Rolle der schwäbischen und elsässischen Städtebünde in den Auseinandersetzungen zwischen Ludwig dem Bayern und Karl IV. Blätter für deutsche Landesgeschichte 114/1978, 659–694

Schulz, K.: Zum Problem der Zensualität im Hochmittelalter. In: Beiträge zur Wirtschafts- und Sozialgeschichte des Mittelalters. Fs. Herbert Helbig, hrsg. v. Knut Schnulz. 1976, 86–127

–: Zensualität und Stadtentwicklungen 11./12. Jahrhundert. In: Beiträge zum hochmittelalterlichen Städtewesen, hrsg. von Bernhard Distelkamp (Städteforschung. Veröff. d. Instituts f. vergleichende Städtegesch. in Münster A 11). 1982, 73–93

Schulze, H. K.: Rodungsfreiheit und Königsfreiheit. Historische Zeitschrift 219/1974, 529–550

Schumacher, T.: Aus frühester Jugendzeit. Erzähltes und Erlebtes. 1923

–: Mein Kindheitsparadies. Erinnerungen an meine Vaterstadt. 1914

Schumm, K.: Weinsberg. Auseinandersetzungen zwischen Herrschaft und Stadt. Historischer Verein Heilbronn 21. Veröff. 1954, 205–225

Schwäbische Chronik. Eine Zeit Schrift, welche Materialien zur neuesten Geschichte von Schwaben enthält. Verfaßt von M. Christian Gottfried Elben; Stuttgart 1785–1899

Schwarz, E.: Deutsche Namenforschung. 2: Orts- und Flurnamen. 1950

Schwarz, H. P.: Die Ära Adenauer 1957–1963. Geschichte der Bundesrepublik Deutschland. Bd. 3. 1983

Schweizer, O. E.: Das Problem der Stadterweiterung von Gmünd. In: Klein, W. (Hrsg.): Gmünder Kunst der Gegenwart. 1924, 49–59

Schwineköper, B.: Zur Problematik von Begriffen wie Stauferstädte, Zähringerstädte und ähnlichen Bezeichnungen. In: Südwestdeutsche Städte im Zeitalter der Staufer. 1980, 95–172

Seehofer, J.: Die Friedhofskapelle zum heiligen Leonhard in Schwäbisch Gmünd, in: Gmünder Hefte, Heimatkundliche Schriftenreihe, Bd. 8. 1969

Seidel, K.: Beiträge zur Baugeschichte des Dominikanerklosters in Schwäbisch Gmünd. In: einhorn 116/1973, 132–143

–: Das barocke Gmünd. In: Scherer, P. (Hrsg.): Schwäbisch Gmünd, Beiträge zur Geschichte und Gegenwart der Stadt. 1971, 165–192

–: Das Franziskanerinnenkloster St. Ludwig in Schwäbisch Gmünd. Eine baugeschichtliche Bestandsaufnahme. In: einhorn-Jahrbuch 1974, 131–139

–: Denkschrift über die Elektrifizierung der Remsbahn in Richtung Aalen–Crailsheim. Masch. Manuskript im Auftrag der Arbeitsgemeinschaft zur Wahrung überbezirklicher Verkehrsfragen im Raume des Remstals und der Nordostalb. 1962

–: Der alte Gmünder Bahnhof in seiner baulichen Gestaltung. Gmünder Studien 1/1976, 217–227

–: Die Verkehrserschließung unserer Heimat. einhorn 47/1961, 135–140

–: Ein vergessenes Eisenbahnprojekt: Schmalspurbahn Schwäbisch Gmünd–Heubach mit Abzweigung nach Waldstetten. In: einhorn-Jahrbuch 1977, 193–202

–: 100 Jahre Remsbahn, ein Stück deutscher Eisenbahngeschichte. In: Deutscher Eisenbahnfreund, Nr. 12/1961

–: Das barocke Gmünd. In: Barock in Schwäbisch Gmünd. Aufsätze zur Geschichte einer Reichsstadt im 18. Jahrhundert, hrsg. v. Klaus Jürgen Herrmann. 1981, 21–30

−: Schwäbisch Gmünd im Streckennetz der Eisenbahn. In: Scherer (Hrsg.): Schwäbisch Gmünd, Beiträge zur Geschichte und Gegenwart der Stadt. 1971, 51−82

−: Zur Geschichte des Bahnhofs Schwäbisch Gmünd. In: Gmünder Heimatblätter, Nrn. 3−6

Selig, Th.: Zur Geschichte des ehemaligen Minoritengymnasiums zu Schwäbisch Gmünd. In: Diözesanarchiv von Schwaben 24/1906, 19−54, 71−74, 105−109

Seling, H.: Die Kunst der Augsburger Goldschmiede 1529−1868. 1980

Simonsfeld, H.: Der Fondaco dei Tedeschi in Venedig. Bd. 1−2. 1887

Specker, H. E.: Ulm. Stadtgeschichte. 1977

Spranger, P.: Der Geiger von Gmünd. Justinus Kerner und die Geschichte einer Legende. 1980

−: Schwäbisch Gmünd bis zum Untergang der Staufer. 1972

Das städtische Hospital zum hl. Geist in Schwäbisch Gmünd in Vergangenheit und Gegenwart, hrsg. v. Alfred Wörner. 1905

Stälin, Ch. F. von: Wirtembergische Geschichte. Bd. 3: Schwaben und Südfranken. Schluß des Mittelalters 1269−1496. 1856

Statistisches Landesamt Baden-Württemberg: Historisches Gemeindeverzeichnis Baden-Württemberg, Bevölkerungszahlen der Gemeinden von 1871 bis 1961 nach dem Gebietsstand vom 6. Juni 1961. Statistik von Baden-Württemberg, Band 108. 1965

Statistisch-Topographisches Bureau (Hrsg.): Das Königreich Württemberg. Band 1−4. 1904−1907

Staub, K. H.: Geschichte der Dominikanerbibliothek in Wimpfen am Neckar (ca. 1460−1803). Untersuchungen an Hand der in der Hessischen Landes- und Hochschulbibliothek Darmstadt erhaltenen Bestände (Studien zur Bibliotheksgeschichte 3). 1980

Die Staufer und Schwäbisch Gmünd, hrsg. vom Stadtarchiv Schwäbisch Gmünd. 1977

Stehlik, K.-P.: Die Mühlen der Reichsstadt Schwäbisch Gmünd. Masch. Zulassungsarbeit PH Schwäbisch Gmünd. 1970

Steimle, H.: Kastell Lorch (1897); Kastell Schirenhof (1897); Kastell Unterböbingen (1894). Der obergermanisch-raetische Limes des Römerreiches, Abt. B. Bd. VI, Nr. 63−65

Steinmeyer, H.: Die Entstehung und Entwicklung der Nördlinger Pfingstmesse im Spätmittelalter mit einem Ausblick ins 19. Jahrhundert, Diss. München, Nördlingen. 1960

Stiefel, E.: Das Gmünder Passionsspiel. einhorn 15/1956, 64−66

−: Musikgeschichte der ehemaligen Reichsstadt Schwäbisch Gmünd. Ein Beitrag zur württembergischen Musikgeschichte. Diss. masch. Tübingen. 1949

Stobbe, A.: Volkswirtschaftliches Rechnungswesen. 1969

Ströhmfeld, G.: Frühere Postverhältnisse im Remstal bis zum Ende der Reichsstadt Schwäbisch Gmünd. Gmünder Heimatblätter 8/1935, 117−120 und 9/1936, 129−133

−: Handwerk, Gewerbe und Industrie zu Schwäbisch Gmünd während der Reichsstadtzeit. Gmünder Heimatblätter 7/1934, 74−79

Stromer, W. von: Die Gründung der Baumwollindustrie. Wirtschaftspolitik im Spätmittelalter (Monographien zur Geschichte des Mittelalters 17). 1978

Stütz, G.: Gmünd im Weltkrieg, Chronik, 5 Bde. 1927

−: Heimatbuch für Gmünd und weitere Umgebung, 3 Bde., ²1924−²1926. 1927

Sturmberger, H.: Aufstand in Böhmen. Der Beginn des Dreißigjährigen Krieges. 1959

Südwestdeutsche Städte im Zeitalter der Staufer, hrsg. v. Erich Maschke u. Jürgen Sydow (Stadt in der Geschichte 6). 1980

Sydow, J.: Märkte in Südwestdeutschland − Probleme städtischer Früh- und Kleinformen im Lichte neuer Untersuchungen, Protokoll Nr. 239 des Konstanzer Arbeitskreises für mittelalterliche Geschichte v. 7. 6. 1980

−: Fragen zum Marktproblem aus südwestdeutscher Sicht. In: Stadtverfassung, Verfassungsstaat, Pressepolitik, Fs. f. Eberhard Naujoks, hrsg. v. Franz Quarthal u. Wilfried Setzler. 1980

− Stadtbezeichnungen in Württemberg bis 1300. In: Fs. f. Berent Schwineköper, hrsg. v. Helmut Maurer u. Hans Patze. 1982

Taddey, G.: Ernstfeuerwerkerei. Raketenversuche in Württemberg. Zeitschrift für Württembergische Landesgeschichte 36/1977, 132 ff.

Tangl, M.: Das Testament Fulrads von Saint-Denis. Neues Archiv der Gesellschaft für ältere deutsche Geschichtskunde 32/1906, 167–217, zitiert nach: Ders.: Das Mittelalter in Quellenkunde und Diplomatik. Ausgewählte Schriften, Bd. 1. 1966, 540–581

Tessier, G.: Originaux et pseudo-originaux carolingiens du chartrier de Saint-Denis, Bibliothèque de l'école des chartes 106/1945/46, 35–69

Teufel, W.: Die Geschichte der evangelischen Gemeinde in Schwäbisch Gmünd. Gmünder Hefte 2/1950

Theil, B.: Gmünder Bürgerlehen. Bemerkungen zur Belehnung von Bürgern in Schwäbisch Gmünd vom 14. bis zum 16. Jahrhundert, Gmünder Studien 2/1979, 55–79

–: Die Reform des Klosters Gotteszell im 15. Jahrhundert, Gmünder Studien 1/1976, 9–34

Theiss, K.: 100 Jahre Industrie- und Handelskammer Heidenheim. 1967

Thierbach, R.: Verlauf der deutschen Revolution 1918/19 in Schwäbisch Gmünd. Masch. Zulassungsarbeit PH Schwäbisch Gmünd. 1971

Thürheim, Graf A.: Christoph Martin von Degenfeld. General der Venezianer, Generalgouverneur von Dalmazien und dessen Söhne. 1881

Tintelnot, H.: Die barocke Freskomalerei in Deutschland, ihre Entwicklung und europäische Wirkung. 1951

Tüchle, H.: Die Barmherzigen Schwestern von Untermarchtal. 1983

–: Unser Münster und das kirchlich-religiöse Leben im Spätmittelalter. In: Die Stadt Schwäbisch Gmünd und ihr Heilig-Kreuz-Münster im Spätmittelalter. O. J. (Schwäbisch Gmünd 1952), 5–20

Tupetz, Th.: Der Streit um die geistlichen Güter und das Restitutionsedikt. 1883

Uhrle, S.: Das Dominikanerinnenkloster Weiler bei Esslingen. Veröffentlichungen der Kommission für geschichtliche Landeskunde in Baden-Württemberg B 49/1968

Unger, A.: Standort-Chronik Schwäbisch Gmünd. Maschinenschriftliches Manuskript im Auftrag der Heeresstandortverwaltung. 1941

Unz, Chr. (Hrsg.): Führer zu römischen Militäranlagen in Süddeutschland. 1983

Urban, A.: Die Eingliederung der Heimatvertriebenen u. Flüchtlinge nach 1945 in Schwäbisch Gmünd. 1982

Urkundenbuch der Stadt Eßlingen. Bd. 1–2 (Württembergische Geschichtsquellen). 1899–1905

Urkundenbuch der Stadt Heilbronn. Bd. 1–4 (Württembergische Geschichtsquellen 5, 15, 19, 20). 1904–1922

Veit, L. A. und L. Lenhart: Kirche und Volksfrömmigkeit im Zeitalter des Barock. 1956

Veitshans, H.: Die Judensiedlungen der schwäbischen Reichsstädte und der württembergischen Landstädte im Mittelalter (Arbeiten z. histor. Atlas von Südwestdeutschland 5). Stuttgart 1970; Kartographische Darstellung . . . (Arbeiten . . . 6), ebd.

Vollmer, F. X.: Der Traum von der Freiheit. Vormärz und 48er Revolution in Süddeutschland in zeitgenössischen Bildern. 1983

Wackler, R.: Was bedeutet der Name Grät? Gmünder Heimatblätter 25/1964, 60–63

Wagner, E.: Die Reichsstadt Schwäbisch Gmünd in den Jahren 1531–45. Württembergische Vierteljahreshefte für Landesgeschichte 7/1884, 7–17

–: Die Reichsstadt Schwäbisch Gmünd in den Jahren 1546–48. Württembergische Vierteljahreshefte für Landesgeschichte 9/1886, 1–14, 192–200

–: Die Reichsstadt Schwäbisch Gmünd in den Jahren 1548–1565. In: Württembergische Vierteljahreshefte für Landesgeschichte, NF 1, 1892, 86–115

–: Nachtrag. In: Württembergische Vierteljahreshefte für Landesgeschichte, NF 1/1892, 116–120

–: Die Reichsstadt Schwäbisch Gmünd in den Jahren 1565–1576. In: Württembergische Vierteljahreshefte für Landesgeschichte, NF 2, 1893, 282–325

–: Die Reichsstadt Schwäbisch Gmünd vom Tode Kaiser Maximilians II. 1576 bis zum Anfang des 17. Jahrhunderts. Württembergische Vierteljahreshefte für Landesgeschichte, NF 10/1901, 161–199

−: Schicksale der Reichsstadt Schwäbisch Gmünd während des 30jährigen Krieges. Württembergische Vierteljahreshefte für Landesgeschichte, NF 24/1915, 123−217

Walder, E.: Das Ende des alten Reiches, Quellen zur neueren Geschichte, hrsg. v. Ernst Walder, H. 10, [3]1975

Walser, H.: Das Sauspiel. Szenen aus dem 16. Jahrhundert. Mit Materialien hrsg. v. Werner Brändle, 1977, 346−365

Wedgewood, C. V.: Der Dreißigjährige Krieg. [3]1978

Weisgerber, G.: 5000 Jahre Feuersteinbergbau. 1981

Weissenberger, P.: Die Anfänge des Hohenstaufenklosters Lorch bei Schwäbisch Gmünd. In: Perennitas. Festschrift für Th. Michels. 1963, 246−273

Weller, K.: Besiedlungsgeschichte Württembergs vom 3. bis zum 13. Jahrhundert n. Chr. 1938

−: Die freien Bauern des Spätmittelalters im heutigen Württemberg. Württembergische Vierteljahreshefte für Landesgeschichte, NF 43/1937, 47−67

−: Die Reichsstraßen des Mittelalters im heutigen Württemberg. Württembergische Vierteljahreshefte für Landesgeschichte, NF 33/1927, 1−43

−: Die staufische Städtegründung in Schwaben. Württembergische Vierteljahreshefte für Landesgeschichte, NF 36/1930, 145−268

Weller, K. und A. Weller: Württembergische Geschichte im südwestdeutschen Raum. [9]1981

Weser, R.: Joseph Wannenmacher, Maler. Archiv für christliche Kunst 8/1907, 77−80; 9/1907, 93−94

−: Alte Gmünder II. Mediziner aus Gmünd. Rems-Zeitung Nr. 68, 79, 89 v. 23. 3., 6. 4., 13. 4. 1908

−: Alte Gmünder I. Bischöfe aus Gmünd, Rems-Zeitung Nr. 60 v. 12. 3. 1908, Nr. 68 v. 23.3.1908

−: Alte Gmünder XII. Jakob Flurschütz, Pfarrer in Wetzgau und das Gmünder Fronleichnamsfest. Rems-Zeitung Nr. 134 v. 14. 6. 1911

−: Alte Gmünder. 17. Die Familie Bollstedt in Gmünd. Rems-Zeitung Nr. 32 v. 8. 2. 1917

−: Die abgegangenen Gmünder Kapellen. Gmünder Heimatblätter 1/1928, 12−16, 19−22, 25−28

−: Die Augsteindreher und Kristallarbeiter in Gmünd, Rems-Zeitung Nr. 297−299 v. 27.−29. 12. 1910

−: Die Confraternitas minor in Gmünd. Schwäbisches Archiv 28/1910, 161−166, 182−189

−: Die Familie Baldung von Gmünd. Gmünder Heimatblätter 4/1931, 21−24, 32−33

−: Die Honiggasse mit Becherlehen und Eselgasse. Gmünder Heimatblätter 10/1937, 17−21, 33−36

−: Die Klinkhartsgasse und »auf dem Blatz« in Gmünd. Gmünder Heimatblätter Neue Folge 1939, Nr. 3

−: Die St.-Sebastianus-Bruderschaft zu Gmünd. Schwäbisches Archiv 27/1909, 65−70

−: Ein Parlerhaus in Gmünd und die Hundgasse. Gmünder Heimatsblätter 9/1936, 72−75

−: Ein Schützenfest zu Gmünd in Jahre 1480. Schwäbisches Archiv 27/1909, 113−117

−: Hundgasse und Turniergraben und der zweite Mauerring um Gmünd. Gmünder Heimatblätter 9/1936, 141−143, 151−156

−: Ludwig Murermeister, Goldschmied. Gmünder Heimatblätter 9/1936, 17−24

−: Waffenschmiede und Büchsenschifter in Gmünd. Gmünder Heimatblätter 7/1934, 135−138

−: Zum Medizinalwesen der Reichsstadt Gmünd vom 14. bis 19. Jahrhundert. Diözesanarchiv v. Schwaben 23/1905, 90−92

−: Zur Erklärung mittelalterlicher Kunstwerke [Gmünder Kunst]. Archiv für christl. Kunst 30 (1912), 6−11

−: Zur Geschichte der deutschen Schule in Gmünd. Rems-Zeitung Nr. 277−279, 281 v. 3.−5., 7. 12. 1907

−: Zur Geschichte der Stadtpfarrei Gmünd. Diöcesanarchiv von Schwaben 20/1902, 81−85, 104−107, 135−138

Widemann, W.: Ein längst verschwundenes Gewerbe Gmünds [Ziegeleien]. Gmünder Heimatblätter 8/1935, 5−7, 24−25

Wiedemann, P.: Die Gmünder Zollfreiheit in Nürnberg. Rems-Zeitung Nr. 262 v. 9. 11. 1929

Wilms, H.: Das älteste Verzeichnis der deutschen Dominikanerinnenklöster (Quellen und Forschungen z. Gesch. d. Dominikanerordens in Deutschland 24). 1928

Winter, O.: Die Geschichte der oberdeutschen Reichsstadt aus der Sicht des Wiener Haus-, Hof- und Staatsarchivs. Jahrbuch für Geschichte der oberdeutschen Reichsstädte 11/1965, 166–183

Wirtembergisches Urkundenbuch, 11 Bde. 1849–1913

Woellwarth-Lauterburg, A. v.: Die Freiherrn von Woellwarth. Stammtafeln, Fortdruck der 2. Aufl. [1959], o. O. 1979

Wolff, F.: Corpus Evangelicorum und Corpus Catholicorum auf dem Westfälischen Friedenskongreß. 1966

Württembergische Landesbibliothek (Hrsg.): Von der Preßfreiheit zur Pressefreiheit. Südwestdeutsche Zeitungsgeschichte von den Anfängen bis zur Gegenwart. 1983

Wunder, G.: Die Ministerialität der Stauferstadt Hall. In: Stadt und Ministerialität, hrsg. von E. Maschke u. J. Sydow. Veröffentlichungen der Kommission für geschichtliche Landeskunde in Baden-Württemberg B 76/1973, 67–73

–: Die Bürger von Hall. Sozialgeschichte einer Reichsstadt 1216–1802 (Forschungen aus Württ. Franken 16). 1980

–: Die Bürgerschaft der Reichsstadt Hall von 1395 bis 1600 (Württembergische Geschichtsquellen 25). 1956

–: Die Reichsstadt Hall im Franzoseneinfall 1688. Württembergisch Franken. 1964, 23–59

–: Die Sozialstruktur der Reichsstadt Schwäbisch Hall im späten Mittelalter. In: Untersuchungen zur gesellschaftlichen Struktur der mittelalterlichen Städte in Europa (Vorträge u. Forschungen 11). 1966, 25–52

–: Die Schultheißen von Rinderbach. Die älteste Ahnenlinie im Haller Stadtadel. Südwestdeutsche Blätter für Familien- und Wappenkunde 16/1979, 113–118

Wundram, M.: Körper und Raum in der böhmischen Kunst zur Zeit Karls IV. Versuch einer Begriffsbestimmung. In: Kaiser Karl IV. Staatsmann und Mäzen, hrsg. v. Ferdinand Seibt. 1978, 371–378

Zanek, T.: Der Löwenbrunnen im Wandel der Zeit. Gmünder Geschichtsblätter 2/1982

–: Das Imhof-Gebäude Rinderbachergasse Nr. 1. einhorn-Jahrbuch 1980, 139–144

–: Die Fuggerei in Schwäbisch Gmünd. Versuch einer Standorts- und baugeschichtlichen Untersuchung. Gmünder Studien 1/1976, 201–216

–: Romanische Bausubstanz im Bereich des südlichen Münsterplatzes. Gmünder Studien 2/1979, 29–53

–: Romanische Bausubstanz (11.–13. Jahrhundert). Gmünder Heimatforum 53/1982, 209–211

Zeller, J.: Hexenbrände in Ellwangen vor 300 Jahren. Ellwanger Jahrbuch 1914, 86–88

Zentralität als Problem der mittelalterlichen Stadtgeschichtsforschung, hrsg. v. Emil Meynen (Städteforschung A 8). 1979

Ziegler, W.: Der Gründer Adelbergs, Volknand von Staufen-Toggenburg – Ein Vetter Barbarossas. Hohenstaufen 10/1977, 45–93

Zimmermann, G.: Patrozinienwahl und Frömmigkeitswandel im Mittelalter. Würzburger Diözesansgeschichtsblätter 20 (1958), 24–139

Zumkeller, A.: Manuskripte von Werken der Autoren der Augustiner-Eremiten in mitteleuropäischen Bibliotheken (Cassiacum 20). 1966

# Ortsregister

# Namenregister

# Bildnachweis

Archives départementales du Bas-Rhin, Straßburg: 61 (Correspondance Nr. 1020)
H. Bertram, München: 18 (Freigabe Reg. v. Obb. g 4/4731)
Luftbild-Elsäßer, Stuttgart: 132—136 (freigeg. d. Reg.Präs. Stuttgart 9/67 169, 9/67 129, 9/66 544, 9/66 553, 9/66 546)
Einhorn Verlag, Schwäbisch Gmünd: 43, 45, 51, 116—119, 121, 124
J. Feist, Pliezhausen: 1
E. Fischer, Schwäbisch Gmünd: 123
Geh. Hausarchiv München, veröffentlicht mit Genehmigung S. K. H. Herzog Albrechts von Bayern: 41
Hauptstaatsarchiv Stuttgart: 4 (HSTA St, M 660, NL v. Kallée), 16 (HSTA St, A 499, U 21), 52 (HSTA St J 9 Nr. 13, 17a fol. 189)
H. Kaiser, Schwäbisch Gmünd: 2, 3
H. Kissling, Das Münster in Schwäbisch Gmünd (1975): Textabb. S. 79, 173
Landesdenkmalamt Baden-Württemberg: 5, 6, 9—12, Textabb. S. 34, 35, 36, 38
G. Lang, Bondorf: 34
K. O. Lang, Schwäbisch Gmünd: 101
M. Mende, Hans Baldung Grien, Das graphische Werk (1978): 46
Münsterschatz Hl. Kreuz, Schwäbisch Gmünd: 58
Österreichisches Staatsarchiv, Finanz- und Hofkammerarchiv, Wien: 76
O. Rombach: J. W. Fehrle (1966): 125
J. Schüle, Schwäbisch Gmünd: 36
Fam. Schenk, Schwäbisch Gmünd: 120
P. Spranger, Schwäbisch Gmünd bis zum Untergang der Staufer (1972): Textabb. S. 77
Staatsarchiv Ludwigsburg: Textabb. S. 134 (B 177, U 1367)
Stadtarchiv Schwäbisch Gmünd: 19—21, 23—28, 30, 32, 33, 47, 55, 56, 60, 62, 63, 72, 75, 78, 80, 81, 83, 94—96, 100, 104—112, 114, 115, 122, 126—131, Textabb. S. 134, 177
Stadtmessungsamt Schwäbisch Gmünd: 137
Städt. Museum, Schwäbisch Gmünd: 7, 8, 22, 35, 37—40, 42, 44, 49, 53, 57, 64, 71, 73, 74, 79, 82, 84—93, 97, 98, 113
Luftbild-Strähle, Schorndorf: 102 (LB Nr. 16 306), 103 (LB Nr. 8538)
UAG II: 48
P. Weinmann, Schwäbisch Gmünd: 54
Th. Zanek, Schwäbisch Gmünd: 29
Die Textabb. S. 30/31 ist ein Ausschnitt aus den Blättern L 7124 und L 7324 der Top.-Karte 1:50 000 des Landesvermessungsamtes Baden-Württemberg (AS: S11/185), thematisch ergänzt durch H. U. Nuber

Die fotografischen Reproduktionen fertigte Herr Schuster, Stadtmessungsamt.
Kartographische Bearbeitungen und Überarbeitungen unternahmen Herr Drey und Herr Gunst, beide Stadtmessungsamt.